JN434433

POLICE SCIENCE

경찰학 제3판

최선우 지음

도서출판 그린

제3판 서문

경찰학이라는 학문은 그 연구 영역이 매우 방대하고 복잡하다는 것을 이번에 새삼 느끼게 되었다. 경찰학은 형이상학(形而上學)적인 경찰철학·이념·윤리에서부터 형이하학(形而下學)적인 경찰조직 및 현장운용에 이르는 방대한 영역을 모두 아우르지 않으면 안되기 때문이다.

생각건대, 경찰을 포함한 국가제도가 당면한 시대적 상황에 부응하기 위해서는 그에 맞는 제도적 개편이 이루어지는 것은 바람직한 일이라고 본다. 다만 통치권자는 통찰력 있는 국정철학(國政哲學)을 가지고 중·장기적인 관점에서 국가를 경영해야지 순간의 위기를 모면하기 위하여 보여주기식으로 제도를 개편하는 것은 국가혼란 및 예산낭비 등의 문제를 가져오기 때문에 지양해야한다고 본다. 예컨대, 지난 2014년 4월 세월호 사건을 계기로 해양경찰청 등을 폐지하고, 그해 11월에 국민안전처를 설치한 것은 전형적인 '졸속행정'이라고 할 수 있다. 2017년 7월에 정부조직법이 개정되어 다시 해양경찰청 등이 설치 된 것은 환영할만한 일이라고 본다.

그리고 현시점에서 한국경찰이 제도적으로 발전 또는 개선해야할 부분은 적지 않다고 본다. 조직 외적으로는 형사사법(刑事司法)상의 위상을 확립하는 일이다. 이는 '수사구조'(搜査構造)의 개혁을 의미하는 것이다. 조직 내적으로는 중앙집권적인 국가경찰의 지방분권화 모색과 지나치게 불균형적인 조직 인사관리시스템에 대한 전반적인 개혁을 의미하는 것이다. 이번 정부에서 이에 대한 의지(意志)를 보여주기를 바라마지 않는다.

끝으로 이 책에 많은 관심과 격려, 그리고 조언을 해주신 여러 선후배 교수님들께 감사의 마음을 전한다. 책의 내용이 많고, 일반 학생들이 소화하는데 다소 어려움이 있다는 사정에도 불구하고 이를 긍정적으로 평가해준 부분에 대해서 감사드린다. 그리고 동료교수로써 한결 같이 함께 해주신 김경태교수님께도 감사의 마음을 전한다. 그리고 이 책을 발간하는데 많은 도움을 주신 그린출판사 윤덕우 사장님께도 진심으로 감사의 마음을 전한다. 가끔씩 만나 식사하며 정담을 나누는 것도 좋은 인연이라고 생각한다. 그리고 이 자리를 통해 사랑하는 아내와 아이들에게도 늘 미안하고 감사하는 마음을 전한다. 모두에게 건강과 행운이 함께 하기를 기원한다.

2017년 가을날

진월동 연구실에서 최선우 씀

개정판 서문

지난 2013년 가을에 이 책을 처음 발간하였는데, 이번에 다시 개정판을 내게 된 것은 다음과 같은 불가피한 이유에서이다. 먼저, 초판을 졸속(拙速)으로 출간하다보니 본문의 내용 가운데 오탈자가 적지 않았고, 또 일부는 의미가 잘못 전달된 부분이 없지 않았다. 이 자리를 빌려 양해를 구하고자 한다. 이번 개정판에서 이러한 부분을 최대한 보완하였고, 관련내용을 추가하여 글의 완성도를 높이고자 하였다. 그리고 경찰학 관련법들이 개정되어 이를 반영하고자 하였다. 특히, 지난 2014년 5월에 경찰업무의 현실 및 법률용어의 한글화 등을 고려하여 경찰관직무집행법의 각 조문이 개정되고, 또 일부가 신설되었기 때문에 이를 반영하고자 하였다. 아울러 경찰법, 경찰공무원법, 그리고 개별 경찰법 등 개정 된 부분 역시 반영하고자 하였다.

또한 앞으로 정부조직법 등 관련법들이 어떻게 개정될 것인지는 지켜봐야 할 것 같다. 글을 쓰는 저자의 입장에서는 급작스런 정부정책의 변화는 여간 곤혹스러운 것이 아니다. 이는 순수학문이 아닌 응용학문인 경찰학이 안고 있는 본질적인 굴레라고 본다. 그러나 제도 이전에 중요한 것은 '인간'(人間)이라고 본다. 인간의 가치를 확립하지 않고, 어떠한 제도적 변화를 졸속으로 시행하기보다는 중·장기적인 관점에서 근본적인 문제를 하나하나 풀어가는 것이 바람직하다고 본다.

이번 개정판을 발간하는데 있어서 감사의 마음을 전할 분들이 적지 않다. 먼저, 발간된 초판에 대해 많은 격려와 조언을 해주신 여러 교수님들께 감사드린다. 그리고 동료교수로서 묵묵히 도움과 지원을 해주시는 김경태교수님께도 감사의 마음을 전한다. 학자로서 첫발을 내딛고 있는 제자 박재영의 도움에도 감사의 마음을 전한다. 앞으로 학문적으로 전도양양(前途洋洋) 하기를 기대한다. 그리고 원고 교정 및 본문 검토에 많은 노고를 아끼지 않은 박순옥선생님께도 감사의 마음을 전한다. 그리고 이 책을 발간하는데 물심양면으로 도움을 주신 그린출판사 윤덕우 사장님께 진심으로 감사의 마음을 전한다. 많은 만남을 가진 것은 아니지만 몇 차례 만나 이야기를 나누다 보니 가슴이 따뜻한 사람이라는 것을 느끼게 한다. 끝으로, 이 책의 발간기쁨을 사랑하는 가족과 함께 하고자 한다. 늘 미안함과 감사함이 교차한다. 모두의 좋은 인연(因緣)에 감사할 따름이다.

2014년 가을날에

진월동 연구실에서 최선우 씀

서 문

이 책의 집필을 처음 시작했을 때에는 경찰학과 관련된 '입문서'(入門書)를 담백하게 한번 만들어보자 하는 마음이었다. 그러나 시간이 지나갈수록 마음의 욕심은 더해가고, 결국에는 많은 분량으로 늘어나고 말았다.

"책은 옛사람의 찌꺼기이다"라는 옛 성현의 말씀에 전적으로 공감한다. '경찰학'(警察學, Police Science)이라는 제목으로 작업된 이 책이지만 경찰이론과 실무에 대한 본질적인 내용들을 얼마나 충실히 표현해 냈는지는 의문이다. 이 글은 처음부터 끝까지 저자 본인의 독자적은 창작물은 결코 아니다. 국내외의 경찰학 관련분야 학자들의 연구성과가 없었다면 감히 시도조차 못했을 것이다. 따라서 이러한 선행연구들을 토대로 본인의 견해를 담고자 하였다. 그리고 부족하지만 한 가지 내세울 것이 있다면, 인접학문들을 융합하여 경찰학을 좀 더 체계화시켰다는 점을 들 수 있다. 판단은 독자의 몫이다. 본인의 작은 욕심이라면, 이 글이 경찰학 분야의 좋은 안내서가 되었으면 하는 바람이다.

광주대학교에 재직하면서 얻게 된 행복 가운데 하나를 꼽으라고 한다면, 동료교수인 김경태교수님과의 인연이다. 매사에 음으로 양으로 도움을 주셔서 그 고마움을 이루 말할 수 없다. 이 자리를 빌려 진심으로 감사드린다. 그리고 원고교정에 있어서 많은 도움을 준 박사과정에 재학 중인 제자 박재영에게 진심으로 감사드린다. 항상 자기 일처럼 원고를 교정해주고, 의견을 나누니 이보다 고마운 것이 따로 없는 것 같다.

끝으로 이 책을 발간하는데 도움을 준 그린출판사 사장님과 편집진 등 모든 분들께 진심으로 감사드린다. 그리고 항상 연구에 전념할 수 있는 여건을 마련해주는 아내와 아이들의 격려와 배려는 말과 글로 형언할 수가 없다. 그리고 글을 쓴다는 핑계로 한 동안 양가 부모님께도 자식노릇 못한 점이 항상 마음에 걸린다. 본인에게 무엇이 진정으로 소중한 것인지를 다시 한 번 깨닫게 된다. 모두에게 감사할 따름이다.

2013년 가을날에
진월동 연구실에서 최선우 씀

차 례

제1편 경찰학의 기초 / 13

제2편 경찰조직의 이해 / 195

제1편

경찰학의 기초

제1장 서 론

제1절 현대사회와 경찰

1. 현대사회의 범죄와 무질서 문제

1) 현대사회의 특징

우리가 '경찰'(警察, police)이라는 존재를 보다 쉽게 이해하기 위해서는 현대사회(現代社會)라는 거시적인 틀을 이해해야 한다고 본다. 경찰이라는 것 역시 시대적 산물이며, 따라서 그 시대적 특징을 이해하는 것이야 말로 경찰의 본질에 보다 가깝게 접근할 수 있는 방법이 되기 때문이다.

그렇다면 현대사회의 모습을 설명할 수 있는 요소 또는 특징은 무엇인가? 이와 관련하여 비록 모든 상황을 해석해주지는 못하고 있지만 많은 용어들이 현대사회의 특징을 적절하게 설명해주고 있다. 예컨대 물질적 영역에서의 도시화·산업화·과학화·정보화 등은 현대사회의 특징을 상징적으로 표현해주고 있다. 또한 정신적 영역에서의 개인주의·익명성·인간소외·배금주의·소비주의·향락주의 역시 의미 있는 상징성을 가지고 있다. 이러한 현대사회의 특징들은 마치 동전의 양면처럼 긍정적인 요소와 부정적인 요소를 내포하고 있다고 본다.

특히, '포스트모던'(post-modern)이라는 개념의 등장은 현대사회의 또 다른 모습을 보여주고 있다. 근대 인간이성의 회복과 과학문명의 발달은 우리에게 낙관주의적 세계관을 심어주었지만, 지난 20세기 이후 전쟁, 질병과 기아, 핵의 무기화 및 이의 안전사고, 테러, 범죄와 무질서의 심화 등은 우리의 현실을 자각(自覺)하게 하는데 충분하였다. 세계화·지방화라는 상호 조화되기 어려운 국가·사회 현상 속에서 개인과 집단 간의 갈등은 더욱 심화되고 있고, 이에 대한 국가·사회 통제시스템은 이미 한계에 직면한지 오래이다. 이와 같은 미래에 대한 낙관주의의 포기와 미래에 대한 불확실성(不確實性)의 증대는 어떻게 바라봐야 하는가?

2) 범죄와 무질서 문제

흔히들 인간은 사회적 동물이라고 한다. 이는 인간은 혼자서 살아가는 존재가 아니라 서로가 상호작용하면서 함께 살아가는 것을 의미한다. 이러한 인간의 사회적 상호작용은 크게 협력, 경쟁, 그리고 갈등 등의 형태로 나타나며, 이는 오늘날에 국한된 현상이 아니라 인류가 출현함과 동시에 시작된 것이다. 여기서 주목할 것은 협력 및 경쟁과 마찬가지로 갈등 역시 자연스러운 사회화과정의 일부분이라는 사실이다. 범죄와 무질서라는 것은 결국 갈등의 산물인 것이다.

따라서 범죄통제를 위한 노력 역시 인류의 역사와 함께 한 것임을 알 수 있다. 창세기에 이브(Eve)의 사과절도나 카인(Cain)의 아벨(Abel) 살해, 그리스 신화 속의 판도라 상자, 그리고 모세의 십계(十戒), 불교의 오계(五戒) 또는 십계(十戒) 등에서 범죄문제를 규정하고 있다. 이는 인류의 역사와 함께 범죄문제가 인식되고 있으며, 한편으로는 인간의 본성 속에 범죄성(犯罪性)이 있다는 것을 의미하는 것이기도 하다.[1] 한편, 범죄와 관련하여 뒤르켐(E. Durkheim) 등은 범죄를 자연스러운 사회현상 가운데 하나로 보고 사회구조와 이의 관련성을 연구한 바 있다. 그는 범죄가 우리사회에 부정적인 기능 또는 결과를 가져다주지만 한편으로는 부분적으로 긍정적인 특성도 갖는다고 보았다. 즉 범죄가 사회를 통일시키고 결속력(solidarity)을 강화시킨다는 순기능적인 측면도 있다는 것이다.[2]

그렇다면, 개인의 자유와 권리가 신장되는데 많은 기여를 한 근대국가(近代國家)가 등장한 이후 우리사회의 범죄와 무질서 문제는 감소하였는가? 우리나라는 19세기 일본 및 서구열강에 의해 문호를 개방한 이래로, 일제강점기(日帝强占期, 1910~1945)와 미군정기(1945~1948), 그리고 대한민국 정부수립(1948) 이후 오랜 동안의 문민독재와 군사독재시대를 극복하면서 '자유민주주의의 가치'가 확고한 신념으로 자리 잡아가고 있음은 주지의 사실이다. 그렇다면, 우리의 치안여건은 어떠한가? 삶의 질과 밀접한 관련성을 가지고 있는 범죄와 무질서 문제는 국민의식의 향상 및 국가발전과 더불어 감소하고 있는가?

결론부터 말한다면, 범죄와 무질서문제는 결코 감소하지 않았다고 본다. 우리가 최근 범죄현상을 설명할 때 가장 빈번하게 사용하는 표현이 '범죄의 양적·질적 심화(즉, 발생빈도의 증가와 수단의 흉폭화), 광역화·기동화·조직화 등'이라 할 수 있다. 여기에 '범죄

1) 이상현(1996), 범죄심리학, 서울: 박영사, p. 11.
2) John E. Conklin(1998), Criminology, Boston: Allyn and Bacon, pp. 41-42.

의 연소화와 고령화', 그리고 '사이버범죄의 증가'도 일상적으로 사용하고 있다.

이와 관련하여 지난 20년간의 범죄관련 통계를 살펴보자. 비록 범죄통계가 가지고 있는 몇 가지 한계(형사사법기관의 범죄통계 누락 및 의도적 조작, 암수범죄 등)를 고려한다 할지라도 이는 어느 정도 타당성을 갖는다고 본다. 단순 비교로 1990년대 초의 범죄발생건수는 약 130만 건(인구 10만 명당 2,951명)인데, 2015년 현재에는 약 186만 건(인구 10만 명당 3,678명)에 이르고 있다.[3] 그리고 범죄와 직접적인 관련이 없는 경우도 있지만 자살 역시 중대한 사회문제 가운데 하나로 인식되고 있다. 이와 관련하여 2015년에 13,436 명이 자살한 것(1일 약 37명)으로 나타나 OECD 가입국가 가운데 1위를 차지하고 있다.[4]

그리고 교정기관(교도소 및 구치소)에 수감 중인 재소자 현황을 보면, 2015년 현재 약 54,667명(수형자 35,098명, 미결수용자 19,569명)이 수용되어 있고, 수형자 가운데 입소경력이 처음인 자가 19,794명(56.4%), 1회 이상이 15,304명(43.6%)인 것으로 나타났다.[5]

한편, 이러한 범죄문제 등의 심화에 경찰조직의 규모를 계속 확대시켜온 것은 주지의 사실이다. 즉, 경찰관서를 증설(2001년 231개에서 2015년 현재 251개) 및 경찰공무원의 정원(2015년 현재 113,077명)늘이고, 경찰 1인당 담당인구(2001년 526명에서 2015년 456명)를 줄였다.[6] 그러나 이러한 상황에도 범죄와 무질서 문제는 여전히 감소될 기미를 보이지 않는다는 점이다.

이는 미국 등 다른 선진국들 마찬가지이다. 물론, 경찰이 치안환경에 미치는 영향은 한계가 있는 것이 사실이다. 그러나 국가차원의 경찰제도의 개혁 및 경찰조직 스스로가 어떠한 '자아성찰'(自我省察)을 통한 노력을 경주한다면, 일정부분 치안환경의 개선은 이루어질 수 있다고 본다.

3) 경찰청(2016), 경찰통계연보, p. 106.
4) 자살 등에 의한 변사자(變死者)조사 역시 경찰의 중요한 역할 가운데 하나이다. 2015년 현재 자살(13,436명) 외에 타살(512명), 과실사(8,737명), 재해사(148명), 기타(1,913명) 총 24,746명이 변사자로 조사되었다. 한편, 자살자의 직업 가운데 특히, 무직자(無職者, 6,654명) 및 일용노동자(233명)가 전체의 약 51.0%를 차지하는 것으로 나타났다. 사회경제적 무능력이 자살과 밀접한 관련을 가지고 있음을 알 수 있다. 위의 책, pp. 202-203.; 그리고 사회경제적 무능력의 또 다른 모습은 '생계형 범죄' 및 '사회에 대한 분노 표출'과 같은 범죄현상과도 관련성이 있다고 본다. 범죄는 개인적 요인(심리·생물학적 관점)보다 사회환경적 요인(구조·과정)에 의해 좌우되는 경향이 높기 때문이다. 범죄원인이라는 것은 개인적 요인과 환경적 요인들이 복합적으로 결합하여 나타나는 것으로 볼 수 있는데, 일부 범죄학자들은 범죄자 가운데 30%는 선천적·생래적으로 범죄성(犯罪性)을 가지고 태어났고, 나머지 70%는 부적절한 환경적 요인에 의해 범죄를 저지르게 된다고 보기도 한다. John E. Conklin(1998), op. cit., pp. 147-148.
5) 법무연수원(2017), 범죄백서, p. 379.
6) 경찰청(2016), 위의 책, pp. 7-10.

2. 경찰활동에 따른 인권과 질서의 딜레마

1) 경찰과 경찰활동의 발전

공공의 안녕과 질서를 유지하고 범죄를 통제할 수 있는 치안활동 또는 경찰활동의 필요성은 그 정도의 차이가 있을 뿐 어느 사회에서나 요구되었고, 따라서 어떠한 형태로든 존재해 왔다고 볼 수 있다. 국가성립 이전의 고대 부족에서는 부족의 성인 남자들의 집합적 노력을 통하여 자경주의(自警主義, self-policing or vigilantism)의 형태로 개인과 집단을 보호자고자 하는 활동을 수행하였다고 볼 수 있다.

그리고 이러한 범죄 및 무질서에 대한 통제는 '국가'(國家)라는 실체가 역사에 등장하면서 보다 복잡해졌다고 볼 수 있다. 국가성립 이전의 사회와는 달리 국가가 성립되고 보다 체계화 될수록 국가적 차원에서 범죄를 구체적으로 규정하고 이를 체계적으로 통제하려는 경향이 보다 뚜렷하게 나타나기 때문이다.[7] 따라서 국가가 발전함에 따라 자경주의 차원의 경찰활동보다는 제도적·공식적인 경찰활동이 보다 확대되었음을 알 수 있다. 이러한 논의는 대륙법계 경찰개념에서 말하는 이른바 '실질적 의미의 경찰'에서 '형식적 의미의 경찰'로의 변화 또는 발전을 의미하는 것이다(이에 대한 상세한 논의는 제3장 경찰개념 참조).

한편, 클러카스(C.B. Klockars)가 지적한 바와 같이 경찰과 시민의 관계에 대한 새로운 접근은 19세기 이후 전문화된 직업적 경찰활동의 도래와 함께 매우 중대한 관심사가 되기 시작하였다.[8] 서구경찰에 있어서 19세기(예컨대, 1829년 영국 런던수도경찰)를 근대경찰(近代警察)의 출발점으로 보고 있다는 점에서 매우 중요한 역사적 의미를 갖는다.

이는 국가성립 이전의 자경주의적 경찰활동 단계에서 국가성립 이후의 제도적 경찰활동 단계로 발전하고, 근대국가 성립 이후 전문적·독립적 경찰활동 단계로 발전하였다는 것을 의미하기 때문이다. 근대국가 성립 이후의 경찰활동의 특징은 이전(즉, 국가성립은 했으나 근대국가가 성립되기 전)에는 비록 국가차원에서 제도적으로 경찰활동이 이루어지기는 했으나 어떠한 독립성을 갖기보다는 경찰과 군(軍), 경찰과 다른 형사사법기관,

---

7) 또한 국가가 등장한 이래로 인간의 자연적 생활체로서의 이익보호와는 별도로 국가 자체의 질서를 보호하고 이 질서를 침해하는 행위(예컨대, 내란죄와 외환죄 등)를 범죄로 취급하기 시작하였다는 점이다. 따라서 일반적으로 자연범(自然犯, natural crime)으로 인정되는 형법상의 각종 범죄 중에서도 국가의 존재를 전제로 하는 것이 적지 않다는 점을 인식할 필요가 있다. 이 때문에 근대국가의 형벌법규 하에서는 본질적으로 자연범과 법정범과의 구별을 명확하게 하기가 어렵다는 점도 제기된다. 최선우(2003), "형사사법의 역사성과 체제론적 접근," 한국공안행정학회보 제16호, pp. 206-207.

8) Robert H. Langworthy, Lawrence F. Travis Ⅲ.(1994), Policing in America, New York: Macmillan Publishing Company, p. 316 재인용.

경찰과 일반행정 등이 미분화(未分化)된 상태에서 이루어졌다고 볼 수 있다. 또 고대 부족국가에서부터 이루어진 '병농일치'(兵農一致)의 관념 등에 의해 경찰활동이 전문적인 직업인에 의해서 이루어지지 못하였다고 볼 수 있다.

그런데, 근대국가 성립 이후에 경찰이 제도적으로 독립하고, 경찰활동을 전문으로 하는 직업인으로 하여금 관련업무를 수행하게 되었다는 점이다. 이는 근대국가 이전의 지배권력집단의 권력유지 수단으로 존재하는 경찰관념에서 훨씬 진보(進步)한 것이라 할 수 있다.

이렇게 됨으로써 경찰과 시민의 관계는 변화되었고, 매우 큰 역사적 의미를 갖게 된다. 즉, 경찰과 시민의 관계가 권위적·수직적 관계가 아닌 피고용자와 고용자의 관계 속에서 논의되고 있기 때문이다. 즉, 시민이 이전과 같이 경찰활동을 스스로 하기보다는 전문인력을 선발하여 이들로 하여금 관련업무를 수행하도록 하고 대신 이들의 활동에 대한 일정한 대가(즉, 세금)를 지불함으로써, 시민은 일종의 '치안서비스 고객 또는 수혜자'의 위치에 서게 된 것이다.

물론, 오늘날에도 경찰과 시민의 관계에 대한 이러한 인식은 단지 피상적인 선언에 불과하고 현실적으로는 여전히 권위적·수직적 요소(이는 물리적 강제력을 행사하는 경찰활동의 본질에서 비롯된 것이기도 함)가 존재하고, 또 어떠한 것이 바람직한 '경찰상'(警察像)인가 하는 것에 대한 국가적·사회적 합의가 도출되지 못한 부분도 없지 않은 것이 사실이다.

이러한 문제는 비록 자유민주국가일지라도 각 나라가 처한 시대적·역사적 상황에 따라 상이하기 때문이다. 일반적으로 지방분권적인 자치경찰을 기초로 하는 영미법계 국가의 경찰보다는 중앙집권적인 국가경찰을 기초로 하는 대륙법계 국가경찰에서 경찰의 국가지향성은 뚜렷하게 나타나고 있다고 볼 수 있다. 그리고 경찰은 시민에 대한 봉사자가 아닌 감시와 통제자로서 기능을 수행해 온 점도 적지 않다. 그 동안 우리가 경험하였던 수많은 역사적 사실들은 이를 증명해주고 있다.

그런데, 이러한 현상이 비단 대륙법계의 국가경찰에서만 나타나는 것이 아니다. 영미법계의 자치경찰에서도 시민에 대한 감시와 통제, 그리고 경우에 따라서는 부당한 인권침해가 빈번하게 발생해 온 것이 사실이다. 20세기 영국과 미국의 경찰과 시민의 관계에서 이러한 예는 얼마든지 찾을 수 있다.

2) 인권과 질서의 딜레마

그런데, 흥미로운 것은 국가가 개인의 자유 및 권리 확대를 보장하는 정도 즉, 인권보장(人權保障)의 정도는 범죄 및 무질서의 증가와 일정한 관련성을 갖는다고 보기도 한다는 점이다. 우리나라뿐만 아니라 자유민주주의 이념이 훨씬 이전부터 정착되어온 선진국에서도 범죄와 무질서 문제는 해결(보다 정확하게는 '감소')되지 않고 있다. 여전히 살인 및 강도와 같은 강력범죄가 많이 발생하고 있고, 교도소는 과밀수용 문제로 어려움을 겪고 있는 실정이다. 미국의 예를 든다면, 1990년대 후반에 이르러 이전보다 범죄통제에 대한 국가적 노력(예산규모 등)을 훨씬 많이 하고 있으나 100만 명이 넘는 범죄자들이 교정기관에 수감되어 있으며, 여전히 범죄문제는 해결될 기미를 보이지 않고 오히려 악화되고 있는 실정이다.[9)]

윌슨(J. Q. Wilson)은 이러한 범죄 및 무질서 문제의 본질이 바로 인권보장의 정도와 밀접한 관련성이 있다고 보았다.[10)] 그는 국가가 개인의 '자기표현'(personnel expression)의 권리를 장려 또는 보장해주는 것은 한편으로는 '자기방종'(self- indulgence)을 장려하는 것과 '동일한 결과'를 가져다준다고 보고 있다. 바꿔 말하면, 자유롭게 무엇인가를 행사하고자 느끼는 사람은 마찬가지로 정당성과 불법성의 여부를 떠나서 자신의 권리를 자유롭게 행사하고자 하는 욕구를 갖게 되고, 결과적으로 그것이 무질서한 상태로 표출될 가능성을 내포하고 있다는 것이다. 자기욕구를 범죄로 표출시키고자 하는 것도 마찬가지이다.

이러한 시각에서 본다면, 일정한 수준에서 개인의 자유와 권리를 통제할 필요성이 제기된다. 그렇다면, 그 기준은 어디에 있는가? 이와 관련하여 밀(J. S. Mill)은 그의 저서인 『자유론(On Liberty, 1859)』에서 개인은 자기 자신의 행복을 제 각기의 방식에 따라 추구할 수 있는 자유(사상과 언론의 자유 등)를 가졌을 때, 참다운 의미의 자유라고 하였다. 그러나 다른 사람의 권리나 자유를 침해하거나 공동체의 안전을 위협할 때에는 그 자유를 억제해야 한다고 하였다. 밀은 보호받아야 할 자유와 제한받아야하는 자유를 구별하여 개인 또는 공중에게 분명한 가해의 위험이 있을 때에는 그것은 자유의 영역을 넘어서 '법이나 도덕'의 '공적 제약' 영역에 속한다고 본 것이다. 그래서 관객으로 가득 찬 극장 안에서 '불이야!'(fire!)하고 큰 소리 칠 수 있는 자유란 돌발적 사상자가 생길 위험 때문에 그 자유를 스스로 억제해야 한다는 것이다. 밀은 개인의 자유를 다른 사람의 권리와

---

9) Samuel Walker(1998), Popular Justice: A History of American Criminal Justice, NY: Oxford University Press, p. 1.
10) James Q. Wilson and Susanne Washburn(1993.8), "A Rhythm to the Madness," Times, p. 31.

공동체의 안전을 전제로 한 질서와의 관계에서 본 것이다.[11)]

이렇게 볼 때, 밀의 자유론은 약육강식, 적자생존 등 자연질서(自然秩序)상에서의 자유를 논한 것이 아니라 강자로부터 약자가 보호되는 사회질서(社會秩序, social order)상에서의 시민의 사회적 자유를 논하였음을 알 수 있다. 그리고 이러한 사회질서상의 자유는 국가의 적절한 중재 또는 조정이 이루어질 때 가능한 것이다. 물론, 밀은 국가의 가치라는 것은 결국 그 국가를 구성하는 개인의 가치에 있으며, 따라서 개인을 경시하는 국가는 존립하지 못한다는 점을 분명히 하고 있다.

그런데, 여기에서 주의해야 할 점이 있다. 이 글에서 논의하는 인권과 질서에 대한 경찰의 개입은 원칙적으로 '가치중립적'이어야 한다는 점이다. 헌법(憲法)에서 보장하고 있는 개인의 기본권과 공공의 안녕과 질서유지를 위한 기본권 제한(제37조)은 이러한 가치중립적 관점을 전제로 한 것이라고 본다. 경찰은 전형적인 법집행기관으로서 그러한 법집행의 정당성은 가치중립적인 '적법절차'(適法節次, Due process of law)에 의해서 실현되는 것이다.

이러한 경찰의 가치중립은 특히, 정치권력에 대한 객관적 태도를 의미한다. 바꿔 말하면, 경찰이 정치적으로 중립적이지 못하고 자의적으로 또는 소수의 국가 지배권력집단의 의사를 반영하여 법집행을 하였을 때에는 인권은 후퇴할 수밖에 없다. 이렇게 되면, 범죄와 무질서 문제보다 더욱 심각한 사태 즉, 독재권력(獨裁權力)이나 경찰국가(警察國家)를 조장하게 됨은 자명한 이치이다.

생각건대, 개인의 자유와 권리보호가 범죄 및 무질서와 밀접한 관련성이 있다 할지라도 경찰의 존재가치는 1차적으로 집단보다는 개인, 질서유지보다는 인권보장에 있다고 본다. 이는 헌법의 기본 정신에도 부합하는 것이다. 경찰이 진정으로 개인의 자유와 권리를 보호해주고, 국민(개인)으로부터 신뢰와 존경을 받게 되고, 그러한 상태에서 정당하게 공권력이 행사할 수 있다면, 범죄와 무질서 문제는 상대적 감소될 것으로 기대한다.

제복이 존경받는 사회

국가가 부르면 기꺼이 목숨을 바치고, 시민의 안전이 위협받으면 용감히 뛰어들어 자신을 희생하는 사람들이 있다. 바로 경찰, 군인, 소방관과 같은 '제복을 입은 대원들'(MIU: Men In Uniform)이다. 미국, 유럽에서는 국가와 국민을 위해 순직하거나 다친 MIU에게 존경과 신뢰를 보내고, 전 국민이 공유하는 애국심의 상징으로 내세우

11) 이상안(2005), 인권과 질서, 서울: 대명출판사, pp. 53-54 재인용.

고 있다.

순직경찰의 이름은 워싱턴 시내에 있는 국립법집행관기념관(National Law Enforcement Officers Memorial)에 있는 청회색 대리석에 새겨져 미국인들의 영웅이자 친구로 영원히 추앙받고 있다. 100m 길이의 두 개의 장벽에는 1792년 이래 근무 중 순직한 1만 8,600여 명의 이름이 새겨 있다. 1년 365일 워싱턴을 찾는 사람들에게 개방되는 관광명소 중 하나인 이곳에는 연간 25만 명 이상의 방문객이 찾고 있다. 또 1962년 이래 해마다 5월이면 워싱턴 시내 한복판에서 경찰행사가 열리고 있다. 케네디(John F. Kennedy, 1961~1963)대통령 시절 법으로 정해진 이 행사에서는 매년 2만 명 이상의 시민이 참석해 매년 순직 경찰관들의 명복을 기리고 시민들의 질서와 안전을 지키는 경찰에 감사를 표하고 있다.

미국은 경찰, 소방관 등이 근무 중 순직할 경우 공공안전봉사관 연금법(1976년 제정)에 따라 지원을 받고 있다. 이 뿐만 아니라 순직자나 임무를 수행하다 장애를 가지게 된 사람들의 배우자나 자녀들에 대해서도 교육지원금을 지급하도록 하고 있다. 그리고 순직한 MIU들에 대한 시민들의 자발적인 성금은 특히 주목된다. 카운티별로 지역 신문이나 소식지 등에 모금계좌를 알리면 상당한 금액이 모금된다고 한다. 최소한 국가와 사회를 위해 봉사하다 숨진 MIU의 유가족이 생계를 걱정하지 않게 해야 한다는 사회적인 합의가 바탕이 되지 않으면 쉽지 않은 일이라 할 수 있다. 물론 경찰이 항상 사랑을 받는 것만은 아니다. 때로는 지나치게 무자비한 법집행으로 공포의 대상이 되기도 하고 소수인종들에게 편견을 갖고 있다는 비난도 받는다. 시민들의 사랑은 당연한 것은 아니며, 경찰이 시민들에게 희생·봉사 한 만큼 되돌아오는 것이다.[12)]

살아있는 한국 경찰의 혼(魂)–차일혁

경찰이 사회구성원들로부터 존경과 신뢰를 받기 위해서는 무엇보다도 올바른 경찰정신(警察精神, Police Spirits)의 함양이 되어 있어야 한다고 본다. 이와 관련하여 경찰의 역사적 발전과정에서 면면히 흐르고 있는 올바른 경찰정신을 경찰조직과 경찰 개개인이 계승하였을 때 그 성과는 지대하다고 본다. 이러한 시점에서 한국경찰 역사에 있어서 경찰로서 타(他)의 모범이 될 만한 인물을 찾아 그의 행적과 정신을 고찰하는 것은 매우 의미 있는 일이라고 본다. 그러한 인물을 역할모델(role model)로 하여, 경찰 개개인이 자아성찰(自我省察)하고 이를 뒷 받침해줄 수 있는 조직개혁이

12) 동아일보(2010.4.8.).

이루어 질 수 있다면, 그 성과는 매우 높기 때문이다.[13]

한국경찰의 역사에 있어서 타의 모범이 될 만한 경찰은 비록 우리에게 널리 알려지지 않았지만 적지는 않다고 본다. 그리고 이 가운데 차일혁(車一赫, 1920~ 1958) 총경은 단연 발군의 인물이라 할 수 있다. 그는 경찰조직 내에서도 역대 경찰공무원 가운데 가장 존경을 받고 있고, 조직 외적으로도 그의 행적은 만인의 귀감이 되고 있기 때문이다. 그는 2000년 조선일보사가 발표한 "20세기를 빛낸 위대한 인물"에 경찰로는 유일하게 선정되었고, 2008년에는 경찰로서는 최초로 보관문화훈장(1950년대 전란(戰亂) 중에 문화활동에 대한 특별공로를 인정)을 받았다.

경찰정신을 굳이 나누어 살펴본다면, ㉠ 민주주의에 대한 확고한 신념과 이를 바탕으로 한 호국·애국정신(護國·愛國精神), ㉡ 국민주권주의 원리에 바탕을 둔 애민·봉사정신(愛民·奉仕精神), ㉢ 경찰조직의 일원으로써 정치적 중립성을 갖고 주어진 사명에 충실할 수 있는 주인정신(主人精神), ㉣ 직무를 수행하는 과정에서 부정부패의 유혹을 과감히 뿌리칠 수 있는 청렴정신(淸廉精神) 등을 들 수 있다.

차일혁 총경은 일제 강점기에 중국 황포군관학교(黃埔軍官學校, 1937) 및 조선의용대(朝鮮義勇隊, 1941)에 입대하여 항일투쟁을 하였으며, 해방 후에는 귀국하여 일본경찰을 처단하기도 하였다. 그는 1950년 6.25 동란시에 잠시 민간인 신분으로 유격대를 편성하여 전쟁에 참여하였고, 동년 12월 10일 경감(警監)에 임명되어 제18전투경찰대장으로 보직을 맡게 되었다. 이후 그는 빨치산토벌전쟁에 참여하여 많은 전공(칠보발전소 탈환과 최초의 경찰단독 작전에 의한 고창전투 승리 등)세웠으며, 토벌전쟁 수행도중 군·경에 의한 주민수탈이 빈번하게 자행되었던 당시의 상황에서도 그는 오히려 전란으로 피해를 입은 주민들의 위해 헌신하는 애민·봉사정신을 보여주었다. 심지어 당시 극단적인 이념대립을 초월하여 빨치산 동조자 및 빨치산을 까지도 동포로써 최대한의 예우를 다해주었다.[14] 그리고 그는 당시 정치권력과 군의 정치적 압력에 굴복

---

13) 예나 지금이나 정도의 차이는 있겠지만 경찰의 부적절한 직무수행 및 행태와 관련하여 많은 사회적 비난이 그치질 않고 있다. 이러한 문제를 극복하는 방법으로서 여러 가지가 있겠지만 그 가운데서도 경찰기강, 즉 경찰정신(警察精神)의 재확립이 무엇보다도 강조되고 있다. 그렇다면, 경찰정신을 재확립하기 하기 위해서는 근본적으로 무엇이 필요한가. 이 문제는 단순히 일회성 구호에 의해 해결되기는 어렵다고 본다. 그러나 경찰은 어떠한 근본적인 변화 없이 예나 지금이나 여전히 보여주기식 행태를 반복하고 있다. 예컨대, 지난 2012년 4월 수원의 여성 납치 피살사건(오원춘사건) 및 경찰의 금품수수 사건 등이 잇따라 발생하자 분위기를 쇄신하고자 하는 차원에서 전국 10만 경찰관을 대상으로 5월 18일부터 6월 29일까지 43일간 경찰의 근본적인 의식개혁을 위한 '초심 찾기 大프로젝트'를 진행한 바 있다. 이를 위해 경찰청 단위에서 경찰서 단위에 이르기까지 경찰지휘부와 현장경찰에 대해 1박2일의 합숙교육을 실시한 바 있다. 그러나 이러한 정신개혁운동으로 경찰조직의 변화가 있을 것이라고 기대하는 사람은 거의 없다고 본다.

14) 1950년 한국전쟁 중에 대한민국 국군·헌병·반공 극우단체 등이 국민보도연맹원이나 양심수를 포함해 적어도 20만 명 남짓을 살해했다고 여겨지는 민간인 학살 사건이 자행되었다. 이를 '보도연맹 학살사건'(保導聯盟 虐殺事件)이라고 한다. 이 사건에는 미군도 민간인 집단 학살 현장에 개입한 것으로 나타났다. 오랜 기간 동안 대한민국 정부가 철저히 은폐했고 금기시해 보도연맹이라는 존재가 잊혀져 왔지만, 1990년대 말에 전국 각지에서 보도연맹원 학살 사건 피해자들의 시

하지 않고, 경찰본연의 자세를 가지고 주어진 임무에 충실하였다.
한편, 공비토벌이 거의 끝나고, 1954년 9월 충주경찰서장으로 부임하여서는 충주직업청소년학교를 만들어 전란으로 부모와 집을 잃고 갈 곳 없는 유랑 소년소녀들이 학교공부와 직업교육을 병행할 수 있도록 하였다. 대한민국 정부수립 후에도 여전히 많은 친일경찰들이 이승만정부와 결탁하여 국가정의(國家正義)를 혼탁하게 하였는데, 그는 이를 배격하고 독립운동의 전통성을 바탕으로 민족주의·민주주의적인 경찰로서 타의 모범이 되었던 것이다.
요약건대, 차일혁 총경은 한국 근현대 경찰사(警察史)에 있어서 뚜렷한 역사적 족적을 남긴 인물이라고 할 수 있다. 1950년대 좌우(左右)라는 이념대립을 초월한 그의 애국(愛國)·애민(愛民)정신은 우리에게 시사하는 바가 매우 크다고 본다. 시대는 다르지만 오늘날 우리사회가 안고 있는 세계화와 지방화의 갈등, 보수와 진보의 갈등, 개인과 국가의 갈등 속에서 경찰이 나아가야 할 방향을 재시해주고 있기 때문이다. 그의 경찰정신을 재조명하는 것은 온고지신(溫故知新) 이자 법고창신(法故創新)의 의미를 갖는다.
차일혁 총경은 지난 2011년 8월에 경무관으로 추서되었다. 53년만의 일이다. 경찰청은 차일혁 총경과 함께 6.25 동란 중 공을 세우고 전사하거나 위험한 직무를 수행하다 순직한 경찰관 709명도 한 계급씩 특진시켰다. 2009년에는 아산경찰교육원에 2,000석 규모의 차일혁 홀이 개관되었다.[15)]

제2절 이 책의 접근방법

1. 이 책의 기본체계

경찰학(警察學, Police Science)에 관심을 가지고 있는 사람의 입장이라면, 이의 연구대상 및 방법이 다른 어떠한 인접학문보다 복잡하고 포괄적이라는 사실을 인식하고 있을 것

체가 발굴되면서 보도연맹사건이 실제 있었던 사건임이 확인됐다. 현재에도 사건의 진상조사가 이루어지고 있다.

15) 차길진(1990), 빨치산 토벌대장 차일혁의 수기, 서울: 기린원.; 경찰종합학교(2008), 살아있는 한국경찰의 혼: 차일혁 총경 일대기.; 최선우(2012), "경찰정신(警察精神)에 관한 연구: 차일혁(車一赫)을 중심으로," 한국경찰연구 제11권 제4호, pp. 345-374.

이다. 경찰학은 단일의 학문적 성격을 갖기 보다는 철학, 법학, 행정학, 정치학, 범죄학(사회학·심리학·생물학), 역사학, 그리고 자연과학에 이르기까지 다른 여러 관련분야의 지식기반을 총체적으로 이용하는 복합학문적(interdisciplinary) 성격을 가지고 있기 때문이다. 이 때문에 학문적 정체성을 확립하는 것을 결코 쉬운 일이 아니다(이 문제는 제2장에서 자세히 살펴보기로 한다).

이처럼 경찰을 학문적으로 접근하기가 어려운 이유는 연구의 대상이 되는 경찰현상(警察現象)이 매우 복잡·다양하고, 이에 대한 경찰활동 역시 복잡·다양하기 때문이다. 즉, 경찰은 여러 국가기관 가운데 범죄 및 무질서로 인한 위험으로부터 개인의 자유와 권리의 보호, 공공의 안녕질서 유지를 위한 대표적인 기관으로서 수많은 활동을 하고 있다. 그리고 이를 위해 경찰은 사전 예방적 차원에서 그리고 사후대응적 차원에서 수많은 권한(행정경찰권한과 사법경찰권한)을 행사하고 있다.

주지하는 바와 같이, 오늘날 범죄문제 등에 대한 국가적 차원·사회적 차원의 대응은 '형사사법'(刑事司法, Criminal Justice)이라는 말로 설명된다. 여기에서 경찰은 일반 시민들과 가장 밀접한 관계를 맺고 직접적으로 치안서비스를 제공하는 국가공권력으로서 매우 중요한 의의를 갖게 된다. 즉, 경찰은 형사사법체계의 제1단계에 위치한 '입구'(intake valve)로서, 경찰의 범죄예방과 수사의 결과 여하에 따라 다음 단계인 기소와 재판 그리고 행형과 교정대상의 양과 질을 좌우하기 때문이다.[16)]

이러한 이유로 경찰은 거대한 조직체계(국가경찰·자치경찰과 관계없이 전체 조직규모면에서 볼 때)를 갖추고, 어떠한 국가기관보다도 다양한 활동영역에서 많은 재량권을 행사하고 있다고 본다. 그리고 이러한 이유로 인해 경찰은 그 권력을 오남용 하여 인권침해를 하게 되고, 또 국가권력집단의 체제유지 수단으로 전락하기도 하였다. 이러한 점에서 경찰활동의 정당성(正當性)은 국가이념·경찰이념 차원의 형이상학(形而上學)에서 시작되어, 현장대응의 적절성과 관련된 기술적 수단 차원의 형이하학(形而下學)에까지 이르는 과정에서 찾아야 한다는 어려움이 있다.

이상과 같은 문제 인식하에 이 책에서는 아래와 같은 일정한 기본체계를 정립하고, 이와 관련되는 주요 현안 및 쟁점들을 중심으로 접근하고자 하였다. 이러한 기본체계는 인간의

16) 백형조(1985), "한국형사사법행정의 문제점과 대책: 경찰의 역할을 중심으로," 서재근 편저, 한국 형사사법행정의 발전과 그 과제, 서울: 신흥출판사, p. 25.; 이는 경찰의 방범활동이 어느 정도의 성과를 거두느냐에 따라 혹은 범죄인지와 검거율에 의해서 형사사법적 대응의 양이 결정되고, 수사과정의 인권존중과 증거확보의 정도에 따라 유죄와 양형 결정 등 형사사법의 질을 좌우하게 된다는 것을 의미한다. 그렇기 때문에 경찰은 범죄통제에 있어서 가장 본질적이고, 대표적인 치안서비스를 제공하는 공식적 조직 가운데 하나로 인식되는 것이다. 최선우(2010), 경찰과 커뮤니티, 서울: 대왕사, p. 22.

신체에 비유할 수 있을 것이다. 즉, 맨 위는 인간의 머리에 해당하고, 가운데는 몸통, 그리고 좌우는 팔과 다리에 해당한다고 볼 수 있다. 이는 경찰조직을 하나의 '유기체'(有機體)로 간주하고 상호간의 긴밀한 상호작용을 전제로 한 것이다.

여기에서 주의 할 것은 각각의 부분이 불균형을 이룰 때(즉, 머리가 지나치게 크거나, 몸통이 지나치게 비대하거나, 손발이 지나치게 왜소할 때 등)에는 정상적인 기능을 하기가 어렵다는 점이다. 바꿔 말하면, 경찰 스스로가 자신들의 정체성을 확립하고 있지 못한다거나, 조직구조에서 지나치게 특정계층에 권한이 집중되어 있거나, 일선경찰이 노령화 또는 왜소할 때(중앙으로부터 소외, 낮은 직무만족, 권한의 지나친 제한 등) 주어진 목표를 달성하는데 한계가 있다는 점이다.

〈이 책의 기본체계〉

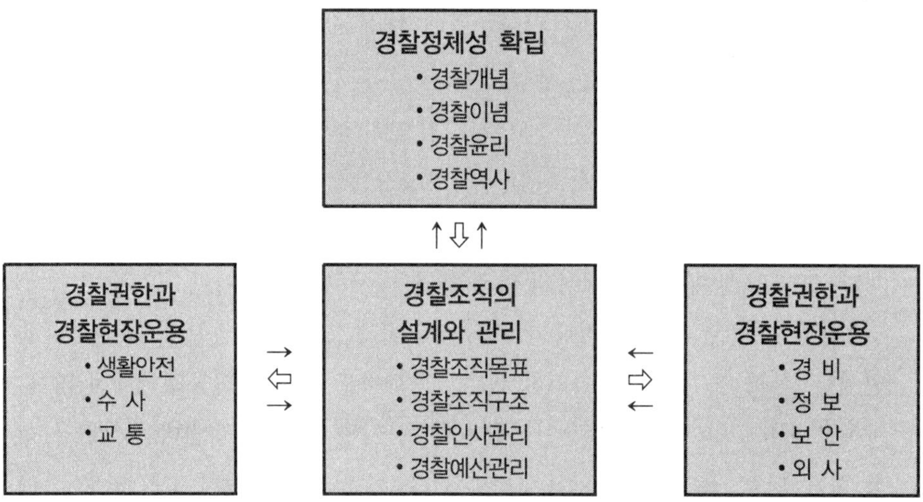

2. 연구의 범위

이상에서 살펴본 바와 같이 경찰현상과 그에 대한 연구대상은 너무나 광범위하고 복잡하다. 따라서 이 책에서는 경찰개념 정립을 하나의 출발점으로 하여 다음과 같이 접근하고자 하였다.

첫째, 형식적·제도적 의미의 국가경찰을 중심으로 접근하고자 한다. 형식적·제도적 의미의 국가경찰이라는 것은 일반경찰법상의 경찰(즉, 통일된 제복을 입은 경찰)을 의미하는 것이다.

둘째, 이러한 일반경찰법상의 경찰은 (육상)경찰과 해양경찰로 구분되는데, 이 연구에서는 현행 '경찰법'(警察法)상의 경찰 즉, (육상)경찰을 대상으로 하였다. 해양경찰에 대한 내용은 필요한 부분에서 다루고자 하였으며, 한편, 제주특별자치도 자치경찰 역시 부분적으로 설명하고자 하였다.

셋째, 따라서 이 책에서는 종래 행정법에서 다루는 실질적의미의 경찰에 해당하는 부분은 가급적 연구대상에서 제외시켰다. 이렇게 함으로써 경찰학의 고유한 학문적 영역을 정립할 수 있을 것으로 기대한다.

제2장

경찰학의 성립과 패러다임

제1절 경찰학의 학문성과 패러다임 정립문제

1. 경찰학의 의의

경찰현상을 하나의 학문(學問)으로 인식하고 오늘날 이에 대한 연구가 활발하게 이루어지고 있는 까닭은 무엇인가?[1] 인간의 본능적인 자위(自衛, self defense)수단으로서의 경찰기능과 국가차원의 경찰제도의 역사가 오랫동안 전개되어 왔음에도 불구하고, 이의 과학적·체계적인 접근은 그리 오래되지 않았다고 본다. 경찰을 과학에 기초를 둔 하나의 독자적인 학문영역으로 인식하기 시작한 것은 최근의 일이다. 비교적 일찍 근대경찰 개념이 정립된 서구에서도 경찰에 대한 학문적 접근은 20세기 중반에서야 비롯된 것으로 보기도 한다.[2]

서구에서는 경찰학(警察學, police science)에 대해서 "이는 응용학문으로써 학문적 방법론 및 이론체계를 활용하여 공공질서유지와 경찰체제 그리고 경찰활동에 관련된 문제를 해결하기 위한 과학적 연구이다"라고 정의하고 있다.[3] 이에 대해서 이황우교수는 "실정법상의 경찰조직 및 활동에 관한 학문적 연구성과의 총체라고 정의할 수 있으며, 철학·사회학·행정학, 기타 경험과학 분야를 포함하고 있다. 따라서 경찰학은 경찰실무와 동떨어진 공리공론(空理空論)이 아니며, 실무를 학문적으로 이론화한 것이다. 즉, '경찰'이라고 불리는 국가제도(지방제도 포함) 또는 공권력 행사와 관련된 제반 관념이나 현상 혹은 원리들을 체계적으로 규명한 지식의 총체를 일컫는 말이다. 그러므로 시각적으로 확인되는 경찰조직의 구조, 활동, 관리뿐만 아니라 경찰관들의 의식세계나 범죄와 같은 일탈행

1) 최선우(2007), "경찰학의 패러다임과 발전과제 연구," 경찰학논총 제2권 제1호, pp. 45-73.
2) 이상안(1999), 신경찰행정학, 서울: 대명출판사, p. 145.
3) Hans Gerd Jaschke etc.(2007), Perspectives of Police Science in Europe, European Police College. p. 24.; 김창윤(2012), "한국 경찰학의 성립과 기원에 관한 연구," 한국공안행정학회보 제47호, p. 93 재인용.

위까지도 연구영역에 포함된다"고 하였다.[4]

경찰학에 대한 논의는 이를테면 '이론(理論)과 실제(實際)'의 문제인데, 이의 접근은 실용주의적인 면이 강하다. 즉 이왕이면 좀 더 양질의 치안서비스를 제공할 수 있는 경찰제도의 운영 및 관리방법 등을 모색하기 위한 것이다. 현대 자유민주주의 사상에 입각해서 국가 지배권력의 의사를 반영한 것이 아니라 일반 시민을 위해서 존재하는 경찰상을 구현하고(물론, 이상과 현실 간에는 괴리가 있기 마련이지만), 경찰이 보다 효율적으로 치안서비스를 제공하고, 부정부패를 저질렀을 때는 이를 적절하게 통제할 수 있는 방법 등을 강구하는 것 등의 노력을 이론적으로 구상하고 그것을 실행에 옮기게 되면 보다 성과가 있기 때문이다.

따라서 경찰학에 대한 학문적 요구는 우리사회가 요구하는 경찰을 조직화하여 운영하고, 이를 통해 최적의 치안서비스를 시민들에게 제공하기 위한 일종의 '사회적 기반'(social infra)을 구축하기 위한 것이다. 이러한 관점에서 볼 때, 경찰에 대한 학문적 논의는 바로 경찰의 '진보'(進步)를 지향하기 위한 과정이라고 할 수 있을 것이다.

2. 경찰학의 연구대상과 방법론

1) 과학적 접근과 한계

경찰학을 연구하는데 있어서 과학적 접근방법을 취하는 것은 중요한 일이다.[5] 과학적 접근이라는 것은 경찰현상을 경험적으로 분석하여, 그것에 내재된 일정한 법칙성(法則性)과 보편성(普遍性)을 발견하는 과정이라고 할 수 있다. 이를 위해서는 연구의 접근방법이 체계적·경험적·실증적·객관적·계량적일 것이며 요구되며, 이의 성과는 일반성 또는 보편성을 지녀서 결과적으로 미래의 유사한 상황에서도 그러리라는 예측까지도 할 수 있도록 해야 할 것이다. 이를테면 현실의 세계에 있는 사실로부터 귀납(歸納)적으로 잠정적인 이론을 정립해 놓고, 이것을 이론의 세계에서 연역(演繹)하여 예측을 가능케 하고, 그 예측된 것을 다시 현실의 세계에서 입증하여 완벽한 이론으로 정립시키고, 또 정립된 이 이론은 다음의 새로운 이론을 도출하기 위한 출발점 내지 가설로 삼을 수 있다면 이는 매우 의미 있는 일이다.[6]

---

4) 위의 논문, p. 93 재인용.

5) 경찰학의 학문적 접근방법 역시 다른 사회과학과 마찬가지로 여러 가지가 있는데, 방법론 자체는 크게 다르지 않고, 다만, 연구대상에 있어서 차이가 있다고 본다. 이를테면 연구방법과 연구대상은 '체용'(體用)의 관계이며, 따라서 인접학문의 일반론적인 접근방법은 모두 경찰학에 있어서도 중요한 접근방법이 될 수 있다고 본다.

일반적으로 경험의 세계에서 타당성이 있다고 믿게 될 때 우리가 생각하고 있던 변수와 변수와의 관계는 하나의 진리로 판명되고, 그것을 '이론'(理論, Theory)이라고 부르게 된다. 어떻게 보면, 이론이라는 것은 '예측가능성'(豫測可能性)을 의미하는 것이다.[7] 이 경험의 세계에서 판명된다는 것은 실증적으로 알아낸다는 의미가 되며, 그것은 또한 한두 사람의 견해에 따르는 것이 아니라 많은 사람이 그렇다고 생각하는 객관적인 수준에서 이루어져야 한다는 것을 의미한다. 과학적 방법의 속성이 경험적·실증적·객관적이라고 하는 것은 이러한 의미를 갖는다. 그리고 과학적 방법이 객관적 또는 일반적인 것이 되어야 하고 수학의 논리를 따르는 것이므로 현상의 분석절차나 방법이 계량적인 형식으로 이루어져야 한다.

그러나 여기서 주의해야 할 것은 사회과학의 한 유형으로서 경찰학의 일반성이라고 하는 것이 자연과학의 그것과 꼭 같을 수가 없다는 점이다. 즉, 이들 상호간에는 연구의 대상이 지니는 성격이 서로 다르기 때문에 경찰학에서는 사실상 일반이론(General theory or Great theory)으로 정립하기는 어렵고 그 지역 또는 나라가 처한 역사성이나 문화적 특수성에 맞는 중범위이론(Middle gauge theory)을 정립하는 정도가 보다 현실적일 수 있다. 따라서 예컨대, 전 세계에 공통적으로 적용되는 경찰개념과 경찰이념, 조직체계를 제시한다는 것은 사실상 불가능한 일이라고 본다(반면, 만유인력의 법칙 등 자연과학의 경우에는 적어도 지구 대기권 내에서는 보편적인 진리가 된다).

이론적 검토: 형사사법이념과 수사구조론

이론적 관점에서 형사사법이념과 수사구조론(搜査構造論)을 살펴보자. 형사사법이 지향하는 목표는 궁극적으로 범죄통제에 있다고 볼 수 있다. 따라서 형사사법이라는 것은 경찰·검찰·법원·교정기관의 과학적 행정을 통하여 범죄통제를 꾀하고자 하는 일련의 지식체계라 할 수 있다.[8] 이 범죄통제 목표를 달성하기 위해서는 무엇보다도

6) 이하 접근방법론에 대한 기본논의는 최종태(1988), 조직구조론, 한국방송통신대학교, pp. 1-7 재구성.

7) 많은 사람들은 이론이란 말을 처음 접할 때 당장 저항감을 가진다. 그것은 이론이란 무언가 추상적인 것이어서 '현실세계'에 잘 들어맞지 않는다고 보기 때문에 일어나는 감정이다. 그러나 우리는 부지불식간에 항상 이론을 이용하고 있고, 이것은 곧 일상생활을 일부를 이루고 있다. 예컨대, 우리가 하늘의 먹구름을 보고 곧 비가 올 것 같다고 말한다면, 이것은 바로 하나의 이론을 말한 것이다. 이러한 이론은 아주 간단한 것일 수도 있고, 매우 복잡한 것일 수도 있는데, 그것은 표현하는 관계의 수와 형태에 달려 있다. 이론은 또 구체적일수도 있고 추상적일수도 있다. 우리가 세상을 살아가기 위해서는 이론이 필요하다. 사물에 대한 일반화를 하지 못할 경우 우리의 삶은 어찌될 것인가를 생각해보자. 요약건대, 이론은 일종의 일반화(一般化)이고, 그것은 둘 또는 그 이상의 사건 내지 현상들이 서로 어떻게 관련되어 있는가를 설명해주는 것이다. 물론, 자연과학은 100% 맞을 때 이론으로 정립되지만 사회과학은 30% 수준에만 이르러도 이론으로 정립될 수 있다고 본다. 상징적 상호작용을 하는 인간의 행태에서 일반성·법칙성을 발견한다는 것은 그만큼 어려운 일이다. Frank P. Williams, Marilyn D. McShane/박승위 역(1994), 사회문제론, 서울: 민영사, p. 11.

㉠ 실체적 진실발견이 핵심이라 할 수 있는데, 한편으로는 그러한 과정에서 야기될 수 있는 ㉡ 인권침해에 대한 보호 역시 이에 못지않은 중요한 비중을 차지하고 있다.

그렇다면, 이러한 형사사법 목표를 달성하기 위해서 공식적 형사절차의 첫 단계인 '수사구조'(搜査構造)를 어떻게 하는 것이 바람직한 것인가? 바꿔 말하면, 하나의 이론으로서 어떠한 형식의 수사구조를 갖추었을 때, 현실적·미래지향적으로 범죄통제의 효율성을 극대화시킬 수 있을 것인가 하는 문제이다. 그리고 이 수사구조론의 핵심에 수사권독립론(搜査權獨立論)이 자리 잡고 있다.

현행 우리나라 형사소송법은 검사와 사법경찰관을 수사의 주체로 두고 있으나, 모든 수사의 지휘에 있어서 검사의 지휘를 받도록 하고 있다(법 196조). 그런데, 수사현실에 있어서는 대부분의 수사가 법무부 소속의 검사가 아닌 경찰청 소속의 사법경찰의 독자적인 판단에 의하여 이루어지고 있다는 점이다. 경찰조직은 경찰청을 정점으로 하여 전국의 일선 지구대·파출소에 이르는 체계화된 조직을 바탕으로 범죄예방의 중추적인 역할을 수행하고 있고, 범죄수사는 이러한 범죄예방이 실패하였을 경우에 이루어지기 때문에 양자는 불가분리성(不可分離性)의 관계를 갖는다고 볼 수 있다.

여기에서 법과 현실의 괴리를 엿볼 수 있는데, 양자의 조화를 꾀하기 위하여 사법경찰관에게 검사의 지휘·감독으로부터 독립한 수사주재자로서의 지위를 부여하자는 입법론적 주장을 수사권독립논이라고 한다.

그런데, 형사사법에 있어서 수사권한과 같은 물리적 강제력의 사용이 법적으로 허용되고 있는 두 국가기관(경찰과 검찰)의 관계를 놓고 나라마다 차이를 보이고 있다. 먼저, 독일과 같은 대륙법계의 수사구조에서는 사법경찰을 검사의 지휘·감독 하에 두고 있는 형태를 취하고 있다. 이는 검찰의 인권보장기관으로서의 역할 정립 및 중앙집권적인 국가경찰에 대한 권력분립의 관점에서 의미를 갖는다. 반면, 미국, 영국 등 영미법계에서는 대륙법계와 같이 검찰과 경찰이 수직적인 지휘·감독관계에 놓이게 될 때, 형사사법기관 간의 '견제와 균형'(check and balance)원리가 깨지고, 또 수사절차상의 비효율적인 운영 등으로 인해 양 기관을 역할을 분리시켜 경찰은 수사, 그리고 검찰은 소추에 전념하도록 하고 있다.[9)]

생각건대, 우리나라가 직면한 수사권독립논쟁은 두 권력기관 간의 밥그릇 싸움 또는 이해타산에 의하기보다는 개인의 자유와 권리의 보호를 본질로 하는 민주주의적 가치실현에서 찾아야 한다고 본다. 그러나 양 기관 모두 권력의지(權力意志)가 팽배한 현 상황에서는 어떠한 '정치적 결단'(政治的 決斷)만이 해결의 실마리가 될 것으로 보인다.

8) Joseph J. Senna, Larry J. Siegel(1998), Essential of Criminal Justice, N. Y.: Wadsworth Publishing Company, p. 8.
9) 신동운(2006), 형사소송법, 서울: 법문사, pp. 51-53.

따라서 이러한 문제는 어떻게 보면 경찰학 연구의 일반화에 대한 한계를 보여주는 것이기도 하며, 한편으로는 경찰학에서 이용하고 있는 과학적 방법 자체에 일정한 한계가 내재해 있다는 것을 의미하는 것이 된다. 그것은 경찰학의 주요 연구 대상인 경찰조직과 인간의 행태가 과학적으로 규명하기에는 사실상 불가능할 정도로 매우 다양하고 복잡하기 때문이다. 이 밖에도 경찰학의 연구대상에 있어서 법과 제도, 환경적 요인 등 다양한 대상에 대한 접근이 요구된다. 그러나 결과론적으로 본다면 모든 연구는 인간행태에 귀결된다고 본다. 사회과학으로서 경찰학이 안고 있는 과학적 방법의 한계를 보다 구체적으로 보면 다음과 같다.

첫째, 경찰·범죄자·일반시민 등 인간의 행태는 복잡하고 가변적이기 때문에 명확한 예측이 불가능하다.

둘째, 인간행태의 본질을 알아내는 객관적 절차 즉, 실험과 같은 방법은 완전하지 못하다.

셋째, 인간에게는 예측을 전복시킬 수 있는 능력이 있다.

넷째, 경찰학 연구는 연구자 자신의 목적의식을 통한 상징적 존재인 인간에 대한 상징적 연구이기 때문에 연구대상이 규범적인데, 단지 그것을 과학이라는 이름으로 분석하고 기술하고 있다.

다섯째, 연구를 위한 접근방법의 정확도와 신뢰도를 지나치게 강조하여 적합성과 타당성을 무시하기도 한다.

여섯째, 비인간화를 재촉하는 폐단을 낳기도 한다.

일곱째, 가치중립의 문제와 가치개입의 불가분성 문제가 상존하고 있다.

따라서 자연과학과 사회과학은 그 대상과 전개방법에서 차이가 있음을 잊어서는 안 된다. 먼저 연구대상에 있어서 자연과학은 객관의 세계를 대상으로 하고 있고, 경찰학과 같은 사회과학은 인간과 그의 행동을 대상으로 한다. 그러므로 사회과학에서 다루는 인간 및 그의 행동의 변화양상은 자연과학의 객관적인 세계와는 많이 다르다. 따라서 일차원적인 자연의 세계에서 활용되는 분석도구를 사회과학의 과학성을 높인다는 미명하에, 타당성 여부도 검토하지 않고 다원적인 사회현상 파악에 자의적으로 적용하는 것은 위험한 일이다. 물론 지나치게 이론의 반복(순환모순)만을 계속하는 비경험과학의 함정에 빠져서도 안 되며, 사회현상에 특유한 의사소통과 상호작용의 내용을 인식론적 차원에서 파악해야 할 것이다.

2) 상징적 상호작용의 인식

경찰관 개인은 물론이며 범죄자 등 인간의 행태는 독립적·개별적으로 이루어지는 것은 아니다. 인간은 사회적 동물로써 상호작용(interaction)을 통해서 존재하는 것이다. 따라서 인간행태를 중요한 연구대상으로 하는 경찰학에서는 이의 상호작용의 중요성을 인식하고, 이를 적절하게 파악하고자 노력해야 함은 물론이다. 그러나 자연현상의 상호작용과 사회현상의 상호작용을 동일시해서는 안 된다. 단순한 논리로 기계와 기계의 상호작용과 인간과 인간의 상호작용은 엄청난 차이가 있기 때문이다.

상호작용과 게임이론

인간은 때로는 서로 대립적으로 행동하며, 때로는 서로 협력적으로 행동한다. 이들 상호간에 가지고 있는 정보는 제각각이며, 그들의 열망은 투쟁 내지 협력으로 치닫는다. 그러나 자연은 비정(非情)하기 때문에 이러한 특징은 전혀 나타나지 않는다. 원자·분자·항성(恒星)은 응결하고 충돌하고 폭발하겠지만, 그것들은 서로 다투는 일이 없으며, 제휴하는 일도 없다. 요약건대, 자원과학에서 전개시킨 방법과 개념을 사회과학 문제에 적용하는 데에는 한계가 있다는 의미이다.

이러한 관점에서 자연 대 자연, 인간 대 자연, 인간 대 인간의 상호작용은 게임이론(Game theory)로 설명된다. 인간 대 자연과의 상호작용 관계에서 예컨대, 엘리베이터의 승객이 선택할 수 있는 대상은 누를 수 있는 몇 개의 버튼이며, 일어날 수 있는 결과는 도착하게 될 각 층이다. 그리고 여기에서는 선택과 결과의 사이에 명백한 인과관계가 존재한다. 이러한 인간 대 자연의 범주의 문제는 이처럼 단순하지만 경우에 따라서는 복잡한 경우도 있다.

또 다른 예를 들어보자. 다섯 명의 범죄 용의자가 어느 빌딩의 지하실에 은밀히 모였다. 밖에서는 이들 일당의 두목을 미행하도록 명령받은 경찰이 그들이 해산하기를 기다리고 있다. 경찰은 두목이 일당 중에서 가장 키가 크다는 것을 알고 있으며, 그것이 일당으로부터 두목을 식별해 낼 수 있는 유일한 단서이다. 조심스럽게 일당은 한 명씩 자리를 뜬다. 한 명이 떠나고 다음 사람이 나서기 까지 충분히 간격을 두고 있기 때문에 다음 사람을 기다리고 있으려면 그 앞의 사람을 미행할 수 없게 된다. 용의자들이 불규칙한 순서로 빠져나간다면 경찰이 취할 수 있는 최선의 선택적 전략은 무엇일까? 그가 최선의 전략을 취한다고 하면 미행할 인물이 두목일 확률은 얼마나 될까?

언뜻 생각하면 이것은 복수 게임처럼 보일지 모른다. 분명 두 사람 이상이 결과에 대해 이해관계를 가지고 있다. 그러나 용의자들은 닥쳐오는 위험을 알아차리지 못한 채 이 위험에 관해 명확한 결정을 내리지 않은 상황이기 때문에 이 게임은 사실상 인간대 자연의 게임인 것이다. 그러나 용의자들이 경찰의 의도를 알아차리고 의논한 끝에 그 경찰을 따돌리고자 한다면, 또는 경찰이 용의자들에 대한 아무런 사전 정보가 없다면 문제는 전혀 달라진다.[10)]
요약건대, 경찰활동은 인간 대(선택적 조건이 정해진)자연과의 게임이 아닌 선택적 조건을 예측하기 어려운 인간(경찰) 대 인간(범죄자, 일반시민)의 상호작용 속에서 이루어지는 것이며, 따라서 이러한 상황에서 최선의 전략을 선택하는 것은 결코 쉬운 일이 아니다.

인간과 인간의 상호작용, 즉 사회적 상호작용을 이해하는 데는 분석할 수 없는 함축성이 있는 상징적 논리(symbolic logic)에 의한 상징적 상호작용(symbolic interaction)에 대한 연구가 있어야 한다. 즉, 상호작용을 시너지(synergy) 개념에서 파악해야 하고, 이는 '1+1=2'가 된다는 식이 아니라 '1 + 1= 3'도 될 수 있고 '10'도 될 수 있으며, 그리고 경우에 따라서는 '마이너스'도 될 수 있는 것이다. 이것은 합리적인 분석적 차원이 아닌 이해적 차원이 필요하다는 것이다.

따라서 어떠한 현상에 대한 설명에 있어서도 자연과학은 예측(豫測, prediction)에 중점을 둘 수 있지만, 경찰학과 같은 사회과학은 예측보다는 사람과 사람 사이의 의사소통(意思疏通)에 보다 큰 비중을 두는 것이다. 물론 사회과학에 있어서도 미래에 대한 기대를 무시하지는 않는다. 뿐만 아니라 자연과학은 보편화된 법칙을 존중하지만 사회과학은 사회적 관습의 입장에서 설명된다. 또 사회의 구성적 의미에다 중점을 두기 때문에 자연과학 이론처럼 경험의 연역적 통일성을 마련하는 것도 결코 쉬운 일이 아니다. 따라서 연역적 논리에 입각하는 것보다는 현상을 해설하는 데 초점을 두기 마련이다.

이와 같이 사회과학은 자연과학보다 추구하는 바의 보편성이 약하고 다루는 대상이 극히 가변적이다. 사회과학은 영혼을 지닌 인간의 행위를 다루고 있고, 그 인간은 그가 속해 있는 사회의 생활조건으로부터 절대적으로 영향을 받는 바, 자연과학적인 규칙성을 찾는다는 것은 기대하기 어렵다.

10) 이 경우 경찰이 취할 수 있는 최선의 전략은 최초의 두 사람을 살펴 보내고, 남은 세 사람 중에서 앞서 보았던 두 사람보다 키가 큰 최초의 남자를 미행하는 것이다. 만약 남은 세 명 중 누구도, 먼저 빠져나간 처음 두 사람보다 키가 크지 않다면 두목은 이미 도망쳐 버린 것이 된다. 경찰이 이런 식으로 행동을 취하면, 목표로 삼은 남자를 미행할 수 있는 비율은 약 40%이다. 의외로, 지하실에 몇 명이 모여 있더라도, 모여 있는 인원수를 미리 정확히 알고 있으면 경찰은 약 40%의 비율로 두목을 찾아 낼 수 있다. 그는 최초(근사적으로) 40%의 사람 수를 보내고 나서 남은 60% 중에서 먼저 보았던 이들보다 키가 큰 최초의 인물을 미행하면 된다. 이처럼 인간 대 자연, 인간 대 인간의 상호작용 과정에서 불완전한 정보로 의사결정을 내리지 않으면 안 되는 상황은 얼마든지 존재한다. Morton D. Davis/홍영의 역(1998), 게임의 이론, 서울: 팬더북, pp. 18-20.

어느 과학이나 똑같이 과학적 활동의 근거를 가치전제(價値前提)에다 두고 있는바, 자연과학에서의 가치전제가 선험적으로 단순하고 자명한 것이라면, 경찰학과 같은 사회과학에서의 가치판단은 복잡하고 어려운 것이라고 할 수 있다. 사회과학에서는 관심이 없는 연구라는 것은 행하여질 수 없으므로 가치판단이 연구의 모든 것을 결정짓는다고 할 수 있다. 그러므로 경찰학과 같은 사회과학을 연구하는 사람은 가치명제를 분명히 하는 노력부터 해야 하며, 이의 과학성을 높이기 위한 자연과학적 방법의 활용에는 반드시 사회과학의 특성을 감안하여 신중을 기해야 한다.

사실, 객관성과 보편성 및 과학성을 최대로 추구하는 자연과학에 있어서도 그 자연현상을 어떠한 각도에 보느냐 하는 관점에 따라서 도출해 내는 결과가 다를 수 있다. 이러한 점에서 자연과학의 방법론 추구에 있어서도 절대적으로 확정을 지을 수 없다는 불확정성이론(不確定性理論)이 하이젠베르그(W. Heisenberg)나 프랑크(M. Planck)에 의하여 제시되고 있는 것이다. 자연과학에 있어서도 과학적인 방법의 적용에 한계를 지니고 있는데, 심지어 사회현상의 분석에 있어서는 연구자의 편견에 의한 몇 가지 변수를 찾아서 그의 상관관계를 분석하고 그 결과를 객관적인 과학적 방법이라고 확신시키려고 하는 태도는 대단히 위험한 사고라 할 수 있다. 심지어 가치전제에 다분히 모순을 지녔거나, 혹은 처음부터 의도적이거나 주관이 많이 담긴 조사내용을 가지고 연속성이 없는 불연속성의 내용을 연속성이 있는 것 같이 표본 추출하여 그 결과를 절대시하는 그릇된 태도를 많이 볼 수 있다.

따라서 인간사회의 현상을 객관적·분석적인 차원 이외에 상호작용 과정에 발생되는 제반 상황을 이해하는 지식과 능력이 경찰학과 같은 사회과학에서는 반드시 강조되어야 한다. 이러한 점에서 사회과학의 방법론은 자연과학의 방법과 똑같이 일치할 수가 없겠고, 사회현상분석에는 자연과학에서 활용되는 과학적이고 객관적인 분석방법을 그대로 적용할 수 없는 것이다. 그러므로 사회과학의 전개에는 '인식론적인 대상'이 경험적 대상과 더불어 활용되어야 한다는 것은 중요한 일이다.

3) 객관적 관점과 주관적 관점

일반적으로 어떠한 학문적 대상은 두 가지로 구분하여 생각할 수 있다. 그것은 경험적으로 '주어진 것'에 근거를 두느냐 혹은 인식적으로 '만드는 것'에 근거를 두느냐에 따라 경험대상과 인식대상으로 구분될 수 있는 것이다.

전자는 어떤 사실이 경험적으로 미루어 객관적으로 형성된 것을 거점으로 분석 파악하는데 비하여, 후자는 그것보다도 주체로서 인식하고 그것을 주관적인 입장에서 문제를 형성시키고 그에 대한 해결책을 모색하는 것이다. 그렇기 때문에 경험대상 이론에서는 객관설 또는 객관주의적인 데 비하여, 인식대상 이론에서는 학문의 자율성에 근거를 두어 주관설 또는 주관주의로 맞서게 되는 것이다.

그런데 사회과학으로서 경찰학의 전개에 있어서는 이 두 점을 모두 고려할 필요가 있다. 물론 경찰학은 '순수과학' 혹은 '이론과학'으로서가 아닌 '응용과학' 혹은 '실천과학'을 그 존재의 의의를 지니고 있기 때문에 경험적이고 객관적인 사실규명에 충실해야 함은 물론이며, 그렇다고 해서 인식론적인 학문의 자율성과 주관성을 배제해서는 안 될 것이다. 베버(M. Weber)의 입장을 인용 할 필요도 없이, 사회과학 전개에 있어서는 경험으로 주어진 객관적인 경험대상에만 빠져서는 안 될 것이며, 이와 더불어 일정한 방법에 의해서 문제를 선택하여 그것을 가공하는 인식대상이 확립되어야 할 것이다. 말하자면 이론과학의 이론적 구조를 명확히 형성시켜주고 그 전개에 경험적인 자율성을 신장시킬 수 있도록 되어야 하는 것이다.

따라서 경찰학이 독립과학으로서 그의 발전을 위해서는 그 현상을 규명할 수 있는 이론과 실제가 잘 조화되어야 하고, 그러기 위해서는 이러한 경험론과 인식론의 대상이 동시 기초가 되어야 한다. 물론 인식론적인 특성을 내세운다고 해서 과학적 방법의 전개과정을 무시해도 좋다는 것은 아니다. 즉, 경찰학을 연구하는데 있어서 타당성(validity), 신뢰성(reliability), 그리고 객관성(objectivity)을 갖지 못하고 직관적(intuitive)인 것이어야 한다는 것을 의미하지는 않는다.

물론 자연과학에서 비롯된 과학적 연구방법이 한계성을 지니고 있지만 또한 우리는 이의 공적을 부인할 수는 없다. 아무리 과학적 연구가 사회현상의 연구에 무의미하다는 극단적인 비판을 받아도 분석적·경험적 입장에서 현상을 분석하는 '과학정신'은 의미가 있기 때문이다. 다만 그 동안 과학주의의 환각에 빠져 인간행동의 규명에 극단적인 통일성을 기하여 융통성 없는 모델을 정립하고, 복잡한 사회현상을 지극히 단순한 몇 개의 변수로써 모든 것을 판단하고자 하는 경향에 대하여 재검토할 필요가 있다는 의미이다. 인간현상의 자료는 흔히 부정직하여 믿을 수 없는 경우가 많음에도 불구하고 복잡한 사회현상으로부터 정확한 객관적인 지식을 얻는다는 과신 하에 애매모호한 질적(質的) 정보를 무리하게 양적 정보로 전환시키며, 심사숙고된 개념이나 엄격한 측정과 자료처리도 없이 임의적으로 자료를 조작하는 경우도 가끔 볼 수가 있기 때문이다.

사실, 경찰현상을 포함한 사회현상은 본질적으로 계량화가 불가능한 경우도 있고, 측정이 가능한 것을 숫자로 만들어 분석해 보았자 그 진의(眞意)는 희석되어 버리는 경우도 있다. 또 계량화라는 도구를 빌어 사실을 오히려 과대포장하는 경우를 초래할 위험도 없지 않다. 더욱이 경찰학은 실천과학으로서 그리고 응용과학으로서 순수한 이론정립보다는 관련 치안정책의 개발 및 현장응용에 많은 관심을 기울여야 한다. 그러나 이러한 사정에도 불구하고 지나친 몰가치적인 과학성을 강조하게 되면, 순수한 이론정립에 휩싸여 실천적인 요소를 간과할 가능성도 있는 것이다.

물론 과학적 접근 및 계량화 등을 통한 이론정립(理論定立)은 경찰학을 독자적인 학문으로 발전시키는데 있어서 간과될 수 없는 것들이다. 다만 경찰학은 그 입증과정에 있어서 경험적·실천적인 조사가 매우 중요하고, 그에 따른 이론적 연구도 뒤따라야 한다. 가설(假說, hypothesis)에 대한 입증에 있어서 경험적·실증적 조사는 항상 이론적인 전개와 더불어 이루어져야 하며 그 어느 것이라도 소홀히 해서는 안 된다.

그리고 너무 관념적·추상적, 그리고 형이상학적인 입증만으로 경찰학 발전할 수 없듯이, 충분한 이론적인 뒷받침이 없이 지나치게 실증적인 조사에만 급급한 나머지 이론적인 연역이 없게 되며, 정치적 목적을 위한 실증조사 또는 사이비적 실증조사(pseudo empirical research)가 되어서는 안 된다. 경찰현상에 대한 관찰이나 분석을 통해서 가설을 세우고 그것을 구체적인 실증적 조사를 통해서 검증하는 귀납적인 방법에서도 '비교', '분석', '추론', '개념형성'에 논리적인 바탕이 있어야 함은 당연한 것이다. 이러한 노력을 통해 경찰학은 보다 더 깊이 있는 연구가 될 것이고, 이것 조금 저것 조금하는 식의 피상적·상투적인 연구를 피할 수 있을 것이라고 생각한다. 요컨대, 이론적 연구와 실증적 연구의 상호교류 및 상호연계는 다른 학문과 마찬가지로 경찰학에서 끊임없이 이루어져야 한다.

이상과 같은 점에서 사회과학의 한 분야라고 할 수 있는 경찰학을 다만 그의 과학성을 높이기 위하여 일차원적인 입장에서 자연과학과 똑같이 경찰활동과 관련된 모든 현상을 다룬다는 것은 위험한 일이라 할 수 있고, 특히 인간행동을 중심으로 다루는 연구에서는 더욱더 주의를 할 필요가 있다. 생각건대, 우리는 과학성에 따른 몰가치적인 객관주의를 무시해서는 안 되지만 인간을 대상으로 하는 사회현상의 연구에서는 행태주의의 보완으로 현상학(現象學, phenomenology)적 접근을 일정부분 수용해야 한다고 본다.

현상학은 학문연구에서 객관주의뿐만 아니라 인간 개인의 주관적 특성을 고려함으로써 인간사회에 내재하는 복잡한 의미를 이해시켜 주는 역할을 한다. 즉, 현상학적 연구방법은 인간행태의 외면만을 관찰함으로써 의식이라는 핵심은 간과해 버리는 오류에서 탈피하여 인간의 내면세계를 아울러 파악하고자 하는데, 그것도 개인의 사적 세계가 아닌, 타인과 상호작용하는 상호주관적·주체적(inter subjective)인 사색을 주제개념으로 삼아 인간의 행동을 파악하는데 초점을 두고 있다.[11] 비유컨대, 이러한 현상학적 접근은 예컨대, '빙산'(氷山)의 정확한 실체를 파악하기 위해서는 수면 위에 피상적으로 드러나는 외면뿐만 아니라 수면 아래에 존재하는 인지하기 어려운 내면을 아울러 파악해야 한다는 것과 일맥상통한다고 볼 수 있다.

3. 정상학문으로서의 경찰학

1) 경찰학의 정체성과 정상학문이 갖는 의미

경찰학은 그 연구범위가 형이상학(形而上學)적인 철학에서부터 형이하학(形而下學)적인 기술수단에 이르기까지 포괄적이다.[12] 그리고 이러한 형이상학적인 영역과 형이하학적인 영역이 동시에 작용하기도 한다.

예컨대, 흉기를 들고 경찰에게 격렬하게 대항하는 범죄자에 대해서 총기를 사용하고자 할 때, 단순히 총기를 기술적으로 어떠한 각도에서 어떠한 방법으로 사용할 것인가 하는 것만을 고려할 수는 없다는 점이다. 거기에는 개인의 자유와 권리보호 및 공공의 안녕과 질서유지라는 국가이념·경찰이념적인 문제가 고려되어야 하기 때문이다. 또 그 속에는 관련법의 근거와 절차, 그리고 경찰관의 가치판단 및 태도뿐만 아니라 사법부, 시민, 그리고 정치적 판단 및 태도 등의 문제가 복잡하게 얽혀 있다고 본다(비록 총기사용의 정당성 여부는 사법적 판단으로 가능하지만, 거시적 관점에서는 철학, 법, 행정, 사회, 정치, 그리고 과학 등 수많은 학문적 요소들이 복잡하게 얽혀 있다고 볼 수 있다).

이러한 점에서 본다면, 경찰현상을 하나의 학문으로 인식하고 이의 학문적 영역을 설정하는 것은 결코 쉬운 일이 아니라는 점을 알 수 있을 것이다. 이는 경찰학을 하나의 독립된 학문으로 인정했을 때, 이른바 '학문적 정체성'(學問的 政體性)이라는 것이 과연 존재하는지, 그리고 존재한다면 어디까지를 그 학문적 영역으로 설정할 것인지의 문제 등으로 귀착된다. 물론, 경찰학은 예컨대, 행정학이 그러하듯이 현실응용학문이 갖는 보편적 현상으로서 인접학문과의 상호연계 및 상호종합은 필요불가결한 것이라고 본다. 그러나 경찰학이

11) 현상학은 구체적으로 경험하는 현상에 대한 새로운 접근, 즉 가능한 한 개념적 전제를 벗어던지고 그 현상을 충실히 기술하려는 시도를 의미한다. 실증주의와 전통적 경험론과 비교해서 현상학은 경험의 실증적 자료를 무조건 존중한다는 점에서는 동일하지만 이러한 자료를 단순히 감각적 경험에 제한하지 않고 관계·가치 등 비감각적 요소 등 직관적으로 나타나는 것인 한 허용한다는 점에서 다르다. 다음백과(http://100.daum.net/encyclopedia).

12) 이상안(2005), 알기 쉬운 경찰행정학, 서울: 대명출판사, p. 72.

하나의 독립된 단일학문으로서 인정을 받기 위해서는 적어도 일정한 요건을 갖추어야 한다고 본다.

즉, 하나의 학문이 독자적·독립적인 분과학문으로 성립되기 위해서는 첫째, 고유한 연구주제가 있어야하며, 둘째, 주제를 체계적으로 정리·해석할 수 있는 이론이 있어야 하며, 셋째, 개념적 경계가 뚜렷해야 한다. 여기에 더하여 대학에 그 학문을 가르치는 독립된 학과가 있으면 독자성의 정도가 높아질 수 있다고 본다.[13)]

오늘날 어떤 학문이 하나의 정상학문으로서 위치를 차지하고 있느냐 그렇지 않느냐하는 문제와 관련하여 쿤(T. Kuhn)이 제시한 이른바 '패러다임'(Paradigm)이라는 용어가 널리 사용되고 있음은 주지의 사실이다. 패러다임이라는 것은 하나의 '거대이론'(Great Theory)을 의미하는 것으로써 한 학문 내에서 현재의 연구의 기초가 되는 것으로 인정되는 과거의 연구업적인 이론·표준·응용, 그리고 다루어야 할 또는 다룰 수 있는 문제, 그리고 방법들을 총칭하는 것이라 할 수 있다. 이에 따라 쿤은 패러다임이 확립된 학문을 '전(前) 패러다임적 학문'(pre paradigmatic science)에 대비되는 개념으로 하여 '정상학문'(正常學問, Normal Science)이라고 하였다. 다시 말해서 쿤은 일정한 패러다임이 정립된 학문에 대해서 정상학문이라고 부른 것이다.[14)]

어떤 하나의 학문이 패러다임을 갖추지 못할 때에는 무엇을 연구해야 하며 어떤 '분석단위'(unit of analysis)를 가져야 할지 또 어떤 이론을 세워야 하고 어떤 자료를 수집해야 하는지 등과 관련된 기본문제에 대해 논란이 발생하고, 학문적 발전은 기대하기 힘들게 된다. 이와는 반대로 패러다임이 확립된 경우에는 확립된 구조 내에서 체계적인 심오한 연구가 진행되어 관련학문이 급격히 발전할 수 있게 된다.

그런데 이러한 패러다임이라는 것이 항상 고정불변의 것, 혹은 절대적인 것이 아니라는 점에 주의할 필요가 있다. 패러다임이라는 것도 그 시대를 반영하는 것이며, 따라서 경찰학의 패러다임 역시 전환이 이루어지고 있음은 물론이다. 예컨대, 서구에서 논의하는 현대경찰은 전통적 경찰활동(TP: Traditional Policing)시대,[15)] 경찰과 커뮤니티 관계개선(PCR:

13) 조철옥(2000), 경찰행정학: 이론과 실천의 만남, 서울: 대영문화사, p. 107.

14) 그는 과학적 체계화는 '정상과학'(normal science)을 의미하는 것이며, 학문적 패러다임 간의 경쟁은 '과학혁명'(scientific revolution)을 통해서 이루어진다고 하였다. Thomas Kuhn(1970), The Structure of Scientific Revolution, Chicago: University of Chicago Press, pp. 12-22. 한편, 오늘날과 같이 미래에 대한 불확실성의 증대로 인하여 이론을 과학적으로 체계화시킬 수도 없고, 따라서 학문적 패러다임 간의 경쟁도 의미가 없어졌다는 주장까지도 제기되고 있다. William Bergquist(1996), "Postmodern Thought in a Nutshell: Where Art and Science Come Together," in Jay M. Shafritz, J. Steven Ott, Classics of Organization Theory, N. Y.: Wadsworth Publishing Company, p. 578.

15) 예컨대, 미국의 1960년대 이전의 전통적 경찰활동시대에는 범죄통제의 능률성지향, 과학기술에 의존, 기계적 사고방식, 냉철한 감정소유, 건장한 남성상, 법집행, 보수성, 권위주의, 전문가주의 등을 특징으로 지적하였으며, 경찰학 연구는

Police Community Relations)시대, 커뮤니티 경찰활동(CP: Community Policing)시대를 거치면서 발전하고 있다고 보는 시각 등이 바로 그것이다. 그리고 이러한 패러다임의 전환이 어느 한순간에 이루어지는 것이 아니라 각 패러다임이 생성·성장·발전·소멸의 과정을 거치면서 서서히 교체과정을 겪게 된다고 본다.[16)]

따라서 경찰학이 하나의 독자적 학문영역을 갖는 정상학문이 되기 위해서는 그 시대에 맞는 경찰현상을 이해하고, 그에 맞는 연구범위 및 대상을 설정하고 이와 관련된 연구방법론과 이론이 제시·개발되어야 한다는 것을 의미한다. 그리고 이러한 경찰학 관련 이론의 제시 및 개발문제는 기본적으로 경찰학에 대한 '방법론'(方法論, methodology)에서 출발하게 된다. 방법론이라는 것은 한 학문이 지식을 얻기 위하여 사용하는 절차를 말하는 것으로서, 경찰학의 연구대상이 정해졌다면, 그에 상응하는 방법론은 매우 중요한 의미를 갖기 때문이다.

경찰학의 선구자-서기영

서기영(徐基榮, 1915~2001.6)선생은 황해도 황주출생으로 1953년 제1차 정부파견으로 미국으로 건너가 경찰교육행정을 연수하였고, 영국·프랑스·독일 정부초청으로 경찰행정과 소방행정분야를 연수한 한국최초의 인물이다. 선생은 일찍이 영국 국립경찰대학 경찰장과정, 프랑스 파리·리용·쌍스 각 지방경찰학교, 독일 힐트랍경찰학교, 이태리 로마경찰학교, 파리 육군소방연대, 마르세이유 해군소방연대, 영국 국립소방대학교에서 한국 최초로 연수를 받았고, 한국 소방행정의 발전을 위해 내무부 치안국(治安局)에 소방과를 신설하고 소방과장을 역임하기도 하였다. 그리고 수도경찰학교(首都警察學校) 부교장 및 교장을 역임하였다.

선생은 경찰행정사 및 공안행정 분야의 석학으로서 1946년 2월 수도경찰학교 교육을 시작으로 1992년에 이르기까지 초지일관 한국경찰교육에만 헌신한 한국경찰 교육계의 대부로 한국경찰의 교육발전에 지대한 공헌하였다. 선생은 경찰업무의 전문성과 학문적 토대를 구축하기 위하여 1962년 12월 당시 동국대학교(東國大學校) 총장 정두석 및 한신 내무부장관과 합의하에 이 대학에 최초로 경찰행정학과(警察行政學科)를 신설하

주로 이러한 부분으로 전개되었다. 그러나 1970~80년대 이후의 커뮤니티 경찰활동시대에 이르러서는 이러한 경찰지향적 연구에서 시민지향적 연구로 상당부분 전환되는 등 적지 않은 변화가 이루어졌음에 주목할 필요가 있다. Richard N. Holden(1994), Modern Police Management, Englewood Cliffs, NJ: Prentice Hall, p. 23.

16) 최선우(2010), 경찰과 커뮤니티, 서울: 대왕사, pp. 165-168.

였고, 1963년 2월부터 이 대학의 초대 주임교수로 몸담은 이후 1980년 8월 정년퇴임하기까지 수많은 학문적 연구와 인재를 육성하여 한국경찰학의 산파역할을 하였다.

2) 경찰학과 인접학문의 관계

그런데, 모든 학문은 그것이 비록 순수학문일지라도 결코 독자적으로 형성·발전될 수는 없다고 본다. 더욱이 응용학문의 성격이 강한 경찰학은 인접학문의 이론 및 접근방법을 상당부분 원용할 수밖에 없는 것이 사실이다. 다만 경찰학이 인접학문(예컨대, 법학·행정학·정치학·범죄학 등)의 영향을 적지 않게 받기 때문에 오히려 경찰학 자체의 정체성이 심각하게 의문시 되는 경우도 발생하게 된다.

그러나 옛말에 '아전인수'(我田引水)란 말이 있다. 이는 '자기에게만 이롭게 되도록 생각하거나 행동함'을 뜻하는 것으로 부정적인 의미가 내포되어 있다. 그러나 아전인수식 접근이 긍정적으로 요구되는 경우도 있다고 본다. 법학, 행정학, 정치학, 범죄학 등 여러 인접학문에서 경찰현상을 바라보는 시각은 다르다. 따라서 각각의 관점에서 옳다고 생각하는 이른바 '정의'(justice) 또는 '진리'(truth)는 다를 수밖에 없다. 이는 무엇을 의미하는가. 바로 각각의 관점에서 아전인수식으로 관련현상을 접근하고 해석하기 때문에다. 이러한 점에서 본다면 '가치중립적 태도'를 취하는 것이 얼마나 어려운 일인지를 알 수가 있다. 다만, 어느 정도 객관적이고 합리적인 태도를 취하느냐의 차이만 존재할 뿐이다.

따라서 경찰학이 적어도 하나의 정상학문 또는 독립학문으로서 성격을 가지고 있다면, 경찰학 고유의 관점에서 경찰현상을 직시할 수 있어야 한다고 본다. 이처럼 다른 학문의 관점과는 다른 어떠한 고유하면서도 독자적인 접근(일정한 보편성을 전제로 한)이 가능할 때 경찰학의 정체성은 존재한다고 본다. 바꿔 말하면 경찰학 고유의 시각이 존재하지 않는다면 경찰학은 다른 학문의 아류에 불과하다고도 할 수 있을 것이다.

이러한 점에서 임재강교수의 연구(2000)는 선행연구로서 매우 가치가 있다고 본다. 경찰학의 영역과 경찰학과 밀접한 관련성 또는 경찰학 관련 연구에 많은 영향을 미치는 주변학문을 탐색하는 것은 매우 의미가 있다고 보기 때문이다. 그는 이 연구에서 경찰학 자체의 학문적 영역(경찰학개론을 기본으로 하여 수사, 방범, 보안, 외사, 정보, 경비, 교통, 경무경찰 등 경찰기능으로 구분)과 인접학문을 법학, 행정학, 사회학, 정치학 등 크게 4개 영역 정도로 구분하여 그와 관련된 수많은 학문분야를 제시하고 있다.[17] 또 김창윤교수의

17) 다만, 그가 제시한 수많은 학문영역을 토대로 경찰에 내재하는 고유한 특성을 나타내는, 즉 정체성을 부각시킬 수 있는 구체적 접근을 하였다기보다는 표면적으로 그러한 학문의 지원을 받아야 한다는 필요성을 제시하는 선에서 그치고 있다.

연구(2012) 역시 매우 의미가 있다고 본다. 그는 단순한 경찰현상론적 시각 아닌 역사적·비교론적 관점에서 프랑스·독일·영국·미국·일본의 근대경찰과 경찰학을 조명하고 있다. 그리고 이들의 영향을 직·간접적으로 받은 한국근대경찰 및 경찰학의 성립과 기원을 살펴봄으로써 경찰학을 보다 더 근원적으로 접근하고 있다.[18]

생각건대, 경찰학과 관련된 수많은 학문영역 가운데 어떠한 학문이 보다 구체적이고 직접적으로 경찰학에 지대한 영향을 미치고, 또 그러한 영향 하에 경찰고유의 특성으로 형성·발전되었는가에 대해 체계화하는 작업은 쉬운 일이 아니라고 본다. 그러나 적어도 법학, 행정학, 정치학, 범죄학 등 영역은 경찰학과 상당히 밀접한 관련성을 맺고 있다고 본다. 이 밖에도 다른 사회과학과 자연과학, 그리고 인문학 등과도 적지 않은 관련성을 맺고 있음은 물론이다.

(1) 경찰학과 법학의 관계

자유민주주의라는 것이 본질적 이념이라면 법치주의(法治主義)는 수단적 이념이라고 할 수 있다. 거시적으로 입법부·행정부·사법부와 같은 통치구조와 미시적으로 행정부 내의 경찰제도는 모두 헌법과 법률에 근거를 두고 있다. 따라서 경찰조직의 목표, 경찰조직의 구조, 경찰인사관리, 경찰재무관리, 경찰작용, 경찰통제 등은 모두 이에 따라야 함은 물론이다.

주지하는 바와 같이 개인의 자유와 권리의 보호 및 공공의 안녕질서유지를 본질로 하는 현대 자유민주국가의 경찰작용(즉, 경찰권한의 행사)은 법에 근거를 두고 있다. 경찰작용은 그것이 이른바 '행정경찰작용' 또는 '사법경찰작용'이든 간에 본질적으로 규제적·강제적 성향이 강하다. 그리고 규제적·강제적 성향이 강하다는 점은 인권침해의 여지가 상당히 높다는 것을 의미한다. 따라서 경찰작용(경우에 따라서는 그것이 비록 선언적·명분적 의미에 불과할지라도)은 특정 개인 및 소수의 지배집단의 이해관계 속에서 이루어지는 것이 아니라 본질적으로 법률유보(法律留保)를 전제로 하게 된다. 미국의 경우에는 경찰을 '법'(law) 또는 '법집행'(law enforcement)으로 의인화하여 설명하고 있는 것도 바로 이러한 까닭이라고 본다.

물론, 엄격한 법치주의의 구현이라는 미명하에 예컨대, '무관용 경찰활동'(zero tolerance policing)과 같이 재량권이 '영'(零, zero)으로 축소되었을 경우에는 시민과의 마찰을 불러일으키기도 하지만 본질적으로 경찰작용은 '법치'라는 원칙을 준수하지 않고서는 사회적

임재강(2000), "한국의 경찰학 연구: 주제별 동향분석과 발전과제," 한국공안행정학회보 제10호, pp. 191-237.
18) 김창윤(2012), "한국 경찰학의 성립과 기원에 관한 연구," 한국공안행정학회보 제47호, pp. 83-123.

합의를 이끌어내는 것이 불가능하다고 본다. 버클리(G. E. Berkley)가 지적한 바와 같이 "민주주의는 시민의 합의에 기초하고, 경찰의 일은 이 합의가 깨질 때 시작 된다"는 말은 이러한 경찰작용의 특징을 잘 설명해주고 있다.[19] 여기에서 합의라는 것은 명분상으로는 사회계약론적 관점에서 시민합의에 기초를 두고 제정된 '법'을 의미한다.

따라서 경찰학의 관점에서 경찰조직 및 경찰작용 등에 직간접적으로 관련되는 법학적 지식을 이해하는 것은 매우 중요한 일이다. 그리고 단순히 법적용의 차원을 떠나서 능동적으로 경찰의 이해관계를 반영하여 새로운 쟁점(예컨대, 자치경찰, 수사구조 등과 관련된 법제정·개정 등)을 부각시키는 노력도 필요하다고 본다.

(2) 경찰학과 행정학의 관계

경찰은 다른 조직과 마찬가지로 일정한 조직목표를 가지고 있는 하나의 거대조직이라 할 수 있다. 조직설계 및 관리와 관련된 학문영역으로서 공공조직은 행정학(行政學), 민간부문은 경영학(經營學)을 들 수 있다. 경찰조직은 하나의 공공조직으로서 주어진 또는 기대되는 목표에 도달하기 위하여, 행정학적 관점에서 조직구조, 조직과정, 조직행태, 조직환경 등 수많은 요인들을 고려하면서 운용(運用) 된다.

그런데, 법학과 행정학은 상호 불가분의 관계를 맺고 있다.[20] 법학이 과거지향성을 가지고 원칙적인 차원에서 경찰조직을 조직화하는 것(즉, 입법작용)에 초점을 두었다면, 행정학은 미래지향성을 가지고 융통성 차원에서 효율적(效率的)으로 경찰조직을 관리해 나가는 과정(즉, 행정작용)에 두었다고 할 수 있다. 또 경찰조직을 운영·관리해 나가는 과정에 문제가 발생했을 때에는 다시 법적인 통제과정(즉, 사법작용)이 이루어지게 된다.

경찰목표 또는 경찰역할은 단일한 것이 아니라 여러 가지가 있으며, 또 시대와 장소에 따라 가변성을 갖는다. 이러한 상황에서 예컨대, 거시적으로 경찰의 복표 또는 주요역할을 공공의 안녕과 질서유지보다는 개인의 자유와 권리보호, 그리고 대민봉사에 보다 초점을 두고자 한다면 경찰조직은 기본적으로 중앙집권적인 구조보다는 지방분권적인 구조가 바람직하고, 권위주의적인 관리방식을 추구하는 경찰보다는 민주적인 관리방식을 추구하는 경찰이 바람직하게 된다.

따라서 경찰조직은 행정학을 떠나서는 설명할 수가 없으며, 조직목표달성을 위해서는 행정학에서 논의되고 있는 수많은 이론(예컨대, 관료제론·행정관리론·과학적관리, 인관

---

19) G. E. Berkley(1974), Democratic Policeman, Boston: Beacon Press, p. 1.

20) 다만, 우리나라의 법학(특히 행정법)과 행정학은 각각 계통이 다른 독일의 행정법학과 미국의 행정학에 뿌리를 두고 있다. 이 때문에 이론적·실천적인 면에서 상호불신 또는 갈등이 노정되어 있다. 이광윤(2000), 행정법이론: 비교적 고찰, 성균관대학교 출판부, pp. 3-7.

관계론·행태과학, 시스템이론·상황이론, 학습이론 등)들을 원용·적용하여 경찰조직에 부합하도록 지속적인 연구를 해야 할 것이다.

(3) 경찰학과 정치학의 관계

현대 자유민주국가에서 경찰의 존재는 과거와 같이 소수의 지배집단의 이해관계를 반영하기 보다는 다수의 일반시민의 이해관계를 반영해야 한다는 점은 분명한 사실이다. 국민주권주의(國民主權主義)원리에 의해 통치권은 주권에서 비롯되며, 따라서 통치권에 근거한 경찰권 역시 주권에서 도출된다. 요약건대, 경찰의 제도적 운용은 최우선적으로 국민의 의사를 반영해야 한다는 점이다.

그러나 경찰현실은 시민지향적인 면보다는 정치권력 지향적인 면이 강하다. 간접민주정치 하에서 경찰조직화의 근거가 되는 법률은 입법부(국회)에서 제정되며, 따라서 정치집단의 의사는 매우 중요한 의미를 갖기 때문이다.

한편, 베버(Weber)는 자본주의와 경찰을 포함한 공식적·제도적 형사사법을 '동전의 양면'(two sides of the same coin)으로 표현하기도 하였다.[21] 자본주의사회에서 경제적 부(富)를 향유하고 있는 집단은 자신들의 입지를 유지 강화하기 위해서 경찰 및 형사사법 역시 자신들에게 유리한 방향으로 조정·통제할 수 있다는 것이다. 그리고 정치권력집단과 자본가집단 역시 밀접하게 연계되어 있음은 물론이다. 따라서 사회 내의 지배집단의 실질적 목표는 어떠한 희생을 치르더라도 현존하는 사회질서를 그대로 유지하고자 하며, 이를 위해서 새로운 신진세력의 억압이 불가피해지게 되는데, 거기에 교묘하게 경찰과 같은 공권력을 이용하게 된다는 점이다.

그리고 국가(여기서는 전체로서의 의미가 아닌 대통령을 위시한 국정 운영주체를 의미)가 지향하는 목표와 경찰이 지향하는 목표가 어느 정도 조화를 이루어야 한다는 점, 그렇기 때문에 조직인사 차원에서도 경찰관리계급은 다분히 정치적인 의사를 반영한다는 점도 사실이다. 또 최근 경찰의 개혁과제라 할 수 있는 수사구조의 합리화가 제대로 이루어지지 못하고 있는 이유는 여러 가지가 있지만 무엇보다도 검찰과 같은 법조인 집단이 경찰보다 훨씬 많은 정치적 영향력을 행사할 수 있기 때문이라고 본다.

따라서 경찰학의 관점에서 단순히 특정, 경찰행태를 정치적으로 이해하는 차원을 떠나서 정치적 역학관계가 조직의 위상과 목표달성에 얼마나 지대한 영향을 미치는지를 인식하고 이에 대한 활발한 논의가 필요하다고 본다.

---

21) Michael King(1981), The Framework of Criminal Justice, London: Croom Helm, p. 27 재인용.

(4) 경찰학과 범죄학의 관계

경찰활동의 대상은 경찰관 자신이 아닌 일반시민이라고 할 수 있다. 이 가운데 일반적으로 경찰활동의 대상은 준법시민보다는 법규위반자(자연범 또는 질서범)와 관련된다. 이 때문에 심리학·생물학·사회학 등에서 파생된 범죄학(犯罪學, Criminology) 차원에서 범죄원인을 규명하고, 또 그러한 원인론에 입각해서 예방과 대책을 마련하고 있다.

즉, 범죄심리학 및 생물학에서 접근하는 개인적 요인과 범죄원인론, 범죄사회학에서 접근하는 환경적 요인과 범죄원인론에서는 범죄자 개인과 환경을 둘러싼 수많은 원인들을 과학적·체계적으로 분석·제시함으로써 형사정책적 대안을 마련하는데 많은 도움을 주고 있다.

생각건대, 제한된 경찰의 인적·물적 자원을 가지고 모든 시민을 대상으로 경찰활동을 수행한다는 것은 한계가 있다. 또 실제로 모든 시민이 범죄와 무질서 등을 야기하지는 않기 때문이다.[22] 따라서 경찰이 효율적으로 주어진 목표를 달성하기 위해서는 문제의 근원이 되는 요소를 면밀하게 분석하여, '선택과 집중'을 할 수 있는 전략을 수립해야 할 것이다.

사실, 전통적·고전주의인 관점에서 본다면 평상시에 개인 및 일반시민이 경찰과 상호작용할 여지는 별로 없게 된다. 경찰과 같은 형사사법기관은 범죄 및 무질서와 같은 문제가 발생했을 때, 권위적·규제적인 자세를 견지하면서 적절하게 대응할 수 있다고 가정하고 있다. 그러나 최근 경찰의 법집행 역할과 질서유지와 같은 권위적·규제적 역할 외에도 '대민봉사'(civil service)의 역할이 특히 강조되고 있다.

또 범죄에 있어서 무엇보다도 예방이 중요한 것은 사실인데, 전통적 관점에서는 사후통제전략(정확성·신속성·엄격성)을 통해서 궁극적으로 예방을 추구하였다면, 최근에는

22) 그런데 범죄문제와 관련하여 대한 다음과 같은 재미있는 주장을 살펴볼 필요가 있다. 미국의 범죄통계학자들에 의하면 미국인 14세에서 50세 미만의 사람들 가운데 1~4%의 사람들이 소위 말하는 '골수범죄자'에 해당되며, 이들에 의해 주요 범죄의 대부분이 발생하게 된다고 한다. 그런데, 이들에 의하면 골수범죄자들은 경찰과 커뮤니티 관계가 개선되어도 특별하게 개선의 여지가 없다는 것이다. 주의할 것은 이들 1%~4%의 사람만이 나쁘고 나머지 96%~99%의 사람들은 본질적으로 선량한 사람들이라고 생각해서는 안 된다는 점이다. 이를테면, 1%~4%의 사람만이 '본질적으로 나쁘다'고 한다면, 논리적으로 단지 1%~4%의 사람들만이 '본질적으로 선량하다'는 결과가 나오게 된다. 그렇다면 본질적으로 나쁘지도, 선하지도 않은 나머지 92%~98%에 해당되는 사람들은 이러한 기준에 따라 다시 각각 절반씩 나눌 수가 있다. 즉, 이 가운데 절반은 '잠재적으로 나쁜 사람'과 '잠재적으로 선량한 사람'으로 구분된다. 중요한 것은 잠재성을 갖고 있는 이들이 본질적으로 나쁘지도, 선하지도 않기 때문에 상당히 가변적으로 선과 악의 경계를 넘나들 수 있다는 결과가 나온다. 여기에서 국가가 취할 수 있는 형사정책적 대안이 도출되는 것이다. Howard H. Earle(1980), Police Community Relations: Crisis in Our Time, Illinois: Bannerstone House, p. 10.; Howard H. Earle/김충남 역(1992), 경찰과 지역사회: 현대의 위기, 서울: 여명출판사, pp. 19-20 재구성.

사전예방 전략을 통해서 이를 추구하고 있다는 점은 주목할 만하다. 즉, 비상시가 아닌 평상시의 경찰과 시민의 관계개선을 통한 상호신뢰회복 추구하고 공동으로 경찰활동에 참여는 전략, 즉 이른바 '커뮤니티 경찰활동'(Community Policing)이 활발하게 논의되고 있음을 인식할 필요가 있다.

이처럼 경찰활동의 성패가 과거와 같은 정치적 이해관계보다는 시민의 신뢰와 지지를 어떻게 획득하느냐가 중요한 변수로 떠오르고 있으며, 따라서 경찰의 입장에서는 수많은 심리학·생물학·사회학을 바탕으로 한 범죄학 및 형사정책학적 논의들을 바탕으로 이러한 요소들을 어떻게 형성·발전시키느냐는 중요한 관건이라고 할 수 있을 것이다.

〈경찰학의 주요 인접학문 예〉

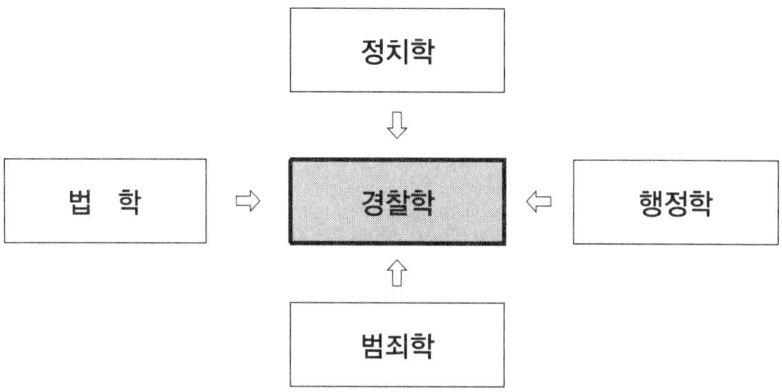

제2절 경찰학 패러다임의 한계

1. 경찰학 패러다임에 내재한 본질적 문제

경찰학 패러다임에 내재한 본질적 문제는 먼저 현대 민주주의에 내재하는 본질적 한계 문제를 어떻게 극복하면서 이를 학문적으로 정립시키느냐 하는 것과 관련된 것이다. 이는 바로 "개인의 자유 및 권리의 보호와 공공의 안녕과 질서유지"라는 어떻게 보면 상호 조화 될 수 있을 것 같으면서도, 한편으로는 상충 될 가능성이 많은 두 가치(values)문제가 경찰활동에 내재하고 있기 때문이다.

사실, 모든 국가작용은 이러한 두 가치문제가 상존하고 있다고 본다. 그러나 이 가운데 특히, 경찰과 같이 권력적·강제적인 속성을 가진 국가조직이 공공의 안녕과 질서유지라는 미명하에 수많은 개인의 자유와 권리를 침해할 수 있는 여지를 많이 가지고 있기 때문이다.

민주국가에서 개인의 권리(생명, 자유, 재산)보장은 본질적인 것이다. 대표적으로 미국은 개인의 자유와 권리야말로 민주사회의 본질이라는 원칙에 기초를 두고 만들어진 나라로 인식되고 있다. 이에 따라 미국헌법은 개인으로 하여금 어떤 외압의 두려움 없이 자신들의 의사를 자유롭게 표명하고 행동할 수 있음을 분명히 명시하고 있다.[23)]

우리나라 역시 민주국가의 기본원리를 바탕으로 하고 있음은 물론이다. 이러한 개인의 권리에 대한 보호는 경찰과 같은 형사사법기관의 제반 활동에서도 핵심을 이루고 있다. 즉, 개인의 권리가 침해되기 쉬운 형사절차(刑事節次)에 있어서 헌법적인 권리보장 규정(제12·13·27조 상의 적법절차, 고문금지, 묵비권, 자기부죄금지, 영장주의, 변호인선임권, 구속적부심사청구권, 일사부재리, 무죄추정의 원칙 등)을 둠으로써 이를 분명히 하고 있다.

그러나 민주국가의 기본 가치가 비단 이러한 개인의 권리보호에만 국한되는 것은 아니다. 국가와 사회 전체를 위한 공공의 안녕과 질서유지 역시 보호되어야 할 중요한 가치이기 때문이다. 이와 관련하여 헌법에서 "국민의 모든 자유와 권리는 국가안전보장·질서유지 또는 공공복리를 위하여 필요한 경우에 한하여 법률로써 제한할 수 있으며, 제한하는 경우에도 자유와 권리의 본질적인 내용을 침해할 수 없다"고 규정하고 있다(제37조). 여기에서 '필요한 경우에 한하여' 개인의 자유와 권리를 일정부분 제한할 수 있다는 한계를 분명히 하고 있지만, 이와 같은 추상적 개념은 해석의 따라 얼마든지 달라질 수 있다는 것을 알 수 있다. 역사적·경험적으로 살펴보았을 때에도 개인 내지 시민에 대해서 비교우위적 권한을 가진 경찰이 자신의 권한을 오남용하여 인권침해를 한 경우도 적지 않았던 것이 사실이다.[24)]

그렇다면, 공공의 안녕과 질서를 최대한으로 유지하게 되면, 결국은 사회구성원들 개개인의 자유와 권리가 보장된다는 논리가 타당한 것인가? 아니면 개개인의 자유와 권리를 최대한으로 보호하게 되면, 결국은 공공의 안녕과 질서가 유지된다는 논리가 타당한 것인가? 어떻게 보면, 경찰학은 해결하기 어려운 이 문제를 항상 안고 있는 셈이다. 결국, 이 문

23) Patricia D. Netzley(2000), Issues in Crime, CA: Lucent Books, Inc, p. 9.
24) 인권에 대한 내용은 한상범·이철호(2003), 경찰과 인권, 서울: 패스 앤 패스.; 이상안(2005), 인권과 질서, 서울: 대명출판사 참조.

제는 주어진 시대적 상황(예컨대, 치안환경 등)을 고려하여 최선의 치안정책을 수립하고, 적절한 경찰조직구조와 인사관리, 그리고 활동모형을 제시하는 것과 관련되며, 이는 경찰학의 패러다임 정립을 위한 주요 연구대상이 될 것이다.[25)]

2. 근대경찰의 타율적 수용과 패러다임의 충돌

1) 근대경찰의 타율적 수용

모든 국가의 경찰제도는 주변국가와 직·간접적인 관련성을 맺고 상호영향을 주고받으며, 형성·발전된다고 본다. 이러한 과정에서 다른 나라의 경찰제도를 자율적·능동적으로 수용하는 국가도 있으며, 타율적·수동적으로 수용한 국가도 있다. 본질적으로 경찰제도의 자율적 수용이냐 아니면 타율적 수용이냐 하는 문제는 그 나라의 정치·경제·사회적 안정성을 바탕으로 한 국력(國力)에 따라 달려 있다고 본다.

일본의 근대경찰 성립

일본은 메이지유신(明治維新, 1868) 이후, 새로운 국가에 걸 맞는 신체제(新體制)를 구축하기 위해 당시의 막부의 혁명세력들은 미국과 서구유럽에 사절단을 파견하여 그들의 선진제도를 도입하고자 하였음은 주지의 사실이다. 특히 당시 유럽의 강국인 프랑스 체제에 대한 많은 관심을 갖고 이를 적극적으로 수용하고자 하였던 것이다. 경찰에 있어서도 중앙집권적인 프랑스경찰은 일본의 좋은 역할모델(role model)이 되었던 셈이다.[26)] 물론, 서구 근대경찰의 제도적 도입은 이루어졌지만 이념적인 민주주의는

25) 근래와 같이 전 세계적으로 대규모 테러가 발생하고 이에 대한 공포가 확산되게 되면 아무래도 개인의 권리가 후퇴하는 경향을 갖는다고 볼 수 있다. 실제로 미국은 2001년 9월 11일 발생한 이른바 '911테러' 이후 형사절차상의 개인의 권리에 대한 제한 또는 선별적 제한(아랍계 외국인 등)을 보다 적극적으로 하는 계기가 되었다. 그러나 개인의 자유와 권리는 국가의 헌법에서 보장하고 있는 것이며, 따라서 가능한 한 헌법정신을 반영하도록 해석, 운영되어야 한다는 제약이 따르게 된다. 이른바 '헌법적 형사절차론'(憲法的 刑事節次論)의 문제에 직면하게 된다. 헌법적 형사절차에 따르면 형사절차는 국가의 형벌권행사에 관한 절차이므로 국가권력행사의 기본원칙을 정한 헌법의 제원칙을 실현하여야 한다는 것이다. 헌법론적 관점에서는 형사절차에 관한 법률도 그 내용의 적정성과 정확성은 헌법기준에 따라서 그 합헌여부의 실체적 심사가 이루어지므로 그것은 헌법의 기본적 권리내용을 담은 정당한 법의 적정절차로 구성되어야 한다. 따라서 그것은 인권 내지 적법절차의 우월적 가치를 인정하여야 하므로 처벌을 위한 절차라기보다는 무고한 자의 불처벌의 기능을 중시하여야 한다. 여기에서 종래 국가권위주의 내지 절대주의를 배경으로 하는 '범인필벌주의'(犯人必罰主義)로부터 '적법절차원칙'(適法節次原則)으로의 전환이 요청된다. 따라서 피의자 등의 권리를 충분히 보장하고 방어권행사의 기회와 편의를 최대한 제공해 주어야 한다는 것이다. 헌법적 형사절차론에 대해서는 차용석(1993), "한국의 수사법론과 수사구조론: 사법경찰관의 독자수사권," 서재근 편저, 독일·미국·일본·한국의 수사구조의 비교연구: 범죄수사를 중심으로, 동국대학교 부설 공안행정연구소, pp. 105-107 참조.

26) 이에 대한 자세한 내용은 시바 요따로(司馬遼太郎)/21세기정보전략연구소 역(1994), 명치(明治)라는 국가, 21세기정보전

도입되지 않았다.[27]

일본은 메이지유신 이후 조선식민화 등 군국주의를 바탕으로 한 국가근대화를 표방하였지만, 결국은 제2차 세계대전(1939~1945)에 패망하여 미군정(美軍政) 하에 놓이게 되었다. 이때 경찰제도는 다시 한 번 일대 개혁이 이루어지는데, 이는 종전과는 달리 타율적·수동적으로 이루어졌음은 물론이다. 즉, 종전(終戰) 후 미군정에 의해 1947년 12월에 '근본적인 개혁의 법전'이라 불리는 경찰법(警察法)이 제정되어 이전의 군국주의적인 경찰에서 민주국가의 민주경찰로 일대 전환하게 된 것이다. 이 법에 따라 중앙집권적인 국가경찰은 해체되어 국가지방경찰과 자치경찰로 이원화되고,[28] 또 중앙과 지방 경찰행정의 정치적 중립성 확보 및 민주적 관리를 목적으로 공안위원회(公安委員會) 즉, 국가공안위원회·도도부현(都道府縣)공안위원회·시정촌(市·町村) 공안위원회가 설치되었다. 이 당시의 경찰개혁은 경찰민주화와 자치경찰에 초점을 두었다고 볼 수 있다. 그것은 군국주의의 색체가 강한 이전의 일본의 국가체제의 재발에 대한 우려(즉, 강력한 군사력과 경찰력)에 대한 조치라고 볼 수 있다.

그런데, 이러한 일본경찰체제는 오래가지 못했다. 일본에 민주경찰을 도입하였다는 점에서는 의의가 있었으나, 이는 점령정책(占領政策)의 일환으로 타율적으로 실시된 것으로서 현실적인 상황을 고려하지 못하고, 지나치게 분권주의(分權主義)를 취함으로써 치안유지의 효율성에서 많은 문제를 안고 있었던 것이다. 이에 따라 일본 경찰법은 1954년에 전면개정이 이루어지게 되었는데, 실질적으로 신법제정이었다고 할 수 있다. 이렇게 해서 1947년의 경찰법을 '구(舊)경찰법', 1954년의 경찰법을 '신(新)경찰법'이라 부른다.[29] 신경찰법에 의한 경찰도 국가경찰과 자치경찰로 이원화된 것은 마찬가지이다. 다만, 다음과 같은 점에서 커다란 차이가 있다. 국가경찰은 내각총리대신 소할(所轄) 하에 국가공안위원회를 두고 그의 관리 하에 경찰청(警察廳)과 관구경찰국을 두었다. 그리고 자치경찰은 종래의 기초자치단체인 시·정촌(市·町村)에서 광역자치단체인 도도부현(都道府縣)으로 격상하여 지사(광역자치단체장)의 소할 하에 도도부현 공안위원회를 두고 그의 관리 하에 도도부현경찰로 일원화 하였다.[30]

략연구소 참조.

27) 신현기 외 8인(2003), 비교경찰제도론, 서울: 법문사, p. 180.

28) 국가경찰은 내각총리대신의 소할(所轄, 조직상 상하관계지만 독립성이 강한 관계 사이에 소속관계를 표현하는 것으로 지휘감독보다 더욱 약한 관계를 의미)하에 ① 국가지방경찰본부와 그 지방사무국인 경찰관구본부 및 ② 도도부현(都道府縣) 국가지방경찰이 있다. 여기에서 도도부현 국가지방경찰은 자치경찰을 유지할 수 없는 촌락지역(농촌지역)을 담당하였다. 한편, 시(市) 및 인구 5천명 이상의 정촌(町村)(도시지역)은 자체부담으로 자치경찰을 두도록 하였는데, 이는 시·정촌장의 관할로 시·정촌 공안위원회를 두고 경찰을 관리하였다. 이로 인해 일본 전체에 1,605개의 자치경찰이 조직화 되었는데, 이들은 국가비상사태의 경우를 제외하고는 국가지방경찰과 대등한 지위에 있었다. 정진환(2006), 비교경찰제도, 서울: 백산출판사, pp. 262-266.

29) 大津英男(1958), 警察行政, 東京: 良書普及會, p. 24.

30) 도도부현(都道府縣, Prefectures of Japan)은 일본의 광역자치단체인 都(도쿄도), 道(홋카이도), 府(오사카부와 교토부),

그런데, 우리나라의 경찰을 포함한 근대화 과정은 내재적(內在的), 자생적으로 이루어졌다기보다는 외세(外勢)에 의한 타율적, 종속적인 요소가 적지 않았다고 본다. 바꿔 말하면 이는 타율적인 힘에 의해 의존한 부분이 적지 않다는 것을 의미한다. 이와 관련하여 1876년 문호개방 이후 개항장경찰의 정체성, 1894년 탄생한 갑오경찰의 정체성, 1897년에서 1910년에 이르는 대한제국경찰의 정체성, 1910년에서 1945년에 이르는 일제 강점기경찰의 정체성, 1945년에서 1948년에 이르는 미군정시대경찰의 정체성에 대해 진지하게 고민할 필요가 있다고 본다.[31](이에 대해서는 제4장에서 상세하게 살펴보기로 한다).

그리고 이 시기에 상이한 대륙법계(大陸法系)의 경찰과 영미법계(英美法系)의 경찰패러다임이 주체적 선별과정 없이 타율적·수동적으로 무분별하게 한국에 수용된 부분이 적지 않았다는 점이다. 즉, 개항 이후 1894년 갑오경장, 그리고 1945년 해방 전까지는 일제에 의한 대륙법계의 경찰체제가 계수되었고, 해방 후 미군정시대(1945-1948)에는 영미법계 경찰이 계수되고, 이후 양 법계의 경찰제도가 혼합되어 제도권과 학자들에 의해 수용되어 왔다고 볼 수 있다. 이 가운데서 특히 오랜 기간 동안의 일제식민통치를 경험하는 과정에서 현재까지도 대륙법계 경찰요소(중앙집권적 국가경찰, 행정경찰과 사법경찰 관념, 여전히 많은 질서행정기능 수행, 제한된 수사권, 특별권력관계 문제 등)가 강하다고 볼 수 있다. 한편, 경찰체제의 근본적인 틀(즉, 중앙집권적인 국가경찰)은 국가의 중앙집권화를 추구·강화해온 우리의 역사(삼국시대, 고려시대, 조선시대 등)적 산물이라고도 할 수 있다.

2) 대륙법계와 영미법계 경찰학 패러다임의 충돌

그런데, 이러한 대륙법계 경찰과 영미법계 경찰관념이 근현대 한국경찰에 타율적·수동적으로 계수되었다는 것 자체도 문제거니와 더욱 심각한 문제는 양자의 경찰은 여러 면에서 차이가 있고, 그것으로 인해 이론과 실무에 있어서 갈등요소가 적지 않다는 점이다. 이 문제는 특히 대륙법계의 법학(法學) 영역과 영미법계의 행정학(行政學) 영역 간의 갈등으로 볼 수 도 있을 것이다.[32]

縣(나머지 43개의 현)을 묶어 이르는 말이다. 신현기 외 8인(2003), 위의 책, p. 184.; 경찰대학(2002), 비교경찰제도론, pp. 398-401.

31) 이에 대한 내용은 최선우(2006), "한국경찰의 '근대성'에 관한 연구," 한국공안행정학회보 제23호, pp. 407-439.

32) 프랑스와 독일 등 대륙법계 국가는 로마법의 영향을 받아 일찍부터 법체계가 발달하여 이론성·논리성이 우수하다는 특징이 있다. 법이 가지고 있는 과거지향성과 원칙성은 사회안정성을 확보하는 데는 이점이 있다. 반면, 급변하는 사회에서는 융통성을 가지고 대응하는 데는 한계가 있다. 영국과 미국 등 영미법계 국가는 보통법법원(普通法法院, common law court)에서 내린 판결을 기초로 하여 보통법(common law)이 형성·발전되어 왔으며, 따라서 대륙법계 국가들 보다는 법체계가 발달하지 못한 것이 사실이다. 그러나 이들 국가는 법 보다는 실용주의적인 면이 강하여 행정현실을 보다

대륙법계 경찰패러다임과 영미법계 경찰패러다임의 갈등문제는 구체적으로 경찰임무 및 권한영역의 모호성과 관련된다. 이와 관련하여 그 동안 대륙법계 경찰에서 논의되어온 행정경찰의 '탈경찰화'(脫警察化)와 영미법계 경찰의 '수사구조 및 소송구조의 변화'에 대해서 살펴볼 필요가 있다. 이는 이른바 '행정경찰'과 '사법경찰'의 영역에 대한 재인식 과 관련되며, 이 두 문제는 오늘날 한국경찰현실에 그대로 노정되어 나타나고 있다. 대륙법계 경찰에서는 위험의 예방에 초점을 두고 있다. 종래의 위험의 예방으로서는 범죄의 예방뿐만 아니라 무질서, 각종재해 및 수많은 요인들이 이에 포함된다. 반면, 사후대응, 즉 범죄수사에 관한 부분에 대한 경찰의 역할은 다분히 제한적이다.

반면, 영미법계 경찰에서는 위험의 예방에 대한 범위가 대륙법계와 마찬가지로 포괄적이지 않다. 대신 범죄수사, 심지어 소송업무까지도 경찰업무의 일부로 인식하는 등 형사절차에서 폭넓은 권한을 행사하고 있다.

(1) 대륙법계 행정경찰의 탈경찰화

독일, 일본 등 과거에 경찰권이 강대했던 나라들에서는 제2차 세계대전 이후 경찰의 기능이 축소되어 종래에 경찰의 권한영역에 속해 있던 광범위한 영역에 대한 이른바 '탈경찰화'(脫警察化) 또는 '비경찰화'(非警察化)가 이루어졌고, 그 한도에서 위험방지 임무가 대폭 일반 행정기관에 이전되었다.

즉, 제2차 세계대전 후, 경찰의 민주화가 행해지면서 경찰개념을 제도적 경찰과 집행경찰을 동일시하려는 시도가 이루어졌다. 여기에서는 질서유지행정과 행정경찰을 동일시하는 전통적인 행정경찰개념을 포기되었고, 따라서 예컨대, 건축경찰·위생경찰·노동경찰 등은 개별법이 정하는 행정기관의 관할로 되고 그 명칭도 건축행정·위생행정·노동행정으로 되어 탈경찰화가 이루어진 것이다.

따라서 경찰이란 국민의 생명, 신체 및 재산의 보호를 기본임무로 하는 법집행 또는 법강행기능을 수행해야만 하는 경찰기관의 활동의 전체를 말하는 것이 되었다. 경찰을 원칙적으로 법집행 또는 법강행기능에 한정하는 것은 행정의 위험방지의 책무(임무)를 경찰로 보지 않는 것을 의미하고, 위험방지의 책무를 행하는 일반적 행정기관의 기능은 질서행정(秩序行政)이라고 일컬어진다. 이 경우 질서행정은 단순한 소극적인 위험방지를 넘어 공공의 복지를 실현하기 위한 적극목적을 추구하는 사전배려, 계획 및 정책형성에까지 미치

강조하는 경향이 있다. 그렇기 때문에 현실 지향적이며, 융통성을 확보하는 데는 이점이 있다. 물론, 오늘날 대륙법계 국가이든 영미법계 국가이든 간에 각각의 단점을 보완하고 있는 추세이다. 그러나 한국경찰은 여전히 양자 간에 적지 않은 괴리가 있다고 본다.

고, 위험방지와 불가분이고 또한 종종 구별할 수 없는 목표설정과 내용을 떠맡게 되었다고 할 수 있다.[33]

한편, 우리나라도 미군정시대에 탈경찰화가 이루어졌음은 주지의 사실이다. 일제 강점기의 조선총독부 경찰은 치안유지라는 경찰본래의 기능 외에 정치·경제·출판·보건위생·군사경비·소방·사법 등 광범위한 권한을 행사하고 있었다. 이는 조선을 강제적으로 지배하고 조선민족의 독립투쟁을 억압하기 위한 수단으로 경찰을 활용했기 때문이다. 따라서 미군정당국은 남한의 경찰권을 접수한 이후 본래의 경찰영역을 넘어선 비정상적인 부분을 경찰관할에서 회수하여 다른 관서로 이관시켜 탈경찰화를 단행하였던 것이다.[34] 이러한 탈경찰화는 미군정 이후에도 꾸준히 진행되고 있다. 최근에는 사인(私人)에 의한 경찰작용 역시 중요한 연구대상으로 떠오르고 있음에 주목할 필요가 있다.

(2) 영미법계 경찰의 독자적 수사권한의 행사와 기소권한의 조정

주지한 바와 같이 영국 형사사법에 있어서 전통적으로 수사권한 행사의 주체는 경찰로 인식되고 있으며, 이에 관한 광범위한 경찰재량권을 인정하고 있다. 따라서 1985년 국립기소청(Crown Prosecution Service)을 설치하여 국가가 고용한 변호사들에 의해 기소업무를 전담시키기 전까지는 경찰이 기소업무까지 모두 담당하였다. 이 국립기소청은 스코틀랜드 지역을 제외한 잉글랜드와 웨일즈 지역에서 경찰이 수사한 범죄사건에 대한 기소업무를 맡고 있다. 이러한 점에서 영국경찰은 우리나라와는 달리 형사사법에 있어서 상당한 위상과 역할을 수행해 왔음을 알 수 있다.[35]

영국의 기소에 대한 역사를 간략히 살펴보면, 1879년 「범죄의 기소에 관한 법률」(Prosecution of Offences Act, 이하 기소법) 이전에는 공식적인 기소 담당기관이 설치되지 않았었다. 따라서 이전까지는 범죄피해자 등 시민들은 직접 기소를 하거나 변호사를 사서 기소업무를 담당하도록 하였던 것이다. 이는 고대 앵글로-색슨 정착기(5세기 이후)부터 형사사법에 있어서 일정한 권리회복을 위해 주민이 직접 권한을 행사할 수 있다는 자경주의 전통에서 비롯된 것이라 할 수 있다. 이른바 '사인소추주의'(私人訴追主義) 전통을 가지고 있었던 것이다.

여기에서 주목할 만한 것은 기소법이 제정되기 이전인 1829년에 영국에서는 현대경찰의 모태가 되는 런던수도경찰이 탄생하였는데, 이때부터 경찰은 수사업무뿐만 아니라 시

33) 미야타 사부로우(宮田三郞)/한귀현 역(2003), 일본경찰법, 한국법제연구원, p. 5.
34) 신상준(1997), 미군정기의 남한행정체제, 한국복지행정연구소.; 경찰대학(2002), 한국경찰사, p. 204 재인용.
35) 이하 김형만 외 8인(2003), 비교경찰제도론, 서울: 법문사, pp. 318-322 재구성.

민들이 행사해오던 기소업무를 점차적으로 경찰이 담당하기 시작하였다는 점이다. 즉, 1879년의 기소법 시행 이후 기소업무가 내무부(Home Office)업무로 되어 1880년 내무부 장관이 최초의 기소국장을 임명하여 극소수의 매우 중요하거나 어려운 사건의 기소를 담당하게 하였고, 대다수의 범죄사건의 기소업무에 대해서는 경찰이 계속 담당해왔다. 물론 경찰의 기소업무의 수행은 시민의 위임(委任)에 의한, 즉 시민의 대표로서 시민을 위하여 기소업무를 담당하게 된 것으로 보아야 할 것이다.

그러던 중, 1962년 왕립 경찰조사위원회(Royal Commission on the Police)에서 '동일한 경찰관이 동일한 사건의 수사와 기소업무를 모두 담당하는 것은 적절치 않으므로 각 경찰청은 변호사로 구성된 별도의 기소담당 부서를 두도록' 권고하게 되었고, 이에 일부 지방경찰청은 기소담당 부서를 설치하였으나 일부는 지역 변호사에게 기소관련 조언을 구하는 것으로 대체하였다. 그러나 변호사의 조언에 법적 구속력이 없었기 때문에 기소권한은 계속 경찰이 행사하였다.

그리고 1978년에 왕립 형사절차조사위원회(Royal Commission on Criminal Procedure)에서는 다시 형사사법절차의 3대 문제점을 지적하였다. 즉 '㉠ 수사를 담당한 경찰은 동일한 사건의 기소여부에 대해서 공정한 판단을 내린다고 신뢰할 수 없음에도 불구하고 동일 경찰이 수사와 기소업무를 병행하고 있다. ㉡ 전국의 지방경찰청이 사건의 기소여부에 대해 서로 다른 기준을 적용하고 있다. ㉢ 경찰이 너무 많은 부적당한 사건들을 기소하여 판사의 기각률이 높다'는 점이다. 따라서 1981년 조사위원회는 이와 같은 문제점들에 대한 해결책으로 정부에서 독립된 기소전담기구를 설치하는 입법을 권고하기에 이르렀다. 이에 따라 1983년 내무부에서 기소업무를 담당하는 독립된 국가기구의 창설과 신속한 기소여부를 결정하기 위해 그 기구의 지역 사무소에서 대부분의 사건의 기소업무를 처리하게 하는 것을 골자로 하는 정부의 입법안을 발표하였다.

결국, 1985년 「범죄의 기소에 관한 법률」(Prosecution of Offences Act)이 다시 제정되어 기존의 내무부에 설치된 기소국과 지방경찰청에 설치된 기소담당 부서를 통합·확대한 국립기소청(CPS: Crown Prosecution Service)이 창설된 것이다. 국립기소청은 그 역사에서 알 수 있듯이 광범위한 경찰업무로부터 기소업무만을 분리해 내어 전반적인 형사절차의 운영을 원활하게 하자는데 그 설립목적이 있으며, 따라서 '경찰에 종속되지 않고 독립된'(completely independent of the police) 기관으로서 경찰이 입건한 형사사건에 대한 기소를 행하도록 하였다.

이상과 같이 영국경찰의 사법경찰의 역할 및 권한을 살펴보면, 수사권한은 물론이거니와 기소권한 역시 경찰이 행사해 오다가 이의 문제점이 제기되어 기소권한은 타 기관으로 넘어가고 수사권한은 그대로 가지고 있는 행태를 취하고 있음을 알 수 있다.

(3) 한국경찰의 나아갈 방향

한국경찰에 지대한 영향을 미친 대륙법계 경찰과 영미법계 경찰이 현재까지 변화와 개혁을 거듭하고 있으며, 한국 역시 그러한 과정을 거치고 있다. 이러한 대륙법계와 영미법계의 변화과정을 고려 할 때, 한국경찰의 행정경찰과 사법경찰의 영역은 어떻게 설정할 것인가 하는 문제가 관건이 된다. 행정경찰의 변화과정과 사법경찰의 변화과정 속에서 어떠한 정체성을 찾지 못한다면, 경찰학은 하나의 정상과학으로서 자리 잡기는 어려울 것이다.

한국경찰의 행정경찰 영역에서의 탈경찰화는 미군정 이후 꾸준히 진행되고 있고, 또 사법경찰 영역에서의 수사권한 조정 역시 역대 정권마다 뜨거운 도마 위에 오르고 있는 것이 사실이다. 이러한 문제는 행정경찰과 사법경찰의 불가분리성, 그리고 유관기관(검찰, 국가정보원, 대통령경호실, 군, 그리고 여러 행정기관 등)과의 관계 설정과도 관련된다. 행정경찰과 사법경찰의 불가분리성은 경찰의 수사권독립과 관련된 중요한 근거가 되는 것이며, 경찰의 유관기관 관련업무의 수행 행정경찰의 탈경찰화 또는 타 기관 조장행정업무의 재검토와 관련되는 것이다.

이러한 문제가 한국경찰이 안고 있는 가장 본질적인 문제 가운데 하나라고 한다면, 이는 경찰학이 우선적으로 연구해야할 과제 가운데 하나이며, 따라서 이는 경찰학의 패러다임 정립과 직결된 것이라 할 수 있다.

제3절 경찰학 패러다임의 정립을 위한 과제

이상과 같은 경찰학의 패러다임에 내재하는 문제를 보다 심도 있게 논의하기 위해서는 근본적으로 어떠한 접근방법의 개선이 이루어져야 한다고 본다. 일반적으로 학문연구와 관련하여 논의되는 접근방법이란 '해당분야의 연구대상이나 연구방법에 대한 관점이나 시각'을 의미한다. 따라서 경찰학의 학문적 정체성을 확립하는데 있어서 연구방법은 연구대상 못지않게 중요하다는 점을 알 수 있다.

주지하는 바와 같이 경찰학에서는 인접학문의 접근방법을 그대로 활용하거나 또는 이를 토대로 발전시켜 나가고 있는 것이 사실이다. 이와 관련하여 이상안 교수는 제도론적 접근, 행태론적 접근, 법률적 접근, 체제론적 접근, 범죄경제학적 접근, 경찰정책론적 접근방법 등을 제시하였고, 김충남교수는 법률적 접근, 역사적 접근, 제도적 접근, 행태론적 접근, 체제론적 접근 등을 제시하고 있다. 또 정진환교수는 전통적 경찰연구로서 이를 이념적 접근(경찰체제, 경찰조직)과 기능적 접근(경찰역할, 경찰행태)으로 대별하였으며, 새로운 연구방향으로서 부문적 차원(공·사부문의 제휴관계의 이론화, 공·사 양분법에 대한 새로운 인식, 그리고 기존의 police연구가 아닌 policing연구와 같은 초점의 변화), 공간적 차원(집권화와 분권화, 세계화와 공간의 확대), 구조적 차원(구조조정, 새로운 치안구조의 형성)으로 구분하여 접근하고 있다.[36] 이상안교수와 김충남교수가 제시한 접근방법은 인접학문의 방법을 그대로 원용했다면, 정진환교수는 새로운 시각에서 경찰현상을 분석하였다는 점에서 의미가 있다고 본다.

그런데 모든 학문의 접근방법은 본질적으로 시간과 공간 차원에서 이루어진다고 본다. 그리고 그러한 시간과 공간을 이해하는데 가장 기초적인 방법이 바로 역사적 접근(歷史的 接近; 종적 접근)과 비교론적 접근(比較論的 接近; 횡적 접근)이라고 할 수 있다. 사실, 역사적 접근과 비교론적 접근은 위에서 제시된 모든 접근방법의 토대가 되기도 한다. 즉, 역사적 접근과 비교론적 접근을 통해서 가장 기초적·본질적으로 경찰현상을 입체적 접근할 수 있기 때문이다. 역사적 접근과 비교론적 접근은 시간과 공간 차원에서 경찰학에 대한 새로운 통찰력(洞察力)을 제공해 줄 것으로 기대된다.

---

36) 이상안(2005), 알기 쉬운 경찰행정학, 서울: 대명출판사, pp. 77-86.; 김충남(2005), 경찰학개론, 서울: 박영사, pp. 16-20.; 정진환(2002), "민간경비와 경찰연구의 새 방향," 21세기 질서행정(정진환교수 정년기념논총), pp. 29-69.

1. 역사연구의 활성화

일반적으로 '역사'(歷史, history)라고 하면, '지나버린 일들', '오래된 것', '현재와는 무관한 과거', '고리타분한 것' 등으로 치부해버리는 경우가 있다. 그러나 경찰학이 하나의 체계화된 정상학문으로서 자리 잡기 위해서는 무엇보다도 역사적 연구가 우선적으로 이루어져야 한다고 본다. 경찰학의 토착화 및 학문적 정립을 위해서는 한국 사회 내에서 이루어지는 경찰현상(그 이면의 본질 포함)을 우리의 역사적 시각에서 보는 독자적인 연구가 요구된다(역사적 접근 역시 기본적으로 과학적 과정을 따르는 과학적 접근방법이 요구되며, 이를 통하여 한 학문분야의 이론이 수립된다).

따라서 적어도 근대경찰의 태동기라 할 수 있는 갑오경찰과 대한제국의 경찰, 일제 강점기의 경찰, 미군정시대의 경찰, 그리고 대한민국정부수립 이후의 경찰에 대해서 법학, 행정학, 정치학, 사회학 등 다양한 학문적 관점에서 고찰하고, 거기에서 경찰에 내재하는 고유한 특성이 어떻게 형성·발전되었는지를 파악하는 것은 무엇보다도 중요한 일이다. 한국경찰의 역사적 발전과정을 이해하지 않고 단순히 서구경찰을 우수성 등을 논하는 것은 매우 위험한 발상이다.

사실, 모든 학문분야에 있어서 해당학문(또는 연구대상)의 역사적 접근은 가장 본질적인 것이다. 역사란 어떤 시간에 어떤 일이 있었다는 것을 다루는 학문이다. 그리고 오히려 역사는 학문이라기보다는 모든 학문을 존립하게 하는 기반이라고 해야 할 것이다. 왜냐하면 어떤 학문이든 그 연구대상은 어떤 시간에 일어난 어떤 일일 수밖에 없기 때문이다. 따라서 모든 학문의 출발은 어떤 면에서 그 연구대상의 역사적 접근에서 비롯된 것이라고 해야 할 것이다.[37)]

그런데, 역사에 대한 접근이 '역사' 그 자체로서 목적만 가지고 있는 것은 아니라고 본다. 그리고 단순히 해당 학문에 대한 학문적 정립을 위한 것도 아니다. 궁극적으로는 역사적 접근을 통해 얻은 교훈이 현실에 반영되고, 미래지향적인 비전을 제시해 줄 때 그 의미가 있다고 본다. 따라서 한국 경찰에 대한 역사적 접근을 통해서 이 세 가지 욕구를 충족시켜야 할 것이다. 즉 한국경찰의 역사성 인식, 한국경찰의 학문적 체계화, 그리고 한국경찰의 실천적 비전제시가 바로 그것이다.

따라서 경찰학의 학문적 기초에 경찰사(警察史)에 대한 이해가 무엇보다도 중요하다. 이러한 문제는 경찰학뿐만 아니라 정치학, 사회학, 행정학 등 모든 학문적 영역에서 본질

37) 최선우(2004), "한국경찰의 역사적 접근에 관한 서설적 연구," 한국공안행정학회보 제18호, p. 499.

을 이루고 있다. 이와 관련하여 예컨대, 영국의 정치학자 라스키(H. Laski)는 정치학에서 역사의 중요성을 다음과 같이 표현하고 있다. "현재는 과거의 자식이며 현재의 우리들은 미래의 어버이다. 참된 정치학은 무엇보다도 역사를 가지는 이론이다." "정치학을 부정(不正)에 대한 정의(正義)의 싸움이라고 본다든가 또는 악(惡)에 대한 선(善)의 싸움이라고 보는 것과 같은 관점으로 단순화시킨다면 좀처럼 그 본질을 이해할 수 없을 것이다. 적어도 역사적 관점에서 그것을 보지 않는 한 우리들은 그 내용을 이해할 수 없게 될 것이며, 또한 합리적 분석과는 동떨어진 것으로 되어 아무런 의미도 없는 허구적인 것으로 그치고 말 것이다" 이와 같이 정치이론의 연구에 있어서 역사적 관점이 그 핵심을 이루고 있음을 알 수 있다.[38]

이와 마찬가지로 경찰현상 역시 그 나라의 역사적 배경 속에서, 즉 그 사회의 역사적 전통과 역사적 현실을 기초로 하여 접근해야 하는 것은 분명한 사실이다. 원래 현재는 그 어떠한 사소한 부분이라 할지라도 과거로부터 연속되고 있으며, 과거에 그 원인을 가지는 것이기 때문에 현재의 경찰과 앞으로의 가능성은 과거에 의해서 규정되며 제약되는 것이 결코 적지 않다. 따라서 현재를 이해하기 위해서는 과거를 알지 않으면 안 된다. 어떠한 사정에서 경찰제도가 발생했으며, 어떠한 발전경로를 따라서 발전되어 왔는가를 아는 일은 현대경찰을 이해하는 데 불가결하다. 뿐만 아니라 이 사실은 현재의 제도가 앞으로 어떠한 방향으로 발전될 수 있으며, 또한 개선될 수 있는가의 가능성과 한계를 아는 데 있어서도 중요하다.

카(E. H. Carr, 1964)는 "역사는 현재와 과거의 끊임없는 대화"(History is an unending dialogue between the present and the past)라 보았는데, 역사적 의식을 가지고 있는 사람들은 지나가버린 과거를 재현 또는 재구성하려는 것이 아니라 그것을 받아들여 이를 분석함으로써 그 속에서 의의를 찾아보려는 것이라고 말하고 있다.[39] 역사적 의식을 가지고 있는 사람들은 무엇보다도 먼저 현재의 빛에 비춰서 과거를 분석하고, 그 곳으로부터 성장하는 미래를 분석하며, 그 다음에는 현재와 미래를 지배하는 주장 위에다 과거의 빛을 비추는 것이다. 요약컨대, 경찰의 역사적 연구의 참된 의의는 현재의 올바른 성찰과 미래의 방향제시에 있다고 할 수 있다.

38) 이극찬(1994), 정치학, 서울: 법문사, pp. 170-171 재인용.
39) E. H. Carr/김택현 역(2002), 역사란 무엇인가?, 서울: 까치글방, p. 50.

2. 비교연구의 활성화

위에서 논의한 경찰학에 대한 역사적 접근은 주로 일정 지역(즉, 한국경찰)을 중심으로 과거와 현재라는 시간적 차원에서 다루어진다. 그러나 비교론적 접근은 주로 여러 지역(한국경찰, 일본경찰, 미국경찰, 독일경찰 등)을 중심으로 현재를 기준으로 공간적 차원에 초점을 두고 있다(역사적 관점이나 비교론적 관점 모두 시간과 공간이 고려됨은 물론이다).

비교(比較, comparison)라는 것은 본질적으로 어떤 현상을 더 잘 이해하고 설명하고 예측하기 위하여 그들 사이의 유사점과 상이점을 찾아내는 것으로 우연한 관찰의 형태와 구별되는 과학적 탐구를 통한 관찰이라고 할 수 있다.[40] 그리고 이러한 비교과정은 과학적 탐구를 통한 관찰을 전제로 하는 것이다. 현상과 현상의 군에 대한 유사점과 차이점의 추구는 종종 공간과 시간을 통한 비교를 요구한다. 공간적 분석을 동시적(synchronic)분석이라고도 한다. 이것은 특정한 시기에 있어서 특정한 상황에서 발생하는 현상에 대한 분석인데, 여기에는 시간적 요소에 의하여 영향을 받지 않는 것으로 간주하는 것이다.

주의할 것은 비교론적 접근 역시 역사적 접근과 마찬가지로 모든 학문의 기초라는 점이다. 따라서 경찰현상(경찰조직구조, 경찰행태, 경찰작용, 경찰구제 등)을 설명하는데 있어서 대부분 비교론적 접근방법을 원용하고 있다. 예컨대, 자치경찰제도의 도입, 수사구조의 합리화, 경찰의 정치적 중립성 등 수많은 경찰학 관련 담론들은 비교론적 접근을 통해서 그 당위성이 제시되고 있음에 주목할 필요가 있다. 물론, 역사적 접근(예컨대, 한국경찰사 등)과 마찬가지로 비교자체를 하나의 분석대상 및 방법으로 설정(예컨대, 비교경찰제도 등)하기도 한다. 어쨌든, 비교연구를 통해서 각국이 지니고 있는 경찰과 관련한 여러 현상의 유사성 및 보편성을 탐구하고, 아울러 각국 경찰이 지니고 있는 차이점 내지 상이성을 파악함으로써 경찰의 실체를 올바로 파악할 수 있다.

따라서 경찰학의 정체성과 정상학문으로서의 위상을 확립하기 위해서 비교연구가 필요하다는 것은 당연한 것이며, 여기에서 강조하고자 하는 것은 특히 그러한 비교연구를 위해서는 무엇보다도 '번역'(translation)의 중요성이 재인식 되어야 한다는 점이다. 사실, 우리나라는 번역에 대해 학문적 비중을 그다지 많이 두지 않는 경향이 있다. 대학에서 교수업적을 평가할 때 전문학술지나 저서 등에 대해서는 상당히 높은 점수를 부여하는 반면 번역서에 대해서는 지나치게 인색한 것이 사실이다.

---

40) 정진환(2006), 앞의 책, p. 29.

그러나 번역을 해본 사람은 번역이야 말로 학문활동에서 가장 긴 시간과 가장 수준 높은 스칼라십(scholarship)을 요구한다는 점에 공감할 것이다. 예컨대, 20세기 후반에 등장한 서구의 새로운 경찰활동의 패러다임이라 할 수 있는 '커뮤니티 경찰활동'(Community Policing)에 관한 논문을 쓰는 일보다 트로야노비치(R. Trojanowich) 등이 저술한 「Community Policing(1990)」, 레델렛(L. A. Ladelet) 등이 저술한 「The Police and The Community(1994)」를 완역하는 일이 훨씬 더 어렵다는 사실은 아무도 부인하지 못할 것이다.

따라서, 예컨대, '....에 관한 연구'와 같은 논문을 쓰는 일은 그것에 대한 철저한 지식이 없더라도 가능하다. 해석이 안 되는 부분은 슬쩍 넘어갈 수도 있고, 또 책을 다 읽지 않더라도 이 곳 저 곳에서 적당이 인용하여 적당히 일관된 논리의 구색만 갖추면 훌륭한 논문이 될 수도 있다고 본다. 그러나 번역의 경우에는 전혀 이야기가 달라진다. 그 작품의 문자 그대로 '완전한' 이해가 없이는 불가능하기 때문이다. 즉 모르는 부분을 슬쩍 넘어갈 수도 없고, 또 전체에 대한 지식이 없이는 부분의 철저한 해석조차 불가능하다. 그리고 인용출전에 대한 완전한 조사를 강요당한다. 번역서의 경우에는 번역자의 학문적 수준이 그대로 노출된다.[41)]

따라서 경찰학의 학문적 정체성과 패러다임을 정립하기 위해서는 각국의 경찰현상이 어떻게 나타나고 있는지를 철저하게 규명해야 하는데, 그러한 과정에서 제1차적으로 이루어져야 하는 단계가 바로 번역이라고 할 수 있다. 즉, 한국경찰의 정체성은 영미법계 경찰패러다임, 그리고 대륙법계 경찰패러다임이 어떠한 모습을 하고 있는지를 고찰함으로써 접근이 가능하다고 보여 지는데, 이를 위해서는 각국 언어로 쓰여 진 경찰학관련 서적을 우리의 관점에서 철저히 해석하고 소개하는 작업이 요구된다.

물론 번역작업은 단순히 영어와 일본어, 독일어 등 외국어에 국한되지 않는다고 본다. 한자(漢字)에 대한 독해 역시 번역의 일부라고 본다. 우리가 한자문명권에 속하지만 오늘날 경찰학 관련학자들의 한자에 대한 학문적 지식은 그다지 높지 않다고 본다. 사실, 번역을 통한 경찰에 대한 비교론적 접근 역시 각 나라의 역사적 발전과정을 전제로 한 것이다. 이러한 점에서 본다면, 역사적 접근과 비교론적 접근은 그 본질에 있어서 유사한 면이 적지 않음을 알 수 있다.

요약건대, 경찰학의 과제는 ㉠ 현대 자유민주국가의 경찰에 내재해 있는 본질적 한계인 '개인의 권리'와 '사회의 권리'를 어떻게 조화시킬 것인가 하는 문제(보편적 한계)와 ㉡ 한

41) 김용옥(1997), 동양학: 어떻게 할 것인가, 서울: 통나무, p. 127.

국경찰이 안고 있는 청산하지 못한 역사적 과제와 그로 인해 노정된 대륙법계 경찰패러다임과 영미법계 경찰패러다임의 부조화문제(특수적 한계) 등을 어떻게 해결할 것인가와 관련 된다고 본다. 이를 위해서는 본질적 문제를 회피한 체, 외향적 개혁만을 추진해서는 결코 해결할 수 없을 것으로 보인다. 오히려 문제의 근원을 보다 심도 있게 분석(역사적 접근)하여 자성(自省)하고, 현대 한국경찰의 형성에 지대한 영향을 미친 서구 선진 경찰의 변화과정을 심도 있게 통찰(비교론적 접근)하여 그것을 내면화(內面化)할 수 있을 때 문제해결의 실마리를 찾을 수 있을 것으로 기대된다.

제3장

경찰의 의의와 기본이념

제1절 경찰의 의의

1. 경찰개념 정립의 문제

1) 경찰개념 정립의 어려움

경찰(警察, Police)이란 무엇인가? 그러나 이에 대한 정의를 명확하게 내리는 것은 쉬운 일이 아니다. 심지어 오랫동안 경찰조직에 근무한 경력을 가지고 있거나, 경찰분야를 학문적으로 연구하는 학자들도 마찬가지이다. 이들 역시 경찰현상의 한 측면만 보고 그 특성을 평가하는 경향이 있기 때문이다.

더욱이, 경찰이라는 것은 역사성(歷史性) 즉, 가변성(可變性)을 내포하고 있는 개념으로써 국가마다 고유의 정치이념과 전통문화 등이 반영되는 것이어서 획일적으로 이를 정의하는 것은 결코 쉬운 일이 아님은 분명한 사실이다.[1] 바꿔 말하면 경찰이라는 개념은 국가마다 상이하고, 또 동일 국가일지라도 시대에 따라 다르다는 점이다. 미국경찰, 일본경찰, 한국경찰이 각각 다르고, 또 한국경찰이라 할지라도 삼국시대·고려시대·조선시대·대한민국시대의 경찰이 각각 다른 것이다. 그리고 대한민국시대의 경찰이라 할지라도 1948년 정부수립 이래로 오늘에 이르기까지 그 정체성은 계속 유동적으로 변화하고 있음은 물론이다(경찰역사에 대한 논의는 제4장에서 보다 상세하게 살펴보기로 한다).

2) 경찰이라는 용어

경찰개념에 대해 보다 깊이 있게 논의하기에 앞서 '경찰'(警察)이라는 용어에 대해서

1) 이에 대해서는 이하에서 보다 상세하게 살펴보겠지만 '경찰이 무엇인가'에 대한 답을 얻기 위해서는 제2장에서 제시한 바와 같이 다양한 견해와 연구결과를 종합하고, 그러한 과정에서 경찰에 내재하는 지배적인 견해인 '패러다임'(Paradigm)을 찾기 위해 노력해야 할 것이다. 이상안(2005), 경찰행정학, 서울: 대명출판사, p. 3.

살펴보기로 하자. 일반적으로 '경찰'(警察)이라는 용어를 사용한 것은 1894년 갑오개혁 이후 조선시대의 포도청(捕盜廳)을 폐지하고 경무청(警務廳)을 설치하면서 시작한 것으로 알고 있지만, 1885년 10월 29일의 정부공식문서 내용을 통해 '경찰'이라는 용어가 이미 사용되었음을 주목할 필요가 있다.[2] 이렇게 보면 우리가 경찰이라는 용어를 사용한지는 약 130년이 되는 셈이다. 사실, '警察'이라는 한자어는 일본에서 차용한 것이라 할 수 있다.

주지하는 바와 같이 갑오개혁에 많은 영향을 끼친 일본은 1868년 메이지유신(明治維新) 이후 당시 근대국가의 역할모델을 서구 유럽국가에서 찾은 바 있다. 이와 관련하여 '일본경찰의 아버지'라 불리는 가와지 도시요시(川路利良)는 1872년 유럽의 치안조직 또는 경찰조직에 대한 시찰보고서를 작성하였는데, 그는 프랑스·독일 등의 경찰조직을 '게이사쯔'(警察, けいさつ)라고 번역하여 일본에 소개한 것이다. 같은 한자권 국가라도 중국과 북한은 경찰이라는 용어 대신 '공안'(公安) 또는 '인민보안'(人民保安) 이라는 용어를 사용하고 있다.[3]

따라서 우리가 경찰의 개념을 이해하는데 있어서 '경찰'이라는 용어 자체에 중요한 의미를 부여하고 이에 집착할 필요는 없다고 본다. 용어 자체는 나라마다 상이하기 때문에 그것을 어떠한 형태로 부르든 그것이 본질은 아니기 때문이다. 그것보다 정작 중요한 것은 경찰이 어떠한 시대적 이념(理念) 속에서, 구체적으로 어떠한 권한을 가지고 어떠한 역할 또는 기능을 하고 있는지를 살펴보는 일이라고 본다. 이렇게 함으로써 경찰의 '정체성'(正體性)을 파악할 수 있고, 경찰개념은 추상적 관념에서 구체적인 실체로 다가온다고 본다.

서구의 Police의 어원과 의미의 변천

오늘날 영어권 국가에서는 경찰을 'Police'라 부르고 있고, 우리도 이를 일상적으로 사용하고 있다. 이 Police라는 단어의 어원에 대해서는 여러 가지 견해가 있는데, 일반적으로 고대 그리스어의 'Polis'(또는 'Politeia') 라는 단어를 그 기원으로 보고 있다.[4] 당시의 Polis는 소규모의 '도시국가'로서의 의미뿐만 아니라 '시민의 합의로 조직화된 도시국가를 총체적으로 관리하는 체계'로서의 의미도 가졌다. 즉, Polis는 본래 사회구성원의 생존과 행복 및 질서유지를 총괄하는 개념이었기 때문에 '도시를 통치하는 기술'(the art of governing the city)의 의미도 가진 것이다.

2) 김상호 외 8인(2004), 경찰학 개론, 서울: 법문사, p. 415.
3) 이황우·조병인·최응렬(2001), 경찰학개론, 한국형사정책연구원, p. 3.
4) J. L. Sullivan(1977), Introduction to Police Science, N. Y.: McGraw-Hill Co, pp. 1-2.

물론, 당시의 Polis의 책임자들은 공공질서(公共秩序)·안전(安全)·도덕·식량공급·복지 등 시민생활과 관련된 일체의 도시업무를 총괄적으로 관리하였기 때문에 경찰기능 역시 그 속에 포함된 것으로서 어떠한 제도적 분리가 이루어진 것은 아니었다고 본다. 그러나 인류역사의 발전으로 국가권력의 분화 및 국가작용의 전문화가 이어지면서 이의 개념은 분화·발전하였다고 할 수 있다.[5] 즉, Polis라는 개념은 이후 Politics(정치), Policy(정책), Police(경찰) 등으로 분화된 것이다.

이와 관련하여 서구유럽에서 프랑스는 14세기 초에 경찰조직을 확립하였다고 볼 수 있다. 즉, 'la police de Paris'라는 단어는 '파리시의 치안을 유지하는 경찰조직'의 의미(주격명사)로서, 'Policer'를 '시민들을 교화개선 또는 단결시켜 질서를 바로잡는 활동'과 관련된 의미(타동사)로 사용하였던 것이다. 한편, 영국에서는 18세기에 이르러 '질서유지를 목적으로 하는 경찰조직'을 의미하는 용어로 'Police'를 사용하기 시작하였다.[6]

이러한 점에서 본다면, 서구유럽에서 Police라는 용어는 영미법계보다는 대륙법계에서 먼저 사용한 셈이다. 그리고 우리나라는 근대 일본과 미국을 통해서 직·간접적으로 이를 수용한 것이라 할 수 있다.

생각건대, 경찰에 해당하는 존재를 어떠한 식으로 명명했든 간에, 그리고 각 시대의 국가 및 집단이념이 어떠하든 간에 경찰개념은 역할 또는 기능적 관점에서 볼 때, '범죄 및 각종 무질서문제에 대응하는 제반활동' 차원에서 거시적·보편적으로 접근할 수 있을 것이다.

3) 경찰수단을 통한 경찰개념의 이해

따라서 비록 불명확하지만, 경찰개념을 정립하기 위해서는 무엇보다도 시대와 장소를 초월하여 경찰에 내재하는 어떠한 '공통점'을 찾는 일은 중요한 의미를 갖는다. 이는 이른바 경찰개념의 '보편성'(普遍性)을 의미하는 것이며, 여기에 더하여 각각의 '특수성'(特殊性)을 살펴보는 과정이 병행되었을 때, 경찰의 개념적 정체성은 윤곽을 드러낸다고 본다. 아래에서는 경찰개념의 보편적인 공통점과 관련하여 거시적 차원에서 '경찰수단'(警察手段)을 중심으로 살펴보기로 한다(그리고 경찰개념의 특수성에 대해서는 제4장의 역사적 접근을 통해서 살펴보기로 한다).

사실, 어느 시대와 국가를 막론하고 경찰은 범죄와 같은 위험방지와 제거, 질서유지 등

5) Brian Chapman(1970), Police State, London: Pall Mall Press, pp. 11-12.
6) James J. Fyfe, et al(1997), Police Administration, N. Y.: McGraw-Hill Co., p. 4.

의 목표를 달성하기 위해 일정한 '보편적·공통적인 수단'을 사용해 왔다. 만약 이러한 '보편적·공통적인 수단'에 기초하여 경찰개념을 정립하고자 한다면, 그러한 '보편적·공통적인 수단'은 무엇인가 하는 문제가 제기되며, 이는 미국경찰, 영국경찰, 프랑스경찰, 독일경찰, 일본경찰, 그리고 한국경찰을 막론하고 우리사회에 존재해온 모든 경찰에 공통된 것이어야 한다고 본다.[7)]

(1) 물리적 강제력의 행사

경찰이 주어진 목표달성을 위해 사용하는 보편적인 수단은 바로 '물리적 강제력'(物理的强制力, Coercive force)을 의미한다. 동서고금을 막론하고 시대가 요구하는 어떠한 경찰목표 또는 경찰목적을 달성하기 위하여 타인에 대해 이러한 물리적인 강제력을 행사할 수 있는 권한을 가지고 있지 않은 경찰은 존재하지 않는다고 본다. 바꿔 말하면 그러한 물리적인 강제력을 행사할 수 있는 권한을 갖지 못한다면 그것은 경찰이라고 부를 수 없을 것이다(후술하겠지만 '물리적 강제력'의 문제는 경찰의 개념적 유형화에 있어서 이른바 '실질적 의미의 경찰'을 형성하는 중요한 기준이 된다).

이러한 관점에서 경찰은 '물리적 강제력을 행사할 수 있는 권리를 가지고 있는 개인 또는 조직'이라고 할 수 있다. 그러나 단지 물리적 강제력에만 초점을 두게 된다면, 예컨대, 은행강도, 격투사, 교도관, 교사, 군인, 부모 역시 이를 행사할 수 있기 때문에 좀 더 분석적으로 살펴볼 필요가 있다.

경찰과 시민의 관계

대륙법계 국가의 경찰개념과 영미법계 국가의 경찰개념을 설명할 때, 종종 경찰과 시민의 관계를 가지고 설명하기도 한다. 즉, ㉠ 대륙법계 국가는 경찰권이라는 것이 국가통치권을 바탕으로 한 것이며, 시민에 대한 통제와 지시를 주요 목적으로 하기 때문에 경찰과 시민의 관계는 '대립적 관계'라는 것이다. 반면 ㉡ 영미법계 국가의 경찰권이라는 것이 시민의 자치권을 바탕으로 한 것이며, 시민에 대한 보호와 서비스를 주요 목적으로 하는 것이기 때문에 경찰과 시민의 관계는 '협력적 관계'라는 것이다.
그러나 국가(대륙법계·영미법계)에 따라 경찰과 시민관계를 다르게 보는 것은 문제가 있다. 정도의 차이는 있겠지만 국가경찰 또는 자치경찰이든 간에 경찰은 범죄와 무질서 대응이라는 목표달성을 위해 본질적으로 '물리적 강제력'을 행사할 수밖에 없는 것이다. 국가에서의 경찰의 존재이유는 바로 여기에 있기 때문이다.[8)]

7) Carl. B. Klockars(1985), The Idea of Police, New Delhi: Sage Publications, Inc, pp. 9-13.
8) 다만 전통적으로 중앙집권화 된 경찰조직은 국가지향적이며, 지방분권화 된 경찰조직은 국민 또는 시민지향적인 특성을

시민들의 합의를 바탕으로 민주주의가 확립되었지만, 경찰은 이러한 합의가 깨어졌을 때(즉, 법규를 위반할 때)에는 물리적 강제력이라는 수단을 동원하여 문제를 해결하고자 한다. 따라서 경찰활동이 궁극적으로 개인의 자유와 권리를 보호하고 공공의 안녕질서를 유지하는 것이라고는 하는 것이지만, 그러한 목표달성을 위해서는 1차적으로 그러한 위험상태를 야기한 자에 대해서는 물리적 강제력을 동원하여 규제를 할 수밖에 없는 것이다. 더욱이 민주국가에서도 경찰에게 부여한 광범위한 물리적 강제력 및 재량권에 대한 적절한 통제가 이루어지지 못할 경우에는 이를 오남용하여 언제든지 시민의 자유와 권리가 침해될 가능성이 상존하게 된다.

이러한 점에서 볼 때, 경찰과 시민의 관계는 본질적으로 '대립관계' 또는 '수직적 관계'에 있다고 볼 수 있다. 이러한 이유로 민주주의와 경찰이 조화롭게 양립하기가 대단이 어렵다는 것을 알 수 있다. 다만, 오늘날 비규제적인 대민봉사 기능이 대륙법계와 영미법계 국가를 막론하고 중요한 경찰기능 가운데 하나로 등장하고 있고, 이에 따라 법집행기능 못지않게 비중을 두고 있는 것은 주목할 만하다.

이러한 현상은 전통적 경찰활동(Traditional Policing)이 직면하고 있는 한계 즉, 오늘날과 같이 복잡·다양한 사회 속에서 범죄와 무질서문제의 양적·질적 심화를 경험하고 있고, 이를 해결하기 위해서는 종래와 같은 경찰과 시민이 대립관계 속에서는 이를 해결할 수 없다는 문제인식을 전제로 하고 있다. 따라서 전략적으로 경찰이 수직적 관계 속에서 시민을 하나의 통제대상이 아닌 수평적 동반자(partner)로 인식하고 범죄와 무질서문제를 공동으로 대처하고자 하는 노력을 기울이고 있는 것이다(물론, 그렇다고 해서 본질적인 수직적 관계가 사라지는 것은 아니다). 경찰이 시민의 자발적·적극적 협력을 이끌어 내지 않고서는 경찰스스로가 범죄와 무질서 문제를 해결할 수 없는 상황에 직면한 것이 오늘날의 현실이다.

따라서 오늘날 선진국가(대륙법계와 영미법계의 구분 없이)에서는 범죄 및 무질서 대응에 있어서 시민을 하나의 동반자로 이끌어내고자 하는 전략 즉, 커뮤니티 경찰활동(CP: Community Policing)을 21세기 경찰활동의 새로운 패러다임으로 인식하고 있다. 그리고 전통적 경찰활동에서 커뮤니티 경찰활동으로 전개되기 위한 중간과정으로 경찰과 커뮤니티 관계개선(PCR: Police Community Relation)이 논의되고 있다.[9] 이로써 경찰과 시민은 대립관계가 아닌 상호협력관계로 재탄생하고 있다고 볼 수 있다.

가지고 있다고 본다. 민주국가에서 경찰조직은 본질적으로 국민전체에 대한 봉사자로서 존재하지만, 본래 경찰조직이라는 것은 권력조직의 속성을 가지고 있으며, 따라서 중앙집권적인 국가경찰의 경우에는 경찰권을 오남용하여 개인의 이해관계보다는 국가의 이해관계를 반영할 가능성이 적지 않기 때문이다. 이 경우 경찰의 정당성 문제는 사법심사의 대상이 되기도 한다.

9) '경찰과 커뮤니티(community) 관계개선' 및 '커뮤니티 경찰활동'에 대한 세부적인 내용은 최선우(2010), 경찰과 커뮤니티, 서울: 대왕사 참조.

(2) 물리적 강제력의 국가 독점화

물리적인 강제력을 행사하는 권한을 가지고 있는 경찰과 은행에 침입하여 물리적인 강제력을 행사하는 강도(强盜)의 차이는 무엇인가? 물론, 은행강도는 물리적인 강제력을 행사할 수 있는 권한을 가지고 있지는 않지 않기 때문에 이 문제는 이론의 여지가 없다고 본다. 어느 사회를 막론하고 강도 등 범죄자에 의해 개인의 사유재산이 침해당하는 것을 허용하지는 않기 때문이다. 따라서 여기에서 논의하고자 하는 것은 물리적 강제력 자체가 아닌 그것을 행사할 수 있는 '합법성'(合法性)에 관한 것이다.

그렇다면, 현대사회에서 타인에 대해 물리적인 강제력을 행사할 수 있는 합법적인 권한을 가지고 있는 유일한 주체는 국가인가? 이 문제는 오늘날에는 타당한 이야기 이지만 역사를 거슬러 올라가면 물리적 강제력의 행사에 대한 합법적인 권한을 부여한 것은 단지 국가에만 국한되지는 않았다고 본다. 바꿔 말하면, 근대국가형성 이전까지는 국가가 유일한 주권 또는 통치권을 가진 존재는 아니었다는 점이다. 따라서 지역사회 내의 종교집단, 가족, 부족, 그 밖의 여러 집단은 일정 수준 물리적 힘을 행사할 수 있는 여지가 있었으며, 이들은 국가와는 별개의 위치에서 그리고 경우에 따라서는 국가보다 강력한 힘을 행사할 수 있는 권한도 가지고 있었다. 요약건대, 국가가 합법적인 물리적 강제력을 행사할 수 있는 '독점권'(monopoly)을 가졌던 시기는 '근대국가'(近代國家) 이후인 셈이다.[10)]

그런데 근대국가가 '합법성'(合法性, legitimacy) 차원에서 볼 때, 경찰에게는 이를 부여하였고, 강도에게는 부여하지 않았다는 것과 관련하여 좀 더 구체적으로 국가가 어떠한 형식의 합법성을 부여하고 있는지를 살펴볼 필요가 있다. 사실 엄밀하게 말한다면, 국가는 단지 '법적 합법성'(法的 合法性, legal legitimacy)을 허용한 것 이상이하도 아니라고 본다. 즉, 경찰은 오직 물리적인 강제력을 행사할 수 있는 '법적인 권한'을 가졌을 뿐이고, 강도는 그렇지 않다는 점이다. 그러나 그렇다고 해서 경찰활동은 '윤리적'고 강도행위는

---

10) Carl. B. Klockars(1985), op. cit., p. 10. 물론, 근대의 서구 및 우리사회에서 사적(私的)차원의 물리적 강제력 행사가 완전히 없어진 것은 아니다. 국가에는 국법(國法)이 있다면, 마을에는 자치법규라 할 수 있는 동법(洞法) 또는 동규(洞規)가 존재한 것이다. 해방(1945) 직후에도 관습형벌이 존재하였다. 예컨대, 경상북도 평해읍 거일리에서는 시부모에게 불효한 며느리에 대해 마을 주민들은 '지르메'(줄로 묶어 소에 매달고 마을을 한 바퀴 돌림)를 태웠다. 이후 여러 사람이 모인 자리에 꿇어앉히고, 며느리를 둔 시어머니들이 모두 와서 문초를 하였다. 며느리가 변명하자 시어머니들이 주먹세례를 퍼부었다. 그리고 며느리가 버둥대자 매로 때렸다. '다시는 불효를 저지르지 않겠다'는 확답을 받은 후 며느리를 귀가시켰다. 남편 역시 마을 모임에 불려 나와 호된 질책을 받았으며, 마을 내의 일정한 지위를 박탈당하였다. 한편, 경상북도 상주군 낙동면 운평리에는 마을 주민 가운데 누군가가 '불효하다'거나 '불측하다'는 평판이 나면 제1차로 측근 어른들을 통해 경고하였고, 그것이 시정되지 않을 경우 종갓집 큰 사랑에 협의자와 부모를 불러 대질신문을 펴고 문책하였다. 그래도 시정되지 않을 경우 정월 대보름에 '멍석말이'를 실시하였다. 이러한 사적차원의 체포 및 형벌권 행사가 6.25 이전까지는 여러 지역에서 실시되었다. 전재경(1996), 복수와 형벌의 사회사, 서울: 웅진출판, pp. 257-261.

'비윤리적'이라는 것을 의미하는 것이 아니라는 점이다. 국가가 '윤리적 합법성'(倫理的 合法性, moral legitimacy)까지 경찰에게 부여한 것은 아니기 때문이다.

이러한 윤리적 합법성과 법적 합법성 문제를 인식하는 것은 매우 중요한 의미를 갖는다고 본다. 왜냐하면, 수많은 국가들의 역사적 발전과정을 살펴보면, 예컨대, 2차 세계대전(1939~1945) 당시의 독일의 나치주의,[11] 메이지유신(明治維新, 1868)시대 이후의 일본의 군국주의, 대한민국 정부수립 이후의 문민독재 및 군사정권 등의 시대에서 경찰은 어떠한 국가목적을 달성하기 위하여 법적인 합법성이라는 미명하에 비윤리적인 잔혹한 행위를 수없이 저지르기도 하였기 때문이다.

한편, 어떤 범죄자의 행위는 비록 자신의 행위가 법적으로 불법이지만 경우에 따라서는 윤리적으로 옹호 받을 수도 있기 때문이다. 예컨대, 상습적으로 자신을 성폭행한 의붓아버지를 살해한 경우 법적으로는 살인죄에 해당하지만 윤리적으로는 충분히 옹호 받을 수 있을 것이다. 그리고 역사적인 예로써 제2차 세계대전 당시 독일군에 저항한 프랑스의 레지스탕스(Resistance)는 군자금을 마련하기 위해 독일은행의 예치된 예금을 강탈하였는데, 이는 법적으로 볼 때 범죄에 해당되지만, 대다수의 사람들은 이러한 범죄행위에 대해 윤리적으로는 열렬히 옹호하였다는 점이다.

이상에서 살펴본 바와 같이 오늘날 경찰과 은행강도는 모두 물리적 강제력을 행사한다는 점에서는 동일하지만, 법적인 차원에서 국가에 의해 행위의 정당성이 인정되는지의 여부에서 차이가 있음을 알 수 있다. 이러한 점에서 경찰은 국가에 의해 법적으로 물리적 강제력 행사의 정당성을 인정받은 '개인'(individual) 또는 '기관'(institution)으로 볼 수 있을 것이다.

(3) 경찰과 다른 집단과의 차이

위에서 물리적 강제력과 그에 대한 국가의 정당성 인정여부에 의해서 일정부분 경찰개념을 정리하였다. 그런데, 이러한 물리적 강제력과 그에 대한 국가의 정당성 인정은 단지 경찰에 국한되는 것이 아니라 격투사·교사·교도관·군인·부모 등도 이에 해당 된다고 할 수 있다. 그렇다면, 이와 같은 합법적인 물리적 강제력을 행사할 수 있는 수많은 집단

---

11) 1933년 이래 1945년까지 이른바 '나치시대', 즉 국가사회주의시대의 독일의 중앙집권적 국가경찰제도 가운데 특이한 것으로 '게슈타포'(Gestapo)를 들 수 있다. 게슈타포는 일종의 '비밀국가경찰'로서 이들의 활동은 외부로부터의 일체의 간섭을 받지 않은 완전한 독립기관으로서 그 활동의 주요 목적은 국가안전이었으며, 이에 따라 모든 정치사범의 예방에 대한 책임을 지고 있었다. 따라서 게슈타포는 어떠한 자를 막론하고 체제에 반하는 정치범의 혐의가 있는 자에 대하여는 언제든지 영장 없이 구속할 수 있는 권한을 가지고 있었으며, 이들의 경찰권한 행사에 대한 권리구제는 사실상 불가능하였다. 정진환(1978), "대륙법계국가의 경찰제도, 건국대 대학원 논문집 제8집, pp. 137-138.

의 권한과 경찰의 권한은 어떻게 구분할 수 있을 것인가?[12)]

① **경찰의 활동영역: 상대적 광역성**

이와 관련하여 첫 번째 중요한 차이로서 '관할'(管轄, territory)을 들 수 있다. 경찰의 관할이라는 것은 '경찰권한이 미치는 범위 또는 권한을 행사할 수 있는 범위'라고 할 수 있다. 이러한 관할은 경찰과 격투사·교사·교도관 등을 구분하는데 있어서 명백하게 차이가 난다고 할 수 있다.[13)] 즉, 지역적·공간적 관점에서 봤을 때, 격투사·교사·교도관들이 행사할 수 있는 물리적 강제력은 지역적으로 극히 제한된 영역 내에서만 행사가 가능하다는 점이다. 물론, 국가경찰이 아닌 자치경찰의 경우 일정하게 제한된 지역적 관할구역 내에서 직무를 수행하지만 위의 대상들과의 차이는 명확하게 나타난다고 볼 수 있다.

② **경찰활동의 대내성**

군대와 경찰과의 관계도 살펴볼 필요가 있다. 군대의 존재이유는 본질적으로 외부의 적(敵)에 대한 방위 및 대응을 목적으로 한다면 경찰은 대내적(對內的)으로 국민 또는 내국인을 대상으로 범죄예방 및 질서유지 등을 목적으로 한다고 볼 수 있다. 다만, 군대도 심각한 국가비상사태 발생시 일정부분 경찰의 역할을 수행할 수도 있다.[14)] 마찬가지로 경찰 역시 평상시에 대외적인 활동(예, 외사·보안경찰 등)도 수행하고 일정한 비상사태의 경우 군인과 같은 역할도 담당할 수 있음은 물론이다.[15)] 그러나 경찰의 대내성과 군대의 대외성은 근대국가 이후 경찰이 제도적으로 전문화·독립화되면서 정형화되었다고 볼 수 있다.

물론, 일부 국가에서는 평상시에도 군인이 경찰과 같은 역할을 수행하는 나라도 있다. 예컨대, 프랑스와 같은 경우는 경찰뿐만 아니라 군인경찰(軍人警察, National Gendarmerie)이 존재하며, 이들은 일정한 지역에서 보통경찰과 동일한 임무를 수행하고 있다. 즉, 프랑스는 전국

---

12) Carl. B. Klockars(1985), op. cit., pp. 11-13.

13) 경찰관할(권한이 미치는 범위)에 대한 논의는 단지 지역적인 것(지역관할)에 국한되지 않고, 경찰이 처리하는 사무·업무의 내용(사물관할), 그리고 경찰이 처리하는 사람의 대상(인적관할)이 어디까지 인가와 관련된다. 조철옥(2008), 경찰학개론, 서울: 대영문화사, pp. 154-157.; 경찰관할에 대해서는 이 책의 제6장에서 상세하게 살펴보기로 한다.

14) 대통령은 전시·사변 또는 이에 준하는 국가비상사태에 있어서 병력으로써 군사상의 필요에 응하거나 공공의 안녕질서를 유지할 필요가 있을 때에는 법률이 정하는 바에 의하여 계엄을 선포할 수 있다(헌법 제77조).

15) 통합방위사태라는 것은 적(敵)의 침투·도발이나 그 위협에 대응하여 일정한 구분에 따라 선포하는 단계별 사태(갑종사태, 을종사태, 병종사태)를 말한다. 통합방위작전이란 통합방위사태가 선포된 지역에서 통합방위본부장, 지역군사령관, 함대사령관 또는 지방경찰청장이 국가방위요소를 통합하여 지휘·통제하는 방위작전을 말한다. 이러한 통합방위사태 가운데, 병종사태는 "적의 침투·도발 위협이 예상되거나 소규모의 적이 침투하였을 때에 지방경찰청장(地方警察廳長), 지역군사령관 또는 함대사령관의 지휘·통제 하에 통합방위작전을 수행하여 단기간 내에 치안이 회복될 수 있는 사태"를 말한다(통합방위법 제2조).

적으로 군인경찰조직(일반경찰의 1/3수준)을 두고 인구 2만 명 미만의 소도시와 농촌지역, 그리고 주로 간선도로 등 전국토의 95%에 해당하는 지역에서 경찰업무를 수행하고 있다.[16] 이러한 시각에서 볼 때, 경찰과 군인의 역할관계는 다분히 상대적·역사적인 문제로서 파악해야 할 것이라고 본다.

③ 경찰활동의 보편성

이상과 같이 물리적 강제력을 행사하는 주체의 지역적 관할의 차이, 그리고 군인과의 역할관계를 통해서 경찰의 정체성은 어느 정도 확인된다고 본다. 그런데, 여기에서 물리적 강제력의 보편성과 특수성을 이해할 필요가 있다. 이는 예컨대, 경찰과 부모의 차이에서 찾아 볼 수 있다. 부모도 통상적으로 자녀에 대해서 일정부분 물리적 강제력을 행사할 수 있다고 본다. 부모가 자녀에 대해 행사하는 물리적 강제력은 다른 주체(격투사·교사·교도관, 그리고 심지어는 경찰과 비교해 볼 때에도) 지역적으로 제한을 받지 않는다. 부모는 길거리, 쇼핑몰, 기타 어느 장소에서도 버릇없는 행동을 하는 자녀의 볼기 등을 때릴 수도 있기 때문이다.

그런데, 부모가 행사하는 물리적 강제력은 단지 '자신들의 자녀'(their own children)에 대해서만(이 경우에도 국가가 법적으로 부모의 양육권을 인정한 경우에 한해서) 가능하다는 점이다. 따라서 다른 부모의 아이(비록, 품행이 극도로 불량하여 훈육을 받는 것이 당연한 경우라 할지라도)에 대해서 체벌을 하게 되면 범죄행위로 인식될 수도 있고, 아울러 민사상의 책임을 면치 못하는 경우도 감수해야 할 것이다. 따라서 이러한 논의를 바탕으로 경찰의 개념정의를 하는데 있어서 두 가지 차원에서 고려할 필요성이 있을 것이다.

첫째, '물리적 강제력을 행사하는 권리 또는 권한'(right to use coercive force)라는 개념 앞에 '일반적인'(general) 용어를 추가해야 한다는 점이다. 여기에서 '일반적인'이 갖는 의미는 경찰이 행사하는 물리적 강제력은 특정한 사람이나 특정한 장소에 국한되지 않고, 보편적으로 행사될 수 있다는 것을 의미한다. 둘째, 경찰의 개념정의를 하는데 있어서 '국가 내의 관할구역 안에서'(within the state's domestic territory)라는 의미를 고려할 필요성이 있다.

이상에서 논의한 내용을 토대로 경찰개념을 정립하면 다음과 같이 할 수 있을 것이다. "경찰은 국가 내의 관할구역 안에서 국가가 부여한 물리적 강제력을 행사할 수 있는 일반적 권한을 가지고 있는 개인 또는 기관을 의미 한다."[17] 물론, 이상과 같은 경찰개념에

16) 김형만 외 8인(2003), 비교경찰제도론, 서울: 법문사, pp. 558-559. 경찰대학(2002), 비교경찰제도론, p. 297.

17) "Police are institutions or individuals given the general right to use coercive force by the state within the

대한 논의 역시 완전한 것은 아니기 때문에 아래에서는 국가정체성 차원에서 살펴보기로 한다.

2. 국가정체성에 따른 경찰개념의 접근

사실, 경찰개념은 국가의 정체성과 밀접한 관련성을 가지고 있다. 경찰은 국가질서를 유지하는데 매우 중요한 수단 가운데 하나이며, 따라서 국가가 지향하는 이념 또는 정체성은 경찰이념과 제도의 근간이 되기 때문이다.[18] 여기서 주의할 것은 국가라는 실체가 지향하는 가치가 고정불변의 것이 아니라 시대에 따라 변화한다는 점이다. 또한 하나의 국가체제라 할지라도 국가형성 초기와 국가발전기, 그리고 국가쇠퇴기에 국가가 국가존립을 위해 취하는 경찰과 같은 질서유지작용은 다르다는 점이다.

아래에서 논의하고자 하는 국가정체성에 따른 경찰개념은 근대 서구유럽을 중심으로 접근하고자 한다. 서구유럽국가의 경찰개념 및 이의 발전과정을 근원적으로 거슬러 올라간다면, 앞에서 언급한 고대 그리스에서부터 살펴 볼 수 있을 것이다. 그러나 여기에서는 근대국가를 전후해서 형성된 개념 즉, ㉠ 경찰국가시대의 경찰개념, ㉡ 법치국가시대의 경찰개념, ㉢ 복지국가시대의 경찰개념을 중심으로 살펴보고자 한다.

1) 경찰국가시대의 경찰개념

경찰국가(警察國家, Police State)라는 것은 17~18세기 유럽에서 발달한 관방학(官房學)이론에 입각한 절대국가시대를 배경으로 한다(행정사에 있어서 절대국가는 경찰국가로 불리기도 한다).[19] 절대국가는 봉건세력의 지방분권화를 막고, 귀족들이 차지한 공권력의 분화를 극복하고 국왕 한 사람에게 권력을 집중시키는 정치체제로서 강력한 전제정치를 수반한 것을 특징으로 한다.[20] 절대국가는 곧 중세봉건국가시대에 약화된 왕권을 다

---

state's domestic territory." Carl. B. Klockars(1985), op. cit., p. 12.

19) 일반적으로 국가행정은 ① 질서행정, ② 조세행정, ③ 급부 또는 복지행정을 기본으로 한다. 근대이전의 전통적 국가에서는 군(軍)과 경찰력을 바탕으로 한 체제유지 차원의 질서행정과 조세행정을 중심으로 국가를 통치하였다면, 오늘날에는 여기에 사회적 약자를 보호·지원하는 급부행정이 추가되었다고 볼 수 있다.

19) 관방학은 국가 경영의 학문으로서 관리들에게 국가 통치에 필요한 행정기술과 지식을 제공하기 위한 목적에서 형성된 학문체계로서 일종의 국가경영학이라고 볼 수 있다. 이는 절대군주제를 유지하는데 필요한 정치적, 경제적, 사회적 활동에 관한 모든 문제를 다루었다. 따라서 농업, 임업, 재정학, 경제학, 경찰학(警察學), 사회과학이 미분화된 상태로 혼재되어 있었으며, 특히 재정학적 성격을 강하게 띠고 있다. 이황우(2005), 경찰행정학, 경기: 법문사, p. 6.

20) 프랑스의 경우 1661년 루이 14세의 친정시대가 열려, 전례 없는 국왕권한을 누리고 효율적인 군사적·행정적 기구를 이용하여 절대주의의 전성기를 맞이하여 루이 14세 자신은 '태양왕'으로 불리게 되었다. 17세기 서유럽 대부분의 나라에서는 절대왕권이 강화되어 봉건세력을 억제하고 국민국가의 기반을 공고히 하는 과정에 놓여 있었다. 한편, 절대주의는 관료제와 상비군을 유지하기 위하여 막대한 자금이 필요하였다. 이러한 부의 증대를 위해 추구한 경제정책이 곧 '중상주

시 회복하는 과정이라고 할 수 있다. 따라서 왕권을 잡은 국왕은 자신들의 권력을 유지하기 위한 노력을 하지 않을 수 없었던 것이다. 이를테면, 절대국가는 하나의 '국가형성 초기'인 셈이다. 사실, 어떤 나라, 어떠한 체제(왕정·귀족정·민주정)를 막론하고 국가형성 초기에는 불안정한 것이며, 따라서 이에 대한 총체적 노력과 권력집중화는 불가피한 현상이라고 본다.

물론, 절대국가시대에 국가행정은 제도적 분화가 이루어졌다. 이에 따라 경찰로부터 외무행정·재무행정 및 군사행정이 분리되었고, 이어서 통치의 개념이 독립한 후에 끝으로 사법행정이 경찰로부터 독립하였다. 따라서 경찰의 범위는 '양적'으로는 축소되었다고 할 수 있다. 그러나 당시에 지배적이던 '행복론'(幸福論)의 영향 하에 경찰은 '질적'으로는 오히려 강화되어 경찰개념에 포함되는 국가의 활동은 '공공복리의 증진'에까지 확장되었다.[21]

따라서 절대국가시대에 있어서 경찰은 '모든 신민의 공공복리의 증진을 위한 권한을 포함한 내무행정의 전 영역'을 의미하였다. 경찰이라는 것은 절대군주의 권력유지수단 또는 행정수단으로 전락하고 만 것이다. 즉, 절대군주는 공공복리의 증진을 위하여 자기 마음대로 행동하고 신민의 사회생활 전체를 규율하며, 또한 자신의 명령을 강제권력(특히, 형벌권)을 갖고 집행할 수 있는 거의 '무제한'의 권력 즉, 경찰권(警察權)을 가지고 있었던 것이다. 이 시대의 경찰개념의 특징은 아무런 법적 제한을 받지 않는 경찰의 효력영역이 인정되었다는 것에서 찾을 수 있다. 이러한 점에서 이시대의 경찰은 마치 '만능의 대명사'처럼 생각되었다.

유길준의 서유견문(西遊見聞)에 나타난 경찰개념

유길준(兪吉濬)은 1883년(고종 20) 사절단으로 미국에 건너가 매사추세츠(Massachusetts) 주(州)에서 공부하고, 1885년 미국을 출발해 유럽 각국을 거쳐 귀국했다. 이때 듣고 본 것(서양의 역사, 지리, 산업, 정치, 풍속 등)을 기록하여 저술한 것이 「서유견문(西遊見聞, 1895)」이다.

여기에서 그는 경찰제도에 대해서 다음과 같이 설명하고 있다. "경찰제도를 두는 근본 이유는 국가의 치안을 유지하여, 개명한 진보사회로 나아가도록 하는데 있다. 따라서 경찰은 법질서를 파괴하여 사회의 안녕을 방해하는 자를 없이하고, 평온케 하려는 취지에 걸림이 되고 사회의 분위기를 손상시키는 자가 있으면 억제하는 역할을 해야 한다. 그리고 '민생의 복지(福祉)와 안녕(安寧)에 관계되는 모든 사항'을 그 직제의 관장

의'(重商主義, Mercantilism)이다. 이러한 중상주의는 황금의 가치를 중시하는 중금주의, 무역차액주의, 산업보호주의, 식민지 확보 등으로 요약된다. 김상호 외 8인(2004), 앞의 책, pp. 383-384 재인용.

21) 서정범(1992), "경찰권발동에 관한 연구: 그의 요건, 대상 및 정도를 중심으로," 고려대학교 박사학위논문, pp. 7-10 재인용.

사무로 하고 있기 때문에, 그 업무의 중대함을 알 수 있다."[22]
유길준이 경찰제도를 설명하는데 있어서 '민생의 복지와 안녕에 관계되는 모든 사항'을 경찰의 관장사무로 설명하고 있고, 이에 따라 그가 구체적으로 경찰의 업무(행정경찰과 사법경찰로 이원화 하여)를 열거하고 있는 것을 살펴보면, 그가 제시하고 있는 경찰개념은 경찰국가시대의 경찰개념에 가깝다고 할 수 있다.
다만, 그가 서유견문에서 프랑스 공화국 당시에 정립된 행정경찰과 사법경찰개념(1795), 그리고 영국 로버트 필(Robert Peel)에 의한 탄생한 런던수도경(1829)을 소개한 것을 보면,[23] 후술하는 자유주의적·시민적 법치주의국가의 경찰개념 역시 인식하고 있었다고 본다.

2) 법치국가시대의 경찰개념

18세기 후반에는 계몽주의(啓蒙主義)와 자연법론(自然法論)의 영향으로 자유주의적·시민적 법치국가(自由主義的·市民的 法治國家)의 관념이 대두되었다. 이 시기에 들어 자유주의적·개인주의적 성향을 가진 계몽주의 사상가들은 광범위한·광의의 실질적 의미의 경찰개념과 그에 상응하는 군주의 광범위한 경찰권행사에 대해 반론을 제기하기 시작했던 것이다. 종래 경찰국가시대에는 경찰이 적극적인 공공복리의 증진에까지 개입하면서, 많은 권한을 오남용하였는데, 이 시대에 들어 그러한 경찰의 적극적 개입은 경찰의 본래의 직무가 아니란 점을 인식하게 된 것이다.

주지하는 바와 같이 유럽은 사회계약론을 바탕으로 한 근대 자연법사상(自然法思想)을 바탕으로 하여 영국의 청교도 혁명(1640~1660)과 명예혁명(1688)을 비롯하여 미국의 독립선언(1776), 프랑스의 대혁명(1789) 등은 자유주의적 법치국가사상을 발전시키는 계기가 되었다. 이에 따라 국가의 목적과 임무를 제한하고 권력분립의 원칙을 제도화하게 되었다.

특히 경찰국가시대에 인정되던 적극적 복리경찰에서 경찰개념이 제외되고 경찰권의 행사는 오직 '소극적 질서유지'(消極的 秩序維持)에 국한하게 하였다. 이는 국가작용(설혹 그것이 비권력적인 경우에도)은 국가의 존립과 공공질서의 유지를 위하여 필요한 범위 내에서 한정되어야 한다고 주장되던 당시의 시대를 반영한 것이었다.[24]

---

22) 유길준/허경진 역(2005), 서유견문, 서울: 서해문집, p. 292.
23) 위의 책, pp. 292-296.
24) ① 17세기 중엽부터 19세기 중엽의 서구 유럽에서는 이른바 '야경국가'(夜警國家, Nachtwachterstaat)라는 관념이 등장하기도 하였다. 이는 국방과 외교, 치안 유지 등 개인의 자유와 사유 재산을 보호하기 위한 최소한의 활동으로 국가의 임무를 한정하는 국가관(國家觀)을 말한다. 여기에서 '야경'(夜警)이란 밤에 순찰을 도는 경찰을 뜻하는데, 국가는 야간

독일의 크로이츠베르크 판결

독일에서 법치국가로의 전환점을 형성한 것이 1882년 6월 14일의 프로이센 상급행정법원(Pr. OVG)의 이른바 '크로이츠베르크'(Kreuzberg)판결이다.
이 판결에서는 크로이츠베르크에 있는 전승기념비(戰勝記念碑) 주위의 건축구역에서는 기념비 하단에서 도시와 그 주위를 조망하는 것이 방해받지 않고, 또 도시에서 기념비를 전망하는 것이 침해받지 않는 정도의 고도 내에서만 건축이 허용된다고 한 베를린 경찰청장의 경찰명령(警察命令)에 근거하여서 그 지역 내에서의 건축허가의 발급을 거절한 것이 문제가 되었다.
이 사건에서 동법원은 "프로이센 일반란트법 제2장 제17절 제10조에 따를 때 경찰은 위험방지의 권한만을 가지며, 미적(美的)인 이익을 추구할 권한은 없기 때문에 크로이츠베르크에 있는 전승기념비에 대한 조망을 해치지 않게 하기 위하여 도로상의 건축물의 고도를 제한하는 경찰명령은 무효이다"라고 판시한 것이다[25].

이러한 법치주의 영향을 받은 영국은 근대경찰의 발전 과정에서 1829년 런던수도경찰법을 제정하여, 근대경찰로 발전시키는 계기를 마련하였다. 한편, 독일은 제2차 세계대전 이후에는 소방, 영업, 도로, 위행, 건축 등의 행정경찰사무를 경찰로부터 분리하여 일반질서행정으로 이관시키는 이른바 '탈경찰화'(脫警察化)작업이 단행되었다.

3) 21세기 복지국가시대의 경찰개념

이상과 같이 국민의 자유와 권리보호를 바탕으로 하는 법치국가론의 등장으로 경찰국가론

에만 순찰을 도는 것처럼 여러 형태의 이해관계가 자유롭게 얽히도록 내버려두는 것이 사회·경제 실서 유지에 도움이 된다고 보는 것이다. 즉, 국가의 간섭 없는 자본의 자유경쟁만이 최대 다수의 최대 행복을 보장하는 최적 배분을 가져온다는 국가관이다. 이 야경국가라는 용어는 독일의 사회주의자 라살(F. Lassalle, 1825~1864)이 그의 저서 「노동자 강령, 1862」에서 영국 부르주아지의 국가관을 비판하는 뜻으로 쓴 말이다. ② 한편, 애덤 스미스(Adam Smith, 1723~1790)는 그의 저서 「국부론, 1776)」에서 모든 경제 주체가 건전한 사회제도 하에서 사전 조정 없이 경쟁하면 시장이라는 '보이지 않는 손'(invisible hand)에 의해 경제 질서를 가져오고 부와 번영을 이루게 된다고 보았다. 이극찬(1993), 정치학, 서울: 법문사, p. 34.; 다음백과(http://100.daum.net/encyclopedia).

25) 한편, 독일의 일부 학자들은 동 판결을 단순히 법원이 공공복리의 증진을 위한 경찰의 개입을 거절한 것으로 이해하여서는 안 된다고 보기도 한다. 오히려 이 판결이 갖는 의의는 공공복리의 증진을 위한 경찰의 개입은 구체적인 특별법의 수권(授權)에 근거하여야만 한다는 것을 명백히 하였다는 점에서 찾아야 한다고 한 것이다. 어쨌든 이 판결 이후에 프로이센 상급행정법원은 프로이센 일반란트법 제10조에 근거한 경찰법의 체계를 완성시키고자 노력하였는데, 그러한 노력의 결과는 결국 입법을 통해 법전 속에 받아들여지게 되었다. 즉, 프로이센 경찰행정법(Pr. PVG) 제14조는 "경찰행정청은 공공의 안녕과 질서를 위협하는 위험으로부터 공중 및 개인을 보호하기 위하여 실정법의 범위 내에서 의무적합적 재량(義務的合的 裁量)에 따라 필요한 조치를 취하여야 한다"고 규정한 것이다. 서정범(1992), 앞의 논문, pp. 10-11 재인용.

은 자취를 감추게 되었다. 그러나 20세기에 들어와 독재정권이 등장하면서 특히 사상경찰(思想警察)이 강화되고 공권력을 남용하는 경향을 띠게 되었다. 특히, 제2차 세계대전 전의 일본을 비롯한 독일, 이탈리아, 스탈린 치하의 소련 등을 비난할 때 다시 경찰국가라는 말이 사용되었다.

그러나 이러한 현상은 국가체제 불안기의 일시적인 현상에 불과한 것이며, 오늘날에 이르러 법치국가를 토대로 한 경찰개념은 확고한 자리를 잡아가고 있다. 그런데, 지난 20세기 이후 오늘에 이르기까지 범죄와 무질서 문제는 양적·질적으로 심화되어 가고 있다. 우리사회가 과거와는 달리 산업화·과학과·도시화 등으로 인해 복잡·다양해지고 있고, 이로 인한 역기능 내지 부작용이 범죄문제로 표출되고 있다. 그리고 국민들의 권리의식이 향상됨에 따라 국가에 대해 요구하는 사항이 증대하고 있고, 경우에 따라서는 개인 및 집단이기주의로 인해 많은 무질서문제가 팽배하고 있다. 또한 공무원은 국민에 대해 군림하는 자가 아닌 봉사자라는 헌법적 국가관념에 의해 경찰공무원 역시 법집행과 질서유지뿐만 아니라 봉사자로서의 역할을 요구하고 있다. 아울러 자본주의 체제 하에서 '빈익빈 부익부'의 양극화는 국민의 '삶의 질'(quality of life)을 위협하고 있고, 이로 인한 사회적·경제적 소외자는 많은 어려움을 겪고 있는 것이 현실이다.

이러한 시대적 상황 속에서 경찰이 과거 법치주의 원리에 따른 '소극적 질서유지' 차원의 접근만으로는 한계에 직면하고 있다. 복지주의(福祉主義)는 사회적 강자로부터 약자를 보호하고, 배분적 정의(配分的 正義)가 실현 될 수 있도록 하는 것을 기본 전제로 하고 있으며, 따라서 경찰은 소극적 질서유지 개념만으로는 소기의 성과를 기대하기 어려운 것이 현실이다. 이에 따라 경찰은 다시 '적극적 공공복리 증진자'로서 역할재정립이 요청되고 있다.

그러나 이는 과거 경찰국가시대의 경찰개념은 결코 아니다. 복지국가의 경찰은 근본적으로 법치주의에 근간을 두고 있고, 그러한 법치주의의 한계를 극복하기 위해서 경찰권 행사에 있어서 이른바 '조리(條理)상의 한계'(소극목적의 원칙, 공공의 원칙, 비례의 원칙, 평등의 원칙, 책임의 원칙 등)를 사법적 판단에서 적용하고 있기 때문이다. 바꿔 말하면 복지국가의 경찰은 비록 적극적 공공복리증진자로서의 역할을 요구하면서 동시에 입법부에 의한 사전적 통제와 사법부에 의한 사후적 통제를 통한 경찰권 오남용문제를 해결하고자 하는 것이다.

3. 경찰개념의 유형화

이상에서 경찰개념을 경찰수단과 국가정체성을 가지고 살펴보았는데, 아래에서는 경찰개념을 몇 가지로 유형화하여 보다 구체적으로 살펴보고자 한다. 이러한 경찰개념의 유형화는 ㉠ 실질적 의미의 경찰과 형식적 의미의 경찰, ㉡ 행정경찰과 사법경찰, 그리고 ㉢ 국가경찰과 자치경찰, ㉣ 공경찰과 민간경찰 등을 들 수 있다.

그런데, 이러한 유형화 논의가 보편성을 갖는 것은 물론 아니다. 이 가운데, '㉠ 과 ㉡' 은 대륙법계(大陸法系)식의 분류방식이며, 따라서 영미법계(英美法系)의 경찰개념에서는 이러한 구분의 의미는 없으며, 이 대신 '㉢ 과 ㉣' 과 같은 분류를 하고 있다.[26)]

1) 실질적 의미의 경찰과 형식적 의미의 경찰

'실질적 의미의 경찰'과 '형식적 의미의 경찰'은 무엇을 의미하는가? 이들 양자의 차이와 특성을 이해하기 위해서는 '실질적'(實質的)이라는 의미와 '형식적'(形式的)이라는 의미 자체를 이해하고 있어야 한다. 그리고 이러한 경찰분류 방식이 보편적인 것은 아니며, 특히 독일에서 정립된 것이라고 할 수 있다.

(1) 실질적 의미의 경찰

국가작용 또는 국가활동이라는 것은 국가가 지향하는 목적(체제유지, 경제 성장, 개인의 자유와 권리보호 등)을 달성하기 위한 제반활동이라고 할 수 있다. 이러한 국가목적을 위한 국가작용은 그 성질상 소극적으로 이루어질 수도 있고, 적극적으로 이루어질 수도 있다. 또한 그러한 목적달성을 위하여 권력적 수단을 사용할 수도 있고, 비권력적 수단을 사용할 수도 있다. 예컨대, 국가작용 가운데 사회복지(社會福祉)는 성질상 적극적인 복리증진을 위한 것이라 할 수 있으며, 그 수단으로는 비권력성을 가지고 있다고 본다.

일반적으로 실질적 의미(實質的 意味)의 경찰이라는 것은 "공공의 안녕과 질서를 위협하는 위험으로부터 개인이나 공중을 보호하거나, 공공의 안녕이나 질서에 대한 위해의 제거를 목적으로 하는 '국가기관의 권력적 작용'(權力的 作用)"을 말한다.[27)] 법에서는 경찰

---

26) Robert H. Langworthy, Lawrence F. Travis Ⅲ.(1994), Policing in America: A Balance of Forces, N. Y.: Macmillan Publishing Company, pp. 8-10.: 생각건대, 영미법계의 분류방식('㉢ 과 ㉣')이 보다 거시적인 틀에서 보다 일반화가 가능하다고 할 수 있다. 후술하겠지만 대륙법계 분류방식인 실질적의미의 경찰과 형식적 의미의 경찰개념은 학문적·역사적 관점에서는 의미가 있겠지만, 오늘날의 상황에서는 큰 의미가 없기 때문이다. 또 행정경찰과 사법경찰의 구분 역시 역사적 산물이며, 특히 경찰활동의 특성상 양자의 불가분리성(不可分離性)이라는 본질적·현실적 문제를 안고 있다. 물론 영미법계의 분류방식 역시 국가경찰과 자치경찰의 혼합형태, 공경찰과 민간경찰의 중간영역 등이 존재하기 때문에 일정한 한계가 있다.

이 이러한 위험·위해를 예방하고 제거하기 위해서 수단적으로 타인에 명령·강제할 수 있는 권한을 부여하고 있다. 그런데, 경찰이 개입하는 위험·위해는 추상적이라기보다는 구체적·직접적이며, 긴박성을 띠고 있을 때 가능한 것이다. 즉, 경찰에게 불확실한 장래에 발생할 위험·위해까지 적극적으로 예방·제거할 수 있는 권한까지 부여한다면, 경찰의 권한오남용 문제가 제기될 것이며, 이는 비례원칙에도 위배되는 것이다. 따라서 경찰은 성질상 '소극적 위험방지 및 제거'에 개입하게 되며, 그 수단으로 명령·강제할 수 있는 권력작용을 기본적으로 갖는다고 보는 것이다.[28]

여기에서 특히, 국가의 이름으로 타인에 대해서 명령 강제할 수 있는 '물리적 강제력'(coercive force), 즉 '공권력'(公權力)은 실질적 의미의 경찰을 이해하는데 매우 중요한 의미를 갖는다. 바꿔 말하면 실질적 의미의 경찰이라는 것은 수많은 국가작용 가운데, '경찰'(警察)이라는 명칭으로 불리는 것과는 관계없이 위해의 방지 및 제거라는 국가목적달성을 위하여 타인에게 명령강제 할 수 있는 물리적 강제력을 행하는 모든 활동이 이에 포함된다는 것을 의미한다. 따라서 여기에는 경찰뿐만 아니라 소방, 보건, 건축, 영업 등 제반 국가작용 가운데 위해의 방지를 위한 권력작용은 실질적 의미의 경찰에 해당된다고 할 수 있다.

그런데, 주의할 것은 나라마다 차이는 있지만 근대국가의 출현과 더불어 근대경찰이 탄생하였고, 이러한 과정에서 경찰은 제도적으로 전문화·독립화가 진행되었다는 점이다. 경찰의 제도적 전문화·독립화는 무엇을 의미하는가? 그것은 경찰을 다른 국가작용과 분리하여 고유한 영역으로 정착시켰다는 것을 의미한다. 즉, '경찰=통일적인 제복을 입은 경찰'이라는 등식이 성립된 것이며, 일반시민이 생각하는 경찰은 바로 이러한 제복을 입은 경찰을 의미한다.

바꿔 말하면, 실질적 의미의 경찰개념에 대한 논의는 경찰이 제도적으로 전문화·독립화되지 못한 전(前)근대적 경찰과 근대화의 과도기적 상황에서 실익이 있다고 본다. 그러나 19세기 전후하여 근대경찰이 탄생한 이래로 21세기를 맞이하여, 경찰의 제도적 전문

27) 홍정선(2007), 경찰행정법, 서울: 박영사, p. 4.

28) 고대 그리스·로마시대, 중세, 절대왕정 등에 이르기까지 경찰작용을 실질적 의미에서 본다면, 국가활동의 종류에 대한 구분 없이 위험에 대한 공공의 안녕과 질서유지를 위한 적극적 국가작용 및 이를 위한 물리적 강제력 행사가 모두 이에 해당된다고 볼 수 있다. 독일에서 실질적 의미의 경찰개념으로서 '소극적 위험방지 내지 질서유지'에 국한하는 것은 19세기 이후부터라고 할 수 있다. 예컨대, 1882년 독일 베를린 경찰청장의 적극적 경찰명령에 대해 무효라 하고, 경찰의 임무가 위험방지에 있다고 한 크로이츠베르크판결(Kreuzberg-Urteil)이 대표적이다. 아울러 독일의 경찰개념은 그 임무를 수행하는 행정청의 종류 여하를 불문하고 모든 위험방지임무로 이해되었다. 그리하여 경찰개념은 건축경찰, 어업경찰, 보건위생경찰, 시장경찰, 집회경찰 등으로 세분화되어 사용하게 되었다. 그리고 지난 제2차 세계대전(1939-1945) 이후 이러한 행정경찰기능 들은 정비되어 고유한 독립된 경찰영역으로 정비되기에 이른다. 오늘날에는 이러한 국가기능(건축, 어업, 보건위생, 시장 등)은 관련 행정청에 남아있는 활동은 단속업무일 뿐이지 그것을 경찰활동이라고 부르지는 않는다. 위의 책, pp. 6-7.

화·독립화가 어느 정도 이루어진 현 시점에서, 실질적 의미의 경찰개념에 특별한 의미를 부여하여 논의하는 것은 실익이 없다고 본다.[29] 이미 경찰개념은 형식적·제도적으로 정착된 까닭이다. 따라서 현재 시점에서는 경찰학(警察學)의 학문영역으로서 후술하는 형식적 의미(形式的 意味)의 경찰을 중심으로 하여 이에 내재하는 특성 및 관련 문제들을 중심으로 접근하는 것이 타당하다고 본다.

(2) 형식적 의미의 경찰

형식적 의미(形式的 意味)의 경찰이라는 것은 위에서 살펴본 실질적인 성질 또는 수단(즉, 위험방지와 관련된 권력작용)을 불문하고, 제도적 의미의 경찰기관이 관장하는 모든 사무와 관련된다. 이는 현행법(경찰법, 경찰청과 그 소속기관 직제 등)에 의한 경찰청과 그 소속기관이라는 국가조직에 의해 수행되는 제반활동을 의미하는 것이다. 이러한 점에서 '형식적 의미의 경찰'과 '제도적 의미의 경찰'은 동일한 의미를 갖는다고 본다.[30]

형식적 의미의 경찰은 법적으로 제도화된 경찰기관이 수행하는 업무와 관련된 것으로서, 그 내용이 무엇인가를 가리지는 않는다. 바꿔 말하면, 실질적 의미의 경찰에서 말하는 '위험방지와 관련된 권력작용' 외에 법에서 규정하고 있는 다른 경찰활동도 형식적 의미의 경찰에 포함된다. 예컨대, 경찰이 수행하는 비권력적인 활동(청소년선도·보호, 주취자 보호, 헤어진 가족 찾아주기, 교통계몽·안내·지도 등)을 들 수 있다. 대륙법계 관점에서는 여기에 범죄수사(犯罪搜査)까지 포함하고 있다. 종래 대륙법계 경찰관념에서는 범죄수사를 경찰의 고유한 영역으로 인식해오지 않은 까닭이다.

---

29) 실질적 의미의 경찰개념과 같이 경찰개념을 광의로 이해하게 되면 사실상 모든 국가행정기관이 경찰작용을 부분적으로 수행하는 것이 되고, 결과적으로 모든 행정기관이 경찰기관이라는 결과가 된다. 그렇다면 경찰은 하나의 고유한 행정영역이 아니라 단지 모든 행정영역에 있어서 행정기관이 수행하는 직무의 일부일 뿐이라고 해야 한다. 요약건대, 각 국가행정기관의 활동영역과 권한은 실정법에 의해 대부분 정비되었으며, 따라서 별도로 실질적 의미의 경찰개념을 원용할 필요성은 거의 없어졌다고 볼 수 있다. 최영규(2005), 경찰행정법, 서울: 법문사, p. 14.

30) 제도(制度)와 형식(形式)이라는 것은 입법작용에 의해 경찰이라는 조직(제도)을 만들고, 그 조직이 수행하는 업무를 규정한 것(형식)을 의미하는 것이기 때문이다. 제도적 의미의 경찰 범위는 정부조직법과 경찰법령에서 규정되어 있는데, 경찰조직은 제도적으로 국가경찰(國家警察)을 기본으로 하면서, 부분적으로 자치경찰(自治警察)을 두고 있다. 여기에서 ① 국가경찰은 다시 육상경찰인 경찰청과 해양경찰인 해양경찰청으로 이원화 되어 있다. 이와 관련하여 ㉠ 정부조직법에 '치안에 관한 사무를 관장하기 위하여 행정안전부장관 소속으로 경찰청을 둔다'고 규정하고 있고, 아울러 '경찰청의 조직·직무범위 그 밖에 필요한 사항은 따로 법률로 정한다'고 규정하고 있다(제34조 제5항 및 제6항). 그리고 ㉡ 정부조직법에 '해양에서의 경찰 및 오염방제에 관한 사무를 관장하기 위하여 해양수산부장관 소속으로 해양경찰청을 둔다'고 규정하고 있다. 그리고 해양경찰청에 청장 1명과 차장 1명을 두되, 청장 및 차장은 경찰공무원으로 보하도록 하고 있다(제43조 제2항 및 제3항). 한편 ② 제주특별자치도 설치 및 국제자유도시 조성을 위한 특별법(2006년 제정)의 시행과 더불어 제주특별자치도에 부분적으로 자치경찰이 조직화되었는데, 이 역시 다소 한계는 있지만 형식적·제도적 의미의 경찰의 한 부분이라고 할 수 있다.

그런데, 현실적으로 제도적인 경찰기관에 의한 경찰활동은 단순히 범죄 등에 대한 위험방지에 국한되지 않는다는 점이다. 즉, 범죄수사 역시 중요한 업무로 인식되고 있으며, 따라서 비록 권한상으로는 제한적이지만, 경찰의 범죄수사활동은 매우 중요한 비중을 차지하고 있다.

또한 경찰의 비권력적인 대민봉사(對民奉仕)활동 역시 매우 중요한 비중을 차지하고 있는 것이 현실이다. 예측할 수 없는 위험 내지 어떠한 어려움에 처한 국민이 1년 365일, 1일 24시간 '마지막으로 의지할 수 있는 기관'(the agency of last resort)이 바로 경찰인 까닭이다.[31)]

한편, 미국 경찰의 역할은 법집행(法執行, Law Enforcement), 질서유지(秩序維持, Order Maintenance), 대민봉사(對民奉仕, Civil Service)로 구분하기도 하며, 간단히 법집행과 대민봉사 및 보호로 요약되기도 한다.[32)] 이러한 미국의 경찰역할 구분은 어떻게 보면 형식적·제도적 경찰(연방경찰이나 주경찰이 아닌 형식적 경찰의 전형이라 할 수 있는 자치경찰 기준)에 의한 것이라 할 수 있다.

어쨌든, 오늘날 경찰은 제도적으로 전문화·독립화되어 있으며, 그 활동영역이 범죄 등에 대한 위험방지에 국한된 것이 아니라 범죄수사 및, 비권력적인 대민봉사활동 역시 활발하게 수행하고 있음을 알 수 있다. 따라서 경찰을 개념적으로 접근하고자 한다면, 형식적 의미 차원에서 접근하되, 그 활동영역에 대한 전반적인 재검토(예컨대, 수사권한의 한계, 다른 국가기관에 대한 조장행정업무 등)를 하는 것이 바람직하다고 본다.

〈형식적 의미의 경찰 임무〉

구 분	관련내용	근거법 등
한 국	• 국민의 생명·신체 및 재산의 보호 • 범죄의 예방·진압 및 수사 • 경비, 주요 인사(人士)경호 및 대간첩·대테러 작전 수행 • 치안정보의 수집·작성 및 배포 • 교통의 단속과 교통 위해의 방지 • 외국 정부기관 및 국제기구와의 국제협력 • 그 밖의 공공의 안녕과 질서유지	경찰법 제3조 경찰관직무집행법 제2조[33)]

31) Robert H. Langworthy, Lawrence F. Travis Ⅲ.(1994), op. cit., p. 10.

32) 여기에서 법집행은 범죄예방, 범죄수사, 범죄자체포, 범죄소추 지원 등과 관련된 제반 활동을 의미하며, 질서유지는 집회시위 및 혼잡군중에 대한 통제, 교통규제 등과 관련된다. 한편, 질서유지 역시 법집행에 의한 것으로 보기도 하며, 이렇게 접근할 경우 경찰의 역할은 법집행과 대민봉사로 요약되기도 한다. J.Q. Wilson(1968), Varieties of police behavior: The management of law and order in eight communities, M.A.: Harvard University Press, pp. 4-5.

일 본	• 경찰은 개인의 생명, 신체 및 재산의 보호를 위하여 범죄의 예방, 진압 및 수사, 피의자의 체포, 교통의 단속, 기타 공공의 안전과 질서유지를 담당하는 것을 그 책무로 한다.	일본경찰법 제2조 제1항
독 일	• 경찰은 공공의 안녕 또는 질서에 대한 위험을 방지하는 것을 그 직무로 한다. 경찰은 이러한 직무의 범위 내에서 범죄행위에 대한 수사 준비를 하고, 범죄행위를 예방해야 하며, 장래의 위험을 방지할 수 있어야 한다. • 경찰은 다른 행정청에 대한 집행원조를 행한다.	통일경찰법 모범초안 제1조 제1항, 제3항
미 국	• 법집행 및 범죄예방(순찰 및 지도 등) • 질서유지 • 대민봉사 및 보호(범죄 피해자, 제보자 등)	17,000개의 미국 자치경찰(local police)의 기본적 임무[34]

경찰학의 정체성과 연구범위 문제

근래에 들어 경찰학(警察學)을 하나의 정상과학으로 인정하고, 그에 대한 학문적 정체성 확립에 대한 논의가 활발하게 이루어지고 있다. 이러한 배경에는 먼저, 1962년 12월에 동국대학교에 최초로 경찰행정학과가 신설된 이래로 현재에 이르러 전국의 수많은 대학에 경찰학관련 학과가 개설되었다는 점을 들 수 있다. 그리고 1987년 11월에 한국공안행정학회(韓國公安行政學會)가 설립(1991년 12월에 창간호 발행)된 이래로, 많은 관련학회가 설립되어 이와 관련된 학문적 연구가 매우 활발하게 이루어지고 있다는 점이다.

그런데, 이들 경찰학관련 학과의 교과과정은 기본적으로 '형식적 의미의 경찰' 즉, 제도적인 경찰(Police)과 밀접한 관련성을 가지고 있다. 그리고 경찰학관련 학과의 학생들 역시 그러한 제도적 경찰을 장래 희망직업으로 준비하고 있는 것이 현실이다.

더욱이, 경찰조직이 과거와 같이 다른 국가작용에 부수하여 이루어지는 것이 아니라, 자유민주주의 질서 하에서 정치적 중립성을 지향하면서, 하나의 독립된 법체계로서 경찰법(警察法, 1991), 경찰공무원법(警察公務員法, 1969), 경찰관직무집행법(警察官職務執行法, 1953) 등

33) 수사 및 재판과 관련된 국제협력(國際協力)에 대해서는 「국제형사사법공조법」에 구체적인 규정이 마련되어 있으나, 그 이외의 위험방지 또는 예방경찰 작용에 있어서의 국제협력에 대해서는 근거 규정이 마련되어 있지 않아 경찰의 업무수행에 어려움이 있었다. 한편, '대테러 작전' 역시 국가경찰의 중요활동으로 관련업무를 수행하고 있으나 법규정상 이에 대한 명확한 근거 조항이 없었다. 이러한 이유로 경찰법 및 경찰관직무집행법 개정(2014.5.20., 시행 2014.11.21.)으로 '국제협력과 대테러작전 관련규정'을 경찰의 직무범위로 추가하였고 특히, 경찰관직무집행법 제8조의2에 국제협력을 위한 개별적인 근거조항을 마련하였다.

34) Robert H. Langworthy, Lawrence F. Travis Ⅲ.(1994), op. cit., pp. 10-14.; U.S. Department of Justice(1998.6), "Census of State and Local Law Enforcement Agencies, 1996," Bureau of Justice Statistics Bulletin, p. 1; Kenneth J. Peak(2003), Policing America: Methods, Issues, Challenges, N. J.: Prentice Hall, pp. 53-59.

을 갖추고, 독립된 관청(행정안전부 외청)으로서 전문적인 관련 업무를 독자적으로 수행할 수 있는 여건이 마련되어 있다(물론, 정치적 중립화, 수사권독립, 자치경찰도입, 채용구조의 개혁 등 여전히 개선되어야 할 과제는 적지 않다).

그런데, 종래에 법학(특히, 행정법)을 전공한 학자들은 '경찰법 또는 경찰행정법'이라는 이름하에 경찰학의 연구대상을 형식적 의미의 경찰뿐만 아니라 실질적 의미의 경찰을 포괄하여 다루는 경향이 있으나 이는 재검토할 필요가 있다고 본다. 경찰의 제도적 전문화·독립화가 이루어진 현 시점에서 '실질적인 의미의 경찰'이라는 용어 자체가 구시대적인 것이다.

요약건대, 이상에서 논의하는 바와 같이 실제 경찰조직의 제도적 독립화와 전문화, 경찰학관련 학과의 전국화 및 관련 교과과정 특성, 관련학자들의 학문적 연구경향, 그리고 관련학생들의 특성 등을 비추어 볼 때, 경찰학 연구대상은 형식적 의미의 경찰(즉, 현행 경찰법상의 일반경찰)을 중심으로 논의되어야 한다고 본다. 따라서 이 책의 내용은 형식적·제도적 의미의 경찰(특히, 경찰법상의 경찰청과 그 소속기관 중심)에 초점을 두고 있음은 물론이다.

2) 행정경찰과 사법경찰

(1) 행정경찰과 사법경찰의 의의

경찰을 행정경찰(行政警察)과 사법경찰(司法警察)로 구분하는 방법은 1795년 프랑스 공화국 법에서 그 기원을 찾을 수 있다.[35] 행정경찰은 범죄예방과 같은 위험의 방지를 위한 행정작용을 의미한다면, 사법경찰은 이미 발생한 범죄에 대한 사법작용(특히, 범죄수사)을 의미한다고 볼 수 있다.

이러한 대륙법계 관점에서 본다면, 사법경찰은 말 그대로 사법작용의 일부이므로 실질적 의미의 경찰에 해당하지 않는다고 보고 있다. 다만, 실정법은 검사의 지휘 하에 사법경찰관리로 하여금 범죄수사를 하도록 규정(형사소송법 제196조)하고 있기 때문에 형식적 의미의 경찰에 해당한다고 보고 있다.[36] 그러나 영미법계 관점에서 본다면, 범죄예방뿐만 아니라 범죄수사 역시 경찰의 고유한 활동영역으로 구분하고 있으며, 따라서 행정경

35) 프랑스 혁명시대에 등장한 공화국 제4년(1795)에 제정된 형법 제18조에 의하면 경찰을 행정경찰과 사법경찰로 이원화하였고, 여기에서 행정경찰은 각 지방에 있어서 공공의 질서유지를 목적으로 특히, 예방적 단속에 의한 형벌법위반행위를 방지하는 작용으로 규정하였다. 그리고 1808년의 형사소송법 제8조에서 중죄(重罪), 경죄(輕罪) 및 위경죄(違警罪)를 수사하여 그 증거를 수집하고, 범인을 관할 형사재판소에 인도하는 것을 사법경찰이라고 규정하였다. 서재근(1995), "일본 행정경찰과 사법경찰에 관한 연구," 공안행정학논총(서재근박사 정년기념), 서울: 진명문화사, p. 294 재인용.

36) 홍정선(2007), 앞의 책, p. 29.

찰과 사법경찰로 구분하는 것 자체가 무의미하다.

프랑스에서 행정경찰과 사법경찰은 엄격하게 구분하고 있는 것은 권력분립론(權力分立論)에 근거를 두고 있다고 볼 수 있다.[37] 중앙집권적인 국가경찰체제(國家警察體制)하에서 경찰이 범죄예방뿐만 아니라 범죄수사권한까지 보유하게 되었을 경우, 그 순기능보다는 역기능이 더 크다고 우려한 까닭이다. 반면, 지방분권적인 자치경찰체제(自治警察體制)를 근간으로 하고 있는 영미법계 경찰에서는 이러한 경찰의 권한 오남용 문제가 상대적으로 적다고 볼 수 있다. 이러한 관점에서 본다면, 한국경찰의 수사권독립 문제는 자치경찰제도의 도입 등과 함께 논의되어야 할 필요성이 있다고 본다.

이러한 프랑스 경찰의 영향을 받아 독일과 일본에서도 행정경찰과 사법경찰을 구분하고 있고, 우리나라에서도 이를 일정부분 제도적으로 수용하고 있다고 볼 수 있다.[38]

행정경찰과 사법경찰의 불가분리성(不可分離性)

대륙법계의 영향을 받은 일본은 행정경찰과 사법경찰의 구분하였다. 그러나 경찰업무 현실에 있어서 이의 구별이 매우 어렵다는 사실을 인식하게 되었다.[39] 본래 행정경찰은 범죄행위 이전의 영역에 속하며, 사법경찰은 그 이후의 활동과 관련된 것이다. 그런데, 행정경찰의 업무로 되어있는 예방 순찰, 청소년선도 및 보호, 불심검문, 장물 또는 풍속영업단속, 교통단속 등의 제반 활동은 범죄수사 또는 범인체포와 같은 사법경찰의 활동과 매우 밀접하게 관련된 것이다. 따라서 행정경찰의 목적으로 하는 경찰권한 행사가 곧바로 사법경찰행위로 이행되는 경우가 대단히 많으며, 양자 간의 한계선을 긋는 것은 매우 어려운 일임은 누구나 인정하고 있는 것이다.

사실, 위에서 언급한 「경찰관직무집행법」 상의 '불심검문'(不審檢問)에 대해서 종래에

37) 범죄예방과 같은 위험방지를 통한 공공질서의 유지는 행정권(行政權)에 속하고, 범죄수사 등은 사법권(司法權)에 속한다고 구분하는 것은 각 작용의 목적에 따른 구분, 즉 목적기준설(目的基準說)에 따른 것이다. 본질적으로 국가의 행정작용은 예방적 목적을 지향하는 것이라면 사법작용은 사후에 진실규명을 지향하는 것이기 때문이다. 반면, 국가공권력의 행사가 어떠한 목적을 가지고 있느냐에 기준을 두지 않고, 그러한 권한을 행사한 주체가 행정기관에 의해 이루어진 것이면 그것은 행정경찰이고, 사법기관에 의한 것이면 사법경찰이라고 보기도 한다. 이는 조직기준설(組織基準說)이라 할 수 있다. 서재근(1995), 앞의 논문, p. 296.

38) 독일의 경우에는 행정경찰을 다시 보안경찰과 협의의 행정경찰로 구분하기도 한다. ① 보안경찰은 보통경찰기관이 기능별로 소관업무를 독립하여 수행하는 경찰을 의미한다. 예컨대, 현행 경찰법상 조직화된 경찰(즉, 경찰청, 지방경찰청, 경찰서, 지구대·파출소 단위)을 의미한다. ② 반면, 협의의 행정경찰은 19세기 독일에서 '비경찰화' 또는 '탈경찰화'의 결과로서 형성된 개념이다. 협의의 행정경찰은 다른 행정기능에 부수하여 그 행정기능의 분야에서 생길 수 있는 위험예방 및 제거와 관련된다. 예컨대, 지방자치단체의 인허가 업무에 부수되어 발생하는 해당업소에 대한 단속이나 감독 등이 바로 이에 해당되며, 이른바 영업경찰, 위생경찰, 건축경찰 등이 이에 해당된다. 그러나 이처럼 복잡한 용어를 사용해 가면서 굳이 '보안경찰'과 '협의의 행정경찰'로 구분하는 것이 과연 실익이 있는지는 의문이다.

39) 이하 위의 논문, pp. 311-312 재구성.

는 이를 행정경찰작용으로 보는 것이 일반적이었다. 그런데, 그 규정내용을 보면, "경찰관은 수상한 행동이나 그 밖의 주위 사정을 합리적으로 판단하여 '㉠ 어떠한 죄를 범하였거나 범하려 하고 있다고 의심할 만한 상당한 이유가 있는 사람, ㉡ 이미 행하여진 범죄나 행하여지려고 하는 범죄행위에 관하여 그 사실을 안다고 인정되는 사람'을 정지시켜 질문할 수 있다"로 하고 있다(제3조 제1항). 따라서 여기에서 '㉠'의 앞 문장 즉, '어떠한 죄를 범하였거나'에 해당하는 자에 대한 불심검문은 이미 저질러진 범죄행위에 대한 경찰대응이기 때문에 사법작용으로 보아야 할 것이다.

한편, 현행범(現行犯)의 경우를 살펴보자. 이 경우 행정경찰과 사법경찰의 개념적 구분 자체에 의심이 간다. 이 경우, 가해자를 즉시 체포하는 행위는 사법작용일 뿐만 아니라 피해확대 방지라는 예방적 목적도 가지고 있는 것이다. 더 나아가 범죄발생 후 특정인의 수사, 체포행위(특별예방)도 직접적으로 사회의 불안과 위험을 제거하여 안녕을 보전하기 위한 것(일반예방)이라 볼 수 있다. 이러한 시각에서 본다면, 행정경찰과 사법경찰의 구분의 의의는 사라지게 되고, 공공의 안녕과 질서유지는 양자의 조화로운 합일작용의 결과라고 볼 수 있을 것이다.[40)]

3) 국가경찰과 자치경찰

국가경찰(國家警察)은 경찰사무를 수행하기 위해 국가가 경찰조직을 운영하는 것을 의미하고, 자치경찰(自治警察)은 경찰사무를 수행하기 위해 지방자치단체가 이를 운영하는 것을 의미한다. 즉, 국가경찰은 국가 즉, 중앙정부가 경찰조직·인사·재무 등 전반에 걸쳐 관리하는 형태를 말하며, 자치경찰은 지방자치단체가 이를 담당하는 것을 말한다. 자치경찰은 다시 광역자치단체(특별시, 광역시, 도 등)에 둘 수도 있고, 기초자치단체(시, 군, 구 등)에 둘 수도 있다. 이러한 국가경찰과 자치경찰의 존재 방식은 지극히 해당 국가의 역사적인 발전배경을 전제로 한 것이다.[41)]

---

40) 앞에서 언급한 유길준은 『서유견문(1895)』에서 경찰제도(警察制度)를 행정경찰과 사법경찰 두 종류로 나누어 설명하고 있다. "행정경찰은 적절한 조치를 취하여 재앙과 피해를 미연에 방지하여 국민들로 하여금 죄를 짓지 않도록 하는 것이다. 사법경찰은 이미 일어난 범죄에 대하여 수사하여 죄인을 체포하고 신문하여 국민의 근심과 재난을 제거하는 일을 한다. 그러므로 행정경찰의 힘이 미치지 못할 때에는 사법경찰이 담당하게 되어, 이 둘의 관계가 머리칼 한 가닥도 허용치 않을 만큼 밀접한 것이다. 비유하나를 들어 보자, 어떤 사람이 남의 집 울타리를 넘어가려고 할 때에 이를 막는 것은 행정경찰이고, 그가 한 발이라도 울타리 위로 넘어가면 무고히 남의 집에 침입하는 잡범이니 사법경찰의 직분에 속하여 형법의 처단을 받게 된다. 그러므로 사실은 행정경찰과 사법경찰은 표리(表裏)의 관계를 이루는 셈이다" 유길준/허경진 역(2005), 앞의 책, p. 293.

41) 스테드(P. Stead)는 영미의 관점(자치경찰)에서 볼 때 "국가경찰체제를 가지고 있는 프랑스경찰의 광범위한 권한행사는 놀라운 수준이라 할 수 있다"라고 표현하고 있다. 이러한 프랑스경찰의 힘은 중앙집권화 된 경찰조직의 특성에서 비롯된 것으로 보고 있다. 즉, 프랑스경찰은 국가적 차원에서 조직화되고 관리되며, 특히 국가의 이해관계를 반영하기 위해 활

그리고 이러한 국가경찰과 자치경찰은 관할(管轄)에 있어서 큰 차이가 있다. 관할이라는 것은 '경찰권한이 미치는 범위'와 관되는데, 지역적 차원에서 볼 때, 국가경찰은 국가전체의 행정구역이 지역관할(地域管轄)이 되는 반면, 자치경찰은 지방자치단체의 행정구역 내에서만 경찰권한을 행사할 수 있다.

그런데, 국가경찰과 자치경찰은 각각은 일정한 장단점을 가지고 있기 때문에,[42] 어느 하나가 보다 더 좋은 체제라고 단정 짓기는 어렵다. 그리고 경찰활동의 성과는 제도적 특성뿐만 아니라 그 나라의 정치·경제·사회문화적인 상황과 조직 운영상의 민주성과 합법성 정도 등에 따라 다르게 나타나기 때문이다.

최근 각국의 경찰제도 운영형태를 보면, 국가경찰제도를 유지하고 있는 나라는 자치경찰의 특성을 가미하고 있고, 반대로 자치경찰제도를 유지하는 나라는 국가경찰의 특성을 가미하는 등 양자의 장점을 취하는 형태로 발전하고 있다고 볼 수 있다. 이러한 점에서 오늘날에는 가히 국가경찰(대륙법계)과 자치경찰(영미법계)의 혼합·융화의 시대라 할 수 있다.[43]

우리나라는 국가경찰(행정안전부장관 소속의 경찰청과 해양수산부 소속의 해양경찰청으로 이원화)을 기본으로 하고 있다. 해양경찰은 경찰청 소속으로 되어 있다가 1996년 8월 8일 해양수산부 외청인 해양경찰청으로 독립하였다. 이때부터 보통경찰기관이 이원화된 셈이다. 그러나 해양경찰은 2014년 4월 16일 세월호 사건을 계기로 설치된 국민안전처(國民安全處, 11월 9일) 소속의 해양경비안전본부로 재편성 되었다. 이후, 2017년 7월 26일 정부조직법 개정으로 국민안전처는 폐지되고, 다시 해양수산부 외청인 해양경찰청으로 신설되었다.

한편, 종래의 제주도는 지역적·역사적·인문직 특성을 고려하여 실질적인 지방분권의

동한다는 것이다(물론, 이러한 시각은 상대적이다). 프랑스경찰의 중앙집권화 현상은 1789년 프랑스혁명 이래로 지속적으로 노정되어 왔던 프랑스의 격렬한 정치적 불안정에서 찾고 있다. 즉, 불과 200여년의 역사 속에서 프랑스는 각각의 세 명의 군주, 두 명의 황제, 그리고 다섯 번의 공화정을 경험하였다. 그리고 이들 정부의 교체는 폭력적인 혁명과 정복을 통해서 이루어졌던 것이다. P. Stead(1983), The police of France, NY: Macmillan, p. 9.

42) 국가경찰의 장점은 자치경찰의 단점이 되고, 국가경찰의 단점은 자치경찰의 장점이 된다고 볼 수 있다. ① 국가경찰의 장점으로는 ㉠ 국가권력을 바탕으로 강력하고 광범위한 집행력(광역범죄 대응 등)을 행사할 수 있음은 물론 통일적인 조직운영(인사, 교육, 시설, 장비 등)을 할 수 있다. ㉡ 타행정부처와 긴밀한 협조체계를 구축할 수 있으며, 국가비상사태시에 특히 유리하다. ㉢ 지방 정치인의 정치적 개입 등을 방지할 수 있다. ② 국가경찰의 단점으로는 ㉠ 중앙정부의 국가권력의 영향 하에 이른바 '정치경찰'의 폐해가 우려된다. ㉡ 조직운영이 기본적으로 전국에 걸쳐 공동적으로 적용되므로, 지방실정에 부합한 치안정책 및 대응이 쉽지 않다. ㉢ 관료주의적 성격이 강하며, 지역주민에 대한 공복(公僕)의식이 낮을 수 있다. ㉣ 인사관리 등에 있어서 중앙의 이해관계가 많이 작용하고, 유능한 인재의 지방기피 등의 현상이 우려된다. 정진환(2006), 비교경찰제도, 서울: 백산출판사, pp. 43-47 재구성.

43) 서재근(1963), 경찰행정학, 서울: 삼중당, p. 43.

보장과 국제자유도시로의 발전을 위하여 '제주특별자치도'로 위상을 갖게 되었다. 이에 따라 2006년 「제주특별자치도 설치 및 국제자유도시 조성을 위한 특별법」이 제정되었고, 자치경찰제도가 도입되었다.[44]

그리고 주의할 것은 용어상 지방경찰(地方警察)과 자치경찰(自治警察)은 구별할 필요가 있다. 국가경찰은 그 관청단위가 경찰청, 지방경찰청, 경찰서로 구분되며, 따라서 통상적으로 지방경찰이라는 것은 각 지방에 설치된 국가경찰(지방경찰청, 경찰서 등)을 의미하는 것이다. 따라서 제주특별자치도에도 제주지방경찰청 및 경찰서 등이 설치되어 전국적으로 중앙집권적인 국가경찰체제를 기본골격으로 하고 있다.[45]

4) 공경찰과 민간경찰

경찰은 공경찰(public police)과 민간경찰(private police)로 구분할 수 있다.[46] 여기에서 민간경찰은 특히, 민간경비(民間警備, private security)를 의미하는 것이다. 영미법계 국가에서는 전통적으로 대륙법계 보다 모든 주민에게 치안유지 책임이 있다고 인식이 강하여, 지방분권적인 자치경찰이 형성·발전되었음은 주지의 사실이다. 아울러 이러한 사적 자치의 원칙하에 민간차원에서 이루어지는 치안활동 역시 하나의 경찰활동으로 간주하고 있는 것이다.

그리고 실제로 미국은 지난 18세기에서 21세기에 이르는 동안 경찰 못지않게 민간경비가 중요한 비중을 차지하면서 성장·발전해 온 것은 주지의 사실이다. 즉, 민간경비는 과거에는 자경주의(自警主義, vigilantism) 차원에서 이루어진 것이라면, 오늘날에는 자본주의와 연계되어 하나의 산업으로 성장·발전하고 있다. 그리고 오늘날의 민간경비는 미국뿐만 아니라 일본, 한국 등 전 세계에서 빠른 속도로 성장하고 있으며, 이미 공경비의

44) 물론 제주특별자치도에 설치된 자치경찰을 국가경찰과 비교한다면, 규모는 매우 미미하며, 역할 및 권한에서도 한계가 있다. 경찰인력과 예산규모로 본다면, 2015년 현재 국가경찰(경찰청)은 약 113,000명의 인력에 약 9조 4천억 원의 예산으로 운영되고 있다. 사이버경찰청(http://www.police.go.kr). 반면, 제주 자치경찰은 2012년 현재 약 170명의 인력에 약 70억 원의 예산으로 운영되고 있다. ; 이상열(2012), "제주자치경찰제의 실태분석 및 발전방안에 관한 연구," 한국경찰연구 제11권 제1호, p. 135.; 한편, 자치경찰의 사무는 국가경찰의 사무와도 차이가 있다. 즉, ① 주민의 생활안전활동에 관한 사무, ② 지역교통활동에 관한 사무, ③ 공공시설 및 지역행사장 등의 지역경비에 관한 사무, ④ 「사법경찰관리의 직무를 행할 자와 그 직무범위에 관한 법률」에서 자치경찰공무원의 직무로 규정하고 있는 사법경찰관리의 직무, ⑤ 「즉결심판에 관한 절차법」 등에 따라 「도로교통법」 또는 「경범죄 처벌법」 위반에 따른 통고처분 불이행자 등에 대한 즉결심판 청구 사무를 중심으로 이루어지고 있다(제주특별자치도 설치 및 국제자유도시 조성을 위한 특별법 제90조).

45) 국가경찰로서 제주지방경찰청에는 2015년 말 현재 약 1,580명의 국가경찰공무원이 지방경찰청을 비롯하여 3개 경찰서(동부경찰서, 서부경찰서, 서귀포경찰서) 및 경찰서 산하의 6개 지구대, 18개 파출소, 그리고 해안경비단, 공항경비대, 경찰특공대 등에 소속되어 직무를 수행하고 있다. 사이버경찰청(http://www.police.go.kr).; 제주지방경찰청(http://www.jjpolice.go.kr).

46) Robert H. Langworthy, Lawrence F. Travis Ⅲ.(1994), op. cit., p. 9.

규모를 넘어서고 있다.

그러나 우리나라와 같은 대륙법계의 영향을 받은 국가들 역시 민간경비가 산업으로 크게 성장하고 있지만, 법적인 관점에서 경찰과 민간경비의 관계를 본다면, 상호간의 수직적 관계가 보다 강하다고 볼 수 있고, 또 영미와 같이 민간경비를 하나의 경찰 유형으로 간주하는 경향은 상대적으로 약하다고 본다. 다만, 최근 경찰을 포함한 형사사법 영역에서 민간참여가 빠르게 진전되고 있으며, 이러한 논의 속에서 치안서비스의 민영화(民營化, privatization) 및 공동생산(共同生産, coproduction)논리는 민간경비의 역할확대 및 역할재정립에 있어서 의미하는 바가 크다고 할 수 있다.[47]

물론, 경찰을 공경찰과 민간경찰로 유형화 하는 것도 쉬운 일이 아니다. 공경찰과 민간경찰의 '중간영역'이 적지 않게 존재하기 때문이다.[48] 미국의 경우, 경찰조직이 민간경비와 계약을 체결하여 경찰업무 가운데 적지 않은 부분(예, 시설경비, 회계, 전산, 주차관리, 범죄감식, 신원조사, 순찰활동 등)을 민간경비에 '위탁'(委託)하고 있다. 또 경찰이 근무시간 이후에 민간경비회사에 취업하여 '부업'(part time)으로 경비업무를 수행하는 경우도 적지 않다.

우리나라의 경우에는 미국에 비해 경찰업무의 민간위탁이 제한되어 있고, 경찰공무원의 영리(營利)행위는 법(국가공무원법 제64조)으로 금지되어 있다. 그러나 민간경비와 같은 민간차원에서의 경찰활동 참여는 향후 보다 활발하게 논의·실현 될 것으로 보인다.

청원경찰의 정체성

청원경찰(請願警察)은 국가중요기관 및 시설 또는 사업장의 경비(警備, security)위하여 배치하는 경찰을 말한다. 한국전쟁(1950) 이후 남북 간에 형성된 첨예한 대립상황은 이러한 국가중요시설에 대한 경비를 단순히 범죄피해로부터의 예방 즉, '방범'(防犯)이 아닌 적대세력으로부터의 시설파괴에 대한 '방호'(防護)개념으로 인식하게 되었다. 방호개념이 적용된 것은 국가가 이 시설들에 대한 경비에 적극적으로 개입하겠다는 것을 의미한다. 그러나 경찰 등 국가가 이들 중요시설에 대한 실질적인 경비 및 보안업무를 직접적으로 담당하는 데는 한계(인력, 예산 등)가 있었기 때문에 이에 대한 대안 가운데 하나로 1962년 청원경찰법을 제정하게된 것이다(그러나 실질적으로 활성화된 것은 1973년 이 법의 전면개정 이후부터 이다).[49]

47) 이에 대한 자세한 논의는 최선우(2002), 치안서비스 공동생산론, 서울: 대왕사.; 최선우(2012), 민간경비론, 인천: 진영사, pp. 107-178 참조.

48) Robert H. Langworthy, Lawrence F. Travis Ⅲ.(1994), op. cit., p. 9.

49) 최선우(2012), 민간경비론, 인천: 진영사, pp. 90-91.

이러한 시대적 배경 하에 도입된 청원경찰은 특별한 권한을 부여받은 일종의 '특별구역 경찰'(SDP: Special District Police)이라고 할 수 있다. 즉, 근무지 내에서는 청원주(請願主)와 관할경찰서장의 감독을 받아 그 경비구역만의 경비를 목적으로 필요한 범위에서 경찰관직무집행법(警察官職務執行法)에 따른 경찰관의 직무를 수행할 수 있도록 한 것이다(청원경찰법 제3조).

한편, 청원경찰은 임용자격에 대해서는 국가공무원법상의 결격사유에 해당하지 않는 사람으로 하고 있으며, 복무에 관해서는 국가공무원법 및 경찰공무원법을 준용하도록 하고 있다(제5조). 그리고 청원경찰은 근무 중 제복을 착용해야 하고, 지방경찰청장이 필요하다고 인정하면, 청원주의 신청을 받아 관할경찰서장은 이들에게 무기를 대여하여 지니게 할 수 있도록 하고 있다(제8조). 그리고 형법(刑法)이나 그 밖의 법령에 따른 벌칙(罰則)을 적용할 때에는 '공무원'으로 보도록 하고 있다(제10조 제2항).

이처럼 청원경찰은 그 신분과 권한행사에 있어서 경찰과 동등한 한 것은 아니지만 일정한 지위를 가지고 있음을 알 수 있다. 특히, 청원경찰 가운데 '국가기관이나 지방자치단체'에 근무하는 경우에는 이들의 근무관계는 고용계약관계가 아니라 '공법'(公法)상 근무관계로 보고 있다는 점이다.[50] 그리고 국가기관이나 지방자치단체에 근무하는 청원경찰은 보수에 있어서도 경찰공무원의 보수를 감안(㉠ 재직기간 15년 미만: 순경, ㉡ 15년 이상 23년 미만: 경장, ㉢ 23년 이상 30년 미만: 경사, ㉣ 30년 이상: 경위) 정하도록 하고 있다(청원경찰법 제6조 제2항). 또한 국가기관이나 지방자치단체에 근무하는 청원경찰은 직무상 불법행위에 대한 배상책임에 대해서 국가배상법의 적용을 받도록 하고 있다(제10조의2).

한편, 국가기관이나 지방자치단체에 근무하지 않는 청원경찰은 직무상 불법행위에 대해서는 민법의 적용을 받도록 하고 있고, 보수에 있어서도 경찰청장이 정하되 민간기관 등의 청원주가 부담하도록 하고 있다는 점에 주의할 필요가 있다(제2조, 제6조, 제10조의2 단서). 이처럼 청원경찰은 민간인 신분을 가지면서 동시에 공무원의 신분을 아울러 가지고 있는 이른바 '경계인'(境界人)의 위치에 놓여 있다고 볼 수 있다.

---

50) 국가나 지방자치단체에 근무하는 청원경찰은 국가공무원법이나 지방공무원법상의 공무원은 아니지만, 다른 청원경찰과는 달리 그 임용권자가 행정기관의 장이고, 국가나 지방자치단체로부터 보수를 받으며, 산업재해보상보험법이나 근로기준법이 아닌 공무원연금법에 따른 재해보상과 퇴직급여를 지급받고, 직무상의 불법행위에 대해서도 민법이 아닌 국가배상법이 적용되는 등의 특징이 있다. 그리고 그 외 임용자격, 직무, 복무의무 내용 등을 종합하여 볼 때, 그 근무관계를 사법상의 고용계약관계로는 보기 어려우므로 그에 대한 징계처분의 시정을 구하는 소송은 행정소송의 대상이지 민사소송의 대상은 아니다. 대법 1993.7.13., 92다 47564.

4. 경찰의 법적 토대

그렇다면, 경찰은 어떠한 법적 근거에 의해서 조직을 만들고, 구성원을 관리하고, 관련 업무를 수행하는가? 경찰은 기본적으로 대한민국 헌법에 그 기초를 두고 있고, 수많은 개별법에 근거를 두고 있다고 볼 수 있다. 이러한 수많은 개별법(특히, 경찰직무수행과 관련된 법)을 하나하나 제시하는 것은 쉬운 일이 아니다. 왜냐 하면 경찰조직 및 경찰인사에 관한 법적 근거는 어느 정도 명확하지만 직무수행과 관련된 법적 근거는 매우 복잡하고 다양하기 때문이다.

아래는 국회 안전행정위원회 소관법률(경찰청) 및 법제사법위원회 소관법률(법무부) 가운데 경찰과 관련된 법률 등을 제시한 것이다.[51] 여기에서 보는 바와 같이 사법경찰(司法警察)활동에 관한 법 즉, 형법 및 특별형법 그리고 형소법 등 관련법들은 대부분 법무부 소관임을 알 수 있다. 이와 관련된 세부적인 내용들은 이하 본문 내용을 전개하는 과정에서 설명하기로 한다.

〈국회 안전행정위원회(경찰청)과 법제사법위원회(법무부) 소관법률 등(2017년 현재)〉

안전행정위원회 소관법률(경찰청)[52]	조직 관련법	• 경찰법 • 의무경찰대 설치 및 운영에 관한 법률 등[53]
	인사 관련법	• 경찰공무원법 등
	직무관련법	• 경찰관직무집행법 • 경찰직무응원법 • 경범죄처벌법 • 경비업법 • 교통사고처리 특례법 • 도로교통법 • 사격 및 사격장 단속법 • 사행행위 등 규제 및 처벌 특례법 • 유실물법 • 집회 및 시위에 관한 법률 • 청원경찰법 • 총포·도검·화약류 등의 안전관리에 관한 법 • 풍속영업의 규제에 관한 법률 • 화염병사용 등의 처리에 관한 법률 등

51) 2017년 현재 국회에는 국회운영위원회, 법제사법위원회, 국방위원회, 안전행정위원회 등 18개의 상임위원회가 있다. 안전행정위원회에서는 행정안전부, 경찰청, 소방방재청, 중앙선거관리위원회 각각의 소관법률을 다루고 있다. 참고적으로 법제사법위원회에서는 법무부, 감사원, 헌법재판소, 법원 등의 소관법률을 다루고 있다. 국회상임위원회(http://committee.na.go.kr).; 안전행정위원회(http://adminhom.na.go.kr).; 법제사법위원회(http://legislation.na.go.kr).

법제사법위원회 소관법률(법무부)	• 가정폭력 범죄의 처벌 등에 관한 특례법 • 국가배상법 • 국가보안법 • 사법경찰관리의 직무를 행할 자와 그 직무범위에 관한 법률 • 성매매 알선 등 행위의 처벌에 관한 법률 • 성폭력 범죄의 처벌 및 피해자 보호 등에 관한 법률 • 소년법 • 즉결심판에 관한 절차법 • 특정범죄 가중처벌 등에 관한 법률 • 특정 경제범죄 가중처벌 등에 관한 법률 • 특정 강력범죄의 처벌에 관한 법률 • 폭력행위 등 처벌에 관한 법률 • 행정소송법 • 형법 • 형사소송법 등
기타 국회 상임위원회(16개)의 소속기관의 소관법률	

제2절 경찰의 기본이념

1. 경찰이념의 의의

1) 경찰이념의 개념

우리사회에 경찰이 존재하는 이유는 무엇인가? 누구를 위한 경찰인가? 사람들은 일생을 살아가면서 범죄 및 무질서 등을 직간접적으로 경험하고 있으며, 그러한 상황에서 한 번쯤은 이에 대한 생각을 해볼 것이다. 경찰의 존재 이유에 대한 물음은 '경찰이 왜 필요한

52) 안전행정위원회 행정안전부 소관법률인 정부조직법, 그리고 인사혁신처 소관법률인 국가공무원법, 공직자윤리법 등도 경찰조직의 중요한 법적 근거 가운데 하나라고 볼 수 있다.

53) 1970년에 「전투경찰대 설치법(戰鬪警察隊 設置法)」이 제정되었는데, 이 법에 따라 대간첩 작전을 수행하는 전투경찰(작전전경)과 치안업무(방범순찰, 집회시위관리, 교통질서유지 등)를 보조하는 의무경찰이 설치되었다. 그런데, 시대적 상황을 반영하여 지난 2013년 9월 전투경찰(작전전경)이 폐지되고 그 기능이 의무경찰로 일원화 되었다. 그리고 2015년 7월 「전투경찰대 설치법」의 명칭이 「의무경찰대 설치 및 운영에 관한 법률」(약칭: 의무경찰대법)로 개칭되어 오늘에 이르고 있다.

가?'에 관한 것이다. 그리고 그러한 존재이유(存在理由)가 있다면, '어떠한 형식으로 존재하는 것이 바람직한 것인가' 하는 물음도 제기될 수 있다. 이는 존재방식(存在方式)에 관한 것이다. 이 장에서는 이 두 가지 물음 즉, 존재이유와 존재방식에 대해 생각해보기로 하는데, 이러한 두 물음이 바로 '경찰이념'(警察理念, Police Ideology)과 관련된 것이라고 본다.

일반적으로 '이념'(理念)이라는 것은 '어떤 사회의 정치적·사회적 구성원들이 가지고 있는 일반적인 생각'을 뜻한다. 즉, 어떤 집단에 의해 사실 또는 진리로 받아들여진 가치체계 또는 신념체계를 의미하는 것으로, 이는 그것을 믿는 사람들에게는 자신들이 살아가는 세계에 관한 사실적이면서 당위적인 청사진을 제시해준다. 그렇게 함으로써 매우 복잡한 이 세계를 아주 단순하게 이해할 수 있는 것으로 재구성해준다.[54] 예컨대, 현대사회를 '민주주의 사회' 또는 '복지주의 사회'라고 표현함으로써, 현대사회의 특징 또는 방향을 제시해주고 있는 것이 바로 그것이다. 경찰이념도 바로 이러한 시각에서 접근해야 할 것이다.

그런데, 주의할 것은 경찰이념은 단순히 사회구성원들의 경찰에 대한 가치체계 또는 신념체계일 뿐만 아니라 경찰에게 '당위성'(當爲性)을 부여하게 된다는 점이다. 민주국가(民主國家, democratic state)라면, 민주주의의 본질(즉, 개인의 자유와 권리의 보호)을 수호하기 위해 경찰이 존재해야하는 것이며, 따라서 과거 경찰국가(警察國家, police state)시대와 같이 지배집단의 정권유지수단으로서 초법적이며, 인권침해인 역할을 하게 되면 그 정당성을 잃게 되는 것이다. 요약건대, 경찰의 존재에 대한 필요성과 당위성은 경찰철학적인 관심에서 경찰이념으로, 경찰이념에서 경찰조직과 개인에 대한 윤리(倫理) 문제에까지 이르는 것이나.[55]

2) 경찰이념의 다원성과 가치상충 문제

(1) 경찰이념의 다원성

경찰이념은 단지 하나만 존재하는 것은 아니다. 우리사회의 수많은 가치와 신념체계를

54) 이대희 외(2001), 한국의 행정사, 서울: 대영문화사, p. 35 재인용.

55) 철학(哲學, philosophy)은 우주(宇宙)·자연과 인간·사회의 존재의 본질성에 대한 의문에서 출발하여, 이의 보편적인 운동과 발전의 법칙을 과학적으로 탐구하고는 인식하는 학문이라고 할 수 있다. 이념에 대한 문제는 이러한 철학적 물음에서 개인으로서의 인간이 집단으로서 사회를 이루고 살아가는데 있어서 가장 이상적인 삶의 형식을 어떻게 하면 구현할 수 있을 것인가 하는 문제와 관련된다. 정치이념 또는 국가의 정체성은 바로 여기에서 시작되는 것이며, 이에 따라 국가권력의 의지이자 국민의 보호수단의 상징인 경찰(警察)의 존재이유와 존재방식이 즉, 경찰이념이 도출되는 것이다. 그리고 그러한 집단적·추상적인 경찰이념에서 개별적·구체적인 경찰윤리(警察倫理)가 도출된다.

설명하기 위해서는 이념 역시 다양한 관점에서 논의될 수밖에 없다. 과거에서 현대로 올수록 사회구조가 복잡 다양해진 것과 같이 이념 또한 현대사회에 보다 다원화되는 것이 사실이다.

그렇다면, 경찰이념에는 어떠한 것들을 들 수 있는가? 사실, 경찰이념이라는 것은 국가이념과 별개의 것이 아니다. 오늘날 경찰이라는 존재는 국가를 전제로 한 것이며, 따라서 본질적으로 국가이념 속에 경찰이념이 존재한다고 할 수 있다. 따라서 국가가 어떠한 정치적·사회적 지향성을 갖느냐 하는 것은 경찰의 존재이유와 방식에 있어서 매우 중요한 의미를 갖는다고 본다. 이러한 점에서 본다면, ㉠ 국가이념으로서의 민주주의와 복지주의, 그리고 법치주의는 중요한 경찰이념이 된다고 볼 수 있다. 한편, ㉡ 경찰조직 운영상의 내재하는 경찰이념으로 정치적 중립성, 능률성, 효과성, 전문성 등을 들 수 있다.[56)]

그런데 경찰이념이라 할지라도 모두 동일한 가치 또는 위상을 가지고 있는 것은 아니라고 본다. 경찰이념 가운데에는 보다 본질적인 이념이 있는가하면 수단적인 이념이 있다고 본다. 예컨대, 경찰이념으로서 민주주의와 복지주의는 본질적 이념이라면 법치주의는 이를 실현하기 위한 수단적 이념으로 볼 수 있을 것이다.

(2) 경찰이념의 가치상충 문제

한편, 경찰이념이 지향하는 가치가 조화되기보다는 상충되는 경우도 적지 않다. 국가이념 차원에서 볼 때, 개인의 자유와 권리의 보호를 본질로 하는 민주주의를 지향하다 보면, 사회경제적 강자로부터 약자의 보호 또는 사회적 형평성을 본질로 하는 복지주의가 후퇴하기 마련이며, 반대로 사회적 형평성을 지나치게 강조하다 보면 개인의 자유와 권리는 후퇴하기 마련이다. 또 법치주의를 본질적 이념으로 내세워 엄격한 '법적인 정의'(legal justice)의 잣대를 강조하게 되면, 오히려 민주주의와 복지주의가 희석되어 목표와 수단이 전도될 수도 있게 된다. 이러한 문제는 경찰조직 운영상의 이념이라 할 수 있는 능률성과 효과성에서도 나타날 수 있다.

경찰활동의 실제에 있어서 국민 또는 개인 생명과 재산을 보호하고 아울러 공공의 안녕과 질서를 유지해야 하는 상황에서 상호간의 가치 충돌은 상존하고 또 불가피한 것이 현실이다. 민주국가는 개인의 자유와 권리보호를 본질로 하고 있지만 공공의 안녕과 질서 역시 경시될 수 없는 중요한 가치임에는 분명한 사실이다.

---

56) 경찰이념을 국가이념과 경찰조직 차원에서 구분한 것 자체가 명확한 것은 아니며, 그것을 상위개념과 하위개념으로 두는 것도 한계가 있으며, 관련내용이 중언부언되기도 한다. 다만 이 글에서는 논의의 편의상 이와 같이 유형화(類型化)하여 살펴보고자 한다.

이러한 두 가지의 가치에 대해 헌법의 태도는 어떻게 보면 원론적이다. 즉 '㉠ 국민의 자유와 권리는 헌법에 열거되지 아니한 이유로 경시되지 아니한다'고 하면서도 '㉡ 국민의 모든 자유와 권리는 국가안전보장·질서유지 또는 공공복리를 위하여 필요한 경우에 한하여 법률로써 제한할 수 있으며, ㉢ 제한하는 경우에도 자유와 권리의 본질적인 내용을 침해할 수 없다'고 규정하고 있다(제37조). 그 만큼 이들 두 가치가 충돌 했을 경우 이의 우선순위와 조화를 모색하는 것은 어렵다는 것을 의미한다.

결국은 이러한 이념간의 가치가 상충될 때에는 경찰조직의 차원을 넘어 종국적으로 각 경찰관의 윤리의 문제, 즉 법의 테두리 내에서 양심에 따른 가치판단의 문제로 귀결된다고 본다.[57] 다만, 경찰관이 정치권력집단의 이해관계에 흔들리지 않고, 법과 양심에 따라 최선의 가치판단을 하는 일은 결코 쉬운 일이 아니라고 본다.

2. 경찰이념의 사상적 토대

1) 근대국가의 형성과 사회계약론

러셀(B. Russel)은 인간의 싸움의 문제에 관하여 다음과 같이 말하고 있다.[58] "인간이란 존재는 본래 무엇이든 상대하여 투쟁하려는 성질을 갖고 있다. 그러한 투쟁에서 어떤 사람은 승리하고 어떤 사람은 패하게 된다... 인간들이 행하는 투쟁에는 다음과 같은 세 가지 종류가 있다. ㉠ 인간과 자연과의 투쟁, ㉡ 인간과 인간과의 투쟁, ㉢ 인간 그 자신과의 투쟁이 바로 그것이다."

"이들 세 가지 종류의 투쟁은 그 성질에 있어서 매우 상이하며, 인간의 역사와 더불어 그 상대적인 중요성도 끊임없이 변화하고 있다. 자연과의 투쟁은 자연과학(自然科學)이나 기술에 의해서 행하여지고, 인간과 인간과의 투쟁은 정치(政治)나 전쟁에 의해서 행해진다. 인간 그 자신과의 투쟁은 지금까지는 종교(宗敎) 등에 의해서 다루어져 왔다(인간 자신과의 투쟁에 대해서 정신분석 등의 방법에 의해서 과학적으로 해결 할 수가 있다고 주장하는 사람들도 있으나, 이와 같은 방법으로써 온갖 필요한 것들이 과연 해결될 수 있을지는 의문이다)."

여기에서 인간과 인간과의 투쟁에서 정치가 행해지며, 정치를 통해서 인간 상호간의 투쟁을 어떻게 하면 최소화시킬 것인가 하는 방안을 강구하게 되는데, 그것의 구체화가

57) 경찰대학(2002), 경찰학개론, p. 39
58) Bertrand Russel(1951), New Hopes for a Changing World, London: George Allen & Unwin, Ltd., p. 18.; 이극찬(1980), 희망의 철학, 서울: 도서출판 나남, pp. 25-26 재인용.

바로 '국가'(國家)인 것이다. 그렇다면, 국가라는 것은 무엇이며, 왜 필요한 것인가? 그리고 어떠한 형태의 국가가 가장 이상적인 모습인가? 국가성립 이전의 상태 혹은 국가가 존재하지 않는 상태에서 인간사회는 어떠한 모습을 하고 있었을까? 이에 대한 명확한 해답을 내리는 것은 사실상 불가능한 일이다. 이와 관련하여 서구 근대국가(近代國家)의 형성 및 발전과 밀접한 관련이 있는 것이 바로 '사회계약론'(社會契約論, Social Contract Theory)이라 할 수 있다.[59]

사회계약론을 토대로 오늘날 현대 자유민주국가의 정체성이 형성·발전되고 있다고 볼 수 있다.[60] 그리고 그러한 자유민주국가의 정체성을 바탕으로 경찰의 존재이유와 존재방식의 성립된다. 오늘날 경찰이라는 존재는 국가를 떠나서는 존재할 수 없는 까닭이다. 따라서 근대국가의 형성·발전의 사상적 토대가 되는 사회계약론을 통해서 자유민주주의 국가관을 인식하고, 동시에 그것을 통해서 경찰의 존재가치를 규명하는 것도 의미 있는 일이라고 생각한다.

2) 홉스의 사회계약론적 관점

홉스(T. Hobbes, 1588~1679)가 근대계약론의 원형을 제시한 이래 사회계약론은 '계약'(contract)이라는 개념을 논증의 방식으로 국가의 형성을 설명하고 있는데, 이는 종래의 형이상학적이고 신학적인 배경과는 달리 지극히 인간중심적 관점에서 접근하고 있다는 점에서 의미를 갖는다.[61]

(1) 이기적·합리적 인간관과 자연상태

홉스의 사회계약론을 이해하기 위해서는 보다 중요한 것으로서 '이기적·합리적 인간관'과 그로부터 비롯되는 '자연상태'(state of nature)라는 개념이다. 여기에서 자연상태는 크게 두 가지 의미를 함축하고 있다. 하나는 자연상태라는 것은 국가가 존재하지 않는 상태를 의미하는 것으로서, 그렇게 되면 약육강식의 생존경쟁 속에서 인간의 삶이 얼마나 살벌하고 비참한지를 보여주고자 한 것이다. 이는 '만인(萬人)의 만인에 대한 투쟁(鬪爭)'(the war of all against all)로 표현된다. 다른 하나는 사회구성원들은 자연상태가

---

59) 최선우(2011), "국가질서와 시민불복종의 연구: 소로우(H. D. Thoreau)의 사상을 중심으로," 한국공안행정학회보 제45호, p. 205.

60) 개인의 권리, 국가의 구성, 혁명의 권리를 설파하는 로크의 사회계약론은 미국 독립전쟁(1775~1783), 그리고 이후의 헌법제정, 주권(state's right)운동 등 18-19세기 미국사회를 형성했던 핵심적인 사건들의 중요한 이론적 토대로 작용하였다. 예컨대, 미국 '독립선언서'(Declaration of Independence)의 서두에서 제퍼슨(T. Jefferson)은 로크의 사회계약론의 논지를 그대로 수용하며, 이를 식민지 독립선언의 전제로 삼고 있다. 김은형(2010), "로크, 에머슨, 그리고 자연: 쏘로의 초월주의적 사회계약론," 미국학논집, 42(3): 243-279.

61) 이하 황경식(1991), 사회정의의 철학적 기초, 서울: 문학과 지성사, pp. 182-186 재구성.

이처럼 위험하다는 것을 합리적으로 이해하고 있기 때문에 이를 해결할 수 있는 통치체제(즉, 국가)를 세우는 것이 서로에게 이익이 된다는 것을 인식한다는 것이다.

그런데 홉스는 자연상태에 있는 인간들은 대체로 능력 면에서 동등하고, 동정심 등 타고난 우호적인 감정을 갖지 못하고 각자는 이기적(利己的)으로 자신의 보존과 안녕을 추구하는 비사회적(非社會的) 존재들이라고 보았다.[62] 이와 더불어 인간의 욕구를 만족시켜 줄 자원과 수단의 절대적 부족이라는 객관적 여건은 상호 경쟁과 상호 불신을 불가피하게 함으로써 자연상태는 언제나 긴장과 갈등에 의한 전운(戰雲)이 감도는 잠재적 전쟁상태로 나아가지 않을 수 없다는 것이다.

(2) 자연법의 창조

그래서 인간의 이성은 '평화를 위한 법규범의 창조'를 제시해 주는데, 홉스는 이를 '자연법'(自然法, law of nature)이라고 하였다. 이와 같이 인간의 이성에 의해 발견·제정되는 자연법으로 인해 인간은 모두에게 불운하고 불안한 자연상태로부터 계약을 통해 국가를 구성하는 것이 개인에게 있어서도 합리적이고, 이해타산이 맞다는 것이다. 따라서 홉스의 자연법은 어떻게 보면 개인의 이해타산적 합리성에만 기초를 두고 있으며, 그의 이론체계에서 인간의 도덕적 의무라는 개념은 성립되기가 어렵다. 즉, 자연상태에 있는 이기적 인간들 간에는 설사 각자의 자기보존을 위해서 자연법을 지키자는 계약에 합의한다고 할지라도 모두가 준수하리라는 계약이행을 보장할 길이 없으며, 따라서 홉스에 있어 이러한 인간의 타산적 이기성은 결과적으로 '강력한 장치'에 의해 통제되어야 한다는 결론이 불가피하게 된다.

(3) 사회계약론과 절대권력자의 필요

따라서 모든 사람들이 두려워할 통치권력이 존재하지 않는 자연상태에서는 사람들이 주어진 여건 하에서 각자 개별적으로는 합리적 행위를 한다고 할지라도 그것은 결국 상호 파괴적인 전쟁상태 또는 범죄상태를 야기할 뿐이며, 이는 전체적으로 볼 때 불합리한 것이 아닐 수 없다는 것이다. 이에 대한 해결책으로 홉스는 모든 사람이 '사회계약'(社會契約)

62) 홉스의 이러한 견해는 비난을 받고 있다. 즉, 홉스는 절대권력에 의해서만 공공의 안녕과 질서가 효율적으로 유지될 정도로 인간을 철저히 이기적이고, 자기중심적인 존재로 규정하고 있다. 그러나 절대권력에 의한 문제의 해결은 그에 상응하는 대가를 치르는 것이며, 그러한 극단론을 피하기 위해서는 그 전제가 되는 인간관이 재고되어야 한다는 점이다. 이에 대해 흄(D. Hume, 1711~1776)은 홉스의 인간관에 수정을 가하였다. 즉, 인간은 도덕의 바탕이 될 제2의 본능과도 같은 '동정심'(sympathy)을 개발하게 되며, 이러한 자연적·본능적 성향은 사회 속에서 도덕적인 생활을 지속함에 따라 보다 강화될 수 있다고 하였다. 그러나 홉스는 이러한 가능성을 고려하지 않았으며, 자연상태에 및 사회 속에 있어서나 인간은 영원히 이기적인 존재로 간주하였다. J. L. Mackie(1977), Ethics, Penguin Books, pp. 111-115.

을 통해서 자신의 모든 권리를 양도함으로써 그러한 위험한 상태를 통제하고 평화로운 상태를 유지하기 위해 필요한 모든 권력을 갖는 '통치자'(統治者, sovereign) 즉, '리바이어던'(Leviathan)을 내세울 것을 주장하였다. 여기에서 주목해야 할 것은, 통치자는 사회계약의 당사자가 아니라는 점과 국가의 백성이 되는 자들은 그의 통치를 평가하고 판단하는 권리마저도 포기해야 한다는 점이다.

3) 로크의 사회계약론 관점

(1) 홉스의 사회계약론 한계

그런데, 홉스의 인간관을 그대로 수용한다 할지라도 그의 이론은 여전히 문제를 내포하고 있다. 이와 관련하여 로크(J. Locke, 1632~1704)는 홉스의 인간관을 전제한다 할지라도 그가 말하는 합리적인 이기주의자가 그러한 절대군주를 내세운다는 것은 불합리하다고 하였다.[63] 즉, 인간은 자연상태에서 누리던 평등을 포기하면서, 자신과 대등한 어떤 적대자보다도 더 강력한 군주를 설정한다는 것은 불합리한 처사이며, 따라서 개인 위에 군림하는 절대권력을 도출하려는 홉스의 견해는 합리성에 의해서도 부당한 것이 된다는 것이다.

(2) 국민에 의한 통치

이러한 문제점을 해결하고자 했던 로크는 통치권의 소재를 정부로부터 국민에게로 이전시킴으로써 새로운 사회계약론 모형을 제시하였다. 이에 따라 국가 또는 정부는 사람들이 일정한 목적을 위해서 그 권력의 일부를 양도한 국민의 대행자로서 의미를 갖게 된다. 물론 정부와 국민 간에 계약이 이루어지기는 하나 그것은 대등한 자들 간의 계약이기보다는 재산소유자와 그 관리자 간의 계약에 가깝다. 즉, 국가는 개인이 소유한 재산을 관리해주는 관리인에 불과하다는 것이다. 따라서 국민과 군주 간에 문제가 발생할 경우 심판자는 당연히 국민이어야 한다고 하였다. 단순한 관리자는 소유자의 처분에 따라야 할 것이기 때문이다.

(3) 인간의 본질적 권리

로크에 있어서 인간은 자신의 '생명·자유·재산'(生命·自由·財産)에 관한 세 가지 권리를 가지고 있다고 하였다. 이러한 권리는 모든 개인이 소유하고 있는 것으로서 아무도 타인의 그러한 권리를 침해할 수 없으며, 인간은 그러한 권리를 행사함에 있어서 오직 신

63) J. Locke(1690), Second Treatise of Government, ch. 9. sec. 13.; 이하 황경식(1991), 앞의 책, pp. 187-191 재구성.

(神)에 대해서만 책임을 질뿐이다. 이러한 제반 권리를 보호하기 위해 어떤 '자연법'(自然法)의 존재를 필요로 하며, 그것은 사실상 로크에 있어서 신의 법을 의미한다. 신에 의해 부여된 그러한 자연법은 인간으로 하여금 타인의 생명·자유·재산의 침해를 규제하기 위한 것이다. 그러나 이러한 신학적 배경에도 불구하고 로크는 자연법에 근거를 인간의 이성(理性)에 둠으로써 경험적인 도덕철학을 전개하고자 하였다.

(4) 국가의 존재이유

그렇다면, 로크에 있어서 자연상태에 있던 사람들이 계약을 통해서 국가나 정부를 수립하는 합리적인 이유는 무엇인가? 홉스와는 달리 로크에 있어서 자연상태는 본질적으로 전쟁상태가 아니다. 따라서 계약을 위한 다른 이유의 제시가 요구된다. 로크가 제시하고 있는 몇 가지 이유를 요약해 보면, 우선 자연상태에 있어서 자연법에 대한 인식이나 해석이 사람에 따라 다르고 다양할 수 있다는 것과 자연법의 시행에 있어서 규제나 처벌의 문제가 있다는 것이다.

따라서 자연법에 대한 공통된 이해의 기반이 요구될 뿐만 아니라 그것을 판정해 줄 공정한 심판자와 그러한 판정을 시행하고, 그 위반을 방지해 줄 적절한 권력기관이 필요하게 된다. 바로 이러한 점에서 사람들을 자연상태보다 계약에 의한 국가사회 속에 살기를 원하게 되는 충분한 이유가 있다는 것이다.

(5) 국가의 존재방식

그런데 합리적인 존재라면 더 나쁘게 되려는 의도 하에 자신의 조건을 변경시키라고 생각될 수 없는 까닭에 사람들은 국가에 대해서 자신의 모든 권리를 양도하지 않는다는 점이다. 로크에 있어서 국가는 홉스식의 리바이어던(Leviathan)이 아니라, 일부의 권리를 양도하되 그것도 국가가 생명·자유·재산에 대한 각자의 자연권을 보장해 준다는 조건 하에 성립한다는 것이다.

더 나아가 국가라는 것은 단지 계약에 의해 형성된 공동체인 까닭에 국가의 정책은 공동체에 의해서 결정되거나 혹은 일치된 합의가 없을 경우에는 구성원의 '다수결의 원칙'(Majority rules)에 의해 결정된다는 것이다. 물론, 이러한 다수결의 원칙도 사회계약의 기본적 조항, 즉 개인은 자연법의 효과적인 시행을 위해 권리의 일부를 양도한다는 것과 국가는 모든 사람을 평등하게 다스리는 공법의 테두리 내에서 개인의 자연권을 보장한다는 조항을 침해할 수 없다. 따라서 국가는 시민들의 자연권의 수탁자인 동시에 그 보호자인 것이다.

(6) 로크의 사회계약론의 한계

로크의 국가관에 대한 비판은 주로 경제적 부(富)의 불평등한 분배를 허용·정당화한다는 점에서 제시된다. 로크는 개인의 재산은 국가이전의 자연상태에서도 인정된다고 봄으로써 근본적으로 불평등이 생겨나게 되고, 그것이 계약을 통해 시민사회에 이행됨으로써 정당화·영속화된다는 점이다. 더 나아가 경쟁적인 자유시장 내에서는 세대가 나아갈수록 본인 자신의 능력 만에 의해서가 아니라 그들이 태어난 사회적 지위로 인해서 재산을 축적하게 된다. 그래서 비록 모든 이가 재산에 대한 동등한 권리를 지닌다 해도 재산을 얻기 위한 현실적인 능력에 있어서 그들은 불평등할 수밖에 없는 것이다.

따라서 자유시장체제 내에서 경쟁의 공정한 옹호자라면 소득·재산·권력의 재분배 원리를 통해서 자유시장의 교환규칙을 보완해야 한다. 이는 자유에 대한 소극적 권리 이상으로 적극적 권리가 요구됨을 의미하며 야경국가(夜警國家)를 대신해서 복지국가(福祉國家)의 출현이 정당함을 의미한다. 사람들이 자신의 정당한 소유권을 갖는다 할지라도 그러한 권리가 절대적이라는 결론은 나오지 않으며, 최소한의 인간다운 생활조건에 대한 적극적인 관리도 갖는다고 생각되기 때문이다.[64]

3. 국가이념상의 경찰이념

근·현대 자유민주주의 국가는 입헌주의(立憲主義)원리에 따라 국가가 나아갈 방향을 제시해 주고 있다.[65] 물론, 헌법에 국가기능 내지 기본원리가 구체적으로 명시된 것은 아니지만 첫째, 모든 법령의 해석의 척도가 되고, 둘째, 입법과 정책입안의 방향제기가

64) 그런데, 합리적인 인간들이 과연 로크적 계약조건에 합의할지는 의심스럽다. 결국, 국가가 갖는 기본적 기능에 대한 로크의 이론, 즉 국가의 기능은 시민의 자연권을 옹호하는 것이어야 한다는 입장에 합의한다 할지라도 그러한 시민의 권리가 소극적 측면에 국한되어야 한다는 결론에 이견을 갖게 되며, 보다 적극적인 권리를 옹호하는 국가관으로 나아가게 되는데, 바로 이러한 지점에서 롤스(J. Rawls)의 정의론(正義論)이 시작된다고 할 수 있다. 롤스의 관점에서 가능한 한 가지 비판은 로크의 계약론이 특정한 선(善)이나 가치관에 의거해서는 안된다는 법칙론적 요구를 만족시키지 못한다는 것과 관련된다. 인간의 가치관은 다양하며, 따라서 지배적인 하나의 목적이란 있을 수 없다. 롤스에 의하면 "가치관을 선택하는 자유는 그러한 가치관에 선행적인 제약을 가하지 않는 이론에서 연역된 원칙에 의해서만 제한된다"는 것이다. 그런데, 로크는 인간이 사회와 국가에 들어가는 가장 크고 주된 목적은 자신의 재산권을 보장하기 위한 것이라 하고, 그러한 목적이 자연에 의해 주어진 것임을 계약의 전제로 받아들인다. 롤스의 관점에서 볼 때, 어떤 사회계약론적 모형도 합당한 정의 원칙의 도출을 위한 '순수절차적 모형'이 되기에는 그 절차 자체 속에 불순한 역사적·사회적 침전물이 함축되어 있으며, 이것은 보다 추상화·일반화의 과정을 거쳐 절차의 순수화가 요구되어야 할 것을 강조하고 있다. J. Rawls(1971), A Theory of Justice, Cambridge, Harvard University Press, p. 253.

65) 입헌주의(立憲主義)라는 것은 국민의 자유와 권리가 국가권력으로부터 침해당하지 않도록 보호하기 위하여 통치관계를 헌법(憲法)에 규정하고, 국가가 국민에 대하여 행하는 권력작용을 헌법에 구속되도록 하는 '헌법에 의한 통치'의 원리를 말한다.

되며, 셋째, 공직자와 모든 국민의 행동지침이 된다는 점이다. 이를 경찰이념의 관점에서 본다면, 경찰관계 법령의 척도가 되고, 경찰정책의 기준이 되며, 경찰공무원의 행동지침이 된다는 것을 의미한다.

이러한 헌법의 기본원리와 관련하여 논자에 따라 약간의 차이는 있지만, 민주주의, 사회복지주의, 문화국가주의, 국제적 평화주의, 법치주의 등이 제시되고 있다. 그리고 이러한 기본원리들이 명확히 구분되는 것은 아니며, 상호 유사한 맥락으로 해석될 수도 있다. 이러한 헌법의 기본원리를 토대로 경찰이념에 적용할 수 있는 국가이념으로서 ㉠ 민주주의, ㉡ 복지주의, ㉢ 법치주의를 중심으로 살펴보기로 한다.[66]

1) 민주주의

(1) 국민주권의 원리

국가이념과 관련하여 헌법(憲法)은 국가형태로서,[67] 그리고 정치영역에 적용되는 기본원칙으로 민주주의(民主主義)를 채택하고 있으며, 주권(主權)은 국민에게 있고, 따라서 모든 권력은 국민으로부터 나온다는 것을 천명하고 있다(헌법 제1조).

여기에서 주권이라는 것은 국내에서 최고의 권력, 국외에 대하여 독립의 권력이며, 그 속성이 절대적이고 항구적인 권력을 의미한다. 이러한 주권개념은 통치권(統治權)의 개념과 혼동하는 경우도 있지만 차이가 있다. 즉, 현대 민주국가에서 주권이라 함은 국가의사를 전반적·최종적으로 결정할 수 있는 최고권력(즉, 헌법제정권력)을 의미한다. 반면, 통치권은 구체적인 국가목적을 수행하기 위한 현실적인 국가권력(입법권·집행권·사법권)을 총괄하는 것으로서, 주권에서 도출된, 그리고 주권이 위임한 권력을 총괄적으로 지칭하는 것이다.[68]

이러한 주권이론에서 핵심이 되는 것은 주권의 담당자, 즉 주권의 주체가 누구냐 또는 누구라야 하느냐 하는 문제이다. 이는 기본적으로 이념상의 문제이므로, 논자의 국가관(國家觀)에 따라 달라질 수 있다. 현대국가의 보편적인 이념은 민주주의이고, 민주주의는 국민에 의한 통치를 기본으로 하고 있다. 따라서 주권의 주체는 일반국민임은 분명한 사실이다.

66) 권영성(1991), 헌법학원론, 서울: 법문사, pp. 102-122.
67) 입헌주의(立憲主義)라는 것은 국민의 자유와 권리가 국가권력으로부터 침해당하지 않도록 보호하기 위하여 통치관계를 헌법(憲法)에 규정하고, 국가가 국민에 대하여 행하는 권력작용을 헌법에 구속되도록 하는 '헌법에 의한 통치'의 원리를 말한다. 위의 책, pp. 102-122.; 김철수(2006), 헌법학원론, 서울: 박영사, p. 3.
68) 민주국가에서 주권은 국민에게 귀속되고, 통치권은 최고국가기관으로서의 국민 또는 국민에 의하여 선출된 각급국가기관에 의하여 행사된다. 주권은 단일불가분(單一不可分)·불가양(不可讓)의 권력인데 반하여, 통치권은 분할이 가능하다.

(2) 기본적 인권 보장

따라서 민주국가는 국민의 한 개체로서 개인의 자유와 권리의 보호를 본질로 하는 것이다.[69] 인간의 존엄성과 인격의 존중을 바탕으로 하는 '개인의 기본적 인권'(人權, individual rights)의 보장은 민주주의 내용 중에서도 가장 중요한 기본적인 요소라 할 수 있다.

이에 대해 헌법에서는 '모든 국민은 인간으로서의 존엄과 가치를 가지며, 행복을 추구할 권리를 가진다. 국가는 개인이 가지는 불가침의 기본적 인권을 확인하고 이를 보장할 의무를 진다'라고 규정하고 있다(제10조 이하 관련규정). 또한 이를 바탕으로 경찰법에서는 '국가경찰은 그 직무를 수행할 때 헌법과 법률에 따라 국민의 자유와 권리를 존중하고, 국민 전체에 대한 봉사자로서 공정·중립을 지켜야 하며, 부여된 권한을 남용하여서는 아니 된다'고 규정하고 있는 것이다(제4조).

그런데, 헌법에서는 특히, 경찰과 검찰 등 형사사법기관에 의한 형사절차상의 국민의 기본적 인권의 침해 여지를 우려하여 이에 대한 적지 않은 규정을 두고 있다. 바꿔 말하면, 국민의 기본적 인권의 침해 가능성은 형사절차에서 가장 많이 내재해 있다는 의미이다.

헌법에서 명시하고 있는 형사절차상의 인권보호 규정

- 제12조 ① 모든 국민은 신체의 자유를 가진다. 누구든지 법률에 의하지 아니하고는 체포·구속·압수·수색 또는 심문을 받지 아니하며, 법률과 적법한 절차에 의하지 아니하고는 처벌·보안처분 또는 강제노역을 받지 아니한다.
  ② 모든 국민은 고문을 받지 아니하며, 형사상 자기에게 불리한 진술을 강요당하지 아니한다.
  ③ 체포·구속·압수 또는 수색을 할 때에는 적법한 절차에 따라 검사의 신청에 의하여 법관이 발부한 영장을 제시하여야 한다. 다만, 현행범인인 경우와 장기 3년 이상의 형에 해당하는 죄를 범하고 도피 또는 증거인멸의 염려가 있을 때에는 사후에 영장을 청구할 수 있다.
  ④ 누구든지 체포 또는 구속을 당한 때에는 즉시 변호인의 조력을 받을 권리를 가진다. 다만, 형사피고인이 스스로 변호인을 구할 수 없을 때에는 법률이 정하는 바에 의하여 국가가 변호인을 붙인다.
  ⑤ 누구든지 체포 또는 구속의 이유와 변호인의 조력을 받을 권리가 있음을 고지 받지 아니하고는 체포 또는 구속을 당하지 아니한다. 체포 또는 구속을 당한 자의 가족

69) Patricia D. Netzley(2000), Issues In Crime, San Diego, Lucent Books, p. 9.

등 법률이 정하는 자에게는 그 이유와 일시·장소가 지체 없이 통지되어야 한다.
⑥ 누구든지 체포 또는 구속을 당한 때에는 적부의 심사를 법원에 청구할 권리를 가진다.
⑦ 피고인의 자백이 고문·폭행·협박·구속의 부당한 장기화 또는 기망 기타의 방법에 의하여 자의로 진술된 것이 아니라고 인정될 때 또는 정식재판에 있어서 피고인의 자백이 그에게 불리한 유일한 증거일 때에는 이를 유죄의 증거로 삼거나 이를 이유로 처벌할 수 없다.

- 제13조 ① 모든 국민은 행위시의 법률에 의하여 범죄를 구성하지 아니하는 행위로 소추되지 아니하며, 동일한 범죄에 대하여 거듭 처벌받지 아니한다. ② 생략.
③ 모든 국민은 자기의 행위가 아닌 친족의 행위로 인하여 불이익한 처우를 받지 아니한다.
- 제16조 모든 국민은 주거의 자유를 침해받지 아니한다. 주거에 대한 압수나 수색을 할 때에는 검사의 신청에 의하여 법관이 발부한 영장을 제시하여야 한다.
- 제17조 모든 국민은 사생활의 비밀과 자유를 침해받지 아니한다.
- 제18조 모든 국민은 통신의 비밀을 침해받지 아니한다.
- 제27조 ① 모든 국민은 헌법과 법률이 정한 법관에 의하여 법률에 의한 재판을 받을 권리를 가진다. ② 생략.
③ 모든 국민은 신속한 재판을 받을 권리를 가진다. 형사피고인은 상당한 이유가 없는 한 지체 없이 공개재판을 받을 권리를 가진다.
④ 형사피고인은 유죄의 판결이 확정될 때까지는 무죄로 추정된다.
⑤ 형사피해자는 법률이 정하는 바에 의하여 당해 사건의 재판절차에서 진술할 수 있다.
- 제28조 형사피의자 또는 형사피고인으로서 구금되었던 자가 법률이 정하는 불기소처분을 받거나 무죄판결을 받은 때에는 법률이 정하는 바에 의하여 국가에 정당한 보상을 청구할 수 있다.
- 제30조 타인의 범죄행위로 인하여 생명·신체에 대한 피해를 받은 국민은 법률이 정하는 바에 의하여 국가로부터 구조를 받을 수 있다.

(3) 권력분립의 원리

민주주의에 있어서 권력분립(權力分立)은 중요한 의미를 갖는다. “권력은 부패되기 쉽다. 절대권력은 절대적으로 부패한다”(power tends to corrupt, absolute power corrupts absolutely)는 액튼 경(Lord Acton)의 말은 국가권력의 성향 또는 위험성을 단적으로 보여준 것이다.[70] 민주국가는 사회의 구성원인 '국민의, 국민에 의한, 국민을 위한'(of the people, by the people, for the people) 정치가 이루어져야 한다. 따라서 국가권력이 특정집단 또는 개인에 집중되어서는 진정한 의미의 민주국가를 실현하기는 불가능한 일이다.

이러한 권력분립의 원리에 따라 국가의 통치기능을 입법·행정·사법으로 3분하고, 이들 기능을 각기 분리·독립된 입법부·행정부·사법부에 귀속시킴으로써 기관 상호간에 견제와 균형을 유지하고 있다. 이와 같은 권력분립의 원리는 민주국가에서 국민의 자유를 확보하기 위하여 요청되는 통치구조의 기본원리라 할 수 있다. 권력분리의 본질은 권력의 분할, 권력상호간의 견제와 균형, 권력의 통제에 있다고 할 수 있다. 이러한 권력분립의 원리가 경찰에도 적용됨은 물론이다. 근대프랑스에서 경찰을 행정경찰과 사법경찰로 구분한 것도 바로 이러한 권력분립 사상이 이면에 깔려 있음은 주지의 사실이다.

경찰조직 및 작용 등에 관한 법은 입법부인 국회에서 만들어지고, 실질적인 조직체계 및 경찰권 행사는 행정부에서 이루어진다. 아울러 경찰권 행사의 적합성 및 적법성 문제가 제기될 때에는 사법부의 통제를 받도록 하고 있다.[71] 이러한 점에서 경찰은 행정부에 속해 있으면서도 입법부와 사법부의 견제와 조정을 받지 않을 수 없는 상황에 놓여 있는 것이다. 한편, 권력의 견제와 조정원리는 경찰인사과정에서도 나타난다. 예컨대, 지난 2003년 12월에 경찰법을 개정하여 경찰청장 임명 과정에 '국회의 인사청문'(제11조 제2항)을 받도록 한 것이다.[72] 그리고 경찰청장이 그 직무집행에 있어서 헌법이나 법률을 위배한 때에는 국회는 탄핵의 소추를 의결할 수 있도록 하고 있다(제11조 제6항).

---

70) 이극찬(1994), 정치학, 서울: 법문사, p. 261.

71) 민주주의 가치를 실현하기 위해서는 사법권의 독립 또는 법원의 독립은 중요한 의미를 갖는다. 이는 사법권을 행사하는 법관이 구체적인 사건을 재판함에 있어서 입법권과 행정권 등으로부터 절대적으로 독립하여, 누구의 지시나 명령에도 구속되지 아니하는 원칙을 말하는 것이다. 사법권의 독립은 자의적인 국가공권력으로부터 국민의 기본적 인권을 보호하는 최후수단인 것이다.

72) 인사청문회(人事聽聞會)는 대통령이 행정부의 고위 공직자를 임명할 때 국회의 검증절차를 거치게 함으로써 국회가 대통령을 견제하는 장치다. 인사청문회에서는 공직에 지명된 사람이 자신이 맡을 공직을 수행해 나가는데 적합한 업무능력이나 인간적 자질이 있는지 없는지를 검증한다. 이와 관련하여 2003년 국가정보원장, 검찰총장, 국세청장, 경찰청장을 인사청문 대상에 포함시키는 인사청문회법 개정안이 국회에서 통과되었다. 이에 따라 대통령은 이들을 임명하려면 반드시 국회의 인사청문 절차를 거치도록 하고 있다. 그러나 국회는 이들에 대해 청문회만 열 뿐 국무총리 후보와는 달리 임명동의안 표결은 하지 않는다. 헌법상 이들에 대한 임명은 대통령의 고유 권한이며 국회가 관여할 수 있는 근거 규정이 없기 때문에 임명동의안 표결을 할 경우 위헌소지가 있기 때문이다. 또한 이들의 인사청문회는 '인사청문특별위원회'가 아닌 소관 상임위원회에서 실시하도록 하고 있다. 국정원장은 정보위, 검찰총장은 법사위, 국세청장은 재정경제위, 경찰청장은 행정자치위에서 한다. 그러나 경찰청장에 대한 인사청문회 자체가 어떠한 구속력을 갖지 않을 지라도 이를 통한 경찰청장 후보자의 검증과정은 결과적으로 임명권자인 대통령에게 적지 않은 부담으로 작용할 것이며, 따라서 이의 실효성은 적지 않다고 본다.

2) 복지주의

(1) 국가의 적극적 기능 강조

근대 자유민주주의 국가에서 입헌주의는 개인의 자유와 권리를 보장하기 위하여 개인의 자유롭고 자율적인 활동을 보장하고, 국가는 최소한의 안전과 질서유지에 국한하여 활동하는 '소극적 국가'(消極的 國家)의 원리를 기초로 하고 있었다.

그러나 오늘날에 이르러 국가는 확대·강화되어 단순히 질서유지의 기능뿐만 아니라 국민의 실질적인 권리향상을 위한 '적극적 국가'(積極的 國家)의 기능이 강조되고 있다. 적극적인 국가는 바로 '복지국가'(福祉國家)를 의미하는 것이다. 복지국가라는 것은 모든 국민에게 생활의 기본적 요건을 충족시켜 줌으로써 건강하고 문화적인 생활을 유지 할 수 있도록 하는 것이 정부의 책임인 동시에, 그것이 국민의 권리로서 인정되어 있는 국가를 말한다.[73)]

주지하는 바와 같이 20세기에 들어오면서, 사회적 생산의 분배를 둘러싼 노사 간의 갈등과 대립이 심화되고, 노동자집단의 생존을 위협하는 사회적 빈곤이 일반화되자, 빈곤의 구제와 부의 공정한 배분을 위하여 자본주의질서에 대한 수정을 의미하는 정부의 정책과 사회적 개혁이 불가피하게 되었다. 이에 따라 종래 시장경제의 자율 또는 자동조절기능에 대한 신뢰를 바탕을 하는 경제적 자유방임주의에서 벗어나, 국민의 생존을 배려하기 위한 소득의 평준화와 적정한 배분을 목표로 하는 부의 재분배정책이라든가, 국가에 의한 투자계획화의 필요성을 주장하는 이론들이 등장하고 있다.

여기에서 말하는 복지주의(福祉主義)라는 것은 민주주의 입장에서 개인의 자유를 존중하고 법치국가적 방법으로 모든 국민의 복지를 실현하려는 국가적 원리를 말한다. 이와 같은 복지국가의 실현을 위해서는 인간다운 생활권(생존권)을 비롯한 일련의 사회적 기본권의 보장, 재산권의 사회적 기능의 강조, 기회균등의 보장과 적정한 소득의 배분 등 경제민주화, 사회보장제·사회복지정책의 추진, 경제질서에 대한 규제와 조정 등이 요구된다.

(2) 경찰의 정의구현과 적극적 활동 요구

경찰활동에 있어서도 복지주의 이념이 적용되고 있다. 피상적으로는 민주주의 또는 자본주의가 발전함에 따라 개인의 자유와 권리가 확대되고 실현되는 것처럼 보이지만 그 이면에는 계층간에 '양극화'(兩極化)가 심화되고, 이러한 과정에서 정치·경제 · 사회적

73) 현행 헌법에서 "모든 국민은 인간으로서의 존엄과 가치를 가지며, 행복을 추구할 권리를 가진다."(제10조)라고 하여, 모든 국민이 인격의 주체로서 존중되고, 행복을 누릴 권리를 갖는다는 것을 선언하고 있다. 또 복지국가의 요청에 따라, 국가의 적극적 목적으로 공공복리(公共福利)를 규정하고 있다(제37조). 뿐만 아니라 제31조~제36조는 일련의 사회적 기본권을 규정하고 있다.

권력집단들이 자신들의 기득권 유지를 위해 법치질서를 위반하는 일들을 적지 않게 자행하고 있다. 이러한 과정에서 경찰은 사회적 약자의 입장에서 '정의'(Justice)를 실현하는 역할을 수행할 수 있어야 할 것이다.

한편, 오늘날 경찰의 역할은 단순히 법집행과 질서유지에 국한되지 않고 시민에 대한 봉사자로서 기능할 것을 요구하고 있다. 1년 365일 1일 24시간 범죄 및 무질서 등을 포함하여 수많은 위험에 처한 국민이 의지할 수 있는 최후수단은 경찰이기 때문이다. 그리고 법집행에 있어서 경찰의 적극적인 개입(예, 학원폭력, 성범죄, 가정폭력사건, 실종사건 등)을 요구하는 경우가 점차 늘고 있다.

전반적으로 볼 때, 오늘날 국가나 국민이 경찰에게 기대하는 수준은 점차 증가하고 있음을 알 수 있다. 이러한 상황에서 경찰은 과거의 소극적 질서유지 차원에서 접근하는 것은 한계가 있다. 치안환경이 급변하기 때문에 어떠한 범죄와 무질서문제는 걷잡을 수 없는 상황으로 전개될 가능성이 높은데, 그에 대해 경찰이 소극적으로 개입하다 보면, 소기의 성과를 거두기가 어렵기 때문이다.

경찰의 역할과 관련하여 도드(D. Dodd)는 3단계로 나누어 설명하고 있다. ㉠ 평화를 만드는 단계(peace making), ㉡ 평화를 유지하는 단계(peace keeping), ㉢ 평화를 건설하는 단계(peace building)가 바로 그것이다.[74] 평화를 만드는 단계는 무질서한 상태에서 질서 있는 상태를 만드는 단계 즉, 국가형성 초기라 할 수 있다. 평화를 유지하는 단계는 국가체제가 정비되고 그에 따라 일정한 질서 있는 상태를 유지하는 단계라고 할 수 있다. 끝으로 평화를 건설하는 단계는 질서 있는 상태의 유지에서 더 나아가 성숙한 시민의식을 바탕으로 국가를 한 단계 발전시켜 진정으로 사회구성원들이 공동으로 협력과 화합을 이룩하는 단계라 할 수 있다. 이는 앞에서 언급한 경찰국가(警察國家), 법치국가(法治國家), 복지국가(福祉國家)의 다른 표현인 것이다.

3) 법치주의

(1) 법치주의의 의미

근대국가 이후 국가는 통치원리의 하나로서 '인(人)의 지배'나 '폭력(暴力)의 지배'가 아닌 '법(法)의 지배'(rule of law)를 기본원리로 하고 있다. 법치주의(法治主義)에서 말하는 법의 지배는 '국가가 국민의 자유와 권리를 제한하든가, 국민에게 새로운 의무를 부과하려

74) David Dodd(1996.12.), "Clarity of Purpose in Policing," Law and Order, pp. 45-48.; 최선우(2010), 경찰과 커뮤니티, 서울: 대왕사, p. 254 재인용.

할 때에는 국민의 의사를 대표하는 국회가 제정한 법률에 의하거나 법률에 근거가 있어야 한다. 또 법률은 국민만이 아니고 경찰과 같은 국가권력의 담당자도 규율한다는 원리'를 말한다.[75]

법치주의가 '법에 의한 통치' 또는 '법에 의한 지배'를 의미한다고 할 때, 그 법은 두 가지 기능 즉, ㉠ 적극적으로는 국가권력 발동의 근거로서의 기능을 수행하고, ㉡ 소극적으로는 국가권력을 제한하고 통제하는 기능을 수행한다.

법이 국가권력발동의 근거로서 기능한다는 의미에서의 법치주의는 전제군주국가나 전체주의국가를 포함한 모든 국가에서 볼 수 있다. 그러나 법이 국가권력을 제한하고 통제한다는 의미에서의 법치주의는 자유주의국가에서만 볼 수 있다. 따라서 자유민주국가의 법치주의는 후자의 의미에 보다 더 비중이 두고 있는 것이다.

(2) 형식적 법치주의와 실질적 법치주의

그런데, 이러한 법치주의 내용에 있어서 '형식적 법치주의'(形式的 法治主義)는 고려할 필요가 있다. 형식적 법치주의는 '행정과 재판이 의회가 제정한 법률에 적합하도록 행하여질 것을 요청할 뿐, 그 법률의 목적이나 내용을 문제로 삼지 않는 것'의 의미하는 것이다. 쉽게 말하면 형식적 법치주의 논리에서는 '악법(惡法)도 법'이 되는 셈이다. 따라서 이 형식적 법치주의논리 하에서는 법률을 개인의 권리보호를 위한 수단이 아니라 억압의 수단으로 악용되기도 하였다. 이 경우 법치주의는 '법의 지배'가 아닌 법률을 도구로 이용한 '합법적 지배'를 의미할 뿐이다.

따라서 오늘날에는 형식적 법치주의뿐만 아니라, 법률의 목적과 내용도 정의에 합치하는 정당한 것이 아니면 안 된다고 하는 '실질적 법치주의'(實質的 法治主義)가 요청되고 있다. 실질적 법치주의라는 것은 '법적 안정성'의 유지와 더불어 '인간의 존엄성 존중'이라든가 '실질적 평등'과 같은 정의의 실현을 내용으로 하는, 그러한 법에 의한 통치의 원리를 말한다. 요약컨대, 형식적 법치주의가 통치의 합법성(合法性)을 그 특징으로 하는 것이라면, 실질적 법치주의는 정당성(正當性)을 그 특징으로 하는 것이다.

---

75) 이것은 국가권력에 대하여 국민의 자유와 권리를 보장하려는 이념으로 하는 것으로서, 이와 같은 합리적 지배의 원리를 실현하기 위해서는 먼저 법의 제정이 의회(議會)에서 이루어져야 한다는 것을 전제로 한다. 그리고 경찰과 같은 국가행정(國家行政)은 소정의 법에 근거하여 집행되어야 하며, 더 나아가 법은 독립된 법원(法院)에 의하여 그 법에 따라 적용되어야 한다는 것을 의미한다. 말하자면, 권력분립주의가 법치주의의 기초를 이루고 있으며, 국민의 기본권을 보장하기 위한 자유민주주의적 원리가 법치주의의 내용을 이루고 있는 것이다. 김철수(2006), 앞의 책, 서울: 박영사, p. 191.

(3) 법치주의의 구현

법치주의의 구현을 위해서는 기본적으로 성문헌법주의(成文憲法主義)가 요구된다. 그리고 이러한 헌법에 따른 기본권보장의 선언과 적법절차의 보장, 권력분리의 확립, 위헌법률심사제의 채택, 집행부에 대한 포괄적 위임입법의 금지,[76] 행정의 합법률성과 사법적 통제,[77] 국가권력행사에 대한 예측가능성의 보장 등이 규정되어 있어야 할 것이다.

경찰업무는 국민에게 명령·강제하는 권력작용을 본질로 하기 때문에 많은 경우에 있어서 국민의 자유와 권리를 침해할 여지(특히, 형사절차 등)가 많은 것이 사실이다. 따라서 헌법에서는 "국민의 모든 자유와 권리는 국가안전보장·질서유지 또는 공공복리를 위하여 필요한 경우에 한하여 '법률'로써 제한할 수 있으며, 제한하는 경우에도 자유와 권리의 본질적인 내용을 침해할 수 없다"(제37조 제2항)고 하고 있다. 이는 경찰활동에 있어서 법치주의의 내용과 한계를 규정한 것이라 할 수 있다.

마찬가지로 경찰법에서 "국가경찰은 그 직무를 수행할 때 헌법과 법률에 따라 국민의 자유와 권리를 존중하고, 국민 전체에 대한 봉사자로서 공정·중립을 지켜야 하며, 부여된 권한을 남용하여서는 아니 된다"고 규정하고 있다(제4조).

한편, 경찰은 그 업무의 특성상 많은 재량권(裁量權)을 행사하고 있다. 그러나 이러한 재량권이 인정된다 할지라도 법치주의 범위 내에서 허용되며, 이를 일탈·남용해서는 안 된다. 그리고 특별이 중요한 법익(예, 생명·건강 등)이 직접적으로 위험에 처하거나 중대한 피해발생이 불가피한 경우에는 재량권이 '영'(零, zero)으로 수축된다. 경찰은 법률이 정한 절차에 따라 의무를 이행해야 함은 물론이다.

물론, 모든 경찰활동에 있어서 법치주의가 반드시 필요한 것은 아니다. 국민에게 의무를 부과하지 않는 활동과 수혜를 제공하는 활동은 법률의 근거규정 없이도 행할 수 있다고 본다.

(4) 법치주의의 제한

이상과 같이 헌법은 법치주의 내지 법치국가의 원리를 다양하게 채택하고 있지만, 국가가 위기나 비상사태에 처한 경우에는 일정한 범위 안에서 법치주의가 제한적으로 적용될 수 있다.

---

76) 현대국가의 행정국가화(行政國家化) 경향에 따라 행정부 광범위한 행정입법권을 부여하고 있지만, 그러나 그것은 "법률에서 구체적으로 범위를 정하여 위임받은 사항"에 관해서만 명령을 발하게 하는 것일 뿐, 법치주의의 원칙에 반하는 포괄적 위임입법은 금지하고 있다.

77) 헌법은 "명령·규칙 또는 처분이 헌법이나 법률에 위반되는 여부가 재판의 전제가 된 경우에는 대법원은 이를 최종적으로 심사할 권한을 가진다"라고 하여(제107조 제2항), 독립적 지위를 가진 법원이 행정입법과 행정처분의 합헌성과 합법률성을 심사하게 함으로써 이를 통제하도록 하고 있다.

헌법은 국가가 위기나 비상사태에 처할 경우에는 대통령에게 긴급명령권과 긴급재정·경제명령권과 계엄선포권을 인정하고 있다(제76조, 제77조). 이와 같이 국가적 위기나 비상사태 하에서는 대통령으로 하여금 긴급명령, 긴급재정·경제명령이나 계엄선포를 할 수 있게 함으로써 일정한 범위 안에서 법치주의가 제한될 수 있다고 하고 있다. 그러나 비상사태 하에서의 법치주의 적용의 제한은 극히 한정된 경우에 국한되어야 하고, 그것도 헌법적 질서를 유지하기 위한 최소한의 범위에 그쳐야 한다는 점에서 일정한 한계가 없는 것은 아니다.

4. 경찰조직 운영상의 경찰이념

이상에서 국가이념상의 경찰이념(민주주의, 복지주의, 법치주의)을 살펴보았다. 아래에서는 경찰조직 운영상의 이념으로서 ㉠ 정치적 중립성, ㉡ 능률성, ㉢ 효과성, 그리고 ㉣ 형평성·공정성을 중심으로 살펴보기로 한다. 국가이념상의 경찰이념은 거시적 차원에서 논의되기 때문에 다소 추상적인 면이 강하며, 경찰조직 운영상의 이념은 이보다는 구체화된 형태로 구현된다고 본다. 한편, 능률성, 효과성, 형평성·공정성을 '생산성'(生産性, productivity)개념으로 설명하기도 한다.[78]

1) 정치적 중립성

(1) 정치적 중립의 의의

경찰의 이념으로서 '정치적 중립성'(政治的 中立性)이라는 것은 경찰이 정치적 이해관계에 의해서 직무를 수행해서는 안 된다는 것을 의미한다. 이는 정권의 교체와 관계없이 경찰의 정치적 중립이 보장되고 이에 따라 경찰활동의 영속성·안정성이 지속되어야 한다는 것이다.

이에 대해 헌법은 "공무원은 국민전체에 대한 봉사자이며, 국민에 대하여 책임을 진다,

78) 생산성(生産性) 개념은 원래 민간부문에서 제기된 것인데, 근래에 들어 경찰을 포함한 공공부문에서 이를 새롭게 개념 정의하여 접근방법을 모색하고 있다. 즉, 민간부문의 생산성은 서비스 생산과정에서 비용절감과 관련된 능률성(能率性)으로 정의되는 반면, 경찰활동에서의 생산성은 능률성뿐만 아니라 서비스의 결과나 질을 중시하는 효과성(效果性)을 동시에 의미하는 것으로 보고 있다. 종래에 능률성과 효과성을 모두 포함하는 용어로 효율성(效率性)을 사용하였다. 따라서 생산성 개념은 효율성과 같은 의미로 사용되기도 한다. 그리고 이에 더하여 공공서비스 전달의 형평성(衡平性)·공정성(公正性)을 생산성 개념에 포함시키기도 한다. Jeffrey L. Brudney & David R. Morgan(1988), "Local Government Productivity: Efficiency and Equity, in Rita Mae Kelly(ed.), Promoting Productivity in the Public Sector: Problems, Strategies and Prospects, N.Y.: St. Martin's Press, pp. 163-164.; 최선우(2010), 앞의 책, pp. 269-275.

공무원의 신분과 '정치적 중립성'은 법률이 정하는 바에 의하여 보장된다"고 규정(제7조)하고 있다. 이에 따라 국가공무원법에서는 공무원의 정치적 행위를 금지하고 있다(제65조). 그리고 보다 직접적으로는 경찰법 제4조(권한남용의 금지)에도 분명히 규정되어 있다(제4조).

(2) 경찰업무의 현실

그러나 이러한 경찰의 정치적 중립은 결코 쉬운 일이 아니다. 중앙집권적인 국가경찰체제를 유지하고 있는 경찰은 시민을 상대로 강력한 공권력을 행사할 수 있기 때문에 과거부터 정권유지 및 재창출의 수단으로 악용되어 왔던 것이 사실이다.

예컨대, 자유당 시절(1960년 3월 15일) 경찰은 부정선거에 개입하고 권위주의 하의 독재정권의 연장을 위한 도구로 사용되어 국민으로부터 신뢰를 잃고 경찰의 정치적 중립성에 대한 심각한 비판이 제기된 바 있다.[79] 이러한 문제는 현재에도 끊임없이 계속되고 있다. 지난 2012년 대통령선거 과정에서 국가정보원의 부정선거개입 및 그에 대한 경찰수뇌부의 수사조작(사건축소·증거인멸 등) 혐의가 제기되고 있고, 이에 대해 일반시민은 물론이고 일선경찰 및 퇴직경찰들도 비난의 목소리 함께 하고 있다.

경찰에게 두 번 당한 처칠수상

영국에서 최고의 존경을 받는 처칠(Winston Churchill, 1874~1965)수상은 전쟁(2차 세계대전) 종결 이후, 급히 의회에서 연설을 하기 위해 차를 탔고, 그런 연유로 운전자에게 신호를 위반하고 달릴 것을 지시하였다. 그때 교통경찰이 처칠수상이 탄 차를 '신호위반'으로 불러 세웠는데, 이에 운전수는 교통경찰에게 "처칠수상께서 탑승하신 차요, 의회 연설 때문에 급히 가야되니 붙잡지 말아주시오"라고 하였다. 교통경찰은 차 안을 흘끗 보더니 "수상과 닮긴 했지만, 그 분이 교통위반을 하실 분이 아니오"라며 교통단속을 하였다.

나중에 처칠수상은 런던경찰청장에게 전화를 걸어 그 모범적인 교통경찰의 일계급 특진을 지시하였으나 경찰청장은 이를 거절하며, "죄송합니다 수상각하! 런던경찰청의 규정에는 교통위반을 단속 한 경찰에게 일계급 특진이라는 조항은 없습니다"라고 하였다. 처칠수상은 "오늘은 경찰에게 두 번이나 당하는 군"이라며 흐뭇해 하였고, 자신이 영국수상임을 자랑스럽게 생각하였다(어느 인터넷 글에서).

---

79) 김충남(2008), 경찰학개론, 서울: 박영사, p. 34.

(3) 경찰의 정치적 중립의 한계

그런데, 경찰의 정치적 중립성에도 불구하고 완전히 정치와 독립되고 분리될 수는 없다고 본다. 경찰은 본질적으로 정치와 밀접하게 연계되어 있기 때문이다. 정치(입법과정)를 통해서 경찰의 활동범위가 설정되며, 경찰을 통해서 정치적 가치(민주주의·복지주의·법치주의 등)가 실현되기 때문이다.[80] 또 경찰인사관리 과정에서도 고위직 경찰의 임용은 엽관주의·정실주의 등 정치적 이해관계를 바탕으로 하고 있기 때문이다.

이러한 현실에도 불구하고 경찰의 정치적 중립성 요구는 경찰이 정치적 권력구축과정에 개입하거나 정치로부터 부당한 영향력을 받는 것을 금기시하는 것이다.[81] 이는 역설적으로 경찰이 과거와 현재에 이르기까지 경찰이 정치적 중립성을 확보한다는 것은 결코 쉬운 일이 아니라는 것을 반증하는 것이라고도 할 수 있다.

2) 능률성

능률성(能率性, efficiency)은 경찰활동에 대해 투입된 비용의 정도를 말하는 것으로, 치안서비스의 제공 주체인 경찰이 무엇을 수행하였는가 보다는 얼마나 비용을 절감하였는가에 중점을 둔다. 즉, 능률성은 특정한 산출목표를 달성하기 위하여 얼마만큼의 시간과 비용이 투자되어야 하는가의 문제가 주요 관심사항이 된다.[82] 따라서 경찰이 보다 능률적이기 위해서는 조직은 산출목표를 시간과 비용의 감소를 통해 달성하거나, 같은 비용으로 더 큰 산출효과를 얻어야 한다는 결론이 나온다.

능률성과 관련하여 린드(Lind)와 립스키(Lipsky)는 경찰활동의 산출 및 측정을 네 가지 유형으로 제시하고 있다.[83] ㉠ 경찰 1인당 지출예산액, ㉡ 검거율과 출동시간(response time)과 같은 중간생산물의 범위, ㉢ 실제범죄율이나 희생확률 등의 최종산출물, ㉣ 생산된 이익(편익)의 금전가치가 바로 그것이다.

한편, 경찰활동의 산출(output)을 결정짓는 과정에는 경찰관의 선발과 교육훈련·조직

---

80) 백완기(1999), 행정학, 서울: 박영사, pp. 53-54.; 김상호 외 8인(2004), 앞의 책, p. 14 재인용.

81) 경찰은 권력을 유지하는 대표적인 권력장치(apparatus)로서 독재정치체제에서는 비밀경찰 등과 같은 기관을 통해 권력유지의 핵심적 장치로서 역할을 수행하는 반면, 자유민주주의 국가들에서도 정치체제의 유지를 위한 정보수집 등의 기능을 수행해야 한다는 현실을 고려할 때, 기능적 연계성이 부정적인 방향으로 변질될 가능성은 언제나 존재함을 기억해야 할 것이다. 신정현(1998), 정치학, 서울: 법문사, p. 343.

82) Charles R. Swanson et al.(1998), Police Administration, New Jersey: Prentice Hall, p. 599.

83) 여기에서 경찰 1인당 지출예산액(per capita expenditure)은 그 자체만으로 보면 경찰활동의 비용의 크기 즉, 효과나 비용, 그리고 경찰서비스의 조건에서 규모의 경제(economics of scale)가 어떤 것인가를 제시해 준다고 볼 수 있다. 따라서 능률성을 측정하는 통계적 기준으로서 범죄율, 검거율, 유죄율, 출동시간 등이 많이 이용되어 왔다. 그러나 편익의 금전가액으로 산출물을 평가할 때에는 많은 어려움이 있기 때문에, 경찰서비스 생산함수와 활동성과를 연구할 때에는 중간생산물로서 범인 검거율(arrest rates)을 많이 사용하게 된다. 이상안(1999), 범죄경제학, 서울: 박영사, p. 400 재인용.

설계·관리 행태·리더십·커뮤니티의 기대 등이 포함된다. 경찰관리자는 경찰활동의 결과(outcomes) 보다는 산출(output)에 영향력을 행사하고 있다.[84] 이러한 경찰활동의 능률성은 개인용 컴퓨터의 보급을 통한 전산화, 보고서의 수를 줄이는 방법, 내구연한이 긴 장비를 구입하는 방법, 지휘체계를 재구성하는 방법, 계급의 수를 줄이는 방법, 낮은 보수의 시민을 고용하여 고임금의 경찰인력과 대치하는 방법 등을 통해 어느 정도 이루어질 수 있다.

물론, 경찰조직이 보다 능률적이기 위해서는 이러한 미시적이고 기술적인 개혁보다는 거시적이고 혁신적인 개혁이 함께 이루어져야 한다. 이는 ㉠ 전문가적 관리기법의 발전, ㉡ 기획과 조사연구의 개선, ㉢ 지휘의 분권화 등의 방법으로 논의 될 수 있다. 한편, 능률성과 관련하여 불필요한 감독계층에 의한 명령체계를 간소화시키는 방법도 또한 중요하게 인식되고 있다.[85] 이밖에도 비용절감을 통한 경찰활동의 능률성 향상방안으로서 민간부문의 활용, 경찰직무와 직접 관련 없는 부수적 업무의 제거, 경찰서비스에 대한 요금징수 등을 들 수 있다.

3) 효과성

효과성(效果性, effectiveness)은 경찰이 제공하는 치안서비스의 영향 및 질(quality)과 관련된 것이다. 효과성은 경찰활동이 시민 또는 특정고객에게 전달되었을 때, 그에 대한 긍정적(positive)인 결과뿐만 아니라 부정적(negative)인 결과까지도 평가대상으로 삼게 된다.[86] 이러한 효과성은 더 나아가 거시적으로는 공공의 안녕과 질서유지 정도가 여기에 해당되며, 단순한 범죄의 감소도 효과성에 영향을 미친다고 볼 수 있다.

따라서 효과성 차원에서 볼 때, 기본적으로 모든 경찰활동의 결과는 시민의 태도(예컨대, 범죄에 대한 안전도 내지 두려움 정도, 시민의 경찰에 대한 평가)와 행위(범죄행위에 대한 적극적인 시민협력 정도)와 관련되어 있다.

합리적 선택의 문제: 능률성과 효과성

어느 목동이 100마리의 양을 키우고 있는데, 그 가운데 1마리의 어린양이 무리에서 이탈하여 깊은 계곡에 홀로 남게 되었다. 계곡에는 늑대들이 살고 있어 빨리 구해주지 않으면 희생당할 가능성이 매우 높다. 어린양의 어미양과 동료들은 매우 슬픔에 빠져 있는 상황이다. 그런데, 어린양 1마리의 값은 10만원 인데, 그 양을 찾으러 가는데 드

84) Roy R. Roberg & Jack Kuykendall(1997), Police Management, L.A.: Roxbury Publishing Company, p. 10.
85) Ibid., pp. 84-91.
86) Charles R. Swanson et al.(1998), op. cit., pp. 599-600.

는 비용은 50만원이 든다고 한다. 한편, 목동이 그 잃어버린 1마리의 양을 찾으러 가는 동안 남은 99마리의 양은 또 다른 늑대무리의 공격을 받을 가능성도 있다.
목동은 그 잃어버린 양을 찾으러 가야할 것인가, 아니면 포기해야 할 것인가? 여기에서 목동은 경찰이고, 양은 국민이며, 잃어버린 어린양은 범죄의 위험에 빠진 어린아이라고 가정해보자. 이 상황에서 어떠한 선택을 하는 것이 옳은가?

4) 형평성·공평성

형평성(衡平性, equity)·공정성(公正性, rectitude)은 일종의 배분적 정의로써 공공서비스의 혜택을 모든 사회 구성원들이 균등하게 받는 것을 의미한다. 경찰활동의 형평성·공정성 문제는 효과성 및 능률성과는 또 다른 관점으로서 아마도 시민들에게 가장 민감한 이슈로 제기될 수 있다.

이는 경찰이 법에 따라 시민을 얼마나 공평하고 도덕적으로 대하고 있는가를 묻는 문제로서, 범죄예방이나 비용절감을 통한 효과성 또는 능률성과는 별개의 개념으로 작용하는 것이다. 또한 형평성은 사회계층·성·지역 등에 따른 집단 간의 차별적 이익의 제공에 관한 문제로서 주로 사회적 형평의 문제를 의미한다고 볼 수 있다. 특히 경찰서비스의 배분에 관한 연구에 있어서 가장 핵심적인 내용은 커뮤니티(Community) 내에서 경찰서비스가 공평하게 배분되고 있는가를 규명하는 문제라 할 수 있다.

따라서 각국 각 지역의 경찰은 형평성·공정성의 달성을 자체적으로 다양한 프로그램들을 개발하고 있다.[87] 즉 ㉠ 시민의 불평해소절차와 조사의 실행을 위한 새로운 내부규정의 수립, ㉡ 잘못된 경찰관의 행위에 대한 조사를 위한 부서 설치, ㉢ 신규채용의 다원화, ㉣ 문화적 다양성 및 특성에 대한 훈련, ㉤ 주민과의 갈등을 해결하기 위한 비폭력적 방법의 사용에 대한 훈련, ㉥ 경찰의 불공정한 태도에 대한 시민의 자료제출 유도, ㉦ 무기사용 등과 같은 논란의 여지가 있는 다양한 경찰활동 유형에 대한 집행방법상의 매뉴얼 제작, ㉧ 무기를 사용한 범죄자나 상습범죄자들의 불법행위를 정확히 확보할 수 있도록 관련부서의 재조직화 등으로 구체화되고 있다.

그런데, 결과적으로 경찰활동의 효과성과 형평성은 어떤 면에서는 매우 밀접한 관계를 맺고 있다. 효과성이 서비스 수혜자인 시민 또는 특정고객의 관점에서 서비스의 영향과 질을 평가하는 과정은 형평성에 대한 하나의 기준을 제시해준다. 왜냐하면 서비스 수혜

87) D.H. Bayley(1994), Police for the Future, New York: Oxford University Press, p. 91.; 최선우(2010), 앞의 책, pp. 273-274.

자인 시민 또는 특정고객 개개인의 만족도가 모두 높게 나타난다면, 경찰활동의 형평성은 높게 나타날 가능성이 높을 것이다. 반대로 서비스 수혜자의 일부가 서비스에 크게 불만을 나타내고 있다면, 이는 서비스가 효과적이지 못하였다는 것이며, 결과적으로 서비스가 형평성을 갖지 못했다는 것을 의미한다.

5. 경찰이념과 경찰윤리

1) 경찰윤리의 의의

이상에서 살펴본 바와 같이 경찰의 존재이유와 존재방식에 대한 물음은 경찰철학(警察哲學)에서 경찰이념(警察理念), 경찰이념에서 경찰윤리(警察倫理)가 도출되는 과정에서 보다 구체화된다. 즉, 경찰이념은 국가적·조직적 차원에서 경찰이 나아갈 방향을 제시하는 것이라면, 경찰윤리는 경찰관 개개인에게 요구하는 실천덕목이라고 할 수 있다.

여기에서 윤리(倫理, ethics)라는 것은 사람들이 마땅히 지켜야할 당위규범이라 할 수 있다. 따라서 경찰윤리라는 것은 '경찰관으로서 지켜야할 당위규범'인 것이다. 이는 경찰이라는 하나의 직업으로서 경찰관이 지켜야할 '직업윤리'(職業倫理)를 의미하는 것이다. 이러한 점에서 윤리의 보편성과 특수성이 제기된다. 윤리의 보편적인 면은 '인간으로서 지켜야할 도리'를 말하는 것이고, 특수적인 면은 '경찰공무원으로서 지켜야할 도리'를 의미하는 것이다.[88] 다만, 윤리의 보편성과 특수성이 명확히 구분되는 것이 아니라 보편적인 것이 동시에 특수적임을 인식할 필요가 있다.

전술한 바와 같이 경찰이념간의 가치상충 있을 때에는 종국적으로 경찰관 개인의 윤리의 문제, 즉 법의 테두리 내에서 양심에 따른 가치판단의 문제로 귀결된다고 본다. 더욱이 경찰관이 권한을 오남용 하여 법치주의를 벗어나는 행태를 하는 경우에는 경찰관의 윤리문제는 중요한 사회문제로 대두된다.

이러한 경찰윤리는 크게 두 가지 관점에서 접근할 수 있다. 거시적인 접근방법으로서 사회환경 및 제도적·구조적 관점에서 처방과 평가를 내리는 것이고, 다른 하나는 미시적 접근방법으로서 개인에 초점을 두어 이들의 행태에 대한 도덕적 평가와 지도를 하는 것이다.[89] 따라서 예컨대, 경찰에 대한 사회적 인식변화, 제도적 보완, 정책적 지원, 사법

---

88) 따라서 국가공무원법, 경찰공무원법, 공직자 윤리법 등에서는 경찰공무원이라는 특수한 신분을 감안하여 의무규정을 두고 있는데, 이는 경찰윤리와 밀접한 관련성을 갖고 있다. 이러한 경찰윤리 문제는 단순히 도덕적 비난의 차원을 넘어선 법적 책임(징계·형사·민사책임)을 수반하게 된다고 본다(경찰공무원의 의무(義務)에 대한 자세한 내용은 제7장 경찰인사관리부분의 '경찰공무원의 의무'부분 참조).

(司法)적 태도 등은 거시적인 개선방안이라고 할 수 있다. 반면, 경찰에 대한 교육훈련, 엄격한 관리감독, 근무여건 및 복지수준의 향상 등은 미시적인 방안이라고 할 수 있다.

2) 경찰의 일탈행위: 부정부패

경찰윤리 문제로서 경찰의 일탈행위 즉, 부정부패는 후진국은 물론이고 미국, 일본, 프랑스, 독일 등 선진국가에서도 직면하고 있는 문제이다. 이러한 현상은 사회 변혁기에 더욱 빈번하게 발생하며, 정도의 차이는 있지만 거의 공통된 속성처럼 되어 있어 그 원인과 유형 및 결과에 있어서도 거의 유사한 양상을 보이고 있다.[90]

많은 관료조직 가운데 경찰조직은 관료사회의 복합적인 제반 문제들을 가장 많이 내포하고 있다. 경찰은 사회 일선에서 합법적으로 위임 받은 법을 집행하면서 여타 어떠한 공공기관들보다도 많은 재량권을 행사하면서, 국민들의 삶에 직·간접적으로 영향을 미치고 있기 때문이다. 그동안 경찰의 민주화·선진화가 진전되면서 부정부패 문제는 적지 않게 감소되었지만 여전히 사회문제로 인식되고 있는 것이 현실이다.

이러한 경찰의 부정부패로 인해서 법집행이 제대로 이루어지지 못하면 법은 한낱 종이 조각에 불과하게 된다. 최근과 같이 매스미디어가 발달한 상황에서 경찰비리 문제가 언론의 도마 위에 오르게 되면, 경찰의 권위는 땅에 떨어지고 이로 인해 나머지 전체 경찰의 근무의욕에 악영향을 미치게 된다. 특히 경찰개혁을 부르짖는 경찰청장·지방경찰청장·경찰서장 등 경찰수뇌부에 의한 비리사건의 부정적 여파는 이루 말할 수 없다.

(1) 경찰 부정부패의 유형

경찰 부정부패의 형태는 매우 복잡·다양하여 설명하기가 쉽지 않다. 경찰 부정부패 형태를 개괄적으로 살펴보면, 조직 내적으로는 경찰관들은 보직의 결정·승진 등을 위하여 금품을 제공하기도 하고, 경리·회계부서에서 외부 용역계약이나 물품구매과정에서 대가를 받기도 하고 장부를 조작할 수도 있다. 또 전문성을 고려하지 않은 지역자문위원회를 구성하여 본래의 목적은 형식적으로 처리하고, 그보다는 그들에게 관할구역 내에서 일정한 편의를 제공해주고 그에 해당하는 대가를 받기도 한다.

조직 외적으로는 각 경찰기능(생활안전, 수사, 교통, 경비, 정보, 보안, 외사 등)이 현장에서 주어진 직무를 수행하는 과정에서 일반시민들을 상대로 부정부패를 저지르기도 한다.[91] 이러한 경찰 부정부패는 보는 관점에 따라 다양한 특징을 가지고 있다.[92]

---

89) 경찰대학(1998), 경찰윤리론, pp. 2-3.
90) 부정방지대책위원회(1997), 경찰부조리 실태 및 방지대책, p. 5
91) 바커(Thomas Barker)는 경찰 부정부패 유형으로 ① 권위에 의한 부패(경찰관이라는 이유만으로 이익을 얻는 행위, 예

① 권력형 부정부패

후진국 모형으로 분류되는 권력형 부정부패(權力型 不正腐敗)는 집권자 또는 집권여당의 정통성 결여, 권력에 대한 민주적 통제 또는 견제 수단이 없는 상황에서 정권유지를 위하여 고위관료 및 정치인들에 의해 저질러지는 부정한 행위로 나타난다.

이들 정치권력집단들은 경찰조직을 이용하여 그들의 권력유지에 장애가 되는 제반 요소들을 직·간접적으로 제거 또는 형태를 취한다. 더 나아가 경찰뿐만 아니라 대부분의 정부 사정기관(국가정보원, 검찰, 국세청 등)을 이용하고 있다. 권력형 부정부패는 대한민국의 헌정질서(憲政秩序)의 근간을 위협하는 문제이기 때문에 이에 대한 대책마련은 매우 절실하다고 본다.

그런데, 이러한 권력형 부정부패는 집권세력 스스로가 '회개'하지 않는 한 그 실체를 파악하고, 책임을 묻는 것은 결코 쉬운 일이 아니다. 또 비록 반대세력이 집권했다 할지라도 자신들 역시 그러한 행태를 자행하고 있고, 또한 정치적 암묵관계를 형성하고 있기 때문에 해결의 실마리를 찾기는 어려운 것이 현실이다.

따라서 과거 정부의 많은 반부정부패(反不正腐敗) 노력들은 권력형 부정부패 사건들을 끝까지 추적하거나 공정하게 조사, 처벌하는데 실패할 수밖에 없었으며, 이로 인해 국민들로부터 많은 비난을 받아 왔다. 그리고 경찰 집권세력의 권력유지를 위해 제1차적으로 활동을 하기 때문에 국민으로부터 가장 많은 비난을 받고 있는 것도 사실이다.

② 구조적 부정부패

구조적 부정부패(構造的 不正腐敗)의 특징 가운데 하나는 특정인에게 그 책임을 묻기 어렵다는 점이다. 그 이유는 부정부패의 원인이 특정한 개인에게 있다기보다는 경찰조직과 같은 국가 공공기관 전체 혹은 우리사회의 구조적 모순, 제도 또는 절차의 비현실성·불합리성에 있기 때문이다.

따라서 부정부패는 이미 형성되어 있는 조직구조에 만연되어 있는 까닭에 소수의 개개인들의 의사만으로는 변화모색에 한계가 있다. 이러한 부도덕한 조직구조 속에서 개인의

컨대, 공짜식사·술·성상납·향응 등), ② 리베이트(Rebate; 경찰관이 다양한 사건·사고와 관련하여 변호사, 병원, 견인회사, 구급차, 차량정비업소를 소개해주는 대가로 받는 재화·서비스를 받는 행위), ③ 사건현장에서의 절도(살인·강도·화재 현장, 밀수품 압수과정, 풍속사범 단속시 압수과정 등에서의 절도행위 등), ④ 갈취(경찰관이 범죄행위 도중 적발된 범죄자들을 검거하지 않는 대가로 뇌물을 받는 행위), ⑤ 불법보호활동(경찰관이 유흥업소 등을 보호해 주는 대가로 뇌물을 받는 행위), ⑥ 기타 경찰관들의 비윤리적·위법한 행위. Thomas Barker(1966), Police Ethics: Crisis in Enforcement, Charles C. Thomas Publisher, pp. 26-36.; 조철옥(2010), 경찰학총론, 경기: 21세기사, pp. 148-150 재인용.

92) 이하 부정방지대책위원회(1997), 앞의 책, pp. 14-18 재구성.

도덕적 결함은 부차적 문제이다. 결국, 부정부패에 연루된 당사자들의 부정부패 척결의지는 낮을 수밖에 없다. 따라서 구조적 부정부패의 통제는 부정부패에 대한 책임이 공동체와 그 구성원 모두에게 있기 때문에 전체사회의 구조적 개혁을 통해서만이 가능하다고 본다. 따라서 부패한 개인에 대한 도덕적 접근만으로 부정부패 문제를 해명하고자 하는 방법으로는 그 유용성이 극히 낮다고 할 수 있다.

③ 비공식적으로 제도화된 부정부패

경찰의 부정부패는 비공식적(非公式的)으로 제도화된 부정부패에 의해 관행적으로 일어나고 있다. 이러한 비공식적으로 제도화된 부정부패는 위에서 설명한 구조적 부정부패 하에서 불가피하게 나타난다. 이의 특징은 부정부패가 정기적 또는 부정기적으로 반복하여 발생하고, 그러한 전례를 조직구성원들이 부담 없이 수용한다는데 있다. 따라서 이러한 부정부패는 조직구성원들 사이에 어느 정도 일반화된 즉, 반공개적으로 이루어진다고 볼 수 있다.

이와 관련하여 예컨대, 경찰은 관할지역 업소로부터 받는 뇌물의 금액이 일정비율로 정해져 있고, 이 수입의 총액은 조직 내에서 상납(上納), 평납(平納), 하납(下納)으로 분배되는 등 그 방법이 비공식적으로 정착되어 있다. 따라서 비공식적으로 제도화된 부정부패의 관행은 공식적 절차와 규범을 대체하고, 결국은 통상적인 업무처리에까지 영향을 미치게 된다. 이러한 비공식적으로 제도화된 부정부패는 특정인에게 국한되지 않는다. 조직의 구성원은 물론이며 일반시민들 사이에서도 많은 사람들이 그러한 부패과정의 실체를 잘 알고 있다. 따라서 부정부패에 연루된 사실이 밝혀진 소수의 관료를 대체하는 것만으로는 소기의 성과를 거둘 수 없다. 이는 또 다른 부정부패의 시작일 뿐이다.

한편, 이러한 부정부패 문제에 대한 조직 자체의 통제나 저항은 거의 없다고 본다. 많은 경우 조직 또는 그 구성원들 간의 암묵적 지지나 수용분위기에 의하여 관행화되기 때문이다. 그렇기 때문에 오히려 그러한 부정부패 관행을 거부하는 사람은 조직생활에 크고 작은 많은 어려움을 겪게 된다.

④ 문화적 부정부패

문화적 부정부패(文化的 不正腐敗)는 우리사회에 문제시되는 부정부패 현상의 기초를 이룬다. '맨손이나 빈손의 실례(失禮)'라는 옛 전통이 부정부패의 발생을 더욱 확대시키거나 용이하게 한다는 것이다. 문화적 부정부패의 두드러진 특징은 부정부패의 발생영역이 매우 넓으며, 부정부패에 대한 일반인들의 부정적 이미지나 견제심리가 쉽게 희석된다는 것이다.

이와 관련하여 ㉠ 보험형 부정부패(保險型 不正腐敗)나 ㉡ 정실형 부정부패(情實型 不正腐敗)는 모두 문화적 부정부패의 변형이라 할 수 있다. 특정한 편익을 전제로 한 금품수수, 일시적인 현장거래와 같은 즉시성 부정부패와는 달리, 보험형 부정부패는 평상시의 계속적인 과분한 부조나 접대 등으로 우의(友誼)를 다지면서 향후에 발생될 문제에 대해 사전대비한다는 점에서 일종의 보험적 의미를 가지고 있다.

한편, 정실형 부정부패는 자신과 관련이 있는 사람을 위하여 부당한 결정을 통하여 혜택을 베푸는 것이고, 이러한 혜택의 대가는 금품 혹은 반대급부로 나타나기도 한다. 이러한 정실형 부정부패의 거래는 주로 혈연·지연·학연 등과 같은 요인을 통하여 이루어진다.

이러한 문화적 부정부패는 평상시에 일상적으로 이루어지기 때문에 특정사건에 대한 부당한 배려와 뇌물 사이의 인과관계를 명확히 입증하기가 곤란하기 때문에 사법적 조사에는 어려움이 따른다. 그리고 이와 같은 부정부패는 내부고발자의 폭로 또는 고발의 의지를 크게 저하시키는 결과를 가져올 수도 있다.

총체적 경찰 부정부패 문제

지난 2012년 12월 8일 경찰관 김○○ 경사가 금고털이 사건에 가담한 것을 계기로 Y경찰서의 총체적 기강해이 문제가 드러나 큰 사회적 파장을 일으키고 있다. 김○○ 경사는 지난 2011년 3월 발생한 오락실 여사장 실종사건에도 연루된 의혹이 일면서 지역민은 물론 경찰 내부에서도 크게 충격을 받은 모습이다. 당시 여사장은 오락실 불법영업 수사를 하던 김○○ 경사의 전화연락을 받고 나가 1년 10개월이 지난 지금까지 연락 두절된 상태이다. 그러나 문제는 비단 이뿐만이 아니다. 오래전부터 Y경찰서는 기강이 해이해져 있었으며, 따라서 이 사건도 이러한 분위기 속에서 발행한 것이라는 점이다. Y경찰서 기강의 총체적 난맥은 이전의 일부 경찰서장들의 부도덕한 처신에서 이미 싹을 틔웠던 것이다.

즉, 한 경찰서장은 지난 2011년 발생한 사행성 오락게임장 업주 비리사건, 다른 한 경찰서장은 비리의혹 경찰관에 대한 특혜인사 논란 등과 관련 대기발령 되거나 결국 옷을 벗는 등 문책을 받았다. 또 직전 전임서장은 금고털이에 경찰관이 낀 사실을 밝혀냈지만 조직관리에 대한 책임으로 서장직을 물러나야 했다.

특히, 오락게임장 비리사건은 불법영업을 눈감아주고 뇌물을 수수한 혐의로 경찰관 5명이 구속되고, 게임장 업주 21명이 무더기 사법처리 되면서 Y경찰서의 부패상을 단적으로 보여준 사건으로도 회자됐다. 이들 경찰관 5명은 단속반장 등 모두 오락실 단속업무 담당자로, 4년간이나 업무를 봐온 것으로 드러나자 경찰조직 묵인 아래 부패가 조직·토착화한 '토착비리'라는 지적과 함께 대대적 수술이 요구됐다. 더욱이 같은 관할인 K지방검찰청 L지청 김○○(44) 수사관도 이들 업주에게 돈을 받은 사실이 뒤늦게 밝혀져 구속되면서 토착비리가 검찰에도 연계되었다는 비판이 일고 있다.

한편, Y경찰서 소속 박○○ 경위는 지난 2012년 7월 사채업자에게 돈을 받는가 하면, 추락사한 중학생 사건과 관련 살인혐의로 자신이 조사하던 과외교사를 성폭행하고 3년에 걸쳐 7,000만원 상당의 금품까지 뜯어낸 혐의로 구속되어 큰 충격과 파장을 일으키기도 하였다. 박○○ 경위는 5년 전인 지난 2007년 폐기물처리업체 공단환경 김○○ 대표와 이 회사 경리직원 간의 검찰 고소사건에도 개입한 정황이 포착되기도 하였다. 그는 사라진 회사 돈 50억 원의 행방을 놓고 벌어진 맞고소 사건의 당사자인 경리직원에 대해 횡령혐의로 조사 중인 상황에서 차명계좌로 경리직원과 수억 원대가 넘는 거액의 돈거래를 한 사실이 드러났던 것이다. 또한 박○○ 경위는 지난 2009년 3월 구속된 불법 사채업자에게 1억 5천만원을 투자해 이자 4천만원을 받아 챙기는 등 단속대상인 불법 대부업에 가담한 것으로 밝혀졌다.

또한 Y경찰서는 지난 2013년 1월 11일 시민제보로 해결한 자살시도 사건을 마치 경찰 스스로 해결한 것처럼 보도자료를 배포해 물의를 빚기도 하였다.[93]

(2) 경찰 부정부패의 원인

그렇다면, 경찰 부정부패의 원인은 무엇인가? 우리사회 전체가 직면하고 있는 문제인가? 경찰조직의 구조적인 문제인가? 아니면 경찰공무원 개개인의 문제인가? 경찰의 부정부패 원인은 다양하지만, 이들은 상호 독립적이라기보다는 일정부분 연계되어 있다고 보아야 할 것이다.[94]

〈경찰 부정부패 원인의 접근방법〉

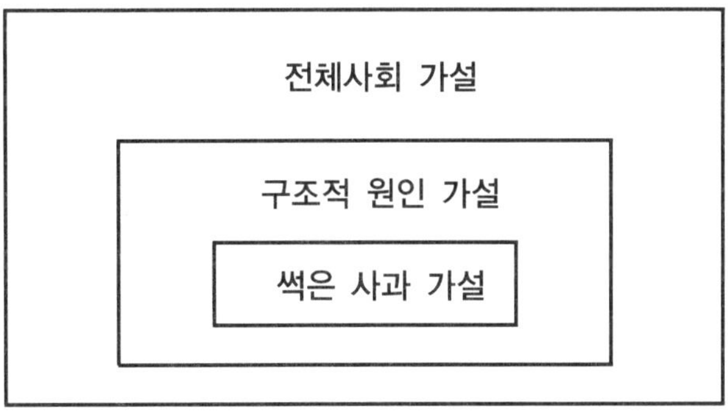

93) 노컷뉴스(2012.12.26.).; 연합뉴스(2013.1.11.).; 노컷뉴스(2013.1.15.).

94) Edwin J. Delattre(1996), Character and Cops: Ethics in Policing, The AEI Press, pp. 71-78.; 조철옥(2010), 앞의 책, pp. 151-153 재인용.

① **전체사회가설**

공직사회 역시 전체사회의 일부분을 차지하고 있다. 따라서 전체사회의 풍조와 정서는 공직사회에 직접적인 영향을 미치게 된다. 전체사회가 정의로우면 공직사회도 정의로운 방향으로 가고, 사회에 비도덕적인 부패현상이 만연되어 있으면, 공직사회도 마찬가지로 부패하게 된다. 결과적으로 전체사회의 부정부패 문화는 경찰관의 부패를 촉진하는 요인으로 작용한다.

㉠ 작은 호의

전체사회가설(the Society at large Hypothesis)은 우선 사회전체가 경찰관의 부패를 묵인하거나 조장할 때 경찰관은 자연스럽게 부패행위를 하게 된다는 주장을 내세운다. 경찰부패는 다양한 계층의 시민들이 개인이나 조직의 부당한 이득을 위해 경찰관에게 작은 호의(gratuity)를 베푸는 데서부터 시작하여 점점 부패의 규모가 커지는 부패관행으로 발전한다고 보는 것이 전체사회가설이다. 즉, 처음에는 불법적인 행위를 하지 않더라도 커피 한잔을 주는 것과 같은 작은 호의에 길들여져 나중에는 저절로 명백한 부정부패 행위로 발전하게 된다는 것이다.

이처럼 전체사회가설에서는 부정부패는 비교적 해악이 없고 좋은 의도를 가진 관행으로부터 시작하여 시간이 지남에 따라 명백한 부패유형으로 발전하게 되는데 이는 전체사회가 그 원인을 제공한 결과이다.[95)]

㉡ 미끄러지기 쉬운 경사로

작은 호의와 유사한 논리는 미끄러지기 쉬운 경사로도 논증될 수 있다. 실제로 부패는 아주 사소한 행위로부터 시작해서 점차적으로 큰 부패로 이어지며, 작은 호의의 수용은 미끄러운 경사로 위에 행위자를 올려놓는 것과 같아 점점 깊이 빠져들게 함으로써 나중에는 그 속에서 빠져나오지 못하고 부패하게 된다는 것이다.

② **구조적 또는 소속된 것이 원인이라는 가설**

니더호퍼(A. Niederhoffer)는 구조적 또는 소속된 것이 원인이라는 가설(Structural or

95) 1960년 시카고 경찰국장 윌슨(O.W. Wilson)은 "경찰은 시카고의 시민들에 의해서 부패되었다. 문지기, 기사, 하녀, 요리사, 배달원에게 조그만 선물과 호의를 베푸는 것은 관례적인 일이었다. 사람들은 서비스의 수준이 이 작은 호의에 달려있다고 느꼈던 것이다. 따라서 이와 같은 사적인 심부름꾼에 대한 생각이 공적인 심부름꾼에게로 적용되는 것은 어렵지 않은 일이었다. 그리고 그러한 공적인 심부름꾼에는 경찰이 포함되었다. 불행하게도 이러한 관행이 합법적이지 않은 작은 일들을 해주는 경찰관들에 대한 작은 호의의 제공으로 발전하는 것은 쉬운 일이었다. 사람들은 경찰관이 이제 작은 호의를 기대하고 있음을 알게 되었다"고 하였다. 경찰대학(1998), 앞의 책, p. 249 재인용.

Affiliation Hypothesis)을 가지고 경찰 부정부패의 원인을 설명하였다. 그는 경찰부패의 원인을 기존의 부패한 경찰문화에서 찾고, 젊은 경찰관들은 선배 경찰관들의 부패행위에서 학습된다고 하였다.[96] 따라서 젊은 신임 경찰관들은 선배 경찰관들에 의해 조직의 부패문화에 사회화(社會化) 즉, 학습되어 부패의 길에 들어서게 되며, 이러한 부패의 관행은 경찰관들 사이에 침묵의 규범 등에 의해 보호되고 조장 된다.

이러한 경찰의 구조적 부정부패는 상대적 박탈감이나 사회적 부패문화와 밀접한 관련이 있다고 볼 수 있다. 경찰공무원들은 다른 공무원들과 마찬가지로 일반 기업체의 사원들에 비해 보수 등 근무여건이 낮아 상대적 박탈감을 느낄 경우, 또는 사회의 부패문화가 만연되어 있을 경우에 경찰조직의 구조적 부패문화는 자연스럽게 형성될 수 있다. 그러나 구조적 원인가설은 인간의 개별적인 윤리관의 차이를 무시하고, 모든 사람이 부패의 규범에 따라 행동하게 된다는 주장을 하고 있다는 점에서 비판을 받고 있다.

③ 썩은 사과가설

사과 상자 속의 사과 가운데 처음부터 상태가 안 좋은 사과가 썩듯이, 경찰로서의 자질이 없는 사람이 경찰이 됨으로써 부패의 원인이 된다. 따라서 썩은 사과가설은 경찰의 부정부패라는 것은 경찰관으로 채용되기 전의 부정직하고 부도덕한 사람이 경찰관이 되고 나서도 부패경찰이 된다는 측면을 강조하고 있다. 즉, 부패의 원인이 조직구조적인 특성에 있는 것이 아니라 개인 자체에 있다는 것이다.

이러한 관점에서 본다면, 자질 없는 경찰관들을 모집·채용과정에서의 적절하게 배제하는 것은 매우 중요한 의미를 갖는다. 경찰관으로서 자질이 없는 사람은 선천적으로 또는 성장과정에서 형성된 개인적 특성 즉, 인성 면에서 경찰관이 되기에는 부적합한 사람을 말한다.

그러나 썩은 사과가설은 왜 특정 조직 또는 특정 부서에 부정부패가 많이 발생하는지를 설명하지 못하고 있다. 이는 개인에 대한 사회환경이나 조직구조적인 영향을 무시하고, 조직의 상사가 조직의 부정부패 문제를 특정 개인에 대한 처벌로 끝냄으로서 책임을 회피하려고 할 경우에 악용될 소지가 크다고 본다. 또한 도덕적 인간과 비도덕적 인간이 별도로 존재하는지도 분명하지가 않다.

96) 니더호퍼(A. Niederhoffer)는 "실제로 경찰관들은 탐욕 이외의 또 다른 이유로 뇌물을 받는다. 처음의 탈선은 우연한 기회에 일어난다. 또는 젊은 경찰관들은 나이든 고참 경찰관들에 의해 세뇌 당한다. 이러한 과정에서 경찰관들은 사소한 과오에서 시작하여 점차적으로 갈취와 같은 중대한 범죄행위를 저지르게 된다." 위의 책, p. 250 재인용.

윤리적 냉소주의

일선의 많은 경찰들은 경찰조직 내적으로 냉소적인 태도를 가지고 있다. 이와 관련하여 특히, 경찰고위직의 이중인격(二重人格)적인 면이 주된 원인 가운데 하나라고 할 수 있다. 즉, 경찰조직관리의 공정성을 위장한 연고주의와 파벌주의, 정치권에는 아부하면서도 부하들에 대한 권위주의적인 태도, 자신들의 보신을 위해 부하들에 대한책임 전가, 부하들에게 많은 것을 요구하지만 부하들을 위해서는 하는 것이 거의 없는 행태 등이 바로 그것이다.

그리고 경찰은 사회에 대해서도 냉소적인 태도를 보이기도 한다. 이는 일반시민들의 이중인격적인 면이 주된 원인이라고 할 수 있다. 즉, 시민들은 경찰에게 높은 윤리의식을 요구하지만, 그들 자신들은 비도덕적인 행동을 일삼으면서 경찰에게 갖은 압력이나 청탁으로 자신의 잘못을 눈감아 달라는 위선적인 태도를 보여준다는 점이다. 또한 경찰에 대한 외부통제 기능을 하는 정치권력이나 대중매체, 또는 시민단체의 부패는 경찰의 냉소주의를 부채질하고 부패의 전염효과를 가져다주기도 한다.[97]

97) 조철옥(2010), 앞의 책, p. 153.

제4장

경찰의 역사적 발전과정

제1절 경찰역사의 의의와 접근방법

1. 경찰역사의 의의

경찰에 대한 역사적 접근이라는 것은 과거에 있었던 경찰현상과 관련된 사실을 확인하고 이를 해석하는 과정이라고 할 수 있다. 개인에게는 이력서(履歷書), 집안에는 족보(族譜), 나라에는 국사(國史), 그리고 경찰에는 경찰사(警察史)가 존재하며, 이의 중요성은 이미 앞에서 언급한 바 있다. 생각건대, 인간은 과거에서 현재에 이르기까지 본능적으로 '진보'(進步, progress)를 지향하고 있다고 본다. 여기서의 진보란 기준이 되는 상태보다 나아진 것이라는 비교적 단순한 개념을 의미한다.[1] 예컨대, 인간이 누리는 기본권(基本權)의 범주가 확대되어 가는 것도 역시 진보의 한 기준이 된다.

그렇다면, 경찰은 역사적으로 진보하고 있는가? 아니면 퇴보를 하고 있는가? 사실, 경찰역사는 근대국가 형성 이후 전반적·거시적으로는 전진과 상승을 하고 있지만 특정한 시기나 상황 속(특히, 체제혼란기)에서는 하향곡선을 그리고 있는 경우도 얼마든지 있다고 본다. 그렇다면 거시적인 차원에서 21세기 한국경찰의 진보요소는 무엇인가? 여기에는 경찰의 민주화, 정치적 중립화, 수사구조의 합리화, 자치경찰의 도입, 남북통일에 따른 통일경찰의 실현 등을 제시할 수 있다. 이는 한국경찰이 직면하고 있는 단기적·장기적인 과제로써 이러한 문제들이 해결 또는 개선되었을 때 진보하고 있다고 말할 수 있을 것이다.

---

1) 진보에 대한 다양한 논의는 윤명철(1992), 역사는 진보하는가, 서울: 온누리 참조.

2. 경찰역사의 접근방법

경찰의 역사적 접근을 위해서는 모든 역사적 시기에 적용할 수 있는 경찰의 개념정립이 먼저 이루어지고 나서 이를 토대로 경찰현상에 대한 논의가 전개되어야 한다는 주장이 제기되기도 한다. 역사연구를 포함하여 모든 연구에서 어떤 연구대상에 대한 개념정립은 매우 중요하다. 그러나 모든 역사적 시기에 적용할 수 있는 경찰개념의 정립은 사실상 불가능하다고 본다. 경찰개념 자체가 역사성(歷史性) 즉, 가변성을 띠기 때문이다.

다만 역사라 할지라도 현재의 시점에서 보기 때문에, 오늘날에 수용되고 있는 경찰개념을 하나의 분석기준 정도로 삼을 수는 있을 것이다. 그러나 이 역시 미흡한 것이 사실이다. 현재의 경찰개념이라는 것도 보는 관점에 따라 다양하고 설혹 그 기준을 제시했다고 해서 그것을 가지고 과거를 설명하기도 어렵다. 과거의 시대상황에 따른 경찰기능 및 제도는 현재와 상이하기 때문이다. 또한 근대 이전의 경찰역사는 사실상, 행정사(行政史), 법제사(法制史), 군사(軍史), 형벌사(刑罰史) 등과 중복되기도 하며, 따라서 예컨대, 이렇게 보면 행정사가 되고, 다른 관점에서 보면 경찰사가 되기도 한다는 점이다.

〈경찰역사의 인식 틀〉

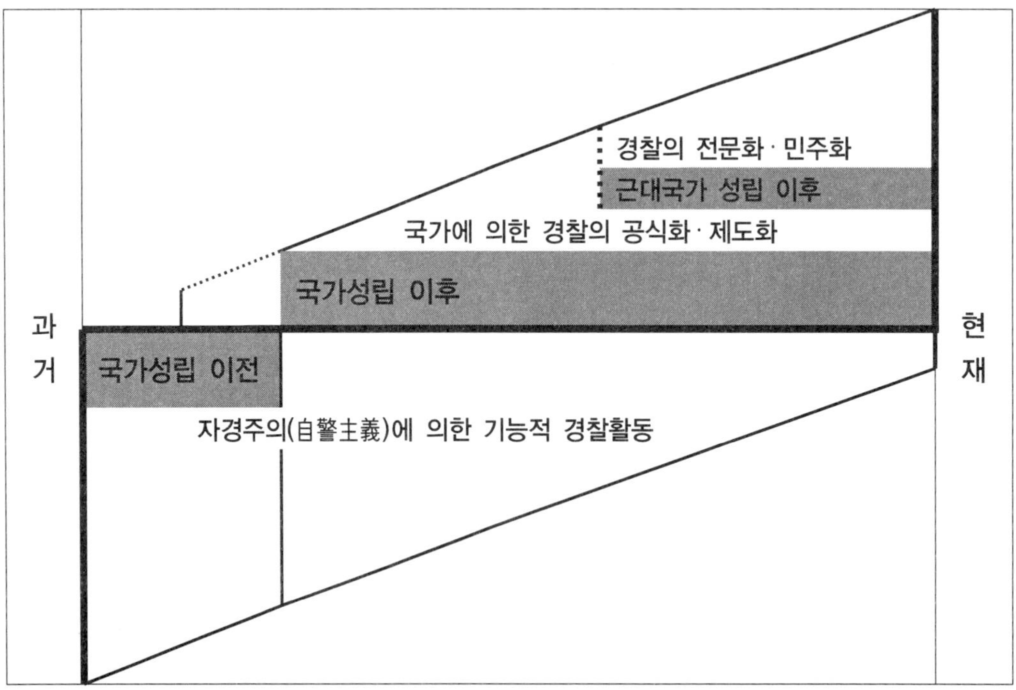

따라서 중요한 것은 이러한 역사적 접근의 한계를 인식하고, 분석가능한 일정한 기준을 마련하는 것인데, 이는 거시적·포괄적 인식 틀을 제시하면 족하다고 본다. 여기에서 말하는 거시적·포괄적 인식 틀은 바로 '국가'(國家)의 성립과 관련된 것이다.[2] 즉, 경찰의 역사는 크게 국가의 성립 이전과 이후로 구분하고, 국가성립 이후는 다시 근대국가 이전과 이후로 구분하여 살펴보는 방법이다.

먼저, 경찰활동을 국가성립 이전과 이후로 구분하는 것은 자경주의에 의한 기능적 경찰활동 단계에서 국가에 의한 제도적 경찰활동 단계로의 변화를 말한다. 다음으로 국가성립 이후는 다시 국가의 '근대성'을 기준으로 근대국가 이전의 경찰의 공식화·제도화 단계에서 근대국가 이후의 경찰의 전문화·민주화 단계로의 변화를 말한다.

요약 건대, 역사적 관점에서 볼 때, 경찰활동은 ㉠자경주의에 의한 기능적 경찰활동 단계, ㉡국가성립에 의한 경찰의 제도화·공식화 단계, ㉢근대국가에 의한 경찰의 민주화·전문화 단계로 발전하면서 오늘에 이르고 있다고 할 수 있다.

1) 국가성립 이전·이후의 기능적 경찰활동: 자경주의

(1) 국가성립 이전의 자경주의

기능적 경찰활동은 경찰제도(警察制度) 이전의 인간의 선험적(先驗的)·본능적인 보호기능 즉, 자경주의(自警主義, vigilantism)를 말한다. 자경주의적 경찰활동은 국가 이전부터 오늘날에 이르기까지 일정부분 이루어지고 있다고 본다. 그리고 국가성립 이전의 과거로 거슬러 올라갈수록 자경주의에 의한 사회통제가 중심이 되었다고 본다.

자경주의라는 것은 개인 내지 집단 스스로가 '물리적인 강제력' 등을 행사하여 자신 내지 집단의 방어·보호하기 위한 제반 활동이라고 할 수 있다. 이는 단지 소극적인 예방적 활동 뿐만 아니라 개인 내지 집단 스스로가 '옳고 그름'(right or wrong)을 판단하여 적극적으로 '정의'(正義, Justice)를 실현시키고자 하는 활동도 포함하고 있다.[3]

---

2) 최선우(2004), "한국경찰의 역사적 접근에 관한 서설적 연구," 한국공안행정학회보 제18호, p. 499 재구성.

3) 사후대응적 자경주의의 전형적인 형태는 '복수'(復讐, 원수를 갚음)라고 할 수 있다. 이는 개인과 집단의 갈등과 원한을 물리적인 힘으로 해결하는 전통적인 방법이라 할 수 있다. 그러나 복수는 대등한 정도의 앙갚음을 표방하였지만, '되로 받고 말로 주기'가 흔하였다. 국가권력은 이러한 복수를 형벌로써 제어하고 순화시키고자 하였다. 국가권력은 형벌의 독점을 선언하였지만, 근대국가 이전에는 마을이나 씨족집단과 같은 공동생활체에서는 관습상의 형벌이 잔존하였고, 지배계층의 사형(私刑)이 횡행하기도 하였다. 오히려 샤머니즘의 주술은 갈등을 평화적으로 해결하고 공동체의 화합을 도모하는 묵시적 기능을 수행하였다. 이러한 모습은 오늘날의 여러 국가에서 여전히 존재하고 있다. 한편, 개인의 원한과 신(神)을 대신하였던 국가의 형벌은 때로는 사사로운 복수보다 더 잔인하였다. 많은 지배자들은 국가의 이름으로 자기의 복수심을 만족시켰던 것이다. 전재경(1996), 복수와 형벌의 사회사, 서울: 웅진출판, 서문(序文).

이러한 점에서 본다면 자경주의는 시대와 장소에 따라 상이하겠지만 단지 범죄예방·수사 등과 관련된 경찰활동에만 국한되는 것이 아니라 형사사법(刑事司法, Criminal Justice) 전반 또는 그 이상의 의미(민사사법을 포함)로서 널리 사용된다고 볼 수 있다. 형사사법의 관점에서 본다면, 자경주의가 지향하는 목표는 우선적으로 예방에 있으며, 그러한 예방활동이 실패했을 경우 취해지는 복수와 응보 또는 그에 상응하는 원상회복에 있다고 본다.

여기에서 기능적 경찰활동이라는 것은 이러한 자경주의를 의미하는 것이며, 오늘날의 관점에서 본다면 특히 '범죄와 무질서' 등에 대한 초기대응(즉, 예방·수사 등)을 의미하는 것이다. 이러한 범죄와 무질서에 대응하는 경찰기능의 명칭을 오늘날과 같이 '경찰'(警察, police)이라는 용어로 불리지는 않았지만 어떠한 형태로든 인간이 살아가고 있는 사회에는 동서고금을 막론하고 자경주의 형식으로 존재해 왔다고 볼 수 있다.

(2) 국가의 성립과 자경주의의 감소

본질적으로 자경주의 차원의 기능적 경찰활동은 국가와는 무관하게 존재하는 것이다. 즉, 자경주의는 국가 이전에 이루어져 온 것이다. 또 국가가 존재한다 할지라도 일정부분 존재하고 있는데, 이 가운데 오늘날 법으로 허용되는 것(예, 형법 제21조의 정당방위, 제22조의 긴급피난, 제23조의 자구행위 등)과 법의 허용범위를 벗어나 위법한 방식(예, 사적 복수)으로 자행되는 경우도 있다.

그러나 분명한 것은 자경주의는 국가성립 이전, 국가성립 이후, 근대국가 이후로 넘어올수록 그 영역은 축소되었고, 따라서 국가의 형사사법에 대한 독·과점 양상은 현대국가의 확고한 형식으로 자리 잡은 것이다. 바꿔 말하면, 경찰을 포함한 일련의 형사사법시스템 속에서 형사사법은 국가만이 할 수 있고, 또 국가에 의해 집행되는 형식이 된 것이다.[4)]

그러나 이러한 근·현대 국가이념의 틀 속에 확립된 형사사법업무의 국가 독과점 현상이 포스트모던(post-modern)사회에서 다시 변화하고 있다. 정치·경제·사회·문화의 변화로 형사사법업무의 국가독과점, 즉 형사사법 분야에 있어서 형성되어 있었던 강한 '카르텔'(cartel)이 비록 부분적이기는 하지만 균열현상을 보이기 시작하고 있는 것이다. 다양성과 역동성(그로인한 범죄와 무질서의 양적·질적 심화)을 지향하고 있는 오늘날의 현실에 비추어 볼 때, 국가가 모든 형사사법업무를 독점하여 처리하는 것은 한계가 있기 때문이다. 최근 들어 형사사법에 있어서 민간부문의 참여방안이 활발하게 논의되고 있는 것은

4) 한영수(2001), "형사사법업무의 민간위탁에 관한 연구," 형사정책 제13권 제2호, p. 145.; 최선우(2003), "형사사법의 역사성과 체제론적 접근," 한국공안행정학회보 제16호, p. 208.

이를 반영하고 있다. 이와 관련하여 경찰활동에 있어서 커뮤니티 경찰활동(Community Policing)과 민간경비(Private Security)의 빠른 성장은 대표적인 예라 할 수 있다.

2) 국가성립 이후의 경찰의 공식화·제도화

한편, 국가가 성립하면서 경찰활동에 있어서 변화가 이루어졌다고 볼 수 있다. 즉, 종래의 자경주의 차원의 기능적 경찰활동을 대신하여 국가차원에서 경찰활동을 공식화·제도화시키고 이를 통해서 사회구성원들을 통제함으로써 자경주의적 요소는 서서히 감소하였다고 볼 수 있다. 다만, 근대국가 이전의 경찰(삼국시대, 고려시대, 조선시대)은 제도적으로 전문성이나 독립성을 이루지는 못하고 일반행정(一般行政), 사법행정(司法行政), 군사행정(軍事行政)과 혼합되어 운영되었다고 볼 수 있다.

어쨌든, 경찰역사를 논의하는데 있어서 '국가'라는 실체의 등장은 매우 큰 의미를 갖는다고 본다. 국가의 등장으로 인해 정치·사회·경제적으로 지배계층과 피지배계층의 구분이 보다 구체화되고, 이전의 자경주의 중심의 기능적 경찰활동에서 국가차원의 공식적·제도적 경찰활동이 서서히 중요한 비중을 차지하기 때문이다. 물론, 국가의 성립기원 및 이의 정체성에 대한 논의는 다소 모호한 측면이 없지 않으며, 따라서 이에 대한 논의 역시 다양한 관점에서 이루어지고 있는 것이 사실이다.[5)]

그러나 비록 국가기원과 정체성이 명확하지 않지만, 일정한 기준을 가지고 국가라는 실체를 제시하고 거기에서 경찰의 역사를 전개시켜야 한다고 본다. 우리가 논의하는 형식적·제도적 의미의 경찰이라는 것은 국가를 전제로 하는 것이기 때문이다. 일반적으로 국가라는 실체는 ㉠ 시원적(始原的) 지배권(支配權)으로서의 국가권력(주권·통치권)이 있고, ㉡ 일정한 인간의 집단, 즉 국민(國民)을 그 구성요소로 하며, ㉢ 공간적으로 한정된 지역의 일부, 즉 영토(領土)·영역(領域)을 가지고 있어야 한다.[6)] 따라서 국가라는 실체는 이러한 3요소(주권·통치권, 국민, 영토)가 갖추어 졌을 때 성립되는 것이다. 이를 토대로 했을 때, 한반도에서의 국가는 삼국시대에서 비로소 시작된다고 볼 수 있다.[7)]

---

5) 국가가 어떻게 만들어졌는가(즉, 성립기원)와 관련하여 여러 가지 견해가 있다. 이와 관련하여 신의설(神意說, 신에 의하여 창조되거나 신의 명령으로 성립), 정복설(征服說, 강한 인간 집단이 약한 인간집단을 실적으로 정복함으로써 지배와 복종의 관계가 형성되고, 여기에 국가가 성립), 재산설(財産說, 세습토지에 대한 지배권을 가지고 있는 사람들이 그와 관련된 사람들에 대한 지배권으로 발전함으로써 성립), 계급국가설(階級國家說, 자유재산권이 발생하고 노예제도가 성립하는 과정에서 경제적 지배계급이 피지배계급을 경제적으로 억압·착취하기 위한 수단으로 성립), 계급설(階級說, 자연상태에서 자유롭고 평등한 개개인의 그들의 자연권을 보다 확실하게 누리기 위하여 자발적으로 체결한 계약을 통하여 성립) 등이 있다. 권영성(1991), 헌법학원론, 서울: 법문사, pp. 128-129.

6) 위의 책, p. 128.

7) 물론, 이러한 기준이 삼국시대(고구려, 백제, 신라)에 그대로 부합되는지는 다소 문제가 있을 수 있다. 즉, 당시의 주권·

그리고 이러한 국가의 성립을 토대로 비소로 '개인적·사회적 법익'(個人的·社會的) 뿐만 아니라 '국가적 법익'(國家的 法益)에 대한 제도적 의미의 경찰활동이 전개되기 시작했다는 점에 주목할 필요가 있다. 요약건대, 국가성립 이후 보호법익의 다원화와 국가의 통제력이 강화되었다고 볼 수 있다.

3) 근대국가성립 이후의 경찰의 전문화·민주화

이러한 국가의 성립과 발전 이후, 근대국가(近代國家)가 등장함에 따라 경찰 및 형사사법은 또 한 번의 변화·발전을 경험하게 된다. 먼저, 근대국가의 성립과 더불어 국가의 경찰활동에 독점화는 보다 강화되었다고 볼 수 있다. 이는 국가통제력의 강화를 의미하며, 보다 체계화된 법치주의(法治主義)의 결과라고도 볼 수 있다.

그리고 법치주의를 토대로 한 경찰조직의 제도적 전문화·독립화가 이루어졌다는 점에 주목할 필요가 있다. 이전의 다른 국가행정과의 미분화 상태에서 경찰은 제도적으로 독립된 위치에서 활동영역을 전문화시켜 나갔던 것이다. 그리고 근대국가 이후의 경찰 및 형사사법의 뚜렷한 특징 가운데 하나는 이념적으로 민주주의(民主主義)를 근간으로 하고 있다는 점이다. 국가의 국민에 대한 통제시스템이 강화되면서도, 한편으로는 국민의 자유와 권리의 보호를 본질로 하는 형식으로 경찰제도가 정립·발전되었던 것이다.

이로써 전근대국가에서는 경찰이 제도적 미분화 상태에서 소수의 지배집단의 이해관계 속에서 활동하였다면, 근대국가의 등장 이후에는 제도적 전문화와 다수의 국민을 위한 민주경찰로써 재탄생되었던 것이다. 이러한 근대경찰의 태동은 비록 한계가 있지만 1894년 갑오개혁 이후에 시작되었다고 볼 수 있다(이에 대해한 자세한 논의는 후술하기로 한다).

통치권이 국가전역에 미치고, 오늘날과 같은 국민(國民)의 개념이 있었는지, 그리고 오늘날과 같은 선(線)개념의 영토가 명확히 존재했었는지도 의문이다. 다만, 이전의 연맹국가와는 달리 삼국시대에 이르러 이념정립, 율령(律令)반포, 왕위세습, 정복전쟁을 통한 왕권확립과 영토 확대 등을 비추어 볼 때, 적어도 고대국가(古代國家)로서 완성된 틀을 갖추었음은 분명하다고 본다.

제2절

국가성립 이전의 경찰

1. 원시공동체사회의 경찰

원시공동체사회 즉, 군사회(群社會, Bands; 구석기시대)와 씨족·부족사회(신석기시대)의 경찰이 어떠한 형태로 존재했는지를 파악하기는 어렵다. 다만, 경찰활동이라는 것이 제도적으로 공식화되어 이루어졌다기보다는 개인 및 집단의 자기방어 본능에서 시작되었다고 볼 수 있다.

먼저, 군사회의 사람들은 천재(天災)나 인간·동물 등 외부의 침입에 대하여 스스로의 힘으로 자기 또는 그 가족을 지키는 외에는 달리 수단이 없었을 것이다. 이와 같은 방어적 차원의 자위행위(自衛行爲) 내지 자경주의(自警主義, Vigilantism)가 오늘날 말하는 바로 일종의 경찰활동이라 할 수 있다.

씨족·부족사회의 경찰 역시 군사회와 마찬가지로 자경주의의 범주에서 크게 벗어나지는 않는다고 본다. 그러나 씨족·부족사회에 이르러 정착생활을 하게 되고, 혈족을 중심으로 씨족공동체를 형성하고, 이것이 확대되어 부족사회를 이루고, 부족 간에 전쟁이 전개되었다는 점은 군사회와는 다른 새로운 경찰기능이 부여되었음을 알 수 있다. 특히 종교적인 요소가 사회통제에 있어서 중요한 기능을 하였다는 점이다. 이러한 씨족·부족사회의 생활을 규율하는 규범의 대부분은 관습법(慣習法)·불문법(不文法)이며, 법률·정치·종교·도덕이 일체가 되어 아직 분화되지 않았고, 사회통제력은 종교적 색채가 농후한 주술적 규범이 주를 이루었다고 볼 수 있다.[8] 따라서 토테미즘(Totemism), 타부(Taboo) 자체가 그 사회의 법질서 기능을 수행하였을 것이다.

또한 샤머니즘도 널리 행해져서 씨족 구성원들에게 피해를 입힌다고 생각되는 악귀를 주술적인 방법으로 물리침으로써 이들을 어떠한 재난에서 구제할 수 있는 것으로 믿었다. 한편, 부족사회의 구성원들은 하나의 공동체(共同體, Community)를 이루어 생산활동과 신앙생활을 공동으로 하면서 다른 씨족의 영역을 침범할 경우 벌을 받는 관습이 있었다.[9]

---

8) 중앙문화연구원(1975), 한국문화사신론, 서울: 중앙대학교출판국, pp. 339-340.; 김형중(1991), 한국고대경찰사, 서울: 수서원, p. 35.

9) 예컨대, 동예(東濊)에서는 산천에 각기 구분이 있어서 서로 함부로 들어가지 못했으며, 혹은 읍락이 서로 침범하면 소,

2. 고조선시대의 경찰

고조선은 크게 단군조선(BC 2333), 기자조선(BC 1122~195), 위만조선(BC 194~108) 시대로 구분할 수 있는데, 도구문명 상으로 본다면, 신석기 말기에서 청동기, 청동기에서 철기시대에 이르는 과정에서 형성·발전되었다고 본다.[10] 이는 정치·사회구조적으로는 씨족·부족사회(氏族·部族社會), 군장·성읍국가(君長·城邑國家), 연맹국가(聯盟國家) 단계에 해당된다고 볼 수 있다. 이 시대의 경찰활동 역시 기본적으로 자경주의에 바탕을 두었다고 볼 수 있으며, 연맹국가 단계에 이르러 일정 부분 제도적 경찰활동이 이루어졌다고 볼 수 있다.[11] 그러나 고조선시대에 경찰활동과 관련된 어떠한 법규정 내지 그것이 보호하고자 하는 법익이 어떠한 형태로 존재하였는지는 문헌상으로 뚜렷이 기록되어 있지 않기 때문에 분명치가 않다.[12]

1) 군장·성읍국가시대의 경찰

이와 관련하여 고조선에 8조 금법(八條 禁法)이 존재한 것으로 나타나 있다. 우리에게 널리 잘 알려진 고조선의 8조 금법은 기원전 1122년 중국 은나라의 기자(箕子)가 고조선에 전해온 것으로 알려져 있다. 중국 주나라 무왕(武王)이 기자에게서 나라를 다스리는 경략을 전수 받았는데, 『서경』(書經)에 전하는 홍범9주(洪範九疇)가 바로 그것이다. 이후 기자는 중국을 떠나 고조선에 들어와 이를 토대로 8조 금법을 만들어 시행하였다고 전한다. 이 가운데 3개의 조만이 전하는데, 그 내용은 다음과 같다.

8조 금법(八條 禁法)

① 사람을 죽인 자(살인죄)는 사형에 처한다.
② 남에게 상해를 입힌 자(상해죄)는 곡물로 배상한다.

말, 노비 등을 벌로 물어야 하는 책화(責禍)의 습속이 있었다. 한영우(2004), 다시 찾는 우리역사, 서울: 경세원, p. 63.

10) 고고학 상으로 기원전 2천년 경에는 만주지방에 청동기문화가 시작되었으므로, 이 시기에 소규모 성읍국가(城邑國家)가 탄생되었을 가능성은 있다. 그 후 기원전 8-7세기경에 요동지방의 강상(崗上)에서 100여 명을 순장한 무덤이 발견되어 한층 규모가 큰 연맹국가(聯盟國家)가 탄생되었을 가능성이 있다. 위의 책, p. 79.

11) 경찰의 제도화 정도는 나라마다 다르다고 본다. 정치적 관점에서 볼 때, 인류역사에서 주변국가가 아닌 중심국가 즉, 고대 중국, 이집트, 그리스, 로마 등은 일찍이 제도화 된 경찰조직을 운용하였다. James J. Fyfe, et al(1997), Police Administration, N.Y.: McGraw-Hill Co., p. 4.

12) 고조선이 중국의 기록에 처음 나타나기 시작한 것은 기원전 7세기 제(齊)나라에서 편찬된 『관자』(管子)라는 책이며, 이후 기원전 3세기 『사기』(史記), 『한서』(漢書), 『함허자』(涵虛字) 등의 책에는 은(殷)나라(BC 17~16세기~BC 11세기)가 주나라에 의해 망하자 은나라 귀족이던 기자(箕子)가 5,000명의 그 일족들을 데리고 조선에 와서 왕이 되었다고 한다. 한영우(2004), 앞의 책, p. 79.

③ 남의 물건을 훔친 자(절도죄)는 노비로 삼으며, 속죄하려는 자는 1인당 50만 전(錢)을 내야 한다.

오늘날의 시각에서 본다면, 당시에 제정되었던 8조 금법은 일정한 역사적 발전단계의 모든 민족과 집단에서 보편적으로 인식되는 일종의 자연법(自然法)의 성격을 띤 것으로 성문법(成文法)이라기보다는 관습법(慣習法)·불문법(不文法)이라고 보아야 할 것이다.[13] 따라서 이러한 8조 금법을 경찰활동과 연결시켜 살펴본다면, 사회구성원들 사이에서 8조 금법에 적용되는 상황이 발생하게 된다면, 일정한 경찰활동을 통해 그 문제를 발견하고 대응 내지 해결하기 위한 일정한 조치가 이루어졌다는 것은 분명하다고 본다.

물론, 군장국가시대의 군장을 정점으로 하는 지배체제는 오늘날 생각하는 국가와는 비교하기가 어렵다. 다만, 이전 씨족·부족사회의 평등구조가 붕괴되고, 서서히 계급구조가 발생하는 과정에서 일정한 소규모지역을 영도하는 지배계층이 등장하였다는 정도로 파악해야 할 것이다. 오늘날 보기에 8조 금법이라니까 이름은 그럴듯하게 들릴지 모르지만 실상 그 내용은 지극히 평이한 점이 없지 않다. 비록 수천 년 전의 옛날이라 해도 불과 여덟 개의 형법조항으로 고조선사회의 치안을 유지할 수 있었다면, 아마 당시 군장국가인 고조선은 상당히 단순한 사회였고, 세력권도 그리 넓지 않았을 것으로 추정된다.

따라서 군장국가시대의 경찰활동이라는 것은 제도적 의미의 경찰이라기보다는 기능적 의미의 경찰활동 즉, 자경주의적 성격이 강하게 나타나 있다고 볼 수 있다. 8조금법의 기록이 모두 남아있지는 않지만, 남아 있는 3조만 가지고도 적어도 당시까지는 국가적 법익(國家的 法益)이 등장하지 않았다는 점을 알 수 있다. 만약 군장국가시대에 사회지배계급인 군장의 지배권력이 보다 강력했다면, 그리고 국가체제가 보다 완성되었다면, 국가적 법익인 개인적·사회적 법익에 선행하여 명시되어야 할 것이다.[14]

13) 관습법(慣習法)이라는 것은 사회의 자연발생적인 규범을 말하는데, 일정한 조직을 갖게 된 국가체계 아래서 법원(法源)으로서 하나의 지위를 차지하게 된다. 그러므로 관습법이라 하는 것은 성문(成文)화되지 않고 불문(不文)적인 모습으로 국가에 의해서 법으로 승인을 받고 강제규범으로서 국가법체계에 참여하는 것을 말한다. 다시 말하면, 국가의 입법기관이 제정한 법이 아니고 국가사회 안에 관행(慣行)의 형태로서 존재하는 것이 그대로 법으로 된 것을 말한다. 관습 가운데 어느 것은 국가적 입장에서 국가의 질서유지를 위하여 그에 대한 준수가 절대로 필요하다고 인정되는 것이며, 그러한 종류의 관습이 국가의 힘에 의해 보장됨으로써 관습법이 되는 것이다. 최종고(1994), 법학통론, 서울: 박영사, p. 79.

14) 현행 형법체계를 살펴보면, 우선적으로 국가적 법익과 관련된 범죄(내란죄, 외환죄 등)가 규정되고, 그 다음에 사회적 법익과 관련된 범죄(방화와 실화죄, 교통방해죄 등)가 규정되어 있다. 그리고 마지막으로 개인적 법익(살인죄, 상해죄, 강도죄 등)이 규정되어 있다. 따라서 군장국가시대에 국가적 법익에 관한 범죄가 규정되어 있다면 8조 금법에서 가장 먼저 규정되었을 것이다.

2) 연맹국가시대의 경찰

국가적 법익에 관한 범죄는 연맹국가시대에 이르러 나타나게 된다. 만주 및 한반도 지역에서 연맹국가로 발전한 것은 고조선 외에 부여, 옥저(沃沮)와 동예(東濊), 고구려(高句麗), 삼한(三韓) 등이 연맹국가로 발전하면서 지배계층의 정체성이 보다 뚜렷해지고 한편으로는 사회구조의 복잡성으로 인해 치안환경이 변함으로써 종래의 8조금법과 같은 질서체계로는 대응하기 어려운 상황에 놓이게 되었다고 볼 수 있다.

이와 관련하여 예컨대, 기원후 3세기경의 부여는 사방 2천리, 인구는 8만호에 이르렀다고 한다. 반면, 부여족의 한 갈래인 옥저와 동예지역에는 기원후 3세기경까지 강력한 연맹국가는 성립되지 못하였다(물론, 군장국가의 형태는 벗어난 미약한 연맹국가 형태였다고 볼 수 있다). 즉, 옥저는 오늘날 함경도에 위치한 총 5천호의 연맹국가로서 각 부락에는 소족장들이 있었으나 이들을 통솔할 수 있는 보다 큰 정치세력이 성립하지는 못하였다. 동예는 지금의 강원도 북부에 위치하여 총 호수 약 2만을 헤아리는 국가였다.[15]

연맹국가시대에 이르러서도 기능적으로 경찰활동 중심으로 이루어졌다고 볼 수 있다. 따라서 개인적·사회적 법익은 중요한 위치를 차지하고 있다. 예컨대, 연맹국가시대의 부여에는 개인적·사회적 법익에 관한 경찰활동 이루어졌음을 알 수 있다. 즉, 부여의 형벌을 보면, "㉠ 살인자는 사형에 처하고 그 가족은 노비로 만든다. ㉡ 도둑질한 자는 그 물건의 12배를 보상한다. ㉢ 간음한 여자는 사형에 처한다" 등이 기록되어 있다. 또 남편에 대하여 질투하는 아내는 죽였다고 한다. 즉 부여에서는 부녀자의 간음과 투기에 대해서는 더욱 증오시하여 모두 이를 극형에 처하고 그 시체를 서울 남쪽 산 위에 버려 썩게 하였다. 다만, 그 여자의 집에서 시체를 가져가려고 할 때에는 우마(牛馬)를 바쳐야 한다고 하였다. [16]

그런데, 연맹국가시대에는 단순한 부족 간의 결합이 아닌, 연맹체의 국왕을 정점으로 하여 다소나마 일정한 관료제가 형성되기 시작하였다고 볼 수 있다. 예컨대, 연맹국가시기의 고조선에는 상당한 정도의 관료조직을 갖추고 있었던 것으로 나타나고 있다. 관명으로는 국왕 이외에 상(相), 경(卿), 대부(大夫), 대신(大臣), 장군(將軍), 박사(博士) 등이 보인다. 이 중에서 상(相)의 세력은 상당했던 것으로 보인다.[17]

이처럼 미약하지만 국가체제가 만들어지고, 이에 따라 오늘날의 국가적 법익(國家的 法益)에 대한 경찰활동이 서서히 나타나고 있음을 알 수 있다. 예컨대, 부여의 위거왕(位居

15) 한영우(2004), 앞의 책, pp. 87-88.
16) 허남오(1998), 한국경찰제도사, 서울: 동도원, p. 78.
17) 한영우(2004), 앞의 책, p. 83.

王) 때, 계부(季父) 우가(牛加)가 반역의 마음을 품고 있어, 왕이 계부의 부자를 사형에 처하고, 그 재물을 몰수하였음을 보아 당시의 경찰권 행사가 모반(謀叛)에 대하여 특히 가혹하였고, 연좌제(緣坐制)를 적용하여 실시했음을 알 수 있다.[18] 이와 같이 비록, 성문법(成文法)적인 규정에 의하여 구체적으로 명시되고 있지는 않지만, 이는 사회통제에 있어서 지배계층의 이해관계를 반영하고 있는 것이다. 이전까지는 경찰활동이 개인적 법익(혹은 사회적 법익)을 위해 존재하였다면, 연맹국가시대 이후, 국가적 법익이 등장하였다는 것은 제도적 의미의 경찰활동이 시작되고 있음을 알 수 있다.

그러나 이때까지도 명문으로 규정되기보다는 하나의 역사적 사건형식으로 기록되어 나타나고 있기 때문에 명확하지가 않다. 국가적 법익에 관한 명문규정은 연맹국가시대 이후 고대국가시대(고구려, 백제, 신라)에 이르러 구체적으로 나타나게 된다.

제3절 국가성립과 경찰의 공식화·제도화

역사적으로 국가라는 실체가 등장한 이래로 정치권력집단은 자신들의 권력의지를 관철시키기 위해 본질적으로 중앙집권(中央集權)을 지향해 왔다고 볼 수 있다. 이러한 중앙집권화 현상은 근대 이전의 국가의 형성·발전과정에서 보다 뚜렷하게 나타난다. 바꿔 말하면, 삼국시대(三國時代), 고려시대(高麗時代), 조선시대(朝鮮時代)는 정치적으로 국왕을 정점으로 하는 중앙집권화가 완성되는 과정이라고 볼 수 있다.

이와 같은 국가통치체제의 정비과정에서 질서행정(경찰·군대)의 제도화는 체제유지를 위한 매우 중요한 요소라고 할 수 있다. 그리고 국가통치체제의 유지를 위하여 특히, 국가적 법익(國家的 法益)의 공식화는 매우 중요한 의미를 갖는다. 근대국가 이전의 국가에서는 질서행정은 본질적으로 국가적 법익을 보호하기 위해 존재하기 때문이다. 이는 이전 8조 금법에서와 같이 개인적·사회적 법익 등에 초점을 둔 사회와는 차이가 있음을 알 수 있다.

이러한 국가의 통치체제의 구축과 보호의 근간으로서 각 나라마다 일정한 법체계(法體系)를 정립하여 적용하게 된다. 비록 그것이 오늘날과 같은 '실질적 법치주의'를 표방한 것은 아니지만 근대이전의 국가체제와 경찰을 이해하는데 있어서는 매우 중요한 의미를 갖는다고 본다.

---

18) 김형중(1991), 앞의 책, p. 51.

1. 삼국시대의 경찰

한반도 각지에서 성장한 정치세력 가운데 초기국가(일종의 연맹국가와 고대국가의 과도기적 단계를 말한다)를 형성하는데 성공한 것은 고조선·부여·고구려·백제·신라였다. 옥저나 동예, 그리고 삼한지역의 여러 정치세력들은 국가형태로 발전하지 못한 채 소멸하고 말았다. 그러나 초기국가를 이룬 이들 여러 나라도 모두 순조롭게 발전을 거듭한 것은 아니었다. 고조선은 B.C 108년 한의 침략으로 멸망하였고, 부여는 인접한 고구려에 병합됨으로써 마침내 고구려·백제·신라만이 고대국가로 발전할 수 있었던 것이다.

1) 국가통치체제의 정비

삼국시대는 '율령'(律令)이라는 성문법규에 의해서 국가통치체제가 정비되었다는 점에 주목할 필요가 있다.[19] 즉, 연맹국가를 탈피하여 하나의 '국가'체제를 기초로 지배체제를 구축하기 위해서는 필연적으로 중국의 관료제적·전제적 국가체제의 법적 기초인 율령을 수용하지 않을 수 없었던 것이다.

오늘날의 관점에서 본다면, '령'(令)이라는 것은 바로 국가조직을 제도적으로 정립하는 행정법에 해당하는 것이라 할 수 있다. 이에 따라 예컨대, 백제는 중앙에 12부, 지방에 10부를 합하여 22개의 관부(官府)를 둘 정도로 관료제가 정비되었다. 그리고 여러 등급의 관료를 두었는데, 고구려는 대략 14등급, 백제는 16등급, 신라는 17등급으로 구분하고 복색(服色)도 구별하였다.

삼국시대에 이르러 지방행정조직도 정비되었다. 삼국은 규모가 커지면서 지방의 행정단위를 정비하였는데, 고구려의 5부(五部), 백제의 5방(五方), 신라의 주(州)가 그것이다. 여기에 파견된 장관을 고구려는 욕살(褥薩), 백제는 방령(方領), 신라는 군주(軍主)라고 불렀다.

---

19) 법전(法典)으로서의 율령(律令)의 연원은 중국의 진·한(秦·漢)시대에까지 거슬러 올라가는데, 당시에는 율과 령의 구별이 아직 명확치는 않았다. 이는 오늘날의 형벌 및 행정에 관한 법규로서 중국 수·당(隋·唐) 시대에 완성을 본 중국 고대의 법전체계로 우리나라의 고대국가에서는 그 영향을 받아 법체계를 이루게 되었다. 그런데, 법령과 현실 사이에는 여러 가지 차이가 있고 때에 따라 그 차이를 좁히기 위한 규정이 필요하였다. 이것들이 과(科), 고사(古事), 격(格), 식(式) 등으로 불리어졌는데, 수대가 되면 격, 식의 두 분야로 정리되어 결국 율령격식(律令格式)으로 체계화되었다. 율령격식은 각각 단독 법전조규(法典條規)이며, 이들은 상호간에 불가분의 관계를 이루고 있다. 당나라의 대당육전(大唐六典)에 의하면 율(律)은 죄를 정하는 형벌법이며, 령(令)은 규범을 두고 제(制)를 세우는 교령법(交靈法), 즉 일반행정법에 해당되는 것이다. 당나라의 율령은 전대의 집대성이며, 특히 신라·일본을 비롯하여 동아시아 여러 국가의 법률에 기본이 되었던 것은 주지 사실이다. 법이란 일반적으로 사회관계의 규범을 보편화 한 것인데 율령질서는 재통일 된 중국 사회를 보편적으로 규범화했을 뿐 아니라 중국주변에서 점차 통일국가로서 성장했던 비한족사회도 규범화하게 되었다.

2) 삼국시대 경찰의 특징

(1) 법익의 다원화에 따른 국가통제력 강화

율령(律令)에서 '율'(律)이라는 것은 국가의사에 반하는 형벌을 규정한 것(즉, 형법)이라 할 수 있다. 여기에서 개인적·사회적 법익뿐만 아니라 국가적 법익(國家的 法益)이 중요한 위치를 차지하고 있음에 주목할 필요가 있다. 국가적 법익에 대한 명문화는 고구려, 백제, 신라 모두의 중요한 사항이었다고 본다.

이와 관련하여 예컨대, 고구려의 법에서는 "모의(謀議)·반란자(叛亂者) 즉, 반역자는 사람들을 모아 횃불을 가지고, 서로 다투어 태우고, 그 몸이 타서 문드러진 다음에 목을 베고, 가산을 모두 몰수하였다. 성을 지키다가 적에게 항복하거나 전쟁에 임하여 패주한 자, 살인을 하여 빼앗은 자는 참형(斬刑)에 처하였다. 그리고 물건을 훔친 자는 12배로 배상하고, 우마(牛馬)를 죽인 자는 노비로 삼았다"고 한다.[20] 여기에서 국가적 법익의 침해는 그 처벌에 있어서도 보다 엄격하였음을 알 수 있다.

이와 같이 고조선의 8조 금법에서는 기본적으로 개인적 법익이 우선적으로 등장하고 있는데, 삼국시대에 이르러 국가적 법익을 우선시하고 있는 것이다. 이것은 무엇을 의미하는가? 명문상으로 국가체제 유지를 최우선시한 것이며, 이러한 국가체제에 반하는 제반활동 등에 대한 국가적 통제수단이 어느 정도 마련되었다는 것을 의미한다. 그리고 경찰은 이러한 국가통제수단의 전형인 것이다.

(2) 경찰기능의 제도화와 다른 국가행정과의 미분화

① 중앙경찰

삼국은 국가통치체제 정립과정에서 경찰기능을 담당하는 제도를 두고 이를 공식적으로 운용하였다. 이와 관련하여 예컨대, 백제의 최고위층에 속하는 관료(6좌평) 가운데 위사좌평(衛士佐平)은 중앙의 숙위(宿衛) 즉, 오늘날의 경비경찰기능을 하였고, 조정좌평(朝廷佐平)은 형옥(刑獄) 즉, 형사사법 사무를 담당하였는데, 여기에 사법경찰의 기능도 가지고 있었다고 본다. 그러나 삼국시대에 이르러 경찰이 제도화·공식화되었지만 그것이 다른 국가행정(군사행정, 사법행정, 일반행정 등)과 구분되어 독립적으로 이루어진 것은 아니라는 점이다. 또 형식적 의미의 경찰로서 오늘날과 같은 일반경찰기관으로서 경찰행정 전반에 관한 업무를 수행하는 독립된 경찰제도가 마련된 것도 아니었다.

20) 김형중(1991), 앞의 책, pp. 67-68.

② 지방경찰

한편, 삼국시대 지방행정조직은 기본적으로 군사조직(軍士組織)의 성격이 뚜렷했으며, 따라서 지방의 경찰행정은 군사행정과 밀접한 관련성이 있다고 본다.[21] 삼국시대는 아직 국가체제가 안정적으로 정비되지 못한 까닭에 지방에서 전쟁 등이 많이 발생하였고, 이에 대해 왕이 직접 군대를 이끌고 직접 전투에 참여하는 일이 많았다. 이 점도 고려나 조선시대와 다른 것이다. 따라서 삼국시대는 이와 같이 군대를 통해 나라를 지키고, 또 지방주민들을 지배했기 때문에 그만큼 주민에 대한 강압과 통제가 클 수밖에 없었다.[22]

(3) 사적 경찰활동에 의한 주민통제

그러나 한편으로는 삼국시대가 비록 중앙집권화 된 국가체제를 갖추었다고는 하지만 실질적으로 지방 말단에까지 그 영향력이 미쳤다고 보기는 어렵다. 따라서 지방에 대한 경찰활동이 이루어졌다면, 주로 국가적 법익을 침해하는 범죄 등을 중심으로 한 것이며, 개인적·사회적 법익침해에 대한 경찰활동은 상당부분 사적 자치(私的 自治, 지방 토착세력에 의한 자경주의)에 의존 하였다고 볼 수 있다.[23]

즉, 모든 군현에 지방관이 파견된 것은 아니고 규모가 큰 곳에만 파견되었으며, 나머지 작은 지방이나 촌은 지방세력가들의 자치가 그대로 인정되었기 때문에, 이곳의 주민들은 간접적으로 국가의 지배를 받는 느슨한 예민(隷民)으로 귀속되었다. 이는 그만큼 중앙집권이 불철저 하였다는 것을 의미한다. 이처럼 지방관이 파견되지 못한 지역을 '속현'(屬縣)이라 하였는데, 이 속현은 지방관이 파견된 주현의 간접통치를 받는 형식이었다. 그러나 실제에 있어서 이들 속현의 경찰기능을 포함한 사적 자치는 매우 방대하게 이루어졌다고 본다. 이러한 현상은 통일신라시대에도 계속되었으며, 따라서 중앙정부는 경주 인근에만 지배력을 행사했을 뿐 나머지 지역에서는 일종의 '사적인 지방자치'가 이루어지고 있었던 것이다.

---

21) 고구려는 북방의 요수(遼水)를 건너는 사람을 경계·경비하기 위하여 국경지역에 무여라(武厲邏)를 설치하였다. 경찰의 관점에서 본다면, 이는 경비경찰(警備警察)에 해당하는 것이라 할 수 있다. 이는 일종의 국경수비대로서 군사조직과도 밀접한 관련성을 갖는다고 본다.

22) 한영우(2004), 앞의 책, p. 122.

23) 고구려의 5부, 백제 5방, 신라의 주(州)와 같은 광역 지방행정단위 하에 기초 지방행정단위를 정비하였다. 즉, 과거 족장들이 독립적으로 지배하고 있던 소국(小國)들은 크기에 따라 성읍(城邑)이나 촌(村)으로 개편되고, 뒤에는 중국식 군현제도(郡縣制度)를 모방하여 군 혹은 현으로 부르게 되었다. 이러한 지방행정구역에는 지방관이 파견되었는데, 고구려에는 처려근지(處閭近支; 道使), 백제는 군장(軍將), 신라는 군태수(郡太守)로 불렸다. 그러나 일반적으로 지방관을 성주(城主) 혹은 지주(地主)라고 불렀다. 위의 책, pp. 121-122.

2. 고려시대의 경찰

1) 국가통치체제의 정비

고려시대(918~1392)는 왕건(王建, 재위 918~943)이 고려를 세운 이후 후삼국을 통일하면서 시작된 것으로, 이 시대를 크게 구분하여 고려전기, 무신정권기, 고려후기로 구분하고 있다. 고려전기의 통치체제는 처음에는 태봉(泰封)의 관제를[24] 주축으로 하고 신라의 관제가 병행되다가 성종(成宗) 2년(983) 때 당과 송의 제도를 참고하여 새로 정비하기 시작하여 문종(文宗) 30년(1076) 때에 완성되었다.[25]

이러한 고려 중앙관제의 핵심은 당의 제도를 참고한 3성과 6부였다. 그런데 당의 3성은 중서성(中書省)·문하성(門下省)·상서성(尙書省)을 말하는데, 고려는 이를 고려 실정에 맞게 조정하여 중서성과 문하성을 합하여 중서문하성(中書門下省)으로 만들고, 그 장관인 문하시중(門下侍中)을 수상으로 삼아 국정을 총괄하게 하였다. 그리고 중서문하성 밑에 실무부서로 이부(吏部)·호부(戶部)·예부(禮部)·형부(刑部)·공부(工部)의 6부를 두었다.

그리고 지방행정조직도 중앙관제가 정비되던 성종 2년(983)부터 정비되기 시작하여 현종 9년(1018)년에 일단락되었다. 이에 따라 전국을 5도와 경기, 그리고 양계(兩界, 군사중요지역)로 크게 나누었다. 한편, 군사제도로서 중앙에는 2군(二軍) 6위(六衛)의 중앙군을 두었고, 지방에는 주현군(州縣軍)이 있어 주요 지역과 양계에 주둔하여 국방을 담당하였다.

고려는 건국 후 약 200년간 중앙집권제도를 확립해 나아가는 과정에서 유교적인 통치기구를 정비하고 과거제도를 실시하여 문신의 지위가 높아졌다. 이에 대하여 무신의 지위는 격하되고 그들의 불만이 높아져 결국 난(亂)을 일으켜 집권하여 무단전제정치(1170~1270)를 실시하였다. 무신의 난 이후에도 3성6부의 공식적인 정부기구는 그대로 유지되었지만 이는 형식화되었고, 대신 무신정권은 독자적인 지배기구를 만들어 무인정치를 하였다. 한편, 충렬왕(1274~1308) 이후 원나라의 지배를 받으면서 중앙의 최고행정기구인 중서문하성과 상서성을 합하여 첨의부(僉議府)라 하였고, 6부는 통폐합되어 4사(四司)가 되었다.

---

24) 901년 궁예(弓裔)가 세운 나라로 후고려(後高麗 : 또는 후고구려)·마진(摩震)이라고도 한다. 신라·후백제와 함께 후삼국을 형성했다가 918년 고려 왕건에 의해 멸망 되었다.

25) 한영우(2004), 앞의 책, pp. 198-199.

2) 고려시대 경찰의 특징

(1) 고려의 형벌과 경찰활동

고려시대에 형사법(刑事法)과 관련하여 고려율(高麗律) 등을 들 수 있다. 고려율은 당율(唐律)과 삼국시대의 율령을 토대로 하여 체계화된 법률이라고 할 수 있다.[26] 경찰에 대한 특별한 규정은 없지만, 당시에 범죄로 규정하고 있는 내용 등을 토대로 경찰활동을 간접적으로 판단할 수 있을 것이다. 고려시대에는 삼국시대보다 범죄에 대한 형벌규정이 더욱 분화되었으며,[27]따라서 경찰활동(특히, 사법경찰과 관련하여) 역시 훨씬 다양한 형태로 이루어졌음을 알 수 있다.

(2) 경찰기능의 제도화와 다른 국가행정과의 미분화

① 중앙경찰

고려 초기 중앙의 경찰기능을 수행했던 제도로서 순군부(巡軍部)·내군부(內軍部) 등을 들 수 있다. 국가형성 초기는 경찰국가(警察國家)로서 군사행정이 곧 경찰행정인 것이 일반적이다. 바꿔 말하면 경찰업무는 여전히 군인이 담당하였던 것이다.[28] 성종대에 이르러 관제가 정비되었고, 이에 따라 6부 가운데 병부(兵部)는 경비업무, 형부(刑部)는 사법경찰업무를 수행하였다. 또 중앙군인 2군과 6위도 경찰기능을 일정부분 수행하였다.[29]

한편, 무신정권시대에는 야별초(夜別抄)라는 특별군대가 창설되어 군대이면서 경찰고유의 업무인 순찰, 포도(捕盜), 금란(禁亂)의 업무를 담당하였다. 고려후기에 이르러서는 중앙경찰기관으로써 원나라의 영향을 받아 설치한 순군만호부(巡軍萬戶府) 등을 들 수 있다.

그러나 고려시대에 이르러서도 신라시대와 마찬가지로 경찰은 아직도 독자적인 지위를 차지하지 못하고 군사행정 등 다른 국가행정작용에 혼합되어 있었다. 또 독립된 관청으로서 일반경찰사무를 수행하는 경찰기관도 존재하지 않았다.

---

26) 한용근(1999), 고려율, 서울: 서경문화사, p. 83.
27) 고려시대에 들어오면서 범죄에 대한 형벌규정은 더욱 분화되어 모반·대역죄, 살인죄, 절도죄 등 전통적인 범죄 외에 공무원 범죄, 문서에 관한 범죄, 무고죄, 도주죄, 방화죄·실화죄, 간통 등 성범죄, 도박죄, 유기죄, 인신매매에 관한 범죄, 장물죄 등이 새롭게 처벌되었다. 경찰대학(2002), 한국경찰사, 경찰대학, p. 86.
28) 위의 책, pp. 52-53.
29) 2군은 국왕 친위부대로서 응양군(鷹揚軍)과 용호군(龍虎軍)을 말하고, 6위는 좌우위(左右衛), 신호위(神號衛), 흥위위(興威衛), 금오위(金吾衛), 천우위(千牛衛), 감문위(監門衛)를 말하는데, 앞의 세 부대는 수도경비와 국경방어 임무를 맡았고, 금오위는 경찰, 천우위는 의장(儀仗), 감문위는 궁성과 성문수비를 맡았다.

② 지방경찰

고려시대에는 지방관으로서 안찰사(按察使), 병마사(兵馬使), 수령(守令) 이외에도 주현군(州縣軍)도 일정부분 경찰기능을 수행하였다. 이러한 국가행정의 미분화 현상은 특히 지방행정에 있어서 더욱 두드러지게 나타났다. 이와 관련하여 예컨대, 고려시대의 수령오사(守令五事)는 이를 단적으로 보여준다.

고려시대에서 수령은 5가지 임무를 수행하였는데, 이는 ㉠ 전야벽(田野闢, 농토의 개간·확대), ㉡ 부역균(賦役均, 공평한 부역균등과 세금징수), ㉢ 호구증(戶口增, 인구증대), ㉣ 사송간(詞訟簡, 공정한 재판), ㉤ 도적식(盜賊息, 치안유지)이 해당된다. 이처럼 지방 기초행정조직의 지방관인 수령은 사실상 국가행정 전반에 걸친 업무를 수행하였음을 알 수 있다.

(3) 사적 경찰활동에 의한 주민통제

그런데, 삼국시대보다 통치체제가 정비된 고려시대에도 모든 지방의 군·현에 지방관 즉 수령이 파견된 것은 아니고, 중요한 지역에만 선별적으로 파견되어 이를 주군(主郡)과 주현(主縣)이라 부르고 나머지 군현은 속군(屬郡)과 속현(屬縣)이라 하여 주군이나 주현의 간접지배를 받았다. 그런데 주군과 주현보다 속군과 속현이 더 많아 그만큼 중앙의 지방통제력이 한계를 지니고 있었다.[30] 속군과 속현은 실제적으로 향리들이 조세, 공물 등의 징발을 맡고 있어 이들의 영향력이 컸다

따라서 비록 행정구역상으로는 전국이 단일한 권력 하에 편제되어 있었지만, 각 지역에서는 그 지방의 토착세력들이 독자적인 경제적 기반과 사병(私兵)조직까지 거느리고 경찰활동 등에 있어서 사실상 전권을 행사하였다고 볼 수 있다.

30) 이에 대해 『고려사』(高麗史) 지리지(地理志)에는 고려 전기에 주현 130개, 속현 374개를 기록하고 있는데, 이 같은 속현의 존재는 고려 지방제도의 미숙성을 보여준다. 이에 대해서 예종1년(1106)에 27개의 속현에 감무(監務)를 파견한 이래 국가에서는 계속해서 속현의 수를 줄이는 노력을 시도하였다. 이후 속현은 조금씩 줄어 갔으나 완전히 소멸하는 것은 조선시대의 일이다. 이와 관련하여 중종 25년(1530)에 편찬된 『신증동국여지승람』(新增東國輿地勝覽)에는 2개의 속현이 기록되었다. 속현은 17세기경에 모두 소멸되어 개별화된 군현들을 바탕으로 구조적·지역적으로 일원화된 지배질서가 성립되게 되었다.

3. 조선시대의 경찰

1) 국가통치체제의 정비

1392년 태조 이성계(재위 1392~1398)에 의해 건국된 조선왕조의 통치체제는 성종(成宗, 재위 1469~1494)에 이르는 100년간은 새 국가의 이념과 통치질서가 틀을 잡아가던 시기였다고 볼 수 있다. 그리고 성종 5년(1474)년에 만들어진 경국대전(經國大典)은 시대의 변화에 따라 다소 간의 변동은 있었지만 갑오개혁(1894) 때까지 기본법전으로 시행되었다. 조선시대는 삼국시대, 고려시대보다 훨씬 체계화 된 통치질서를 바탕으로 중앙과 지방을 다스렸다.[31)]

조선은 통치조직으로서 중앙에 의정부(議政府)와 이조(吏曹)·호조(戶曹)·예조(禮曹)·병조(兵曹)·형조(刑曹)·공조(工曹)로 이루어진다. 이밖에도 왕명을 시행하는 승정원(承政院), 왕명에 따라 재판을 수행하는 의금부(義禁府), 관리들을 감찰하고 풍속경찰의 일을 수행하는 사헌부(司憲府), 그리고 서울의 행정과 치안을 담당하는 한성부(漢城府) 등으로 구성되어 있다.

한편, 지방행정조직은 초기에 고려의 지방관제를 답습하다가, 다시 정리하여 8도(八道)로 확립되었다. 즉, 지방을 8도로 나누어 각 지역에 관찰사(觀察使)를 임명하였고, 그 밑에 부·목·군·현(府·牧·郡·縣)에 수령을 두어 관할구역을 통할하게 하였다.

2) 조선시대 경찰의 특징

(1) 경찰기능의 제도화와 다른 국가행정과의 미분화

조선시대에 이르러서도 경찰기능을 담당하는 조직은 제도화되었지만 다른 국가행정조직과 분리되지 못한 형태로 존재하였다. 즉 경찰은, 일반행정과 사법, 그리고 군사행정과 분리되지 못하였고, 따라서 순찰과 포도, 사법경찰업무를 담당하는 관청은 다양하였다. 바꿔 말하면, 각 행정기관은 그 소관업무에 위배되는 것을 단속하고 처벌하는 권한을 행사하였던 것이다. 조선시대의 경찰을 경찰개념상으로 본다면, 형식적 의미의 경찰이라기보다는 실질적 의미의 경찰이라고 본다. 이는 경찰의 제도적 미분화를 의미하는 것이다.

① 중앙경찰

도적의 체포(순찰 및 금란을 포함하여)와 관련된 경찰기능을 조선초기에는 순군(巡軍)이 담당하였으나 태종 14년(1414)에 그 명칭이 의금부(義禁府)로 개칭되었고, 이 가운데

31) 한영우(2004), 앞의 책, pp. 287-294.

의금부의 도부외(都府外)가 순찰기능을 담당하였다. 그런데 이후 의금부가 사실상 순찰업무를 병조의 5위 및 한성부 등에 넘기고, 왕명에 따라 죄인을 심문하는 일과 국왕의 행차를 호위하는 일을 담당하게 되었다. 즉 의금부는 왕권이 확립되어가는 태종 때부터는 군사적인 성격의 순군체제에서 벗어나 사법기능을 수행하는 전문기관이 되었다.

따라서 순군이 의금부로 개칭되고 의금부가 일종의 특별사법기관으로 변모하고, 순군이 맡았던 경찰기능을 5위 및 한성부 등이 분장하게 되어, 이후 포도청(捕盜廳)이 상설되기 전까지는 전문적인 경찰기능을 수행하는 기관이 정식관제에서 나타나고 있지 않다(포도청에 대해서는 뒤에서 살펴보기로 한다). 이밖에도 순청(巡廳), 사헌부(司憲府), 형조(刑曹) 등도 관련 경찰업무를 수행하였다.

② 지방경찰

고려시대와 마찬가지로 경찰을 포함한 국가행정의 미분화 현상은 지방에서 더욱 뚜렷하게 나타났다고 볼 수 있다. 고려시대에는 지방수령의 업무가 다섯 가지였으나, 조선시대에는 7가지 임무를 수행하였다. 이를 수령 7사(守令七事)라고 한다. 수령칠사에는 ㉠ 농상성(農桑盛, 농업진흥), ㉡ 부역균, ㉢ 호구증, ㉣ 사송간, ㉤ 간활식(奸猾息, 교활하고 간사한 것을 금함 즉, 치안유지)에 추가하여 ㉥ 군정수(軍政修, 군대정비)와 ㉦ 학교흥(學校興, 교육장려)이 이에 해당된다. 이렇게 본다면, 지방수령의 업무는 국가행정 전반에 걸쳐 포괄적으로 수행하고 있음을 알 수 있다. 특히 지방에 있어서 경찰기능이 다른 국가행정과 분리되지 못하였다는 점을 의미하는 것이다.

그런데, 주지하는 바와 같이 조선시대에 이르러 전국의 주민을 중앙정부가 일원적으로 통치하기 위하여 전국의 모든 군현에 수령을 파견하였다. 고려시대까지만 하더라도 수령이 파견되지 못한 속현이 많아서 국가의 공권력이 전국 골고루 미치지 못하여 지방 토호들이 마음대로 백성을 지배하는 일이 많았다. 요약건대, 조선시대에서도 고려와 마찬가지로 경찰기능이 다른 국가행정과 미분화된 것은 사실이지만, 적어도 표면적으로는 중앙에서 지방에 이르기까지 제도화된 경찰활동이 이루어졌다고 볼 수 있다.

직수아문

경찰제도의 미분화는 삼국시대와 고려시대뿐만 아니라 조선시대에 이르러서도 중앙과 지방 전반에 걸쳐 나타났다고 볼 수 있다. 경찰기능의 제도적 미분화·비전문화와 관련하여 대표적으로 조선시대의 '직수아문'(直囚衙門) 개념을 들 수 있다. 직수아문이라는 것은 죄인을 직접 체포·구금하는 '관청'[衙門]을 말한다. 오늘날의 사법경찰업무를 담당하는 기관으로 볼 수 있다. 이러한 직수아문은 조선시대에 등장한 특별한 상황이 아니라 삼국시대, 고려시대에도 보다 광범위하게 존재해온 것이라 할 수 있다. 즉, 각 관청은 필요에 따라 일정한 경찰권한을 직접 행사하였으며, 또 각 관청의 권한범위가 명확하지도 않았다고 볼 수 있다.

조선시대의 형사사법체계와 관련하여, 태조 이성계는 그의 즉위조서에서 『형조(刑曹)는 형법(刑法)·청송(聽訟, 재판을 위하여 당사자로부터 소송사유를 듣는 일)·국힐(鞫詰, 죄인을 신문하는 일)의 업무를 관장하고, 순군(巡軍)은 순작(巡綽, 야간 순찰)·포도(捕盜, 도적체포)·금란(禁亂, 질서유지)의 업무를 관장하도록 하였다.[32] 이렇게 볼 때, 형조의 재판업무와 순군의 범죄예방 및 수사업무는 구분된 것으로 볼 수 있다. 그러나 각 관청에서는 자신들의 직무에 속하는 피의자를 자의적으로 체포·구금하였다. 이러한 폐단을 없애기 위하여 범인을 직접 체포하여 감금할 수 있는 관청인 직수아문을 법으로 정하였다. 즉, 중앙의 병조·형조·한성부·사헌부·승정원·장예원(掌隷院, 노예관리), 종부시(宗簿寺, 왕실관리), 지방의 관찰사·수령 등이 이에 해당된다. 조선후기에 비변사(備邊司), 포도청(捕盜廳) 등이 추가되었다. 그리고 나머지 관청은 범죄자를 직접 체포·구금하지 못하고, 이를 형조로 이관하여 체포·구금하도록 법으로 정하였던 것이다.[33]

이처럼 조선시대에 이르러서도 범죄자 체포·구금과 관련하여 오늘날의 경찰과 같은 독립된 전문적인 기관에 의해 일원화되기보다는 국가행정과 관련하여 해당업무를 수행하는 관청에서 관련 위반사범에 대한 체포·구금을 하였음을 알 수 있다. 그런데, 문제는 법에서 정한 직수아문조차 제대로 지켜지지 못하였다는 점이다. 즉, 법에 규정되어 있지 않은 궁방(宮房, 왕족)이나 권문(權門, 문벌귀족) 또는 서원(書院)과 같은 곳에서도 사적으로 관련 범죄자를 구속하고 형벌을 과하는 일들이 자주 발생하였던 것이다.[34] 이상과 같은 점에 비추어 볼 때, 조선시대에도 아직까지 경찰기능이 제도적으로 전문화되지 하고, 법치(法治)가 확립되지 못하고 여전히 특정 개인 및 특정집단의 우월적 지위를 인정하고 있음을 알 수 있다.

(2) 제도적으로 독립화·전문화된 경찰의 등장: 포도청

포도청은 그 이름에서 의미하는 것처럼 '도적의 체포'[捕盜]를 주요 임무로 하는 경찰기관이라 할 수 있다. 세조(수양대군, 재위 1455~1468)때까지 전국적으로 극성을 떨치

32) 서일교(1974), 조선왕조의 형사제도 연구, 서울: 박영사, p. 8.
33) 대전회통(大典會通) 형전(刑典) 수금편(囚禁篇).; 내무부치안국(1972), 한국경찰사, p. 229 재인용.
34) 위의 책, p. 229.

던 도적의 횡포를 종전의 경찰기능을 담당하던 의금부 등에서는 감당할 수 없는 지경이었다.[35] 이러한 문제를 해결하기 위하여 포도청제도를 도입하였는데, 이의 성격이 경찰뿐만 아니라 군사행정과도 관련이 있지만, 경찰차원에서 접근했을 때 경찰기능이 타 관청으로부터 분리되어 제도적으로 독립화·전문화된 것으로서 그 역사적 의의를 갖는다고 본다.

① 포도에 대한 유시와 사목의 제정

이후 성종은 '포도'(捕盜)에 대한 지대한 관심을 보이고 즉위한 해(1469)에 전국 관찰사에게 포도에 관한 '유시'(諭示, 국왕의 칙령)를 내려 도적의 횡포를 근절토록 하였다. 그리고 이들 도적의 발생 원인을 규명하고 예방과 체포에 만전을 기하기 위해 '포도사목'(捕盜事目)을 제정·시행(1470)하였으나, 도적의 발호는 날로 심해졌다.

② 포도장제의 실시

이에 대한 대책으로 '포도장제'(捕盜將制)를 시행하게 되었다. 즉, 단순히 지방의 관찰사에게 포도의 임무를 맡기는 수준으로는 도적을 근절할 수가 없기 때문에 별도의 포도장(捕盜將)을 임명하여 이들로 하여금 포도업무를 수행하도록 한 것이다. 이이 따라 지방 관찰사는 포도장의 지휘 하에 도적토벌업무를 수행하였다.

그런데, 이때의 포도장은 전국적으로 각 도마다 임명한 것이 아니고 특히 도적의 발호가 극심한 지역에만 파견한 것이며, 따라서 포도장은 항구적인 것이 아니라 임시적으로 설치한 것이 불과하였다.

③ 포도청의 설치

이러한 포도장제는 중종 23년(1528)에 이르러 포도대장(捕盜大將)으로 직제의 승격을 보게 되었다. 한편, 포도청이라는 명칭은 중종 39년(1544)에 처음보이고, 명종 7년(1562) 및 그 이후에도 계속 보인다. 이러한 점에서 볼 때, 포도청은 성종대에 임시로 설치되어 중종대에 이르러 항구적으로 설치되었다고 볼 수 있다.[36] 그런데, 이 때 상설화된 포도청의 관할은 수도인 한성(漢城, 오늘날의 서울)이라고 할 수 있다.[37] 이후 지방에도

35) 허남오(1998), 앞의 책, pp. 127-133.
36) 포도청이 설치된 시기 및 상설화된 것과 관련하여 경국대전 이후라고 하는 것과 조선중엽 정도의 시기라고만 할 뿐 정확한 기록은 없는 실정이다. 차인배(1998), "조선후기 포도청 연구: 기능변천을 중심으로", 동국대학교 대학원, 석사학위 논문, p. 8.
37) 성종 2년(1470)의 포도사목에서는 개성·경기·황해도에 대해서 규정하였고, 에 이르는 지역에 포도장을 파견토록 하였고, 성종 7년(1475)에는 서울과 경기를 대상으로 하였다. 한편 성종 20년(1489) 이후에는 서울에 도적이 많아 포도제도의 폐단에도 불구하고 이를 강화하였다. 이러한 점들로 보아 포도제도는 초기에는 전국을 대상으로 하다가 점차 수도인 서울을 중심으로 재정립 되었다고 볼 수 있다.

설치되어 중영청(中營廳)이라 하였고, 그 조직도 중앙의 그것을 압축·모방하였던 것이다. 이렇게 해서 설치된 포도청은 고종 31년(1894) 7월 경무청으로 개편될 때까지 지속되었다.

이러한 포도청은 숙종대(1674~1720)로 오면서 기강이 문란해졌다. 이로 인해 도성 내에서 도적의 횡포가 극심하였고, 심지어는 무덤을 발굴하여 매장품을 태연하게 매매하기도 하였다. 한편, 조선후기 순조대(1800~1834)에 들어 포도청은 그 본연의 직무인 범죄대응보다는 천주교 탄압에 주력하였으며, 이를 위하여 오가작통(五家作統)을 활용하기도 하였다.

(3) 사적 경찰활동에 의한 주민통제

조선시대에 이르러 전국의 주민을 중앙정부가 일원적으로 통치하기 위하여 전국의 모든 군현에 수령을 파견하였다는 점은 위에서 설명한 바와 같다. 그러나 지방행정조직 말단인 면(面)에까지 지방관이 파견된 것은 아니다. 또 면 밑에는 리(里)가 있다. 이들 면과 리 단위에서는 여전히 지역 토호세력 등에 의한 사적 경찰활동을 통한 주민통제가 이루어졌다고 볼 수 있다. 이는 조선시대에 지방에 설치된 유향소(留鄕所)와도 밀접한 관련성이 있다.

조선시대의 지방관청인 부·목·군·현에는 수령의 자문기관으로서 유향소(留鄕所, 후기에는 이를 향청이라 함)이라는 것이 설치되어 있다. 유향소의 구성원들은 지역의 덕망이 높고 명망이 있는 양반들로 이루어졌는데, 이들은 지방수령을 보좌하여 풍속을 교정하고, 일정부분 치안에 대한 책임을 지고, 경우에 따라서는 형벌권(刑罰權)도 행사하였다. 그리고 실제 민생범죄에 대한 이들의 영향력과 폐단은 적지 않았던 것으로 보인다.

5가작통

5가통(五家統) 또는 5가작통(五家作統)은 조선건국 이래 당나라제도를 받아들여 백성들의 통제수단으로 실시한 제도이다.[38] 따라서 이 제도는 각 마을에 자발적으로 조직된 것이 아니라 중앙에서 강제로 조직한 최하위 지방자치조직인 것이다. 이 제도는 초기부터 경국대전(經國大典)으로 법제화 되었다. 조선왕조는 이 5가작통제도를 강화하려고 노력하였고, 다시 제도를 고처 10호를 한 단위로 한 10가통(十家統)으로 바꾸어 운영하기도 하였지만 큰 실효는 거두지 못하였다.

5가작통제도의 목적으로 이웃과의 상호부조와 상호감시, 그리고 연대책임(連帶責任,

38) 현규병(1955), 한국경찰제도사, 민주경찰연구회, p. 55.

범죄 등의 신고의무와 불이행 등)을 기본으로 하여 호적·호구를 명백히 하고 더 나아가 예방경찰의 기능까지 달성하고자 하였다. 또 이에 따라 주민의 거주이전도 엄격하게 통제하였다.

제4절 근대국가의 성립과 경찰의 전문화·민주화

1. 근대경찰의 의의와 인식 틀

1) 근대경찰의 의의

우리는 근대(近代, modern) 또는 현대(現代)라고 불리는 역사의 시간대에 살고 있다. 그러나 이러한 근대를 표상하는 '근대성'(近代性, modernity)에 대해 그것의 의미와 본질을 둘러싸고 학문적으로 일치된 견해를 찾아보기 어렵다. 특히 우리나라의 경우 아직도 근대성이 완성되지 않은 것으로 바라보고 있기 때문에 이에 대한 논란은 더욱 가중되고 있는 것 같다.[39] 어떻게 보면 이러한 문제는 근대성에 관한 우리의 '자기정체성의 결여'에서 기인한 것으로 볼 수 있을 것이다. 사실 '근대'라는 것은 유럽사의 경험이 세계사적 맥락에서 일반화된 시대구분의 용어이다. 역사관에 따라 시대구분은 달라지지만 그 바탕에 권력의 의지가 깔려 있음은 물론이다. 결국, 세계사 안에서 시대적 구획의 문제는 중심부적 지식과 권력의 담합으로 볼 수밖에 없으며, 이러한 견지에서 근대는 필연적으로 서구지배의 소산으로 인식된다.

이러한 점에서 본다면, 한국경찰의 근대성은 아시아문명권에서 벗어나 서구의 경찰제도와 이념이 한국사회에 직·간접적으로 영향을 미치는 시기로 비춰질 수도 있다. 그렇게 본다면, 이미 한국경찰의 근대성은 서구의 근대경찰을 전제로 한 것인지도 모른다. 그러나 서구의 근대경찰의 관점에서 단순히 한국경찰의 근대성을 논의하는 것은 한계가 있다. 19세기 당시 한국사회가 안고 있는 시대적 특성을 이해할 필요성이 있기 때문이다. 즉, 서구경찰의 근대성이 온전한 방법으로 한국에 이식되기 보다는 일본 등에 의한 타율

39) 임현진(1997), "사회과학에서의 근대성 논의: '근대화 프로젝트'를 중심으로," 역사문제연구소(편), 한국의 '근대'와 '근대성' 비판, 서울: 역사비평사, pp. 187-188.

적·종속적인 방법으로 이식된 면이 적지 않기 때문이다. 또한 당시 한국사회에는 서구와 일제의 영향과는 관계없이 내재적 발전 동력에 의해 경찰을 포함한 사회 모든 영역에서 서서히 진보적인 요소가 어느 정도 형성되고 있었다는 점도 지적되고 있기 때문이다.

따라서 여기에서는 서구의 경찰근대성을 기본으로 하고, 한국의 특수사정을 반영하여 개항전후에서 미군정시대에 이르는 과정에서 한국경찰의 근대성이 어떻게 형성·발전되었는가를 살펴보고자 한다.

2) 근대경찰의 인식 틀

이처럼 경찰의 근대성이라는 의미가 서구의 역사적 발전과정과 맞물려 논의된 것이기 때문에 한국경찰의 근대성을 논의하는데 있어서 한계가 있는 것이 사실이다. 그러나 그러한 이유는 차치하더라도 서구에서 경찰의 근대성이 어떠한 형태로 형성·발전되었는가는 주목할 필요가 있다. 그것은 보편주의적 차원에서 서구와 우리나라간의 어떠한 비교를 가능하게 해주는 하나의 기준이 되기 때문이다. 또한 그러한 비교과정에서 경찰근대성과 관련하여 우리나라에 내재하는 독특한 특성 역시 발견할 수 있을 것이다. 이와 같이 경찰근대성은 보편성과 특수성 차원에서 논의할 필요성이 있는데, 이를 위해 다음과 같은 인식의 틀을 설정할 수 있을 것이다. 제도적·이념적 경찰근대성은 보편적 차원에서 접근한 것이며, 내재적·종속적 경찰근대성은 한국의 특성을 반영하여 접근한 것이다.[40]

〈근대경찰의 인식 틀〉

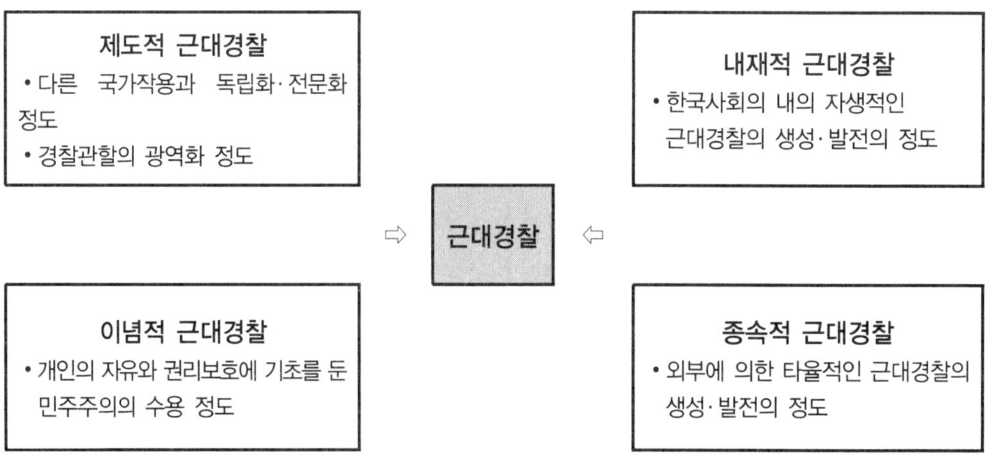

40) 이하 최선우(2006), "한국경찰의 '근대성'(近代性)에 관한 연구," 한국공안행정학회보 제23호, pp. 411-412 재구성.

(1) 제도적·이념적 근대경찰

① 제도적 근대경찰

제도적 근대경찰은 경찰의 제도적 전문화 및 광역화 등과 관련된다. 경찰의 제도적 전문화라는 것은 기본적으로 경찰관계법령이 제정되고 경찰기능이 다른 국가기능(예컨대, 일반행정·사법·군사 등)과 분리되어 단일기관에 의해 이루어지는 것을 의미한다. 그리고 광역화는 전문화된 경찰제도가 그 나라의 수도와 같은 어느 특정지역에 국한되어 제한적으로 적용되고 있는지, 아니면 전국에 걸쳐서 그와 유사한 수준으로 이루어지는지와 관련된다. 이는 중앙의 지방에 대한 통제수준을 의미하는 것이다. 오늘날의 자치경찰이라는 의미도 중앙정부를 전제로 한 것이며, 따라서 실질적으로 중앙정부의 통제를 받지 않는 자치경찰은 존재하기 어렵다. 따라서 제도적 근대경찰의 정도는 중앙정부의 통제를 받지 않는 이른바 '사적(私的) 자치경찰'이 어느 정도의 수준으로 존재하고 있는지를 파악하면 알 수 있을 것이다.[41]

이를 위해서는 그 시대의 지배권력구조가 어떻게 이루어졌는가에 대한 이해가 선행되어야 한다. 한 사회의 권력구조의 양상을 파악하는 것은 그 사회의 경찰을 이해하는 데 있어서 대단히 중요한데, 경찰제도의 구체적인 존재 방식은 그 사회의 권력구조와 긴밀하게 얽혀 있고, 특히 국가의 발달과 평행하게 전개되어 왔기 때문이다.[42]

② 이념적 근대경찰

다음으로 근대경찰을 논의하는데 있어서 경찰의 존재이유를 밝혀야 한다. 즉, 경찰이 본질적으로 국가와 사회의 보호를 위해서 존재하는 것인지, 아니면 개인의 자유와 권리 보호를 위해서 존재하는지를 살펴보아야 한다. 더 나아가 경찰이 1인 또는 소수의 지배권력집단의 이해관계를 반영하고 있는지, 아니면 다수의 사회구성원의 이해관계를 반영하고 있는가에 대해 살펴볼 필요가 있다.

경찰의 존재이유와 관련하여 19세기 독일의 마이어(Otto Mayer)에 의하면, 경찰은 생래적·본질적으로 사회적 의무를 전제로 한 것으로서, 사회의 공공질서를 유지하는 것은

41) 베일리(David Bayley, 1990)는 근대경찰의 특성을 '공적'(public), '단일화'(specialized), 그리고 '전문화'(professional)라는 개념으로 설명하고 있다. 여기에서 공적이라는 것은 경찰력의 후원자가 국가라는 것이고(auspice의 차원), 단일화는 하나의 기구로 경찰업무가 집중된다는 것을 의미하며(focus의 차원), 전문화는 특정기구가 경찰업무만을 수행하도록 제도적으로 합리화된다는 것을 의미(rationalization의 차원)한다. 최경준(2002), "식민지 경찰과 근대성: 일제 강점기 경찰을 통한 근대성과 식민지 국가특성 연구," 서울대학교 석사학위논문, p. 11 재인용.

42) Cyril D. Robinson, and Richard Scaglion(1987), "The Origin and Evolution of Police Function in Society: Notes Toward a Theory," Law and Society Review, Vol. 21, No. 1., p. 10.

불가피하게 인권의 내제적인 제약이 따른다고 보았다.[43] 여기에서의 경찰은 개인의 권리보다도 사회의 권리를 우선적으로 하고 있음을 알 수 있다.

그런데, 19세기 영국의 밀(J.S. Mill)은 개인은 자기 자신의 행복을 제 각기의 방식에 따라 추구할 수 있는 자유(사상과 언론의 자유 등)만이 참다운 의미의 자유라고 하였다. 다만 다른 사람의 권리나 자유를 침해하거나 공동체의 안전을 위협할 때에는 그 자유를 억제해야 한다고 하였다. 밀은 보호받아야 할 자유와 제한받아야 하는 자유를 구별하여 개인 또는 공중에게 분명한 가해의 위험이 있을 때에는 그것은 자유의 영역을 넘어서 '법이나 도덕'의 '공적 제약' 영역에 속한다고 본 것이다.[44] 이렇게 볼 때, 밀의 자유론은 약육강식, 적자생존 등 '자연질서'(natural order) 상에서의 자유를 논한 것이 아니라 강자로부터 약자가 보호되는 '사회질서'(social order) 상에서의 시민의 사회적 자유를 논하였음을 알 수 있다. 따라서 사회질서 상의 자유는 국가의 적절한 중재가 이루어질 때 가능한 것이다. 그러나 중요한 것은 밀 역시 국가의 가치는 결국 그 국가를 구성하는 개인의 가치에 있으며, 개인을 경시하는 국가는 존립하지 못한다는 점을 분명히 하고 있다. 이러한 점에서 본다면 국가라는 실체 또는 경찰의 존재는 본질적으로 개인의 자유와 권리를 전제로 한 것임을 알 수 있다.

따라서 이념적 관점에서의 근대경찰은 특히, 민주주의와 관련된다고 볼 수 있다. 근대라는 의미가 개인 및 시민의 자유와 권리를 지향하는 것이라면 그에 내재하는 이념적 가치가 바로 민주주의라 할 수 있기 때문이다. 따라서 이념적으로 민주주의에 대한 사회적 인식 및 사회구성원들 가운데 그러한 혜택을 어느 정도 실제도 받았는지를 살펴볼 필요가 있다. 사실 엄밀하게 말한다면, 이념적인 민주주의를 현실화하기 위해서는 실질적인 관련 제도적 장치가 어느 정도 마련되어 있느냐를 전제로 하는 것이기 때문에 양자(즉, 제도적 근대경찰과 이념적 근대경찰)는 동전의 양면과 같은 것이다.

경찰의 존재이유가 국가와 사회보호를 전제로 한 것인지, 아니면 개인의 권리보호를 전제로 한 것인지에 대한 일치된 견해를 이끌어 내기는 어렵다. 그러나 국가와 사회의 권리보호를 전제로 한다면, 개인의 자유와 권리보호에 대한 최후의 방어장치는 취약해질 수밖에 없다. 따라서 경찰권 발동의 근거는(비록 선언적 의미에 불과할지라도) 개인의 자유와 권리보호에 기초를 둔 것에서 찾아야 한다고 본다.

---

43) 정진환(2006), 비교경찰제도, 서울: 백산출판사, p. 330 재인용.
44) 이상안(2005), 인권과 질서, 서울: 대명출판사, pp. 53-54 재인용.

서구의 근대경찰

'서구 최초 근대경찰의 탄생'과 관련하여 테릴(R. Terril)은 1829년 영국 내무성장관인 필(R. Peel, 1788~1850)에 의해 만들어진 영국수도경찰을 제시하고 있다.[45] 마찬가지로 랭워디(R. Langworthy) 등은 로버트 필에 대해 '근대경찰의 아버지'(the Father of Modern Police)라 표현하고 있다.[46]

Robert Peel(1788~1850)

이러한 관점에서 본다면, 당시에 제정된 영국수도경찰법(London Metropolitan Police Act, 1829)이 최초의 근대경찰법이 되는 셈이다. 사실, 필이 제시한 경찰의 개혁안은 주목할 만하다. 즉 제도적으로 경찰의 전문성·독립성뿐만 아니라 아울러 이념적으로 국왕이나 소수의 귀족이 아닌 다수의 일반시민을 위한 경찰을 제시하였던 것이다. 즉, 필이 제시한 경찰개혁의 원칙을 보면 경찰제도적인 정비뿐만 아니라 이전과는 달리 시민의 입장에서 경찰이 존재할 것을 명확히 하고 있다는 점에 주목할 필요가 있다. 이는 당시의 절대권력에 대한 거부반응, 그리고 소수 부르주아계급의 이해관계 반영에 불과할지도 모르지만, 그래도 표면적으로는 경찰의 존재성, 활동과 행태, 더 나아가 경찰권한 자체가 시민의 승인 하에서 부여된 것이라는 점을 분명히 하고 있다.[47]

물론 영국수도경찰의 근대경찰모델이 곧바로 영국 전역에 적용된 것은 아니며, 1930년대에 이르기까지 서서히 적용·시행되었다. 영국수도경찰은 근대경찰의 완성이 아니라 출발인 셈이다. 마찬가지로 근대경찰이 부르주아계급과 결부되어 발전되었다 할지라도, 이 시점에서 시민지향적 경찰이념이 형성되었다는 점에서 의미가 있으며, 분명한 것은 이후 개인 및 시민지향적 가치체계는 더욱 확대되어 오늘에 이르고 있다는 점이다.

(2) 내재적·종속적 근대경찰

한국의 근대경찰을 논의하는 과정에서 그것(제도적·이념적 근대성)이 한국사회에 본질적으로 내재하여 형성·발전해 왔는가 아니면 타율적·종속적으로 형성·발전해 왔는가

45) Richard J. Terril(1999), World Criminal Justice System, Cincinnati: Anderson Publishing Company, pp. 11-13.
46) Robert H. Langworthy, Lawrence F. Travis Ⅲ.(1994), Policing in America: A Balance of Forces, N.Y.: Macmillan Publishing Company, p. 58.
47) 로버트 필이 제시한 경찰활동의 원칙에 대해서는 James J. Fafe, et al.(1997), Police Administration, N.Y.: McGraw-Hill Companies, p. 8 참조.

를 밝히는 작업은 매우 중요하다.

사실, 내재적 발전론과 종속적 발전론 모두 '자본주의 경제구조의 근대성'과 관련된 것이다. 즉 조선후기에 조선 스스로 서구와 비슷한 자본주의 경제가 형성될 조짐이 있었는지, 아니면 조선은 스스로 그러한 능력이 없었으며, 일본에 의해서 비로소 자본주의 경제가 형성되었는지 하는 문제이다. 그리고 전자는 민족주의적 경향을 띠는 면이 없지 않고, 후자는 주로 통계 의존적 연구방식 때문에 그 한계를 가지고 있다. 이러한 문제는 특히 대한제국시대(1897~1910)와 일제강점기(1910~1945)에 있어서 한국의 근대성과 관련하여 내재적 발전론과 식민지 종속적 발전론 간의 논쟁은 그 절정에 다다르고 있다.[48] 그런데, 이러한 접근방식은 다양한 관점에서 응용·적용될 수 있다고 본다. 즉 자본주의 경제구조뿐만 아니라 민주주의와 관련된 정치구조, 더 나아가 민주주의와 관련된 경찰제도에 있어서도 물론이다(어떻게 보면 자본주의는 민주주의의 또 다른 표현이기 때문이다).

① 내재적 근대경찰

내재적 발전론의 관점에서 본다면, 먼저 서구 및 일본의 영향과는 관계없이 한국사회 스스로 근대경찰이 추진되고 있었고, 적어도 서구 및 일본의 영향을 불가피하게 받는 과정에서도 자생적인 근대경찰이 전개되고 있었다는 것이다. 더 나아가 만약 서구 및 일본의 영향을 받지 않았다면 보다 진보된 근대경찰을 추진할 수 있었다는 가정까지도 설정할 수 있을 것이다.

② 종속적 근대경찰

반면, 종속적 발전론의 관점에서 본다면, 서구 및 일본의 영향을 통해서 비로소 근대경찰이 시작되었고, 따라서 서구 및 일본의 영향이 없었다면 근대경찰은 이루어질 수 없다는 것이다.

종속적 근대경찰과 관련하여 이철우(Lee, Chul Woo)는 보다 구체적으로 국가 공권력을 둘러싼 일제식민지 시기의 근대성을 주장하고 있다. 그에 따르면 식민지 시기 '법적 통치체제'(legal-governmental system)가 조직되고 작동하여 식민지 국가는 전통국가가 손대지 못했던 세부적인 삶에 대한 권력과 통제력을 확장시켰으며, 이러한 통제력의 증가는 근대국가의 전형적인 모습이라고 할 수 있고, 그런 의미에서 근대화가 일어난 것이라는 본 것이다.[49]

---

48) 이와 관련하여 이태진·김재호 외(교수신문 기획·엮음)(2005), 고종황제 역사청문회, 서울: 푸른역사 참조.

49) 일제 강점기에 이르러 사회구성원들에 대한 체계적인 행위통제, 면밀한 감시, 전문적인 지식에 의한 지도, 관찰과 기록의 복합적인 정리가 식민지 권력, 특히 경찰에 의해 이루어지고, 이로써 국가의 통치행위가 변화되어 '규율권력'이 출현하게 되었다고 보았다. 즉, 아주 사소한 사회적 삶에 대해서도 광범위한 국가권력의 통제가 이루어지고 경찰은 이러한

③ **종속적 근대경찰의 한계**

그런데, 주지한 바와 같이 위에서 이념적 근대경찰은 본질적으로 개인의 자유와 권리 보호를 전제로 한 것임을 밝힌 바 있다. 1948년 영국의 블랙번(Blackburn)에서 3살 난 아이를 폭행·살해한 범죄자를 찾기 위해서 4만 명이 넘는 그 지역 모든 남성의 지문을 조사하여 결국, 범죄자를 체포하여 교수형에 처하고, 이후 다른 시민들의 지문기록을 공개적으로 파기한 것은[50] 경찰제도의 체계화, 세밀화 이전에 개인의 자유와 권리가 우선이라는 것을 보여주는 단적인 예라고 할 수 있다.[51]

이상과 같은 근대경찰의 논의를 바탕으로 한국 근대경찰의 형성 및 발전과정은 크게 5가지 시대로 구분하였다. ㉠ 문호개방(1876) 이후의 개항장(開港場) 경찰, ㉡ 갑오개혁(1894) 이후의 경찰, ㉢ 대한제국시대(1897~1910)의 경찰, ㉣ 일제강점기(1910~1945)의 경찰, ㉤ 미군정시대(1945~1948)의 경찰이 바로 그것이다.[52] 대한민국 정부 수립 이후에도 경찰근대성에 대한 논란은 여전히 지속되고 있지만, 이는 별도로 살펴보고자 한다.

2. 문호개방과 개항장 경찰

1) 문호개방에 따른 개항장 감리서의 설치

1876년 조선정부는 일본과 '병자수호조약'(丙子修好條約)을 체결한 이래로 일본과 통상을 위하여 항구 등에 개항장(開港場, Open port)을 두게 되었다. 이들 개항장은 새로운 사상과 문물, 그리고 제도가 가장 먼저 유입되는 곳이라고도 할 수 있다. 한편, 일본을 포함한 서구열강들과의 통상이 활발해지면서 개항장과 같이 항구에만 한정되지 않고 내륙에도 개시장(開市場)·개방지(開放地)·잡거지(雜居地)의 형태로 설정되었다.

과업달성의 주요수단이 되었다는 것이다. 이것은 권력과 지배에 있어서의 '근대성'을 의미한다고 보았던 것이다. Lee, Chul Woo(1999), "Modernity, Legality, and Power in Korea Under Japanese Rule," in Shin, Gi Wook and Robison, Michael(eds.), Colonial Modernity in Korea, Harvard University Press, p. 23, p. 50.

50) 리처드 플랫/안재권 역(2005), 범죄의 현장, 경기: 해나무, p. 47.

51) '자율적·내재적'으로 경찰근대화가 이루어졌는지 아니면 '타율적·종속적'으로 이루어졌느냐 하는 것은 '한국 근대경찰의 정체성'을 확립하는데 있어서 중요하다고 본다. 그리고 그러한 근대화과정으로 인해 어떠한 결과가 나타났는지를 밝혀야 한다고 본다. 타율적·종속적으로 경찰근대화가 이루어졌다 할지라도 제도적으로 경찰제도가 발전하고, 이념적으로 국민 개개인의 자유와 권리를 보호하는 경찰상이 정립되었다면 논란의 여지는 희박하다고 본다. 그러나 특히, 일본에 의한 타율적 개혁 및 식민시대의 경험은 오늘날까지도 우리가 극복해야할 경찰과제로 남아 있다는 점이다. 한편, 미국이 독립 이후 영국의 경찰제도와 이념을 독립적·선별적으로 수용하였다는 점, 그리고 일본이 서구유럽의 경찰제도와 이념(물론 이념은 형해화 되었지만)을 수용했을 때 역시 주체적 이었다는 점은 우리에게 시사하는 바가 크다. 오늘날의 선진경찰의 위상은 그러한 과정 속에서 형성되었기 때문이다. 최선우(2006), 앞의 논문, pp. 416-417.

52) 위의 논문, pp. 419-433.

이들 각 개항장 등에 감리서(監理署)를 두어 외국영사와 교섭을 담당하고, 외국인 거주지역[租界]과 관련된 일체의 사무를 관장하도록 하였는데, 인천·부산은 1883년 8월, 의주개시장은 동년 12월, 경주개시장은 1889년 8월에 감리서가 설치되었다. 감리서의 최고 책임자인 감리(監理)는 관찰사(觀察使)와 동격의 지위에 있었다. 개항장은 그만큼 중요한 비중을 차지하고 있었던 것이다.

2) 감리서에 경찰관 배치

이러한 감리서에 경찰관(警察官)을 배치하였다. 각 개항장 등에 설치된 감리서에 경찰관을 배치한 것과 관련하여, 1885년 10월에 부산과 원산에 배치하였다는 기사가 있고, 이에 앞서 인천에 배치되었다고 기록(1884)되어 있다. 통상적으로 '경찰'(警察)이라는 단어가 등장한 것은 보통 1894년 갑오개혁 이후라고 하지만 이미 1885년 10월 29일의 구한말 정부공식문서 내용을 통해 '경찰'이라는 용어가 사용되었음을 주목할 필요가 있다.[53)]

이들 감리서가 개항장 등에서 외국인을 상대로 국제적인 업무를 수행하였으며, 경우에 따라서는 개항장 내에서 자국인 및 외국인에 의한 범죄문제 역시 발생하였을 때 이에 대한 대응을 하였다. 따라서 감리서에 배치된 경찰관들은 감리서의 보호 및 개항장 내의 치안유지와 관련된 업무를 수행하였던 것이다. 한편, 영사사무관계가 많은 개항장에는 각국이 영사관을 두어 자기 나라의 권익확보와 보호에 힘썼는데, 이곳의 외국인 범죄자에 대해서는 국내법이 미치지 못하는 치외법권(治外法權)을 허용하였다.

이처럼 개항장은 조선의 다른 지역과는 달리 근대화를 먼저 경험한 서구사상과 제도의 접견지이고, 따라서 경찰활동 역시 그러한 분위기를 반영하였다고 본다. 이러한 점에서 개항장 경찰은 '근대경찰'의 단면을 일부 보여주고 있다고 볼 수 있다.[54)]

3) 제도적으로 독립된 경무서의 설치

그러나 개항장 등에 배치된 경찰관이 어떠한 이념적 토대 하에 어떠한 관련 업무를 수행하였는지가 기록상으로 명확하지 않고, 또한 각 개항장 등에 배치된 경찰이 하나의 독립된 관청으로서 존재한 것이 아니고 감리서에 소속되어 배치되었다는 점을 인식할 필요가 있다. 사실, 각 개항장 등에 독립된 관청으로서 경무서(警務署)를 설치한 것은 한참 후인 1897년(광무 원년) 9월에 가서야 이루어지게 된다.[55)]

---

53) 승정원일기(承政院日記) 고종 22년(1885) 10월 29일; 고종실록(高宗實錄) 고종 22년 10월 29일; 통리교섭통상사무아문일기(統理交涉通商事務衙門日記) 고종 22년 10월 28일 등에 개항장에 경찰관(警察官)을 배치한다는 내용이 기록되어 있다. 김상호 외 8인(2004), 경찰학 개론, p. 415.

54) 내무부치안국(1972), 앞의 책, p. 323.

그리고 개항장에 설치된 경찰은 개항장 등과 같은 특수한 지역을 대상으로 한 것이지 수도 또는 지방을 대상으로 한 것은 아니라는 점이다. 아울러 그러한 경찰관의 배치 및 설치가 조선정부 독자적인 의지에 의하였다기보다는 국제관계상 필요한 불가피한 조치였다고 볼 수 있다.

한국 근대경찰의 구상

우리나라에서 근대적인 형태의 경찰제도 구상이 나타난 것은 1880년대 이후부터라 할 수 있다. 이 시기의 경찰개혁에 대한 논의배경은 크게 두 가지 차원에서 접근할 수 있다. 하나는 정치적 관점에서 정치세력의 이해관계와 관련하여 경찰이 지배권력의 중요한 유지수단이 되기 때문에 이를 자신들에 유리한 방향으로 설정해 놓으려는 의도를 가진다는 점이다. 다른 하나는 사회적 관점에서 종래의 치안제도가 적절하게 치안활동을 수행하지 못했고, 따라서 개선하기 위한 의도를 아울러 가지고 있다는 점이다.

따라서 이 시기에 하나의 정치세력을 형성하게 된 이른바 '개화파'는 자신들의 물리력 확보와 근대적인 국가개혁의 일환으로 '경찰'에 주목하게 되었고, 그에 따라 1883년에 순경부(巡警部)를 설치하였다. 비록 이 기구의 실제 운영 면모는 알 수 없으나, 이러한 개화파의 경찰력 확보에 대한 노력은 다시 1884년 갑신정강(甲申政綱)에서 나타난다. 갑신정변으로 정권을 장악한 개화파는 군제 개편과 순사제도를 도입함으로써 정권 유지의 물리적 기반으로 삼고자 한 것이다.

그러나 갑신정변의 실패로 근대 경찰제도의 실시는 구상에 그치고 만다. 이후 경찰제도가 법제화되고 실제 운영된 것은 그로부터 10년이 지난 1894년 갑오개혁을 계기로 개화세력이 다시 정권을 잡게 되면서부터이다.[56)]

3. 갑오개혁과 근대경찰의 태동

1) 갑오개혁의 의의

개항 이후 조선정부는 서구열강의 계속적인 침투와 국내의 불안정한 정세 속에서 근대화의 정체성을 확립할 여력이 없었다. 이러한 상황에서 1894년 동학농민혁명을 계기로 청일전쟁이 시작된 이래, 일본은 전쟁의 우위가 확실해지자 조선이 내정을 개혁한다는 취지하에 동

55) 위의 책, p. 323.
56) 최선우(2008), "대한제국 좌절기의 경찰: 러일전쟁(1904) 이후 일제강점(1910) 전까지를 중심으로," 한국콘텐츠학회논문지 제8권 제12호, p. 311.

년 6월 9일 일본의 오도리 게이스케(大鳥圭介)공사를 통해서 일본의 내정간섭에 유리하도록 조선의 개혁을 강요하였다. 이에 따라 흥선대원군으로 하여금 다시 집정하게하고 신정권의 기구가 정비될 때까지 임시특별기구를 잠정적으로 설치하여 내정개혁을 착수하고자 하였는데, 동년 6월 26일에 설치된 군국기무처(軍國機務處)가 바로 그것이다. 군국기무처는 영의정 김홍집이 총재관이 되고 오도리공사가 고문(顧問)이 되어 6월 23일에는 청나라와 조선의 조약을 폐기하고 군국기무처 관제를 제정하였으며, 28일에는 정부관제와 직장(職掌, 직무의 분장)을 편성하여 이를 '갑오신정부'(甲午新政府)라 칭하였으니 갑오개혁도 이로부터 전개된 것이다.

2) 제1차 갑오개혁과 경찰

제1차 갑오개혁에서 중점적으로 다루어진 것은 정치와 경제의 개편이었다. 특히, 이 시기에 내무아문 산하에 '경무청'(警務廳)이라는 강력한 경찰기관을 설치하였다는 점이다. 정치적 격변기에 경찰은 정치적으로 가장 중요한 개혁대상 가운데 하나였으며, 따라서 일본이 우선적으로 관심을 기울인 부분이라고 볼 수 있다. 그런데, 갑오개혁에 의해 탄생한 경무청이 또 하나의 '한국 근대경찰'(近代警察)의 시발점으로 인식되고 있다.[57] 즉, 이 개혁에 따라 1894년 8월 15일에 경무청관제직장(警務廳官制職掌)과 행정경찰장정(行政警察章程)이 제정된 것이다.[58]

(1) 경무청관제직장의 제정

경무청관제직장은 오늘날의 경찰법의 성격을 갖는 '근대적 경찰조직법' 이라고 할 수 있다. 이러한 경무청관제직장에 의해 조선시대의 전문적 경찰기능을 수행했던 좌·우 포도청(捕盜廳)이 폐지되고, 수도인 한성부에 경무청이 신설되었고, 경무청은 내무아문의 관할에 속하게 되었다. 내무아문에 소속된 경무청의 등장은 경찰기능을 수행하는 조직의 제도적 전문화·독립화를 의미하는 것이다.

경무청의 등장을 계기로 조선시대에 가장 대표적인 경찰기능을 담당하였던 포도청(捕盜廳)이 폐지되고,[59] 그 동안 제도적으로 시행되어 왔던 각 부(府)·아문(衙門)·군문(軍

57) 허남오·이승주(2005), 한국경찰제도사, 서울: 지구문화사, p. 60.

58) 다만 경무청관제직장은 일본의 가와지 도시요시(川路利良)의 건의에 따라 프랑스·독일의 경찰제도를 모방해 만들어진 일본의 경시청관제(警視廳官制, 1891)를 명칭만 바꾼 것이고 경찰복장도 일본식을 그대로 모방한 것이었다. 그리고 경찰작용을 규제하는 행정경찰장정도 프랑스의 경죄처벌법전(輕罪處罰法典, 1795)을 모방한 일본의 행정경찰규칙(行政警察規則, 1875)과 위경죄즉결례(違警罪卽決例, 1885)를 혼합한 것에 불과하였다. 즉 당시 경무청의 출범은 일본의 한국지배를 위한 수순으로 한국의 경찰권을 흡수하려는 일본정부의 치밀한 계산에 의해 이루어진 것이었다, 이황우·조병인·최응렬(2001), 경찰학개론, 한국형사정책연구원, p. 69.

門)·사(司) 등의 경찰권 행사를 금지하고, 군(軍)의 순찰활동도 금지하게 되었다. 이로써 조선초기의 이른바 '직수아문'(直囚衙門) 제도에 의해 여러 관청이 실시하던 범인 체포 및 구금업무가 경무청으로 어느 정도 일원화되었다고 볼 수 있다.

그리고 이 때 등장한 경무청은 군무아문(軍務衙門: 兵曹의 새 이름) 소속이 아닌 내무아문(內務衙門)에 소속되어 내무대신의 지휘를 받도록 하였다는 점은 주목할 필요가 있다. 이를 계기로 비로소 공식적으로 문관경찰제도가 도입되었기 때문이다.

한편 경무청은 관장사무로써 경찰사무뿐만 아니라 감옥(監獄)사무까지 관장하였다. 즉, 종래 형조(刑曹)에 속하였던 수도의 감옥사무(監獄事務)를 경무청에 소속시켰으며, 이러한 감옥사무는 1907년의 경시청관제(警視廳官制)에 이르러서야 경찰업무 가운데서 제외되었다.[60]

(2) 행정경찰장정의 제정

행정경찰장정(行政警察章程)은 오늘날의 경찰관직무집행법의 성격을 갖는 '근대적 경찰작용법'이라고 할 수 있다.

이 행정경찰장정은 경찰의 업무와 관련하여 ㉠ 백성의 위험방지(위민방해의 방호사무), ㉡ 위생사무(건강을 보호하는 일), ㉢ 풍기단속(방탕·음란한 행위를 제지하는 일), ㉣ 범법자의 수사(국법을 범하고자 하는 자를 은밀한 가운데 탐지·체포하는 일)로 구분하였다. 그리고 이러한 직무수행과 관련하여 경찰관리자인 총순(總巡)과 일선경찰에 해당하는 순검(巡檢)의 직무규정을 세부적으로 두었다. 이러한 행정경찰장정의 내용은 오늘날의 경찰업무와 비교하면 업무영역이 좀 더 포괄적이며, 다른 질서행정과도 미분화된 측면이 적지 않았다고 본다.[61]

한편, 행정경찰장정에는 위경죄즉결(違警罪卽決)에 관한 내용도 규정하고 있다. 이에 따라 일선 경찰지서장 등은 위경죄 즉, 경범죄(輕犯罪)를 범한 자가 있으면, 재판을 거치지 않고 즉시처벌 할 수 있도록 하였다(물론, 이에 대한 불복시 정식재판을 청구할 수 있도록 하고 있다). 그리고 이 행정경찰장정에서는 '경찰관 임용에 관한 규정', 즉 순검선용

59) 당시 포도청 제도의 개혁논의는 일본이라는 외세와 개화세력의 정권유지를 위한 타협의 산물이면서, 동시에 포도청 자체가 현실적으로 여러 가지 작폐(作弊)가 많아 경찰기구로서 제구실을 하지 못하였음은 물론이다. 이러한 경찰의 제도적·운영적 문제는 서구경찰의 근대화과정에서도 나타난다. 예컨대, 1829년 영국수도경찰이 탄생하기 이전의 보우가의 치안대(Bow Street Runner) 역시 비전문성과 부정부패 문제로 적지 않은 폐단을 안고 있었던 것이다. Robert H. Langworthy, Lawrence F. Travis Ⅲ.(1994), op. cit., pp. 52-59.

60) 내무부치안국(1972), 앞의 책, p. 320.

61) 위의 책, pp. 326-330.

(巡檢選用)에 관한 규정을 별도로 두어 채용과 징계 등 임용에 관한 내용도 두고 있다. 이러한 점에서 행정경찰장정은 오늘날의 경찰공무원법의 성격도 가지고 있었다고 본다.

3) 제2차 갑오개혁과 경찰

(1) 지방의 근대경찰화

그런데, 제1차 갑오개혁을 통해 좌우포도청을 합쳐서 만든 경무청은 전국에 관한 경찰사무를 담당한 것이 아니라 수도인 한성부(漢城府)의 치안을 담당하도록 한 것이며, 아직 지방의 경찰사무는 여전히 종래의 체제(즉, 관찰사 등 지방수령의 지휘를 받아 관할지역 내의 경찰활동을 하도록 함)에 의해 이루어졌다. 따라서 경무청의 탄생은 '수도경찰의 근대화'를 의미한다고 볼 수 있다.

근대경찰의 지방화는 다음해인 제2차 갑오개혁(1894. 12. 17~1895. 7)에서 지방제도를 종래의 8도(道)에서 23부(府)로 세분하고, 비로소 경무관 이하의 경찰(경무관보·총순·순검 등)을 배치함으로써 가능해졌으나, 여전히 그 이하 지방행정구역인 군(郡)단위까지는 이러한 신식경찰을 배치하지는 못했다. 또한 지방에 경찰을 파견·배치했다 할지라도 이들이 경무청의 지휘감독을 받지 않고, 지방 관찰사의 지휘감독을 받았다는 점, 그리고 지방에 전문화된 경찰관청이 설치되지는 않았다는 점이다.[62)]

(2) 경찰과 타행정관청과의 관계

제2차 갑오개혁 당시 각부관제통칙(各部官制通則)이 제정되어 경찰과 다른 행정부서간의 관계가 명시되었다. 이에 따르면 각부대신(오늘날의 행정각부의 장관)은 주요 소관사무와 관련하여 지방관 및 경무사(警務使)를 감독 및 명령을 내릴 수 있다고 규정하였으며, 만약 지방관과 경무사가 내린 명령과 처분이 법규에 위반하여 공익을 침해하거나, 또는 이들이 권한을 남용하였다고 판단했을 때에는 그것을 정지·취소할 수 있다고 규정하였다(제5조, 제6조 단서).

이와 같이 내무아문[內部]에 속한 경찰을 내부대신뿐만 아니라 각부대신들이 자신들의 소관사무와 관련하여 명령과 감독할 수 있는 권한을 부여하고 있다는 것은 무엇을 의미하는가? 제2차 갑오개혁에서 이노우에 카오루(井上馨)공사가 제시한 내정개혁안(1894. 11. 20)을 보면, 제11조에서 "경찰권은 한 곳에서 나오지 않으면 안 된다"고 규정되어 있다.[63)]

---

62) 위의 책, p. 307.
63) 위의 책, p. 337.

여기에서 의미하는 바는 순찰업무의 단일화뿐만 아니라 범죄자 체포 및 구금업무의 단일화를 의미하는 것으로 볼 수 있다. 그렇다면, 위의 각부관제통칙에서 각부대신들이 직접 경찰권을 행사하는 대신 일정부분에 대해서는 내부 소속의 경무사에 대한 지휘감독권을 부여한 것은 바꿔 말하면, 일본의 내정개혁안을 수용하면서도 한편으로는 기존에 관례적으로 행사해 온 경찰권을 완전히 포기하지 못하고 즉, 직수아문(直囚衙門)의 성격을 완전히 버리지 못한 일종의 타협점의 산물일지도 모른다.

4) 갑오개혁 경찰의 의의와 한계

갑오개혁(1894~1895)시기에 제정된 경무청관제직장과 행정경찰장정은 역사적으로 경찰조직 및 경찰작용에 관한 최초의 성문법이라 할 수 있다.[64] 즉, 갑오개혁을 통해서 경찰에 관한 조직법적·작용법적 근거가 마련되었다는 점에서, 비록 서구에서와 같은 법치주의적 사고의 발전에 따른 것은 아닐지라도, 적어도 외형상으로는 근대적 경찰제도가 갖추어졌다는 측면은 의의가 있다.[65]

그러나 여전히 경찰기능면에서 전문화되지 못한 부분이 있으며, 특히 개인의 자유와 권리의 보호를 위한 민주주의 이념에 토대를 두지 못하였다. 갑오개혁 당시에도 경찰활동이 여전히 차별적이었다는 점은 예컨대, 행정경찰장정의 총순집무장정(總巡執務章程) 제5조에서 "판임관(判任官) 이상의 고위관리에게 신문할 때는 그 집사자(執事者, 하인)를 소환하여 조사하고, 판임관 이하 사족 및 평민은 그 당사자를 직접 불러들여 조사한다"고 규정하고 있는 것을 보면,[66] 당시 신분에 따른 인간에 대한 차별현실을 엿 볼 수 있다(물론, 오늘날에도 법적으로는 차별을 두고 있지 않지만, 국가고위공직자 및 경제인 등의 범죄행위에 대한 형사사법기관의 이중적 태도는 여전히 존재하고 있다).

더욱이 한국정부 스스로에 의한 내재적 근대화과정을 거쳤다기보다는 일본에 의한 타율적·종속적 근대화요소가 많이 작용한 결과의 산물이었다고 볼 수 있을 것이다. 따라서 갑오개혁의 경찰은 여전히 미완의 근대경찰인 것은 분명하다. 일본에 의한 타율적이고 정치적인 의도 속에서 이루어진 경찰의 근대화라면 그 역사적 의의는 감소할 수밖에 없다.

---

64) 이황우·조병인·최응렬(2001), 앞의 책, p. 69.
65) 경찰대학(2002), 앞의 책, p. 137.
66) 고종31년(1894.7.) 갑오경장으로 관료제도가 대폭 개편되었다. 관료의 등급이 1품에서 9품까지 정(正)·종(從)을 합해 18품급(品級)이던 것을 1·2품에는 정·종을 두되, 3품에서 9품까지는 이를 폐지해, 모두 11개의 품급으로 축소하였다. 아울러 1품에서 9품까지를 당상(堂上)·당하(堂下)·참상(參上)의 세 직계로 나누던 것도 폐지하고, 칙임(勅任)·주임(奏任)·판임으로 3대별(大別)하였다. 이 때 7품에서 9품까지를 판임관이라 하였다. 내무부치안국(1972), 앞의 책, p. 328.

4. 대한제국시대 경찰의 개혁과 한계

1) 대한제국의 성립

1895년 일본의 국모시해 만행과 일본이 주도하는 갑오경장 이후의 일련의 급진적 제도개혁은 일반국민의 크나큰 반발을 샀다. 이에 항거하여 의병운동이 일어나고 반일(反日) 정서가 팽배되었다. 특히 갑오경장과 을미사변으로 위축된 국가의 자주독립과 고종의 위상을 높여야 한다는 여론이 높아갔다. 이에 고종은 1897년 2월 20일 러시아 공사관에서 경운궁(뒤의 덕수궁)으로 환궁하였다. 이어 고종은 8월 16일 연호를 '광무'(光武)라 고쳐 부국강병의 기치를 내세우고, 국호는 삼한[삼국]을 모두 아우른다는 뜻으로 '대한'(大韓)으로 바꾸었다. 이어 1899년 8월 17일에 교정소(校正所)라는 특별입법기구를 통해 헌법이라 할 수 있는 '대한국국제'(大韓國國制)를 발표하여 만국공법(즉, 국제법)상 근대국가의 모습을 갖추게 되었다.[67] 이로써 500여년의 조선(朝鮮)이라는 국호가 막을 내리게 되었다.

2) 대한제국의 경찰개혁

(1) 갑오개혁 당시의 경무청체제의 유지

일본에 의해 타율적으로 이루어진 갑오개혁 이후 일련의 급진적 제도개혁은 일반국민의 크나큰 반발을 샀으며, 이러한 분위기 속에서 대한제국시대(1897.10~1910.8)에는 이를 다시 개혁(엄밀하게 말하면 기존체제로 환원성향이 뚜렷함)하게 되었다. 그런데, 갑오개혁에 의해 만들어진 경무청관제(警務廳官制)는 대한제국시대에 이르러서도 특별한 변동 없이 한동안 계속되었다.[68] 일본의 조선지배를 용이하게 하기 위해 우선적으로 정비된 경찰제도임에도 불구하고 대한제국으로서는 체제유지적 차원에서 이전보다 제도화된 강력한 경찰은 여전히 필요했던 까닭이다.[69]

한편, 갑오개혁에 의해 정비된 23부제의 지방행정은 폐지되고, 종전의 것을 수정하여 13

---

67) 한영우(2004), 앞의 책, pp. 489-491.

68) 내무부치안국(1972), 앞의 책, p. 398.

69) 프랑스 대혁명(1789)을 거치면서 혁명의 주체인 시민들이 치안유지를 위하여 1,800명으로 구성된 민간방범대를 조직하여 파리시의 치안유지를 맡도록 하였다. 그러나 아이러니하게도 혁명세력은 혁명이전의 구체제 경찰제도(탄압경찰, 정치경찰)를 모두 포기하지 못하고 유지하였다. 즉 혁명세력은 마찬가지로 경찰권력을 오남용하였고, 스파이활동(첩보망) 등은 그대로 유지한 것이다. 한편, 당시 혁명의 주체 가운데 한 사람인 라파예트(Lafayette)는 이전 궁수(弓手, archers)와 컨스터블(constable)을 개편하여 "National Guard"를 설치하였는데(1791), 이것이 오늘날의 국립헌병대(National Gendarmerie)의 기원이 되고 있다. Richard J. Terril(1999), op. cit., p. 202.

도제가 확립되었다. 이 제도는 그 후에 일제 식민시대에도 변경되지 않고 지속되었다. 그런데, 대한제국 초기의 지방경찰은 이전과 마찬가지로 전문화된 단일 관청으로 설치되지 못하고 지방 관찰사의 지휘감독을 받아 관할구역 내의 경찰업무를 수행하는 수준이었다.

(2) 경무청의 경부로의 승격

그런데 주목할 만한 것은 갑오개혁 이후 지속되어온 경무청이 1900년 6월에 경부(警部)로 개편되어 1902년 2월에 이르는 1년 8개월 동안 우리나라에서 처음으로 경찰이 내무행정기관에서 독립하여 하나의 국무부서로 독립하여 위상이 높아졌다는 점이다.[70] 경부관제(警部官制)에 의하면 경찰이 감옥사무까지 관장하여 행형을 포함하는 것은 전과 다름없으나, 이전까지 내부대신의 지휘감독 하에 있던 경찰이 부(部)로 승격되어 전국의 경찰을 관할하게 되고, 또 수도인 한성(漢城)과 각 개항장(開港場)의 경무서(警務署) 및 각 개시장(開市場)의 경무서를 관할하도록 하였다.

(3) 경부의 경무청으로의 환원과 전국관할

그러나 경부는 얼마 못가서(1년 8개월 존속) 폐지되었는데, 그 이유는 분명하지가 않다. 그리고 다시 경무청으로 개편되었는데, 주목할 만한 것은 이전까지의 경무청은 수도인 한성부만을 관할하였으나, 새로 출범한 경무청은 전국경찰을 관리하였다는 점이다. 중앙에서 전국경찰을 관리하게 될 때, 진정한 의미의 중앙집권화된 국가경찰의 성립을 의미한다. 이러한 점에서 당시의 경무청을 오늘날 경찰청의 전신으로 간주하는 입장도 있다.[71]

그러나 여전히 경찰업무를 수행하는 단일관청이 지방에 설치된 것은 아니다. 다만, 이 시기의 경무청은 내부대신(현재의 행정안전부장관)의 지휘·감독 하에 있으면서 사법업무에 한하여 법무대신의 지휘·감독을 받을 뿐, 그 외에는 각 부(部) 등의 장관과 수평적 관계에서 의사를 전달하고 지방관찰사 이하에는 훈령 또는 지령을 발하였다는 점에 주목할 필요가 있다.[72] 갑오개혁 당시에는 각 부 장관들의 관련업무와 관련하여 경무사를 직접 지휘·감독을 받는 등 경찰이 제도적으로 전문성·독립성을 가지지 못했었는데, 이 시기에 이르러 어느 정도 전문성·독립성을 확보할 수 있었다는 것을 의미한다.

(4) 경무청의 수도경찰로의 환원과 지방경찰관청의 설치

그런데, 전국을 관장하는 경무청체제는 1905년 2월에 다시 수도경찰로 환원시켰다. 그리고 1906년에 이르러서야 비로소 지방의 경찰관청이 독립적으로 조직·설치되었다. 즉,

70) 내무부치안국(1972), 앞의 책, p. 432.
71) 이황우·조병인·최응렬(2001), 경찰학개론, 한국형사정책연구원, pp. 69-70.
72) 내무부치안국(1972), 앞의 책, p. 459.

지방 각 도에 서울과 같이 경무서와 경무분서를 창설하는 법적 조치(지방 13도 각 관찰부 경무서 및 분서 설치에 관한 건)가 이루어진 것이다.[73]

갑오개혁에 의해 설치된 경무청을 제도적으로 독립화·전문화 된 근대경찰의 출발이라 할 때, 비록 근대경찰이 수도에 국한되었다면, 1906년의 경찰개혁을 통해 비로소 점차적으로 각 지방을 대상으로 이러한 제도적 근대경찰이 확대되었다고 볼 수 있을 것이다(현대적 관점에서 본다면 각 지방에 지방경찰청, 경찰서, 파출소체제를 갖추기 시작했다는 것을 의미한다). 그래서 이러한 경찰조직은 전국적으로 오늘날의 경찰과 제도상 비슷하게 완성시킨 시대라고 할 수 있다.[74] 이러한 각 지방에 대한 경찰관청의 설치는 1910년 6월 국권을 상실할 때까지 계속 증가되었다.

(5) 경시청체제로의 전환

1907년에 이르러 종래의 경무청을 다시 경시청(警視廳)으로 고치게 되었다. 새로운 경시청관제(警視廳官制)의 특징은 첫째, 갑오개혁이래로 경무청이 담당해온 감옥(監獄)사무가 빠지고, 둘째로 경시청의 관할구역이 한성 5부에다 황궁과 경기도까지 포함되었다는 것이다. 경기도는 7개월 후인 각 도에 경찰부(지방경찰청)가 창설될 때까지 경시청에서 관할하였다. 그러나 당시에도 산간벽지에는 여전히 경찰력이 미치지 않는 이른바 '무경찰'(無警察) 지역이 존재하였으며, 경찰은 본연의 업무 외에도 산림·토목·징세·재판의 강제집행·집달리 업무, 심지어 우편호위까지 담당하는 등 조장행정업무가 적지 않았다.[75]

3) 대한제국 경찰의 한계

이상에서 살펴본 것처럼 대한제국시대의 경찰은 수차례 축소와 확대를 하는 등 일관된 발전과정을 보여주지 못하고 있다. 이는 경찰이 어떠한 근대적인 발전계획 속에서 정비된 것이 아니라 단지 정치적인 이해관계에 따라 그 외형을 바꾸는 수준에 그쳤다는 것을 의미한다. 더욱이 대한제국을 한국근대화의 '내재적 발전'이라는 측면에서 본다면 그 위상을 찾을 수 있으나, 대한제국의 정체성 자체는 오히려 근대국가(민주국가라는 관점에서 볼 때) 혹은 근대경찰과 역행하는 면이 없지 않다.[76]

---

73) 위의 책, p. 521.

74) 허남오·이승주(2005), 앞의 책, p. 183.

75) 현규병(1955), 앞의 책, pp. 135-136.

76) 이와 관련하여 1897년(건양 2) 3월 9일에 발행된 독립신문을 보면, 경무청에서 서울 5개 경무서 관내에 14개조의 금지사항을 공고했다고 하는데, 이는 백성에게 윤리, 풍기, 노상교통, 경찰관리의 관기위반 및 미신·선동 등의 단속 등을 내용으로 하고 있다. 그런데, 이 14개조 금지사항에서 제1조 '천한사람이 귀한사람을 함부로 해서는 안 된다'라는 규정

사실, 대한제국의 헌법이라 할 수 있는 '대한국국제'(大韓國國制)는 황제에게 육해군 통수권, 입법권, 행정권, 관리임용권, 조약체결권과 사신임용권 등 모든 권한을 집중시켰다는 점에서도 나타난다. 그리고 황제권한을 제약할 가능성이 있는 의회나 국민의 참정권, 그리고 사법권 등에 대해서는 규정을 두지 않았다. 더욱이, 일본은 영·일동맹(1902)년 이후, 러·일 전쟁(1904~1905)에서 승리하고, 미국과 카스라·테프트 밀약(1905)을 체결함으로써 대한제국에 대한 지배력을 공고히 하였다. 이후 을사조약(1905)과 정미조약(1907)이 체결되면서 대한제국의 정체성은 더욱 불투명해졌고, 일본의 침략 의도는 더욱 노골화되었음은 주지의 사실이다.[77]

이러한 상황 속에서 대한제국의 존립을 위한 경찰은 더욱 형해화(形骸化, 내용은 없이 뼈대만 존재함) 되었고, 일본의 침략의도 속에서 경찰조직은 향후 식민통치를 위한 방향으로 변질되어 갔다고 볼 수 있다. 즉 1904년 8월 체결된 한일협약(韓日協約)에 의하여 이른바 '경찰고문제'(警察顧問制)가 시작되어 일본 경시청 제1부장 경시 마루야마 시게토시(丸山重俊)가 고문으로 왔는데, 단순한 고문이 아니라 한국경찰을 총체적으로 지배하고자 하는 의도를 가지고 있었다.[78]

또한 1905년 12월 을사보호조약에 기하여 통감부(統監府) 및 이사청(理事廳, 일본이 각 지방에 설치한 통감부 지방기관을 의미)을 설치하여 이른바 '통감정치'(統監政治)가 시작되었다. 이 통감부에 경무고문부, 각 도에는 경무고문지부를 두고, 고문 이하의 소속 관리는 직접 통감부의 지배를 받도록 하여 사실상 한국경찰을 통제하였다. 그리고 1907년 7월 출범한 경시청을 통해서 한국 내에 있는 일본경찰과 한국경찰은 통합되고,[79] 1910년에 경찰권은 일본에 의해 완전 박탈되게 되었다.

이상에서 본다면, 대한제국시기의 한국경찰은 갑오개혁시대보다 제도적·기능적으로 전문화·독립화 되고, 수도에 국한되었던 근대경찰모델이 각 지방에까지 확산·적용되었다는 점에서 의의를 갖는다. 그리고 초기의 개혁은 대한제국 스스로 내재적으로 추진했

을 보면 아직도 사회적으로 신분제도가 뿌리 깊게 남아 있음을 짐작할 수 있다. 내무부치안국(1972), 앞의 책, p. 401.

77) 갑오개혁(1894) 당시의 경찰조직의 법적 근거가 된 경무청관제직장에 의한 경무청(警務廳)은 일본의 경시청관제(警視廳官制)에 의한 경시청(警視廳)을 모방한 타협적인 명칭이라고 할 수 있다. 그러나 일본은 1900년대 초에 이르러 서구열강으로부터 조선에 대한 식민적 통치를 잠재적으로 승인받고, 경찰조직 역시 일본을 그대로 모방하여 경시청체제로 전환시킨 것이다. 이처럼 일본은 일본식으로 경찰조직을 완성함으로써 식민통치의 기초를 마련한 셈이다.

78) 경찰대학(2002), 앞의 책, p. 153.

79) 1907년 이후 일제에 의한 한국경찰권 강탈과정을 살펴보면 다음과 같다. ① 「경찰사무에 관한 취극서(1908.8.)」: 재한국 일본인에 대한 경찰사무의 지휘감독권을 일본관헌이 지휘감독 하도록 함. ② 「재한국 외국인민에 대한 경찰에 관한 한일협정」(1909.3.): 재한국 외국인에 대한 경찰사무의 지휘감독권을 일본관한이 지휘감독 하도록 함. ③ 한국사법 및 감옥사무 위탁에 관한 각서(1909.11.): 한국의 사법경찰권을 포함하는 사법과 감옥사무가 일본에 위탁하도록 함. ④ 「한국경찰사무 위탁에 관한 각서(1910.6.)」: 한국의 경찰사무를 일본에 완전히 위탁하도록 함.

음을 알 수 있다. 그러나 주지한 바와 같이 대한제국이 추진하고자 했던 국가근대화 프로젝트, 경찰근대화 프로젝트는 실효성이 없는 면이 적지 않았으며, 특히 이념적 경찰근대성(민주주의)과는 역행하는 것이었다. 또한 러·일 전쟁 이후에는 대한제국은 상징적인 국가모습만을 가진 채, 일본에 의해 타율적·종속적으로 경찰근대성이 추진되었으며, 일본이 추진한 경찰근대성 역시 이념적으로 민주주의를 지향하는 것이 아니라 식민지배를 위한 전초작업에 불과했다는 점을 인식할 필요가 있다.

요약컨대, 일본은 크게 보통경찰(普通警察, 오늘날의 일반경찰)과 헌병경찰(憲兵警察)의 2원화 된 경찰제도가 대한제국의 경찰에 접목되어 자신들의 본래 목적(즉, 조선식민화) 달성에 유리한 방향으로 영향력을 행사하였다고 볼 수 있다(그리고 경우에 따라서는 2원화 된 일본경찰 상호간에도 역할갈등이 빚어지기도 하였다. 이러한 과정을 거치면서, 1910년 8월 일제강점 후에는 헌병경찰로 일원화되었다).[80]

〈대한제국 좌절기의 일본의 경찰권 침탈과정〉

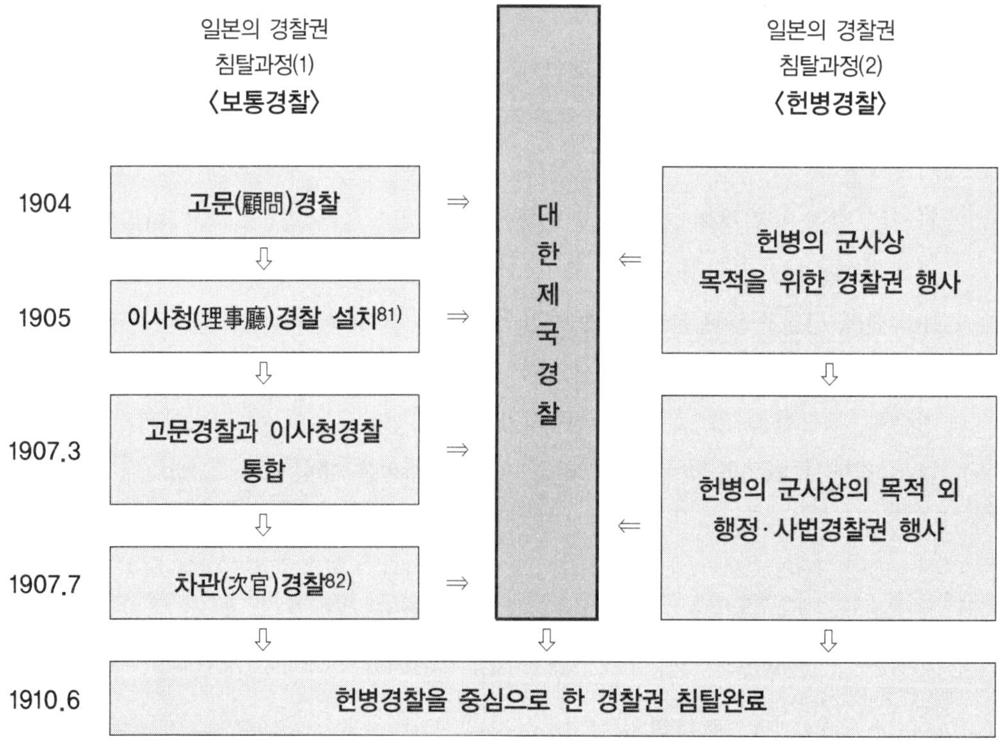

80) 최선우(2008), 앞의 논문, p. 314.

81) ① 일본은 대한제국의 보호자로서 이른바 '통감정치'(統監政治)를 시작되었다. 대한제국의 실질적인 주체가 일본인 통감이 되어버린 셈이다. 을사보호조약을 통해 대한제국정부의 외교권을 박탈한 일본은 1905년 12월 21일 통감부(統監府)

5. 일제강점기 경찰의 제도적 근대화와 한계

1) 조선총독부의 설치와 총독의 제령권

1905년 을사조약에 따른 통감부(統監府)가 설치된 이래로 대한제국의 경찰사무는 강제병합 직전에 통합되었다. 즉, 1910년 5월 육군대신 데라우치 마사타케(寺內正毅)를 통감으로 임명하고 6월에 각서를 교환하여 종래의 사법경찰권 이외에 일반경찰권까지 강탈하였다. 이 때 통감을 정점으로 한 일원화된 명령체계를 지닌 경찰제도가 성립하게 되는데, 이 시기에 군사경찰인 헌병경찰과 일반경찰이 하나가 되는 헌병경찰체제가 사실상 수립되었다.[83)]

경찰권 강탈에 이어 데라우치 통감은 이해 10월에 이완용과 합병조약을 체결하여 대한제국을 강제병합 하였다(일제는 대한제국의 국호를 개정하여 '조선'으로 함). 그리고 통감부 대신 조선총독부(朝鮮總督府)를 설치하여 데라우치가 초대 총독을 맡았다. 조선총독의 조선에 대한 억압적 식민통치는 제령권(制令權, 의회가 구성되지 않는 식민지에서는 법률적 효력을 갖는 법규명령권)에 의해 실현되었다. 이와 관련하여 조선형사령, 범죄즉결례, 조선태형령 대표적인 것이라 할 수 있다.[84)]

(1) 조선형사령

조선형사령(朝鮮刑事令)은 검사 및 사법경찰관리에게 예심판사에 준하는 고유의 강제

및 이사청관제(理事廳官制)를 공포하고, 초대 통감에 이토 히로부미(伊藤博文)를 임명한 데 이어, 1906년 1월 31일 주한 일본공사관을 비롯한 각국의 영사관을 철수하고, 전국 13개소에 이사청(理事廳) 및 11개소의 이사청지청을 설치하는 등 식민지 지배를 위한 기초공사에 착수했다. ② 이러한 상황 속에서 각 이사청에 일본경찰기관이 설치되었다. 이사청이 설치되기 이전에도 한국에 거류하는 일본인은 치외법권을 누려 일본이 직접 영사재판권을 행사하였다. 그리고 일본외무성에서 직접 일본인 경찰관을 대한제국에 파견하여 이를 공사관 및 영사관에 배치하여 거류민에 대한 경찰사무를 집행하기 위하여 각 영사관에 경찰서를 설치한 바 있다. 을사조약 이후 대한제국에 거류하는 일본인이 크게 증가하여 관제를 고쳐 영사관을 이사청으로 고치고, 550명의 이사청경찰을 배치하였다. 그런데, 외교관이 아니라 대한제국에 거류하고 있는 일반일본인 조차도 치외법권을 가진다는 점은 당시의 국내현실을 보여주고 있다. 위의 논문, p. 314.

82) 1907년 6월에 네덜란드 헤이그(海牙) 밀사사건을 계기로 '한·일신협약(정미7조약)'이 체결되었다. 이 조약에 의해 대한제국 각 부(部)의 차관(次官)에 일본인을 임용할 수 있게 되었다. 이에 따라 이해 8월 공식적으로는 경무고문에 불과하였던 마루야마 시게토시(丸山重俊)는 경시총감(警視總監)이 되고, 11월에는 경무고문부에 소속한 일본인 직원은 전원 대한제국경찰의 경시·경부·순사에 임명되었다. 그리고 내부대신에 직속하는 경시청(警視廳)을 제외한 전국의 경찰은 내부 경찰국(警察局)에서 통할하기로 하고 마쓰이 시게루(松井 茂)가 내부 경무국장(警務局長)에 임명되었다. 위의 논문, p. 315.

83) 이에 따라 대한제국의 경시청은 폐지되었고, 중앙에는 통감직속 하에 경무총감부(警務總監部)을 두었으며, 각 도에 경무부를 두어 경찰을 지방행정기관으로부터 독립시켰다. 朝鮮總督府 編(昭和 10, 1935), 施政25年史, pp. 29-32. 서기영(1972), "근대한국경찰 행정구조에 관한 연구(1894-1945)," 동국대학교 논문집 10, p. 257.

84) 김창윤·이창한·최선우 외 13인(2012), 경찰학, 서울: 다해, p. 111 재인용.

수사권을 부여하였다. 이에 따라 검사와 사법경찰관리는 법관의 영장을 일절 필요로 하지 않고 언제든지 피의자의 인신을 구속하거나 물건을 압수·수색하여 수사를 할 수 있었다. 따라서 강제수사가 수사의 기본원칙이 되었다.

(2) 범죄즉결례

범죄즉결례(犯罪卽決例)를 통하여 식민지 헌병·경찰은 피의자를 수사한 다음 징역 3월 이하의 형벌을 형사범 일부 및 행정범 사건(선고형 기준)에 대하여 즉결로 선고할 수 있었다. 여기에서 '즉결'(卽決)이라는 것은 검사의 공소제기 및 법원의 심판을 기다릴 필요 없이 즉시 판결을 선고한다는 의미이다. 이러한 즉결재판제도 하에서는 수사기관이 소추기관임과 동시에 재판기관이 되었다.

(3) 조선태형령

일제는 조선태형령(朝鮮笞刑令)에 의하여 3월 이하의 징역이나 벌금형을 선고하는 경우에 종래의 전근대적 형벌유형의 하나인 태형(笞刑)으로 환형처분 할 수 있도록 하였다. 즉, 헌병·경찰이 3월 이하의 징역이나 벌금형을 선고할 경우에 그 형을 태형으로 환형하여 즉시 집행할 수 있도록 한 것이다. 이 조선태형령은 일제가 조선을 강제로 합병한 직후에 실시한 무단통치의 전형적인 도구요 상징물이라 할 수 있다.

2) 무단통치와 헌병경찰제도

(1) 헌병경찰에 의한 경찰조직의 단일화

조선총독부는 총독 아래 경찰최고기관으로 경무총감부(警務總監部)에 경무총감을 두고 전국의 경찰사무를 총괄하고 경찰관서의 전 경찰관을 지휘하도록 하였다. 데라우치 총독은 조선인의 저항이 워낙 강한 것을 알고 헌병이 경찰업무를 맡도록 하는 이른바 '헌병경찰제도'를 실시하였다. 따라서 강제병합 한 후 조선에서 시행한 경찰제도는 이전보다 훨씬 조직적이고 체계적이었다. 즉 총독을 정점으로 한 '단일화'된 경찰기구가 수립되고, 전국적인 조직망을 갖추어 지방에까지 국가에 의한 통제력을 마련하게 된 것이다. 다만 초기 헌병경찰제도는 헌병경찰과 일반경찰이 이원적으로 공존 한 채 경무총감의 일원적인 지시를 따르며 상호보완적인 역할을 수행하여 조선에 대한 지배력을 강화하였다.

강제병합 후 총독부의 헌병경찰체제는 앞의 통감부 경찰체제의 일부만 수정되어 발전된 것인데, 헌병과 경찰의 두 조직체계가 연립한 상태에서 헌병이 최고 치안책임자로서 이 두 조직의 장을 겸하여 일원적인 명령체계를 이룬 것이다. 즉, 조선주차 헌병대사령관이 총독직속의 경무총감부 총감을 겸임하고, 각 도의 경무부장을 도 헌병대장이 취임하여 중앙과 지방의 경찰을 관할하여 일원적인 명령체계를 수립한 것이었다.[85)]

또한 지방 각 요소에는 경찰서를 설치하고 경찰서가 없는 지방에는 헌병분대, 분견소를 두어 관할하였는데, 경찰은 주로 개항지 및 철도연선을 비롯하여 주로 질서를 요하는 도시에 배치되어 행정 및 사법경찰을 주관하였고, 헌병은 국경지대, 의병이 출몰하는 지방 등에 주로 배치되어 양자의 운영상의 특성을 살렸다. 각 도의 헌병대장은 경무부장으로서는 행정관이었고, 따라서 규정상 도장관의 명에 따라 도행정의 집행을 돕고, 지방경찰사무에 관해 도장관의 명령을 받들어 필요한 명령을 발포·처분하도록 하였다. 그러나 도장관이 명령계통이 전혀 다른 현역 육군에게 명령하는 것은 사실상 불가능하였고 도장관은 경찰권에 관여할 수 없었다. 오히려 이들 헌병경찰이 지방행정까지 장악하여 지방행정을 주관하였던 것이다.

헌병보조원제도

헌병보조원(憲兵補助員) 즉, 이른바 조선인들로 구성된 '토병'(土兵)의 활용구상은 헌병대사령관이자 경무총감인 아카시 겐지로(明石 元二郎)가 대한제국에 부임하기 10년 전부터 대만 및 월남(당시 프랑스령)을 시찰할 때 배웠던 것이다.[86)] 이와 같은 방침은 대한제국 의병토벌에 적용하여 대단한 성과를 거두게 되었다. 결과적으로 이러한 일본군의 전술변경으로 군경(軍警)을 통한 치안작전 수행에서 경찰보다 헌병대의 비중과 역할이 커지게 되었던 것이다.

아카시는 1908년 6월 대한제국정부로 하여금 보조원 3,000명을 모집하게 하고, 이어 8월 1,300명을 추가로 모집하여 전국 453개소의 헌병분대(憲兵分隊) 및 헌병분견소(憲兵分遣所)에 배치하였다. 여기에 지원한 사람들은 대부분 불량배들이었으며, 특히 의병 측에 있다가 탈락귀순한 자, 면직된 순사, 전직군인 등이 많아 일본에 위협적인 요소가 있다고 하여 반대가 있었다. 그러나 아카시와 이토 히로부미(伊藤博文) 통감의 결단으로 이러한 보조원 배치조치는 이루어 졌는데, 이에 따라 일본헌병 1명에 보조원 2명, 후에는 3-4명을 배치하였다.

이들 헌병보조원들은 아카시의 예상대로 자신들의 출신지에 배치되어 지방사정에 정통하였고, 아울러 불량배 특유의 능력을 발휘하여 일제의 충견(忠犬) 역할을 하여 그 성과(의병토벌)가 만족할만한 수준에 이르렀었다. 이들은 그 인원에 있어서 수비대보다

85) 이에 따라 헌병대사령관인 아카시 겐지로(明石 元二郎)는 경무총감(警務總監)을 겸직하고 헌병장교는 경시(警視), 준사관·하사는 경부(警部) 등에 임명되었다. 각 도 경무부장(警務部長)에는 헌병중좌(憲兵中佐) 5명, 헌병소좌(憲兵少佐) 8명이 7월 1일부로 임명되었다. 경무일보(警務日報), 제1호, 1910.8.; 최선우(2008), 앞의 논문, p. 319 재인용.

86) 이연복(1971), "구한국 경찰고(1894-1910)", 서울교육대학논문집 4, p. 18.

훨씬 소수였음에도 불구하고 의병토벌에 적극적인 전의를 발휘하여 의병진압의 중심적인 역할을 수행하였음은 물론이다. 이러한 노력으로 일본의 조선병탄은 더욱 가속화 될 수 있었고, 이들 헌병보조원들은 일제 강점기에 순사(巡查)로 다시 임용되어 일본의 앞잡이 노릇을 하였던 것이다.[87)]

(2) 헌병경찰의 특징

1910년대 헌병경찰은 치안업무뿐만 아니라 대단히 포괄적이고 다양한 기능을 수행하였다. 특히, 주목해야할 점은 경찰이 치안업무와 관련된 행정경찰과 사법경찰의 업무뿐만 아니라 사법권과 행정권 자체도 행사했다는 점이다.

먼저 사법사무의 경우, 헌병경찰은 지방법원 가운데 검사가 배치되지 않은 곳에서 경시 또는 경부가 검사사무를 대신 취급하였다. 그리고 재판소가 없는 지역의 경찰서장은 주택·건물 또는 물품의 인도, 부동산의 경계 및 2백원 이하의 금전채권에 대해 조정할 수 있었다. 조선 전체에 재판소가 있는 곳은 55개 군에 불과했으며, 따라서 재판소가 없는 나머지 161개 군에서는 경찰이 검사는 물론 판사의 역할까지 수행하였다.

행정사무의 경우 헌병경찰에게는 '조장행정원조사무'(助長行政援助事務)라는 행정기능이 주어졌다. 이에 따라 헌병경찰은 도로 수축(修築), 임야 단속, 국경지방의 관세사무, 세금징수의 원조, 농업지도, 해충구제, 산업 장려, 부업 및 저금장려, 어업 단속 등 행정기관의 사무를 원조하는 형식으로 이를 겸행하였다. 또한 헌병경찰은 호구조사를 실시함으로써 조선 민중에 대한 감시체제를 강화하였다. 이러한 점에서 볼 때 이 시기는 가히 '헌병경찰국가'(憲兵警察國家)라 불러도 손색이 없을 것이다.

3) 문화통치와 보통경찰제도

(1) 3·1운동과 문화통치

1910년 한일강제병합 이후 일제의 야만적 탄압통치를 경험하면서 그 분노와 각성은 계층적으로나 지역적으로 한층 확장되면서 민족의 역량이 하나로 집결되어 갔다. 이에 따라 1919년 3월 1일 전세계를 깜짝 놀라게 한 평화적 만세운동이 전국 각지에서 일어났다.[88)] 이에 따라 일제는 무단통치를 문화통치로 전환하고 몇 가지 개량적인 조치를 취하

87) 김용덕(1997), 한국제도사연구, 서울: 일조각, p. 363.

88) 이러한 배경에는 1917년에 러시아혁명이 일어나고, 뒤이어 1918년에 제1차 세계대전이 전체주의 국가의 패배로 끝나면서 이제 전 세계는 군국주의·제국주의가 후퇴하고 인도주의·평화주의·민족자결주의의 시대가 온다는 믿음이 널리 확산되고 있었던 점을 들 수 있다. 아울러 1919년 1월 21에 일제의 고종황제 독살설 소문이 퍼진 것이다. 끝으로 해외 독립

였다. 즉, 헌병경찰제를 보통경찰제로 바꾸고, 관리나 교원의 제복과 칼 차기를 폐지하였으며, 언론·출판·집회·결사의 자유를 제한적으로 허용하였다.

그러나 일제의 문화통치는 우리 민족을 기만하면서 민족분열을 부추기기 위한 고도의 술책에 지나지 않았던 것이다. 예컨대, 총독을 무관에서 문관으로 바꾼다는 약속은 애당초 지켜지지 않았다. 3·1운동 이후 새로 총독으로 온 사이토 마코토(齋藤實) 이후 6명의 총독은 모두 육·해군 대장이었다.

(2) 보통경찰제도의 특성

보통경찰(즉, 일반경찰)로의 제도개편을 통해 우선 헌병이 경찰에서 분리되어 헌병은 군사경찰의 업무만을 수행하도록 제한되었다.[89] 그리고 조선총독부 본부관제와 지방관관제의 개정과 함께 중앙에는 총독부 경무국(警務局)을 두고, 지방은 도지사(제도개편 이전의 도장관) 밑에 경찰부(警察部)를 두어 도지사가 경찰권을 행사하게 되었다. 이는 종래 각 도 경무부장이 헌병사령관이 겸임하는 경무총감의 지휘를 받고 지방에서는 형식적으로 도장관의 명령을 받아 집행을 돕는 것과는 달리, 지방 차원에 있어서 경찰의 지휘권을 도지사에게 위임하고 경찰이 문민 행정관의 지휘를 받는다는 것을 명시적으로 규정한 것이었다. 따라서 헌병과 경찰이 혼용되어 헌병사령관인 경무총감의 지휘를 받는 헌병경찰제도는 폐지되어 단일화되고 전문화된 경찰기구가 출현하게 된 것이다. 이러한 체제는 1930년 외사경찰과와 경제경찰과가 신설되는 약간의 변동 외에는 식민지체제 종식 때까지 그 골격이 그대로 유지되었다.[90]

이로써 '공적'이고 '단일화'되며, '전문화'된 실질적인 경찰기구가 완성되게 된 것이다. 일제는 이러한 경찰기구를 통하여 식민사회 말단에 이르기까지 강력하고 세밀한 통제력의 행사가 가능해지게 되었다. 이러한 단일화되고 전문화된 경찰기구와 사회에 대한 세밀한 통제를 행사하는 국가는 이전의 경찰에 비해 외형상 근대적인 형태로 나아갔다고 볼 수 있을 것이다.

운동가들(1919년 1월 상해의 신한청년단에서 김규식 파리강화회의 파견, 2월 8일 도쿄 한국인 유학생들의 독립선언 등)의 활동이 국내에 큰 자극을 준 것이다. 한영우(2004), 앞의 책, pp. 527-528.

89) 사실 3·1운동 이전부터 일본 내에서 보통경찰제도로의 전환의 움직임은 존재하였다. 헌병경찰제도는 원래 의병투쟁에 대한 대응책으로 출현한 것이었으며, 의병진압이 종료된 이후에는 문제점을 노정하고 있었던 것이다. 松田利彦(1991), "日本統治下の朝鮮における警察機構の改編: 憲兵警察制度から普通警察制度への轉換をめぐって," 史林 74, 東京: 京都帝國大學 史學研究會, pp. 75-80.

90) 최선우(2006), 앞의 논문, p. 428.

대한민국임시정부의 경찰

3·1운동을 전후하여 독립운동가들 사이에서는 임시적인 형태로서 근대적인 정부를 세워야 한다는 인식이 확산되었다. 독립 후의 국가를 미리 준비하고, 독립운동을 효과적으로 실시하기 위함이다. 이에 따라 1919년 3월부터 4월 사이에 국내·국외에 민주공화국 건설을 목표로 하는 5개의 임시정부가 수립되었다. 이들 5개 임시정부 가운데 상해정부가 중심이 되어 단일정부수립운동을 전개하였다. 이렇게 해서 새로 헌법을 만들고(9.11), 내각과 의정원을 구성하여 형성된 단일정부가 대한민국임시정부(大韓民國臨時政府, 1919. 11.9)이다.

임시정부는 대한민국원년인 1919년 11월 5일에 '대한민국임시관제'를 제정하여 내무부에 경무국(警務局)을 두고 내무부장관이었던 안창호(安昌浩)는 초대 경무국장(警務局長)으로 김구(金九)선생을 임명하였다. 당시 경무국의 소관사무는 ㉠ 행정경찰에 관한 사항, ㉡ 고등경찰에 관한 사항, ㉢ 도서출판 및 저작권에 관한 사항, ㉣ 일체의 위생에 관한 사항 등을 관장하는 것이었다. 그러나 정식정부가 아닌 해외에 세운 임시정부의 경찰이기 때문에 영토고권(領土高權)을 가지고 있지 못했으므로 그 실효성을 확보하기가 어려웠다.

백범 김구(1876~1949)

임시정부 경찰의 실제 기능과 관련하여 김구선생의 백범일지(白凡逸志)에 의하면, "경무국의 임무는 기성국가에서 하는 보통 경찰행정이 아니요, 왜(倭)의 정탐활동을 방지하고, 독립운동자가 왜에 투항하는 것을 감시하며, 왜의 마수가 어느 방면으로 들어오는가를 감시하는데 있다. 이를 위하여 정복과 사복의 경호원 20명을 임용하였다. 그리하여 상하이의 왜 영사관과 대립하여 암투(暗鬪) 하는 것이 경무국의 임무였다"고 하였다. 김구선생은 5년 동안 경무국장으로 복무하면서, 경찰업무 뿐만 아니라 검사·판사로서의 형집행업무까지 담당하였다.[91)]

(3) 보통경찰제도의 기만성

그러나 1920년대의 보통경찰제도는 경찰이 군에서 완전히 분리됨과 동시에 지방에 대

91) 김구(1995), 백범 김구 자서전, 서울: 서문당, pp. 263-267.; 대한민국은 미군정 경무국(警務局) 창설 일(1945.10.21.)을 '경찰의 날'로 기념하고 있다. 그런데, 사실 당시에 출범한 경무국은 한국경찰의 역사적 전통성 및 자주성과는 특별한 상관이 없다고 볼 수 있다. 따라서 대한민국임시정부에 경무국이 설치된 1919년 11월 5일을 '경찰의 날'로 새롭게 정하자는 견해는 진지하게 검토할 필요가 있다고 본다. 이에 대한 자세한 논의는 김창윤(2014), "경찰의 날에 대한 역사적 고찰과 변경 가능성에 관한 연구," 한국민간경비학회보, pp. 26-54 참조.

규모의 경찰서와 주재소를 확장하여 조선사회 구석구석에 대한 세밀한 통제망을 구축하였다.[92] 즉, 보통경찰제 실시 이후 전국의 경찰관서와 경찰관을 3배 이상 늘리고 부와 군마다 한 개의 경찰서, 면마다 한 개의 주재소(駐在所, 오늘날의 파출소)를 설치하여 거미줄 같은 탄압 망을 짜 놓았던 것이다.

그리고 언론·집회·결사의 자유도 허용도 허위와 기만에 가득 찬 것이었다. 일제는 치안유지법(治安維持法, 1925)이라는 것을 만들어 저들의 비위에 거슬리는 언론·집회·결사를 철저히 탄압하고 검거하였기 때문이다.

4) 일제말기의 경찰

일제는 만주사변 이후 조선을 대륙침략의 병참기지로 활용하고자 하였고, 그 후 내선일체(內鮮一體), 황국신민화(皇國臣民化)의 민족말살정책을 강도 높게 추진하였다. 경찰은 식민지 내외의 이러한 정치적·경제적 변동과 함께 변하게 되고 이 과정에서 경찰의 사회통제력은 더욱 강화되었다.

이와 관련하여 1932년 착수된 농촌진흥운동에서 경찰은 지방의 상황에 따라서 경찰지도부락을 선정하여 위생시설의 개정 쇄신을 도모하거나 교풍회(矯風會)·자경단(自警團) 등을 조직하여 지방에서의 폐습의 교정 또는 자위경찰 정신의 환기에 노력하는 등 측면에서 이 운동을 지도하였다. 이 시기 경찰의 조장행정기능은 1920년에 비해 더욱 확대되었는데, 농촌진흥운동이 부락단위가 아닌 개별 농가단위로 하는 운동이었기 때문에 각 개별 농가의 경제상태를 조사하기 위한 호구조사는 경찰의 몫이었다. 이러한 일련의 기능의 강화를 통해 경찰에 의한 조선인 개개인에 대한 실태파악이 더욱 세밀해지게 되었다.

한편, 1937년 중일전쟁이 시작되고 총동원체제로 재편되면서 경찰기구의 조직과 역할도 강화됨과 동시에 다양화 되었다. 1937년에는 외사경찰과(外事警察課)가 설치되는데 경기도와 함경북도에 신설되어 국외에서의 공산주의자의 조선 내 잠입을 경계하고 항공경비, 금의 밀수출 단속을 담당하였다. 또한 전시체제가 수립되고 경제면에서 군수산업을 위주로 하는 통제경제정책이 실시되자 이로 인해 나타난 문제점들을 해결하고 경제통제를 위한 경찰조직의 필요성이 제기되었다.

이에 따라 1938년에는 경제경찰(經濟警察)제도가 창설되었고, 1940년에는 경제경찰의 위상이 강화되어 본부와 각 도에 경제경찰과를 설치하여 경제경찰의 업무를 독립으로 수

92) 한영우(2004), 앞의 책, p. 532.

행하도록 하였다. 경제경찰은 물가 단속, 물자배급 등의 경제통제의 업무와 경제정보의 수집과 민심통제의 역할을 수행하였다.[93)]

5) 일제강점기의 경찰근대성 논의

이상에서 살펴본 바와 같이 일본은 한일강제병합 이후 경찰제도가 더욱 단일화·전문화되어 조선사회 정점에서 말단에 이르기까지 체계적인 통제체제를 구축하였음을 알 수 있다.

비록, 1910년대에는 군(헌병)과 경찰이 공존하였지만, 3·1운동(1919) 이후 식민지경찰은 베일리(Bayley)가 말하는 근대경찰의 모델(공적 단일화·전문화)과 부합하는 것이었다. 그리고 이러한 일제 식민지의 경찰과 국가의 특성은 이전에 비해 훨씬 강력하게 세밀하고 체계화 된 것이었고, 경찰은 국가의 사회에 대한 통제와 자원추출을 가능하게 하여 국가의 강력함을 유지해주는 핵심적인 지배기구였다(물론, 제도적 전문성 차원에서 경찰기능이 수많은 국가기능을 수행하여 마치 국가행정전반을 관할한 것은 근대성에 역행하는 부분이라 할 수 있다).

그렇다면 이와 같은 일제강점기 경찰에서 경찰근대성을 어떻게 논의할 수 있을 것인가.[94)] 이와 관련하여 커밍스(B. Comings)는 일제식민지 시대 조선에서의 근대성의 출현하였다고 보았다. 그는 식민지 시대에 고도로 정연화·규율화 되고 침투적인 식민지 관료제가 전통적인 조선왕조와 토착지배 계급을 대체하였다고 본 것이다. 식민지국가는 오래된 약한 국가와 정체된 사회를 대체하였으며, 이것은 1961년 이후 남한에 국가주도형 개발모델을 제공하였다는 것이다.[95)]

그러나 국가에 의한 일방적인 사회에 대한 감시와 정보수집, 그리고 통제력의 세밀화만을 보고 있을 뿐 이러한 국가역할과 통제체제의 변천이 구체적으로 어떠한 과정을 통해 이루어지게 되는지를 무시하고 있다. 즉, 이러한 통치방식과 국가역할의 변화라는 것이 사회영역에 있어서의 어떤 변동과 필요성과 맞물려 진행된 것인지 그리고 이것이 어

---

93) 김상범(1997), "일제말기의 경제경찰의 설치와 활동," 한국민족운동사연구 17, pp. 105-113.

94) 최경준(2002), 앞의 논문, pp. 31-36 재인용.

95) 한국의 근대성의 출현은 제국주의적인 억압과 식민지적 수탈과 시기적으로 일치하는데, 여기서 일제 식민주의의 '야누스적'(Janus-faced) 특성이 나타나게 된다. 즉, 식민통치를 통해 조선은 교육, 군사, 정치, 경제적인 근대화를 경험하게 되고, 이를 통해 식민통치 이후에는 군사적 성공, 강성국가의 이용, 급속한 경제발전, 근대적 경제구조의 형성을 이루게 되는데, 문제는 식민통치기에 이것들이 억압과 수탈과 맞물려서 진행되었기에 조선인에게 '애증'(love and hate)의 갈등을 남겨놓았다는 것이다. 따라서 억압과 수탈은 존재하였지만 일제에 의한 근대성은 부정되지 않고 오히려 남한에 긍정적이고 적극적인 유산을 남긴 것으로 여겨지고 있다는 것이다. Bruce Comings/김자동 역(1981), 한국전쟁의 기원, 서울: 일월서각, pp. 482-486.

떤 방식으로 실행되는지를 무시한 채 단지 외형적인 측면만을 대상으로 삼고 있는 것이다. 이로 인해 전통적 경찰기능과 차별화된 기능상의 변화와 특성만이 부각되고 있을 뿐 경찰의 '권력행사의 방식'(the use of power)은 무시되거나 부차적인 것으로 간주되고 있다.

따라서 이것은 중대한 문제점을 내포하고 있다. 식민지 국가에 의해 전통적 폐습의 타파, 산업화 실행, 교육·군사 등에 있어서의 근대적 제도의 도입이 추진되었고, 이에 대한 식민지 주민의 반발을 억누르기 위해 억압수단을 소유한 경찰이 전면에 나서서 강력히 실행하였으며, 그 결과 식민지하에서의 근대화와 해방 후 남한의 경제발전에 기여할 강력한 국가유산을 남겼다는 이러한 논리에서 경찰은 다만 국가정책의 실행에 있어서 물리적인 수단을 제공해주는 하나의 행정집행 기구로 여겨지고 있다. 즉, 경찰의 물리적 강제력은 효율적이고 강력한 집행을 위한 단순한 수단으로 여겨지고 있을 뿐 경찰이 개입했다는 사실, 그 자체가 어떠한 결과를 초래하는가와 관련하여 다른 큰 의미를 부여받지 못하고 있는 것이다.

또한 단순히 경찰이 체계적인 조직을 갖추고 감시체계를 구축하고 사회에 대한 정보를 축적하고, 이를 통해 사회를 통제한다는 외형적인 측면이 근대성을 의미하는 것은 아니다. 이것을 만일 근대성이라고 한다면 우리는 제정 러시아 말기와 국가 사회주의 치하의 독일에서 나타난 폭압적 경찰기구 속에서 근대성의 전형을 찾아야 할 것이며 이들 국가 속에서 근대국가의 이상적인 모습을 발견해야 할 것이다. '근대적 외양'(近代的 外樣)이라 칭할 수 있는 경찰기구 자체만 가지고 '근대성'을 결론지을 수 있는 것을 의미하는 것은 아니라는 점이다.

경찰은 이미 만들어져 있는 단순 기구가 아니라 서구역사에 있어서 자본주의 사회 형성과 더불어 만들어진 것이며, 근대 국가권력 행사방식의 변화와 맞물려 돌아가는 권력 그 자체와 뗄 수 없는 그 자체가 권력의 속성을 지니고 있는 것이다.

그렇다면 근대적 외양으로부터 한 단계 더 들어가서 근대적 외양 속에 존재하는 실질적 의미로서의 근대성을 무엇이라고 정의할 수 있을 것인가? 그것은 이러한 경찰이 어떻게 작동하는가라는 '권력행사방식'의 특성 속에서 찾아져야만 할 것이다. 이는 이념적·현실적 차원에서 즉 근대적 형태의 경찰기구와 기능이 어떠한 이유로, 어떻게 만들어진 것이며, 이것이 사회 속에서 어떻게 작동하는가를 파악해야 하며 이것을 통해 근대적 경찰의 '근대성'을 규정할 수 있을 것이다. 개인과 시민(국민)지향적 경찰이 그래서 중요한 것이다.

6. 미군정기 경찰의 제도적·이념적 근대화와 한계

1) 미군정기의 성립

1945년 8월 15일 우리민족은 36년간의 일제의 압제에서 벗어나 해방의 감격을 맞이하였다.[96] 이후 남한에 진주한 미군은 하지(J. R. Hodge) 중장을 사령관으로 하여 곧바로 군정(軍政)을 실시하였다. 이후 1948년 8월 15일에 대한민국이 수립될 때까지 3년 동안 우리나라는 정부수립의 과도기적 기간으로 미군정(美軍政) 아래에 있었다.

2) 미군정기의 경찰제도의 정비과정

미군이 정식으로 한국에 진주하게 된 것은 1945년 9월 9일 이었다. 따라서 해방 후 미군이 진주할 때까지 약 24일 간은 일종의 '치안공백 상태' 에 놓여 있었다. 즉, 일제 강점기에 존재했던 경찰은 해방 후 그 기반을 잃은 상황이었고,[97] 이러한 상황에서 주로 마을 단위로 임시조직 된 청년단체나 야경원 또는 치안대 등이 활동하였으나, 이것은 일정한 체계가 잡히지 않아 사회의 무질서와 혼란상태는 어쩔 수 없는 상황이었다.

(1) 임시적인 경무국 체제

이러한 상황에서 1945년 10월 21일 미군정청에 경무국(警務局, The Police Bureau)이 창설되었다.[98] 이것이 비록 군정법령에 근거를 둔 군정경찰의 성격을 띠고 있었으나 그

---

96) ① 해방 후 한반도에 대한 전후처리 문제를 둘러싸고 강대국들이 몇 차례 회담이 이루어진 바 있다. 1943년 11월 카이로에 모인 미국·영국·중국의 3국 수뇌들은 처음으로 한국문제에 언급하여 '적당한 시기'에 한국을 해방시키고 독립시킬 것을 결의하였고, 1945년 7월의 포츠담회담에서는 이를 재확인한 바 있다. 그런데, 이러한 전시회담에 있어서 한국의 독립에 대한 강대국들의 약속은 유감스럽게도 즉각 독립이 아니라 '적당한 시기'의 독립이었다. 따라서 일제가 패망한 뒤 한국에서는 미국과 소련의 군정(軍政)이 실시되었다. 지정학적으로 동북아시아에서 매우 중요한 지역이었기 때문에 미국과 소련은 어느 한편이 독점적으로 영향력을 행사하게 되는 것을 바라지 않았고, 이 때문에 양국이 남북을 분할점령하게 된 것이다. ② 이 때 소련군이 먼저 한반도에 도착하여 남하해 왔으므로 미국은 소련의 점령지역이 과도하게 확대되는 것을 방지하기 위해서 북위 38도선을 경계로 일본군의 무장을 해제시킬 것을 제의하였고, 소련이 이에 동의함으로써 3.8선이 확정되었다. 따라서 해방이 되던 날 바로 그날부터 국토분단의 비극이 싹트기 시작하였다고 볼 수 있다. 박봉식(1982), "열강의 정책과 한국의 분단," 국사편찬위원회, 한국현대사; 변태섭(1993), 한국사통론, 서울: 삼영사, pp. 538-539.

97) 일제강점기 경찰의 학정에 시달려 온 일반 국민들은 경찰에 대하여 결코 우호적일 수 없었다. 한국인 경찰관들은 일제에 협력하여 민족을 탄압한 반역자로 몰려 전국 각처에서 집단폭행, 구타, 심지어는 살해까지 당하여 대부분 다른 지방으로 은신하는가 하면 공포 속에서 구명에 급급하였다. 일본경찰과 헌병대에 의해 당분간 치안기능이 지속되었던 수도경찰의 경우에도 출근율이 20%이하였던 것을 보면 당시의 상황을 짐작할 수 있다. 경찰청(1995), 경찰 50년사, pp. 17-18.

98) 물론 미군정의 경무국은 진정한 의미의 국립경찰이라고 보기는 어렵다. 즉, 대한민국의 주권 아래에서 유지·운영된 경찰이 아니라 미국의 군정권에 근거를 둔 경찰이기 때문이다. 다만 이러한 미군정기의 경찰은 이후 대한민국정부수립과 함께 민주경찰로 성장·발전할 수 있는 계기가 되었다고 볼 수 있다. 위의 책, pp. 29-32.

운영자체는 한국인 손으로 이루어졌다는 점에서 의의가 있다(그러나 엄밀한 의미에서 이날 경무국이 창설되었다고 보는 것은 다소 문제가 있다. 실제 경무국은 일제 강점기 조선총독부에 설치되어 있었고 미군정에서도 이날 새로이 창립되었다는 기록은 없다. 사실 미군정은 일제 강점기의 경무국체제를 그대로 존속시켰다고 볼 수 있다).

경무국체제는 중앙에 경무국을 두고, 각 8개 지방에는 도지사 소속하에 경무부(警務部)를 설치하였다.[99] 여기에서 조병옥(趙炳玉)은 경무국 국장, 장택상(張澤相)은 경기도 경찰부장에 임명되었다. 이들은 이후 미군정 기간 동안 경찰조직의 최고책임자(오늘날로 본다면, 경찰청장과 서울지방경찰청장)로서 많은 활동을 하게 된다.[100]

(2) 경무부체제로의 전환

그런데, 이러한 경무국체제가 얼마가지 못하고 이어서 경무부(警務部)체제로 개편되었다. 경무부체제의 전신인 경무국체제는 1945년 10월 21일에 발족하여 1946년 1월 16일에 이르러 경무부체제로 바뀌었으므로 불과 3개월에 못 미치는 단기간 내에 존속하였다. 이러한 점에서 볼 때 경무국체제는 다소 정비되지 않은 과도기적 경찰조직체제이며, 따라서 경무부체제로 정착되었다고 볼 수 있다.

이러한 중앙경찰의 개편과 맞물려 지방경찰 역시 1946년 4월 11일 개편작업이 이루어졌는데, 종전의 각 8개 도경찰부가 8개 관구경찰청(管區警察廳)으로 개칭되었다.[101] 그리고 경기도경찰부(즉, 제1관구경찰청)에서 수도의 치안사무를 관장하였는데, 1946년 9월 18일에 서울은 '서울특별시'라는 별도의 행정구역으로 탄생하였고(미군정법령 제106호), 이에 따라서 수도관구경찰청이 탄생하였다. 이로써 미군정기에 남한 지역에 9개의 관구경찰청(즉, 지방경찰청)이 설치된 것이다.

3) 미군정기 경찰의 특징

사실, 미국은 개인의 자유와 권리를 기초로 하는 민주주의 이념에 따라 전형적으로 지

99) 지방경찰의 경우 각 도지사 소속하에 경무부를 두었다고는 하나 이것은 단지 행정체계 상 그러할 뿐이다. 즉, 1945년 12월 27일 경무국 고문인 W.H. 맥클린 헌병대령이 서명한 「조선국립경찰의 조직에 관한 건」은 당시 경찰의 조직편성을 상세하게 설명해주고 있는데, 여기에서 경찰권한을 도지사의 권한으로 완전히 분리시켜 독립을 시켜버린 것이다. 위의 책, pp. 29-32.; 이러한 현상은 오늘날 각 지방경찰청과 광역자치단체장과의 관계(형식적인 소속관계)에서 마찬가지로 나타나고 있다.

100) 이에 대한 내용은 최선우(2010), "미군정기 수도경찰청장 장택상 연구," 경찰학논총 제5권 제1호 참조.

101) 당시의 경찰관청의 용어사용은 다소 혼란스럽게 느껴진다. 즉, 경무국체제에서는 중앙에는 '경무국', 지방에는 '경무부'를 두었는데, 이것이 이후 경무부(중앙)와 관구경찰청(지방)으로 바뀌었기 때문이다. 지방경찰의 명칭을 비교해 본다면, 경무국체제에서는 지명위주(경기도 등 8개 지역)의 명칭을 사용하였다면, 경무부체제에서는 구 번호별(제1관구에서 제8관구까지)로 바뀌게 되었다는 점이다.

방분권화 된 자치경찰제도를 중심으로 운영되고 있음은 주지의 사실이다. 따라서 한반도 역시 미군정체제 하에 있기 때문에 당연히 지방분권화 된 자치경찰을 고려할 수도 있었을 것이다. 그러나 당시의 우리나라가 직면하고 있는 치안환경(좌·우 사상의 대립)과 지리적인 여건(협소한 국토), 빈약한 지방재정 등을 고려하여 미군정당국과 우리의 민정당국이 논의한 결과 국가경찰(國家警察)의 형태를 취하는 것이 오리려 우리 실정에 부합하다는 결론에 도달하게 되었다.

그러나 한편으로는 조선의 역사나 일본의 식민지 수탈과정을 알지 못하는 미국의 시각에서 볼 때 한반도는 일본과 같은 전범국(戰犯國)으로 간주하였다는 점을 인식할 필요가 있다. 미군이 '해방군'이 아닌 '점령군'의 자격으로 온 것이라면, 군정청(軍政廳)을 수립하고 식민지 지배형식(중앙집권화 된 통제구조)을 취한 것이다.

아울러 미군정경찰은 미점령군의 안전과 그 병력의 유지 및 군사행동에 협조하는 것을 사명으로 하였으며, 이는 해체를 전제로 한 경찰이었고, 일제강점기 경찰에서 자주독립국가의 국가경찰 성립이 교량적인 역할을 담당하였다. 따라서 이 시기에 일정 부분 민주주의에 입각한 근대경찰의 토대를 구축하게 되었다고 본다. 즉, 다음과 같은 점에서 미군정경찰은 한국에 대한 근대경찰의 요소를 도입시켰다고 볼 수 있다.[102)]

(1) 행정경찰의 탈경찰화

일제 강점기의 조선총독부 경찰은 치안유지라는 경찰 본래의 기능 외에 정치·경제·출판·보건위생·군사경비·소방·사법 등 광범위한 권한을 행사하고 있었다. 이는 조선을 강제적으로 지배하고 조선민족의 독립투쟁을 억압하기 위한 수단으로 경찰을 활용했기 때문이다. 따라서 미군정당국은 남한의 경찰권을 접수한 이후 본래의 경찰영역을 넘어선 비정상적인 부분을 경찰관할에서 회수하여 다른 관서로 이관시켜 '탈경찰화'(脫非察化)를 단행하였다.[103)] 이는 경찰업무의 제도적 전문화 차원에서 매우 중요한 의미를 갖는 것이다.

(2) 독자적 경찰수사권 확보

주목할 만한 것은 미군정청에 의해 경찰의 독자적 수사권이 인정되었다는 점이다. 미

102) 경찰대학(2002), 앞의 책, pp. 204-209.

103) 이와 관련하여 예컨대, ① 1945년 9월 24일 미군정법령 제1호 「위생국 설치에 관한 건」에 의해서, 위생국이 설치되어 종래에 경찰에서 담당하던 위생업무를 이관하였다. ② 동년 10월 24일 미군정법령 제17호에 의해서 경찰의 경제경찰과를 폐지하였다. 일제시대부터 경제경찰과는 경제경찰, 노무자 모집·단속 등에 관한 업무를 담당하고 있었다. ③ 1946년 4월 10일 미군정법령 제66호에 의해서 독립된 소방부를 창설하여 종래 경찰에서 담당하던 소방업무를 이관하였다. ④ 기타 출판물 등의 검열업무 이관(1946.4.12.), 각종 허가권의 이관 및 폐지(1947.12.30.), 선박 및 선원의 단속업무 이관(1948.6.21.) 등이 이루어졌다. 위의 책, pp. 204-205.

군정이 실시되기 전에 검찰은 단순한 형사소추기관으로서의 지위만 가지고 있었던 것이 아니고, 범죄수사기관으로서의 사법경찰관에 대한 지휘감독권을 가지고 있었다. 그러던 것이 미군정 실시 후, 1945년 12월 29일 법무국의 검사에 대한 훈령 제3호에 의해서 '검사의 기본직무는 법원에 공소를 제기하는 것으로서 세부적인 범죄조사는 검사의 직무가 아니며, 경무국이 조사하여야 할 사항은 경무국에 의뢰하도록' 규정하였던 것이다.

(3) 민주경찰상 정립

이 외에도 미군정에 의해 경찰의 민주적 개혁이 이루어졌다.[104] 일제강점기의 일제는 한국인의 자유로운 정치활동 및 독립운동을 통제·탄압하기 위한 각종 악법(惡法)을 제정하여 경찰로 하여금 이를 집행하도록 하였다. 따라서 미군정에서는 이러한 민주주의 이념에 위배되는 각종 법규정들을 폐지함으로써 경찰의 반민주적 활동의 부담을 제거시켰다.

즉, 미군정법령 제11호(1945. 10. 9)에 의해서 조선총독부시대의 한국인의 정치개혁의 시도를 금지하는 정치범처벌법(1919. 4. 15 제정), 공산당의 활동 및 한국인의 독립운동을 금지하는 치안유지법(1925. 5. 8 제정), 치안유지법 위반자의 관찰과 한국독립운동 혐의자를 감시하는 정치범보호관찰령(1936. 12. 12 제정), 정치범의 감독 및 예비검속(豫備檢束)에 관한 예비검속법(1941. 5. 15 제정) 등이 폐지되고, 이들 법의 위반자를 다루는 고등경찰업무를 관장하던 경무국 보안과(保安課)가 1945년 9월 29일 폐지되었다.

아울러 형사소송법규를 개정, 영미법계의 장점을 도입하여 형벌불소급 등 죄형법정주의 원리와 불법구금·처벌의 금지조항을 규정함으로써 일제하의 비민주적인 관행을 타파하고자 하였다.

(4) 봉사경찰상의 구현

일제의 경찰제도는 그 위엄을 보이며 경찰의 정신은 패검(佩劍)에 있다고 주창하여 민중과의 거리를 멀게 하였다. 그러나 1945년 11월 8일을 기해 이를 폐지하여 칼 대신 경찰봉을 휴대하고 근무하도록 하였다.

---

104) 1947년 11월에 미군정법령 제157호에 의해 중앙경찰위원회(中央警察委員會)의 설치를 법제화하였고, 이에 따라 12월에 6명의 위원으로 구성된 중앙경찰위원회를 설치하였다. 이는 영미식 전통에 따른 경찰의 민주화 및 정치적 중립화를 위한 노력의 일환이라고 볼 수 있다. 위의 책, p. 202.; 한편, 1946년 5월 5월 15일에 최초로 여자경찰관을 채용하여 국립경찰학교에서 교육을 실시하여 동년 7월 16일 졸업하게 되었다. 이들이 졸업하기에 앞서 7월 1일에는 경무부 공안국(公安局)에 여자경찰과(女子警察課)를 신설하였고, 다음해인 1947년 2월 17일에는 수도관구경찰청에 여자경찰서(女子警察署)를 창설하였다. 이후 서울, 부산, 대구, 인천 등에 여자경찰서가 창설되었다. 서기영(1981), 한국경찰행정사, 서울: 법문사, p. 354.

그리고 일제경찰의 억압적인 이미지를 쇄신하기 위하여, 경찰의 표어를 '봉사와 질서'로 채택하고 그 정신을 함양하기 위하여 그 표어의 마크를 제복상의 좌측 흉장의 위쪽에 패용케 하였다. 특히 경찰활동에 있어 '봉사'의미는 비록 당시에는 선언적인 것에 불과하지만 한국경찰에 있어서 역사적인 의미가 있음은 분명하다. 어쨌든, 미군정경찰은 이상과 같은 많은 개혁을 통해 대한민국 국립경찰의 모태로 인식되고 있다.

4) 미군정기 경찰의 한계

(1) 일제시대 경찰의 재임용

그러나 미군정이 한반도에 수립되었을 때 한국의 민주화 또는 경찰의 민주화는 제대로 이루어지지 못했던 부분 역시 적지 않게 지적되고 있다. 미군정경찰은 일제식민시대라는 암울했던 식민경찰 및 정치경찰 등의 역사를 극복하고 한국에 민주경찰이라는 새로운 경찰역사를 전개시키는데 많은 기여를 했음은 주지의 사실이다. 그러나 한국 스스로의 경찰개혁이 아닌 미국이라는 타국 의해서 개혁이 이루어졌다는 점, 특히 그러한 과정에서 일제강점기의 경찰출신자들이 여전히 말을 갈아타고 미군정 및 지배세력과 결탁하여 생존하였던 점 등은 당시의 경찰개혁의 한계를 보여주고 있다.[105]

(2) 경찰의 정치적 예속화

오늘날 현대 한국경찰이 극복해야할 과제 가운데 하나가 바로 정치적 중립화인 것은 주지의 사실이다. 이러한 문제는 현대 한국경찰의 출발시점인 미군정 하에서부터 이미 깊숙이 내재해왔다는데 주목할 필요가 있다. 즉 미군정과 연계된 한국 지배권력 집단(이승만-한국민주당 세력)은 자신들이 차후 권력을 장악하기 위해서 경찰력을 필요로 하였고, 경찰(일제강점기 경찰출신자)은 자신들의 정치적 보호를 위해서 이들과 결탁하는 모습을 보인 것이다.

결과적으로 이러한 미군정경찰과 한민당간의 유착은 1946년 11월 과도입법의원 선거당시 경찰의 간섭 또는 불법활동으로 한국민주당(약칭, 한민당)이 승리하게 만들었으며, 1948년 5월 10일 총선에서는 경찰이 전면에 나서서 선거에 등록을 강요하고 거부자를 모

105) 불행하게도 일제강점기의 경찰관들이 그대로 미군정경찰의 고위간부가 되었다. 1946년 현재 남한의 경위급 이상의 경찰관 1,157명 가운데 949명(약 82%)이 일제강점기의 경찰출신 이었다. 여기에서 미군정청 및 군정경찰 수뇌들이 일제강점기 경찰출신자들에 대해 갖고 있던 인식과 태도에서도 발견할 수 있다. 이와 관련하여, 당시의 미군정과 경찰수뇌부들은 경찰을 치안유지를 위한 기술직으로만 보고 국가형성기에 이들이 가지고 있는 정치적 의미는 중요시하지 않았다는 점으로 분석하기도 한다. 김왕식(1994), "미군정경찰의 정치적 위상," 한국문화연구원논총, 제65집(제1-2호), pp. 213-214.

략, 협박, 구타, 검거하는 강제수단을 동원하였으며, 심지어 대리투표, 무더기 투표, 선거시간 연장 등을 강행함으로써 선거과정에 깊숙이 개입하는 결과를 낳고야 말았다.

이처럼 미군정시대의 경찰은 제도적으로 정비되었음에도 불구하고 또 다른 소수의 지배권력집단의 이해관계 속에서 많은 문제점들을 노정시켰고, 그것으로 인해 경찰의 근대성은 여전히 미완의 것으로 남게 되었다고 볼 수 있다.

제5절 현대 민주경찰의 발전과 과제

1. 대한민국 정부수립과 건국·호국경찰

1) 대한민국 정부수립

1948년 7월 17일 초대 국회의 제헌의원들은 헌법을 공포하고 대통령에 이승만(李承晩, 재임 1948.07 ~ 1960.04), 부통령에 이시영(李始榮)을 선출하였고, 같은 해 8월 15일 대한민국 정부의 성립을 내외에 선포함으로써 제1공화국이 출범하였다. 그리고 국회에서는 대한민국 정부의 근간이 되는 정부조직법(7.17)을 제정하였다.

당시의 경찰조직의 법적 근거는 정부조직법에 두고 있다. 그런데, 경찰은 정부조직법에 의해 하나의 독립된 관청이 아닌 내무부(內務部) 산하에 있는 하나의 국(局)인 치안국(治安局)으로 편제되었다. 미군정 당시에는 경찰조직이 경무부(警務部, 1946.1~ 48.8)라는 명칭을 가지고 하나의 독립된 국가행정부서였던 것에 반해 정부수립 후에는 내무부의 1개 국인 치안국으로 축소된 것이다.

2) 정부수립과 건국경찰

다만, 대한민국 정부수립 이후 설치된 경찰은 건국경찰(建國警察)로서 미군정경찰과는 본질적으로 다른 자주경찰(自主警察)이었다는데 그 역사적 의미를 부여할 수 있다.

물론, 대한민국 정부가 수립되었지만 당시의 혼란스러운 시대상황에 비추어 볼 때, 경찰조직의 축소는 다소 의외의 조치였다고 볼 수 있다.[106] 주지하는 바와 같이 1945년 미소군정에 의해 남북이 분단된 이래로 1948년은 우리 민족이 다시금 남북국 시대로 돌아간 비극의 해였다. 이해 8월 15일 38선 이남에는 '대한민국'(大韓民國)이 수립되고, 9월 9일 38선 이북에서는 '조선민주주의 인민공화국'(朝鮮民主主義 人民共和國)이 수립된 것이다. 이에 앞선, 1948년 5월 10일 남한에서는 총선거가 실시되었다. 이에 대해 좌익은 격렬한 선거반대투쟁을 벌이고, 김구·김규식 등이 이끄는 중도우파에서는 선거불참을 선언하였다. 북한은 선거에 대한 보복으로 전기 공급을 중단하여 공장의 조업이 중단되는 사태가 발생하기도 하는 등 극심한 치안혼란 상황이었다.[107)]

이처럼 건국경찰은 건국 이후 극심한 남북대립으로 인한 정치·경제·사회문화적인 혼란 상황에서 국민의 생명·자유, 재산보호라는 본래의 사명 이외에 좌익 극렬분자들의 반란·파업·폭동·공비 진압이라는 시대적 과제를 안고 있었다. 한편, 이승만정부와 자유당(自由黨)은 1948년 12월 국가보안법(國家保安法)을 제정하여 반공정책을 더욱 강화하였다. 국가보안법에 의한 국가적 법익보호라는 미명하에 경찰은 국민의 인권과 사상을 탄압하는 수단으로 악용되어 많은 논란이 되었다.[108)]

---

106) ① 사실, 대한민국 정부 수립 후 경찰조직을 독립부서로 존속시킬 것이냐 아니면 축소시킬 것이냐에 관한 문제는 정부조직법이 국회에 제정될 때부터 논쟁이 벌어졌다. 경찰조직의 축소를 주장하는 측은 법치주의·민주주의·국제적 위신과 같은 대의명분을 들고 나왔으며, 기존대로 하나의 독립부로 둘 것을 주장한 측은 주로 반공상의 이유를 내세웠는데, 표결 결과 축소안이 받아 들여 졌던 것이다. 이처럼 경찰조직이 축소된 가장 큰 원인은 미군정시대에 경찰조직의 규모가 확대되는 과정에서 친일경찰의 재임용과 수준 낮은 경찰의 갑작스러운 채용, 그리고 이로 인한 경찰의 권력오남용 문제가 적지 않게 노정되었다는 데 있다. 따라서 경찰에 대한 반감은 이념적으로 좌익뿐만 아니라 중간노선을 갖는 사람들에게도 영향을 미쳤던 것으로 보인다. 당시 이와 같이 경찰조직의 축소론자들 사이에서는 경찰관의 횡포를 막기 위해서는 이들의 질적 향상과 근무조건의 향상을 꾀하는 방법보다는 예산과 인원 등 기구의 축소를 통해 이를 통제해야 한다는 인식이 지배적이었던 것이다. ② 그런데, 내무부 소속으로 경찰기구가 축소되었다고 해서 그것이 경찰력 자체가 약화되었다고 보기는 어렵다. 당시의 혼란스러운 치안환경 속에서 지방 경찰관서의 수가 증가된 것을 보면 경찰의 조직 역량은 보다 확대된 것으로 볼 수도 있을 것이다. 미군정기인 1945년 147개 경찰서로 출발한 국립경찰은 정부수립 이후 1949년 말에 170개 경찰서로 증설 되었다. 경찰청(1995), 앞의 책, pp. 101-111.

107) 1948년 2월 7일 남로당(남조선노동당)의 지령에 따라 전평(조선노동조합전국평의회) 산하 노조 30만 명이 총파업을 단행하여 통신, 운수, 송전이 중단되었다. 또한 이 해 4월 3일 제주도에서는 단독선거 반대운동이 일어났는데, 이를 과잉 진압하는 과정에서 수만 명의 무고한 인명 피해가 나타났다. 이 사건으로 인하여 5월 중순 연대병력의 군대가 출동하여 진압작전에 나섰으나, 현지의 경찰과 극우청년단체, 그리고 토벌군대의 가혹행위에 의해 사태가 더욱 악화되었다. 제주 4·3사건은 정부수립 이후에도 계속되어 1948년 10월 여수에 있는 14연대를 투입시키려 하였으나, 출동군인들이 반란을 일으키고 여수·순천 등지의 양민들까지 가세하여 이 지역에 계엄령이 선포되고 군대가 파견되어 진압되었다. 그 후 반란군인과 반란가담 양민들은 지리산, 태백산, 오대산 등지로 들어가 인민유격대[빨치산]을 조직하고, 일부지역에서는 북한에서 파견한 훈련된 게릴라의 지도를 받으면서 한국전쟁 이후에도 저항을 계속하다가 1955년 4월에 군과 경찰 토벌대에 의해 소탕되었다. 한영우(2004), 앞의 책, pp. 574-575.

108) 김창윤·이창한·최선우 외 13인(2012), 앞의 책, p. 124 재인용.

일제 친일경찰 잔재 청산의 한계

미군정시기에 있어서도 극복하지 못했던 역사적 한계는 무엇보다도 일재식민통치가 우리에게 남긴 불행한 유산이었다. 한 세대를 넘어선 일제의 식민통치로 인해 정치·경제·사회문화 모든 영역에 있어서 이의 잔재는 우리사회에 뿌리 깊게 박혔던 것이다. 더욱이 문제가 심각한 것은 대한민국 정부수립 후에 사회 구조적으로 이들 친일세력을 제거하지 못하고 정치권력적인 이해관계 속에서 이들이 다시 지배세력으로 계속 남아 있게 되었다는데 있다.

일재식민지잔재 청산의 중요한 과제인 이른바 '친일파'(親日派) 정리는 민족정기를 회복한다는 차원에서 매우 중요한 것이었으나, 가장 불철저하게 끝났다. 주지하는 바와 같이 해방직후 미군정은 치안확보의 필요에 따라 조선총독부에서 근무한 경험이 있던 관료와 경찰을 그대로 등용하였다. 그리고 일제말기 친일경력이 있는 한국민주당 인사들과 가장 가까운 관계를 유지하였는데, 이들은 반탁운동과 반공정책의 선봉에 서서 점차 입지를 넓혀가게 되었다. 그리고 대한민국 수립 후에도 이승만정부는 친일관료들을 대거 등용하였다. 이들을 대신할 만한 고급지식인과 숙련된 인재들이 적고, 이승만 자신이 오랜 망명생활로 국내세력기반을 갖지 못하여 친일파와의 타협 속에서 권력을 유지할 수밖에 없었던 것이다.

친일문제를 해결하기 위하여 1948년 9월 국회의 양심적인 소장의원들은 '반민족행위자 처벌법'(약칭, '반민법')을 국회에 상정하고, '반민족행위 특별조사위원회'(약칭, '반민특위')와 특별재판부를 구성하여 반민족행위자를 체포하기 시작했다. 그러나 이들의 활동은 처음부터 거센 저항을 받았다. 이승만의 비호 하에 경찰이 반민특위를 습격하는 등 갖가지 방해로 친일파 처단은 유야무야로 끝나고, 1950년 6월 20일로 규정된 반민법의 시효기간을 1949년 8월 31로 단축한 법안이 통과됨으로써 반민특위는 해체되고 말았다. 이승만의 친일파 포용은 민족문화의 정상적 발전을 저해하고, 대한민국의 전통성을 약화시키는 요인으로 남게 되었다.[109)]

3) 6.25전쟁과 호국경찰

대한민국 정부수립을 전후하여 국가체제는 좌익과 우익의 갈등과 경제난, 그리고 이로 인한 폭동 등 국가소요사태로 인해 매우 혼란스러운 상황이었음을 알 수 있다. 이러한 상황에서 1950년 5·30 총선거에서 이승만대통령의 지지 세력은 210명의 의석 중에서 겨우 30석을 차지하는데 그쳤다. 설상가상으로 미군이 1949년 6월 군사고문단만 남겨놓고 철

109) 한영우(2004), 앞의 책, p. 579.

수하고, 중국은 1949년 10월 장개석의 국민당이 모택동의 공산당에 패퇴하고 중화인민공화국(中華人民共和國)이 수립되었다.

바로 이즈음, 미국 국무장관 애치슨(D. G Acheson)은 1950년 1월 태평양지역의 방위선에서 한국과 대만을 제외한다고 선언하였다. 모든 사태가 한국에 불리하게 전개되고 있었다.[110] 이처럼 남한의 어려운 사정과는 반대로 북한의 국력은 급속도로 성장하고, 소련의 스탈린과 중국의 모택동이 김일성 정권을 강력하게 지원하였다. 이러한 강력한 정치적·군사적 기반을 바탕으로 북한은 1950년 6월 25일 일요일 새벽에 남침을 감행한 것이다.

6.25전쟁은 건국경찰이 민주경찰로서의 기반을 다지기도 전에 좌익 공산주의와 대처해야 하는 시련의 시기였다. 건국 전후의 반란·폭동·파괴는 국지적인 것이었으나 6.25전쟁은 전면전으로 발전한 것으로 경찰활동은 주로 전투였으며, 그 주된 임무는 호국경찰(護國警察)로서의 기능과 전시 치안유지 기능이었다. 따라서 민주질서 하에 국민의 자유와 권리보호라는 최소한의 경찰 본연의 임무를 수행하기도 어려운 실정이었다. 경찰조직도 일반경찰조직과는 별도로 전투경찰대조직을 이원적으로 운영하면서, 군과 함께 막강한 화력을 가지고 남하하는 공산군에 대항하여 수차례 방어전선을 구축하고 많은 희생자를 내면서 호국경찰로서 사명을 다하였다.[111]

태안사(泰安寺)전투에서 순직한 전남 곡성경찰서 경찰관(47명)을 기리는 경찰충혼탑(忠魂塔)

전쟁에 참전하여 순직한 경찰관의 집 대문에 부착하였던 문패

그러나 전쟁 이후에도 여전히 상당수의 공비가 잔존하여 계속 후방 치안을 교란하였다. 1953년 7월 27일 판문점에서 휴전협정이 체결된 후에도 경찰에 의한 공비토벌은 계속되었는데, 이러한 과정에서 수많은 경찰들이 국가와 민족을 위해 희생되었다.[112]

110) 위의 책, pp. 578-580.
111) 이황우(2005), 경찰행정학, 경기: 법문사, p. 74.

〈6. 25전쟁 전후 순직 및 상이경찰관 현황〉

연 도	순 직	상 이	계	연 도	순 직	상 이	계
1948	639	182	821	1955	94	57	151
1949	732	344	1,076	1956	49	36	85
1950	5,450	2,499	7,949	1957	41	31	72
1951	2,317	2,859	5,176	1958	34	43	77
1952	976	866	1,842	1959	30	44	74
1953	554	308	862	1960	37	190	227
1954	155	155	310	총 계	11,108	7,614	18,722

4) 전쟁 후 경찰의 제도적 정비와 한계

한편, 전쟁 후 전투임무가 끝나자 경찰의 제도적 정비가 이루어지면서, 경찰 본연의 임무를 위한 노력이 이루어졌다. 당시 전쟁 후유증으로 범죄문제는 심각한 사회문제로 대두되었다.[113] 이를 위해 경찰활동의 기본법이라 할 수 있는 경찰관직무집행법(警察官職務執行法, 1953)과[114] 국민의 기초질서(특히, 걸인· 부랑아들에 의한 잠재적 범죄위험성

112) 경찰청(1995), 앞의 책, p. 184.

113) ① 전쟁 이후 민생사범이 크게 증가하였는데, 이는 전쟁의 여파로 인한 경제적 불황이 빚은 결과였다. 그리고 전국 각처에서 빈발하는 살인·강도 등 강력범 중에는 군복을 착용하여 군인을 가장하고 무기를 휴대한 자들이 많았고, 1953년에 들어서는 이들 중 일부는 무장 강도단으로 변모하여 갔다. ② 한편, 휴전이 성립되고 정부가 부산에서 서울로 환도한 후인 1954년 여름부터 전국적으로 성행하기 시작한 민간 사금융인 계(契)는 정부 또는 금융기관이 돌봐주지 못하고 있는 영세사업자금의 조달원으로써 이득해는 이미 절정에 도달하고 있었다. 고리대금의 원천이라는 이유에서 사설계를 아주 반대하여 오던 금융계에서까지도 경제적인 필요악인 존재로 인식하고 묵인하고 있는 실정이었다. 이 때문에 국가금융정책상의 문제뿐만 이니라 이를 둘러싼 자살·가정파탄과 같은 각종 범죄가 크게 만연하였다. 그리고 당시 특이한 현상의 하나는 밀수사건의 격증이었다. 불안한 시기를 노리는 악질 무역상들은 배후에서 밀수업자와 결탁하여 국가경제를 좀먹는 범죄행위를 거듭하였던 것이다. ③ 그리고 당시 전쟁 후 사회적 허탈감과 서구문명의 도래로 인한 전통윤리관이 파괴되는 조짐이 서서히 나타나기 시작했는데, 그 대표적인 사건이 이른바 '박인수 사건(朴仁秀 事件)'으로 이 있었다. 박인수는 해군대위를 사칭하고 인기 댄스홀을 휩쓸며 1년 동안 70여명의 여성들을 농락했다. 그가 만난 여성들은 대학생이 대부분이었으며 고관·국회의원 등 상류층 가정출신도 많았다. 결국 그는 1955년 5월 31일 검거되었으나 7월 22일 선고공판에서 혼인빙자간음죄에 대해서는 무죄선고를 받고 공무원자격사칭에 대해서만 벌금형을 받았다. 법정에서 그는 자신의 행적을 정당화하며 상대한 여성들을 형편없이 매도해 세상을 떠들썩하게 했다. 당시 판사는 '법은 정숙한 여인의 건전하고 순결한 정조만을 보호 한다'는 유명한 말을 남기고 역사 속으로 사라져 갔다(항소심에서 박인수는 징역 1년형을 받고 유죄가 확정되었다). 경찰청(1995), 앞의 책, pp. 209-212.

114) 일제 강점기의 경찰작용법인 정치범처벌법, 치안유지법, 예비검속법 등을 비롯한 치안악법(治安惡法)이 일부 폐지되었지만, 나머지 일제 강점기의 법령 대부분이 미군정법령 제21호(법률 제명령의 존속)에 따라 그 효력을 유지하고 있었다. 그러나 경찰관의 직무집행에 관한 일반적인 근거법령은 정부수립 이후에도 마련되지 못하면서 많은 문제점을 야기하였다. 따라서 휴전 후인 1953년 12월 일본의 경찰관직무집행법을 사실상 모방한 경찰작용의 일반법인 경찰관직무집행법을 제정과 동시에 시행하게 되었다. 윤성의(2008), "경찰관직무집행법상의 경찰활동의 문제점과 개선방안에 관한 연구," 호남대학교, 박사학위논문, pp. 9-10. ; 김창윤·이창한·최선우 외 13인(2012), 앞의 책, p. 125 재인용.

대응)를 유지하기 위하여 경범죄처벌법(輕犯罪處罰法, 1954)이 제정되었다. 한편, 범죄수사의 현대화·과학화를 위하여 국립과학수사연구소(1955년)를 신설하였다. 또한 1957년 7월 치안국은 체신부의 협조를 얻어 서울시경과 부산시경에 '112 범죄신고 전화'를 설치하였다. 이듬해에 이 112 전화는 전국적으로 확대되어 범죄예방 및 수사·검거에 있어서 많은 기여를 하였음은 물론이다.[115]

과학수사와 국립과학수사연구소의 설치

우리나라의 근대적 의미의 과학수사는 지문(指紋)자료의 이용에서부터 시작되었다. 1911년 주권침탈 이후 조선총독부령 제11호로 일본의 형법과 형사소송법을 의용하도록 한 후, 조선총독부 법무국 행형과에 지문계(指紋係)를 설치하여 전국의 수감자들의 지문을 채취·보관하여 누범조건인 전과의 유무의 확인을 위한 자료로 사용하였다. 그 후 보관된 지문자료를 이용하여 용의자의 지문을 채취하여 이를 대조·검색하여 범인을 식별하게 되었고, 지문의 이용에 의한 수사의 유용성이 인정되어 수형자 이외에 일반 피의자의 지문채취를 목적으로 1931년 8월 경기도경찰부 형사과에 지문계를 별도로 설치하였다. 여기에서 범죄용의자, 경범위반자 및 예비검거자에 대한 지문을 채취하여 수사에 이용하게 되었다. 그 후 관련과학의 발전으로 법의학적 감정과 형사사진의 이용이 가능해져 1935년 4월 위 형사과에 법의이화학실(法醫理化學室) 및 형사사진실을 설치하고 변사체에 대한 부검과 독극물 등에 대한 이화학적 감정 및 범죄현장사진과 검증사진 및 개인 식별사진을 이용하게 되었다.

해방 후 미군정 기간 중인 1946년 2월 경무부(警務部) 산하에 감식과(鑑識課)를 두어 종래의 지문감식을 전담하게 하고, 법의학 감정을 위하여 법의학시험소를 별도로 두었다가 1948년 정부수립 이후 다시 내무부 치안국 감식과에 법의학시험소로 통합하였다. 한편, 일제 강점기 최초로 시작하였던 법무국의 지문감식 등의 감식업무는 미군정 기간 중 경무부 감식과 설치로 폐지되었다. 이 시기의 과학수사 수준은 법의학적 감정에서는 혈액·타액(唾液, 침)·모발의 감정 등 혈청학(血淸學)의 이용이 가능했고, 총기·폭발물감정을 위한 시설을 설치하였으며, 문서감정 등 기본적인 감정은 모두 할 수 있었다.

6.25전쟁을 겪은 후 1955년 3월 내무부산하의 독립기관으로 국립과학수사연구소를 설치하여 과학수사에 관한 종합적 연구체제를 갖추게 되었다. 이 연구소는 범죄수사에 관한 과학연구와 관공서 또는 공무원의 요청에 의하여 범죄수사에 필요한 감정을 담당하여 종래의 치안국 감식과의 업무 중 지문에 관한 업무를 제외한 모든 감정 업무를

115) 경찰청(1995), 앞의 책, p. 213.

이관 받았다.
이러한 연구소체제의 출발은 일본 등 선진외국의 영향을 받은 것으로 과학수사의 연구와 발전을 위하여 획기적인 일이었다. 일본은 1948년에 과학경찰연구소를, 독일은 1951년에 과학수사연구소를 설립하였으며, 이에 앞서 미국은 1932년에 연방수사국(FBI) 산하 연구소를 설립·운영하고 있다. 그러나 감정보다는 감정기술의 연구·개발에 주력하는 외국의 연구소와는 달리 우리의 과학수사는 주변여건의 불충분으로 인하여 부검을 비롯한 감정에 치중하여 연구의 여력이 많지 않았다는 것이 설립 당시부터 현재까지 문제점으로 지적되고 있다.[116]

그런데, 당시 민생치안(民生治安)보다는 시국치안(時局治安)에 치중한 것은 사실이다. 전쟁 후 경찰제도의 정비가 어느 정도 완성되어 강력한 기능을 발휘하기도 전에 집권당의 정권수호라는 또 하나의 시련 앞에 직면하게 된 것이다.

전시체제를 벗어나면서부터 해이해진 기강은 경찰의 타부처 협조업무가 확대되면서 부패를 심화시켰고,[117] 정권연장을 위한 수단으로 경찰이 이용되어 국민의 뇌리에 경찰상은 민폐와 정권의 도구로 각인될 수밖에 없었다. 이로써 전투경찰로서의 호국경찰의 이미지는 곧바로 정치권력의 시녀로서의 타락된 이미지로 바뀌어 오늘에 이르기까지 슬픈 유산을 물려받게 되었다.

5) 4.19혁명과 경찰의 위기

한국전쟁 이후 이승만정부는 실정(失政)을 거듭하면서 민심에서 멀어져 갔다. 농지개혁으로 농촌사회는 어느 정도 안정되고, 미국 등에 의한 원조경제에 의해 경공업은 비교적 활기를 찾았으나 자립기반이 취약하여 남북간의 경쟁에서 열세에 놓였다. 특히 도시의 지식인층을 실망시킨 것은 장기집권을 위한 잇따른 부정선거 등에서 비롯되었고, 이에 따른 이승만정부에 대한 국민의 불신은 갈수록 높아졌다. 1960년 3월 15일에 치러진 제4대 정·부통령 선거는 이승만정권의 종말을 가져오게 한 최악의 부정선거였다. 민주당 후보인 조병옥(趙炳玉)이 선거 10일을 앞두고 급사하여 단일후보가 되었음에도 자유당 충성파들은 40%의 사전투표를 하는 등 공무원과 관변단체를 동원하여 온갖 부정을 자행하였

116) 대검찰청(1993), 과학수사편람, pp. 23-24.
117) 당시 경찰의 부정부패 문제 역시 심각한 수준이었다. 일선경찰의 낮은 보수체계와 부족한 조직운영 경비문제, 상납관행 등이 주요한 원인으로 지적되었다. 예컨대, 교통경찰은 검문소 등에서 세금 아닌 세금을 관행적으로 받아들이는 등 적지 않은 사회적 민폐를 끼쳤다. 경찰의 민폐는 교통경찰이 그 상징적인 것으로 국민들의 눈에 비쳐졌던 것이다. 경찰인사에 있어서도 이러한 중요보직을 서로 선호하였고, 당시 경찰수뇌부에서도 '배고픈 경찰관'은 일선으로 돌려주겠다고 말한 바 있었으니 가히 그 시대상황을 짐작할 수 있을 것이다. 경찰청(1995), 앞의 책, p. 189.

다. 개표과정에서 부통령 이기붕의 표가 100%에 육박하는 결과가 나오자 이를 79%로 하향조정하는 희극도 연출되었다.118)

이러한 부정선거에 항의하는 국민시위가 대구, 부산, 서울, 마산 등 전국의 대도시에서 벌어지는 가운데, 마산에서 시위 도중 경찰이 쏜 최루탄을 맞고 숨진 김주열(金朱烈)군의 시체가 바다에서 발견되자 국민의 분노는 절정에 달했다. 이제 시위목적은 부정선거에 항의에서 독재정권 타도로 바뀌어 갔다. 4월 18일 고려대학교에서 학생의 시위에 이어 4월 19일에는 서울의 주요대학과 고등학생까지 시위에 참가하고, 시민들이 합세하여 광화문 앞거리가 시위 군중으로 가득 찼다. 그 중의 일부는 대통령관저인 경무대를 향하여 돌진하다가 경찰의 총격으로 100여 명이 목숨을 잃었다. 드디어 유혈사태가 벌어진 것이다.

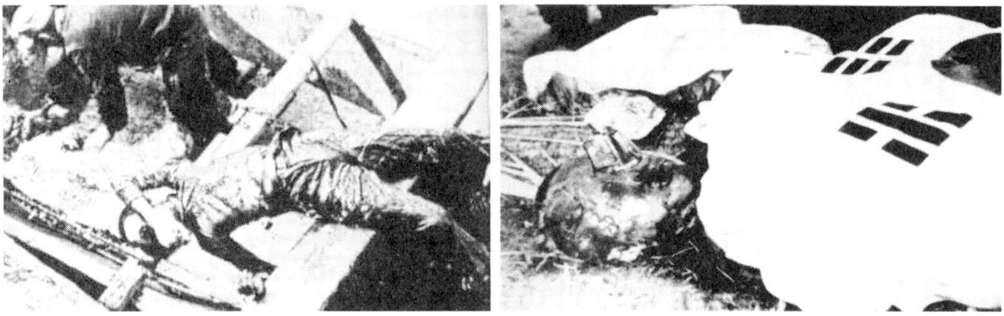

마산 앞바다에 떠오른 김주열군(당시 마산상고생)의 시체는 눈에 경찰이 쏜 최루탄이 박힌 채 처참한 모습을 하고 있었다. 이에 격분한 시민들이 대거 시위에 가세하면서 3·15부정선거 규탄시위가 4.19혁명으로 이어졌다(60.4.11).

유혈사태로 국민정서는 크게 격앙되고, 4월 25일에는 "학생들의 피에 보답하라"는 서울시내 대학교수단의 시위가 일어나고 미국 측도 이승만의 퇴진을 권유했다. 이에 이승만은 4월 26일 "국민이 원한다면 대통령직에서 물러나겠다"는 성명서를 내고 하야하였다. 이로써 12년간에 걸친 독재정권이 무너지게 되었다.

6) 제2공화국 출범과 체제의 불안정

4.19혁명 이후 사태의 수습을 위하여 허정(許政)을 내각수반으로 하는 과도정부가 구성되었다. 과도정부는 1960년 6월 15일 내각책임제와 양원제를 골자로 하는 개헌안을 통과시키고, 7월 29일 신헌법에 따라 총선거를 실시하였다. 그 결과 대통령에 민주당(民主

118) 한영우(2004), 앞의 책, pp. 589-590.

黨) 구파의 윤보선(尹潽善, 재임 1960.08 ~ 1962.03)이 선임되고, 국무총리에 민주당 신파의 장면(張勉)이 임명되었다. 실권은 장면총리가 장악하였다. 이로써 제2공화국이 수립되었다.

제2공화국은 4.19혁명 전후의 정치·경제·사회문화적 무질서를 안정시켜 국가안보체계를 확립하고, 동시에 민족의 숙원인 평화통일을 위한 국력신장 및 경제활성화 등을 적지 않은 과제를 안고 출발하였다. 당시에 민족주의(民族主義) 운동이 열풍적으로 불어 평화통일에 대한 기대가 한층 높았으며, 경제적으로 궁핍한 민중들은 많은 어려움을 겪고 있었다.[119)]

그러나 집권의 기회를 얻게 된 민주당은 신·구파로 나누어지게 되어 당내의 심각한 정치적 갈등으로 인하여 국민의 성원과 기대에 부응하지 못하였다. 일부의 정치세력들은 자유를 내세우면서 자기주장을 요구하는 가운데 크고 작은 시위가 자주 일어났다. 이렇게 시위가 지속됨으로써 사회혼란이 심각해졌으나, 정부는 치안질서유지를 위한 정치력과 국가공권력을 제대로 행사하지 못하였다. 4.19혁명을 통해 얻게 된 자유이념의 구현을 위한 어떠한 할 쇄신정책도 펴지 못하였고, 자유당정권시절의 반민주적 행위자나 부정축재자에 대해서도 아무런 조치를 취하지도 못하였다.[120)] 그러나 1961년 이후에는 정부와 민주당의 지도력이 차츰 강화되면서 사회가 안정을 찾아가고 있었다.

2. 군사정권시대의 경찰의 역할 한계와 시련

1) 5.16 군사혁명과 경찰의 군 예속화

그런데, 민주당 정부는 불안정한 국정 운영 속에서 집권한지 9개월 만에 끝나고 말았다. 즉, 1961년 5월 16일 새벽 4시에 육군소장 박정희(朴正熙)를 중심으로 한 군부가 군사쿠데타를 일으킨 것이다. 한국전쟁을 치르면서 가장 강력한 조직체로 성장한 군부는 이미 군사혁명을 통해 권력을 장악하려는 의도가 있었다고 볼 수 있다. 4·19 이후의 정치흐름을 관망하다가 1961년 5월초 남북회담이 확정되고 북한에서도 대대적인 지지를 보내오는 등 통일을 위한 시위가 극에 달하자 마침내 혁명에 의해 권력을 장악하기로 결심한 것이다. 그 이면에는 민주당 정부의 군축소 정책도 하나의 불만 요인이었다고 볼 수 있다.[121)]

---

119) 1950년대 말 이후의 경기침체로 실업자는 240만에 이르고, 1960년 말 현재 경인지역 공장의 80%가 조업중단에 들어갔다. 그리고 200만의 농민이 '보릿고개'라 하여 봄철의 식량난에 허덕였다. 그야말로 쌀만 가지고 있어도 부자로 불렸다. 위의 책, pp. 591-592.

120) 경찰청(1995), 앞의 책, pp. 256-257.

군사혁명의 주체들은 '군사혁명위원회'를 조직하여 정권을 장악하고, '혁명공약'을 발표하여 개혁의지를 천명하였으며, 그해 초헌법적인 최고통치기구로서 '국가재건최고회의'(國家再建最高會議, 5.18)와 그 직속기관으로 '중앙정보부'(中央情報部, 6.10)를 설치하여 본격적인 군정(軍政)을 실시하였다. 국가재건최고회의 의장에는 박정희, 중앙정보부장에는 김종필(金鍾必)이 취임하였다.

혁명정부는 우선적으로 경찰조직을 정비하였다. 이는 경찰조직을 제도적으로 발전시키기 위한 것이라기보다는 혼란스러운 민심을 수습·통제하기 위한 것이라 할 수 있다. 따라서 어느 정도 범죄통제 및 질서유지의 성과는 거두었으나 정치적 탄압 등 한계는 계속 노정되었다.[122] 따라서 자유당 정권 하에서 정치적 예속화된 경찰을 다시 한번 군사정권 하에서 예속화시킴으로써 경찰의 정치적 중립성과 자주성을 위협하는 심각한 요인이 되었다고 할 수 있다. 이와 관련하여 특히, 경찰인사에 있어서 많은 문제가 발생하였다. 당시 120명에 달하는 군장교 출신이 경찰간부직으로 특채되어 경찰행정상의 정책결정이나 집행에 있어서 관여함으로써 기존 경찰조직의 구성원들에게 적지 않은 좌절감 및 박탈감을 안겨 준 것이다.[123]

2) 군사정권시대의 경찰정비와 한계

군사정부는 혁명공약에서 2년 후에 정권을 민정으로 이양할 것을 약속하며 1962년 12월 대통령중심제와 국회단원제를 골자로 하는 새 헌법을 제정하였다. 그러나 중앙정보부가 중심이 되어 비밀리에 민주공화당(民主共和黨, 약칭 공화당)을 조직함으로써 민정이

---

121) 한영우(2004), 앞의 책, p. 592.

122) ① 군정은 민생안정과 반공강화, 민족정기 정립에 최대역점을 두고, 국가재건비상조치법, 반공법, 집회에 관한 임시조치법, 정치활동정화법 등을 잇달아 공표하여 정치·경제·사회·문화 전반에 걸쳐 강권적인 조치를 신속하게 진행시켰다. 먼저 정치에 있어서는 모든 구정치인들의 활동을 금지시키고, 이른바 용공분자의 색출을 내걸어 진보적 정치인들과 노조 및 학생간부들 3천여 명을 검거하여 혁명재판에 회부하였으며, 4천명의 폭력배를 검거하고, 3·15부정선거 관련자를 의법조치하였다. 경제사회정책으로는 농어촌고리채정리법, 부정축재처리법, 농업협동조합법, 국가재건국민운동에 관한 법 등을 제정하여 구악일소에 나섰다. ② 1962년 6월에는 경제개발을 위한 내자동원을 위해 경제질서를 바로잡는다는 명목으로 10대 1의 '화폐개혁'을 단행하였다. 이러한 경제시책은 민생안정을 목표로 한 것이었음에도 불구하고 별다른 성과를 거두지 못하였으며, 특히 민주공화당 창당과 관련된 4대 의혹사건은 국가경제기강을 무너뜨리는 계기가 되었다. 4대 의혹사건은 5·16 이후 군사정권하에서 발생한 4가지 부정부패사건을 말한다. 즉, 이는 공화당의 정치자금을 확보하기 위해 중앙정보부가 일으킨 횡령사건으로 증권파동, 워커힐사건, 새나라자동차사건, 회전당구사건(일명 '빠찡고사건')을 가리킨다. 이 사건들은 진상이 명확히 규명되지 못하고, 1964년 국회 국정감사를 통해 그 내막이 일부 폭로되었을 뿐이며, 아직도 의혹사건으로 남아 있다. 위의 책, p. 593.

123) 혁명 첫날인 1961년 5월 16일자로 내무부 치안국장에 육군준장 조흥만(6월 23일 이소동 육군준장으로 경질), 서울특별시 경찰국장에 육군대령 이광선, 경기도 경찰국장에 육군중령 정수남을 임명하였다. 이어 6월 16일자로 강원도 경찰국장에 육군대장 박영수 이하 전 경찰국장을 국군 영관급으로 임명하여 혁명정부의 치안을 장악하였다. 7월 25일에는 치안국 정보과장(육군대령 조창대) 등 주요 과장급도 영관장교로 보임하였다. 경찰청(1995), 앞의 책, pp. 258-259.

양 후에도 계속 집권할 것을 시도하였다. 이 때 박정희 의장(육군대장)은 원대복귀와 대통령 출마를 놓고 몇 차례 번의를 거듭하여 물의를 일으키다가 결국 민주공화당 후보로 출마하여 윤보선을 15만표 차이로 근소하게 이기고 대통령에 당선되었다. 곧이어 치러진 국회의원 선거에서도 온갖 부정이 자행된 가운데 공화당이 압도적으로 승리하였다. 이렇게 하여 군부에 기반을 둔 제3공화국(1963.12.16~1972.10)이 탄생하였다.[124)]

제3공화국의 태생상의 한계로 인해 경찰조직이 정치적으로 중립성을 확보하였다거나 민주주의를 바탕으로 민생치안이 이루어졌다고 볼 수는 없으며, 다만 군대식 관리기법이 도입되었다는 점을 들 수 있다. 한편, 경찰인사제도에 있어서 주목할 만한 것으로 1969년 1월에 경찰공무원법(警察公務員法)이 제정되었다는 점이다. 경찰공무원의 특수성에 비추어 볼 때, 종래 제정되어 있었던 국가공무원법(1949.8)에 의해 경찰공무원의 인사관리를 하는 데에는 한계가 있었다. 즉, 경찰조직은 그 업무의 특성상 강력한 지휘체계를 바탕으로 한 엄격한 상명하복의 계급구조가 요청되기 때문에 그에 상응하는 별도의 인사관리 법이 필요했던 것이다.[125)]

한편, 1968년 1월 21일 북한의 정찰국 소속의 124특수부대 31명이 청와대 기습을 목표로 서울 세검동까지 침투하였다가 경찰관의 검문을 계기로 총격전을 벌이게 되었다(김신조 체포, 그 외 30명 전원 사살). 당시 종로 경찰서장이었던 최규식 총경(후에 경무관 추서)이 검문에 불응하는 공비들이 쏜 총탄에 맞아 사망하는 등 경찰관들의 책임감 있는 대응으로 비극적인 사태를 방지하였으나 온 국민들에게는 충격적이었다. 이러한 사건 등을 계기로 하여 대간첩작전 등 경찰의 비정규전 대응태세 확립이 강력하게 요구되었다. 이를 위해서 국방부 등을 비롯한 관계부처의 협조를 얻어 1970년 12월 전투경찰대설치법(戰鬪警察隊設置法, 2015년 7월 '의무경찰대 설치 및 운영에 관한 법률'로 명칭 변경)이 제정되었다.[126)]

3) 유신체제하의 경찰의 역할 한계

1972년 「7·4 남북공동성명」 이후 남북 간에는 처음으로 대화의 문이 열렸다.[127)] 이러

124) 한영우(2004), 앞의 책, p. 593.
125) 경찰청(1995), 앞의 책, pp. 272-273.
126) 이러한 전투경찰제도의 위헌여부는 끊임없이 제기되었는데, 1995년 헌법재판소는 "대간첩작전은 범죄예방·진압 등 공공의 안녕과 질서유지라는 경찰 본연의 임무와 관련있다"며 5대4의 합헌 결정을 내렸다. 그러나 헌법재판관 4명의 소수의견은 "무장공비가 준동하는 사태가 없는 한 통상의 불법집회시위 진압 등은 순수한 전투경찰대의 임무라고 볼 수 없다"고 밝힌바 있다. 김상균(2005), "전투경찰제도의 운영실태와 개선방안에 관한 연구," 법학연구 vol. 19, pp. 71-72.
127) ① 1970년대 전후는 대외적으로 긴박한 상황이 전개되고 있었다. 1968년 북한의 무장게릴라의 청와대 습격사건, 미국 정찰군함 푸에블로호의 납북사건, 울진·삼척 무장공비 침투사건 등으로 인해 위기감이 조성되었다. 이러한 상황에서

한 남북 간의 해빙무드가 국민의 기대를 모으는 가운데 10월 17일 대통령은 비상계엄을 선포하여 국회를 해산시키고, 비상국무회의에서 이른바 '유신헌법'(維新憲法)을 제정한 다음 이해 11월에 국민투표로 확정하였다. 이러한 새 헌법에 의해 이해 12월 15일 '통일주체국민회의' 대의원 선거가 실시되고, 이어 12월 23일 장충체육관에서 모인 대의원회의에서 박정희를 제8대 대통령(12월 27일 취임)으로 선출하였다.[128] 이로써 제4공화국(1972. 10~1979.10.) 시작된 것이다. 제4공화국의 유신체제는 민주주의를 열망하는 국민들의 독재체제에 대한 끊임없는 저항 속에서 1979년 10월 26일 막을 내렸다.

이처럼 1970년대 이후의 정치적 불안정과 함께 정부주도의 경제개발 정책은 노사 간의 갈등 및 도시와 농촌의 불균형 등을 심화시켜 이로 인한 치안수요는 증대되었다. 이러한 상황에서 1974년 8월 15일 광복절 기념행사에서 육영수 여사 저격사건이 발생하였다. 사건의 주범 문세광은 북한과 조총련의 지령을 받고 8월 15일 오전 9시경 광복절 기념식장인 장충동 국립극장에 들어가 경축사를 낭독하던 박정희 대통령에게 권총 4발을 쏘아 그 중 1발이 대통령부인 육영수 여사에게 맞아 숨지게 한 것이다.

정부는 이 사건을 계기로 경찰고유의 치안유지 기능을 살리기 위해 경찰조직에 대한 개선안(특히, 경호·경비업무의 강화)이 검토되었고,[129] 치안국장에는 박현식 육군 중장이 예편과 동시에 임명되었다. 그리고 그 해 12월에는 정부조직법을 개정하여 내무부 치안국(治安局)을 치안본부(治安本部)로 격상시켰다. 이에 따라 치안국장도 치안본부장으로 명칭이 바뀌고 차관급 대우로 격상되었으며, 초대 치안본부장에 박현식씨가 임명되었다.

1969년 9월 개헌을 변칙 처리하는 과정에서 학생과 여론의 반달을 받았고, 선거가 치러지는 해에도 가을에 위수령(衛戍令)이 발동되는 등 학생데모가 치열하였다. 정부는 1971년 12월 국가비상사태를 선언하고, '국가보위에 관한 특별조치법'을 제정하여 국민의 기본권을 제한하는 초강경한 탄압조치를 취하였다. ② 한편, 1971년에 베트남의 공산화가 눈앞에 보였다. 정부는 국내외의 이러한 난국을 돌파하기 위해 1970년부터 남북교류를 제의하고, 1971년 남북간에 이산가족 찾기 운동을 위한 적십자대표의 예비회담이 열렸다. 이후 1972년 7월 4일에 남북공동성명이 서울과 평양에서 동시에 발표되었다. 정부는 이 『7·4 남북공동성명』을 계기로 '국민총화'와 '능률의 극대화'를 명분으로 내걸고 박정희 대통령의 영구집권과 권력 강화를 위한 '유신체제'(維新體制)를 준비하고 있었다. 남북대화를 기회로 영구집권이 시도된 것이다. 한영우(2004), 앞의 책, pp. 594-595.

128) 유신헌법의 골자는 '통일주체국민회의'라는 새로운 주권수임기구를 만들어 대통령을 간접 선거하도록 하고, 대통령의 중임제한을 없애며, 대통령이 의회와 사법부를 통제할 수 있도록 하여 대통령의 권한을 무소불위로 보장하는 것으로서 독재정치의 극치를 이루는 것이었다. 위의 책, p. 596.

129) 당시의 경호원칙은 국민에게 위화감을 주지 않는 경호, 즉 경호를 하지 않는 것처럼 경호하라는 것이었기 때문에 행사 당일 날에 몸수색도 정확히 실시하지 않았다. 이러한 경호실의 지시로 경찰이 사건 당일 할 수 있었던 일은 고작 출입문에서 들어오는 사람에 대한 검문검색이었으며, 특히 외국인에 대해서는 불쾌감을 주지 않도록 간단히 검색하라는 지시에 따라 검색조차 제대로 할 수 없었다. 어쨌든 이 사건에서 경찰이 경호에 실패한 책임을 물어 8월 26일 서울 중부경찰서장 등 경찰관 28명을 파면 또는 면직시켰다. 경찰청(1995), 앞의 책, pp. 291-299.

이러한 일련의 조치는 1948년 정부수립 이후 경찰관의 인원이나 임무에 비해 경찰최고 책임자인 치안국장의 직위가 타부처에 비해 낮은 비정상적인 상황을 시정하였다는 점에서는 의미가 있다고 본다. 그러나 당시 육군 중장이 전역하여 경찰최고 책임자가 된 일은 경찰조직의 위상과 정체성 확립에 한계요인으로 작용하였다.

4) 신군사정권과 경찰의 시련

1979년 10월 26일 박정희 대통령이 피살된 후, 전국에는 비상계엄이 선포되었고, 12월 6일 최규하(崔圭夏) 국무총리가 통일주체국민회의 대의원회에서 대통령(제10대)으로 당선되었다. 국민들은 최대통령을 매개로 하여 장차 유신체제와 군사통치가 종식될 것으로 기대하였다. 그러나 최대통령이 당선 된지 6일 만인 12월 12일 국군보안사령관 전두환(全斗煥)소장, 9사단장 노태우(盧泰愚)소장, 그리고 보안사령부 장교들이 중심이 되어 쿠데타가 일어났다.[130)]

이러한 불안정한 정치적 상황 속에서 1980년 5월 14일부터 서울에서는 '민주화 대행진'을 표방한 대규모 학생시위가 벌어져 서울 시내가 시위대로 가득 찼다. 그러나 신군부는 5월 17일 전국에 계엄령(戒嚴令)을 선포하고, 모든 정치활동을 정지·통제하였다. 그리고 각 대학에는 무장군인들이 진주하였고, 신군부는 5월 31일 이어 '국가보위 비상대책위원회'를 설치하였다. 이처럼 민주화의 기대가 좌절되자 국민들은 실망이 커지는 가운데 1980년 5월 18일 전라남도 광주에서 대규모 학생시위가 일어났다.

신군부는 이를 진압시키기 위해 계엄군을 투입하였다. 그러나 계엄군의 과잉진압으로 많은 사상자가 발생하자 흥분한 학생들과 광주시민들은 무기를 탈취하여 계엄군과 시가전을 벌이는 사태까지 나타나고, 다른 인근으로 시위가 확산되었다. 결국, 계엄군의 무력진압으로 광주는 5월 27일 평온을 되찾았으나, 수많은 사상자(사망 240명, 행방불명 409명, 상이 2,052명)를 낸 비극의 상처는 쉽게 아물지 않았다.[131)]

130) 한영우(2004), 앞의 책, pp. 604-605.
131) 5.18기념재단(http://www.518.org).

〈민주화투쟁을 위해 집결한 시위군중(좌)과 무력진압을 위해 진입하는 계엄군(우)〉

인권경찰의 표상-안병하

5.18 광주 민주화운동이 국가기념일로 지정되어 폭도들의 난동이 아니라 전 국민적인 열망을 실은 민주화운동이었음을 인정받기까지 17년의 세월이 걸렸듯이, 당시 사건에 연루된 한 사람의 명예가 제대로 회복되는 데는 장장 26년이라는 기나긴 시간이 걸렸다. 2012년 8월 서울지방보훈청은 5.18 광주민주화운동 당시 시민들에 대한 강경진압을 거부하여 직무유기를 이유로 해임되어 고문 후유증으로 사망한 안병하(安炳夏, 1928~1988) 전(前) 전남도경국장을 순직경찰로 등록했다. 이에 앞서 2005년 11월 24일 경찰청은 과거사 진상 조사 결과를 토대로 안병하 전국장의 순직 사실을 확인하고 유해를 국립현충원 경찰묘역에 안장시켰다.

5.18 광주 민주화운동 당시 전남도경국장(현, 광주지방경찰청장)을 지낸 그는(당시 52세) 5월 14일 도청분수대의 집회현장을 찾아가 학생대표와 만났다. 그는 평화적인 집회와 질서유지를 요구하고, 시위 중에 경찰에 연행된 학생 11명을 보내달라는 학생들의 요구를 흔쾌히 수락하였다. 16일에도 박관현 당시 전남대학교 총학생회장과 면담하여, 평화적인 시위를 한다는 약속을 전제로 야간 횃불시위 요구를 허락하였다.

당시 경찰로서는 파격적인 조치로서 시위대는 폭력시위를 자제하고, 경찰은 시위대를 보호하며 질서유지 활동을 펼친 것이다. 만약 계엄군이 투입되지 않았다면 1980년 5월의 광주는 더 이상의 충돌과 희생 없이 끝날 수 있었던 것이다. 안병하국장은 자신의 비망록에 당시의 집회시위 방침으로 "절대 희생자가 발생하지 않도록 할 것(경찰 희생자가 있더라도 일반시민 피해 없도록). 주동자 외에는 연행하지 말 것(교내에서의 연행 금지). 경찰봉 사용에 유의 할 것(반말·욕설 금지), 주동자 연행시 지휘보고 할 것(식사 등에 유의)"라고 기록해 놓았다. 그러나 5월 18일 공수부대가 투입되어 여론이 악화되고, 사태가 악화되자 시민들의 희생을 막기 위해 시위대에 대한 발포명령과 강경진압을 거부하고, 시민과의 충돌에 따른 불상사를 우려하여 시위진압 경찰관의 총기를 회수하는 등의 조치를 취했다.
이 때문에 안병하국장은 지휘권 포기를 이유로 강제 해임된 뒤 보안사로 끌려가 심한 고문을 받게 되었다. 그리고 광주청문회가 시작되기 바로 전인 1988년 10월 고문의 후유증으로 사망했다.
1997년 5.18 민주화운동이 국가기념일로 인정되었음에도 불구하고 안병하국장은 5.18 당시에 사망하지 않았다는 이유로 순직이 인정되지 않았으며, 2006년에서야 최종적으로 순직경찰로 등록되기에 이르렀다. 경찰청은 경찰청 과거사진상규명위원회의 조사를 근거로 안병하 전국장이 국민의 생명과 재산을 보호하고 공공의 안녕과 질서를 유지한 인권경찰(人權警察)의 표상으로 삼고 그의 업적을 기리고자 노력하고 있다.[132)]

한편, 신군부는 사회안정을 이유로 정치인의 정치활동을 규제하고, 언론을 통폐합하였으며, 민주화에 앞장선 교수와 기자들을 직장에서 추방하였다. 그리고 1980년 5월 17일 비상계엄이 발표된 직후 국가보위 비상대책위원회가 사회정화정책의 일환으로 군부대 내에 '삼청교육대'(三淸敎育隊)를 설치하였는데, 이는 제5공화국(1981.3~1988.2) 전두환정권 초기 대표적인 인권침해 사례로 꼽힌다.[133)]

1980년 8월 마침내 최규하 대통령이 신군부의 압력으로 사퇴하고, 9월 1일 전두환이 통일주체국민회의에서 대통령으로 선출되었다. 이후의 시기를 제5공화국으로 부르기도 한다.

전두환대통령은 취임 후 재야, 학생운동에 대해 강온 양면의 정책을 썼다. 학원의 시위현장에는 직접 정사복 경찰을 캠퍼스 안에 투입시켜 가차 없이 진압하였으며, 1984년 3월까지 사복경찰이 대학에 상주하였다. 이 때문에 80년대의 학원은 전보다 더 살벌하였

132) 이재의(1994.5.), 5.18 발포거부 전남도경국장의 광주비망록.; http://avenuel.tistory.com.
133) ① 삼청교육대는 1980년 8월 4일 '사회악 일소 특별조치'와 당시의 이희성 계엄사령관의 '계엄포고령 13호' 발표에 이어 '삼청 5호 계획'이라는 이름하에 진행되었다. 폭력범과 사회풍토 문란사범을 소탕하기 위함이라는 명분이었지만 실상은 무자비한 인권탄압이 이루어졌다. ② 그해 8월부터 수많은 '범죄자'들을 잡아들이기 시작하여 1981년 1월까지 총 60,755명을 체포하고 보안사령부, 중앙정보부, 헌병대요원, 검찰, 경찰, 지역정화위원으로 구성된 심사위원회에서 A·B·C·D의 4등급으로 분류하여, A급 3,252명을 군법회의에 회부하였고, B급·C급 39,786명은 4주 교육 후 6개월 복역케 한 다음 2주 교육하여 훈계방면 하였으며, D급 17,717명은 경찰에서 훈계방면 하였다. 1988년 국회의 국방부 국정감사 발표에 의하면, 삼청교육대 현장 사망자가 52명, 후유증으로 인한 사망자 397명, 정신장애 등 상해자 2,678명이 발생하였다고 보고하였다. 경찰청(1995), 앞의 책, p. 335.; http://blog.daum.net/toogary2.

고, 최루탄가스가 그칠 날이 없었다. 또한 여러 언론매체를 통폐합하고, 반정부성향 기자를 대거 해직시켜 언론을 완전 장악 하였다.

이처럼 경찰은 대한민국정부 수립 이후, 이승만정부와 박정희정부, 그리고 전두환정부를 거치는 과정에서 경찰 본연의 목적을 달성하기보다는 집권세력의 권력유지 수단으로 크게 부각되었다. 1980년대의 경찰은 가히 격동의 시대라고 부를 수 있을 것이다. 이러한 상황에서 1981년 10월 경찰의 날을 앞두고 '하형사 사건'이 발생하였다.[134)] 더 나아가 1982년 4월에 발생한 경남 의령경찰서 구유지서 우범곤 순경의 총기사건은 경찰의 연이은 악재이자 시련이었다.

우범곤 순경의 총기난사 사건

1982년 4월 26일 오후 9시 30분쯤 경남 의령군 궁유면 지서에 근무하던 우범곤(禹範坤, 당시 27세) 순경은 술에 취한 상태에서 지서와 예비군무기고에서 수류탄 7발과 카빈소총 2정, 실탄 1백80발을 들고 나와 주민들에게 무차별 난사하였다.

사건 당일 그는 먼저, 궁유지서 바로 옆 궁유우체국에서 일하던 전화교환원 등 3명을 사살하여 외부와 통신을 두절시킨 뒤, 궁유면 4개 마을을 미친 듯이 찾아다니며 총을 쏘고 수류탄을 터뜨렸는데, 이로 인해 56명이 사망하고, 34명이 중경상을 입었다. 당시에 그는 이성을 완전히 잃은 상태에서 8시간 동안 생후 1주일된 영아부터 70세가 넘은 할머니에게도 총격을 가하여 토곡리 등 4개 마을을 공포의 도가니로 몰아넣었다.

주민 신고로 1시간 20분 뒤 사건을 접수한 의령경찰서는 뒤늦게 사살명령을 내리고 기동대를 출동시켰지만 우순경은 이미 자취를 감춘 뒤였다. 이처럼 끔찍한 살상을 저지른 우순경은 자정이 지나자 정신이 드는 듯 총기난사를 멈추고 다음날 오전 5시 30분쯤 평촌리의 한 외딴 농가에 몰래 들어가 일가족 5명을 깨운 뒤 수류탄 2발을 터뜨려 자폭했다.

무고한 민간인을 상대로 총기를 난사한 우범곤 순경 사건과 관련하여 두 가지 차원으로 설명할 수 있다. 하나는 그가 청와대 경비대(해병대 특등사수 출신)에서 근무하고 있다가, 징계를 받아 의령경찰서 가운데서도 가장 오지인 궁유지서로 보낸 것에 대해 불만을 가지고 있었다는 것이다. 그리고 궁유면에서 사귄 애인(당시 27세)과도 사이

134) 당시 윤경화 노인과 가정부, 양녀 등이 원효로 자택에서 살해당하여 사회적 관심을 불러일으키는 사건이 발생하였는데, 그 사건의 수사를 맡은 용산경찰서 수사과 형사계 하영웅 순경은 사건현장에서 증거품으로 압수된 예금통장 목록을 정리하던 중, 목록에서 누락된 거액의 정기예금증서 3매(550만원)를 횡령한 것이다. 이 사건으로 인해 경찰의 위신실추와 사기저하라는 큰 대가를 치러야 했으며, 경찰은 지탄의 대상이 되었다. 그러나 한편으로는 당시 경찰의 열악한 보수체계와 근무환경에 대한 동정심이 일어, 이를 계기로 경찰공무원 보수체계가 상당부분 개선되었다. 경찰청(1995), 앞의 책 pp. 338-339.

가 몹시 좋지 않았다고 한다(그녀 및 일가족 5명 역시 총격으로 사망함).

그러나 우범곤 순경은 근본적으로 경찰관으로서의 자질이 부족했다고 본다. 당시의 증언에 의하면, 1981년 12월 궁유지서로 오자마자 주민을 상대로 활동비 갈취 등 독직행위를 일삼았고, 술버릇이 나빴으며, 따라서 사건발생 1개월 전에 의령경찰서장에게 문제제기를 했지만 묵살 당했다는 것이다.

이 사건으로 인해 국민들은 엄청난 충격에 휩싸였음은 물론이다. 당시 정부(전두환 대통령 집권기)는 경찰의 치안체계 허점을 무마하기 위해 사건 당일 자리를 비운 궁유지서장 등 4명을 구속시켰고, 내무부장관도 사임했지만 파문은 쉽게 가라앉지 않았다.

이를 계기로 경찰은 경찰관 임용자격기준 강화와 무기관리 개선 등 각종 대책을 세우게 되었다. 그리고 벌칙규정을 강화하여 우범곤 순경 사건과 같은 집단살상의 위급사태시 허위보고 또는 지휘권 남용을 할 경우에는 7년의 징역이나 금고에 처할 수 있게 하는 등 벌칙규정을 강화하여 복무기강을 확립하고자 하였다. 그러나 당시 경찰조직 안팎에서 막 시작된 경찰수사권 독립논의는 우범곤 순경 사건을 비롯한 몇 건의 경찰비리 사건에 의해 크게 후퇴되었음은 물론이다.

1980년대 중반부터 민주화운동은 학생뿐만 아니라 정치권과 사회 각계각층으로 넓게 확산되었다. 각 대학의 교수들이 시국선언을 하고 학생들의 시위는 갈수록 격렬해지고, 분신·투신자살하는 사례가 비일비재 하였다. 1986 이해에 경찰은 3,400명을 구속하였고, 최루탄 구입비가 60억 원에 이르렀다.

한편, 1987년 1월에 거국적인 민주항쟁의 도화선이 되는 사건이 발생하였다. 서울대학교 박종철(朴鍾哲)군이 경찰의 고문을 받다가 사망한 사건(14일)이 알려지면서 국민의 분노가 치솟았다. 이에 더하여 이해 6월 9일에 연세대학교 이한열(李韓烈)군이 시위도중 경찰의 최루탄에 맞아 사망하는 사건이 발생하자 시위는 전국으로 확산되었다. 이해 6월 26일에는 전국 37개 도시에서 백여만 명이 시위에 참가하였으며, 서울에서는 시가전을 방불케 하는 격렬한 시위가 심야까지 계속되었다.

전두환정부는 더 이상 버틸 수 없음을 깨닫고 6월 29일 드디어 차기대통령 후보로 지명된 노태우 민정당 대표로 하여금 '대통령 직선제'개헌을 골자로 하는 시국수습방안을 발표하게 하였다. 이것이 이른바 「6.29선언」 이었다.[135)]

135) 6월 민주항쟁으로 얻어진 6·29선언으로 1987년 10월 직선제개헌안이 국민투표로 확정되고, 이해 12월 16일 대통령선거가 실시되어 1971년 이후 16년 만에 직선으로 대통령을 뽑을 수 있게 되었다. 한영우(2004), 앞의 책, pp. 609-610.

박종철군의 영정을 앞세우고 시위를 벌이는 서울대학생들

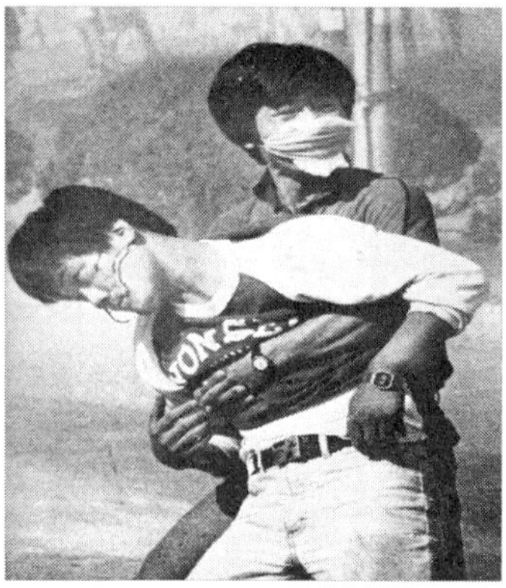

경찰이 쏜 최루탄 직격탄에 맞아 사망한 이한열군

제5공화국 말기가 가까워지면서부터 시작된 민주화의 물결은 1987년도에 그 정점에 달하였다고 볼 수 있다. 군사정권에 탄압을 받은 국민들은 정권에 대한 불신과 불만을 경찰을 상대로 표출하였고, 이로 인해 경찰은 설 땅을 잃어버리게 되었다. 민생치안(民生治安)이라는 경찰의 본연의 업무는 시국치안(時局治安)의 논리에 밀려 제 기능을 하지 못한 부분이 적지 않았던 것이 사실이다.

그러나 1980년대 급변하는 치안환경 속에서 범죄와 무질서에 대응하는 수많은 경찰이 부상을 당하고 과로로 순직하는 경우(1987년 한해에 56명 경찰이 순직)도 비일비재 하였지만 이는 제대로 평가받지 못하고 역사 속에 묻히게 되었다.[136)]

3. 경찰청시대의 경찰의 중립화·민주화와 과제

1) 극심한 사회혼란과 경찰의 위기

1987년「6·29 선언」이후, 이해 12월 16일에 대통령직선제에 의해 선거가 실시되어, 노태우 후보가 대통령에 당선되었다. 이로써 제6공화국(1988.3~1993.2)이 출범하였다. 노태우 대통령은 직선제 대통령의 정통성을 지녔으나 신군부출신의 전력에다가 제5공화국 세력(민정당)을 여당으로 가져 과감한 개혁에 착수하지 못하였다.

노태우정부 시대에는 그 동안 비민주체제에 억눌려 있던 국민들의 민주화 욕구가 한꺼번에 터져 나오는 동시에, 제5공화국 세력의 비리척결이라는 시대적 사명을 안고 있었다.

136) 이황우(2005), 앞의 책, p. 77.

따라서 국민들의 각자의 불만이 집단적인 행동으로 표출되어 운동권학생이나 노동자에 국한되지 않고, 농민, 도시빈민 등 전 계층으로 확대되었다.[137]

또 이 시기에는 사회적 모순점이 표출되는 사건도 많이 발생하였다. 1987년 8월에는 거액의 사채를 빌려 쓰고 잠적한 충남 대전시 가수원동 오대양 대표 박순자씨가 오대양 사원, 공장종업원 등 31명과 함께 경기도 용인의 회사 소유 공예품 공장식당 천정에서 집단으로 자살한 시체로 발견되어 충격을 던져주었다. 또 1988년 10월 호송 중이던 지강헌 등 12명의 미결수가 탈출하여 8박 9일간 서울 시내를 누비고 다니다가 결국 자살한 사건이 발생하여 수도권 일대를 공포로 몰아넣었다. 이 사건은 '유전무죄 무전유죄'(有錢無罪 無錢有罪)라는 유행어를 만들어 내면서 사회 일각의 구조적 모순을 노출시켰다.

한편, 1989년 4월 마산·창원지역에서 공단근로자들이 연대한 노사분규가 발생하여 임금투쟁 등 1989년 전국 노사분규의 향배를 결정짓는 '태풍의 눈'으로 작용하였다. 당시 경찰과 노조 측이 대립하였는데, 경찰이 노조원을 불법 연행하여 전자봉으로 고문했다는 주장을 하여 국회의원들이 진상조사차 현지에 내려와 조사를 벌였다. 이러한 와중에 수배중인 노조원을 검거하여 경찰서로 연행하려는 것을 국회의원이 항의하는 과정에서 경남도경 교통과장 정○○총경의 빰을 때린 사건이 발생하여 경찰관 3,725명이 집단 사표하는 초유의 사태로 발전하였다. 이는 그 동안 경찰이 정치적 이해관계 속에서 희생을 당한 것에 대한 경찰의 분노표출이었다고 볼 수 있다.[138]

또 1989년 5월 3일 부산동의대 도서관 세미나실 복도에 학생들이 시너(sinner)를 뿌리고 방화하여 전날 납치된 전경을 구출하기 위해 진입한 경찰관 6명이 순직하고 11명이 중상을 입는 참사가 발생하였다. 이는 학생시위사상 최악의 사건으로 학생시위의 양상이 과격의 극단으로 치닫고 있음을 보여주었다. 그리고 1991년 4월 26일 학내문제로 계속된 시위도중 명지대학교 학생 강경대군이 5명의 기동대원들에게 집단폭행 당하여 사망하는 사건이 발생하였다. 이 사건을 계기로 63일 동안 각종 규탄대회와 국민대회, 노제 등이 연이어 개최되어 352회의 시위에 337,735명의 시위인원이 가담하였으며, 경찰관 901명이 중경상을 입고 수많은 물적 피해가 발생하였다.

137) 경찰청(1995), 앞의 책, pp. 432-435.

138) 이 상황에서 경찰관의 빰을 때린 국회의원이 오히려 폭행을 당했다며 진상조사단이 경남도경에 항의방문하여 사과를 요구하자 경남도경국장 최재삼 경무관은 '부하가 폭행을 당했는데도 사과를 요구하는 상황에서 경남경찰을 지휘할 수 없게 되었다'고 하며 사표를 제출하였다. 이에 각 과장, 경찰서장 등 도내 23개 경찰서 경찰관 876명이 집단사표를 제출한데 이어 1989년 4월 29일까지 전국 경찰관 3,725명이 사표를 제출하는 사태가 발생하였다. 위의 책, pp. 436-437.

2) 경찰청의 설립과 경찰개혁의 추진

1990년 10월 13일 노태우 대통령은 모든 경찰관을 무장시켜 범죄와 폭력에 정면 대응할 것이라는 '범죄와의 전쟁'을 선포하여 범죄에 대한 전면적인 소탕을 선언하였다. 1980년대 후반의 잇단 집단시위와 노사분규로 치안역량이 민생분야로 전환되지 못하면서 강력범죄가 잇달아 발생하는 등 사회의 불법과 무질서가 팽배하였기 때문이었다. 그동안 정당성이 취약한 정권이 낳은 경찰력이 대외적으로 무력감·왜소화되어 종국에는 '전쟁'이라는 강도 높은 표현으로 범죄척결을 선포한 것이다.

(1) 경찰청의 설립

이상과 같은 시대적 상황 속에서 1990년 12월 13일 행정개혁위원회의 '경찰의 중립성 보장에 관한 건의'를 토대로 여러 차례의 여론수렴 과정을 거쳐 정부·여당의 경찰법안이 국회에 상정되었다. 그리고 1991년 5월에 경찰법(警察法)이 국회를 통과하여 경찰청(警察廳)이 정식 발족되었다. 이로써 내무부 산하의 치안본부(治安本部)에서 내무부의 외청으로 독립함으로써 '경찰청 시대'(警察廳 時代)가 열린 것이다.

경찰조직의 형태는 내무부 '외청'(外廳)으로 '경찰청'을 두도록 함으로써 내무부장관(현재의 안전행정부장관)의 보조기관이 아닌 독립적인 관청형태를 취하였고, 경찰청장은 치안총감으로 보하되 경찰위원회의 동의를 얻어 내무부장관의 제청으로 국무총리를 경유하여 대통령이 임명하도록 하였다.

한편, 2003년 2월 4일 경찰법 개정으로 경찰청장의 임명과정에서 국회의 인사청문(人事聽聞)을 거치도록 하였다. 그리고 동년 12월 31일에 법개정으로 경찰청장의 임기를 2년으로 하고, 중임할 수 없도록 하였다. 경찰조직은 전형적인 권력조직으로서 그 동안 정치적 역학관계 속에서 존재해온 부분이 적지 않았던 것이 사실이다. 이러한 법개정은 경찰의 정치적 중립성을 확립하고자 하는 의지의 표현으로 해석될 수 있다. 그러나 이러한 노력에도 불구하고 오늘날까지도 정치적 중립성 확보는 쉬운 일이 아니다.[139)]

139) 대통령 당선 전 박근혜 후보의 경찰관련 공약발표(2012.10.19.)에서 경찰청장의 법정 임기제를 반드시 실천하겠다고 한 바 있다. 경찰력이 효과적으로 발휘되기 위해서는 지휘권이 안정되어야 하는데, 지난 2003년 경찰청장의 임기제(2년) 도입 이후 6명의 경찰청장 가운데 1명만이 법정 임기제를 채우고 나머지는 중도에 퇴진한 점을 지적한 것이다. 따라서 박근혜 후보는 경찰청장의 잦은 교체는 치안공백을 초래하고, 아울러 정치적 중립성을 훼손할 수 있기 때문에 임기를 반드시 보장할 것을 천명한 것이다. 그러나 박근혜대통령은 취임 후 이명박 대통령 시기에 임용된 경찰청장(2012.4. ~ 2013.3., 재임기간 약 11개월)을 교체하였다. 아직까지 정권의 교체 또는 정치적 이해관계와 관계없이 경찰의 정치적 중립성을 보장하는 인사관리를 실천하는 것은 요원한 일이다.

(2) 경찰위원회의 설치

또 내무부에 7명으로 구성된 경찰위원회(警察委員會)를 설치하도록 하였다. 경찰위원회의 설치는 무엇보다도 경찰의 정치적 중립성(政治的 中立性)을 확보하기 위한 것이라 할 수 있으며, 따라서 위원의 자격과 임명에 있어서도 이러한 점이 특히 강조되었다. 그러나 현재에 이르기까지 경찰위원회가 정치적으로 중립하여 제 기능을 수행하고 있는지에 대해서는 많은 한계가 있다(이에 대해서는 제6장 경찰조직구조 부분에서 자세히 살펴보기로 한다). 경찰위원회는 경찰청장의 임명동의, 경찰의 인사·예산·장비·통신 등에 관한 주요정책 및 인권보호 등 경찰업무 개선에 관한 정책 등을 의결하는 것을 그 주요권한으로 하였다.

(3) 경찰의 개혁 방향

경찰청시대 이후 경찰은 많은 변화와 발전을 거듭해 왔다고 본다. 즉, 경찰의 민주화가 진전되어, 경찰의 인권보장과 정치적 중립을 위한 제도마련과 경찰관의 행태개선을 위한 노력이 이루어져 왔다. 특히, 임권침해의 사각지대였던 범죄수사 영역에서 많은 개혁이 이루어졌다.[140)]

이에 따라 과거 수사과정에서 자행되었던 피의자에 대한 고문과 폭행을 없애고, 과학적인 증거에 의해 범죄행위를 입증하려는 노력이 지속적으로 추진되어 왔다. 피의자신문에 앞서 진술거부권 고지 여부를 조서에 기록하게 하고, 구속영장 실질심사제도를 통해 인신구속에 신중을 기하였다. 또 피의자 신문과정에서 변호인을 참여할 수 있게 함은 물론 지구대와 형사과 등에 CCTV를 설치하여 피의자 신문과정을 녹화하고 청문감사관실을 신설하여 수사이의에 대한 조사를 엄격하게 하였다. 그리고 인권보호 시민참관단을 구성하여 경찰수사의 외부통제방안을 마련하였으며, 긴급체포 위주의 수사관행을 체포영장을 발부받는 합리적인 인권보호절차를 따르도록 개선하여 수사에 있어서 인권보호를 최우선으로 하는 치안행정시스템을 정립하고자 하였다.

그러나 경찰의 이와 같은 개혁을 위한 노력에도 불구하고 여전히 많은 과제가 남아 있다. 경찰의 정치적 중립성 문제는 여전히 중요한 이슈 가운데 하나이며, 검·경의 역할정립을 통한 수사구조의 합리화(그리고 여전히 남아 있는 수사경찰의 인권침해 관행 개선), 자치경찰제도의 도입, 그리고 경찰인사관리의 개혁 등은 경찰발전을 위한 중요한 과제라고 할 수 있다.

---

140) 최응렬(2013), 경찰조직론, 서울: 박영사, p. 108.

제2편

경찰조직의 이해

제5장

경찰조직의 이론적 토대와 실제

제1절 경찰조직의 의의

1. 경찰조직의 개념

1) 현대사회와 조직

현대를 조직의 시대라고 한다. 현대조직은 일반적으로 대규모성과 복잡성 등을 그 특징으로 하고 있다.

오늘날 인간은 태어나면서부터 조직의 구성원이 되며, 하루도 조직으로부터 벗어나서는 생활하기가 어려운 것이 현실이다. 따라서 피상적으로 보면 자기중심의 존재론(存在論)적 삶을 살아가고 있는 것 같지만, 오히려 관계론(關係論)적 삶을 영위하지 않으면 안 되는 것이 현실이며, 근본적이다. 따라서 대부분의 사람들은 특정 조직에 소속되어 삶을 영위하고 있으며, 조직을 통하여 국가나 사회의 제반 문제들을 해결해 나가고 있다.[1)]

이러한 조직이 사회의 보편적인 하나의 현상으로 자리 잡게 된 이유는 조직을 구성함으로써 자연적인 인간의 집단보다 훨씬 효율적으로 사회적 요구에 대처할 수 있을 뿐만 아니라 다양한 인간활동을 조정함으로써 강력한 사회적 수단을 창출해 낼 수 있기 때문이다. 바꿔 말하면 공적·사적 차원의 조직이라는 메커니즘을 통해서 인간은 지향하고자 하는 저마다의 목표 즉, 생산성을 최대화시키고자 노력하고 있다고 할 수 있다.

2) 경찰조직의 개념

조직(組織, organization)이라는 단어의 개념을 정의해 보면, 이는 '과정'(過程, process)과 '구조'(構造, structure)라는 두 가지 개념을 동시에 포함하고 있다. 과정이라는 관점에서 보면, '조직한다'는 것은 혼동된 상황에 '질서를 부여함'을 의미한다. 조직 내에 있

1) 최선우(2011), "경찰조직의 진단과 건강성 연구," 한국공안행정학회보 제44호, p. 309.

는 구성원들의 행위를 예측할 수 있으면 질서가 있는 것이고, 예측할 수 없으면 혼돈이 있는 것이다. 즉 '조직한다'는 것은 구성원의 행위를 예측할 수 있도록 질서를 부여하는 과정이고, 이러한 과정의 결과로서 구조적인 측면에서 '조직'이 만들어지게 된다.[2)]

사실, 조직은 각각의 다른 목표와 역할을 가지고 있으며, 그러한 조직을 연구하는 학자의 조직관 즉, 조직을 바라보는 시각에 따라 조직개념은 다양하게 나타난다. 이처럼 조직의 개념정의가 어려운 것은 조직을 구성하는 변수(즉, 목표·구조·과정·행태·환경 등)가 매우 복잡·다양하기 때문에 이를 체계화시키기가 쉽지 않다는 것을 의미한다. 따라서 조직의 개념을 정립하고자 하는 사람들은 차선책으로 마치 '장님 코끼리 만지듯'이 조직의 특정 측면을 강조하여 그것을 가지고 조직전체를 설명하려고 하는 경향이 있기 마련이다. 물론 조직의 개념정의를 시도하는 논자들 상호간에는 부정적이지는 않는 것 같다. 조직에 대한 여러 관점들은 그 나름대로 장점을 가지고 있으며, 따라서 이를 취합·통합하는 경향이 있다고 본다.

이러한 조직의 개념과 관련하여 종래에 논의된 것을 통합하여 경찰조직의 정의를 내리면, 경찰조직이란 "㉠ 공동의 목표를 가지고 있으며, ㉡ 이를 달성하기 위하여 의도적으로 정립한 체계화된 구조에 따라 구성원들이 상호작용하며, ㉢ 일정한 경계(즉, 환경)를 가지고, ㉣ 외부환경에 적응하는, ㉤ 인간들의 사회적 집단"이라고 할 수 있다.[3)]

생각건대, 경찰조직은 '경찰구성원들의 집합체로써 경찰조직의 목표를 추구하기 위해 의식적으로 구성된 사회적 단위'라고 할 수 있다. 여기서 경찰조직은 공식화된 분화와 통합의 구조·과정·규범을 갖는 조직체로서 환경과 상호작용하는 성격을 가지고 있다. 그리고 조직 내의 비공식적 요소 또한 강조되며, 환경에 대한 탐색·해석·학습 과정 등을 통해서 '자기조직화'(self-organization)하는 경향도 갖는다고 본다.

사실, 경찰조직에 대한 개념정의를 어떠한 특정 조직개념에 의한 주어진 틀 속에서 접근하기 보다는 다양한 관점에서 접근할 필요가 있다고 본다. 정도의 차이는 있지만 경찰조직 뿐만 아니라 모든 조직은 이러한 여러 요소들을 모두 포함하고 있는 것이다. 주어진 시대적 배경 즉, 정치적·경제적·사회문화적 요소들에 의해서 경찰조직은 특징 지워진다. 따라서 경찰조직은 정도의 차이는 있지만 폐쇄적인 특성과 개방적인 특성을 모두 갖고 있다. 그리고 합리적인 특성과 비합리적(자연적)인 특성도 갖고 있다. 다만, 오늘날에는 경찰조직을 개방체제로서 보는 시각이 강하고, 합리적인 면 못지않게 비합리적인 면

2) 유종해(1996), 현대조직관리, 서울: 박영사, p. 3.

3) R. Daft(1992), Organization theory and Design, MN: West Publishing Co., pp. 7-8.; 이창원·최창현(1998), 새조직론, 서울: 대영문화사, pp. 31-37.; 신유근(1998), 조직론, 서울: 다산출판사, pp. 20-30.

도 강조되고 있음은 분명하다. 그리고 우리가 경찰조직의 개념을 정의하는데 있어서 일반조직과는 구별되는 경찰조직의 특성을 여러 관점에서 고려해야 할 것이다.

2. 경찰조직의 특성

국가와 사회의 존립·유지라는 관점에서 보면 경찰조직은 강한 조직일 필요가 있으나 국민의 자유와 권리의 보호라는 관점에서 보면 경찰조직은 약화되어져야 한다고 본다. 물론, 강력한 경찰이라고 해서 국민의 자유와 권리가 제한된다고 단정하기는 어렵고, 반대로 약한 경찰이라고 해서 국민의 자유와 권리가 보장되는 것은 아니다.

그러나 경찰조직에 지나치게 많은 권한이 집중되어 있으면, 국민의 자유와 권리는 위축되기 마련이다. 이는 역사적으로도 이미 경험한 바 있다. 또 국가질서가 혼란스러운 상황에도 불구하고 경찰조직이 지나치게 약화되어 있으면, 국민의 자유와 권리를 보호해줄 수 없기 때문에 오히려 강력한 경찰이 요구되기도 한다.

사실, 국가와 사회의 존립·유지와 개인의 자유와 권리 양자 간에는 상호 조화되기 어려운 상충되는 면이 적지 않다. 국가와 사회를 유지하기 위해서는 경우에 따라서는 개인의 자유와 권리가 침해·제한되기도 하며, 개인의 자유와 권리를 위해서는 국가의 권리가 제한되기 때문이다. 이 때문에 버클리(G. E. Berkley)는 민주주의와 경찰 간에는 이처럼 양립하기 어려운 관계가 있다고 말하고 있는 것이다.[4)]

어쨌든, 경찰조직에 내재하는 특성은 주로 경찰업무의 대상과 그 자체의 성격, 혹은 경찰이 가지고 있는 권한 및 권력과 관련된다. 그리고 범죄통제 및 질서유지를 위한 명령과 강제를 할 수 있는 권력적인 특성과 아울러 어려움에 처한 시민을 지원해주는 봉사지향적인 특성도 가지고 있다.[5)]

이상과 같이 경찰조직은 국가와 사회의 존립·유지 및 개인의 자유와 권리 보호라는 특수한 목표를 가지고 있기 때문에 일반조직과는 여러 가지 면에서 다른 성격을 갖는다. 따

4) G. E. Berkley(1969), The Democratic Policeman Boston: Beacon Press, p. 1.; 이황우(2005), 경찰행정학, 경기: 법문사, p. 19.

5) 경찰조직의 특수성과 관련하여 스콜닉(J. H. Skolnick, 1966)은 위험성과 권력성을 들고 있으며, 다카하시 유사이(高橋雄豺, たかはし ゆうさい, 1970)는 강한 정치성과 보수성을 들고 있다. 그리고 서재근교수(1963)는 돌발성, 시급성, 직접성, 위험성, 조직성 등을 들고 있다. 이러한 견해를 종합하여 이황우교수는 경찰조직의 특수성을 제시하고 있다. 경찰조직의 특성을 경찰문화와 관련시켜 접근한다면, 이밖에도 권위주의, 비밀주의, 냉소주의, 결속력과 고립 등도 경찰조직을 이해하는데 중요한 요소가 될 것이다. 어떤 면에서 이러한 특징은 경찰조직의 문화적 특성을 의미하는 것이기도 하다. 위의 책, pp. 20-24.; 최선우(2010), 경찰과 커뮤니티, 서울: 대왕사, pp. 118-131 재인용.

라서 아래에서는 이와 관련하여 통합조직, 강제적 조직, 정치·체제유지 조직, 봉사조직과 공공복리조직이라는 차원에서 살펴보기로 한다.[6)]

1) 통합조직

파슨스(T. Parsons)는 조직이 사회적 필요성을 충족시키기 위해서 어떠한 기능을 하느냐 하는 관점에 따라 경제조직, 정치조직, 통합조직, 사회조직으로 구분하였다. 이러한 조직유형 가운데 '사회의 안정을 유지하고 일탈을 예방하는 조직'을 통합조직(統合組織) 조직이라 하였고, 경찰조직은 여기에 속한다고 보았다. 따라서 경찰과 같은 통합조직은 사회내의 갈등을 해결하고 사회의 각 부분들이 공존·협동할 수 있게 하는 기능을 수행한다고 보았다.[7)]

사회간접자본

경찰조직이 제공하는 치안서비스는 사회간접자본(社會間接資本, SOC: Social Overhead Capital)가운데 하나로서, 범죄와 무질서 대응이라는 매우 본질적인 사회적 욕구를 충족시키는 역할을 한다고 볼 수 있다.[8)]
사회간접자본은 재화와 서비스의 생산에 직접 사용되기보다는 간접적으로 생산활동을 지원하며 촉진시키는 데 필요불가결한 자본을 말한다. 이것은 보통 정부가 소유하거나 개인이나 기업이 소유하더라도 정부의 규제를 받는 사회적 성격을 띤 자본이다. 이 개념을 협의로 사용할 때에는 수송, 통신, 전력, 용수 등 자본시설을 지칭하며, 광의로 사용할 때에는 이에 추가하여 국방, 치안(治安), 보건, 의료, 후생, 교육 등 산업의 생산활동과 일상생활에 필수불가결한 모든 공공적 성격을 띤 시설을 포함한다.

2) 강제적 조직

에치오니(A. Etzionni)는 조직을 복종관계의 기초가 되는 권력과 관여의 유형에 따라 강제적 조직, 공리적 조직, 규범적 조직으로 나누었다. 여기에서 강제적 조직(强制的 組織)은 조직의 주된 통제의 수단이 강제적이며, 조직구성원들이 소외감·고립감을 갖고 일하게 되는 특성을 가지고 있는데, 경찰조직은 이에 해당된다고 하였다.[9)]

6) 이황우(2005), 앞의 책, pp. 113-114 재인용.
7) T. Parsons(1960), Structure and Process in Modern Society, N.Y.: Free Press, pp. 45-46.
8) 이상안(2005), 경찰행정학, 서울: 대명출판사, p. 68.
9) A. Etzioni(1964), Modern Organization, N.J.: Prentice-Hall, p. 72.

3) 정치적·현상유지적 조직

캇츠(D. Katz)와 칸(Kahn)은 조직의 기능을 기준으로 생산적 또는 경제적 조직, 현상유지조직, 적응조직, 정치적 조직으로 구분하였다. 여기서 경찰을 포함한 형사사법기관은 법의 집행수단이라는 점에서 정치적 조직(政治的 組織)이며, 사회화 기능 및 규범적 기능을 수행하는 현상유지적 조직(現狀維持的 組織)이라고 하고 이러한 조직은 사회가 와해되지 않도록 규범적 통합을 유지한다고 하였다.[10)]

4) 봉사조직과 공공복리조직

블라우(P. Blau)와 스콧(R. Scott)은 조직활동의 주된 수혜자가 누구냐를 기준으로 공익결사, 사업조직, 봉사조직, 공공복지조직으로 구분하였다. 경찰에 체포된 형사피의자 등에 피해를 입은 범죄피해자를 주요 수혜자로 할 때에는 경찰은 봉사조직(奉仕組織)이 될 수 있다고 보았다. 한편, 각종 봉사활동 등 일반국민을 주요 수혜자로 할 때에는 공공복리조직(公共福利組織)이 된다고 보았다.[11)] 경찰이 적극적 공공복리 증진자로서 활동할 때에는 과연 그 범위를 어디까지로 할 것인가 하는 한계문제가 제기될 수 있을 것이다.[12)]

5) 다른 치안조직과의 비교

광의적으로 본다면, 치안서비스를 제공하는 공식적 치안조직으로는 경찰뿐만 아니라 군(軍), 검찰(檢察)·법원(法院)·교정기관(校正機關), 그리고 민간경비(民間警備) 등을 들 수 있다. 그리고 비공식적인 치안조직으로 기능하는 것은 순수한 형태의 시민의 자경활동(自警活動)을 들 수 있다.

이들 공식적 조직들은 공공의 안녕과 질서유지에 관련된 수많은 재화와 서비스를 제공하는데, 국방서비스를 제외한다면, 전통적으로 경찰조직을 포함한 형사사법기관들은 대체로 특정지역에 지방공공재나 국가공공재로 공급되는데, 영미법계는 주로 전자에 해당되며, 대륙법계에서는 주로 후자 중심으로 이루어지고 있다.

이러한 치안서비스를 제공하는 주체들의 특징을 살펴본다면, 먼저 군은 거시적으로 국가방위와 관련된 것이며, 형사사법은 전체적으로 범죄통제와 관련된 것이다. 그런데 경

---

10) D. Katz and Robert L. Kahn(1966), The Social Psychology of Organization, N.Y.: John wiley and Sons, pp. 112-113.

11) Peter M. Blau and R. Scott(1962), Formational Organization, San Francisco: Chandler Publishing Co., pp. 42-52.

12) 이에 대한 자세한 내용은 김상호 외 8인(2004), 경찰학개론, 서울: 법문사, pp. 456-460 참조.

찰조직은 형사사법(criminal justice)적 관점에서 볼 대는 범죄통제의 일부기능(범죄예방, 수사·체포)을 담당하지만, 이에 국한되지 않고 비범죄적 업무 또는 순수한 형태의 서비스(예컨대, 노약자보호, 미아보호, 분실물 찾아주기, 교통혼잡 처리 등)를 제공하고 있다. 이러한 특성은 경찰을 형사사법기관의 일부로 포함시키면서도, 한편으로는 이와 구별되는 성향을 갖는 것으로 보게 한다.

어쨌든, 경찰조직만큼이나 범죄 등을 포함한 수많은 사회문제에 직·간접적으로 대응하는 조직도 없을 것이다. 경찰조직은 거대한 조직규모를 갖추고 끊임없이 일반시민 또는 범죄자들과 범죄적 요소뿐만 아니라 비범죄적 요소들을 다루면서 직접적으로 시민과 상호작용하고 있음을 인식해야 할 것이다. 실제로 군은 조직적인 면에서 경찰보다 그 규모가 크지만 대외적으로 국가방어적 차원에서 치안을 담당하기 때문에 일반시민과의 직접적인 상호작용은 이루어지지 않는다. 마찬가지로 형사사법기관으로서 검찰·법원·교정은 일반시민을 대상으로 하기보다는 범죄혐의자 내지 범죄자와 상호작용을 한다. 그리고 최근 많은 관심의 대상이 되고 있는 민간경비(private security) 역시 일반시민을 대상으로 하는 것이 아니라 요금을 지불한 특정고객(special clients)을 대상으로 치안서비스 내지 시큐리티 서비스를 제공하게 된다.

또한 형사사법과정에 있어서 경찰조직은 제1단계에 위치한 일종의 입구(intake valve)로서, 예컨대 경찰의 범죄예방과 수사결과의 여하에 따라 다음 단계인 기소와 재판 그리고 행형과 교정대상의 양과 질을 좌우하게 된다.[13] 이는 경찰조직의 방범활동이 어느 정도의 성과를 거두느냐에 따라, 혹은 범죄인지와 검거율에 의해서 형사사법적 대응의 양이 결정되고, 수사과정의 인권존중과 증거확보의 정도에 따라 유죄와 양형의 결정 등 형사사법의 질을 좌우하게 된다는 것을 의미한다. 그렇기 때문에 경찰은 범죄통제에 있어서 가장 1차적이고, 가장 본질적이다. 따라서 경찰조직이 가장 대표적인 치안서비스를 제공하는 공식적 조직 가운데 하나로 인식되는 것이다.

3. 경찰조직의 목표

1) 경찰목표의 개념

모든 조직은 목표(目標, Goals)를 가지고 있다. 목표 없는 조직은 존재할 수 없으며, 목표가 불명확하면 나침반 없는 조난당한 배와 같다. 경찰조직의 목표는 '경찰조직이 실현하

13) 백형조(1985), "한국형사사법행정의 문제점과 대책: 경찰의 역할을 중심으로," 서재근 편저, 한국행사사법행정의 발전과 그 과제, 서울: 신응출판사, p. 25.

고자 하는 바람직한 상태'를 말한다.

본질적으로 경찰조직의 목표라는 것은 앞에서 논의한 경찰이념(警察理念)에서 도출된다고 본다. 경찰목표는 하위목표인 경찰목적이 도출되고, 경찰목적에서 세부적인 경찰업무가 배분(경찰전술의 실행)되고, 이는 결과적으로 경찰과 개개인의 행태로 이어진다고 본다.[14]

〈경찰이념에서 경찰목표와 경찰행태에 이르는 일련의 과정〉

경찰이념·사명 ⇨ 경찰 목표 ⇨ 경찰 목적 ⇨ 경찰업무배분 경찰전술실행 ⇨ 경찰행태

이러한 경찰목표는 단일적·일원적인 것이 아니라 다원적·복합적인 구조를 가지고 있다. 특히, 오늘 날과 같이 범죄와 무질서 등 각종 사회적 문제의 양적·질적 심화 속에서 경찰의 역할은 더욱 증대되고 있는 상황에서는 더욱 그러할 수밖에 없다고 본다. 그러나 한편으로는 경찰조직이 추구하는 목표가 많다는 것은 그만큼 경찰의 역할이 증대되고 그에 따른 위상이 높아진다는 점에서는 바람직하지만, 반면 경찰활동의 구심점을 흩트리고 경찰조직의 이념구현 내지 성과(능률성, 효과성, 형평성 등)를 달성 하는데 장애가 될 수도 있기 때문에 가능한 이의 정도는 적절하게 조정해야 할 것이다.

경찰목표와 경찰정책·기획

경찰목표·목적달성을 위해서는 적절한 경찰정책(警察政策, Police Policy)과 경찰기획(警察企劃, Police Planning)을 체계적으로 수립하지 않으면, 소기의 성과를 거두기 어렵다.

치안환경의 급변하는 경찰조직의 정책기능을 더욱 강조하고 있음은 이론의 여지가 없다고 보며, 결과적으로 경찰조직의 운영은 다분히 정책지향적 성격을 가질 수밖에 없다고 본다. 치안수요를 가능한 정확하게 예측하고 그에 따른 적절한 대응방안을 모색하는 것은 국민의 권리보장과 국가안전을 위해서 매우 중요한 일이기 때문이다. 이러한 경찰정책이라는 개념은 논자에 따라 다양하지만 '직면한 치안문제 해결 및 바람직한 방향으로 치안환경의 변화를 유도하기 위한 공적 수단으로서, 현재 및 미래에 관한 경찰조직

14) Gary W. Cordner(1999), Police Administration, Cincinnati: Anderson Publishing Co., p. 46.

의 제반 활동지침'으로 정의를 내릴 수 있다.
한편, 경찰기획이라는 것은 '특정한 경찰목표를 달성하기 위하여 장래의 활동에 관한 이용가능한 방법이나 절차를 의식적으로 개발하는 과정'이라고 할 수 있다. 경찰기획은 미래지향적이며, 목표지향적인 성격을 갖는다. 경찰정책이 목표달성을 위한 일반적인 방침이나 지침을 의미한다면, 경찰기획은 경찰정책보다는 구체적이고 특정적인 성격을 갖는다. 따라서 경찰정책과 경찰기획 양자만을 놓고 볼 때에는 상대적인 차이, 즉 목표와 수단의 관계에 놓인다고 볼 수 있다. 요약건대, 경찰기획은 특정한 목표를 달성하기 위하여 누가, 언제, 어떠한 방법과 어느 정도의 예산으로, 어떠한 활동을 할 것인가를 결정하는 과정이라고 할 수 있다.

생각건대, 경찰목표에 대한 개인 내지 집단의 인식 차이가 크면 클수록 목표달성 정도는 낮아질 것이며, 상호화합과 통합을 통한 인식의 공유는 목표달성 정도를 보다 높여줄 것이다. 경찰목표는 그 성격이 미래지향적인 것이지만 현재의 조직활동에 강력한 영향을 미친다는 것은 분명한 사실이다. 그리고 경찰목표는 경찰활동의 방향을 제시하거나 정당성을 부여하며, 경찰활동에 대한 평가기준을 제공하기도 한다.

2) 경찰목표의 유형

경찰목표는 여러 가지 관점에서 다양하게 접근할 수 있기 때문에 이를 명확하게 이해하는 것은 쉬운 일이 아니다. 여기에서는 이와 관련하여 ㉠ 공식성, ㉡ 계층성, ㉢ 유형성 여부 등 3가지 기준에 따라 이를 살펴보기로 한다.[15)]

① 공식적 경찰목표와 실질적 경찰목표

경찰목표를 공식성의 유무를 기준으로 분류하면 공식적 목표와 실질적 목표로 나눌 수 있다. 여기에서 공식적 목표(公式的 目標, formal goals)라는 것은 정부와 경찰조직이 공식적으로 설정하여 추진하는 목표이며, 이는 경찰법 및 관계법령, 그리고 경찰청장 등 기관장의 훈령, 지시 등에 의해서 밝혀진다.

이와 관련하여 예컨대, 경찰법 제3조는 국가경찰의 임무(任務)를 규정한 것인데, 이는 경찰목표를 의미하는 것이라고 본다. 경찰목표라는 것이 하나의 결과라면, 임무 또는 역할은 하나의 과정이라고 본다. 그러나 양자는 불가분의 관계에 있기 때문에 임무 또는 역할을 곧 목표로 간주할 수도 있다고 본다.

15) 김영종 외 3인(1998), 행정학, 서울: 법문사, pp. 231-233 재구성.

공식적 목표의 예: 경찰법 제3조(국가경찰의 임무)

① 국민의 생명·신체 및 재산의 보호
② 범죄의 예방·진압 및 수사
③ 경비·요인경호 및 대간첩·대테러 작전 수행
④ 치안정보의 수집·작성 및 배포
⑤ 교통의 단속과 위해의 방지
⑥ 외국 정부기관 및 국제기구와의 국제협력
⑦ 그 밖의 공공의 안녕과 질서유지

한편, 실질적 목표(real goals)라는 것은 정부와 경찰조직이 현실적·직접적으로 추구하는 목표로서 '운영적 목표' 또는 '비공식적 목표'(非公式的 目標)라고도 한다. 이들 공식적 목표와 실질적 목표는 일치될 수도 있고, 상반·대립될 수도 있는데, 일치되는 것이 가장 이상적임은 물론이다. 한편, 경찰조직의 공식적 목표는 은밀한 경찰활동의 비밀성을 은폐하기 위하여 의도적으로 사용되는 경우도 있다. 그리고 이들 두 목표가 차이가 나는 것은 환경의 변화나 정치적 이해관계, 그리고 조직구성원들의 개인적 인식차이에서 비롯된 것일 수도 있다.

② 상위목표와 하위목표

경찰조직은 상위계층과 하위계층으로 계층구조를 이루고 있으며, 따라서 이에 따라 상위목표와 하위목표로 구분할 수 있다. 상위목표는 정부 내지 경찰조직 전체의 차원에서 추구하는 목표로서 범죄 및 무질서로부터 자유로운 자유민주주의 사회의 건설, 공공의 안녕과 질서유지 등을 들 수 있다.

이러한 상위목표는 보통 하위목표에 비해 추상적이고 일반적인 성격을 띠고 있다. 반면, 하위목표는 상위목표를 기본으로 하되, 보다 구체적이고 특정적인 성격을 띠고 있다. 경찰조직은 각 기능에 따라 생활안전, 수사, 교통, 경비, 정보, 보안, 외사 등으로 구분되는데, 하위목표는 이들 기능별 부서가 추구하는 목표와 관련된다.

이와 관련하여 경찰법 제3조에서 규정한 경찰의 임무를 다시 계층화시켜보면 다음과 같다. 경찰목표라는 것은 궁극적으로 국민의 생명·신체 및 재산의 보호와 공공의 안녕과 질서유지로 귀결되기 때문이다.

〈상위목표와 하위목표의 설정〉

상위목표	① 국민의 생명·신체 및 재산의 보호 ② 공공의 안녕과 질서유지
	⇩
하위목표	① 범죄의 예방·진압 및 수사 ② 경비·요인경호 및 대간첩·대테러 작전 수행 ③ 치안정보의 수집·작성 및 배포 ④ 교통의 단속과 위해의 방지 ⑤ 외국 정부기관 및 국제기구와의 국제협력

그리고 경찰조직의 목표는 바람직한 미래상을 구현할 수도 있고 그렇지 못할 수도 있다. 그러나 가능한 그 미래상에 가장 가깝게 접근하려고 노력하며, 일단 정해진 목표가 달성되면 그 이후부터 그것은 목표로서의 효용을 상실하게 된다. 예컨대, 어떤 지역에서 발생한 '연쇄살인사건 해결'과 같이 단기간에 구체적으로 설정된 목표는 목표달성 이후 그 의미를 상실하게 된다.

여기에서 '의미를 상실한다는 것'은 그에 투입된 인적·물적 자원의 변동을 의미한다. 그러나 이러한 것은 경찰목표 가운데 하위목표라고 할 수 있으며, 범죄통제를 통한 국민의 생명·신체·재산의 보호 및 공공의 안녕과 질서유지라는 상위목표는 여전히 거시적인 가치로서 어느 정도의 영속성(永續性)을 가지고 있음은 물론이다.

경찰이 추구하는 목표는 나라마다 다소 간의 차이가 있지만 일정한 공통점을 가지고 있으며, 이를 위해 다양한 경찰활동을 수행하고 있다고 볼 수 있다.[16] 더욱이 오늘날과 같이 사회적 통합보다는 분열과 갈등이 첨예화되고 있는 현실에서 경찰의 기능은 보다 세분화되고 전문화 될 것을 요구하고 있음에 주목할 필요가 있다. 이러한 하위목표는 상위목표의 달성을 위한 수단으로서 기능을 한다고 볼 수 있다. 다만, 이러한 상위와 하위의 계층성은 상대적인 것이며, 확정적 개념은 아니다.

16) 미국경찰은 상위목표의 예로써 ① 생명의 보호, ② 재산의 보호, ③ 질서의 유지를 들고 있다. 그리고 하위목표로서 ① 위험한 행동의 예방과 통제, ② 위험한 상황에 빠진 개인의 구제, ③ 헌법적 권리의 보호, ④ 사람과 차량 이동의 편리성 도모, ⑤ 스스로 돌볼 수 없는 사람들에 대한 지원, ⑥ 갈등의 해결, ⑦ 잠재적인 심각한 문제의 확인, ⑧ 안전한 상태의 창조와 유지를 들고 있다. Gary W. Cordner(1999), Police Administration, Cincinnati: Anderson Publishing Co., pp. 47-52.

③ **무형의 목표와 유형의 목표**

경찰이 수행하는 목표의 유형성 여부와 정도를 기준으로 무형의 목표와 유형의 목표로 분류할 수 있다. 무형의 목표는 위에서 설명한 상위목표와 유사하게 그 성격이 추상적이며 일반성을 띠고 있을 뿐만 아니라 행동의 융통성을 확보하고, 다양한 이해관계나 의견대립을 극복할 수 있고, 구성원의 자발적 참여를 확보하기 쉽다는 장점을 가지고 있다.

반면 유형의 목표는 위의 하위목표의 성격을 가지므로 구체성을 많이 내포하고 있다. 사실·기술·수단이나 단기적 목표와 관련이 있으며, 목표달성도의 측정이 용이하다. 일반적으로 유형의 목표는 구체적이고 명백하며 계량화가 가능하므로 업적의 기준으로 사용할 수 있다.

그러나 항상 무형의 목표가 상위목표이고, 유형의 목표가 하위목표인 것은 아니라고 본다. 즉, 경찰이 제공하는 치안서비스는 본질적으로 국가가 제공하는 공공서비스의 한 형태로서 근본적으로 '서비스'(Service) 자체에 내재하는 추상적인 특성을 갖는다. 다만, 이러한 추상적인 특성만 가지고는 그 성과를 측정하여 평가하기가 어렵기 때문에 일정한 계량화를 전제로 한 구체적인 측정·평가기준을 마련하기도 한다.

3) 경찰목표의 설정과 갈등, 변화

(1) 경찰목표의 설정과 갈등

바람직한 경찰조직의 목표는 어떻게 설정할 것인가? 이러한 경찰조직의 목표는 법으로 명시할 수도 있고, 통치권자 및 치안책임자의 가치관 및 정책결정 등에 의해서도 설정될 수 있다. 다만, 경찰조직의 목표설정은 비록 그것이 조직이 달성해야 할 미래상이라 할지라도 독단적으로 설정될 성질의 것은 아니라고 본다. 민주국가에서 경찰목표는 보다 많은 사람과 집단들이 참여하는 민주적 과정을 통해서 설정하는 것이 바람직하다고 본다. 특히, 개방체제에서 환경과 유관하게 상호작용하여 국가 및 지역실정에 맞는 목표를 설정할 필요가 있기 때문이다.

물론, 이러한 과정에서 치안활동의 전문집단인 경찰이 적극적으로 참여해서 자신의 입장을 밝히는 것은 중요한 일이다. 가장 이상적인 경찰목표의 설정이라는 것은 조직 외적으로 개인과 국가질서유지에 모두 부합하고, 아울러 조직 내적으로 조직구성원들의 이해관계를 충분히 반영하는 방향으로 설정되는 것이 바람직하다고 본다.

그런데, 설정된 경찰목표가 항상 바람직한 방향으로 추진되는 것은 아니다. 특히, 조직 내외적인 정치권력집단의 이해관계에 의해 설정된 목표가 왜곡될 가능성도 적지 않기 때문이다. 물론, 경찰활동이라는 것이 본질적으로 국가권력을 전제로 한 것이기 때문에 이러한 문제는 항상 내재하는 한계요인이라고 본다. 따라서 예컨대, 정치지도자의 가치관이나 정국의 안정성 정도, 정치와 경찰과의 관계 여하에 따라 목표의 내용은 물론 그 수준결정에 있어서 지대한 영향을 미치게 된다.

4대 사회악 어떻게 생각하는가?

2013년 3월 박근혜 대통령은 ㉠ 성폭력, ㉡ 학교폭력, ㉢ 가정파괴범, ㉣ 불량식품을 '4대 사회악'(4大 社會惡)으로 규정하고, 이를 근절하기 위한 추진 본부와 성폭력 특별수사대를 발족시켜서 민생안정을 도모할 것이라고 밝혔다. 이를 위해 안전행정부·경찰, 법무부·검찰 모두 한마음으로 협력해 줄 것을 당부하였고, 이 가운데 특히, 경찰이 4대 사회악 근절을 위해 선도적인 역할을 해야 한다고 강조하였다. 그리고 이를 실천하기 위해 '감축 목표관리제'를 시행하여 주기적으로 점검과 평가를 할 수 있도록 주문하였다.

이성한 경찰청장은 대통령이 제시한 4대 사회악 근절이라는 경찰목표를 달성하기 위하여, 이와 관련된 제반활동을 지방경찰청 및 경찰서 등에 지시하여 시행도록 하였다. 이에 따라 경찰청장은 4월 11일 경찰청에서 전국 경찰지휘부 회의를 열고 "새 정부 출범 100일이 되는 6월 4일까지 가시적인 성과가 나타날 수 있도록 4대악 척결에 경찰의 모든 역량을 집중해야 한다. 성과가 나타나지 않는 지역은 지휘관에게 책임을 묻겠다"고 밝혔다.[17)]

또 경찰조직 내의 특정계층 또는 특정집단의 이해관계에 의하여 목표설정에 영향을 미치게 될 수 있다. 아울러 경찰목표는 사회 내의 특정계층, 특정지역, 특정집단에 유리하거나 불리하게 작용할 수 도 있다. 그리고 사회적으로 어떠한 변화나 갈등이 야기될 때, 예측하지 못한 사태가 전개될 때 경찰목표는 이들을 해결하는 쪽으로 설정되기도 한다. 이러한 과정에서 시민의 이성을 잃은 집단행동과 경찰의 과잉대응이 문제시 되어 또 다른 사회적 갈등을 야기 시키기도 한다.

(2) 경찰목표의 설정 기준

경찰목표를 설정하고 이를 추구하는데 있어서 항상 본질적인 어려움은 경찰목표의 양면성에서 비롯된다고 본다. 즉, 개인의 자유와 권리보호 및 공공의 안녕질서 유지라는 양 가치는 항상 조화되지 않고, 경우에 따라서는 가치상충이 될 수도 있는 것이기 때문이다.

17) YTN(2013.3.14.).; 파이낸셜 뉴스(2013.4.5.).; 아시아 투데이(2013.4.11.).

다만, 경찰목표는 경찰조직에 의해 달성되어야 할 과제이기 때문에 일정한 기준을 고려하여 설정함으로써 야기될 수 있는 문제를 최소화시키는데 노력해야 할 것이다. 여기에서 논의되는 경찰목표의 설정은 어떻게 본다면, 추상적인 경찰의 상위목표라기보다는 구제적인 하위목표와 관련성이 깊다고 본다.

이와 관련하여 첫째, 경찰목표는 가능한 명료하고 현실적인 것이어야 한다. 바꿔 말하면 애매모호하거나, 비현실적인 것은 지양되어야 한다. 둘째, 경찰목표는 그 시기가 적절하고 설정된 목표 간의 우선순위가 분명해야 한다. 셋째, 경찰목표는 실현가능성과 결과의 확실성이 높아야 한다. 따라서 실현가능성도 불분명하고, 실현결과의 내용도 불확실한 목표는 배제되어야 한다. 넷째, 경찰목표는 상황변동에 대한 적응가능성이 높아야 한다. 일반적으로 경찰목표의 달성에는 막대한 인적·물적 자원이 동원된다. 따라서 상황변동에 대한 적응력을 높이지 못할 경우 국가적 자원낭비 문제를 야기하게 될 것이다. 다섯째, 경찰목표는 목표달성을 통하여 경찰조직 스스로는 물론이고 일반국민의 욕구충족이 동시에 가능해야 한다.[18] 예컨대, 과거 경찰조직은 범죄사건 해결에 있어서 세계적 수준에 이르렀다고 스스로 만족하고 공표하였지만, 국민들은 범죄에 대한 불안감 팽배와 경찰에 대한 불신이 뿌리 깊게 내재한 것은 경찰의 접근방법에 있어서 어떠한 문제가 있었음을 보여주는 한 예라고 할 수 있다.

(3) 경찰목표의 변화

현대사회는 매우 빠르게 변화를 거듭하고 있다. 따라서 치안환경이라는 것도 그러한 시대변화에 맞게 변화하기 마련이다. 이와 관련하여 거시적·본질적 차원에서의 경찰목표 즉, 개인의 자유와 권리의 보호 및 공공의 안녕질서 유지라는 두 가지의 가치(價値)를 가지고 살펴보자.

정치·경제·사회적으로 안정되어 일정수준의 사회적·국가적 통합이 이루어질 때에는 범죄와 무질서문제 역시 그와 비례해서 감소된다고 본다. 이러한 상황에서 경찰은 개인의 자유와 권리보호에 보다 초점을 두고 목표를 설정하여 주어진 임무를 수행할 수 있을 것이다. 반면, 정치·경제·사회적 불안정으로 인해 수많은 이해관계가 상충되어 사회적·국가적 갈등이 심화되어 있을 때, 경찰은 무엇보다도 공공의 안녕질서에 초점을 두고 경찰활동을 하지 않을 수 없다. 이 경우 개인의 자유와 권리라는 가치는 일정수준 후퇴하지 않은 수 없다고 본다.

18) 김영종 외 3인(1998), 앞의 책, p. 236 재구성.

제2절 경찰조직이론의 발전

1. 경찰조직이론의 기본 논의

다소 의외의 이야기 인데, '4강 신화'를 이룩한 지난 2002년 한·일 월드컵에 대한 우리의 관심과 열기는 매우 뜨거웠다(이에 비해 2014년 브라질 월드컵은 아쉬움으로 남아 있다). 축구경기를 보는 국민들은 모두가 준전문가 수준이 된다. 축구의 현실적 목표는 승리이고, 따라서 누가 많은 골을 넣느냐가 관건이다. 그렇다면, 대한민국 축구대표팀이 4강 신화를 이룩할 수 있었던 요인은 무엇인가? 한국 축구선수 개개인의 개인기가 뛰어났는가? 조직력이 매우 탁월했는가? 감독 등의 역량이 뛰어났는가? 국가차원의 경제적 지원 등이 아주 잘 이루어졌는가? 아니면 국민들의 성원이 대단하였는가? 이 모든 것들이 중요하다면 이 가운데 무엇이 가장 중요한 것이라고 생각하는가? 아니면 이 모든 요소들이 적절하게 상호작용하여 상승효과를 일으킨 결과인가?

이러한 질문은 경찰조직에 대해서도 마찬가지로 적용된다. 경찰이 추구하는 목표(비록 축구경기에 비해 훨씬 복잡다양하고 모호하지만)를 달성하기 위해서 어떻게 해야 할 것인가 하는 본질적인 물음은 동일하다고 본다. 경찰 개개인의 역량, 조직력, 지휘관의 리더십, 적절한 예산지원, 국민적 관심과 기대 등은 모두 중요한 요소가 된다. 조직이론(組織理論, Organization Theory)은 바로 이러한 구성요소들을 적절하게 운용하여 목표를 달성 할 수 있는 일반적 원리를 제시하는 것이다.

1) 일반조직이론의 발전

조직에 대한 연구는 실제 오랜 과거까지 거슬러 올라가 살펴볼 수 있으나, 이에 대한 과학적·체계적인 연구와 이론적 틀의 형성은 20세기에 이르러서야 비로소 시작되었다고 볼 수 있다. 그런데, 지난 100년간의 조직이론의 형성·발전과정을 살펴보면, 각 시대가 처한 상황에 따라 인식 및 접근방법에서 차이가 있다는 점을 알 수 있다. 이러한 인식 및 접근방법에 따라서 각 시대별 조직이론의 변화·발전과정을 단계별로 구분할 수 있을 것이다. 다만, 조직이론의 변화·발전은 단절적이라기보다는 연속적인 성격을 가지고 있다.

과거의 생각이나 주장이 전혀 잘못되었고, 현재에 대두된 주장이 전적으로 옳다는 식의 이분법적 구분이 아니라 어느 한 시대를 풍미했던 이론이 일정 시점에 이르러서는 퇴보되고 이에 대한 보완 또는 수정, 그리고 더 나아가서 반대되는 새로운 이론이 서서히 등장하면서 '이론의 세대교체'가 자연스럽게 이루어짐을 알 수 있다. 이는 쿤(Thomas Kuhn)이 제시한 '패러다임(Paradigm)의 전환'과도 일맥상통하는 것이라 할 수 있다.

조직이론에 대해 국내외의 수많은 관련학자들이 이에 대한 적절한 기준과 근거를 제시하고 있음은 주지의 사실이다.[19] 이 가운데 조직이론을 가장 잘 체계적으로 정리한 것 가운데 스콧(W. R. Scott)의 조직이론 분류를 들 수 있다.[20] 그는 두 가지 차원 즉, ㉠ 조직환경과의 관계에서 조직을 폐쇄체제(閉鎖體制, Closed System)로 보는지 또는 개방체제(開放體制, Open System)로 보는지의 여부, ㉡ 인간이나 조직을 합리적(合理的, rational) 존재로 보는지 또는 자연적(自然的, natural)인 존재로 보는지의 여부를 기준으로 하여 조직이론을 네 가지로 분류하였다.[21] 여기에서 조직구성원이나 조직을 자연적 존재로 보는 관점은 조직구성원의 심리 및 사회적 욕구를 강조하고, 조직의 목표달성보다는 조직의 생존과 조직 속에 흐르는 비공식성, 비합리성 등에 중점을 두고 있다.

스콧의 이러한 조직이론의 분류방법 역시 크게는 시대적 전후관계를 기준으로 한 것이며, 따라서 기존의 접근방법과 상충되는 것은 아니다. 다만 스콧은 조직이론의 발전을 추상적으로 고전이론, 신고전이론, 현대이론이라는 용어를 사용하지 않고, 당시 크게 논의되었던 이론들이 가지고 있는 기본적 특성, 즉 환경과의 관계(환경에 개방적인 조직과 폐쇄적인 조직)와 인간에 대한 인식 방법(합리적인간과 자연적·비합리적 인간)을 기준으로 접근하였다는 점에 특색이 있다. 또한 개방-합리적 이론(체제이론과 상황이론 등)에서 한 단계 더 나아가 개방-자연적 이론(학습이론, 혼돈이론 등)을 제시하였다는 점에 의의가 있다.[22]

---

19) ① 현대 조직이론의 역사적 구분을 3단계로 접근하는 경우가 많다. 예컨대, 사이몬(H.A. Simon)과 마치(J.G. March, 1958)는 전통적 이론, 인간관계론, 의사결정론으로 구분하였다. 그리고 에치오니(A. Etzioni, 1964)와 타우스키(C. Tausky, 1970)는 고전이론, 인간관계론, 구조론으로 구분하였고, 왈도(D. Waldo, 1969)는 고전이론, 신(新)고전이론, 현대이론 등으로 구분하고 있는데 그 내포하는 의미는 거의 비슷하다. 왈도는 1978년에 와서 현대조직이론의 연구경향에 대한 자신의 견해를 다시 정리하면서 체제이론과 상황적이론이 다양화된 접근방법의 통합하화에 기여할 수 있음을 지적하고 있다. ② 한편 베이커(R.J.S Baker, 1972)는 고전이론, 인간관계론 및 그에 관련된 이론, 유기적 이론과 체제이론(Organic and System Theory)으로 구분하였다. 이러한 기준은 1950-1970년대에 이루어진 것이며, 우리나라 조직이론가들도 이들의 영향을 받아 지난 오늘날까지도 주로 이러한 기준을 가지고 접근해 왔음을 알 수 있다. 물론 조직이론의 시대적 변천과정을 3분하는 학자들만 있는 것은 아니다. 최근에는 이러한 경향이 더욱 뚜렷하게 나타나고 있다. 박연호(1988), 조직관리론, 서울: 법문사, pp. 29-53.; 유종해(1996), 앞의 책, pp. 37-67.; 오석홍(2009), 조직이론, 서울: 박영사, pp. 10-63.
20) T. Peter and R. Jr. Waterman(1982), In Search of Excellence, NY: Harper & Row, p. 91.
21) W. R. Scott(1987), Organization: Rational, Natural, and Open System, NJ: Prentice-Hall.

2) 경찰조직이론의 특징

경찰조직이론(警察組織理論)은 경찰조직에 고유한 이론이라기보다는 행정학·경영학 등의 영역에서 각 시대적 상황에 따라 체계화된 이론들을 원용하여 발전시킨 것이라 할 수 있다. 경찰조직 역시 이러한 시대적 배경을 전제로 하기 때문에 이들 조직이론을 경찰조직에 적용할 수 있을 것이다. 물론, 이들 일반조직이론을 경찰조직이론에 적용할 때, 어떻게 경찰조직이 가지고 있는 특수성을 반영하느냐가 관건일 것이다.

그런데, 경찰 및 군대와 같은 조직은 다른 공공부문과 민간부문과는 달리 업무의 특성상 체제유지적이고 보수성이 강하다. 이는 경찰조직이 사회변화에 민감하게 변화하기 어렵다는 것을 의미한다. 따라서 어떤 면에서는 다른 부문의 조직이 이미 새로운 조직이론에 기초를 두고 변화·발전하고 있는 시기에 경찰은 여전히 기존의 조직이론의 틀(예, 전통적 관료제이론 등) 속에서 운영되는 성향이 있는 것도 사실이다.

생각건대, 경찰조직 역시 하나의 '조직'으로서 동시대에 등장하는 공공부문과 민간부문의 일반조직이론의 기본원리를 수용하면서도 한편으로는 경찰이 갖는 특수성(업무의 특성)을 반영하여 경찰조직의 목표달성에 가장 부합되는 조직이론을 정립하는 것이 관건이라고 본다.

3) 경찰조직이론의 체계화

그동안 논의 되어 온 일반조직이론을 토대로 경찰조직이론의 역사적 발전과정을 다음과 같이 정립할 수 있을 것이다. 이는 거시적으로 ㉠ 왈도(D. Waldo) 등이 제시한 기존의 일반조직이론의 3단계 분류기준(고전이론, 신고전이론, 현대이론)에 포스트 현대(post-modern)이론을 첨부하고, 이를 ㉡ 스콧(W. R. Scott)이 제시한 4단계 분류기준(폐쇄-합리적 조직이론, 폐쇄-자연적 조직이론, 개방-합리적 조직이론, 개방-자연적 조직이론)에 절충하여 체계화시킨 것이다.

왈도식 접근방법은 시간적 차원에서 조직이론의 역사적 발전과정을 조명할 수 있으며, 스콧식 접근방법은 그러한 과정에서 환경관계(폐쇄·개방체제)와 인간관계(합리적·비합

---

22) ① 폐쇄-합리적 조직이론으로 조직을 외부환경과 단절된 폐쇄체제로 보면서, 조직구성원들이 합리적으로 사고하고 행동하는 것으로 간주하는 이론이다. 시기적으로는 대체로 1900년~1930년 정도를 전후한 이론들이다. ② 폐쇄-자연적 조직이론은 조직을 아직도 외부환경과 단절된 폐쇄체제로 보지만, 조직구성원들을 합리적이 아닌 자연적 관점으로 보는 것으로 조직구성원의 인간적 문제에 중점을 둔다. 1930년~1960년 정도 사이를 지배하였던 조직이론들이다. ③ 개방-합리적 조직이론으로 비로소 조직 환경의 중요성을 강조하지만, 조직이나 인간의 합리성 추구를 다시 강조한다. 1960년~1970년 정도 사이에 등장한 이론들이다. ④ 개방-자연적 조직이론으로 역시 조직 환경의 중요성을 강조하지만, 조직의 합리적인 목표 수행보다는 조직의 존속이나 비합리적인 동기적 측면을 강조한다. 1970년대 이후에 각광을 받고 있는 이론들이라 할 수 있다.

리적 인간)를 분석·정리하는데 유용하다.

그런데, 오늘날 현대조직이론(스콧의 기준에 의하면 개방-합리적 조직이론과 개방-자연적 조직이론이 여기에 해당)이라 칭하는 조직이론이 이미 1960년대 이전까지 거슬러 올라가기 때문에 현대조직이론 속에서도 더욱 현대적인 이론(시기적으로 최근에 해당하는)으로 구분할 필요가 있다. 이러한 접근을 위해서 오늘날 인문과학 내지 사회과학 영역에서 널리 쓰이고 있는 이른바 '포스트현대'(post-modern) 개념을 사용하여 현대조직이론을 다시 재분류하고자 하였다. 물론, 이 역시 어떠한 새로운 조직이론의 제시라는 측면도 있지만, 더 나아가 조직이론을 분류하는 하나의 기준으로 사용하고자 하는 의도에서 제시한 것이다.

〈경찰조직이론의 체계〉

고전이론
(폐쇄-합리적 조직이론)
공식적 조직 강조
- 고전적 관료제론
- 행정관리론
- 과학적관리

신(新)고전이론
(폐쇄-자연적 조직이론)
비공식적 조직 강조
- 인간관계론
- 행태과학적 접근

↘ ↙

현대이론
(개방-합리적 조직이론)
공식적 조직 강조
- 체제이론
- 상황이론
- 품질관리

⇓

포스트(Post)현대이론
(개방-자연적 조직이론)
비공식적 조직 강조
- 학습이론
- 혼돈이론

여기서 한 가지 주의할 것은 어떤 이론의 학문적 위치와 조직사회의 실제에서 차지하는 '시장점유율'이 반드시 부합되는 것만은 아니라는 사실이다. 예컨대, 인간관계론이 학문적으로 가장 득세했을 때에도 고전이론의 처방들이 실천적으로 조직의 설계와 운영에 더 많은 영향을 미치고 있었다. 오늘날에는 자기실현적 인간모형에 입각한 반관료제적 이론들이 처방적 차원에서 아주 강세를 보이고 있지만 조직사회의 실제에서 시장점유율은 그리 높지 않다는 점이다. 현대 경찰조직 역시 여전히 관료주의적 성향이 매우 강하게 나타나고 있음은 주지의 사실이다.

비록 이러한 각각의 접근방법들은 개인 및 조직행태에 대해서 서로 상이한 관점에서 출발하고 있으며, 따라서 그 결과 관리자들이 어떻게 조직문제를 정의하고 해결하고자 하는가에 대해서도 서로 다른 견해를 가지고 있지만, 이를 토대로 보다 실천적이고 미래 지향적인 조직이론의 발전을 기대할 수 있을 것이다.

2. 고전적 조직이론: 폐쇄-합리적 조직

조직이론에 관한 고전적 또는 전통적 접근은 1900년 이후 오늘날에 중요한 영향을 미치는 이론으로 이는 관료제론, 행정관리론, 과학적관리론의 세 가지 주요 영역으로 구분되어 논의 할 수 있다.

여기서 ㉠ 관료제론이 조직 전체의 구조적 특성에 대하여 포괄적인 관심을 가졌다면, ㉡ 행정관리론은 조직의 상층부에 초점을 두고 하향적 방식에 의한 조직의 합리화를 추구하였다고 평가할 수 있다. 그리고 ㉢ 과학적 관리는 하위수준(하위계층)의 조직생산성에 관심을 가졌다. 따라서 우리는 이들 세 가지 고전적 조직이론을 통해서 경찰조직의 전체적인 구조적 특성과 경찰조직 관리층의 관리방식, 일선경찰의 생산성 향상 등과 관련하여 기본적인 지식을 쌓을 수 있을 것이다.

1) 고전적 관료제론

관료제(官僚制, Bureaucracy)라는 개념은 현대 사회학에 지대한 영향을 미친 베버(Max Weber)의 연구와 관련된다. 즉 그는 19세기 후반 유럽의 사회적 변화의 결과를 연구하는 과정에서 합리성에 기초를 두고 운영되는 복잡한 조직을 이해하기 위하여 '관료제'라는 용어를 만들어 냈다. 베버는 이러한 관료제를 통해서 산업혁명 초기의 열악한 노동환경, 족벌주의(族閥主義), 그리고 주관적 판단에 의한 관리자자들의 관행을 줄일 수 있다고 생각했다. 당시에는 능력에 관계없이 친인척을 고용하고, 단지 상류계급 출신이라는 이유만으로 정부와 산업체내에서 높은 지위의 직책을 맡게 되는 일들이 관행적으로 이루어졌다.

물론, 베버의 관료제 연구는 이러한 사회현실을 반영하였다기보다는 조직의 능률성을 달성하기 위해서 조직을 어떻게 구조화하고 관리하느냐 해야 할 것이냐 하는 일종의 이상적인 관료제(ideal type of bureaucracy)를 기술하였다고 볼 수 있다. 따라서 당시의 베버의 관료제 개념과 오늘날의 이를테면 형식절차를 강조하는(red-tape, 繁文縟禮) 부정적 의미를 갖는 관료제를 비교하는 것은 부적절한 면이 있다.[23)]

사실, 베버의 관료제는 조직의 권한구조에 관한 이론에 기초를 둔 것이라 할 수 있다. 따라서 베버의 조직이론에 대한 기여는 합리적·법적 권한에 근거한 관료제를 제시한데서 찾아 볼 수 있다. 베버는 권한의 유형을 ㉠ 카리스마적(charismatic) 권한, ㉡ 전통적(traditional) 권한, ㉢ 합리적·법적(rational-legal) 권한으로 분류하고, 이 가운데 합리적·법적 권한에 기초를 둔 관료제모형이 근대사회의 대규모조직을 설명하는데 가장 적합한 것이라고 하였다.[24)] 베버의 이상적 관료제 모형은 다음과 같은 특징들을 가지고 있다.

㉠ 전문화에 기초를 둔 노동의 분화

㉡ 하위직이 상위직의 통제와 감독을 받도록 하는 계층적 구조

㉢ 조직전체에 적용되는 일련의 규칙

㉣ 구성원 간에 공식적·기계적인 관계의 유지: 합리적인 의사결정은 객관적이고 감정이 개입되지 않는 상황에서만이 이루어질 수 있다고 봄

㉤ 능력에 기초를 둔 선발과 승진

베버가 제시한 고전적 관료제모형에 있어서 기본적인 가치기준은 능률성(efficiency)이라고 볼 수 있다. 즉, 직위를 관할과 계층에 관련하여 규정하고 그 해당 직위에 전문직원을 배치하며, 활동유형에 관한 규칙을 제정하고, 보수와 승진 등에 의하여 전문성·신속성·명확성·통일성을 기하고, 부하들의 철저한 복종, 마찰의 감소, 인적·물적 비용의 감소 등을 보장함으로써 능률성을 제고할 수 있다고 믿었다. 물론, 이러한 사고방식은 환경에 대한 폐쇄체제(閉鎖體制, Closed system)의 관점에 입각한 것이다.

요약컨대, 베버는 관료제가 자본주의 사회에서 개인적 목표와 사회적 목표를 동시에 달성할 수 있도록 해주는 가장 합리적인 수단이라고 믿었다. 그러나 이러한 접근방법이 비록 그 당시에는 진보적인 단계로서 고려될 수 있었지만, 고도의 형식화되고 비인격화된 조직관리를 초래하게 되었다. 베버의 관료제론에 대한 주요비판 가운데 하나는 관료제 내에서 조직 구성원들은 단지 '기계 속의 톱니바퀴' 정도로 파악한데 있다. 이러한 베버의 관료제는 테일러의 과학적관리론과 많은 유사성을 갖고 있음을 알 수 있다.

23) Roy R Roberg, Jack Kuykendall(1997), Police Management, L.A.: Roxbury Publishing Company, p. 26.
24) 오석홍(2001), 조직이론, 서울: 박영사, p. 21.

2) 행정관리론

(1) 페욜의 행정관리론

20세기 초 조직의 '관리'(管理, management)분야에 크게 관심을 가진 사람은 프랑스 사업가인 페욜(H. Fayol)이었는데, 그는 조직관리에 있어서 이론과 실제의 발전과 교육의 필요성을 인식하였다. 그는 "오늘날 신규(관리자)자들은 관리이론뿐만 아니라 관리방법도 알고 있지 않으며, 이러한 이유 때문에 관리자들을 평생 동안 초보자로 남게 된다"고 하였다. 그는 자신이 석탄과 철강산업에서 일을 하는 동안 가장 자주 적용하였던 14가지의 효율적인 조직관리의 원리에 대한 정의를 내렸다.[25] 이를 통해 그는 집권 화되고 기능적으로 전문화된 조직구조, 그리고 주도면밀한 감독과 통제를 강조하였던 것이다.

페욜은 자신이 내린 각각의 관리원칙은 보편성을 갖고 있기 때문에 산업조직뿐만 아니라, 종교, 군대, 경찰(警察) 그리고 여러 다른 형태의 조직에도 적용될 수 있다고 믿었다. 그는 개발되는 관리원칙의 수나 그것이 적용될 수 있는 방법에는 한계가 없다고 하였다. 흥미로운 것은 페욜은 엄격성·경직성이라는 고정관념을 피하기 위하여 '규칙'(rules)이나 '법'(laws)이라는 용어보다는 '원리 또는 원칙'(principles)[26]라는 용어를 조심스럽게 선택한 점이다.

비록 최근의 연구에서 어떤 특정한 조건하에서는 페욜의 관리원리에 예외가 있다는 점을 발견해내고 있지만, 일반적으로 이러한 원리들은 오늘날에도 여전히 광범위하게 적용되어지고 있다.

(2) 귤릭과 어윅의 행정관리론

한편, 미국에서는 1930년대에 이르러 조직관리의 기능, 조직관리의 원리 등에 관한 연구가 이루어졌다. 여기에 해당하는 대표적인 행정관리론가들 중에는 귤릭(L. Gulick)과 어윅(L. Urwick) 등을 들 수 있다.[27] 귤릭은 'POSDCORB'라는 두문자어(頭文字語)를 사

25) ① 업무의 분화, ② 권한과 책임, ③ 규율, ④ 명령의 통일성, ⑤ 지휘의 통일성, ⑥ 조직이익의 우선, ⑦ 구성원에 대한 보상, ⑧ 집권화·분권화, ⑨ 계층적 구조, ⑩ 질서, ⑪ 공평성, ⑫ 재직의 안전성, ⑬ 창의성, ⑭ 단결성(애사심). Roy R Roberg, Jack Kuykendall(1997), op. cit., p. 27.

26) "나는 어떠한 엄격성·경직성(rigidity)의 암시로부터 벗어나기 위해 원리(principles)라는 용어를 선택하였다. 왜냐하면 조직관리에 있어서는 어떠한 엄격성이나 절대적인 것은 없기 때문이다. 그것은 결국 조화·균형의 문제인데, 원리라는 것은 유연하고 모든 필요한 곳에 적용될 수 있는 것들이다. 이는 어떻게 그것들을 사용하는가를 알아내는 문제인데, 여기에는 지적능력, 경험, 결단력, 그리고 균형을 요구하는 어려운 기술인 것이다". H. Fayol/C. Storrs(trans.)(1949), Industrial and General Management, London: Pitman & Sons, p. 19.

27) L. Gulick and L. Urwick (eds.)(1937), Papers on the Science of Administration, N.Y.: Institute of Public Administration.

용함으로써 행정의 주요기능을 묘사한 논문을 기고한 바 있다. POSDCORB는 ㉠ 계획(Planning), ㉡ 조직화(Organization), ㉢ 참모조직(Staffing), ㉣ 지시(Direction), ㉤ 협력(Coordinating), ㉥ 보고(Reporting), ㉦ 예산(Budgeting)을 의미하는 것이다.

그리고 어윅은 행정의 원리로서(the Elements of Administration) ㉠ 명령의 통일성 유지, ㉡ 권한과 책임의 범위를 동일하게 유지, ㉢ 통솔범위를 제한 할 것 등을 강조함으로써 페욜의 연구를 확대시켰다.[28)]

① 명령통일의 원리

행정적관리 이론가들은 피고용인은 단 한사람의 감독관으로부터만 명령을 받아야 한다는 명령통일(命令統一, unity of command)의 원리가 엄격하게 지킴으로서 조직이 보다 능률적이고 효과적으로 통제되고 운영될 수 있다고 보았다.

이러한 원리에 대해서 예외가 발생하는 경우에 대해서는 명문화된 정책적 요구가 강조되어야 한다고 보았다. 예컨대, 기능적 통제(functional control)로 알려진 것인데, 경찰활동에 있어서 살인현장과 같은 환경 하에서는 그 기능(행동)에 있어서 더 많은 경험과 지식을 갖고 있는 다른 감독자에게 그 일을 맡길 수 있다는 것이다.

② 권한과 책임의 범위를 동일하게 유지

그리고 '책임에 상응하는 권한'(authority commensurate with responsibility)의 원리는 단순히 만약에 어떤 피고용인이 어떤 주어진 업무의 책임을 떠맡도록 고용되었다면, 그 사람에게는 그 업무를 완수하는데 필요한 권한이 주어져야 한다는 것을 의미한다.

하나의 예로써, 만약 어떤 형사가 어떤 특정한 사건을 해결하는 책임을 부여받았다면, 그 사건에 대한 조시가 행해지는데 필요한 지시와 관련하여 중요한 결정을 내릴 수 있도록 그 사람에게 적절한 권한을 함께 부여해야 한다는 것이다(이는 한국경찰수사권 독립논쟁의 중요한 근거가 된다).

두 번째 예로써, 만약 경찰관들이 자신들의 담당구역 내의 문제들을 인지하고 해결하는 책임을 맡았다면, 이들은 문제의 지시나 해결을 위해서 경찰 또는 형사사법체계 외부에서 일을 처리하는 것을 포함하여 자신들이 가장 적절하다고 생각하는 방법으로 문제해결을 해 나갈 수 있는 권한도 부여받아야 하는 것이다.

③ 통솔범위의 원리

통솔범위(統率範圍, span of control)의 원리는 상관에게 직접적으로 보고하는 부하직

28) Roy R Roberg, Jack Kuykendall(1997), op. cit., pp. 28-29.

원들의 숫자로 정의된다.

고전적 조직관리에서는 작은 통솔범위를 강조하고 있는데, 이는 한 감독관이 모든 부하 직원들과의 밀접한 접촉관계를 유지할 수 있도록 하면서, 이들 모든 직원들을 통제할 수 있게 하기 때문이다. 이에 대해 일부는 '아무리 유능한 감독관이라도 관련업무에 5명 또는 아무리 많아도 6명이상은 동시에 직접적으로 관리할 수 없다'는 결론을 내리기도 하였다.

조직관리의 원리

행정관리론자들은 조직관리의 핵심적인 요소로서 분업과 조정을 제시하고 있다. 그리고 이러한 분업 및 조정과 연관 지어 오늘날 우리에게 널리 알려진 ㉠ 분업의 원리, ㉡ 명령통일의 원리, ㉢ 통솔범위의 원리, ㉣ 조정의 원리, ㉤ 계층화의 원리, ㉥ 부성화의 원리(동질적인 업무끼리 묶어 부서화 해야 한다는 원리), ㉦ 참모조직의 원리 등을 발전시키는 데 주력하였다. 이러한 원리들은 아울러 조직관리의 공식화(公式化)와 관련된 요소를 함축하고 있다.

사실, 행정관리론자들은 그들이 제시한 원리 때문에 많은 비판을 받아 왔다. 즉 그들이 주장한 원리들은 인간이 경제적 욕구만 지녔다든지, 일을 싫어한다든지, 지시받기를 원한다든지 하는 '의심스러운' 전제에 바탕을 두고 있기 때문이다. 사실 이들이 제시한 원리들은 자명한 내용이거나 모호 또는 상충되는 부분도 있고, 아울러 보편성이 없는 것을 보편적 원리라고 한 부분도 없지 않다.

그러나 행정관리론자들은 조직이론의 출범 초기에 그 초석을 놓는 데 많은 기여를 하였다. 이들의 이론은 후대의 이론발전에 준거의 틀을 제시해 준 것이다. 따라서 이들이 제시한 이론적 원리들이 비록 보편적인 것이 아닐지라도 오늘날에도 조직설계와 운영의 실제에서 중요한 기준을 제시해주고 있음은 물론이다.[29)]

3) 과학적 관리론

테일러(F. W. Taylor) 등은 조직관리에 관한 연구를 19세기 후반부터 시작하여 20세기 초반까지 이를 계속하였다. 이 기간 동안에는 대규모 산업공장에서 발생하는 비능률성(inefficiency)이 주요 관심사였다. 따라서 테일러의 연구는 산업시설내의 노동자들의 생산성을 증가시키는 방법에 초점이 맞추어졌다. 그에 의하면 노동자들은 주로 '경제적 보상'에 의해서 동기가 부여되고 있다고 믿었으며, 따라서 이를 조직의 생산성을 향상시

29) 오석홍(2001), 앞의 책, p. 23.

키기 위해서는 조직의 운영이 고도의 전문화된 요원으로 구성된 명확한 권위주의적인 계층구조(hierarchy of authority) 속에서 이루어져야 한다고 믿었다.

테일러가 제시한 과학적 관리는 종업원이 어떤 특정한 작업을 수행하는 데 있어서 최상의 방법이 있으며, 따라서 이를 발견하고자 하였다. 이와 관련하여 테일러는 미국 필라델피아 지역에 있는 철강회사에 대한 연구를 통해 노동자들이 하루에 얼마나 많은 양의 물건을 실을 수 있고, 떠 담을 수 있는가 하는 속도를 측정하였다. 그러고 나서 똑 같은 노동 강도를 가지고 주어진 시간 내에 노동자들이 더 많은 일을 할 수 있도록 하는 움직임 즉, 동선(動線)을 발견하고자 하였다.

테일러는 만약 생산량에 따라서 임금을 지불하도록 하고 노동자들이 가장 좋은 절차(process)를 배우게 된다면, 그들은 시간과 동선에 의해서 계산된 것처럼 육체적으로 가능한 최대한의 노동량을 산출해 낼 것이라고 믿었다. 이러한 접근방식의 조사결과를 통해서 테일러는 한 노동자가 이전에는 많은 시간을 조직 구성원들에 대한 비난, 의심, 경계, 그리고 때로는 공개적인 논쟁에 소비하였던 것을 지양하도록 하고, 그 대신 고용주와 그의 모든 작업상황에 대해서 우호적인 자세를 획득하는 방법을 강구하고자 하였다.

과학적관리는 이전의 주먹구구식 방법에서 벗어나 노동자들을 과학적으로 선발하고 훈련하여 계발시키며, 모든 업무가 과학적 원리에 의해 행해지도록 하는 것이다. 과학적관리가 공식적인 조직구조와 조직운영규칙에 강하게 적용되기 시작한 것이다.

한편, 테일러의 접근법에 대한 주요비난은 조직구성원 개개인에 대한 배려의 결여와 경제적 동기유발에 지나치게 의존하였다는 점에 있다. 그러나 그의 연구는 당시 산업조직을 이해하는데 지대한 공헌을 하였으며, 조직관리이론에 보다 포괄적인 접근을 할 수 있는 바탕을 제시하였다.

4) 고전이론의 경찰조직 적용

19세기 말 또는 20세기 초기의 미국경찰조직은 이상에서 살펴본 고전적 조직이론의 영향을 크게 받았다(물론, 이러한 당시의 시대적 배경이 우리와는 상이하지만 현대 경찰조직의 이론적 기초가 되기 때문에 이를 이해 할 필요가 있다). 이러한 영향은 계층적 권위와 통제를 강조하는 베버의 관료제, 행정관리 이론가들이 강조하는 조직관리의 보편적 원리, 그리고 능률성을 강조하는 테일러의 과학적관리 등에 의해 분명하게 나타나고 있다.

경찰이론가들은 이러한 고전적 조직이론들을 통해 보다 전문적인 경찰조직의 확립을 시도하였다는 점에 주목할 필요가 있다. 그 결과 경찰을 '당파성'(黨派性)을 갖는 정치로부터 격리시키고자 하는 노력 속에서 고전적 군대식 특성에 따라 조직화된 고도의 관료제 경찰조직을 탄생시키게 된 것이다. 이러한 준군대식(paramilitary) 경찰모델은 범죄통제를 향상시키고 부패관행을 줄이기 위해서 법집행기능과 경찰의 행태를 통제하는 관리적 절차를 강조하였다.[30)]

경찰관련 학자들은 1900년대 초기부터 1950년대 초기에 이르기까지 이러한 고전이론의 조직원리를 미국 경찰조직의 개혁의 기초로서 활용하고자 하였으며, 심지어 일부는 1990년대에도 이의 적용가능성을 제기하기도 하였다. 따라서 관료제 및 준군대식 경찰모델, 그리고 엄격한 권위주의적 관행과 통제는 오늘날에 이르기까지 경찰 조직설계 및 관리에 있어서 영향을 미치고 있음을 알 수 있다. 예컨대, 윌슨(O. W. Wilson)의 「Police Administration」(1950)은 고전적 경찰이론의 성립에 지대한 영향을 끼쳤다.[31)]

이상과 같이 고전학파에서 말하는 조직의 '원리'는 경찰의 업무수행과 관련하여 관련되는 정치적 영향력 및 부정부패를 감소·제거 시켜야한다는 필연성을 인식하고 있는 여러 경찰개혁론자들이 추구하는 바와 일치되었던 것이다. 결국, 이러한 목표는 경찰행태를 보다 '객관화' 또는 '관료주의화'하고 정치적인 영향력 행사를 감소시킴으로써 달성할 수 있는 것으로 본 것이다.

3. 신고전이론: 폐쇄-자연적 조직

1) 인간관계론: 행태과학의 출발

이상에서 살펴보았듯이, 고전주의 조직이론가들은 조직관리에 있어서 '인간적 요소'들은 기본적으로 경시하면서 조직의 공식적인 측면들만을 강조하였음을 알 수 있다. 그러나 조직관리자들은 근로자들이 항상 합리적으로 행동하거나 예견된 행동모형을 따르는 것은 아니라는 사실을 인식하게 되었다. 즉, 조직에 있어서 '인간적 측면'에도 관심을 갖아야 한다는 사실을 깨닫게 된 것이다. 이러한 배경 속에서 이른바 '인간관계운동'(人間關係運動, Human Relations Movement)이 등장하게 되었으며, 이 운동에서는 조직의 공식적 측면보

---

30) Roy R. Roberg, Jack Kuykendall(1997), op. cit., pp. 29-30.

31) 1950년 처음 발행된 윌슨(O. W. Wilson)의 「Police Administration」은 이후 Roy Clinton McLaren(1977) 뿐만 아니라 James J. Fyfe, Jack R. Greene, William F. Walsh가 공저자로 참여하여 1997년 현재 다섯 번째 개정판을 내놓고 있으며, 오늘날 많은 국가(영국, 콜롬비아, 베네수엘라, 포르투갈, 영국, 스페인, 멕시코, 캐나다, 인도, 푸에르토리코, 싱가포르, 오스트레일리아, 일본 등)에서 이를 활용하고 있다. 가히 현대경찰학의 바이블이라 불릴만하다.

다는 비공식적 측면을 강조하였다. 초기 인간관계 연구자들은 그들의 연구에 과학적인 방법을 도입하였는데, 이를 통해 조직행태에 대한 접근을 더욱 정교하게 할 수 있었다.[32)]

인간관계운동은 하버드대학의 매요(Elton Mayo)와 그의 동료들의 연구에서 시작되었다. 이들의 연구는 1920년대 후부터 1930년대 초 사이에 웨스턴 전기회사의 호손(Hawthorne) 공장에서 실시되었다. 이 호손실험의 결과는 고전이론가들에 의해서 강조된 전통이론들과 모순되었고, 이후 근로자들에 대한 관심을 강조하는 행태주의적 접근으로 이어졌다.

(1) 첫 번째 실험

호손연구는 1924년~1927년 사이에 행해진 '조도실험'(照度硏究, Illumination studies)이라고 알려진 초기의 연구에 의해서 시작되었다. 이 연구에서는 실험집단을 다양한 조도 아래에 작업을 하게 한 반면에 통제집단을 일정한 조도 아래에서 작업을 하게 하였다. 연구자들은 빛의 세기가 생산력에 중요한 영향을 미칠 것이라고 믿었다.

그러나 예기치 않게, 실험집단에 대한 조도를 높였을 때, 양 집단 모두 생산성은 증대되었다는 사실이 밝혀졌다. 더욱이 조도가 낮아 졌을 때에도 생산성은 계속 증가하였다. 생산성은 노동자들이 적절하게 보지 못할 정도로 빛이 흐려진 후에야 감소되었다. 이러한 결과는 조명과 같은 물리적 변수와는 다른 변수들이 증가된 생산성에 영향을 끼쳤을 수도 있다는 점을 암시하는 것이었다.

(2) 두 번째 실험

매요(Mayo)와 그의 동료들은 이전보다 개선된 연구방법을 통하여 작업환경에 있어서 어떠한 변수들이 노동자들에게 영향을 끼치고 있는지를 발견하고자 하였다. 두 번째 실험은 1927년~1932년 사이에 행해졌는데, 그 중에서 가장 유명한 실험은 '계전기조립실험'(Relays assembly study)라고 불렸다. 이 연구에서는 계전기를 조립하는 5명의 여성 근로자들이 별개의 방에 배치되었고 장기간에 걸쳐 관찰되었다.

여기서 이들의 작업환경을 다양하게 바꾸었는데, 이중에는 인상된 임금, 단축된 근무일수, 다양한 길이의 휴가, 그리고 의사결정에 참여하는 정도 등의 포함되어 있었다. 이들에 대리감독으로 활동하는 연구조사자들은 그들이 어떻게 작업조건을 바꾸든 간에 생산성이 증가되었다는 사실을 발견하였다. 더 나아가서 그들은 휴식기간이 없어지고 원래의 긴 근무 날들이 다시 도입된 후에도 생산성을 지속적으로 향상되었다는 사실을 발견

32) Roy R. Roberg, Jack Kuykendall(1997), op. cit., pp. 30-33.

하였다. 따라서 연구자들은 생산성의 증가는 그 집단에 대한 복잡한 감정적 반응에 의해서 영향을 받았으며, 작업조건들과는 관련이 없다고 결론지었다.

이 연구의 결론은 회사의 경영진이 노동자들에게 특별한 관심을 가질 때, 작업조건의 변화에 관계없이 생산성이 증가하는 경향이 있다는 것을 제시하였다. 이러한 현상은 '호손효과'(Hawthorn Effect)라고 명명되었다. 그러나 많은 연구들은 호손효과가 어떤 단기적인 효과는 가지고 있다고 할지라도 '사회적 요소'(社會的 要素)들이 노동자의 생산성과 만족도에 있어서 더 중요한 역할을 하였다고 지적하였다.

(3) 세 번째 실험

마지막 실험은 1931년~1932년 사이에 행해졌는데, 그 가운데 하나는 뱅크선 작업실 실험(Bank wiring room experiment)이라고 알려졌다. 이 연구에서 14명의 노동자들은 6개월 동안 하나의 별도의 방안에서 작업단위로 관찰되었다. 이들은 성과급체계(piece work system) 즉, 자신들이 이루어낸 작업량에 의해서 봉급을 받도록 하였다.

그런데, 이 실험에 참여한 노동자들은 고전이론적 관점에서 기대할 수 있는 최대한 많은 양을 생산해 내려고 하지 않고 오히려 '적절한 하루치 작업'에 대한 '생산표준'(生産標準, output norm)을 세웠다. 그리고 그 조직구성원의 일원으로 용납되기 위해서는, 각각의 노동자들은 자신들이 공동으로 세운 생산표준 내에서만 머물러야 했다. 즉, 과도한 생산성을 낸 노동자들은 '속도파괴자'(rate busters)라는 명칭이 붙었고, 기준이하의 생산성을 낸 자는 '사기꾼'(chiselers)이라고 불렸다.

주목할만한 점은 실험기간 내내, 생산성평균은 놀라울 정도로 그 집단이 결정했던 '생산표준'에 가까웠다는 점이다. 이점은 조직구성원의 일원이 되는 것이 생산성과 관련하여 금전적 보상보다도 더 중요하다는 것을 암시하는 것이다.

(4) 호손실험의 의의

비록 호손실험은 기본적으로 연구방법 상의 결함(특히, 변수의 변경) 때문에 비난을 받기는 하였지만, 행태론적 연구가 조직의 형태에 적용되는 계기가 되었다는 점에서 의미를 갖는다. 사실, 이러한 연구결과의 파급효과는 엄청나게 컸다. 즉 '인간관계'와 '비공식적인 조직'이 조직관리에 있어서 매우 중요한 요소로 간주되기 시작한 것이다. 이러한 연구들의 주요한 공헌은 다음과 같이 요약할 수 있다.

㉠ 생산성 수준은 개인의 생리적인 능력이 아니라 사회적 표준에 의해서 정해진다.

㉡ 금전적인 것과 관계없는 보상과 격려·인정 등이 노동자들의 행태에 중요한 영향을

끼치며, 경제적인 보상계획의 효과를 제한한다.

㉢ 노동자들은 개별적으로가 아니라 한 집단의 구성원으로서 행동하거나 반응을 보인다.

㉣ 리더십은 집단의 표준을 설정하고 집행하는데 중요하며, 공식적인 리더십과 비공식적인 리더십 사이에는 차이가 있다.

이후 조직 연구자들은 행태과학, 특히 심리학과 사회학 등을 통해 더욱 체계화되었고, 더욱 개선된 연구방법을 적용하기 시작하였다. 작업환경을 연구하는데 있어서 체계화된 과학적 엄격성을 지향하는 이후의 일련의 연구들은 행태과학적 접근이라고 알려지게 되었다.

2) 행태과학적 접근

행태과학(行態科學, Behavioral Science)적 접근이 되기 위해서는 ㉠ 인간의 행태를 연구대상으로 하고, ㉡ 과학적인 방법을 사용해야 하며, ㉢ 이러한 접근방법을 통해 인간행태에 대한 '일반화'(一般化)를 제시할 수 있어야한다. 위에서 살펴본 바와 같이 행태과학적 연구는 1920년대 중반에 호손의 연구와 더불어 시작되었다고 볼 수 있다. 그리고 1950년데 초반에 이르러서야 비로소 본격적으로 활용되기 시작하였다.[33]

인간관계론적 관심과 연구기법이 확대·개편되고 발전됨에 따라 행태과학이 성립된 것이다. 행태과학의 인간행태에 관한 가설은 인간관계론의 가설보다 훨씬 더 세련되고 복잡해졌다. 행태과학은 동료 간의 관계나 상관과 부하의 관계뿐만 아니라 인간과 직무의 관계가 인간행태에 미치는 영향에까지 관심의 폭을 넓히는 등 연구대상을 확대해 나아갔다.

(1) 매슬로우의 욕구단계론

매슬로우(A. H. Maslow)는 인간의 욕구(human needs)에 대한 피라미드형 계층구조를 제시하였다. 이와 관련하여 그는 인간의 생래적(生來的)·내재적(內在的) 욕구에 주안점을 두어 인간의 보편적인 욕구를 분류하고 그 상호관계를 설명한 것이다. 그는 인간의 욕구를 다섯 가지 계층으로 분류하여 접근하였는데, 이는 ㉠ 생리적 욕구(physiological needs), ㉡ 안전에 대한 욕구(safety needs), ㉢ 애정에 대한 욕구(love needs), ㉣ 존경에 대한 욕구(esteem needs), ㉤ 자기실현의 욕구(need for self-actualization)를 의미

33) Ibid., pp. 33-35.

한다.[34)]

그리고 하급의 욕구로부터 고급의 욕구에 이어지는 욕구의 계층은 '우성의 원리'(principle of relative potency)에 따라 형성된다고 보았다. 즉, 하급의 욕구가 선행적으로 충족되고 나서 다음 단계인 상위욕구를 추구하게 된다는 것이다. 이때 충족된 욕구는 약해지며 동기유발요인으로서의 의미를 상실한다는 것이다. 따라서 조직관리자들은 근로자들의 생산성을 높여주기 위해서는 이러한 단계별 욕구를 인식하고 충족시켜 주어야 한다는 것을 의미한다.

이러한 계층구조는 조직관리자들에게 노동자들은 작업장에서 그들에게 중요한 것으로서 순전히 경제적인 욕구 이외의 다른 욕구도 있다는 점을 분명하게 보여주었다는 점에서 중요한 의미를 갖고 있다. 다만, 이러한 욕구계층구조가 모든 사람에게 적용된다고 보지는 않는다. 따라서 욕구계층의 고정성에 대한 예외, 욕구충족의 상대성, 그리고 동기유발요인의 복합성 등과 관련하여 기본적인 욕구단계이론이 보완될 필요성은 있다.

(2) 맥그리거의 X·Y이론

맥그리거(D. McGregor)는 X이론과 Y이론을 인간의 행태와 관련된 가설로서 정의를 내렸다.[35)] 기본적으로 ㉠ X이론의 관점에서는 인간은 야망이 없고, 일을 싫어하기 때문에 생산성을 높이기 위해서는 처벌 등으로 근로자들을 통제해야 한다고 가정하고 있다. 반면, ㉡ Y이론의 관점에서는 인간은 태어날 때부터 일을 싫어하지 않기 때문에 적절한 보상체계를 갖추면 특히, 자신의 자부심과 자기실현의 욕구를 만족시켜줌으로써 업무수행을 더욱 잘 할 것이라고 가정하였다.

① X이론 가설

㉠ 일반적으로 인간은 태어날 때부터 일하기를 싫어해서, 일을 피하려고 노력할 것이다.

㉡ 대부분의 인간들은 억압, 통제, 지시, 처벌위협 등을 받았을 때 조직목표 달성을 위해서 일을 하게 된다.

㉢ 일반적으로 인간은 지시 받기를 원하고, 책임을 피하기를 원하며, 비교적 야심이 없고, 무엇보다도 안전을 추구한다.

---

34) Jay M. Shafritz, J. Steven Ott(ed.)(1996), Classics of Organization Theory, N.Y: Wadsworth Publishing Company, pp. 163-175.

35) D. McGregor(1960), The Human Side of Enterprise, N.Y.: McGraw-Hill, pp. 33-34, pp. 47-48.

② Y이론의 가설

㉠ 일이라는 것은 육체적 또는 정신적인 것이든지 간에 놀이나 휴식처럼 자연스러운 것이어서 대다수의 인간들은 태어날 때부터 싫어하지 않는다.

㉡ 외부통제와 처벌위협이 조직목표를 달성하도록 하는 유일한 수단은 아니다. 인간들은 임무가 주어지면, 자기지도와 자기통제를 하게 될 것이다.

㉢ 조직목표에 전념하도록 해주는 것은 특히, 일에 대한 자부심과 자기실현의 욕구를 충족시켜주는 보상기능 가운데 하나이다.

㉣ 일반적으로 인간은 적절한 조건하에서 책임을 수용할 뿐만 아니라 추구하는 방법을 배우게 된다.

㉤ 인간은 문제해결을 위한 비교적 높은 수준의 지적능력과 창의력을 발휘 할 수 있는 능력을 전반적으로 가지고 있다.

맥그리거는 X이론을 믿는 조직관리자들은 엄격한 통제를 설정하고 철저한 경제적 인센티브제를 통해서 노동자들에게 동기를 부여하려고 시도할 것이라고 보았다. 이러한 관리방법을 사용한 결과, 근로자들은 미숙하고 수동적인 태도로 반응하는 결과를 가져다주었다. 반면에 Y이론에 의한 조직관리자들은 통제를 최소화하고, 창의력과 기술혁신을 권장하고, 더 높은 수준의 욕구들을 충족시켜주는 등 근로자들을 보다 성숙한 방법으로 관리하고자 할 것이라고 보았다. 그리고 이 Y이론 가설에 초점을 둔 관리방식은 인적 자원을 보다 잘 활용하고, 결과적으로 조직의 생산성(능률성과 효과성)을 모두 향상시킨다고 하였다.

(3) 행태과학의 경찰조직 적용

미국의 경찰조직이론가들은 1970년대 초에 계급구조, 권위주의적 관리자 태도, 그리고 법집행 중심의 제한된 경찰역할 등을 강조한 고전적 경찰관료주의에 문제를 제기하였다. 즉, 노동자의 참여와 직무만족에 많은 관심을 가졌던 1950년~1960년대의 행태연구 조사결과를 반영하여, 경찰이론가들은 경찰관리에 있어서 좀 더 민주적인 접근, 유연성을 가진 계급구조, 그리고 복잡·다양한 경찰역할의 본질을 인식해야 한다는 점을 강조한 것이다.[36]

이러한 연구 결과, 상당부분의 경찰업무가 법집행(범죄수사·체포 등)과는 직접적으로 관련되기보다는 오히려 질서유지 및 대민봉사와 관련되어 있다는 점을 인식하게 되었다.

36) Roy R. Roberg, Jack Kuykendall(1997), op. cit., pp. 35-37.

즉, 경찰조직이 직무수행과 관련하여 관료적 형식주의나 단순한 기술적 접근방법을 고수하는 것은 비효율적이라는 점을 지적하였고, 이러한 논의를 바탕으로 경찰업무에 대한 새로운 시각을 제시해 준 것이다. 이와 관련하여 예컨대, 경찰이 복잡·다양한 치안상황에 직면하여 관련 업무를 효율적으로 수행하는데 필요한 재량권을 적절하게 행사하기 위해서는 유능한 경찰공무원이 임용되어야 한다는 것이다.

그리고 경찰조직에 뿌리깊이 박혀있는 '준군사적 모형'(para military model)이 심각성을 인식하게 되었다. 이에 대해 비트너(Bittner)는 다음과 같이 언급하였다.[37] "본질적으로 경찰조직의 직무수행상의 명령·강제는 군사조직의 그것과는 많은 차이가 있다. 이러한 점에서 볼 때, 경찰조직의 군사관료주의적 특성은 경찰조직에 있어서 심각한 장애요인이 된다"고 하였다.

더 나아가 그는 경찰의 적절한 재량권 행사는 경찰전문가주의의 발전에 중요하다고 하였으며, 따라서 지나치게 법규정과 관료주의적 일상업무에 의존하는 것은 문제가 있다고 지적하였다. 물론, 준군사적 모형이 경찰조직 내부규율을 확립해준다는 점에 대해서는 일정부분 도움이 도지만, 경찰의 역할정립 및 발전에는 장애가 된다는 것이다. 경찰활동이라는 것은 본질적으로 조직 내부의 업무처리로 이루어지는 것이 아니라 조직 외적으로 시민과의 상호작용에서 이루어지는 것이기 때문이다.

4. 현대이론: 개방-합리적 조직

현대이론에서는 고전이론(폐쇄-합리적 조직)과 신(新)고전이론(폐쇄-자연적 조직이론)들을 통합하려는 시도를 하였다. 이러한 통합이론에 의해 ㉠ 체제이론(體制理論, System Theory), ㉡ 상황이론(狀況理論, Contingency Theory), 그리고 ㉢ 총체적 품질관리(TQM: Total Quality Management) 등이 제시되었다. 체제이론은 조직을 거시적 관점에 접근할 수 있는 개념적 토대를 제공하고, 반면, 상황이론은 조직을 미시적 관점에서 접근할 수 있는 틀을 제공해 준다. 이러한 이론들은 총체적 품질관리를 위한 토대가 되었다.

37) E. Bittner(1970), The Function of the Police in Modern Society, Washington, D.C.: U.S. Government Printing Office, pp. 51-55.

1) 체제이론

(1) 체제의 의미

그동안 버털란피(Bertalanffy)에 의해 개념이 정립된 '일반체제이론'(General System Theory)은 여러 학문영역에 걸쳐서 과학적인 지식을 통합하는 기초로서 제시되었다.[38] 즉, 과거의 여러 학자들이 하나의 복합체(complex whole)를 단순한 부분으로 나눈 것과는 달리 통합적인 분석(synthetic analysis) 방식을 사용하여 복잡한 시스템을 연구하기 시작한 것이다. 버털란피에 의하면 부분만이 아닌 전체의 중요성을 강조하였으며, 전체는 단순한 부분의 집합이 아니라는 것을 강조하고 있다. 체제론적 관점에서 본다면 '1+1=2'가 아닌 것이다.

그리고 어떤 체제(여기에서는 하나의 조직)의 모든 구성요소가 전체를 형성하기 위해서 내적으로 상호연관 되어 있고, '상호 의존적'이라는 점이다. 하나의 체제(System)는 상호 연관되어 있고, 의존하는 하위 체제(Sub-systems)로 구성되어 있다. 그리고 이러한 하위 조직들이 서로 상호작용을 할 때, 그것들은 하나의 단일한 전체 즉, 체제를 형성하게 된다.[39]

따라서 조직관리자의 관점에서 본다면, 조직을 전체로서 보기 위해서는 그리고 한 부서의 행동이 다른 부서의 행동에 영향을 끼친다는 것을 이해하기 위해서 체제이론을 사용하는 것은 매우 필요하다. 바꾸어 말하자면, 조직관리자들은 그들의 부서 내에서 이루어지는 어떠한 변화라도 다른 부서에 상응(相應)하는 결과를 가져다 줄 수 있다는 점을 인식해야 한다. 따라서 조직 내의 모든 관리자들은 자신들의 부서활동이 조직 전체적인 필요와 목표와 조화를 이루기 위해서는 끊임없이 상호작용을 해야 한다는 것이다. 그리고 특히, 체제이론은 환경에 대해서 개방적이다. 따라서 조직이 생존하기 위해서는 환경과의 끊임없는 상호작용은 매우 중요한 일이다.

(2) 하위체제의 구분과 조화

체제론적 관점에서 조직을 ㉠ 목표, ㉡ 구조, ㉢ 관리·과정, ㉣ 인간행태, ㉤ 환경이라는 하위체제로 구분하고 이들 간의 유기적 연계성을 모색하고 있다. 이러한 관점에서 조

38) Ludwing von Bertalanffy(1950), "The Theory of Open System in Physics and Biology," Science, Jan., 1950, pp. 23-29.; Ludwing von Bertalanffy(1951) "General System Theory: A New Approach to Unit of Science," Human Biology, December, pp. 302-361.; 신유근(1998), 앞의 책, pp. 72-73 재인용.

39) 체제이론이 본래 생물학과 물리학에서 관련연구를 하기 위해 개발되었는데, 이를 바탕으로 모든 현상이 체제론적 관점에서 분석되거나 제시 될 수 있다. 생물학·물리학·경제·사회체제들이 있으며, 조직 역시 마찬가지이다.

직의 개념을 정의 한다면, '일정한 목표를 달성하기 위하여 구조·관리·인간이라고 하는 부분요소(하위시스템)들이 유기적인 관련성을 맺으면서 환경과 끊임없이 상호작용하는 실체'라고 볼 수 있을 것이다.

예컨대, 경찰조직을 체제론적 관점에서 접근한다면, '범죄·무질서로부터 국민의 생명·신체, 재산의 보호'라는 거시적인 목표를 달성하기 위한 하나의 실체 즉, '유기체'로 볼 수 있을 것이다. 체제이론에서는 조직을 구성하는 모든 상·하위요소들이 조직 내에서 그리고 외부 환경과 끊임없이 상호작용하는 것으로 본다면, 이는 곧 살아있는 유기체와 같은 생존원리에 의해 조직이 작용한다는 것을 의미한다.[40]

한편, 체제이론에서는 조직의 공식적인 역할 또는 기능이 강조된다. 조직 내의 각 부서의 적절한 권한구조의 설정과 통제 및 조정이 강조되고, 부서 구성원들의 행태를 강조하고 있다. 그리고 더욱이 중요한 것은 조직은 외부환경(정치·경제·사회·문화) 및 내부 환경(각 부서)의 영향을 받고 또한 영향을 미친다는 점이다. 조직은 폐쇄체제가 아닌 환경과 영향을 주고받는 개방체제(Open System)인 것이다.

(3) 체제이론의 경찰조직 적용

경찰조직은 범죄 및 무질서 등으로부터 국민의 생명·신체, 재산의 보호라는 목표를 가지고 있다. 기본적으로 경찰조직의 목표를 달성하기 위해서는 조직목표를 명확히 설정하고, 조직을 적절하게 구조화하고, 일선경찰들을 체계적으로 관리하고, 아울러 일선경찰들은 현장에서 주어진 권한을 적절하게 행사할 수 있어야 한다. 체제이론에서 조직 각 구성요소들의 '견제와 균형'(Check and Balance)은 중요한 일이다. 어느 한부분이 비대화되면, 인간의 신체와 마찬가지로 정상적인 기능을 할 수 없기 때문이다.

그렇기 때문에 이러한 일련의 요소들이 체계적으로 구축되어 있지 않으면 안 된다. 따라서 이러한 요소들 가운데 어느 한 부분이라도 문제(예컨대, 인사관리의 문제 등)가 발생하면 경찰업무수행에 있어서 소기의 성과를 거두기는 어렵게 된다. 살아 있는 생물체의 어느 한 부분이 손상되어 있으면 생존이 어려운 것처럼 경찰조직도 어느 한부분에 결함이 있으면, 그것으로 인해 나머지 기능이 제구실을 하지 못하는 것과 같다. 따라서 어느 한 경찰관의 부정부패 문제가 경찰조직 전체의 이미지에 끼치는 영향은 오늘날과 같이 대중매체가 발달한 상황에서는 엄청난 것이다.

경찰조직을 구조적으로 다시 보면, 그 기능은 생활안전·수사·교통·경비·정보·보안·

40) 최선우(2003), "형사사법의 역사성과 체제론적 접근," 한국공안행정학회보 제16호, pp. 217-219.

외사 등으로 구분되어 있다. 체제이론에서 보면, 이러한 업무를 담당하는 각각의 조직은 하나의 하위시스템으로서 상호 밀접한 관련성이 있고, '상호 의존적'(相互 依存的)이다.[41]

따라서 예컨대, 범죄수사 업무의 성과를 높이기 위해서는 다른 기능 즉, 생활안전·교통·정보부서 등으로부터 적절한 의사소통(意思疏通)을 통한 정보의 전달은 필수불가결한 것이다. 정보의 전달과 관련하여 환경, 즉 시민의 경찰에 대한 협조는 매우 중요하다. 실제, 시민의 직·간접적인 협조 없이 경찰 스스로 사건을 해결하는 하는 경우는 절반에 미치지 못한다.[42]

한편, 체제이론적 관점에서 경찰과 다른 형사사법기관과의 관계도 생각할 수 있다. 예컨대, 경찰이 「성매매 알선 등 행위의 처벌에 관한 법률」 상의 성매매 사범에 대한 전면적인 단속을 실시한다면, 검찰·법원·교정기관에 끼치는 잠재적 영향은 어떻게 될 것인가?

이러한 법규위반 사범들을 단속하는 것은 법집행이라는 본연의 역할수행 차원에서 바람직한 일이다. 그러나 경우에 따라서는 형사사법체계의 다른 구성요소들의 업무들이 크게 증가하여 사법처리는 말할 것도 없고, 행정목적을 달성하는데도 어려움이 발생할 수도 있을 것이다.[43]

2) 상황이론

(1) 상황이론의 의의

그런데, 조직을 체제론적 관점에서 접근하게 되면, 자칫 피상적인 논의에 그칠 우려가 있다. 체제모형의 특성상 전체적 접근이 이루어지기 때문에 개별적 상황을 간과할 우려가 있기 때문이다. 이는 어떻게 보면, 조직이라는 것 자체가 전체적인 관점에서 접근하는 것이 용이하지 않다는 것을 의미하는 것이기도 하다. 그리고 전체적인 접근방법이 다분히 탁상공론(卓上空論)에 흐르는 경향이 있기 때문이기도 하다.

물론, 조직을 단순한 전체가 아닌 각 구성요소들의 유기적인 연계와 상호작용을 강조하는 체제론적 관점에서 접근하는 것은 주어진 조직목표를 설정하고, 조직을 구성하는 각 부

41) 따라서 어느 한 부서의 성과가 매우 높다고 해서 그것이 나머지 문제를 상쇄시켜줄 수는 결코 없다. 민간기업은 생산한 제품 가운데 한두 가지의 제품판매의 이익이 나머지 수많은 제품판매의 손실을 상쇄시킬 만큼 높다면 적어도 망하지는 않을 것이다. 그러나 경찰은 어느 특정기능 예컨대, 수사기관의 범죄사건 해결율이 아무리 높다 한들 교통사고, 불법폭력시위, 테러위협 등의 문제를 상쇄시켜 줄 수는 없는 것이다.

42) 최선우(2010), 앞의 책, pp. 142-144.

43) Roy R. Roberg, Jack Kuykendall(1997), op. cit., p. 45.

서들 간의 불균형성을 바로잡아주기 때문에 궁극적으로 조직이 나아가야할 방향을 제시하는데 유용할 것으로 보인다.[44)]

따라서 체제론적 접근방법과 함께 상황적 접근방법을 함께 고려되어야 할 것이다. 상황적 접근은 개별적인 상황에 따라 당시의 조직이 직면한 구체적인 문제점을 인지·분석·대응하는데 유용하게 사용될 것이다. 이러한 점에서 본다면 상황적 접근은 체제이론을 구체화시켜주는 역할을 한다고 볼 수 있다.[45)]

체제이론은 조직 각 부서 간의 상호작용 및 조직과 외부환경과의 상호작용의 중요성을 강조하고 있다. 상황이론 역시 이와 동일한 관점 즉, 조직 내외간의 상호작용의 중요성이 강조된다. 다만, 상황이론에서는 조직구조와 관리방식에 영향을 미치는 내적 외적 요소의 중요성을 다시 재정립하고 있다.

조직관리에 있어서 방법과 관행이 하나의 상황에서는 효과적일 수 있지만, 다른 상황에서는 전혀 그러한 결과를 가져다 줄 수도 없다는 점을 인식한 것이다. 예컨대, 특정 리더십과 직무설계가 어느 부서에서는 효과가 있는데, 다른 부서에서는 그렇지 못하다는 것이다. 그 대답은 매우 간단하다. 즉, 주어진 상황이 다르기 때문이다. 바꾸어 말하자면, 모든 상황에 적용될 수 있는 보편적인 원리란 없기 때문이다.

(2) 상황이론의 경찰조직 적용

아마도 공공조직 가운데 가장 예측이 어려운 업무를 수행하는 조직 가운데 하나가 바로 경찰조직이라고 본다. 본질적으로 일선경찰이 처리하는 업무 가운데 상당부분은 예측 불가능하다고 본다. 경찰이 처리하는 사건이라는 것은 돌발성, 시급성, 직접성, 위험성, 기동성 등의 특성을 가지고 있기 때문이다.

따라서 예컨대, 정형화된 경찰대응 방식에 의해 살인·강도·방화·강간 등 강력범죄의 발생을 예측하는 것은 불가능 한 일이다. 또 발생했을 경우 적절한 대응을 하는 것 역시 쉬운 일이 아니다. 이러한 점 때문에 경찰은 적절한 직무수행을 하지 못했다는 이유로 빈번하게 여론의 비난을 받고 있는 것이 현실이다. 이러한 문제를 해결하기 위하여 적절한 표준운영절차(SOP: Standard Operational Procedures)를 마련하고, 그에 따른 평상시의 체계적이고 지속적인 교육훈련을 실시하는 것은 의미 있는 일이다.

이러한 과정을 통해 경찰관들은 (경우에 따라서는 위험회피와 같은 본능에 반하는 행동을 극복할 수 있는) 대응방법을 '체득'(體得)하고, 이를 직면한 상황에 적절하게 적용하여

44) 최선우(2003), 앞의 논문, pp. 219-220.
45) 신유근(1998), 앞의 책, p. 88.

대응할 수 있어야 할 것이다(물론, 모든 상황이 다르기 때문에 이 역시 한계가 있다). 다음과 같은 노력들은 경찰조직이 상황이론적 관점에서 주어진 업무를 수행하는데 유용하다고 본다.[46]

㉠ 체제이론과 마찬가지로 경찰조직의 구조는 주어진 상황에 적절하게 대처하기 위해 유연성 있게 설계 되어야 한다.

㉡ 경찰조직의 목표달성에 필요한 정보는 경찰관리자뿐만 아니라 일산경찰들에게도 적절하게 제공되어야 한다.

㉢ 경찰조직은 경찰관들을 실망시키기보다는 욕구를 충족시켜주어야 한다.

㉣ 경찰권한은 고정된 것은 아니며, 또한 경찰관리자들에 의해 독점되어서도 안 된다.

㉤ 경찰관리자들은 감독능력(통솔범위)에 한계가 있다는 사실을 인정해야 한다.

㉥ 경찰조직 내의 의사전달경로는 일정해야 하지만, 여러 방면으로부터 새로운 아이디어와 비판적 평가를 수용하기 위해 충분히 공개되어야 한다.

㉦ 경찰조직은 업무와 책임이 중복되지 않도록 해야 하고, 기관 상호간에 적절한 조정이 이루어져야 한다.

㉧ 경찰조직 내의 계선·참모·보조기능들이 상호갈등하지 않고, 조직목표달성을 위해 공헌할 수 있도록 관리되어야 한다.

㉨ 경찰조직과 외부환경(시민, 정치집단, 언론집단 등)과 적절한 조화가 이루어지면서 상호작용할 수 있어야 한다.

상황적 접근방법은 많은 내적 그리고 외적 환경변수들이 조직행태에 영향을 끼친다는 점을 인정하고 있다. 이러한 변수들은 특정한 상황에 따라서 다르기 때문에 다양한 형태의 조직을 구성하고 관리하는 데 가장 좋은 방법이란 없다는 것이다. 따라서 상황적 접근방식에서 강조되는 핵심은 '사건 하나 하나가 모두 특정한 상황'이라는 점을 분명하게 인식해야 한다는 점이다. 여기에서 관리자들이 해야 할 일이란 어떤 상황과 어떤 시기에 어떤 방법이나 기술이 가장 효과적인가를 결정하는 것이다.

상황적 접근은 조직과 관련이 있는 내적 변수와 외적변수 사이의 관계를 결정하려고 시도하며, 그 관계의 본질에 관련된 조사결과를 기초로 하여 적절한 관리관행과 조직구조를 지향하는 것이다. 이러한 면에서 상황이론은 조직행태에 관하여는 체제이론보다 더 실용적·현실적이며 아울러 체제의 개념을 통합·적용하는 경향이 있다고 본다. 다만 상

46) 이황우(2005), 앞의 책, pp. 182-183 재구성.

황적 접근 방식은 가장 적절한 관리관행이나 방법들이 상황에 따라서 적용될 수 있도록 하기 때문에, 그것은 고전적 이론과 행태이론 모두에 적용되는 기본개념·요소들을 등한시할 우려가 있다.

3) 품질관리

(1) 품질관리의 의의

종합품질관리(TQM: Total Quality Management)는 전통적 조직관리 접근방법에서 벗어나 기획·조직·지휘 등을 보다 중시하는 것으로서 고객만족을 위한 전략이면서, 통합적 관리체제라고 할 수 있다. 1980년대 민간 분야에 도입된 이후 이 접근법은 경찰을 포함한 공공분야에 빠르게 확산되고 있다.[47]

이러한 품질관리는 '고객 지향적'(Customer oriented)이며 끊임없는 개선을 실현하기 위해서 인적자원과 양적 방법론(quantitative methods) 양자의 중요성도 강조하고 있다. 그리고 이러한 고객 지향적 기업경영철학 역시 진화를 거듭하고 있다. 즉, '고객지향 → 고객만족 → 고객감동 → 고객행복' 까지도 내세우고 있는 실정이다.

그리고 품질관리는 인적자원의 활용을 극대화하기 위해서, 조직구성원들 참여의 중요성, 공동작업(team work), 그리고 이들에 대한 지속적인 학습과 능력개발 등을 강조하고 있다. 양적인 방법론은 과학적 방범과 통계적 기술을 이용하여 조직관리과정을 평가·향상시키고, 그러한 과정을 결과에까지 연계시키는 것을 의미한다. 일반적으로 어떤 조직에서 품질관리이론을 적용하기 위해서는 다음과 같은 사항들이 고려되고 있다.[48]

㉠ 모든 과정, 생산, 그리고 서비스의 지속적인 향상을 위한 항구적인 목적을 제시할 것
㉡ 시스템적 접근을 하고 과학적 사고를 할 것
㉢ 통제에 의한 관리방식을 지양하고 이보다 효과적인 리더십을 개발하여 사용할 것
㉣ 조직구성원들이 창의적이고, 위험을 감수하고, 전문가로서의 자부심, 그리고 자기 스스로 목표달성을 했다는 성취감을 느낄 수 있는 조직 환경을 만들 것
㉤ 조직의 수직적·수평적 구조 속에서 정직하고 개방적인 의사소통이 이루어질 수 있도록 할 것
㉥ 조직구성원들은 고객 지향적인 사고방식을 가질 것

---

47) Roy R. Roberg, Jack Kuykendall(1997), op. cit., p. 42.
48) C. Greebler-Schepper(1990), "Total Quality Management: The Road to Continus Improvement," pamphlet. Lucerne, C.A.: TQM Plus, p. 7.

Z이론

조직관리의 관행을 개선시키려는 노력 가운데 하나로 Z이론이 있다. 오우치(William Ouchi)는 그의 저서 『Theory Z(1981)』에서 당시에 많은 기업성공을 이룬 일본의 관리방법에 주목하였다. 그는 이를 토대로 Z이론 접근방식을 제시하였는데, 당시의 미국의 관리방법과는 매우 대비되었다.

즉, ㉠ 고용에 있어서 평생고용을 통한 비교적 안정적이고 안전한 직장을 보장해주고, ㉡ 경력에 있어서는 특정전문성보다는 폭넓게 경력을 인정하고, ㉢ 구성원들에 대해서는 단순한 업무중심으로 관심을 갖기보다는 전인격적(全人格的)으로 관심을 갖고, ㉣ 의사결정이 최고관리층에 집중되기보다는 구성원들의 참여를 통한 집합적 의사결정이 이루어지도록 하고, ㉤ 구성원에 대한 통제는 구체적·명시적 규정에 의하기보다는 비공식적·묵시적 규정에 의하고, ㉥ 업적평가와 승진은 느리게 하고, ㉦ 급여는 능력보다는 연공서열을 중시하는 것 등을 강조하였다.[49] 오우치의 이러한 접근방식은 이후 종합품질관리(TQM)의 기초를 형성하였다.

(2) 품질관리의 경찰조직 적용

전통적 폐쇄체제에서는 고객의 성향과 반응과는 관계없이 제품을 생산해도 특별한 문제가 없었다. 당시의 시대적 배경(생산의 독과점체제과 보호무역정책 등)에서는 가능했던 것이다. 그러나 오늘날과 같은 무한경쟁 개방체제에서는 제품의 질과 이에 대한 고객의 평가는 기업의 생존과 직결된다. 또 제품의 질이 아무리 좋아도 기업이 비윤리적인 행태를 하게 되면, 고객의 평가는 낮아지게 된다.

과거에는 경찰조직 역시 형식적으로는 국민에 대한 봉사자이었지만, 실질적으로는 국민에 대한 감시·통제 기능을 수행해 왔던 것이 사실이다. 더욱이 경찰조직은 그 업무의 특성상 국민에 대해 명령·강제하는 공권력을 행사해 왔기 때문에 품질경영이라는 것은 전혀 생소한 것이라고 할 수 있다. 그러나 민주주의가 진전될수록 경찰의 역할은 재정립되어 왔고, 따라서 국민의 이해관계를 반영하지 않는 경찰조직은 그 정당성을 잃고 있다. 이러한 배경에는 의사소통의 쌍방향성을 가진 인터넷, 스마트폰 등이 대중화도 큰 기여를 했다고 본다.

한편, 경찰조직에서는 종합품질관리(TQM)라는 용어 대신 '종합품질서비스'(TQS: Total

49) 오석홍·손태원·하태권 편저(2002), 조직학의 주요이론, 서울: 법문사, p. 359.

Quality Service)라는 용어를 사용하기도 한다. TQM은 서비스의 양적인 측면보다 질적인 측면을 보다 강조한 것이라 할 수 있다. 그런데, TQM이 민간부문의 생산성을 극대화시키기 위한 전략으로 개발되었기 때문에 서비스지향을 본질로 하는 공공부문에서는 이를 적용하는데 한계가 있음을 발견하고, 이를 응용하여 새롭게 TQS전략으로 발전시키고 있다.[50]

이러한 품질관리 방식을 경찰조직이 활용하게 됨에 따라 구체적으로는 경찰활동의 평가에 반영되고 있다. 즉, 종래의 투입비용에 대한 양적인 산출을 가지고 조직 내적으로 평가하는 능률성뿐만 아니라 고객인 시민의 만족도를 평가기준으로 하여 경찰생산성에 반영하기 시작했기 때문이다. 다만 치안서비스의 질인 시민만족도를 가지고 경찰활동을 평가하기 위해서는 적절한 평가방법이 개발되어야 하나 아직까지는 한계가 있는 것이 사실이다. 따라서 여전히 계량화하기 쉬운 종래의 방식, 즉 양적인 평가(검거율, 단속율 등)에 여전히 의존하고 있는 것이 현실이다.

5. 포스트(Post) 현대이론: 개방-자연적 조직

오늘날 조직들은 고도로 분화하고 급속히 변동하는 환경에 둘러싸여 있으며, 지식·기술의 고도화, 인적 전문화, 개인적 자율성과 조직 내 민주주의에 대한 요청의 증대, 조직 내외의 불확실성 증대 등이 제기하는 여러 가지 어려운 문제에 직면해 있다.[51]

이러한 점에서 종래의 조직이론에 대한 새로운 시각이 논의되고 있는 것이다. 이 때문에 현대사회에 살고 있으면서도, 그것을 극복하기 위한 시도로서 '포스트'(Post) 즉, '탈(脫)현대' 또는 '후기(後期)현대이론'을 제시하고 있다. 다만, 포스트 현대이론은 기존의 접근방식을 철저히 부정한다는 의미라기보다는 기존의 방법을 계승하여 새로운 것을 발견하는 '온고지신'(溫故知新)의 의미를 갖는다고 본다.

포스트(Post) 현대이론에서는 조직을 완전한 개방체제(Open System)로 간주하는 동시에 조직구성원들은 자연적·비합리적인 존재로 생산활동에 참여할 것을 강조하고 있다.

조직목표를 달성하기 위해서는 무엇보다도 중요한 것이 바로 '예측가능성'(豫測可能性)이라고 본다. 가까운 미래와 먼 미래에 대한 단기적, 그리고 중·장기적 계획을 수립하고 대응해 나아가기 위해서는 예측가능성은 매우 중요한 것이다. 그런데, 포스트 현대이론

50) TQS에 대한 자세한 내용은 Paul M. Whisenand, R. Fred Ferguson(1996), The Managing of Police Organization, New Jersey: Prentice Hall, pp. 198-222 참조.

51) 오석홍(2006), 행정개혁론, 서울: 박영사, p. 128.

적 관점에서는 조직이 완전한 개방체제로서 외부환경으로부터 끊임없이 문제와 정보가 유입되고, 구성원들 역시 자연적·비합리적인 존재이기 때문에 어떠한 규정으로 정형화 시키는 것은 어렵기 때문에 예측가능성은 사실상 불가능하다고 볼 수 있다. 어떻게 보면 인간의 삶과 마찬가지로 조직 역시 미래의 불확실성에서 생존하는 시대에 직면하였다고 본다.

그리고 역설적이지만, 이와 같은 미래에 대한 불확실성에 대해 어떻게 대응하느냐 하는 문제가 조직의 생존에 직결되기 때문에 조직이 살아남기 위해서는 철저하게 환경에 대해서 개방적이고, 구성원들이 기계적·합리적 사고방식이 아닌 자연적·비합리적인 사고방식으로 능동적으로 대처해야 한다는 것을 강조하고 있다고 볼 수 있다.

범죄·무질서 문제의 불확실성과 대응의 어려움

인간 대 자연이 아닌, 인간 대 인간의 상호작용 속에서 결과를 예측할 수 있는 어떠한 변수를 파악한다는 것은 결코 쉬운 일이 아니다. '중국 베이징의 나비 한 마리가 몇 번 날개 짓을 하면 그 다음날 이로 인해 미국 뉴욕에서 폭풍이 일어날 수도 있다.' 얼핏 들으면 다소 비논리적인 이 말은 우리에게 널리 알려진 '혼돈이론'(混沌理論, Chaos Theory)의 핵심 중 하나인 '나비효과'(Butterfly Effect)를 설명한 것이다. 나비효과에 의하면, 작고 사소한 일이 나중에 매우 강력한 파급효과를 가져온다거나 초기의 미세한 변화가 시간이 흐름에 따라 엄청난 변화를 초래한다는 것을 알 수 있다.

바꿔 말하면, 이처럼 거대한 사건의 원인이 되는 요인이 아주 사소하거나 미세한 변화에서 비롯되었다는 것인데, 문제는 이러한 사소하거나 미세한 변화를 파악할 수 있느냐 하는 것이다. 뉴욕에서 일어나는 폭풍의 원인이 나비 한 마리의 날개 짓에서 비롯되었다면, 그 원인이 되는 사실이 존재한다는 것은 차치하고 도대체 그 미세한 사실을 어떻게 알 수 있느냐 하는 딜레마에 빠지게 된다.

범죄와 무질서에 대한 문제 역시 마찬가지이다. 모든 범죄는 저마다의 고유한 개인적·환경적 특성을 가지고 있기 때문에 범죄를 저지른 원인을 정확하게 파악하는 것은 매우 어려운 일이다. 또한 범죄 원인이 우리가 일반적으로 생각하는 그럴듯한 이유가 아닌 아주 사소한 계기에서 비롯되는 경우도 적지 않다.[52] 생각건대, 오늘날 범죄와 무질서 문제가 심화된 것은 고도화·복잡화 된 현대 물질문명 속에서 증대된 엔트로피(entropy, 무질서의 양)와 불확실성의 산물이라고 할 수 있다.

『유토피아(1516)』를 쓴 토마스 모어(T. More)가 상정한 사회는 '화폐를 쓰지 않고,

52) 최선우(2009.3), "사이코패스의 연쇄살인범죄 양태와 예방대책," 자유공론, 통권 504호, pp. 110-111.

금 같은 사치품을 사용하지 않는다. 성직자와 공무원을 제외하고는 모두 노동을 하며, 오전 세 시간 오후 세 시간만 노동을 한다. 군대를 육성하지 않는다.' '존재하지 않는 사회'라는 원 뜻을 가진 유토피아는 크지 않은 공동체사회이다. 오늘날 우리가 직면하고 있는 엔트로피 증가문제를 해결하기 위해 가장 낮은 원시공동체로 돌아가자는 것은 아니다. 그것은 '작은 사회'를 말하는 것이다. 이러한 점에서 본다면 경찰조직(警察組織) 역시 지방분권적 자치경찰(自治警察)이 바람직하다고 본다. 작은 사회를 유지하기 위해서는 노동과 정치 체제, 경제 체제가 새롭게 정의 내려져야 한다.

경제적이든 정치적이든 '통치'에 있어 저(低)엔트로피 문화는 '최소한의 통치를 하는 정부가 가장 좋은 정부'라는 사실이다.[53)]

경찰조직은 전통적인 관료제에 기반을 두고 있지만 오늘날 복잡·다양해지는 치안환경에 대응하기 위해서는 외부환경에 대한 능동적 대응을 할 수 있는 '학습조직'(學習組織)으로 변화될 필요성은 있다고 본다. 이를 위해서는 무엇보다도 기존의 하향식 의사소통구조가 아닌 상향식 의사소통구조로 바뀌어야 한다고 본다. 경찰조직의 하층부 즉, 일선경찰이 외부와 직접적으로 상호작용하기 때문에 외부로부터 오는 정보를 끊임없이 받아들이고, 이를 조직상층부에 전달함으로써 조직상층부는 이를 토대로 하여 적절한 판단과 전략을 수립할 수 있는 것이다(학습조직에 대한 내용은 다음 절에서 다시 살펴보고자 한다).

제3절 경찰조직의 진단과 건강성

이상에서 경찰조직의 의의(개념, 특성, 목표)와 이론적 배경(고전이론, 신고전이론, 현대이론, 포스트현대이론)을 살펴보았다. 이러한 이론적 배경 가운데 현대이론 즉, 체제이론과 상황이론은 오늘날 경찰조직의 구조화 및 관리에 있어서 매우 중요한 의미를 가진다고 본다. 아래에서 한국경찰이 직면한 현실과 이러한 현실을 진단하는 방법과 관련 문제점을 살펴보고, 아울러 개선방안을 제시해보고자 한다.[54)]

---

53) http://readersguide.tistory.com.; 최선우(2010), 앞의 책, pp. 16-18 재구성.

1. 경찰조직의 현실

최근 경찰은 「미래비전 2015」중장기 계획을 수립하여 단순한 비전제시에 그치지 않고 구체적인 목표수준을 설정하고 적극 실행하고자 하는 의지를 표명한 바 있다.[55]

〈경찰조직이 제시한 비전과 목표〉

	2009년		2015년		2020년		2030년
국가고객만족도	216위		100위		50위		10위
종 합 청 렴 도	37위	⇨	10위	⇨	5위	⇨	1위
기관·단체 신뢰도	10위		5위		3위		1위

그런데 위에서 제시된 경찰의 비전과 목표달성이 과연 가능한지에 대해서는 매우 회의적이다. 단적인 예로, 특임장관실은 지난 2011년 2월25일, 4월 8~10일 두 차례에 걸쳐 여론조사 전문기관에 의뢰하여 전국 만19세 이상 성인남녀 2,000여명을 대상으로 국가·사회현상에 대한 '한국민의 가치관'에 대해 조사한 결과를 발표 한 바 있다. 이 조사 내용 가운데 '우리나라에서 가장 신뢰받는 집단'을 묻는 질문에 학계(22.3%)와 언론(20.6%)에 대한 응답률이 높았고, 이어 대기업(15.6%) 공무원(10.2%), 검찰·법원(8.1%)순이었다. 청와대(3.4%)와 국회(2.9%), 경찰(2.9%)이 가장 신뢰도가 낮았다.[56] 요약건대, 국가·사회조직 가운데 가장 신뢰받지 못하는 집단으로서 경찰이 공동 1등을 한 셈이다.

그렇다면, 이러한 결과의 원인은 문제인가? 단지, 조사방법이 잘못된 것인가? 경찰이 그동안 보여주기 식의 전시행정을 남발했을 뿐 실속이 없었던 것인가? 경찰이 많은 성과를 내고 있는데, 국민의 인식이 잘못된 것인가? 아직 개혁의 초기단계라 그 결과를 예단하는 것 자체가 의미가 없는 것인가? 경찰조직의 개혁 의지가 집단 이기주의에서 비롯되어 정당성을 잃은 것인가? 조직구성원들의 다수가 변화의 의지를 갖고 있지 못한 것인가? 아니면 보다 본질적인 문제로서 경찰관들의 자질이 문제인가?

사실, 이에 대한 명확한 답변을 구하는 일은 쉬운 일이 아니라고 보며, 보다 설득력을

54) 이하 최선우(2011), "경찰조직의 진단과 건강성 연구," 한국공안행정학회보 제44호 재구성.
55) 경찰청(2010), 경찰백서, pp. 385-392.
56) 한국일보(2011.5.5.).

얻기 위해서는 이에 대한 원인규명, 즉 조직진단이 적절하게 이루어져야 한다고 본다. 조직과 관련된 현상을 연구하여 진단하는 궁극적인 이유는 조직을 좀 더 좋은 조직으로 만들기 위한 것이라 할 수 있으며, 이를 위해서는 조직의 평가와 적절한 평가기준의 설정 문제가 핵심적 문제로 대두된다. 이러한 문제인식 하에 경찰조직의 진단에 대한 기본적 논의와 함께 진단기준의 하나라 할 수 있는 '조직 건강성'(組織 健康性, Organization Health)을 가지고 경찰조직이 안고 있는 문제와 개선방향을 검토해 보기로 한다.

2. 경찰조직의 진단

1) 경찰조직의 진단의 의의

조직진단이라는 것은 발전적인 조직 변화를 위하여 어떤 조직에 대한 정보를 수집·정리하고 해석하는 과정이라고 할 수 있다. 유기체적 관점에서 경찰조직은 생존을 위하여 끊임없이 환경에 적응하는 노력을 기울여야 하다는 것은 매우 중요한 의미를 갖는다. 그런데 경찰이 직면한 치안환경의 변화 속도가 빠르지 않다면, 이에 경찰은 자연스럽게 적응해 나갈 수 있지만 오늘날과 같이 급격한 치안환경의 변화는 인위적인 조직 변화를 강요하게 된다. 인위적인 경찰조직 변화는 체계적인 조직진단과 과정을 통한 조직개혁 내지 혁신을 수반하게 된다고 할 수 있다.

물론, 이러한 조직진단을 통한 조직변화 또는 혁신은 세계적인 추세이며, 따라서 우리나라 공공무문에서도 그동안 이러한 노력을 해 온 것이 사실이다. 그러나 우리의 경우, 조직혁신이라는 결과에만 너무 치중하고 과정을 경시한 나머지 소기의 성과(오히려 역효과도 가져다 줌)를 기대하기 어려운 것이 현실이다. 즉, 조직진단과 혁신에 요구되는 어떠한 체계적인 이론적 근거나 모델을 바탕으로 한 것이 아니라 다분히 '정치적 이해관계' 속에서 형식적으로 명분만을 갖추고 졸속적으로 추진해 온 부분이 적지 않다는 점이다. 단적인 예로 과거 정부에서는 불과 수개월의 조직진단 결과를 토대로 행정개혁을 추진한 경우도 있었던 것이다. 일반 기업의 경우에도 길게는 2년 이상의 경영진단을 통해서 어떠한 개혁을 추진한 것에 비추어 볼 때, 국가 행정개혁을 위해 필요한 정부진단을 단기간에 완료했다는 것은 신뢰성에 의심이 간다.[57)]

57) 조성한(2002), "조직진단의 주요 접근모형 및 이론," 한국행정학회 조직학연구회(편), 정부조직진단, 서울: 대영문화사, p. 81.

세월호 사태와 정부의 대응

지난 2014년 4월에 전남 진도 앞바다에서 세월호가 침몰하여 어린 학생들을 포함한 300명 이상이 여객선에 갇혀 있었지만 단 한명도 구조하지 못한 사건이 발생한 바 있다. 세월호사태와 관련하여 정부는 크게 두 가지 방향으로 접근하고 있는 것 같다. 하나는 사건의 책임이 있는 관계자들에 대한 형사사법적 대응과 다른 하나는 해난구조를 제대로 하지 못한 문제의 중심이 된 해양경찰청의 해체와 국민안전처(國民安全處)라는 새로운 조직의 신설을 발표한 것이다.

그런데, 사건의 책임자에 대한 형사사법적 대응은 현재 진행되고 있기 때문에 그의 진정성과 적절성여부는 앞으로 지켜봐야 할 것 같고 특히, 지난 5월 19일 대통령의 대국민담화문에서 밝힌 해양경찰청의 해체와 국민안전처의 신설에 대해서는 논란이 적지 않다(11월 19일에 설치 됨). 세월호사태가 발생한지 불과 한 달여 기간이 지난 현시점에서 국가안전에 관한 거시적인 청사진을 제시하는 것이 과연 타당한 것인지에 대해서는 지극히 회의적이기 때문이다.

자유민주국가의 국가 정책결정과 집행, 그리고 평가과정은 소수의 정치권력집단의 이해관계와 의견으로 이루어져서도 안 되고, 이루어질 수도 없다고 본다. 현재와 같은 상황이라면 국민안전처를 신설했다고 해서 국가적 재난대응이 신속하고 정확하게 이루어질지는 의문이다. 따라서 정부의 국가안전에 대한 정책결정과 비전 제시는 시기가 다소 늦춰질지라도 타당성 및 실현가능성 갖도록 하는 것이 중요하다고 본다. 제도를 움직이는 것은 인간이기 때문에 적어도 국가안전과 관련된 관계부처 담당자들의 심도 있는 의견개진과 정보교환, 그리고 역할재인식과 역할조정 등을 통한 거시적인 합의를 이끌어 내는 것이 무엇보다도 중요한 일이다.[58)]

이러한 조직진단의 관점에서 보면, 경찰조직을 변화시키고 발전을 지속적으로 이끌기 위해서는 경찰조직의 구조와 과정의 변화와 함께 조직을 구성하고 있는 인적요소들에 대한 행태변화도 함께 병행되어야 함을 알 수 있다.

결국 조직진단이 다루고자 하는 내용적 요소들은 조직구조와 기능을 포함한 시스템적 요소뿐만 아니라 궁극적으로 조직문화의 성격 및 조직에 몸담고 있는 경찰관들의 불만과 정책 및 집행에 대한 저항, 조직의 과업과 관련된 사회적 관계와 경찰관들의 행동에 중대한 변화를 미칠 수 있는 영향요소 등 제반 행태에 대한 체계적인 진단도 아울러 필요하다는 것을 알 수 있다.

58) 최선우(2014.5.23.), "국민의 안전과 국가적 대응문제," 전남일보, p. 19.

2) 경찰조직 진단 기준으로서의 건강성

아직까지는 조직진단에 대한 완전한 신뢰성을 갖추거나 누구나 공감하는 진단기준을 제시하고 그에 따른 진단모형이 구축되었다고 보기는 어렵다. 다만 제시된 조직진단 모형은 개별 단위 조직에서의 사례나 관찰을 바탕으로 실제 조직내부에서 행해지는 업무과정을 일정한 기준에 의하여 판단하고 모범이 되는 경우를 '기본적 원형'(prototype)으로 하여 지표를 구성해 왔다.

이러한 기본적 원형들을 기준으로 공공기관의 경우 성공적인 조직이 되기 위한 요인 또는 유의할 점을 찾아 이를 치유하는 과정에서 일반화된 모형을 만드는 과정을 거치고 있다. 즉, 논리적 순서상 진단이 가장 먼저 있고, 다음에 평가가 있고, 그 결과로 처방이라는 단계를 거치는 것이 일반적이다.

(1) 조직의 진단 기준의 문제

그 동안 조직의 성공도를 판단하는 진단 기준으로 제시된 개념들을 살펴보면, 능률성, 효과성, 형평성, 그리고 '건강성'(health) 등 다양한 개념이 제시되어 왔다. 그런데 이러한 능률성, 효과성 등의 개념을 공공서비스에 적용하기에는 적지 않은 한계가 있음은 주지의 사실이다.

이와 관련하여 첫째, 경찰조직의 다양한 치안활동은 생산물의 가치를 측정할 수 있는 시장이 없기 때문에 명확한 공적 산출물 단위(이른바 '계량화 문제')가 없다는 점이다. 이러한 시각에서 본다면, 경찰이 시행하고 있는 성과주의(成果主義)는 본질적으로 한계를 안고 있다고 본다.

더욱이 경찰활동은 복합적·다목적적 이며(예컨대, 시위 군중의 통제와 보호, 일반 시민의 보호 등), 가치갈등(예컨대, 범죄수사에 있어서 인권보장과 실체적 진실발견 문제) 문제가 상존해 있고, 이러한 문제는 상당부분이 상호 의존적·상호 상치되는 관계를 갖는 경우가 적지 않다는 점이다. 즉, 경찰기능(생활안전·수사·교통·보안·정보·외사경찰 등)의 각 활동은 본질적으로 상호의존적·상호작용적인 성격을 가지고 있다는 점이다. 바꿔 말하면, 이를 개별화하여 이의 성과를 측정하는 것 자체가 쉬운 일이 아니라는 점이다.

둘째, 종래의 방법에 의한 경찰조직의 진단은 조직의 결과에 중점을 두기 때문에 조직의 능력에 대한 측정이 고려되지 않는다는 점이다. 인간들의 상호작용 및 상호협동의 결과로 나타나는 조직현상을 평가하는 데 산출 결과만을 가지고 평가한다는 것(그것이 양적 의미의 능률성이든 질적 의미의 효과성이든 간에)은 조직의 단면적인 측면을 평가하는 것에 불과하다. 특히, 경찰조직의 경우 조직 고유의 특성을 고려할 때 중요한 것은 높은 산출 결과를 가져올 수 있는 조직 내의 '동태적(動態的) 운영과정'과 '환경변화에 적절하게 대응하는 능력'을 평가하는 것이 더 바람직하다고 볼 수 있다.

셋째, 이러한 문제를 좀 더 행태론적 관점에서 접근한다면, 종래의 생산성 중심의 접근방법은 경우 경찰조직이 가져야할 '자기인식에 대한 측정'이 충분히 고려되지 않는다는 점이다. 즉, 경찰조직의 경우 구성원들이 스스로의 존재가 무엇이며, 무엇을 해야 하는가에 대한 자기인식에 대한 평가가 진단에 포함되지 않는다면, 경찰조직의 목표달성 여부를 제대로 파악하기 어려워진다. (궁극적으로) 서비스 지향적인 특성을 지니고 있는 경찰조직의 성과 측정에는 조직 구성원들의 사명감(자아 효능감 등)에 대한 진단이 필수적이라 할 수 있는데, 이는 생산성과 같은 평가기준으로는 접근하기가 어렵다는 점이다.

(2) 경찰조직의 건강성

따라서 이상과 같은 평가기준이 갖고 있는 한계를 보완하면서 접근할 수 있는 진단 기준이 요구되는데, 이러한 차원에서 '조직 건강성'(organizational health)을 하나의 기준으로 삼는 것은 의미가 있다고 본다. 경찰조직을 하나의 살아있는 유기체로 간주한다면, 단기간에 보여줄 수 있는 성과에 의해 조직의 성패를 진단하기보다는 장기적 관점에서 조직의 환경 적응형으로 체질을 바꾸는 것이 보다 바람직하다고 보기 때문이다. 건강성을 인체에 비유한다면 단순히 질병이 없는 상태를 의미하는 것은 아니라 신체적 측면과 정신적 측면의 완전한 상태를 의미한다고 본다. 그리고 건강이라는 개념은 결과가 아니라 과정에 초점을 맞춘다는 점이다.

그리고 중요한 점은 경찰조직을 건강성 측면에서 이해할 때 반드시 지적해야 할 사실이 있는데, 그것은 조직이 건강하지 못한 상태에 있다 할지라도 조직의 생산성은 어느 정도 유지될 수 있다는 점이다. 즉, 많은 조직들이 건강성을 떨어지고 있으면서도 여전히 생산적인 조직으로 보일 수 있는 것은 '시간차'(time lag)가 존재하기 때문이다.

그러나 결국 건강하지 못한 조직은 비생산적인 조직이 될 수밖에 없다. 따라서 조직의 건강성을 평가함으로써 얻을 수 있는 이점은 궁극적으로 건강성이 조직의 생산성 및 성과를 예측할 수 있게 해준다는 점이다. 그렇다면, 건강한 경찰조직은 어떠한 상태를 의미하는 것인가?

일반적으로 조직 건강성과 관련하여 다음과 같은 여러 가지 기준들이 제시되고 있다.[59)]

59) 이러한 논의는 어떤 특별한 조직에 국한되는 것이라기보다는 일반적인 것이라고 보며, 따라서 이를 경찰조직의 건강성에 원용하는 것은 크게 문제가 되지는 않는다고 본다. 다만, 이러한 인식체계를 토대로 경찰조직에 특화된 세부분석모

이와 관련하여 마일스(Miles, 1965)는 건강한 조직이란 "환경 속에서 생존해 나갈 뿐만 아니라 장기적으로 적응을 계속해 나가며, 그러한 생존과 적응 기능을 발전·확장시켜 나가는 조직"으로 정의하고 있다. 즉, 그는 조직 건강성의 지표로서 조직의 성장과 변화, 그리고 그에 따른 적응능력을 중시하고 있다. 클라크(Clark, 1969)는 건강한 조직이란 "개인과 집단이 그들의 성장을 위한 능력이 안정상태(homeostasis) 혹은 균형상태(equilibrium)에 도달해 있는 조직"이라고 정의하고 있다.

한편, 샤인(Schein, 1980)은 오늘날의 조직은 다수의 목적을 동시에 수행해야 하는데, 이 목적들은 서로 보완적이거나 대립·상충할 수도 있다고 전제하고 있다. 즉, 조직이 다수의 목적을 가지고 있다고 하면 조직의 성공도는 다양한 측면에서 복수의 기준에 비추어 평가되어야 한다는 것이다. 조직에는 생산활동을 통한 산출의 목적이 있다는 것은 인정하지만, 생산활동의 결과만을 측정해서는 조직의 건강상태를 파악할 수 없을 뿐만 아니라 오히려 다른 요인들이 조직 건강의 판단에 더욱 중요하다고 주장하고 있다. 이와 같은 맥락에서 그는 조직 건강성의 측정 지표로서 적응성, 자기인식력, 현실인식력, 내부통합성 등을 들고 있다.

그리고 벡하드(Beckhard, 1969)는 건강한 조직의 상태를 다음과 같은 일곱 가지 관점에서 조직의 건강성을 제시하였다. 벡하드는 보다 구체적인 관점에서 조직 건강성을 진단할 수 있는 기준을 제시하고 있음을 알 수 있다.

건강한 조직의 상태

① 조직 구성원 모두가 목적의식을 가지고 있고, 그 목적달성이 조직의 목적달성과 연결된다고 믿을 때.
② 조직구조가 업무 중심으로 설계되고, 인적자원이 신축적으로 배분될 때.
③ 조직업무에 관한 의사결정이 지위에 관계없이 그에 관한 정보가 가장 많은 곳에서 이루어질 때.
④ 조직 내의 의사전달이 원활하게 이루어 질 때.
⑤ 조직업무에 관한 갈등이 노출되고 합리적으로 관리될 때.
⑥ 개인 간, 집단 간에 불필요한 경쟁이 감소되고 조직에 개방적이고 문제해결 지향적인 조직 풍토가 형성될 때.
⑦ 조직관리자가 목적을 명확히 선정하고 관련 업무를 처리해 나갈 때.

형을 개발·적용해야 함은 물론이다. 이하 박경원(2002), "조직진단의 평가기준," 한국행정학회 조직학연구회(편), 정부조직진단, 서울: 대영문화사, pp. 126-130 재구성.

한편, 윤종건(1974)은 조직이 수행하여야 할 중요한 기능을 생산기능과 유지기능으로 보고, 이 두 가지 기능을 잘 수행할 수 있는 능력을 갖춘 조직을 건강한 조직으로 파악하고 있다. 그는 조직 건강성의 개념은 조직 구성원들 중심으로 정의하고 있는데, 이에 따르면 "조직 건강성은 조직이 환경의 계속적인 변화에 잘 적응하고, 대처해 나감으로써 조직 자체의 유지발전에 효과적일 뿐만 아니라 목표 달성의 극대화를 기할 수 있는지의 여부에 관한 인적 자원을 중심으로 한 조직의 능력이다"라고 하고 있다. 또 이명신(1984)은 조직 건강성을 개인, 집단, 조직의 차원으로 나누어 설명하고 있다. 즉, 건강한 조직이라는 것은 개인은 자신의 직무에 대하여 만족을 느끼고, 집단은 응집성이 있으며, 조직 전체의 풍토가 쇄신적인 조직이라고 정의하고 있다. 주목할 만한 것은 그는 조직 건강성의 개념 구성에서 목표달성의 요소를 포함시키지 않고 있다는 점이다.

3. 경찰조직의 건강성 문제

이상에서 경찰조직의 진단과 그 진단기준으로 건강성에 대해 살펴보았다. 아래에서는 이 건강성 기준을 토대로 경찰조직에 내재하는 건강성 문제를 살펴보고자 한다. 이와 관련하여 특히 벡하드가 제시한 '건강한 조직의 상태'를 토대로 하여 크게 ㉠ 권력구조의 불균형성 문제, ㉡ 하향식 의사전달구조 문제, ㉢ 경직된 인적자원의 배분 문제, 그리고 ㉣ 경찰관들의 자기인식에 대한 문제 즉, 자아 효능감 문제 등을 개념화하여 접근하고자 한다(이러한 문제는 상호 복잡하게 얽혀 있지만 논의의 편의상 구분하고자 한다).

생각건대, 한국경찰조직에 내재하는 건강성 문제는 특히, 전통적인 관료제의 한계를 극복하지 못하고 있다는 점과 더불어 한국경찰 특유의 경찰조직 내의 구조적 불균형(채용구조, 인적자원의 배치 등) 문제 등이 복잡하게 얽혀 있기 때문이라고 볼 수 있다.

1) 권력구조의 불균형 문제

경찰조직구조를 진단하여 이의 문제점을 파악하여 개선방안을 도출하고자 할 때에는 무엇보다도 경찰조직 내부의 권력 분포에 대한 이해가 선행되어야 한다. 바꿔 말하면, 경찰조직의 '권력구조'(權力構造)에 대한 진단 없이는 조직구조의 진단은 신화(myth)이거나 허구(fiction)에 불과한 경우가 많다. 권력구조를 정확히 파악하지 못하면, 표면적으로는 그럴듯하게 구조화 되어 있어도 조직이 병들어 있는 경우가 있는가 하면, 그 반대의 경우도 자주 발견되기 때문이다.

권력구조의 불균형성 문제는 '경찰조직의 권력이 어디로 집중되어 있는가' 라는 문제로 요약할 수 있다. 일반적으로 조직구조 형성에 영향을 미치는 공식적·비공식적 요인으로서 역할, 지위, 권력, 규범 등이 거론된다.[60] 우리가 경찰조직의 구조를 정확히 이해하려면 이러한 요소들 가운데 특히 권력적 요인에 주목하게 된다. 경찰조직의 현실에서 가장 핵심적인 역할을 수행하는 구조적 변수가 바로 권력이기 때문이다.

경찰조직의 현상을 권력으로 이해하는 관점은 조직을 '다원적 정치체계의 한 단위'로 인식한다. 다원적 정치체계로서의 조직은 조직 내부의 개인과 집단이 각기 다른 이익, 신념, 그리고 선호가치를 보호하고 강화하기 위하여 서로 경합하거나 연합하는 '복잡한 정글'과 같은 체계를 말한다. 따라서 조직구조는 권력을 차지하기 위하여 서로 다른 이익과 가치가 경합, 협상, 연합하는 행위를 통하여 나타난 결과물이 된다.[61]

권력을 자원의 교환적 관점에서 보면, 두 사람 사이의 교환 관계에서 권력관계는 한 사람이 상대방이 원하는 자원을 지속적으로 공급할 수 있을 때 발생한다. 네트워크 관점에서 보면 여러 사람들 간의 네트워크 속에서 한 사람이 중요한 정보나 자원의 유통을 마음먹은 대로 통제할 수 있는 지위를 점하게 될 때 권력관계는 발생한다. 자원의존론에 따르면, 조직 속에서 조직의 생존에 필요한 자원을 제공하는 사람이나 부서가 권력을 갖게 된다. 계급적 관점에서 보면, 권력현상은 사람들의 적극적인 노력에 의해서라기보다 이미 설정된 '사전적 지배구조'(priori domination structure)에 따라 권력은 주어진 것으로 이해된다.[62] 물론, 자원교환이나 네트워크 관점에서 권력을 이해할 때 가장 문제가 되는 것은 서로 교환되는 자원이나 서비스의 가치를 각기 주관적으로 판단하기 때문에 발생하는 권력 격차의 주관성 문제는 상존하게 된다.

그렇다면, 이러한 권력구조는 어떻게 형성되는가? 이와 관련하여 경찰조직과 같은 공식적 조직에서 권력의 소재와 그 권력을 수준을 비교하고 진단하게 될 때 가장 먼저 찾으려는 요인은 조직구조상의 공식적 지위일 것이다. 그러나 권력을 가질 수 있는 조직구조상의 공식적 지위가 반드시 조직의 상층부에 위치한다고 볼 수는 없으며, 상황적 맥락에 따라 다르게 이해될 필요가 있다고 보는데, 조직내부적 요인을 중심으로 본다면 일곱 가지 요인으로 설명할 수 있을 것이다.[63]

---

60) 역할은 조직 구성원들의 행동을 유형화하는 가장 기초적 요소이고, 지위는 역할에 부여된 가치를 의미하며, 권력은 역할과 지위에 효력을 부여하고, 규범은 상기 세 요인의 실제와 상호관계를 당위적으로 규정한다. 조경호·김호섭·박통희(2002), "권력구조의 진단," 한국행정학회 조직학연구회(편), 정부조직진단, 서울: 대영문화사, pp. 172-186 재구성.
61) Gareth Morgan(1986), Images of Organizations, Beverly Hills, CA: Sage, p. 197.
62) Stewart Clegg & David Dunkerley(1980), Organization, Class and Control, London: Routledge & Kegan, p. 457.
63) 조경호·김호섭·박통희(2002), 앞의 논문, pp. 177-179 재구성.

〈경찰조직의 권력구조 요인〉

요 인	내 용
① 지식(정보)	- 다른 사람이나 조직이 획득하기 어려운 지식(정보)을 소유하고 있는 정도 - 집단적 차원의 공유 정도, 개인적 차원(전문성 포함)의 공유 정도
② 응집력	- 부서 차원의 권력수준을 결정하는 요인 - 부서나 조직의 목표와 가치에 구성원들이 강하게 몰입할 때 발생
③ 리더십	- 조직 관리자가 목표 달성을 위하여 조직을 통합하고, 사회적 지지를 이끌어 내는 능력
④ 공식적 지위	- 조직구조상의 공식적 지위로서 계층제의 높은 위치에 있는 구성원들은 조직의 중요한 결정을 내릴 수 있는 권한을 가지고 있으며, 중요한 조직자원을 동원할 수 있는 권력을 가지게 됨
⑤ 경 력	- 다른 조건이 동일하다면 한 조직 내지 부서에서 오래 근무한 사람이 조직의 중요정보에 대한 접근도가 높다고 볼 수 있음 - 연공을 중시하는 사회에서 더욱 강조됨
⑥ 준 거	- "~에 따르면"이란 말의 주체가 되는 사람은 그가 속한 조직에서 권력을 상대적으로 많이 갖고 있다고 판단됨
⑦ 개인적 연계	- 조직 내의 한 개인이 가지고 있는 개인적 연계의 강도가 높고, 그 범위가 넓으면 넓을수록 그의 권력수준은 높다고 봄

이와 같이 경찰조직의 권력구조 요인을 고려했을 때, 각각의 요인들이 상호 일정한 수준으로 영향력을 행사할 때, 적절한 권력구조가 형성되었다고 볼 수 있다. 그렇다면, 경찰조직의 권력구조는 어떠한가? 예컨대, 경찰조직의 인적 배경(고시 출신, 경찰대학 출신, 경찰간부후보생 출신, 순경 출신 등)을 고려했을 때, 권력구조는 균형성을 가지고 있다고 판단할 수 있는가?[64] 생각건대, 경찰조직의 권력구조는 상당히 왜곡된 형태를 띠고 있다고 본다.

특히, 경찰조직 구성원들은 직무와 계급을 넘어서 비공식적인 인간적 유대, 예컨대 학연, 입직 형태 등의 유대를 기반으로 형성된 권력구조는 매우 강력한 힘을 가지고 있다고 본다. 물론, 이러한 비공식적 유대관계는 모든 조직에서 필연적이고 자연적인 현상이라고 할 수 있다. 그러나 이러한 비공식적 권력구조가 지나치게 강할수록 공식적 권력구조에 장애를 가져다줄 경우에는 조직운영에 있어서 적지 않은 엔트로피(entropy)를 형성할 것이라고 본다.

64) 이에 대한 단계별 진단방법은 위의 논문, p. 180 참조.

2) 하향식 의사전달구조의 문제

관료제적 관점에서 볼 때 엄격한 계층구조, 상·하간의 수직관계는 의사소통에 있어서 하향식 의사전달을 전제로 하게 된다. 하향식 의사전달구조라는 것은 조직의 계층구조를 따라 상급자로부터 하급자에게로 명령이나 지시·방침·성과 표준 등이 전달되는 형태를 말한다.

사실, 경찰활동의 특수성(위험성, 돌발성, 기동성, 조직성 등)에 비추어 볼 때 적절한 하향식 의사전달은 매우 중요한 의미를 갖는다고 본다. 그러나 경찰조직 구성원들 간의 원활한 소통구조 형성과 화합을 위해서, 그리고 일선 최말단의 지역 치안실정에 적합한 경찰활동을 하기 위해서는 상향식 의사전달, 수평적 의사전달 역시 중요한 의미를 갖는다. 그리고 이에 못지않게 중요한 것이 외적 의사전달과정의 형성이라 할 수 있다. 즉 경찰조직이 외부환경과 유기적으로 연계시키는 외적 의사소통(시민, 이익집단, 정치집단, 매스미디어 등)은 경찰활동의 민주적 책임을 확보하는데 매우 중요하다고 본다.

물론, 그동안 경찰조직에서 조직구성원들 간의 원활한 소통구조 형성을 간과하는 것은 아니다. 경찰은 조직 내의 계급 중심의 권위주의 문화를 개선하고 열린 조직문화를 조성하기 위하여 경찰청·지방경찰청과 일선 경찰관 간의 소통과 화합(예컨대, 경찰수뇌부의 치안현장 방문, 치안간담회 등)을 추진해오고 있기 때문이다.

(1) 사례 하나: 보여주기식의 경찰워크숍

그러나 이러한 경찰의 노력은 다분히 여론 조성 내지 정치권을 향한 또는 대국민을 향한 '보여주기식' 전시행정(展示行政)이라는 인식을 지우기가 어렵다. 이러한 현상은 여전히 계속되고 있다.

예컨대, 2011년 2월 경찰은 「국민과 함께하는 경찰 워크숍」을 시행한 바 있다. 기본 취지는 종래의 하향식 의사전달을 지양하고 상향식 의사전달을 하여 현장중심의 의견을 수렴하여 치안정책에 반영하자는 것이었다. 이를 위해 워크숍 형식에 있어서 먼저 전국 경찰서 단위에서 이를 실시하고, 이를 취합·정리하여 지방경찰청에서, 그리고 마지막으로 경찰청에서 실시하는 형식을 취하였다. 아울러 민간전문가와 지역주민을 초청하여 이른바 '국민-현장경찰-경찰관리자'가 공동의 참여하여 경찰이 안고 있는 문제를 의제(조직문화 및 의식개혁, 경찰 인권의식 체질화, 국민만족과 성과에 기반을 둔 조직운영)로 삼아 진행하였다. 형식적으로는 상향식 의사전달 방식을 취하고 있는 셈이다.

그러나 이러한 행사가 얼마나 하향식이고, 비계획적이며, 지역실정을 전혀 고려하지 못한 전형적인 전시행정이었는지는 이론의 여지가 없다고 본다. 즉, 경찰청에서 워크숍 개최를 일괄적으로 지시하고, 이에 따라 경찰서, 지방경찰청에서 각각 불과 1주일도 정도의 기간 동안에 이의 준비·진행을 완료하였는데, 특히 경찰서 단위에서 종래 이러한 행사를 진행한 경험 자체가 없어 상부에 보고를 위한 자료수집 및 촬영에 급급하였고, 아울러 참여한 민간인들조차 친(親)경찰(전직경찰, 지역언론사 관계자 등)로 급조하여 사실상 어떠한 성과를 기대하기란 불가능한 상황이었다.

(2) 사례 둘: 3색 신호등 도입 논란

3색 신호등 도입과 관련하여서도 많은 논란이 제기된 바 있다. 3색 신호등의 도입필요성(예산절감, 안전성 등)은 차치하고, 이에 대한 시민의 의견수렴과 조직 내부의 의견수렴 그리고 홍보활동이 체계적으로 이루어지지 못하여 이 역시 하향식 의사전달의 전형을 보여주고 있다. 이러한 문제는 경찰청장의 입장표명 및 업무 담당자의 입장에서도 확연히 들어 난다.[65)]

즉, 이와 관련하여 지난 2011년 4월 25일 경찰청장은 3색 신호체계 도입과 관련하여 이에 대한 홍보부족에 대해 사과하며 도입은 예정대로 강행하겠다고 밝힌바 있다. 당시에 경찰은 3색 신호체계가 제대로 정착되면 여러 장점이 있는 만큼 도입을 추진하겠다는 것이다.[66)] 그런데, 지난 5월 9일 경찰청장은 3색 신호등과 관련해 9일 "일방통행식 경찰행정은 아니었는지 가슴 깊이 반성한다"고 하였다. 경찰이 국민에게 충분히 알리지 않고 신호등 교체를 일방적으로 추진한 데 대해 사실상 시인하였다고 본다. 경찰청장은 또 경찰의 교통 및 정보 관계자들에게 "(3색 신호등 체계 도입을 놓고) 여론조사를 해서 51% 찬성, 49% 반대가 나온다고 추진할 일이 아니다. 일상생활과 직결된 이런 문제는 국민의 3분의 2 이상 압도적인 지지를 받아야 한다"고 말한 것으로 전해졌다. 이후 경찰에서는 이의 시범운영 등을 시행하였지만, 논란이 그치지 않아 결국에는 이를 추진하지 않는 방향으로 결론이 난 것이다.[67)]

---

65) 사이버경찰청(http://www.police.go.kr.)에서 3색 화살표 신호등에 대한 담당 경찰관의 상세한 설명 참조.

66) MBC(2011.4.25.).

67) 경찰은 '국립경찰 창설 70주년'을 맞이하여 2016년 6월 1일 제복을 변경하였다. 경찰제복은 경찰조직을 상징적으로 보여주는 것이라 할 수 있다. 적절한 경찰제복을 착용하도록 함으로써 조직구성원들에게 일체감을 부여해주고, '공정한 법집행의 상징적 권위'도 부여해준다. 그러나 새로운 경찰제복의 도입에 대한 우려의 시선도 적지 않다. 특별한 이유도 없이, 벌써 여덟 번째 바뀌었기 때문이다. 그 동안 두 번 바뀐 군(軍)과는 대조적이다. 이번 경찰제복 연구용역비만도 1억 5000만 원이 들었고, 새로운 제복의 변경비용은 약 110억이 소요된다고 한다. 그리고 중요한 것은 경찰제복 변경에 대한 국민적 공감대와 특히, 경찰내부의 의견이 제대로 반영되지 못했다는 점이다. 한마디로 경찰수뇌부에 의한 일방통행적 의사결정에 이루어졌다고 볼 수 있다. 이번에 채택된 경찰제복은 경찰내부에서 10%만이 선호하였고, 90%는 다른 디

3) 경직된 인적자원의 배분 문제

경찰조직의 건강성과 관련하여 인적자원의 신축적 배분 역시 중요한 문제라고 본다. 경찰조직은 계급제(階級制)를 기본으로 하고 부분적으로 직위분류제(職位分類制)를 가미하고 있기 때문에 인적자원의 적절한 배치 내지 탄력적 배분 문제는 상대적으로 용이하다고 할 수 있다. 이러한 인적자원의 배문 문제와 관련하여 아래에서는 지역경찰을 중심으로 살펴보기로 한다.

생각건대, 모든 경찰활동의 기본은 예방에 있다고 보며, 따라서 지역경찰(지구대, 파출소 등)의 역할은 매우 중요한 의미를 갖는다. 이러한 이유로 경찰인적 규모에 있어서 지역경찰(생활안전 포함)은 전체경찰의 절반을 넘게 차지(약 52.0%)하고 있다.[68] 아울러 지역경찰은 치안현장의 최일선에서 경찰관으로서 국민과 직접 접촉하기 때문에 대국민관계에서 '경찰의 얼굴 내지 상징'이 된다고 할 수 있다. 그리고 역할 면에서 지역경찰은 모든 경찰업무와 관련하여 전방위적이며, 1차적인 업무를 수행한다면, 전담경찰(수사, 교통, 경비, 정보, 보안, 외사 등)은 특정업무를 전문적으로 담당한다고 볼 수 있다.

따라서 예방적 기능의 중요성, 그리고 경찰활동의 1차적 관문이라는 점에서 지역경찰에 대한 적절한 인적자원의 배치는 어떠한 중요한 의미를 가지고 있는지는 재론의 여지가 없다고 본다. 그러나 이처럼 지역경찰의 중요성에도 불구하고 실제 인적자원의 배분은 적지 않은 문제를 내포하고 있다고 본다.

(1) 사례 하나: 지역경찰의 연령배분의 불균형

지역에 따라 다르겠지만 지역경찰의 인적자원 배분에 있어서 연령상의 불균형문제가 심각한 수준에 이르렀다고 볼 수 있다. 예컨대, 2011년 2월 전북 익산경찰서 A파출소의 경우 전체 직원 7명 가운데 새롭게 발령받아 배치된 K 경사(45세)가 가장 어린 나이였다는 점이다. 팀원 모두가 40대 이상으로 40대는 2명, 나머지 5명 모두가 50대였으며, 20~30대 경찰관은 단 한 명도 없는 것으로 나타났다. 따라서 새롭게 배치된 K경사가 올해 나이가 45세인데 자신 밑으로 단 한 명도 없어 애칭이 '막둥이'로 불리고 있는 실정이다.

사실, 익산경찰서 소속 지구대와 파출소에 근무하는 경찰관들의 나이 고령화가 심각한 수준에 이르고 있는 것으로 나타났다. 익산경찰서에 따르면, 2011년 4월 7일 현재 전체 경찰관은 총 476명인데, 이 가운데 지구대 4곳에서 근무하는 경찰관은 160명, 파출소 15

자인을 선호하였다는 점에서 정치권의 개입 등 부당 선정의혹이 제기되기도 하였다.

68) 2015년 현재 전체경찰공무원 113,077명 가운데 생활안전 12,622명, 지구대·파출소 46,533명으로 이를 합하면 59,155명에 이른다. 경찰청(2016), 경찰통계연보, pp. 7-8.

곳 근무자가 110명 등 전체의 57%인 270명이 지역 최일선 현장에서 근무하고 있다. 이들 연령대를 파악해 보면, 40대가 160명(59%)으로 가장 많고, 이어 50대 68명(25%), 30대 41명(15%) 순으로 나타났으며, 20대는 단지 1명에 머물고 있는 실정이다. 상황이 이렇다 보니 상당수 파출소들은 20～30대는 고사하고 아예 40대 이상으로 팀워크를 꾸리고 있는 실정이다.

익산경찰서뿐만 아니라 전라북도내 거의 모든 경찰서들이 이 같은 고민에서 벗어나지 못하고 있는 것으로 알려지고 있다. 그동안 수년에 걸쳐 새로운 젊은 경찰관들의 신규 인력 채용이 거의 없었고, 그나마 20～30대 젊은 경찰관들은 기동력과 신종 범죄 수법에 대한 빠른 적응력 등을 내세워 기동대나 수사과·형사과 등에 우선 배치되면서 지구대와 파출소에서 젊은 경찰관들을 찾아볼 수 없게 된 것이다. 이에 일부 직원들은 젊은 경찰관과 고참 경찰관의 인적균형의 필요성을 제기하고 있다. 물론, 지역경찰이 여러 가지 복합적인 업무를 수행하기 때문에 경우에 따라서는 경력이 중요한 의미를 가진다고 본다. 그러나 고령화 된 조직은 노련하지만 범죄자의 연령층이 날로 낮아져 신속·효과적으로 대응하기에 다소 기동력이 떨어질 수 있고, 신종 수법에 대한 적응력 또한 부족할 수 있다는 점이 단점으로 지적될 수 있다고 본다.[69)]

아울러 유흥주점 등이 많은 관할 지역 특성상 술 취해 소란을 피우는 피의자들과 몸싸움을 하는 경우가 다반사이나 이를 제대로 제압하지 못해 애를 먹는 경우가 발생할 가능성도 없지 않다. B지구대의 한 경찰(47)은 "범죄예방활동과 주취자(酒醉者, 술에 취한 사람) 행패, 강력범죄 초동조치 등 모든 것을 각 지구대 경찰관들이 처리하는데 사실상 나이가 많으면 어려운 점이 많다"면서 "솔직히 현장에서 젊은 용의자들이 도망가면 쫓기가 그리 녹녹치 않다"고 하였다.[70)]

(2) 사례 둘: 지역경찰의 인구사회학적 특성 문제

아래 표는 ○○지방경찰청 C파출소 인구사회학적 특성 및 현황을 보여주고 있다. 위에서 살펴본 바와 같이 지역경찰의 연령별 인력배분의 불균형문제 역시 ○○지방경찰청 역

69) 2015년 현재에도 이 문제는 여전히 해결되지 않고 있다. 2015년 2월 말 기준 서울의 지구대와 파출소에 근무하는 지역경찰의 40.1%가 50대로 나타났다. 전체 경찰공무원 10만여 명 가운데 50대가 23%인 것을 감안할 때 서울 지역경찰의 '고령화'는 심각한 수준이라고 할 수 있다. 서울의 지역경찰 고령화는 전국 16개 시도 가운데 충북, 광주, 대전에 이어 네 번째이다. 그리고 서울의 지구대·파출소 가운데 50대 경찰관 비율이 가장 높은 곳은 강서경찰서 등촌2파출소(73.9%)로 나타났다. 경찰서별로는 방배서 관할 지구대와 파출소의 50대 경찰관이 56.6%로 가장 많게 나타났다. 이러한 지역경찰의 고령화는 현장대응도 문제이지만 정보기술(IT)을 바탕으로 한 행정업무처리의 미숙도 심각한 문제이다. 동아일보(2015.4.28.).

70) 노컷뉴스(2011.4.8.).

시 다르지는 않다고 본다.

그런데, 더욱 중요한 것은 조직의 위계질서 및 경찰관 입직배경에 있어서 문제가 있다는 점이다. 경찰조직은 전형적인 계급조직이라 할 수 있다. 이는 앞에서 언급한 바와 같이 경찰업무의 특성상 필요하며, 따라서 계급은 중요한 의미를 가진다고 본다. 그런데, 아래 표의 상호간에 호칭에서 보는 바와 같이 계급제적 요소는 이미 붕괴된 듯한 느낌을 갖는다. 예컨대, 경사에게는 '부장'이라는 호칭이 사용되기도 하고(최근 지방경찰청의 청장 또는 차장 밑에 부장제도를 도입하였기 때문에 이제는 경사에게 이 호칭을 사용하는 것이 부담스러울 것 같다.), 제일 연령이 낮은 순경에 대해는 초기에는 성을 붙여 '○순경'이라고 했다가, 시간이 지나면, 성명 혹은 '막내'라는 표현을 사용하고 있다.[71]

그리고 파출소에 근무하는 경찰관들의 인구사회학적 특성을 보면, 파출소장인 경감 1명, 경위 9명, 경사 5명, 경장 2명(관리반 여경 포함), 순경 3명에 이르고 있다. 그런데, 파출소장을 제외한 나머지 모든 경찰들의 입직배경을 보면 모두가 순경출신이다. 경찰활동의 근간이라 할 수 있는 지역경찰에서 근무하는 대부분의 경찰은 왜 순경출신으로 배치되고 있는가? 경찰대학 출신이나 경찰간부후보생 출신의 경위급 경찰관은 왜 지역경찰에서 찾아보기 어려운 것인가? 순경출신 경위들은 왜 관리직에 배치되지 못하고 대부분이 지역경찰에만 배치되고 있는가? 파출소 팀장(경위)의 배치 역시 어떠한 리더십 등에 의하였다기보다는 지극히 현실적인 문제(연령이 동일하다는 점)에 의한 것이며, 나머지 팀원들의 배치 역시 상황은 마찬가지라 할 수 있다.

71) 여기에서는 주로 지역경찰의 인구사회학적 특성과 문제를 지적하고 있지만, 보다 근본적인 문제는 지역경찰을 하나의 팀제로 운영하고 있는데, 체계화되지 못한 팀제의 운영 속에서 계급구조는 희석되어 지역경찰의 긴장감은 사라졌다고 본다. 사실, '팀'(Team)이라고 하면, 어떤 목표를 완수하기 위해, 혹은 상위목표를 완수하기 위해 하위목표를 달성하기 위해 함께 일하면서 그들의 업무를 개선하고, 문제를 처리하고, 업무를 기획·통제하는 것이라 할 수 있다. 그러므로 하나의 팀은 어떠한 과업을 수행할 뿐만 아니라 스스로 관리·계획·통제하는 책임도 지는 것이다. 그러나 현행 지역경찰시스템은 명칭만 팀제일 뿐이지 팀제가 추구하는 본질적인 내용은 사실상 부재한 것이 현실이다. 팀제에 대한 자세한 내용은 강성남(1996), 정부조직에 〈팀제〉도입의 문제점과 해소전략, 국회도서관 입법조사 분석실 참조.

〈○○지방경찰청 M 파출소 인구사회학적 특성(2013년 현재)〉

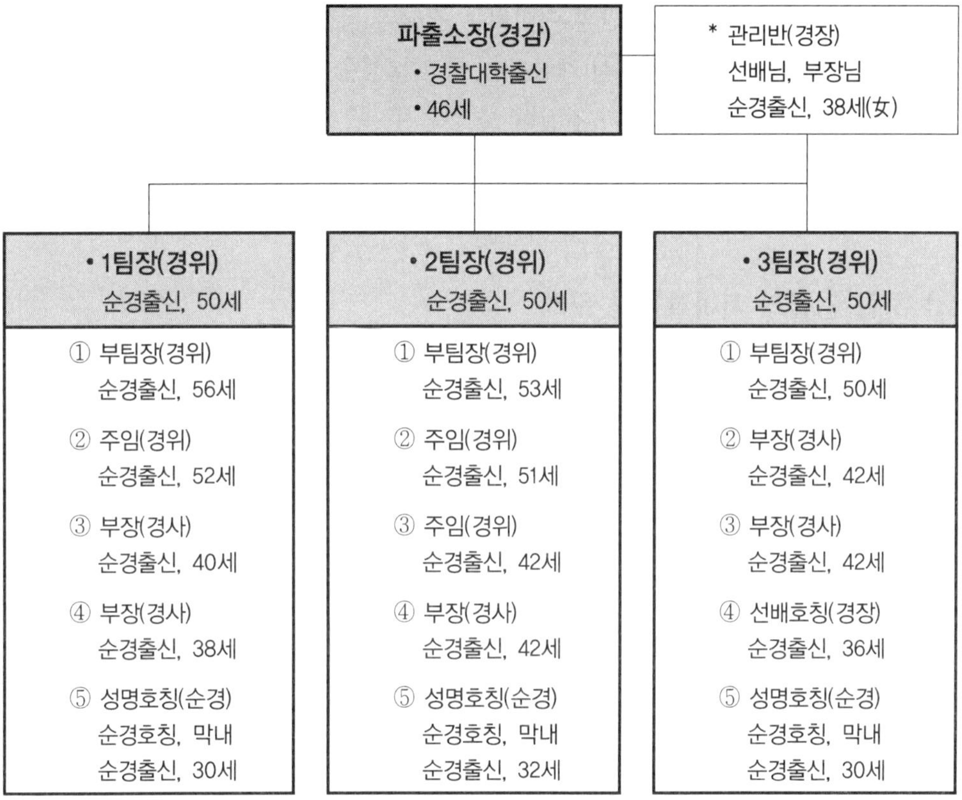

이러한 인적자원의 경직된 배분 문제는 어떠한 자질문제(즉, 순경출신이 능력이 없어서 경찰서나 지방청에 근무하지 못하는 것이 아니라고 봄)라고보기는 어렵다.

흔히들 경찰관리자들은 다른 조직에 비하여 능력에 의해 승진할 수 있는 구조라고 강조한다. 경찰공무원법상으로도 경정이하의 계급까지는 승진시험을 병행하기 때문에 누구나 공평하게 기회가 주어진 것처럼 보인다. 그러나 현실은 개인적 사정 및 출신이기주의 등에 의해 인력배치가 기형적으로 이루어지고 있다는 것은 주목할 필요가 있다고 본다.

한편, 경찰이 내부 사기진작 차원에서 순경, 경장 등 하위직급 호칭을 하나로 통일하는 방안을 추진한 바 있다. 이에 따라 예컨대, 파출소의 경우 팀장급을 제외하고 모두 계급장을 없애고 '표지장'으로 하자는 것을 광주지방경찰청을 비롯하여 일부 지방청에서 2011년 4월경에 시범적으로 운영하였다. 즉, 순경, 경장, 경사 등의 하위직 호칭을 '경관'을 통일하는 방안을 검토·시행한 것이다. 이러한 제도개선의 이유로 경찰에서는 "현행 경찰관 호칭이 계급 중심으로 되어 있어 현장 법집행의 어려움이 가중되고 하위직 경찰관의 사

기를 떨어뜨리고 있다"는 것을 들고 있다.[72]

그러나 경찰에 대한 시민의 이미지는 경찰의 국민에 대한 신뢰 등에서 비롯된 것이지, 그렇다고 해서 계급조직에서 계급장을 떼고 호칭을 바꾼다고 해결 될 일은 아니라고 본다. 또 그것으로 인해 일선 하위 경찰의 사기가 진작될 것이라고 생각하는 발상 자체가 아이러니하다(이 제도가 2012년 6월에 소리 소문 없이 폐지되었고, 7월 1일에 경찰계급이 다시 복원된 것은 물론이다).

4) 하위 경찰의 자아효능감 문제

경찰조직 내의 권력구조의 지나친 불균형, 권위주의적 하향식 의사전달구조, 경직된 인적자원의 배분 문제는 결과적으로 경찰조직의 절대다수를 차지하는 하위경찰의 사기저하 내지 근무의욕 상실을 가져다 줄 가능성이 높다고 본다. 어떠한 조직이든 간에 신바람이 나야 근무의욕을 가져야 하는데, 계급제 조직에서 소수의 중상위 관리자 중심의 정책을 전개하고, 하위직에는 어떠한 희망 없이 변화만을 강조하는 것은 소기의 성과를 거두기 어렵다고 본다.

이러한 논의는 일종의 '자아효능감'(自我效能感)으로 설명될 수 있다. 자아효능감이라는 것은 자기의 능력에 대한 구체적인 신념이나 확신의 정도를 말한다. 자아효능감은 개인 탄력성의 중요한 특징으로서 자신의 환경을 통제할 수 있고, 삶 속에서 발생하는 어려운 고난에도 불구하고 도전할 수 있는 능력에 대한 신념을 의미한다. 그러므로 자아효능감은 인간의 행동변화에 대하 가장 중요한 영향을 미치는 요인이라 할 수 있다.

이와 관련된 조사연구를 보면 경찰관의 자아 효능감은 어느 정도 높은 수준으로 나타났다. 그러나 순경, 경장, 경사 등 하위직 경찰관들의 자아효능감은 이에 비해 상대적으로 낮게 나타났다는 점은 고려할 필요가 있다.

이는 최근 일선경찰의 탈선과도 적지 않은 관련성이 있다고 본다. 특히 하위경찰들이 능력에 따른 조직 내에서의 어떠한 비전(경력개발, 승진기회, 국민적 신뢰 등)을 찾지 못할 경우 형식적인 직무수행과 경우에 따라서는 탈선문제도 노정될 수 있을 것이다. 일선에서 경찰업무를 집행하는 하위직 경찰관들의 업무수행실적이 경찰조직 전체의 업무수행의 성공에 결정적인 영향을 미치는 만큼 이들의 자아효능감을 높일 수 있는 방안이 모색되어야 할 것이다.[73] 이는 시급히 개선되어야 할 문제이다.

72) 뉴시스(2011.12.15.).
73) 문유석·허용운(2010), "경찰조직 내의 신뢰가 경찰관의 자아효능감에 미치는 영향," 한국공안행정학회보 19(1), p. 96.

4. 경찰조직의 개선방향

1) 전통적 관료제 패러다임의 한계 현실적 인식

주지하는 바와 같이 경찰조직의 기본 설계모형은 관료제모형이라 할 수 있다. 관료제라는 것은 "합리적으로 발전시킨 규칙(rules)에 의거하여 규정된 '권위관계의 체계'(a system of authority relations)를 갖는 대규모의 조직"으로 규정된다.[74)]

베버(M. Weber)에 의해 제시된 관료제는 계층적 권위와 통제를 강조하고 있다. 즉, 관료제는 엄격한 계층제를 그 기본 요건으로 하는데 여기서 상·하의 수직적 지배·종속관계가 형성되게 되는데, 이러한 관료제 원리를 원용한 경찰이론가들은 이를 통해 보다 전문적인 경찰조직을 설계·창조하고자 하는데 노력하여 왔다.[75)] 조직구조로서 관료제모형이 가지고 있는 내적 통제성과 효율성의 장점은 근·현대경찰의 형성과 발전에 많은 도움을 주었음은 물론이다. 그리고 이러한 관료제모형에 의존하는 경찰조직은 질서유지 등을 통한 체제유지 기능에 적합하다고 볼 수 있다.

그러나 이러한 구조적 특성이 장점도 있지만, 한편으로는 급변하는 조직 내외의 환경에 적절하게 대응하는 데에는 한계가 있기 마련이다. 경찰에 대한 사회적 기대는 그 어느 시기보다도 높기 때문이다. 실제로 1년 365일 1일 24시간 대도시에서 시골변두리에 이르기까지 국민의 일상적인 삶과 밀접한 상호작용을 하는 조직은 경찰밖에 없다고 본다. 경찰은 단지 범죄와 무질서문제에 대한 대응뿐만 아니라 사회적 약자에 대한 보호 내지 서비스기능 역시 중요하게 부각되고 있는 것이 현실이다. 생각건대, 경찰은 사회통합 더 나아가 사회발전에 기여하는 방향으로 조직이 발전되어야 한다고 본다.

2) 학습관료제의 모색과 초우량조직으로의 진화

따라서 전통적인 폐쇄적·계층적 관료제모형에 기반을 두고 있는 경찰조직은 보다 진보된 형태의 '학습조직'(學習組織, Learning Organization)으로 변화될 필요성이 있다고 본다. 이러한 관점은 지식·정보를 획득·창출·확대하는데 능숙한 조직, 새로운 지식·정보와 통찰력을 반영하여 조직 구성원들의 행동을 수정하는데 능숙한 조직, 그리고 잘못된 지식·정보를 폐기하는데 능숙한 조직을 의미하는 것이다. 한편, 민간차원에서 어떠한 조직환경을 가지고 있는 기업이 성공하고 있는지(이른바 '초우량기업')를 검토하여 이를 경찰과 같은 공공조직에 적용하는 것은 의미가 있다고 본다. 아래에서는 이러한 관점에

74) 김운태(1986), 행정학원론, 서울: 박영사, pp. 770-777.
75) Roy R Roberg, Jack Kuykendall(1997), op. cit., pp. 29-30.

서 두 가지 차원에서 경찰조직의 개선방안을 논의하고자 한다.[76]

(1) 정보의 중요성과 상향식 의사전달

경찰조직에 학습이 일어나려면, 경찰조직은 그 조직을 둘러싸고 있는 환경에서 어떠한 변화가 일어나고 있는지를 먼저 알 수 있어야 한다. 그런 다음, 이러한 인지(認知)가 얼마나 타당한 것인지를 판단할 수 있어야 하고, 끝으로 그에 대한 대응책을 강구할 수 있어야 한다.

이를 위해서는 먼저, 경찰조직은 개방체제(Open System)로 되어야 한다. 학습관료조직이 되기 위해서는 그 경계조직(즉, 일선경찰)이 외부환경의 변화를 민감하게 인지하고 수용할 수 있는 형태의 개방체제가 되어야 한다. 둘째, 경찰조직 내에서 실제로 일하는 경찰관들은 시시각각으로 외부환경에서 들어오는 엄청난 양의 신호들을 읽고, 걸러내고, 판단할 수 있도록 훈련되어야 한다. 이는 시민지향적 경찰활동(Citizen Oriented Policing) 또는 커뮤니티 경찰활동(Community Policing)과 일맥상통하는 것이다. 이러한 경찰조직이 개방체제에 대한 능동적 학습이 이루어지기 위해서는 무엇보다도 경찰조직의 하부(일선경찰)와 조직의 외부의 역할이 중요하게 고려되어야 할 것이다.

그리고 지금까지의 경찰개혁이 초래한 중요한 오류가운데 하나는 항상 '하향식'(top-down) 의사소통의 접근방법에 의하였다는 점이다. 일선경찰관들과 시민들이 이해하고 수용하지 못한 상태의 개혁이 계속 반복되어 온 것이다. 경찰관리자의 권력은 하위경찰관들의 수용을 전제로 생겨난다는 점을 간과해서는 안 된다. 일찍이 버나드(Barnard, 1968)가 지적한 바와 같이, 상급자의 권위는 소속직원들이 얼마나 자발적으로 조직이 제시한 방향에 따라 주는가 하는 데 달려 있다. 즉, 효과적인 조직이 되기 위해서는 ㉠ 부하직원의 협력을 이끌어 낼 수 있는 상관의 리더십, ㉡ 조직의 공동목표에 대한 자발적인 수용성, 그리고 ㉢ 이러한 목표를 향해서 직원들을 상하 좌우로 한데 엮을 수 있는 의사소통체계(Communication System)가 갖추어져 있어야 한다.

따라서 조직의 목표를 효과적으로 달성하기 위해서는 조직 내에 효율적인 의사소통체제가 정비되어 있어야 하며, 이러한 체제 내에는 항상 정보가 원활하게 소통되어야 한다. 조직의 명령에 포함된 정보는 위에서 아래로 흐르는 것이 상례이지만, 그 명령에 포함된 정보는 '아래에서 올라오는 것'이다. 하향식 개혁이 초래한 오류는 바로 이러한 정보채널

---

76) 권기헌(2002), "Donald F. Kettle의 학습관료제론," 오석홍·손태원·하태권(편), 조직학의 주요이론, 서울: 법문사, pp. 430-440.; 김병섭(2002), "Thomas J. Peters와 Robert H. Waterman의 초우량기업에 관한 이론," 오석홍·손태원·하태권(편), 조직학의 주요이론, 서울: 법문사, pp. 363-369.

을 파악하지 못했다는 점이며, 학습조직의 중요성을 파악하지 못했다는 점이며, 또한 상향식(down-top) 의사소통 구조를 통해 학습이 자발적으로 축적될 수 있는 여건을 마련하지 못했다는 점이다.

(2) 사람을 통한 생산성 향상

경찰최고관리자 및 중간관리자들은 피상적으로는 조직운영에 있어서 무엇보다도 중요한 것이 사람, 곧 조직구성원들이라고 말한다. 그러나 경찰조직에서 조직구성원들에게 실제로 충분한 관심을 두는 경우는 많지 않으며, 심지어 자기들이 관심을 쏟고 있지 않다는 것조차 깨닫지 못하는 경우도 없지 않다.

그러나 경찰관리자가 경찰조직의 목표달성을 위해서는 조직구성원들에 대한 관심은 매우 중요한 일이다. 경찰관리자 스스로가 자신의 입신영달(立身榮達)을 목표로 존재가치를 찾기보다는 하위구성원들의 존재가치를 인정해주고 또 이들의 존재함으로써 자신이 존재한다는 사실을 인식하고 실천하는 것은 매우 중요한 일이다.

즉, 경찰조직이 성공적인 초우량조직이 되기 위해서는 절대다수를 차지하는 하위직 경찰관들 스스로가 승리자로 인식하도록 하는 점이다. 경찰관리자들은 신임경찰이 경찰조직에 입직할 때에는 사명감과 정의감이 충만하다가도 조직에 근무하는 기간이 오래될수록 조직에 대한 냉소주의(冷笑主義, cynicism)가 심화되는 문제를 인식해야 할 것이다.[77)]

요약건대, 경찰조직이 보다 발전하기 위해서는 소수의 엘리트들에게 조직의 성패를 걸기보다는 다수의 하위경찰관들이 보통 이상의 성과를 낼 수 있도록 이들에게 보다 많은 관심과 기회를 주는 것이 중요하다는 의미이다.

77) Gordon Pitter(1994.5.), "Police Cynicism in the 1990s," The Police Chief, p. 57.

제6장 경찰조직의 구조

제1절 경찰조직의 구조 의의

1. 경찰조직의 구조 개념

경찰조직의 실체를 파악하는데 있어서 '구조'(構造, Structure)라고 하는 개념을 이해하는 것은 매우 중요하다. 어떤 의미에서는 구조론(構造論)적 접근은 모든 조직연구에 있어서 '지배적인 틀'(framework)을 제공하고 있기 때문이다.

따라서 어떠한 조직연구이든 간에 '구조적 접근'은 가장 1차적인 연구대상이 될 수밖에 없다. 조직목표를 달성하기 위해서는 기본적으로 그에 적합한 조직을 만들고(즉, 구조화하고), 그 다음에 조직구성원들에 대한 인사문제, 관리·과정상의 문제, 예산문제, 환경문제 등을 고려하게 된다. 이러한 점에서 조직의 구조화라는 것은 일차적으로 바로 '무'(無)에서 '유'(有)를 만드는 과정(그것이 비록 소규모이든 대규모이든 간에)인 것이다.

그런데, 여기서 말하는 구조란 단순히 위와 같은 조직의 권한 및 직위의 서열적 할당이나 관리기능의 배분을 나타내는 조직기구표만을 의미하는 것은 아니다. 예컨대, 경찰서장-과장-계장과 같은 권한 및 직위의 배분이나 생활안전·수사·교통·정보·보안·외사와 같이 업무의 배분을 나타내는 것이 구조의 실상의 전부는 아니라는 점이다.

그 이면에는 조직목표를 달성하는데 필요한 전문화된 활동을 결정하고 이 활동을 어떤 논리적인 유형에 따라 집단화시키고, 이러한 집단화된 활동을 어떤 직위나 개인의 책임하에 배분하는 것을 내포하고 있다. 바꿔 말하면, 구조는 단순히 외형적인 업무배분을 뜻하는 것이 아니라 각각의 업무의 특성을 고려하여 사무를 분장하는 것을 의미한다. 따라서 구조는 조직구성원의 '유형화된 상호작용'(patterned interaction)을 의미하는 것으로써 일시적인 것이 아니라 비교적 안정적·지속적인 형태를 갖는 것이다.

2. 경찰조직의 구조화 변수

경찰조직은 하나의 거대한 국가조직이다. 이러한 거대한 국가조직을 구조화하는 것은 결코 쉬운 일이 아니다. 따라서 조직구조 형성과 관련하여 ㉠ 기본요소, ㉡ 상황요소를 살펴볼 필요가 있다.[1)]

(1) 경찰조직 구조화의 기본요소

① 업무의 분화

경찰조직의 구조를 형성하는 요인으로서는 먼저 업무의 분화를 들 수 있다. 즉, 경찰조직의 목표달성을 위해서 경찰업무를 경찰청, 지방경찰청, 경찰서로 계층화 하고, 그 속에서 경찰기능을 생활안전·수사·교통·정보·보안·외사와 같이 전문화하여 분화시키는 것을 말한다.

이는 위에서 설명한 바와 같이 단순히 외형적인 업무배분을 뜻하는 것이 아니라 각각의 업무의 특성을 고려하여 사무를 분장하는 것을 의미한다는 점에 주의할 필요가 있다.

② 권한의 배분

업무 또는 기능의 분화는 관련책임이 주어지게 되는데, 중요한 것은 고전이론(古典理論)에서 강조한 바와 같이 '책임에 상응하는 권한의 배분'(authority commensurate with responsibility)이 이루어져야 한다는 것이다.

경찰업무를 분화하고, 그에 따른 일정한 역할을 수행하도록 책임을 부여 하였다면, 반드시 그에 상응하는 권한을 주어져야 한다. 그렇지 않다면, 적절한 업무수행이 이루어질 수 없기 때문이다. 업무에 대한 책임만 잔뜩 부여하고, 권한을 주지 않다면 어느 누구라도 책임지고 소신 있게 직무를 수행할 수 없을 것이다. 예컨대, 경찰의 핵심적 업무 가운데 하나인 수사업무를 경찰에게 부여하였다면, 수사와 관련된 권한이 반드시 적절하게 배분되어야 한다는 점이다.

③ 공식화

경찰조직의 구성원들인 경찰관들은 같은 부서 내에 근무할지라도 주어진 업무를 다양한 방식으로 수행하게 된다. 따라서 경찰조직의 전체의 입장에서 볼 때, 하나의 일관된 관

1) 신유근(1998), 조직론, 서울: 다산출판사, pp. 22-24 재구성.; 최선우(2003), "형사사법의 역사성과 체제론적 접근," 한국공안행정학회보 제16호, pp. 222-223.; 최선우(2004), "수사구조의 합리화에 관한 연구," 한국경찰학회보 제8호, pp. 280-282 재구성.

리체계를 필요로 하기 때문에 일정한 공식화(公式化)가 이루어져야 한다.

공식화라는 것은 누가, 언제, 어떻게 업무를 수행해야 하는가를 지시하는 조직상의 기법으로서 조직참여자들의 행위를 규제하는 규칙과 규정, 혹은 직무지침과 관련된다고 볼 수 있다. 이와 관련하여 예컨대, 직무수행과 관련된 '표준운영절차'(SOP: Standard Operational Procedures)를 들 수 있다. 이러한 규정과 지침이 체계적으로 개발되지 않으면 소기의 성과를 기대하기가 어렵다.

④ 통합·조정

이상과 같이 경찰업무의 분화 및 권한의 배분, 그리고 공식화 등만으로는 성과를 기대하기가 어려운 면이 있다. 즉, 경찰계층구조 및 각 부서 간의 역할갈등은 상존하기 때문에, 이를 조화시킬 수 있는 통합 및 조정의 메커니즘이 요구된다.

그런데 경찰조직의 구조가 계층화되고, 분화될수록 의사소통의 장애가 발생하고, 결과적으로 문제는 보다 심화될 수 있다고 본다. 따라서 기본적으로 의사소통이 활발하게 이루어질 수 있도록 시스템화 하고, 아울러 경찰 계층구조의 축소 및 부서의 통합시킬 수 있는 방법이 검토되어야 할 것이다.

(2) 경찰조직 구조화의 상황적·환경적 변수

경찰조직의 구조는 나라마다 모두 상이하다. 경찰이라는 존재가 본질적으로 역사성을 갖고, 따라서 각 나라가 처한 시대적 상황에 따라서 조직구조가 상이한 것은 당연하다고 본다(조직구조뿐만 아니라 행태, 관리방식 역시 상이함은 물론이다). 경찰조직의 구조형성에 영향을 미치는 요인으로서 서재근교수는 일반행정제도, 국민의 전통적 성격, 인구의 증대나 교통·통신의 발달, 치안환경 등을 들고 있는데, 이황우교수와 정진환교수 등은 이의 견해를 따르고 있다.[2)]

그러나 주의할 것은 이러한 요소들이 절대적인 것은 아니며, 경우에 따라서는 설득력이 약한 부분도 없지 않다. 그리고 이 밖에도 여러 가지 요소들을 고려할 수 있을 것이다.

① 일반행정제도

경찰은 일반행정기관에 대한 특별행정기관(特別行政機關)의 성격을 가지고 있는데, 양자는 상호 밀접한 관계를 가지고 있다. 따라서 일반행정이 중앙집권적이라면 경찰행정 역시 중앙집권적이고, 일반행정이 지방분권적이라면 경찰행정 역시 지방분권적인 것이 바람

2) 서재근(1963), 경찰행정학, 서울: 삼중당, pp. 50-52.; 정진환(1998), 경찰행정론, 서울: 대영문화사, pp. 35-36.; 이황우(2005), 경찰행정학, 경기: 법문사, pp. 47-48.

직하다고 본다.

바꿔 말하면, 일반행정이 지방분권적으로 이루어지고 있는데, 경찰행정이 중앙집권적으로 이루어진다면, 예컨대, 중앙의 정치적 이해관계와 지방의 이해관계가 상충될 경우 일관된 경찰행정을 하기가 쉽지 않다고 본다.[3)]

우리나라의 경우 1988년 지방자치법이 제정되고, 1992년 지방의회선거가 실시되고, 1995년에 지방의회선거 및 지방자치단체장에 대한 선거가 이루어짐으로써 본격적으로 지방자치시대를 맞이하고 있다. 따라서 일반행정의 지방자치가 이루어지고 있기 때문에 특별행정기관으로서 경찰행정 역시 지방자치가 이루어지는 것이 양질의 치안서비스를 제공하는데 보다 효율적일 것이다.

② 치안환경

한 나라의 범죄와 무질서 수준은 치안환경에 매우 중대한 영향을 미친다. 이와 관련하여 지방분권적인 자치경찰은 본질적으로 제한된 관할(管轄)에서 활동하기 때문에 광역화된 범죄와 무질서 대응에 있어서 취약한 면이 있다. 반대로 국가경찰은 강력한 집행력을 가지고 광범위한 관할영역에서 임무를 수행하기 때문에 자치경찰보다 상대적으로 유리하다(반면, 지역의 치안수요에 맞는 경찰활동에 있어서는 오히려 자치경찰이 효과적이라고 본다)

우리나라에서 그동안 정치적·사회적 역학관계에서 논의 되어온 이른바 '시국치안'(時局治安)의 논리가 크게 작용해 왔다. 대한민국정부의 수립을 전후해서 체제의 불안정과 이를 악용하여 정치집단의 지배권력 수단으로 경찰력을 활용하기 위하여 강력한 국가경찰을 선호하였다고 볼 수 있다. 이러한 시국치안의 논리로 인해 '민생치안'(民生治安)은 항상 차선으로 고려되는 부분이 없지 않았다.

생각건대, 경찰조직의 구조형성에서 무엇보다도 중요한 것은 특정 정치세력의 의도가 아닌 '일반시민의 기대'를 반영하는 것이라 할 수 있다. 파슨스(Talcott Parsons, 1965)의 말을 재해석 한다면, "경찰조직의 가치는 사회의 가치(국민의 기대)와 조화되어야만 조직목표를 정당화시켜준다"는 점을 상기할 필요가 있다.[4)]

---

3) 우리나라 경찰조직의 위상에 대한 법적 근거는 다소 모순적이다. 국가경찰을 전제로 하면서도, 지방경찰은 시도지사 소속으로 하고 있기 때문이다. 즉, 현행 경찰법에서는 '① 치안에 관한 사무를 관장하게 하기 위하여 행정안전부장관 소속으로 경찰청을 둔다고 하면서도, ② 경찰청의 사무를 지역적으로 분담하여 수행하게 하기 위하여 특별시장·광역시장 및 도지사 소속으로 지방경찰청을 두도록' 하고 있기 때문이다(경찰법 제2조).

4) 신유근(1998), 앞의 책, p. 30 재인용.

③ **국민의 전통적 성격**

국민의 전통적 성격이 지도와 통제와 익숙하고 관권을 신뢰하는 국가에서는 국가경찰이 발달하고, 자치공동체의 신념이 굳고 관권의 강압에 반발하는 경향이 있는 국가에서는 자치경찰이 발달한다고 보기도 한다. 그러나 현대 민주사회에서 이처럼 이분법적으로 국민 또는 시민의 정서를 구분하는 것은 어려운 일이다. 그보다는 민주국가라 할지라도 역사적 발전과정에서 국가보다 시민사회가 먼저 형성된 영미(英美)국가의 전통과, 시민사회가 형성되지 못하고 국가체제가 형성된 대륙(大陸)국가의 전통에서 국가와 경찰에 대한 시민의 가치와 신념이 어떻게 형성되었는지를 고려하는 것이 바람직하다고 본다.

④ **인구의 증대나 교통·통신의 발달정도**

이 밖에도 인구의 증대나 교통·통신의 발달정도도 관련요인으로 보기도 한다. 자치경찰은 비교적 작은 지역만을 관할하는 것이 보통이므로, 인구의 증대나 교통·통신의 발달에 따라 국가경찰이 필요성이 생겨나게 된다고 보는 것이다. 지방분권적인 자치경찰에서 기본적으로 출발한 미국과 같은 경우에는 국가적 필요성에 의해 광역화된 범죄나, 대규모 소요사태 등에 대응하기 위해 19-20세기에 주경찰(State Police)과 연방법집행기관이 탄생한 것을 들 수 있다.

제2절 경찰조직의 3가지 구조모델

1. 기본논의

오늘날 지구상에는 200개가 넘는 독립국가가 존재하는 것으로 나타났으며, 이들 국가들은 자신들의 실정에 맞는 경찰제도를 가지고 있다.[5] 각국의 경찰조직이 어떠한 형식으로

5) 종래의 시각에서는 '경찰조직의 구조'에 대한 세 가지 모델이 아니라 '경찰제도'에 대한 관점에서 접근하고 있다. 경찰제도라는 것은 법적 토대를 기초로 하여 조직구조뿐만 아니라 인사·예산 등을 포함한 보다 거시적 개념이라고 본다. 다만, 경찰제도적 관점에서 제시하는 세 가지 모델의 주안점이 특히 조직구조적 차원의 '직무수행과 관련된 권한의 중앙집권화·지방분권화 또는 절충형' 등과 관련된 것이다. 따라서 다른 요소를 고려하지 않고 '권한'에 기초를 둔 것이라면, 경찰조직의 구조적 접근과 제도적 접근은 큰 차이가 없다고 본다.

구조화되었느냐와 관련하여 일반적으로 권한(權限)의 소재를 기준으로 ㉠ 중앙집권적 국가경찰(國家警察)과 ㉡ 지방분권적 자치경찰(自治警察)로 구분하는 방식이 가장 많이 사용되고 있다. 그리고 ㉢ 국가경찰과 자치경찰 양 요소가 혼합된 절충형경찰(折衷型警察)이 있다.

일반적으로 국가경찰은 대륙법계(大陸法系) 국가의 전통으로 간주되고 자치경찰은 영미법계(英美法系) 국가의 전통으로 간주되고 있다. 전통적으로 중앙집권화 된 경찰조직은 국가지향적이며, 지방분권화 된 경찰조직은 국민 또는 시민지향적인 특성을 가지고 있다고 본다. 민주국가에서 경찰조직은 본질적으로 국민전체에 대한 봉사자로서 존재하지만, 본래 경찰조직이라는 것은 권력조직의 속성을 가지고 있으며, 따라서 중앙집권적인 국가경찰의 경우에는 경찰권을 오남용하여 개인의 이해관계보다는 국가의 이해관계를 반영할 가능성이 적지 않기 때문이다. 이 경우 경찰의 정당성 문제는 사법심사의 대상이 되기도 한다.

비교경찰의 의의와 접근방법: 대륙법계와 영미법계

한국경찰의 정체성 을 찾기 위해서는 각 나라의 경찰제도 등을 비교하는 것은 의미 있는 일이다. 그런데, 오늘날 지구상에 존재하는 200여개 국가들의 경찰을 모두 비교경찰 연구의 대상으로 삼을 수는 없으며, 실제로도 불가능한 일이다. 따라서 일정한 기준을 가지고 비교의 대상이 되는 국가를 선정할 필요가 있다. 비교대상이 되는 국가를 선정하는 방법과 기준은 여러 가지(국가이념, 사회문화, 지리, 인종, 법체계 등)가 있다.

경찰학에서는 이 가운데 법계(法系, 각 나라의 법을 계통적으로 분류하는 방법)에 의한 분류를 일반적으로 하고 있다. 경찰은 법체계(法體系)와 매우 밀접한 관련성을 가지고 있고 특히, 법이라는 것은 정형화된 형태를 띠고 있기 때문에 접근하기가 용이하다는 장점을 가지고 있기 때문이다. 일반적으로 법계에 따라 각 국가를 대륙법계와 영미법계, 이슬람법계, 북유럽법계, 슬라브법계로 나누고 있다. 그리고 퇴색하였지만 사회주의법계 역시 중요한 독자성을 지니고 있다.[6)]

이 가운데 대륙법계와 영미법계는 한국경찰을 이해하는데 매우 중요한 의미가 있다. 오늘날 한국경찰은 한국 고유의 전통을 계수하여 형성되었다기보다는 대륙법계(독일과 프랑스)와 영미법계(영국과 미국)의 영향을 지대하게 받았기 때문이다.[7)] 즉, 문호

6) 박상기 외 12인(2002), 법학개론, 서울: 박영사, p. 12.

7) 각국의 법을 비교하는데 있어서 츠바이게르트(Zweigert)의 견해는 이른바 모법질서(母法秩序)에 한정해야 하지 자법질서(子法秩序)를 대상으로 삼을 필요는 없다고 한다. 자법질서는 모법질서의 양식을 유지하고 있는 한, 모법질서를 따르는 것이기 때문이다. 따라서 우리가 보통 대륙법계 하면 독일법과 프랑스법, 영미법계하면 영국법, 미국법을 비교법의 표준

개방(1876) 이후 및 일제강점기(1910~1945)에 이르는 동안은 일본에 의해 대륙법계 경찰개념이 계수되었고, 미군정기(1945~1948)에는 영미법계의 경찰개념이 계수되어 양자가 혼합되어 오늘에 이르고 있기 때문이다.

바커(T. Baker) 등에 의하면 중앙집권화 된 경찰조직의 구조를 채택하고 있는 국가는 한국, 프랑스, 이태리, 핀란드, 이스라엘, 대만, 아일랜드, 덴마크, 스웨덴 등을 들고 있다. 그리고 지방분권화 된 경찰조직의 구조를 채택하고 있는 국가는 미국, 캐나다, 네덜란드, 스위스, 벨기에 등을 들고 있다. 그리고 중앙집권과 지방분권의 절충형 경찰조직의 구조를 채택하고 있는 국가로는 일본, 영국, 통일독일, 호주, 브라질 등을 들고 있다.[8]

그러나 이러한 견해는 절대적인 것이 아니라 상대적인 기준에 불과한 것이다. 즉, 보는 관점에 따라 국가경찰이라고 규정한 나라에도 자치경찰이 존재(예컨대, 한국 제주특별자치도의 자치경찰)하고 있으며, 자치경찰이라고 규정한 나라에도 국가경찰이 존재(예컨대, 미국의 주경찰과 연방경찰)하기도 한다. 그리고 절충형경찰이라고 해도 그 형식이 동일한 것은 아니다. 예컨대, 영국경찰과 일본경찰의 형식이 다르다. 또 견해에 따라서는 영국경찰을 지방분권적인 자치경찰로 보기도 한다.

생각건대, 경찰제도상의 양대 체계(대륙법계의 국가경찰, 영미법계의 자치경찰)의 이러한 차이점 또는 특색은 조직구조적인 면 외에도 경찰임무 또는 권한 등 여러 가지 점에서 나타난다. 그러나 중요한 사실은 양대 체계의 특색은 개괄적이고 유형적인 것에 불과해지고 있다는 점이다.[9] 이상과 같은 경찰제도상의 양대 체계의 구별은 이에 상응하는 조직구조·역할·권한 등에서 원칙적으로 차이가 있다는 것이지, 대륙법계 국가에서는 국가경찰 일색이며, 그 기능은 전면적으로 광범위하고, 영미법계 국가에서는 자치경찰 외에는 다른 경찰이 존재할 수 없고, 그 기능은 반드시 좁게 국한되어 있어야 한다는 것은 아니라는 점이다.[10]

특히, 20세기에 들어와서 이러한 현상은 더욱 두드러져서, 대륙법계 국가인 독일이나 프랑스가 영미법계의 제도를 계수하고 반면, 영미법계의 여러 나라가 독일과 프랑스의 제도를 계수하는 등 상호간의 제도상의 장점을 채택하고 있다. 이러한 현상은 후진국일수록 더

으로 삼는 것은 그러한 이유에서이다. 물론, 이러한 기준은 거시적 분석을 하는데 있어서 유용한 것이지 미시적 분석이 요구되는 경우는 반드시 적합한 것이라고 할 수는 없다. 법체계의 실제는 그 나라가 처한 상황에 따라 개별적으로 정립되기 때문이다. 박홍규(1998), 비교법: 법을 통한 세계여행, 서울: 도서출판 이론과 실천, pp. 42-43 재인용.

8) T. Baker, R.D. Hunter, J.P. Rush(1997), Police System & Practice: An Introduction, N.J.: Prentice Hall.; 이황우(2005), 앞의 책, p. 50 재인용.

9) 정진환(1978), "대륙법계 국가의 경찰제도," 건국대학교 대학원 논문집 제8집, p. 157.

10) Donald O. Schultz(1979), Modern Police Administration, Huston: Gulf Publishing Co., pp. 5-7.

욱 현저하며, 선진국의 각종 우수제도를 혼합계수하고 있어 오늘날은 가히 영미법계와 대륙법계의 혼합·융화시대라 할만하다.[11] 아래에서는 국가경찰을 집권화모델, 자치경찰을 분권화모델, 그리고 혼합형경찰은 절충형모델로 구분하여 살펴보기로 한다.[12]

2. 집권화모델

1) 집권화모델의 개념

집권화모델(Centralized Model)은 국가경찰에 해당하는 것으로 경찰력이 중앙정부의 직접적인 통제 하에 놓여 있는 체제를 말한다. 따라서 국가(중앙정부)가 경찰활동의 성공과 실패에 대한 책임을 지게 된다. 한국경찰은 집권화모델의 전형적인 예라고 볼 수 있다. 한국경찰의 조직구조적 특성에 대해서는 후술하기로 한다.

2) 집권화모델의 특징

(1) 민주주의와 양립 가능성

이러한 중앙집권적인 경찰조직은 과거의 전체주의나 오늘날 사회주의 또는 공산주의 국가에만 특징적으로 나타나는 것은 아니다. 또한 중앙집권적 경찰조직이 민주주의와 반드시 대립하는 것도 아니다. 오늘날 여러 민주국가에서도 중앙집권적인 국가경찰을 운영하고 있음에 주목할 필요가 있다. 즉, 국가경찰조직 역시 국가의 기본적 통치이념과 운영방식 그리고 조직구성원들의 행태에 따라 국민의 자유와 권리를 충실히 보장할 수 있다는 점이다. 아마도 전체주의나 사회주의 국가의 국가경찰과 민주주의 국가의 국가경찰의 차이는 이러한 점에서 비롯될 것이다.

(2) 국가·사회 권리의 비교 우위성

다만, 국가 및 사회의 권리와 개인의 권리에 있어서 국가경찰을 유지하는 국가는 자치경찰을 유지하는 국가와 비교해 볼 때, 상대적으로 국가 및 사회의 권리가 더 중요시되는 경향이 있다고 볼 수 있다. 또 중앙집권적 국가경찰과 지방분권적 자치경찰의 조직구조 자체를 놓고 볼 때는 집권화 된 국가경찰이 보다 권력적이고 따라서 권력남용의 여지가 많다고 본다. 이는 권력집중화로 인해 나타나는 필연적인 현상이라고 본다.

---

11) 서재근(1963), 앞의 책, p. 43.
12) 경찰대학(2002), 비교경찰론, 경찰공제회, pp. 12-14.

한편, 미국과 같이 지방분권화 된 자치경찰을 기본구조로 하고 있는 나라는 경찰이 본질적으로 개인의 자유와 권리를 보호하기 위해서 존재하는 것으로 인식되었기 때문에 개인의 자유와 권리는 보다 중요시되고 있는 것도 사실이다. 그런데, 이러한 문제는 오늘날 국가경찰이든 자치경찰이든 간에 여전히 첨예한 논쟁의 대상이 되고 있다. 이는 미국도 마찬가지이다.[13)]

다만, 역사적으로 보았을 때 국가 및 사회의 권리가 상대적으로 비교우위에 있다고 볼 수 있다. 특히 근대국가 형성과정에서 이러한 현상이 뚜렷하게 나타나고 있다. 국가가 존재해야 개인이 존재한다는 인식이 지배적이었기 때문이다.

(3) 경찰활동 영역의 광범위성

프랑스와 독일(통일독일 이전) 같은 대륙법계 국가가 전통적으로 집권화 된 경찰조직의 구조를 유지하고 있는데, 이들 경찰은 전형적인 경찰업무뿐만 아니라 다른 행정청의 사무까지 경찰활동 영역으로 보았다.[14)]

따라서 경찰의 활동영역은 매우 포괄적이었다고 볼 수 있다. 그리고 오늘날에 이르러서도 경찰은 다른 국가행정기관에 대한 집행원조(이른바 '조장행정업무')를 하고 있기 때문에 그 활동영역은 여전히 넓은 것이 사실이다. 예컨대, 독일의 통일경찰법모범초안 제1조(경찰의 직무)가운데, '경찰은 다른 행정청에 관한 집행원조를 행한다'고 규정되어 있음은 이를 반영하고 있다.[15)]

이러한 문제로 인해 대륙법계에서는 경찰개념 상에서 실질적 의미의 경찰과 형식적 의미의 경찰, 협의의 행정경찰과 보안경찰, 그리고 행정경찰의 탈경찰화 등을 시도하면서 경찰의 고유영역을 정립하고자 한 것이다. 그리고 이처럼 경찰조직의 구조가 집권화되어 있기 때문에 권력의 오남용 문제가 제기될 수 있으며, 따라서 이의 대안으로 프랑스에서는 경찰을 행정경찰과 사법경찰로 구분하고자 한 것도 바로 이러한 까닭이다.

---

13) 이에 대해서는 P. D. Netzley(2000), Issues in Crime, CA: Lucent Book, pp. 9-13 참조.

14) 프랑스는 다른 선진국 경찰 중에서 한국경찰과 가장 흡사한 조직 및 활동을 하고 있다고 볼 수 있다. 역사적으로 17·8세기의 루이14세(1643-1715), 19세기의 나폴레옹황제(1804-1814), 20세기의 드골대통령(1958-1969)으로 이어지는 과정에서 강력한 중앙집권적 정치체제를 유지한 덕택으로 현재까지도 수상, 내무부장관, 경찰청장의 위계로 이어지는 국가경찰체제의 전형적인 모습을 보이고 있다. 김형만 8인(2003), 비교경찰제도론, 서울: 법문사, p. 530.

15) 볼프 R. 쉔케/서정범 역(2001), 독일경찰법론, 서울: 세창출판사, p. 313.

3. 분권화모델

1) 분권화모델의 개념

분권화모델(Decentralized Model)은 자치경찰에 해당하는 것으로 경찰력이 지방자치단체의 관리 하에 놓여 있는 체제를 말한다. 따라서 지방정부(자치단체)가 경찰활동의 성공과 실패에 대한 책임을 지게 된다.

2) 분권화모델의 특징

분권화모델을 취한 나라들의 경우, 비록 상대적이지만 역사적으로 권력이 중앙에 집중되면 경찰력이 오남용 될 것을 우려하여 이에 대한 대안으로 많은 지방분권적 자치경찰을 만들었다고 볼 수 있다. 뿐만 아니라 이러한 국가에서는 경찰권한의 행사(특히, 대륙법계 관점에서 보는 행정경찰의 영역)에서도 많은 제한을 하고 있다.

그러나 주의할 것은 자치경찰제도를 운용하고 있는 나라들의 행정경찰권한은 제한적이지만 사법경찰권한 즉, 범죄수사권(犯罪搜査權, 수사개시·진행·종결)은 국가경찰에 비해 훨씬 광범위하게 행사하고 있다는 점이다. 이러한 점에서 국가경찰과 자치경찰의 권한문제는 상대적인 관점에서 접근해야 할 것이다.

분권화모델과 관련하여 역사적으로 영국과 미국을 들 수 있다. 영국의 각 지역은 '자치경찰활동'(self policing)의 전통에 따라 개별적으로 발전해 왔다고 볼 수 있다. 따라서 영국은 지방에 기초(물론 중앙정부에 의해 위임되었고, 일정부분 이의 통제를 받고 있지만)를 둔 자치경찰을 스스로 만들어 왔다는데 자부심을 가지고 있다. 사실, 경찰활동에 있어서 이와 같이 지방에 기초를 둠으로써 책임을 분산시키는 자치경찰제적 특성은 영국의 오랜 역사를 걸쳐 이루어져 왔던 것이다.[16] 그러나 최근 영국경찰의 운영을 보면 국가경찰의 요소가 적지 않게 적용되고 있음을 적지 않게 발견할 수 있다. 따라서 영국경찰은 절충형모델에서 살펴보기로 한다.

3) 분권화모델의 예: 미국경찰

(1) 미국경찰의 지방분권화

미국(美國, United States of America)은 북아메리카 대륙의 48개주(州, state)와 알래스카·하와이의 2개주로 구성된 50개 국가로 이루어진 연방국가라 할 수 있다. 국토면적은

16) Richard J. Terrill(1999), World Criminal Justice System, Cincinnati: Anderson Publishing Company, pp. 11-13.

미국 영토에 속하는 오대호 지역까지 포함하여 약 950만㎢이고, 인구는 약 3억 10만면에 이른다.

미국은 지리적으로 매우 광대하고, 각 지역의 역사적 발전과정이 상이하고, 또 기후풍토 등이 현저하게 다르기 때문에 획일적인 지방정부제도를 확립·운영하는 것은 불가능하다고 해도 과언이 아니다. 이러한 정부수준은 크게 연방정부, 50개의 주정부, 그리고 주정부 산하의 수많은 자치단체인 지방정부로 나눌 수 있다. 미국의 경찰 역시 이러한 정부수준에 따라 수많은 경찰조직이 존재하고 있다. 이 가운데서 미국경찰의 전형은 각각의 50개 주에 자치적으로 존재하는 수많은 지방경찰(Loacl Police)라 할 수 있다.

미국경찰 기본적으로 영국의 영향을 많이 받았다고 볼 수 있다.[17] 이와 관련하여 첫째, 경찰권행사에 있어서(대륙법계 국가와 비교해 볼 때) 제한적이라는 점이다. 기본적으로 기초자치단체 이르기까지 경찰이 자치화 됨으로써 관할에 있어서 제한적이며, 경찰권행사에 있어서 법률에 의한 엄격한 제한과 특히, 경찰보다는 시민의 권리를 우선시하는 연방대법원의 판결(1966년 미란다판결 등)을 들 수 있다. 그러나 한편으로는 경찰의 야만성·폭력성이 여전히 사회적 논란이 되기도 한다. 둘째, 경찰에 대한 지방의 통제를 들 수 있다. 경찰업무에 대한 책임은 주로 지방정부에 맡겨져 있다. 미국의 지방행정체제 자체가 분권성에 기초한 것이기 때문에 경찰조직체제 역시 같은 원리에 의해 이루어지고 있다.

(2) 미국의 자치경찰조직

영국이 광역자치단체 수준에 자치경찰이 조직화되어 있다면, 미국은 더 분화되어 광역자치단체 및 기초자치단체 수준에 이르기까지 복잡·다양하게 자치경찰이 존재한다고 볼 수 있다. 미국경찰의 전형은 기본적으로 이러한 자치경찰 이라고 할 수 있다. 미국의 자치경찰의 문제점을 든다면, 이러한 자치경찰이 지나치게 분권화되어 있고, 비체계적으로 설치되어 있다는 점을 들 수 있다.[18]

미국의 경찰 규모(연방 및 주경찰 포함)와 관련하여 1967년 대통령범죄위원회(the President's Crime Commission)의 잘못된 조사보고에 따르면, 약 40,000여개가 존재한다고 하였으며 한 동안 이 자료가 사용되기도 하였다. 그러나 최근의 보다 정확한 조사에 의하면 하면 2000년 현재, 약 18,000개의 경찰조직이 존재하는 것으로 나타났다.[19] 이 가운데 자치경찰조직으로서 지방경찰(Local Police)이 12,666개, 군보안관서(Sheriff's

17) 이황우(2005), 앞의 책, pp. 50-51.
18) 위의 책, p. 51.
19) 이러한 법집행기관에는 약 71만 명의 정규경찰과, 약 31만 명의 비정규경찰(민간인)로 총 110만 명의 조직원이 근무하는 것으로 나타났다. Walker, C.M. Katz(2005), The Police in America, N.Y.: McGraw-Hill, pp. 63-64.

Department)가 3,070개 존재하는 것으로 나타났다. 지방경찰은 시(市, municipal)와 군(郡, county)의 경찰을 의미한다.

한편, 보안관(Sheriff)은 일부 군(郡, county) 단위의 지역에서 활동하는 경찰을 의미한다. 이들 군보안관 역시 일종의 자치경찰 형태를 띠고 있는데, 미국 법집행기관 가운데 법적인 신분과 역할 면에 있어서 매우 독특한 위치를 차지하고 있다.[20]

먼저, 보안관의 법적 신분은 매우 독특하다. 왜냐하면 미국 37개 주에서 이들의 임무를 주헌법에서 규정하고 있는 일종의 '헌법기관'(a constitutional office)으로 존재하기 때문이다. 또한 보안관들은 2개의 주를 제외하고는 모두 주민투표에 의해 선출되는 선거직 공무원이라는 점이다(로드 아앨랜드주의 경우 주지사가 임명하고, 하와이주의 경우에는 주대법원장이 임명함). 다른 도시경찰의 경찰청장들은 원칙적으로 정치적으로 중립성을 가지고 있는 것과는 달리 선거직 공무원인 보안관은 당파성을 갖는 정치와 직접적으로 관련되어 있다. 역사적으로 시골지역의 보안관은 미국에서 가장 강력한 정치인으로서 활동을 하였다고 할 수 있다. 또한 보안관들은 형사사법시스템의 모든 영역에서 활동하는 독특한 위치에 있다.

〈미국의 자치·주·연방·특별경찰 규모〉

자치경찰		국가경찰		특별 경찰기관
지방경찰기관	보안관서	주경찰기관	연방 법집행기관	
12,666개	3,070개	49개	19개	1,376개

* 연방법집행기관의 경우에는 조직원 500명 이상의 기관 대상.
* 특별경찰기관(Special District Police)은 각 지역의 특성에 따라 공항경찰, 공원경찰, 유료도로경찰, 교량 및 터널경찰, 주택지구경찰, 지하철경찰, 캠퍼스경찰 등이 있음.

이러한 수많은 경찰조직 가운데 전형적인 지방의 자치경찰은 매우 소규모적인 조직형태를 띠고 있다. 자치경찰(지방경찰 및 보안관서) 가운데 경찰관의 수가 50명 미만인 경찰조직이 약 78%이며, 경찰관 50~100명 수준의 경찰조직이 약 13%로서 100명 미만의 경찰관을 가진 자치경찰이 90%를 넘어서고 있다. 그리고 단지 1명을 고용하고 있는 자치경찰도 482개나 된다(그 이전에는 이보다 훨씬 많았는데, 통폐합하면서 점차 줄어들고 있는 추세라 할 수 있다). 반면 미국의 최대 규모의 도시인 뉴욕경찰(NYPD)의 경우에는 약

20) Ibid., p. 67.

40,000명의 직원을 고용하고 있는 것처럼 대도시는 경찰은 조직규모가 매우 큰 곳도 존재한다.[21)]

(3) 미국경찰의 국가경찰적 요소

이상에서 살펴본 바와 같이 미국경찰은 지방분권적 사상에 기초하여 자치경찰제도를 적절하게 운용하고 있으나 한편으로는 복잡·다양해진 범죄와 무질서 문제에 대응하는데 있어서는 일정한 한계를 안고 있다. 따라서 이에 대응하기 위하여 주 또는 연방적 차원의 일종의 '국가경찰'의 형태를 띤 조직을 운용하고 있다.

즉, 국가경찰 형태라 할 수 있는 주(州)차원의 경찰조직(State Police)과 연방(聯邦)차원의 경찰기능을 가진 연방법집행기관(Federal Law Enforcement Agency)이 자치경찰의 한계를 극복하기 위하여 일정부분 존재하고 있는 것이다. 예컨대, 주경찰로써 고속도로 순찰대(Highway Patrol), 연방경찰로서 연방범죄수사국(FBI: Federal Bureau of Investigation) 등을 들 수 있다. 물론, 이들이 엄밀한 의미에서 '일반경찰'(General Police)는 아니다.

4. 절충형모델

1) 절충형모델의 개념

절충형모델(Integrated Model)은 중앙정부와 지방정부가 경찰에 대한 관리 및 통제를 분담하는 체제를 말한다. 이러한 절충형체제는 분권화된 자치경찰이 가지고 있는 단점(비능률성 등)과 집권화 된 국가경찰이 갖는 단점(정치성·권력성 등)을 일정부분 극복할 수 있다는 장점을 갖는다.

2) 절충형모델의 예: 영국경찰과 일본경찰

(1) 영국경찰

① 영국경찰의 지방분권화

영국(英國, United Kingdom)은 지리적으로 크게 잉글랜드와 웨일즈, 스코틀랜드, 북아일랜드 지역으로 나뉘어져 있다. 국토면적은 약 24만㎢이고, 인구는 약 6천 만명에 이

21) 미국경찰조직에 있어서 특정경찰업무(지령실 담당관, 조사·기획전문가, 범죄정보분석가, 컴퓨터전문가 등)는 정규경찰이 아닌 민간인에 의해서 이루어지고 있다. 모든 지방 자치경찰조직에서 민간인 고용비율이 1960년대에는 약 10%, 1980년대에는 약 20%, 2000년대에는 약 30% 수준에 이르고 있다. Ibid., p. 65.

른다.

경찰은 조직 구조적으로 지방분권화를 보다 체계화하여 지역주민이 요구하는 치안서비스를 제대로 제공하기 위해 노력하고 있으며, 아울러 지역주민의 적극적인 참여를 유도하고 있다. 그러나 한편으로는 범죄의 광역화·기동화 등에 대응하기 위하여 중앙정부의 관리 및 통제방안 역시 활발하게 논의·진행되고 있다. 이러한 관점에서 최근 영국경찰은 개혁방향은 '형식적 지방자치와 실질적 중앙통제' 두 가지의 목표를 동시에 달성하고자 노력하고 있음을 알 수 있다.[22]

② 영국의 자치경찰조직

영국 경찰을 개괄적으로 살펴보면 네 지역 모두에 통일된 경찰제도는 존재하지 않는다고 볼 수 있다. 다만, 영국의 역사적 발전과정에 따라 크게 잉글랜드·웨일즈 경찰, 스코틀랜드 경찰, 그리고 북아일랜드 경찰로 구분할 수 있다.[23] 이 가운데 조직·임무·기능·규모 등 여러 면에서 가장 기준이 되는 것은 잉글랜드·웨일즈 경찰이라고 할 수 있다.

우리가 일반적으로 영국경찰이라고 할 때에는 잉글랜드·웨일즈 경찰을 지칭하는 것이다. 후술하겠지만, 이 잉글랜드·웨일즈 지역의 경찰에 대해서는 영국정부의 내무부(Home Office)가 중앙의 경찰관리조직으로서 기능하고 있다. 그리고 스코틀랜드는 역사적 특성에 따라 내무부와 별개의 스코틀랜드부(Scottish Office)가 스코틀랜드 지역의 경찰을 중앙관리하고 있다. 한편, 북아일랜드에는 구 식민지라는 특수 사정 때문에 내무부 직할인 국가경찰이 설치되어 있다. 이 밖에도 영국에는 군, 철도, 항만, 하천, 공원, 대학 등에 특별경찰이 설치되어 있다.[24]

영국 경찰제도는 구조적으로 광역단위의 '자치경찰'이라 할 수 있다. 즉 주민의 필요와 선택에 따라 그 지역의 치안정책이 결정되고, 그 집행과정에 주민들이 여러 경로를 거쳐

22) 김형만 외 8인(2003), 앞의 책, p. 335.

23) 영국경찰의 지역적 다양성·특성은 역사적 배경과 무관하지 않다. ① 아일랜드(Ireland)는 12세기 잉글랜드의 침략을 받은 이래, 1800년까지 잉글랜드의 식민지였다. 이후 아일랜드의 독립을 위한 게릴라전의 결과로 1922년에 아일랜드는 독립을 하였으나 북동부의 6개 지역인 북아일랜드는 영국의 준자치지역으로 남아 있다. 이러한 아일랜드 사회와 정치는 잉글랜드와 상당한 차이가 있다. 1969년 북아일랜드지역의 정치폭동이 영국군에 의해 진압된 후, 1972년부터 자치의회가 해산되고 영국정부의 직접적인 통치를 받고 있다. ② 웨일즈(Wales)지방도 아일랜드와 마찬가지로 12세기에 잉글랜드의 침략을 받았으며, 1536년에 정치적으로 통합되었다. 그 후 이 두 지방은 지리적 인접성 등으로 인해 한 지역으로 통치되었으며, 1964년 분권화가 일어질 때까지 두 지방의 정치체제는 거의 차이가 없었다. ③ 스코틀랜드(Scotland)의 경우는 아일랜드나 웨일즈와 달리 수세기 동안 독립국가의 지위를 누렸으며, 1707년 잉글랜드 및 스코틀랜드와의 정치적 통합도 점령이 아닌 협정에 의해 성립되었다. 이 때문에 수세기 동안의 정치적 결합에도 불구하고 여전히 스코틀랜드는 민족적 정체성을 유지하고 있다. 박천오·박경효·김상묵 외 5인(1996), 비교행정론, 서울: 법문사, pp. 193-197.

24) 정진환(2006), 비교경찰제도, 서울: 백산출판사, pp. 53-54.

직접 참여하고 그 결과도 주민들에게 보고되어 최종 평가를 받게 된다는 것이 영국식 경찰제도의 이념이다. 다만, 영국의 근대식 지방경찰조직은 런던경찰청이 창설(1829)되어 자리를 잡은 후에 이 모델로 각 지역의 사정과 여건에 맞게 조금은 비체계적인 형태로 발전하였다.

그런데, 1960년대 들어 여러 가지 사회적인 문제로 인해, 이후 대대적인 지방행정의 통폐합 및 지방경찰조직의 정비과정을 거치면서 1964년에 제정된 경찰법(Police Act)에 의해 지방경찰청체제가 구축되었다.[25] 그리고 이러한 지방경찰청의 관할구역은 1994년 '경찰과 치안법원에 관한 법'(Police and Magistrates's Court Act)으로 정비되었다.

이에 따라 영국전체의 경찰조직은 런던경찰청과 런던시티경찰청을 포함하여 잉글랜드에 39개, 웨일즈에 4개, 스코틀랜드에 8개, 북아일랜드에 1개로 총 52개의 지방경찰청을 설치하고 있다.

런던수도경찰청의 자치경찰화

영국 수도경찰인 런던수도경찰청(London Metropolitan Police)의 역사는 곧 영국경찰의 역사라고 해도 과언이 아니다. 1829년에 탄생한 런던경찰청은 영국 법집행의 대명사로서, 다른 지방경찰의 창설과 운영에 있어서 모범이 되어 선도적 역할을 해 왔다. 주지한 바와 같이 런던은 오랫동안 국제사회에서 정치·경제·문화의 중심지 역할을 해 왔으며, 한편으로는 이로 인해 국내적·국제적 테러위협 역시 적지 않게 받아온 것이 사실이다.

이러한 이유로 인해 런던수도경찰청은 영국에서 유일하게 국가경찰(북아일랜드 제외)체제로 유지되어 왔다. 그러나 학계와 사회일각에서 이러한 런던수도경찰청의 특수한 관리체제(지역주민의 통제가 배제된 국가경찰)에 대해 끊임없는 문제제기와 비판이 있어 왔다.[26] 이 문제는 최초로 런던시장과 의회의원의 직선을 골자로 하는 런던의 자치정부 수립안(1998)이 확정됨으로써 변화의 계기를 마련하게 되었다.

---

25) 1950년대 중반 이후 범죄가 급증하였는데 특히 청바지와 록(Rock)음악으로 대변되는 '신세대'의 등장과 '갱문화' 등 청소년 범죄의 증가가 사회문제로 대두되면서 이들과 경찰 간의 충돌이 잦아지게 되었다. 그리고 세 곳의 지방경찰청장들이 뇌물수수 사건에 연루되어 사법처리 되었고, 스코틀랜드의 작은 마을에서 경찰관이 어린 소년을 구타하는 등 경찰의 대민자세가 쟁점으로 부각되었다. 그리고 인종폭동 등 각종 시위와 폭동이 빈발하여 경찰과 시위대의 충돌이 잦았고, 또 지방경찰청의 운영에 있어서도 적지 않은 갈등이 노정되어 왔었다. 이러한 사회적 문제로 인해 1960년에 의회에서 내무부장관의 제청으로 경찰의 제반문제를 조사하기 위하여 '왕립 조사단'(Royal Commission)을 구성하여 경찰개혁을 논의하게 되었는데, 그 결과로서 마련된 것이 1964년 경찰법이라 할 수 있다. 김형만 외 8인(2003), 앞의 책, pp. 331-333.

26) S. Spencer(1985), Called to Account: The Case for Police Accountability in England & Wales, National Council for Civil Liberties, Nottingham, Chapter 5 Proposals for Reform.

즉, 런던시의 자치화에 따라 2000년 첫 민선시장이 선출되고 국가경찰인 런던수도경찰청 역시 자치경찰로 전환된 것이다. 이로써 1829년 수도경찰청으로서 창설된 이래 171년 만에 런던수도경찰청은 역시 다른 지방경찰청과 마찬가지로 경찰위원회(런던 경찰위원회)의 관리 하에 둠으로써 영국(북아일랜드 제외) 전역의 경찰은 예외 없이 '형식'에 있어서 자치경찰이 되었다.[27)]

③ 영국경찰의 국가경찰 요소

㉠ 3원관리체제

지방분권화 된 영국경찰에 대한 국가경찰 요소는 몇 가지 차원에서 살펴 볼 수 있다. 먼저, 각 지방경찰청에 대한 관리적·통제적인 면에서 살펴볼 수 있다. 영국경찰은 1964년 경찰법으로 인해 지방경찰의 관리·운영에 개혁이 이루어졌다. 즉, 내무부장관(Home Secretary, 스코틀랜드는 스코틀랜드부장관), 각 지방의 경찰위원회(Local Police Authority), 각 지방의 경찰청장(Chief Constable)의 3자가 권한과 책임을 분담하는 '3원관리체제'(Tripartite System)라는 독특한 형태를 취하게 된 것이다.[28)] 이를 통해 지방경찰청장이 가지고 있는 막대한 권한에 대한 상호 견제와 균형을 꾀함으로서 경찰의 민주성과 효율성을 달성하고자 한 것이다.

27) 김형만 외 6인(2003), 앞의 책, pp. 338-339.

28) 영국경찰의 3원관리체제는 모든 경찰조직에 적용된다고 본다. 이러한 관리체제는 잉글랜드와 웨일즈 지역뿐만 아니라 스코틀랜드의 각 지방경찰청도 마찬가지이다. 마찬가지로 북아일랜드 경찰청(Royal Ulster Constabulary)은 내무부 장관 소속하에 있는 국가경찰이지만, 내무부 장관과 북아일랜드 경찰위원회, 그리고 북아일랜드 지방경찰청장이라는 3원 관리체제에 의해 운영되고 있다. 한편, 영국에서는 자치경찰뿐만 아니라 국가경찰기능을 담당하는 국가범죄정보국(NCIS: National Criminal Intelligence Service)과 국가범죄수사대(NCS: National Crime Squad)도 독립적인 관리위원회의 관리 하에 두어 다른 경찰조직과 마찬가지로 내무부장관·관리위원회·기구의 책임자의 3원관리체제로 운영되고 있다. 정진환(2006), 앞의 책, p. 71 재인용.

〈영국경찰의 3원 관리체제〉

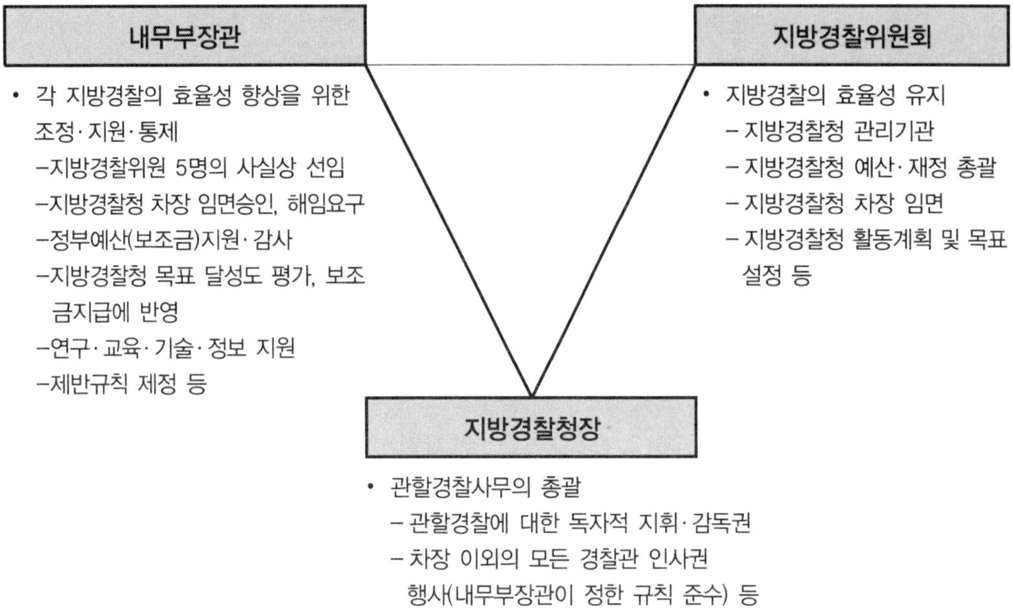

주지하는 바와 같이 분권화된 자치경찰제도 하의 지방경찰청장은 매우 많은 권한을 행사해온 것이 사실이다.[29] 이와 관련하여 경찰법(1964)과 경찰과 치안법원에 관한 법(1994)에서도 지방경찰청장의 권한으로서 관할경찰의 지휘와 통제 및 차장 이외의 모든 경찰관에 대한 인사권을 규정하고 있다. 따라서 지방경찰청장을 견제하기 위한 내무부장관과 지방경찰위원회의 역할은 매우 중요한 의미를 갖는다.

㉡ 북아일랜드 지방경찰청

북아일랜드는 아일랜드 독립 후에도 영국령으로 있으면서 신구교도간의 분쟁이 계속되고 있고, 지하조직인 북아일랜드 공화군(IRA)이 각종 테러를 계속하여 치안유지에 어려움이 많다. 이러한 치안여건에 대처하기 위하여 북아일랜드는 내무부장관 직속의 국가경찰(RUC: Royal Ulster Constabulary)을 유지하고 있다.

이러한 북아일랜드 경찰을 국가경찰이라고 보아 잉글랜드·웨일즈, 스코틀랜드의 자치경찰과 구별하는 것이 일반적이다. 그러나 이러한 국가경찰로서의 성격이 한국이나 프랑

29) '지방경찰청장은 그 관할지역의 왕'(Chief constable is king of his kingdom)이라 일컬어질 정도로 광범위한 권한과 거의 절대적인 독자적 지휘권을 가지고 있다. 이에 대해 레이너(Reiner)는 "경찰청장은 오직 신과 여왕과 자신의 양심에 따르며 다른 어느 누구의 지시도 받지 않는다"라고 하였다. R. Reiner(1991), Chief Constable, Oxford University Press, Introduction.; 김형만 외 8인(2003), 앞의 책, p. 361.

스에서와 같은 강한 정도의 것은 아니며, 오히려 중앙집권화 된 자치경찰이라고 보기도 한다.[30]

㉢ 국가수사기구의 신설

영국은 강력범죄와 조직범죄에 효율적으로 대응하기 위하여 관련법안(the Police Act 1997)을 마련하고 여론의 검증 과정을 거친 후, 의회의 승인을 얻어 국가수사기관인 국가범죄정보국(NCIS: National Criminal Intelligence Service)과 국가범죄수사대(NCS: National Crime Squad)를 새롭게 창설하였다.

국가범죄정보국(NCIS)는 1992년에 범죄정보의 수집·분석·배포를 위해 내무부장관 직속으로 설치·운영해오던 조직이었다. 당시에는 조직 내에 영국 인터폴 본부를 두는 등 마약·조직범죄 등에 대한 국제공조수사의 중추적인 역할을 해왔다. 그러나 자체적인 수사기능은 갖지 못하고 수집·분석·처리된 정보를 지방경찰청 등 수사기관에 제공하는 수사보조기관이었던 것을 1997년 법 개정을 통해 자체수사기능을 독립적으로 갖게 한 것이다. 국가정보범죄국의 핵심 업무는 전국의 경찰과 세관 등 관계기관과 긴밀히 연계된 6개의 전국지부에서 범죄정보를 수집하여 '경계·경보'(Alert)라고 명명한 최신 전국범죄정보 데이터베이스에 입력되어 분석되는 방대한 양의 전국적·국제적인 각종 범죄정보의 처리와 활용 및 전파기능이라 할 수 있다.

한편, 국가범죄수사대(NCS: National Crime Squad) 역시 1997년 법 개정을 통해 기존의 광역수사대(Regional Crime Squads)들을 일원화하여 중앙집권적 국가수사기관으로 재편성 한 것이다. 독자적인 범죄수사와 각 지방경찰청의 강력·조직·광역범죄 수사에 대한 지원을 병행하되 업무의 중점은 강력범죄와 조직·국제적 범죄수사에 두고 있다.

이들 두 국가수사기관은 기존 내무부 직속 관리체제로부터 새롭게 설치된 각각의 독립적인 국가정보위원회 및 국가수사위원회의 관리 하에 독립적·중립적, 그리고 민주적으로 운영되도록 하고 있다. 두 국가수사기관은 전국의 각 지방경찰청의 부담금(각 지방경찰청 예산의 2% 내외)으로 설립하여 운영되도록 하고 있다.

(2) 일본경찰

어떻게 보면, 일본경찰이야말로 국가경찰과 자치경찰이 결합한 절충형모델의 전형이라고 할 수 있다. 일본에서는 경찰업무는 지방자치단체인 도도부현(都道府縣)에서 처리하는 것을 원칙으로 하고,[31] 국가는 긴급사태를 선포한 경우를 제외하고는 경찰권한을 직접적

30) 경찰대학(2002), 앞의 책, p. 81.

으로 행사하지는 않도록 하고 있다.

다만, 경찰업무의 성격상 국가적 이해관계와 지방적 이해의 쌍방에 관계를 갖고 있는 것으로서 도도부현에서 처리하는 것보다는 국가가 전국적으로 통일하여 행하는 것이 한층 효율적인 특정사항에 대해서는 도도부현 자치경찰에 대하여 국가경찰이 지휘·감독권을 행사하도록 하고 있다.[32]

① 국가경찰조직

일본은 국가경찰로 내각총리대신의 소할(所轄, 조직상 상하관계이지만 독립성이 강한 관계사이의 소속관계를 표현하는 것으로서, 지휘감독보다 더욱 약한 관계를 의미함)하에 국가공안위원회(國家公安委員會)를 설치하고, 그 관리 하에 경찰청(警察廳)을 두고 있다. 경찰청에는 생활안전국, 형사국, 교통국, 경비국, 정보통신국 5개 국(局)이 있고, 부속기관으로는 경찰대학, 과학경찰연구소, 황궁경찰본부가 있다.[33]

그리고 경찰청의 지방기관으로서 일본 전국적으로 7개의 지방에 관구경찰국(管區警察局)과 2개 통신부를 두고 있다.[34] 이들 관구경찰국은 지역적인 대규모 소요사태, 재해, 광역범죄에 대한 대응, 그리고 자치경찰의 업무조정 등에 관한 경찰청 소관사무의 일부를 분장하고 있다.

② 자치경찰조직

자치경찰은 도도부현(都道府縣)에 공안위원회(동경도공안위원회, 북해도공안위원회, 대판부공안위원회, 경도부공안위원회)를 설치하고 그 관리 하에 동경도 경시청, 북해도 경찰본부, 그리고 45개 부현에 경찰본부를 두고 있다.

도도부현경찰은 각 관할구역 안에서 경찰업무를 수행하고 국가에서 지원하는 일정한 경비(지방재정법상 국고보조금)를 제외한 필요경비는 자치단체 스스로 부담하는 자치경

---

31) 일본의 지방행정체계는 크게 도도부현(都道府縣)으로 구분된다. 여기에서 도(都)는 동경도(東京 都, 도쿄도), 도(道)는 북해도(北海道, 홋카이도), 부(府)는 대판부(大阪府, 오사카부)와 경도부(京都府, 교토부)를 의미하며, 현(縣)에는 지정현(指定縣, 인구 50만 이상의 시를 지정시라고 하며 이를 포괄하는 현을 지정현이라 함)과 이외의 현을 포함하여 43개(2003년 현재)가 있다. 김형만 외 8인(2003), 앞의 책, pp. 191-192.; 정진환(2006), 앞의 책, p. 257.

32) 위의 책, pp. 272-282.

33) 경찰청에 속해 있는 황궁경찰본부는 황궁 내에 위치하고 있으며, 천황·황후 및 황태자 기타 왕족의 호위, 황거(皇居) 및 어소(御所)의 경비, 기타 황궁경찰에 관한 사무를 관장하고 있다. 위의 책, pp. 275-276.

34) 동경경시청은 수도경찰의 특수성을 고려하여 관구경찰국의 관할구역으로부터 제외하였고, 북해도(北海道)에는 도(道)전체를 관할하는 북해도경찰본부가 설치되어 있으므로 관구경찰국은 설치되어 있지 않다. 동경도는 관구경찰국의 관할구역으로부터 제외되고 또 북해도에는 관구경찰국이 설치되어 있지 않으므로 그 대신 경찰청의 지방기관으로서 동경도 경찰통신부, 북해도 경찰통신부가 설치되어 각각의 구역에서 경찰통신에 관한 사무를 분장하고 있다. 위의 책, p. 277.

찰이라 할 수 있다(다만, 동경경시청은 그 특성상 자치경찰이면서도 국가경찰의 성격이 강하다고 할 수 있다).

이러한 각 도도부현경찰은 상호협력 할 의무가 있다. 도도부현경찰은 상호 독립하고 있어 상하의 지휘명령관계는 없으나 경찰업무의 광역적 성격으로 말미암아 상호협력하지 않으면 경찰운영의 능률화는 기대할 수 없으므로 상호협력 하도록 하고 있다.

한편, 도도부현경찰은 해당 도도부현의 관할구역에 한해서 경찰의 임무를 수행하며, 따라서 경찰권한의 행사는 지역적으로 해당 경찰의 관할구역 내에 제한됨이 원칙이다. 다만, 경찰활동의 범위를 엄격하게 한정하는 것은 경찰의 임무수행을 어렵게 하기 때문에 도도부현경찰은 그 관할구역 내에 있어서의 범죄의 진압 및 수사, 피의자의 체포, 기타 공안의 유지에 관련하여 필요한 한도 내에 그 관할구역 외에서도 권한이 미칠 수 있도록 하고 있다.

제3절 경찰조직의 법적 근거와 구조적 특징

1. 경찰조직의 법적 근거

우리나라 일반행정조직의 구조는 1990년대에 이르러 지방분권화가 되었지만 경찰조직은 앞에서 살펴본 경찰조직의 구조모델 가운데 집권화모델 즉, 중앙집권화 된 국가경찰을 여전히 유지하고 있다.

그리고 경찰은 1945년 10월 21일 국립경찰로 출범한 이래 1991년 경찰법이 공포(법률 제4369호)됨으로써 46년 만에 내무부장관의 보조기관에서 내무부소속의 외청(外廳)인 경찰청(警察廳)으로 독립하여 경찰행정의 책임성과 독자성을 행사할 수 있는 체계를 갖추게 되었다.

주지하는 바와 같이, 주권(主權)은 국민에게 있고 모든 권력은 국민으로부터 나오기 때문에 민주국가에서 근원적인 경찰행정의 주체는 국민이라 할 수 있다. 그러나 경찰행정 현실에서 볼 때, 국민 모두가 이러한 경찰행정의 주체로서 관련 업무를 담당할 수 없음은 분명하다. 그렇다면, 누구에게 이러한 경찰행정 관련 업무를 맡겨야 할 것인가 하는 문제가 제시된다. 현대 법치국가에서 일반 사인(私人) 내지 사적 집단에 이를 전적으로 맡기는 것은 어려운 일이다(물론, 국가업무의 성격에 따라 민간에 위탁은 가능하다[35]). 이 때문에 나타나는 것이 국가행정조직법상의 '경찰행정의 주체'(警察行政의 主體) 개념이라 할 수 있다. 이는 경찰사무를 수행하고 아울러 경찰사무를 수행하기 위해 필요한 권리·의무를 가진 독자적인 임무의 수행자로서 공법(公法)에 근거한 주체라 할 수 있다.[36)]

법치주의(法治主義)원칙 하에서 이러한 경찰행정의 주체는 ㉠ 경찰조직의 구조화에 관한 법(경찰법 등), ㉡ 조직구성원인 경찰공무원의 관리에 관한 법(경찰공무원법 등), ㉢ 경찰공무원의 권한행사에 관한 법(경찰관직무집행법 등), 그리고 ㉣ 경찰공무원의 권한행사에 대한 통제에 관한 법(형법, 경찰공무원징계령 등) 등의 총체적인 법체계를 필요로 함은 물론이다.[37)] 이를 이른바 '경찰조직 법정주의'(警察組織 法定主義)라고 부르기도 한다.

그런데, 경찰조직을 어떻게 이해하느냐에 따라 법의 적용범위가 달라진다고 본다. 포괄적으로 본다면, 조직구조, 인사, 재무, 권한행사 등과 관련된 모든 법체계가 이에 해당되기 때문이다. 그러나 이 장에서는 이 가운데, 우리나라의 경찰조직의 구조 또는 구조화(構造化, organizing)에 관한 것을 중심으로 살펴보고자 한다. 앞에서 살펴본 바와 같이 구조적 관점이라는 것은 경찰업무의 분화, 권한의 배분, 공식화, 통합 또는 조정과 관련된 것이다.[38)] 이처럼 경찰조직을 협의(즉, 구조중심)로 이해하게 되면 경찰기관의 조직에 관한 일반적 사항, 즉 경찰기관의 설치·변경·폐지, 경찰기관의 권한 및 경찰기관 상호간의 관계 등만을 경찰조직법의 범위로 파악하게 된다.[39)]

경찰조직의 구조화의 근거가 되는 법은 기본적으로 헌법(憲法), 정부조직법, 그리고 경찰법 등을 들 수 있다. 이 가운데 경찰조직의 구조와 관련된 대표적인 법이 바로 경찰법(警察法)이라 할 수 있다.[40)]

---

35) 행정기관은 법령으로 정하는 바에 따라 그 소관사무 중 조사·검사·검정·관리 업무 등 국민의 권리·의무와 직접 관계되지 아니하는 사무를 지방자치단체가 아닌 법인·단체 또는 그 기관이나 개인에게 위탁(委託)할 수 있다(국가공무원법 제6조 제3항).

36) 홍정선(2007), 경찰행정법, 서울: 박영사, p. 101 재구성.

37) 그러나 구체적·개별적 관련법이 없다고 해서 경찰행정주체의 존재 및 정당성을 잃는 것은 아니라고 본다. 헌법에 따른 국가행정조직의 기본법인 정부조직법은 조직상 구체적인 사항의 상당부분을 대통령령으로 정하도록 규정함으로 인해, 실제상 행정조직법정주의 의미는 상당히 퇴색되고 있다. 따라서 1948년 대한민국 정부수립 이후, 경찰조직은 일반경찰기관으로서 분명히 제도적으로 설치·운영되었지만, 경찰의 기본적 활동에 관한 법인 경찰관직무집행법은 1953년, 경찰공무원의 관리에 관한 법인 경찰공무원법은 1969년, 그리고 경찰조직의 구조화에 관한 법인 경찰법은 1991년에서야 비로소 제정되었다. 어떻게 보면 이는 경찰제도의 전문성·독립성 차원에서 볼 때, 체제 완성이 아닌 여전히 진행단계에 있음을 보여주는 것이라 할 수 있다.

38) 신유근(1981), 앞의 책, pp. 22-25.

39) 김남진·서정범(1998), 경찰법, 서울: 화학사, p. 105.; 홍정선(2001), 행정법원론(상), 서울: 박영사, p. 613.

40) 종래 행정법학자들의 경찰개념 및 관련법에 대한 논의는 형식적·제도적 경찰개념뿐만 아니라 실질적 경찰개념을 포괄하

1) 헌법

현행법상으로 경찰권 역시 행정권의 일부이기 때문에 대통령을 수반으로 하는 정부에 속한다(헌법 제66조 제4항). 따라서 경찰권은 대통령과 국무총리의 통할(統轄) 하에서 행사되어 짐은 물론이다. 우리나라는 헌법상 기본적으로는 대통령제를 택하고 있으며, 정부를 구성하는 기본요소인 대통령·국무회의·국무총리·행정각부의 장관 등에 관하여 규정하면서, 이들에 관한 보다 세부적이고 구체적인 것은 법률로 정하도록 하고 있다(헌법 제96조).

2) 정부조직법

헌법에 근거하여 제정된 기본 법률이 정부조직법(政府組織法)이다. 국가행정조직의 기본 법률로서 정부조직법의 기본 구성도 대통령, 국무회의, 국무총리 및 행정각부장관을 대상으로 규정하고 있음은 물론이다.[41)]

따라서 정부조직법은 국가행정사무의 통일적이고도 능률적인 수행을 위하여 국가행정기관의 설치·조직과 직무범위의 대강을 정하는 국가행정조직에 관한 일반법(一般法)의 성격을 갖는다. 정부조직법은 입법조직법인 국회법 및 사법조직법인 법원조직법과 더불어 우리나라의 국가조직을 정하는 가장 기본적인 조직법을 구성하고 있다.[42)]

정부조직법에 따라 대통령은 정부의 수반으로서 법령에 따라 모든 중앙행정기관의 장을 지휘·감독하도록 하고 있고, 국무총리는 대통령의 명을 받아 각 중앙행정기관의 장을 지휘·감독하도록 하고 있다(정부조직법 제11조 제1항, 제18조 제1항).

한편, 행정안전부장관은 국무회의의 서무, 법령 및 조약의 공포, 정부조직과 정원, 상훈, 정부혁신, 행정능률, 전자정부, 개인정보보호, 정부청사의 관리, 지방자치제도, 지방

여 접근하는 것이 일반적이다. 그러나 경찰학 관련학자들의 논의는 경찰개념 정립부분에서는 실질적 경찰개념까지 포괄하면서도, 경찰조직법 등에서는 형식적 경찰개념에 국한하여 접근하고 있다. 생각건대, 경찰학(Police Science)의 학문적 영역은 개념과 제도에 있어서 모두 형식적적 의미의 경찰, 즉 행정법학자들의 시각에서 말하는 '일반경찰기관'을 중심으로 접근하는 것이 바람직하다고 본다.

41) 정부조직법 등에 근거해서 2017년 8월 현재 대한민국 정부조직은 18부 5처 17청, 2원 4실 6위원회 등의 기관으로 구성되어 있다. 경찰청은 행정안전부 외청으로 소속되어 있다. 한편, 2017년 현재 대한민국 전 지역의 지방자치단체인 지방행정구역은 1개의 특별시(서울), 6개의 광역시(부산, 대구, 인천, 광주, 대전, 울산), 8개의 도(경기, 강원, 충청남·북도, 전라남·북도, 경상남·북도), 그리고 1개의 특별자치도(제주)와 특별자치시(세종)로 구분된다. 이들 17개 특별시와 광역시·도에 223개의 기초자치단체가 설치되어 있다. 행정안전부(http://www.mois.go.kr).; 정부24(https://www.gov.kr/portal/orgInfo).

42) 정부조직법은 국가행정기관에 관해 규정할 뿐 지방자치행정기관에 대해서는 규정하지 않는다. 그리고 그것도 직접국가행정사무를 담당하는 국가행정기관에 대해서만 규정한다. 국가행정기관 중에서도 중앙행정기관에 대해서는 비교적 자세히 규정하고 있으나, 특별지방행정기관에 대해서는 규정하는 바가 없다. 다만, 정부조직법은 행정기관의 설치·조직의 대강만을 규정할 뿐이고 구체적인 사항은 대통령령에 많이 위임되고 있다. 한편, 넓은 의미에서 중앙행정기관으로 볼 수 있는 감사원과 같은 헌법상의 독립기관은 이 법에서는 규정되고 있지 않다.

자치단체의 사무지원·재정·세제, 낙후지역 등 지원, 지방자치단체간 분쟁조정, 선거·국민투표의 지원, 안전 및 재난에 관한 정책의 수립·총괄·조정, 비상대비, 민방위 및 방재에 관한 사무를 관장하도록 하고 있다(제34조 제1항).

그리고 치안에 관한 사무를 관장하기 위하여 행정안전부장관 소속으로 경찰청(警察廳)을 두도록 하고 있으며(동조 제4항), 경찰청의 조직·직무범위 그밖에 필요한 사항은 따로 법률(즉, 경찰법 등)로 정하도록 하고 있다(제5항).[43]

3) 경찰법

경찰법(警察法)은 특히 국가경찰의 조직구조에 관한 것을 규정한 법으로써 경찰의 민주적인 관리·운영과 효율적인 임무수행을 위하여 경찰의 기본조직 및 직무범위를 정하고 있다. 분단국가로서의 안보상황과 치안여건에 효율적으로 대응하기 위하여 중앙집권적인 국가경찰체제를 유지하고 있다는 것이 특징이다.[44] 경찰조직의 구조에 관한 법으로써 경찰법 외에도 「의무경찰대 설치 및 운영에 관한 법률」, 「경찰대학 설치법」 등이 있다.

2. 경찰조직의 구조적 특징

1) 중앙집권적인 국가경찰

우리나라 경찰은 기본적으로 중앙집권적인 국가경찰로 이루어져 있음을 특징으로 한다. 이러한 국가경찰은 일반경찰기관(一般警察機關)으로서 치안에 관한 사무를 관장하고 있다. 일반경찰기관이라는 것은 경찰개념으로 볼 때, 형식적·제도적 의미의 경찰(즉, 통일적인 제복을 입은 경찰)로서 법집행·질서유지·대민봉사와 같은 전반적인 업무를 수행하는 경찰을 의미한다고 볼 수 있다.

이러한 국가경찰은 경찰청을 정점으로 하여 지방경찰청, 경찰서, 지구대·파출소 등의 하위체계를 이루고 있다. 그리고 규모와 정도의 차이는 있지만 경찰청, 지방경찰청, 경찰서의 소관업무 즉 기능(경무·생활안전·수사·교통·경비·정보·보안·외사 등)은 대동소이하다고 본다.[45] 한편, 지구대·파출소 등은 이러한 경찰기능이 세분화되지는 않았지만

43) 한편, ① 해양에서의 경찰 및 오염방제에 관한 사무를 관장하기 위하여 해양수산부장관 소속으로 해양경찰청을 두도록 하고 있다. 그리고 해양경찰청에 청장 1명과 차장 1명을 두되, 청장 및 차장은 경찰공무원으로 보하도록 하고 있다(정부조직법 제43조 제2항 및 제3항). ② 해양경찰청은 조직에 관한 별도의 개별법이 없이 위의 정부조직법에 근거를 두고, 「해양경찰청과 그 소속기관 직제(대통령령)」에 의하여 운용되고 있다.

44) 이황우(2005), 앞의 책, p. 138.

45) 지난 2014년 3월 11에 「경찰청과 그 소속기관 직제」의 개정으로 경찰청에 경찰기능으로 '사이버안전국'이 신설되었다.

제1차적으로 이와 관련된 업무를 전반적으로 수행한다고 본다. 그리고 지구대·파출소는 특히, 생활안전기능과 밀접하여 관할구역 내에서 범죄예방 및 위험발생의 방지와 관련된 제반활동을 수행하고 있다.[46]

〈경찰조직 변화 추이(단위: 개소)〉

구 분	2002	2003	2004	2005	2006	2007	2008	2009	2010	2011	2012	2013	2014	2015
지방청	14	14	14	14	14	16	16	16	16	16	16	16	16	16
경찰서	231	233	233	234	235	238	241	244	248	249	249	250	250	251
지구대	–	–	871	872	826	826	816	773	423	428	427	512	515	514
파출소	2,922	2,945	119	200	528	544	580	760	1,517	1,517	1,524	1,436	1,438	1,463

〈국가경찰조직의 기본 구조〉

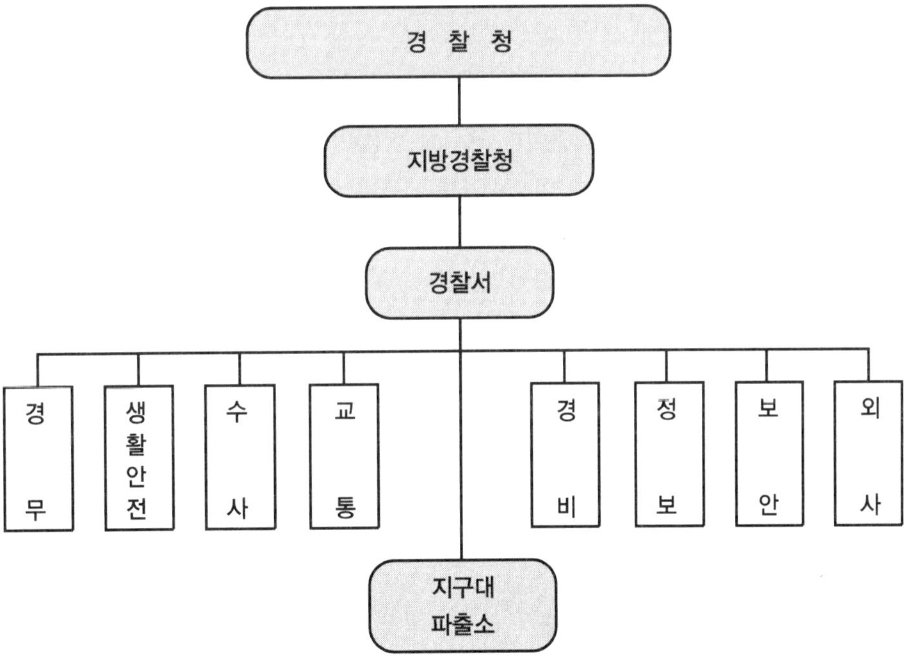

사이버안전국의 사무는 ① 사이버공간에서의 범죄(이하 사이버범죄)정보의 수집·분석, ② 사이버범죄 신고·상담, ③ 사이버범죄 수사에 관한 사항, ④ 사이버범죄 예방에 관한 사항, ⑤ 사이버범죄 관련 국제경찰기구 등과의 협력, ⑥ 전자적 증거분석 및 분석기법 연구·개발에 관한 사항이다(제12조의 2). 이는 증가하고 있는 사이버범죄에 보다 전문적으로 대응하기 위한 노력의 일환이라 할 수 있다. 향후 범죄문제가 사이버공간과 직·간접으로 관련될 여지는 높기 때문에 이에 대한 관심과 조직개편은 의미 있는 일이라고 볼 수 있다.

46) 경찰청과 그 소속기관 직제 및 사이버경찰청(http://www.police.go.kr) 참조.

2) 국가경찰조직의 구조적 2원화

이처럼 국가경찰조직은 우리나라 경찰은 기본적으로 중앙집권적인 국가행정조직으로 구조화되어 있음을 특색으로 한다. 따라서 치안에 관한 사무를 관장하게 하기 위하여 중앙행정기관인 행정안전부장관 소속으로 경찰청을 두도록 하고 있다(경찰법 제2조 제1항).

이러한 국가경찰조직의 구조는 1948년 대한민국 정부수립 이후 단일체제로 운영되어 왔다. 그러다가 1996년 8월에 해양경찰기능이 분리되어 독립적인 해양경찰청(海洋警察廳)이 이를 맡도록 함으로써 국가경찰기능은 이원화(二元化) 되었다고 볼 수 있다.[47]

즉, 이 해에 정부조직법의 개정으로 '해양에서의 경찰 및 오염방제에 관한 사무를 관장'하기 위하여 해양수산부장관 소속으로 해양경찰청을 두도록 한 것이다. 해양경찰조직의 구조 역시 기본적으로 해양경찰청·지방해양경찰청·해양경찰서·파출소 등의 체제로 구성되어 있다.

이러한 상황에서 지난 2014년 4월 전남진도 앞바다에서 세월호가 침몰하여 학생을 포함한 300명 이상의 승객이 사망한 사건에 대한 책임(일종의 '정치적 희생')을 물어 해양경찰청을 해체하였다. 그 대신 졸속(拙速)으로 그해 11월에 국민안전처(國民安全處)를 설치하고, 그 소속으로 소방업무를 담당하는 '중앙소방본부'와 해양경찰사무를 담당하는 '해양경비안전본부'를 두도록 한 것이다. 이 해양경비안전본부로의 체제 개편 이후, 특별하게 해양경찰기능이 개선된 것도 없으며, 또 조직위상은 오히려 크게 떨어진 것이 사실이다. 이러한 우여곡절 끝에, 2017년 7월 정부조직법의 개정으로 종전과 같이 해양경찰청이 다시 설치되었다.

한편, 경찰청은 정부조직법의 특별법인 경찰법에 의해서 경찰위원회·경찰청장 등 조직·직무범위가 규정되어 있으나, 현 해양경찰청은 조직에 관한 별도의 개별법이 없이 정부조직법(43조 제2항 및 제3항)에 근거를 두고, 대통령령인 「해양경찰청과 그 소속기관 직제」에 의하여 운용되고 있다. 해양경찰에 대한 제도적 개편 및 법적 정비가 시급한 실정이라고 본다.

3) 지방분권적 자치경찰의 존재

지난 참여정부에서는 '분권과 자율'이라는 국정지표에 따라 지방분권 정책을 중점적으로 추진해왔으며, 이에 따라 지난 2005년에 제주특별자치도 기본구상에 따라 제주도에 자

47) 김남진(2002), 경찰행정법, 서울: 경세원, p. 22.; 홍정선(2007), 앞의 책, pp. 104-105.; 조철옥(2008), 경찰학개론, 서울: 대영문화사, p. 206.

치경찰(自治警察)을 도입할 것을 밝힌바 있다.

이러한 노력으로 2006년 2월에 「제주특별자치도 설치 및 국제자유도시 조성을 위한 특별법」 (약칭: 제주특별법)을 제정하였으며, 이 법에 따라 제주자치경찰을 설치할 수 있는 근거를 마련하여 동년 7월 1일 시행하였다. 그러나 이러한 자치경찰의 규모는 국가경찰에 비교할 때 매우 미미한 수준이다.[48)]

그리고 주의할 것은 제주특별자치도 역시 국가경찰인 제주지방경찰청이 치안사무를 전반적으로 관장하고 있다는 점이다. 자치경찰은 주민의 생활안전활동에 관한 사무, 지역교통활동에 관한 사무, 공공시설 및 지역행사장 등의 지역경비에 관한 사무, 그리고 제한된 사법경찰관리의 직무를 수행하도록 하고 있다(제주특별자치도 특별법 제108조 단서).

48) 전술한 바와 같이, 자치경찰인 '제주특별자치도 자치경찰단'의 인력은 2012년 현재 169명(정원 193명)이다. 이 가운데, 순수한 자치경찰공무원은 127명(총경 1명, 경정 5명, 경감 9명, 경위 15명, 경사 15명, 경장 29명, 순경 53명)이고, 일반공무원은 66명이다. 제주자치경찰의 운영예산은 약 70억 수준이다. 한편, 국가경찰인 '제주지방경찰청'의 인력은 2015년 현재 1,580명이며, 운영예산은 약 360억 수준이다. 이상열(2012), "제주자치경찰제의 실태분석 및 발전방안에 관한 연구," 한국경찰연구 제11권 제1호, p. 135.; 경찰청(2016), 경찰통계연보, p. 13.

〈국가경찰(경찰·해양경찰)과 자치경찰조직의 구조화 과정〉

국 가 경 찰

치안국(治安局, 1948.11 ~ 1974.12)

- 정부조직법 제정(1948.7.17, 법률 제1호)
- 정부조직법에 근거하여 내무부장관 소속하에 치안국 설치(48.11)
  : 치안국에 해양경찰대 신설(53.12)

⇩

치안본부(治安本部, 1974.12 ~ 1991.7)

- 정부조직법 개정으로 치안국을 치안본부로 개편(74.12)

⇩

경찰청(警察廳, 1991. 7 ~ 현재)

- 경찰조직의 근거법인 경찰법 제정(91.5)
- 경찰청과 그 소속기관 직제제정(대통령령, 91.7)
- 정부조직법 개정, 경찰법에 근거하여 치안본부를 경찰청으로 개편(91.7)
  : 경찰청 소속 해양경찰대를 해양경찰청으로 개편(91.7)
  : 경찰청의 해양경찰에 관한 사무폐지(96.8)

해양경찰청(1996.8 ~ 2014.11)

- 정부조직법에 근거하여 해양수산부장관 소속하에 해양경찰청 설치(96.8)
- 해양경찰청과 그 소속기관 직제 제정(96.8)
- 해양경찰청 폐지(14.11)

⇩

해양경비안전본부(2014.11~ 2017.7)

- 정부조직법에 근거하여 국민안전처 소속하에 해양경비안전본부 설치(14.11)
- 국민안전처 폐지(17.7)

⇩

해양경찰청 부활(2017.7~ 현재)

- 정부조직법에 근거하여 해양수산부장관 소속하에 해양경찰청 설치(17.7)

자치경찰

자치경찰단(自治警察團, 2006 ~ 현재)

- 제주특별자치도 설치 및 국제자유도시 조성을 위한 특별법 제정(2006. 2)
- 도지사 소속 하에 자치경찰단을 둠

4) 특별경찰기관의 존재

한편, 이상과 같은 일반경찰기관 외에도 특별경찰기관(特別警察機關)이 존재한다.[49] 특별경찰기관이라는 것은 특정의 전문영역에서 경찰상의 권한을 가진 행정기관으로서 조직상 일반경찰기관에 속하지 아니하는 국가기관을 의미한다.

그런데, 이러한 특별경찰기관은 '경찰기관'으로서의 의미보다는 '경찰기능'으로서의 의미가 강하다고 본다. 즉, ㉠ 다른 국가행정기관(산림·영업·보건·건축 등)에 부수하여 특정한 경찰관련 업무를 수행(협의의 행정경찰)하거나, ㉡ 보통경찰기관의 사항적·지역적·인적 한계를 보조 또는 지원하는 형식으로 관련업무를 수행(의무경찰, 청원경찰 등)하는 경우를 들 수 있다. 그리고 ㉢ 특별한 상황(국가 비상사태 등)에서 한시적으로 경찰관련 업무를 수행하는 경우(계엄사령관 등)를 들 수 있다. 특별경찰기관에 대한 논의는 후술하는 '경찰집행기관'에서 보다 상세하게 살펴보기로 한다.

제4절 경찰조직의 구조유형 : 경찰기관

경찰조직의 구조는 경찰기능 또는 경찰업무를 담당하는 각 단위로 하여 경찰기관(警察機關)이라는 용어를 사용하여 유형화 할 수 있다. 이러한 경찰기관은 그 법률상의 지위, 권한, 업무의 종류 및 내용 등을 기준으로 하여 여러 가지로 나눌 수 있다. 이를 구분하면, 경찰기관은 크게 ㉠ 경찰의사 표시기관(경찰관청), ㉡ 경찰의결기관(경찰위원회), ㉢ 경찰집행기관(경찰공무원), ㉣ 경찰협의·자문기관 등으로 구분할 수 있다.[50]

---

49) 제주자치경찰은 일반경찰기관인 국가경찰과 마찬가지로 범죄 및 무질서로 인한 위험방지 및 제거의 임무를 가지고 있다. 그러나 그 소관업무의 영역은 국가경찰보다 훨씬 제한적이며, 경찰관직무집행법의 적용에 있어서 다소 간의 제한이 따른다. 한편, 인사관리에 있어서 국가경찰공무원과 자치경찰공무원 간의 인사교류가 가능하다(제주특별자치도 특별법 '자치경찰'관련 조항 참조). 이러한 점에서 다소 논란의 여지는 있지만 제주특별자치도 자치경찰 역시 일반경찰기관의 일종으로 볼 수 있을 것이다.

50) 일반경찰기관 또는 보통경찰기관으로서 (육상)경찰뿐만 아니라 해양경찰도 포함되는데, 아래에서는 논의의 편의상 (육상)경찰을 중심으로 살펴보고자 한다.

1. 경찰관청

경찰관청 또는 경찰행정관청은 법적으로 주어진 권한의 범위 내에서 경찰업무에 관한 의사를 결정하고 이를 외부에 표시할 수 있는 권한을 가진 기관을 의미한다.[51]

물론, 모든 경찰의사(警察意思)를 결정하는 것은 아니다. 경찰위원회 심의·의결사항 외의 의결사항이라고 보아야 한다. 현행법상 경찰행정에 관한 중요사항은 경찰위원회에서 심의·의결하도록 되어 있기 때문이다(경찰법 제5조, 제9조). 그러나 후술하겠지만 우리나라의 경찰위원회가 진정한 의미의 심의·의결권을 행사하고 있는지에 대해서는 상당히 논란의 여지가 있다고 본다.

이러한 경찰관청은 ㉠ 중앙경찰관청,[52] ㉡ 지방경찰관청으로 구분된다. 정부조직법 및 경찰법 등에 따라 중앙경찰관청은 경찰청장, 지방경찰관청으로는 지방경찰청장, 그리고 경찰서장이 있다. 그리고 주의할 것은 순찰지구대장이나 파출소장은 경찰서장의 보조기관이지 경찰관청은 아니라는 점이다.

1) 경찰청장

국가경찰조직으로서 치안에 관한 사무를 관장하게 하기 위하여 행정안전부장관 소속으로 경찰청(警察廳)을 두고 있다. 경찰청의 최고책임자인 경찰청장(警察廳長)은 국가경찰에 관한 사무를 총괄하고 경찰청 업무를 관장하며 소속 공무원 및 각급 국가경찰기관의 장(지방경찰청장·경찰서장 등)을 지휘·감독하도록 하고 있다(경찰법 제11조 제3항). 경찰청장은 치안총감(治安總監)으로 보(補)하도록 하고 있다(제1항).[53]

---

51) 홍정선(2007), 앞의 책, pp. 103-104.

52) ① 경찰관련법상 행정안전부장관의 지위와 관련하여 넓은 의미에서 경찰관청이라고 하는 견해와 경찰관청이 아니라는 견해가 있다. 경찰관청을 행정조직법상의 행정관청개념에 근거하여 '위험방지 등 치안업무에 관한 국가의사를 결정하고 이를 외부에 표시할 수 있는 권한을 가진 기관'으로 정의하는 한 행정안전부장관을 경찰관청이라고 하기는 어렵다고 본다. 다만, 정부조직법상 행정기관의 장의 직무권한으로서 '소관사무를 통할하고 소속공무원을 지휘감독한다' 라고 규정(정부조직법 제7조 제1항)되어 있으므로 경찰관청에 대한 감독기관이라는 의미에서 경찰관청이라고 부를 수도 있다. 그러나 이러한 감독기관으로서의 성격에서 본다면 국무총리 역시 '대통령의 명을 받아 각 중앙행정기관의 장을 지휘·감독한다'고 규정(동법 제18조 제1항)하고 있고, 더 나아가 대통령은 '정부의 수반으로서 법령에 따라 모든 중앙행정기관의 장을 지휘감독한다'고 규정(제11조 제1항)되어 있기 때문에 엄격한 의미에서의 직무와 관련된 중앙경찰관청은 경찰청장으로 보는 것이 타당하다고 본다. 이렇게 해야 경찰의 이념이라 할 수 있는 정치적 중립성이 담보될 수 있을 것이다.
② 일본의 경우에는 국가의 경찰조직을 내각총리대신의 '소할'(所轄)하에 국가공안위원회를 두고, 그 관리 하에 경찰청을 두고 있는데, 여기에서 '소할'이라는 것은 조직상의 상하관계이지만 독립성이 강한 관계 사이에 소속관계를 표현하는 것으로서 지휘감독보다 더욱 약한 관계를 의미하는 것이다. 이처럼 일본은 제도적으로 경찰의 중립성·독립성을 보장해 주고 있는 셈이다. 그리고 한국경찰의 이러한 문제는 어떻게 보면 영국과 일본과 같은 제대로 된 합의제·위원회시스템이 아닌 독임제 성격이 강한 조직운영에 따른 본질적 한계일 수도 있다. 그리고 이는 우리나라 경찰위원회의 기능이 다소 미흡한 부분이기도 하다.

이러한 경찰청장은 경찰위원회의 '동의'(同意)를 얻어 행정안전부장관의 '제청'(提請)으로 국무총리를 거쳐 대통령이 '임명'(任命)하도록 하고 있다. 경찰청장의 임기는 2년으로 하고 중임(重任)할 수 없다.[54] 그리고 경찰청장이 직무를 집행하면서 헌법이나 법률을 위배하였을 때에는 탄핵소추(彈劾訴追)를 의결할 수 있도록 하고 있다(경찰법 제11조 제6항).[55]

한편, 경찰청장은 전시·사변, 천재지변, 그 밖에 이에 준하는 국가 비상사태, 대규모의 테러 또는 소요사태가 발생하였거나 발생할 우려가 있어 전국적인 치안유지를 위하여 긴급한 조치가 필요하다고 인정할 만한 충분한 사유가 있는 경우에는 제주특별자치도의 자치경찰공무원을 직접 지휘·명령할 수 있다. 다만, 제주특별자치도 지역 단위의 치안유지를 위하여 필요한 경우에는 제주특별자치도 지방경찰청장이 지휘·명령할 수 있도록 하고 있다(경찰법 제25조 제1항).

경찰청장과 경찰위원회의 관계

경찰행정을 과정론적 관점에서 본다면, 어떤 경찰목적(예, 불법폭력시위의 효과적 통제)을 달성하기 위하여 대안(예, 최루탄·물대포·음향폭탄 사용 등)이 여러 방면(특히, 집권여당 등 보수세력, 경찰청장의 의견 등)에서 나오게 된다. 그런데, 이 경우 불법폭력시위를 효과적으로 통제할 수는 있으나 그로 인한 심각한 인권침해 문제가 제기될 수 있다. 이러한 이유로 인해 공권력 행사에 대한 정당성·타당성·효과성 등에 대한 충분한 논의과정이 제도적으로 보장되어야 한다. 그렇지 않으면 민주질서를 위협할 가능성이 높기 때문이다.

그런데, 경찰청장(警察廳長)은 독임제(獨任制) 관청으로써 치안업무를 관장하는데 있

53) 경찰관련법에서도 여전히 일본식 표현이나 어려운 법률 용어가 산재해 있기 때문에 이를 정비할 필요가 있다고 본다. 이와 관련하여 국방부에서도 '알기 쉬운 법령 만들기 정비사업' 일환으로 관련 일본식 표현이나 어려운 법률용어를 알기 쉽게 바꾸고자 하였다. 이에 따르면, 관련 법률에 가장 많이 사용되는 용어인 '익년'은 '다음해'로, '자(者)'는 '사람', '보(補)하다'는 '임명(任命)하다'로 각각 고쳐진다. 또 '당해'는 '해당', '잔임기간'은 '임기의 남은 기간', '예하'는 '소속', '장리(掌理)하다'는 '관장하다', '의하여'는 '따라', '분묘'는 '무덤', '은닉'은 '숨기는'으로 각각 바뀌게 된다. 또, '사고(事故)가 있을 때'는 '부득이한 사유로 직무를 수행할 수 없을 때' 등으로 각각 풀어쓰는 방안을 검토하였다. 헤럴드경제(2010. 3.29.).

54) 공무원 임용과 관련하여 중임(重任)과 연임(連任)이 있다. 연임과 중임은 임기가 정해진 직위(職位)에 임기가 만료된 후에 다시 취임·선임 될 수 있다는 점에서 같다. 그러나 연임은 연속성을 염두 해 둔 개념이며, 중임은 연속적이든 단속적이든 그 직위를 가지는 것을 말한다. 따라서 중임의 개념이 보다 포괄적이라 할 수 있다.

55) 국회가 특정한 공무원의 위헌이나 위법 행위에 대한 탄핵을 발의하여 파면(罷免)을 요구하는 것을 의미한다. 국회는 대통령, 국무총리, 국무 위원 헌법 재판소 재판관 등 형벌 또는 보통의 징계로 처분이 곤란한 고위 공무원이나 특수직 공무원 등이 직무를 행하면서 헌법이나 법률에 어긋나는 행위를 한 때에 그 공무원의 탄핵 소추를 의결할 수 있다(헌법 제65조 제1항).

어서 정치적 이해관계를 초월하여 중립적으로 존재하기가 어렵다. 특히 임용권자인 대통령 등의 의사를 반(反)하는 것은 결코 쉬운 일이 아니다. 따라서 경찰청장은 치안정책적 대안(예, 최루탄·물대포·음향폭탄의 사용 등)에 대한 결정권을 독단적으로 행사해서는 안 된다고 본다.

이러한 결정권의 행사는 일정한 자격(특히, 정치적 중립성)을 가진 일정 수의 사람들이 참여한 가운데 중립적으로 이루어지는 것이 바람직하다고 본다. 합의제(合議制) 기관인 경찰위원회(警察委員會)를 제도화 하여 설치한 것은 바로 이러한 까닭이다. 비록, 경찰위원 역시 대통령이 임용권을 행사하지만 합의제의 성격상 개인의 정치적 책임을 면할 수 있어서 중립적인 결정을 내리는데 유리하기 때문이다.

요약건대, 경찰목적(불법폭력시위의 통제)의 달성을 위해 제시된 치안정책(예, 최루탄·물대포·음향폭탄의 사용 등)은 경찰위원회의 사전 심사·의결(審査·議決)과정을 거쳐야 하고, 경찰청장은 대외적으로 이를 공표 즉, 표시(表示)하고, 조직 내의 경찰관들에게 이에 대한 지휘·감독을 행사해야 할 것이다. 그리고 하부 경찰집행기관(즉, 현장 담당경찰)은 이러한 지휘·감독에 따라 주어진 직무를 집행(執行)해야 할 것이다. 이러한 일련의 과정이 바로 '경찰의사의 심의·의결 → 경찰의사의 표시 → 경찰의사의 집행'인 것이다.

이러한 이유로 경찰법에서는 경찰위원회(경찰의결기관), 경찰청장(경찰관청, 경찰의사 표시기관), 경찰공무원(경찰의사 집행기관)의 순서로 규정하고 있는 것이다. 그러나 후술하겠지만, 영국 및 일본과는 달리 우리나라의 경찰위원회는 법적·제도적으로는 그러한 기능(즉, 정치적 중립에 입각한 객관적 의사결정)을 담당행하도록 하고 있으나 현실에 있어서는 그 역할이 미흡하다. 그리고 국가경찰의 특성상 전국의 경찰을 관장하는 경찰청장의 권한은 막강한 것이 사실이다.[56)]

2) 지방경찰청장

경찰청의 사무를 지역적으로 분담하여 수행하게 하기 위하여 특별시장·광역시장 및 도지사 소속으로 지방경찰청을 두고, 지방경찰청장 소속으로 경찰서를 두도록 하고 있다. 그리고 2012년 법 개정으로 인구, 행정구역, 면적, 지리적 특성, 교통 및 그 밖의 조건을 고려하여 시·도지사 소속으로 2개의 지방경찰청을 둘 수 있도록 규정하였다(경찰법 제2조 제2항).

56) 경찰법 및 경찰조직의 운영 및 관리체계상 본다면, 경찰위원회를 먼저 다루고, 다음에 경찰관청을 다루는 것이 바람직하다고 본다. 다만, 위에서 설명한 바와 같이 우리나라의 경찰위원회가 아직까지 그 역할이 미흡하고, 또 한편으로는 종래 경찰학 관련서적에서 경찰관청을 먼저 다룬 까닭에 이에 따르기로 한다.

지방경찰청에 지방경찰청장을 두며, 지방경찰청장은 치안정감(治安正監) · 치안감(治安監) 또는 경무관(警務官)으로 임명하도록 하고 있다(제14조 제1항). 지방경찰청장은 경찰청장의 지휘 · 감독을 받아 관할구역의 국가경찰사무를 관장하고 소속 공무원 및 소속 국가경찰기관의 장을 지휘 · 감독하도록 하고 있다(제2항).

지방경찰청의 소속과 지휘·감독의 문제

현행법상 경찰은 중앙집권적인 국가경찰체제를 근간으로 하고 있다(경찰법 제1조). 중앙집권적 국가경찰체제를 유지하기 위해서는 기본적으로 소속과 지휘·감독이 중앙집권적이어야 한다는 것을 의미한다.

그런데, 법적으로는 경찰청은 행정안전부장관 소속하에 두도록 하고 있으며, 지방경찰청·경찰서는 특별시장·광역시장 및 도지사 소속으로 하여 이원화시키고 있다(제2조 제2항). 그런데, 국가경찰체제에서 지방경찰청 및 경찰서를 중앙의 경찰청 소속이 아닌 지방의 시도지사 소속 하에 두는 이유가 분명치 않다.[57] 그러면서도 업무상의 지휘·감독관계에 있어서는 다시 지방경찰청장은 경찰청장의 지휘 · 감독을 받아(경찰서장은 지방경찰청장의 지휘·감독을 받아) 관할구역의 국가경찰사무를 관장하고 소속 공무원을 지휘·감독하도록 하고 있다(제14조 제2항, 제17조 제2항). 이러한 법적인 문제는 차치하고 행정안전부장관과 마찬가지로 광역지방자치단체장을 상급 경찰관청이라고 보기는 어렵다고 본다.

3) 경찰서장

경찰사무를 지역적으로 분담하여 수행하기 위하여 지방경찰청장 소속하에 경찰서를 두도록 하고 있다(경찰법 제2조 제2항). 경찰서에는 경찰서장을 두되, 경찰서장은 경무관(警務官), 총경(總警) 또는 경정(警正)으로 임명하도록 하였다. 이러한 경찰서장은 지방경찰청장의 지휘·감독을 받아 관할구역 안의 소관사무를 관장하고 소속공무원을 지휘·감독하도록 하고 있다(제17조 제2항).

지방경찰청장은 경찰서장의 소관사무를 분장하기 위하여 행정안전부령이 정하는 바에

57) 그 이유로 지방에 있어서 경찰사무도 행정사무의 일환으로서 시·도지사의 통할 하에 다른 행정과의 협의·조정을 거쳐 처리되어야 함을 나타내는 것이고, 또한 지방경찰을 자치경찰로 전환하는 경우를 대비한 것이라는 견해도 있다. 그러나 해양경찰사무 등과 달리 육상의 경찰사무만이 시·도지사의 통할 하에 다른 행정과의 협의·조정을 거쳐 처리되어야 한다는 것은 이해하기 어렵고, 또한 지방경찰청장을 시·도지사 소속하에 두는 것이 자치경찰을 대비하기 위한 것이라는 논리도 이해하기 어렵다. 이보다는 지방자치단체로부터 재정지원을 확보하기 위한 방편으로 볼 수 있다. 홍정선(2007), 앞의 책, pp. 106-107.

따라 경찰청장의 '승인'(承認)을 얻어 지구대 또는 파출소를 둘 수 있도록 하고 있다. 그리로 지방경찰청장은 임시로 필요한 때에는 출장소를 둘 수 있도록 하고 있다(경찰청과 그 소속기관 직제 제44조 제1항 및 제2항).

이러한 경찰서 소속의 지구대 또는 파출소의 설치기준은 치안수요 · 교통 · 지리 등 관할구역의 특성을 고려하여 행정안전부령으로 정하고 있다. 다만, 필요한 경우에는 출장소를 둘 수 있도록 하고 있다(경찰법 제17조 제3항).[58)]

4) 경찰관청의 권한행사 범위: 관할

경찰기관의 관할(管轄, Jurisdiction)이라는 것은 경찰이 권한을 행사할 수 있는 업무의 범위나 지역적 범위, 대상 등을 말한다. 어떻게 보면 경찰관할이라는 것은 경찰권한 자체를 의미하는 것이라고도 할 수 있다. '권한'(權限)이라는 용어 자체에 이미 '한계'(限界) 즉, 관할이 내포되어 있기 때문이다. 따라서 경찰권한은 경찰기관이 국가의 행위로써 유효하게 사무를 처리할 수 있는 능력 또는 사무의 범위라 할 수 있다.

여기에서 논의되는 관할개념은 경찰기관 즉, 경찰관청 · 경찰의결기관 · 경찰집행기관 모두에게 적용되는 것이라고 본다. 다만, 경찰관할 개념을 사용할 때, 경찰 일반론적으로 사용하기도 하고, 어떤 경우에는 경찰관청(警察官廳)에게 적용하기도 하고, 또 어떤 경우에는 경찰집행기관에 적용되기도 하는 등 일정하지가 않다.

여기에서는 일반론적 관점에서 접근하되 특히, 경찰관청을 중심으로 살펴보기로 한다. 경찰위원회의 관할(권한범위)은 후술하기로 하고, 경찰집행기관의 관할 등에 대해서는 제3편에서 전반적으로 살펴보기로 한다.

(1) 사물관할

사물관할(事物管轄) 또는 사항관할(事項管轄) 이라는 것은 경찰기관이 처리할 수 있고 또는 처리해야 하는 사무(직무, 임무, 책무)의 범위를 말한 것이다. 이와 관련하여 예컨대, 경찰법 제3조 및 경찰관직무집행법 제2조에서 국가경찰의 임무(직무의 범위)에 대하여 '㉠ 국민의 생명 · 신체 및 재산의 보호, ㉡ 범죄의 예방 · 진압 및 수사, ㉢ 경비, 주요인사(요인)경호 및 대간첩 · 대테러 작전 수행, ㉣ 치안정보의 수집 · 작성 및 배포, ㉤ 교통

58) 경찰관직무집행법 제3조(불심검문)의 제2항이 정하는 경찰관서의 장(長)인 지구대장과 파출소장, 그리고 출장소장은 경찰관직무집행법 제8조(사실의 확인)의 제2항에 근거하여 '직무 수행에 필요하다고 인정되는 상당한 이유가 있을 때에는 국가기관이나 공사(公私)단체 등에 대하여 직무 수행에 관련된 사실을 조회할 수 있다. 다만, 긴급한 경우에는 소속 경찰관으로 하여금 현장에 나가 해당 기관 또는 단체의 장의 협조를 받아 그 사실을 확인하게 할 수 있다'라고 규정하고 있다. 그러나 이것만으로 지구대장과 파출소장, 그리고 출장소장을 경찰관청이라고 보기는 어렵다고 본다. 위의 책, p. 108.

의 단속과 위해의 방지, ㉥ 외국 정부기관 및 국제기구와의 국제협력, ㉦ 그 밖의 공공의 안녕과 질서유지'로 규정하고 있는 것을 들 수 있다.[59]

이러한 경찰기관의 사물관할은 법령에서 정해진다. 그리고 특별법이 일반법에 우선한다는 원칙에 따라 특별경찰기관의 사물관할이 일반경찰기관의 권한에 우선한다. 예컨대, 의회경찰이나 법정경찰이 그 관할 내에서는 일반경찰기관에 우선한다.

이러한 경찰기관의 사물관할은 경찰권한 행사의 범위를 설정하고 있다.[60] 따라서 사물관할을 벗어난 경찰기관의 행정행위는 원칙적으로 무효가 된다.[61] 아울러 사물관할에 반하는 법규명령(경찰명령)은 무효가 된다.[62]

그러나 한편으로는 경찰기관의 사물관할의 한계를 명확히 하는 것은 사실상 불가능하다고 본다. 위 경찰법 또는 경찰관직무집행 상의 사물관할 즉, 직무의 범위 규정에서 '기타 공공의 안녕과 질서유지'라는 불확정 개념(不確定 槪念)이 존재하기 때문이다. 그리고 사물관할은 국민의 인권침해 여지가 있는 권력적 작용을 중심으로 하지만, 한편으로는 비권력적 작용에도 적용될 수 있다고 본다. 경찰의 대민봉사 업무도 무한정으로 이루어질 수는 없기 때문이다.

(2) 지역관할

지역관할(地域管轄)이라는 것은 경찰기관이 자신의 직무상의 권한(사물관할)을 행사할 있는 공간적·지리적인 영역을 말한다. 경찰청장은 국가경찰관청으로서 원칙적으로 대한민국의 모든 지역이 관할에 해당되지만 하급경찰관청(지방경찰청장·경찰서장)의 지역관할은 제한되어 있다.

따라서 경찰청장의 관할 하에 각 지방경찰청장별로 관할구역이 일정부분 분화되고, 지방경찰청장의 관할 하에 각 경찰서장의 관할구역으로 일정부분 분화되어 있다. 예컨대, 각 경찰서장은 자신의 관할구역에서 발생하는 위험이나 장해를 방지 또는 제거하는 역할을 하게 된다.

---

59) 경찰기관의 사물관할에서 비록 제한적이지만 범죄수사 역시 인정되어 있다. 다만, 국가정보원 직원, 군사법경찰관리, 교도소장, 근로감독관, 선장, 산림보호공무원 등은 소속관서의 관할구역 내에서 사법경찰관리로서의 직무를 수행하므로 일반경찰기관인 경찰의 사물관할 또는 지역관할에서 제외된다. 김창윤·이창한·최선우 외 13인(2012), 경찰학, 서울: 다해, p. 46.

60) 조철옥(2010), 경찰학총론, 경기: 21세기사, p. 195.

61) 운전면허에 대한 정지처분 권한은 경찰청장으로부터 경찰서장에게 권한이 위임 된 것이므로 음주 운전자를 적발한 단속 경찰관으로서는 관할 경찰서장의 명의로 운전면허 정지처분을 대행처리 할 수 있을지는 몰라도 자신의 명의로 이를 할 수는 없다. 따라서 단속 경찰관이 자신의 명의로 운전면허 행정처분통지서를 작성 교부하여 행한 운전면허 정지처분은 비록 그 처분의 내용·사유·근거 등이 기재된 서면을 교부하는 방식으로 행해졌다고 하더라도 권한 없는 자에 의하여 행하여진 점에서 무효처분(無效處分)에 해당한다. 대법 1997.5.16., 97누2313.

62) 홍정선(2007), 앞의 책, pp. 120-121.

여기에서 주의할 것은 관할구역의 판단에 있어서 장해자(즉, 위험을 야기한 자)의 주소지나 거주지가 결정적인 것은 아니라는 점이다. 경찰상 보호해야하는 이익이 침해되거나 위협을 받는 지역이 기준이 된다.

한편, 다른 행정관청이나 삼권분립의 원칙, 그리고 국제법적 근거 등에 의해 경찰의 지역관할은 일정한 한계가 있다.

① 해양경찰사무에 대한 한계

법적으로는 우리나라 치안에 관한 사무를 관장하게 하기 위하여 경찰청을 두고(경찰법 제2조 제1항), 경찰청장은 국가경찰에 관한 사무를 총괄하도록 하고 있다(제11조 제3항 단서).

다만 이러한 사정에도 불구하고, 경찰청 외에 해양경찰청이 설치되어 있고, 이에 따라 '해양에서의 경찰 및 오염방제에 관한 사무를 관장'하기 위하여 해양경찰청을 두고 있다(정부조직법 제43조 제2항). 따라서 경찰청은 육상에서의 치안에 관한 사무를 관장하고 해양경찰청은 해양에서의 경찰사무를 관장하고 있다고 볼 수 있다.

② 삼권분립의 원칙에 따른 한계

삼권분립의 원칙상 국회에서의 경찰작용은 정부가 아니라 국회에 의해서 이루어진다. 따라서 '회기'(會期) 중 국회에서의 질서유지를 위하여 국회의장(國會議長)은 경찰권이라 할 수 있는 경호권(警護權)을 행사한다(국회법 제143조). 그리고 국회의 경호를 위하여 국회에 경위(警衛, 일종의 국회 담당 경찰관)를 두도록 하고 있다(제144조 제1항).

그리고 국회의장은 국회의 경호를 위하여 필요한 때에는 국회운영위원회의 동의를 얻어 일정한 기간을 정하여 정부에 대하여 필요한 국가경찰공무원의 파견을 요구할 수 있다(제144조 제2항). 경위와 파견된 국가경찰공무원은 의장의 지휘를 받아 경위는 회의장건물 안에서, 국가경찰공무원은 회의장건물 밖에서 경호한다(제3항).

한편, 삼권분립의 원칙상 법원에서의 경찰작용은 정부가 아니라 법원에 의해서 이루어진다. 이에 따라 법정의 질서유지는 재판장(裁判長)이 이를 행하도록 하고 있고, 따라서 재판장은 법정의 존엄과 질서를 해칠 우려가 있는 사람의 입정(入廷) 금지 또는 퇴정(退廷)을 명할 수 있고, 그 밖에 법정의 질서유지에 필요한 명령을 할 수 있다(법원조직법 제58조 제1항 및 제2항).

그리고 재판장은 법정에서의 질서유지를 위하여 필요하다고 인정할 때에는 개정 전후에 상관없이 관할경찰서장에게 국가경찰공무원의 파견을 요구할 수 있다. 이러한 요구에 따라 파견된 국가경찰공무원은 법정 내외의 질서유지에 관하여 재판장의 지휘를 받도록 하고 있다(제60조 제1항 및 제2항).

③ 치외법권 지역

외교공관과 외교관의 개인주택은 국제법상 치외법권(治外法權) 지역이므로 경찰권이 개입될 수는 없는 불가침 영역이다. 이를 '관사(官舍)의 불가침'이라고 한다. 따라서 경찰은 외교사절의 요구나 동의가 없는 한 직무수행을 위해 그 영역에 들어갈 수 없다. 외교관의 관사에 대한 불가침에 준하여 외교사절의 승용차, 보트, 비행기 등 교통수단도 불가침의 특권을 가진다.[63]

다만, 화재나 전염병의 발생 등과 같이 공공의 안전을 유지하기 위하여 긴급을 요하는 경우가 있다. 이 경우에는 외교사절의 동의가 없어도 공관에 들어가 필요한 조치를 취할 수 있다. 이는 국제적 관습(慣習)으로 인정되고 있다.

④ 주한미군 지위협정에 의한 한계

주한미군 지위협정[한미 SOFA]은 미군당국이 부대 영 내외에서 경찰권을 행사함으로써 자체적으로 질서와 안전의 유지를 위하여 필요한 조치를 할 수 있도록 규정하고 있다.

따라서 미군 당국은 그 시설 및 구역 내에서 범죄를 행한 모든 자를 체포할 수 있다.[64] 대한민국 경찰은 미군 당국이 동의하는 경우가 아니면 미군시설이나 구역 내에서 사람이나 재산에 관하여, 또는 시설 및 구역 내외를 불문하고 미국재산에 관하여 압수·수색·검증을 할 수 없다. 그러나 한국경찰이 미군시설이나 영내에서의 압수·수색·검증을 요청할 경우에는 미군 당국은 필요한 조치를 해야 한다(주한미군 지위협정에 대한 세부적인 내용은 제13장 외사경찰에서 살펴보기로 한나).

(3) 인적 관할

인적 관할은 넓은 의미에서 경찰기관의 권한이 어떤 사람에게 적용되는가와 관련된다. 경찰기관의 권한은 원칙적으로 자연인·법인·내국인·외국인을 불문하고 모든 사람에게 적용된다. 그러나 국내법적으로는 대통령과 국회의원, 국제법적으로는 외교사절과 주한미군에 대한 일정한 한계가 있다.

---

63) 조철옥(2010), 앞의 책, p. 198 재인용.

64) 다만, 미군 당국이 동의한 경우, 그리고 살인·강도·강간 등 중대한 죄를 범하고 도주하는 현행범인을 추적하는 때에는 대한민국 경찰도 미군 시설 및 구역 내에서 범인을 체포할 수 있다. 한편, 한국경찰이 체포하려고 하는 자로서 SOFA 협정 대상이 아닌 자가 미군시설이나 영내에 있을 때에는 한국경찰이 요청하는 경우에 미군 당국은 그 자를 즉시 체포하여 한국경찰에 인도해야 한다. 위의 책, p. 198 재인용.

① 대통령·국회의원에 대한 한계

대통령은 '내란 또는 외환의 죄를 범한 경우를 제외하고는 재직 중 형사상의 소추를 받지 아니한다'고 하여 불소추특권을 인정하고 있다(헌법 제84조).

그리고 국회의원은 '현행범인인 경우를 제외하고는 회기 중 동의 없이 체포 또는 구금되지 아니한다. 그리고 국회의원이 회기 전에 체포 또는 구금된 때에는 현행범인이 아닌 한 국회의 요구가 있으면 회기 중 석방 된다'고 하여 불체포특권을 인정하고 있다(제44조 제1항 및 제2항). 또 '국회의원은 국회에서 직무상 행한 발언과 표결에 관하여 국회 외(外)에서 책임을 지지 아니 한다'고 하여 면책특권을 인정하고 있다(제45조).

② 외교사절과 주한미군에 대한 한계

외교사절은 외교관계에 관한 비엔나협약(1961) 및 영사관계에 관한 비엔나협약(1963)에 의해서 제한되며, 주한미군은 위의 SOFA에 의해서 제한된다(비엔나 협약 등에 대한 세부적인 내용은 제13장 외사경찰에서 살펴보기로 한다).

5) 경찰관청의 권한행사 방법

경찰관청은 자기에게 주어진 권한을 자기 스스로 법이 정한 바에 따라 행사하는 것이 원칙이다. 그러나 예외적으로는 업무처리의 효율성이나 기관구성자의 사고 등을 이유로 다른 기관으로 하여금 권한을 행사하게 하는 경우도 있다. 이에는 ㉠ 권한의 위임(委任)과 ㉡ 권한의 대리(代理)가 있다.[65]

(1) 경찰관청의 권한위임

① 권한위임의 의미

권한위임은 행정관청이 자기에게 주어진 권한을 스스로 행사하지 않고 법령(法令)에 근거하여 타관청 등에게 '사무처리 권한의 일부'를 '실질적으로 이전'하여 그 자의 이름과 권한과 책임으로 특정 사무를 처리하게 하는 것을 말한다.

이러한 관점에서 경찰관청의 권한위임이라는 것은 경찰관청이 법령에 근거하여 사무처리 권한의 일부를 하급경찰관청 또는 보조기관에 이전하고, 수임기관이 그 위임받은 권한을 자기의 이름과 책임으로 행사할 수 있게 하는 것을 의미한다. 한편, 현행법상으로는 타 행정관청이나 사인(私印)에 대해서도 권한의 위임이 행해지기도 한다. 이 경우에는 보통 위탁(委託)이라고 한다.

65) 이하 김남진(2002), 앞의 책, pp. 35-48. 홍정선(2007), 앞의 책, pp. 123-132 재구성.

후술하겠지만 권한의 대리는 대리관청이 피대리관청의 권한을 대행 할 뿐 행정관청의 권한에 변동을 가져오지 않는데 반하여, 권한위임은 행정관청의 권한 자체를 수임자(受任者)에게 이전한다는 점에 주의할 필요가 있다. 예컨대, 경찰청장이 일정한 경찰공무원의 임용권을 지방경찰청장에게 위임하였다면, 지방경찰청장은 자신의 이름과 권한과 책임으로 임용권을 행사하게 된다.

② 권한위임의 상대방

권한위임은 위임의 상대방 또는 형태를 기준으로 하급경찰관청에 대한 위임, 보조경찰기관에 대한 위임, 대등경찰관청 또는 타행정관청에 대한 위임, 지방자치단체 또는 그 기관에 대한 위임, 지방자치단체 이외의 법인·단체 또는 개인에 대한 위임 등으로 구분할 수 있다.

그러나 위임은 지방경찰청장과 경찰서장과 같이 하급관청에 대해서 이루어지는 것이 일반적이다. 하급관청의 소관사무는 원칙적으로 상급관청의 소관사무를 사항적 또는 지역적으로 한정하여 맡고 있는 것이므로, 경찰업무의 실제에 있어서 그 기관의 소관사무에 대응한 권한이 위임되는 것이 통례이다. 그리고 경찰관청의 권한을 위임받은 기관은 위임받은 권한의 일부를 하급관청 또는 보조기관에 재위임(再委任)할 수 있다.[66] 이 경우에도 법적 근거를 요함은 물론이다.

③ 권한위임의 한계

그런데 주의할 것은 권한위임은 '일부의 위임'을 의미하는 것이지 권한의 전부를 위임하는 것은 아니다. 왜냐하면 권한의 전부의 위임은 사실상 위임한 행정관청의 권한 자체의 폐지를 뜻하는 것이 되기 때문이다. 따라서 규정의 유무를 불문하고 권한위임은 권한의 일부의 위임으로 해석해야 한다.

④ 권한위임의 효과

권한위임의 사항에 관해 수임기관은 자기의 권한으로 이를 행사하는 것이므로 수임기관의 이름으로 처리하지 않으면 안 된다. 따라서 수임기관의 권한행사의 효과는 수임기관 자체에 귀속한다. 위임된 사항에 관해서는 행정소송법상의 피고도 수임기관이 됨은 물론이다. 따라서 수임기관이 처리한 수임사항에 대해서는 수임기관이 책임을 지며, 그것을 위임한 상급경찰관청은 직접적인 책임을 지지 않는다.

---

66) 이와 관련하여 예컨대, 경찰청장은 경찰공무원의 임용에 관한 권한의 일부를 지방경찰청장에게 위임할 수 있고, 또 지방경찰청장은 다시 경찰서장에게 위임할 수 있도록 하고 있다(경찰공무원법 제6조, 경찰공무원 임용령 제4조).

(2) 경찰관청의 권한대리

① 권한대리의 의의

권한의 대리란 일정한 사유에 의해서 행정관청이 자신의 권한의 '전부' 또는 '일부'를 타 기관으로 하여금 행사하게 하는 경우를 말한다. 이 때 대리관청(代理官廳)은 '피대리관청(被代理官廳)을 위한 것임을 표시'하면서 대리관청 자신의 이름으로 행위 하되, 그 효과는 피대리관청에 구속하게 하는 제도를 말한다. 이를 권한의 대행 또는 직무대행이라 부르기도 한다. 대리관청이 대리권에 속한 사항에 관하여 행한 행위는 피대리관청의 행위로서의 효과가 발생한다.

경찰관청에서도 권한대리가 이루어질 수 있음은 물론이다. 권한대리의 관계는 경찰관청과 그의 보조기관 사이에서 이루어지는 것이 보통이다. 이러한 권한대리는 다시 법정대리(法定代理)와 임의대리(任意代理)로 구분할 수 있다.

② 법정대리

법정대리는 법정사실이 발생하는 경우에 직접 법령의 규정에 의거하여 이루어지는 대리를 말한다. 따라서 법정대리에는 후술하는 임의대리와 같은 수권행위(授權行爲)의 문제가 생기지 않는다.

㉠ 법정대리의 법적 근거 여부

법정대리는 말 그대로 법령의 근거를 바탕으로 하는 것이다. 이러한 법정대리의 법적 근거로 헌법 제71조와 정부조직법 제7조 제2항 등이 있다.[67]

경찰관청의 법정대리는 경찰법에 근거를 두고 있다. 즉, 경찰청에 차장(次長)을 두고 있는데, 차장은 경찰청장을 보좌하며, 경찰청장이 '부득이한 사유'로 직무를 수행할 수 없을 때에는 그 직무를 대행하도록 하고 있다(제12조 제2항). 또한 지방경찰청에도 차장을 둘 수 있도록 하고 있는데, 차장은 지방경찰청장을 보좌하여 소관사무를 처리하고 지방경찰청장이 '부득이한 사유'로 직무를 수행할 수 없을 때에는 그 직무를 대행하도록 하고 있다(제15조 제2항).

67) 대통령이 궐위되거나 사고로 인하여 직무를 수행할 수 없을 때에는 국무총리, 법률이 정한 국무위원의 순서로 그 권한을 '대행'(代行)한다(헌법 제71조). 각 행정기관의 장은 소관사무를 통할하고 소속공무원을 지휘·감독한다. 차관 또는 차장은 그 기관의 장을 보좌하여 소관사무를 처리하고 소속공무원을 지휘·감독하며, 그 기관의 장이 사고로 직무를 수행할 수 없으면 그 직무를 대행한다(정부조직법 제7조 제2항).

㉡ 법정대리의 대리권 범위

법정대리는 피대리관청(예, 경찰청장)이 부득이한 사고가 있는 경우에 생기는 것이므로 피대리관청의 권한의 전부에 미침이 당연하다. 따라서 후술하는 임의대리와는 달리 포괄적 대리가 가능하다.

㉢ 대리관청과 피대리관청의 지위

법정대리에서는 대리관청(예, 경찰청 차장)은 피대리관청(예, 경찰청장)의 권한을 '자기의 책임'하에 행사한다. 그러나 피대리관청은 대리관청의 선임·지휘·감독에 대한 책임을 지지 아니한다. 왜냐하면 대리관계가 피대리관청의 의사가 아니라 법령에 강제된 것이기 때문이다.

㉣ 복대리 문제

후술하는 임의대리와는 달리 법정대리에서는 복대리가 가능한 것으로 본다.

③ 임의대리

임의대리는 경찰관청이 스스로의 의사(意思)에 의해 타기관에게 대리권을 부여함으로써, 즉 수권행위(授權行爲)로써 이루어지는 대리를 의미하므로 이를 수권대리라고도 한다. 수권행위는 상대방의 동의를 필요하지 않는 일방적 행위라 할 수 있다.

㉠ 임의대리의 법적 근거 여부

임의대리는 권한의 일시적 대리행사의 문제로서 권한의 이전을 가져오는 것이 아니므로, 반드시 법적 근거를 요구하는 것은 아니다. 따라서 명문의 규정 유무를 불문하고 임의대리는 원칙적으로 가능하다고 본다(다수설).

㉡ 임의대리의 대리권 범위

임의대리는 권한의 '일부에 한해서' 가능함이 이치상 당연하다. 즉, 피대리관청이 그의 권한에 관하여 포괄적으로 대리권을 부여하는 것은 법령에 의하여 정해진 권한을 사실상 포기하는 것이 되기 때문에 금지된다.

㉢ 대리관청과 피대리관청의 지위

임의대리에서 대리관청은 피대리관청의 권한을 피대리관청의 책임 하에 자기 이름으로 행사하게 되며, 이 때 대리관청의 행위는 바로 피대리관청의 행위로 된다. 한편, 피대리관청은 대리관청에 대한 선임·지휘·감독권을 행사할 수 있고 또 그에 대해 책임을 부담하게 된다. 이는 '임의'에 의한 대리가 이루어진 까닭이다.

㉣ 복대리 문제

임의대리에서 대리관청이 대리권을 다시 다른 기관으로 하여금 행사하게 할 수 있는가 하는 것이다. 이것이 복대리(複代理)의 문제인데, 임의대리에서는 신뢰관계(信賴關係)가 기초가 되므로, 복대리는 원칙적으로 부인된다(일반적 견해).

6) 경찰관청의 상호관계

국가행정관청은 행정부 수반인 대통령을 정점으로 하는 피라미드형의 계층조직을 이루면서 상·하 및 대등의 관계에서 타행정관청과 관계를 맺고 있는데, 이는 경찰청장을 정점으로 하는 경찰조직에 있어서도 마찬가지라 할 수 있다.[68]

(1) 상·하 경찰관청 간의 관계

경찰법에서 '경찰청장은 국가경찰에 관한 사무를 총괄하고 경찰청 업무를 관장하며 소속 공무원 및 각급 국가경찰기관의 장을 지휘·감독한다'라고 규정하고 있다(제11조 제3항). 아울러 '지방경찰청장은 경찰청장의 지휘·감독을 받아 관할구역의 국가경찰사무를 관장하고 소속 공무원 및 소속 국가경찰기관의 장을 지휘·감독한다'라고 규정하고 있다(제14조 제2항).

따라서 앞에서 살펴본 바와 같이 경찰관청은 자기의 권한 일부를 하급경찰관청에 위임하여 그 이름(명의)과 책임 하에 처리하게 하는 경우가 많이 있다. 그리고 상급경찰관청이 하급경찰관청의 권한의 행사를 지휘하여 그의 적법성과 타당성을 확보하기 위하여 일정한 '감독권'(監督權)을 가지고 있다.

상급경찰관청이 하급경찰관청에 대한 감독의 범위는 경찰관청의 종류와 사무의 성질에 따라 다르다고 할 수 있는데, 일반적으로 감시권, 인가권, 그리고 훈령권과 같은 수단이 인정되고 있다.

① 감시권

감시권은 상급경찰관청이 하급경찰관청을 감독하기 위하여 사무를 감사하고 보고를 받는 등의 권한을 말한다. 상급경찰관청은 필요한 때에 경찰공무원을 파견하여 하급경찰관청의 집무상황을 시찰하고, 서류·장부 등을 검열하며, 또한 하급경찰관청에 명하여 집무상의 보고서를 제출하게 할 수 있다. 이러한 행위는 법적 근거가 있음을 요하지는 않는다. 이러한 감시권은 사전예방적 감독수단인 것이 원칙이나 사후 교정적 감독수단으로 행사될 때도 있다.

68) 이하 김남진(2002), 앞의 책, pp. 48-59. 홍정선(2007), 앞의 책, pp. 132-138 재구성.

② 인가권

인가권(승인·동의권)은 하급경찰관청이 명령을 발하거나 처분을 하기 전에 미리 이에 대한 상급경찰관청의 동의를 구하게 하는 것을 말한다. 하급경찰관청이 그 권한을 행사함에 있어 미리 상급경찰관청의 인가(또는 승인)을 받는 것을 명문으로 법에 규정하는 경우도 있지만,[69] 법령에 근거가 없는 경우에도 상급경찰관청은 감독권의 내용으로써 하급경찰관청의 일정한 권한행사에 미리 인가를 받게 할 수 있다는 것이 통설적인 견해이다.

주의할 것은 여기에서 '인가' 등의 용어가 사용되고 있지만, 그것은 경찰조직의 내부적 행위로서 행정행위(즉, 처분)의 성질을 가지지 않음이 원칙이다. 따라서 하급경찰관청은 그 상급경찰관청의 인가의 거부 등에 대해 항고쟁송(취소심판, 취소소송 등)을 제기할 수는 없으며, 다만 법률에 근거가 있는 경우 기관소송을 제기할 수 있다고 보는 것이 타당하다.

③ 훈령권

훈령(訓令)이란 상급관청이 하급관청의 권한행사를 지휘하기 위하여 발하는 명령(命令)을 말한다. 이러한 훈령을 발할 수 있는 권한이 훈령권(訓令權)이다. 훈령권은 다른 말로 지휘권(指揮權)이라고도 한다.[70]

이러한 훈령은 경찰조직 내부에서의 작용으로 하급관청을 구속할 뿐 일반국민을 구속하는 것은 아니라는 것이 통설·판례의 입장이다.[71] 통설에 따르면 훈령위반은 위법이 아니므로 훈령위반행위의 효력은 적법하고 다만 훈령위반자에게는 징계책임이 부과될 수 있을 뿐이다.

---

69) 이와 관련하여 예컨대, ① 지방경찰청장은 경찰서장의 소관사무를 분장하기 위하여 행정안전부령이 정하는 바에 따라 경찰청장의 '승인'(承認) 얻어 지구대 또는 파출소를 둘 수 있다(경찰청과 그 소속기관 직제 제44조 제1항). ② 경찰간부후보생에 대한 경위에의 채용시험의 방법, 합격자의 결정 등에 필요한 사항은 경찰청장의 '승인'(承認)을 얻어 경찰교육원장이 정하도록 하고 있다(경찰공무원임용령 제35조 제3항).

70) 훈령의 종류는 크게 네 가지로 나눌 수 있다. ① 좁은 의미의 훈령: 상급관청이 하급관청에 대하여 장기간에 걸쳐 그 권한의 행사를 일반·추상적으로 규율하는 명령을 말한다. 재량권 행사의 기준을 정하는 재량준칙이 대표적이다. ② 지시: 상급관청이 하급관청에 대하여 개별적·구체적으로 발하는 명령이다. ③ 예규: 행정사무의 통일을 기하기 위한 반복적 행정사무의 처리기준을 말한다. ④ 일일 명령: 당직·출장·각종 휴가 등 일일사무에 관하여 발하는 명령이다.

71) 국무총리훈령은 상급행정기관이 하급행정기관에 대하여 발하는 일반적인 행정명령으로서 행정기관 내부에만 구속력이 있을 뿐 대외적인 구속력을 가지는 것은 아니다. 대법 1994.8.9., 94누3414.

훈령과 직무명령의 관계

훈령은 상·하 관청간의 문제이므로 상급공무원이 부하공무원에게 발하는 공무원간의 문제인 직무명령과는 구별된다. 훈령은 상급기관구성자의 변경(예, 경찰청장의 교체)에도 불구하고 효력을 가지나 직무명령은 그러하지 아니하다. 그리고 훈령은 하급관청의 소관사무에 관련되나, 직무명령은 공무원 개인의 직무와 관련을 맺는다. 물론, 훈령은 동시에 직무명령으로서의 기능을 가질 수도 있다.[72]

훈령권은 법령상 명문으로 규정되는 경우도 있으나,[73] 반드시 명문의 근거가 있어야만 훈령권이 인정되는 것은 아니다. 훈령권은 감독권의 당연한 작용의 하나가 된다.

(2) 대등 경찰관청의 간의 관계

① 권한의 상호존중

대등 경찰관청 상호간(예, 지방경찰청장 상호간 또는 경찰서장 상호간)에는 서로 그 권한을 존중할 것이 요구되며, 자기의 권한이 다른 기관에 의해 침해되는 것을 배제하는 동시에 타경찰관청의 권한을 침범하지 않도록 배려하지 않으면 안 된다. 경찰관청의 권한은 경찰관청 스스로가 정하는 사항이 아니라 법령상 정해지는 것이기 때문이다. 경찰관청 상호간에 분쟁이 있는 경우, 이를 해결하고 결정하는 절차를 '주관쟁의'(主管爭議)라고 한다.

---

72) 〈훈령과 직무명령의 형식적·실질적 요건〉

훈령의 형식적 요건	실질적 요건(양자공통)
① 훈령권한이 있는 상급관청이 발한 것일 것 ② 하급관청의 권한 내에 속하는 것일 것 ③ 하급관청의 독립성이 보장되어 있는 사항이 아닐 것 ④ 법정의 형식과 절차가 있으면 이를 구비할 것	① 내용이 법령에 저촉되지 않을 것 ② 내용이 공익에 적합할 것 ③ 내용이 실현가능하고 명확할 것
직무명령의 형식적 요건	
① 직무명령권한 있는 상관이 발한 것일 것 ② 부하공무원의 직무범위 내에 속하는 사항일 것 ③ 부하공무원의 독립성이 보장되어 있는 사항이 아닐 것 ④ 법정의 형식과 절차가 있으면 이를 구비할 것	

73) ① 대통령은 정부의 수반으로서 법령에 따라 모든 중앙행정기관의 장을 지휘·감독한다(대통령의 행정감독권: 정부조직법 제11조 제1항). ② 경찰청장은 국가경찰에 관한 사무를 총괄하고 경찰청 업무를 관장하며 소속 공무원 및 각급 국가경찰기관의 장을 지휘·감독한다(경찰법 제11조 제3항).

② **권한의 상호협력**

㉠ 협의

어떠한 사항이 둘 이상의 대등 경찰관청의 권한과 관련되는 경우에는 경찰관청 간의 협의에 의하여 이를 결정하도록 하는 것을 말한다.

㉡ 사무의 촉탁

대등한 경찰관청 간에 있어서 어느 경찰관청의 직무상 필요한 사무가 타경찰관청의 관할에 속한 경우, 그 경찰관청에 위탁하여 처리시키도록 하는 것을 말한다. 예컨대, 경찰서장이 물건의 압수와 관련하여 그 물건의 소재지의 경찰서장에게 해당 물건의 압수를 위탁하는 것과 같다.

㉢ 행정응원

이는 경찰사무의 처리를 위하여 다른 경찰관청으로부터 인력이나 장비 또는 전문지식 등의 도움을 받는 것을 말한다. 이에 관한 일반조항으로는 행정절차법(行政節次法) 제8조가 있고, 특별법으로는 경찰직무응원법(警察職務應援法) 등이 있다.

2. 경찰의결기관

1) 경찰위원회의 성격

경찰위원회는 치안에 관한 주요 정책 및 국가경찰의 업무발전 등에 관한 사항을 심의·의결(審議·議決)하기 위하여 행정안전부에 경찰위원회를 두도록 하고 있다(경찰법 제5조 제1항). 이 경찰위원회는 1991년 제정된 경찰법에 의해서 비로소 설치되었다.

경찰위원회는 합의제(合議制) 심의·의결기관으로서, 독임제(獨任制) 경찰관청인 경찰청장의 단독 의사결정의 단점을 보완하는 기능을 수행한다. 아울러 경찰위원회는 경찰의 정치적 중립성 확보, 정책결정과 집행의 민주성과 공정성을 확보하기 위한 합의제 의결기관이라 할 수 있다.[74] 주의할 것은 경찰위원회는 조직법상의 의미에서 경찰관청이 아니라 의결기관이라는 점이다. 경찰위원회는 대외적으로 경찰의사를 표시하는 기관이 아니기 때문이다.

74) 조철옥(2008), 앞의 책, p. 208.

2) 경찰위원회의 조직

(1) 경찰위원회의 구성

경찰위원회는 위원장 1명을 포함한 7명의 위원으로 구성하되, 위원장 및 5명의 위원은 비상임(非常任)으로 하고, 1명의 위원은 상임(常任)으로 하도록 하고 있다.[75] 상임위원(常任委員)은 정무직(政務職)으로 하고 있다(경찰법 제5조 제2항 및 제3항).[76]

(2) 경찰위원의 임명과 결격사유

경찰위원의 임명과 결격사유는 다음과 같다. 먼저, 경찰위원의 임명은 행정안전부장관의 제청(提請, 공식적 요청)으로 국무총리를 거쳐 대통령이 임명하도록 하고 있다(경찰법 제6조 제1항). 여기에서 행정안전부장관이 위원 임명을 제청할 때 국가경찰의 정치적 중립이 보장되도록 하여야 한다. 그리고 경찰위원 중 2명은 법관의 자격이 있는 사람을 임명하여야 한다(제2항 및 제3항).

한편, 다음과 같은 결격사유에 해당하는 사람은 경찰위원이 될 수 없도록 하고 있다. ㉠ 당적(黨籍)을 이탈한 날부터 3년이 지나지 아니한 사람, ㉡ 선거에 의하여 취임하는 공직에서 퇴직한 날부터 3년이 지나지 아니한 사람, ㉢ 경찰, 검찰, 국가정보원 직원 또는 군인의 직(職)에서 퇴직한 날부터 3년이 지나지 아니한 사람, ㉣ 국가공무원법 제33조(결격사유)의 각 호의 어느 하나에 해당하는 사람이 이에 해당된다(제4항 각호).[77]

75) ① 위원장은 위원회를 대표하며, 그 회무를 통할한다. ② 위원장은 비상임위원중에서 호선(互選)한다. ③ 위원장이 사고가 있을 때에는 상임위원, 위원 중 연장자순으로 위원장의 직무를 대리한다(경찰위원회 규정 제2조 제1항~제3항).

76) 정무직공무원은 경력직공무원 외의 공무원(특수경력직)의 하나로서 여기에는 ① 선거로 취임하거나 임명할 때 국회의 동의가 필요한 공무원, ② 고도의 정책결정 업무를 담당하거나 이러한 업무를 보조하는 공무원으로서 법률이나 대통령령(대통령실의 조직에 관한 대통령령만 해당됨)에서 정무직으로 지정하는 공무원이 이에 해당된다(국가공무원법 제2조 제3항 제1호).

77) 다음 각 호의 어느 하나에 해당하는 자는 공무원으로 임용될 수 없다(결격사유). ① 피성년후견인(舊, 금치산자) 또는 피한정후견인(舊, 한정치산자), ② 파산선고를 받고 복권되지 아니한 자, ③ 금고 이상의 실형을 선고받고 그 집행이 종료되거나 집행을 받지 아니하기로 확정된 후 5년이 지나지 아니한 자, ④ 금고 이상의 형을 선고받고 그 집행유예(執行猶豫) 기간이 끝난 날부터 2년이 지나지 아니한 자, ⑤ 금고 이상의 형의 선고유예(宣告猶豫)를 받은 경우에 그 선고유예 기간 중에 있는 자, ⑥ 법원의 판결 또는 다른 법률에 따라 자격이 상실되거나 정지된 자, ⑥의2 공무원으로 재직기간 중 직무와 관련하여 「형법」 제355조(횡령, 배임) 및 제356조(업무상의 횡령과 배임)에 규정된 죄를 범한 자로서 300만원 이상의 벌금형을 선고받고 그 형이 확정된 후 2년이 지나지 아니한 자, ⑥의3 「형법」 제303조(업무상위력 등에 의한 간음) 또는 「성폭력범죄의 처벌 등에 관한 특례법」 제10조(업무상위력 등에 의한 추행)에 규정된 죄를 범한 사람으로서 300만원 이상의 벌금형을 선고받고 그 형이 확정된 후 2년이 지나지 아니한 자, ⑦ 징계로 파면처분을 받은 때부터 5년이 지나지 아니한 자, ⑧ 징계로 해임처분을 받은 때부터 3년이 지나지 아니한 자(국가공무원법 제33조).

(3) 경찰위원의 임기·신분보장, 의무

① 경찰위원의 임기

경찰위원의 임기는 3년으로 하며, 연임(連任)할 수 없다. 이 경우 보궐위원의 임기는 전임자 임기의 남은 기간으로 하고 있다(제7조 제1항). 그리고 위원은 정당에 가입하거나 제6조 제4항 제2호 또는 제3호의 직에 취임(선거직) 또는 임용(경찰, 검찰, 국가공무원 임용)되거나 제4호(결격사유)에 해당하게 된 때에는 당연히 퇴직된다(제2항).

② 경찰위원의 신분보장

한편, 경찰위원의 신분보장과 관련하여, 경찰위원은 중대한 신체상 또는 정신상의 장애로 직무를 수행할 수 없게 된 경우를 제외하고는 그 의사에 반하여 면직되지 아니하도록 하고 있다(제3항).

③ 경찰위원의 의무

그리고 경찰위원은 국가공무원법 제60조와 제65조를 준용하여 직무의 중요성에 비추어 ㉠ 비밀엄수의 의무, ㉡ 정치운동의 금지 의무와 같은 직무수행상의 일정한 의무를 가지고 있다(제8조).[78]

3) 경찰위원회의 권한

(1) 경찰행정에 관한 심의·의결권

경찰위원회는 경찰의결기관으로서 경찰행정에 관한 심의·의결 권한을 가지고 있다. 따라서 다음과 같은 사항에 대해서는 경찰위원회의 심의·의결을 거치도록 하고 있다(경찰법 제9조 제1항).

㉠ 국가경찰의 인사, 예산, 장비, 통신 등에 관한 주요정책 및 국가경찰 업무 발전에 관한 사항[79]

㉡ 인권보호와 관련되는 국가경찰의 운영·개선에 관한 사항[80]

---

78) 공무원은 재직 중은 물론 퇴직 후에도 직무상 알게 된 비밀을 엄수(嚴守)하여야 한다(국가공무원법 제60조). 공무원은 정당이나 그 밖의 정치단체의 결성에 관여하거나 이에 가입할 수 없다. 그리고 공무원은 선거에서 특정 정당 또는 특정인을 지지 또는 반대하기 위한 특정한 행위를 하여서는 아니 된다(이하생략, 국가공무원법 제65조).

79) 이를 다시 세분하면, ① 경찰인사에 관계되는 법규·훈령·예규 및 운영기준에 관한 사항, ② 경찰교육 기본계획, ③ 경찰장비와 통신의 개발·보강 및 운영에 관한 기본계획, ④ 경찰예산편성 기본기획, ⑤ 경찰의 중·장기 발전계획에 관한 사항으로 구분된다(경찰위원회규정 제5조 제1항).

80) 이를 다시 세분하면, ① 국민의 권리·의무와 직접 관계되는 경찰행정 및 수사절차, ② 경찰행정과 관련되는 과태료·범칙

㉢ 국가경찰의 부패 방지와 청렴도 향상에 관한 주요 정책사항

㉣ 국가경찰 임무 외에 다른 국가기관으로부터의 업무협조 요청에 관한 사항

㉤ 제주특별자치도의 자치경찰에 대한 국가경찰의 지원·협조 및 협약체결의 조정 등에 관한 주요 정책사항,

㉥ 그 밖에 행정안전부장관 및 경찰청장이 중요하다고 인정하여 위원회의 회의에 부친 사항

이러한 경찰위원회의 사무는 경찰청에서 수행하고, 회의는 재적위원 과반수의 출석과 출석위원 과반수의 찬성으로 의결하도록 하고 있다. 이 밖의 경찰법에 규정된 것 외에 위원회의 운영 및 제9조 제1항 각 호에 따른 심의·의결 사항의 구체적 범위, 재의 요구 등에 필요한 사항은 대통령령(즉, 경찰위원회 규정)으로 정하도록 하고 있다(경찰법 제10조).

(2) 심의·의결권의 구속력 문제

경찰법 제9조 제1항에서 규정하고 있는 심의·의결사항과 관련하여 '위원회의 심의·의결을 거쳐야 한다'고 규정하고 있다. 여기에서 '거쳐야 한다'는 뜻은 그 심의·의결이 '사전(事前)의 동의 또는 승인'을 의미하는 것이라고 할 수 있다.

따라서 경찰관청(경찰청장 등)이 심의·의결 대상 사항인 법령, 예규나 주요 치안정책임에도 이를 거치지 않고 집행한 경우, 그 법령이나 예규, 주요 치안정책의 효력이 있는지의 여부에 관해서는 이견이 있다. 이와 관련하여 먼저, 이는 의사결정 자체가 없는 경우이므로 당연 무효(無效)라고 보는 견해가 있다.[81] 다음으로 반드시 거쳐야 할 절차를 결한 행위로 그 절차의 목적과 취지가 행정의 적정과 원활을 위한 것이라면 취소(取消) 사유로 보아야 한다는 견해가 있다.[82] 그런데, 경찰위원회의 실제 심의·의결절차를 거치지 않고 선(先) 시행하는 사례가 적지 않다는 것이 문제이다.[83] 어쨌든, 법적으로는 경찰위원회의 심의·의결은 경찰관청인 경찰청장을 기속(羈束)한다고 본다.[84]

금 기타 벌칙에 관한 사항, ③ 경찰행정과 관련되는 국민의 부담에 관한 사항으로 구분된다(동 규정 제5조 제2항).

81) 조철옥(2008), 앞의 책, p. 206.

82) 이에 대해서는 반드시 거쳐야 할 절차의 흠결(欠缺)로 볼 수도 있다. 이 경우 절차의 취지 목적이 단순히 행정의 적정·원활한 운영을 위하는 등 행정상의 편의에 있을 때에는 그 절차를 결하는 행위는 반드시 무효가 되지 않는다는 것이 통설이다. 김남진(1996), 행정법Ⅰ, 서울: 법문사, p. 299.

83) 이 같은 경찰청의 안건 부의 기피는 심의·의결 범위의 포괄성에서 오는 담당자의 법령 미숙지에 원인이 있다고 볼 수도 있다. 이 경우, 경찰위원회는 경찰청을 상대로 행정심판을 청구하는 방법도 생각할 수 있으나 이는 경찰행정의 대 국민 신뢰를 저해할 우려가 크다. 그렇다고 하자의 원인인 법정요건을 사후에 보완함으로써 하자를 치유할 수 있도록 하는 것, 즉 추인(追認)을 인정하는 것으로 본다면, 이는 경찰위원회가 통과 의례적 기관이라는 비판에서 자유로울 수 없다고 본다. 이강종(2002), "한국경찰위원회제도에 관한 연구: 구조기능적 접근을 중심으로," 동국대학교 박사학위논문, p. 135.

84) ① 경찰위원회의 심의·의결에 부의(附議, 안건으로 의견을 제시)하는 주체는 행정안전부장관과 집행을 담당하는 경찰청장이다. 여기에서 행정안전부장관이 부의 할 수 있는 것은 경찰청장 임명제청의 동의 요구와 경찰위원회의 심의·의결

한편, 행정안전부장관은 경찰위원회의 심의·의결내용이 부적정하다고 판단될 때에는 재의(再議)를 요구할 수 있다고 규정하고 있다(경찰법 제9조 제2항). 이 경우에는 의결한 날로부터 10일 이내에 재의요구서(再議要求書)를 경찰위원회에 제출하도록 하고 있다(경찰위원회규정 제1항). 그리고 경찰위원장은 재의요구가 있는 경우에는 그 요구를 받은 날부터 7일 이내에 회의를 소집하여 다시 의결하여야 한다고 규정하고 있다(제2항).

경찰위원회에 부의할 안건의 발언권을 행정안전부장관과 경찰청장에게 인정하고 있으면서, 재의요구권은 행정안전부장관에게만 국한하는 것은 경찰위원회의 의결을 존중하고 재의의 신중을 기하자는 데 의의가 있다고 볼 수 있다(다만, 입법론상 형평성에 어긋난다고 볼 수 있다). 다만, 행정안전부장관이 재의를 요구할 수 있을 정도로 치안정책 등에 전문성을 가지고 있는지도 의문이다.

그리고 문제가 되는 것은 경찰위원회의 재의결이 행정안전부장관을 기속하느냐 하는 것도 문제이다. 이러한 기속력이 없다면 이론상 장관은 그의 의사가 관철 될 때까지 몇 번이고 재의 요구가 가능할 것이고, 이는 사실상 거부권이 된다.[85] 이 같은 결과는 위원회제도의 추지에 어긋난다고 할 수 있다. 그러나 현행법은 이 경우에 대한 명문의 규정을 두고 있지 않다.

경찰청장 인사제청 동의권의 허구

현행법상 '경찰청장은 경찰위원회의 동의(同意)를 받아 안전행정부장관의 제청(提請)으로 국무총리를 거쳐 대통령이 임명한다. 이 경우 국회의 인사청문을 거쳐야 한다'고 규정하고 있다(경찰법 제11조 제2항).

그러나 이러한 권한을 경찰위원회가 독립적으로 행사하고 있다고 믿는 사람은 아무도 없다. 경찰위원회가 동의권을 행사하기 위해서는 사전에 검증절차가 필요하나 인사의

내용이 부적정하다고 판단 될 때의 재의요구에 국한된다. ② 한편, 경찰위원회 스스로가 심의·의결의 안건을 구체적으로 적시하여 그것을 부의하도록 경찰청에 요구할 수 있는가 하는 문제가 제기된다. 이와 관련하여 경찰위원회 운영세칙(예규) 제7조(의안의 부의요구)에서 '위원회는 경찰법 제9조 제1항 각호 및 대통령령인 경찰위원회규정 제5조(심의·의결사항의 구체적 범위)에 규정된 심의·의결사항에 관하여 경찰청장에게 서면으로 의안의 부의를 요구할 수 있다. 경찰청장은 전항의 요구가 있을 때에는 특별한 사유가 없는 한 이에 응하여야 한다'고 규정하고 있다. ③ 이와 같은 경찰위원회의 부의 요구권은 집행기관인 경찰청의 심의·의결 부의의 기피 또는 방해를 방지하기 위한 법적 안정성 확보를 위한 장치라 할 수 있다. 그러나 실제 경찰위원회의 의결사항을 경찰청에서 고의로 이행을 기피하는 이른바 '부작위에 의한 불법행위'를 할 경우, 의무이행심판(행정심판법 제5조 제3호)을 구하는 행정심판 이외에 이의 이행을 강제할 내부적 수단이 없다는 것이 문제이다. ④ 그리고 경찰위원회의 실제 운영에 있어서 위원회에 의한 부의요구는 그다지 많지 않다는 점이다. 이는 경찰위원회가 집행기관인 경찰청의 업무를 잘 파악하지 못하고 있고, 경찰청에서 부의하는 안건을 중심으로 심의·의결하는 소극적인 태도에서 비롯된 것 이라고 할 수 있다. 이로 인해 경찰위원회가 일종의 '형식적 통과의례 기관' 이라는 평가를 받기도 한다. 이강종(2002), 앞의 논문. pp. 133-134.

85) 이황우(1993), "한국의 경찰위원회와 일본의 국가공안위원회와의 비교분석," 한국공안행정학회보 제2호, p. 51.

보안을 이유로 검증에 필요한 자료의 제시도 없이 동의 절차가 진행되기도 하고, 설혹 검증자료가 제시된다 할지라도 실제 장관의 제청에 이의를 제기하거나 부결된 사례도 없다. 따라서 경찰위원회의 경찰청장 임명제청 동의권은 절차를 거치는 극히 형식적인 것에 불과하다. 더욱이 국회의 인사청문회법 시행으로 경찰위원회의 임명제청 동의권은 더더욱 그 의미가 퇴색되었다고 할 수 있다.[86)]

3. 경찰집행기관

경찰집행기관이라는 것은 경찰업무를 직접적으로 수행하는 경찰기관을 말한다. 경찰업무는 경찰관직무집행법 및 관계법령에 구체적으로 명시되어 있는 경찰의 활동사항을 의미하는 것이라 할 수 있다. 따라서 경찰집행기관은 법치주의 원칙 하에서 관련업무를 일반적·직접적으로 집행하게 되는데, 그러한 범위 내에서 특정한 사안의 경우에는 절차적으로 경찰심의·의결기관인 경찰위원회의 의결과정을 거쳐서, 경찰관청인 경찰청장·지방경찰청장·경찰서장의 대외적 표시 및 명령에 의해 집행이 이루어지게 된다. 이러한 경찰집행기관은 그의 직무의 일반성 여부에 따라 일반경찰집행기관과 특별경찰집행기관으로 나눌 수 있다.

1) 일반경찰집행기관

국가경찰공무원은 경찰집행기관으로서 계급은 순경, 경장, 경사, 경위, 경감, 경정, 총경, 경무관, 치안감, 치안정감, 치안총감으로 구분된다(경찰공무원법 제2조). 이들은 특정직 국가공무원으로서 일반적으로 제복을 착용하고 직무수행을 위하여 필요한 경우 무기를 휴대할 수 있다(동법 제20조).

일반경찰집행기관을 구성하는 경찰공무원은 경찰법 제3조(국가경찰의 임무) 및 경찰관직무집행법 제2조(직무의 범위), 그리고 보다 구체적으로는 수많은 개별법에 근거하여 관련 직무를 수행하고 있다. 이러한 경찰공무원의 직무는 크게 예방적 차원의 행정경찰직무, 사후 대응적 차원의 사법경찰직무, 그리고 이들 양자의 성격을 모두 갖는 기본적·표준적 직무로 구분할 수 있다.

한편, 사법경찰직무를 수행하는 일반경찰집행기관은 약간의 특징이 있다. 형사소송법 제196조에서는 일반경찰집행기관인 경찰공무원으로 하여금 사법경찰에 관한 직무 즉, 범

86) 이강종(2002), 앞의 논문, p. 137.

죄수사를 담당하도록 하고 있는데, 이들을 '사법경찰관리'(司法警察官吏)라고 부른다. 사법경찰관리는 순경에서 경무관까지를 말하는데, 여기에서 경위·경감·경정·총경·경무관은 '사법경찰관'(司法警察官), 순경·경장·경사는 '사법경찰리'(司法警察吏)라 부른다. 이들 사법경찰관리는 검사의 지휘를 받아 형사소송법이 정하는 바에 따라 그 직무를 수행하도록 하고 있다(이상과 같은 일반경찰집행기관의 직무수행과 관련된 권한 등에 관한 세부내용에 대해서는 제9장 및 제10장에서 살펴보기로 한다).

2) 특별경찰집행기관

특별경찰집행기관은 위에서 설명한 바와 같이 위험발생 방지(범죄예방 등) 및 억제(범죄수사 등)와 관련된 전반적인 업무를 수행하는 일반경찰집행기관(즉, 경찰공무원법상의 순경~치안총감)과는 달리 특별한 분야의 관련 직무를 담당하는 기관을 말하는데, 이는 ㉠ 협의의 행정경찰, ㉡ 의무경찰, ㉢ 청원경찰, 그리고 ㉣ 비상경찰 등을 들 수 있다.

(1) 협의의 행정경찰기관

특별경찰기관으로서 '협의의 행정경찰기관'은 타행정작용에 부수하여, 그 영역에서 일어나는 안녕질서에 대한 위해를 방지하는 임무를 담당하고 있는 기관을 말한다. 사실, 국가 행정부에서 수행하는 모든 국가행정업무(산림·영업·보건·건축·소방·군수사기관·국가정보원[87] 등)와 관련하여 이를 위반하는 일들이 빈번하게 발생하기 마련이다. 이들 소관부처에서 발생하는 위반행위는 해당 기관에서 일차적으로 규제하는 것이 바람직하다고 본다.

그러나 이들 국가행정기관의 본연의 업무가 규제는 아니다. 국가행정기관은 해당업무와 관련된 국민의 복리증진을 위해 존재하는 것이기 때문이다. 다만, 소관업무의 위반사항에 대해 '물리적 강제력을 사용한 규제작용'을 한다는 점에서 특별경찰기관으로서 기능한다고 볼 수 있다.[88]

---

87) 예컨대, 국가정보원장 역시 소속직원으로 하여금 일정한 범위 내에서 사법경찰사무를 담당하고 있으며, 따라서 이 경우에도 특별경찰집행기관의 성격을 갖는다. 즉, 국가정보원법에 의하면, '국정원 직원으로서 원장이 지명하는 사람은 제3조 제1항 제3호 및 제4호에 규정된 죄(내란죄, 외환죄 등)에 관하여 「사법경찰관리의 직무를 수행할 자와 그 직무범위에 관한 법률」 및 「군사법원법」 의 규정에 따라 사법경찰관리와 군사법경찰관리의 직무를 수행하도록' 하고 있음을 알 수 있다(제16조).

88) 이들 특별경찰집행기관은 경찰학에서 중점적으로 다루는 형식적·제도적 의미의 일반경찰집행기관과는 개념, 목적, 역사, 법적 근거, 조직, 역할과 권한 등에서 차이가 있다. 따라서 일반경찰을 주요 연구대상으로 하는 경찰학의 영역에서 이 특별경찰기관에 관한 논의를 크게 할 필요는 없고, 단지 비교론적 관점에서 접근하면 족하다고 본다.

특별사법경찰

주지하는 바와 같이 '협의의 행정경찰'이라는 개념은 19세기 독일에서 '행정경찰의 탈경찰화'의 결과로서 형성된 개념이라 할 수 있다. 즉, 행정경찰을 개념적으로 보안경찰과 협의의 행정경찰로 구분하여, 보안경찰(즉, 일반경찰기관)의 고유한 정체성(즉, 형식적·제도적 의미의 경찰개념)을 확립하고자 한 것이다. 어쨌든, 이들 행정경찰(行政警察) 개념은 '위험발생의 방지'라는 예방적 경찰활동과 특히, 관련된다고 할 수 있다.

한편, 사법경찰(司法警察)이라는 것은 범죄수사와 밀접한 관련성을 갖는다. 현행 사법경찰은 (일반)사법경찰관과 특별사법경찰로 구분된다(형사소송법 제196조 및 제197조). (일반)사법경찰은 일반경찰기관(경찰청, 지방경찰청, 경찰서) 소속 경찰 및 검찰청 소속 수사관을 말한다. 그리고 특별사법경찰은 삼림, 해사, 전매, 세무, 군수사기관 기타 특별한 사항에 관하여 사법경찰관리의 직무를 행하는 자를 말한다(형사소송법 제197조). 이들 특별사법경찰에 대한 구체적인 내용은 「사법경찰관리의 직무를 수행할 자와 그 직무범위에 관한 법률」에 규정되어 있다.

이러한 점에서 볼 때, 협의의 행정경찰과 특별사법경찰은 개념적으로 구분된다고 볼 수 있다. 그런데, 현실적으로는 협의의 행정경찰기관과 특별사법경찰(特別司法警察)과는 밀접한 관련이 있다고 볼 수 있다.[89] 협의의 행정경찰은 특별사법경찰이라는 이름으로 소관부서의 위반사항에 대한 단속업무(즉, 사법경찰활동)를 수행하기 때문이다(사실, 법적으로 '협의의 행정경찰'이라는 용어는 존재하지 않는다. 이러한 점에서 제3장에서 언급한 바와 같이 오늘날 협의의 행정경찰이라는 용어를 사용하는 것은 특별한 실익은 없다고 본다).

오늘날 우리나라 대부분의 정부부처들이 특별사법경찰을 운용하고 있다. 이와 관련하여 2009년 현재 중앙행정부처 및 지방자치단체의 932개 기관에 17,613명이 특별사법경찰로서 관련업무를 수행하고 있는 것으로 나타났다. 따라서 형사소송법 등에서 규정하고 있는 특별사법경찰의 종류는 일종의 '예시적 규정'이라고 볼 수 있다.[90] 이러한 상황이다 보니 전체 특별사법경찰의 업무에 대한 실태파악도 쉽지 않은 상황이다.

이와 같이 일반경찰기관 소속의 (일반)사법경찰이 아닌 다른 국가행정기관의 소속 공무원들에게 특별한 사법경찰권을 부여한다는 것은 적지 않은 문제(특히, 전문성 부족 등)가 발생할 소지가 없지 않다. 그러나 (일반)사법경찰이 국가의 모든 업무영역과 시설(산림·영업·보건·건축·소방·헌병·교정·선박·열차 등)에서 활동한다는 한계가

89) 김종오·김태진(2011), "특별사법경찰의 교육훈련 효율성 제고 방안에 관한 연구," 한국공안행정학회보, 제44호, p. 14.
90) 위의 논문, p. 13 재인용.

있다고 본다. 따라서 특별사법경찰의 전문성 및 사명감을 제고하고, 이를 적절하게 운용하는 것은 의의가 있다고 볼 수 있다.

(2) 의무경찰

① 의무경찰대의 설치 및 임무

간첩(무장공비 포함)의 침투거부(浸透拒否), 포착(捕捉), 섬멸(殲滅), 그 밖의 대(對)간첩작전을 수행하고 치안업무를 보조(補助)하기 위하여 지방경찰청장 및 대통령령으로 정하는 국가경찰기관의 장(또는 해양경찰기관의 장) 소속으로 의무경찰대를 둔다(의무경찰대법 제1조 제1항). 경찰청장은 필요한 경우 그 소속으로 따로 의무경찰대를 두거나 대통령령으로 정하는 바에 따라 의무경찰대의 총괄기관을 둘 수 있다(제2항).[91]

② 의무경찰의 조직

의무경찰대의 대원은 다음과 같이 구성된다(제2조 제1항).

㉠ 제2조의3(의무경찰의 임용 및 경찰대학 졸업자의 의무경찰대 복무)에 따라 임용된 의무경찰(이하 '의무경찰'이라 함)[92]

㉡ 「경찰공무원법」에 따른 국가경찰공무원

전투경찰(작전전경)의 폐지와 의무경찰로의 일원화

① 1970년 12월 31일 간첩(무장공비 포함)의 침투거부 · 포착 · 섬멸 기타의 대간첩작전을 수행하기 위하여 서울특별시장·부산시장·도지사 및 해양경찰대장 소속하에 전투경찰대를 두도록 하는 「전투경찰대설치법(戰鬪警察隊設置法)」이 제정되었다. 그리고 이 법에 따라 전환복무(轉換服務)의 일환으로 전투경찰순경을 두도록 하고 있다.

91) 국민안전처장관은 필요한 경우 그 소속으로 따로 의무경찰대를 두거나 대통령령으로 정하는 바에 따라 의무경찰대의 총괄기관을 둘 수 있다(의무경찰대법 제1조 제3항).

92) ① 의무경찰은 「병역법」 제25조 제1항에 따라 전환복무 된 사람 중에서 임용한다. ② 경찰대학을 졸업하고 경위로 임용된 사람으로서 「병역법」 제25조 제1항에 따라 전환복무 된 사람은 전환복무기간 중 의무경찰대의 대원으로 복무하여야 한다(의무경찰대법 제2조의3 제1항 및 제2항). 참고적으로 전환복무란 '현역병으로 복무 중인 사람이 교정시설경비교도·전투경찰대원 또는 의무소방원의 임무에 종사하도록 군인으로서의 신분을 다른 신분으로 전환하는 것'을 말한다(병역법 제2조 제7호).

② 한편, 1980년에 법개정으로 치안업무의 일부를 전투경찰순경으로 하여금 보조하도록 하기 위하여 전투경찰대의 임무에 치안보조업무를 추가하게 되었다. 이러한 배경 속에서 1982년에 법개정을 통해 전투경찰을 ㉠ 작전전경과 ㉡ 의무경찰로 구분하게 되었다. 기본적으로 작전전경은 대간첩작전 기능을 수행하였다면, 의무경찰은 치안업무(방범순찰, 집회시위관리, 교통질서유지 등)의 보조기능을 수행하도록 하고 있다. 여기에서 작전전경은 경찰청장의 요청으로 국방부장관이 배정하고, 의무경찰은 경찰청장이 국방부장관에게 추천하여 경찰청에서 선발하도록 하고 있다(병역법 제24조 및 제25조, 전투경찰대설치법 제3조).

③ 그런데, 지난 2013년 9월 25일 대간첩작전 등을 수행하였던 전투경찰(작전전경)이 폐지되었다. 전투경찰제도가 폐지된 배경에는 전체 병역의무자의 복무기간 단축 등으로 인한 병역자원의 감소를 들 수 있다. 이에 따라 경찰은 2007년부터 작전전경과 의무경찰(전·의경)의 인력을 감축하기 시작하였으며, 2012년 1월부터 작전전경의 차출을 중단하여 2013년 9월 25일에 마지막기수 전역을 끝으로 폐지되었다. 이후 의무경찰이 전투경찰(작전전경)의 역할을 대신하고 있다.

④ 이상과 같이 작전전경제도가 폐지되고, 의무경찰로 일원화됨에 따라 법률 명칭을 「전투경찰대설치법」에서 「의무경찰대 설치 및 운영에 관한 법률(약칭: 의무경찰대법)」로 개정(2016.1.25.)되어 현재에 이르고 있다.

(3) 청원경찰

청원경찰(請願警察)은 ㉠ 국가기관 또는 공공단체와 그 관리 하에 있는 중요시설 또는 사업장, ㉡ 국내 주재 외국기관, ㉢ 기타 행정안전부령으로 정하는 중요시설·사업장 또는 장소의 기관의 장 또는 시설·사업자 등의 경영자가 경비(經費, cost)를 부담하는 조건으로 경찰의 배치를 신청하는 경우에, 그 기관·시설 또는 사업장 등의 경비(警備, security)를 담당하게 하기 위하여 배치하는 경찰을 말한다(청원경찰법 제2조).

이러한 청원경찰은 청원경찰의 배치결정을 받은 자(즉, 청원주)와 배치된 기관·시설 또는 사업장 등의 구역을 관할하는 경찰서장의 감독을 받아 그 경비구역만의 경비를 목적으로 필요한 범위 안에서 '경찰관직무집행법'(警察官職務執行法)에 따른 경찰관의 직무를 수행하도록 하고 있다(제3조).

(4) 비상경찰집행기관

한편, 비상경찰집행기관은 일반경찰집행기관의 힘만으로는 치안을 유지할 수없는 국가

비상시에, 병력으로 치안을 담당하는 기관을 의미하며, 여기에는 ㉠ 계엄사령관, ㉡ 위수사령관 등을 들 수 있다.

4. 경찰자문기관

1) 치안행정협의회의 성격

지방 시·도지사(제주특별자치도 제외) 소속하에 치안행정협의회(治安行政協議會)를 두고 있다(경찰법 제16조 제1항). 주의할 것은 치안행정협의회는 지방행정과 치안행정의 업무조정과 그 밖에 필요한 사항을 '협의·조정'하기 위한 제도로서 경찰위원회와는 그 성격이나 지위가 근본적으로 다르다는 점이다.

즉, 경찰위원회는 경찰행정에 관한 중요사항에 대하여 심의·의결하는 '의결기관'이라면, 치안행정협의회는 단순히 '자문기관'(諮問機關)의 성격을 갖는다고 본다.

2) 치안행정협의회의 조직과 기능

(1) 치안행정협의회의 조직

치안행정협의회는 시·도지사 소속하에 두고 있다. 그리고 치안행정협의회의 조직·운영과 그 밖에 필요한 사항은 치안행정협의회규정(대통령령)으로 정하도록 하고 있다(경찰법 제16조 제2항).

치안행정협의회는 위원장을 포함한 위원 9인으로 구성된다. 위원장은 서울특별시·직할시 또는 도의 부시장 또는 부지사가 되고, 위원은 ㉠ 시·도 소속 공무원 중 서울특별시장·직할시장 또는 도지사가 임명하는 자 2인, ㉡ 지방경찰청소속 경찰공무원 중 지방경찰청장의 추천으로 시·도지사가 임명하는 자 3인, ㉢ 지방행정과 치안행정에 관한 학식과 경험이 있는 자로서 지방경찰청장의 의견을 들어 시·도지사가 위촉하는 자 3인으로 한다. 여기에서 '㉢' 에 의한 위원의 임기는 2년으로 한다(치안행정협의회규정 제3조 제3항).

(2) 치안행정협의회의 기능과 한계

치안행정협의회는 위원장이 소집하여 ㉠ 지역안정 및 질서유지에 관한 사항, ㉡ 민방위 및 재해대책 운영에 관한 사항, ㉢ 질서확립 운동 등 지역사회운동의 효율적 추진에 관한 사항, ㉣ 지역주민과 경찰 간의 협조 및 요망사항, ㉤ 기타 지방행정과 치안행정간 상호지원에 관한 사항과 시·도지사 및 지방경찰청장이 회의에 부치는 사항을 협의하도록 하고 있다(치안행정협의회규정 제5조 및 제2조).

치안행정협의회의 협의내용은 법적 구속력을 갖지 않는 자문기관에 불과하다. 또한 치안행정협의회는 매분기 1회 정기회의를 개최하고, 필요시 수시로 회의를 할 수 있도록 되어 있다(제5조 제1항). 그러나 각 시·도 모두 실적이 매우 부진하여 과거 상당수의 치안행정협의회가 1년 동안 한 번도 회의를 개최하지 않은 경우도 적지 않았다.[93]

이처럼 치안행정협의회는 지극히 형식적인 수준에 머무르고 있는 실정이다. 이러한 문제는 지난 1991년 10월에 치안행정협의회규정이 제정된 이래로 현재에 이르기까지 한 번도 법개정이 이루어지지 않았다는 사실만으로도 알 수 있다.

93) 이강종(2002), 앞의 논문, pp. 139-141.

제7장 경찰조직의 인사관리

제1절 경찰인사관리의 의의

1. 경찰인사관리의 개념

경찰인사행정 또는 경찰인사관리(警察人事管理, Police Personnel Management)라는 것은 '경찰조직의 목표달성에 필요한 인적자원의 충원·유지, 근무의욕 고취, 행동과 태도의 통제 등 상호 연관된 요소들을 체계적으로 관리하는 제반활동'을 의미한다고 할 수 있다.

경찰인사관리를 과정론적 측면에서 본다면, 경찰공무원의 모집 → 경찰공무원의 법적관계 발생(신규채용·초임보직·시보임용) → 경찰공무원의 법적관계 변경(승진·전보·강등·정직·휴직 등) → 경찰공무원의 법적관계 소멸(퇴직·면직 등) → 경찰공무원의 퇴직관리(연금 등)와 같은 제반과정을 거치게 된다.

2. 경찰인사관리의 중요성

이러한 경찰조직은 조직이 지향하는 목표를 달성해야 하는데, 이를 위해서는 경찰관 개개인이 공직자(公職者)로서의 위상을 정립 할 수 있도록 조직은 많은 관심과 배려를 해주어야 하며, 한편으로는 이들에 대한 적절한 통제가 이루어져야 한다고 본다. 이 때문에 경찰관의 소질과 행태, 그리고 동기부여 등에 관한 연구는 인사관리에 있어서 매우 중요한 비중을 차지하고 있는 것이다. '인사(人事)가 만사(萬事)'라는 말이 있다. 인사를 공정하고 형평성 있게 하는 것이야말로 모든 조직을 운영하는데 있어서 가장 기본이라는 것이다. 조직의 목표설정, 구조설계와 관리 그리고 환경에 대한 대응은 모두 구성원의 의지와 역량에 달려 있다고 본다.

따라서 우수한 인적자원을 선발하여 적재적소(適材適所)에 배치하는 것은 경찰관리자의 첫 번째 덕목이라는 점에서는 이론의 여지가 없다. 그리고 경찰인사가 공정하지 못하면 부하직원들이 불만을 드러내고 불신의 원인이 된다. 그래서 어느 조직이든 공감할 수 있는 인사를 요구하는 것이다.[1)]

더욱이 부적절한 경찰인사관리는 조직내적인 문제뿐만 아니라 조직외적으로 보다 심각한 결과를 초래하게 된다. 경찰조직 외적인 문제는 특히, 인권침해와 밀접한 관련성을 가지고 있기 때문에 이의 중요성은 이론의 여지가 없다고 본다. 그리고 어떻게 보면 조직내적인 문제와 외적인 문제는 상호 밀접한 역학관계를 형성하고 있다고 본다. 경찰인사관리의 첫 단추인 채용단계에서 유능한 인재를 선발하지 못하고, 부적절한 교육훈련을 실시하고, 공정하지 못한 승진·전보·징계 등이 이루어지고, 적절한 경력개발을 하기 어려운 환경 속에 놓이게 되면, 경찰공무원 개개인들은 공무원 본연의 정신과 자세를 잃기 마련이다. 이로 인해, 국민을 보호해야 할 경찰이 오히려 국민을 상대로 치명적인 위해를 가져다주기도 한다.

3. 경찰인사관리의 현황과 문제

1) 경찰인사관리의 현황

전통적인 경찰의 업무라 할 수 있는 법집행, 질서유지뿐만 아니라 대민봉사 역시 중요한 경찰역할 가운데 하나로 인식되고 있다. 더욱이 최근 들어 다양한 신종범죄의 등장과 범죄수법의 고도화·흉폭화, 그리고 사회적 약자 및 불특정인을 대상으로 하는 범죄가 지속적으로 증가하고 있는 실정이다. 이로 인해 국민들의 범죄에 대한 불안감 및 안전에 대한

1) 아래는 경찰인사에 대한 조직구성원들의 불만 섞인 목소리 가운데 하나이다. "어느 조직이든지 인사철만 되면 자신이 인사 대상자 여부를 떠나 관심을 갖게 되고 조직 전체가 술렁이게 된다. 우리 경찰조직도 새해 초 승진시험이 공고되면서 승진대상자에 대한 하마평이 오르내리고 인사 시즌 한 달여 기간 동안 주인공들은 어디로 가야할지 마음을 졸이고, 조연들은 인사라는 그림이 어떻게 그려질지에 관심이 집중되었었는데 어제 드디어 고대하던 그림이 공개되었다. ○○출신 경찰청장이 부임하여 첫 인사라는 점에서 과거와 다른 신선하고 조직원들이 공감하는 획기적인 그림을 그릴 것이라는 기대가 컸기 때문인지 모르지만 씁쓸한 마음이 앞선다. 밥은 뜸이 들어야 맛이 있듯이 오랫동안 뜸을 들여온 인사라 구수한 냄새가 날줄 알았는데, 정년이 연장되어 덤으로 아직까지 머물러 있는 입장에서 왈가불가 할 처지가 아니라 어금니를 꽉 물고 있지만 직원들의 자조 섞인 말 한마디 한마디에 공감이 가는 이유는 무엇일까? 누구는 특진해서 인근경찰서 과장으로 나갔다가 6개월 여 만에 다시 돌아오고, 누구는 승진후보자도 아닌데 경감이 경정과장 자리를 꿰차고 가고, 누구는 7~8년차 고참 경감인데 3급서 계장으로 쫓겨 간다. 참 재미있고 우습지 않은가? 왜 인사가 만사라고 하였는지. 그러나 A경찰서 B지구대장으로 근무하던 K가 1년 여 만에 고향으로 다시 복귀한 것에 대해 진심으로 축하를 한다"(2012.1. 어느 인터넷 글 중에서).

욕구 등, 전반적인 치안수요가 증대되고 있는 추세이다.

이러한 치안상황에 대응하기 위하여 경찰인력 또한 지속적으로 증원되고 있다. 2015년 말 현재 경찰인력은 113,077명(1인당 담당인구는 456명) 수준에 이르고 있다. 이는 지난 2001년 90,819명(1인당 담당인구 526명)과 비교해 본다면 경찰인력은 인구대비 상당히 증가하였음을 알 수 있다. 그리고 아래 표는 경찰관 계급별 인력구성과 타직종 비교 계급별 인력분포는 현재 경찰조직의 인사현황을 살펴 볼 수 있을 것이다.[2)]

〈경찰계급별 인력구성(2015년 현재)〉

(단위: 明, %)

총 계	치안총감	치안정감	치안감	경무관	총경	경정	경감	경위	경사	경장	순경
113,077	1	6	25	54	521	2,398	7,387	15,679	24,260	29,602	33,144
100.0%	–	–	0.02	0.05	0.46	2.12	6.53	13.9	21.6	26.2	29.0

〈타부처와 계급별 인력분포 비교(2015년 현재)〉

구 분	4급 이상(총경 이상)	5~6급(경정, 경감)	7~9급(경위 이하)
국가일반직	5.08%	30.28%	64.65%
지방일반직	1.34%	31.34%	67.32%
병 무 청	3.58%	26.44%	69.99%
국 세 청	1.96%	28.31%	69.72%
경 찰 청	0.5%	8.7%	90.08%

2) 경찰인사관리의 문제

그동안 경찰관 1인당 담당 인구는 꾸준히 감소하였음을 알 수 있다. 그러나 선진국에 비교하면 여전히 많은 수준이라고 할 수 있다.[3)] 물론, 경찰인력의 증대가 치안역량 강화와

2) 위 표의 경찰인력(113,007명)은 경찰공무원만을 의미한다. 2015년 현재 경찰청 소속 전체 경찰인력은 경찰공무원 외에도 일반직·교육직공무원(3,911명: 2.8%)과 의경(25,911명: 18.1%)을 포함하여 총 142,899명에 이른다. 경찰청(2016), 경찰백서, pp. 384-387.

3) 2015년 각국의 경찰관 1인당 담당인구는 독일(306명), 프랑스(322명), 미국(427명), 영국(422명), 호주(384명)으로 나타났다. 위의 책, p. 385.; 그러나 경찰청이 제시한 각국의 수치들이 일관성이 다소 떨어지며, 따라서 경찰의 인적 규모

직결되는 것은 아니라고 본다. 양적인 증대 역시 중요하지만 우수한 전문경찰인력을 선발하여 적재적소에 배치하는 질적인 수준의 향상은 더욱 중요하기 때문이다. 특히 경찰조직 구성원들인 경찰공무원의 조직목표에 대한 최상의 동기부여는 매우 중요한 의미를 갖는다고 본다.

그런데, 위의 표에 나타난 바와 같이 경찰관 계급별 인력구성과 타직종 비교 계급별 인력분포를 비교해 보면,[4] 경찰인사구조는 첨탑형(尖塔形) 구조로서 다소 문제가 있음을 발견할 수 있게 된다.[5] 이러한 구조적인 문제로 인해 낮은 승진기회 등으로 인해 조직구성원들의 사기저하 문제 등이 끊임없이 제기되고 있는 실정이다.

한편, 후술하겠지만 우리나라의 경찰공무원 채용구조는 순경 출신, 경찰대학 출신, 경찰간부후보생 출신, 고시출신 등 다양한 형태로 이루어지고 있다(경찰공무원법 제8조 참조). 이처럼 다양한 채용방법의 활용을 통해 조직 구성원들 간의 적절한 '견제와 균형'(Check and Balance)이 이루어졌을 때에는 긍정적인 효과를 가져다주지만, 잘 못 운영되었을 경우 이로 인한 더욱 심각한 부작용을 초래할 수 있다. 특정집단이 조직의 헤게모니(hegemony)를 장악하게 될 경우, 그 폐단은 적지 않다고 본다.

물론, 모든 경찰조직구성원들을 만족시키는 인사관리는 불가능하다고 본다. 또한 순경출신의 지적능력 및 전문성은 다른 간부후보생·경찰대학 및 고시 출신의 지적능력 및 전문성과 차이가 있을 수 있다고 본다. 그리고 경찰인사관리의 탄력적·개방적 운용은 급변하는 치안환경에 대한 능동적 대응 차원에서 매우 중요한 요소라고 본다.

그러나 무엇보다도 본질적이며 중요한 것은 누구나 공감할 수 있는 균형감 있는 인사시스템을 구축하는 일이라고 본다. 인사시스템 자체가 불균형적·기형적으로 운영되면, 내부 개별집단의 생존(승진기회 확대 등)은 가장 중대한 관심사항이 되기 마련이다. 이로

확충이라는 명분을 얻기 위한 모습으로 비춰지기도 한다. 참고적으로 경찰청 「경찰백서(2015)」 자료에서는 2014년 일본경찰의 1인당 담당인구는 493명으로 나타났는데, 이 수치는 우리나라(2014년 469명, 2015년 456명)보다 높기 때문에 2015년 통계자료에서는 의도적으로 제시하지 않은 것으로 보인다.

4) 경찰청(2012), 앞의 책, p. 283.; 사이버경찰청(http://www.police.go.kr).

5) 행정부 전체 차관급 대우자 105명 가운데 절반이 넘는 54명(전국 17개 지방검찰청과 5개 고등검찰청장, 고검 차장, 대검 부장, 법무부 실·국장 등)은 검찰청 검사장이 차지하고 있어 논란이 제기되고 있다. 검사는 초임부터 4급 공무원에 준하는 대우를 받는다. 검사로 임명되는 순간부터 다른 여느 공무원보다 높은 위상이 되는 것이다. 행정고시, 외무고시 합격 후 5급 공무원에 임용되는 것과 비교해도 남다른 대접이다. 수사권과 기소권이라는 막강한 권한을 쥐고 있는 검사들의 단위조직을 지휘하는 자리라는 점을 감안하면 검사장의 영향력은 다른 직종의 고위 간부와 비교할 수 없을 정도로 크다. 따라서 검찰 개혁은 검사장 자리 줄이기부터 시작해야 한다는 목소리가 나오는 것이다. 이러한 기형적 구조를 탈피하기 위해 김영삼정부와 김대중정부 시절 검사 임용 직급을 낮추려는 시도가 있었지만 검찰의 강한 저항에 유야무야됐다. 노무현정부 시절에 검찰개혁 노력도 있었지만, 차관급 자리가 오히려 8개나 늘어난 것은 아이러니하다. 경찰조직은 치안총감인 경찰청장 1인 만이 차관급 대우를 받고 있다는 점에서 비교된다. 헤럴드경제(2012.11.30.).; 동아일보(2013.1.17.).

인해 과도한 경쟁유발이나 구성원들 간의 갈등이 야기되고, 이는 곧 무분별한 수단과 방법을 통해 권력과 지위를 쟁취하려는 이른바 '조직정치'(組織政治, Organizational Politics) 현상으로 이어지기도 한다. 생각건대, 현재와 같은 경찰채용방법이 과연 타당한지에 대해서도 다시 한번 검토할 필요가 있다.

경찰인력은 12.6% 늘었는데, 왜 일선 치안인력은 부족한가

지난 5년간(2012~2017) 경찰의 전체 정원은 12.6%가 늘었지만, 주로 사무를 보는 경찰청 본청의 인력증가율이 현장 치안을 맡는 지방경찰청보다 2배 이상 높은 것으로 나타났다. 직급별로 볼 때도 상위직 인원은 늘고 하위직은 줄어든 것으로 나타났다.

이와 관련하여 2017년 6월 23일 국회 예산정책처의 '추경안 분석보고서'에 따르면, 경찰청 본청 인원은 2012년 923명에서 2017년 1,183명으로 28.2% 증가하였다. 같은 기간 17개 지방경찰청 인원이 101,463명에서 114,097명으로 12.5% 늘어난 것과 비교해 2배가 넘는다.

같은 기간 전체 경찰인원은 102,386명에서 115,280명으로 12.6% 늘었다. 직급별로 보면 최하위직인 순경(3.8%)과 경장(1.0%)이 각각 감소했다. 반면 일선 경찰서 팀장급인 경위(66.2%)와 경감(53.2%), 과장급인 경정(39.4%), 서장급인 총경(16.1%) 등은 증가했다.

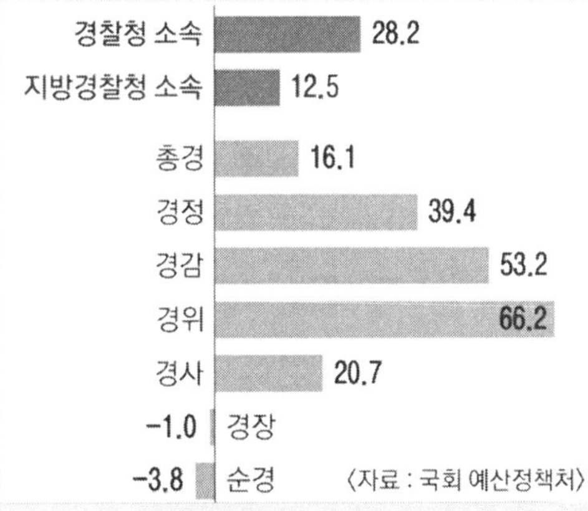

〈경찰인력 증감율(2012~2017)〉

일선 경찰서의 한 경감은 "현장에는 사람이 부족한데, 본청과 고위직만 늘리는 것은 결국 고위직 인사적체 해소를 위한 것 아니냐"며 불만을 토로했다.

다른 하위직 경찰은 "금요일 밤 파출소에 인력이 얼마나 부족한지 이루 말할 수도 없다"며 "새로 투입되는 인력은 우선적으로 현장에 배치해야 한다"고 주장하였다.

이에 대해 경찰청 관계자는 "공무원 4급(서기관)에 해당하는 총경 직급 증가의 경우 경찰의 4급 비율(0.5%)이 다른 공무원 조직(2% 이상)에 미치지 못해 직급 구조를 개선한 결과"라고 설명하였다. 그는 또 "전체 증원 인원 중 98% 이상을 지방청과 그 소속기관에 배치하였다"며 "본청 인력 증가도 사무직보다 사이버안전국, 과학수사관리관 등의 조직이 신설되면서 필요한 인력이 배치된 결과"라고 하였다.[6]

6) 서울신문(2017.6.23.).

따라서 경찰조직 내의 특정집단의 절대권력화는 '조직건강성'(組織健康性)을 위해서 결코 바람직한 현상은 아니다. 검찰의 수사권과 소추권 독점 등을 통한 형사사법의 권력집단화를 비난하기에 앞서 조직내적으로 권력집단화를 추구하는 것은 문제가 있다.

흔히들 경찰의 꽃은 '총경'(總警)이라고 한다. 경찰서장은 경찰관청으로 경찰직에 입직한 사람이라면 누구나 한 번쯤은 희망하는 자리이기 때문이다. 그러나 생각을 달리한다면, 경찰의 꽃은 '일선경찰'이 되어야 한다고 본다. 경찰조직의 절대다수를 차지하는 이들은 시민과 직접적으로 상호작용하며, 시민으로부터 신뢰와 경우에 따라서는 비난을 받는 원인을 제공한다. 경찰의 대외적 이미지는 바로 일선경찰에서 비롯되며, 따라서 일선경찰의 자부심과 동기부여는 경찰목표 달성의 핵심이 되는 것이다.

4. 경찰인사관리의 법적 근거

경찰인사관리와 관련된 대표적인 법적 근거로서 경찰공무원법(警察公務員法, 1969년 제정)을 들 수 있다. 여기에서 경찰공무원은 제도적 의미의 국가경찰에 소속하는 공무원을 말한다. 경찰공무원법은 국가공무원법(國家公務員法, 1949년 제정)에 대한 특별법으로서, '국가경찰공무원의 책임 및 직무의 중요성과 신분 및 근무 조건의 특수성에 비추어 그 임용, 교육훈련, 복무(服務), 신분보장 등에 관하여 규정하고 있다'(제1조).

그리고 경찰공무원법에 규정되어 있지 않은 사항은 국가공무원법을 준용하여 적용하고 있다. 국가공무원법은 모든 국가공무원에게 적용할 인사행정의 근본기준을 제시해주고 있기 때문이다.

이 밖에도 경찰인사관리와 관련된 법규정으로서 경찰공무원 임용령, 경찰공무원 승진임용규정, 경찰공무원 징계령, 경찰공무원 교육훈련규칙, 경찰공무원 복무규정 등이 있다.

제2절 경찰인사관리의 원리

1. 엽관주의와 실적주의

경찰공무원의 임용(채용, 배치, 승진 등)은 어떠한 방법으로 하는 것이 바람직한 것인가? 이 문제는 엽관주의와 실적주의 차원에서 살펴보기로 한다.

1) 엽관주의

엽관주의(獵官主義, Spoils System)는 전쟁에서 승리한 집단이 전리품(spoils)을 나누어 가지듯이 정치적으로 선거 등에서 승리한 집단이 관직(官職)을 나누어 갖는 인사행정제도를 말한다. 즉, 엽관주의적 인사관리는 집권한 정당의 추종자들을 정당활동에 대한 공헌도와 충성심의 정도에 따라 배분하는 것을 의미한다.[7)]

물론, 국가 통치권자의 입장에서는 자신의 정치적·행정적 신념과 뜻을 같이 하는 추종세력들과 함께 국가를 경영한다는 점에서 장점을 갖는다고 본다. 그러나 미국의 경험을 통해 다음과 같은 한계점들이 나타났다.

먼저, 정권이 바뀔 때마다 대량적인 인력교체가 일어나 전임자의 경험과 국가행정의 계속성에도 한계를 가져다주었다. 둘째, 행정경험이 없는 무능한 사람들이 정부에 많이 들어가 업무의 효율성을 저하시키고, 무능에 의한 부정부패의 확대, 추종자들을 위한 불필요한 관직의 증대 즉, '위인설관'(爲人設官)을 가져다주었다. 셋째, 공직의 취임은 정당이나 집권자에 대한 개인적 충성에 달려 있기 때문에 공무원(公務員)의 직무의 본질인 공평한 임무수행을 기대할 수 없었다. 끝으로, 엽관주의 하에서는 능력과 상관없이 정당이나 집권자의 특수이익에 연결된 사람들만이 공직에 임용될 수 있기 때문에 정부관료제의 민주화에도 역행하는 것이었다.[8)]

7) 엽관주의와 정실주의(情實主義, Nepotism)를 같은 뜻으로 사용하는 사람들이 있다. 엽관주의나 정실주의에 의한 인사행정의 생리가 비슷하기 때문에 이를 동일시하는 경향이 있는 것 같다. 그러나 정실주의는 엽관주의보다 넓은 듯으로 이해하는 것이 옳을 것 같다. 실적(實績) 이외의 요인을 고려하여 관직임용을 행하는 원칙을 정실주의라고 규정하는 것이 보통이다. 여기에서 말하는 실적 이외의 요인에는 엽관주의에서 중요시하는 정치적 요인 뿐만 아니라 혈연, 지연, 개인적 친분 등이 포함된다. 오석홍(1996), 인사행정론, 서울: 박영사, p. 24.; 역사적으로 엽관주의가 미국의 인사행정을 지배하던 시기는 1820년대부터 이후 50여 년 동안 이었다고 한다. 한편, 정실주의는 1688년 명예혁명 이후 싹터 1870년까지 영국에서 성행하였던 공무원 임용의 관행으로 알려져 있다. 그러나 엽관주의와 정실주의적 인사행정은 정도의 차이가 있을 뿐이며, 특히 국가 고위직으로 갈수록 어느 나라를 막론하고 일정부분 차지하고 있다고 본다.

2) 실적주의

실적주의(實績主義, Merit System)는 엽관주의나 정실주의가 아닌 개인의 능력, 자격, 성적에 기초를 두고 인사행정을 하는 제도를 말한다. 이러한 실적주의는 미국이나 영국에서 엽관주의나 정실주의를 바탕으로 한 인사행정의 폐단을 극복하기 위해 도입한 것이라고 할 수 있다. 이러한 주장을 뒷받침하는 것이 정치·행정이원론(政治·行政二元論)이다.

오늘날의 실적주의는 다음과 같은 기본명제를 가지고 출발하고 있다.[9] 먼저, 모든 국민에게 공직취임의 기회를 균등하게 보장하고, 임용은 실적기준에 따라 공정한 공개경쟁(公開競爭)의 과정을 거쳐 이루어져야 한다. 둘째, 인사행정의 모든 국면에 걸쳐 공무원들이 공평한 처우를 받도록 하여야 하며, 공무원들의 권익을 최대한 보장해야 한다. 셋째, 일(근무실적)에 맞는 보수를 실현해야 하며, 직무성과를 높이기 위하여 적절한 인센티브를 부여해야 한다. 넷째, 인사행정은 공무원들 개인의 사사로운 이익이 아닌 공익(公益)을 추구하는 방향으로 이루어져야 하며, 따라서 공무원들의 높은 윤리수준을 유지할 수 있어야 한다. 다섯째, 인사행정은 정부인력의 효율적인 활용을 할 수 있도록 이루어져야 한다. 여섯째, 퇴직관리의 기준은 공무원의 실적에 바탕을 두어야 하며, 교육훈련을 통해 재직공무원들의 직무수행 능력을 향상시켜야 한다. 일곱째, 자의적이거나 정실로 인한 인사조치, 정당한 직무수행에 대한 보복, 정치적 압력 등으로부터 공무원을 보호하여야 한다. 끝으로 인사행정은 외부환경의 요청에 능동적으로 대응할 수 있도록 이루어져야 한다. 이상과 같은 점에서 본다면, 실적주의는 현대 자유민주주의에 가장 부합하는 인사행정의 기본원리라고 할 수 있다.

3) 경찰인사관리의 적용

대한민국 정부 수립 이후 공식적으로 국가인사관리를 지배해온 기본원리는 실적주의였다고 할 수 있다(그러나 과거 공식적인 인사행정 원칙으로 삼은 실적주의가 실제의 인사관리에서 적용·유지되어 온 것은 결코 아니다. 오랫동안 공식적인 인사관리의 원칙과 현실사이에는 커다란 괴리가 있었던 것이 사실이다). 따라서 경찰인사관리 역시 원칙적으로 능력과 자격에 따라 임용되는 실적주의를 바탕으로 한 것이라 할 수 있다.[10]

---

8) 위의 책, pp. 26-27.

9) 위의 책, pp. 27-28.

10) 역사적으로, 1920~1930년대 이전의 미국경찰은 지방 정치인의 성향에 따라 임명되었고, 따라서 경찰은 이들 정치인들의 이해관계에 따라 직무를 수행하지 않으면 안 되었다. 즉, 경찰본연의 업무인 범죄예방 및 통제보다는 선거에서 승리할 수 있는 제반활동을 하는데 동원되기도 하였다. 이 시기를 '초기봉사지향시대'라고 부른다. 이러한 경찰의 정치성 문제가 제기된 이후 많은 시행착오를 거치면서 전문경찰로서 발전하고 있다. 이상안(1999), 신경찰행정학, 서울: 대명출판사,

이와 관련하여 국가공무원법에서는 공무원 임용의 원칙으로써 '시험성적 · 근무성적, 그 밖의 능력의 실증에 따라 행한다'고 규정하고 있다(제26조). 그리고 경찰공무원법에서는 임용 가운데 승진과 관련하여 '바로 아래 하위계급에 있는 경찰공무원 중에서 근무성적평정, 경력평정, 그 밖의 능력을 실증(實證)하여 승진임용한다'고 규정하고 있는데(제11조 제1항), 이는 모두 실적주의를 반영한 것이다.

그러나 엽관주의·정실주의가 전적으로 배제되는 것은 아니다. 경찰고위직으로 올라갈수록 이러한 요소는 크게 작용하는 것이 사실이다. 그리고 어떤 면에서 경찰고위직으로 올라갈수록 엽관주의·정실주의적인 경찰인사는 법적으로 허용되어 있다고 볼 수 있다.[11]

생각건대, 어떠한 공직이라 할지라도 인사관리에 있어서 실적주의(신규채용 등)뿐만 아니라 엽관주의·정실주의(특히, 고위직의 승진임용 등)는 함께 작용한다고 본다. 다만, 여기서 중요한 것은 법에서 정하고 있는 기본 원칙은 충실히 준수해야 한다고 본다. 경찰의 정치적 중립을 위한 최소한의 법적 규정은 보장되어야 주어진 직무에 충실할 수 있기 때문이다. 국민의 삶의 질과 직결되는 '치안'(治安)은 정치적 이해관계로 해결되는 문제가 아니라, 범죄 및 무질서와 관련된 지극히 현실적인 문제이기 때문이다.

그러나 경찰은 대표적인 권력기관(權力機關)으로서 정치적인 이해관계가 크게 맞물려 있기 때문에 지배권력집단은 공식적으로는 경찰의 정치적 중립성을 표방해 왔지만, 실제 인사관리에 있어서는 그것을 실천에 옮긴 사례는 찾아보기 어렵다.

2. 계급제와 직위분류제

이상에서 살펴본 엽관주의와 실적주의는 경찰공무원의 임용(특히, 채용·승진·전보 등)과 관련하여 적용된다고 볼 수 있다. 그렇다면, 임용된 경찰공무원을 관료제(官僚制)라는 구조적인 틀 속에서 어떻게 하면 적재적소에 배치하여 운용할 것인 가하는 문제가

---

pp. 40-43.

11) 예컨대, ① 총경이상의 경찰공무원은 대통령이 임용하도록 규정하고 있고(경찰공무원법 제6조 제1항), 경정으로의 신규채용, 승진임용 및 면직 역시 대통령이 하도록 하고 있기 때문에(제2항) 대통령에 의한 엽관주의적 인사관리는 기본적으로 작용한다고 본다. ② 마찬가지로 승진(昇進)에 있어서도 엽관주의가 적용되고 있다. 경찰공무원의 승진은 능력의 실증(근무성적 평정, 경력평정 등)을 기본으로 하면서도(경찰공무원법 제11조 제1항), 승진심사의 대상은 경무관 이하로 규정하고 있다(제2항). ③ 이렇게 본다면, 치안감·치안정감·치안총감의 승진에 대한 명확한 방법은 법적으로 규정되어 있지 않은 것이며, 이는 단적으로 엽관주의적 인사관리가 가능하다는 것을 보여주는 것이라고 본다. 이러한 인사원리에 의해서 김○○ 전(前) 경찰청장의 경우와 같이, 지방청차장(경무관, 2008.3.), 지방청장(치안감, 2010.9.), 경찰청차장(치안정감, 2012.1.), 경찰청장(치안총감, 2012.5. ~ 2013.3.)에 이르기까지 빠른 승진이 가능하게 된다. 충청일보(2013.3.17.).

제기된다. 이와 관련하여 논의되는 것이 바로 '계급제'(階級制, rank classification)와 '직위분류제'(職位分類制, position classification)라 할 수 있다. 계급제와 직위분류제는 저마다 도입배경과 장단점을 가지고 있다. 그러나 오늘날 계급제와 직위분류제가 명확히 구분되기보다는 상호 중첩되는 부분이 없지 않다.[12] 따라서 아래에서는 이들 두 모형이 가지고 있는 본래의 특징을 중심으로 살펴보기로 한다.

1) 계급제

계급제는 아주 오랜 역사적 전통을 가지고 있으며, 아직까지도 많은 국가의 인사관리에서 기본적으로 채택되고 있는 방식이라고 할 수 있다. 대부분의 국가에서 유지되고 있는 계급제도는 정치적 민주화가 꽃 피우기 훨씬 전부터 국가체제를 유지하기 위한 공직분류체계의 기본 틀로 형성되었다. 근대국가 이전의 왕이나 군주는 자신의 권력을 유지하기 위하여 엄격한 상하관계로 계층화된 분류체계를 형성하는 것이었다. 따라서 모든 국가에서는 오래전부터 관등제도(官等制度)를 마련하여 국가통치의 기본으로 삼았던 것이다.

이러한 계급제는 개인의 능력이나 역량과 관계없이 특정한 개인에게 부여된 계급에 따라 직무·직위가 부여되는 제도를 말한다. 즉, 직위가 내포하고 있는 직무가 아니라 개인이 지니고 있는 '계급'(階級)에 따라 직무를 담당하게 하는 '사람중심제도'(person oriented system)이다.

2) 직위분류제

직위분류제는 조직에 있는 수많은 직위를 직무의 종류와 수준에 따라 분류하는 관리제도를 말한다. 직위분류제는 사람을 중심으로 공직체계를 분류하는 계급제와는 달리 '직무'(職務)의 특성을 가지고 공직을 분류하는 '직무중심제도'(job oriented system)라 할 수 있다.[13] 이러한 직위분류제는 20세기 초 미국에서 시작되어 많은 나라에 확대되었다. 우리나라도 국가공무원법에서 '직위분류제는 대통령령으로 정하는 바에 따라 그 실시가 쉬운 기관, 직무의 종류 및 직위부터 단계적으로 실시할 수 있다'고 규정하고 있다(제24조).

이러한 직위분류제는 일과 책임의 단위는 직위를 기초로 그 직위에 내포된 직무의 내용이 동일하거나 유사한 직무를 종류별로 분류하고, 종류별로 분류된 직무를 토대로 각

12) 오석홍(1996), 앞의 책, p. 108.
13) O. Glenn Stahl(1983), Public Personnel Administration, N.Y.: Harper & Row, pp. 183-184.; 강성철 외 4인(2011), 새 인사행정론, 서울: 대영문화사, p. 171.

직무가 내포하고 있는 직무 수행의 곤란성이나 책임성이 동일하거나 유사한 직무로 분류하여 체계화 하는 것이다. 즉, 직위분류제는 각각의 직위가 내포하고 있는 직무의 내용이나 직무의 상대적 가치에 따라 직무를 수직적이고 수평적으로 분류하여 체계화하는 것이다. 따라서 직위분류제는 시험이나 임용, 보수, 기타 인사관리의 합리화를 위한 수단으로 활용된다.

한편, 직위분류제는 분류된 직위에 적합한 인물을 임용하는 것이기 때문에 공무원이 장기근무와 경력발전을 통하여 내부인사를 임용하는 폐쇄형 인사체계가 아니라, 외부인사의 임용이 자유로운 개방형 인사체계에 속한다고 할 수 있다.

3) 경찰인사관리의 적용

우리나라는 계급제를 원칙으로 하고 직위분류제적 요소를 가미하고 있기 때문에 양자는 상호 배타적 관계가 아니라, 상호 보완적 관계에 있다고 볼 수 있다. 그리고 양자는 일정한 장·단점을 가지고 있다.[14] 따라서 경찰조직 역시 계급제를 기본으로 하고 직위분류제를 가미하고 있다.[15] 이러한 계급제와 직위분류제의 특징을 토대로 경찰인사관리에 적용한다면, 다음과 같이 설명할 수 있을 것이다.[16]

(1) 채용방식

경찰공무원의 채용에 적용한다면, 계급제는 전문적 지식을 가진 사람을 선발하기보다는 장래의 발전 가능성과 잠재력을 지닌 사람을 채용하고, 직위분류제는 당장 어떤 직위·직무에 필요한 전문가를 채용하는 것을 의미한다.

우리나라 경찰은 통상적으로 어떠한 구체적·특정적인 직위·직무를 염두 해 두고 선발하기보다는 잠재적 역량에 염두 해 두고 순경(일반재용·특별채용), 경위(경찰간부후보생

14) 계급제는 초등학교 선생님, 직위분류제는 중학교 선생님에 비유할 수 있을 것이다. 초등학교 선생님은 국어, 수학, 사회, 과학 등 여러 가지 교과목들을 포괄적으로 가르칠 수 있다. 바꿔 말하면 초등학교는 선생님이라는 신분이 중요하며, 따라서 이러한 신분만 있으면 포괄적인 교육이 가능하다. 반면, 중학교는 국어, 수학, 사회, 과학 선생님이 명확히 구분된다. 선생님이라는 신분 외에 '특정 과목'을 가르칠 수 있는 전문성이 보다 중요한 요소가 되는 셈이다. 이러한 교육방식은 각각 장단점이 있다고 본다.

15) ① 계급제로서 순경, 경장, 경사, 경위, 경감, 경정, 총경, 경무관, 치안감, 치안정감, 치안총감 11계급을 두고 있다(경찰공무원법 제2조). 그리고 ② 직위분류제에 해당하는 경과(警科, 즉 일반경과·수사경과·보안경과·특수경과)를 부여하고 있다(동법 제3조, 경찰공무원임용령 제3조). 그리고 직위분류제적 요소를 더욱 가미한다면 경과는 경찰기능(즉, 생활안전·수사·교통·경비·정보·보안·외사·경무 등)과 연계되어 보다 확대될 수 있을 것이다. 한편, ③ 직위분류제 요소로서 경과 외에 특기(特技)가 경찰공무원 임용령 제3조에 규정되어 있었으나, 오랜 기간 동안 특별하게 활용되지 않았다. 이러한 이유로 경찰공무원 임용령을 개정(2016.12.30.)하여 특기제도를 폐지하였다.

16) 강성철 외 4인(2011), 앞의 책, pp. 170-216 재구성.

·경찰대학생), 경정 이하(고시출신) 등으로 구분하여 선발하고 있다. 그리고 부분적으로 전문성을 고려하여 직위분류제식 채용(외사, 범죄심리분석, 사이버수사, 운전·항공, 경찰특공대 등)을 하고 있다.

(2) 인사관리의 탄력성과 전문성

계급제에서는 계급만 동일하면 보수의 변동 없이, 전보(동일 직위 및 자격 내에서의 근무기관이나 부서를 달리하는 임용)가 가능하며, 승진의 경우에도 동일 분야로만 이루어지는 것이 아니므로 인사관리의 탄력성이 크다. 따라서 경찰공무원은 폭넓은 시각과 이해력을 갖게 되어 자신의 경력발전의 기회를 증진시켜 준다. 경찰서장 등 경찰관청으로서 조직 전체를 효율적으로 운영하기 위해서는 폭넓은 직무의 이해는 매우 중요하다고 본다.

그러나 여러 경찰기능의 관련업무를 수행하다 보면, 오랜 공직생활에도 불구하고 특정업무에 대한 전문적인 경험과 식견이 부족할 우려가 있다. 이러한 점에서 직위분류제에 의한 특정 경찰업무의 전문화(예, 수사경과제 등)는 매우 중요한 의미를 갖는다.

(3) 신분보장

계급제는 임용에 있어서 일반적으로 폐쇄체제로 운영되어 장기간 근무하게 되고, 내부승진을 통하여 장기근속이 보장되므로 공무원의 신분보장과 직업공무원제도를 확립하는데 용이하다. 반면 직위분류제는 근본적으로 특정 직위나 직무와 관련되어 있기 때문에 조직개편이나 직무의 불필요성 등으로 직무 자체가 축소·폐지 된 경우, 그 공무원은 다른 직무를 맡을 수 없거나 다른 부서로의 이동이 제한되므로 신분보장이 위협 받을 수 있다.

이러한 점에서 계급제를 기본으로 하고 있는 경찰공무원제도는 의미를 갖는다. 그러나 이러한 신분보장으로 인해 무사안일(無事安逸)에 빠지거나, 동일 계급에 있는 경찰공무원들이 직무수행보다 행정권력을 이용하여 국민을 지배하거나 자신들의 집단이익을 옹호하는 특권집단화 할 가능성이 있다.

(4) 권력성과 엘리트의식

계급제는 계급간의 차별이 심하므로 능력 있는 부하들로부터 여러 정보나 자문을 구하지 않고, 독단적으로 결정할 가능성이 있어 의사결정의 합리화를 기하기가 어렵다. 또한 계급제의 상위 계급에 있는 경찰관리자들은 엘리트 의식에 빠지기 쉽다. 반면, 직위분류제는 계급이 아닌 직무의 전문성에 따라 인사관리가 이루어지고, 주어진 직위·직무에 대한 권한과 책임, 그리고 보수체계가 결정되므로, 계급지상주의적인 조직행태는 상대적으로 약하다고 본다. 우리나라 경찰은 계급이 곧 사회적 신분이자 경찰로서의 성공을 의미하는 것이기 때문에 많은 문제를 안고 있다.

(5) 인사관리의 용이성과 성과 달성도

계급제는 인사관리(채용, 승진, 보직, 전보 등)를 계급을 기준으로 하기 때문에 직위분류제에 비하여 인사관리가 상대적으로 수월하고 비용도 절감된다. 그러나 직무내용, 성격, 그리고 자격요건에 따라 적합한 적임자를 임용하지 못할 우려가 있기 때문에 인사관리의 비효율성 문제가 나타날 수 있다. 반면, 직위분류제는 인사관리가 복잡하고 어려운 반면, 체계적으로 관리·운영될 수 있어 인사관리의 효율성을 꾀할 수 있는 장점이 있다.

한편, 계급제는 명령체계에 의해 급변하는 치안환경에서 신속하게 대응할 수 있다. 반면, 직위분류제는 비상시의 신속한 업무대응이 어려울 수 있다. 즉, 지나친 직무구조의 편협성과 비탄력적 분류체계 때문에 변화하는 치안환경에 적절히 대응하지 못할 우려가 있다.

3. 직업공무원제도

1) 직업공무원제도의 의의

현대적 의미의 직업공무원제도(職業公務員制度, Career Civil Service System)는 우수한 젊은 인재들을 공직에 유치하고, 그들이 공직에 근무하는 것을 명예로 인식하고 정년퇴임 시까지 장기간에 걸쳐 성실하게 근무하도록 하는 임용제도를 말한다. 즉, 이는 정권교체에 관계없이 행정의 일관성과 독자성을 유지하기 위하여 헌법과 법률에 의해 공무원의 신분, 즉 공무원의 임용이 공무원 개인의 능력이나 업적에 따라 보장되는 공무원제도를 말한다. 이는 공직의 영속성과 전문성의 확보에 기여한다..

이러한 점에서 본다면 직업공무원제도는 공무원의 '신분보장'(身分保障)을 통한 '평생의 직업'(a life work)과 밀접한 관련성을 가지고 있다고 볼 수 있다. 따라서 오늘날의 관점에서다면 직업공무원제도는 실적주의를 전제로 하는 것으로 인식되고 있지만, 이는 개념적·제도적으로 분명히 다른 것이다. 그리고 역사적으로 본다면 엽관주의·정실주의와도 관련성을 가지고 있다.[17]

---

17) 역사적으로 볼 때, 직업공무원제도는 실적주의뿐만 아니라 엽관주의·정실주의와도 관련된다. ① 즉, 유럽국가에서는 19세기 이전 중앙집권적인 절대주의국가를 유지하기 위하여 정실임용에 의한 직업공무원제도가 생겨났고, 19세기 이후에는 실적주의에 기반을 둔 현대적 직업공무원제도로 발전하기 시작하였다. ② 한편, 19세기 이후의 미국은 유럽과 같은

한편, 직업공무원제도는 계급제와 폐쇄형 임용체계를 기본으로 하고 있다고 볼 수 있다. 이를 위해서 원칙적으로 학력과 연령이 엄격히 제한된 젊은 인재를 최하위 직급으로 임용하여, 장기간에 걸쳐 근무하도록 하여 경력개발을 시키고, 이를 통해 단계적으로 승진을 시키는데 초점을 두고 있다.

이러한 점에서 조직의 중간계층에서의 신규채용은 원칙적으로 허용하지 않고, 상위직의 대부분은 내부승진에 의하도록 하고 있는 것이다. 그러나 이러한 폐쇄적 임용구조로 인한 공직의 보수화·관료주의화, 공직분위의 침체로 인한 공무원의 전반적인 질적 수준 저하, 외부환경 변화에 대한 수동적 대응 및 무사안일주의 등의 우려가 제기 될 수 있다.

2) 경찰인사관리의 적용

경찰공무원도 당연히 직업공무원제도에 의해 신분보장을 받는다. 경찰공무원의 신분보장은 엽관주의 또는 정실주의의 폐단을 방지하고, 국민 전체의 봉사자로써 주어진 직무에 충실할 수 있도록 하고자 하는데 있다.

이에 대하여 헌법에서 '공무원의 신분은 법률이 정하는 바에 의하여 보장된다'고 규정하고 있다(제7조 제2항). 그리고 국가공무원법에서는 '공무원은 형의 선고, 징계처분 또는 이 법에서 정하는 사유에 따르지 아니하고는 본인의 의사에 반하여 휴직·강임 또는 면직을 당하지 아니한다'고 하고 있다(제68조). 이러한 헌법과 국가공무원법상에서 보장하고 있는 공무원의 신분보장은 당연히 경찰공무원에게도 적용됨은 물론이다.

다만, 경찰공무원으로서 치안총감과 치안정감은 신분보장이 되지 않는다(경찰공무원법 제30조 제1항).[18] 그리고 시보임용(試補任用) 중인 경찰공무원 역시 시보임용의 특성으로 인해 신분보장이 되지 않는다(동법 제10조 제3항).[19]

관료제적 전통을 경험하지 않았을 뿐만 아니라, 전통적으로 직업공무원제도를 민주주의에 대한 위협으로 인식하였다. 관직의 장기적 점유는 관료주의화를 촉진하며, 이는 민주화를 저해하는 요인으로 인식한 것이다. 이에 따라 1829년 이후 정치적 임용을 주요 내용으로 하는 엽관주의를 민주주의의 실천적 원리로 인식하고, 정권의 교체에 따라 공직의 대량교체를 실천하는 전통이 확립되었다. 따라서 이후 공무원의 실적주의와 정치적 중립원칙이 확립된 이후에도 공직자의 모든 직급에 대한 외부임용을 허용하는 개방형 공무원제도를 채택한 것이다. 미국은 1930년 이후부터 직업공무원제도에 관심을 갖고 어느 정도 가미하려고 하고 있다고 볼 수 있다. 위의 책, p. 42.

18) 다만, 1급 공무원과 제23조에 따라 배정된 직무등급이 가장 높은 등급의 직위에 임용된 고위공무원단에 속하는 공무원은 그러하지 아니하다(국가공무원법 제68조 하단).

19) 시보임용기간 중에 있는 경찰공무원이 근무성적 또는 교육훈련성적이 불량할 때에는 「국가공무원법」 제68조(의사에 반한 면직) 및 경찰공무원법 법 제22조(직권면직)에도 불구하고 면직시키거나 면직을 제청할 수 있다(경찰공무원법 제10조 제3항).

제3절 경찰인사제도

1. 경찰공무원의 의의

1) 경찰공무원의 개념

공무원(公務員, Public Service Personnel)이라는 것은 사적(私的)인 일이 아닌 공적(公的)인 일 즉, '공무'(公務)를 수행하는 사람을 뜻한다.[20] 현대 자유민주국가에서 공무원은 특정 지배집단의 이해관계를 반영하기 위하여 존재하는 것이 아니라 국민을 위해 존재한다는 점은 분명한 사실이다. 이는 판단의 문제가 아니라 당위의 문제인 것이다.

따라서 대한민국 헌법에서도 '공무원은 국민 전체의 봉사자이며, 국민에 대하여 책임을 진다'고 규정하고 있는 것이다(제7조 제1항). 헌법에서는 이에 더하여 '모든 국민은 법률(法律)이 정하는 바에 의하여 공무담임권(公務擔任權)을 가진다'고 규정하고 있다(제25조).[21] 따라서 공무원이 될 수 있는 권리는 정치적·경제적·사회적 신분 등과 관계없이 모든 국민에게 평등하게 보장되어야 한다.

이러한 점에서 경찰공무원(警察公務員)은 치안(治安)에 관한 공적인 업무를 수행하는 공무원으로써 국민 전체의 봉사자로서, 국민전체에 대해 책임을 져야 하는 것이다. 이는 비록 경찰업무가 전형적인 규제적·강제적 특징을 가지고 있음에도 불구하고, 그것은 당해 직면한 사건의 해결을 위한 수단적 조치인 것이며, 궁극적으로는 개인과 국민전체의 자유와 권리를 보호·보장하는 봉사자로서의 위상을 가져야 함을 의미하는 것이다.

또 경찰공무원은 정치적 이해관계에 좌우되지 않고, 규정된 법에 의해 주어진 역할을 수행하는 중립자(中立者)로서의 역할이 정립되어야 함을 의미하는 것이다. 경찰은 법치주의 원리

---

20) 사전적 의미로 '공'(公)에 내포된 공적이라는 것은 공평(公平)함을 의미하며, 이 외에도 관청·기관·벼슬을 의미하고 있다. 더 나아가 '공'은 일반인이 아닌 귀인(貴人)을 의미하는 것이다. 이러한 점에서 공무원은 공적인 일을 공평하게 수행하는 관청·기관으로서 타인의 모범되는 훌륭한 인품과 전문성을 갖추고 있어야 한다.

21) 공무담임권이란 입법부, 행정부, 사법부는 물론이고 지방자치단체 등 국가, 공공단체의 구성원으로서 그 직무를 담당할 수 있는 권리를 말한다. 여기서 직무를 담당한다는 것은 모든 국민이 현실적으로 그 직무를 담당할 수 있다고 하는 것이 아니라, 국민의 공무담임에 관한 자의적이지 않고 평등한 기회를 보장을 받음을 의미하는 것이다. 이러한 공무담임권의 보호영역에는 공직취임의 기회의 자의적인 배제뿐만 아니라 공무원의 신분의 부당한 박탈까지 포함되는 것이다. 공무담임권은 선거직공무원을 비롯한 모든 국가기관의 공직에 취임할 수 있는 권리이므로 여러 가지 선거에 입후보해서 당선될 수 있는 피선거권을 포함하는 개념이다. 헌재 2006.2.23., 2005헌마403.

에 따라 주어진 업무를 수행하며, 법치주의를 파괴하는 자에 대해 물리적 강제력을 행사하여 통제하는 법치주의의 수호자인 셈이다.

2) 경찰공무원의 성격

일반적으로 공무원은 국가공무원(國家公務員)과 지방공무원(地方公務員)으로 구분할 수 있다. 여기에서 국가공무원은 국가에 의해 임명되는 공무원을, 지방공무원은 지방자치단체에 의해 임명되는 공무원을 말한다.[22]

(1) 국가공무원

현행 경찰조직은 기본적으로 국가경찰(國家警察) 형식을 띠고 있다. 따라서 국가경찰조직에 근무하는 경찰공무원은 당연히 국가공무원에 해당된다.

국가공무원에 해당되는 경찰은 원칙적으로 국가공무원법의 적용을 받게 되지만, 경찰의 책임 및 직무의 중요성과 신분 및 근무조건의 특수성에 비추어 별도로 경찰공무원법(警察公務員法)을 두어 그 임용, 교육훈련, 복무, 신분보장 등에 관하여 국가공무원법에 대한 특례를 규정하고 있다(경찰공무원법 제1조). 따라서 국가공무원법과 경찰공무원법은 일반법과 특별법의 관계에 있기 때문에 우선적으로 경찰공무원법을 적용하고, 이 법에 규정이 없는 사항에 대해 국가공무원법을 준용하고 있다.

(2) 경력직 공무원

국가공무원은 다시 ㉠ 경력직 공무원과 ㉡ 특수경력직 공무원으로 구분하고 있는데, 경찰공무원은 이 가운데 경력직 공무원에 해당된다(국가공무원법 제2조 제1항 및 제2항).

여기에서 말하는 경력직 공무원이라는 것은 '실적과 자격에 따라 임용되고, 그 신분이 보장되며 평생 동안(근무기간을 정하여 임용하는 공무원의 경우에는 그 기간 동안을 말함) 공무원으로 근무할 것이 예정되는 공무원'을 말한다(제2조 제2항). 바꿔 말하면 경력직 공무원은 실적주의에 의해 임용되고, 직업공무원제도에 의해 신분보장이 되는 공무원을 말한다.[23]

---

22) 공무원의 의미를 넓게 해석하면, 일체의 공무담당자, 즉 선거에 의하여 선출되는 공무원을 포함하여 국가나 지방자치단체의 모든 기관구성자를 의미하고, 여기에는 사법상 계약·사무위임 등에 의해 한정된 공무를 담당하는 자까지 포함된다.

23) 경력직 공무원과 대비되는 특수경력직 공무원은 경력직 공무원을 제외한 공무원을 말한다. 바꿔 말하면, 실적주의가 아닌 엽관주의와 정실주의에 의해 임용되거나 직업공무원제도에 의한 신분보장이 되지 않는 공무원을 의미한다고 본다. 여기에는 ① 정무직 공무원(선거로 취임하거나 임명할 때 국회의 동의가 필요한 공무원, 고도의 정책결정 업무를 담당하거나 이러한 업무를 보조하는 공무원으로서 법률이나 대통령령에서 정무직으로 정하는 공무원), ② 별정직 공무원(비서관·비서 등 보좌업무 등을 수행하거나 특정한 업무 수행을 위하여 법령에서 별정직으로 지정하는 공무원)이 이에 해

(3) 특정직 공무원

한편, 경력직 공무원은 ㉠ 일반직 공무원과 ㉡ 특정직 공무원으로 구분하고 있는데, 경찰공무원은 이 가운데 특정직 공무원에 해당된다(제2조 제2항 제2호).[24]

특정직 공무원이라는 것은 경찰을 포함하여 법관, 검사, 외무공무원, 소방공무원, 교육공무원, 군인, 군무원, 헌법재판소 헌법연구원, 국가정보원 직원과 특수 분야의 업무를 담당하는 공무원으로서 다른 법률에서 특정직 공무원으로 지정하는 공무원을 의미한다.

따라서 경찰은 특정직 공무원이므로 조직상 경찰기관에 근무하는 일반직 공무원과 경찰공무원법이 아닌 「의무경찰대 설치 및 운영에 관한 법률(약칭: 의무경찰대법)」의 적용을 받는 '의무경찰'(병역법에 따라 전환복무 된 자)은[25] 신분상으로는 경찰공무원이 아니라고 할 수 있다.[26] 그러나 이들 역시 형법상의 공무집행방해죄(公務執行妨害罪)의 대상이 되는 공무원에 해당함은 물론이고, 국가배상법(國家賠償法)상의 공무원에도 포함된다.

형법·국가배상법상의 공무원 범위

형법상의 공무집행방해죄(제136조)는 직무를 집행하는 공무원을 폭행·협박함으로써 성립하는 범죄인데(5년 이하의 징역 또는 1천만원 이하의 벌금), 여기에서 공무원의 범위는 포괄적이다.
이는 서비스를 제공하는 주체의 신분에 초점을 둔 것이라기보다는 서비스의 특성 자체(즉, 공공재로서의 성격을 갖는)에 초점을 두었다고 본다. 따라서 청원경찰과 방범대원도 이에 포함된다. 일용직 근로자의 경우에도 공무원의 지휘를 받고 공무수행중임을 상대방에게 밝힌 경우에는 공무원에 해당되는 것으로 보아야 한다.[27]
한편, 국가배상법 제2조에서는 공무원의 배상책임(賠償責任)을 규정하고 있는데, 이 경우 공무원의 범위 역시 포괄적이다. 이 법에 의하면, '① 국가나 지방자치단체는 공무원 또는 공무를 위탁받은 사인(이하 '공무원'이라 함)이 직무를 집행하면서 고의 또는 과실로 법령을 위반하여 타인에게 손해를 입히거나, 「자동차손해배상 보장법」에

당된다(국가공무원법 제2조 제3항).

24) 일반직 공무원은 기술·연구 또는 행정 일반에 대한 업무를 담당하는 공무원을 말한다(국가공무원법 제2조 제2항 제1호).

25) 한편, 병역법에 따라 전환복무 된 사람 중 경찰대학을 졸업하고 경위(警衛)로 임용된 사람 역시 전환복무기간 중 의무경찰대의 대원으로 복무하여야 한다(의무경찰대법 제2조의3 제2항). 다만, 의무경찰대의 대원으로 전환복무 되어 경위로 임용된 경찰대학 졸업생은 병역법에 따라 일정 기간 전환복무를 할 뿐이지 신분은 경찰공무원법의 적용을 받는다.

26) 조철옥(2008), 경찰학개론, 서울: 대영문화사, p. 303.; 그러나 주의할 것은 경찰공무원법상의 시보임용(제10조), 보훈(제16조), 당연퇴직(제21조), 직권면직(제22조), 정년(제24조)과 국가경찰공무원에게 적용되는 국가공무원법 중 보수결정의 원칙(제46조), 의사에 반한 신분조치(제68조), 휴직(제71조), 휴직기간(제72조), 특수경력직 공무원의 휴직(제73조의2), 사회보장(제77조)을 제외하고는 경찰공무원법과 국가경찰공무원에게 적용되는 국가공무원법을 의무경찰에게 준용(準用)하도록 하고 있다(의무경찰대법 제4조 제1항).

27) 대법 1986.1.28., 85도2448.; 대법 1991.3.27., 90도2930; 배종대(2010), 형법각론, 서울: 홍문사, p. 845.

따라 손해배상의 책임이 있을 때에는 이 법에 따라 그 손해를 배상하여야 한다. 다만, 군인·군무원·경찰공무원 또는 예비군대원이 전투·훈련 등 직무 집행과 관련하여 전사(戰死)·순직(殉職)하거나 공상(公傷)을 입은 경우에 본인이나 그 유족이 다른 법령에 따라 재해보상금·유족연금·상이연금 등의 보상을 지급받을 수 있을 때에는 이 법 및 「민법」에 따른 손해배상을 청구할 수 없다. ② 제1항 본문의 경우에 공무원에게 고의 또는 중대한 과실이 있으면 국가나 지방자치단체는 그 공무원에게 구상(求償)할 수 있다'고 규정하고 있다.

3) 경찰공무원제도의 기본체계

경찰은 계급제를 원칙으로 하면서, 부분적으로 직위분류제를 가미하고 있다고 볼 수 있다. 즉, 계급제(순경에서 치안총감)에 의해 기본적으로 체계화되고, 직위분류제(경과제도)에 의해 전문화하는 형식을 취하고 있다고 볼 수 있다.

(1) 계급제

경찰은 기본적으로 특정직위에 임명된 사람의 신분과 자격을 중심으로 계급을 부여하여 계층이 나누어지도록 하는 계급제를 채택하고 있다. 경찰계급에 따라 직책의 난이도와 보수에 차이가 난다. 경찰계급은 순경(巡警), 경장(警長), 경사(警査), 경위(警衛), 경감(警監), 경정(警正), 총경(總警), 경무관(警務官), 치안감(治安監), 치안정감(治安正監), 치안총감(治安總監)으로 구분된다(경찰공무원법 제2조).

이러한 계급체계 하에 치안에 관한 경찰조직의 사무를 총괄하는 경찰청장은 치안총감으로 보하도록 하고 있다. 지방경찰청장은 치안정감·치안감 또는 경무관으로 보하도록 하고 있으며, 경찰서장은 경무관, 총경, 또는 경정으로 보하도록 하고 있다(경찰법 제11조 제1항, 제14조 제1항, 제17조 제1항). 다만, 지방경찰청장 가운데 제주지방경찰청의 경우 과거에는 경무관이 임명되었는데, 지금은 치안감이 임명되고 있어 경무관은 큰 의미가 없다고 본다. 또 경찰서장의 경우에도 경정이 임용되는 경우는 극히 드물다고 본다.

(2) 경과제

경찰은 그 직무의 종류에 따라 경과(警科)에 의하여 구분할 수 있다(경찰공무원법 제3조). 경과라는 것은 일종의 직위분류 형식으로서 경찰직무의 특성에 맞는 경찰 개개인의 능력과 경력에 따라 전문화시키는 분류체계라 할 수 있다(사실, 경과제가 제대로 이루어지기 위해서는 채용단계에서부터 별도의 선발과정을 거치는 것이 바람직하다고 본다).

현행법상 경찰의 경과는 크게 ㉠ 일반경과, ㉡ 수사경과, ㉢ 보안경과, ㉣ 특수경과로 구분하고 있다. 이러한 경과는 총경 이하 경찰공무원에게 부여하며, 다만 수사경과와 보안경과는 경과는 경정 이하 경찰공무원에게만 부여하고 있다(경찰공무원 임용령 제3조 제1항).

〈경찰경과의 분류 및 직무유형〉

구 분	경과별 직무 유형	적용대상
일반경과	• 기획 · 감사 · 경무 · 생활안전 · 교통 · 경비 · 작전 · 정보 · 외사나 그 밖의 직무로서 수사경과 · 보안경과 및 특수경과에 속하지 아니하는 직무	총경 이하
수사경과	• 범죄수사에 관한 직무	경정 이하
보안경과	• 보안경찰에 관한 직무	경정 이하
특수경과	• 항공경과 – 경찰항공기의 운영 · 관리에 관한 직무 • 정보통신경과 – 경찰정보통신의 운영 · 관리에 관한 직무 • 해양경과(삭제, 2016.12.30.) • 운전경과(삭제, 2016.12.30.)	총경 이하

* 관련근거: 경찰공무원법 제3조, 경찰공무원 임용령 제3조 및 시행규칙 제19조
* 경과 외에 특기(特技)가 경찰공무원 임용령(제3조)에 규정되어 있었으나, 오랜 기간 동안 특별하게 이용되지 않았기 때문에 폐지(2016.12.30.)되었다.
* 해양경찰청 소속 경찰공무원에게 부여하는 경과는 따로 대통령령(해양경찰청 소속 경찰공무원 임용령 시행령)으로 정한다(경찰공무원 임용령 제3조 제1항 하단).

그런데, 여기에서 일반경과가 경찰업무의 전문성과 관련하여 어떠한 특별한 의미를 가지고 있는지는 의문이다. 경찰의 수사전문화 및 수사권독립을 염두 해 두고 2005년부터 수사경과제(捜査警科制)를 채택한 것은 의미가 있다고 본다. 그리고 최근 보안경과제(保安警科制)를 보다 적극적으로 운영하고자 하고 있는데, 경찰조직의 전문화를 위해서는 매우 바람직한 현상이라고 본다.

그리고 위에서 살펴본 바와 같이 이러한 경과는 모든 경찰계급에 적용되는 것이 아니라 원칙적(原則的)으로 '총경 이하'에만 적용되도록 하고 있다는 점이다. 즉, 경무관 이상의 경찰은 계급제의 적용만을 받는다고 볼 수 있다. 그리고 수사경과 및 보안경과의 경우에는 경정 이하에만 적용된다는 점이다. 이 경우에는 총경 이상은 계급제의 적용만을 받는다고 볼 수 있다.

그런데, 이러한 특성으로 인해 경과제도는 한계가 있으며, 따라서 여러 가지 문제가 노정될 수밖에 없다고 본다. 예컨대, 수사경과에 오랫동안 전문성을 쌓아온 수사 또는 형사

담당 경찰관이 경위, 경감, 경정계급(경찰서 과장)을 거쳐 총경계급이 되는 경우, 경과의 적용은 없어지게 된다. 이 때부터 계급제의 적용을 받게 되어 당사자가 경찰서장에 임용되었을 경우, 과연 경찰서의 업무 전반을 이해하고 체계적으로 관리 할 수 있는지에 대해서는 의문이다.

생각건대, 계급제와 경과제의 부적절한 절충적 운영은 오히려 조직운용과 업무의 정체성을 모호하게 할 우려가 있다고 본다. 따라서 경찰경과 가운데 가장 전문적 영역이라 할 수 있는 수사경과 등이 제대로 운영되기 위해서는 계급제의 적용을 받아서는 안 된다고 본다. 이를 위해서는 수사경과는 경찰조직 내에서 어떠한 독립적인 위치를 차지하도록 하고, 계급제과 관계없는 직수행상의 비교 우위적 권한과 직책을 부여하고, 그에 상응하는 책임을 부여하도록 하는 방안을 강구할 필요가 있다고 본다.

2. 경찰공무원의 권리·의무·책임

1) 경찰공무원의 권리

(1) 기본권의 보장

경찰공무원에게도 일반국민과 마찬가지로 헌법에서 보장하는 기본권(基本權)이 원칙적으로 보장된다. 다만 경찰공무원으로서 적절한 직무수행을 위하여 일정 부분 기본권의 제한이 인정되고 있다.

특별법률관계·특수신분관계에 따른 경찰공무원의 기본권 제한

특별한 법률원인에 의하여 일정한 공법(公法)상의 목적을 위하여 필요한 범위 내에서 당사자(當事者)의 일방이 포괄적으로 그 상대방을 지배하고, 그 상대방은 이에 복종함을 내용으로 하는 법률관계를 특별권력관계(特別權力關係)라고 한다. 이는 국민이 국가의 구성원으로서 가지는 일반적 지위에서 통치권(統治權)에 복종하는 관계인 일반권력관계(一般權力關係)에 대응되는 개념으로서 오늘날 이러한 이론은 부인되고 있다.[28)]

그러나 특별한 국가행정 목적의 달성을 위하여 국가와 국민 사이에 일반적인 결합관

28) 경찰공무원의 법관계는 기본적으로 자연인인 경찰공무원과 임용주체의 지위를 갖는 공법상의 법인 즉, 국가 사이에 존재하는 공법상 근무관계·공법상 성실관계이다. 경찰공무원의 법관계는 공법관계로 형성되는 것이지, 특별권력관계로 형성되는 것은 아니다. 홍정선(2007), 경찰행정법, 서울: 박영사, p. 155.

계와는 별도의 보다 강력한 결합관계가 필요함을 부인할 수는 없다. 다만, 전통적으로 이러한 특별권력관계론이 자의적으로 남용되어 법치주의(法治主義)의 이념을 위배해온 점이 적지 않은 것이 사실이다. 따라서 특별권력관계론은 부정되고, 대신 특별법률관계(特別法律關係) 또는 특수신분관계(特殊身分關係)에서 기본권은 제한된다고 보아야 할 것이다.[29)]

따라서 특수신분관계에 있는 경찰공무원 등에 대해서는 특수신분관계의 본질에서 오는 일정한 기본권의 제한이 인정되고 있다. 다만 이에 따른 기본권 제한은 합리적·합법적인 범위 내에서 이루어져야 할 것이다. 그러나 양심의 자유와 같은 절대적 기본권은 어떠한 경우에도 제한할 수 없으며, 상대적 기본권을 제한하는 경우에도 그 본질적 내용과 인간의 존엄과 가치는 침해 할 수 없다고 본다.

경찰공무원은 국민전체에 대한 봉사자이기 때문에 정치적 중립성을 보장하기 위하여 법률이 정하는 바에 의하여 정당가입이나 정치적 활동 등이 금지된다. 그리고 노동조합을 결성하는 등 집단행동(노동 3권 즉, 단결권·단체교섭권·단체행정권)은 금지된다.[30)] 또 경찰공무원은 대통령, 국회의원, 지방의회의원 및 지방자치단체의 장에 입후보하기 위해서는 일정기간(90일) 전에 사임하여야 한다(공직선거법 제53조 제1항). 이 밖에도 국가공무원법 및 경찰공무원법 상의 의무·금지에 따른 제한이 따른다.[31)]

(2) 신분보장

경찰공무원은 법이 정한 사유와 절차에 따르지 않는 한 공무원의 신분을 박탈당하지 않는다. 경찰공무원의 신분보장에 대한 내용은 앞의 직업공무원제도에서 설명한 바와 같다.

따라서 경찰공무원은 징계처분 기타 그 의사에 반하는 불리한 처분(휴직 등)이나 부작위에 대하여 소청심사위원회(訴請審査委員會)에 소청 할 수 있고(국가공무원법 제9조), 또 관할 행정법원에 행정소송을 제기할 수 있다(행정소송법 참조). 다만, 행정소송은 소청심사위원회의 심사·결정을 거치지 아니하면 제기할 수 없다(국가공무원법 제16조 제1항).

이 밖에도 경찰공무원은 국가에 대한 재산상의 권리(보수청구권, 연금청구권, 보훈을 받을 권리 등)를 가지고 있다.[32)]

29) 헌법재판소는 특수신분관계를 인정하고 공무원 등에 대한 기본권 제한의 특수성을 인정하고 있다. 헌재 2005.5.26., 2001헌마728.

30) 공무원은 근로자로서 법률이 정하는 자에 한하여 단결권·단체교섭권 및 단체행동권을 가진다(헌법 제33조 제2항). 이를 위하여 제정된 법이 '공무원의 노동조합 설립 및 운영 등에 관한 법률'인데, 경찰공무원은 그 직무의 특수성으로 인해 이 법의 적용에서 제외된다.

31) 김철수(2006), 헌법학개론, 서울: 박영사, pp. 361-364.

2) 경찰공무원의 의무

이처럼 경찰공무원은 국가공무원으로서 일정한 권리를 보장 받고 있으며, 동시에 국민 전체에 대한 봉사자로서 국민에 대하여 책임을 지는 등 제반 의무를 지게 된다(헌법 제7조 제1항). 이러한 경찰공무원의 의무 준수는 경찰윤리를 실천하는 구체적인 방법이 된다고 볼 수 있다.

그리고 위에서 언급한 바와 같이 경찰공무원이 부담하는 의무는 경찰공무원이 특별권력관계에 놓이기 때문에 법적 근거 없이도 당연히 인정된다는 논리는 타당하지 않다. 경찰공무원에게 부과되는 의무도 반드시 법적 근거를 요한다. 왜냐하면 경찰공무원관계도 공법상의 법관계이고, 그 법관계는 법치주의원칙 내에서만 존재하는 것이기 때문이다.[33] 경찰공무원의 의무와 관련된 법규정으로는 국가공무원법, 경찰공무원법, 공직자윤리법 등이 있다.[34]

(1) 국가공무원법상의 의무

국가공무원법상의 공무원의 의무는 모든 국가공무원을 대상으로 하는 것인데, 아래에서는 이 가운데 경찰공무원을 중심으로 살펴보기로 한다.

① 선서의무

국가공무원법에 따라 경찰공무원은 취임할 때에 소속기관장 앞에서 대통령령이 정하는 바에 따라 선서를 하여야 한다. 다만 불가피한 사유가 있으면 취임 후에 선서할 수 있다(제55조). 이에 따라서 경찰공무원은 교육훈련을 마치고 소속된 지방경찰청장 앞에서 취임선서를 하게 된다.

〈국가공무원 복무규정(제2조) 상의 선서문〉

선 서
나는 대한민국 공무원으로서 헌법과 법령을 준수하고, 국가를 수호하며, 국민에 대한 봉사자로서의 임무를 성실히 수행할 것을 엄숙히 선서합니다.

32) 이에 대한 자세한 내용은 홍정선(2007), 앞의 책, pp. 183-187 참조.
33) 위의 책, p. 187.
34) 이하 위의 책, pp. 189-201 재구성.

② 법령준수의무 및 성실의무

모든 경찰공무원은 법령을 준수하며 성실히 직무를 수행하여야 한다(제56조). 법령준수의무는 법치국가에서 경찰공무원이 부담하는 가장 기본적인 의무 가운데 하나가 된다. 여기에서 법령이란 행정법의 법원이 되는 모든 법을 말한다. 법규명령 외에 행정규칙도 포함됨은 물론이다. 경찰공무원의 법령위반행위는 그 행위의 무효·취소, 손해배상, 경찰공무원 개인의 책임문제를 야기한다.

한편, 성실의무(誠實義務) 역시 경찰공무원에게 부과된 가장 기본적인 의무 중의 하나이다. 성실이란 자신의 임무수행에 있어서 자신의 인격과 양심에 입각하여 최선을 다하여야 함을 뜻한다(제56조). 물론, 그렇다고 해서 성실의무라는 것이 경찰공무원에게 무한정의 희생·헌신·충성을 요구하는 것은 아니다. 성실의무위반 여부의 판단은 쉬운 일이 아니다. 그러나 성실의무는 정치적·윤리적인 의무에 불과한 것이 아니라 국가공무원법에서 규정하고 있는 법적인 의무임에는 틀림없다.

③ 복종의무

경찰공무원은 직무를 수행할 때 소속 상관의 직무상 명령에 복종하여야 한다(제57조). 경찰조직은 계층적 조직체로서 상명하복(上命下服)의 원칙은 직무수행에 있어서 매우 중요한 것이다. 여기에서 소속 상관은 당해 경찰공무원의 직무에 관해서 지휘·감독할 수 있는 권한을 가진 기관을 말한다. 그리고 소속 상관은 언제나 1인 만을 의미하는 것은 아니며, 또한 소속 상관은 행정관청일 수도 있고, 보조기관일 수도 있다.

한편, 직무상의 명령은 상급공무원이 부하공무원에 대해 직무상 발하는 명령을 총칭하는 개념이다. 그 내용은 개별·구체적일 수도 있고, 일반·추상적일 수도 있다. 직무상 명령은 개념상 훈령(訓令)과 구별을 요한다.

〈직무상 명령과 훈령의 구분〉

구 분	직무상 명령	훈령
규율관계자	• 상하급 공무원간의 규율	• 상하급 관청간의 규율
신분변동	• 상하공무원의 신분의 변동에 따라 효력이 상실	• 상급관청이 폐지하지 않는 한 기관구성자의 변동에 관계없이 효력을 지속

그리고 이러한 직무상 명령은 하급공무원을 구속할 뿐 일반국민을 구속하는 것은 아니다. 즉, 직무상 명령은 법규가 아니다. 소속 상관의 직무상 명령을 위반하면 징계사유가 된

다(제78조 제1항). 직무상 명령의 대상이 될 수 있는 사항은 ㉠ 상관의 권한에 속하고, ㉡ 부하직원의 권한에 속하는 직무에 관련이 있는 사항이다. 한편, 적법한 직무상 명령이 있으면 당해 경찰공무원은 그 명령에 복종하여야 하는데, 이는 소속 상관의 명령을 이행하여야 함을 의미한다. 즉, 직무상 명령을 받은 경찰공무원은 그 명령의 내용에 따라 작위의무·부작위의무·수인의무·급부의무를 이행하여야 한다.

그러나 명백히 위법한 직무상의 명령(예, 범죄행위의 명령)에 대해서는 복종을 거부해야 하며, 만약 이에 복종하면 그 명령을 한 상관은 물론이고 그 명령을 집행한 공무원도 책임을 면할 수 없다.

④ 직장이탈금지의무

경찰공무원은 소속 상관의 허가 또는 정당한 사유가 없으면 직장을 이탈하지 못한다(제58조).[35] 다만, 경찰행정기관의 장은 민원 편의 등 공무 수행을 위하여 필요하다고 인정할 때에는 근무시간 외의 근무를 명하거나 토요일 또는 공휴일 근무를 명할 수 있다(국가공무원 복무규정 제11조 제1항) 이 경우, 직장이탈금지의무가 존재함은 물론이다.

⑤ 친절·공정의무

경찰공무원은 국민전체의 봉사자로서 친절하고 공정하게 직무를 수행하여야 한다(국가공무원법 제59조). 친절의무는 경찰공무원이 국민에 대해 군림하는 자세가 아닌 봉사하는 자세로 직무를 수행해야 한다는 것이며, 공정의무는 특정국민이 아니라 모든 국민에 대하여 불편부당(不偏不黨)하게 직무를 수행해야 한다는 것을 의미한다. 이것 역시 법적 의무이다.

⑥ 종교중립의무

경찰공무원은 종교에 따른 차별 없이 직무를 수행하여야 한다. 따라서 경찰공무원은 소속

---

35) ① 경찰서 수사과 형사계 반장인 원고의 부하직원에 대한 뇌물수수사건의 검찰 수사과정에서 뇌물을 받은 사람이 원고라는 제공자의 진술에 따라 원고에게까지 수사가 확대되자, 원고가 수사를 피하기 위하여 사직원을 제출하였으나 수리도 되지 아니한 상태에서 소속 상관의 허가 없이 3개월여 동안 직장을 이탈하고 출근하지 아니하여 뇌물수수 등의 죄로 지명수배 되었다. 이 사건의 경우, 원고의 위와 같은 행위는 국가공무원법상의 직장이탈에 해당되며, 이러한 이유로 원고에 대하여 한 파면처분에 재량권을 남용 또는 일탈한 위법이 없다. 대법 1991.11.22., 91누3666.; ② 경찰공무원이 운전면허증의 부정발급과 관련하여 누명을 쓰고 구속될지 모른다는 생각에서 직장이탈을 하였으나 제3자의 범행으로 밝혀진 경우, 직장이탈은 경찰공무원으로서의 성실의무, 직장이탈금지의무에 위배되는 행위라고 할 것이다. 그러나 그 경찰관이 이전에 징계처분을 받은 전력도 없고 21년 남짓 재직하는 동안 경찰청장표창을 비롯하여 23회의 표창을 받은 점을 감안하여 보면, 그 정도의 비위사실에 대하여 징계처분 중 가장 중한 파면을 선택한 것은 징계양정을 그르친 경우에 해당하여 위법하다. 고법 1995.8.30., 94구8051.

상관이 이에 위배되는 직무상 명령을 한 경우에는 이에 따르지 아니할 수 있다(제59조의2). 우리 헌법은 모든 국민은 종교의 자유를 가지며, 국교는 인정되지 않고, 종교와 정치의 분리를 선언하고 있다(제20조). 오늘날 종교적 갈등은 정치적 갈등 못지않게 심각한 사회적 문제로 대두되고 있으며, 따라서 경찰공무원은 종교적 중립성은 매우 중요한 의미를 갖는다고 본다.

다만, 주의할 것은 경찰공무원의 이러한 종교중립의무는 '직무상의 의무'를 의미하는 것이지, '신분상의 의무'(즉, 경찰공무원 신분이기 때문에 종교중립이어야 한다는 것)를 의미하는 것은 결코 아니라는 점이다.

⑦ 비밀엄수의무

경찰공무원은 '재직 중'은 물론 '퇴직 후'에도 직무상 알게 된 비밀을 엄수(嚴守)하여야 한다(제60조). 이러한 비밀엄수의무를 위반하면 징계처분을 받을 뿐만 아니라 형사처벌을 받게 된다.

즉, '검찰, 경찰 기타 범죄수사에 관한 직무를 행하는 자 또는 이를 감독하거나 보조하는 자가 그 직무를 행함에 당하여 지득(知得)한 피의사실을 공판청구 전에 공표한 때에는 3년 이하의 징역 또는 5년 이하의 자격정지에 처한다'고 규정 하고 있다(피의사실공표죄, 형법 제126조).[36] 또한 '공무원 또는 공무원이었던 자가 법령에 의한 직무상 비밀을 누설한 때에는 2년 이하의 징역이나 금고 또는 5년 이하의 자격정지에 처한다'고 규정하고 있다(공무상비밀의 누설죄, 동법 제127조).

물론, 「공공기관의 정보공개에 관한 법률」에 따른 비밀의 공개는 비밀엄수의무의 위반

---

36) ① 일반 국민들은 사회에서 발생하는 제반 범죄에 관한 알권리를 가지고 있고 수사기관이 피의사실에 관하여 발표를 하는 것은 국민들의 이러한 권리를 충족하기 위한 방법의 일환이라 할 것이다. 그러나 한편으로는 헌법 제27조 제4항은 형사피고인에 대한 '무죄추정의 원칙'을 천명하고 있고, 형법 제126조에서는 '피의사실 공표행위'를 범죄로 규정하고 있다. 그리고 형사소송법 제198조에서는 '검사, 사법경찰관리 기타 직무상 수사에 관계있는 자는 비밀을 엄수하며 피의자 또는 다른 사람의 인권을 존중하여야 한다'고 규정하고 있다. ② 이처럼 수사기관의 피의사실 공표행위는 공권력에 의한 수사결과를 바탕으로 한 것으로 국민들에게 그 내용이 진실이라는 강한 신뢰를 부여함은 물론 그로 인하여 피의자나 피해자 나아가 그 주변 인물들에 대하여 치명적인 피해를 가할 수도 있다는 점을 고려할 때, 수사기관의 발표는 원칙적으로 일반 국민들의 정당한 관심의 대상이 되는 사항에 관하여 객관적이고도 충분한 증거나 자료를 바탕으로 한 사실 발표에 한정되어야 한다. 그리고 이를 발표함에 있어서도 정당한 목적 하에 수사결과를 발표할 수 있는 권한을 가진 자에 의하여 공식의 절차에 따라 행하여져야 하며, 무죄추정의 원칙에 반하여 유죄를 속단하게 할 우려가 있는 표현이나 추측 또는 예단을 불러일으킬 우려가 있는 표현을 피하는 등 그 내용이나 표현 방법에 대하여도 유념하지 아니하면 아니된다. ③ 따라서 수사기관의 피의사실 공표행위가 위법성을 조각하는지의 여부를 판단함에 있어서는 공표 목적의 공익성과 공표 내용의 공공성, 공표의 필요성, 공표된 피의사실의 객관성 및 정확성, 공표의 절차와 형식, 그 표현 방법, 피의사실의 공표로 인하여 생기는 피침해이익의 성질, 내용 등을 종합적으로 참작하여야 한다. 대법 2002.9.24., 2001다49692.

에 해당하지 아니한다. 또한 실질적으로는 비밀사항이 아니어도 경찰기관이 비밀로 정한 사항을 누설하면, 누설한 공무원은 형사처벌을 받지 아니하지만, 직무명령 위반으로 징계처분을 받을 수는 있다.

공공기관의 정보공개 제한

국민의 알권리를 보장하고 국정에 대한 국민의 참여와 국정운영의 투명성을 확보하기 위하여 공공기관이 보유·관리하는 정보에 대한 국민의 공개청구 및 공공기관의 공개의무를 법으로 규정한 것이 「공공기관의 정보공개에 관한 법률」이다. 이에 따라 모든 국민은 정보의 공개를 청구할 권리를 가지고, 외국인도 대통령령이 정하는 바에 따라 정보공개를 청구할 수 있다(동법 제5조).[37]

다만, 다음에 해당하는 정보에 대하여는 이를 공개하지 아니할 수 있다(동법 제9조 제1항).

① 다른 법률 또는 법률이 위임한 명령(국회규칙·대법원규칙·헌법재판소규칙·중앙선거관리위원회규칙·대통령령 및 조례에 한함)에 의하여 비밀 또는 비공개 사항으로 규정된 정보

② 국가안전보장·국방·통일·외교관계 등에 관한 사항으로서 공개될 경우 국가의 중대한 이익을 현저히 해할 우려가 있다고 인정되는 정보

③ 공개될 경우 국민의 생명·신체 및 재산의 보호에 현저한 지장을 초래할 우려가 있다고 인정되는 정보

④ 진행 중인 재판에 관련된 정보와 범죄의 예방, 수사,[38] 공소의 제기 및 유지, 형의

---

37) 정보공개를 청구할 수 있는 외국인은 ① 국내에 일정한 주소를 두고 거주하거나 학술·연구를 위하여 일시적으로 체류하는 자, ② 국내에 사무소를 두고 있는 법인 또는 단체가 이에 해당한다(동법 시행령 제3조).

38) ① 공공기관의 정보공개에 관한 법률(이하 '정보공개법') 제9조 제1항에서 '수사'에 관한 사항으로서 공개될 경우 그 직무수행을 현저히 곤란하게 한다고 인정할 만한 상당한 이유가 있는 정보를 비공개대상정보의 하나로 규정하고 있다. 그 취지는 수사의 방법 및 절차 등이 공개되어 수사기관의 직무수행에 현저한 곤란을 초래할 위험을 막고자 하는 것으로서, 수사기록 중의 의견서, 보고문서, 메모, 법률검토, 내사자료 등(이하 '의견서 등')이 이에 해당한다고 할 수 있다. 그러나 공개청구대상인 정보가 의견서 등에 해당한다고 하여 곧바로 정보공개법 제9조 제1항 규정된 비공개대상정보라고 볼 것은 아니다. 즉, 의견서 등의 실질적인 내용을 구체적으로 살펴 수사의 방법 및 절차 등이 공개됨으로써 수사기관의 직무수행을 현저히 곤란하게 한다고 인정할 만한 상당한 이유가 있어야만 위 비공개대상정보에 해당한다고 봄이 타당하다. ② 원심판결은 이 사건 정보 중 개인 인적사항 부분을 제외한 나머지 부분인 범죄사실, 적용법조, 증거관계, 고소인 및 피고소인의 진술, 수사결과 및 의견 등은 수사기록 중의 의견서, 법률검토 등에 해당하여 수사에 관한 사항에 포함되는 것으로 보았다. 그러나 원고는 관련사건의 고소인으로서 그 권리구제를 위하여 경찰의 송치의견서의 내용을 알 필요성이 크고, 반면 수사기관은 그 정보의 내용, 수집경로 등이 노출된다 할지라도 향후 범죄의 예방이나 정보수집, 수사활동 등에 영향을 미치는 경우로 보기 어려운 점 등을 고려할 필요가 있다. ③ 이러한 점에서 본다면, 위 정보가 공개될 경우 피고(광주서부 경찰서장)의 직무수행을 현저히 곤란하게 하거나 피의자의 인권 및 공익 목적을 해하는 결과를 야기한다고 인정하기 어렵다. 따라서 이러한 이유를 들어 이 사건 정보 중 개인 인적사항 부분을 제외한 나머지

집행, 교정, 보안처분에 관한 사항으로서 공개될 경우 그 직무수행을 현저히 곤란하게 하거나 형사피고인의 공정한 재판을 받을 권리를 침해한다고 인정할 만한 상당한 이유가 있는 정보

⑤ 감사·감독·검사·시험·규제·입찰계약·기술개발·인사관리·의사결정과정 또는 내부검토과정에 있는 사항 등으로서 공개될 경우 업무의 공정한 수행이나 연구·개발에 현저한 지장을 초래한다고 인정할 만한 상당한 이유가 있는 정보

⑥ 해당 정보에 포함되어 있는 이름·주민등록번호 등 개인에 관한 사항으로서 공개될 경우 개인의 사생활의 비밀 또는 자유를 침해할 우려가 있다고 인정되는 정보

⑦ 법인·단체 또는 개인의 경영·영업상 비밀에 관한 사항으로서 공개될 경우 이러한 법인 등의 정당한 이익을 현저히 해할 우려가 있다고 인정되는 정보

⑧ 공개될 경우 부동산 투기·매점매석 등으로 특정인에게 이익 또는 불이익을 줄 우려가 있다고 인정되는 정보

⑧ 청렴의무

경찰공무원은 직무와 관련하여 직접적이든 간접적이든 사례·증여 또는 향응을 주거나 받을 수 없다. 경찰공무원은 직무상의 관계가 있든 없든 그 소속 상관에게 증여하거나 소속 공무원으로부터 증여를 받아서는 아니 된다(제61조). 이러한 청렴의무 위반은 징계사유가될 뿐만 아니라 경우에 따라서는 형법상 뇌물에 관한 죄(제129조 수뢰죄)를 구성할 수도 있다.[39]

⑨ 영예의 제한

경찰공무원이 외국 정부로부터 영예(榮譽)나 증여를 받을 경우에는 대통령의 허가를 받아야 한다(제62조).

⑩ 품위유지의무

경찰공무원은 직무의 내외를 불문하고 그 품위가 손상되는 행위를 하여서는 아니 된다(제63조). 여기에서 품위손상행위란 국가의 권위·위신·체면·신용 등에 영향을 미칠 수 있는 공무원의 불량하거나 불건전한 행위를 말한다(예, 축첩, 도박, 마약이나 알코올 중독, 음주운전 등). 그리고 이러한 품위유지의무는 직무수행 중 뿐만 아니라 직무수행과

부분은 정보공개법 제9조 제1항 제4호의 비공개대상정보에 해당하지 아니한다고 판단한 원심의 위와 같은 판단은 정당하다. 거기에 정보공개법 제9조 제1항 제4호에 규정된 비공개대상정보에 관한 법리오해의 위법이 없다. 대법 2012.7.12., 2010두7048.

39) 설날 며칠 뒤 부하 경찰관을 통하여 관내 업소 경영자로부터 금 80만원을 교부받은 파출소장에 대한 해임처분이 재량권을 일탈·남용한 것이 아니다. 대법 1999.3.9., 98두18145.

관계없이도 존재하며(예, 휴가기간 동안의 음주운전 등), 따라서 이를 위반하면 역시 징계사유가 된다.

⑪ 영리업무 금지 및 겸직 금지(허가)의무

경찰공무원은 공무 외에 영리를 목적으로 하는 업무에 종사하지 못하며 소속 기관장의 허가 없이 다른 직무를 겸할 수 없다(제64조 제1항). 이에 따른 경찰공무원의 영리를 목적으로 하는 업무의 한계는 대통령령(국가공무원 복무규정)으로 정하고 있다(제2항).[40)]

⑫ 정치운동 금지의무

경찰공무원은 국민전체에 대한 봉사자로서 정치적 중립성을 지켜야 함은 주지의 사실이다(헌법 제7조). 따라서 경찰공무원은 정당이나 그 밖의 정치단체의 결성에 관여하거나 이에 가입할 수 없도록 하고 있다(국가공무원법 제65조 제1항).

그리고 경찰공무원은 선거에서 특정 정당 또는 특정인을 지지 또는 반대하기 위한 행위(즉, 선거운동)를 하여서는 아니 된다.[41)] 아울러 경찰공무원은 다른 공무원에게 위와 같은 사항에 위배되는 행위를 하도록 요구하거나, 정치적 행위에 대한 보상 또는 보복으로서 이익 또는 불이익을 약속하여서는 아니 된다(동조 제3항).

⑬ 집단행위 금지의무

경찰공무원은 노동운동이나 그 밖에 공무 외의 일을 위한 집단 행위를 하여서는 아니 된다(제66조 제1항). 경찰공무원은 국민전체의 이익을 위해 봉사하는 자이므로 경찰공무원 자신의 개인적 이익을 위한 집단행동(集團行動; 단결권·단체교섭권·단체행동권)은 금지된다(이에 대한 내용은 경찰공무원의 기본권보장 부분 참조).

---

40) ① 영리업무의 금지: 공무원은 다음의 어느 하나에 해당하는 업무에 종사함으로써 공무원의 직무 능률을 떨어뜨리거나, 공무에 대하여 부당한 영향을 끼치거나, 국가의 이익과 상반되는 이익을 취득하거나, 정부에 불명예스러운 영향을 끼칠 우려가 있는 경우에는 그 업무에 종사할 수 없다. ㉠ 공무원이 상업, 공업, 금융업 또는 그 밖의 영리적인 업무를 스스로 경영하여 영리를 추구함이 뚜렷한 업무, ㉡ 공무원이 상업, 공업, 금융업 또는 그 밖에 영리를 목적으로 하는 사기업체(私企業體)의 이사·감사 업무를 집행하는 무한책임사원·지배인·발기인 또는 그 밖의 임원이 되는 것, ㉢ 공무원 본인의 직무와 관련 있는 타인의 기업에 대한 투자, ㉣ 그 밖에 계속적으로 재산상 이득을 목적으로 하는 업무(국가공무원 복무규정 제25조). ② 겸직의 허가: ㉠ 공무원이 위 영리업무(제25조)에 해당하지 아니하는 다른 직무를 겸하려는 경우에는 소속 기관의 장의 사전 허가를 받아야 한다. ㉡ 이러한 허가는 담당 직무 수행에 지장이 없는 경우에만 한다. ㉢ 여기에서 '소속 기관의 장'이란 고위공무원단에 속하는 공무원 이상의 공무원에 대해서는 임용제청권자, 3급 이하 공무원 및 기능직공무원에 대해서는 임용권자를 말한다(제26조).

41) ① 투표를 하거나 하지 아니하도록 권유 운동을 하는 것, ② 서명 운동을 기도(企圖)·주재(主宰)하거나 권유하는 것, ③ 문서나 도서를 공공시설 등에 게시하거나 게시하게 하는 것, ④ 기부금을 모집 또는 모집하게 하거나, 공공자금을 이용 또는 이용하게 하는 것, ⑤ 타인에게 정당이나 그 밖의 정치단체에 가입하게 하거나 가입하지 아니하도록 권유 운동을 하는 것(제62조 제2항 각호).

(2) 경찰공무원법상의 의무

① 거짓보고 등의 금지의무

경찰공무원은 직무에 관하여 거짓으로 보고나 통보를 하여서는 아니 된다. 그리고 경찰공무원은 직무를 게을리 하거나 유기(遺棄)해서는 아니 된다(경찰공무원법 제18).

② 지휘권 남용 등의 금지의무

전시 · 사변, 그 밖에 이에 준하는 비상사태이거나 작전수행 중인 경우 또는 많은 인명 손상이나 국가재산 손실의 우려가 있는 위급한 사태가 발생한 경우, 경찰공무원을 지휘 · 감독하는 사람은 정당한 사유 없이 그 직무 수행을 거부 또는 유기하거나 경찰공무원을 지정된 근무지에서 진출 · 퇴각 또는 이탈하게 하여서는 아니 된다(제19조).

③ 제복착용의 의무 등

경찰공무원은 제복을 착용하여야 한다고 하고 있다(제20조 제1항). 이러한 점에서 경찰공무원의 제복착용 역시 의무사항이라고 본다. 그리고 경찰공무원은 필요한 때에는 무기를 휴대할 수 있도록 하고 있다(동조 제2항). 휴대명령에 따른 무기의 휴대는 의무의 성질을 갖는다고 볼 수 있다.[42]

(3) 공직자윤리법상 의무

공직자윤리법에서는 공직자에 대한 재산등록 및 공개 등을 규정함으로써 이들의 부정한 재산증식을 방지하고 공무집행의 공정성 등을 확보하고자 하고 있다.

① 재산등록의무

경찰공무원 가운데 총경(자치총경 포함)이상이 이에 해당된다(제3조 제1항 제9호). 재산등록 대상은 ㉠ 본인, ㉡ 배우자(사실상의 혼인관계에 있는 사람 포함), ㉢ 본인의 직계존속 · 직계비속(다만, 혼인한 직계비속인 여성과 외증조부모, 외조부모, 외손자녀 및 외증손자녀는 제외)이 해당된다(제4조 제1항).

42) 이 밖에도 경찰공무원의 복무에 관한 사항을 규정하고 있는 경찰공무원 복무규정에서는 ① (직무와 관계없는) 지정장소 외에서의 직무수행 금지의무(제8조, 상사의 허가 또는 명령에 의한 경우 제외), ② 근무시간 중 음주 금지의무(제9조, 특별한 사정이 있는 경우 예외로 하되, 이 경우 술기운이 있는 상태에서 직무를 수행해서는 안 됨), ③ (직위 또는 직권을 이용한) 민사분쟁에의 부당개입 금지의무(제10조), ④ (임용 등 신분·근무관계 변동시) 상관에 대한 신고의무(제11조), ⑤ (치안상황에 대한) 신속·정확·간결한 보고 및 통보의무(제12조), ⑥ 여행제한의무(제13조, 휴무일 또는 근무시간 외에 2시간 이내에 직무에 복귀하기 어려운 지역으로 여행을 하고자 할 때에는 소속 경찰기관의 장에게 신고를 하여야 함. 그리고 치안상 특별한 사정이 있어 경찰청장 또는 경찰기관의 장이 지정하는 기간 중에는 소속경찰기관의 장의 허가를 받아야 함), ⑦ 비상대기의무(제14조) 등이 규정되어 있다. 한편, 경찰법에서 경찰공무원의 직무수행상의 상호협력의무(제24조 제1항)가 규정되어 있다.

② **재산공개의무**

재산등록의무자 가운데 일정한 자는 공직자 본인과 배우자 및 본인의 직계존속·직계비속의 재산에 관한 등록사항(및 변동사항 신고내용)을 등록기간(또는 신고기간) 만료 후 1개월 이내에 관보 또는 공보에 게재하여 공개하여야 한다. 재산공개의무자로서는 치안감 이상의 경찰공무원 및 특별시·광역시·특별자치시·도·특별자치도의 지방경찰청장이 이에 해당된다(제10조 제1항 제8호).

3) 경찰공무원의 책임

(1) 경찰공무원의 징계책임

① **징계의 의의**

징계(懲戒)라는 것은 경찰공무원이 공무원으로써 부담하는 의무를 위반하였을 때, 경찰공무원관계의 질서유지를 위해 관련법에 따라 당해 공무원에게 법적 제재 즉, 벌을 가하는 것을 말한다. 용례 상 의무위반에 대하여 가해지는 처벌이 징계벌(懲戒罰)이고, 처벌을 받게 되는 지위를 징계책임(懲戒責任)이라고 한다. 이러한 징계는 기본권으로 보장되는 공무담임권에 대한 제한을 가져오는 것이므로 법률의 근거(국가공무원법, 공무원 징계령 등)를 필요로 한다. 따라서 과거와 같이 특별권력관계론을 명분으로 징계할 수는 없음은 물론이다.[43]

② **징계의 종류**

국가공무원법상의 경찰공무원에 대한 징계는 파면(罷免)·해임(解任)·강등(降等)·정직(停職)·감봉(減俸)·견책(譴責)으로 구분하고 있다(제79조).

이러한 징계 가운데 중징계는 파면, 해임, 강등 및 정직을 의미하고, 경징계란 감봉 및 견책을 의미한다(경찰공무원 징계령 제2조). 징계처분을 내리는 징계권자의 징계종류의 선택은 재량적이다.[44]

43) 이하 홍정선(2007), 앞의 책, pp. 202-210 재구성.

44) 공무원인 피징계자에게 징계사유가 있어 징계처분을 하는 경우 어떠한 처분을 할 것인지는 징계권자의 재량에 맡겨진 것이다. 다만 징계권자가 그 재량권의 행사로서 한 징계처분이 사회통념상 현저하게 타당성을 잃어 징계권자에게 부여된 재량권을 남용한 것이라고 인정되는 경우에 한하여 그 처분을 위법한 것이라 할 것이다. 여기에서 공무원에 대한 징계처분이 사회통념상 현저하게 타당성을 잃었다고 하려면 구체적인 사례에 따라 징계의 원인이 된 비위사실의 내용과 성질, 징계에 의하여 달성하려고 하는 행정목적, 징계양정의 기준 등 여러 요소를 종합 판단할 때에 그 징계 내용이 객관적으로 명백히 부당하다고 인정할 수 있는 경우라야 한다. 대법 2002.9.24., 2002두6620.

㉠ 파면

파면은 경찰공무원의 신분을 박탈하여 공무원관계를 배제하는 징계처분을 말한다.[45] 파면된 경찰공무원은 다시 경찰공무원에 임용될 수 없다(경찰공무원법 제7조 제2항 제7호). 그리고 퇴직급여·퇴직수당의 일부를 감액하여 지급한다(공무원연금법 제64조 제1항).[46]

㉡ 해임

해임 역시 파면과 마찬가지로 경찰공무원의 신분을 박탈하여 공무원관계를 배제하는 징계처분이다.[47] 그리고 해임된 경찰공무원은 다시 경찰공무원에 임용될 수 없다(경찰공무원법 제7조 제2항 제7호). 그러나 해임된 경우에는 퇴직급여·수당의 감액은 없다. 다만, 금품 및 향응수수, 공금의 횡령·유용으로 해임된 경우에는 감액하여 지급한다(공무원연금법 제64조 제1항 제3호).[48]

㉢ 강등

강등은 1계급 아래로 직급을 내리고(고위공무원단에 속하는 공무원은 3급으로 임용하고, 연구관 및 지도관은 연구사 및 지도사로 함) 경찰공무원신분은 보유하나 3개월간 직무에 종사하지 못하며 그 기간 중 보수의 전액(全額)을 감하도록 하는 징계처분이다(국가공무원법 제80조 제1항).

국가공무원에 대한 강등 규정은 2008년에 신설된 징계내용이며, 2015년 12월 법개정으로 보수의 2/3에서 전액을 감하는 것으로 강화되었다.[49] 참고적으로 계급을 구분하지

45) A경찰서 경위 B는 ○○경찰서 ○○지구대, ○○파출소에 근무하면서 관할 구역 내 불법오락실업주 M으로부터 일정기간(2008.8.13.~2010.5.8.) 동안 10회에 걸쳐 420만원을 수수한 비위로 파면 및 징계부가금 5배 처분한 사례. 행정안전부 소청심사위원회(2011), 소청결정사례집 제48집, pp. 293-297.

46) ① 파면된 자로서 재직기간이 5년 미만인 사람의 퇴직급여: 그 금액의 4분의 1, ② 파면된 자로서 재직기간이 5년 이상인 사람의 퇴직급여: 그 금액의 2분의 1, ③ 파면된 자의 퇴직수당: 그 금액의 2분의 1을 감액한다(공무원연금법 시행령 제55조 제1항 제1호).

47) A 지방검찰청 검찰사무관 B는 2008.7.21. B로부터 차용명목으로 200만원을 송금 받아 수수하였고 2008.11.27.~2010.5.22. C로부터 50만원씩 10회에 걸쳐 500만원을 송금 받는 등 자신이 담당했던 사건관련자로부터 금품을 수수한 비위로 해임 및 징계부가금 2배 부과 처분한 사례. 행정안전부 소청심사위원회(2011), 앞의 책, pp. 336-341.

48) ① 해임된 자로서 재직기간이 5년 미만인 사람의 퇴직급여: 그 금액의 8분의 1, ② 해임된 자로서 재직기간이 5년 이상인 사람의 퇴직급여: 그 금액의 4분의 1, ③ 해임된 자의 퇴직수당: 그 금액의 4분의 1을 감액한다(공무원연금법 시행령 제55조 제1항 제2호).

49) A 경찰서 경사 B는 2010년 치안성과평가 하위등급을 받은 것에 불만을 품고 2011.3.6. 20:00경 술에 취한 상태로 정보보안과장 B의 관사에 찾아가 욕설을 하고 주먹으로 얼굴을 1회 때리고, 같은 날 21:20경 재차 관사에 찾아가 욕설을 하고, 다음날 07:00경 욕설을 하며 B의 멱살을 잡아 와이셔츠 단추를 떨어뜨리는 등 하극상을 한 비위로 강등 처분한 사례; A 경찰서 경사 B는 2011.8.19. 00:15경 혈중알코올농도 0.188%의 주취 상태로 운전하다가 무단 횡단하는 피해자의 다리부위를 승용차 앞 범퍼로 추돌하여 형사입건 되고 언론보도 된 비위로 강등 처분한 사례. 행정안전부 소청심사위원회(2011), 앞의 책, pp. 21-26, pp. 200-205.

아니하는 공무원과 임기제공무원에 대해서는 강등을 적용하지 않는다(제80조 제1항).

㉣ 정직

정직은 1개월 이상 3개월 이하의 기간으로 하고, 정직 처분을 받은 자는 그 기간 중 경찰공무원의 신분은 보유하나 직무에 종사하지 못하며, 보수의 전액을 감하도록 하는 징계처분을 말한다(제80조 제3항).[50] 정직 역시 법 개정으로 보수의 2/3에서 전액을 감하는 것으로 강화되었다.

㉤ 감봉

감봉은 1개월 이상 3개월 이하의 기간 동안 보수의 3분의 1을 감하는 징계처분을 말한다(제80조 제4항).[51]

㉥ 견책

견책(譴責)은 전과(前過)에 대하여 훈계하고 회개하게 하는 징계처분을 말한다(제80조 제5항).[52]

③ 징계위원회와 징계권자

㉠ 징계위원회

경무관 이상의 경찰공무원에 대한 징계의결은 국가공무원법(제81조) 및 공무원 징계령(제2조·제3조)에 따라 국무총리 소속으로 설치된 '징계위원회'에서 하도록 하고 있다(경찰공무원법 제26조 제1항).

그리고 총경 이하의 경찰공무원에 대한 징계의결을 하기 위하여 대통령령으로 정하는 경찰기관(경찰청·지방경찰청·경찰서 등)에 '경찰공무원 징계위원회'를 두도록 하고 있다(제26조 제2항).

㉡ 징계권자

이상과 같은 징계 역시 임용권한의 일부이므로 임용권자(任用權者)가 징계권자가 되는

50) A 경찰서 경위 B는 관련자 C로부터 부탁을 받고 수사한 사건에 대하여 검사가 보완수사지휘를 하자 보완수사지휘 내용이 기재된 구속영장신청서 사본을 B에게 주어 복사하게 하는 등 2차례에 걸쳐 직무상 비밀을 C에게 알려줌으로써, 공무상비밀누설 혐의로 구속되어 언론에 보도되고 징역 6월 선고유예를 받은 비위로 정직3월 처분한 사례. 위의 책, pp. 58-62.

51) A 경찰서 경감 B는 수사지휘비 100만원 상당을 편법으로 집행 사용하고, 부하직원들로부터 378,000원 상당의 차량유류를 제공받았으며, 관용차량을 이용하였음에도 이용하지 않은 것처럼 하여 여비 73,000원을 부당 수령하고 허위 증빙서류로 국내여비(이전비) 80만원을 부당 수령한 비위로 감봉 3월 처분한 사례. 위의 책, pp. 381-388.

52) A 경찰서 경위 B는 팀원 C가 근무지를 무단이탈하여 사행성 게임을 하는 등 직무를 태만히 한 잘못에 대해 1차 감독을 소홀히 한 비위로 견책 처분한 사례. 위의 책, pp. 459-462.

것이 원칙이다.[53]

경찰공무원법상 경찰공무원에 대한 징계는 징계위원회(懲戒委員會)의 의결을 거쳐 징계위원회가 설치된 소속기관의 장이 하되, 국가공무원법에 의하여 국무총리 소속하에 설치된 징계위원회에서 의결한 징계는 경찰청장이 행하도록 하고 있다(경찰공무원법 제27조).[54] 징계에 대해서는 후술하는 경찰인사기관 부분에서 보다 상세히 살펴보기로 한다.

(2) 경찰공무원의 형사책임

① 경찰행정법규 위반에 따른 형사책임

경찰공무원의 행정법규 위반에 따른 형사책임은 경찰공무원법을 위반한 것에 대하여 형법이 정한 형벌을 받게 되는 경우를 말한다.

이와 관련하여 먼저, 경찰공무원으로서 전시·사변 그 밖의 이에 준하는 비상사태이거나 작전수행 중인 경우에 ㉠ 직무태만 또는 유기금지(경찰공무원법 제18조 제2항), ㉡ 지휘권 남용 등의 금지(제19조), ㉢ 직장 이탈금지(국가공무원법 제58조 제1항)를 위반한 경우에는 3년 이상의 징역이나 금고에 처하도록 하고 있다. 그리고 위와 같은 국가비상사태 상황에서 ㉠ 거짓보고 등의 금지(경찰공무원법 제18조 제1항), ㉡ 복종의 의무(국가공무원법 제57조)를 위반한 경우에는 7년 이하의 징역이나 금고에 처하도록 하고 있다(이상 경찰공무원법 제31조 제1항).

또 이상과 같은 국가비상사태의 경우 외(外)에 집단살상의 위급사태가 발생한 경우에 위에서 명시한 법규정(즉, 경찰공무원법 제18조·제19조, 국가공무원법 제57조·제58조)을 위반한 경우에는 7년 이하의 징역이나 금고에 처하도록 하고 있다(제31조 제2항).

그리고 경찰공무원이 정치운동의 금지(제65조)를 위반한 경우에는 3년 이하의 자격정지(資格停止)에 처하고, 그 죄에 대한 공소시효(公訴時效)의 기간은 형사소송법 제249조 제1항에도 불구하고 10년으로 하도록 하고 있다(제31조 제3항, 2014.1 신설).

---

53) ① 총경 이상의 경찰공무원의 임용권은 대통령이 행한다. 다만, 총경의 전보, 휴직, 직위해제, 강등, 정직 및 복직은 경찰청장이 한다(경찰공무원법 제6조 제1항). ② 경정 이하의 경찰공무원은 경찰청장이 임용한다. 다만, 경정으로의 신규채용, 승진임용 및 면직은 대통령이 행한다(제2항). ③ 경찰청장은 경찰공무원의 임용에 관한 권한의 일부를 소속 기관의 장(경찰대학, 경찰교육원, 중앙경찰학교 등), 지방경찰청장에게 위임할 수 있다(제3항). ④ 경찰청장은 소속기관의 장(지방경찰청장 포함)에게 그 소속 공무원 중 경정의 전보·파견·휴직·직위해제 및 복직에 관한 권한과 '경감 이하'의 임용권을 위임할 수 있다(경찰공무원 임용령 제4조 제1항). 임용에 대한 자세한 내용은 뒤에서 다시 살펴보기로 한다.

54) 다만, 파면·해임·강등 및 정직은 징계위원회의 의결을 거쳐 해당 경찰공무원의 임용권자가 하되, 경정 이상의 파면·해임·강등 및 정직은 다음의 절차에 따른다. 즉, ① 경찰청 소속 경무관 이상의 강등 및 정직과 경정 이상의 파면 및 해임은 경찰청장의 제청으로 행정안전부장관과 국무총리를 거쳐 대통령이 한다. ② (생략). ③ 총경 및 경정의 강등 및 정직은 경찰청장이 한다(경찰공무원법 제27조 각호).

한편, 경찰공무원이 ㉠ 시험 또는 임용의 방해행위 금지(국가공무원법 제44조), ㉡ 인사에 관한 부정행위 금지(제45조)를 위반한 경우에는 1년 이하의 징역 또는 100만원 이하의 벌금에 처하도록 하고 있다. 그리고 집단행위의 금지(제66조)를 위반한 경우에는 2년 이하의 징역 또는 200만원 이하의 벌금에 처하도록 하고 있다(제31조 제3항).

② 형법위반에 따른 형사책임

형법위반에 따른 형사책임은 경찰공무원이 형법상의 '공무원의 직무에 관한 죄'(제122조~제134조)를 범한 경우에 받게 되는 책임을 말한다.

즉 ㉠ 직무유기(형법 제122조, 1년 이하의 징역이나 금고 또는 3년 이하의 자격정지), ㉡ 직권남용(제123조, 5년 이하의 징역, 10년 이하의 자격정지 또는 1천만원 이하의 벌금), ㉢ 불법체포·불법감금(제124조, 7년 이하의 징역과 10년 이하의 자격정지, 미수범 처벌), ㉣ 폭행·가혹행위(제125조, 5년 이하의 징역과 10년 이하의 자격정지), ㉤ 피의사실공표(제126조, 3년 이하의 징역 또는 5년 이하의 자격정지), ㉥ 공무상 비밀의 누설(제127조, 2년 이하의 징역이나 금고 또는 5년 이하의 자격정지), ㉦ 선거방해(제128조, 10년 이하의 징역과 5년 이상의 자격정지), ㉧ 수뢰·사전수뢰(제129조, 5년 이하의 징역 또는 10년 이하의 자격정지 등), ㉨ 제3자 뇌물제공(제130조, 5년 이하의 징역 또는 10년 이하의 자격정지), ㉩ 수뢰 후 부정처사·사후수뢰(제131조, 1년 이상의 유기징역 등), ㉪ 알선수뢰(제132조, 3년 이하의 징역 또는 7년 이하의 자격정지), ㉫ 뇌물공여 등(제133조, 5년 이하의 징역 또는 2천만원 이하의 벌금)이 이에 해당된다.

한편, 경찰공무원이 직권(職權)을 이용하여 이상에서 규정한 죄(즉, 공무원의 직무에 관한 죄) 이외의 죄를 범한 때에는 그 죄에 정한 형의 2분의 1까지 가중(加重)하도록 하고 있다. 단 공무원의 신분에 의하여 특별히 형이 규정된 때에는 예외로 한다(제135조).

징계벌과 형벌의 비교

징계벌도 당사자에게 고통 내지 불이익을 부과한다는 점에서 형벌(刑罰)과 같다. 다만, 그 목적과 불이익의 구체적인 내용에 있어서는 차이가 있다.
즉 ㉠ 형벌은 국가와 일반사회 공공의 질서유지를 목적으로 하나 징계벌은 경찰행정조직 내부에서 공무원관계의 질서유지를 목적으로 한다. ㉡ 형벌은 일반국민을 대상으로 하나 징계벌은 경찰공무원을 대상으로 한다. ㉢ 형벌은 인간의 신체상의 자유와 재산권의 박탈 등을 내용으로 하나 징계벌은 공무원의 신분상 이익의 전부 또는 일부의 박탈을 내용으로 한다. 따라서 ㉣ 형벌은 공무원의 퇴직 여하에 관계가 없으나 징계벌은 퇴직 후에는 문제되지 아니한다.
한편, 징계벌과 형벌은 목적·내용 등에서 상이하므로, 하나의 행위(예, 뇌물수수 등)에 대하여 양자를 병과(倂科)할 수 있다. 즉, 양자의 병과는 일사부재리원칙(헌법 제13조 제1항)에 반하는 것은 아니다.55)
물론, 경찰공무원의 경우 형사재판의 결과 자격정지(資格停止) 이상의 형을 선고받은 경우에는 당연퇴직(當然退職)이 되므로(경찰공무원법 제21조) 징계벌은 무의미하다. 그러나 벌금형이나 무죄판결을 받는 경우에는 따로 징계절차를 개시할 수도 잇다.

(3) 경찰공무원의 국민에 대한 민사책임

민사상 책임이란 경찰공무원이 직무상 불법행위로 인하여 국민에게 손해를 끼친 경우, 그 경찰공무원이 피해자인 사인에게 직접 배상책임을 부담하는 것을 말한다.

경찰공무원이 직무수행 중 불법행위로 타인에게 손해를 입힌 경우에 국가 등이 국가배상책임을 지는 것 외에 경찰공무원 개인도 고의 또는 중과실이 있는 경우에는 불법행위로 인한 손해배상책임을 진다. 따라서 이 경우 피해자인 사인은 경찰공무원을 상대로 손해배상을 청구할 수 있다.

다만, 경찰공무원에게 경과실(輕過失, 가벼운 주의의무 위반)만 있는 경우에는 경찰공무원 개인은 손해배상책임을 부담하지 아니한다. 이는 헌법 제29조 제1항과 국가배상법 제2조의 입법취지에 조화되는 것이다.56)

적법한 직무수행에 대한 손실보상제도의 도입

2013년 4월 5일에 경찰관직무집행법이 개정되어 손실보상(損失補償)규정이 신설(시행 2014.4.6)되었다.57) 이로써 경찰관이 적법(適法)하게 직무를 수행하는 과정에서

55) 공무원에게 징계사유가 인정되는 이상, 관련된 형사사건이 아직 유죄로 확정되지 아니하였다 하더라도 징계처분을 할 수 있음은 물론, 그 징계처분에 대한 행정소송을 진행함에도 아무런 지장이 있을 수 없다. 대법 2001.11.9., 2001두4184.; 대법 2001.11.9., 2001두4184.

56) 공무원의 직무상 불법행위로 손해를 받은 국민은 법률이 정하는 바에 의하여 국가 또는 공공단체에 정당한 배상을 청구할 수 있다. 이 경우 공무원 자신의 책임은 면제되지 아니한다(헌법 제29조 제1항). 공무원이 고의 또는 과실로 법령을 위반하여 타인에게 손해를 입힌 경우에 공무원에게 고의 또는 중대한 과실이 있으면 국가나 지방자치단체는 그 공무원에게 구상(求償)할 수 있다(국가배상법 제2조).

57) ① 국가는 경찰관의 적법한 직무집행으로 인하여 다음의 어느 하나에 해당하는 손실(損失)을 입은 자에 대하여 정당한 보상을 하여야 한다. ㉠ 손실발생의 원인에 대하여 책임이 없는 자가 재산상의 손실을 입은 경우(손실발생의 원인에 대하여 책임이 없는 자가 경찰관의 직무집행에 자발적으로 협조하거나 물건을 제공하여 재산상의 손실을 입은 경우를 포함), ㉡ 손실발생의 원인에 대하여 책임이 있는 자가 자신의 책임에 상응하는 정도를 초과하는 재산상의 손실을 입은 경우. ② '①'에 따른 보상을 청구할 수 있는 권리는 손실이 있음을 안 날부터 3년, 손실이 발생한 날부터 5년간 행사하

국민이 재산상 피해를 입은 경우 국가가 정당한 보상을 할 수 있는 길이 열린 것이다. 지금까지는 국민이 경찰관의 '위법한' 직무집행에 대해 손해배상(損害賠償)을 청구 할 수는 있었지만, '적법'한 직무집행으로 인한 손실에 대해서는 정당하게 보상받을 방법이 없었다. 소방관 등 타부처 공무원은 개별 법률에 이미 손실보상 규정이 마련되어 있었으나, 일반 국민을 상대로 가장 광범위하게 법집행을 하고, 업무성격상 많은 경우 재산상의 피해를 야기할 수 있는 경찰관의 직무집행에 대해서는 손실보상 근거 규정이 없었던 것이다. 이로 인해 국민의 재산권이 완전히 보장되지 않고, 경찰관의 입장에서는 사비를 들여 변상해주거나, 부득이 다른 예산 항목을 전용하여 보상해주는 사례도 빈번했다.

(4) 경찰공무원의 국가에 대한 변상책임

한편, 경찰공무원이 국가에 대하여 재산상의 손해를 끼친 경우에는 국가에 대하여 재산상의 책임을 져야 한다. 이를 변상책임(辨償責任)이라고 한다. 변상책임에는 국가배상법에 의한 변상책임과 회계관계직원의 변상책임이 있다.[58]

국가배상법에 의한 경찰공무원의 변상책임은 다음과 같다. 먼저, 경찰공무원의 직무상 불법행위로 타인에게 손해를 가한 경우, 국가가 경찰공무원을 대신하여 책임을 지도록 하고 있다. 그런데, 이 때 경찰공무원에게 고의나 중대한 과실이 있을 때 해당 경찰공무원이 국가의 구상권(求償權)에 응해 부담하는 변상책임이 있다(국가배상법 제2조). 그리고 공공시설 등의 설치나 관리상의 하자(瑕疵)로 인해 타인에게 손해를 발생하게 하였을 때에는 국가는 손해를 배상해야 한다. 이와 관련하여 발생한 손해의 원인에 대하여 책임을 지는 경찰공무원이 따로 정해져 있으면 국가는 그에게 구상할 수 있다(제5조).

지 아니하면 시효의 완성으로 소멸한다. ③ '①'에 따른 손실보상신청 사건을 심의하기 위하여 손실보상심의위원회를 둔다. ④ '①'에 따른 손실보상의 기준, 보상금액, 지급절차 및 방법, 손실보상심의위원회의 구성 및 운영, 그 밖에 필요한 사항은 대통령령으로 정한다(이상 경찰관직무집행법 제11조의2 제1항~제4항).

58) 「회계관계직원 등의 책임에 관한 법률」에서 회계관계직원의 책임에 관하여 규정하고 있다. 이에 따라 ① 회계관계직원은 고의 또는 중대한 과실로 법령이나 그 밖의 관계 규정 및 예산에 정하여진 바를 위반하여 국가, 지방자치단체, 그 밖에 감사원의 감사를 받는 단체 등의 재산에 손해를 끼친 경우에는 변상할 책임이 있다. ② 현금 또는 물품을 출납·보관하는 회계관계직원은 선량한 관리자로서의 주의를 게을리 하여 그가 보관하는 현금 또는 물품이 망실(亡失)되거나 훼손(毁損)된 경우에는 변상할 책임이 있다(제4조 제1항 및 제2항).

3. 경찰인사기관

1) 경찰임용과 임용권자

(1) 경찰임용의 의미

임용(任用)이라는 것은 '경찰공무원관계의 발생, 변경, 소멸의 원인이 되는 모든 행위'를 지칭한다. 즉, 경찰조직에 필요한 인적자원을 조직 내외적으로 운용하는 제반활동을 의미하는 것이다. 한편, 임용이 가장 좁은 의미로 사용되는 경우는 경찰공무원관계를 처음 발생시키는 신규채용으로서의 임명(任命)을 의미하기도 한다. 그리고 임용을 외부임용과 내부임용으로 구분하기도 한다.[59]

공무원임용령 상에서 임용의 내용을 세부적으로 살펴보면, 이는 '신규채용, 승진, 전직(轉職), 전보, 겸임, 파견, 강임(降任), 휴직, 직위해제, 정직, 강등, 복직, 면직, 해임 및 파면'을 말한다(제2조 제1호). 그리고 경찰공무원법상에서 임용의 내용은 '신규채용, 승진, 전보, 파견, 휴직, 직위해제, 정직, 강등, 복직, 면직, 해임 및 파면'을 말한다(제1조의2 제1호).

이러한 점에서 법적인 임용은 넓은 의미로 사용되고 있음을 알 수 있다. 그런데, 공무원임용령과 경찰공무원법상의 임용의 내용에 다소 차이가 있음을 알 수 있다. 경찰공무원은 우선적으로 경찰공무원법의 적용을 받으며, 따라서 경찰공무원에게는 전직, 겸임, 강임이 적용되지 않는다고 볼 수 있다(경찰공무원의 임용에 관한 세부적인 내용은 후술하는 '경찰인사관리과정'에서 살펴보기로 한다).

〈국가(경찰)공무원 임용의 유형〉

임 용	외부임용	공 개 채 용	신규채용
		특 별 채 용	
	내부임용	수평적 이동	전직*, 전보, 파견, 겸임*
		수직적 이동	승진, 강등, 강임*
		무직으로 이동	휴직, 정직, 직위해제
		직위의 복귀	복직
		신분의 소멸	면직, 파면, 해임

* 전직, 겸임, 강임은 경찰공무원에게는 적용되지 않음.

59) 강성철 외 4인(2011), 앞의 책, p. 246.; 조철옥(2010), 경찰학총론, 경기: 21세기사, p. 425.

(2) 경찰임용권자

경찰공무원 임용권자는 대통령, 경찰청장, 지방경찰청장, 경찰서장, 그리고 기타 소속기관(경찰대학, 경찰교육원, 중앙경찰학교, 경찰수사연수원, 경찰병원)을 들 수 있다(경찰공무원법 제6조, 경찰공무원 임용령 제4조).

① 대통령

먼저, 경찰공무원 임용권자로서 대통령을 들 수 있다. 즉, 총경 이상의 경찰공무원은 경찰청장의 추천을 받아 행정안전부장관의 제청으로 국무총리를 거쳐 대통령이 임용하도록 하고 있다(경찰공무원법 제6조 제1항). 그리고 이 가운데, 경찰청장은 경찰위원회의 동의를 받아 행정안전부장관의 제청으로 국무총리를 거쳐 대통령이 임명(任命)하도록 하고 있다. 이 경우 국회의 인사청문(人事聽聞)을 거쳐야 한다(경찰법 제11조 제2항).[60]

그리고 대통령은 경정에 대한 임용권도 일정부분 행사하고 있다. 즉, 경정의 '신규채용, 승진, 면직'은 경찰청장의 제청으로 대통령이 하도록 하고 있다(경찰공무원법 제6조 제2항).

② 경찰청장

대통령이 총경 이상의 경찰공무원에 대한 모든 임용권을 행사하는 것이 아니다. 이 가운데, 경찰청장은 '총경'의 전보, 휴직, 직위해제, 강등, 정직 및 복직에 관한 임용권을 행사하도록 하고 있다(경찰공무원법 제6조 제1항).

그리고 경찰청장은 '경정 이하'의 경찰공무원을 임용하도록 하고 있다(동조 제2항). 다만, 위에서 살펴본 바와 같이 '경정'의 신규채용, 승진, 면직은 대통령이 하도록 하고 있다. 이러한 점에서 경정의 경우에는 경찰청장은 신규채용, 승진, 면직을 제외한 임용권(즉, 전보, 파견, 휴직, 직위해제, 정직, 강등, 복직 등)을 행사하도록 하고 있음을 알 수 있다.

③ 지방경찰청장

경찰청장은 대통령령으로 정하는 바에 따라 경찰공무원의 임용에 관한 권한의 일부를 지방경찰청장에게 위임(委任)할 수 있도록 하고 있다(경찰공무원법 제6조 제3항).

이러한 위임관계에 따라 지방경찰청장은 소속 경찰공무원 가운데 경정의 전보, 파견, 휴

60) 참고적으로 해양경찰청장의 경우에는 국회의 인사청문을 거치지 않는다. 이는 해양경찰청의 조직위상 또는 입법적인 미비로 볼 수도 있으며, 한편 통치권자의 입장에서는 인사청문회 절차 자체가 자신의 임용권 행사에 일정한 제한을 가하는 결과를 가져다주기 때문에 제도적으로 이를 적극적으로 수용하려 하지 않을 것이다.

직, 직위해제 및 복직에 관한 권한과 '경감 이하의 임용권'을 행사하도록 하고 있다(경찰공무원 임용령 제4조 제1항).[61)]

④ 경찰서장

지방경찰청장은 소속 경감이하의 경찰공무원에 대한 해당 경찰서 안에서의 전보권(轉補權: 경찰공무원의 동일 직위 및 자격 내에서의 근무기관이나 부서를 달리하는 임용)을 경찰서장에게 위임할 수 있도록 하고 있다(경찰공무원 임용령 제4조 제2항).

⑤ 소속기관의 장

경찰청장의 관장사무를 지원하기 위해 경찰청장 소속 하에 경찰대학, 경찰교육원, 중앙경찰학교, 경찰수사연수원, 경찰병원을 두고 있다(경찰청과 그 소속기관 직제 제2조 제1항, 제2항). 경찰청장은 대통령령으로 정하는 바에 따라 경찰공무원의 임용에 관한 권한의 일부를 이들 소속기관의 장에게 위임할 수 있도록 하고 있다(경찰공무원법 제6조 제3항).[62)] 경찰대학 등 소속기관의 장의 임용권한 내용은 지방경찰청장과 동일하다(경찰공무원 임용령 제4조 참조).

2) 경찰인사 관련위원회

경찰인사 관련위원회에는 경찰공무원법 및 국가공무원법상의 경찰공무원 인사위원회, 승진심사위원회, 징계위원회, 소청심사위원회, 고충심사위원회 등이 있다.

(1) 경찰공무원 인사위원회

① 인사위원회의 설치

경찰공무원의 인사에 관한 중요사항에 대하여 경찰청장의 '자문'(諮問)에 응하게 하기 위하여 경찰청에 경찰공무원 인사위원회(이하 '인사위원회')를 두고 있다(경찰공무원법 제4조 제1항). 인사위원회는 인사에 관한 의결기관이 아닌 자문기관(諮問機關)이라는 점에 주의할 필요가 있다.

---

61) 다만, 지방경찰청장은 경감 또는 경위를 신규채용하거나 경위 또는 경사를 승진시키고자 할 때에는 미리 경찰청장의 승인을 얻도록 하고 있다(경찰공무원 임용령 제4조 제3항). 그리고 경찰청장은 경찰공무원의 정원의 조정·인사교류 또는 파견을 위하여 필요한 때에는 위와 같은 위임 규정에 불구하고 임용권을 행사할 수 있도록 하고 있다(제4항).

62) 경찰청장은 이러한 소속기관의 장에게 소속경찰공무원 가운데 경정의 전보·파견·휴직·직위해제 및 복직에 관한 권한과 경감 이하의 임용권을 위임할 수 있다(경찰공무원 임용령 제4조 제1항).

② 인사위원회의 구성

인사위원회는 ㉠ 위원장을 포함한 5인 이상 7인 이하의 위원으로 구성되며, ㉡ 위원장은 경찰청 인사담당국장이 되고, 위원은 경찰청 소속 총경 이상의 경찰공무원 중에서 경찰청장이 임명하도록 하고 있다(경찰공무원 임용령 제9조 제1항 및 제2항). 그리고 ㉢ 위원장이 부득이한 사유로 직무를 수행할 수 없는 때에는 위원 중에서 최상위계급 또는 선임의 경찰공무원이 그 직무를 대행하도록 하고 있다(동령 제10조 제2항).

③ 인사위원회의 운영

인사위원회는 ㉠ 경찰공무원의 인사행정에 관한 방침과 기준 및 기본계획, ㉡ 경찰공무원의 인사에 관한 법령의 제정 · 개정 또는 폐지에 관한 사항, ㉢ 그 밖에 경찰청장 또는 해양경찰청장이 인사위원회의 회의에 부치는 사항 등에 관하여 심의(審議)하도록 하고 있다(경찰공무원법 제5조 각호).

인사위원회의 운영과 관련하여 위원장은 인사위원회의 회의를 소집하고 그 의장이 되며, 회의는 재적위원 과반수의 찬성으로 의결한다(경찰공무원 임용령 제11조 제1항 및 제2항). 한편, 위원장은 인사위원회에서 심의된 사항을 '지체 없이' 경찰청장에게 보고하도록 하고 있다(경찰공무원 임용령 제13조).

(2) 승진심사위원회

① 승진심사위원회의 설치

경찰공무원의 승진심사를 하기 위하여 경찰청에 '중앙승진심사위원회'를 두고, 경찰청 · 지방경찰청과 대통령령으로 정하는 경찰기관에 '보통승진심사위원회'를 두고 있다(경찰공무원법 제12조 제1항). 이러한 승진심사위원회는 승진대상자 명부의 선순위자 순으로 승진시키려는 결원의 '5배수의 범위'에 있는 사람 중에서 승진후보자를 심사·선발하도록 하고 있다(제2항).

그런데 주의할 것은 여기에서 말하는 승진심사의 대상은 '경무관(警務官) 이하의 계급'을 대상으로 한 것이다. 즉, 경찰공무원법상의 승진은 '실적주의'(實績主義, 근무성적평정 · 경력평정 · 기타 능력의 실증)를 바탕으로 한 것이며, 이의 대상 경찰공무원은 경무관 이하의 계급으로 하고 있기 때문이다(제11조 제1항 단서). 따라서 경무관 상위계급인 치안감 · 치안정감 · 치안총감은 실적주의가 아닌 엽관주의(獵官主義) · 정실주의(情實主義)를 바탕으로 한 것이며, 이에 대해서는 경찰공무원법상에서 별도의 승진 규정을 두고 있지 않다.

② 승진심사위원회의 구성

㉠ 중앙승진심사위원회

경찰청에 둔 중앙승진심사위원회는 위원장을 포함한 5명 이상 7명 이하의 위원으로 구성한다. 중앙승진심사위원회는 '총경이상 경무관 이하'를 대상으로 하는데, 이 가운데 경무관으로의 승진심사를 위하여 구성되는 중앙승진심사위원회 회의에 부칠 사항을 사전에 심의하기 위하여 중앙승진심사위원회에 '복수(複數)의 승진심의위원회'를 둘 수 있다. 각각의 승진심의위원회는 위원장을 포함한 5명 이상 7명 이하의 위원으로 구성하도록 하고 있다(경찰공무원 승진임용규정 제15조 제1항 및 제2항, 제17조 제1항).

중앙승진심사위원회 및 승진심의위원회의 위원은 회의 소집일 전에 승진심사 대상자보다 상위계급인 경찰공무원 중에서 경찰청장이 임명하되, 승진심의위원회를 두는 경우 중앙승진심사위원회 위원은 승진심의위원회 위원 중에서 임명하도록 한다(제15조 제4항). 한편, 위원장은 위원 중 최상위 계급 또는 선임인 경찰공무원이 된다(제5항).

㉡ 보통승진심사위원회

경찰청·소속기관 등·경찰서에 둔 보통승진심사위원회는 위원장을 포함한 5명 이상 7명 이하의 위원으로 구성 한다(경찰공무원 승진임용규정 제16조 제1항 및 제2항). 보통승진심사위원회는 '경정이하' 계급으로의 승진심사를 담당한다(제17조 제1항).

보통승진심사위원회 위원은 그 보통승진심사위원회가 설치된 경찰기관의 장이 승진심사대상자보다 상위계급인 경감 이상 소속 경찰공무원 중에서 임명하며, 위원장은 위원 중 최상위 계급 또는 선임인 경찰공무원이 된다(제16조 제3항).[63]

㉢ 승진심사위원회의 관할

이와 같은 승진심사위원회는 다음의 구분에 따라 경찰공무원의 승진심사를 관할하도록 한다. 다만, 경찰청장은 승진예정 인원 등을 고려하여 부득이할 때에는 아래의 '나'의 승진심사 가운데, 경찰서의 보통승진심사위원회에서 실시할 경위 이하 계급으로의 승진심사를 지방경찰청의 보통승진심사위원회에서 하게 할 수 있다(제17조).

가. 총경 이상 계급으로의 승진심사: 중앙승진심사위원회

나. 경정 이하 계급으로의 승진심사: 해당 경찰관이 소속한 경찰기관의 보통승진심사위원회('다'의 경우는 제외).

63) 보통승진심사위원회가 설치된 경찰기관에 소속된 경감 이상 경찰공무원의 수가 구성할 보통승진심사위원회의 인원보다 적을 때에는 경위 이상 경찰공무원 중에서 위원을 임명할 수 있다(경찰공무원 승진임용규정 제16조 제4항).

다. 경찰서 소속 경찰공무원의 경감 이상 계급으로의 승진심사: 지방경찰청 보통승진심사위원회.

③ **승진심사위원회의 운영**

중앙승진심사위원회의 회의는 경찰청장이 소집하며, 보통승진심사위원회의 회의는 해당 경찰기관의 장이 경찰청장(경찰서 보통승진심사위원회 회의의 경우 지방경찰청장을 말함)의 승인을 받아 소집한다(제18조 제1항). 승진심사위원회의 회의는 재적위원 과반수의 찬성으로 의결하며, 회의는 비공개로 한다(제2항·제3항).

(3) 징계위원회

경찰공무원의 징계는 파면·해임·강등·정직(停職)·감봉·견책(譴責)으로 구분하고 있다(국가공무원법 제79조). 아래에서는 이러한 징계에 관한 방법 및 절차 등에 대해서 살펴보기로 한다.

① **징계위원회의 설치**

㉠ 국무총리 소속 중앙징계위원회

경무관 이상의 경찰공무원에 대한 징계의결은 국가공무원법에 따라 국무총리 소속으로 설치된 '징계위원회'에서 하도록 하고 있다(경찰공무원법 제26조 제1항).

㉡ 경찰기관 소속 징계위원회

그리고 총경 이하의 경찰공무원에 대한 징계의결을 하기 위하여 대통령령(즉, 경찰공무원 징계령)으로 정하는 경찰기관에 '경찰공무원 징계위원회'를 두도록 하고 있다(경찰공무원법 제26조 제2항).

이러한 경찰공무원 징계위원회는 '경찰공무원 중앙징계위원회'(이하 '중앙징계위원회'라 함)와 '경찰공무원 보통징계위원회'(이하 '보통징계위원회'라 함)로 구분하고 있다(경찰공무원 징계령 제3조 제1항).

중앙징계위원회는 경찰청에 두고, 보통징계위원회는 경찰청, 지방경찰청, 경찰대학, 경찰교육원, 중앙경찰학교, 경찰수사연수원, 경찰병원, 경찰서, 경찰기동대, 의무경찰대 등에 둔다(제3조 제2항 상단). 아울러 경찰청장이 지정하는 '경감 이상의 경찰공무원을 장으로 하는 기관'에 둔다(제3조 제2항 하단).

한편, 중앙징계위원회는 '총경 및 경정'에 대한 징계 또는 「국가공무원법」 제78조의2에 따른 징계부가금 부과 사건(이하 '징계등'이라 함)을 심의·의결한다(경찰공무원 징계령 제4조 제1항). 그리고 보통징계위원회는 해당 징계위원회가 설치된 경찰기관 소속 '경감 이하' 경찰공무원에 대한 징계 등 사건을 심의·의결한다(4조 제2항).

〈징계대상 경찰공무원의 계급에 따른 담당 징계위원회〉

계 급		담당 징계위원회
경무관 이상		- 국무총리 소속 중앙징계위원회
총경 이하	총경·경정	- 경찰청에 설치된 중앙징계위원회
	경감이하[64]	- 경찰청·지방경찰청·경찰서, 경찰대학, 경찰교육원, 중앙경찰학교 등에 설치된 보통징계위원회 - 경찰청장이 지정하는 경감 이상의 경찰공무원을 장으로 하는 기관에 설치된 보통징계위원회

② 징계위원회의 구성

㉠ 국무총리 소속 중앙징계위원회

국무총리 소속의 중앙징계위원회는 위원장 1명을 포함하여 17명 이상 33명 이하의 공무원위원과 민간위원으로 구성하고 있다. 이 경우 민간위원의 수는 위원장을 제외한 위원 수의 2분의 1 이상이어야 한다(공무원 징계령 제4조 제1항).[65] 그리고 중앙징계위원회의 위원장은 '인사혁신처장'이 된다(제4조 제4항).

한편, 중앙징계위원회의 회의는 위원장과 위원장이 회의마다 지정하는 8명의 위원으로 구성한다. 이 경우 민간위원이 5명 이상 포함되어야 한다(동조 제5항).

㉡ 경찰기관 소속 징계위원회

중앙징계위원회는 위원장 1명을 포함하여 5명 이상 7명 이하의 공무원위원과 민간위원으로구성하고, 보통징계위원회는 위원장 1명을 포함하여 3명 이상 7명 이하의 공무원위원과 민간위원으로 구성한다(경찰공무원 징계령 제6조 제1항).[66] 징계위원회의 위원

64) 다만, 다음 각 호의 기관에 설치된 보통징계위원회는 각 호의 구분에 따른 경찰공무원에 대한 징계등 사건을 심의·의결한다. ① 경정 이상의 경찰공무원을 장으로 하는 경찰서, 경찰기동대·해양경비안전서 등 총경 이상의 경찰공무원을 장으로 하는 경찰기관 및 정비창: 소속 경위 이하의 경찰공무원, ② 의무경찰대 및 경비함정 등 경찰청장이 지정하는 경감 이상의 경찰공무원을 장으로 하는 경찰기관: 소속 경사 이하의 경찰공무원(경찰공무원 징계령 제4조 제2항 각호).

65) 국무총리는 다음 각 호의 어느 하나에 해당하는 사람 중에서 민간위원을 위촉한다. ① 법관, 검사 또는 변호사로 10년 이상 근무한 사람, ② 대학에서 법학 또는 행정학을 담당하는 부교수 이상으로 재직 중인 사람, ③ 공무원으로서 중앙징계위원회의 위원으로 임명될 수 있는 직위에 근무하고 퇴직한 사람, ④ 민간부문에서 인사·감사 업무를 담당하는 임원급 또는 이에 상응하는 직위에 근무한 경력이 있는 사람(공무원 징계령 제4조 제3항).

66) 징계위원회가 설치된 경찰기관의 장은 위원장을 제외한 위원 수의 2분의 1 이상을 다음 의 구분에 따라 그에 해당하는 사람 중에서 민간위원으로 위촉하여야 한다. ① 중앙징계위원회: ㉠ 법관·검사 또는 변호사로 10년 이상 근무한 사람,

장은 위원 중 최상위 계급에 있거나 최상위 계급에 먼저 승진 임용된 경찰공무원이 된다(제4항).

③ 징계위원회의 운영

㉠ 국무총리 소속 중앙징계위원회

징계위원회는 위원 5명 이상의 출석과 출석위원 과반수의 찬성으로 의결한다. 다만, 의견이 나뉘어 출석위원 과반수의 찬성을 얻지 못한 경우에는 출석위원 과반수가 될 때까지 징계등 혐의자에게 가장 불리한 의견에 차례로 유리한 의견을 더하여 가장 유리한 의견을 합의된 의견으로 본다(공무원 징계령 제12조 제1항).

㉡ 경찰기관 소속 징계위원회

징계위원회의 의결은 위원장을 포함한 위원 과반수(과반수가 3명 미만인 경우에는 3명 이상)의 출석과 출석위원 과반수의 찬성으로 의결한다. 다만, 의견이 나뉘어 출석위원 과반수의 찬성을 얻지 못한 경우에는 출석위원 과반수가 될 때까지 징계등 심의 대상자에게 가장 불리한 의견을 제시한 위원의 수를 그 다음으로 불리한 의견을 제시한 위원의 수에 차례로 더하여 그 의견을 합의된 의견으로 본다(경찰공무원 징계령 제14조 제1항).

④ 징계절차

㉠ 징계요구 및 사유

국가공무원이 법에서 정한 일정한 사유에 해당하면, 징계 의결을 요구하여야 하고 그 징계 의결의 결과에 따라 징계처분을 하여야 한다(국가공무원법 제78조 제1항). 경찰기관의 장은 소속 경찰공무원이 다음의 어느 하나에 해당할 때에는 '지체 없이' 관할 징계위원회를 구성하여 징계등 의결을 요구하여야 한다(경찰공무원 징계령 제9조 제1항).

가. 국가공무원법 제78조 제1항 제1호부터 제3호까지의 어느 하나에 해당하는 사유가 있다고 인정할 때[67]

나. 경찰공무원 징계령 제9조 제2항에 따른 징계등 의결 요구 신청을 받았을 때[68]

㉡ 대학에서 경찰 관련 학문을 담당하는 정교수 이상으로 재직 중인 사람, ㉢ 총경 이상의 경찰공무원으로 근무하고 퇴직한 사람. ② 보통징계위원회: ㉠ 법관·검사 또는 변호사로 5년 이상 근무한 사람, ㉡ 대학에서 경찰 관련 학문을 담당하는 부교수 이상으로 재직 중인 사람, ㉢ 경찰공무원으로 20년 이상 근속하고 퇴직한 사람(경찰공무원 징계령 제6조 제3항).

67) ① 이 법 및 이 법에 따른 명령을 위반한 경우, ② 직무상의 의무(다른 법령에서 공무원의 신분으로 인하여 부과된 의무를 포함)를 위반하거나 직무를 태만히 한 때, ③ 직무의 내외를 불문하고 그 체면 또는 위신을 손상하는 행위를 한 때(국가공무원법 제78조 제1항).

그리고 특별한 경우를 제외하고는 징계사유는 원칙적으로 재직 중에 발생한 것이어야 한다.[69]

㉡ 징계요구의 시한

징계의결 등의 요구는 징계 등의 사유가 발생한 날부터 3년(다만, 금품 및 향응 수수, 공금의 횡령 · 유용의 경우에는 5년)이 지나면 하지 못한다(국가공무원법 제83조의2 제1항). 여기에서 징계사유가 계속적으로 행하여진 일련의 행위인 경우에는 최종의 행위를 기준으로 해야 한다고 본다.[70]

㉢ 징계위원회의 의결 기한

징계등 의결 요구를 받은 징계위원회는 그 요구서를 받은 날부터 30일 이내에 징계 등에 관한 의결을 하여야 한다. 다만, 부득이한 사유가 있을 때에는 해당 징계 등 의결을 요구한 경찰기관의 장의 승인을 받아 30일 이내의 범위에서 그 기간을 연장할 수 있다(경찰공무원 징계령 제11조 제1항).

그리고 징계등 의결이 요구된 사건에 대한 징계등 절차의 진행이 「국가공무원법 제83조」에 따라 중지되었을 때에는 그 중지된 기간은 위의 징계등 의결 기한에서 제외한다.[71]

㉣ 징계의 집행

징계 등의 의결을 요구한 자는 '경징계'(감봉, 견책)의 징계 등 의결을 통지받았을 때에는 통지받은 날부터 '15일 이내'에 징계 등을 집행하여야 한다(경찰공무원 징계령 제18조

68) 경찰기관의 장은 그 소속 경찰공무원에 대한 징계등 사건이 상급 경찰기관에 설치된 징계위원회의 관할에 속한 경우에는 그 상급 경찰기관의 장에게 징계의결서등을 첨부하여 징계등 의결의 요구를 신청하여야 한다(경찰공무원 징계령 제9조 제2항).

69) 국가공무원으로 임용되기 전의 행위는 국가공무원법 제78조 제2항 및 제3항의 경우 외에는 원칙적으로 재직 중의 징계사유로 삼을 수 없다 할 것이다. 다만 비록 임용전의 행위라 하더라도 이로 인하여 임용 후의 공무원의 체면 또는 위신을 손상하게 된 경우에는 제1항 제3호 즉 '직무의 내외를 불문하고 그 체면 또는 위신을 손상하는 행위'로 삼을 수 있다고 보아야 할 것이다. 대법 1990.5.22., 89누7368.

70) ① 원고의 비위가 모두 소송사건에 관련하여 계속적으로 행하여진 일련의 행위라면 설사 그 중에 본건 징계의결시 2년이 경과한 것이 있다 할지라도 그 징계시효의 기산점은 위 일련의 행위 중 최종의 것을 기준하여야 한다. 대법 1986.1.21., 85누841.; ② 국고금을 횡령한 자가 이를 변상하지 아니하고 있더라도 이는 횡령의 결과인 위법상태가 지속되고 있는 것에 불과하므로 국가공무원법 제83조의2 제1항의 규정에 의하여 징계사유의 시효의 기산일이 되는 '징계사유가 발생한 날'은 횡령행위가 있은 날이라고 할 것이고, 횡령한 금원을 변상한 날이라고 볼 수 없다. 대법 1990.4.10., 90누264.

71) ① 감사원에서 조사 중인 사건에 대하여는 조사개시 통보를 받은 날부터 징계 의결의 요구나 그 밖의 징계 절차를 진행하지 못한다. ② 검찰·경찰, 그 밖의 수사기관에서 수사 중인 사건에 대하여는 수사개시 통보를 받은 날부터 징계 의결의 요구나 그 밖의 징계 절차를 진행하지 아니할 수 있다. ③ 감사원과 검찰·경찰, 그 밖의 수사기관은 조사나 수사를 시작한 때와 이를 마친 때에는 10일 내에 소속 기관의 장에게 그 사실을 통보하여야 한다(국가공무원법 제83조 각항).

제1항).

징계등 의결을 요구한 자는 '중징계'(파면, 해임, 강등, 정직)의 징계등 의결을 통지받았을 때에는 '지체 없이' 징계등 처분 대상자의 임용권자에게 의결서 정본을 보내어 해당 징계등 처분을 제청하여야 한다. 다만, 경무관 이상의 강등 및 정직, 경정 이상의 파면 및 해임 처분의 제청, 총경 및 경정의 강등 및 정직의 집행은 경찰청장이 한다(경찰공무원 징계령 제19조 제1항)

⑤ 하자있는 징계

이상과 같은 징계행위에는 하자가 없어야 한다. 징계행위에 명백하고 중대한 하자가 있다면 징계행위는 무효의 행위가 된다.[72] 피징계자(또는 대리인)의 진술권은 보장된다. 따라서 징계자에게 진술의 기회를 부여하지 않은 결정은 '무효'(無效)가 된다(국가공무원법 제81조 제3항 및 제13조 제2항).

⑥ 징계처분 등 불이익처분에 대한 불복

한편, 징계처분 등 불이익 처분에 대해서 부당하다고 생각하는 자는 소청 및 행정소송의 형태로 자신의 권리를 주장할 수 있다.

(4) 소청심사위원회

① 소청심사위원회의 설치

경찰공무원 등 행정기관 소속 공무원의 징계처분, 그 밖에 그 의사에 반한 불리한 처분(예, 직위해제·전보·휴직 등)이나 부작위에 대한 소청을 심사·결정하기 위하여 인사혁신처에 소청심사위원회(訴請審査委員會)를 두도록 하고 있다(국가공무원법 제9조 제1항). 소청심사는 항고쟁송으로서 행정심판(行政審判)의 일종이다.[73] 소청은 경찰공무원 개인의 권익보호와 행정질서의 확립을 목적으로 한다.

경찰공무원이 위에서 설명한 바와 같이 징계처분 등 불리한 처분을 받았을 때에는 그 처분이 있는 것을 안 날로부터 30일 이내에 소청심사위원회에 이에 대한 심사를 청구할 수

---

72) 징계권자가 징계처분을 함에 있어서 사실관계를 오인한 하자가 있는 경우에 그 하자가 중대하더라도 외형상 개관적으로 명백하지 않다면 그 징계처분은 취소할 수 있음에 불과하고 당연 무효라고 볼 수 없다. 따라서 징계원인 사실관계의 오인이 잘못된 징계자료에 기인한 경우에 그 징계자료가 외형상 상태성을 결여하고 객관적으로 그 성립이나 내용의 진정을 인정할 수 없는 것임이 명백한 경우가 아닌 한 그 징계자료에 기인한 사실관계의 오인을 외형상 객관적으로 명백한 하자라고 보기는 어려울 것이다. 대법 1990.11.27., 90누5580.

73) 소청심사는 징계처분과 같은 행정처분에 대한 재심사의 청구라는 점에서 행정심판의 일종이나 국가공무원법은 행정심판법에 대한 특례로서 소청제도를 마련하고 있다. 이러한 점에서 소청심사는 일종의 특별행정심판이라고 볼 수 있다. 조철옥(2010), 앞의 책, p. 423.

있다. 이 경우 변호사를 대리인으로 선임할 수 있다(국가공무원법 제76조 제1항).

아래 표에서 보는 바와 같이, 지난 2007년~2011년 동안의 공무원유형별 소청심사 현황을 살펴보면, 이 가운데서 경찰공무원은 5년 평균 567건으로 전체 소청건수의 77.%를 차지하고 있음을 알 수 있다.[74)]

〈공무원 유형별 소청현황〉 (단위: 건, %)

구 분	경찰 공무원	교정 공무원	세무 공무원	기타일반행정 공무원	계
2007	263	20	18	63	364
2008	500	55	5	88	648
2009	585	50	16	101	752
2010	733	39	28	152	952
2011	756	29	30	131	946
평균 (분포%)	567 (77.5)	39 (5.3)	19 (2.6)	107 (14.6)	732 (100.0)

② 소청심사위원회의 구성 등

㉠ 소청심사위원회의 구성

인사혁신처에 설치된 소청심사위원회는 위원장 1명을 포함한 5명 이상 7명 이하의 상임위원과 상임위원 수의 2분의 1 이상인 비상임위원으로 구성하되, 위원장은 정무직(政務職)으로 보한다(국가공무원법 제9조 제3항). 여기에서 상임위원의 임기는 3년으로 하며, 한 번만 연임(連任)할 수 있다(제10조 제2항).

㉡ 소청심사위원회 위원의 임명과 자격

소청심사는 경찰공무원 등의 인사 상의 불이익에 대한 재심사(再審査)라는 점에서 중요한 의미가 있기 때문에 이들 위원(위원장 포함)의 자격과 임명 역시 중요한 의미를 갖는다. 따라서 소청심사위원은 다음과 같은 인사행정에 관한 식견이 풍부한 자 중에서 인

74) 2007년~2011년 동안의 소청심사 청구 대상이 된 비위유형에 대한 징계 및 징계부가금 처분을 평균적으로 살펴보면, 전체 732건(100.0%) 가운데, 품위손상 271건(37.1%), 업무상 과실·태만 184건(25.2%), 금품수수 111건(15.2%), 감독태만 72건(9.8%), 기타 비위 18건(2.5%), 기타 불이익 처분 69건(9.4%), 징계부가금 6(0.9%)로 나타났다. 행정안전부 소청심사위원회(2011), 앞의 책, pp. 553-554.

사혁신처장의 제청으로 국무총리를 거쳐 대통령이 임명하도록 하고 있다(제10조 제1항 각호).

가. 법관·검사 또는 변호사의 직에 5년 이상 근무한 자(비상임위원)

나. 대학에서 행정학·정치학 또는 법률학을 담당한 부교수 이상의 직에 5년 이상 근무한 자(비상임위원)

다. 3급 이상 공무원 또는 고위공무원단에 속하는 공무원으로 3년 이상 근무한 자(상임위원)

ⓒ 소청심사위원회 위원의 결격사유

소청심사위원회의 위원은 일정한 결격사유가 있으면 위원이 될 수 없도록 하고 있으며,[75] 따라서 이러한 결격사유에 해당하게 된 때에는 당연퇴직(當然退職)하도록 하고 있다(제10조의2 제1항 및 제1항).

ⓔ 소청심사위원회 위원의 신분보장

한편, 국가공무원법에서는 소청심사위원회의 위원에 대한 신분보장을 하고 있다. 즉, 위원은 '금고 이상의 형벌이나 장기의 심신 쇠약으로 직무를 수행할 수 없게 된 경우 외에는 본인의 의사에 반하여 면직되지 아니한다'고 규정하고 있다(국가공무원법 제11조).

③ 소청심사위원회의 운영

소청심사위원회는 소청을 접수하면 지체 없이 심사하여야 한다. 그리고 이에 따른 심사를 할 때 필요하면 검증(檢證) · 감정(鑑定), 그 밖의 사실조사를 하거나 증인을 소환하여 질문하거나 관계 서류를 제출하도록 명할 수 있다(국가공무원법 제12조 제1항 및 제2항). 소청심사위원회의 소청사건을 심사할 때에는 소청인(또는 대리인)의 진술권(陳述權)은 보장된다. 따라서 진술의 기회를 부여하지 않은 결정은 '무효'(無效)이다(제13조 제2항).

소청사건의 결정은 재적위원 3분의 2 이상의 출석과 출석위원 과반수의 합의에 따르되, 의견이 나뉠 경우에는 출석위원 과반수에 이를 때까지 소청인에게 가장 불리한 의견에 차례로 유리한 의견을 더하여 그 중 가장 유리한 의견을 합의된 의견으로 본다(제14조 제1항).

75) 소청심사위원회 위원의 결격사유: ① 국가공무원법 제33조(공무원 결격사유) 각 호의 어느 하나에 해당하는 자, ② 정당법에 따른 정당의 당원, ③ 공직선거법에 따라 실시하는 선거에 후보자로 등록한 자(국가공무원법 제10조의2 제1항).

④ 소청심사위원회의 결정 기속력

그리고 이러한 소청심사위원회의 결정은 처분 행정청을 기속(羈束)한다(국가공무원법 제15조).[76] 즉, 소청심사위원회는 직접 처분의 취소·변경을 하거나 처분청에 이를 명할 수 있다. 다만, 소청심사위원회가 징계처분을 받은 자의 청구에 의하여 소청을 심사한 경우에는 원징계처분에 과한 징계보다 무거운 징계를 과하는 결정을 하지 못한다(제14조 제7항). 이를 불이익변경금지(不利益變更禁止)의 원칙이라고 한다. 이 원칙은 소청인에게 소청의 권리를 보장하기 위한 것이다.

⑤ 소청심사의원회의 결정에 대한 불복

한편, 소청심사위원회의 결정에 불복하는 자는 행정소송(行政訴訟)을 제기할 수 있다.[77] 징계처분 등 본인의 의사에 반한 불리한 처분이나 부작위(不作爲)에 관한 행정소송은 소청심사위원회의 심사·결정을 거치지 아니하면 이를 제기할 수 없도록 하고 있다(국가공무원법 제16조 제1항).

경찰공무원의 징계처분, 휴직처분, 면직처분, 그 밖에 의사에 반하는 불리한 처분에 대한 행정소송의 경우에는 경찰청장을 피고(被告)로 한다. 다만, 경찰공무원법 제6조 제3항에 따라 임용권을 위임(지방경찰청장, 경찰서장, 그 밖의 소속 기관의 장)한 경우에는 그 위임을 받은 자를 피고로 한다(경찰공무원법 제28조).

76) 소청심사위원회의 결정은 다음과 같이 구분한다. ① 각하(却下): 심사 청구가 이 법이나 다른 법률에 적합하지 아니한 것이면 그 청구를 각하한다. ② 기각(棄却): 심사 청구가 이유 없다고 인정되면 그 청구를 기각한다. ③ 처분의 취소 또는 취소변경 명령: 처분의 취소 또는 변경을 구하는 심사 청구가 이유 있다고 인정되면 처분을 취소 또는 변경하거나 처분 행정청에 취소 또는 변경할 것을 명한다. ④ 처분의 효력 유무 또는 존재 여부의 확인: 처분의 효력 유무 또는 존재 여부에 대한 확인을 구하는 심사 청구가 이유 있다고 인정되면 처분의 효력 유무 또는 존재 여부를 확인한다. ⑤ 작위처분 또는 작위처분 명령: 위법 또는 부당한 거부처분이나 부작위에 대하여 의무 이행을 구하는 심사 청구가 이유 있다고 인정되면 지체 없이 청구에 따른 처분을 하거나 이를 할 것을 명한다(국가공무원법 제14조 제5항).

77) ① 행정소송은 다음의 네 가지로 구분한다. ㉠ 항고소송: 행정청의 처분 등이나 부작위에 대하여 제기하는 소송, ㉡ 당사자소송: 행정청의 처분 등을 원인으로 하는 법률관계에 관한 소송 그 밖에 공법상의 법률관계에 관한 소송으로서 그 법률관계의 한쪽 당사자를 피고로 하는 소송, ㉢ 민중소송: 국가 또는 공공단체의 기관이 법률에 위반되는 행위를 한 때에 직접 자기의 법률상 이익과 관계없이 그 시정을 구하기 위하여 제기하는 소송, ㉣ 기관소송: 국가 또는 공공단체의 기관상호 간에 있어서의 권한의 존부 또는 그 행사에 관한 다툼이 있을 때에 이에 대하여 제기하는 소송(행정소송법 제3조). ② 한편 항고소송은 다시 취소소송(행정청의 위법한 처분 등을 취소 또는 변경하는 소송), 무효 등 확인소송(행정청의 처분 등의 효력 유무 또는 존재여부를 확인하는 소송), 부작위 위법확인소송(행정청의 부작위가 위법하다는 것을 확인하는 소송)으로 구분하고 있다(동법 제4조).

(5) 고충심사위원회

① 고충심사위원회의 설치

경찰공무원을 포함한 공무원은 누구나 인사·조직·처우 등 각종 직무조건과 그 밖에 신상문제에 대하여 인사상담이나 고충심사(苦衷審査)를 청구할 수 있으며, 이를 이유로 불이익한 처분이나 대우를 받지 않도록 하고 있다(국가공무원법 제76조의2 제1항).

따라서 이러한 청구를 받은 중앙인사관장기관의 장, 임용권자 또는 임용제청권자는 이를 아래와 같은 고충심사위원회(苦衷審査委員會)에 부쳐 심사하게 하거나 소속 공무원에게 상담하게 하고, 그 결과에 따라 고충의 해소 등 공정한 처리를 위하여 노력하여야 한다(제2항). 이러한 고충심사의 청구대상은 다음과 같다.[78)]

〈고충심사의 대상〉

구 분	세부내용
근무조건	• 봉급·수당 등 보수에 관한 사항 • 근무시간·휴식·휴가에 관한 사항 • 업무량, 작업도구, 시설안전, 보건위생 등 근무환경에 관한 사항 • 주거·교통 및 식사편의 제공 등 후생복지에 관한 사항
인사관리	• 승진·전직·전보 등 임용에 관한 사항으로서 임용권자의 재량행위에 속하는 사항 • 근무성적평정·경력평정·교육훈련·복무 등 인사행정의 기준에 관한 사항 • 상훈·제안 등 업적성취에 관한 사항
신상문제	• 성별·종교별·연령별 등에 관한 차별대우 • 기타 개인의 정신적·심리적·신체적 장애로 인하여 발생되는 직무수행과 관련된 사항

㉠ 경찰기관에 설치한 고충심사위원회

경찰청 소속 경찰공무원의 인사상담 및 고충을 심사하기 위하여 경찰청, 지방경찰청 및 '대통령령으로 정하는 경찰기관'에 경찰공무원 고충심사위원회를 두도록 하고 있다(경찰공무원법 제25조 제1항).[79)]

78) 고충심사의 대상에서 제외되는 사항은 다음과 같다. ① 다른 법령에 의하여 처리되는 사항(소청심사 대상, 연금급여 심사 대상, 감사원의 처분에 대한 재심의 사항 등), 그리고 ② 국가 사무의 관리운영에 관한 사항(법률의 개폐, 예산조치의 요구 등 국회의 협력이 필요하거나 당해 행정기관으로는 곧 시정이 불가능한 사항 등)은 고충심사의 대상에서 제외된다. 인사혁신처 소청심사위원회(https://sochung.mospa.go.kr/grievance).

79) 대통령령이 정하는 경찰기관이라는 것은 경찰대학, 경찰교육원, 중앙경찰학교, 경찰수사연수원, 경찰서, 경찰기동대, 기타 경감 이상의 경찰공무원을 장으로 하는 기관 중 행정안전부장관이 지정하는 경찰기관을 말한다(공무원 고충처리규정

㉡ 중앙인사기관(소청심사위원회)에 설치한 중앙고충심사위원회

경찰기관에 설치한 경찰공무원 고충심사위원회의 심사를 거친 재심청구(再審請求)와 '경정(警正) 이상'의 경찰공무원의 인사상담 및 고충심사는 국가공무원법에 따라 설치된 '중앙고충심사위원회'에서 하도록 하고 있다(경찰공무원법 제25조 제2항). 한편, 중앙고충심사위원회의 기능은 소청심사위원회에서 관장하도록 하고 있다(국가공무원법 제76조의2 제3항).

② 고충심사위원회의 구성

경찰공무원 고충심사위원회는 위원장 1인을 포함한 5인 이상 7인 이하의 위원으로 구성하되, 위원장과 위원은 청구인보다 상위계급의 소속 경찰공무원 중에서 설치기관의 장이 임명하도록 하고 있다(공무원 고충처리규정 제3조의2 제2항).

그리고 인사혁신처 중앙고충심사위원회는 위원장 1명을 포함한 상임위원 5명과 비상임위원 4명으로 구성되어 있고, 위원회 사무를 처리하기 위하여 행정과를 두고 있다.[80]

한편, 안전행정부 중앙고충심사위원회는 위원장 1인을 포함한 상임위원 5인과 비상임위원(법조인) 4인으로 구성되어 있다.

③ 고충심사위원회의 운영

고충심사위원회가 청구서(재심청구 포함)를 접수한 때에는 30일 이내에 고충심사에 대한 결정을 하여야 한다. 다만, 부득이하다고 인정되는 경우에는 설치기관의 장의 승인을 얻어 30일을 연장할 수 있다(공무원 고충처리규정 제7조 제1항 및 제13조). 고충심사의 결정은 재적위원 과반수의 합의에 의한다(제10조). 고충심사위원회 결정의 종류에는 각하, 인용(시정요청), 불인용(기각)등이 있다.

④ 고충심사위원회 결정의 기속력

고충심사위원회가 결정한 결정서를 송부 받은 설치기관의 장은 심사결과를 청구인에게 통보하는 외에 스스로 고충의 해소를 위한 조치를 하거나 관계기관의 장에게 필요한 조치를 요청하여야 한다(공무원 고충처리규정 제12조).

그런데, 주의할 것은 고충심사위원회의 심사결정은 어떠한 행정처분에 대하여 위법여부를 다투는 것이 아니고, 그 결정에도 기속력이 없으며 결정에 따르도록 의무를 부과하는 권고의 성격으로서 고충심사결정에 불복하여 법원에 행정소송을 제기할 수 없다.

제3조의2 제1항).

80) 인사혁신처 소청심사위원회(https://sochung.mospa.go.kr/grievance).

제4절

경찰인사관리의 과정

이상에서 경찰인사관리의 의의, 기본원리, 그리고 제도적 내용 등을 살펴보았다. 아래에서는 이러한 내용들을 토대로 경찰인사관리가 어떠한 과정을 거치면서 진행되는지를 살펴보기로 한다.

1. 경찰공무원의 모집

1) 공무담임권의 보장

모든 국민은 법률이 정하는 바에 의하여 공무담임권(公務擔任權)을 가진다(대한민국헌법 제25조). 공무담임권은 행정부뿐만 아니라 입법부·사법부·지방자치단체와 기타 일체의 공공단체의 직무를 담임하는 권리를 말한다. 여기서 직무를 담당한다는 것은 모든 국민이 현실적으로 그 직무를 담당할 수 있다고 하는 의미가 아니라, 국민의 공무담임에 관한 자의적이지 않고 평등한 기회를 보장받음을 의미한다.[81)]

81) 헌재 2002.8.29., 2001헌마788 등, 헌재판례집 제14권 2집, pp. 219-224.; 김철수(2006), 헌법학원론, 서울: 박영사, p. 984.

〈경찰인사관리의 기본과정〉

경찰공무원의 모집

① 공무담임권 보장
② 결격사유

⇓

임　　용 : 신규채용, 승진, 전보, 파견, 휴직, 직위해제 정직, 강등, 복직, 면직, 해임, 파면 등
임용권자 : 대통령, 경찰청장, 지방경찰청장 등 소속기관의 장

경찰공무원의 법적관계 발생

① 신규임용 : 채용
- 일반채용
- 특별채용

② 초임보직
③ 시보임용

⇒

경찰공무원의 법적관계 변경

① 상위직급으로의 변경
- 일반승진
- 특별승진
- 근속승진

② 동일직급내의 변경
- 전보, 복직

③ 하위직급으로 변경
- 강등

④ 무직급으로 변경
- 휴직
- 정직
- 직위해제

징계: 파면, 해임, 강등, 정직, 감봉, 견책

⇒

경찰공무원의 법적관계 소멸

① 당연퇴직
- 정년(연령·계급)
- 결격사유 발생

② 면직
- 의원면직
- 강제면직 : 징계면직
　　　　　직권면직

⇓

경찰공무원의 퇴직관리

① 공무원연금
② 재고용 프로그램

2) 경찰공무원의 임용자격

그렇다면, 어떤 성향과 자질을 갖추고 있는 사람이 경찰이 되는 것이 바람직한가? 일반적으로 공무원에게 요구되는 일반적인 자격은 두 가지를 들 수 있다. 하나는 전통적으로 요구되어 온 '지식과 기술'이며, 다른 하나는 새롭게 강조되는 '태도와 가치관'이다.[82]

주지하는 바와 같이 경찰은 어떤 생산 공장에서 기계를 다루는 사람들과는 달리 일반시민과 국가질서를 위해서 치안서비스를 제공하는 역할을 수행하고 있다. 더욱이 이러한 경찰업무는 많은 경우 평온한 상태에서 이루어지기보다는 갈등 및 긴장감이 내재해 있는 불안정한 상황에서 이루어지는 것이 일반적이다.

바꿔 말하면 경찰업무라는 것이 단순히 예측 가능한 기술적인 수준에서 기계를 잘 다루고 못 다루고 하는 문제가 아니라 불확실한 상황 속에서 위험요소를 최소화시킬 수 있는 능력을 필요로 하는 것이다. 특히, 경찰은 개인의 권리와 생명에 직접 관련된 업무를 담당한다는 점에서 그 중요성은 더욱 강조된다. 따라서 양질의 치안서비스를 제공할 수 있는 유능한 인적자원을 효율적으로 관리하는 일은 매우 중요하다.

이러한 점에서 경찰이라는 직업은 단순히 업무수행과 관련된 지식과 기술을 갖추고 있다고 해서 되는 것이 아니라고 본다. 그 이면에는 시민·개인의 자유와 권리의 보호 및 국가질서유지를 위한 투철한 사명감과 봉사정신, 그리고 희생정신을 갖추고 있어야 한다는 것은 분명한 사실이다(이러한 점에서 오늘날 한국경찰공무원의 채용방법에 대해서 많은 논의와 재검토를 할 필요가 있다고 본다).

이러한 점 때문에 일찍이 윌슨(O. W. Wilson)은 경찰의 자질과 관련하여 정의에 대한 명확한 신념을 갖추고, 높은 수준의 정직성, 정력, 용기, 감정적 안정성, 지혜, 그리고 자신감을 지니고 있어야 한다고 하였다. 그리고 볼머(A. Vollmer)는 경찰의 자질과 관련하여 솔로몬의 지혜, 다윗의 용기, 삼손의 체력, 욥의 인내, 모세의 리더십, 착한 사마리아인의 친절, 알렉산더의 전략, 다니엘의 신념, 링컨의 외교술, 나자레 목수의 관용, 그리고 자연과학, 생물학 및 사회과학 등 모든 분야에 깊은 지식을 가져야 한다고 하였다.[83]

물론 개인이 현실적으로 공무를 담임하기 위해서는 '법률이 정하는 바에 의하여' 임명에 필요한 일정한 자격을 갖추고 있어야 한다. 경찰공무원이 되기 위한 기본적 자격조건은 경찰공무원법에서 규정(제7조)하고 있다.

---

82) 박동서(1990), 인사행정론, 서울: 법문사, p. 176.

83) O. W. Wilson and R.C. Mclaren(1977), Police Administration, N.Y.: McGraw Hill Co., p. 245.; V.A. Leonard, H.W. More(1978), Police Organization and Management, N.Y.: The Foundation Press, Inc., p. 276.; 이황우(2005), 경찰행정학, 서울: 법문사, p. 322 재인용.

(1) 신체 및 사상이 건전하고 품행이 방정한 자

경찰의 임용자격과 관련하여 신체 및 사상이 건전하고 품행이 방정(方正)한 사람 중에서 임용한다고 규정하고 있다(경찰공무원법 제7조 제1항). 이는 일정한 신체조건을 갖추지 못하였거나, 사상이 불건전하거나 품행이 방정하지 못한 경우에는 경찰공무원으로 임용될 수 없다는 것을 의미한다.

여기에서 신체조건은 체력시험 등을 통해 어느 정도 객관적 측정에 의해서 검증이 가능하다고 본다. 다만, 사상 및 품행과 관련해서는 어떤 면에서는 객관성 확보에 있어서 한계가 있다고 본다. 이러한 객관성 등을 확보하기 위해 적성검사 및 면접 등의 방법을 실시하고 있다.

동성애자의 경찰지원 가능성

동성애자도 경찰이 될 수 있는가? 남성 동성애자이자 성 소수자 인권운동을 하고 있는 이○○(26)씨는 23일 국민신문고(www.epeople.go.kr)의 민원란에 "국가인권위원회법 제2조 제3항을 보면 임용 등에 있어서 성적지향에 의한 차별을 금지하고 있습니다. 동성애자도 경찰이 될 수 있나요"라고 질문했다. 이튿날 경찰청은 '경찰공무원법 제7조'(임용자격 및 결격사유)를 제시하며 "경찰공무원은 신체 및 사상이 건전하고 품행이 방정한 사람 중에서 임용한다고 규정하고 있습니다. 이 점을 참고하시면 될 것 같습니다"라고 답변했다.
이 답변이 알려지면서 인터넷과 트위터를 뜨겁게 달궜다. 글을 올린 이○○씨는 "경찰청은 원칙적 답변을 했을지 모르겠지만 다른 부연 설명 없이 관련 조항만 붙여놔 오해를 사고 있다"며 "동성애자는 신체 및 사상이 건전하고 품행이 방정하니 임용이 가능하다는 답변인지, 반대의 이유로 임용이 불가능하다는 뜻인지 모르겠다"고 말했다. 경찰청 관계자는 "딱 부러지게 답하기 어려워 원칙적 측면에서 관련 법 조항을 올렸다"며 "다른 의도가 있는 것은 절대 아니다"라고 하였다.[84)]

(2) 결격사유

경찰공무원은 일반 국가공무원 비해 그 직무의 특수성을 가지고 있기 때문에 보다 엄격한 자격요건을 요구하고 있다.[85)] 이와 관련하여 구체적으로 결격사유를 명시하고 있으

84) 한국일보(2012.5.27.).
85) 국가공무원법상의 결격사유: 다음의 어느 하나에 해당하는 자는 공무원으로 임용될 수 없다. ① 피성년후견인(舊, 금치산자) 또는 피한정후견인(舊, 한정치산자), ② 파산선고를 받고 복권되지 아니한 자, ③ 금고 이상의 실형을 선고받고 그 집행이 종료되거나 집행을 받지 아니하기로 확정된 후 5년이 지나지 아니한 자, ④ 금고 이상의 형을 선고받고 그

며, 따라서 이에 해당하는 자를 경찰공무원으로 임용하는 행위는 무효(無效)임은 물론이다. 결격사유와 관련하여 다음의 어느 하나에 해당하는 사람은 경찰공무원으로 임용될 수 없도록 규정하고 있다(경찰공무원법 제7조 제2항).

경찰공무원 임용 결격사유

① 대한민국 국적을 가지지 아니한 사람[86]
② 「국적법」 제11조의2 제1항에 따른 복수 국적자
③ 피성년후견인(舊, 금치산자) 또는 피한정후견인(舊, 한정치산자)
④ 파산선고를 받고 복권되지 아니한 사람
⑤ 자격정지 이상의 형을 선고받은 사람
⑥ 자격정지 이상의 형의 선고유예를 선고받고 그 유예기간 중에 있는 사람
⑦ 징계에 의하여 파면 또는 해임처분을 받은 사람[87]

이와 같은 경찰공무원이 되기 위한 능력요건(임용자격과 무결격사유)이 결여된 임용은 무효(無效)가 된다. 국가의 과실은 문제되지 않는다.[88]

집행유예(執行猶豫) 기간이 끝난 날부터 2년이 지나지 아니한 자, ⑤ 금고 이상의 형의 선고유예(宣告猶豫)를 받은 경우에 그 선고유예 기간 중에 있는 자, ⑥ 법원의 판결 또는 다른 법률에 따라 자격이 상실되거나 정지된 자, ⑥의2 공무원으로 재직기간 중 직무와 관련하여 「형법」 제355조(횡령, 배임) 및 제356조(업무상의 횡령과 배임)에 규정된 죄를 범한 자로서 300만원 이상의 벌금형을 선고받고 그 형이 확정된 후 2년이 지나지 아니한 자, ⑥의3 「형법」 제303조(업무상위력 등에 의한 간음) 또는 「성폭력범죄의 처벌 등에 관한 특례법」 제10조(업무상위력 등에 의한 추행)에 규정된 죄를 범한 사람으로서 300만원 이상의 벌금형을 선고받고 그 형이 확정된 후 2년이 지나지 아니한 자, ⑦ 징계로 파면처분을 받은 때부터 5년이 지나지 아니한 자, ⑧ 징계로 해임처분을 받은 때부터 3년이 지나지 아니한 자(국가공무원법 제33조 각호).

86) 외국인과 복수국적자의 공무원 임용: ① 국가기관의 장은 국가안보 및 보안·기밀에 관계되는 분야를 제외하고 대통령령 등으로 정하는 바에 따라 외국인을 공무원으로 임용할 수 있다(국가공무원법 제26조의3 제1항). ② 국가기관의 장은 다음의 어느 하나에 해당하는 분야로서 대통령령등으로 정하는 분야에는 복수국적자(대한민국 국적과 외국 국적을 함께 가진 사람)의 임용을 제한할 수 있다. ㉠ 국가의 존립과 헌법 기본질서의 유지를 위한 국가안보 분야, ㉡ 내용이 누설되는 경우 국가의 이익을 해하게 되는 보안·기밀 분야, ㉢ 외교, 국가 간 이해관계와 관련된 정책결정 및 집행 등 복수국적자의 임용이 부적합한 분야(동조 제2항).

87) 징계에 의하여 파면 또는 해임의 처분을 받은 사람을 경찰공무원 임용의 결격사유라고 정한 것이 과잉금지원칙에 위배되어 공무담임권에 대한 과도한 제한이라고 할 수 없다. 또한 임용결격사유를 규정함에 있어서 다른 법률보다 경찰공무원법의 규정이 다소 강화되어 있더라도 합리적 이유 없는 자의적인 차별이라고 볼 수 없다. 따라서 이 사건 법률조항이 헌법상 과잉금지의 원칙이나 평등의 원칙에 위배되거나 공무담임권을 부당하게 침해한다고 할 수 없다. 헌재 2010.9.30., 2009헌바122.

88) 경찰공무원법에 규정되어 있는 경찰관임용 결격사유는 경찰관으로 임용되기 위한 절대적인 소극적 요건으로서 임용 당시 경찰관임용 결격사유가 있었다면 비록 임용권자의 과실에 의하여 임용결격자임을 밝혀내지 못하였다 하더라도 그 임용행위는 당연무효(當然無效)로 보아야 한다. 대법 2005.7.28., 2003두469.

2. 경찰공무원의 법적 관계 발생

1) 신규임용: 채용

채용(採用)이라는 것은 특정인에게 경찰로서의 신분을 부여하여 근무관계를 설정하는 행위를 말한다. 이러한 채용은 임용권자와 당사자 모두의 동의를 요하는 '쌍방적 행정행위'라 할 수 있으며, 따라서 임용에 있어서 당사자의 동의는 절대적 요건이 되고, 임용권자와 당사자 모두 임용거부를 할 수 있는 법적권리가 인정된다. 상대방의 동의가 없는 임용은 무효가 됨은 물론이다. 임용은 행정행위로서 개별적·구체적 규율에 해당하며, 그 성격은 형성적 행위로서 특허(特許)에 해당된다고 할 수 있다.[89]

현행 경찰공무원의 신규채용은 크게 ㉠ 공개경쟁채용(公開競爭採用)과 ㉡ 경력경쟁채용(經歷競爭採用, 과거에는 '특별채용'이라는 용어를 사용)으로 구분할 수 있다(경찰공무원법 제8조 단서). 생각건대, 경찰공무원을 포함한 모든 공무원의 채용방식은 기본적으로 공개경쟁채용을 원칙으로 하고, 예외적인 경우에 한하여 경력경쟁채용으로 하는 것이 바람직하다고 본다.[90] 그것은 헌법이 보장하는 공무담임권(제25조)을 구체적으로 실현하는 방법이기 때문이다.

(1) 공개경쟁채용

공개경쟁채용이라는 것은 말 그대로 '공개경쟁시험에 의한 채용'을 의미한다. 이와 관련하여 현행 경찰공무원법상 공개경쟁채용은 크게 두 가지 방식으로 이루어진다고 볼 수 있다.

첫째, 경정 및 순경의 신규채용은 공개경쟁시험으로 한다고 규정하고 있다(경찰공무원법 제8조 제1항). 둘째, 경위의 신규채용 가운데 하나로서 대통령령으로 정하는 자격을 갖추고 공개경쟁시험으로 선발된 사람(즉, '경찰간부후보생')이 이에 해당된다(제8조 제2항).[91]

89) 조철옥(2010), 앞의 책, p. 426.
90) 강성철 외 4인(2011), 앞의 책, p. 251.
91) 부정행위에 대한 제재: 경찰청장은 경찰공무원의 채용시험 또는 경찰간부후보생 공개경쟁선발시험에서 부정행위를 한 응시자에 대하여는 해당 시험을 정지 또는 무효로 하고, 그 처분이 있은 날부터 5년간 시험응시자격을 정지한다(경찰공무원법 제8조의2).

(2) 경력경쟁채용

① 경력경쟁채용의 의미

경찰공무원은 공개경쟁채용시험 방식 외에 경력경쟁채용시험으로 신규채용 할 수 있다. 경력경쟁채용시험은 '경력 등 응시요건을 정하여 같은 사유에 해당하는 다수인(多數人)을 대상으로 경쟁의 방법으로 채용하는 시험'을 말한다(경찰공무원법 제8조 제3항). 즉, 경력경쟁채용은 공개경쟁을 제한하는 별도의 선발절차를 거쳐 경찰공무원을 신규로 채용하는 방식을 말한다.

② 경력경쟁채용의 특징

경력경쟁채용은 공개경쟁채용제도를 보완하고 필요한 인력의 확보를 용이하게 한다는 장점을 가지고 있다. 급변하는 치안환경 속에서 효율적인 대응을 위해서는 획일적인 공개경쟁채용의 방법보다 유자격자들의 제한된 경쟁을 통하여 채용 하는 것이 능률적일 수도 있다고 본다. 이러한 분위기 속에서 우리나라는 전반적으로 경력경쟁채용의 범위가 확대되고 있음은 주지의 사실이다.

그러나 경우에 따라서는 경력경쟁채용 과정에서 정치적 압력이나 정실이 개입할 가능성이 크기 때문에 실적주의를 침해하는 결과를 초래하기 쉽다. 또 실제로 경력경쟁채용이 필요하지 않은 분야 또는 상황(즉, 공개경쟁채용으로도 충분이 채용이 가능한 상황) 인데도 불구하고 이를 제도적으로 운영하는 경우도 없지 않다. 아울러 경력경쟁채용 규모가 조직 내에서 차지하는 비중이 지나치게 높을 경우 조직 내의 사기관리 등에 있어서 어려운 문제가 제기될 수 있다.

요약건대, 경력경쟁채용은 공개경쟁채용을 기본으로 하면서 이를 보완하기 위해 일정수준 도입되는 것이 바람직하다고 본다.

③ 경찰공무원의 경력경쟁채용 내용

다음의 어느 하나에 해당하는 경우에는 경력경쟁채용시험으로 경찰공무원을 신규채용할 수 있도록 하고 있다(경찰공무원법 제8조 제3항 각호).

㉠ 국가공무원법제70조 제1항 제3호의 사유로 퇴직하거나 같은 법 제71조 제1항 제1호의 휴직 기간 만료로 퇴직한 경찰공무원을 퇴직한 날부터 3년(공무원연금법에 따른 공무상 질병 또는 부상으로 인한 휴직의 경우에는 5년) 이내에 퇴직 시에 재직한 계급의 경찰공무원으로 재임용(再任用)하는 경우

㉡ 공개경쟁시험으로 임용하는 것이 부적당한 경우에 임용예정 직무에 관련된 자격증 소지자를 임용하는 경우
㉢ 임용예정직에 상응하는 근무실적 또는 연구실적이 있거나 전문지식을 가진 사람을 임용하는 경우
㉣ 국가공무원법에 따른 5급 공무원의 공개경쟁채용시험이나 「사법시험법」 에 따른 사법시험에 합격한 사람을 경정 이하의 경찰공무원으로 임용하는 경우
㉤ 「국가공무원법」 제85조에 따라 재학 중에 장학금을 받고 졸업한 사람을 임용하는 경우
㉥ 섬, 외딴곳 등 특수지역에서 근무할 사람을 임용하는 경우
㉦ 외국어에 능통한 사람을 임용하는 경우
㉧ 제주특별자치도의 자치경찰공무원을 그 계급에 상응하는 경찰공무원으로 임용하는 경우

경찰대학 졸업생들의 경력경쟁채용(특별채용) 문제

경찰대학을 졸업한 자를 경위로 신규채용 하는 것은 공개채용에 해당하는 것인가, 아니면 경력경쟁채용(특별채용)에 해당하는 것인가.
이에 대한 현행법의 태도는 다소 모호하다. 경찰공무원법에서 경위의 신규채용은 ㉠ 경찰대학을 졸업한 사람, ㉡ 대통령령으로 정하는 자격을 갖추고 공개경쟁시험으로 선발된 사람(즉, '경찰간부후보생')으로서 교육훈련을 마치고 정하여진 시험에 합격한 사람 중에서 한다고 규정하고 있다(제8조 제2항). 경찰간부후보생은 명확히 공개경쟁시험으로 선발된 사람이라고 규정하고 있는데, 경찰대학을 졸업한 사람의 경우에는 그것이 무엇을 의미하는지가 명확하지가 않기 때문이다.
한편, 경찰공무원법에서 경력경쟁채용시험으로 경찰공무원을 신규채용 할 수 있는 경우로서 '국가공무원법 제85조에 따라 재학 중에 장학금을 받고 졸업한 사람을 임용하는 경우'를 규정하고 있다(제8조 제3항 제5호).[92] 이러한 점에서 볼 때, 경찰대학 졸업자들에 대한 경위채용은 일종의 경력경쟁채용이라 할 수 있다.[93]
현재 경찰은 경위계급으로 경찰대학 졸업생 120명(70.6%), 간부후보생 50명(29.4%: 2016년 기준 일반 35명, 세무회계 4명, 외사 4명, 전산정보통신 2명)으로 전체 170명

92) 인사혁신처장은 우수한 공무원을 확보하기 위하여 필요하면 초·중등교육법, 고등교육법, 그 밖에 다른 법률(경찰대학설치법 등)에 따라 설치된 각급 학교의 재학생으로서 공무원으로 임용되기를 원하는 자에게 장학금을 지급하고 졸업 후 일정한 의무복무 기간을 부과하여 공무원으로 근무하게 할 수 있다(국가공무원법 제85조 제1항).
93) 조철옥(2010), 앞의 책, p. 426.

(100.0%)을 신규채용하고 있다. 특별한 경력이나 자격을 필요로 하지 않는 일반경찰간부를 채용하는데 있어서 특별채용에 해당하는 경찰대학 졸업생이 차지하는 비중이 지나치게 높은 것이 현실이다.[94] 이러한 채용방법의 문제는 경찰인사관리에 있어서 총체적인 문제를 노정시키고 있다고 본다.

(3) 채용후보자 등록

경찰청장 등은 신규채용시험에 합격한 사람(경찰대학 졸업생과 경찰간부후보생 포함)을 대통령령으로 정하는 바에 따라 성적 순위에 따라 채용후보자 명부에 등재하여야 한다. 경찰공무원의 신규채용은 이에 따른 채용후보자 명부의 등재 순위에 따르도록 하고 있다. 다만, 채용후보자가 경찰교육기관에서 신임교육을 받은 경우에는 그 교육성적에 따르도록 하고 있다(경찰공무원법 제9조 제1항 및 제2항).

한편, 채용후보자가 다음의 어느 하나에 해당하는 경우에는 채용후보자로서의 자격을 상실한다(경찰공무원 임용령 제19조 각호).

㉠ 채용후보자가 임용 또는 임용제청에 응하지 아니한 경우

㉡ 채용후보자로서 받아야 할 교육훈련에 응하지 아니한 경우

㉢ 채용후보자로서 받은 교육훈련성적이 수료점수에 미달되는 경우

㉣ 채용후보자로서 교육훈련을 받는 중에 퇴학처분을 받은 경우. 다만, 질병 등 교육훈련을 계속할 수 없는 불가피한 사정으로 퇴학처분을 받은 경우는 제외한다.

경찰공무원의 교육훈련

경찰의 교육훈련(教育訓練, Education and Training)이라는 것은 경찰공무원이 직무수행에 필요한 지식과 기술을 습득하여 경찰목적 달성에 기여할 수 있도록 경찰공무원의 능력을 개발 및 향상시키는 것을 말한다. 이러한 경찰의 교육훈련의 기능을 좀 더 세분화 하면, 신규채용자의 능력개발, 직무능력의 향상, 당해 계급에서의 전문성 강화, 그리고 경찰공무원 자신의 삶의 질 향상 등을 들 수 있을 것이다.[95]

이에 따라 경찰청장은 모든 경찰공무원에게 균등한 교육훈련의 기회가 주어지도록 교육

94) 2011년 행정부 국가공무원 가운데 일반직의 특별채용 내용을 살펴보면, 전체 신규채용 인원 5,710명(100.0%) 가운데 공개채용 2,311명(40.5%), 특별채용 3,399명(59.5%)을 차지하고 있어 특별채용인원이 보다 많은 것으로 나타나고 있다. 그러나 특별채용인원 가운데 ① 지방직→국가직, 일반직→기능직 전환자가 2,098명에 이르고 있으며, ② 자격증 소지자 620명, 특수전문분야 274명, 특수근무지 예정자 183명, 연구·근무 경력자 62명, 국비장학생 46명 등으로 나타나고 있다. 행정안전부(2012), 행정안전통계연보, p. 116.

95) 허경미(2013), 경찰인사론, 서울: 박영사, p. 94.

훈련에 관한 종합적인 기획 및 조정을 하도록 하고 있다(경찰공무원법 제17조 제1항). 이에 따라 현행 경찰 교육훈련은 크게 ㉠ 학교교육, ㉡ 위탁교육, ㉢ 직장훈련, ㉣ 기타 교육훈련으로 구분하고 있다(경찰공무원교육훈련규정 제7조).

① 학교교육

경찰청장은 경찰공무원의 교육훈련을 위한 교육훈련기관을 설치·운영할 수 있도록 하고 있다(경찰공무원법 제17조 제2항). 경찰교육훈련기관에는 중앙경찰학교, 경찰교육원, 경찰대학, 경찰수사연수원, 그리고 지방경찰청 소속 하의 지방경찰학교가 있다. 이러한 교육훈련기관에 의한 교육은 크게 신임교육, 기본교육, 전문교육이 있다(경찰공무원 교육훈련규정 제8조 제1항~제4항).

㉠ 신임교육

경찰공무원으로 신규채용된 자로서 임용전 신임교육을 받지 아니한 자를 대상으로 함. 다만, 경사이상의 경찰공무원으로 신규채용 된 자로서 일정한 해당교육을 받은 자는 그러하지 아니함.

㉡ 기본교육

가. 경정·경감·경위 및 경사(경찰공무원 승진임용규정에 의하여 경정·경감·경위 및 경사 승진후보자명부에 등재된 자 포함)를 대상으로 함.

나. 경찰청장이 정하는 바에 의하여 교육훈련대상자로 선발된 총경(경찰공무원승진임용규정에 의하여 총경승진후보자명부에 등재된 자 포함)은 기본교육으로 치안정책교육을 받아야 함.

㉢ 전문교육

경정 이하 경찰공무원은 직무와 관련된 전문교육을 받아야 함.

② 위탁교육

경찰청장은 교육훈련을 위하여 필요하면 대통령령으로 정하는 바에 따라 경찰공무원을 국내외의 교육기관에 위탁하여 일정 기간 교육훈련을 받게 할 수 있다(경찰공무원법 제17조 제3항).[96]

③ 직장훈련

직장훈련은 경찰기관의 장이 소속경찰공무원의 직무수행능력을 향상시키기 위하여 일

96) 위탁교육은 국내외의 대학원 석·박사과정을 비롯하여 각급 국가기관, 공공기관, 연구기관, 민간기관 등을 통해 다양한 형태로 이루어지고 있다. 외국경찰 관련기관의 단기과정, 국내의 중앙공무원교육원, 정보통신공무원교육원, 외국어연수원(한국외국어대학), 군부대, 국가정보원 통일연수원 등 60여기 기관의 교육프로그램에 참여 할 수 있다. 경감 또는 경위로서 당해 직무와 관련된 전문분야의 위탁교육을 받은 자는 그에 상응하는 전문화교육을 받은 것으로 본다. 그리고 위탁교육기관에서 받은 포상 및 징계는 경찰교육기관에서 받은 포상 또는 징계로 본다(경찰공무원 교육훈련규정 제13조 제1항 및 제2항). 김창윤 외 24인(2014), 경찰학, 서울: 박영사, p. 640.

상 업무를 통하여 행하는 훈련을 말한다. 이러한 직장훈련은 ㉠ 직장교육, ㉡ 체력단련, ㉢ 무도훈련 등으로 구분된다.

2) 초임경찰관의 보직

(1) 보직관리의 기본원칙

임용권자 또는 임용제청권자는 법령에서 따로 정하거나 일정한 경우를 제외하고는[97] 소속 경찰공무원에게 하나의 직위직위(職位, 경찰공무원 개인에게 부여할 수 있는 직무와 책임)를 부여하여야 한다(경찰공무원 임용령 제22조 제1항).

경찰공무원을 보직함에 있어서는 경과·교육훈련·근무경력 등을 고려하여 능력을 적절히 발전시킬 수 있도록 해야 한다(동조 제2항). 그리고 보직할 때에는 특별한 사정이 없으면 연고지(緣故地)를 고려해야 한다(동조 제4항).[98]

(2) 초임경찰관의 보직

① 경위 이상

경위 이상으로 신규채용 된 경찰공무원은 관리능력을 배양할 수 있도록 전공 및 적성을 고려하여 합리적으로 보직하여야 한다(경찰공무원 임용령 제23조 제1항).

② 경사 이하

경사 이하로 신규채용 된 경찰공무원은 지구대, 파출소, 기동순찰대, 경찰기동대나 그 밖에 경비업무를 수행하는 부서에 보직하여야 한다(23조 제2항).

3) 시보임용

(1) 시보임용의 의의

임용권자는 신규임용 된 경찰공무원이 경찰관으로서의 적격성을 보유하고 있는지를 확인하기 위하여, 그리고 경찰실무를 습득하기 위해 일정기간 동안 시험보직을 명하게 되

97) ① 「국가공무원법」 제43조에 따라 별도정원이 인정되는 휴직자의 복직, 파견된 자의 복귀 또는 파면·해임·면직된 자의 복귀 시에 그에 해당하는 계급의 결원이 없어 그 계급의 정원에 최초로 결원이 생길 때까지 해당 경찰공무원을 보직 없이 근무하게 하는 경우, ② 직제의 신설·개편 또는 폐지 시 2개월 이내의 기간 동안 기관의 신설 준비 등을 위하여 보직 없이 근무하게 하는 경우(경찰공무원 임용령 제22조 제1항 각호).

98) 고려시대나 조선시대에는 인정(人情)에 따른 폐단을 막기 위하여 일정한 범위 내의 친족간에 동일관사(同一官司)나 또는 통속관계(統屬關係)에 있는 관사(官司)에 취임하지 못하도록 하거나 어떠한 지방에 특별한 연고가 있는 관리는 그 지방에 파견하지 못하게 하는 등의 이른바 '상피제'(相避制)를 적용하였다.

는데 이를 시보임용(試補任用)이라고 한다.[99] 시보임용 된 공무원은 시보기간이 끝난 뒤 정식공무원으로 임명된다. 시보기간은 후보자의 적격성 여부를 판정하는 선발과정의 일부이며, 시보기간 중 부적격자로 판정받은 후보자는 정규 공무원으로 임용되지 못한다. 이러한 시보제도는 선발제도의 보완이라는 목적 외에 후보자에게 기초적 적응훈련을 시킨다는 부수적 목적도 지니고 있다.[100]

(2) 시보임용의 내용

경정 이하의 경찰공무원을 신규채용 할 때에는 1년간 시보(試補)로 임용하고, 그 기간이 만료된 다음 날에 정규 경찰공무원으로 임용하도록 하고 있다(경찰공무원법 제10조 제1항). 휴직기간, 직위해제기간 및 징계에 의한 정직처분 또는 감봉처분을 받은 기간은 위에 따른 시보임용기간에 산입하지 아니한다(제2항).

시보임용 경찰공무원을 정규 경찰공무원으로 임용함에 있어서 그 적부를 심사하게 하기 위하여 임용권자 또는 임용제청권자 소속하에 '정규임용심사위원회'를 두도록 하고 있다(경찰공무원 임용령 제20조 제3항).

(3) 시보임용 경찰공무원의 면직

임용권자 및 임용제청권자는 시보임용 기간 중 경찰공무원에 대하여 근무사항을 항상 지도·감독하여야 한다. 그리고 시보임용 기간 중에 있는 경찰공무원의 근무성적 또는 교육훈련성적이 불량한 때에는 국가공무원법 제68조 및 경찰공무원법 제22조 규정에 의한 신분보장에도 불구하고,[101] 일정한 사유에 해당할 때에는 정규임용심사위원회의 심사를 거쳐 면직시키거나 면직을 제청할 수 있도록 하고 있다(경찰공무원법 제10조 제3항).[102]

일반적으로 시보임용 된 경찰관이 시보기간 동안에 직위해제나 징계처분을 받은 경우에는 당연퇴직이 된다고 볼 수 있다(그렇기 때문에 위에서 설명한 징계처분 등을 받은 기간이 시보기간에 계산되지 않는다는 규정은 별로 의미가 없다고 본다). 실제로 동일한 행위

99) 조철옥(2010), 앞의 책, p. 428.

100) 강성철 외 4인(2011), 앞의 책, p. 269.

101) ① 국가공무원법 제68조(의사에 반한 신분조치)에서는 '공무원은 형의 선고, 징계처분 또는 이 법에서 정하는 사유에 따르지 아니하고는 본인의 의사에 반하여 휴직·강임 또는 면직을 당하지 아니한다'고 규정하고 있다. ② 경찰공무원법 제22조(직권면직)에서는 '임용권자는 일정한 사유에 해당될 때에는 직권으로 면직시킬 수 있다'고 규정하고 있다. 바꿔 말하면 직권으로 면직시킬 수 있는 사유가 발생하지 않는 경우에는 신분보장이 된다는 의미이다.

102) ① 징계사유에 해당할 때, ② 시보임용 경찰공무원(또는 시보임용 예정자)에게 일정 기간 교육훈련을 시킬 수 있는데, 이 교육훈련기간 동안의 교육훈련 성적이 만점의 60퍼센트 미만이거나 생활기록이 극히 불량할 때, ③ 「경찰공무원 승진임용 규정」 제7조 제2항에 따른 제2 평정 요소(근무실적, 직무수행능력, 직무수행태도)의 평정점이 만점의 50퍼센트 미만인 경우가 이에 해당된다(경찰공무원 임용령 제20조 제2항).

(예, 음주운전·도박 등)로 정식 경찰관은 감봉을 받지만, 시보경찰관은 면직처분을 받기 때문이다.[103)]

(4) 시보임용의 면제

다음 각 호의 어느 하나에 해당하는 경우에는 시보임용을 거치지 아니한다(경찰공무원법 제10조 제4항).

㉠ 경찰대학을 졸업한 사람 또는 경찰간부후보생으로서 정하여진 교육을 마친 사람을 경위로 임용하는 경우

㉡ 경찰공무원으로서 대통령령으로 정하는 상위계급으로의 승진에 필요한 자격요건을 갖추고 임용예정 계급에 상응하는 공개경쟁 채용시험에 합격한 사람을 해당 계급의 경찰공무원으로 임용하는 경우

㉢ 퇴직한 경찰공무원으로서 퇴직 시에 재직하였던 계급의 채용시험에 합격한 사람을 재임용하는 경우

㉣ 자치경찰공무원을 그 계급에 상응하는 경찰공무원으로 임용하는 경우

그런데 이러한 경찰공무원법상의 시보임용에도 불구하고 면제대상자(특히, 경찰대학 졸업자 경찰간부후보생)를 제외한다면, 결국에는 순경으로 채용된 자 등이 시보임용 대상자로 남게 되어 불합리하다고 본다.[104)]

3. 경찰공무원의 법적 관계 변경

1) 상위직위로의 변경

승진(昇進, Promotion)이라는 것은 하위 직급에서 상위직급으로 임용되는 것을 말한다. 승진은 일반적으로 직무의 곤란도와 책임의 증대를 의미하며 보수의 증액을 수반한다. 승진은 동일한 등급 내에서 호봉만 올라가는 승급과 구분되며, 횡적 이동인 전보 등과도 구분된다.

경찰조직 내에서 승진은 단순한 결원 보충의 의미를 갖는 것이 아니고, 구성원의 동기

103) 조철옥(2010), 앞의 책, p. 428.

104) 국가공무원법 제29조(시보임용)에서는 5급 공무원(5급에 상당하는 공무원 포함)을 신규 채용하는 경우에는 1년, 6급 이하의 공무원을 신규 채용하는 경우에는 6개월간 각각 시보(試補)로 임용하고 그 기간의 근무성적·교육훈련성적과 공무원으로서의 자질을 고려하여 정규 공무원으로 임용하도록 하고 있다. 다만, 대통령령 등으로 정하는 경우에는 시보 임용을 면제하거나 그 기간을 단축할 수 있도록 하고 있다(제1항).

를 유발하고 사기를 진작시키는 수단이 된다는 점에서 중요한 의미를 갖는다. 따라서 합리적인 승진제도의 확립은 직업공무원제의 발전에 매우 긴요한 것이다. 경찰공무원의 승진에는 일반승진, 특별승진, 그리고 근속승진이 있다.

(1) 일반승진

① 일반승진의 의의

경찰공무원은 바로 아래 하위계급에 있는 경찰공무원 중에서 근무성적평정, 경력평정, 그 밖의 능력을 실증(實證)하여 승진임용 하도록 하고 있다(경찰공무원법 제11조 제1항). 따라서 이러한 승진은 실적주의에 의하고 있음을 알 수 있다.

경찰공무원법상 실적주의에 의한 승진은 기본적으로 심사승진(審查昇進)에 의한다고 볼 수 있다. 즉, 경무관(警務官) 이하의 계급에의 승진은 승진심사에 의한다고 규정한 것이 바로 그것이다. 다만, 경정(警正) 이하의 계급으로의 승진은 대통령령으로 정하는 비율에 따라 승진시험과 승진심사를 병행할 수 있도록 하고 있다(제11조 제2항). 그리고 총경 이하의 경찰공무원에 대해서는 대통령령으로 정하는 바에 따라 승진대상자 명부를 작성하도록 하고 있다(제4항).

그런데 주의할 것은 여기에서 말하는 실적주의에 의한 승진심사는 '경무관 이하의 계급'을 대상으로 한 것이라는 점이다. 바꿔 말하면, 경무관의 상위계급인 치안감·치안정감·치안총감은 실적주의가 아닌 엽관주의·정실주의를 바탕으로 한 것이며,[105] 따라서 이에 대해서는 경찰공무원법상에서 별도의 승진 규정을 두고 있지 않다.

---

105) 엽관주의와 정실주의에 의한 인사관리의 단점 가운데 하나가 공직에의 취임이나 승진, 그리고 신분의 유지가 전적으로 소속정당이나 집권자에 대한 충성(忠誠)에 의존하므로 인사행정에 공정성을 보장할 수 없다는 점이다. 즉, 권력집단에서 자신의 공직신분을 유지 또는 승진시켜 준만큼 그에 상응하는 충성(경우에 따라서는 정치적 중립성과 법치주의를 위반하면서까지)을 하지 않을 수 없는 것이다. 이러한 문제는 경찰수뇌부의 임용과 관련하여 항상 조직 내외적으로 많은 논란이 되어 왔다. 이와 관련하여 최근 지난 대통령 선거에 개입한 혐의로 불구속기소 된 김○○ 전 서울경찰청장(치안정감)이 지난해 승진대상자가 아니었음에도 권력 실세의 도움을 받아 서울청장에 오른 것으로 알려져 파장이 커지고 있다. 검찰의 '원○○ 전 국정원장과 김○○ 전 청장의 대통령선거 개입' 수사결과 발표 이후 배후 인물에 대한 후폭풍이 거센 가운데 향후 재판과정에서 김○○ 전 청장을 발탁한 권력실세가 드러날 경우 큰 파장이 예상된다. 사정당국 관계자는 "지난해 치안정감 인사 때 권력실세 A씨가 힘을 써 승진 대상자가 아니었던 김○○ 전 청장을 서울청장으로 기용했다"면서 "당시 승진 발표를 코앞에 두고 승진자가 바뀌어 경찰 내부에서 말이 많았다"고 밝혔다. 김○○ 전 청장은 지난해 5월 8일 경찰청 보안국장에서 서울청장으로 전격 내정됐다. 경찰 등에 따르면 당시 서울청장은 B치안감으로 내정됐고, B치안감은 승진 발표를 앞두고 청와대 측으로부터 축하 전화까지 받은 것으로 알려졌다. 그러나 발표 직전에 갑자기 서울청장 내정자가 김○○ 전 청장으로 번복되면서 경찰 수뇌부 인사가 요동쳤다고 한다. 서울신문(2013.6.17.).

경찰인사관리의 난맥

지난 2011년 12월 15일 경찰청(9층 무궁화회의실)에서 근무 중인 계장급(경정) 이상 간부 180여명이 조○○ 전 경찰청장의 긴급 지시를 받고 은밀히 한자리에 모였다. '경찰대 1기생 거취에 대한 회의 및 투표' 때문이었다. 조 청장은 "경무관에 오르지 못한 1기 간부들이 서울청과 본청에 많이 포진해 있다"면서 "이들의 지방전출 등 인사적체 해소 방안을 허심탄회하게 논의하고자 한다"고 운을 뗐다. 인사와 직결되는 만큼 당사자인 1기생부터 막내기수 경정들까지 모두의 얼굴에 긴장감이 역력했다. 누구도 선뜻 입을 열지 않고 무거운 침묵만 흘렀다. 1기생은 1981년 경찰대에 입학, 1985년 4월 임관해 27년간 경찰생활을 했다. 총경급 이하 본청과 서울청에 근무하는 1기 출신은 14명이다. 당사자인 1기생 총경 한 명이 말문을 열었다. 그는 "후배들을 위해 언제든 나갈 수 있다"면서도 "'1기만 재수 없어 걸렸다'는 식은 곤란하다. 인사규정을 정례화해서 공평하게 매년 적용하는 방안을 마련해야 한다"고 말했다. 다른 1기생 역시 "승진 불이익은 받아들일 수 있지만, 가족들이 여기 있는데 혼자 지방으로 가라는 하는 것은 재고해 달라"고 호소했다.

이들의 발언에 후배들은 말문을 닫았다. 결국 논의가 지지부진하자 조 청장은 비밀 무기명 투표안을 꺼내들었다. 첫 번째 안은 '경대 1기라고 특별히 불이익을 주지 말고, 승진연도를 기준으로 입직(入職) 경로 구별 없이 똑같이 대우해 순환시켜야 한다'는 것이었다. 두 번째는 '20일 총경급 인사 때 특별기준을 정해서 본청과 서울청에 있는 1기생을 수도권 등으로 강제조정'하는 차등 대우 안이었다. 투표결과 첫 번째 안이 선택된 것으로 알려졌다. 후배들은 1기들이 자리를 뜬 다음 진행된 회의에서 "1기라고 무조건 희생되는 것은 바람직하지 못하다"는 의견을 개진한 것으로 전해졌다. 지난해에도 조 청장이 경대 1기 총경들에게 수도권 전출을 독려하는 내용의 '경찰대 1기생 인사관리지침' 전자우편을 보내는 등 경무관 추가 승진에 제동을 걸려 했지만 내부 반발과 여론에 밀려 결국 흐지부지됐다.

총경급 이하 경찰대 1기생 인사는 '뜨거운 감자'가 됐다. 이들이 본청 및 서울청의 포진으로 경찰대 출신 인사적체가 가중되면서 동기생 아래에 동기를 배치해야 하거나, 후배들의 보직관리를 잠식한다는 이야기도 나오고 있다. 반면 능력과 경험에 따라 인사권자로서 인사를 하면 되는데 굳이 1기를 '제물'로 삼아 투표를 강행하는 것은 가혹하다는 비난의 목소리가 높다. 또 지난해에 이어 올해도 '경대 1기 적체'를 해결하겠다며 투표결과를 근거로 제시하려다가 되레 반대의 결론이 나오면서 체면까지 구겼다는 것이 중론이다.[106)]

② 승진 소요 최저근무연수

경찰공무원의 승진에 필요한 계급별 최저근무연수, 승진 제한에 관한 사항, 그 밖에 승진에 관하여 필요한 사항은 대통령령(경찰공무원 승진임용규정)으로 정하도록 하고 있다(경찰공무원법 제11조 제5항).

이에 따르면, ㉠ 총경: 4년 이상, ㉡ 경정 및 경감: 3년 이상, ㉢ 경위 및 경사: 2년 이상, ㉣ 경장 및 순경: 1년 이상의 기간 동안 해당 계급에 재직하도록 하고 있다(경찰공무원 승진임용규정 제5조 제1항 각호).

그리고 원칙적으로 휴직 기간, 직위해제 기간, 징계처분 기간 및 승진임용 제한기간은 위의 승진 소요 최저근무연수 기간에 포함되지 아니한다(제5조 제2항). 다만 이에 대해서는 일정한 예외가 존재한다(이에 대해서는 동조 각호 각목 참조),

(2) 근속승진

근속승진(勤續昇進)이라는 것은 일정한 계급에서 일정한 기간 근무하면 자동적으로 승진하는 것을 말한다. 즉, 경찰공무원법 제11조(일반승진) 제2항에 따른 승진요건(즉, 승진심사 및 승진시험)에도 불구하고 다음과 같이 일정한 기간 동안 재직한 사람을 경장, 경사, 경위, 경감으로 각각 근속승진임용 할 수 있도록 하고 있다(경찰공무원법 제11조의2 제1항 각호).

㉠ 순경을 경장으로 근속승진임용하려는 경우: 해당 계급에서 5년 이상 근속자

㉡ 경장을 경사로 근속승진임용하려는 경우: 해당 계급에서 6년 이상 근속자

㉢ 경사를 경위로 근속승진임용하려는 경우: 해당 계급에서 7년 6개월 이상 근속자

㉣ 경위를 경감으로 근속승진임용하려는 경우: 해당 계급에서 12년 이상 근속자

(3) 특별승진

한편, 위의 일반승진과 근속승진 외에 특별승진(特別昇進)이 있다. 즉, 경찰공무원으로서 다음의 어느 하나에 해당하는 사람에 대해서는 일반승진에도 불구하고 '1계급' 특별승진 시킬 수 있도록 하고 있다. 다만, 경위 이하의 경찰공무원으로서 모든 경찰공무원의 귀감이 되는 공을 세우고 전사하거나 순직한 사람에 대하여는 '2계급' 특별승진 시킬 수 있도록 하고 있다(경찰공무원법 제14조 제1항).

㉠ 국가공무원법 제40조의4 제1항 제1호~제4호까지의 규정 중 어느 하나에 해당되는 사람[107)]

106) 서울신문(2011.12.19.).

㉡ 전사하거나 순직한 사람
㉢ 직무 수행 중 현저한 공적을 세운 사람

경찰공무원의 특별승진의 계급범위는 요건에 따라 ㉠ 경위 이하 계급으로의 승진, ㉡ 경감 이하 계급으로의 승진, ㉢ 경정 이하의 계급으로의 승진, ㉣ 치안정감 이하의 계급으로의 승진으로 구분하고 있다(이에 대한 세부적인 내용은 경찰공무원 승진임용규정 제38조 및 제37조 참조).

그리고 이러한 특별승진은 경찰청장이 특히 필요하다고 인정하는 경우에 수시로 실시할 수 있다(제39조).[108] 그러나 이를 지나치게 실시할 경우 오히려 역효과가 날 우려도 있다고 본다.

2) 동일직위 내의 변경

(1) 전보

국가공무원법에서는 전보(轉補, transference)는 '같은 직급 내에서의 보직 변경 또는 고위공무원단 직위 간의 보직 변경을 말한다'고 하고 있으며(제5조 제6호), 경찰공무원법은 '경찰공무원의 동일 직위 및 자격 내에서의 근무기관이나 부서를 달리하는 임용을 말한다'고 하고 있다(제1조의2 제2호).

따라서 경찰공무원의 전보는 계급별로 경찰관서간의 직위 이동과 동일 관서 내에서의 직위 이동을 의미한다. 예컨대, 강남경찰서의 형사과장(경정)과 도봉경찰서의 형사과장(경정)이 인사발령에 의해 서로 자리를 맞바꾸고, 강남경찰서 내의 경무과장과 정보과장이 서로 자리를 맞바꾸는 경우 등이 이에 해당된다.[109]

임용권자 또는 임용제청권자는 경찰공무원의 동일 직위에서의 장기근무로 인한 직무수행의 침체현상을 방지하여 직무성과를 높일 수 있도록 하는 한편, 지나치게 잦은 전보로 인한 능률저하를 방지하여 안정적으로 직무를 수행할 수 있도록 특별한 사정이 없으

107) ① 청렴하고 투철한 봉사 정신으로 직무에 모든 힘을 다하여 공무 집행의 공정성을 유지하고 깨끗한 공직 사회를 구현하는 데에 다른 공무원의 귀감(龜鑑)이 되는 자, ② 직무수행 능력이 탁월하여 행정 발전에 큰 공헌을 한 자, ③ 경찰조직의 능률화·경제화에 기여하는 제안의 채택·시행으로 국가 예산을 절감하는 등 행정 운영 발전에 뚜렷한 실적이 있는 자, ④ 재직 중 공적이 특히 뚜렷한 자가 명예퇴직 할 때.

108) 다만, 경찰공무원 승진임용규정 제37조 제1항 제2호(행정 능률을 향상시키고 예산을 절감하는 등 직무수행능력이 탁월하여 경찰행정 발전에 기여한 공이 매우 크다고 소속기관 등의 장이 인정하는 사람)에 해당하는 경찰공무원의 특별승진은 경찰청장이 정하는 바에 따라 연 1회 또는 2회 실시하도록 하고 있다(경찰공무원 승진임용규정 제39조).

109) 조철옥(2010), 경찰학 총론, 경기: 21세기사, p. 430.

면 정기적으로 전보를 실시하도록 하고 있다(경찰공무원 임용령 제26조).

따라서 이상과 같은 점을 고려하여 임용권자 또는 임용제청권자는 소속 경찰공무원이 해당 직위에 임용된 날부터 1년 이내(감사업무를 담당하는 경찰공무원의 경우에는 2년 이내)에 다른 직위에 전보할 수 없도록 하고 있다(경찰공무원 임용령 제27조 제1항).[110)]

(2) 복직

복직(復職, Reinstatement)은 휴직, 직위해제 또는 징계로 인한 정직(강등에 따른 정직 포함) 중에 있는 경찰공무원을 직위에 복귀시키는 것을 말한다(경찰공무원법 제1조의2 제3호).

3) 하위직위로의 변경

경찰공무원의 하위직급(下位職級)으로의 변경은 징계 가운데 하나인 강등(降等)을 들 수 있다.

강등은 1계급 아래로 직급을 내리고(고위공무원단에 속하는 공무원은 3급으로 임용하고, 연구관 및 지도관은 연구사 및 지도사로 함) 공무원신분은 보유하나 3개월간 직무에 종사하지 못하며 그 기간 중 보수는 전액을 감하도록 하는 징계조치이다(국가공무원법 제80조 제1항).[111)]

4) 무직위로의 변경

무직위(無職位)라는 것은 일정한 사유가 발생한 경우 경찰공무원의 신분은 유지하되 직위를 부여하지 않는 것을 말한다. 여기에는 휴직, 징계가운데 하나인 정직, 그리고 직위해제가 있다.

(1) 휴직

경찰공무원의 휴직은 본인의 의사와 관계없이 임용권자가 행하는 직권휴직과 본인의 희망에 의하여 임용권자가 행하는 의원휴직으로 구분된다.

---

110) 다만, 이러한 사정에도 불구하고 일정한 경우에는 그러하지 아니하다(이에 대한 세부적인 내용은 경찰공무원 임용령 제27조 제1항 각호 참조).

111) 한편, 하위직위로(下位職位)의 변경에 해당하는 강임(降任)이 있다. 강임은 직제 또는 정원의 변경이나 예산의 감소 등으로 직위가 폐직되거나 하위직위로 변경되어 과원이 된 경우 또는 본인이 동의한 경우에는 소속 공무원을 강임할 수 있다(국가공무원법 제73조의4 제1항). 이러한 강임은 징계에 해당하는 것은 아니다. 그런데, 주의할 것은 이러한 하위직위로의 변경인 국가공무원법상의 강임은 경찰공무원에는 적용되지 않는다는 점이다(경찰공무원법 제30조 제1항).

① **직권휴직**

국가공무원법 상에서 임용권자는 다음과 같은 사유로 공무원 본인의 의사에도 불구하고 휴직을 명할 수 있다.

㉠ 신체 · 정신상의 장애로 장기 요양이 필요할 때, ㉡ 병역법에 따른 병역 복무를 마치기 위하여 징집 또는 소집된 때, ㉢ 천재지변이나 전시 · 사변, 그 밖의 사유로 생사(生死) 또는 소재(所在)가 불명확하게 된 때(다만 경찰공무원의 경우에는 법원의 실종선고를 받는 날까지, 경찰공무원법 제23조 제1항), ㉣ 그 밖에 법률의 규정에 따른 의무를 수행하기 위하여 직무를 이탈하게 된 때, ㉤ 공무원의 노동조합 설립 및 운영 등에 관한 법률 제7조에 따라 노동조합 전임자로 종사하게 된 때가 이에 해당된다(국가공무원법 제71조 제1항 및 제72조).

이 가운데 경찰공무원의 직권휴직 사유는 ㉠, ㉢, ㉣에 해당한다고 볼 수 있다. 경찰공무원은 병역을 필하거나 면제된 자에게 응시자격이 주어지며, 노동조합 가입대상에서 제외되기 때문이다(공무원의 노동조합 설립 및 운영 등에 관한 법률 제6조 제1항).

② **의원휴직**

국가공무원법상 임용권자는 공무원이 다음의 어느 하나에 해당하는 사유로 휴직을 원하면 휴직을 명할 수 있다.

㉠ 국제기구, 외국 기관, 국내외의 대학·연구기관, 다른 국가기관 또는 대통령령으로 정하는 민간기업, 그 밖의 기관에 임시로 채용될 때, ㉡ 국외 유학을 하게 된 때, ㉢ 중앙인사관장기관의 장이 지정하는 연구기관이나 교육기관 등에서 연수하게 된 때, ㉣ 만 8세 이하 또는 초등학교 2학년 이하의 자녀를 양육하기 위하여 필요하거나 여성공무원이 임신 또는 출산하게 된 때, ㉤ 사고나 질병 등으로 장기간 요양이 필요한 조부모, 부모(배우자의 부모를 포함), 배우자, 자녀 또는 손자녀를 간호하기 위하여 필요한 때. 다만, 조부모나 손자녀의 간호를 위하여 휴직할 수 있는 경우는 본인 외에는 간호할 수 있는 사람이 없는 등 대통령령등으로 정하는 요건을 갖춘 경우로 한정, ㉥ 외국에서 근무·유학 또는 연수하게 되는 배우자를 동반하게 된 때, ㉦ 대통령령 등으로 정하는 기간 동안 재직한 공무원이 직무 관련 연구과제 수행 또는 자기개발을 위하여 학습·연구 등을 하게 된 때(국가공무원법 제 71조 제2항).

한편, 의원휴직 사유 가운데 임용권자는 '㉣'(즉, 만 8세 이하 또는 초등학교 2학년 이하의 자녀를 양육하기 위하여 필요하거나 여성공무원이 임신 또는 출산하게 된 때)에 따른 휴직을 이유로 인사에 불리한 처우를 해서는 안 된다(제71조 제4항, 제72조).[112]

(2) 정직

무직위로의 변경과 관련하여 경찰공무원에 대한 징계 가운데 하나인 정직을 들 수 있다. 정직은 1개월 이상 3개월 이하의 기간으로 하고, 정직 처분을 받은 자는 그 기간 중 공무원의 신분은 보유하나 직무에 종사하지 못하며 보수는 전액을 감한다(국가공무원법 제80조 제3항).

(3) 직위해제

① 직위해제의 의의

직위해제(職位解除)는 경찰공무원 본인에게 직위(직무와 책임)를 계속 보유하게 할 수 없는 일정한 귀책사유가 발생하여 그 경찰공무원에게 직위를 부여하지 아니하는 것을 말한다. 직위해제는 휴직과는 달리 본인에게 귀책사유가 있을 때에 행하는 것이므로 제재(制裁)적인 성격을 갖는 행정처분이라고 할 수 있다. 그리고 휴직과는 달리 복직이 보장되지 않는다. 그러나 국가공무원법상의 징계(懲戒)에 해당하는 것은 아니다.[113]

직위해제는 징계처분과 법적 기초를 달리하므로 시효의 적용을 받지 않으며, 직위해제 후 동일사유로 징계나 직권면직 처분을 하여도 일사부재리(一事不再理)의 원칙에 반하지 않는다. 그리고 직위해제는 재량사항으로서 의무적 직위해제는 인정되지 않으며, 주로 지휘관 등이 직무수행 상 문제가 있을 때 징계책임을 묻는 대신에 활용하는 경우가 많다.[114]

② 직위해제의 사유

임용권자는 다음과 같은 경우에 해당하는 공무원에게 직위를 부여하지 않을 수 있다(국가공무원법 제73조의3 제1항).

㉠ 직무수행 능력이 부족하거나 근무성적이 극히 나쁜 자

---

112) 휴직 기간 및 휴직의 효력에 대해서는 국가공무원법 제72조 및 제73조 참조.

113) 직위해제는 국가공무원법 제73조의3에서 규정한 사유에 따라 당해 공무원이 장래에 있어서 계속 직무를 담당하게 될 경우 예상되는 업무상의 장애 등을 예방하기 위하여 일시적으로 당해 공무원에게 직위를 부여하지 아니함으로써 직무에 종사하지 못하도록 하는 잠정적인 조치로서의 보직의 해제를 의미하는 것이다. 따라서 과거의 공무원의 비위행위에 대하여 질서유지를 목적으로 행해지는 징벌적 제재로서의 징계와는 그 성질이 다르다. 대법 2003.10.10., 2003두5945.

114) 조철옥(2010), 앞의 책, p. 432.; 국가안보 비상시기 휴일 골프를 친 A경찰서장이 직위해제 되었다. K지방경찰청은 19일 오후 A경찰서장을 지방청 경무과로 대기발령 내리고, B보안과장을 후임 서장에 임명하였다. A경찰서장은 지난 3월 9일 한 골프장에서 경찰행정발전위원회 위원인 조선소 협력업체 대표 등 3명과 함께 골프를 친 것으로 알려졌다. 경찰은 이날 골프비용을 누가 계산했는지 등 접대성 골프 여부에 대해 조사하고 있는 것으로 전해졌다. K지방경찰청은 북한의 정전협정 백지화 선언 등 국가적 위기상황에 경찰 지휘관이 관내를 떠나 골프를 친 것은 부적절한 처신으로 판단해 직위해제 했다고 밝혔다. 모닝뉴스(2013.3.19.).

㉡ 파면·해임·강등 또는 정직에 해당하는 징계 의결이 요구 중인 자

㉢ 형사 사건으로 기소된 자(약식명령이 청구된 자는 제외)

㉣ 고위공무원단에 속하는 일반직공무원으로서 제70조의2 제1항 제2호부터 제5호까지의 사유로 적격심사를 요구받은 자

㉤ 금품비위, 성범죄 등 대통령령으로 정하는 비위행위로 인하여 감사원 및 검찰·경찰 등 수사기관에서 조사나 수사 중인 자로서 비위의 정도가 중대하고 이로 인하여 정상적인 업무수행을 기대하기 현저히 어려운 자

이상과 같은 직위해제 사유 가운데, '㉣'은 '고위공무원단에 속하는 일반직공무원'에게 해당되는 경우이기 때문에 경찰공무원은 제외된다고 볼 수 있다. 그리고 위의 '㉠'의 직위해제 사유와 '㉡·㉢' 또는 '㉤'의 직위해제 사유가 경합할 때에는 '㉡㉢' 또는 '㉤'의 직위해제 처분을 하도록 하고 있다(제5항).

③ 부가처분

위의 직위해제 사유 가운데, 위에서 설명한 '㉠'의 경우(즉, 직무수행능력이 부족하거나 근무성적이 극히 나쁜 자)에 해당하는 자에 대해서는 임용권자는 3개월의 범위 내에서 대기를 명하도록 하고 있다(제73조의3 제3항). 그리고 임용권자 또는 임용제청권자는 이에 따라 대기 명령을 받은 자에게 능력 회복이나 근무성적의 향상을 위한 교육훈련 또는 특별한 연구과제의 부여 등 필요한 조치를 취하도록 하고 있다(제4항).

④ 직위해제의 효과

직위가 해제되면 직무에 종사하지 못한다. 출근의무도 없다. 물론, 직위해제 사유가 소멸되면 임용권자는 지체 없이 직위를 부여해야 한다(제73조의3 제2항). 그리고 직위해제 사유 가운데, '㉠'의 사유로 대기명령을 받은 기간 중 능력 또는 근무성적의 향상을 기대하기 어렵다고 인정되면 징계위원회의 동의를 얻어 임용권자는 직권으로 면직시킬 수 있다(국가공무원법 제70조 제1항 제5호).[115]

115) 직권면직처분 또는 해임처분과 이보다 앞서 행하여진 직위해제처분은 그 목적을 달리한 각 별개의 독립된 처분이라 할 것이므로 직권면직처분 또는 해임처분이 이 직위해제처분을 사유로 하였다 하더라도 일사부재리원칙에 위배되지 않는다. 대법 1983.10.25., 83누340.; 대법 1984.2.28., 83누489.

4. 경찰공무원의 법적 관계 소멸

1) 당연퇴직

당연퇴직(當然退職)이라는 것은 임용권자의 의사와 관계없이 법이 정한 일정한 사유가 발생했을 경우, 당연히 경찰공무원관계가 소멸되는 것을 말한다.

(1) 정년

경찰공무원은 정년(停年)에 달하면 당연퇴직하게 된다. 경찰공무원의 정년에는 연령정년(年齡停年)과 계급정년(階級停年)이 있다. 경찰공무원의 연령정년은 60세로 하고 있으며, 계급정년은 경정 14년, 총경 11년, 경무관 6년, 치안감 4년으로 하고 있다(경찰공무원법 제24조 제1항 각호).[116)]

한편, 징계로 강등된 경찰공무원의 계급정년은 강등되기 전 계급 중 가장 높은 계급의 계급정년으로 하도록 하고 있다(계급정년 산정은 강등되기 전 계급의 근무연수와 강등 이후의 근무연수 합산)(24조 제2항).

(2) 결격사유 발생

앞에서 살펴본 바와 같이 일정한 결격사유를 가지고 있는 사람은 경찰로 채용될 수 없도록 하고 있다. 그리고 재직 중에도 그러한 결격사유(경찰공무원법 제7조 제2항)가 발생하게 된 경우에는 당연히 퇴직하게 됨은 물론이다. 다만, 주의할 것은 이러한 결격사유 가운데 '자격정지 이상의 형의 선고유예를 받고 그 유예기간 중에 있는 사람'의 경우에는 당연퇴직 하게 되는 것은 아니다.[117)]

---

116) 계급정년의 연장: ① 수사, 정보, 외사, 보안 등 특수부문에 근무하는 경찰공무원으로서 대통령령으로 정하는 바에 따라 지정을 받는 사람은 총경 및 경정의 경우에는 3년의 범위 안에서 계급정년을 연장할 수 있다. ② 경찰청장은 전시·사변이나 그 밖에 이에 준하는 비상사태에서는 2년의 범위에서 제1항 제2호에 따른 계급정년을 연장할 수 있다. 이 경우 경무관 이상의 경찰공무원에 대하여는 행정안전부장관(경찰청 소속 경찰공무원에 대한 경우로 한정)과 국무총리를 거쳐 대통령의 승인을 받아야 하고, 총경·경정의 경찰공무원에 대하여는 국무총리를 거쳐 대통령의 승인을 받아야 한다(경찰공무원법 제24조 제3항 및 제4항).

117) 서울중앙지법 형사9 단독 강○○판사는 술을 마시고 교통사고를 낸 동료 경찰관의 음주측정을 면제해준 혐의(직무유기)로 기소된 김 모 경사에 대해 징역 8월의 형을 선고유예 했다고 21일 밝혔다. 재판부는 "김 경사가 가정형편이 어려워 학교를 자퇴하는 등 불운한 어린 시절을 보냈지만 좌절하지 않고 검정고시를 거쳐 경찰 공무원에 임용된 뒤 유아납치범이나 살인범 검거 등 공적을 세웠으며, 음주측정 면제 사건으로 정직 1개월과 다른 도시로의 전출 등 불이익을 받은 점 등을 고려한다"고 말했다. 김 경사는 지난해 10월 서울의 한 도로에서 음주단속을 하다 같은 지구대에서 근무했던 홍모 경사가 음주 운전으로 황 모 씨의 승용차를 들이받은 사실을 알고도 홍 경사의 혈중알코올 농도를 측정하지 않은 등 직무를 유기한 혐의로 기소됐다. 노컷뉴스(2010.9.21.).

2) 면직

면직(免職)이라는 것은 특별한 행위로 경찰공무원법관계를 소멸시키는 것을 말한다. 특별한 행위에 의한다는 점에서 법정사유로 인한 당연퇴직과는 다르다. 면직에는 공무원 자신의 의사에 의한 의원면직과, 자신의 의사와 관계없는 강제면직이 있다.

(1) 의원면직

의원면직(依願免職)은 경찰공무원 자신의 사의표시에 의해서 임용권자가 공무원관계를 소멸시키는 처분을 말한다. 헌법에서 보장하는 직업선택의 자유는 '선택의 자유' 뿐만 아니라 '사직의 자유'또한 이에 해당하는 것이다. 따라서 경찰공무원이 스스로 그만두는 경우는 전적으로 개인의 자유로운 선택에 달려 있다고 본다.

한편, 의원면직의 특별한 경우로 명예퇴직(名譽退職)이 있다. 경찰공무원으로서 20년 이상 근속한 자가 정년 전에 스스로 퇴직하면, 예산의 범위에서 명예퇴직 수당을 지급할 수 있도록 하고 있다(국가공무원법 제74조의2).

(2) 강제면직

강제면직(强制免職)이란 경찰공무원 본인의 의사와 관계없이 임용권자가 일방적으로 경찰공무원관계를 소멸시키는 처분을 말한다.

① 징계면직

징계면직(懲戒免職)은 경찰공무원이 관계법령상 요구되는 의무를 위반할 때, 그에 대하여 가해지는 제재로서의 징계처분에 의한 파면(罷免)과 해임(解任)을 말한다(이에 관해서는 앞의 경찰공무원의 징계책임에서 살펴본 바 있다).

② 직권면직

임용권자는 다음과 같은 일정한 사유에 해당될 때에는 직권(職權)으로 면직시킬 수 있다(경찰공무원법 제22조 제1항 각호).

㉠ 국가공무원법 제70조 제1항 제3호부터 제5호까지의 규정 중 어느 하나에 해당될 때[118]

가. 직제와 정원의 개폐 또는 예산의 감소 등에 따라 폐직(廢職) 또는 과원(過員)이

118) 국가공무원법 제70조(직권면직): ①·② 삭제, ③ 직제와 정원의 개폐 또는 예산의 감소 등에 따라 폐직(廢職) 또는 과원(過員)이 되었을 때, ④ 휴직 기간이 끝나거나 휴직 사유가 소멸된 후에도 직무에 복귀하지 아니하거나 직무를 감당할 수 없을 때, ⑤ 직위해제에 따라 대기 명령을 받은 자가 그 기간에 능력 또는 근무성적의 향상을 기대하기 어렵다고 인정된 때(이상 3호~5호).

되었을 때

나. 휴직 기간이 끝나거나 휴직 사유가 소멸된 후에도 직무에 복귀하지 아니하거나 직무를 감당할 수 없을 때

다. 직위해제에 따라 대기 명령을 받은 자가 그 기간에 능력 또는 근무성적의 향상을 기대하기 어렵다고 인정된 때

㉡ 경찰공무원으로는 부적합할 정도로 직무 수행능력이나 성실성이 현저하게 결여된 사람으로서 대통령령으로 정하는 사유에 해당된다고 인정될 때

㉢ 직무를 수행하는 데에 위험을 일으킬 우려가 있을 정도의 성격적 또는 도덕적 결함이 있는 사람으로서 대통령령으로 정하는 사유에 해당된다고 인정될 때

㉣ 해당 경과에서 직무를 수행하는 데 필요한 자격증의 효력이 상실되거나 면허가 취소되어 담당 직무를 수행할 수 없게 되었을 때.[119]

한편, 위에서 살펴본 경찰공무원법상의 의 직권면직 사유 가운데 '㉠의 다'와 '㉡, ㉢'으로 면직시키는 경우에는 징계위원회의 동의를 받도록 하고 있다(경찰공무원법 제22조 제2항). 생각건대, 직권면직 사유 가운데 '㉠의 다'와 '㉡, ㉢'는 객관적이라기보다는 주관적 판단요소가 없지 않다고 본다. 이러한 점에서 임용권자 단독으로 면직시키기보다는 징계위원회의 동의를 거쳐 보다 객관적으로 평가하도록 하고 있음을 알 수 있다.

5. 경찰공무원의 퇴직관리

1) 경찰공무원 연금제도

경찰공무원의 인사관리는 퇴직 이후에도 계속된다고 할 수 있다. 퇴직으로 인해 비록 경찰공무원의 법적 신분은 소멸되지만, 국가는 퇴직한 경찰공무원들에 대한 사회보장제도로서 경찰공무원 연금제도를 운용하고 있기 때문이다.

경찰공무원 연금제도는 퇴직 또는 사망과 공무(公務)로 인한 부상·질병·장애에 대하여 적절한 급여를 지급함으로써, 공무원 및 그 유족의 생활안정과 복리 향상에 이바지함을 목적으로 하고 있다(공무원연금법 제1조).[120] 이 제도는 1949년에 제정된 국가공무원

119) 해당 경과에서 직무를 수행하는데 필요한 자격증의 효력 상실 및 면허 취소는 당연퇴직이 아니라 직권면직에 해당된다는 점에 주의할 필요가 있다.

120) 공무원연금법상의 공무원은 ① 국가공무원법, 지방공무원법, 그 밖의 법률에 따른 공무원을 말한다. 다만, 군인과 선거에 취임하는 공무원은 제외한다. ② 그 밖에 대통령령으로 정하는 국가나 지방자치단체의 직원에 해당하는 자를 말한

법에 연금제도에 관한 규정을 두고 있었으나, 1960년에 와서야 비로소 공무원연금법을 제정·공포하였다. 공무원 연금제도는 퇴직급여에서 출발하였는데, 우리나라는 퇴직연금(각종 퇴직급여 등)과 복리후생적 연금(재해/장해급여 및 공제제도)을 포함하고 있다.[121)]

2) 경찰공무원 재고용 프로그램

정부(행정안전부, 공무원연금관리공단, 고용노동부 등)는 퇴직 후 재취업을 희망하는 퇴직공무원들의 구직신청을 받아 취업알선을 주선해주고 있다. 공무원연급법의 적용을 받는 정년퇴직, 명예퇴직 경찰공무원 등은 누구나 신청할 수 있다.[122)]

한편, 경찰공무원법상 퇴직한 경찰공무원을 퇴직한 날로부터 2년 이내에 퇴직 시에 재직하였던 계급의 경찰공무원으로 재임용 할 수 있는데(제8조 제3항 제1호), 이러한 경력경쟁채용 역시 경찰공무원의 재고용 프로그램의 하나라고 할 수 있다. 다만 이러한 퇴직경찰공무원의 경력경쟁채용을 하는데 있어서 ㉠ 종전의 재직기관에서 감봉 이상의 징계처분을 받은 자, ㉡ 계급정년에 의하여 정년퇴직한 자는 그 대상에서 제외된다(경찰공무원 임용령 제16조 제1항 각호).

다(제3조 제1항 제1호 각목).

121) 강성철 외 4인(2011), 앞의 책, p. 465.

122) 이황우(2005), 앞의 책, p. 420.

제8장 경찰조직의 예산관리

제1절 경찰예산관리의 의의

1. 경찰예산관리의 개념

재산에 대한 수입과 지출을 관리하는 것은 정부와 기업뿐만 아니라 개인에 있어서도 매우 중요한 일이라고 본다. 조직이나 개인은 일정한 수입을 확보하고, 그 범위 내에서 최선의 투자와 지출을 추구하면서 살아가고 있다. 물론, 현실적으로 최선의 방법으로 이를 관리하는 것은 쉬운 일이 아니다. 지난 1970년대 이후 미국을 포함하여 많은 국가의 정부 및 지방자치단체들은 세원의 감소, 조세저항, 국고보조의 감소(자치단체의 경우) 등으로 인해 재정적인 어려움을 겪어 왔다.[1)]

거시적으로 볼 때, 재무행정 또는 재무관리(Financial Management)라는 것은 정부가 효율적으로 자금을 조달하고 관리하여 사용하는 것과 관련된다고 할 수 있다. 그런데 접근하는 관점에 따라 다르겠지만 재무행정 또는 재무관리의 영역은 매우 포괄적이다. 여기에는 예산, 세무, 회계, 감사, 구매, 그리고 경제와 관련된 국가행정 등이 포함되기도 한다. 이 장에서는 이 가운데 특히, '예산'을 중심으로 살펴보기로 한다.

예산(豫算, Budget or Estimated Cost)이라는 것은 회계연도 내의 국가활동을 위한 국가의 세입(수입)과 세출(지출)에 관한 예정적인 계획을 말한다. 국가의 회계연도는 매년 1월 1일에 시작하여 12월 31일에 종료하도록 하고 있다(국가재정법 제2조).

국회의 입법권 외에 중요한 권한 가운데 하나가 바로 국가의 예산안을 심의·의결하여 확정하는 것이라 할 수 있다(대한민국헌법 제54조 제1항). 따라서 형식적 의미에서 살펴본다면, 국가의 예산은 헌법(憲法)과 국가재정법(國家財政法)에 의하여 정부가 일정한 형식에 따라 편성하여 국회의 심의·의결을 거쳐 확정된 회계연도의 세입과 세출을 포함한

1) James J. Fyfe et al.(1997), Police Administration, N.Y.: McGraw-Hill Company, Inc., pp. 250-251.

재정계획을 의미한다.

국가예산의 일부분을 이루는 경찰예산이라는 것은 경찰청이 회계연도에 해야 할 사업과 활동을 위하여 필요한 비용을 기획재정부에 요청하여 국회의 심의·의결을 거쳐 배정받은 계수로 표시된 예산액을 체계적으로 관리하는 제반과정을 의미한다고 할 수 있다.

2. 경찰예산관리의 규모

2015년 국가예산은 약 260조 원이며, 이 가운데 경찰예산은 약 9조 4,000억 원으로 약 3.6%를 차지하고 있다.[2] 경찰예산을 성질별로 보면 인건비, 관서운영비, 기본경비 등 경직성 경비가 예산의 대부분(약 80.6%)을 차지하고 있다.[3] 이렇게 되면 나머지 30% 예산을 가지고 실제 경찰활동을 해야 한다는 것을 의미한다.

과거에서 현재로 올수록 국가예산 가운데 경찰예산이 차지하는 비중은 매년 점진적으로 증가하고 있다고 볼 수 있다. 최근 들어 민생치안 문제가 중요한 경찰의 현안과제로 대두되고 있는 상황에서 정부예산 대비 경찰예산규모의 증가는 의미가 있다고 본다. 그리고 이러한 주어진 예산을 효율적으로 운용함으로써 경찰목표를 최대한 달성해야 한다는 점은 이론의 여지가 없다고 본다. 다만, 다른 국가와 비교해 볼 때, 경찰예산 자체가 부족한 면도 없지 않다고 본다.

이러한 현실에서 가장 우선적으로 해야 할 일은 기존 70%의 경직성 경비를 줄이는 방법을 검토해 볼 수 있다. 즉, 이의 사용에 대한 재평가를 통해서 불필요한 곳에 비합리적 또는 관행적으로 사용하고 있는 것은 아닌지를 파악해야 한다. 예컨대, 경찰교육시스템 운영에 대한 재검토, 장비의 현대화를 통에 경찰인력 조정 등이 논의 될 수 있을 것이다. 그리고 경찰활동상에 투입되는 30%의 예산을 단기적 차원과 장기적 차원에서 재검토하여 적절하게 활용할 수 있는 방법을 검토해야 할 것이다.[4]

3. 경찰예산관리의 중요성

그런데 주의할 것은 예산이라는 것이 단순히 수입과 지출에 관련된 계획을 의미하는

2) 기획재정부(http://www.mosf.go.kr/main.do).; 경찰청(2016), 경찰백서, p. 411.; 경직성 경비라는 것은 지출규모나 방법 등이 미리 정해짐으로써 감축의 여지가 없는 경비로서 예산편성과정에서 사업비와 대비되는 개념으로 고정으로 지출되는 소모성 성격이 짙은 예산이라고 할 수 있다.
3) 대한민국국회 예산안과 결산안자료(http://likms.assembly.go.kr).
4) 신현기 외 8인(2004), 경찰학개론, 서울: 법문사, p. 280.

것은 아니라는 점이다. 이는 한정된 자원을 배분하고자 하는 의사결정과정이며, 조직의 목표달성을 위한 계획을 수치로 표시한 것이라 할 수 있다. 바꿔 말하면 예산이라는 것은 조직이 하고자 하는 일을 효율적으로 수행하는데 필요한 자금을 조달하고 사용하는 것에 관한 의사결정이라고 볼 수 있다. 따라서 예산이라는 것은 어떤 조직의 책임자가 회계연도 동안 달성하고자 하는 목표를 자금이라는 숫자로 표현한 것이며, 따라서 숫자로 표현한 업무계획서라고도 할 수 있다.[5)]

그리고 경찰예산관리는 경찰조직이 지향하는 목표를 달성하기 위하여 경찰에 책정된 금전적 자원을 기획, 사용, 그리고 통제하는 일련의 과정이라고 할 수 있다. 시민들은 경찰이 시민을 위한 치안정책을 수립하고 시행하기를 바라고 있다, 그런데 만약 다음과 같은 가정을 해 보자.

첫째, 경찰이 치안정책을 공개하고 예산을 공개하지 않는다. 둘째, 치안정책을 공개하지 않고 경찰예산을 공개한다. 이 두 가지 가운데 하나만을 선택해야 한다면 무엇을 선택하는 것이 좋을까? 치안정책을 공개하고 예산을 공개하지 않는다면 실제로 그대로 집행되었는지 알 수가 없기 때문에 빈껍데기 치안정책일 수가 있다. 반면, 경찰예산을 공개하면 경찰조직이 어떤 정책을 수행하였는지를 간접적으로 추정할 수 있다.

아무리 시민을 위한답시고 화려한 구호를 늘어놓았어도 그것이 거짓이었으면 예산을 조사해 봄으로써 치안정책이 어떻게 형성되고 집행되었는지를 알 수 있다. 정직하게 공개되는 경찰예산은 경찰조직의 어떠한 선전보다 정확하다. 그래서 경찰예산이 정확하게 기록되어 시민에게 보고된다는 사실이 그 무엇보다도 중요한 것이다.[6)]

---

5) 역사는 예산에 대해서도 많은 교훈을 남겨준다. 왕권시대에는 왕의 예산과 국가의 예산은 구별이 없었다. 마치 기업의 소유주가 기업의 자산을 자기의 자산과 구별 없이 마구 사용하는 것과 같았다. 민주주의란 왕의 세입과 세출에 관한 권한의 제약을 놓고 의회에서 왕과 싸우는 기록으로 점철되어 있다. 결국, 민주주의 정신이란 정부의 세입세출에 국민의 의견을 반영하고자 하는 것으로 볼 수 있다. 국민들은 민주주의를 확립해 가면서 정부는 작을수록 좋다는 것을 깨닫게 되었다. 정부는 최소한의 경찰과 국방업무만을 담당하고 나머지 경제활동을 비롯한 기타 사항들은 국민들의 뜻에 맡겨 주기를 원하는 것이 초기 서구민주주의 내용이었다. 항상 작은 정부를 원했던 국민들이 주어진 시대와 상황에 적합한 작은 정부의 유지에 성공했을 때 정부는 유능했고, 그때의 정부는 국민을 위한 민주정부였다. 그러나 국민들이 항상 작은 정부에 성공한 것은 아니다. 정부의 예산은 과거 몇 십 년 동안 지구상의 대다수의 나라에서 국민총생산(GNP: Gross National Product)의 증가율보다 훨씬 웃도는 증가율로 팽창하였다. 게다가 예산이라는 이름으로 편성되지 않고 국회의 심의와 의결을 거치지도 않는 사실상의 예산 외의 예산이 천문학적 수준에 이르고 있는 것이 오늘날의 현실이다. 이문영·윤성식(1993), 재무행정: 예산 및 재무행정, 서울: 학현사, pp. 93-94.

6) 경찰의 부정부패와 관련하여 상당부분이 금전적인 이해관계와 연결되어 있다고 본다. 금전적인 이해관계 없이 단순히 심리적인 이익을 위해서 자신에게 위험하고 도덕적으로도 괴로운 부패행위를 자행할리가 없기 때문이다. 따라서 조직 내적인 부정부패는 인사 청탁 외에 금전적인 이해관계와 관련되는 경찰예산집행과 연결되기 쉽다고 본다. 따라서 경찰의 예산이 올바르게 집행된다면 조직내적인 부패 문제는 상당부분 해결될 수 있을 것이다. 부패를 척결하려는 방안은 여러 가지가 있을 수 있으나 가장 유효한 통제수단은 부패에 대한 엄격한 규정의 제정과 준수라고 할 수 있다. '윗물이 맑아야 아

이처럼 예산은 우리에게 실체를 가지고 있는 허상이 아닌 정보를 제공해 준다. 따라서 경찰예산의 이해와 분석이야 말로 효율적인 경찰활동이 실현될 수 있는 첫 걸음이다. 경찰예산을 이해하지 않고서는 경찰조직의 제반활동을 파악할 길이 없다. 요약건대, 경찰조직의 선전과 구호는 알 수 있을지라도 실제로 어떤 치안정책이 집행되었는가는 오로지 경찰예산을 분석함으로써 파악이 가능하다. 그런데, 이처럼 경찰예산이 중요함에도 불구하고 이의 규모 및 운영과 관련하여 조직 외적으로 공개하는 것은 극히 지엽적이다.

주지하는 바와 같이 경찰조직의 재무관리 또는 재무행정이라는 것은 자금의 조달과 사용을 능률적이고 효과적으로 운영하는 것과 관련된다. 따라서 경찰조직에 대한 이해와 파악은 조직의 예산을 파악할 수 있는 능력을 갖춤으로서 생긴다. 경찰예산 담당자가 경찰조직을 가장 통찰력 있게 관찰 할 수 있는 것도 이 때문이다. 예산에는 조직의 모든 문제점과 약점이 구체적인 숫자로서 객관적으로 표현되어 있다. 따라서 경찰조직의 문제점과 약점을 해결할 수 있는 방안의 단서도 예산 속에 존재한다고 본다. 경찰조직의 장(長)이 예산에 대해 무지하면 예산을 잘 사용하지 못함은 물론이다.

4. 경찰예산관리의 법적 근거

경찰을 포함한 정부의 예산은 국민들이 납부하는 세금과 사용자 요금 등과 같은 공공의 재원으로 운용되기 때문에 관련된 제반 절차와 방식은 법률에 근거를 두고 있다. 이러한 예산 운용의 가장 중요한 기본법은 납세의 의무와 조세법률주의(租稅法律主義) 등을 규정하고 있는 헌법(憲法)이라 할 수 있다.[7]

랫물이 맑다'라는 상식이 틀린 말은 아니지만 상급 경찰공무원 몇 사람이 청렴하다고 부패가 추방될 리는 없다. 예산과정에서 부패를 척결하는 과정은 첫째, 예산과정에 대한 구체적이고 엄격한 기록(복식부기)의 유지가 필요하다. 둘째, 기록된 모든 사항이 실질적이어야 한다. 즉, 허위기록 아닌 실제의 기록이 이루어져야 하는데, 이를 위해서는 자금의 흐름을 면밀하게 추적할 수 있는 환경이 갖추어져야 한다. 셋째, 기록의 진위여부를 판단할 수 있는 감사(監査)가 행해져야 한다. 감사가 제기능을 발휘하기 위해서는 담당기관이 독립적이어야 한다. 넷째, 경찰공무원 보수의 현실화가 이루어져야 한다. 과거 경찰조직은 봉급은 올려주지 못하지 알아서 챙기라는 분위기도 없지 않았다. 끝으로 이상과 같은 제도적인 장치와 더불어 대통령을 포함한 고위공직자들 스스로가 부패척결을 위한 진정한 의지와 하위 공직자들의 자발적인 윤리의식이 필요하다. 위의 책, pp. 60-63, pp. 90-91 재구성.

7) 납세의 의무는 국방의 의무, 교육을 받게 할 의무, 근로의 의무, 재산권행사의 공공복리적합 의무, 환경보전의 의무, 헌법과 법률준수의 의무와 더불어 중요한 국민의 기본적 의무라고 할 수 있다. '모든 국민은 법률이 정하는 바에 의하여 납세(納稅)의 의무를 진다'(헌법 제38조). 납세의 의무라는 것은 국가의 통치활동에 필요한 경비를 충당하기 위하여 국민이 조세(租稅)를 납부하는 의무를 말한다. 조세는 국세·지방세와 같은 세금만이 아니고 그 명칭 여하를 불문하고 '보상 없이', 국가가 '일방적·강제적으로 과하는 일체의 경제적 부담'을 말한다. 납세의 의무는 조세공평주의(租稅公平主義)와 조세법률주의(租稅法律主義)라는 두 가지 원칙에 따라야 한다. 납세의 의무는 재산권에 대한 일종의 제한이기 때문에 국민의 자력(資力)에 따라서 공정·평등하게 과세되어야 한다. 그리고 행정부의 일방적이고 자의적인 과세를 금하고 반드시 국회가

헌법에서 규정하고 있는 이러한 원칙들을 실현하기 위해 각종 하위 법들이 있다. 대표적으로 예산의 심의와 집행과정 등과 관련한 상세한 내용들은 국회법에 규정되어 있다. 그리고 정부의 예산을 관리하기 위한 기본법으로 국가재정법(國家財政法, 2006년 제정)이 있다. 국가재정법은 1961년부터 운영되었던 예산회계법(2006년 폐지)의 골격을 전면 개편하면서 기존의 기금관리기본법과 통합하여 만들어졌다. 한편, 2007년에 국가회계와 이와 관계되는 기본적인 사항을 정하여 국가회계를 투명하게 처리하고, 재정에 관한 유용하고 적정한 정보를 생산·제공하는 것을 목적으로 하는 국가회계법(國家會計法)이 제정되었다.

제2절 경찰예산관리의 원리

1. 경찰예산관리의 기본원칙

경찰과 같은 정부조직이 주어진 예산을 효율적으로 운용하기 위한 몇 가지 원칙이 있다. 물론, 이는 절대적인 것은 아니며 정부의 역할에 대한 시대적 배경에 따라 다르며, 이들 원칙들 간에도 경우에 따라서는 상충되기도 한다.[8] 아래에서는 이와 관련된 몇 가지 중요한 원칙들을 살펴보기로 한다.

1) 예산통일의 원칙

예산통일의 원칙은 특정 수입과 특정 지출이 연계되어서는 안 된다는 것을 의미한다. 모든 국가수입은 일단 국고에 편입된 이후 모든 지출로 이루어져야 한다는 것이다. 다만 예외로서 특별회계, 목적세, 기금 등이 있다.

2) 예산총계주의 원칙

원칙적으로 한 회계연도의 모든 수입을 세금으로 하고, 모든 지출을 세출로 해야 한다

제정한 법률에 의해서만 과세할 수 있도록 함으로써 국민의 재산권을 보장하도록 하고 있다. 따라서 '조세의 종목과 세율은 법률로 정하도록'하고 있다(헌법 제59조). 김철수(2006), 헌법학개론, 서울: 박영사, pp. 1005-1006.

8) 이문영·윤성식(1993), 앞의 책, pp. 106-109.; 이종수·윤영진 외(2009), 새 행정학, 서울: 대영문화사, pp. 467-470.

(국가재정법 제17조 제1항). 따라서 일정한 경우(국가재정법 제53조에 규정된 사항)를 제외하고는 세입과 세출은 모두 예산에 계상하여야 한다(동조 제2항).

예산총계주의 원칙(또는 예산완전성의 원칙)은 모든 세입과 세출은 예산에 명시적으로 나열되어 있어야 한다는 것을 의미한다. 예컨대, 지방정부가 각종 개발 부담금을 징수하여 중앙정부의 세입 장부로 이전시킬 때, 징수비용을 제외한 순수 수입만을 중앙정부 세입예산에 반영시켜서는 안 된다(100원을 징수하는 과정에서 10원의 비용이 들었다면, 100원을 보고하고 10원을 사후적으로 보상받는 방식을 채택해야 하며, 90원만 이전시켜서는 안 된다). 다만, 현물출자나 외국 차관을 정부 이름으로 대신 빌려서 실제 그 돈을 사용할 차관사업 수행자에게 그대로 넘겨주는 전대차관은 예외로 인정된다.

3) 예산단일성의 원칙

예산단일성의 원칙은 가능한 한 단일의 회계 내에서 정리되어야 한다는 것을 의미한다. 여러 개의 회계 장부를 두게 되면 재정구조를 이해하기 어렵기 때문이다. 다만 예외적인 장치로서 특별한 목적을 수행하기 위해 특별회계, 기금, 추가경정 예산 등을 활용할 수 있다.

4) 예산공개의 원칙

모든 예산은 공개되어야 한다는 '공개성의 원칙'이 있다. 이는 예산의 편성, 심의, 집행, 결산 그리고 감사의 모든 과정과 관련보고서가 공개되어야 함을 의미한다. 우리나라 국회 및 정부는 인터넷(대한민국국회 예결산정보시스템, 기획재정부 디지털예산회계시스템)에 각종 재정정보를 공개하여 이 원칙을 지키고자 하고 있다. 이러한 공개성의 원칙은 최근 더욱 강화되고 있다. 다만, 국방비·국가정보원 예산 등 체제유지비의 경우 안보를 이유로 공개하지 않는다.

5) 회계연도 독립의 원칙

회계연도는 예산이 시작되고 종료되는 일정한 기간이라고 할 수 있다. 국가의 회계연도는 매년 1월 1일에 시작하여 12월 31일에 종료한다(국가재정법 제2조). 이러한 회계연도 내의 수입과 지출은 다른 회계연도의 수입·지출과 구분되어 운용되어야 한다. 즉, 각 회계연도의 경비는 그 연도의 세입 및 세출로 충당하여야 한다는 것을 의미하는데, 이를 회계연도 독립의 원칙이라고 한다(동법 제3조).

이밖에도 예산결산 일치의 원칙, 예산구체성의 원칙, 예산신축성의 원칙, 예산의 목적

외 사용금지의 원칙(각 중앙관서의 장은 세출예산이 정한 목적 외에 경비를 사용할 수 없도록 규정함, 동법 제45조) 등이 있다.

6) 새로운 예산의 원칙

한편, 국가재정법은 폐지된 예산회계법과는 달리 '효율적이고 성과 지향적이며 투명한 재정운용과 건전재정의 기틀을 확립하는 것을 목적으로 한다(제1조)'는 혁신지향성을 특징으로 하고 있다. 이를 위해 과거와는 구분되는 예산의 원칙으로서 '㉠ 재정 건전성 확보의 원칙, ㉡ 국민 부담 최소화의 원칙, ㉢ 재정지출 및 조세지출의 성과 제고의 원칙, ㉣ 예산과정의 투명성과 국민 참여 제고의 원칙, 그리고 ㉤ 예산이 여성과 남성에 미치는 효과의 평가 및 그 결과의 반영 원칙 등' 다섯 가지 개정 혁신 요소들을 규정하고 있다(동법 제16조).

2. 경찰예산의 종류

1) 정부의 총지출을 구성하는 세 가지 공공재원

회계(會計, accounting)라는 것은 들어온 '세금(수입)과 나간 세출(지출)을 계산하는 것'을 말한다. 국가가 수행하는 사업의 성격에 따라 예산은 크게 일반회계(一般會計)와 특별회계(特別會計)로 구분된다(국가재정법 제1조 제1항). 그리고 이 밖에도 기금(基金)에 의한 방법이 있다.

아래 표에서는 2015년도 국가 전체(입법부, 행정부, 사법부) 예산이라 할 수 있는 일반회계, 특별회계, 기금, 그리고 경찰청 소관 일반회계, 특별회게의 내용을 보여주고 있다. 그리고 경찰예산의 가운데 대부분은 일반회계에 속해 있음을 알 수 있다.[9]

〈국가 및 경찰청 예산내용(2015)〉

구 분		예산내용
국가전체	일반회계	약 209조 원
	특별회계	약 51조 원
	기 금	약 115조 원
	소 계	약 375조 원

9) 기획재정부(http://www.mosf.go.kr/main.do).; 기획재정부(2016), 나라살림: 예산개요, pp. 49-50.; 경찰청(2016), 앞의 책, p. 411.

<table>
<tr><td rowspan="6">경찰청</td><td colspan="2">일반회계</td><td>약 9조 2,000억 원</td></tr>
<tr><td rowspan="3">특별회계</td><td>책임운영기관: 경찰병원</td><td>약 674억 원</td></tr>
<tr><td>혁신도시건설: 경찰대학 이전</td><td>약 799억 원</td></tr>
<tr><td>광역지역발전: 광역발전, 제주특별자치도</td><td>약 192억 원</td></tr>
<tr><td colspan="2">소 계</td><td>약 9조 4,000억원</td></tr>
</table>

* 경찰 일반회계의 세입원: 재산수입(관유물대여로 등), 경상이전수입(벌금, 몰수금 및 과태료 등), 재화 및 용역판매수입(면허료 및 수수료 등), 관유물매각대금 등.
* 경찰 특별회계로서 광역지역발전과 관련하여 광역발전의 세부사업: 자치단체의 광역교통관리체계 개선, 제주특별자치도의 세부사업은 제주자치경찰인력 지원.
* 경찰 특별회계로서 경찰대학 이전 공사기간: 2013.8.7. ~ 2016.4.2.
* 참고적으로 경찰조직의 청사 신축·증축, 관사취득 등을 위해 국유재산관리기금이 조성됨. 다만, 경찰의 국유재산관리기금은 경찰청소관이 아니라 기획재정부 소관임.

(1) 일반회계

예산통일의 원칙(豫算統一原則)에 따라 모든 세입은 원칙적으로 일반회계로 통합되어 일반회계에서 목적에 따라 지출되도록 하고 있다. 즉, 일반회계는 정부예산 시스템의 핵심이라 할 수 있다. 일반회계는 일반적 국가활동에 대한 총세입과 총세출을 망라하여 편성한 예산을 의미하는 것이기 때문이다. 이러한 일반회계 예산은 국가고유의 기능수행을 위해 필요한 예산이므로 그 세입은 원칙적으로 조세수입(租稅收入)을 원천으로 하고 있고(국가재정법 제4조 제2항), 그 세출은 국가사업을 위한 기본적 경비지출로 구성된다.

이러한 일반회계는 통제 지향적 관점에서 중요한 의미를 갖는다고 본다. 즉 예산통일의 원칙에 의해 원칙적으로 일반회계에 망라함으로써 일반적인 정부의 예산활동을 관리감독하는 회계라고 할 수 있다.

(2) 특별회계

특별회계는 ㉠ 국가에서 특정한 사업을 운영하고자 할 때, ㉡ 특정한 자금을 보유하여 운용하고자 할 때, ㉢ 특정한 세입으로 특정한 세출에 충당함으로써 일반회계와 구분하여 회계처리 할 필요가 있을 때에 법률로써 설치하되, 일정한 법률에 의하지 아니하고는 이를 설치할 수 없도록 하고 있다(국가재정법 제4조 제3항).[10]

생각건대, 국가 재정사업의 특성에 따라 집행부의 예산 운영의 재량을 넓혀 주거나 국가의 필요에 따라 한시적으로 집중적인 재정지원이 요구되는 사업을 뒷받침하기 위해서 별도의 예외적인 정부자금을 관리할 장치가 필요한 경우가 있다.[11] 이처럼 특별회계는 한

10) 2014년 현재 특별회계 설치 근거법률로서 교도작업의 운영 및 특별회계에 관한 법률, 국가균형발전 특별법, 정부기업예산법, 교통시설특별회계법 등 18개의 특별법이 있다.

시적으로 특정한 세입으로 특정한 세출에 충당하기 위한다는 점에서 일반회계와 차이가 있다. 따라서 특별회계(및 기금)는 영속적인 것이 아니라 해당 사업의 설치목적을 달성한 경우 또는 달성이 불가능하다고 판단되는 경우 등의 상황에서는 이를 폐지하거나 다른 특별회계 또는 기금과 통합할 수 있도록 하고 있다(국가재정법 제15조).

위에서 살펴 본 바와 같이 경찰청의 경우 3가지 특별회계가 있다. ㉠ 책임운영기관(경찰병원)특별회계, ㉡ 혁신도시건설 특별회계, ㉢ 광역지역발전 특별회계(자치단체의 광역교통관리체계 개선, 제주특별자치도 자치경찰인력 지원)가 바로 그것이다.

오늘날 정부의 예산사업이 다양해지면서 특별회계의 수와 규모는 점차 증대되는 경향이 있다. 그러나 입법부와 국민들의 예산통제의 관점에서는 특별회계 수가 적은 것이 바람직하다고 본다. 특별회계의 규모가 과도하게 많으면 재원배분 구조를 왜곡시킬 우려가 있으며, 재정 운영에서도 일관된 기준을 적용하기 힘들게 된다. 그리고 경우에 따라서는 예산 팽창을 효과적으로 통제하지 못해 재정 인플레이션을 초래할 수도 있다.

다만, 집행부서에 따라서는 일반회계보다 예산 운영에서 유연성을 발휘할 수 있는 특별회계를 선호하는 경향이 있고, 집중적인 예산대응이 필요한 국가적 사안에 적극적으로 대응하기에는 일반회계보다 효과적인 면에서 긍정적인 면도 있다고 본다.[12]

(3) 기금

이상에서 살펴본 바와 같이 정부의 재정활동은 일반회계와 특별회계와 같은 예산에 의해 운용된다. 그러나 특정분야의 사업에 대해 지속적이고 안정적인 자금 지원이 필요한 경우 예산과는 별도로 정부가 직접 기금(基金)을 조성·운용하거나 민간이 조성·운용하는 기금에 출연하여 정책 목적을 달성하기도 한다.

즉, 이러한 기금은 '국가가 특정한 목적을 위하여 특정한 자금을 신축적으로 운용할 필요가 있을 때에 한하여 법률로써 설치하되, 정부의 출연금 또는 법률에 따른 민간부담금을 재원으로 하는 기금은 일정한 법률에 의하지 아니하고는 이를 설치할 수 없도록' 규정하고 있다(국가재정법 제5조 제1항).[13] 국가의 예산은 원칙적으로 입법부의 엄격한 통제를 받아야 한다. 그러나 기금은 재정운영의 신축성 제고를 위한 예외로 인정되어 일반회계 및 특별회계와는 달리 세입세출에 의하지 않고 운영될 수 있다(국가재정법 제5조 제2항).

이처럼 예산외로 운영되는 기금의 규모가 커지면서 일반회계, 특별회계와 함께 '제3의

11) 이종수·윤영진 외(2009), 앞의 책, p. 474.
12) 위의 책, p. 474.
13) 2012년 현재 기금설치 근거법률로서 고용보험법, 공무원연금법, 복권 및 복권기금법, 국민체육진흥법, 범죄피해자보호기금법 등 64개가 있다.

예산'이라고도 불린다. 경찰의 경우에도 국유재산법에 의해 경찰조직의 청사 신축·증축, 관사취득 등을 위해 국유재산관리기금이 조성되어 있다(다만, 경찰의 국유재산관리기금은 경찰청소관이 아니라 기획재정부 소관이다).[14)]

따라서 기금의 규모가 커지면서 국회의 기금예산에 대한 통제가 강화되었다. 즉 기금운용계획안을 회계연도 개시 90일 전에 국회에 제출하도록 하여 예산과 유사한 형태의 국회 통제 혹은 심의를 거치도록 규정하였다(국가재정법 제68조). 다만, 지출계획의 주요 항목 지축금액의 범위 안에서 대통령령이 정하는 바에 따라서 세부항목 지출금액을 변경할 수 있는 등 일반적인 예산과는 달리 집행부의 재량은 상대적으로 크다고 볼 수 있다. 이상에서 논의한 일반회계, 특별회계, 그리고 기금은 각각의 특징을 가지고 있다.[15)]

〈일반회계, 특별회계, 기금의 비교〉

구분	예산		기금
	일반회계	특별회계	
설치사유	• 국가 고유의 일반적 재정활동	• 특정사업 목적을 위해 특정자금 운용 • 특정세입으로 특정세출 충당	• 특정목적을 위해 특정자금 운용
운용형태	• 공권력에 의한 조세수입과 무상급부의 원칙	• 일반회계와 기금운용 형태의 혼재	• 출연금, 부담금 등 다양한 재원으로 융자사업 등 수행
예산확정 절차	• 소관부처의 예산요구 • 기획재정부가 정부예산안 편성 • 국회의 심의·의결·확정	• 좌 동	• 기금관리주체가 운영계획 수립 • 기획재정부장관 협의·조정 • 국회의 심의·의결·확정
집행절차	• 합법성에 입각하여 엄격히 통제 • 예산의 목적외 사용 금지 원칙	• 좌 동	• 합목적성 차원에서 상대적으로 자율성과 탄력성 보장
수입지출 연계	• 특정수입과 지출의 연계 배제	• 특정수입과 지출의 연계	• 특정수입과 지출의 연계
계획변경	• 추경예산 편성	• 좌 동	• 주요 항목 지출 금액의 20%이상 변경시 국회의결 필요(금융성기금 30%)
결산	• 국회 결산심의 승인	• 좌 동	• 좌 동

14) 예결산정보시스템(http://www.assembly.go.kr).; 대한민국정부(2011), 2012년도 성과계획서(경찰청), p. 119.
15) 이종수· 윤영진 외(2009), 앞의 책, pp. 475-476.

2) 예산의 성립과정에 의한 분류

(1) 본예산

본예산(本豫算, the Main Budget)은 정부가 매년 정기적으로 다음 연도의 세입과 세출을 예산안으로 최초 편성하여, 국회에서 심의·의결하여 확정된 예산을 말한다(헌법 제54조 제1항). 즉, 정부는 회계연도마다 예산안을 편성하여 회계연도 개시(매년 1월 1일) 90일 전까지 국회에 제출하고 국회는 이를 회계연도 개시 30일 전까지 의결하여야 한다(헌법 제54조 제2항). 본예산은 한 회계연도 예산을 최초로 성립시킨 예산이란 의미에서 당초예산(Original Estimates)이라고도 한다.[16)]

(2) 수정예산

수정예산(修正豫算, a Revised Budget)은 정부가 예산을 편성하여 국회에 제출한 이후, 확정되기 전에 국제정세나 국내외 여건의 변동으로 예산안의 일부 내용을 변경하여 다시 국회에 제출하는 예산을 말한다. 본예산이 국회에 제출되어 거의 2개월간의 예산심의를 받는 동안에 이미 제출한 본예산의 내용 중 일부를 변경할 필요성이 생길수도 있기 때문에 이러한 제도를 두고 있다.

따라서 정부는 예산안을 국회에 제출한 후 부득이한 사유로 인하여 그 내용의 일부를 수정하고자 하는 때에는 국무회의의 심의를 거쳐 대통령의 승인을 얻은 수정예산안을 국회에 제출할 수 있도록 하고 있다(국가재정법 제35조). 수정예산안이 국회에 제출되면 이미 제출한 당초예산안에 흡수되어 심의·의결된다. 수정예산은 예산금액의 일부의 증감, 예산목적이나 예산총칙의 변경 등 예산 전반에 걸친 수정을 할 수는 있으나 예산금액의 합계 즉, 총액을 증가시킬 수는 없다.

한편, 수정예산안과 후술하는 추가경정예산안은 예산안의 편성이 끝난 후에 이를 변경하기 위한 제도라는 점에서는 동일하나, 수정예산안은 정부가 국회에 예산을 제출한 후 아직 예산이 의결되기 전에 정부가 제출한 예산안을 수정할 수 있도록 한 것이라는 점에서 차이가 있다.

(3) 추가경정예산

정부는 예산에 변경을 가할 필요가 있을 때에는 추가경정예산(追加更正豫算, a Revised Supplementary Budget)안을 편성하여 국회에 제출할 수 있도록 하고 있다(헌법 제56조).

16) 이목훈(2010), 재무행정론, 서울: 대왕사, p. 99.

추가경정예산(추경예산)은 예산이 국회를 통과한 이후 예산집행 과정에 다시 제출되는 예산이다. 이는 본예산과 별개로 성립하지만 일단 성립하면 통산하여 전체로 실시된다. 그리고 마지막 추경예산을 최종예산이라고 한다.

추경예산은 예산이 국회를 통과하여 확정된 후임에도 불구하고 새로운 사유로 인하여 필요한 경비의 부족이 발생하는 등 이미 성립한 예산에 변경을 가할 필요가 있을 때에 편성할 수 있는데, 이를 자칫 오남용 할 경우 재정건전성을 저해할 우려가 있기 때문에 비교적 엄격히 제한하고 있다.[17)]

3) 예산 불성립시 예산집행을 위한 장치

한편, 국가예산이라는 것은 다음 회계연도 개시일 전까지 의결되어야 하지만, 불가피한 사유(정당간의 정치적 대립 등)로 국회가 의결하지 못해 예산이 성립되지 못하는 경우가 발생할 수 있다. 이러한 문제를 해결하기 위해서 도입한 것이 바로 '준예산'(準豫算)이다.[18)] 이는 예산집행의 신축성을 부여하고 예산의 불성립으로 인한 행정의 중단을 방지하는 기능을 한다.

준예산에 의해서 정부는 국회에서 예산안이 의결될 때까지 전년도 예산에 준(準)하여 집행할 수 있다. 그러나 모든 국가경비에 대한 집행이 가능한 것은 아니다. 즉, ㉠ 헌법이나 법률에 의하여 설치된 기관 또는 시설의 유지·운영, ㉡ 법률상 지출의무의 이행, ㉢ 이미 예산으로 승인된 사업의 계속의 경우에 한하고 있다(헌법 제54조 제3항).

4) 세입과 세출의 구분에 의한 분류

우리나라의 예산은 총계주의 원칙에 따라 기본적으로 세입예산(歲入豫算)과 세출예산(歲出豫算)으로 분리하여 관리되고 있다. 세입(수입)예산이라는 것은 한 해 동안 조세(租稅)로 인한 수입금과 차입금으로 인한 수입, 그리고 수수료나 사용료 같은 것으로 인한 기타 수입의 합계로 볼 수 있다. 주의할 것은 여기에서의 '세입'(歲入)이란 조세에 의한 수입 즉 세입(稅入)을 의미하는 것이 아니라는 점이다.

---

17) 따라서 정부는 ① 전쟁이나 대규모 자연재해가 발생한 경우, ② 경기침체, 대량실업, 남북관계의 변화, 경제협력과 같은 대내·외 여건에 중대한 변화가 발생하였거나 발생할 우려가 있는 경우, ③ 법령에 따라 국가가 지급하여야 하는 지출이 발생하거나 증가하는 경우에는 추가경정예산안을 편성할 수 있다. 그리고 정부는 국회에서 추가경정예산안이 확정되기 전에 이를 미리 배정하거나 집행할 수 없다(국가재정법 제89조 제1항 각호 및 제2항).

18) 예산 불성립과 관련하여 미국, 일본, 영국, 캐나다에서는 잠정예산(暫定豫算, 최초 4~5 개월에 해당되는 예산의 국고지출을 허용)을 사용하며, 우리나라는 제1공화국 때 가예산(假豫算, 잠정예산과 유사하지만 사용기간이 1개월에 국한됨)을 채택하였고, 1960년도 이후에는 준예산을 채택하고 있다. 어쨌든 예산이 성립되면 유효기간이나 지출 잔액유무에 관계없이 본예산에 흡수된다. 이문영·윤성식(1993), 앞의 책, p. 112.; 이종수·윤영진 외(2009), 앞의 책, p. 477.

세출(지출)예산이라는 것은 한 해 동안 국가의 지출에 대한 구체적인 분류를 해 놓은 예산의 형식을 말한다. 세입과 마찬가지로 세출(歲出)이란 세출(稅出)을 의미하는 것이 아니라는 점에 주의할 필요가 있다. 즉, 여기에서 말하는 세출이란 세금의 지출이 아니고, 세금을 포함한 세입의 지출을 말하는 것이다.

우리나라는 전통적으로 품목별 예산제도를 기본으로 하면서, 2007~2008년도부터 프로그램예산제도를 도입·적용하고 있다고 볼 수 있다. 이에 따라 기본적으로 세입예산은 관(款)−항(項)−목(目)으로 분류되고, 세출예산은 이보다는 복잡한 구조로 분류·관리되고 있다. 즉, 세출예산은 장(章, 분야)−관(款, 부문)−항(項, 프로그램)−세항(細項, 단위사업)−세세항(細細項, 세부사업)으로 분류·관리되고 있다. 예산구분에서 장·관·항은 국회의 의결 없이 과목간 예산 내역과 규모변경, 즉 이용(移用)이 불가능한 입법과목이며, 세항과 목은 행정부 재량으로 전용(轉用)이 가능한 행정과목이다.

〈세입예산 과목과 세출예산 과목(예: 경찰청)〉

<table>
<tr><th>구 분</th><th colspan="3">입법과목</th><th colspan="3">행정과목</th></tr>
<tr><td rowspan="2">세입예산</td><td>관</td><td colspan="2">항</td><td colspan="3">목</td></tr>
<tr><td>내국세
관세 등</td><td colspan="2">소득세, 상속세 등</td><td colspan="3">신고분, 원천분 등</td></tr>
<tr><td rowspan="2">세출예산</td><td>장
(분야)</td><td>관
(부문)</td><td>항
(프로그램)</td><td>세항
(단위사업)</td><td>세세항
(세부사항)</td><td>목</td></tr>
<tr><td>공공질서
및 안전</td><td>경찰</td><td>범죄수사
활동</td><td>첨단과학
수사지원</td><td>과학수사
장비보강</td><td>인건비
경상비</td></tr>
</table>

* 분야(공공질서 및 안전)는 다시 부문(관) 즉, 경찰(경찰청 소관), 해경(해양경찰청 소관), 재난관리(소방방재청 소관), 법무 및 검찰(법무부 소관) 등으로 구분된다.

제3절

경찰예산제도의 개혁과 변화

국가가 효율적으로 예산을 확보하여 이를 지출하는 것은 쉬운 일이 아니라고 본다. 이를 위해서 여러 가지 예산제도가 시행되어 왔고, 그 문제점을 극복하기 위하여 새로운 예산제도를 도입하는 과정을 거쳐 왔다. 아래에서는 이와 관련된 몇 가지 중요한 예산제도를 살펴보기로 한다.

1. 일괄총액예산제도

일괄총액예산제도(一括總額豫算制度, LSBS: Lum Sum Budget System)는 가장 통제가 약화된 형태의 예산으로서 예산을 집행하는 기관에게 사실상 모든 자유재량이 부여된 예산제도라고 할 수 있다. 즉, 예산의 총액만이 예산심의의 대상이 되고, 일단 총액이 결정되면 사실상의 세부항목에 대한 통제는 없고, 예산집행기관이 임의대로 집행하는 형식을 가지고 있는 가장 오래된 형태의 예산이라고 할 수 있다.[19)]

국가 차원에서 본다면 왕정시대(王政時代)의 예산은 일종의 총액예산이라고 볼 수 있다. 물론, 예산의 총액마저 왕의 자의적인 의사대로 결정되지만, 영국에서는 왕권에 제약을 받기 시작하면서부터 세금을 부과하는데 국회의 동의를 얻어야 하게 됨으로써 총액에 대한 중대한 제약이 가해졌다. 이처럼 세입이 제약을 받게 되니 세출의 총액은 자연히 세입의 한도 내로 정해지기 마련이고 총액을 국회가 결정하는 형태가 되었다. 그러나 세출의 총액이 이렇게 간접적으로 결정된 다음은 왕은 마음대로 예산을 집행하므로 일괄총액예산이나 다름없었다. 오늘날에는 일괄총액예산의 형태를 띠는 국가는 거의 없다고 본다. 예산에 대한 통제는 국민들의 권리나 다름없고 그것을 포기하는 것은 상상할 수도 없기 때문이다.

---

19) 이문영·윤성식(1993), 앞의 책, pp. 513-514.

2. 품목별예산제도

1) 품목별예산제도의 의의

대부분의 예산은 조직별로 분류하고 그 다음 세출 즉 지출의 구체적 항목, 즉 지출대상을 기준으로 분류한다. 이처럼 지출대상을 기준으로 하는 분류를 품목별예산제도(品目別豫算制度, LIBS: Line Item Budgeting System)라고 하는데, 일괄총액예산에 비해 통제가 강화된 예산제도라고 할 수 있다. 품목별예산은 특히 입법부의 행정부 통제를 용이하게 하는 예산제도라 할 수 있다. 이는 지출의 정확성과 합법성을 통제하는 가장 유효한 예산제도로서 오랫동안 사용되어 왔을 뿐만 아니라 지난 수십 년 동안의 예산개혁에도 불구하고 여전히 예산제도의 가장 기본적인 형태로 남아 운영되고 있다.[20)]

경찰예산을 품목별예산 방식으로 분류·관리한다면, 지출할 품목의 대상 및 성질에 따라 인건비, 물건비, 자본지출 등으로 분류하고 인건비의 경우 다시 급여·연금·여비·수용비·상여금 등으로 품목을 구체화하여 예산을 편성하는 방식이다.

2) 품목별예산제도의 특징

품목별예산제도의 도입 초기에는 예산개혁을 위한 조치였다. 품목별예산제도는 공공부문의 자의적인 지출행위를 감소시키는 데 크게 기여한 것으로 평가되고 있다. 이는 투입 지향적 예산제도로서 사업의 성과나 예산 운영 방식보다는 비용의 통제에 초점을 두었다. 여기에서 말하는 통제는 전통적 통제 즉, 예산집행에 있어서 부정과 오류가 없는지를 확인하고 감독하는데 유용하다는 것이지 예산집행이 효율적으로 이루어졌는지를 확인하고 감독하는데 초점을 둔 것은 아니라는 점이다. 따라서 이 제도는 개별 부서의 지출을 통제하고 공무원들로 하여금 회계적 책임에 민감하도록 엄격하게 회계감사를 수행하도록 하는 것이 기본 목적이라고 할 수 있다.

어떻게 보면, 품목별 예산은 단순하기 때문에 친숙하다는 장점이 있다. 선거직 공무원들은 새로운 예산제도는 자신들에게 필요한 정보를 제대로 주지 않을 수도 있다고 우려하여 다른 형태의 예산서로 전환하지 않으려는 경향도 있다. 또한 품목별 예산은 예산삭감이 이루어질 때 이익집단의 저항을 덜 야기한다는 측면에서 일정부분 정치적 장점이 있다. 사업별로 예산이 책정되었을 때, 예컨대, 고아원개선사업예산을 삭감한다면 당장

20) 우리나라의 예산제도는 관리통제의 특성이 강한 품목별 분류라는 주장이 많다. 형식적으로 예산의 분류는 분야, 소관(조직), 기능, 프로그램별 분류특성을 다양하게 반영하고 있지만 실제 운영은 품목 단위로 관리되는 경향이 있으며, 공식적으로 허용되고 있다고 해도 품목(品目) 간에 전용(轉用)이 쉽지 않기 때문이다. 이종수·윤영진 외(2009), 앞의 책, p. 483.

에 심각한 반발을 초래할 수 있다. 그러나 보건복지부의 인건비, 소모품비, 건물수리비 등을 삭감한다면 그 영향이 결국 고아원개선사업예산 삭감까지 미친다고 해도 파급효과가 그리 쉽게 눈에 띠지 않을 것이다.

3) 품목별예산제도의 단점

그러나 품목별예산제도는 단점이 적지 않다. 무엇보다도 지출 항목을 너무 엄격히 분류하여 전반적인 정부 기능 혹은 전체 사업에 대한 정보를 확인할 수가 없다. 따라서 정부사업의 성격을 알지 못하고 사업성과와 정부의 생산성을 정확히 평가할 수가 없다. 특히 투입을 중심으로 예산을 편성하기 때문에 재정지출의 구체적인 목표 의식이 결여되어 있다. 품목들이 상세히 기재될수록 관리자의 유연성이 떨어지기 때문에 환경 변화가 심한 경우 능동적인 대응이 어렵게 된다. 그리고 예컨대, 경찰조직에서 경찰 인건비 등을 인상해달라고 요구하지만, 품목별예산에서는 이를 반영하기가 어렵다. 경찰 인건비의 증가와 경찰활동의 성과 간의 상관관계가 분명하지 않기 때문이다.

따라서 예산 담당자들은 전년도에 비해 개별 사업 항목들이 얼마나 더 증감되었는지를 확인할 뿐 특정 사업에 대한 성과 확보여부를 직접적으로 고려하지 않았다. 관리자들이 사업방법과 수단에 대해 큰 관심을 가지지 않기 때문에 예산 변경의 폭이 크지 않다. 이러한 점에서 품목별예산은 점증주의예산과 동일한 의미로 해석될 수 있다.[21)]

4) 품목별예산제도의 변형

사실, 이러한 품목별예산은 다양한 형태로 편성될 수 있다. 즉, 조직을 단위로 편성될 수도 있지만, 기능을 단위로 편성될 수도 있고, 사업을 단위로 편성될 수도 있으며, 사업의 하부단위인 활동(즉, 최소 업무단위)을 기준으로 편성될 수도 있다. 더 나아가 이 제도는 예산개혁으로 등장한 다른 예산제도(성과주의 예산, 계획예산, 영본위 예산 등)와도 결합하여 사용될 수도 있다.

---

21) 점증주의예산(漸增主義豫算, Incremental Budgeting)은 예산을 편성함에 있어서 전년도 예산을 기준으로 하여 다음 해의 예산을 배정하는 방법이다. 예컨대, 경찰조직의 2012년도 범죄수사 예산이 약 1,000억 원이 책정되어 있다고 하면, 다음 해의 예산에는 이 기준보다 10%(즉, 100억)를 증액시켜 1,100억 원으로 배정하는 것이 곧 점증주의 예산이다. 이러한 예산편성 방법은 주로 품목별예산이나 성과주의예산에서 관행적으로 지속되어온 것으로 상당히 오래된 전통적인 예산편성 방법이라 할 수 있다. 이러한 점증주의예산편성 방법의 장점으로는 첫째, 정치적 마찰을 피할 수 있고, 각 중앙관서의 반발·저항을 최소화 할 수 있고, 둘째, 특정 부문의 예산이 급격히 증액되거나 감액되는 것을 효과적으로 방지할 수 있고, 셋째, 예산과정에 참여한 관리자들에 의한 조정이 가능하다는 점 등을 들 수 있다. 반면, 이 방법의 단점으로서 과거의 예산 자체가 너무 불합리하게 편성되었을 때에는 그러한 문제점에도 불구하고 합리적·개혁적인 예산편성을 하지 못할 수 있다는 점 등을 들 수 있다.

예컨대, 우리나라는 품목별예산제도의 한계를 보완하기 위해서 프로그램예산(Program Budgeting)을 도입·시행하고 있다. 프로그램예산의 형식은 예산서에 제시된 숫자의 정보를 품목이 아닌 사업 단위별로 배열하는 것으로 이 방법은 후술하는 성과주의 예산제도와 계획예산제도에서 사용하는 것이다.[22]

〈품목별예산과 프로그램예산의 비교〉

품목별예산 형식

구 분	합계	사업A	사업B	••
인건비				
물건비				
시설비				
••				

〈문제점〉
- 단위사업별 총예산 규모 파악 곤란
- 사업목적(성과)에 대한 관심 미흡
- 전년 대비 점증적 예산 편성
- 정책분석에 관심 미흡
- 품목별 총액 내 지출사업 자율 변경
- 품목별 한도 내에서 관리책임 국한

⇨

프로그램예산 형식

구 분	합계	인건비	물건비	••
사업A				
사업B				
사업C				
••				

〈기대효과〉
- 단위사업별 예산규모 파악 용이
- 프로그램 예산 대비 성과측정 가능
- 사업 기간별 중장기 예산 편성
- 사업성, 효과성 등 정책분석 강조
- 사업별 총액 내에서 지출 자율 변경
- 사업의 성과관리에 대한 책임 강화

그런데, 국가의 모든 예산을 성과와 연계시켜 접근하는 것은 한계가 있다고 본다. 따라서 프로그램예산제도는 성과관리와 연계된 재정사업(총사업의 1/3수준)을 위주로 하고 나머지는 여전히 품목별 예산으로 운영되고 있다고 볼 수 있다. 공공서비스 내지 치안서비스로서 갖는 특징 즉 계량화의 어려움으로 인해 그것에 대한 성과측정은 사실상 쉬운 일이 아니라고 본다. 생각건대, 오늘날 대부분의 많은 국가에서 기본적으로 예산형식이 품목별예산의 형태를 취하고 있을지라도 사업의 효율성을 평가하여 그것이 다음 예산편성의 기획단계에서 반영되어 합리적인 자원의 배분이 이루어질 수 있으면 품목별예산에서 훨씬 더 진일보한 것이다.

3. 성과주의예산제도

1) 성과주의예산제도의 의의

성과주의예산제도(成果主義 豫算制度, PBS: Performance Budgeting System)는 다

22) 이종수·윤영진 외(2009), 앞의 책, p. 505.

음에 설명할 계획예산(計劃 豫算)과 마찬가지로 투입(input)에 초점을 두었던 품목별예산과는 달리 조직이 생산한 산출(output)을 강조하고 있다. 사실, 공공서비스의 모든 산출에 대한 측정이 쉽지 않기 때문에, 이의 실행에 어려움이 있는 것이 사실이지지만 실시 초기에 많은 환영을 받았던 예산제도이다. 이 예산제도는 미국에서부터 시작하여 전 세계의 많은 국가에 적지 않은 영향을 끼쳤는데, 여전히 이의 시행착오를 겪고 있다.

이러한 성과주의예산은 원가(原價)를 계산하는 예산제도라고 볼 수 있다. 즉, 이는 예산투입을 정부의 산출에 연결시키는 제도로서 정부가 하려는 사업이 무엇이며, 그에 소요되는 원가(비용)가 얼마나 되는지를 밝혀주는 예산제도이다.[23]

2) 성과주의예산제도의 특징

성과주의예산의 장점은 국민이 정부의 활동과 목적을 이해하는데 용이하고, 자원배분의 합리성과 예산집행의 신축성을 기할 수 있다는 점이다. 즉, 각 기능별로 일정한 성과지표를 제시하고 그에 상응하는 예산을 책정하기 때문에 그것을 통해 국민들은 정부가 어떠한 일을 추진하고 있는지에 대해서 알 수 있다.

사실, 성과주의예산의 원래 취지는 부처 내지 기관과는 상관없이 기능(function)을 중심으로 예산을 편성하는 것이다.[24] 그렇지만 각 부처는 기능중심으로 조직되어 있기 때문에 부처와 일치할 때가 많으나, 하나의 기능이 여러 부처에 산재하는 경우도 있고, 반대로 몇 개의 기능이 한 부처에 속하기도 한다. 여기에서 말하는 기능이라는 것은 거시적으로 본다면, 일반공공행정, 공공안전·질서, 외교·통일, 국방, 교육, 보건, 사회복지 등으로 분류할 수 있을 것이다.

이렇게 보면 성과주의예산에서 '기능'이라는 것은 앞의 세출예산에서의 '장(분야)-관(부문)'과 일맥상통하는 것이라고 볼 수 있다. 이에 따르면, 우리나라는 분야-부문별 세출예산은 일반회계 및 특별회계 범위 내에서 국가기관을 크게 15개 분야(그 아래 하위단위인 부문)로 구분하여 관리하고 있다. 경찰청은 이 가운데 공공질서·안전 분야에 해당된다.

따라서 예컨대, 공공안전 및 질서를 하나의 상위기능(분야)으로 놓고, 하위기능으로 법

23) 이렇게 하기 위해서는 원가회계정보시스템을 구축하여 정확하고 합리적인 원가계산이 가능하도록 해야 한다. 예산에서 원가를 계산함으로써 조직이 무엇을 얼마의 원가로 이행할 수 있다는 것을 보여 주어야 한다. 주로 행정조직에서 서비스 산출의 단위원가를 업무측정 단위별로 계산하는데, 예산의사결정과정에서 특히 예산우선순위를 결정하는 데 주로 원가정보가 많이 사용되었다. 이문영·윤성식(1993), 앞의 책, p. 519.

24) 기능(Function)은 하부기능(Subfunction)으로 다시 세분화되고, 하부기능은 다시 사업(Program)-하부사업(Subprogram)-활동(Activity)으로 분화된다. 이 방식은 미국의 성과주의 예산에서 많이 사용하는 방법인데, 우리의 경우에도 이를 참고할 수 있을 것이다. 위의 책, p. 520.

원 및 헌재, 법무 및 검찰, 경찰(警察), 해양경찰, 재난관리(부문)로 다시 세분화 시킬 수 있다. 그리고 그러한 하위기능(부문)을 다시 세분화하여 각 프로그램별(사업별, 항)로 세분화가 이루어지게 된다.

따라서 기능별 예산제도 또는 활동별 예산제도라고도 하는 성과주의예산제도는 예산과목을 사업별, 활동별로 분류하여 이를 다시 세부사업별, 세부활동별로 분류한 다음 각 세부사업별, 세부활동별로 단위 원가당 업무량을 곱하여 예산액을 구하여 편성한다. 즉, 예산편성의 공식은 '단위원가 × 업무량 = 예산액'으로 표시된다.

어떻게 보면, 성과주의예산은 운영관리를 위한 지침으로서 효과적이라고 할 수 있다. 관리자들은 산출물 기준으로 관련사업에서 무엇이 기대된다는 것을 알게 되고 생산과정을 잘 계획할 수 있게 된다. 주어진 재원에서 더 많은 산출물을 창출하면 배정되는 재원규모를 다음 연도에도 유지하거나 증액 배정받을 수도 있다.

〈국가의 분야-부문별 구분〉

분 야	부 문	세출예산	비고(소관기관)
총 계	약 282조 7,000억 원		
일반공공행정	입법 및 선거관리 지방, 일반행정 등	생략	생략
공공질서 및 안전	법원 및 헌재	생략	대법원, 헌재
	법무 및 검찰	생략	법무부
	경 찰	생략	경찰청
	해양경찰	생략	해양경찰청
	소 방 등	생략	소방청
외교·통일	이하 생략	이하생략	이하 생략
국 방			
교 육			
문화 및 관광			
환 경			
사회복지			
보 건			
농림수산			
산업·중소기업, 에너지			
교통 및 물류			
통 신			
국토 및 지역개발			
과학기술			

3) 성과주의예산제도의 단점

성과주의예산은 목표관리제도와 연계되지만 이를 적용할 수 있는 영역은 제한적이었다. 특히 경찰, 소방 등과 같은 정부의 핵심 기능에서는 적용하기가 어려운데, 이러한 영역은 계량화가 쉽지 않다는 근본적인 한계 때문이다. 바꿔 말하면 양적 측면에서의 평가는 용이하지만 질적 측면에서의 평가는 용이하지 못하는 근본적인 단점이 있다.

그리고 성과주의 원리에 따라 단위 사업을 구분하고, 이에 따른 단위 원가를 계산하는 것도 쉽지 않다. 우선 업무의 수량적 측적이 어렵다. 공공서비스의 경우는 업무를 동질적으로 구분하기가 쉽지 않기 때문이다. 이를 위해서는 정부회계시스템에 있어서 감가상각이나 재무제표가 체계적으로 구축되어야 하는데, 이것이 쉬운 일은 아니다. 그리고 구체적인 개별적 사업만 나타나 있어, 전략적인 목표의식이 결여되어 있다는 점을 들 수 있다. 장기적인 계획과 연계보다는 당장에 눈앞의 실적만 중시하는 예산이기 때문이다.

한편, 성과주의예산에서는 효율성을 강조하고 있다. 그러나 더 근본적인 질문에 대해서는 해결하지 못하고 있다. 즉 해당 사업이 정말 필요한 것인지, 제한된 자원을 유사한 사업에 대해 최적으로 배분하는 방식 등에 대한 언급은 없다. 이러한 문제는 이후 계획예산제도(PPBS)를 통해 해결하려고 하였다.

4) 사례: 경찰성과계획에 의한 예산운용과 문제점

예컨대, 2012년 경찰은 달성해야할 전략목표를 크게 4가지 즉, ㉠ 범죄와 사고로부터 국민의 안전 확보, ㉡ 사회전반에 법질서를 정립, ㉢ 안보활동 강화 및 사회안정, ㉣ 치안역량의 제고를 통한 국민만족도 향상으로 제시하고 그에 맞는 성과목표 및 성과지표를 세우고, 다시 세부성과목표 및 세부성과지표를 제시하였다. 그리고 이러한 성과목표를 달성하는데 필요한 예산안을 수립하였다. 아래 표는 2012년 경찰청이 성과계획서에 의해 예산운용 계획(안)을 부분적으로 정리하여 제시한 것이다.[25]

〈경찰청 성과계획서〉

전략목표	성과목표 (성과지표)	세부성과목표 (세부성과지표)	예산안
• 범죄· 사고로부터 국민안전	• 범죄예방 및 여성·청소년 보호활동 강화 – 10만명 당 4대범죄 발생건수	• 범죄예방 – 국민신고신속처리도 – 112출동 국민만족도	435억

25) 대한민국정부(2011), 2012년도 성과계획서(경찰청) 참조.

<table>
<tr><td rowspan="7">확보</td><td></td><td>• 여성청소년보호
– 10만명당 보호활동 수혜자 수</td><td>35억</td></tr>
<tr><td rowspan="3">• 국민생활 위협하는 범죄에 신속대응
– 민생침해범죄 검거건수
– 형사사건 1만건당 수사과오 건수</td><td>• 범죄수사
– 형사 1인당 4대범죄 검거건수</td><td>1,100억</td></tr>
<tr><td>• 첨단과학수사
– 과학수사장비 고도화
– 과학수사활동률</td><td>200억</td></tr>
<tr><td>• 사이버범죄수사 지원
– 디지털증거의뢰 만족도
– 사이버범죄 검거율</td><td>67억</td></tr>
<tr><td rowspan="3">• 교통사고 감소 및 교통안전
– 교통사고 감소율</td><td>• 교통사고예방
– 자동차 1만대 당 사망자수
– 주요교통사고 발생건수</td><td>2,900억</td></tr>
<tr><td>• 광역교통관리체계개선
– 신규구축도시 교통정보수집율</td><td>240억</td></tr>
<tr><td>• 교통행정전산화
– 교통전산시스템 운용안정도
– 교통정보시스템 사용만족도</td><td>34억</td></tr>
<tr><td colspan="4">(중간 생략)</td></tr>
<tr><td rowspan="5">• 치안역량제고를 통한 국민만족도 향상</td><td rowspan="3">• 경찰교육 강화, 전문성향상
– 교육만족도</td><td>• 경찰대학운영
– 졸업생 실무적응도
– 교육생 교육만족도
– 교수, 연구관 연구실적</td><td>91억</td></tr>
<tr><td>• 경찰보수교육
– 교육생 만족도
– 직무능력 향상정도
– 교육과정 수료율</td><td>87억</td></tr>
<tr><td>• 신임경찰관 교육지원
– 교육생 만족도
– 교수요원 연구실적</td><td>82억</td></tr>
<tr><td>• 수사경찰 전문교육
– 교육생 만족도
– 교육훈련수료율</td><td>• 없음</td><td>19억</td></tr>
<tr><td>• 우수인재 확보, 능력개발
– 심리상담센터 운영실적</td><td>• 없음</td><td>36억</td></tr>
<tr><td colspan="4">이하 생략</td></tr>
</table>

그런데, 이러한 경찰의 성과계획서에 의해 만들어진 예산안이 과연 성과주의에 의한 방식인지는 의문이다. 또한 경찰이 제시한 성과계획에 의한 성과목표별 성과지표가 과연 현실적으로 타당한지에 대해서 의구심이 제기되는 부분이 적지 않다.

예컨대, 첫 번째 전략목표인 '범죄와 사고로부터 국민의 안전확보'에서 하위성과목표의 하나로서 '범죄예방 및 여성·청소년의 보호활동 강화'를 제시하고 있다. 이의 성과지표로 '인구 10만명 당 4대 범죄 발생건수'로 제시하고 있다. 그런데, 범죄 발생건수가 감소한 것 자체를 가지고 범죄예방 및 여성·청소년 보호활동이 강화되었다고 직접적으로 단정하는 것은 쉬운 일이 아니다. 범죄 발생건수라는 것은 인지된 범죄이며, 따라서 암수범죄의 여지도 적지 않고, 더 근본적으로는 다른 수많은 요인들과의 역학관계를 고려해야 하기 때문이다.

이 문제는 세부성과목표에서 다시 나타난다. 즉, 세부성과목표 가운데 하나로 범죄예방을 제시하고 있는데, 그 성과지표를 국민신고 신속처리도와 112출동 국민만족도를 들고 있다. 범죄예방이라는 성과를 이 두 가지 지표로 측정하는 것은 상당한 문제가 있음은 물론이다.

전략목표로 제시한 '치안역량제고를 통한 국민만족도 향상'을 살펴보자. 전략목표는 국민 만족도 향상인데, 성과지표는 교육생들(경찰대학생, 경찰간부후보생, 신임경찰, 재직경찰)의 '교육만족도'를 제시하고 있다. 또 '우수인재 확보 및 능력개발'의 성과지표로서 '심리상담센터 운영실적'을 제시하고 있다.

요약건대, 경찰조직에서 제시한 성과목표 및 그에 맞는 성과지표가 이정도 수준으로 제시하고, 또 그에 상응하는 예산안을 책정하는 것을 보면, 성과주의예산이라는 미명하여 경찰성과와 예산책정이 얼마나 허술하게 수립·집행되고 있는지를 알 수 있다.

5) 성과주의예산제도의 시사점

성과주의예산이 남긴 가장 큰 공헌은 원가와 성과를 예산과정을 통해서 파악하고, 이를 통해서 사업목표달성의 정도를 평가하려고 시도했다는 점이다. 직접 성과주의예산을 채택하여 실행하지 않았던 많은 조직들로 성과측정을 위한 노력을 예산에 접목시키려고 하였다. 목표를 설정하고 작업량을 결정하여 원가정보를 계산함으로써 효율성을 측정하려는 흔적을 보여준 것이다. 어쨌든 성과주의예산을 통해서 다음과 같은 시사점을 제시해주고 있다.[26)]

26) 이문영·윤성식(1993), 앞의 책, pp. 528-530.

첫째, 성과주의예산은 작은 규모의 조직에 적용하기가 쉽다. 조직의 규모가 커질수록 원가계산이 복잡해지며 처리해야 하는 자료나 정보의 양이 엄청나기 때문에 작은 조직일수록 상대적으로 성과주의 예산을 쉽게 적용할 수 있다. 한국경찰은 거대한 국가경찰시스템으로 운용되고 있기 때문에 사실 성과주의예산을 도입하는 것은 한계가 있다고 본다.

둘째, 어떻게 보면 성과주의예산은 집행기관의 재량을 많이 허용하고 있다고 본다. 어떠한 조직의 사업예산이 품목별로 편성되어 통제되지 않고, 총액만이 결정되어 집행기관의 자유재량에 맡김으로써 구체적인 지출에 대한 간섭을 배재하는 것이 성과주의 예산의 기본정신이라 할 수 있다. 대신 예산을 집행하는 기관은 목표달성 책임을 진다. 그러므로 국회에서는 지출항목에 대한 엄격한 통제를 가능하게 하는 품목별 예산을 더 선호하고 있고, 사실상 이에 더 익숙해 있는 것이 현실이다. 사실, 본래의 한국경찰에서 시도한 성과주의는 본래의 성과주의 방식이라기보다는 품목별 예산제도 하에서 변형적·기형적으로 성과주의시스템을 도입한 것에 불과하다고 본다. 그렇기 때문에 많은 문제를 내포하고 있는 것이다.

셋째, 성과주의예산이 성공하기 위해서는 예산회계정보시스템이 각 사업별로 원가계산을 가능하게 해 줄 수 있어야 한다. 성과평가와 관련된 많은 정보들을 신뢰할 수 없고 타당성과 객관성이 결여되면 유용한 정보가 되지 못한다. 그리고 성과측정 정보를 다음 예산의 편성시에 반영하지 않고 외면하는 한 성과주의 예산은 표면적으로 정책의 정당성을 보여주기 위한 허구에 불과한 것이다. 후진국들이 성과주의 예산의 도입에 실패한 이유의 하나도 이것이며, 한국도 마찬가지이다. 경찰조직에서 제시하고 있는 성과지표의 문제를 보면 알 수 있는 것이다.

넷째, 성과주의예산은 이 분아에 진문적이고 적극적인 자세를 지닌 예산담당자를 필요로 한다. 특히 원가를 계산하고 이를 사용하여 성과의 측정까지 해 낼 수 있기 위해서는 폭넓은 회계지식이 필요하다. 그리고 단순히 회계지식 뿐만 아니라 조직 업무 전반적인 것을 정확하게 파악하여 평가할 수 있는 지식 역시 요구된다.

마지막으로, 성과주의예산은 중요한 사업, 특히 논란이 되는 사업의 경우 효율성의 측정을 위해 목표달성을 계량화된 업무량으로 측정하고자 하였다. 바꿔 말하면 성과주의예산은 계량화가 가능하지 않으면 이러한 성과측정을 할 수 없으므로 주로 객관적인 계량화가 용이한 사업만을 대상으로 성과주의예산이 도입되었고, 이것이 성과주의예산의 한계점이었다. 그리고 실제로 계량화가 용이하다고 해도 업무측정량이나 단위원가의 계산은 그리 쉽지 않았으며, 여러 가지 예상 못한 문제점들을 노출시켰다.

4. 계획예산제도

1) 계획예산제도의 의의

계획예산제도(PPBS: Planning Programing and Budgeting System)는 장기적인 기획과 세부적인 사업계획 및 예산운영을 하나의 통합적인 체제로 운영하여 자원배분에 관한 의사결정을 합리적으로 일관성 있게 하려는 제도라 할 수 있다.[27] 바꿔 말하면, 일반적인 예산운영체계의 '자원투입 → 과정 → 산출 → 결과'라는 인과적 관계에서 성과주의 예산제도가 '과정과 산출'을 주요 대상으로 삼았다면, 계획예산제도는 '자원투입 → 사업 → 산출 → 결과(영향)'까지를 명시적인 대상범위로 삼고 있다.

계획예산제도는 투입요소는 물론 정부의 목적, 사업, 최종산물, 그리고 정책효과와 같은 결과영역에도 관심을 집중하면서 예산결정이 이루어져야 한다는 것을 강조하고 있다. 궁극적으로 이러한 계획예산제도는 기획·계획, 사업분석, 예산배분을 단일의 의사결정으로 통합하려는 것이라 할 수 있다.[28]

2) 계획예산제도의 특징

이러한 계획예산제도의 가장 중요한 요소는 '계획'(planning)이다. 이 제도는 범위가 확장되어 국가정책수립에 있어서 단년도에서 다년도의 관점으로 바뀌었으며, 이를 통해 예산을 심의하는데 종합적인 기반을 제공하고 있다. 한편, 계획예산제도에서 계획은 국가정책적인 목표를 설정하고 이를 달성하기 위한 노력들을 관리하기 위한 프로그램을 개발·결정하는 데 사용된다. 즉, 계획예산제도의 핵심적 요소는 프로그래밍(programming)을 통하여 기획·계획과 예산을 연결시켜 하나의 통합체제를 구축하는 것이라 할 수 있다. 통합체제 속에서 다음과 같은 구성요소들을 유기적으로 결합시키고 있다.[29]

첫째, 목표의 명확한 규정이다. 계획예산제도의 사업구조는 정부 또는 치안사업의 목

---

27) 계획예산제도는 1940년대 미국이 국가방위 전략계획의 수립 목표에 따라 국가방위위원회가 마련한 물자통제계획부터 출발한 것으로 보고 있다. 이후 학술적·실무적 차원에서 정부예산제도에 많은 영향을 미쳤지만, 운영상의 문제 등으로 인해 1971년에 공식적으로 중단되었다. 우리나라에서는 1970년대 초에 이 제도를 연구한 바 있으나 공식적으로 도입하여 운영되고 있지는 않고 있다. 그러나 비록 계획예산제도가 실패했지만 국가가 운영하는 사업의 개선을 제도적으로 정착시켰다는 점은 높이 평가된다. 계획예산제도는 부서들로 하여금 그들의 임무와 기능을 재평가하고 투입, 산출, 그리고 목표에 대한 관계 등에 대한 양호한 정보를 축적하게 하고 고위층들에게 계획, 예산, 그리고 성과에 대한 관심을 증대시켰기 때문이다. 더욱이 의사결정자들은 체제분석의 사용빈도를 증대시켰으며, 이것이 산출물과 편익을 더 잘 이해시킬 수 있다는 가치를 인식하였다. 이종수·윤영진 외(2009), 앞의 책, pp. 607-608.; 이목훈(2010), 앞의 책, pp. 305-306.

28) 위의 책, p. 304.

29) 위의 책, pp. 304-305.

표를 뚜렷이 밝혀야 한다. 이는 장기적 발전목표와 이를 구체화하는 중기적 목표체계로 나타난다.

둘째, 장기적인 사업-재정계획의 수립이다. 통상적인 예산운영의 기간은 1년에 불과하지만, 1년 단위의 예산을 편성하기 위해 우선 장기적인 기간을 가지고 장기적인 기획(예컨대, 5개년 기획·계획)에 따라 일정기간 동안 기대되는 성과와 예상되는 비용을 고려하는 사업의 세부적인 시행계획과 시행일정을 정해야 한다. 이 과정에서 하나의 목표를 달성할 수 있는 여러 가지 대안을 검토하고 가장 효과적이고 능률적인 대안을 선택하게 된다.

셋째, 사업-재정계획을 바탕으로 연도별 예산을 수립하여 집행하는 것이다. 계획과 예산을 연결시키는 통합적 의사결정체제로서의 계획예산제도는 효과성을 강조한다는 점이 가장 중요한 특징이다. 국가가 국가발전목표를 달성하기 위하여 각종 정책이나 사업을 수행함에 있어 절약과 능률을 강조하는 것도 중요하지만, 예산사업을 수행하여 소기의 목표를 달성하는 것이 중요하다. 계획예산제도는 목표달성으로서의 효과성을 높이기 위한 의사결정 메커니즘이라는 점에서 획기적인 예산제도라 할 수 있다.

따라서 계획예산제도는 다음과 같은 장점을 가지고 있다. 첫째, 재원배분에 관한 결정이 합리적이다. 계획예산제도는 합리모형 또는 총체주의에 이론적 근거를 두고 예산결정에서 합리성을 추구하고 있다. 계획예산제도는 정책목표, 사업, 대안, 비용, 효과 등을 종합적으로 고려하고, 과학적 분석기법을 이용하여, 장기적인 접근을 한다는 점에서 합리적인 자원배분을 달성하려는 예산제도이다.[30)]

둘째, 재원배분에 관한 결정이 일원화되어 있다. 기획-사업분석-예산결정이 단일의 통합적인 의사결정체계에 의해 이루어진다. 통합적인 의사결정은 관련 정보와 결정권이 최고관리층에 집중됨으로써 가능하게 되는데, 이는 신속하고 종합적인 의사결정을 할 수 있게 해준다.

3) 계획예산제도의 단점

첫째, 계획예산제도는 관련정보와 의사결정권한이 과도하게 집권화되어 있다는 점이다. 이러한 집권화는 신속하고 종합적인 의사결정을 가능하게 하지만 이로 인한 문제가 발생한다. 집권화로 인해서 입법부보다는 행정부 즉, 대통령이 예산결정의 주도권을 잡게 되고, 행정부처에서는 국·과보다는 장관에게 권한이 집중되며, 지방정부보다는 중앙정부가 결정권을 행사하게 된다.

30) 이종수·윤영진 외(2009), 앞의 책, p. 609.

둘째, 사업구조를 작성하기가 어렵다. 사업구조는 계획예산제도의 핵심적인 것으로서 사업구조를 작성하는 것은 매우 중요하다. 그러나 계획예산제도와 같이 목표설정, 상위사업, 하위사업 요소들을 체계적으로 계층화 하는 것은 결코 쉬운 일이 아니다.

셋째, 계량화와 환산작업이 어렵다. 사업요소는 최종산물로서 계량화되어야 하는데, 정부의 예산사업의 대부분은 산출물의 계량화가 간단하지 않다는 점이다. 또한 여러 사업에 공통적으로 투입되는 간접비는 각 사업별로 분할하여 배분하여야 하는데, 이 역시 쉬운 일이 아니다.

넷째, 과다한 자료와 정보를 산출하고 관리해야 한다. 계획예산제도는 여러 대안들에 대한 비교검토 및 비용-효과분석 등을 통하여 많은 자료와 정보를 산출하고 이를 이용 가능한 형태로 관리해야 한다. 이를 위해서는 많은 시간과 인력, 그리고 비용이 요구된다.

다섯째, 의회의 반대와 공무원의 이해부족도 문제가 된다. 의회는 일반적으로 행정부에 대한 재정적인 통제를 중시하는데, 과학적 분석방법으로 정당화한 예산안의 내용을 의회가 심의과정에서 삭감하거나 통제하기가 쉽지 않다. 한편, 대다수의 공무원들은 계획예산제도의 복잡한 분석기법과 편성방법을 이해하기가 쉽지 않다. 이렇데 되면 사업을 계획하고 분석하는 전문가들의 영향력은 커지는 반면, 경험 많은 관료들의 영향력은 감소하게 된다.

5. 영기준예산제도

1) 영기준예산제도의 의의

영기준예산제도(ZBBS: Zero Based Budgeting System)는 새로운 사고와 운영방식을 도입하려는 노력으로 전통적인 예산운영방식이 지닌 점증주의의 단점을 보완하려는 것이라 할 수 있다. 점증적인 예산결정은 전년도의 사업을 중요한 기준으로 적용함으로써 기존의 사업들을 재평가 없이 미래에도 계속 적용하려는 경향이 있다.[31] 반면, 영기준예산은 이론적으로는 모든 지출제안서를 영점 기준에서 검토하도록 요구하고 있다.

이와 같은 영점 기준에서 사업의 우선순위를 결정하게 되는데, 이는 당해업무를 관장하는 관리자로부터 시작하여 계층조직에 따라 차상위관리자, 중간관리자, 최고관리자로

31) 미국은 1976년 재정긴축 국면을 맞이하면서 의회와 당시 대통령 후보인 카터는 새로운 예산개혁 방안으로서 영기준예산제도(ZBBS: Zero Based Budgeting System)를 제시하였고, 후에 이를 연방적 차원에서 도입하였다. 우리나라에서는 1982년부터 예산안 편성에서 이 제도가 적용되고 있으나, 형식에만 그치고 있다는 비판을 받고 있다. 위의 책, p. 610.; 이목훈(2010), 앞의 책, pp. 314-311.

올라가면서 결정된다. 상위층으로 올라갈수록 하위단위의 의사결정 패키지를 종합하고 이들을 대상으로 우선순위를 결정하는 방식을 취하고 있다.

영기준예산제도는 기존 사업과 새로운 사업을 구분하지 않고, 모든 사업을 엄밀히 분석하여 사업의 타당성을 확보하려는 것으로서 이러한 점에서 서비스 수준분석(service level analysis)이라 불리는 예산제도이다. 서비스 수준분석은 모든 사업을 동일한 평가방법을 거치도록 하는 예산과정으로, 서비스 수준분석의 초점은 서비스의 제공 수준이 다른 요소들을 파악하는 것이라 할 수 있다. 이 제도는 기획과 분석을 강조한다는 점에서 계획예산제도와 비슷하고, 능률적인 관리를 위하여 구성원들의 참여를 촉진한다는 점에서 목표에 의한 관리(MBO)와도 비슷하다고 할 수 있다.[32)]

2) 영기준예산제도의 특징

영기준예산제도는 예산운영 단위를 식별하는 것은 관리회계에서 비용과 책임센터를 구분하는 것과 유사하다. 특히 영기준예산제도에서의 정보의 투입과 산출에 대한 요구는 전통적인 예산과는 판이하다고 볼 수 있다. 이러한 예산방식은 예산결정에 요구되는 조건들을 평가하는데 있어서 환류를 강조하고 있다. 이에 따라 영기준예산제도는 다음과 같은 장점을 가지고 있다.

첫째, 합리적인 자원배분이 가능하다. 영기준예산제도는 모든 사업에 대해 근본적인 재평가를 실시하며, 사업의 목표, 기획, 분석과 평가, 예산편성을 단일과정으로 통한한 예산제도이다. 이러한 종합적인 의사결정방법으로 합리적인 의사결정과 합리적인 자원배분을 달성할 수 있다. 즉, 이 제도는 신규사업 뿐만 아니라 기존사업에 대해서도 철저하게 재검토함으로써 점증주의적인 예산결정과 전년도 답습주의를 극복할 수 있고, 예산낭비와 예산팽창을 억제할 수 있다.

둘째, 다양성과 신축성을 지니고 있다. 이 제도의 핵심단위인 의사결정단위가 조직단위가 될 수도 있고, 기능이나 활동 또는 사업단위가 될 수도 있기 때문이다. 조직단위를 의사결정단위로 삼는 경우에는 여러 계층의 조직단위가 모두 의사결정단위가 될 수 있으며, 사업단위를 의사결정단위로 삼는 경우에도 이 사업과 관련된 여러 조지단위를 다시

32) 목표관리(MBO: Management By Objectives)는 1973년 미국 연방정부에 도입되어 예산운영 및 재무관리 수단으로 이용되었다. 이 방식은 목표설정과 행동계획, 사업의 진도 파악 및 평가 등의 과정에서 관리자는 물론이고 부하직원들이 함께 참여하여 자신들의 일을 스스로 계획하고 집행·평가하는 제도라 할 수 있다. 따라서 이 제도는 엄밀한 의미에서는 예산제도라기보다는 조직운영 기법으로서 상향적·참여적·자기통제적인 관리를 기할 수 있다는 장점이 있다. 그러나 이 제도는 단기적·가시적인 업무에 적합하며, 이윤을 추구하지 않는 계층적인 정부조직에서는 적요하기 힘들다는 단점이 있다. 이종수·윤영진 외(2009), 위의 책, p. 616.

의사결정 단위로 삼을 수 있다.

셋째, 조직구성원의 참여를 촉진시킨다. 의사결정 패키지의 작성과 우선순위 결정에 구성원의 참여가 이루어지기 때문이다. 계획예산제도가 운영의 측면에서 높은 전문성을 요구한다면, 영기준예산은 이보다는 적은 전문성을 요구한다. 동시에 이는 조직구성원 모두가 참여할 수 있는 분권적인 관리체계를 필요로 한다. [33]

3) 영기준예산제도의 단점

그러나 영기준예산제도는 다음과 같은 단점이 있다. 먼저, 과다한 노력과 시간을 요구한다는 점이다. 계획예산제도 처럼 영기준제산제도 역시 많은 노력과 시간 그리고 자료의 작성과 관리가 요구된다. 조직계층제에 따라 일선관리자로부터 최고관리자에 이르기까지 상향적으로 작업이 진행되므로 이들에게 모두 영기준예산제도에 대해 교육을 시켜야 함은 물론, 작업과정에서 과다한 시간과 노력을 기울이도록 해야 하며, 많은 문서를 산출하여 관리하도록 해야 한다.

둘째, 우선순위 결정이 쉽지 않다는 점이다. 방대한 의사결정 패키지를 대상으로 우선순위를 결정하는 것은 영기준예산제도에 있어서 가장 어려운 작업에 해당한다. 어떻게 보면 우선순위의 결정은 기본적으로 가치판단의 성격을 지닌다. 그러므로 시간적 제약 속에서 우선순의의 결정은 주관성을 면하기가 어렵다.

셋째, 영기준예산제도는 단기적인 사업에 중점을 두고 장기적 계획이나 기본정책문제 등을 소홀하게 취급함으로써 장기적인 정책목표를 경시하는 경향이 있다.[34]

33) 위의 책, pp. 611-612.
34) 이목훈(2010), 앞의 책, pp. 314-315.

제4절 경찰예산관리의 과정

경찰조직의 예산관리과정이라는 것은 예산이 편성되고 집행되는 모든 과정을 말하는데, 이는 치안정책과 불가분의 관계에 있으므로 예산과정이란 결국 치안정책의 형성에서 집행 그리고 평가에 이르는 과정을 말한다. 예산과 정책이 따로 존재한다면 그것은 아무런 의미도 없고 무익한 것이다. 예산 없는 정책은 헛된 구호에 불과하고, 정책 없는 예산 집행은 방향타를 상실한 조난선에 불과한 것이라고 본다. 따라서 치안정책의 형성과 집행이 경찰행정의 핵심이라면, 이러한 경찰조직의 모든 활동은 결국 예산과 연계될 수밖에 없는 것이다.

요약건대, 예산관리과정이라는 것은 자원배분을 위한 의사결정과정을 말한다. 예산에 대한 의사결정은 자의적이고 비합리적인 근거에 의하지 않고, 합리적이고 경제학적인 원칙에 의거해야 한다는 주장이 오랫동안 있어 왔으며, 이것이 예산개혁을 가져 왔다.

〈경찰예산관리과정〉

예산안 편성

① 사업계획서 제출: 경찰청장 → 기획재정부장관
② 예산편성지침 통보: 기획재정부장관 → 경찰청장
③ 예산요구서제출: 경찰청장 → 기획재정부장관
④ 예산안 편성 및 국회제출: 기획재정부장관 → 국회

⇓

예산안 심의·의결

① 예산결산특별위원회 구성
② 예산결산특별위원회 종합심사
③ 본회의의 예산안의 확정

⇓

예산의 집행

① 예산배정요구서의 제출: 경찰청장 → 기획재정부장관
② 예산의 배정: 기획재정부장관 → 경찰청장
③ 배정된 예산의 탄력적 집행: 경찰청장 → 산하 기관의 장

⇓

예산의 결산

① 경찰결산보고서 작성 및 제출: 경찰청장 → 기획재정부장관
② 국가결산보고서 작성 및 제출: 기획재정부장관 → 감사원
③ 결산검사 및 결산보고서 제출: 감사원 → 기획재정부장관
④ 국가결산보고서 국회에 제출 및 국회의 결산심의

1. 경찰예산안의 편성

1) 사업계획서의 제출

경찰청장 등 각 중앙관서의 장은 매년 1월 31일까지 당해 회계연도부터 5회계연도 이상의 기간 동안의 신규사업 및 기획재정부장관이 정하는 주요 계속사업에 대한 중기사업계획서를 기획재정부장관에게 제출하여야 한다(국가재정법 제28조).

2) 예산편성지침의 통보

기획재정부장관은 국무회의의 심의를 거쳐 대통령의 승인을 얻은 다음 연도의 예산안편성지침을 매년 3월 31일까지 경찰청장 등 각 중앙관서의 장에게 통보하여야 한다(국가재정법 제29조 제1항).

3) 예산요구서의 제출

경찰청장 등 각 중앙관서의 장은 위에 따른 예산안편성지침에 따라 그 소관에 속하는 다음 연도의 세입세출예산 · 계속비 · 명시이월비 및 국고채무부담행위 요구서(이하 '예산요구서')를 작성하여 매년 5월 31일까지 기획재정부장관에게 제출하여야 한다(제31조 제1항).

4) 예산안의 편성 및 국회제출

기획재정부장관은 위의 규정에 따른 예산요구서에 따라 예산안을 편성하여 국무회의의 심의를 거친 후 대통령의 승인을 얻어야 한다(제32조). 그리고 정부는 대통령의 승인을 얻은 예산안을 회계연도 개시 120일 전까지 국회에 제출하여야 한다(제33조).

한편, 정부는 경찰청과 같은 독립기관의 예산을 편성함에 있어 당해 독립기관의 장의 의견을 최대한 존중하여야 하며, 국가재정상황 등에 따라 조정이 필요한 때에는 당해 독립기관의 장과 미리 협의하여야 한다(재40조 제1항).

그리고 정부는 예산안을 국회에 제출한 후 부득이한 사유로 인하여 그 내용의 일부를 수정하고자 하는 때에는 국무회의의 심의를 거쳐 대통령의 승인을 얻은 수정예산안을 국회에 제출할 수 있다(제35조). 이를 수정예산이라고 한다.

2. 경찰예산의 심의·의결

1) 예산결산특별위원회의 구성

정부에서 제출한 예산안에 대해서 국회는 이를 심의·확정한다(헌법 제54조 제1항). 즉, 정부는 회계연도마다 예산안을 편성하여 회계연도 개시 90일전까지 국회에 제출되면, 예산안의 심의를 위한 국회가 개회되고, 예산안의 종합심사는 예산결산특별위원회에 의해 이루어진다.

국회는 이러한 예산안과 결산을 종합적으로 심사하기 위해 예산결산특별위원회를 두고 있는데, 실질적으로 예산안과 결산이 동 위원회에서 심의·의결된 대로 본회의에서 의결되는 경우가 대부분이므로 예산결산특별위원회는 국회의 예산안과 결산 심의에 있어서 핵심적인 역할을 수행하고 있다고 할 수 있다.[35)]

2) 예산결산특별위원회의 종합심사

예산결산특별위원회의 종합심사에 의해 예산안에 대한 실질적인 조정작업이 이루어지게 된다. 즉 예산안에 대한 '종합정책 질의→부처별 심의→계수조정 소위원회의 계수조정→예산결산특별위원회 전체회의에서 소위원회의 조정안 승인의 과정을 거치게 된다.

3) 예산안의 확정

예산결산특별위원회의 종합심사를 거친 예산안은 회계개시 30일전까지 본회의의 의결을 거침으로써 확정된다. 본회의에서 확정된 예산은 정부로 이송되고 국무회의의 동의를 거쳐 대통령이 공포한다.

3. 경찰예산의 집행

예산의 집행이라는 것은 국회에서 심의·의결하여 확정된 예산에서 정한 금액을 국고에 수납하고 이를 지출하는 재정활동을 말한다.

1) 예산배정요구서의 제출

경찰청장 등 각 중앙관서의 장은 예산이 확정된 후 사업운영계획 및 이에 따른 세입세

35) 국가의 경제활동에 있어서 재정의 역할이 증대되고 이에 따라 국회의 예산안 및 결산에 대한 심사기능을 한층 더 전문화하고 효율화시킬 필요성이 높아짐에 따라 제15대국회말 국회법을 개정(2000.2.16.)하여 제16대국회(2000.5.30.)부터 예산결산특별위원회를 연중 운영되는 상설특별위원회로 전환하였다. 예산결산특별위원회(http://budget.na.go.kr).

출예산·계속비와 국고채무부담행위를 포함한 예산배정요구서를 기획재정부장관에게 제출하여야 한다(국가재정법 제42조).

2) 예산의 배정

기획재정부장관은 위의 규정에 따른 예산배정요구서에 따라 분기별 예산배정계획을 작성하여 국무회의의 심의를 거친 후 대통령의 승인을 얻어야 한다(제43조 제1항). 그리고 기획재정부장관은 경찰청장 등 각 중앙관서의 장에게 예산을 배정한 때에는 감사원에 통지하여야 한다(제43조 제2항).[36] 그리고 예산의 배정에 있어서 기획재정부장관은 일정한 조정이 가능하다.[37]

한편, 기획재정부장관은 예산집행의 효율성을 높이기 위하여 매년 예산집행에 관한 지침을 작성하여 경찰청장 등 각 중앙관서의 장에게 통보하여야 한다(제44조). 그리고 경찰청장 등 각 중앙관서의 장은 세출예산이 정한 목적 외에 경비를 사용할 수 없다(제45조).

3) 배정된 예산의 탄력적 집행

예산의 성립 후에도 일어나는 상황의 변동에 즉응하고 예산을 효율적으로 관리·집행하기 위하여 세출예산에 대해 다음과 같은 일정한 융통성을 부여하고 있다.

(1) 예산의 이용·이체

① 예산의 이용

예산의 이용(移用)은 입법과목인 '장·관·항'의 상호융통을 의미한다. 이는 국회에서 정한 것(즉, 입법과목)이기 때문이다.

따라서 각 중앙관서의 장은 예산이 정한 각 기관 간 또는 각 장·관·항 간에 상호 이용(移用)할 수 없다(국가재정법 제47조 제1항). 다만, 다음 각 호의 어느 하나에 해당하는 경우에 한정하여 미리 예산으로써 국회의 의결을 얻은 때에는 기획재정부장관의 승인을

---

36) 감사원은 국가의 세입·세출의 결산, 국가 및 법률이 정한 단체의 회계검사와 행정기관 및 공무원의 직무에 관한 감찰을 하기 위하여 대통령 소속하에 이를 두고 있다(헌법 제97조). 그리고 감사원은 세입·세출의 결산을 매년 검사하여 대통령과 차년도 국회에 그 결과를 보고하여야 한다(제99조). 즉, 감사원은 국가예산관리에 있어서 중요한 역할을 하고 있기 때문에 기획재정부장관은 예산배정에 있어서도 감사원에게 통지하도록 한 것이다.

37) 기획재정부장관은 ① 필요한 때에는 대통령령이 정하는 바에 따라 회계연도 개시 전에 예산을 배정할 수 있다. 그리고 ② 예산의 효율적인 집행관리를 위하여 필요한 때에는 위의 분기별 예산배정계획에 불구하고 개별사업계획을 검토하여 그 결과에 따라 예산을 배정할 수 있다. 끝으로 ③ 재정수지의 적정한 관리 및 예산사업의 효율적인 집행관리 등을 위하여 필요한 때에는 분기별 예산배정계획을 조정하거나 예산배정을 유보할 수 있으며, 배정된 예산의 집행을 보류하도록 조치를 취할 수 있다(국가재정법 제43조 제3항~제5항).

얻어 이용하거나 기획재정부장관이 위임하는 범위 안에서 자체적으로 이용할 수 있다(국가재정법 제47조 제1항).[38]

㉠ 법령상 지출의무의 이행을 위한 경비 및 기관운영을 위한 필수적 경비의 부족액이 발생하는 경우

㉡ 환율변동·유가변동 등 사전에 예측하기 어려운 불가피한 사정이 발생하는 경우

㉢ 재해대책 재원 등으로 사용할 시급한 필요가 있는 경우

㉣ 그 밖에 대통령령으로 정하는 경우

② 예산의 이체

한편, 기획재정부장관은 정부조직 등에 관한 법령의 제정 · 개정 또는 폐지로 인하여 중앙관서의 직무와 권한에 변동이 있는 때에는 경찰청장 등 그 중앙관서의 장의 요구에 따라 그 예산을 상호 이용(移用)하거나 이체(移替)할 수 있다(제47조 제2항).

(2) 예산의 전용

예산의 전용(轉用)은 행정과목인 '세항, 세세항, 목' 간의 상호 융통을 의미하는 것이다. 이와 관련하여 경찰청장 등 각 중앙관서의 장은 예산의 목적범위 안에서 재원의 효율적 활용을 위하여 대통령령이 정하는 바에 따라 '기획재정부장관의 승인(承認)'을 얻어 각 세항 또는 목의 금액을 전용할 수 있다. 이 경우 사업 간의 유사성이 있는지, 재해대책 재원 등으로 사용할 시급한 필요가 있는지, 기관운영을 위한 필수적 경비의 충당을 위한 것인지 여부 등을 종합적으로 고려하여야 한다(국가재정법 제46조 제1항).

그리고 경찰청장 등 각 중앙관서의 장은 위와 같은 규정에 불구하고 회계연도마다 기획재정부장관이 위임하는 범위 안에서 각 세항 또는 목의 금액을 자체적으로 전용할 수 있다(제46조 제2항).[39]

---

38) 경찰청장 등 각 중앙관서의 장은 제1항 단서의 규정에 따라 예산을 자체적으로 이용한 때에는 기획재정부장관 및 감사원에 각각 통지하여야 하며, 기획재정부장관은 제1항 단서의 규정에 따라 이용의 승인을 하거나 제2항의 규정에 따라 예산을 이용 또는 이체한 때에는 그 중앙관서의 장 및 감사원에 각각 통지하여야 한다(국가재정법 제47조 제3항). 그리고 경찰청장 등 각 중앙관서의 장이 제1항 또는 제2항에 따라 이용 또는 이체를 한 경우에는 분기별로 분기만료일이 속하는 달의 다음 달 말일까지 그 이용 또는 이체 내역을 국회 소관 상임위원회와 예산결산특별위원회에 제출하여야 한다(제4항).

39) 기획재정부장관은 제1항의 규정에 따라 전용의 승인을 한 때에는 그 전용명세서를 그 중앙관서의 장 및 감사원에 각각 송부하여야 하며, 각 중앙관서의 장은 제2항의 규정에 따라 전용을 한 때에는 전용을 한 과목별 금액 및 이유를 명시한 명세서를 기획재정부장관 및 감사원에 각각 송부하여야 한다(국가재정법 제46조 제3항). 그리고 각 중앙관서의 장이 제1항 또는 제2항에 따라 전용을 한 경우에는 분기별로 분기만료일이 속하는 달의 다음 달 말일까지 그 전용 내역을 국회 소관 상임위원회와 예산결산특별위원회에 제출하여야 한다(동조 제4항).

다만, 위와 같은 상황에도 불구하고 경찰청장 등 각 중앙관서의 장은 다음의 어느 하나에 해당하는 경우에는 전용할 수 없다(제46조 제3항).

㉠ 당초 예산에 계상되지 아니한 사업을 추진하는 경우

㉡ 국회가 의결한 취지와 다르게 사업 예산을 집행하는 경우

(3) 예산의 이월

예산의 이월(移越)은 예산을 다음 회계연도에 넘겨 그 회계연도의 예산으로 사용하는 것을 말한다. 그런데, 원칙적으로 매 회계연도의 세출예산은 다음 연도에 이월하여 사용할 수 없도록 하고 있다(국가재정법 제48조 제1항).

다만, 이러한 것에도 불구하고 ㉠ 명시이월, ㉡ 사고이월 등의 경우에는 다음 회계연도에 이월하여 사용할 수 있다.[40] 이 경우 이월액은 다른 용도로 사용할 수 없으며, 특히 사고이월에 해당하는 경비의 금액은 재이월(再移越) 할 수 없다(48조 제2항).

여기에서 명시이월이라는 것은 세출예산 가운데 경비의 성질상 당해 연도 내에 그 지출을 끝내지 못할 경우에 미리 국회의 승인을 얻어 예산을 다음 연도에 넘겨서 사용하는 것을 말한다. 사고이월은 연도 내에 지출원인행위를 하고 불가피한 사유로 인하여 연도 내에 지출하지 못한 경비와 지출원인행위를 하지 아니한 그 부대경비를 말한다.

4. 경찰예산의 결산

예산의 결산(決算, closing)이라는 것은 회계연도 내의 국가의 세입과 세출의 실적을 확정적 계수로 표시한 결과를 말한다. 즉, 회계연도 동안의 수입과 지출을 마감하여 계산하는 것을 의미한다. 정부는 결산이 국가회계법에 따라 재정에 관한 유용하고 적정한 정보를 제공할 수 있도록 객관적인 자료와 증거에 따라 공정하게 이루어지게 하여야 한다(국가재정법 제56조).

1) 경찰청장의 결산보고서 작성 및 제출

경찰청장 등 각 중앙관서의 장은 국가회계법 에서 정하는 바에 따라 회계연도마다 작성한 결산보고서(이하 '국가결산보고서'라 함)를 다음 연도 2월 말일까지 기획재정부장관에게 제출하여야 한다(국가재정법 제58조 제1항).

---

40) 이밖에도 ① 지출원인행위를 위하여 입찰공고를 한 경비 중 입찰공고 후 지출원인행위까지 장기간이 소요되는 경우로서 대통령령이 정하는 경비, ② 공익사업의 시행에 필요한 손실보상비로서 대통령령이 정하는 경비, ③ 경상적 성격의 경비로서 대통령령이 정하는 경비도 이월할 수 있다(국가재정법 제48조 제2항 제3호~제5호).

2) 국가결산보고서의 작성 및 제출

기획재정부장관은 국가회계법에서 정하는 바에 따라 회계연도마다 작성하여 대통령의 승인을 받은 국가결산보고서를 다음 연도 4월 10일까지 감사원에 제출하여야 한다(국가재정법 제59조).[41]

3) 결산검사

감사원은 위에 따라 제출된 국가결산보고서를 검사하고 그 보고서를 다음 연도 5월 20일까지 기획재정부장관에게 송부하여야 한다(제60조).

4) 국가결산보고서의 국회제출

끝으로, 정부는 위에 따라 감사원의 검사를 거친 국가결산보고서를 다음 연도 5월 31일까지 국회에 제출하여야 한다(제61조). 이에 대한 국회의 결산승인이 나면 정부의 예산집행 책임이 해제되고 당해 연도 예산의 기능은 완결된다.

41) 헌법 제99조는 감사원으로 하여금 매년도 세입·세출의 결산을 차년도 국회에 보고토록 하고, 국가재정법 제61조는 정부로 하여금 감사원의 검사를 거친 세입세출결산을 회계연도마다 국회에 제출하도록 함에 따라 결산에 대해서도 최종적인 심의·확정권을 국회가 담당하고 있다. 예산결산특별위원회(http://budget.na.go.kr).

Police Science

제3편

경찰권한과 현장운용

제9장

경찰권한의 의의와 한계

제1절 경찰권한의 의의

1. 국가권력과 경찰권한

경찰이 일선현장에서 관련 직무를 원활하게 수행하기 위해서는 이들에게 일정한 권한(權限, authority)을 부여해 주어야 한다. 경찰에게 '책임에 상응하는 권한'(Authority commensurate with responsibility)을 부여하는 것은 조직의 목표달성에 있어서 매우 중요한 의미를 갖기 때문이다.

이러한 경찰권한을 이해하기 위해서는 먼저 국가권력을 이해할 필요가 있다.[1] 국가권력이라는 것은 주권(主權)과 통치권(統治權)을 의미한다. 주권은 국가의사를 전반적·최종적으로 결정하는 최고의 권력을 말하며, 그것은 대내적으로 최고이고 대외적으로 독립된 권력을 의미한다. 어떠한 정치적 통일체가 국가이기 위해서는 이와 같은 의미의 주권을 가져야 한다. 또한 국가이기 위해서는 국가적 조직을 유지하고, 국가적 목표를 구체적으로 실현하기 위한 현실적인 권력으로서의 지배권 즉, 통치권을 필요로 한다.

그리고 통치권은 그 발동형식에 따라 입법권(立法權)·행정권(行政權)·사법권(司法權)으로 나누어진다. 이와 같은 통치권은 헌법에 근거를 갖는 국가의사(國家意思)의 힘이며,

1) 권력(權力, Power)의 개념을 명확하게 내리는 것은 어려운데, 이를테면 '개인 또는 집단이 다른 개인 또는 집단의 행동을 자기의 뜻대로 하게 만드는 방법으로 통제하는 힘'이라고 할 수 있다. 이러한 힘이 정치적 기능을 다하기 위하여 조직되는 경우에는 정치권력이라고 하며, 단적으로 공권력(公權力) 또는 국가권력이라고도 한다. 이러한 국가권력은 경찰, 검찰, 군대, 교도소 등과 구체적인 형태로 나타나는데, 근대국가 이후 법치주의 원리를 바탕으로 합법화되고 있는 점이 특색이다. 바꿔 말하면, 권력의 합법적 행사가 바로 권한(權限)인 것이다. 따라서 권력과는 달리 권한(權限)의 행사가 정당성을 갖기 위해서는 일정한 합의 또는 근거에 기초를 두어야 한다. 법치국가에서 말하는 일정한 합의는 바로 법(法)에 의한 수권(授權)이라 할 수 있다. 따라서 권한이라는 것은 법에 근거를 둔 권력, 곧 '타인을 명령·강제할 수 있는 합법적인 힘'이라고 볼 수 있을 것이다. 이러한 개념적 접근이 필요한 이유는 통치권의 개념과 이의 유형화(이른바 '입법권·사법권·행정권')에서 '권력'과 '권한'의 개념이 특별한 개념구분 없이 통용되고 있기 때문이다.

일반적으로 국민에게 '명령하고 강제하는 것'을 그 본질로 한다. 그러나 통치권이 언제나 명령·강제의 형태로만 발동되는 것이 아니고, 비권력적 국가작용인 관리작용이나 국고작용(國庫作用)에 의하여 통치목적을 실현하는 경우도 있다.[2)]

여기에서 행정권이라는 것은 공익 또는 국가목적을 실현하는 작용이라고 볼 수 있다. 행정을 임무 또는 목적에 따라 분류한다면, 질서행정, 조세행정, 급부행정 등으로 구분할 수 있다. 국가목적의 본질은 체제유지(體制維持)에 있다고 보며, 따라서 동서양을 막론하고 국가행정의 전형은 바로 군대 및 경찰행정과 같은 질서행정과 이것을 뒷받침하기 위한 조세행정이라고 할 수 있다. 급부행정은 어떻게 보면 20세 이후 근대국가의 산물이라고 할 수 있다. 그리고 이러한 국가 행정권은 국가의 통치권의 일부이므로 원래 국가에 속하는 것이나, 지방자치단체 또는 사인에게 위임하는 경우도 있다. 경찰에서 본다면, 자치경찰(自治警察)과 경찰활동의 민영화(民營化)는 바로 이를 반영한 것이다.

대한민국의 행정권은 대통령을 수반(首班)으로 하는 정부에 속한다(헌법 제66조 4항). 우리가 여기에서 논의하고자 하는 경찰권한 역시 행정권의 한 형태라고 볼 수 있으며, 따라서 형식적으로는 경찰권한은 대통령에서 비롯된다고 볼 수 있다.[3)] 따라서 국가경찰에 관한 사무를 총괄하고 경찰청 업무를 관장하며, 소속 공무원 및 각급 국가경찰기관의 장을 지휘감독하고 있는 경찰청장에 대한 임명권한을 대통령이 가지고 있음은 물론이다(경찰법 제11조 제2항 및 제3항). 이러한 국가 통치권과 행정권, 그리고 경찰권의 관계는 다음과 같이 나타낼 수 있다.

---

2) 통치권(統治權, Powers of sovereignty)은 국민과 국토를 지배하는 국가의 최고권력을 의미한다. 흔히 주권의 의미로 쓰이기도 하나 주권과는 다른 개념이며, 주권이 국가의사를 결정하는 원동력인 데 비하여 통치권은 주권에 의하여 결정된 국가의사를 실현시키기 위한 권력이다. 국가권력이라고 할 때는 보통 이 통치권을 뜻한다. 통치권은 국가에 전속하는 무조건적 권력이지만, 단일불가분(單一不可分)은 아니며 또 무제한의 권력도 아니다. 오늘날의 국가에서는 통치권을 국민전체의 복리를 위하여 행사할 의무를 국가가 지며, 이에 위반할 때는 그 담당자가 주권자에 대하여 책임을 져야 한다. 통치권은 그 실질적 내용에 따라 ① 영토 내에 있는 모든 사람과 사물에 대한 지배권으로서의 영토고권(領土高權), ② 국가구성원에 대한 속인적(屬人的) 지배권으로서의 대인고권(對人高權), ③ 국가의 조직을 스스로 결정하는 자주조직권[權限高權]으로 구분되며, 그 형식적 내용에 따라 입법권·행정권·사법권으로 나누어진다. 권영성(1991), 헌법학원론, 서울: 법문사, p. 136.

3) 한편, 검찰권(檢察權)은 행정권의 한 작용이지만 사법권과 밀접한 관계를 가지고 있다. 즉, 형사사법(刑事司法)의 공정을 기하기 위하여 사법권의 독립정신이 이 검사제도에도 준용되어, 넓은 의미에서 검사는 준사법기관의 지위를 가진다는 점에 있어서 일반 행정기관과는 다른 특수성을 가진다. 그런데, 경찰 역시 형사사법에 있어서 범죄수사(犯罪搜査)의 주체로서 중요한 기능을 하고 있으며, 따라서 검찰과 마찬가지로 비록 행정권의 한 요소이지만 형사사법의 중요한 구성요소를 이루고 있다고 본다. 이러한 시각은 역사적으로 영미법계(英美法系) 국가에서 보다 큰 비중을 두고 받아들여지고 있다.

〈통치권과 행정권, 경찰권 관계〉

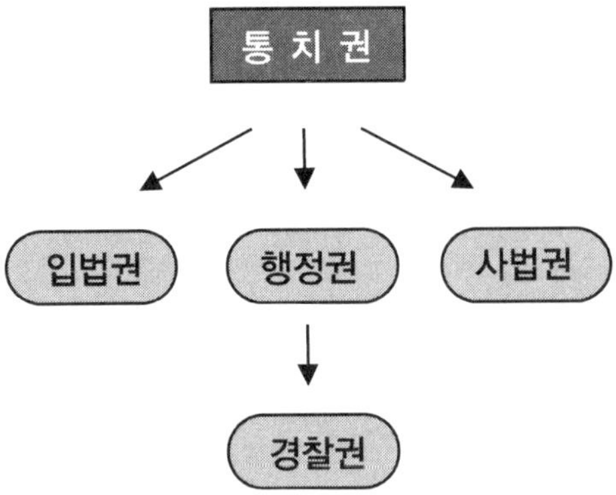

일반적으로 '공공의 안녕과 질서유지를 위한 행정'을 이른바 '질서행정'(秩序行政)이라고 한다. 과거에는 이러한 질서행정 전체를 '경찰'(警察, Police)이라고 불렀으나(이른바, '실질적 의미의 경찰'), 근래에는 이의 범위는 점차 좁혀지고 있다. 예컨대, 보건·위생, 영업과 같은 특수 행정 분야에서의 질서행정작용은 다른 이름으로 부름이 보통이다.[4] 이러한 과정에서 경찰고유의 영역이 형식적·제도적(경찰법상의 경찰청을 정점으로 하는 경찰)으로 정립되어 오늘에 이르고 있음은 이미 제3장 등에서 설명한 바와 같다.

2. 경찰권한의 의의

1) 경찰권한의 개념

따라서 경찰권한(警察權限, police authority)이라는 것은 경찰이 하나의 기관으로서 개인과 국가를 위하여, 국민주권주의에 근거한 국가의 행위로써 유효(有效)하게 관련 업무를 처리할 수 있는 능력 또는 업무의 범위라고 할 수 있다.[5] 이러한 점에서 경찰관할(警察管轄)이라고도 한다. 즉, 관할이라는 것은 경찰권한이 미치는 범위를 의미하는 것인데, 그 내용과 범위는 헌법·법률 또는 이에 근거한 명령에서 결정된다. 보통 사항적(事項的)·지역적(地域的)·대인적(對人的)·형식적(形式的) 범위에 따라 그 한계가 일정하게 정해진다.[6]

4) 김남진(1993), 행정법Ⅰ, 서울: 법문사, p. 49.
5) 이러한 권한(權限)은 타인에 대하여 일정한 법률효과(法律效果)를 발생시킬 수 있는 자격을 의미한다. 권한은 권리(權利)와 유사하지만, 권리는 자신을 위하여 가지는 법률상의 힘인 점에 대하여 권한은 타인을 위하여 법률효과를 발생시킬 수 있는 일정한 지위 또는 자격이라는 점에서 다르다.
6) 경찰관청의 권한행사의 형식이 제한되는 경우가 있는데, 이를 형식적 한계라고 말할 수 있다. 예컨대, 치안에 관한 부령

따라서 그 주어진 한계내의 사무를 처리하는 것은 그 기관의 권한인 동시에 책무(責務)라 할 수 있으며, 권한을 초과하는 행위 또는 '무권한'(無權限)의 행위는 하자있는 행위로서 일정한 효력이 발생하지 못한다. 그런데, 경찰이 사인(私人)과 동일한 위치에서는 이와 같은 관련업무를 수행하기가 어렵기 때문에, 경찰에게 일정한 힘(power)을 부여해줄 필요가 있다. 이러한 점에서 경찰권한은 개인에게 '명령·강제할 수 있는 합법적(合法的)인 힘'을 의미하는 것이라 할 수 있다.

이러한 경찰권한을 보다 체계적으로 접근하기 위해서는 기본적으로 경찰개념을 다시 한번 정립할 필요가 있다고 본다. 경찰개념을 통해서 경찰권한의 내용과 한계를 기본적으로 설정할 수 있기 때문이다. 여기에서 경찰개념을 분석적으로 정의하면 "경찰은 범죄·무질서 등 각종 위험으로부터 개인의 자유와 권리를 보호하고, 공공의 안녕과 질서를 유지하기 위하여 통치권에 근거하여 국민(또는 개인)에게 명령·강제, 그리고 봉사하는 행정경찰작용 및 사법경찰작용"을 의미한다고 할 수 있다. 이러한 경찰개념을 잘 이해하면, 경찰권한을 논의하는데 많은 도움이 된다고 본다.

즉, 경찰개념 속에는 ㉠ 범죄·무질서 등 각종 위험으로부터 개인의 자유와 권리, 공공의 안녕질서유지라는 목표(目標)가 있고, 그러한 목표달성을 위하여, ㉡ 명령·강제와 같은 권력적(權力的)·규제적(規制的)인 수단과 봉사라는 비권력적(非權力的)·비규제적(非規制的)인 수단을 제시하고 있다. 그리고 이러한 경찰수단을 크게 ㉢ 행정작용과 사법작용으로 구분하고 있다. 물론, 이러한 개념정의는 형식적·제도적 경찰 즉, 경찰법상의 일반경찰기관을 의미하는 것이다.

여기에서 경찰권한 문제는 이러한 경찰의 목표달성을 위한 '수단'과 관련된 문제인 것이다. 즉, 행정경찰권한(行政警察權限)은 기본적으로 범죄·무질서 등 위험과 관련하여 사전 예방적 업무를 수행하기 위한 것이며, 사법경찰권한(司法警察權限)은 사후 대응적 업무를 수행하기 위해 필요한 것이다. 한편, 이러한 행정경찰권한과 사법경찰권한의 성격을 동시에 가지면서, 일선에서 경찰업무를 수행하는데 요구되는 가장 핵심적인 권한을 체계화시킨 것이 바로 경찰관직무집행법상의 기본적·표준적 권한(基本的·標準的權限)이라고 할 수 있다.

2) 경찰권한의 특징

이러한 점에서 경찰권한의 행사는 본질적으로 권력적·규제적인 특징을 가지고 있다고 볼 수 있다. 후술하겠지만, 즉시강제(卽時强制)의 성격을 갖는 경찰의 기본적·표준적 권

제정권은 원칙적으로 행정자치부장관이 가지는 것과 같다. 김남진(2002), 경찰행정법, 서울: 경세원, p. 33.

한, 행정경찰의 허가·명령·강제 권한, 사법경찰의 수사 및 즉결심판 청구권한 등은 이와 같은 권력적·규제적인 특징을 가지고 있다.

물론, 모든 경찰활동이 이러한 명령·강제력을 가진 경찰권한을 기초로 하여 이루어지지지는 않는다. 경찰활동 중에는 이와 같은 권력적·규제적 수단을 통해 상대방의 의사에 관계없이 국가의 의사를 관철하는 작용이 있는가 하면, 권력적·규제적 수단을 동원하지 아니하고도 달성할 수 있는 비권력적·비규제적인 요소도 얼마든지 존재하기 때문이다.[7)]

이러한 경찰권한이 갖는 속성으로서, 그것이 행사되는 상대방에게 복종을 요구할 수 있으며, 정당성이 부여된 권력으로서 조직 내의 공식적 역할과 결부되며, 역할 담당자들의 관계를 설정하는 변수라 할 수 있다. 따라서 어떤 면에서 권한은 분화된 조직단위와 역할들을 통합하여 조직 내의 안정된 질서를 유지하게 해주는 기능도 갖는다고 볼 수 있다.[8)]

어쨌든, 모든 조직에 있어서 '권한'(權限)문제는 가장 핵심이 되는 쟁점 가운데 하나라고 할 수 있다. 권한이 있는 곳에 권력이 있고, 그 속에서 정치와 예산, 합법성과 위법성 등 수많은 문제가 복잡하게 얽혀 있기 때문이다. 이는 경찰조직에 있어서도 예외는 아니다. 경찰조직은 복잡한 외부환경(정치집단, 검찰·법원, 군, 대통령경호실, 국가정보원, 시민 등)과 내부 환경(계급구조, 업무구조, 혈연·지연·학연 등)에 둘러싸여 있다. 이 속에서 주어진 목표달성을 위해서는 무엇보다도 조직을 체계적으로 구조화하고, 각 구성원들에게 직위와 역할에 부합하는 일정한 권한이 부여하고, 한편으로는 이를 적절히 통제할 수 있는 수단이 강구되어야 한다. 경찰조직의 운영에 있어서 적절한 권한설정과 배분 문제는 조직의 성패와 직결된다고 본다.

---

7) 이와 관련하여 현대에 이르러 전통적 경찰에서 강조되어온 법집행(law enforcement)과 질서유지(order maintenance)뿐만 아니라 대민봉사(civil service) 역시 중요한 역할로 인식되고 있다는 점에 주목할 필요가 있다. 본질적으로 대민봉사는 1차적으로 서비스 수혜자에게 일정한 혜택을 제공하기 위한 것이며, 거기에 어떠한 물리적 강제력이 동원될 여지는 없는 것이다. 그리고 많은 연구 결과, 경찰이 비권력적·비규제적 활동을 위해 80%이상의 시간을 소비하고 있다는 사실을 발견하였다. 클러카스(Klockars)는 경찰이 처리하는 문제들의 90% 이상이 서비스를 위한 시민의 요구에 대응해서 이루어진다고 보고 있다. 사실, 어떤 면에서 경찰활동의 대부분은 범죄 및 무질서와 관련된 법집행과 관계가 없고, 커뮤니티에 대한 서비스가 대부분이다. 여기에는 예컨대, 헤어진 가족 찾아 주기, 자살의 방지, 길을 잃거나 가출한 아동 보호, 위험에 노출되기 쉬운 아동이나 성인 보호, 공공의 안전유지, 장애인 차량의 운전자 지원, 사고 및 자연재해 피해자의 긴급호송, 범죄예방, 대중에 대한 교육 등을 들 수 있다. Denny F. Pace(1991), Community Relation Concept, Incline Village, Nev.: Copperhouse Publishing Company, pp. 20-21.; Carl B. Klockars(1985), The Idea of Police, Newbury Park: Sage Publishing Company, p. 103.; 미야타 사부로우(宮田三郎)/한귀현 역(2003), 일본경찰법, 한국법제연구원, p. 9.; 최선우(2010), 경찰과 커뮤니티, 서울: 대왕사, pp. 148-150.

8) 이종수 외(1998), 새행정학, 서울: 대영문화사, p. 341.

제2절

경찰권한 행사의 근거

경찰조직에 있어서 경찰기능 또는 경찰업무를 담당하는 각 단위를 경찰기관(警察機關)이라 할 수 있다. 이러한 경찰기관은 그 법률상의 지위, 업무의 종류 및 내용, 그리고 권한 등을 기준으로 하여 여러 가지로 나눌 수 있다. 이를 구분하면, 경찰기관은 크게 ㉠ 경찰의사 표시기관인 경찰관청(경찰청장, 지방경찰청장, 경찰서장 등), ㉡ 경찰의사 심의·의결기관기관인 경찰위원회 등, ㉢ 경찰의사 집행기관인 순경부터 치안총감, ㉣ 경찰의사 협의·자문기관인 치안행정협의회 등으로 구분할 수 있다. 이들 각 경찰기관은 일정한 권한을 가지고 주어진 업무를 수행하게 된다.

아래에서는 이 가운데, 경찰관청과 경찰집행기관이 행사하는 경찰권한을 중심으로 살펴보고자 한다. 이는 경찰관청으로서 경찰청장, 지방경찰청장, 그리고 경찰서장 등이 행사할 수 있는 권한과 순경에서 치안총감(사법경찰의 경우 순경에서 경무관)이르기까지 치안일선에서 직접적으로 경찰활동을 수행하고 있는 경찰집행기관(즉, 경찰공무원)이 행사할 수 있는 권한을 의미한다.

1. 경찰권한의 법률유보원칙

경찰은 범죄 및 무질서와 같은 위험으로부터 개인의 자유와 권리를 보호하고 공공의 안녕과 질서를 유지한다는 미명하에 일정한 원칙과 기준이 없이 자의적(恣意的)으로 권한을 행사하여 국민 또는 개인의 자유를 제한하거나 일정한 희생과 강요를 해서는 안 된다. 이와 관련하여 대한민국 헌법에서도 '국민의 모든 자유와 권리는 국가안전보장·질서유지 또는 공공복리를 위하여 필요한 경우에 한하여 법률로써 제한할 수 있으며, 제한하는 경우에도 자유와 권리의 본질적인 내용을 침해할 수 없다'고 규정하고 있다(제37조 제2항). 따라서 전형적인 침해행정이라 할 수 있는 경찰권한의 행사에는 당연히 법적인 근거가 요청된다. 이러한 법률유보원칙(法律留保原則)은 오늘날 법치국가(法治國家)에 널리 수용되고 있는 중요한 기본원칙 중의 하나인 것이다.

따라서 경찰권한의 행사는 법률유보의 원칙상 국회에서 제정한 법률의 근거와 법률이 정한 범위 내에서만 행사되어야 한다. 물론, 법률의 구체적인 위임이 있으면 행정입법의 형식으로 제정된 법규명령(法規命令)도 포함된다.[9] 그리고 비상계엄이나 긴급명령이 발령되는 경우에는 그러한 명령도 법적 근거가 될 수 있다. 그러나 관습법(慣習法)은 침해적·규제적인 경찰권한 행사의 법적인 근거가 된다고 볼 수는 없다.[10] 한편, 수익적인 경찰작용(예컨대, 노약자보호, 길안내와 같은 대민봉사)은 반드시 법률적 근거가 요구되는 것은 아니다.

2. 경찰권한의 법률유보 방법과 관련문제

이처럼 경찰이 일정한 권한을 행사하기 위해서는 법률에 근거를 두어야 하는데, 법률유보와 관련하여 다음과 같이 고려해야할 두 가지 사항이 있다. ㉠ 경찰권한을 직접적으로 명시하지 않고 직무만을 규정한 것으로 충분히 권한을 행사할 수 있는 것인지의 문제이다. 그리고 ㉡ 경찰권한규정이 명시되어 있을 때, 그것이 개괄적(概括的)·일반적(一般的)인 수권(授權)으로 충분한 것인지, 아니면 개별적(個別的)·구체적(具體的)인 수권이 필요한 것인지에 관한 것이다.

1) 직무규범과 권한규범

먼저, 경찰이 직무 또는 임무수행과 관련된 권한을 행사하기 위해서는 직무규범(職務

9) ① 행정입법(行政立法)이란 일반적으로 입법부(立法府)가 아닌 국가 등의 행정주체가 규범을 정립·제정하는 것을 말한다(행정입법은 실정법상의 용어가 아니라 학문상의 용어이다). 사실, 법치주의에 충실하기 위해서는 입법부인 국회가 제정한 법률에 의해 경찰을 포함한 국가행정의 조직과 작용이 이루어져야 한다. 그러나 국회가 모든 사항을 예측하여 법률로 정한다는 것은 사실상 불가능한 일이다. 따라서 예컨대, 치안환경 변화에 능동적으로 대처하기 위하여 기본적인 목적·요건·내용만을 국회가 정하고 세부정인 사항은 정부로 하여금 정하게 하는 것이 바람직한 바, 여기에 행정입법의 필요성이 제기된다. ② 이러한 행정입법에는 크게 법규명령(法規命令)과 행정규칙(行政規則)이 있다. 전통적으로 법규명령은 '법률유보상의 수권에 근거하여 행정권이 정립하는 규범으로서 국민과의 관계에서 일빈 구속적(외부적 구속효과)인 규범'이라 할 수 있다. 반면 행정규칙은 '법률유보사항 없이 행정권 내부의 고유한 권한으로서 그 조직과 활동을 규율(내부적 구속효과)하는 일반추상적인 명령으로서 법규적인 성질을 갖지 않는 것'으로 정의된다. 물론, 법률상의 수권에 근거하여 발령되는 대통령령·총리령·부령에 규정된 법규명령 중에도 사항 그 자체의 성질상 외부적 구속효과가 없고 내부적 구속효과만 있는 것도 있는가 하면, 법률상 수권 없이 대통령령·총리령·부령의 형식의 행정규칙으로 발령되는 고시에 규정되는 사항 중에 외부적 구속효과를 갖는 것도 있을 수 있기 때문에 양자의 구분이 명확하게 이루어지지는 않는다. 이하 자세한 내용은 홍정선(2004), 행정법원론(상), 서울: 박영사, pp. 175-220 참조.

10) ① 관습법은 불문법 가운데 하나로서 제정법(制定法)이 국가법 체계의 대부분을 차지하는 근대국가에서 입법기관에 의해 의도적으로 제정되지 않은 규범 가운데 법적 효력을 부여할 만한 규범적 실체를 말한다. 이러한 관습법은 현행법의 결함과 빈틈을 메우기 위해서 필요하다고 보고 있다. 이에 따라 현행 민법(民法)과 상법(商法)은 관습법에 대해 성문제정법에 대한 보충적 효력을 인정하고 있다(민법 제1조, 상법 제1조). ② 물론, 성문법이 발달함에 따라 관습법의 규율대상은 점차 좁아지고 있으나 제정법으로 모든 사회현상을 빠짐없이 규정하는 것은 불가능하며, 더욱이 사회는 부단히 유동하므로 제정법이 예상하지 못한 현상이 자꾸 생기게 마련이다. 제정법의 규율이 불완전한 영역, 예컨대 국제법이나 거래의 필요상 끊임없이 새로운 관습이 발생하는 상법의 영역에서는 관습법의 법원성을 인정하지 않을 수 없다. 다음 백과사전(http://100.daum.net/encyclopedia).

規範)의 존재로 충분한 것인지, 아니면 그와 같은 직무규범 외에 별도의 특별한 권한규범(權限規範)이 필요한 것인지를 살펴볼 필요가 있다.

직무규범은 경찰이 수행하는 직무의 범위 또는 업무의 범위를 규정한 것이다. 그것은 경찰기관의 활동에 대한 외부적 한계를 나타낸 것으로, 경찰기관이 공익을 위하여 활동할 수 있는지의 '여부'(與否)를 규정한 것이다. 반면 권한규범은 경찰에 의한 직무수행의 여부가 아니라 '방법'(方法)을 규정한 것이다. 즉, 직무는 경찰이 무엇을 하는가의 문제이고, 권한은 직무를 어떻게 수행할 수 있는가의 문제이다.[11)]

특히, 권한규범은 법치국가원리 또는 헌법 제37조 제2항에 근거하여 경찰이 사인(私人)의 자유와 권리를 침해할 수 있는 법적 근거를 말하는 것으로 이해된다. 바꿔 말하면, 경찰의 직무수행이 사인의 권리를 침해하게 된다면, 침해의 근거로서 권한규범이 필요하게 되는 것이다.

따라서 직무규범과 권한규범은 구분되어야 하는 것이다.[12)] 예컨대, 경찰이 범죄수사의 직무를 수행한다고 하여 임의적인 강제연행 등 어떠한 수단이라도 도입·적용할 수 있는 것은 아니며, 다만 법이 허용한 침해수단만을 행사 할 수 있는 것과 같다.

독일과 일본의 직무규범과 권한규범

① 독일(獨逸)의 경우에는 통일경찰법모범초안에서 제1조(경찰의 직무) 제1항과 제8조(일반적 권한)를 각각 직무규범과 권한규범으로 규정함으로써 양자의 구분하는 경향이 있다. 이와 같은 견해가 법치국가의 요건에 충실한 것은 의문이 없으나, 독일에서도 직무규범과 권한규범의 구분이 갖는 의의에 관해서는 많은 논의가 이루어지지 않고 있는 실정이다.[13)]

② 일본(日本)의 경우에도 양자의 구분이 필요하다고 보는 경향이 있으며, 따라서 일본 경찰법 제2조(경찰의 책무) 제1항에[14)] 대해서 경찰의 직무수행과 관련된 일반

11) 홍정선(2007), 경찰행정법, 서울: 박영사, p. 265.

12) 위의 책, p. 265.

13) 통일경찰법모범초안 제1조(경찰의 직무) ① 경찰은 공공의 안녕 또는 질서에 대한 위험을 방지하는 것을 그 직무로 한다(이하생략). 제8조(일반적 권한) ① 경찰은 제9조~제24조에서 경찰의 권한을 특별히 규정하고 있지 않아도 구체적인 경우에 현존하는 공공의 안녕 또는 질서에 대한 위험을 방지하기 위하여 필요한 조치를 할 수 있다. ② 다른 법률에서 경찰에게 일정한 직무를 부여하고 있다면, 관련 직무의 수행을 위하여 그 법에서 규정하고 있는 권한을 갖는다. 그러한 법률이 경찰의 권한을 규정하지 않고 있다면, 경찰은 이 법률에 따라 자신에게 귀속된 권한을 행사할 수 있다. 볼프 R. 쉔케(1998)/서정범 역(2001), 독일경찰법론, 서울: 세창출판사, pp. 313-315.; 서정범(1992), '경찰권발동에 관한 연구: 그의 요건, 대상 및 정도를 중심으로,' 고려대학교 박사학위논문, p. 51 재인용.

14) 일본경찰법 제2조(경찰의 책무) 경찰은 개인의 생명, 신체 및 재산의 보호에 임해서 범죄의 예방, 진압 및 수사, 피의자의 체포, 교통의 단속 기타 공공의 안전과 질서의 유지를 담당하는 것을 그 책무로 한다. 경찰청 기획관리실(1995), 일

적인 내용을 규정하고 있는 직무규범으로 보고 있다.[15] 즉, 직무규범이라는 것은 경찰이 어떠한 업무를 해야 하는가 하는 문제를 규정한 것으로서 그것 자체만 가지고 권력적·침해적 권한행위를 할 수 있는 것은 아니라는 것이다. 다만, 직무규범은 비권력적·비규제적 행위 또는 조치(즉, 국민의 권리 및 권리를 제한하지 않는 활동)를 할 수 있는 근거가 된다. 예컨대, 순찰, 긴급전화 대응, 침해적 내용에 이르지 않는 정보수집 등에 의한 내사, 도로의 장해물 제거, 행방불명자의 수색, 경찰업무에 관한 홍보활동 등은 직무규범에 의해서도 이루어질 수 있다.

우리나라의 경우에도 이 같은 문제에 관하여 두 가지로 견해가 대립하고 있다고 볼 수 있다.[16] 첫째로 경찰법 및 경찰관직무집행법상의 직무규범은 경찰관청과 그 구성원인 경찰관의 권한을 개괄적·일반적으로 규정하는 것이 보통이며, 그것은 선언적 의미를 가지고 있는 것에 불과하다. 따라서 경찰이 일정한 권한을 행사하기 위해서는 직무규범 외에 특별한 권한규범에 의한 수권(授權)을 필요로 하는 것에 법률유보원칙(法律留保原則)의 의의가 있다는 것이다.

둘째, 그런데 경찰이 대외적인 활동을 하기 위해서는 이처럼 직무규범 외에 별도의 권한규범을 필요로 함이 원칙이지만, 직무규범에만 근거하여 활동할 수 있는 경우를 완전히 배제할 수 없다는 것이다. 물론, 경찰의 조치가 국민의 자유와 권리영역을 침해하지 않는 경우에는 직무규범에만 근거하여도 활동할 수 있다고 하여야 할 것이므로, 이러한 문제는 주로 경찰이 권력적 수단으로 국민의 권리영역을 침해하는 경우에 발생한다.

경찰법 제3조(국가경찰의 임무)와 경찰관직무집행법 제2조(직무의 범위)

① 국민의 생명·신체 및 재산의 보호
② 범죄의 예방·진압 및 수사
③ 경비, 주요인사(요인) 경호 및 대간첩·대테러 작전 수행
④ 치안정보의 수집·작성 및 배포
⑤ 교통의 단속과 교통 위해의 방지
⑥ 외국 정부기관 및 국제기구와의 국제협력
⑦ 그 밖의 공공의 안녕과 질서유지.

본경찰법 해설, p. 20.
15) 미야타 사부로우(宮田三郞)/한귀현 역(2003), 앞의 책, pp. 47-49.
16) 서정범(1992), 앞의 논문, p. 23 재인용.

요약건대, 이 같은 견해의 대립은 결국 경찰의 직무를 규정하고 있는 경찰법 제3조 및 경찰관직무집행법 제2조가 권한규범의 성격도 갖는 것으로 보고, 이 조항에만 근거하여 경찰권한의 행사(권력적·규제적 작용)를 인정할 수 있는지에 여부에 귀결된다. 이 문제와 관련하여 군도시과 소속 단속계 직원인 청원경찰(請願警察)이[17] 경찰관직무집행법 제2조에 따라 허가 없이 창고를 주택으로 개축하는 것을 단속한 것은 정당한 공무집행에 속한다고 판결한 대법원 판결은 주목된다.[18] 이 판결은 경찰관직무집행법 제2조가 단순한 직무규범인지 아니면 권한규범으로서의 성격도 갖는지가 분명하지 않는 상황에서 대법원이 이 조항을 권한규범적인 성질을 아울러 갖는 것으로 보았다는 점에 의의가 있다.

2) 권한규범에 의한 경찰권한의 수권 방법

위에서 경찰의 직무규범과 권한규범의 관계 또는 양자의 구분 필요성 등에 대해서 살펴보았다. 그렇다면, 경찰의 권한규정이 요구 될 때, 어떠한 형식으로 존재해야 하는가 하는 문제가 제기된다. 일반적으로 법률에 의해서 경찰권한을 부여하는 방법은 크게 3가지로 나눌 수 있다.

㉠ 일반경찰법상 일반·개괄조항에 의한 일반수권(경찰법 제3조 및 경찰관직무집행법 제2조)

㉡ 일반경찰법상 개별조항에 의한 특별수권(경찰관직무집행법 제3조~제10조의4, 제9조(유치장) 제외)

㉢ 개별경찰법상 개별조항에 의한 특별수권(풍속영업의 규제에 관한 법률, 경범죄처벌법, 형사소송법, 도로교통법, 집회 및 시위에 관한법률, 국가보안법 등 수많은 개별법률)[19]

---

17) 청원경찰(請願警察)은 청원경찰의 배치 결정을 받은 자(즉, 청원주)와 배치된 기관·시설 또는 사업장 등의 구역을 관할하는 경찰서장의 감독을 받아 그 경비구역만의 경비를 목적으로 필요한 범위에서 경찰관직무집행법(警察官職務執行法) 따른 경찰관의 직무를 수행하는 자를 의미한다(청원경찰법 제3조).

18) 경상남도 양상군 도시과 단속계 요원으로 근무하고 있는 청원경찰관인 공소 외 김창성 및 이성주가 원심판시와 같이 1984년 12월 29일에 경상남도 양상군 장안면 임광리 115에 있는 피고인의 집에서 피고인의 형 공소 외 박○○가 허가 없이 창고를 주택으로 개축하는 것을 단속하는 것은 그들의 정당한 공무집행에 속한다고 할 것이다. 따라서 이를 폭력으로 방해한 판시 소위를 공무집행방해죄로 다스린 원심조치는 정당하고 이에 소손과 같이 위법이 있다고 할 수 없다. 대법 1986.1.28., 85도2448.

19) 종래 행정법(경찰행정법) 영역에서는 이를 실질적 의미의 경찰개념에서 접근하고 있다. 이에 따라 질서행정관청이 행하는 영역인 건강경찰(식품위생법, 공중위생법, 전염병예방법 등), 건축경찰(건축법 등), 영업경찰, 재난경찰 등 포괄적으로 다루고 있다. 그러나 여기에서는 형식적 의미의 경찰, 이 가운데 경찰법(警察法상)의 일반경찰 즉, (육상)경찰을 중심으로 살펴보기로 한다.

우리의 법제상 'ⓒ과 ⓒ'이 인정되고 있음은 의문이 없다. 그런데, 첫 번째인 일반경찰법상 일반·개괄조항에 의한 수권방식이 인정되는지의 여부에 대해서는 견해가 일치하지 않고 있다. 한편, 개별법(즉, 특별법)은 일반법에 우선하는 것(特別法優先原則)이므로 ⓒ의 법적 근거가 ⓛ에 우선하고, ⓛ의 법적 근거가 ㉠의 법적 근거에 우선한다.[20]

(1) 일반경찰법상의 일반·개괄적 조항에 의한 권한부여

① 일반·개괄적 수권조항의 의미

먼저, 일반경찰법상 일반적·개괄적(一般的·槪括的) 규범에 의한 권한부여 방식에 대해서 살펴보자. 여기에서 일반경찰법(一般警察法)이라는 것은 범죄 및 무질서 등에 대한 위험방지 및 제거 등과 관련하여 일반적인 규정을 하고 있는 경찰법을 말한다. 이는 일반경찰법상의 형식적·제도적 의미의 경찰에 관한 법규범을 의미한다. 즉, 경찰청을 정점으로 하는 경찰조직 구성원들의 활동 근거가 되는 법을 말한다. 대표적인 일반경찰법으로 '경찰관직무집행법'(警察官職務執行法)을 들 수 있다.

그리고 일반·개괄적이라는 것은 법규범 자체가 구체적으로 명확하지가 않고 포괄적 또는 추상적인 성격이 강하다는 것을 의미한다. 실질적 법치주의(實質的 法治主義) 하에서 법이 일반·개괄적으로 규정되어 있을 경우에는 법적 안정성 또는 예측가능성은 지켜지기 어렵게 된다. 특히 개인의 자유와 권리를 침해할 여지가 강한 경찰권한 행사와 관련된 규정을 이처럼 일반·개괄적으로 규정했을 경우 그 문제는 적지 않게 발생할 가능성을 안게 된다.

따라서 원칙적으로 경찰권한 규정은 일반·개괄적이어서는 안 되고, 구체적이고 개별적(個別的)인 형태로 존재해야 한다. 따라서 경찰권한의 행사에 대한 한계는 제1차적으로 이러한 구체적·개별적 법규정에서 이루어짐을 알 수 있다. 예컨대, 경찰관직무집행법상의 불심검문(제3조), 보호조치(제4조), …무기사용(제10조의4) 등 각 조항에서 개별적으로 한계를 정하고 있음을 알 수 있다.

---

20) 홍정선(2007), 앞의 책, pp. 215-216.; 따라서 언제나 개별경찰법(즉, 특별경찰법)의 개별적 수권조항이 일반경찰법의 개별적 수권조항에 우선하고, 일반경찰법에서 개별적 수권조항이 일반· 개괄적 수권조항에 우선하여 적용된다. 그리고 경찰법상의 일반·개괄적 수권조항은 개별적 수권조항이 존재하지 않았을 때, 그 한도에서만 적용되는데 이를 '일반·개괄적 수권조항의 보충성'이라고 한다. 즉, 일반·개괄적 수권조항은 예외적으로 다음과 같은 경우에 단지, '보충성'(補充性)으로만 적용된다. 첫째, 관련 개별적 수권조항이(명시적으로 혹은 의미상) 특별히 그의 적용을 허용 한 때, 둘째, 개별적 수권조항이 관련된 사안에 있어서 경찰이 개입하기 위한 요건과 허용되는 조치를 남김없이 규율하고 있지 못한 경우, 셋째, 일반·개괄적 수권조항이 구체적인 경우를 내용상 분명하게 파악하거나, 일정한 경우를 규율하기 위해서는 일반·개괄적 수권조항에 의존하는 것이 불가피한 때가 바로 그것이다. 서정범(1992), 앞의 논문, pp. 27-28.

② 일반·개괄적 수권조항의 존재 여부

그러나 이러한 점에도 불구하고, 경찰권한의 법적 근거는 일반·개괄적 수권조항의 형태로도 존재할 수 있다는 점에 주의할 필요가 있다.[21)]

현행 우리나라 경찰법제상 침해적·규제적인 권한행사의 근거규범(즉, 권한규범)으로서 일반·개괄적 조항을 찾아보기는 어렵지만,[22)] 경찰관직무집행법 제2조(직무의 범위) 또는 경찰법 제3조(국가경찰의 임무)는 대법원의 판례 등에 의해 일정 부분 권한규범으로서의 성격을 아울러 가지고 있다고 본다. 그리고 이들 조항에서 특히, 논란이 되는 '그 밖에 공공의 안녕과 질서유지' 역시 불충분하지만 일반·개괄적 수권조항으로서 일종의 권한규범의 성격을 갖는다고 볼 수 있다.[23)]

앞의 청원경찰관련 대법원 판례에서는 직무규범인 이들 조항을 경찰권한 행사의 대한 권한규범으로 보고 있으며, 이 가운데 특히 '공공의 안녕과 질서의 유지'를 실정법상 일반·개괄적 수권조항으로 이해하였다는 것을 의미한다. 즉, 대법원은 경찰권한 행사와 관련하여 사실상 일반법적 지위를 가지고 있는 경찰관직무집행법에 경찰관(청원경찰관)이 '불법적인 건축행위를 단속할 수 있다'는 권한조항이 없음에도 불구하고,[24)] '불법적인 건축행위를 단속한 것은 정당하다'고 판결한 것은 이를 경찰권한 행사의 일반·개괄적 수권조항으로 보았던 것이다.

③ 일반·개괄적 수권조항의 필요성

그러나 대법원의 판례에도 불구하고 경찰법에서 위와 같은 일반적·개괄적 수권조항의 존재를 인정할 수 있는지, 있다면 일반·개괄적 수권조항에 근거하여 경찰권한을 행사할 수 있는지에 관해서는 여전히 견해의 차이가 있다.[25)]

---

21) 독일의 경우, 각 지방(Land)에서는 예로부터 개괄적 수권조항과 개별적 수권조항이 병렬적으로 적용되어 왔다. 독일의 경우, 개괄적 수권조항의 전형으로서는 "경찰행정청은 현행법의 범위 안에서 공공의 안녕 또는 질서를 위협하는 위험으로부터 공중 또는 개인을 보호하기 위하여 의무 적합적 재량에 따라 필요한 조치를 취하여만 한다"라고 규정한 프로이센 경찰행정법(Pr. PVG, 1931) 제14조 1항의 전통을 이어 받아 '경찰은 공공의 안녕 또는 질서에 대한 위험을 방지하기 위하여 필요한 조치(措置, 즉 권한행사)를 취할 수 있다'고 규정한 통일경찰법모범초안(MEPolG) 제8조를 들 수 있다. 물론, 독일에서도 오늘날 경찰권한 행사와 관련된 불확정 개념(예, 공공의 안녕과 질서 등)이 학설 및 판례에 의해 정교화 되었고, 동시에 경찰법상의 개별적 수권조항이 제정되어 일반·개괄적 권한규범에 대한 실질적 의미가 많이 상실되었다. 홍정선(2007), 앞의 책, pp. 266-267.

22) 위의 책, pp. 265-267.

23) 김남진(2002), 앞의 책, p. 132.

24) 당시의 건축법상 건축행위에 대한 단속을 취할 수 있는 권한은 시장 또는 군수와 같은 일반행정기관에 부여되어 있었다(제42조 제1항). 그럼에도 불구하고 대법원에서 '공공의 안녕과 질서유지' 조항을 근거로 청원경찰의 공무집행을 정당한 것으로 판단한 것이다. 서정범(1992), 앞의 논문, p. 24.

25) 이하 위의 논문, pp. 24-27 재구성.

먼저 이를 부정하는 입장에서는 경찰권한의 행사는 권력적 작용으로서 법률유보(法律留保)를 본질적인 것으로 하기 때문에 이를 행사하기 위해서는 일반·개괄적 수권조항의 존재만으로는 불충분하다는 견해이다. 즉, 법률유보의 원칙상 경찰권한의 행사를 위해서는 개별적인 법규정에 의한 구체적인 법적 수권을 필요로 한다는 입장이다.

반면, 일반·개괄적 수권조항의 필요성을 긍정하는 입장에서는 다음과 같은 근거를 제시하고 있다. 첫째, 기술수준과 사회적 사정의 변화 등으로 인해 입법자가 예상할 수 없는 경찰상의 위해가 발생하는 경우에는 미리 규정된 개별적인 수권규정에 의하여 해결되지 못하는 경우가 존재하므로 이러한 경우에 대비하기 위하여 일반·개괄적인 수권조항이 필요하다는 것이다. 둘째, 일반·개괄적 수권조항의 내용을 이루는 '불확정 법개념'(不確定 法概念, 공공의 안녕·질서 및 위험 등)들은 학설과 판례에 의하여 상세하게 정해질 수 있는 것이므로 일반·개괄적 수권조항의 적용영역이 일반의 가치관에 따라 결정되는 경우 그의 내용·목적 및 범위가 충분히 특정될 수 있다. 셋째, 일반·개괄적 수권조항에 근거하여 경찰권한의 행사가 이루어지는 경우에 적용될 법원칙(우리나라에서 말해지고 있는 경찰권행사의 조리상 한계)이 충분히 발달되어 있다(조리상의 한계는 후술하기로 한다). 끝으로 일반·개괄적 수권조항의 확대해석 및 그에 근거한 경찰권행사의 남용은 모두 사법심사의 대상이 된다는 점이다.

생각건대, 일반·개괄적 수권조항은 '공공의 안녕 혹은 질서에 대한 위험'이라고 하는, 일견 막연하고 포괄적인 요건 하에 경찰권한을 행사할 수 있게 함으로써 경찰권한의 행사가 남용될 소지를 제공하고 있다. 그러나 후술하는 것처럼 일반·개괄적 수권조항은 어디까지나 제2차적·보충적으로만 적용되며(이른바 '보충성의 원칙'), 또한 긍정설이 정당하게 지적하고 있는 것처럼 학설과 판례에 의하여 일반·개괄적 수권조항의 내용·목적 및 범위가 충분히 상세화 되고 그의 의미도 분명해 졌다. 더욱이 일반적·개괄적 수권조항이란 용어가 법적 용어로 확립되었음을 고려할 때, 이 개념의 적용을 주저할 필요는 없다고 생각한다. 따라서 불확정 법개념을 사용하고 있는 일반·개괄적 수권조항에 근거하여 경찰권한을 발동하는 것이 법치국가의 원칙, 특히 법률유보의 원칙에 반(反)한다고 보는 것은 타당하지 않다고 생각한다.

(2) 일반경찰법상의 개별적 조항에 의한 권한부여

① 개별적 수권조항의 의미

현행법상 범죄 및 무질서 등에 대한 위험방지 및 제거 등과 관련하여 일반적인 규정을 하고 있는 일반경찰법은 경찰관직무집행법(警察官職務執行法, 1953년 제정)을 말한다.[26] 위에서 경찰관직무집행법 제2조(직무의 범위)는 직무규범으로서, 그리고 권한규범으로서 일반·개괄적 수권(특히, '그 밖에 공공의 안녕과 질서유지)조항으로서의 의미도 아울러 가지고 있다는 점을 살펴보았다.

여기에서 논의하는 일반경찰법상 개별적(個別的) 규범은 이러한 일반·개괄적 수권조항(즉, 제2조) 이외의 일체의 권한규범을 말한다. 즉, 경찰관직무집행법 제3조(불심검문) 이하 제10조의4(무기의 사용)에 이르는 조항 등 대부분의 규정들이 이에 해당된다(이에 대한 세부적인 내용은 다음 장에서 살펴보기로 한다).

일반경찰법(경찰관직무집행법)상 개별적 권한규범

① 불심검문 권한(제3조)
② 보호조치 등의 권한(제4조)
③ 위험발생의 방지 등의 권한(제5조)
④ 범죄의 예방과 제지 권한(제6조)
⑤ 위험방지를 위한 출입 권한(제7조)
⑥ 사실의 확인 등의 권한(제8조)
⑦ 국제협력 권한(제8조의2, 신설)
⑧ 경찰장비의 사용 등의 권한(제10조)
⑨ 경찰장구의 사용 권한(제10조의2)
⑩ 분사기 등의 사용 권한(제10조의3)
⑪ 무기의 사용 권한(제10조의4)

이처럼 경찰관직무집행법은 직무규범으로서 그리고 권한 행사와 관련된 일반·개괄적 조항과 개별적 조항을 규정하고 있는 권한규범 등의 성격을 모두 가지고 있음을 알 수 있다. 경찰관직무집행법은 지난 과거에서 현재에 이르는 동안 일반경찰기관인 경찰이 일선현장에서 직무를 수행하는데 꼭 필요한 직무내용과 관련권한을 '표준적·전형적'(標準的·典型的)으로 규정하고 있다고 할 수 있다. 따라서 경찰의 '표준적 직무행위'라는 것은 '경찰조직이 계속 존속해 오는 동안 경험적으로 터득한 또는 학습된 행동규칙(learned

26) 우리나라 경찰관직무집행법(警察官職務執行法)은 제2차 세계대전 종전 후에 제정된 일본의 경찰관직무집행법(1948)을 거의 그대로 계수(繼受)하여 1953년 12월 법률 제299호로 제정·공포되었다. 이후 경찰현실에 부응하기 위하여 전문개정(1981)하는 등 수차례 내용을 개정하여 오늘에 이르고 있다. 한국형사정책연구원(1995), 경찰관직무집행법에 관한 연구, pp. 26-27.

behavior rules)'이라고 할 수 있을 것이다.

② 개별적 수권조항의 특징

경찰관직무집행법에 의한 개별적 수권조항에 의한 권한행사(즉, 표준적 직무조치)는 일반적으로 행정경찰작용(行政警察作用)으로서의 성질을 갖는 것으로 인식되고 있지만, 아울러 사법경찰작용(司法警察作用)로서의 성질도 적지 않게 가지고 있음은 물론이다(예컨대, 불심검문, 범죄의 제지, 사실의 확인, 경찰장비의 사용 등을 들 수 있다).

그러한 경찰권한의 행사는 상대방 등에게 작위(作爲)·부작위(不作爲)·수인(受忍)의 의무 등을 부과한다. 그리고 이러한 조치는 영장이 요구되지 아니한다. 즉, 영장주의(令狀主義)의 예외가 되는 셈인데, 여기에 개별적 수권에 의한 권한행사가 갖는 또 하나의 의미라고 할 수 있다.[27]

한편, 불확정성을 특징으로 하는 일반·개괄적 수권조항과는 달리 개별적 수권조항은 보다 구체적이기 때문에, 이에 근거하여 경찰권한을 행사하는 경우, 이의 한계는 개별조항의 해석을 통하여 밝혀질 수 있다. 예컨대, 경찰이 경찰관직무집행법 제3조에 의해 특정인에 대한 불심검문(不審檢問)을 한다면, 이의 요건 및 한계는 이 규정 자체(제1항~7항에 이르는 내용)에 구체적으로 들어있음을 알 수 있다.

물론, 개별적 조항에 의하여 경찰권한을 행사하는 경우에도 재량이 인정되며, 그 한도에서 '조리상의 한계'가 논해질 수 있다. 그러나 이 경우에 있어서는 일반·개괄적 조항에 의하여 경찰권한이 행사되는 경우와 같이 여러 법원칙 또는 조리(경찰 소극목적의 원칙, 공공의 원칙, 비례의 원칙, 평등의 원칙, 책임의 원칙, 보충성의 원칙 등)가 포괄적으로 적용되지는 않는다고 본다.

예컨대, 경찰관직무집행법 제3조 제1항(불심검문)에서 '㉠ 수상한 행동이나 그 밖의 주위 사정을 합리적으로 판단하여 볼 때 어떠한 죄를 범하였거나 범하려 하고 있다고 의심할 만한 상당한 이유가 있는 사람, ㉡ 이미 행하여진 범죄나 행하여지려고 하는 범죄행위에 관한 사실을 안다고 인정되는 사람을 정지시켜 질문할 수 있다'라고 규정하고 있는데, 이에 의하여 경찰권한을 행사(즉, 불심검문)하는 경우, 위에서 말하는 조리상의 한계가 포괄적으로 적용될 여지는 없다고 보는 것이다.

여기에 바로 '경찰권한의 근거와 한계(또는 경찰권한 행사의 요건과 효과)'를 논의하는데 있어서 일반·개괄적 조항에 의하는 경우와 개별적 조항에 의하는 경우를 구분하여 살펴보는 이유가 있는 것이다.

27) 홍정선(2007), 앞의 책, pp. 225-226.

(3) 개별경찰법상의 개별적 조항에 의한 권한 부여

범죄 및 각종 위험의 방지·제거 목적에 기여하는 법규는 일반경찰법 외에 수많은 개별경찰법(즉, 특별경찰법)에서 규정되고 있다. 이를 개별경찰법에 의한 개별적 수권이라고 한다. 주의할 것은 개별경찰법에 따른 경찰권한의 행사는 반드시 형식적·제도적 의미의 경찰에 의해서만 수행되는 것은 아니라는 점이다. 그것은 관련 주무부 장관 등에 의해서 수행되기도 한다(다만, 이 글에서는 이 가운데 형식적·제도적 의미의 경찰에 의해 수행되는 개별경찰법상의 개별적 권한규범을 중심으로 살펴보기로 한다).

한편, 개별경찰법이 적용되는 한, 일반경찰법의 적용은 배제 된다(특별법우선의 원칙). 경찰권한 행사의 실제에 있어서 개별경찰법에 따른 경찰활동 범위는 매우 넓고 방대하다. 그리고 개별경찰법은 본질적으로 범죄 및 위험방지·제거를 목적으로 한 것(예, 보안관찰법 등)도 있지만 상당부분은 개별적인 행정목적을 달성하기 위한 부수적인 것(예, 집회 및 시위에 관한 법률 등)이라 할 수 있다.[28] 개별경찰법상의 개별적 수권조항에 의한 권한행사 및 관련 내용에 대해서는 후술하는 경찰현장운용(제4장~제10장)에서 살펴보기로 한다.

제3절 경찰권한 행사의 한계

1. 경찰권한 행사와 조리상의 한계

1) 조리상의 한계의 의의

그런데, 이상에서 살펴본 바와 같이 강제적·규제적인 경찰권한 행사에 관한 내용을 법에 규정하고 있다고 할지라도 경찰기관은 그러한 법령의 범위 안에서 아무런 제한 없이 자유롭게 행사할 수 있는 것은 아니다. 즉, 경찰권한 행사에 대한 법규상의 한계 외에도,

28) ① 보안관찰법 제1조(목적): 이 법은 특정범죄를 범한 자에 대하여 재범의 위험성을 예방하고 건전한 사회복귀를 촉진하기 위하여 보안관찰처분을 함으로써 국가의 안전과 사회의 안녕을 유지함을 목적으로 한다. ② 집회 및 시위에 관한 법률 제1조(목적): 이 법은 적법한 집회 및 시위를 최대한 보장하고 위법한 시위로부터 국민을 보호함으로써 집회 및 시위의 권리보장과 공공의 안녕질서가 적절히 조화를 이루도록 하는 것을 목적으로 한다.

일정한 한계를 정할 필요가 있는데 이것이 바로 '조리(條理)상의 한계'이다.[29] 이 조리상의 한계 역시 경찰법을 지배하는 법원(法源)이라고 할 수 있으며, 따라서 이와 관련하여 상당부분이 헌법상에서 규정되어 있다.

사실, 경찰법규에 경찰권한 행사와 관련된 규범들을 모두 예상하여 입법화한다는 것은 불가능하다. 그렇기 때문에 경찰법 제3조(국가경찰의 임무)과 경찰관직무집행법 제2조(직무의 범위)에 대해서 직무규범이자 권한규범 즉, 일반·개괄적 수권규정으로서 성격을 아울러 가지고 있다고 보는 것이다.

그리고 비록 특별·개별적 수권규정을 두고 있다 할지라도 각 규정을 살펴보면, '주위의 사정을 합리적으로 판단하여', '범죄의 사실을 안다고 인정되는 사람', '필요하다고 인정할 때에는 필요한 조치를 취할 수 있다' 등과 같이 추상적인 불확정개념(不確定槪念)으로 규정하고 있는 것이 현실이다. 게다가 여기에 '주의의 사정', '필요한 정도' 등은 경찰의 판단에 맡기는 광범위한 재량(裁量, discretion)을 부여하지 않을 수 없는 것이 현실이다.

이러한 추상적인 불확정 개념의 사용과 재량권의 행사는 비단 행정경찰작용에 국한되지 않는다고 본다. 경찰을 포함한 검찰·법원·교정에 이르는 형사사법(刑事司法) 전반에 걸쳐 재량권 행사의 여지는 적지 않다고 보며, 따라서 사법경찰작용에 있어서도 재량권의 행사는 광범위하게 이루어질 수 있다. 그렇기 때문에 헌법 차원에서 특히, 형사절차에서 야기될 수 있는 인권침해 문제를 우려하여 이에 대한 명문규정을 적지 않게 두고 있는 것이다(재량행위 문제는 후술하기로 한다).

일반적으로 경찰법원리상의 한계(즉, 조리상의 한계)와 관련하여 ㉠ 경찰소극목적의 원칙, ㉡ 경찰공공의 원칙, ㉢ 경찰비례의 원칙, ㉣ 경찰평등의 원칙, ㉤ 경찰책임의 원칙 등이 논의되고 있다.[30] 경찰권한 행사에서 논의되고 있는 조리상의 한계에 관한 설명은 독일에서 일반·개괄적 수권조항에 근거하여 경찰권한을 행사하는 경우에 적용되는 법원칙에서 발전된 것이다.[31]

이러한 점에서 볼 때, 조리상의 한계 문제는 주로 행정경찰의 권한행사와 관련된 것이라고 볼 수 있다. 그러나 이러한 조리상의 한계는 사법경찰의 권한행사에 있어서도 마찬

29) 조리(條理)라는 것은 사물의 본질적 법칙 즉, 상식이나 사회통념, 도리, 도덕, 신의성실 등을 의미하는 것으로 수많은 사람들이 인정하는 공통적인 규범이라 할 수 있다.
30) 김남진(2002), 앞의 책, pp. 135-144.; 홍정선(2007), 앞의 책, pp. 268-272.; 김창윤·이창한·최선우 외 13인 공저(2012), 경찰학, pp. 309-317.
31) 김남진(2002), 앞의 책, p. 131.

가지로 적용될 수 있다고 본다. 한편, 이러한 조리상 한계는 하나의 원칙(原則)이기 때문에 예외가 존재한다는 점에 주의할 필요가 있다.

2) 조리상의 한계의 종류

(1) 경찰소극목적의 원칙

경찰소극목적의 원칙이란 경찰권한은 사회공공의 안녕과 질서의 유지에 대한 위해의 방지·제거라는 소극적 목적을 위해서만 발동될 수 있다는 원칙이다. 헌법 제37조 제2항에 따르면, 국가의 임무에는 국가의 안전보장, 질서유지, 공공복리 세 가지가 있는데, 이 가운데 경찰권한은 특히 질서유지(秩序維持)와 관련된 개념으로 볼 수 있다(물론, 안전보장과 공공복리가 전적으로 배제되는 것은 아니라고 본다). 따라서 경찰권한이 적극적인 복리증진을 위한 적극적 목적을 위하여 발동되거나 군정(軍政) 등과 같이 국가목적을 위해서는 행사될 수 없으며, 이처럼 경찰소극목적의 원칙을 벗어난 것은 위법한 것이 된다.

다만, 이 경찰소극목적의 원칙은 경찰개념(즉, 경찰국가에 대한 법치국가의 경찰개념 정립과정에서 도입된 '소극적 질서유지')으로부터 당연히 나오는 것으로서 특별한 의미를 갖는 것이 아니라는 견해도 있으나, 조리상의 한계 자체가 경찰권한의 목적과 그 실질적 개념에서 도출되는 내재적인 법원칙의 천명이라는 점에서 이 원칙 역시 조리상의 한계로 보아야 할 것이다.[32)]

(2) 경찰공공의 원칙

경찰공공의 원칙이란 경찰권한은 원칙적으로 사회질서 위협에 직접적인 영향이 없는 개인의 사익(사생활·사주소·민사상의 법률관계, 통신의 비밀 등)에 대해서는 관여할 수 없다는 것을 의미한다. 사생활·사주소불가침의 원칙은 헌법상의 원칙(제16조, 제17조, 제18조 등)을 경찰법에 적용한 것이다. 헌법에서 규정하고 있는 사주소불가침의 원칙은 특히, 형사절차와 관련된 것이다. 즉, 모든 국민은 주거의 자유를 침해받지 아니한다고

32) 대륙법계의 근대경찰 형성과정에서 '소극적 질서유지' 개념은 중요한 의미를 가지고 있다. 이는 대륙법계 특징상, 특히 행정경찰 영역에서 형성·발전된 것이다. 그런데, 소극적 질서유지 개념은 사법경찰작용에서 당연히 적용되는 것이다. 이미 발생한 사건에 대응하는 사법작용은 과거지향적인 것이며, 따라서 특별한 경우를 제외하고는 장래에 범죄를 저지를 것까지를 우려하여 적극적으로 처벌할 수는 없는 일이다. 따라서 사법경찰작용의 근거가 되는 형벌에 있어서 예비(豫備, 범행결의를 실천에 옮기기 위하여 물적으로 준비하는 행위)와 음모(陰謀, 2인 이상의 범행의 결의를 상호 합의하는 행위)는 범죄실행의 착수 이전 단계에 일어나는 것이므로 원칙적으로 형사처벌의 대상이 되지 않는다. 형법 제28조는 '범죄의 음모 또는 예비행위가 실행의 착수에 이르지 아니한 때에는 법률에 특별한 규정이 없는 한 벌하지 아니한다'고 명문으로 규정하고 있다. 신동운(2010), 형법총론, 서울: 법문사, p. 455.

규정하고 있는데, 이를 위해 경찰 등 형사사법기관이 주거에 대한 압수나 수색을 할 때에는 검사의 신청에 의하여 법관이 발부한 영장(令狀)을 제시하도록 하고 있다(제16조 단서).[33)]

따라서 경찰권한이 이 원칙에 위반하여 행사된 경우에는 위법한 것이 되며, 경찰권한이 이 한계를 벗어나 국민의 권리와 이익을 침해한 때에는 일반적으로 국가배상 등에 의하여 구제받을 수 있다.

① 사생활불가침의 원칙

경찰은 사회공공의 질서와 직접 관계없는 개인의 사생활(私生活)이나 행동에는 간섭해서는 안 된다. 다만 개인의 사생활일지라도 정신착란 또는 음주로 인하여 자기 또는 타인의 생명·신체·재산에 위해를 미칠 우려가 있는 자의 보호조치라든지 전염병환자에 대한 강제격리·수용조치 등 사회질서에 직접적인 관계가 있는 것은 예외적으로 경찰권한 행사의 대상이 된다.

② 사주소불가침의 원칙

경찰은 공중과 직접 접촉되지 않는 사주소(私住所) 내에서의 행동은 사회질서에 직접 영향을 미치지 않는 한 관여할 수 없다. 여기에서 사주소란 개인의 주거용 가택뿐만 아니라 회사·사무소·창고·연구실 등과 같이 비거주건축물도 포함된다. 그러나 흥행장·음식점·여관·역 등과 같이 항상 불특정다수인에게 이용이 개방되어 있는 장소는 사주소에 포함되지 않는다.

원래, 이 원칙은 그 행위가 만약 공공의 장소에서 행하여진다면 당연히 금지되어야 할 행동이라도 그것이 사주소 내에서 행하여진다면 원칙적으로 사회공공의 안녕과 질서에 영향을 미치지 아니하므로 각자의 자유에 맡기고 질서유지행정권의 대상이 되지 않는다는 취지이다. 한편, 사주소불가침에도 한계가 있다. 즉, 사주소 내의 행위가 공공의 안녕이나 질서에 직접 중대한 장해를 가져오는 경우(예: 지나친 소음, 악취, 음향의 발생 등)에는 경찰의 개입이 가능하게 된다.

---

33) 최근 가정폭력에 대한 경찰의 권한행사가 확대되었는데, 이는 종래 사생활·사주소에 대한 경찰의 소극적 개입을 확대한 것으로 경찰공공의 원칙을 제한한 것이라 할 수 있다. 가정폭력이라는 것은 '가정구성원 사이의 신체적, 정신적 또는 재산상 피해를 수반하는 행위'를 말하는 것이다(가정폭력범죄의 처벌 등에 관한 특례법 제2조 제1호). 따라서 진행 중인 가정폭력범죄에 대하여 신고를 받은 사법경찰관리는 즉시 현장에 나가서 다음의 조치를 하여야 한다. ① 폭력행위의 제지, 가정폭력행위자·피해자의 분리 및 범죄수사, ② 피해자를 가정폭력 관련 상담소 또는 보호시설로 인도(피해자가 동의한 경우만 해당), ③ 긴급치료가 필요한 피해자를 의료기관으로 인도, 그리고 ④ 폭력행위 재발시 제8조에 따라 임시조치를 신청할 수 있음을 통보해주어야 한다(동법 제5조).

③ 민사관계불간섭의 원칙

민사상의 법률관계 또는 권리관계에 경찰은 개입할 수 없다. 그것은 직접 공공의 안녕이나 질서에 위해를 가하는 것은 아니기 때문이다. 이는 개인의 재산권의 행사, 친족권의 행사, 민사사상의 계약 등은 개인 사이의 사적인 관계에 그치고, 그 권리의 침해나 채무의 불이행에 대하여는 사법권에 의하여 보호되므로, 경찰이 관여할 사항이 아니라는 것을 의미한다. 예컨대, 경찰이 사인간의 가옥임대차에 관한 분쟁에 개입하거나, 민사상의 채권집행에 관여하거나 범죄의 종료 후 범죄로 인하여 생긴 손해를 배상시키려고 한 행위는 그 직무상의 행위로 볼 수 없는 위법행위라 할 것이다.

그러나 민사상의 법률관계라 할지라도 당사자의 사익에 그치지 않고 그것이 동시에 공중의 안전·위생·풍속·교통 기타 사회공공의 안녕과 질서에 영향을 미치는 경우에는 경찰의 개입이 가능하다. 예컨대, 암표매매 행위는 민사상의 특정인의 이해관계를 벗어나 사회공공에 직접적인 위해를 가하는 경우라 할 수 있다.[34] 한편, 민사상의 거래에 경찰상의 허가(許可)를 필요로 하는 경우도 있다.[35]

(3) 경찰비례의 원칙

① 경찰비례원칙의 의의

비례원칙(比例原則)이란 경찰권한 행사의 목적과 그 목적을 실현하기 위한 수단의 관계에서 도출된다. 즉, 경찰수단은 경찰목적을 실현하는데 ㉠ 적합하고 또한 ㉡ 최소 침해를 가져오는 것이어야 할 뿐만 아니라, 아울러 ㉢ 그 수단의 도입으로 인해 생겨나는 침해가 의도하는 이익·효과를 능가하여서는 안 된다는 원칙을 말한다.[36] 바꿔 말하면, 경찰권한의 행사는 달성하려고 하는 공공의 안녕과 질서의 유지라는 필요성과 사인의 권리에 대한 침해가 비례관계를 가져야 한다는 의미를 말한다.

오늘날 비례원칙은 국가권력 행사의 모든 영역(입법·행정·사법)에서 고려되어야 할 헌법적 요청으로 이해되고 있다. 비례원칙의 대표적인 헌법적 근거는 제37조 제2항에서 말하는 '필요한 경우'에서 찾을 수 있으며, 그에 따라 비례원칙을 충족했는가 여부는 국

34) 암표매매를 한 사람은 흥행장, 경기장, 역, 나루터, 정류장, 그 밖에 정하여진 요금을 받고 입장시키거나 승차 또는 승선시키는 곳에서 웃돈을 받고 입장권·승차권 또는 승선권을 다른 사람에게 되판 사람으로서 20만원 이하의 벌금, 구류 또는 과료의 형으로 처벌한다(경범죄처벌법 제3조 제2항 제4호).

35) 화약류를 양도 또는 양수하고자 하는 사람은 행정안전부령이 정하는 바에 의하여 그 주소지 또는 화약류의 사용지를 관할하는 경찰서장의 허가(許可)를 받아야 한다. 다만, 다음의 어느 하나에 해당하는 경우에는 그러하지 아니하다(이하 생략)(총포·도검·화약류 등의 안전관리에 관한 법률 제21조 제1항).

36) 홍정선(2007), 앞의 책, pp. 53-54.

가권력행사의 정당성을 판단하는 기준으로 작용하고 있다. 즉 기본권 제한입법과 관련하여 기본권 제한의 목적·형식·방법 및 내용상의 한계를 분명히 함으로써 비례원칙을 채택하고 있는 것이다.

그리고 헌법 제12조 제1항의 적법절차(適法節次) 조항에서 수사비례원칙(搜査比例原則)을 이끌어 낼 수 있다. 범죄수사에서 비례원칙은 국가권력을 제한하고 수사절차에서 관련 당사자들의 기본권 제한을 가능한 축소시키는 역할을 한다.[37] 한편, 경찰관직무집행법에서도 제1조 2항에서 '이 법에 규정된 경찰관의 직권은 그 직무수행에 필요한 최소한도 내에서 행사되어야 하며 남용하여서는 아니 된다'는 규정은 경찰비례의 원칙을 직접적으로 규정한 것이라 할 수 있다.

② 경찰비례원칙의 내용

헌법 제37조 제2항에서 말하는 '필요한 경우'란 바로 (광의의)비례원칙(적합성의 원칙+필요성의 원칙+상당성의 원칙)을 뜻하는 것으로 행정경찰과 사법경찰 영역에서 중요한 법원칙으로서 해석된다.[38] 판례에서도 비례원칙을 인정하고 있음은 물론이다.[39]

㉠ 적합성의 원칙

경찰이 도입하는 수단이 그 목적을 달성하는데 법적으로나 사실상으로 적합해야 한다는 것을 의미한다. 경찰권한의 행사는 공공의 안녕질서에 대한 위험의 방지에 적합하고, 그를 시행하는 것이 사실적 혹은 법적으로 가능하여야 한다. 즉, 경찰의 직무수행에 적합하지 않거나 무용한 조치, 사실적 혹은 법적으로 불가능한 조치 등은 적합성의 원칙에 반한다고 볼 수 있다.

㉡ 필요성의 원칙

최소 침해의 원칙이라고도 하며, 이 원칙은 일정한 목적을 달성할 수 있는 수단이 여러

---

37) 배종대·이상돈·정승환(2009), 형사소송법, 서울: 홍문사, p. 90.

38) 홍정선(2007), 앞의 책, pp. 55-58.; 형사소송법 제199조는 '수사에 관하여는 그 목적을 달성하기 위하여 필요한 조사를 할 수 있다'고 규정하고 있는데, 여기서 '필요한'이란 비례원칙의 세 가지 부분원칙을 포괄하는 것이다. 배종대·이상돈·정승환(2009), 앞의 책, p. 90.

39) 경찰관은 범인의 체포 또는 도주의 방지, 타인 또는 경찰관의 생명·신체에 대한 방호, 공무집행에 대한 항거의 억제를 위하여 필요한 때에는 최소한의 범위 안에서 가스총을 사용할 수 있다. 그러나 가스총은 통상의 용법대로 사용하는 경우 사람의 생명 또는 신체에 위해를 가할 수 있는 이른바 '위해성 장비'로서 그 탄환은 고무마개로 막혀 있어 사람에게 근접하여 발사하는 경우에는 고무마개가 가스와 함께 발사되어 인체에 위해를 가할 가능성이 있다. 따라서 이를 사용하는 경찰관으로서는 인체에 대한 위해를 방지하기 위하여 상대방과 근접한 거리에서 상대방의 얼굴을 향하여 이를 발사하지 않는 등 가스총 사용시 요구되는 최소한의 안전수칙을 준수함으로써 장비사용으로 인한 사고발생을 미리 막아야 할 주의 의무가 있다. 대법 2003.3.14., 2002다57218.

가지인 경우에 경찰은 개인이나 공중에게 가장 적은 침해나 부담을 주는 수단을 선택해야 한다는 것을 의미한다. 예컨대, 자동차에 의하여 야기된 교통체증이 자동차를 옮김으로 인하여 제거될 수 있다면 그의 견인(牽引)은 허용되지 않는다.

ⓒ 상당성의 원칙

이는 좁은 의미의 비례원칙이라고도 하는데, 경찰의 어떠한 권한행사가 경찰목적의 실현에 적합하고 필요한 경우라고 하더라도 이를 행사함에 따른 불이익이 그것에 의해 초래되는 이익보다 큰 경우에는 그 조치를 취해서는 안 된다는 것을 의미한다(이를 균형성의 원칙이라고도 한다). '버찌나무에 앉아 있는 참새를 쫓기 위해 대포를 쏘아서는 안 된다'는 독일 고사는 이 원칙을 잘 표현하고 있다. 따라서 예컨대, 경찰이 단순 절도범을 제압할 목적으로 총기를 사용하여 사망에 이르게 하였다면, 이는 상당성을 벗어난 행위라고 할 수 있다.

상당성의 원칙의 적용에 있어 요구되는 이익형량을 함에 있어서 특히 그때 그때의 위협을 받는 보호법익의 가치와 경찰의 개입으로 인하여 위험을 야기한 사람에게 발생할 것이 예상되는 손해의 중요도 및 손해발생의 개연성 정도로 고려되어야 한다. 그 결과, 그때 그때의 위협을 받는 보호법익보다 더 고차원적인 이익이 존재하는 경우에는 경찰의 개입이 부적당한 것으로 해석될 수 있다.

(4) 경찰평등의 원칙

경찰평등의 원칙은 경찰권한 행사에 있어서 성별·종교·사회적 신분 등을 이유로 차별이 있어서는 안 된다는 원칙을 말한다. 이는 헌법에서 규정하고 있는 평등의 원칙(제11조)을 경찰 영역에서 표현한 것이다.[40]

이 헌법상의 평등의 원칙은 경찰권한의 행사를 포함한 모든 국가작용에 예외 없이 적용되어야 한다. 다만, 대통령, 국회의원, 주한미군, 그리고 외교사절 등에 대해서는 일정 부분 예외가 허용된다.

과거에는 이 원칙은 조리상의 한계로 거론되지 않았던 것이나, 현재는 헌법상의 명시적 원칙 또는 그에서 도출되는 헌법적 효력을 가지는 일반원리로서 권력적·침익적 작용인 경찰권한의 행사에 있어서 중요한 제한 원칙으로 인식되고 있다.

---

40) 모든 국민은 법 앞에 평등하다. 누구든지 성별·종교 또는 사회적 신분에 의하여 정치적·경제적·사회적·문화적 생활의 모든 영역에 있어서 차별을 받지 아니한다(헌법 제11조 제1항).

(5) 경찰책임의 원칙

경찰책임의 원칙이란 경찰권한은 경찰상 위험의 발생 또는 위험의 제거에 책임이 있는 자에게 행사되어야 한다는 원칙을 말한다. 경찰책임의 유형에는 행위책임, 상태책임, 혼합책임, 그리고 긴급 상태의 경우가 있다.

행위책임은 자연인(自然人)이나 법인(法人)이 자신의 행위나 자신을 위하여 행동하는 타인의 행위를 통해서 공공의 안녕이나 질서에 위험을 야기하였다면, 그러한 장해에 대하여 지는 책임을 말한다. 상태책임은 자기의 물건으로 인해 관련 위험을 야기하였을 때 부담하는 책임을 말한다. 혼합책임은 행위책임과 상태책임이 결합하여 위험을 가져오는 경우를 말한다.

한편, 예외적으로는 경찰상 위험의 발생과 무관한 자에게 행사되는 경우도 있다. 경찰상 긴급 상태가 바로 그것이다. 즉, 경찰은 공공의 안녕이나 질서에 대한 위험의 극복을 위하여 경우에 따라서는 장해를 야기한 자가 아닌 자에 대하여 경찰권한을 행사하지 않으면 안 되는 경우도 있다. 경찰상 긴급 상태에서의 경찰개입은 보다 엄격하여야 함은 물론이다. 긴급 상태의 예와 관련하여 경범죄처벌법상의 '공무원 원조불응'을 들 수 있다.[41]

2. 경찰권한 행사와 재량

1) 경찰재량행위의 의의

이상과 같이 경찰권한 행사는 원칙적으로 법적인 근거에 의해 이루어져야 함을 알 수 있다. 그러한 권한행사의 법적 근거는 기본적으로 특별·개별적인 형태로 존재해야하지만 예외적으로 일반·개괄적인 형태로 존재할 수 있다고 볼 수 있다. 그리고 그러한 권한 행사는 법적인 한계뿐만 아니라 조리상의 한계에 의해서 통제될 수 있음을 살펴보았다.

경찰은 이러한 법적인 한계와 조리상의 한계의 영역에서 일정한 재량권한(裁量權限)을 가지고 있다. 비록, 경찰권한 행사와 관련하여 법규정과 조리에 의해 일정한 한계를 정하고 있지만, 그 속에는 상당부분 추상적·불확정 개념이 들어있으며, 따라서 일차적으로 그에 대한 '판단여지(判斷餘地)의 문제'가 존재하게 된다.[42]

41) 눈·비·바람·해일·지진 등으로 인한 재해 또는 화재·교통사고·범죄 그 밖의 급작스러운 사고가 발생한 때에 그곳에 있으면서도 정당한 이유 없이 관계공무원 또는 이를 돕는 사람의 현장출입에 관한 지시에 따르지 아니하거나 공무원이 도움을 청하여도 이에 응하지 아니한 사람은 10만원 이하의 벌금, 구류 또는 과료의 형으로 처벌한다(제3조 제29호).

42) 경찰법규정의 불확정 개념(不確定 槪念, 예: 경찰관직무집행법 제3조 제1항의 '경찰관은 수상한 행동 그 밖의 주위의 사

한편, 행정경찰 관련 법규정에는 '...할 수 있다'하는 형식은 경찰에 재량권한을 부여한 것으로 볼 수 있다. 사법경찰 관련 법규정에도 '...할 수 있다'하는 형식이 존재한다. 그리고 '...하여야 한다'하는 형식으로 비록 법정주의(法定主義)를 취하고 있지만 경찰현실에서는 그 속에서도 재량의 여지가 존재한다고 본다(이 경우는 재량권 오남용 문제가 제기될 수도 있을 것이다). 어쨌든, 경찰은 행정경찰과 사법경찰 영역에서 광범위한 재량권을 행사하고 있는 것이 사실이다. 그리고 경찰권한 행사와 관련하여 법적인 한계, 조리상의 한계, 그리고 재량행위는 상호 밀접하게 관련되어 있음을 알 수 있다.

이러한 경찰재량과 관련하여 코헨(Cohen)은 '도넛 이론'(Donut Theory)을 주장하면서, "재량이란 도넛의 둥근 공간의 크기에 따른 상대적 개념으로서 도넛 주위의 테두리에 둘러싸여 있는 개방된 공간을 제외하고는 행사되지 않는다"고 하였다. 따라서 도넛의 테두리는 법과 엄격하고 구체적인 규칙에 의해서 지배되는 영역인 반면에 도넛의 테두리로 둘러싸인 둥근 공간은 역할·태도 등에 따라 재량의 여지가 있는 영역이라고 보았다.[43] 이에 대하여 데이비스(Davis)는 "경찰권한의 조리상의 한계가 작위 또는 부작위의 행동과정에서 경찰에게 어떠한 선택의 여지를 남겨 놓을 때마다 재량권을 행사하게 된다"고 보았다. 또한 "어떠한 행위를 하는 것뿐만 아니라 하지 않는 것도 하나의 재량권 행사에 해당 된다"고 하였다.[44]

(1) 경찰편의주의에 의한 경찰재량행위

경찰권한이 행사되기 위한 일반적 요건이 충족된 경우(즉, 공공의 안녕 또는 질서에 대한 위험의 존재), 경찰은 그에 개입할 권한을 갖게 된다. 여기에서 장래의 위험방지를 위한 목적 달성을 위하여 일반적으로 '...할 수 있다'는 규정형식을 취하고 있다. 따라서 경찰의 위험방지 목적을 권한행사는 원칙적으로 편의주의(便宜主義)가 적용된다.

이 경우, 경찰이 그러한 위험에 개입할 의무(義務)를 갖는 것은 아니며, 그에 대한 경찰권한 행사의 범위와 종류에 관한 결정은 여전히 경찰의 의무적합적 재량(義務適合的

정을 합리적으로 판단하여 볼 때 어떠한 죄를 범하였거나 범하려 하고 있다고 의심할 만한 상당한 이유가 있는 사람, 또는 이미 행하여진 범죄나 행하여지려고 하는 범죄행위에 관한 사실을 안다고 인정되는 사람')에 대한 경찰의 판단여지(判斷餘地)를 재량과 구분하여 별도로 논하기도 하고, 또 판단여지 역시 재량문제로 보기도 한다. 판례는 판단여지를 재량으로 보고 있다. 즉 판례는 어떠한 불확정적인 경찰 상태를 판단하는 것 자체까지도 재량행위의 범주로 보는 것이다. 홍정선(2007), 앞의 책, pp. 85-86.

43) H. Cohen(1985), A Dilemma for Discretion, in Heffernan and Stroup(eds.), Police Ethics: Hard Choices in Law Enforcement, NY.: John Jay Press, pp. 5-6.

44) K. C. Davis(1969), Discretionary Justice: A Preliminary Inquiry, Louisiana: Louisiana University Press, p. 4.; 장석헌(1996), "경찰재량행위의 결정요인에 관한 연구," 동국대학교 박사학위논문, p. 11 재인용.

裁量)에 달려 있다. 이처럼 경찰의 권한행사는 그의 의무적합적 재량에 따른다는 것, 즉 공공의 안녕 혹은 질서에 대한 위험이 존재하는 경우 그에 대한 개입여부의 결정권 및 선택권은 경찰에게 있다는 법원칙을 경찰편의주의(警察便宜主義)라고 한다.[45]

그러나 주의할 것은 이처럼 경찰편의주의가 적용된다고 하여 경찰의 개입 여부의 결정이 전적으로 그의 자의(恣意)에 맡겨져 있는 것은 아니다.[46]

(2) 경찰법정주의와의 관계

이러한 경찰편의주의와 대립되는 개념으로 경찰법정주의(警察法定主義)가 있다. 법정주의는 주로 형사절차에서 발견된다.

예컨대, 형사소송법상 '검사는 범죄의 혐의가 있다고 사료하는 때에는 범인, 범죄사실과 증거를 수사하여야 한다(제195조). 사법경찰관(司法警察官)은 범죄의 혐의가 있다고 인식하는 때에는 범인, 범죄사실과 증거에 관하여 수사를 개시·진행하여야 한다(제196조 제2항). 사법경찰관은 범죄를 수사한 때에는 관계 서류와 증거물을 지체 없이 검사에게 송부하여야 한다(동조 제4항). 경사, 경장, 순경은 사법경찰리(司法警察吏)로서 수사의 보조를 하여야 한다(동조 제5항)' 등과 같은 규정을 들 수 있다.

이처럼 형사소송법은 '수사할 수 있다'가 아니라 '수사하여야 한다'고 규정하는 등 범죄의 혐의가 있다고 판단한 경우에는 검사 및 사법경찰관에게는 그에 대한 고유한 결정권(決定權)을 인정하지 않고, 그에 대한 수사를 해야 할 법적인 의무를 부담하고 있다.[47]

따라서 이상과 같은 경찰법정주의는 기속행위(羈束行爲)를 의미한다고 볼 수 있다. 즉, 어떠한 법규상의 일정한 구성요건이 충족되면 경찰기관은 반드시 어떠한 권한을 행사하거나 하지 말아야 하는 것을 말한다. 기속행위는 법정주의에 의해 일정한 결정권과 선택권을 부여하지 않는 것이라 할 수 있다.

45) 종래에는 경찰이 갖는 재량과 편의주의를 동일한 것으로 파악하였으나, 재량은 법률에 의하여 개별적으로 인정된 범위 내에서의 경찰권한 행사의 결정·선택의 자유를 의미하는데 대하여 편의주의는 전체 국가행정의 법으로부터의 자유로운 영역을 의미하므로 양자는 구분할 필요가 있다고 보기도 한다. 김남진(1978.8), "행정상의 편의주의," 월간고시, p. 27. ; 서정범(1992), 앞의 논문, p. 129.

46) 다만, 법치주의가 지배하는 오늘날에도 경찰편의주의가 통용될 수 있는데, 그 이유는 첫째, 구체적인 직무가 시간적·공간적으로 충돌되거나 인적·물적 수단이 한정된 경우에 경찰은 보다 중요한 직무를 수행할 수 있어야 한다. 둘째, 경찰은 공공의 안녕 혹은 질서유지가 자신이 개입하는 것 이외의 다른 방법으로 보장되거나 보장될 수 있을 때에는 개입하지 않을 수 있어야 한다. 셋째, 사소한 것은 무시될 수 있어야 한다는 점 등을 들 수 있다. 위의 논문, p. 130.

47) 그러나 이러한 법정주의에도 불구하고 현실적으로 얼마든지 재량권을 행사할 수 있음은 물론이다. 그리고 전술한 바와 같이 사법경찰의 권한 행사가 모두 법정주의에 의하는 것은 아니라고 본다. 즉, 인지한 범죄사건에 대한 수사는 의무적이지만, 수사를 하는 과정에서는 일정부분 재량규정('...할 수 있다')을 두고 있기 때문이다. 예컨대, '수사에 관하여는 그 목적을 달성하기 위하여 필요한 조사를 할 수 있다'(형사소송법 제199조 제1항)는 규정은 바로 그것이다.

이는 위의 범죄수사관련 제반규정에서 볼 수 있다. 그리고 경찰관청의 허가(許可)에서도 기속행위를 찾을 수 있다.

예컨대, 경비업법(警備業法)상에서 경비업을 영위하고자 하는 법인(法人)이 대통령령이 정하는 경비인력·자본금·시설 및 장비를 갖추었을 경우에는 허가관청인 지방경찰청장은 그에 따른 경비업의 허가를 해주어야 한다(제4조 제1항 및 제2항). 그런데, 경비업자가 허위 그 밖의 부정한 방법으로 허가를 받은 경우 등에 있어서는 허가관청(즉, 지방경찰청장)은 허가를 취소해야한다(제19조 제1항). 마찬가지로 도로교통법(道路交通法)상의 자동차 등을 운전하려는 사람은 지방경찰청장으로부터 운전면허를 받아야 한다고 규정하고 있는데(제80조), 이 역시 기속행위라고 할 수 있다.

이처럼 허가관청인 지방경찰청장은 허가 및 취소여부에 있어서 결정과 선택할 수 있는 재량의 여지는 없는 것이다.[48] 물론, 허가행위에 있어서도 재량권이 행사 되는 경우(예, 사행행위 등 규제 및 처벌 특례법상의 영업 허가)가 있다(이에 대해서는 제3장의 행정경찰권한 영역에서 살펴보기로 한다).

2) 경찰재량행위의 유형

주지하는 바와 같이 범죄를 포함한 모든 종류의 위험 방지 및 제거를 위한 수단을 법률에서 개별적으로 확정해두는 것은 불가능한 일이다. 오히려 경찰이 각종 위험에 탄력적으로 대응토록 하기 위해 경찰에 재량권한을 부여하는 것이 효율적일 뿐만 아니라 불가피하다고 본다.

따라서 경찰편의주의에 따라 경찰에게 허용된 재량은 두 단계로 구성된다. 즉, 경찰에게 허용된 재량권한은 ㉠ 경찰이 특정한 상황에 개입할 것인가를 결정하는 결정재량(決定裁量)과 ㉡ 여러 가지 대안 중에서 어떤 행위를 할 것인가를 선택하는 선택재량(選擇裁量)이 바로 그것이다.

(1) 결정재량

공공의 안녕과 질서에 대한 위험이 존재한다는 것이 확인된 경우에는, 경찰은 우선 자신이 개입하는 것이 공익, 균형의 원칙 및 합목적성의 원칙에 부합되는지를 판단하여, 그 판단결과에 따라 개입의 여부를 자신의 책임 하에 결정할 수 있다. 그리고 그러한 판단이

48) 대법 1984.9.11., 83누658.; 대법 2000.1.28., 97누4098 참조.; 물론, 이러한 재량행위와 기속행위가 명확히 구분되지 않는 경우도 있다. 따라서 판례는 관련법령에 대한 종합적인 판단을 전제로 하여 양자를 구분해야 한다고 보았다. 이는 일률적으로 규정지을 수는 없고, 당해 처분의 근거가 된 규정의 형식이나 체제 또는 문언에 따라 개별적으로 판단해야 할 것이다. 대법 1989.10.24., 88누9312.; 대법 1997.12.26., 97누15418.

적절한 것이라면, 경우에 따라서는 공공의 안녕과 질서에 대한 위험이나 장해가 있는 경우에 아무런 행위를 하지 않는 것이 적법할 수도 있다.[49)]

영(零)으로의 재량 축소

그런데 공공의 안녕 혹은 질서에 대한 위험이나 장애가 손해를 가져오는 것이 명백하고, 또 그 손해가 경찰이 수인할 수 있는 유해성의 한계를 벗어나는 특별한 경우에는 결정재량이 영(零, zero)으로 수축되기도 한다. 이 경우 경찰의 부작위(不作爲)가 국가배상법이 정하는 요건을 구비하는 경우에는 국가는 당연히 국가배상책임을 진다.[50)] 이와 같은 영으로의 재량축소와 관련하여, 특히 중요한 법익(신체, 생명 등)에 대한 급박한 위험이 존재하는 경우, 중대한 손해의 발생이 임박해 있거나 이미 발생하고 있어 경찰이 개입하지 않을 경우 재량권 행사에 하자가 있는 것으로 될 때, 그리고 평등의 원칙이 개입을 강요할 때 등을 들 수 있다.[51)]

따라서 예컨대, 경찰관직무집행법상 경찰에게는 일정한 재량권이 부여되어 있으므로,

49) 서정범(1992), 앞의 논문, p. 132.; 홍정선(2007), 앞의 책, p. 91.

50) ① 윤락녀들이 윤락업소에 감금된 채로 윤락을 강요받으면서 생활하고 있음을 쉽게 알 수 있는 상황이었음에도, 경찰관이 이러한 감금 및 윤락 강요행위를 제지하거나 윤락업주들을 체포·수사하는 등 필요한 조치를 취하지 아니하고 오히려 업주들로부터 뇌물을 수수하며 그와 같은 행위를 방치한 것은 경찰관의 직무상 의무에 위반하여 위법하므로 국가는 이로 인한 정신적 고통에 대하여 위자료를 지급할 의무가 있다. 대법 2004.9.23., 2003다49009.; ② 이른바 '오원춘 사건' 당시 피해자의 신고전화를 받고도 허술하게 대응한 경찰의 행태가 결국 피해자의 사망을 초래했다고 법원이 인정하였다. 대법원은 오원춘에게 납치·살해된 ㄱ씨(28·여)의 유족 4명이 국가를 상대로 낸 손해배상 청구소송 상고심에서 "원고에 대한 위자료뿐 아니라 재산상 손해도 인정해야 한다"며 사건을 서울 고법으로 돌려보냈다. 재판부는 "사건 당시 경찰이 피해자의 신고 내용만 제대로 확인했나면 그가 살아있던 시점에 범행 현장을 발견했을 가능성이 크다"며 "경찰의 늑장 대응과 피해자 사망과의 인과관계를 인정하지 않은 원심의 판단을 받아들일 수 없다"고 하였다. 이번 판결은 향후 파기환송심에서 피해자 사망에 따른 재산상 손해까지 더 폭넓게 배상해야 한다는 취지로 풀이된다. 앞서 원심은 경찰의 늑장 대응은 인정했으나, 구조 기회 박탈에 따른 위자료 2130만원만 인정하였다. 오원춘은 2012년 4월1일 ㄱ씨를 납치해 성폭행하려다 실패하자 살해하였다. ㄱ씨는 납치된 직후 전화로 구조요청을 했지만 경찰은 신고 내용을 제대로 파악하지 않고 늑장 출동해 논란이 됐다. 유족들은 "초동 수사가 미흡해 고귀한 생명을 잃었다"며 국가를 상대로 3억6000만원의 손해배상을 청구하였다. 경향신문(2016.7.27.).

51) ① 경찰관의 주취운전자에 대한 권한 행사가 관계 법률의 규정 형식상 경찰관의 재량에 맡겨져 있다고 하더라도, 그러한 권한을 행사하지 아니한 것이 구체적인 상황 하에서 현저하게 합리성을 잃어 사회적 타당성이 없는 경우에는 경찰관의 직무상 의무를 위배한 것으로 위법하게 된다. 대법 1998.5.8., 97다54482.; ② 가해자가 피해자를 살해하기 직전까지 오랜 기간에 걸쳐 원한을 품고 집요하게 피해자를 괴롭혀 왔고, 이후에도 피해자의 생명·신체에 계속 위해를 가할 것이 명백하여 피해자의 신변이 매우 위험한 상태에 있어 피해자가 살해되기 며칠 전 범죄 신고와 함께 신변보호를 요청하고 가해자를 고소하였다. 이 경우, 범죄 신고와 함께 신변보호요청을 받은 파출소 소속 경찰관들이나 고소장 접수에 따라 피해자를 조사한 지방경찰청 담당 경찰관들은 사태의 심각성을 깨달아 수사를 신속히 진행하여 가해자의 소재를 파악하는 등의 조치를 취해야 한다. 아울러 피해자에 대한 범죄의 위험이 일상적인 수준으로 감소할 때까지 피해자의 신변을 특별히 보호해야할 의무가 있다. 대법 1998.5.26., 98다11635.

경찰은 의무에 합당한 판단과 재량에 따라 권한을 행사하면 되는 것이지, 반드시 어떠한 행위를 하여야할 의무를 부담하고 있는 것은 아니다. 따라서 일반적으로 경찰에 대한 개입청구권은 존재하지 않는다고 본다.

이처럼 경찰권한의 행사는 원칙적으로 경찰의 독자적인 판단에 의해 이루어지지만, 예외적으로 재량권이 영(零)으로 수축하는 경우에는 경찰의 개입청구권이 존재할 수 있다.[52)]

(2) 선택재량

경찰이 위와 같은 결정재량에 근거하여 위험방지 및 제거를 위하여 개입하겠다고 결정하였다면, 이번에는 상황에 대응하는 필요한 구체적인 조치 또는 수단 가운에 어떠한 것을 선택할지를 판단해야 한다. 왜냐하면 경찰의 구체적인 조치 또는 수단은 여러 가지 방법으로 이루어질 수 있기 때문이다. 특히, 일반·개괄적 수권조항은 경찰에게 단지 필요한 조치만을 포괄적으로 허용하고 있기 때문에, 주어진 상황에 대한 경찰의 선택재량은 구체적 사정에 따라 결정될 수밖에 없는 일이다.

이상과 같은 결정재량과 선택재량의 결과에 문제가 제기되었을 경우에는 사법심사의 대상이 됨은 물론이다. 특히, 다수의 수단 가운데 선택된 재량권한을 행사했을 경우에 법치국가의 요청인 과잉금지(過剩禁止)의 원칙(즉, 비례원칙)이 적용된다.

따라서 예컨대, 경찰관은 피의자를 체포하는 동시에 자기 또는 타인의 생명·신체에 대한 방호 등을 위하여 여러 가지 수단 가운데 총기를 선택하여 사용하였고(경찰관직무집행법 제10조의 4), 그것으로 인해 피의자가 사망하였다면, 그에 대한 사법적 판단문제(정당방위와 업무상과실치사)가 제기될 수 있는 것이다(이에 대한 상세한 내용은 제3장 제2절에서 살펴보기로 한다).

52) 홍정선(2007), 앞의 책, p. 96.; ① 무하자 재량행사 청구권(無瑕疵 裁量行使 請求權)이란 재량행위 영역에서 개인이 행정청에 대하여 종국처분에 이르는 과정에 있어서 하자 없는 적법한 재량처분을 요구하는 공권(公權)을 말한다. 이는 행정청에 재량권이 부여된 경우에(결정재량이든 선택재량이든 불문), 상대방 기타 이해관계인이 행정청에 대하여 하자 없는 재량권 행사를 청구하는 공권을 말한다(광의설, 다수설). 재량행위의 경우에는 무하자 재량행사 청구권이 인정되고 행정개입청구권은 원칙상 인정되지 않지만 재량권이 영으로 수축하는 경우에는 무하자 재량행사 청구권이 행정개입청구권으로 전화되어 행정개입청구권이 인정된다. ② 띠톱판결(1960): 주거지역에 설치된 석탄제조 및 하역업소에서 사용하는 띠톱에서 배출되는 먼지와 소음으로 피해를 받고 있던 인근주민이 행정청에 조업금지처분을 발할 것을 청구하였는데 독일연방재판소는 이 사건에서 경찰법상의 일반수권조항의 해석에 있어 먼저 인근주민의 무하자 재량행사 청구권을 인정하고, 이어서 재량권의 영으로의 수축이론에 의거하여 원고의 청구를 인용하였다. 위키백과(https://ko.wikipedia.org).

제10장 경찰권한의 기본체계와 내용

제1절 경찰권한의 기본체계

오늘날 사회가 복잡·다양해짐에 따라 국가행정에 대한 사회적 기대는 보다 확대되고 있는 경향이 있다. 과거 경찰국가의 위험성에도 불구하고 소극적 질서유지에 국한되었던 경찰개념에서 적극적인 공공복리 증진자로서의 역할을 다시 요구하고 있는 것이 현실이다.

따라서 경찰은 단순한 권력적·규제적 권한 행사자가 아닌 서비스제공자로서 수많은 사회적 기대에 부응하기 위해 노력하고 있는 것이다. 이렇게 되다보니 경찰의 행위 형식 즉, 권한행사 유형 및 방법 역시 다양해지고, 학자들은 그것을 일정한 기준에 따라 체계화시키고자 부단히 노력하고 있는 것이 현실이다.

앞의 제9장에서 경찰권한 행사의 법적 근거와 관련하여 일반·개괄적 수권조항과 특별·개별적 수권조항, 그에 대한 조리 상의 한계, 그리고 재량 등을 중심으로 살펴보았다. 이러한 경찰권한에 대한 기본적 이해를 바탕으로 이 장에서는 경찰권한을 ㉠ 기본적·표준적 권한, ㉡ 행정경찰권한, ㉢ 사법경찰권한으로 체계화시켜 살펴보기로 한다.

〈경찰권한의 기본체계〉

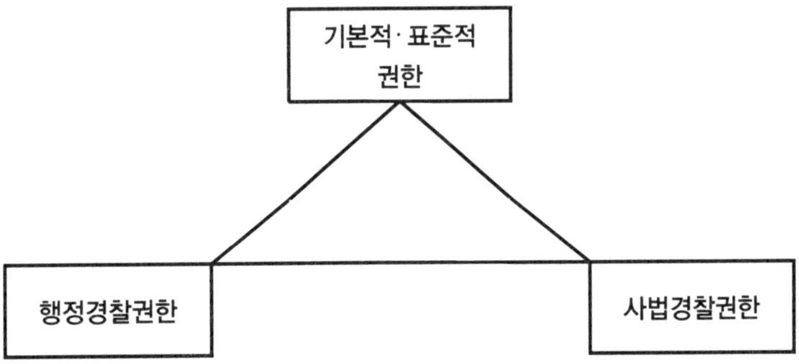

다만 주의할 것은 이러한 경찰권한의 체계화는 논의의 편의상 이루어진 것이며 상대적이다. 따라서 보는 관점에 따라 여러 가지 성격을 동시에 갖는 경우도 있고, 이의 경계가 불명확한 부분도 있음은 물론이다.[1] 이러한 문제는 특히, 경찰관직무집행법에서 규정하고 있는 권한 내용에서 많이 나타난다. 이 문제는 경찰관직무집행법이라는 것이 경찰이 일선현장에서 직무수행에 필요한 가장 핵심적인 권한(즉, 기본적·표준적 권한)들을 모아서 규정하다 보니, 거기에는 여러 가지 성격이 복합적으로 나타날 수밖에 없다고 본다.

〈경찰권한의 기본 내용〉

구 분	권한 내용	법적 근거
기본적·표준적 권한	① 경찰 즉시강제 권한 • 불심검문 • 보호조치 등 • 위험발생의 방지 등 • 범죄의 예방과 제지 • 위험방지를 위한 출입 • 경찰장구의 사용 • 분사기 등의 사용 • 무기의 사용 ② 기타 • 사실의 확인 등 • 국제협력	일반경찰법(경찰관직무집행법)에 의한 개별적 수권
	① 국민의 생명·신체 및 재산의 보호 (중간생략) ⑦ 그 밖에 공공의 안녕과 질서유지	일반경찰법(경찰법 제3조, 경찰관직무집행법 제2조)에 의한 일반·개괄적 수권

1) ① 경찰관직무집행법상의 기본적·표준적 권한은 '즉시강제권한'으로 분류하였는데, 이는 행정경찰권한에서 분류한 경찰강제권한의 하나로 볼 수도 있고, 또 논자에 따라 즉시강제권한의 일부는 직접강제권한의 성질(예, 제5조의 위험발생 방지 및 제6조의 범죄의 예방과 제지, 제10조의4 무기의 사용 등)을 가지고 있다고 보기도 한다. 김남진(2002), 경찰행정법, 서울: 경세원, p. 227.; ② 경찰관직무집행법상의 불심검문(제3조)은 즉시강제권한으로 보고 있지만, 이를 경찰조사권한으로 보기도 한다. 김동희(2006), 행정법(Ⅱ), 서울: 박영사, p. 198.; 정하중(2005), 행정법 각론, 경기: 법문사, p. 240.; ③ 그리고 사법경찰기능도 아울러 가지고 있다고 볼 수 있다. 예컨대, 불심검문(제3조) 등은 경우에 따라서는 수사의 단서로 파악되는 등 전형적인 사법경찰작용의 하나로서의 의미도 갖는다. 신동운(2005), 형사소송법, 서울: 법문사, pp.74-75.; ④ 또 경찰장비의 사용·경찰장구의 사용·분사기의 사용·무기의 사용(제10조~제10조의4) 역시 사법경찰로서의 기능도 아울러 가지고 있다고 본다. 이 밖에도 경찰관직무집행법상의 위험방지를 위한 출입(제7조 제2항), 사실의 확인 등(제8조) 역시 경찰상의 즉시강제의 성격 외에 비권력적인 다른 성격도 가지고 있다고 볼 수 있다. 이상과 같은 점에서 경찰관직무집행법은 기본적·표준적 권한을 규정하고 있는 '일반법'(一般法)으로 볼 수 있을 것이다.

행정경찰 권한	① 경찰허가 권한 ② 경찰명령 권한 ③ 경찰강제 권한 • 경찰직접강제 • 경찰대집행 등 ④ 경찰조사 권한 ⑤ 경찰벌부과 권한 ⑥ 비권력적 권한 • 경찰지도 등	개별경찰법에 의한 개별적 수권
사법경찰 권한	① 범죄수사 권한 • 임의수사 • 강제수사 ② 즉결심판청구 권한 ③ 훈방 권한 등	개별경찰법에 의한 개별적 수권

그리고 후술하겠지만, 행정경찰권한과 사법경찰권한으로 구분하는 것 역시 대륙법계 특히, 프랑스의 경찰개념에서 비롯된 것이기 때문에 영미법계 국가에서는 논의 자체가 의미가 없다. 다만, 우리나라의 근대경찰의 탄생과 발전과정은 이들 대륙법계와 영미법계 요소를 모두 직·간접적으로 계수하고 있고, 따라서 이러한 특징들이 복잡하게 얽혀 있는 것이 사실이다. 향후 행정경찰의 탈경찰화(경찰 본연의 업무 및 각종 조장행정 업무의 재정비 등)와 사법경찰의 제도적 개선(수사구조의 합리화 등)이 이루어지면, 이러한 접근방법 역시 재검토 되어야 할 것이다.

1. 경찰의 기본적·표준적 권한의 의의

경찰의 기본적·표준적 권한이라는 것은 경찰이 직무를 수행하는 과정에서 가장 기본적으로 요구되는 것이라 할 수 있다. 이는 경찰이 과거부터 현재에 이르기까지 오랜 동안 현장에서 경험적으로 주어진 직무를 수행하는 과정에서 꼭 필요한 가장 기본적인 권한이라고 할 수 있다.

사실, 일선현장에서 이루어지는 경찰활동은 예방적 차원에서 최대한의 성과를 내는 것이 가장 바람직하다. 즉, 사건이 발생하기 전에 적절한 조치가 취해지는 것이야 말로 최선의 전략이라는 점에 대해서는 이론의 여지가 없다. 따라서 일선현장에서 이루어지는 경찰활동은 기본적으로 예방적 조치에 초점을 두는 것이 바람직하다. 그러나 경찰이 모든 잠재적 위험사태를 예측하여 사전에 예방하는 것은 한계가 있으며, 따라서 사후 대응적 조치가 이루어지는 경우도 적지 않다. 그리고 경우에 따라서는 예방적 차원에서 대응을 한 것이 사실은 사후 대응을 한 것으로 나타날 수도 있다.

예컨대, 어떠한 사람이 범죄를 행하려고 하는 수상한 행동을 보이는 상황에서 경찰이 불심검문(不審檢問, stop and frisk)을 하였는데(경찰관직무집행법 제3조), 이미 범죄를 행한 사실을 적발하게 되는 경우가 있다. 이러한 경우, 경찰이 행사한 불심검문은 예방적 차원에서 의도된 것(행정경찰권한)이지만 결과적으로 사후 대응적 차원에서 이루어진 것(사법경찰권한)으로 볼 수 있다.

1) 기본적·표준적 권한의 일반법

이러한 경찰의 기본적·표준적 권한의 행사와 관련된 일반경찰법이 바로 '경찰관직무집행법'(警察官職務執行法)이다. 경찰관직무집행법은 '국민의 자유와 권리를 보호하고 사회공공의 질서를 유지하기 위한 경찰관(국가경찰공무원에 한함)의 직무수행에 필요한 사항을 규정함을 목적'으로 하고 있다(제1조 제1항).[2]

경찰이 일선현장에서 직무를 수행할 때, 기본적으로 이 법을 적용할 가능성이 많다. 따라서 이 법에 규정된 경찰관의 권한행사는 그 직무수행에 필요한 최소한도 내에서 행사되어야 하며 남용(濫用)되어서는 안 된다(제2항).[3] 따라서 이 법에 규정된 '경찰관의 의무에 위반하거나 직권을 남용하여 다른 사람에게 해를 끼친 사람은 1년 이하의 징역이나 금고'에 처하도록 하고 있다(제12조).

2) 제주특별자치도 자치경찰공무원 역시 자치경찰사무를 수행함에 있어서 국가경찰공무원과 마찬가지로 기본적으로 경찰관직무집행법을 준용을 하도록 하고 있다. 그러나 모두 준용되는 것은 아니며, 경찰관직무집행법 내용 가운데 사실의 확인 등(제8조), 유치장(제9조) 등은 적용이 되지 않는다. 그리고 자치경찰공무원의 무기(권총·소총·도검 등, 제10조의4) 사용도 제한을 받도록 하고 있다. 즉, 무기를 휴대·사용할 수 있는 자치경찰공무원은 도지사의 신청에 의하여 제주자치도 지방경찰청장의 승인을 얻은 자에 한(限)하도록 하고 있다(제주특별자치도 설치 및 국제자유도시 조성을 위한 특별법 제96조 및 제97조).

3) 경찰서 지구대의 경찰관이 교통사고를 일으켜 조사를 받던 자로부터 '고혈압 증상으로 교통사고를 냈고 머리가 아프니 병원에서 치료받고 싶다'는 요구를 받고 그를 병원 응급실로 데려가 혈압 등을 측정하는 조치를 취하였다. 그러나 그가 벌금미납으로 지명수배중이라는 연락을 받고 응급실 담당의사에게 그의 상태나 필요한 조치 등에 관하여 문의도 하지 않은 채 그를 응급실에서 데리고 나와 경찰서로 신병을 인계하였다. 그의 신병을 인계받은 경찰서의 경찰관도 그가 침을 흘리고 발음을 부정확하게 하는 등 뇌경색 전조증상을 보여 그의 친구가 병원 후송을 수차례 요청하였음에도 이를 거절한 채 검사의 인치지휘를 받아 형집행장의 제시도 없이 그를 노역장에 유치하였다. 이로 인해 그가 상당한 시간 동안 적절한 치료를 받을 수 있는 기회를 상실하여 뇌경색의 악화로 치료 종결 후에도 좌측편마비라는 후유장애가 남는 손해를 입게 되었다. 이 사건에서 그 손해가 병원 후송 등 적절한 구호조치를 취하지 않은 경찰관들의 과실에 의한 직무위반행위와 형집행 과정에서의 위법행위로 인하여 발생한 것으로 보아 국가배상책임을 인정하였다. 광주고법 2010.3.17., 2008나6556.

2) 기본적·표준적 권한의 직무 범위와 특징

(1) 기본적·표준적 권한의 직무 범위

기본적·표준적 권한과 관련된 직무 범위는 경찰법 제3조(국가경찰의 임무) 및 경찰관 직무집행법 제2조(직무의 범위)에서 '㉠ 국민의 생명·신체 및 재산의 보호, ㉡ 범죄의 예방·진압 및 수사, ㉢ 경비, 주요인사(요인)경호 및 대간첩·대테러 작전 수행, ㉣ 치안정보의 수집·작성 및 배포, ㉤ 교통의 단속과 교통 위해의 방지, ㉥ 외국 정부기관 및 국제기구와의 국제협력, ㉦ 그 밖의 공공의 안녕과 질서유지'로 규정하고 있다.

(2) 기본적·표준적 권한의 특징

경찰은 이상과 같은 직무의 범위 내에서 기본적·표준적 권한을 행사하게 된다. 그런데, 경찰이 일선현장에서 실시하는 기본적인 직무수행과정(불심검문, 보호조치, 위험발생의 방지, 무기사용 등)은 시간적 여유를 두고 접근할 수 있는 성질의 것이 아니라 항상 예측 불가능성 및 잠재적 위험성을 띠고 있으며, 아울러 긴박성을 띠고 있다.

이러한 점 때문에 기본적·표준적 권한은 상당부분이 '즉시강제'(卽時强制)의 성격을 가지고 있다고 볼 수 있다. 물론, 경찰관직무집행법에서 규정하고 있는 경찰권한의 내용이 모두 즉시강제의 성격을 띠고 있는 것은 아니다.

또 일부에서는 경찰관직무집행법은 일반적으로 위험방지사무와 관련된 행정경찰(行政警察)업무를 규정한 법이라고 본다. 대륙법계의 영향을 많이 받은 근현대 한국경찰의 역사적 관점에서 본다면 이러한 행정경찰 중심의 견해는 수긍이 간다. 그러나 경찰관직무집행법 속에는 사법경찰(司法警察)의 성격(특히, 불심검문, 범죄의 제지, 경찰장구의 사용, 분사기 등의 사용, 무기의 사용 등) 역시 명백하게 가지고 있다고 본다.[4)]

그런데 경찰의 기본적·표준적 권한이라는 것은 예방적 차원에서 이루어지는 행정경찰 권한인지, 아니면 사후대응적 차원에서 이루어지는 사법경찰권한의 성질을 가지고 있는지를 명확히 구분하는 것은 한계가 있다고 본다. 일정한 상황에서는 이들 양자의 구분이 이루어지는 경우도 있지만 이를 구분하여 논의하는 것 자체가 의미가 없는 경우도 있기

---

4) 예컨대, 무기사용이 전제가 되는 경찰권한의 행사는 행정경찰작용인 위험방지 및 범죄예방에서부터 사법작용인 범인의 체포와 수사에까지 각 사례마다 다르고, 행정경찰의 목적을 달성하기 위한 경찰권한의 행사가 사법경찰로 이행되는 경우가 대단히 많다. 즉 경찰이 무기를 사용하는 것이 경우에 따라서는 범인의 범죄행위 이후 체포를 위한 작용일 수도 있으며, 자기 또는 타인의 생명·신체에 대한 방호를 위한 작용일 수도 있는 것이다. 따라서 양자 간의 한계선을 긋고 법적 성격을 운운하는 것은 문제가 있다. 서재근(1995), "일본 행정경찰과 사법경찰에 관한 연구," 공안행정학논총(서재근박사 정년기념논문집), p. 311.

때문이다.

요약건대, 경찰의 기본적·표준적 권한은 범죄 등 위험방지를 위한 사전예방적 행정경찰(行政警察)과 이미 발생한 범죄 등 위험의 제거를 위한 사후대응적 사법경찰(司法警察)로서의 성격을 아울러 가지며, 그 경찰행위의 특성상 사실행위로서 명령과 집행이 동시에 일어난다고 볼 수 있다.

바꿔 말하면, 기본적·표준적 권한은 행정경찰권한과 사법경찰권한을 포괄하는(즉, 이의 성격 여부를 묻지 않고) 경찰이 일선 현장에서 직무를 수행하는 과정에서 필요한 가장 기본적인 권한이라고 이해하는 것이 바람직하다고 본다. 즉, 중요한 것은 이 법의 성격이 아니라 경찰직무수행에 있어서 경찰목표를 달성하기 위해서 어떻게 하면 이를 보다 효율적으로 운용해야 하는가에 있다고 본다.

(3) 기본적·표준적 권한과 영장주의와의 관계

경찰관직무집행법상의 기본적·표준적 권한은 상당부분이 즉시강제(卽時强制)의 성격을 가지고 있으며, 따라서 개인의 자유와 권리를 구속하는 강제력을 가지고 있다.

그런데 헌법에서 모든 국민은 신체의 자유를 가진다고 규정하고 있으며, 국민의 신체적 자유 등을 제한·구속하는 행위를 하기 위해서는 검사의 신청에 의하여 법관이 발부한 영장(令狀)을 제시하도록 하고 있다(제12조). 또 모든 국민은 헌법에 의해서 주거의 자유를 침해받지 아니한다고 규정하고 있으며, 따라서 주거에 대한 압수나 수색할 때에는 검사의 신청에 의하여 법관이 발부한 영장을 제시하도록 하고 있다(제16조).[5)]

여기에서 영장주의(令狀主義)는 사법작용에만 적용되고, 기본적·표준적 권한은 행정작용에 해당되기 때문에 이의 적용을 받지 않는다거나, 헌법에서 행정작용의 경우에는 명시적으로 표현하는 바가 없다거나 하는 식의 논의는 의미가 없다고 본다. 이는 행정경찰과 사법경찰의 성격과 관련되는 것이 아니라 직무수행상의 긴박성에 따른 즉시강제 상황에 초점을 맞추어야 하기 때문이다.

바꿔 말하면, 경찰권한 행사 가운데 즉시강제 수단 즉, 경찰관직무집행법에서 규정하

---

5) ① 사전영장주의(事前令狀主義)는 인신보호를 위한 헌법상의 기속원리이기 때문에 인신의 자유를 제한하는 모든 국가작용의 영역에서 존중되어야 한다. 그러나 헌법 제12조 제3항 단서에서도 사전영장주의의 예외를 인정하고 있는 것처럼 사전영장주의를 고수하다가는 도저히 행정목적을 달성할 수 없는 지극히 예외적인 경우에는 형사절차에서와 같은 예외가 인정된다. ② 따라서 구(舊) 사회안전법(1989.6.16. 법률 제4132호에 의해 '보안관찰법'이란 명칭으로 전문 개정되기 전의 것) 제11조 소정의 동행보호규정은 재범의 위험성이 현저한 자를 상대로 긴급히 보호할 필요가 있는 경우에 한하여 단기간의 동행보호를 허용한 것이라 할 수 있다. 따라서 그 요건을 엄격히 해석하는 한, 동 규정 자체가 사전영장주의를 규정한 헌법규정에 반한다고 볼 수는 없다. 대법 1997.6.13., 96다56115.

는 보호조치, 위험발생방지 등 표준처분은 영장주의의 예외, 즉 영장 없이 이루어지는 강제처분이라 할 수 있다. 왜냐하면, 이러한 수단은 공공의 안녕과 질서의 유지를 위해 매우 빈번히 도입되는 것으로서 그 때마다 영장주의를 관철시킬 수 없는 것이고, 이 때문에 경찰관직무집행법은 표준처분이라는 특별구성요건을 둔 것이라고 이해하는 것이 합리적이기 때문이다.

한편, 이러한 경우에는 현행범(現行犯)의 요소가 다분히 있기 때문에 영장제도의 예외사항에 해당되는 것이라고 볼 수 있다는 지적도 있다.[6] 예컨대, 한 가택에 화재가 발생하여 경찰관이 위험발생의 방지 및 피해자 구조 차원에서 출입(경찰관직무집행법 제7조)을 하였는데, 그 안에 방화범으로 간주되는 자가 있는 경우에는 그에 대한 현행범체포(사법작용)를 할 수 있을 것이다. 이 경우 당연히 영장주의가 적용되지 않는다.

2. 경찰의 행정경찰권한과 사법경찰권한의 의의

1) 행정경찰권한과 사법경찰권한의 비교론적·역사적 논의

경찰은 국가행정기관의 중요한 구성요소 가운데 하나로서 범죄 등 각종 위험으로부터 공공의 안녕과 질서유지와 관련된 사전 예방적 차원의 행정경찰권한을 가지고 있다. 한편, 국가형벌권을 실현하는 형사사법기관의 하나로서 사후 대응적인 사법경찰권한(수사권한 등)을 가지고 있다. 다만, 이러한 경찰권한의 귀속 정도는 국가마다 차이가 있다.

주지하는 바와 같이 우리의 경찰제도는 문호개방(1876) 이후, 갑오개혁(1894), 그리고 일제강점기(1910~1945) 등을 거치면서 대륙법계(大陸法系)의 영향을 많이 받았다. 이에 따라 경찰은 사회공공의 안녕과 질서유지를 위하여 통치권에 의거하여 국민에게 명령·강제하는 권력적 작용으로 정의되어 왔으며, 이러한 경찰이 사용하는 통치권적 권한을 일반적으로 행정경찰권한이라 불러 왔다. 한편, 우리나라는 대륙법계의 영향뿐만 아니라 미군정(1945~1948)기를 거치면서 영미법계(英美法系)의 영향을 받아 경찰의 고유한 권한으로서 비록 제한적이지만 사법경찰권한을 인정하고 있다.[7]

---

6) 홍정선(2007), 경찰행정법, 서울: 박영사, pp. 424-425.

7) 우리나라는 경찰조직상으로 행정경찰과 사법경찰로 구분되어 있지 않으며, 일반경찰기관(즉, 경찰법상의 형식적·제도적 경찰)이 양자를 모두 담당하고 있다. 다만, 현행 형사소송법 제196조(사법경찰관리)와 검찰청법 제4조(검사의 직무) 등의 규정에 의해 경무관에서 경위까지는 사법경찰관(司法警察官)으로서 검사의 지휘를 받아 수사를 하여야 하고, 경사에서 순경까지는 사법경찰리(司法警察吏)로서 검사 또는 사법경찰관의 지휘를 받아 수사의 보조를 하여야 한다고 함으로써 경찰의 수사권에 한계를 두고 있다.

생각건대, 대륙법계는 중앙집권적인 국가경찰의 특성 때문에 경찰권한의 오남용 문제가 노정되어 왔고, 따라서 프랑스의 경우 권력분립의 논리에 따라 행정경찰과 사법경찰의 분리가 이루어졌다고 볼 수 있다. 그리고 독일의 경우 지나치게 확대된 행정경찰의 활동범위를 점차적으로 정비하고자 하는 노력의 일환으로 행정경찰의 탈경찰화 즉, 실질적 의미의 경찰에서 형식적 의미의 경찰로 발전하면서 경찰개념을 정립하였다고 볼 수 있다.

반면, 영미법계는 지방분권적인 자치경찰의 특성을 가지고 발전하였기 때문에(또 대륙법계 국가의 경찰과 같은 방대한 행정경찰권한을 가지고 있는 것도 아니기 때문에) 대륙법계 국가의 경찰보다는 상대적으로 권한의 오남용문제가 상대적으로 적다고 볼 수 있다. 따라서 범죄통제를 위한 사전예방적 조치와 사후대응적 조치가 경찰이라는 단일조직에 의해 일련의 과정으로서 전개되었다고 본다. 이 때문에 영미법계에서는 행정경찰(범죄예방 기능 등)과 사법경찰(범죄수사 기능 등)의 구분 자체가 없다. 사실, 본질적으로 행정경찰과 사법경찰활동은 불가분리성(不可分離性)을 가지고 있다고 본다.[8)]

2) 행정경찰권한과 사법경찰권한의 특징과 법적 근거

행정경찰권한은 허가·명령·강제 등의 권력적 수단과 조사·지도·계몽 등의 비권력적 수단을 사용하여 위험을 방지하거나 제거함으로써 사회공공의 안녕과 질서유지를 위한 제반활동과 관련된 것이다. 이러한 행정경찰권한의 행사는 주로 사전 예방적 차원에서 이루어진다.

반면, 사법경찰권한은 현실적으로 위험(특히, 범죄)이 발생한 경우에 형사소송법 등의 수권에 의하여 범죄사실을 수사하고, 범인 및 증거의 발견·수집·보전하기 위하여 행사하는 임의수단과 강제수단을 사용하는 제반 활동과 관련된 것이다. 사법경찰권한의 행사는 일반적으로 사후 대응적 차원에서 이루어진다.[9)]

경찰의 현장운용(즉, 경찰기능) 가운데 생활안전·교통·경비활동 등은 행정경찰과 관

---

8) 그런데, 영미법계 경찰은 범죄예방 및 범죄수사 권한뿐만 아니라 기소권한(起訴權限)까지 행사해 왔다. 이는 영미의 사인소추주의(私人訴追主義) 전통에서 경찰이 중요한 역할을 해온 까닭이다. 특히, 영국 근대경찰의 출발이라 할 수 있는 1829년 런던수도경찰청 창설 이후 경찰은 시민을 대신하여 기소업무를 담당해왔다고 볼 수 있다. 그러나 형사사법 각 기관(경찰, 검찰, 법원, 교정)의 견제와 균형(check and balance)은 매우 중요한 의미를 갖는다. 즉, 수사와 기소의 본질적 특성에 비추어 볼 때, 경찰이 기소권한까지 행사함으로써 발생하는 부작용은 적지 않다고 볼 수 있다. 따라서 영국의 경우 1985년 국립기소청(Crown Prosecution Service)을 설치하여 수사와 기소를 일정부분 분리함으로써 경찰권한의 행사영역을 재정비 한 것은 역사적 의의가 있으며, 우리나라에 시사하는 바가 매우 크다고 본다.

9) 형사소송법상 사법경찰(司法警察)은 수사경찰(搜査警察)을 의미한다고 본다(제196조 등). 다만 사법(司法)이라는 용어는 수사(搜査)라는 용어보다는 훨씬 포괄적이라는 점에 주의할 필요가 있다. 그리고 형사사법에 있어서 경찰이 범죄수사와 관련된 업무를 중심으로 하지만 이에 전적으로 국한되는 것은 아니다. 즉, 범죄수사 권한 외에 경미한 범죄에 대한 처벌을 요구할 수 있는 경찰서장의 즉결심판청구 권한, 그리고 극히 일부지만 훈방 권한까지 행사할 수 있기 때문이다.

련되며, 수사활동은 사법경찰과 관련된다고 본다. 그러나 조직편제상 수사기능을 별도로 구분하여 이에 전반적·중추적인 수사업무를 부여한 것이며, 따라서 다른 경찰기능 역시 일정부분 수사활동을 하고 있는 것이 현실이다. 따라서 경찰기능에 있어서 행정경찰과 사법경찰 양자를 명확하게 이분(二分)하는 것은 어려운 일이다.

이상과 같은 행정경찰권한과 사법경찰권한은 수많은 개별법 예컨대, 풍속영업의 규제에 관한 법률, 경범죄처벌법, 소년법, 형법·형사소송법, 도로교통법, 집회 및 시위에 관한 법률, 국가보안법 등에 근거를 두고 이루어진다.

제2절 경찰의 기본적·표준적 권한

위에서 살펴본 바와 같이 경찰의 기본적·표준적 권한은 경찰관직무집행법에 근거를 두고 있다. 이는 일반적으로 경찰이 상대방(위험발생을 야기한 자 등)에게 어떠한 시간적 여유를 주고 조치를 취하는 것이 아니라, 경찰목적의 달성을 위한 긴박한 상황에서 즉시적으로 어떠한 조치를 취할 필요성이 있을 때 행사된다. 이러한 점에서 일반적으로 경찰의 즉시강제(卽時强制)의 성격을 가졌다는 것은 앞에서 언급한 바와 같다. 이는 어떠한 경찰명령(경찰하명)에 의한 사전(事前)의 의무부과 없이 상대방의 신체 또는 재산에 실력을 가하여 경찰목적을 실현하는 권한행사를 말한다.

이러한 즉시강제는 두 가지 경우에 행해질 수 있다. 하나는 눈앞의 급박한 위해를 방지·제거하기 위한 것이며, 다른 하나는 성질상 미리 의무를 명할 수 없어 즉시 행해지는 경우이다.[10)]

아래에서는 경찰관직무집행법상에서 규정하고 있는 기본적·표준적 권한에 대해서 살펴보기로 한다.

---

10) 다만, 의무의 명령과 경찰의 실력행사 사이의 시간적 간격이 어느 정도 일 때 그것이 즉시강제인지 직접강제인지는 명확하지 않다. 통상적으로 경찰관직무집행법상의 기본적·표준적 직무조치를 전형적인 경찰의 즉시강제권한으로 보기도 하지만, 이 가운데 위험발생의 방지(제5조), 범죄의 예방과 제지(제6조), 무기의 사용(제10조의 4)은 즉시강제가 아니라 직접강제라고 보기도 한다. 그 이유는 이들의 경우 비록 짧은 시간이지만 경찰관이 경고(警告) 또는 명령(命令)을 발한 다음에 그에 응하지 않을 경우 실력행사(무기사용 등)를 하기 때문이다. 그러나 이러한 구분은 이해를 위한 것일 뿐 이론적·실질적으로 큰 의미를 부여할 필요는 없다고 본다.

1. 불심검문

불심검문(不審檢問, stop and frisk)이라는 것은 경찰이 일정한 상황 하에서 특정인을 대상으로 권한을 행사하는 권력적 사실행위라 할 수 있다. 이러한 불심검문은 범죄행위의 우려가 있는 경우는 물론이고, 현실적으로 범죄행위가 행하여진 이후에도 이루어지므로 행정경찰권한의 행사와 더불어 범죄수사의 전 단계로서 이루어지는 사법경찰권한의 행사라고 볼 수 있다.

이러한 불심검문은 경찰관직무집행법과 형사소송법, 주민등록법, 전투경찰대설치법 등에 근거를 두고 있다. 다만, 불심검문 거부시에 현행법상 처벌규정이 없어 처벌할 수는 없다.[11]

1) 불심검문 요건과 대상

현행법상 불심검문의 요건과 대상에 대해서 다음과 같이 규정하고 있다. 즉, 경찰관은 ㉠ 수상한 행동 그 밖의 주위의 사정을 합리적으로 판단하여 어떠한 죄를 범하였거나, 범하려 하고 있다고 의심할 만한 상당한 이유가 있는 사람, ㉡ 이미 행하여진 범죄나 행하여지려고 하는 범죄행위에 관하여 그 사실을 안다고 인정되는 사람에 대해서 불심검문을 할 수 있다고 하고 있다(경찰관직무집행법 제3조 제1항).

따라서 불심검문의 대상은 반드시 직접적으로 범죄행위와 관련된 사람에 국한하지 않고 이에 가세하거나 또는 이를 목격한 사람 등에 대하여 광범위하게 행하여 질 수 있다고 본다. 다만, 불심검문은 경찰관이 '수상한 거동 기타 주의의 사정을 합리적으로 판단', 즉 통상의 사회평균인이 판단 할 지라도 의심이 갈만한 상황이어야 하기 때문에 단순히 역이나 터미널, 노점상 등과 같은 장소에서 마구잡이식으로 이루어지는 것은 요건판단에 있어서 문제가 제기 될 수 있다.

이러한 불신검문은 범죄처벌의 목적이 아니기 때문에 형사책임능력이 없는 형사미성년자(14세 미만), 심신장애자도 그 대상이 될 수 있다. 그리고 불심검문은 후술하겠지만 임의동행이나 흉기조사를 포함하며, 자동차검문도[12] 불심검문에 해당한다고 본다.[13]

---

11) 이하 홍정선(2007), 앞의 책, pp. 227-239.; 조철옥(2008), 경찰학개론, 서울: 대영문화사, pp. 172-174 재구성.

12) 교통법규 위반 차량이 순찰차의 정지지시를 무시하고 그 추적을 피하여 과속으로 신호를 위반하면서 도주하다가 교통사고가 발생하였다. 이 경우 교통법규 위반 차량이 정지지시를 무시하고 도주한 것은 소위 '거동수상자'로서 다른 어떤 범죄에 관계가 있는 것이라고 판단할 수 있는 상황이라고 할 수 있다. 따라서 경찰추적의 필요성 및 상당성이 인정되고 또한 사고 당시는 야간으로 인적이나 차량의 통행이 한산하여 제3제의 피해가 발생할 수 있는 구체적 위험성을 예측할 수 있었다고 보기 어렵다. 그리고 다른 순찰차량과의 공조체제 등 다른 조치를 취할 가능성이 희박한 점 등을 고려할 때, 경찰관의 위 추적행위는 직무를 벗어난 위법한 과잉추적으로 보기 어렵다. 따라서 피해자에 대한 국가의 손해배상책

2) 불심검문의 방법

경찰관직무집행법에서는 경찰관이 행사할 수 있는 불심검문의 내용으로 ㉠ 정지·질문, ㉡ 흉기소지여부 조사, ㉢ 임의동행을 기본으로 하고 있다. 그리고 질문, 조사, 임의동행을 요구하는 경찰관은 당사자에게 자신의 신분을 표시하는 증표를 제시하면서 소속과 성명을 밝히고 그 목적과 이유를 설명하여야 한다(경찰관직무집행법 제3조 제4항). 이는 질문을 당하는 사람의 사익보호를 위한다는 취지도 아울러 가지고 있다. 따라서 이 조항에 반하는 경찰관의 직무집행 행위는 위법한 직무집행 행위가 되어 국가배상의 원인이 될 수 있다.

한편, 경찰관이 이러한 절차를 거쳐 질문을 하게 되면 당사자는 질문에 응해야 할 의무가 발생한다고 본다. 그러나 질문 및 흉기의 소지여부 조사, 그리고 임의동행에 의한 조사시 당사자는 형사소송에 관한 법률에 의하지 아니하고는 신체를 구속당하지 아니하며, 그 의사에 반하여 답변을 강요당하지 아니한다(제3조 제7항). 질문자체에는 영장주의(令狀主義)가 적용되지 않지만, 신체구속에는 당연히 영장주의가 적용된다.

생각건대, 경찰관직무집행법상의 질문은 상대방의 임의적인 협력(답변)을 전제로 하는 성격도 갖는다고 본다. 즉, 질문을 받은 당사자는 질문에 대하여 수인의 의무를 지고 정지하게 되지만, 질문에 대하여 진술의무를 부담하지는 않는다고 본다.

그리고 상당히 애매한 부분이지만, 질문을 하는 경찰관은 당사자에게 진술을 거부할 수 있음을 반드시 알려야 하는 것은 아니라고 본다. 그렇지만, 범죄의 증거를 수집할 목적으로 질문한다면 진술을 거부할 수 있음을 알려야 한다고 본다.

(1) 정지·질문

① 정지

정지는 경찰관이 거동수상자를 발견한 경우에 대상자의 본래 통행행동을 일시적으로 멈추게 하는 것을 말한다. 질문을 한 정지는 피질문자에게 행동의 자유의 일시정지를 가져올 수 있다. 그러나 이러한 일시정지는 침해의 경미성(輕微性)으로 인해 헌법 제12조가

임은 인정되지 않는다. 광주지법 1999.4.22., 97가합9989.

13) 정지와 관련해서 자동차검문의 허용한계가 문제될 수 있다. 자동차검문은 교통검문(도로교통법 제43조)·경계검문·긴급수배검문이 있다. 경계검문과 긴급수배검문은 명시적인 법적 근거가 없는 까닭에 허용여부에 논란이 있으나, 전자는 경찰관직무집행법 제3조 1항에서, 후자는 형사소송법상의 임의수사에 관한 규정을 근거로 이를 허용함이 타당하다. 다만 자동차 검문시 트렁크 내부 등 눈에 보이지 않는 곳에 대한 검사는 상대방의 동의가 있는 경우에 한하여 가능하며, 자동차 검문시 정차하지 않고 도주하는 경우 준현행범으로 간주하여 형사소송법에 의한 강제가 가능하다. 조철옥(2008), 앞의 책, p. 172.

보장하는 기본권인 '신체의 자유의 침해'에 해당하지 않는다.

경찰관의 정지수단으로는 보행자의 경우는 구두나 경적 등을 통하여 가던 길을 멈추게 하고, 자동차나 자전거 등은 경적과 수신호를 통하여 정차시키고 경우에 따라서는 하차시킬 수 있다.

한편, 질문을 위한 정지의 성질은 하명(下命)에 해당하지만, 이에 불응하는 경우에 대한 강제수단은 특별하게 없다. 따라서 현행법상으로 질문을 위해 정지를 요구하였으나, 이에 불응하여도 강제적으로 정지시킬 수는 없다(형사소송절차에 따라 강제하는 것은 별개의 문제이다). 정지를 위해 경찰관이 상대방에게 가하는 행위가 '강제적인 행위'에 해당하는지의 여부는 객관적·합리적으로 판단할 사항이라고 본다.

따라서 경찰관의 정지는 원칙적으로 요구나 설득과 같은 임의수단(任意手段)에 의하나, 예외적으로 사태의 긴급성, 혐의의 정도, 필요성과 상당성 등을 고려하여 강제에 이르지 않는 정도의 유형력 행사, 즉 앞을 가로막고 정지를 시키거나 추적하거나 상대편의 팔을 잡아 정지시키는 정도는 허용된다고 할 수 있다. 그러나 실력을 행사하더라도 그것은 질문을 위한 일시적 정지에 그쳐야 한다.

② 질문

불심검문상의 질문은 무엇인가를 알기 위한 행위(정보수집)이다. 따라서 질문은 성질상 경찰조사의 성질을 갖는다고 본다. 이러한 질문은 비권력적인 사실행위이며, 질문에 행정절차상의 사전통지가 필요한 것은 아니다.

질문은 불심검문의 핵심으로서 정지와 후술하는 동행요구는 질문을 위한 수단에 불과하다. 경찰관은 질문내용으로 거동수상자에게 성명, 주소, 행선지, 소지품의 내용 등을 물어 봄으로써 의심을 풀거나 경찰목적상 필요한 사항을 알아내는 것을 말한다.

(2) 흉기의 소지여부 조사

경찰관은 불심검문시에 흉기의 소지여부를 조사할 수 있다(경찰관직무집행법 제3조 제3항).[14] 흉기의 소지여부 조사는 당해인의 신체나 소지품에 대한 검색을 전제로 한다.

① 신체의 자유 침해에 대한 영장주의 문제

그런데 헌법에서는 '체포·구속·압수 또는 수색(搜索)을 할 때에는 적법한 절차에 따라

14) 법적으로는 단지 '흉기의 소지여부'를 조사할 수 있다고 하고 있는데, 불심검문 자체가 범죄와 관련하여 상당한 개연성이 있는 자를 대상으로 조사를 하는 것이므로 흉기가 아닐지라도 범죄행위와 관련된 물건의 소지여부를 조사할 수 있도록 하는 규정으로 개정하는 것도 필요하다고 본다.

검사의 신청에 의하여 법관이 발부한 영장(令狀)을 제시하여야 한다. 다만, 현행범인 경우와 장기 3년 이상의 형에 해당하는 죄를 범하고 도피 또는 증거인멸의 염려가 있을 때에는 사후에 영장을 청구할 수 있다'고 규정하고 있다(제12조 제3항).

따라서 불심검문에 의한 흉기의 소지여부 조사는 헌법에서 규정한 '신체의 자유'에 대한 침해문제가 제기될 수 있다. 흉기의 소지여부 조사는 영장 없이 이루어지는 강제조사의 성격을 갖는다. 따라서 흉기의 소지여부 조사 역시 일종의 '수색'이기 때문에 논자에 따라 경찰관직무집행법 규정 자체의 문제가 있다고 보기도 한다. 그러나 흉기의 소지여부 조사는 상황의 긴박성·중요성(즉, 흉기의 사용으로 다시 범죄가 행해지는 것을 방지하는 의미) 차원에서 이루어지는 것이라 할 수 있다. 그리고 이로 인한 신체의 자유의 침해가 경미한 것으로 보아 영장주의의 예외로 보는 것이 타당하다고 본다.

② 흉기의 소지여부 조사방법과 한계

흉기의 소지여부 조사와 관련하여 의사(意思)에 의한 조사는 특별한 문제가 없겠지만, 신체의 조사는 기본적으로 '동성'(同性)인 경찰관에 의해 이루어져야 한다고 본다. 그렇다면, 흉기의 소지여부 조사는 어디까지 이루어질 수 있는가? 구체적으로 본다면 ㉠ 신체상태 및 소지품의 외부 관찰, ㉡ 소지품에 대한 질문, ㉢ 흉기의 임의 제시, ㉣ 당사자의 의복을 가볍게 만지거나 소지품의 외부를 손으로 만지는 방법, ㉤ 당사자의 승낙 없이 호주머니에 손을 넣거나 가방 등을 직접 열어보는 방법 등이 있다.

흉기의 소지여부 조사는 영장 없이 이루어지는 강제조사라고 한다면, 이러한 방법을 모두 활용할 수 있다고 본다. 그러나 그 방법의 활용에는 비례원칙(比例原則)이 준수되어 한정된 목적 범위 내에서 필요한 최소한도의 강제력이 허용된다고 본다. 바꿔 말하면, 잠재적 위험성과 흉기소지의 개연성이 클 경우 내부검사를 할 수 있는 것이지 무조건 허용될 수는 없는 것이다.

(3) 임의동행

① 임의동행의 의의와 필요성

이상과 같이 경찰관은 불심검문에 의해 타인에 대해 정지·질문, 그리고 경우에 따라서는 흉기의 소지여부를 조사할 수 있다. 그런데, 그 장소에서 상기의 질문 등을 하는 것이 그 사람에게 불리하거나 교통의 방해가 된다고 인정되는 때에는 질문하기 위하여 부근의 경찰서·지구대·파출소 또는 출장소(이하 '경찰관서'라 함)에 동행할 것을 요구할 수 있다(경찰관직무집행법 제3조 제2항).

그리고 상대방의 동의가 있는 경우에는 경찰관서가 아니라도 무방하다고 본다. 예컨대, 질문 장소가 마땅하지 않을 경우 당사자의 동의하에 인근의 다른 지역으로 장소를 옮겨 질문 할 수 있을 것이다.

한편, 질문과 마찬가지로 동행을 요구할 경우 경찰관은 자신의 신분을 표시하는 증표를 제시하면서 소속과 성명을 밝히고 질문이나 동행의 목적과 이유를 설명하여야 하며, 동행을 요구하는 경우에는 동행 장소를 밝혀야 한다(제3조 제4항).

② 임의동행의 성질과 판단기준

임의동행(任意同行)은 강제(强制)가 아닌 말 그대로 '임의'(任意)에 의한 것이다. 따라서 경찰관의 동행요구가 있는 경우, 당해인은 경찰관의 동행요구를 '거절'할 수 있다(경찰관직무집행법 제3조 제2항). 동행요구는 당사자의 협력을 전제로 하는 비강제적인 수단이기 때문이다.

임의동행인지 강제동행인지의 판단은 평균인을 기준으로 하여 본인의 의사로서 동행에 응하였는가 아닌가를 판단해야 한다. 따라서 경찰의 강제나 심리적 압박에 의해 동행을 승낙하고 동행하였다면, 그러한 동행은 임의동행이 아니라 강제연행으로 불법행위가 된다. 또 경찰관이 동행요구를 거부하는 자를 강제로 동행하게 한다면, 그것은 불법행위에 해당하며, 국가는 국가배상법에 따른 배상책임을 져야 한다. 강제동행에 대항하는 행위는 공무집행방해죄를 구성하지 않는다.[15)]

③ 임의동행의 요건

먼저, 임의동행은 그 장소에서 질문하는 것이 그 사람에게 불리하거나 교통의 방해가 된다고 인정되는 경우에 가능하다. 주의할 것은 질문하는 것이 경찰관에게 불리한 경우에 동행요구를 할 수는 없다.

다음으로 임의동행은 당사자의 '동의'(同意)를 그 요건으로 하는 것이다. 따라서 경찰관으로부터 임의동행 요구를 받은 경우 당사자는 이를 거절할 수 있을 뿐만 아니라 임의동행 후 언제든지 경찰관서에서 퇴거할 자유가 있다.[16)]

15) 경찰관이 임의동행을 요구하며 손목을 잡고 뒤로 꺾어 올리는 등으로 제압하자 거기에서 벗어나려고 몸싸움을 하는 과정에서 경찰관에게 경미한 상해를 입힌 경우, 위법성이 결여된 행위이다. 대법 1999.12.28., 98도138.

16) 대법 1997.8.22., 97도1240.

④ **임의동행의 시간상 제한**

경찰관의 동행요구에 따라 동행을 한 경우, 경찰관은 당사자를 6시간 초과하여 경찰관서에 머무르게 할 수 없다(경찰관직무집행법 제3조 제6항). 당사자의 동의가 있다고 하여 6시간을 초과하여 계속 경찰관서에 머물게 할 수 있다면, 6시간의 제한을 둔 법의 근본 취지가 사라진다고 본다. 따라서 6시간을 초과하여 당사자를 경찰관서에 머무르게 하는 것은 불법행위에 해당한다.

그리고 6시간이 경과하기 전이라도 동행사유가 소멸되면 즉시 내보내야 함은 물론이다. 바꿔 말하면, 임의동행 한 경우 6시간을 초과하여 경찰관서에 머물게 할 수 없다고 규정하고 있다고 하여 그 규정이 임의동행한 자를 6시간 동안 경찰관서에 구금하는 것을 허용하는 것은 아니라는 점이다.[17)]

⑤ **가족 등에 대한 연락기회 부여 및 변호인의 조력을 받을 권리에 대한 고지**

임의동행을 한 경우 경찰관은 당사자의 가족 또는 친지 등에게 동행한 경찰관의 신분, 동행 장소, 동행 목적과 이유를 고지하거나 본인으로 하여금 즉시 연락할 수 있는 기회를 부여해야 한다. 아울러 변호인(辯護人)의 조력을 받을 권리가 있음을 고지하여야 한다(경찰관직무집행법 제3조 제5항).

이 조항은 동행을 한 자의 인신보호(人身保護)를 위한 것으로서 경찰관의 직무상 의무로 규정하고 있다. 이 조항은 예외 없이 적용되어야 한다고 본다.[18)] 경찰관이 만약 이 조항이 규정하는 직무상의 의무를 불이행하게 되면, 국가배상법상 배상책임의 문제를 가져온다.

(4) 질문, 흉기소지여부의 조사 결과

경찰관이 질문(임의동행에 의한 질문 포함)과 흉기의 소지여부 등의 조사를 한 결과, 범죄를 범하였다는 사실이 밝혀진다면, 형사절차로 전환하게 될 것이다.[19)]

---

17) 대법 1997.8.22., 97도1240.

18) 긴급구속 당시에 헌법 및 형사소송법에 규정된 바와 같이 피의자에 대하여 범죄사실의 요지, 체포 또는 구속의 이유와 변호인을 선임할 수 있음을 말하고, 변명할 기회를 준 후가 아니면 긴급구속 할 수 없다. 따라서 이러한 절차를 준수하지 않고, 연행될 것을 명백히 거부하는 피의자를 강제로 연행한 것은 임의동행에 해당된다고 볼 수 없는 부당한 신체의 구속이라고 할 것이다. 대법 1995.5.26., 94다37226.

19) ① 형사소송법 제199조(수사와 필요한 조사) 제1항에서는 '수사에 관하여는 그 목적을 달성하기 위하여 필요한 조사를 할 수 있다. 다만, 강제처분은 이 법률에 특별한 규정이 있는 경우에 한하며, 필요한 최소한도의 범위 안에서만 하여야 한다'고 규정하여 임의수사의 원칙(任意搜査 原則)을 명시하고 있다. 따라서 수사관이 수사과정에서 당사자의 동의를 받는 형식으로 피의자를 수사관서 등에 동행하는 것은, 상대방의 신체의 자유가 현실적으로 제한되어 실질적으로 체포와 유사한 상태에 놓이게 된다. 이처럼 영장(令狀)에 의하지 않고 그 밖의 강제성을 띤 동행은 이를 억제할 방법도 없어서

① 현행범·준현행범에 대한 강제처분 가능

불심검문에 의해 경우에 따라서는 현행범(現行犯) 또는 준현행범(準現行犯)으로 체포될 수도 있을 것이다.[20] 물론, 현행범으로 체포를 하려면 피체포자가 현행범 또는 준현행범이어야 하고, 체포사유가 있어야 하고, 현행범 체포의 비례성이 있어야 한다. 비례성 차원에서 볼 때, 경미범죄에 대해서는 인권보장 취지에서 현행범 체포가 제한된다.[21]

기타 수배자 조회 등을 통하여 긴급체포(緊急逮捕)나 사전구속영장 또는 체포영장 발부자 또는 기소중지자(起訴中止者)일 경우에도 강제수사가 가능하다.

제도적으로는 물론 현실적으로도 임의성(任意性)이 보장되지 않을 뿐만 아니라, 아직 정식의 체포·구속단계 이전이라는 이유로 상대방에게 헌법 및 형사소송법이 체포·구속된 피의자에게 부여하는 각종의 권리보장 장치가 제공되지 않는 등 형사소송법의 원리에 반하는 결과를 초래할 가능성이 크다. 따라서 수사관이 동행에 앞서 피의자의 동행을 거부할 수 있음을 알려 주었거나 동행한 피의자가 언제든지 자유로이 동행과정에서 이탈 또는 동행 장소로부터 퇴거할 수 있었음이 객관적인 사정에 의하여 명백하게 입증된 경우에 한하여, 그 적법성이 인정되는 것으로 보는 것이 타당하다. ② 형사소송법 제200조(피의자의 출석요구)에 의하여 검사 또는 사법경찰관이 피의자에 대하여 임의적 출석을 요구할 수는 있겠으나, 그 경우에도 수사관이 단순히 출석을 요구함에 그치지 않고 일정한 장소로의 동행을 요구하여 실행한다면 본 법리가 적용되어야 하고, 한편, 행정경찰 목적의 경찰활동으로 행하여지는 경찰관직무집행법 제3조(불심검문) 제2항 소정의 질문을 위한 동행요구도 형사소송법의 규율을 받는 수사로 이어지는 경우에는 역시 위의 법리가 적용되어야 한다. 대법 2006.7.6., 2005도6810.

20) ① 범죄의 '실행 중'이거나 '실행의 즉후(卽後)'인 자를 현행범이라고 한다(형소법 제211조 제1항). 현행범인은 누구든지 영장 없이 체포할 수 있고, 긴급체포와 함께 영장주의의 예외에 속한다. 여기에서 범죄는 형법상의 구성요건에 해당하고 위법성조각사유와 책임조각사유가 없음이 명백한 경우를 가리킨다. 따라서 형사미성년자는 현행범인으로 체포할 수 없다. 그리고 범죄의 실행의 즉후인자는 범죄행위의 실행행위를 종료한 직후의 자를 말한다. 범행직후란 범죄혐의의 명백성과 범인의 명백성이 판단될 수 있을 정도의 시간적·공간적 접착성이 있는 경우를 말한다. 배종대·이상돈·정승환(2009), 신형사소송법, 서울: 홍문사, p. 127. ② 이와 관련하여 판례는 현행범인을 '시간적으로나 장소적으로 보아 체포를 당하는 자가 방금 범죄를 실행한 범인이라는 점에 관한 죄증(罪證)이 명백히 존재하는 것으로 인정되는 경우'라 보았다. 대법 2002.5.10., 2001도300.; 이와 관련된 사례로 중학교 교사인 甲은 자신이 근무하는 학교의 교장실에 들어가 약 5분 동안 식칼을 휘두르며 교장을 협박하는 등 소란을 피우다가 부모의 만류로 그만두었고, 그 후 40여분 정도 지나서 경찰관들이 출동하여 교장실이 아닌 서무실에서 甲을 연행하려고 하자 甲이 구속영장의 제시를 요구하면서 동행을 거부하는 것을 강제로 자동차에 태워 경찰서로 연행한 사례에 대해 대법원은 甲을 '범죄의 실행직후'에 있는 자로 보기 어렵기 때문에 현행범체포에 해당하지 않는 것으로 판시하였다. 대법 1991.9.24., 91도1314.; 또 다른 예로 교통사고범죄를 일으킨 장소에서 '약 1km 떨어져 있고, 범죄 후 약 10분이 경과한 때'를 범행직후에 해당하지 않는다고 하였다. 대법 2000.7.4., 99도4341. ③ 한편, 준현행범인은 현행범인은 아니지만 형사소송법에 의해 현행범인으로 간주되는 자를 말한다. 형사소송법은 ㉠ 범인으로 호창(呼唱)되어 추적되고 있는 자, ㉡ 장물이나 범죄에 사용되었다고 인정함에 충분한 흉기 기타의 물건을 소지하고 있는 자, ㉢ 신체 또는 의복류에 현저한 증적(證跡)이 있는 자, ㉣ 누구임을 물음에 대하여 도망하려 하는 자를 현행범인으로 간주하고 있다(제211조 제2항). 여기서 '㉣'의 경우, 주로 경찰관의 불심검문이 해당될 것이나 사인(私人)이 묻는 경우라도 상관없다고 본다. 그런데, 이 요건은 범행에 대한 직접적인 관련성이 희박할 수 있으므로 다른 상황과 종합하여 충분히 죄를 범하였다고 인정될 만한 경우에만 준현행범인으로 간주하는 것이 옳다고 본다.

21) 즉, 다액 50만원 이하의 벌금, 구류 또는 과료에 해당하는 죄의 현행범인에 대해서는 범인의 주거가 분명하지 않을 경우에만 그 체포가 허용된다(형사소송법 제214조). 물론, 현행범체포는 구속이 아니라 구속을 포함한 수사활동 전반의 관철 가능성을 확보하기 위한 일시적인 자유박탈이므로, 구속의 비례성이 위반되는 경미한 사건에서도 현행범체포의 비례성은 충족될 수 있다. 배종대·이상돈·정승환(2009), 앞의 책, p. 129.

② **경범죄처벌법상의 처벌 가능**

한편, 흉기의 소지여부 조사결과, 흉기가 발견되면 경범죄처벌법에 근거하여 체포·처벌 할 수 있다. 경범죄처벌법에서는 '흉기의 은닉휴대: 칼·쇠몽둥이 등 사람의 생명 또는 신체에 중대한 해를 입히는 데 사용될 연장이나 쇠톱 등 집 그 밖의 건조물에 침입하는 데 사용될 연장을 정당한 이유 없이 숨기어 지니고 다니는 사람'에 대해서 10만원 이하의 벌금, 구류 또는 과료의 형으로 처벌할 수 있다고 규정하고 있다(제2조 제2호).

③ **폭력행위 등 처벌에 관한 법률상의 처벌 가능**

또 폭력행위 등 처벌에 관한 법률은 '집단적 또는 상습적으로 폭력행위 등을 범하거나 흉기 또는 그 밖의 위험한 물건을 휴대하여 폭력행위 등을 범한 사람 등을 처벌함을 목적'으로 하고 있다(제1조).

그리고 이 법에서 우범자(虞犯者, 범죄를 저지를 우려가 있는 자)에 대한 처벌규정을 두고 있다. 즉 '정당한 이유 없이 이 법에 규정된 범죄에 공용(供用)될 우려가 있는 흉기나 그 밖의 위험한 물건을 휴대하거나 제공 또는 알선한 사람은 3년 이하의 징역 또는 300만원 이하의 벌금에 처한다'고 하고 있다(제7조).

2. 보호조치

1) 보호조치의 의의

경찰관은 수상한 행동이나 그 밖의 주위의 사정을 합리적으로 판단하여 '일정한 사유' 해당함이 명백하고 응급구호(應急救護)가 필요하다고 믿을 만한 상당한 이유가 있는 사람을 발견하였을 때에는 보건의료기관이나 공공구호기관에 긴급구호를 요청하거나 경찰관서에 보호하는 등 적절한 조치를 할 수 있다(경찰관직무집행법 제4조 제1항).

경찰관직무집행법에서는 이를 '보호조치'(保護措置)라고 부르고 있다. 이러한 보호조치와 관련된 경찰권한을 행사하기 위해서는 '구체적인 위험의 존재'가 필요하다.[22] 보호조치에는 ㉠ 강제보호(强制保護)와 ㉡ 임의보호(任意保護)가 있는데, 여기에서의 보호조치

22) 이러한 보호조치 과정에서 피보호자에 대한 경찰장구(수갑·포승·경찰봉 등)의 사용 문제가 제기될 수 있다. 생각건대, 피보호자의 보호를 위하여 수갑 등을 사용하는 것은 허용되지 않는다고 본다. 다만, 정신착란 또는 술 취한 상태로 인하여 자기 또는 타인의 생명·신체와 재산에 위해를 가하려고 하는 자, 자살을 기도하는 자, 그리고 보호사유가 소멸하기 전임에도 불구하고 경찰의 보호로부터 이탈하려고 하는 자에 대해서는 수갑 등을 사용할 수도 있을 것이다. 물론 경찰관직무집행법 제10조의2(경찰장구의 사용)가 규정하는 범위 안에서만 가능하다고 본다.

는 위험방지(危險防止)를 목적으로 하는 것이며, 따라서 범죄수사의 목적으로 활용될 수는 없다고 본다.

이러한 경찰상의 보호조치가 적절하게 이루어질 경우 국민의 복리증진에도 도움이 되고, 또 사회질서유지 차원에서도 필요하다고 본다. 위험한 사람에 대해서는 강제로 감금하고, 도움을 필요로 하는 사람에 대해서는 도움을 제공해 줄 수 있기 때문이다.

그러나 그것이 오남용 되었을 경우 헌법 제12조에서 보장하고 있는 개인의 자유에 대한 침해를 가져다 줄 수도 있다. 역사적으로 볼 때, 이를 악용할 가능성도 없지 않다고 본다. 왜냐하면 경찰이 행사하는 보호조치는 당사자에게 수인의무를 가져오는 법적 행위로서 이 가운데 특히, 강제보호조치는 대인적 즉시강제(對人的 卽時强制)의 성질을 갖기 때문이다. 그리고 임의보호조치는 비권력적 사실행위의 성질을 갖는다고 본다.

따라서 경찰이 행사하는 보호조치는 '적절한 조치를 취할 수 있다'고 규정하여 보호조치를 재량행위로 규정하고 있다. 물론 재량권행사에 있어서 하자가 없어야 한다. 그리고 경우에 따라서는 재량권이 영(零, zero)으로 수축될 수도 있다.[23]

2) 보호조치의 방법과 장소

(1) 강제보호와 임의보호

① 강제보호: 감금유치

강제보호(强制保護)라는 것은 보호대상자의 의사와 관계없이 이루어지는 조치를 말한다. 강제보호는 감금을 위한 유치라고 할 수 있다. 강제보호는 ㉠ 정신착란을 일으키거나 술에 취하여 자신 또는 다른 사람에게 생명·신체와 재산에 위해를 끼칠 우려가 있는 사람, ㉡ 자살을 시도하는 사람에 대해서 이루어진다(경찰관직무집행법 제4조 제1항 제1호 및 제2호).

여기에서 정신착란 또는 술에 취한 상태에 있는 사람이란 모두 통상적인 의사능력, 판단능력과 통제력이 상실된 상태에 있는 사람들이다. 주의할 것은 이러한 예방적인 차원의 경찰상의 강제보호 즉 감금유치는 범죄수사와 관련하여 허용되는 체포·구금과는 구분되어야 한다는 점이다.

---

23) 긴급구호권한과 같은 경찰관의 조치권한은 일반적으로 경찰관의 전문적 판단에 기초한 합리적인 재량에 위임되어 있는 것이다. 그러나 그렇다고 하더라도 구체적 상황 하에서 경찰관에게 그러한 조치권한을 부여한 취지와 목적에 비추어 볼 때, 그러한 권한을 행사하지 않은 것이 현저하게 불합리하다고 인정되는 경우에는 문제가 있다. 즉, 그러한 권한의 불행사는 법령에 위반하는 행위에 해당하게 되어 국가배상법상의 다른 요건이 충족되는 한, 국가는 그로 인하여 피해를 입은 자에 대하여 국가배상책임을 진다. 대법 1996.10.25., 95다45927.

② **임의보호: 보호유치**

임의보호(任意保護)라는 것은 보호대상자의 거부의 의사표시가 없는 경우에만 이루어질 수 있는 조치를 말한다. 따라서 임의보호는 강제보호와는 달리 감금을 위한 유치가 아니라 보호를 위한 유치라 할 수 있다.

이러한 임의보호는 '미아, 병자, 부상자 등으로서 적당한 보호자가 없으며 응급구호가 필요하다고 인정되는 사람'에 대해서 이루어진다. 그리고 임의보호의 특성상 당사자가 이를 거절하는 경우에는 이루어질 수가 없다(제4조 제1항 제3호).

여기에서 미아, 병자, 부상자란 모두 스스로 집이나 병원으로 찾아갈 능력이 없다는 특징을 갖는다. 따라서 병약한 노인이나 임산부 등도 임의보호의 대상자가 될 수 있다. 그런데 문제는 당사자가 이를 거절하는 경우 보호치를 할 수 없다는 점에서 발생한다. 왜냐하면 일정한 보호자가 없고, 응급을 필요로 하는 데에도 경찰이 보호조치를 할 수 없으면 인권의 보호 및 질서유지 면에서 문제가 생기기 때문이다. 입법상 잘못 규정된 사례라고 본다.[24] 이러한 문제는 위에서 언급한 '인권과 질서의 딜레마'인 셈이다.

(2) 보호조치 담당기관

① **보건의료기관과 공공구호기관의 보호**

경찰이 보호 사유 즉, 강제보호와 임의보호를 필요로 하는 사람을 발견한 때에는 보건의료기관 또는 공공구호기관에 긴급구호요청을 할 수 있다.[25] 이 경우 보건의료기관이나 공공구호기관은 정당한 이유 없이 긴급구호를 거절할 수 없다(경찰관직무집행법 제4조 제1항 및 제2항). 정당한 이유는 객관적으로 판단되어야 할 것이다. 그리고 정당한 이유 없이 거부하면 불이익을 받을 수도 있다.[26]

---

24) 이상안(2005), 경찰행정학, 서울: 대명출판사, p. 8.

25) 경찰관직무집행법의 해석상 여기에서의 보호의료기관으로는 각종 공공병원과 보건소를 들 수 있다. 사설의료기관을 여기에 포함시키는 것은 무리가 있다고 본다. 다만, 주위에 공공병원과 보건소가 없는 경우 예외적으로 해당된다고 본다. 왜냐하면 공적의무(公的義務)의 수행은 공공기관에서 수행하는 것이 원칙이기 때문이다. 그리고 공공구호기관으로는 아동복지법 등 사회행정법에서 규정하는 각종 기관(아동보호소, 부녀보호소, 양로원, 고아원 등)을 들 수 있으며, 국가나 지방자치단체로부터 지원을 받는 구호기관도 포함된다고 본다. 홍정선(2007), 앞의 책, p. 242.

26) 응급의료에 관한 법률에서는 '① 응급의료기관등에서 근무하는 응급의료종사자는 응급환자를 항상 진료할 수 있도록 응급의료업무에 성실히 종사하여야 한다. ② 응급의료종사자는 업무 중에 응급의료를 요청받거나 응급환자를 발견하면 즉시 응급의료를 하여야 하며 정당한 사유 없이 이를 거부하거나 기피하지 못한다'고 규정하고 있다(제6조 제1항 및 제2항). 그리고 이를 위반하여 응급의료를 거부 또는 기피한 응급의료종사자는 3년 이하의 징역 또는 3천만원 이하의 벌금에 처하도록 하고 있다(제60조 제2항 제1호).

② 경찰관서의 보호 및 관련 문제

한편, 경찰관은 긴급구호를 요하는 사람을 발견하였을 때에는 경찰관서에 보호 할 수 있다(제4조 제1항). 따라서 경찰관서에는 강제보호 및 임의보호와 같은 긴급보호를 위해서 일정한 보호실을 둘 필요가 있다. 그러나 현행법상 이에 대한 별도의 규정은 없으며, 따라서 적절한 보호실이 마련되어 있는지도 의문이다.[27] 그렇다고 해서 유치장(留置場)에 보호할 수는 없다. 유치장보호는 위법(違法)이다.[28]

그런데, 보건의료기관이나 공공구호기관에서의 보호기간에는 제한이 없으나, 경찰관서에서의 보호는 24시간을 초과할 수 없도록 하고 있다(제4조 제7항). 경찰관서에서의 보호에 기간상의 제한을 둔 것은 혹시 있을 수도 있는 경찰권한의 오남용을 방지하고 한편으로는 경찰의 업무부담을 경감시키기 위한 것이라 할 수 있다. 따라서 만약 경찰관이 구속영장을 발부 받지 못하고 24시간을 초과하여 경찰관서 보호실에 유치하는 것은 위법한 구금이다.

그리고 경찰관서에 보호조치를 하는 경우에 피구호자가 휴대하고 있는 무기·흉기 등 위험을 야기할 수 있는 것으로 인정되는 물건은 경찰관서에 임시영치 할 수 있도록 하고 있다(제4조 제3항). 임시영치기간은 10일을 초과할 수 없다(제4조 제7항). 이러한 임시영치는 영장 없이 이루어지는 강제처분 즉, 대물적 즉시강제(對物的 卽時强制)의 성격을 갖는다고 볼 수 있다.

(3) 사후조치

① 가족 등에 통지

경찰관이 위에서 설명한 강제보호 또는 임의보호와 같은 보호조치를 한 때에는 지체 없이 이를 피구호자의 가족 · 친지 기타의 연고자에게 그 사실을 통지하여야 하며, 연고자가 발견되지 아니할 때에는 피보호자를 적당한 공중보건의료기관이나 공공구호기관에 즉시 인계하여야 한다(경찰관직무집행법 제4조 제4항).

---

27) 경찰서 조사대기실은 조사대기자 등의 도주방지와 경찰업무의 편의 등을 위한시설로서 그 안에 대기하고 있는 사람들의 출입이 제한되는 시설이라면, 일단 그 장소에 유치되는 사람은 그 의사에 기하지 아니하고 일정장소에 구금되는 결과가 된다. 따라서 경찰관직무집행법상 정신착란자, 주취자, 자살기도자 등 응급의 구호를 요하는 자에 대해 24시간을 초과하지 아니하는 범위 내에서 경찰관서에 보호조치할 수 있는 시설로 제한적으로 운영되는 경우를 제외하고는 구속영장을 발부받음이 없지 조사대기실에 유치하는 것은 영장주의에 위배되는 위법한 구금이라고 하지 않을 수 없다. 대법 1995.5.26., 94다37226.

28) 유치장은 경찰서 및 지방해양경찰관서에 법률이 정한 절차에 따라 체포·구속되거나 신체의 자유를 제한하는 판결 또는 처분을 받은 자(예컨대, 현행범으로 체포된 자, 긴급체포된 자, 즉결심판에 의해 구류형을 선고받은 자 등)를 수용하기 위한 공간이다(경찰관직무집행법 제9조).

② 경찰서장 등에 보고

경찰관은 보호조치로서 피구호자를 공중보건의료기관 또는 공공구호기관에 인계한 때에는 즉시 그 사실을 소속 경찰서장에게 보고하여야 한다(제4조 제5항). 경찰서장에 대한 보고는 인권침해 여지 등의 문제가 발생하지 않도록 하기 위한 조치라고 할 수 있다.

③ 감독행정청 등에 통보

경찰관으로부터 보호조치의 보고를 받은 소속 경찰서장은 대통령령이 정하는 바에 의하여 구호대상자를 인계한 사실을 지체 없이 해당 공중보건의료기관 또는 공공구호기관의 장 및 그 감독행정청(예컨대, 시장, 군수, 구청장 등)에 통보하여야 한다(제4조 제6항).

3. 위험발생의 방지

1) 위험발생의 방지의 의의

경찰관은 사람의 생명 또는 신체에 위해를 미치거나 재산에 중대한 손해를 끼칠 우려가 있는 천재(天災), 사변(事變), 인공구조물의 파손이나 붕괴, 교통사고, 위험물의 폭발, 위험한 동물 등의 출현, 극도의 혼잡, 그 밖의 위험한 사태가 있을 때에는 일정한 조치를 할 수 있다(경찰관직무집행법 제5조 제1항). 경찰관직무집행법에서는 이를 위험발생의 방지라고 규정하고 있다.

2) 위험발생의 방지의 요건

따라서 이러한 위험발생의 방지 조치는 '㉠ 사람의 생명 또는 신체에 위해를 미치기나 ㉡ 재산에 중대한 손해를 끼칠 우려가 있는 위험한 사태'가 있는 경우에 가능하다.

이러한 위험한 사태의 예로는 위에서 살펴 본 바와 같이 천재, 사변, 인공구조물의 파손이나 붕괴, 교통사고, 위험물의 폭발, 위험한 동물 등의 출현, 극도의 혼잡 등 위험한 사태를 들고 있다. 천재는 자연재해(예컨대, 화산폭발, 대홍수 등), 사변은 사회적 변란(예컨대, 전쟁, 내란, 폭동 등), 인공구조물의 파손이나 붕괴는 이로 인한 공작물의 불안전한 상태를 의미한다고 본다. 그리고 위험한 동물은 미친 개, 멧돼지 등의 출현을 들 수 있다.

3) 위험발생의 방지의 방법

(1) 경고

이러한 위험발생의 방지를 위해 경찰관은 먼저, 그 장소에 집합한 사람(시설 이용자 등), 사물의 관리자(예컨대, 주택 주거자, 자동차의 운전자, 동물의 주인, 흥행사업의 주최자 등) 기타 관계인에게 필요한 경고(警告)를 발할 수 있다(경찰관직무집행법 제5조 제1항 제1호).

이처럼 경찰이 위험발생의 방지와 관련하여 우선 경고를 발함으로써 현장에 있는 사람들이나 관계자가 스스로의 판단으로 위해방지의 조치를 취할 것이라는 기대를 할 수 있으며, 따라서 가능한 한 강제력의 행사를 피하고자 하는 것이다. 경고를 받은 사람들은 수인의무를 부담하게 되며, 상대방이 경고에 복종하지 않을 경우에는 그 후속조치로서 강제조치를 취하는 등 그 사태에 적당한 방법을 사용할 수가 있다.[29)]

그리고 경찰은 위험발생의 방지를 위한 구체적인 방법으로서 일정한 장소를 출입하지 말 것을 또는 일정한 장소로부터 떠날 것을 명령(命令)할 수가 있다. 이는 일종의 즉시강제의 성질을 갖는다고 본다. 한편, 경고는 위험이 존재한다는 것을 알리고 동시에 위험에 대비하도록 하는 행위로서 지도·권고 등의 성격으로 보기도 한다. 경고는 위험의 존재와 대비를 알리는 사실행위일 뿐, 상대방에게 법적 효과를 가져다주는 행정행위는 아니라는 것이다(즉, 비권력적 사실행위로서 경찰지도의 성격을 갖는다고 보기도 한다).

(2) 억류 또는 피난

경찰관은 특히, 긴급을 요할 때에는 위해를 받을 우려가 있는 사람을 필요한 한도 내에서 억류하거나 피난시키는 조치를 취할 수 있다(제5조 제1항 제2호). 특히, 긴급을 필요로 한다는 것은 위험에 대한 사전경고를 발할 만큼 충분한 시간적 여유가 있는 것이 아니라 위험의 현실화가 목전에 직면하였다는 것을 의미한다. 필요한 한도는 일종의 비례의 원칙에 따라야 한다는 것이다.

(3) 기타의 방법

이 밖에도 경찰관은 사람의 생명과 신체, 그리고 재산의 보호를 위해 일정한 장소에 있는 사람, 사물의 관리자, 그 밖의 관계인에게 위해를 방지하기 위하여 '필요하다고 인정되는 조치'를 하게 하거나 직접 그 조치를 할 수 있다(제5조 제1항 제3호).

---

29) 조철옥(2008), 앞의 책, p. 177.

여기에서 필요하다고 인정되는 조치는 일종의 '불확정 개념'으로서 그것이 인정되는지의 여부에 대한 판단은 객관적으로 이루어져야 할 것이다. 이러한 기타의 방법 역시 경찰명령으로서 성격을 가지며, 이에 불응하면 경범죄처벌법(輕犯罪處罰法)상의 처벌(공무원원조불응죄, 제3조 제1항 제29호)을 받을 수 있다.

이처럼 경찰관이 관계자에게 위해방지를 위해 필요한 조치명령을 내릴 수도 있고, 또 경우에 따라서는 직접 조치를 취할 수도 있다. 예컨대, 최근 도심지에 자주 출몰하는 멧돼지를 유해조수(有害鳥獸) 감시단 또는 경찰이 사살(射殺)하는 경우를 들 수 있다.

이러한 경찰관의 위험발생의 방지와 관련하여 '...을 할 수 있다'라고 규정하여 재량권을 부여하고 있다. 그러나 경우에 따라서는 그러한 재량권 역시 영(零)으로 수축될 수도 있을 것이다. 그리고 재량권이 영으로 수축된 경우에는 경찰관의 부작위가 위법한 것이 되고, 따라서 국가배상책임이 인정될 수도 있다.[30)]

경찰관은 이상과 같은 위험발생의 방지를 위한 조치(경고, 억류·피난, 기타)를 한 때에는 지체 없이 이를 소속경찰관서의 장에게 보고하도록 하고 있다. 또 그러한 보고를 받은 경찰관서의 장은 관계기관의 협조를 구하는 등 적당한 조치를 하여야 한다(경찰관직무집행법 제5조 제3항 및 제4항).

4) 대간첩작전 등의 특례

한편, 위에서 살펴본 위험발생의 방지에 대한 특례가 있다. 즉, 경찰관서의 장은 대간첩 작전의 수행 또는 소요사태(騷擾事態)의 진압을 위하여 필요하다고 인정되는 상당한 이유가 있을 때에는 대간첩 작전지역 또는 경찰관서·무기고 등 국가중요시설(國家重要施設)에 대한 접근 또는 통행을 제한하거나 금지할 수 있도록 하고 있다(경찰관직무집행법 제5조 제2항).

대간첩 작전(예컨대, 침투간첩 체포·사살 등) 또는 소요사태 발생(예컨대, 대규모 불법시위 등)은 일종의 위험한 상황이라고 할 수 있다. 따라서 대간첩 작전지역을 통제함으로써 불의의 사고를 방지하고, 또 소요군중들이 경찰관서·무기고 등에 난입하여 발생할 수 있는 위험상황(예컨대, 무기탈취 등)을 예방하는 것은 매우 중요한 의미를 갖는다.

물론, 이러한 경찰조치(접근 또는 통행 제한·금지)는 그것이 필요하다고 인정되는 상당한

30) 경찰관직무집행법 제5조는 경찰관이 인명 또는 신체에 위해를 미치거나 재산에 중대한 손해를 끼칠 우려가 있는 위험한 사태가 있을 때에는 그 각 호의 조치를 취할 수 있다고 규정하여 형식상 경찰관에게 재량에 의한 직무수행권한을 부여한 것처럼 되어 있다. 그러나 경찰관에게 그러한 권한을 부여한 취지와 목적에 비추어 볼 때, 구체적인 사정에 따라 경찰관이 그 권한을 행사하여 필요한 조치를 취하지 않은 것이 현저하게 불합리하다고 인정되는 경우에는 그러한 권한의 불행사는 직무상의 의무를 위반한 것이 되어 위법하게 된다. 대법 1998.8.25., 98다16890.

이유가 있을 때에 적용된다. 주의할 것은 대간첩 작전지역, 또는 경찰관서·무기고 등 국가중요시설에 대한 접근 또는 통행을 제한하거나 금지할 수 있는 권한을 가진 자는 경찰관이 아니고 '경찰관서의 장(長)'이다.

그리고 대간첩작전지역 또는 경찰관서·무기고 등 국가중요시설에 대한 접근 또는 통행을 제한하거나 금지를 한 경찰관서의 장은 관계기관의 협조를 구하는 등 적당한 조치를 하여야 한다(제5조 제4항).

4. 범죄의 예방과 제지

1) 범죄의 예방과 제지의 의의

경찰관은 범죄행위가 목전(目前)에 행하여지려고 하고 있다고 인정될 때에는 이를 예방하기 위하여 관계인에게 필요한 경고(警告)를 하고, 그 행위로 인하여 사람의 생명·신체에 위해를 끼치거나 재산에 중대한 손해를 끼칠 우려가 있어 긴급한 경우에는 그 행위를 '제지'(制止)할 수 있다(경찰관직무집행법 제6조).

앞에서는 일반적인 위험발생의 방지와 관련된 것을 살펴보았다면, 여기에서는 위험 가운데 특히, 범죄와 관련된 위험의 예방에 관한 것이라고 할 수 있다. 경찰관이 경고를 발하거나 그 행위를 제지할 수 있는 범죄행위의 종류에는 제한이 없다. 즉 모든 종류의 범죄가 경고와 제지의 대상이 된다. 경고는 비권력적 사실행위로서 경찰지도의 성격을 갖지만, 범죄의 제지는 대인적인 즉시강제의 성격을 갖는다.

2) 범죄의 예방과 제지의 요건과 방법

(1) 예방을 위한 경고

범죄예방과 제지를 위한 경찰권한 행사는 크게 두 가지 방식으로 이루어질 수 있다. 먼저, 범죄행위가 목전에 행하여지려고 하고 있다고 인정될 때에는 이를 예방하기 위하여 관계인에게 필요한 경고(警告)를 발할 수 있다.

여기에서 목전이란 범죄행위가 실현 될 수 있는 급박함을 의미하고, 범죄란 모든 형벌법령에 저촉되는 일체의 행위를 말한다. 범죄 실행의 예비·음모의 직전도 해당한다고 볼 수 있다. 관계인은 범죄행위가 실행되려고 하는 상황에 직·간접적으로 관계가 있는 모든 사람을 의미한다. 경고의 방법(구두, 경적, 확성기 사용 등)에는 특별한 제한이 없다고 본다. 경고는 비권력적 사실행위로서 행정행위는 아니다(경고의 성격은 앞에서도 언급했

지만 권력적이나 비권력적이냐 하는 문제는 주어진 상황에 따라서 판단해야 할 것이다).[31]

(2) 긴급상황에 대한 제지

그리고 위와 같은 상황으로 인하여 사람의 생명·신체에 위해를 미치거나 재산상에 '중대한 손해'를 끼칠 우려가 있어 긴급을 요하는 경우에는 그 행위를 제지(制止)할 수 있도록 하고 있다. 여기에서 중대한 손해는 불확정 개념으로 판단의 여지가 적용될 수 있다. 제지라는 것은 물리적 강제력(신체상의 힘, 경찰장구의 사용 등) 등을 범죄행위를 실행에 옮기지 못하도록 하는 것으로서 대인적인 즉시강제의 성격을 갖는다고 볼 수 있다. 경찰장구의 사용에는 경찰관직무집행법 제10조의2에 따라야 함은 물론이다. 그리고 제지를 위해 사전에 반드시 경고를 거쳐야 하는 것은 아니며, 제지의 수단은 비례의 원칙을 준수해야 한다.

5. 위험방지를 위한 출입

1) 위험방지를 위한 출입의 의의

경찰관은 경찰관직무집행법 제5조(위험발생의 방지) 및 제6조(범죄의 예방과 제지)에 따른 위험한 사태가 발생하여 사람의 생명·신체 또는 재산에 대한 위해가 임박한 때에 그 위해를 방지하거나 피해자를 구조하기 위하여 부득이하다고 인정하면 합리적으로 판단하여 필요한 한도에서 다른 사람의 토지·건물·배 또는 차에 출입할 수 있다(경찰관직무집행법 제7조 제1항 단서). 이때 경찰관은 출입시에 관리자 등에게 신분증을 제시해야 하며, 함부로 관계인의 정당한 업무를 방해해서는 안 된다(제7조 제4항).

그런데, 헌법에서는 국민의 주거(住居)의 자유(自由)를 보장하고 있다.[32] 이러한 주거권은 국민의 기본권으로서, 주거에 대한 압수나 수색을 할 때에는 검사의 신청에 의하여

31) 조철옥(2008), 앞의 책, p. 178.; 그러나 독일에서는 공법상 사실행위로서 경고(설명·성명·공고·고시 등)는 특별한 행위형식으로 볼 수 있을 정도로 독자성을 가지고 있다. 독일연방행정판소는 '경고는 국가권위의 활용과 목적성 개념요소'로 파악하고 있다. 따라서 이러한 징표가 있으면, 기본권 침해가 있는 것이 된다. 이 때문에 경찰권한 행사 영역에서 경고에는 법률의 근거가 필요하며, 단순한 직무규정으로는 충분하지 않다고 보게 된다. 홍정선(2007), 앞의 책, pp. 359-361.

32) 주거의 개념은 넓게 해석되어야 한다. 좁은 의미의 주거(예컨대, 침실과 거실) 뿐만 아니라 그 밖의 부속공간(예컨대, 마루, 창고, 정원 등)까지도 포함된다. 그리고 헌법상의 주거개념에는 그밖에도 천막(텐트), 호텔의 객실, 학생의 기숙사도 포함된다. 근로자, 경영자의 업무공간 역시 포함된다. 따라서 사법상의 법인(法人)도 주거권의 주체가 될 수 있다. 요약건대, 사실상 거주에 제공되는 공간은 널리 주거에 포함된다고 볼 수 있다. 위의 책, p. 253.

법관이 발부한 영장(令狀)을 제시하도록 하고 있다(제16조). 따라서 주거자의 동의 없는 가택출입, 검색은 현재의 사람의 생명·신체·자유·물건의 안전 등에 대한 '위험방지 목적'으로만 가능하다고 할 수 있다.

2) 위험방지를 위한 출입의 유형과 요건

(1) 긴급출입

경찰관은 제5조(위험발생의 방지) 및 제6조(범죄의 예방과 제지)에서 규정한 위험한 사태가 발생하여 사람의 생명·신체 또는 재산에 대한 위해가 '임박'(臨迫)한 때에 그 위해를 방지하거나 피해자를 구조하기 위하여 부득이 하다고 인정하면 '합리적으로 판단'하여 '필요한 한도 내'에서 다른 사람의 토지·건물 · 배 또는 차에 출입할 수 있다(경찰관 직무집행법 제7조 제1항). 이러한 출입을 긴급출입(緊急出入)이라고 부른다.

긴급출입은 타인의 토지·건물 또는 선차 내에 들어가는 것을 의미한다. 긴급출입은 상대방의 동의(同意)를 요하지 않는 강제조치로서 현실적 위해를 제거할 필요가 절박하기 때문에 경찰하명에 의하여 의무를 부과할 시간적 여유가 없을 때 행사하는 '대가택적 즉시강제'라 할 수 있다. 따라서 타인이 경찰관의 정당한 출입을 거부하면 공무집행방해죄에 의해 처벌 될 수 있다.

그런데, 이러한 긴급출입은 경찰재량에 의해 무조건적으로 가능한 것이 아니고, 직면한 위해가 '절박한 때'에 관련위험의 방지나 피해자의 구조를 위해서만 가능하다. 또 '부득이하다고 인정할 때'에만 출입할 수 있다. 따라서 다른 적절한 방법으로 위험을 방지할 수 있다면 출입할 수 없다(보충성의 원칙).

그리고 '합리적으로 판단하여 필요한 한도 내에서' 출입할 수 있다고 규정하고 있는데, 경미한 장해제거를 위한 출입은 필요한 한도 내에 해당하지 않는다고 본다. 출입 후 위험방지의 목적을 달성하기 위하여 일정한 수단(불심검문, 동행요구, 위험발생의 방지, 범죄의 제지 등)을 활용할 수 있을 것이다. 그러나 이러한 긴급출입은 위험방지를 목적으로 하기 때문에 범죄수사를 목적으로 출입할 수 없음은 물론이다.

(2) 예방출입

한편, 흥행장(興行場, 입장료를 받고 연극이나 영화, 서커스 등의 구경거리를 보여 주는 장소), 여관, 음식점, 역(驛), 그 밖에 많은 사람이 출입하는 장소의 관리자나 그에 준하는 관계인은 경찰관이 범죄나 사람의 생명·신체·재산에 대한 위해를 예방하기 위하여 해당 장소의 영업시간이나 해당 장소가 일반인에게 공개된 시간에 그 장소에 출입하겠다고 요구하면 정당한 이유 없이 그 요구를 거절할 수 없다(제7조 제2항).

이러한 출입을 예방출입(豫防出入)이라고 부른다. 이 경우의 출입은 기본적으로 경찰조사(警察調査)의 성격을 갖는다고 본다. 그런데, 위의 긴급출입은 위해가 절박하고 부득이한 경우에 이루어지는 것이지만 예방출입의 경우에는 단순한 조사를 위해서도 출입할 수 있다고 본다. 물론, 그것도 범죄수사 목적이 아닌 범죄 및 각종 위해에 대한 예방목적이어야 한다.

생각건대, 개인의 프라이버시권이 강하게 요구되는 사적(私的)인 공간·장소에 대해서 경찰이 출입하기 위해서는 위의 긴급출입과 같은 상황에서 가능하다고 본다. 즉, 이러한 공간은 경찰의 예방출입은 허용되지 않는다고 본다. 그러나 흥행장·여관·음식점·역 등 이른바 '경찰상의 공개된 장소'는 누구나 접근할 수 있는 공개된 장소이므로 일반예방적 차원의 예방출입 역시 일정 조건하에 가능하다고 본다.

따라서 위험방지의 목적으로 경찰이 개인사업장 등에 출입하는 경우 관리자 등은 정당한 이유가 없는 한 경찰관의 출입을 거절할 수 없다. 정당한 이유는 불확정 개념인데, 예컨대, 위의 공개된 장소가 아니라는 주장은 정당한 이유라고 볼 수 있다. 어쨌든, 정당한 이유가 없는 한 관리자 등은 경찰관의 출입에 수인의무를 진다. 물론, 이 경우 상대방은 영업 또는 공개시간이 아니라는 것만을 이유로 경찰관의 출입요구를 거절할 수도 있다. 따라서 예방출입은 상대방의 동의를 요하며, 영업시간이나 공개시간이 경과한 후에 출입하고자 하는 경우에는 긴급출입의 요건을 갖추었을 때 가능하다고 본다.

(3) 대간첩작전 검색

경찰관은 대간첩 작전 수행에 필요한 때에는 작전지역 안에 있어서의 제7조 제2항에 규정된 장소(흥행장·여관·역 기타 다수인이 출입하는 장소)의 안을 검색할 수 있다(제7조 제3항). 검색이란 물건이나 사람을 직접 찾는 행위 등을 말한다. 이처럼 대간첩작전 수행에 필요한 경우에는 공개된 장소에 한하여 법관의 영장이나 관계인의 동의 없이 영업시간이나 공개시간이 아니라도 검색이 가능하다.

6. 사실의 조회·확인 및 출석요구

1) 사실의 조회·확인

(1) 사실의 조회의 의의

경찰관서의 장은 직무수행에 필요하다고 인정되는 상당한 이유가 있을 때에는 국가기관이나[33] 공사단체(公私團體) 등에 직무수행에 관련된 사실을 조회(照會)할 수 있다. 다만, 긴급을 요할 때에는 소속경찰관으로 하여금 현장에 나가 해당 기관 또는 단체의 장의 협조를 얻어 그 사실을 확인하게 할 수 있다(경찰관직무집행법 제8조 제1항).

이러한 사실조회·확인(후술하는 출석요구)은 비권력적 사실행위로서 즉시강제의 수단에 포함되지 않는다고 볼 수 있다.

(2) 사실의 조회의 방법 및 요건

① 사실조회의 방법

사실조회의 주체는 경찰관 개인이 아니라 경찰관서의 장(長)이다. 경찰관서의 개념은 명백하지 않지만, 이는 경찰관직무집행법 제3조 제2항에서 규정하는 경찰서, 지구대, 파출소 또는 출장소를 포함하는 의미라고 볼 수 있다. 조회의 방법에는 제한이 없다고 본다. 따라서 서면뿐만 아니라 구두로고 가능하다. 조회의 상대방은 '국가기관 또는 공사단체 등' 포괄적이기 때문에 단체의 실질을 갖추지 못한 공동체를 총칭한다고 본다.

② 사실조회의 요건과 한계

경찰관직무집행법 제8조 제1항에서 사실의 조회는 '직무수행'에 '필요하다고 인정되는 상당한 이유가 있는 경우' 할 수 있다고 규정하고 있다. 따라서 직무의 내용에는 그것이 경찰의 직무범위 내에 있는 한 제한이 없다고 본다. 경찰의 직무범위는 '국민의 생명·신체 및 재산의 보호, 범죄의 예방·진압 및 수사, 경비·주요인사(요인)경호 및 대간첩·대테러 작전수행, 치안정보의 수집·작성 및 배포, 교통의 단속과 교통위해의 방지, 외국 정부기관 및 국제기구와의 국제협력, 그 밖에 공공의 안녕과 질서유지'로 규정하고 있다(경찰관직무집행법 제2조). 그리고 여기에서 말하는 '상당한 이유'는 불확정 개념으로서

---

33) 행정청은 다음에 해당하는 경우에는 다른 행정청에 행정응원을 요청할 수 있다. ① 법령 등의 이유로 독자적인 직무수행이 어려운 경우, ② 인원·장비의 부족등 사실상의 이유로 독자적인 직무수행이 어려운 경우, ③ 다른 행정청에 소속되어 있는 전문기관의 협조가 필요한 경우, ④ 다른 행정청이 관리하고 있는 문서(전자문서를 포함)·통계 등 행정자료가 직무수행을 위하여 필요한 경우(행정절차법 제8조).

이에 대해서는 경찰관서의 장이 합리적으로 판단할 사항이라고 본다.

그런데 이처럼 사실조회가 경찰의 직무수행과 관련하여 포괄적으로 적용될 수 있는 것으로 해석할 수 있는데, 행정목적이 아닌 수사목적을 위해서는 이루어질 수 없다고 한다. 또 여기에서 말하는 사실조회는 형사소송법상의 조회와 그 성질을 달리한다고 보기도 한다.[34)]

그러나 앞에서 언급한 바와 같이 경찰관직무집행법은 경찰의 직무수행과 관련된 기본적·표준적(基本的·標準的) 권한의 행사와 관련된 내용을 명시한 규정이라고 본다. 따라서 전적으로 사법경찰작용을 그 범위에서 배제시키기보다는 이 규정은 하나의 '일반조항'(一般條項)으로서의 성격을 가지고, 범죄수사 등에 있어서는 개별법 또는 특별법에 의한 '개별조항'이 우선적으로 적용된다고 보면 될 것이다. 이러함 점에서 굳이 이 조항의 성격을 지나치게 한정시키는 것은 문제가 있다고 본다. 요약 건대, 이 조항은 법규정 그대로 '직무수행에 있어서 인정되는 상당한 이유가 있을 때'와 같이 일반적·개괄적으로 해석할 필요가 있는 것이다.

(3) 사실의 조회의 구속력

① 국가기관이나 지방자치단체

사실조회를 요청 받은 국가기관이나 지방자치단체는 경찰이 아닌 다른 행정청이 처리하는 것이 보다 효율적이라고 판단하거나, 아니면 조회에 응함으로써 고유의 직무수행이 현저히 지장 받을 것으로 인정되는 명백한 이유가 있는 경우가 아닌 한 조회에 응해야 할 것이다(행정절차법 제8조 제2).

그리고 행정응원을 요청받은 행정청은 응원을 거부하는 경우 그 사유를 응원을 요청한 행정청에 통지해주도록 하고 있다(제8조 제4항). 이러한 경우 사실확인은 행정기관 상호간의 협력관계가 문제시 되는데, 궁극적으로 조직 이기주의가 아닌 국가와 국민의 권리보호를 위한다는 차원에서 유기적인 상호관계를 구축하는 것은 중요하다고 본다.

② 기타 단체

그러나 국가기관이나 지방자치단체가 아닌 그 밖의 단체의 경우에는 조회에 응하여야 할 의무가 있다고 보기는 어렵다고 본다. 경찰관서의 사실조회는 비권력적(非權力的)인 사실행위(事實行爲)이기 때문이다.

34) 조철옥(2008), 앞의 책, p. 181.; 홍정선(2007), 앞의 책, p. 257.; 형사소송법 제199조(수사와 필요한 조사) ① 수사에 관하여는 그 목적을 달성하기 위하여 필요한 조사를 할 수 있다. 다만, 강제처분은 이 법률에 특별한 규정이 있는 경우에 한하며, 필요한 최소한도의 범위 안에서만 하여야 한다. ② 수사에 관하여는 공무소 기타 공사단체에 조회하여 필요한 사항의 보고를 요구할 수 있다.

2) 출석요구

(1) 출석요구의 의의

경찰관은 ㉠ 미아를 인수할 보호자 확인, ㉡ 유실물을 인수할 권리자 확인, ㉢ 사고로 인한 사상자(死傷者) 확인, ㉣ 행정처분을 위한 교통사고 조사에 필요한 사실을 확인하기 위하여 필요한 때에는 관계인에게 출석을 요하는 사유·일시 및 장소를 명확히 적은 출석요구서(出席要求書)를 보내 경찰관서에 출석할 것을 요구할 수 있다(경찰관직무집행법 제8조 제2항). 출석요구의 주체는 경찰관이 할 수 있는 것으로 되어있다. 그러나 경찰권한은 단일하고 통일적이어야 하기 때문에 경찰관이 아니라 경찰관서의 장이 출석요구서를 보낼 수 있는 것으로 이해되어야 한다.

이러한 출석요구에 불응한다고 하여 이를 강제할 수 있는 수단이 없다. 따라서 출석요구는 출석의무를 부과하는 행정행위로 보기는 어렵다. 이 역시 사실조회와 마찬가지로 비권력적인 사실행위로 볼 것이다(다만, 이처럼 경찰권한 행사에 있어서 구속력이 없다는 것은 경우에 따라서는 문제가 있다고 본다. 출석요구 대상자가 이에 응하지 않을 경우 어떻게 할 수 없고, 또 그로 인해 어떠한 문제가 발생할 수도 있기 때문이다). 어쨌든, 출석요구가 있다고 하여 출석의무가 발생하는 것은 아니다. 출석하지 않았다고 하여 처벌이 가해지는 것도 아니고, 출석이 강제되는 것도 아니다.

(2) 출석요구의 사유와 방법

경찰관의 출석요구이 사유는 위에서 언급한 관련사실의 확인을 위해 필요한 때에 가능하다. 다만, 이러한 종류의 출석요구에 국한되지 않고 다른 사건에 대해서도 가능하다고 본다. 경찰관은 직무수행과 관련하여 위험방지 등의 목적을 위하여 관계자에게 출석요구를 할 수 있다고 보며, 이는 사인(私人)의 임의적 협력을 요하는 사실행위로 이해되기 때문이다.

출석요구 상대방은 관련 관계자 된다. 경찰의 출석요구는 출석을 요하는 사유, 일시 및 장소를 명확히 한 출석요구서에 의한다. 법문이 명시적으로 출석요구서를 규정하고 있지만, 출석요구를 사인의 임의적 협력을 전제로 하는 사실행위로 이해하는 한, 전화나 팩스 등으로 출석을 요구할 수도 있다고 본다.

7. 국제협력

1) 국제협력의 의의

경찰청장은 경찰관직무집행법에 따른 경찰관의 직무수행을 위하여 외국 정부기관, 국제기구 등과 자료 교환, 국제협력 활동 등을 할 수 있다(경찰관직무집행법제8조의2). 주지하는 바와 같이 경찰의 기본적·표준적 권한은 경찰이 '과거부터 현재에 이르기까지 오랜 동안 현장에서 경험적으로 주어진 직무를 수행하는 과정에서 요구되는 가장 기본적이고 표준적인 권한'이라고 할 수 있다.

세계화·국제화가 보편화된 오늘날 외국인 관련 범죄사건은 급증하고 있는 것이 현실이며, 이에 대한 적절하고 체계적인 대응을 위한 국제협력(國際協力)은 매우 중요한 의미를 가진다고 본다. 이러한 점에서 경찰의 기본적·표준적 권한의 행사 규정으로서 경찰관직무집행법에 국제협력 을 개별적 수권조항(個別的 授權條項)으로서 신설(2014. 5.20)한 것은 의미가 있다고 본다.

2) 국제협력의 성격

국제협력 규정에 의하여 경찰이 다른 외국기관 등에 대해 어떠한 강제력(强制力)을 행사할 수 있는 것은 결코 아니다. 이는 비권력적(非權力的) 사실행위(事實行爲)일 뿐이다.

한편, 경찰관직무집행법상의 국제협력 규정이 예방적 차원의 행정경찰권한으로서의 의미를 가지고 있는 것인지, 아니면 사후대응적 차원의 사법경찰권한으로서의 성격도 아울러 가지고 있는지를 살펴볼 필요가 있다.

현재, 사법경찰활동 즉, 수사 및 재판과 관련한 국제협력에 대해서는「국제형사사법공조법」에 구체적인 규정이 마련되어 있다. 그러나 그 이외의 위험방지 또는 예방경찰 작용에 있어서의 국제협력에 대해서는 근거 규정이 마련되어 있지 않다. 이러한 점에서 국제협력 조항은 예방적 차원의 행정경찰권한으로서의 의미를 갖는다고 본다.[35]

35) 이는 경찰청이 경찰관직무집행법에 '국제협력' 조항을 신설한 이유에서 밝힌 내용이다. 그러나 국제협력 조항은 예방적 차원의 행정경찰권한으로서의 성격뿐만 아니라 사후대응적 사법경찰권한으로서의 성격을 아울러 갖는다고 봐도 특별한 문제가 없다고 본다. 본질적으로 경찰관직무집행법은 행정경찰권한과 사법경찰권한의 성격을 모두 갖는 기본적·표준적 권한으로서의 위상(位相)을 가지고 있기 때문이다. 또한 예방적 차원의 원활하고, 상호 유기적인 국제협력관계의 구축이 되어 있을 때, 사후대응 역량을 보다 극대화할 수 있다고 본다. 행정경찰과 사법경찰의 불가분리성(不可分離性)은 여기에서도 그대로 적용된다고 할 수 있다. 따라서 경찰관직무집행법상의 국제협력은 일반적 수권조항으로 보고, 「국제형사사법공조법」은 관련 사법경찰작용의 개별법·특별법으로 인식하면 될 것이다. 경찰 스스로가 경찰관직무집행법을 행정경찰권한의 기본적·표준적 권한으로 만 보지 말고 사법경찰권한을 포함하는 기본적·표준적 권한으로 인식해야 할 것이다.

8. 경찰장비의 사용

1) 경찰장비사용의 의의

경찰관은 직무수행 중 경찰장비를 사용할 수 있다. 다만, 사람의 생명이나 신체에 위해를 가할 수 있는 경찰장비(이를 '위해성 경찰장비'라 함)를 사용할 때에는 필요한 안전교육과 안전검사를 받은 후 사용하여야 한다(경찰관직무집행법 제10조 제1항).

(1) 경찰장비의 유형

여기에서 말하는 '경찰장비'(警察裝備)라 함은 무기, 경찰장구(警察裝具), 최루제(催淚劑)와 그 발사장치, 살수차(撒水車), 감식기구(鑑識機具), 해안 감시기구, 통신기기, 차량·선박·항공기 등 경찰이 직무수행을 위하여 필요한 장치와 기구를 말한다(제10조 제2항).

한편, 사람의 생명이나 신체에 위해를 가할 수 있는 경찰장비의 종류는 다음과 같다(위해성 경찰장비의 사용기준 등에 관한규정 제2조, 이하 '위해성 경찰장비규정'이라 함).

㉠ 경찰장구: 수갑, 포승(捕繩), 호송용 포승, 경찰봉, 호신용경봉, 전자충격기, 방패 및 전자방패

㉡ 무기: 권총, 소총, 기관총(기관단총을 포함), 산탄총, 유탄발사기, 박격포, 3인치포, 함포, 크레모아(Claymore mine, 대인지뢰), 수류탄, 폭약류 및 도검

㉢ 분사기·최루탄 등: 근접분사기, 가스분사기, 가스발사총(고무탄 발사겸용을 포함) 및 최루탄(그 발사장치 포함)

㉣ 기타장비: 가스차, 살수차, 특수진압차, 물포, 석궁, 다목적발사기 및 도주차량 차단장비

(2) 경찰장비 사용의 성격

경찰장비의 사용은 그 자체적으로 경찰상 즉시강제(卽時强制)의 성질을 갖는다. 또 한편으로 이러한 경찰장비의 사용은 이상에서 설명한 보호조치, 위험발생의 방지, 범죄의 예방과 제지, 위험방지를 위한 출입 등에서 규정하는 즉시강제 또는 조사수단의 도입시에 활용되는 힘(실력)의 한 종류로서의 성질도 갖는다.[36)]

경찰상의 즉시강제라는 것은 위험이 존재하거나 장해의 발생이 목전에 급박한 경우에 성질상 개인에게 의무를 명해서는 경찰목적을 달성할 수 없거나 또는 미리 의무를 명령할 시간적 여유가 없는 경우에 경찰집행기관이 직접 개인의 신체나 재산에 실력을 가하

---

36) 홍정선(2007), 앞의 책, p. 260.

여 경찰목적달성에 필요한 상태를 실현하기 위한 경찰권한의 행사를 말한다.

(3) 경찰장비 사용의 요건

사람의 생명 또는 신체에 위해를 끼칠 수 있는 '위해성 경찰장비'는 '필요한 최소한도'에서 사용하도록 하고 있다(경찰관직무집행법 제10조 제4항). 그동안 위해성 경찰장비의 사용으로 인한 인권침해 문제가 끊임없이 제기되어 온 것이 사실이다. 따라서 경찰관직무집행법 개정(2014.5.20.)으로 이에 대한 요건과 절차로서 '위해성 경찰장비에 대한 필요한 최소한도의 사용' 내용을 명시하였다. 이는 위해성 경찰장비의 사용시 특히, 비례원칙(比例原則)이 적용되어야 한다는 것을 의미한다.

다만, 아래에서 설명하고자 하는 경찰장비 사용 관련 개별 조항 즉, 경찰장구의 사용(제10조의2), 분사기 등의 사용(제10조의3), 무기의 사용(제10조의4) 규정에 각각 '필요한 한도' 또는 '필요한 최소한의 범위' 등의 내용으로 명확히 규정하고 있기 때문에 위와 같이 별도로 규정한 실익(實益)은 크게 없다고 본다.

한편, 경찰관이 경찰장비를 함부로 개조하거나 경찰장비에 임의의 장비를 부착하여 일반적인 사용법과 달리 사용함으로써 다른 사람의 생명·신체에 위해를 끼치지 못하도록 하였다(10조 제3항). 그리고 새로운 경찰장비의 도입에 대한 요건을 강화하였다. 즉, 경찰청장은 위해성 경찰장비를 새로 도입하려는 경우에는 대통령령(大統領令)으로 정하는 바에 따라 안전성 검사를 실시하여 그 안전성 검사의 결과보고서를 국회 소관 상임위원회(常任委員會)에 제출하여야 하고, 이 경우 안전성 검사에는 외부 전문가를 참여시키도록 한 것이다(제10조 제5항).

2) 경찰장구의 사용

(1) 경찰장구의 의미

경찰장구(警察裝具)라는 것은 경찰관이 휴대하여 범인 검거와 범죄 진압 등 직무수행에 사용하는 수갑, 포승(捕繩), 경찰봉, 방패 등을 말한다(경찰관직무집행법 제10조의2 제2항). 이외에도 호신용경봉, 전자충격기, 전자방패 등도 경찰장구에 포함된다(위해성 경찰장비규정 제2조 제1호).

(2) 경찰장구 사용의 요건과 방법

경찰관은 ㉠ 현행범이나 사형·무기 또는 장기 3년 이상의 징역이나 금고에 해당하는 죄를 범한 범인의 체포 또는 도주의 방지, ㉡ 자신이나 다른 사람의 생명·신체의 방어 및 보호, ㉢ 공무집행에 대한 항거(抗拒)의 제지를 위하여 필요하다고 인정되는 상당한 이유가 있을 때에는 그 사태를 합리적으로 판단하여 필요한 한도 내에서 경찰장구를 사용할 수 있다(경찰관직무집행법 제10조의2 제1항).

① 수갑 등의 사용 기준

수갑·포승 또는 호송용포승은 영장집행 등의 경우에 사용할 수 있고, 또 자살방지 등을 위해서도 사용할 수 있다.

먼저, 경찰관(국가경찰공무원에 한함)은 체포·구속영장을 집행하거나 신체의 자유를 제한하는 판결 또는 처분을 받은 자를 법률이 정한 절차에 따라 호송하거나 수용하기 위하여 필요한 때에는 최소한의 범위 안에서 수갑·포승 또는 호송용포승을 사용할 수 있다(위해성 경찰장비규정 제4조).[37]

그리고 경찰관은 범인·주취자(酒醉者)자 또는 정신착란자의 자살 또는 자해기도를 방지하기 위하여 필요한 때에는 수갑·포승 또는 호송용포승을 사용할 수 있다. 이 경우 경찰관은 소속 국가경찰관서의 장(경찰청장·지방경찰청장·경찰서장, 기타 경무관·총경·경정 또는 경감을 장으로 하는 국가경찰관서의 장을 말함)에게 그 사실을 보고하여야 한다(제5조).

② 경찰봉과 호신용경봉의 사용 기준

경찰관은 불법집회·시위로 인하여 발생할 수 있는 타인 또는 경찰관의 생명·신체의 위해와 재산·공공시설의 위험을 방지하기 위하여 필요한 때에는 최소한의 범위 안에서 경찰봉 또는 호신용경봉을 사용할 수 있다(위해성 경찰장비규정 제6조). 경찰관이 경찰봉 또는 호신용경봉을 사용하는 때에는 사람의 생명 또는 신체에 대한 위해를 최소화하도록 주의하여야 한다(제7조).

③ 전자충격기 등의 사용제한

경찰관은 14세미만의 자 또는 임산부에 대하여 전자충격기 또는 전자방패를 사용하여서는 안 된다. 그리고 경찰관은 전극침(電極針) 발사장치가 있는 전자충격기를 사용하는 경우 상대방의 얼굴을 향하여 전극침을 발사하여서는 안 된다(경찰장비규정 제8조 제1항 및 제2항).

---

37) 무죄추정(無罪推定)을 받는 피의자라고 할지라도 그에게 구속의 사유가 있어 구속영장이 발부, 집행된 이상 신체의 자유가 제한되는 것은 당연한 것이다. 특히, 수사기관에서 구속된 피의자의 도주, 항거 등을 억제하는데 필요하다고 인정할 만한 상당한 이유가 있는 경우에는 필요한 한도 내에서 포승이나 수갑을 사용할 수 있는 것이며, 이러한 조치가 무죄추정의 원칙에 위배되는 것이라고는 할 수 없다. 대법 1996.5.14., 96도561.

3) 분사기·최루탄의 사용

(1) 분사기·최루탄의 의미

앞에서 살펴본 바와 같이 위해성 경찰장비규정에서는 분사기, 최루탄 등은 '근접분사기, 가스발사총(고무탄 발사겸용 포함) 및 최루탄(그 발사장치 포함)'으로 정의하고 있다(제2조 제3항).

(2) 분사기·최루탄의 사용 요건과 한계

경찰관은 ㉠ 범인의 체포·도주의 방지, ㉡ 불법집회·시위로 인한 자신이나 다른 사람의 생명·신체와 재산 및 공공시설의 안전에 대한 현저한 위해의 발생을 억제하기 위하여 부득이한 경우 '현장책임자(現場責任者)의 판단'으로 필요한 최소한의 범위 안에서 분사기(총포·도검·화약류 등의 안전관리에 관한 법률에 따른 분사기를 말하며, 그에 사용하는 최루 등의 작용제 포함함) 또는 최루탄을 사용할 수 있다(경찰관직무집행법 제10조의3).

이러한 분사기와 최루탄은 최루가스를 통해 사람의 신체와 정신에 일시적인 기능장해를 야기하는 물건이지 사람의 살상을 목적으로 하는 물건은 아니다. 그러나 분사기와 최루탄의 사용은 경우에 따라서는 사람의 생명이나 신체에 중대한 침해를 가져올 수도 있으므로, 이의 사용은 비례원칙을 준수하여야 함은 물론이다. 즉, 통상의 용법에 따라 필요한 최소한의 범위 안에서 이를 사용하여야 한다.

이러한 분사기나 최루탄, 살수차, 그리고 후술하는 경찰관직무집행법 제10조의4의 규정에 의한 무기를 사용하는 경우 그 책임자는 사용일시, 사용장소, 사용대상, 현장책임자, 종류, 수량 등을 기록하여 보관하도록 하고 있다(경찰관직무집행법 제11조). 기록의 보관은 이처럼 인명 피해가 있는 경찰장비 사용에 대한 통제수단(統制手段)이라고 할 수 있다.

① 근접분사기, 가스발사총의 사용 제한

따라서 경찰관은 범인의 체포 또는 도주방지, 다른 사람 또는 경찰관의 생명·신체에 대한 방호, 공무집행에 대한 항거의 억제를 위하여 필요한 때에는 최소한의 범위 안에서 가스발사총을 사용할 수 있다. 이 경우 경찰관은 1미터 이내의 거리에서 상대방의 얼굴을 향하여 이를 발사하여서는 안 된다(위해성 경찰장비규정 제12조 제1항).

② **최루탄의 사용제한**

경찰관은 최루탄발사기로 최루탄을 발사하는 경우 30도 이상의 발사각을 유지하여야 하고, 가스차·살수차 또는 특수진압차의 최루탄발사대로 최루탄을 발사하는 경우에는 15도 이상의 발사각을 유지하여야 한다(위해성 경찰장비규정 제12조 제2항).[38)]

4) 무기의 사용

(1) 무기의 의의

경찰관직무집행법상 '무기'(武器)라 함은 사람의 생명이나 신체에 위해를 가할 수 있도록 제작된 권총, 소총, 도검(刀劍) 등을 말한다(제10조의4 제2항). 위해성 경찰장비규정에서는 무기를 권총, 소총, 기관총(기관단총을 포함), 산탄총, 유탄발사기, 박격포, 3인치포, 함포, 크레모아, 수류탄, 폭약류 및 도검으로 정의 하고 있다(제2조 제2호). 한편, 경찰관은 대간첩·대테러작전 등 국가안전에 관련되는 작전을 수행할 때에는 개인화기(個人火器) 외에 공용화기(公用火器)를 사용할 수 있다(경찰관직무집행법 제10조의4 제3항).

경찰관의 무기사용은 사람의 생명이나 신체에 중대한 위해를 가져올 수 있기 때문에 공동체사회에서 중요문제가 된다. 따라서 경찰관의 무기사용에 관해서는 법률로 엄격히 규제해야 하는 것은 당연하다. 이러한 의미에서 경찰관직무집행법 제10조의4는 매우 중요한 의미를 갖는다. 여기에서 무기사용의 주체는 국가경찰공무원이라 할 수 있으며, 특정한 직무와 계급에 국한을 두고 있지 않다.

바꿔 말하면, 모든 경찰관은 경찰공무원법(제20조 제2항)에 의해 무기를 휴대할 수 있고, 경찰관직무집행법 제10조의4에 의하여 무기를 사용할 수 있다고 본다.[39)]

---

38) 이 밖에 ① 가스차, 살수차, 특수진압차, 물포, ② 석궁, ③ 다목적발사기, ④ 도주차량차단장비 등의 사용기준 등에 대해서는 위해성 경찰장비규정 제13조~제16조 참조.

39) 한편, 제주특별자치도의 자치경찰공무원의 무기사용은 일정한 한계가 있다. ① 제주특별자치도의 자치경찰공무원이 자치경찰사무를 수행함에 있어서는 경찰관직무집행법 제3조(불심검문), 제4조(보호조치 등), 제5조(위험발생의 방지), 제6조(범죄의 예방과 제지), 제7조(위험방지를 위한 출입), 제10조(경찰장비의 사용 등), 제10조의2(경찰장구의 사용), 제10조의3(분사기 등의 사용), 제10조의4(무기의 사용), 제11조(사용등록의 보관) 및 제12조(벌칙)의 규정을 준용(準用)하도록 하고 있다(제주특별자치도 설치 및 국제자유도시 조성을 위한 특별법 제115조). ② 그러나 이러한 준용규정에도 불구하고 무기를 휴대·사용할 수 있는 자치경찰공무원은 도지사의 신청에 의하여 제주자치도 지방경찰청장의 승인을 얻은 자에 한(限)하도록 하고 있다. 그리고 자치경찰공무원이 무기를 사용한 때에는 무기의 사용자 및 사용 일시·장소·대상·경위를 소속 자치경찰단장을 거쳐 즉시 제주자치도 지방경찰청장에게 통보하도록 하고 있다. 아울러 자치경찰공무원이 사용하는 경찰장비에는 표지를 부착하되, 국가경찰의 장비와 구별될 수 있도록 하고 있다(동법 제116조).

(2) 무기의 사용 요건

경찰무기의 사용은 생명에 치명적인 위해를 가할 수 있기 때문에 매우 제한적으로 사용될 필요가 있다. 물론, 경찰직무수행에 있어서 최선의 방법은 가능한 한 무기를 사용하지 않고 경찰목표를 달성하는 길이라 할 수 있다. 따라서 현행법에서도 무기사용에 대해 엄격하게 규제하고 있음은 물론이다.

경찰관의 무기사용과 관련하여 ㉠ 범인의 체포·도주의 방지, ㉡ 자신이나 다른 사람의 생명·신체에 대한 방호 및 보호, ㉢ 공무집행에 대한 항거의 제지를 위하여 '필요하다고 인정되는 상당한 이유'가 있을 때에는 그 사태를 '합리적으로 판단'하여 '필요한 한도'에서 무기를 사용할 수 있도록 규정하고 있다(경찰관직무집행법 제10조의4 제1항). 이러한 세 가지는 일반요건(一般要件)이라고 본다.

그러나 이러한 세 가지 일반요건에 해당한다고 해서 무기사용이 모두 허용되는 것은 아니다. 다음과 같은 불가피한 경우, 즉 특수요건(特殊要件)에 해당하는 경우를 제외하고는 사람에게 위해를 주어서는 안 된다고 하고 있기 때문이다(제10조의4 제1항 각호).[40]

① 형법에 규정된 정당방위와 긴급피난에 해당할 때

㉠ 정당방위의 경우

정당방위(正當防衛)라는 것은 현재의 위법한 공격에 대항하여 행사하는 정당한 방위행위를 말한다. 이와 관련하여 형법에서는 '자기 또는 타인의 법익(法益)에 대한 현재(現在)의 부당(不當)한 침해(侵害)를 방위하기 위한 행위는 상당한 이유가 있는 때에는 벌하지 아니한다'고 규정하고 있다(제21조 제1항).[41] 경찰관은 이러한 상황에서 무기를 사용할 수 있다.

---

40) ① 경찰의 무기사용과 관련하여 ㉠ 위해를 수반하지 않는 무기의 사용과 ㉡ 위해의 수반이 허용되는 무기사용으로 나누기도 한다. 이러한 견해에 의한다면 무기의 사용은 사람에게 위해를 가지지 않도록 사용해야 한다는 것이 원칙이라고 한다(예컨대, 경고나 겨누기만 하는 경우, 그리고 위협 발사하는 경우 등). 즉, 무기를 상대방에게 직접적으로 사용하지 않고 경고의 수단 등으로 사용함으로써 범죄 진압이나 질서유지 목적을 달성해야 한다는 것이다. 그리고 그러한 기준으로서 ㉠의 경우에 해당하는 것은 일반요건, ㉡의 경우는 특수요건에 해당한다고 설명하고 있다. 장영민·박기석(1995), 경찰관직무집행법에 관한 연구, 한국형사정책연구원, p. 190.; 홍정선(2007), 앞의 책, p. 420. ② 그러나 무기는 최후의 수단으로서 본질적으로 위해를 수반할 수밖에 없는 상황에 직면하여 사용하는 것이며, 그러한 과정에서 경고 등으로 범죄진압이 이루어지면 더욱 효과적일 것이다. 그러나 그것은 부수적인 결과에 불과한 것이지 처음부터 그러한 목적을 가졌다고 보기는 어렵다. 즉, 무기사용규정 자체가 그것을 목적으로 한 것은 아니라고 본다. 따라서 위 경찰관직무집행법의 무기사용 규정은 이처럼 '㉠과 ㉡'으로 구분하여 열거한 것은 아니라고 보며, 최후수단으로서 어떠한 경우에 무기를 사용할 수 있는가를 설명한 규정이라고 본다.

41) 정당방위의 행위가 그 정도를 초과한 때에는 정황에 의하여 그 형을 감경 또는 면제할 수 있다. 이 경우에 그 행위가 야간 기타 불안스러운 상태 하에서 공포, 경악, 흥분 또는 당황으로 인한 때에는 벌하지 아니한다'고 규정하고 있다(제21조 제2항·제3항). 이 규정은 긴급피난의 규정에도 준용한다(제22조 제3항).

정당방위의 법률요건은 '자기 또는 타인의 법익에 대한 현재의 부당한 침해를 방위하기 위한 행위로서 상당한 이유가 있는 때'이다. 이에 대하여 법률효과는 '벌하지 아니한다'이다. 이 때 '벌하지 아니한다'는 것은 위법성(違法性)이 조각(阻却)된다는 뜻이다. 구성요건에 해당하는 행위이지만 위법성이 조각되어 범죄가 성립하지 않는다는 것을 의미한다.[42]

㉡ 긴급피난의 경우

정당방위는 현재의 위법한 공격행위로부터 법익침해의 위험을 제거하기 위하여 인정되는 위법성조각사유이다. 그런데, 법익침해의 위험은 사람의 위법한 공격행위에 의하여 일어날 뿐만 아니라 물건이나 자연력, 그리고 경우에 따라서는 사람의 적법한 행위에 의해서도 발생할 수 있다. 이와 같은 법익침해의 위험을 발생시키는 일련의 사유를 위난(危難)이라고 한다.

따라서 긴급피난(緊急避難)이라는 것은 법익에 대한 현재의 위난을 피하기 위한 행위를 의미한다. 이와 관련하여 형법에서는 '자기 또는 타인의 법익에 대한 현재의 위난을 피하기 위한 행위는 상당한 이유가 있는 때에는 벌하지 아니한다'고 규정하고 있다(제22조 제1항). 정당방위와 마찬가지로 '벌하지 아니 한다'라고 규정한 것은 위법성이 조각되기 때문에 범죄가 성립하지 않는다는 의미이다.[43]

한편, 긴급피난과 관련하여 형법에서는 '위난을 피하지 못할 책임이 있는 자에 대하여는 위의 규정을 적용하지 아니 한다'고 하고 있다(제22조 제1항, 제2항). 이처럼 위난을 피하지 못할 책임이 있는 자는 경찰, 군인, 소방관, 의사, 선장 등을 들 수 있다. 물론, 이러한 특칙은 특별한 의무로 인하여 일반인과 동일한 상태 하에서 피난행위를 금지할 뿐이고, 긴급피난이 절대적으로 금지되어 일방적인 희생을 강요하는 것은 아니라고 본다.

---

42) 이에 대한 자세한 논의는 신동운(2010), 형법총론, 서울: 법문사, pp. 265-285.

43) ① 물건이나 자연력 등에 의하여 발생하는 법익침해의 위험상태에 대해서는 적법·위법을 논할 수 없다고 본다. 이러한 판단은 옳고 그름을 논할 수 있는 인간의 행위에 대해서만 가능하기 때문이다. 이에 대하여 법익침해의 위험상태를 야기하는 사람의 행위는 위법한 것이 아닌 한 적법한 것으로 판단된다. 부정(不正, 옳고) 대 정(正, 그름)의 관계에서만 정당방위가 성립된다고 볼 때 긴급피난은 그 적용영역이 매우 넓은 위법성조각사유라고 할 수 있다. ② 그러나 긴급피난이 인정되는 것은 정당방위에 비하여 쉽지가 않다. 정당방위는 현재의 위법한 공격에 대하여 인정되는 적법한 방위행위이다. 즉 공격행위에 대하여 정당방위는 부정(不正) 대 정(正)의 관계에 있다. 이에 대하여 긴급피난은 주로 위법하지 아니한 법익침해의 위험상황에 대하여 인정되는 적법한 피난행위이다. 위난에 대하여 긴급피난은 대부분 정(正) 대 정(正)의 관계에 있다. 따라서 긴급피난은 정당방위에 비하여 훨씬 더 엄격한 요건 하에 인정되는 위법성조각사유라 할 수 있다. 이에 대한 자세한 논의는 위의 책, pp. 285-302.

② **다음의 어느 하나에 해당할 때**

다음의 어느 하나에 해당하는 때에 그 행위를 방지하거나 그 행위자를 체포하기 위하여 무기를 사용하지 아니하고는 다른 수단이 없다고 인정되는 상당한 이유가 있을 때에 무기를 사용할 수 있다(경찰관직무집행법 제10조의4 제1항 제2호).

㉠ 사형·무기 또는 장기 3년 이상의 징역이나 금고에 해당하는 죄를 범하거나 범하였다고 의심할 만한 충분한 이유가 있는 사람이 경찰관의 직무집행에 항거하거나 도주하려고 할 때

㉡ 체포·구속영장과 압수·수색영장을 집행하는 과정에서 경찰관의 직무집행에 항거하거나 도주하려고 할 때

㉢ 제3자가 '㉠ 또는 ㉡'에 해당하는 사람을 도주시키려고 경찰관에게 항거할 때

㉣ 범인이나 소요를 일으킨 사람이 무기·흉기 등 위험한 물건을 지니고 경찰관으로부터 3회 이상 물건을 버리라는 명령이나 항복하라는 명령을 받고도 따르지 아니하면서 계속 항거할 때

③ **대간첩 작전 수행과정**

그리고 대간첩 작전 수행 과정에서 무장간첩이 항복하라는 경찰관의 명령을 받고도 따르지 아니할 때에 무기를 사용할 수 있다(제10조의4 제1항 제3호).

(3) 무기의 사용 절차

① **경고**

경찰관은 경찰관직무집행법 제10조의4의 규정에 의하여 사람을 향하여 권총 또는 소총을 발사하고자 하는 때에는 미리 구두 또는 공포탄에 의한 사격으로 상대방에게 경고(警告)하여야 한다. 다만, 다음에 해당하는 경우로서 부득이한 때에는 경고하지 아니할 수 있다(위해성 경찰장비규정 제9조).

㉠ 경찰관을 급습하거나 타인의 생명 · 신체에 대한 중대한 위험을 야기하는 범행이 목전에 실행되고 있는 등 상황이 급박하여 특히 경고할 시간적 여유가 없는 경우

㉡ 인질 · 간첩 또는 테러사건에 있어서 은밀히 작전을 수행하는 경우

② **필요한 최소한의 범위 내 사용**

경찰관은 경찰관직무집행법 제10조의4의 규정에 의하여 권총 또는 소총을 사용하는 경우에 있어서 범죄와 무관한 다중의 생명 · 신체에 위해를 가할 우려가 있는 때에는 이를

사용하여서는 안 된다. 다만, 권총 또는 소총을 사용하지 아니하고는 타인 또는 경찰관의 생명 · 신체에 대한 중대한 위험을 방지할 수 없다고 인정되는 때에는 필요한 최소한의 범위 안에서 이를 사용할 수 있다(위해성 경찰장비규정 제10조 제1항).

그리고 경찰관은 총기 또는 폭발물을 가지고 대항하는 경우를 제외하고는 14세미만의 자 또는 임산부에 대하여 권총 또는 소총을 발사하여서는 안 된다(제10조 제2항). 한편, 경찰관은 공공의 안전을 위협하는 동물을 사살하기 위하여 부득이한 때에는 권총 또는 소총을 사용할 수 있다(제11조).

(4) 무기의 사용 한계

① 비례의 원칙

경찰관의 무기사용에 있어서 일반적으로 경찰권한 행사에서 적용되는 이른바 '조리(條理)상의 한계'가 적용될 수 있는데, 이 가운데 법규로 명시되면서 더욱 의미를 가지는 것은 비례원칙이라고 할 수 있다. 이러한 점에서 무기사용시에 비례원칙을 엄격히 준수하는 것은 매우 중요한 의미를 갖는다.[44)]

경찰관 무기사용 규정 즉, 경찰관직무집행법에서 '필요하다고 인정되는 상당한 이유가 있을 때에는 필요한 한도 내에서 무기를 사용할 수 있다'(제10조의4 제1항)고 하는 내용들은 비례원칙을 명시적으로 규정하고 있는 것이다.

경찰 무기사용의 수단성(手段性)

경찰의 무기, 특히 총기의 사용은 그 자체가 목적이 아니라고 본다. 총기사용은 경찰목적을 달성하기 위한 수단일 뿐이다. 따라서 특별한 상위가치 또는 목적달성 없는 총기사용은 예상할 수도 없으며, 이루어져서는 안 된다. 이는 총기사용에 있어서 비례원칙(比例原則)이 반드시 적용되어야 함을 의미한다.
총기사용은 개개인의 신체의 온전성에 영향을 미치는 국가권력작용이기 때문에 헌법

44) 경찰관은 범인의 체포, 도주의 방지, 자기 또는 타인의 생명·신체에 대한 방호, 공무집행에 대한 항거의 억제를 위하여 무기를 사용할 수 있다. 그러나 이 경우에도 무기는 목적달성에 필요하다고 인정되는 상당한 이유가 있을 때 그 사태를 합리적으로 판단하여 필요한 한도 내에서 사용해야 한다. 경찰관의 무기사용이 이러한 요건을 충족하였는지의 여부는 범죄의 종류, 죄질, 피해법익의 경중, 위해의 급박성, 저항의 강약, 범인과 경찰관의 수, 무기의 종류, 무기사용의 태양, 주변의 상황 등을 고려하여 사회통념상 상당하다고 평가되는 지의 여부에 따라 판단하여야 한다. 특히 사람에게 위해를 가할 위험성이 큰 권총의 사용에 있어서는 그 요건을 더욱 엄격하게 판단해야 한다. 대법 2004.5.13., 2003다57956.; 대법 2004.3.25., 2003도3842.

제10조(인간의 존엄과 가치), 헌법 제12조(신체의 자유)에 의거하여 법률의 근거 하에서만 사용이 가능하다. 현행법상 그 근거로 경찰관직무집행법 제10조의4를 들 수 있다. 이러한 총기사용의 요건은 엄격해야 한다. 총기사용의 허용과 관련하여 특히 어려운 문제는 생명박탈의 위험성을 전제로 사람에 대한 총기사용이 과연 가능한가 하는 것이다.

② 보충성의 원칙

한편, 경찰관직무집행법에서 '...무기를 사용하지 아니하고는 다른 수단이 없다고 인정되는 상당한 이유가 있을 때...'에 무기를 사용할 수 있다(제10조의4 제1항 제1·2·3호)고 하여 보충성(補充性)의 원칙을 적용하고 있다. 바꿔 말하면, 통상의 용법에 따라 필요한 최소한의 범위 안에서 이를 사용하여야 한다.

그러나 이러한 보충성의 원칙은 대간첩 작전 수행에서는 적용되지 않는다고 본다(제10조의4 제1항 제4호). 즉, 무장간첩이 경찰관의 투항명령을 받고도 이에 불응하는 경우에는 무기를 사용하지 아니하고는 다른 수단이 없다고 인정되는 상당한 이유가 고려되지 않는다. 무장간첩은 국가안전 또는 공공의 안녕질서를 근본적으로 위협하는 상황이기 때문에 이에 대한 무기사용의 보충성의 원칙은 적용되지 않는다고 본다.

무기의 사용 사례

① 사건의 개요와 법적 검토

㉠ 사건의 개요

경찰관 A가 범죄 용의자 K를 제압하기 위하여 총기를 사용하였는데, 이로 인해 K가 사망하게 되었다. 이 사건에서 K의 부인 M(유가족)은 경찰관 A의 행위에 대해 업무상 과실치지사죄(業務上 過失致死罪)로 소송을 제기하였고, 이에 대해 경찰관 A는 정당방위(正當防衛)를 주장하였다(이 문제에 대해서 여러분은 어떻게 생각하는가?).

㉡ 법적 검토

이 사건과 관련하여 적용될 수 있는 법은 경찰관직무집행법 제10조의4(무기의 사용), 형법 제268조(업무상 과실치사상), 형법 제21조(정당방위) 제1항 등이라고 할 수 있다.

- 경찰관 직무집행법 10조의 4(무기의 사용) 제1항 : 경찰관은 범인의 체포, 범인의 도주 방지, 자신이나 다른 사람의 생명·신체의 방어 및 보호, 공무집

행에 대한 항거의 제지를 위하여 필요하다고 인정되는 상당한 이유가 있을 때에는 그 사태를 합리적으로 판단하여 필요한 한도에서 무기를 사용할 수 있다. 다만, 다음의 어느 하나에 해당할 때를 제외하고는 사람에게 위해를 끼쳐서는 아니 된다(이하 생략).

- 형법 제268조 (업무상과실 · 중과실 치사상) : 업무상 과실 또는 중대한 과실로 인하여 사람을 사상에 이르게 한 자는 5년 이하의 금고 또는 2천만원 이하의 벌금에 처한다.
- 형법 제21조 (정당방위) : 자기 또는 타인의 법익에 대한 현재의 부당한 침해를 방위하기 위한 행위는 상당한 이유가 있는 때에는 벌하지 아니한다(이하 생략).

② 사건의 배경

㉠ 경찰관 A를 업무상과실치사로 공소하게 된 배경

- 진주경찰서 동부파출소 소속 경찰관인 A(이 사건에서는 '피고인'이 됨)는, 2001년 11월 27일 밤에 동료 경찰관인 B와 함께 순찰차를 타고 동부파출소 관내를 순찰하고 있었다. 이 때 진주경찰서 상황실로부터 K라는 사람이 술병으로 타인을 찌른 사건이 인근에 있는 상대파출소 관내에서 발생하였으니 이를 지원하라는 무선지령을 받고 지원 출동하였다. 출동경찰은 상대파출소에 도착하여 난동을 부린 K의 부인 M으로부터 K가 현재 그의 주거지인 진주시 상대동 소재 꽃집에 있다는 말을 듣고 밤 11시 50분 경 부인 M과 함께 위 꽃집에 도착하였다.
- 꽃집에 도착하여 동료 경찰관 B는 주위에 있는 막대기를 들고 앞장서고, 경찰관 A는 권총을 꺼내 안정장치를 풀고 B의 뒤에 서서 따라 위 꽃집 안으로 걸어 들어갔다. 꽃집에는 이에 앞서 이웃주민 N이 와 있었다. 경찰은 N에게 K가 어디에 있느냐고 묻는 순간, K가 세면장에서 나오면서 경찰관 A와 B에게 "당신들 뭐야, 이 밤에 왜 왔어? 빨리 가!"라고 소리를 지르며 경찰관 A와 B가 서있는 곳으로 나오다가 이를 말리는 이웃주민 N과 몸싸움을 하므로, 경찰관 A, B는 그만둘 것을 종용하였음에도 듣지 않았다.
- 이후 계속하여 K는 이웃주민 N과 몸싸움을 하다가 그를 바닥에 넘어뜨렸다. 이후 출입문 쪽으로 달려 나오며 경찰관 A와 B를 넘어뜨리고, 넘어진 동료 경찰관 B의 몸 위에 올라 타 몸싸움을 하였다. 이를 본 경찰관 A는 넘어져 있는 상태에서 소지하고 있던 권총으로 공포탄 1발을 발사하였다. 그러나 K는 이에 굴복하지 않고 계속 동료경찰관 B의 몸 위에서 그의 목을 누

르는 등의 물리력을 행사하여 일어나지 못하게 하였다.

- 이러한 경우, 총기를 소지한 경찰관으로서는 구체적인 사태를 합리적으로 판단하여 가급적 총기사용을 자제하여야 할 뿐만 아니라 가령 총기를 사용하더라도 그 상대방의 대퇴부 이하를 조준하여 발사하여야 할 업무상의 주의의무가 있음은 물론이다. 그런데, 사건 당시 경찰관 A와 B 2명이 현장에 출동하여 1명의 범인을 검거하는 상황이라면, 이들이 힘을 합하면 총기를 사용하지 않고도 범인을 제압할 수 있다고 본다. 그렇지 않다고 하더라도 최소한 경찰관 2명의 힘이면 경찰관 B가 K의 몸 밑에 깔린 상황을 해소하고 함께 K에게 대항할 수 있을 것이다. 따라서 총기를 사용하기 전에 먼저 K에게 달려들어 경찰관 B가 일어날 수 있도록 도와주고 아울러 K에게 대항할 궁리를 했어야 할 것이다.
- 그럼에도 불구하고 경찰관 A는 K가 동료 경찰관 B의 몸 위에서 몸싸움을 하는 과정에서 B의 허리춤에 손을 대는 것을 보고는 K가 B의 총을 꺼낼지도 모른다고 성급하게 생각하고 당황하게 된 것이다. 이 때문에 경찰관 A는 사태를 합리적으로 판단하여 가급적이면 총기가 아닌 다른 방법으로 조치를 취했어야 함에도 불구하고 곧바로 K를 향하여 권총을 발사한 것이다. 더욱이 A가 권총을 발사할 때 대퇴부 이하를 제대로 조준하지 못하고 과실로 인하여 탄환이 K의 흉부를 관통하게 하여 이해 12월 3일 08시 55분경 진주시 칠암동 90 소재 경상대학교 병원에서 폐혈증 등으로 사망하게 한 것이다.

㉡ 피고인(총기를 사용한 경찰관 A)의 주장

- 총기로 인해 사망한 K(피해자)는 진주시내 일반부 씨름대회에서 우승할 정도로 힘이 센 사람이어서 동료 경찰관 B나 A(피고인)가 몸싸움을 통하여 K를 제압할 수 없었다. 더욱이 K가 B를 넘어뜨린 상태에서 권총을 잡으려고 하고 있어서 A가 K에게 달려들어 B가 일어날 수 있도록 도와줄 수도 없는 위협적이고 급박한 상황이었기 때문에 권총을 발사할 수밖에 없었다.
- 그리고 K가 동료경찰관 B의 몸 위에 올라앉은 채로 위에서 누른 상태에서 몸을 움직이고 있었으므로 K의 대퇴부 이하를 조준하여 총을 발사하기도 어려운 상황이었다. 따라서 A의 총기사용 행위는 당시 상황으로 보아 정당방위에 해당한다.

③ 원심과 고등법원의 판결

- 이 사건에 대해 원심(창원지방법원)은 경찰관 A(피고인)가 현장으로 가기 전에 사건발생 관할인 상대파출소에서 근무하는 경찰관 C로부터, '관할 파출소

장이 현장으로 오고 있으니 총기는 사용하지 말고 대치만 하고 있어라'는 당부를 들은 사실이 있다. 그리고 당시 난동을 부린 K는 부인인 M의 신고와는 달리 칼로 아들을 위협하는 등 인질극을 벌이고 있지 않았다. 그리고 K는 아무런 무기나 흉기를 휴대하고 있지 않았다. 아울러 현장에는 경찰관 2명(A와 B)이 있는데다가 K의 부인 M과 그녀의 연락을 받고 미리 와 있던 이웃주민 N이 있어서 유사시 어느 정도의 도움을 줄 수 있었던 사실을 인식할 필요가 있다.

- 아울러 피고인 A(총기를 사용한 경찰관)는 K가 동료경찰 B의 허리 부위에 차고 있는 권총을 빼앗으려고 하는 등 긴박한 상황이었다는 주장하고 있는데 이러한 주장은 진술에 일관성이 없다고 본다. 즉, A의 주장과 관련하여 당사자인 B는 K의 몸 밑에 깔린 상태에서 K와 몸싸움을 벌였으므로 K가 자신의 권총을 빼앗으려 하였는지에 대하여 가장 잘 알 수 있다고 볼 수 있다. 그런데, 최초 경찰 진술 시에 B는 K의 손이 자신의 허리 부분에 닿으려고 했다는 등의 진술을 하지 않았고, 두 번째 조사시에 그러한 내용을 A로부터 들었다고 진술하였다. 그 이후부터 K의 손이 권총을 차고 있는 허리 부위에 닿는 것을 느꼈다고 진술하는 등 진술에 일관성이 없다.
- 따라서 K가 경찰관 B의 권총을 꺼내려 했다는 A의 진술 및 B의 일부 진술은 그대로 믿기 어렵다는 이유로 이를 받아들이기가 어렵다. 사정이 위와 같다면, 경찰관인 피고인 A가 공포탄 발사에 이어 근접한 거리에서 피해자 K의 몸을 향한 실탄발사로 나아간 것은 사회통념상 총기사용의 허용범위를 벗어난 것으로 상당성을 결하였다고 보는 것이 상당하다. 따라서 정당방위에 해당하지 않는다고 판단하여 이 사건 공소사실을 유죄로 인정한 제1심판결을 그대로 유지하였다.

④ 대법원의 사건재해석과 최종판결

㉠ 사건재해석

- 그러나 원심의 위와 같은 판단은 수긍하기 어렵다. 사건기록에 의하면, K의 처인 M은 진주경찰서 사건발생 관할인 상대파출소에 찾아가 파출소 내 근무자인 C에게 '남편이 집에서 칼로 아들을 위협하고 있다'고 신고하면서 경찰관의 출동을 요청하였다. 이에 따라 지원출동 나온 경찰관 A와 B가 함께 자신의 집인 위 꽃집으로 왔던 것이다.
- 한편 사망자 K는 경찰관 A와 B가 위 꽃집으로 출동하기 직전인 2001년 11월 27일 11시 20분 경 진주시 상대동 소재 "한잔 드시게" 주점에서 후배인 P

과 술을 마시고 있었다. 술을 마시면서 K는 자신의 처인 M과 이혼해야 하겠다는 등의 말을 하였고, 이에 대해 후배인 P는 이혼을 만류하는 등 서로 이야기를 나누다가 K가 갑자기 맥주병을 깨뜨려 후배인 P의 목을 찔렀다. 이에 신고를 받고 출동한 위 관할 상대파출소 소속 경찰관인 2명은 상처를 입은 P를 병원으로 후송하는 사이에 K는 위 주점 인근에 있는 자신의 집인 꽃집으로 도주한 것이다.

- 그 후 K의 부인 M은 상대파출소에 찾아와 위에서 본 바와 같이 위급한 상황을 신고하면서 경찰관의 출동을 요청하였고, 본서 상황실의 지령에 따라 상대파출소에 도착한 인근 동부파출소 소속 경찰관 A(피고인)와 B는 그곳 근무자인 C로부터 K가 술집에서 맥주병을 깨 다른 사람의 목을 찌르고 현재 집으로 도주하여 칼로 아들을 위협하고 있으니 신속하게 출동하여 총은 쏘지 말고 대치만 하고 있으라고 당부하였다.
- 이에 경찰관 A와 B는 순찰차에 K의 부인 M을 태워 위 꽃집으로 출동하였다. 한편, K의 부인 M은 가족과 평소 친하게 지내는 이웃주민 N에게 '... 씨, 집에 한번 와 보세요'라는 말을 하고 전화를 끊어버리자 부부싸움을 하는 것으로 생각하고 즉시 위 꽃집으로 달려갔다. 그러나 전화를 한 M은 집에 없고 K가 혼자서 꽃집 안쪽 끝의 세면장에서 양치질을 하고 있는 것을 보고는 (별일 없다고 생각하고) 그대로 돌아오려고 할 때 경찰관 A와 B가 그날 11시 59분경에 위 꽃집에 도착하였다.
- 이 때 동료경찰관 B는 권총을 허리에 찬 채 나무막대기를 들고 먼저 들어가고 경찰관 A는 권총을 빼어들고 그 뒤를 따라 꽃집 안으로 들어갔다. 동료경찰관 B가 꽃집 안으로 들어가면서 위 이웃주민 N에게 '어떻게 된 겁니까?'라고 물었다. 그 순간 K가 위 꽃집 안쪽 세면장에서 나오면서 '당신들 뭐야? 이 밤에 왜 왔어? 빨리 가!'라고 소리를 지르며 경찰관 B와 A 쪽으로 달려들었다. 이웃주민 N이 이를 제지하려고 하자 그를 간단히 넘어뜨린 후 위 동료경찰관 B와 몸싸움을 하게 되었다.
- 진주시 씨름대회에서 우승할 만큼 건장한 체구의 소유자였던 K는 이내 B로부터 나무막대기를 빼앗고 그를 뒤로 밀어붙여 경찰관 A와 B가 거의 동시에 뒤로 넘어지게 되었다. 이어서 K는 동료경찰관 B의 배 위에 올라탄 자세에서 그를 공격하였고 B는 K로부터 빠져나오기 위하여 발버둥치고 있었다. 이러한 상황에서 경찰관A(피고인)는 뒤로 넘어져 있다가 정신을 차리는 순간 K가 손으로 동료경찰관 B의 목을 조이는 등 폭행하고 있는 것을 발견하고 이를 제지하기 위하여 넘어졌다가 일어나 앉은 자세로 공포탄 1발을

발사하여 K에게 경고를 하였다.

- 그러나 K는 동료경찰관 B를 풀어주지 아니한 채 동일한 자세로 몸싸움을 계속하였다. 이에 경찰관 A는 K를 향하여 실탄 1발을 발사하였고, 그 실탄은 K의 우측 흉부 하단 제9번 늑간 부위를 관통하였다. K는 총에 맞은 다음 B에 대한 압박을 풀고 꽃집 밖으로 나와 복부통증을 호소하면서 쓰러졌다. 나중에 확인하여 보니 K는 동료경찰관 B 등과 격투를 할 당시 칼을 소지하지 않고 있었던 것으로 밝혀졌다. K는 즉시 병원에 후송되어 입원치료를 받았으나 간파열 등으로 인한 패혈증으로 2001년 12월 3일 사망하였다.
- 사실관계가 위와 같다면, 상대파출소 근무자인 C로부터 'K가 술집에서 맥주병을 깨 다른 사람의 목을 찌르고 현재 자기 집으로 도주하여 칼로 아들을 위협하고 있다'는 상황을 연락 받고 현장에 도착한 경찰관 A(피고인)로서는, K가 칼을 소지하고 있는 것으로 믿었고 또 그렇게 믿은 데에 정당한 이유가 있었다고 할 것이다.
- 따라서 경찰관 A와 B는 K와의 몸싸움에 밀려 함께 넘어진 상태에서 칼을 소지한 것으로 믿고 있었던 K와 다시 몸싸움을 벌인다는 것은 A 자신의 생명 또는 신체에 위해를 가져올 수도 있는 위험한 행동이라고 판단할 수밖에 없을 것이다. 따라서 경찰관 A가 공포탄 1발을 발사하여 경고를 하였음에도 불구하고 K가 동료경찰관 B의 몸 위에 올라탄 채 계속하여 그를 폭행하고 있었고, A의 입장에서는 K가 언제 소지하고 있었을 칼을 꺼내어 B나 자신을 공격할지 알 수 없다고 생각하고 있던 급박한 상황에서 B를 구출하기 위하여 K를 향하여 권총을 발사한 것이다.

ⓛ 최종판결

- 이러한 경찰관 A(피고인)의 권총 사용이, 경찰관직무집행법 제10조4 제1항의 허용범위를 벗어난 위법한 행위라거나 A에게 업무상과실치사의 죄책을 지울만한 행위라고 선뜻 단정할 수는 없다(다만 민사상으로 공무원인 피고인의 위와 같은 행위에 관하여 국가가 국가배상책임을 질 것인지 여부는 이와 별도의 관점에서 검토되어야 할 것이며, 이 점은 별론으로 한다). 그럼에도 불구하고, 원심은 이와 달리 경찰관 A가 K를 향하여 실탄을 발사한 행위가 경찰관의 무기사용의 허용범위를 벗어난 위법행위라고 판단하였으니, 거기에는 경찰관직무집행법 제10조의4 제1항 소정의 경찰관 무기사용의 허용범위 및 정당방위 등에 관한 법리를 오해하여 판결에 영향을 미친 위법이 있다. 이를 지적하는 상고이유의 주장은 이유 있다. 그러므로 원심판결을 파기하고, 사건을 원심법원에 환송하기로 하여 주문과 같이 판결한다.

제3절 경찰의 행정경찰권한

1. 경찰허가 권한

1) 경찰허가의 의의

(1) 경찰허가의 개념

경찰허가(警察許可)란 위해방지를 목적으로 일반적·상대적으로 금지되어 있는 행위를 특정한 경우에 해제하여 적법하게 일정한 행위를 할 수 있게 하는 권한의 행사를 말한다. 허가는 학문상의 개념으로 실정법상으로는 면허·인허·특허·승인 등 여러 가지 용어가 사용되고 있다.[45)]

헌법상 모든 국민은 신체나 직업상 행동의 자유를 보장하고 있지만 그러한 행동이 타인의 자유와 권리를 침해할 위험이 있는 경우에는 그에 대한 금지 또는 제한이 따르기 마련이다. 다만, 어떠한 일정한 조건을 갖추게 되면 그러한 금지 또는 제한을 해제시켜주는 경우가 있다.

예컨대, 개인의 자유를 존중한다고 해서 아무에게나 자유롭게 자동차를 운전할 수 있도록 해서는 안 된다. 자격이 없는 사람이 운전을 하게 되면, 그로 인한 불상사로 인해 수많은 인적·물적 피해가 야기될 수 있기 때문이다. 따라서 「도로교통법」에 의해 '자동차 등을 운전하고자 하는 사람은 지방경찰청장으로부터 운전면허를 받아야 한다'고 규정함으로써(제80조), 위험방지를 위한 사전 허가조치를 취하고 있는 것이다.

마찬가지로 「사격 및 사격장 안전관리에 관한 법률」에서 '사격장을 설치하려는 자는 경찰서장이나 지방경찰청장의 허가를 받아야 한다'고 규정하고 있다(제6조).[46)] 그리고 「사행행위 등 규제 및 처벌 특례법」에서 '사행행위영업(복표, 경품, 현상공모 등)을 하려는 자는 일정한 시설 등을 갖추어 행정안전부령으로 정하는 바에 따라 지방경찰청장의 허가를 받아야 한다. 다만, 그 영업의 대상 범위가 둘 이상의 특별시·광역시·도 또는 특

---

45) 이철호(2004), 경찰행정법, 서울: 푸른세상, p. 172.

46) 사격이란 총기 또는 석궁을 사용하여 실탄 또는 화살 등을 발사하는 모든 행위를 말하는 것으로(제2조 제1호), ①공기총(가스를 이용하는 것 포함)사격장 및 석궁사격장을 설치하려는 자는 경찰서장의 허가, 그리고 ② '①'이외의 사격장을 설치하려는 자는 지방경찰청장의 허가를 받도록 하고 있다(제6조 제1항 제1호 및 제2호).

별자치도에 걸치는 경우에는 경찰청장의 허가를 받아야 한다'고 규정하고 있다(제4조 제1항).[47)]

(2) 경찰허가의 종류

경찰허가의 종류는 대인적 허가, 대물적 허가, 그리고 혼합적 허가로 구분할 수 있다. 대인적 허가는 운전면허와 같이 개인의 능력이나 자격과 같은 인적 요소를 기준으로 하는 허가를 말한다. 대물적 허가는 어떠한 시설물의 안전성, 적합성 등이 허가절차에서 중심이 되는 허가를 말한다.

한편, 혼합적 허가는 신청자의 자격과 동시에 시설물의 적합성과 안전성이 허가절차에서 동시에 고려되어 이루어지는 허가를 말한다. 경찰허가 대상이 되는 시설은 범죄 및 위험예방 등과 관련된 특성을 반영해야 하기 때문에 혼합적인 성질을 갖는 경우가 많다고 볼 수 있다.[48)]

2) 경찰허가의 법적 성질

(1) 수익적 행위

일반적으로 경찰허가는 당사자에게 불이익을 주기 위한 것이 아니라 이익을 주는 수익

47) 사행행위(射倖行爲)란 여러 사람으로부터 재물이나 재산상의 이익(이하 '재물 등'이라 함)을 모아 우연적(偶然的) 방법으로 득실(得失)을 결정하여 재산상의 이익이나 손실을 주는 행위를 말한다. 이러한 사행행위관련 영업에는 ① 복권발행업(福券發行業, 특정한 표찰(컴퓨터프로그램 등 정보처리능력을 가진 장치에 의한 전자적 형태를 포함한다)을 이용하여 여러 사람으로부터 재물 등을 모아 추첨 등의 방법으로 당첨자에게 재산상의 이익을 주고 다른 참가자에게 손실을 주는 행위를 하는 영업), ② 현상업(懸賞業, 특정한 설문 또는 예측에 대하여 그 답을 제시하거나 예측이 적중하면 이익을 준다는 조건으로 응모자로부터 재물 등을 모아 그 정답자나 적중자의 전부 또는 일부에게 재산상의 이익을 주고 다른 참가자에게 손실을 주는 행위를 하는 영업), ③ 그 밖의 사행행위업: 복표발행업과 현상업 외에 영리를 목적으로 회전판 돌리기, 추첨, 경품(景品) 등 사행심을 유발할 우려가 있는 기구 또는 방법 등을 이용하는 영업으로서 대통령령으로 정하는 영업(제2조 제1항 제1호 및 제2호).

48) 예컨대, 사격장은 사격을 할 수 있도록 시설을 갖춘 특정 장소를 말하는데, 이러한 사격장(실외사격장, 실내사격장) 허가를 받고자 하는 자는 일정한 구조·위치·설비 및 기준을 갖추고, 안전사고를 방지하기 위하여 대통령령으로 정하는 바에 따라 사격장의 주요 지점에 폐쇄회로 텔레비전을 설치하도록 하는 등의 조건을 갖추도록 하고 있다(사격 및 사격장 안전관리에 관한 법률 제5조). 동시에 사격장 허가를 받고자 하는 자가 ① 피성년후견인(舊 금치산자)·피한정후견인(舊 한정치산자)·미성년자, ② 파산선고를 받고 복권(復權)되지 아니한 사람, ③ 마약, 대마(大麻), 그 밖의 향정신성의약품(向精神性醫藥品) 중독자. 다만, 정신과전문의가 사격장설치자로서 적합하다고 인정하는 사람은 예외, ④ 금고(禁錮) 이상의 형(刑)을 선고받고 그 집행이 끝나거나 집행을 받지 아니하기로 확정된 후 2년이 지나지 아니한 사람, ⑤ 금고 이상의 형을 선고받고 그 집행유예기간 중에 있는 사람, ⑥ 이 법이나 「총포·도검·화약류 등의 안전관리에 관한 법률」을 위반하여 벌금 이상의 형을 선고받고 그 집행이 끝나거나 집행을 받지 아니하기로 확정된 후 1년이 지나지 아니한 자, ⑦ 동법에 따라 사격장 설치허가가 취소된 날부터 3년이 지나지 아니한 자, ⑧ 임원 중에 위의 ①부터 ⑥까지의 어느 하나에 해당하는 사람이 있는 법인 또는 단체에 해당하는 경우에는 사격장의 설치허가를 받을 수 없도록 규정하고 있다(사격 및 사격장 안전관리에 관한 법률 제7조 각호, 결격사유).

적 행정행위라고 할 수 있다. 물론, 경우에 따라서는 수익에 부가하여 침익을 동시에 부과하는 경찰허가도 가능하다(예컨대, 통행금지를 일시 해제하되, 통행료를 납부하도록 하는 경우).[49]

(2) 기속행위

경찰법령에서 일정한 요건을 구비한 경찰상 허가신청에 대하여 의무적으로 허가할 것을 규정하고 있다면, 경찰기관은 당연히 허가를 해주어야 한다. 이는 재량의 여지가 없는 기속행위(羈束行爲)인 것이다. 예컨대, 운전면허를 받으려는 사람은 운전면허시험에 합격하여야 하고, 지방경찰청장은 운전면히시험에 합격한 사람에 대하여 행정안전부령으로 정하는 운전면허증을 발급하여야 한다(도로교통법 제85조). 여기에서 경찰기관의 재량의 여지는 없는 것이다.

그러나 경우에 따라서는 허가관청에 판단의 여지에 따른 '재량(裁量)에 의한 허가'가 있을 수 있다.[50] 그리고 법문에서 허가에 대한 재량권을 명백히 규정하고 있지 않다면, 원칙적으로 기속행위로 보아야 할 것이다. 왜냐하면 요건을 구비한 허가신청에 대하여 허가를 하는 것이 기본권을 최대한 보장하려는 헌법상의 취지에 부합되기 때문이다.

(3) 쌍방적 행위

일반적으로 경찰허가는 수익적인 행위이기 때문에 상대방의 신청에 의해 이루어지는 경우가 많다. 따라서 통상 신청을 필요로 하는 행위로서 협력을 요하는 행위(즉, 쌍방적 행정행위)라 할 수 있다.

---

49) 홍성선(2007), 앞의 책, p. 346.

50) ① 예컨대, 사행행위 등 규제 및 처벌 특례법에서 경찰청장이나 지방경찰청장은 이 법에 따른 사행행위의 영업의 허가신청을 받으면 다음의 어느 하나에 해당하는 경우에만 그 영업을 허가할 수 있다. 즉, ㉠ 공공복리의 증진을 위하여 특별히 필요하다고 인정되는 경우, ㉡ 상품을 판매·선전하기 위하여 특별히 필요하다고 인정되는 경우, ㉢ 관광 진흥과 관광객 유치를 위하여 특별히 필요하다고 인정되는 경우가 바로 그것이다(제5조 제1항).
② 여기에서 '특별히 필요하다고 인정되는 경우'에 관하여는 대통령령으로 정하고 있다(동조 제2항). 즉, '특히 필요하다고 인정되는 경우'라 함은 공공의 안녕질서 및 선량한 풍속의 유지에 지장이 없다고 인정되는 경우로서 다음의 경우를 말한다. ㉠ 공공복리의 증진을 위하여 특히 필요하다고 인정되는 경우(천재·지변 기타 이에 준하는 재해구제를 위하여 관계 중앙행정기관의 장이 필요하다고 인정하는 경우, 국가 또는 지방자치단체의 보조 또는 후원을 받는 사회복지사업을 추진하고자 하는 경우, 공공기관에서 공익사업을 위한 재원을 마련하고자 하는 경우), ㉡ 상품의 판매선전을 위하여 특히 필요하다고 인정되는 경우(자기회사에서 생산하는 상품 또는 자가 점포에서 판매하는 상품의 국내외 판매촉진을 위하여 관계중앙행정기관의 장, 특별시장·광역시장 또는 도지사가 필요하다고 인정하는 경우), ㉢ 관광 진흥과 관광객의 유치촉진을 위하여 특히 필요하다고 인정되는 경우(문화체육관광부장관에게 등록한 관광숙박업 중 1등급이상의 관광호텔 및 관광객 이용시설업 중 종합휴양업소의 동일구내에서 사행행위영업을 하고자 하는 경우), ㉣ 외국 간을 왕래하는 5천 톤급 이상의 여객선 안에서 사행행위영업을 하고자 하는 경우(동법 시행령 제3조).

그러나 상대방의 신청 없이 허가가 발령되는 경우도 있다. 예컨대, 지방경찰청장 또는 경찰서장은 보행자의 통행을 보호하기 위하여 특별히 필요한 때에는 도로에 보행자 전용도로를 설치할 수 있다(도로교통법 제28조 제1항). 그리고 차마(車馬)의 운전자는 그러한 보행자전용도로를 통행해서는 안 되지만, 지방경찰청장 또는 경찰서장은 특별히 필요하다고 인정하는 때에는 보행자전용도로에 차마의 통행을 허용할 수 있다(제2항).[51]

물론, 예외적으로 불특정 다수인에게 출원(出願, 어떤 청원이나 그에 관련된 서류 따위의 제출)에 의하지 않고 허가를 하는 경우가 있다. 예컨대, 국경일 등 특정일에 평소에 제한되었던 '광주무등산 정상(군사시설 설치)'의 통행·출입을 허용하는 경우를 들 수 있다.

3) 경찰허가의 효과

(1) 경찰금지의 해제

경찰허가는 일반적 금지를 해제하여 자연적 자유를 회복시켜 주는 효과를 갖는다. 즉, 경찰허가 효과의 본질은 자연적 자유에 대한 제한을 해제하는데 그치는 것이며, 그로 인하여 어떠한 권리·능력 기타 법률상의 힘을 부여해주는 것은 아니다. 따라서 경찰허가에 의해 사격장 영업을 허가해 준 경우, 그 허가에 의하여 새로운 영업권이 설정되는 것이 아니라 헌법에서 보장하고 있는 영업의 자유권을 적법하게 행사할 수 있는 지위를 부여한 것에 불과한 것이다.[52]

(2) 허가의 효과가 미치는 범위

① 대인적·대물적·혼합적 범위

대인적 허가의 효과는 허가(예: 운전면허)를 받는 특정인에 한하고, 다른 사람에게 이전·상속될 수 없다. 따라서 허가 받은 본인의 사망에 의하여 그 허가의 효과는 당연 소멸된다. 대물적 허가(예: 건축허가)는 처분의 상대방이 아닌 자에게도 미친다. 즉, 경찰허가가 물건 및 시설물의 객관적 사정에 행하여진 경우에는 그 효과는 허가받은 자 뿐만 아니라 허가의 대상이 된 시설물의 상속인 또는 양수인에게도 그 효과가 미치는 것이 원칙이다.

---

51) 도로교통법 제28조 제2항 단서에 의한 지방경찰청장 또는 경찰서장의 차마의 통행의 허용은 차마의 운전자의 신청을 전제로 하지 아니하면서 도로교통법 제28조 제2항 본문에 의한 법률상의 통행금지를 해제하는 경찰상 행정행위로서 허가의 성질을 갖는다. 홍정선(2007), 앞의 책, p. 349.

52) 이철호(2004), 앞의 책, p. 179.

한편, 혼합적 허가는 인적 요소와 물적 요소를 모두 고려해서 판단할 수밖에 없다고 본다. 예컨대, 사격장, 전당포영업, 총포·화약류제조허가와 같은 혼합적 허가는 신청자의 자격과 동시에 시설물의 적합성과 안전성 등이 고려된다. 따라서 시설물이 적합성과 안전성을 갖추었다고 해서 상속이나 양도에 의해서 당연히 허가의 효과가 이전될 수 없는 것이다. 이러한 시설물이 갖는 특징(위험성 등)으로 인해 오히려 대인적인 요소(신청자의 자격요건)가 중요하게 다루어져야 한다고 본다.

② 지역적 범위

그리고 지역적으로 경찰허가의 효과는 허가관청의 관할구역 안에 미치는 것이 원칙이지만 타구역에 미치는 경우도 적지 않다. 예컨대, 도로교통법상의 운전면허를 취득한 자는 운전면허권자가 지방경찰청장이지만, 지방경찰청장의 운전면허가 있으면 전국 어디에서나 운전을 할 수 있다.

③ 다른 법률과의 관계

그리고 경찰허가의 효과는 근거법상의 금지를 해제하는 효과만 있을 뿐 다른 법령상의 금지까지 해제하는 것은 아니라는 점에 주의할 필요가 있다. 예컨대, 경찰공무원이 총포제조업의 허가를 받았다고 해서, 국가공무원법상의 영리행위의 금지의무(제64조 제2항)가 해제되는 것은 아니므로 총포제조업의 허가만으로 영업을 할 수는 없는 것이다.[53]

2. 경찰명령 권한

1) 경찰명령의 의의

(1) 개념상의 문제

일반적으로 명령(命令)이라는 것은 타인에게 무엇인가를 하도록 시키는 행위('해라', '하지마라' 등)라고 할 수 있다.

따라서 경찰 등 국가공권력이 행사하는 명령적 행위(命令的 行爲)란 사인이 원래부터 가지고 있는 자연적 자유를 제한하여 일정한 행위를 할 의무를 부과하거나 또는 부과된 의무를 해제하는 행위를 말한다.[54]

53) 위의 책, pp. 182-183.; 홍정선(2007), 앞의 책, pp. 352-353.

54) 명령(命令)과 관련하여 종래 행정법학자들은 경찰명령(命令), 법규명령(法規命令), 경찰하명(下命), 질서하명(秩序下命) 혹은 경찰처분(處分)이라는 용어 등을 사용해 왔으며, 그 명령의 범위와 형식에 있어서 일치된 견해를 보여주지는 못하고 있

① 국민의 의무준수의 중요성

인간은 사회적 동물로서 사회적 상호작용을 하면서 살지 않으면 안 된다. 따라서 개인은 자기의 행위나 자기의 지배하에 있는 물건이 공공의 안녕과 질서를 해치지 않도록 노력해야 한다. 그리고 만약 자기의 행위나 물건으로 인하여 공공의 안녕과 질서에 위해가 가해질 우려가 있는 경우에는 그것을 방지하고, 이미 발생한 장해에 대해서는 그것을 제거할 '의무'(義務)를 져야 하는 것이다.[55]

이처럼 국민 또는 개인이 사회구성원으로써 준수해야할 의무는 헌법과 법률에서 보장하고 있는 개인의 자유와 권리에 대한 본질적 한계이며, 따라서 법치주의 원칙에 따라 헌법과 법률에서 이에 대한 한계를 두고 있음은 물론이다.

② 국민의 의무준수 방법

㉠ 경찰법규에 의한 명령

경찰법규에 의한 명령은 법률에서 그와 관련된 의무규정을 명문으로 두고 있는 경우이다. 그렇다면, 경찰법규에서 어떠한 방법으로 국민의 준수의무를 규정하고 있는가? 이와 관련하여 예컨대, 「청소년보호법」 제30조(청소년유해행위의 금지)에서 '누구든지 다음에 해당하는 행위를 하여서는 아니 된다'고 규정하고 있는 것을 들 수 있다.

청소년 유해행위의 금지 명령

① 영리를 목적으로 청소년(만 19세 미만인자)으로 하여금 신체적인 접촉 또는 은밀한 부분의 노출 등 성적 접대행위를 하게 하거나 이러한 행위를 알선 · 매개하는 행위
② 영리를 목적으로 청소년으로 하여금 손님과 함께 술을 마시거나 노래 또는 춤 등으로 손님의 유흥을 돋우는 접객행위를 하게 하거나 이러한 행위를 알선·매개하는 행위
③ 영리나 흥행을 목적으로 청소년에게 음란한 행위를 하게 하는 행위
④ 영리나 흥행을 목적으로 청소년의 장애나 기형 등의 모습을 일반인들에게 관람시키는 행위
⑤ 청소년에게 구걸을 시키거나 청소년을 이용하여 구걸하는 행위
⑥ 청소년을 학대하는 행위
⑦ 영리를 목적으로 청소년으로 하여금 거리에서 손님을 유인하는 행위를 하게 하는 행위

다(이에 대해서는 후술하기로 한다). 김남진(2002), 앞의 책, pp. 148-168.; 홍정선(2007), 앞의 책, pp. 304-345.
55) 김남진(2002), 앞의 책, p. 149.

⑧ 청소년을 남녀 혼숙하게 하는 등 풍기를 문란하게 하는 영업행위를 하거나 이를 목적으로 장소를 제공하는 행위
⑨ 주로 차 종류를 조리·판매하는 업소에서 청소년으로 하여금 영업장을 벗어나 차 종류를 배달하는 행위를 하게 하거나 이를 조장하거나 묵인하는 행위

이는 법률에 규정되어 있는 의무로서 어디까지나 '법률형식의 입법 작용'이지 행정작용(행정의 행위형식)은 아니다. 이와 같은 규정은 법에서 자체적으로 금지를 명령한 것이지 경찰이 어떠한 행위를 통해서 일반 국민을 상대로 청소년 유해행위의 금지를 명령한 것은 아니라는 점이다. 이처럼 입법 작용을 통해서 법률에서 의무를 규정한 것을 법규상의 명령, 즉 법규명령(法規命令)이라고 한다.

이러한 법규명령 위반은 자체적으로 효력이 발생하는 것이 아니라 경찰의 행위(즉, 단속 등)를 통해서 구체화 된다. 그리고 이러한 법규명령의 실효성은 벌칙(질서법 위반에 대해서는 행정상의 제재, 형사법 위반에 대해서는 형사상의 제재)을 통해 확보됨이 보통이다.[56)]

㉡ 경찰행위에 의한 명령

경찰행위에 의한 명령(命令)은 위의 법규상의 명령과 같이 법률에서 직접적으로 의무 또는 금지규정을 두고 있는 것이 아니라, 의무를 위반했을 때 경찰에게 그에 대한 직접적인 처분권한을 부여하는 경우이다. 즉, '경찰이 직접적으로 명령을 내린다'는 의미에서 '경찰하명'(警察下命) 또는 '경찰처분'(警察處分)이라고 한다.

이와 관련하여 예컨대, 「집회 및 시위에 관한 법률」 제20조(집회 또는 시위의 해산)에서 규정하고 있는 것을 들 수 있다.

집회 또는 시위의 해산

관할경찰관서장은 다음의 어느 하나에 해당하는 집회 또는 시위에 대하여는 상당한 시간 이내에 자진(自進) 해산할 것을 요청하고 이에 따르지 아니하면 해산(解散)을 명(命)할 수 있다(제20조 제1항).
① ㉠ 헌법재판소의 결정에 따라 해산된 정당의 목적을 달성하기 위한 집회 또는 시위, 또는 ㉡ 집단적인 폭행, 협박, 손괴(損壞), 방화 등으로 공공의 안녕 질서에 직

56) 위의 청소년 유해행위의 금지 명령규정에서 ①을 위반하면 1년 이상 10년 이하의 징역, ②·③을 위반하면 10년 이하의 징역, ④·⑤·⑥을 위반하면 5년 이하의 징역, ⑦·⑧·⑨를 위반하면 3년 이하의 징역 또는 3천만원 이하의 벌금에 처하도록 하고 있다(청소년보호법 제55조~제58조).

접적인 위협을 끼칠 것이 명백한 집회 또는 시위(제5조 제1항).
② 해가 뜨기 전이나 해가 진 후에 행하는 옥외집회 또는 시위(제10조).[57]
③ ㉠ 국회의사당, 각급 법원, 헌법재판소, ㉡ 대통령 관저(官邸), 국회의장 공관, 대법원장 공관, 헌법재판소장 공관, ㉢ 국무총리 공관(다만, 행진의 경우 제외), ㉣ 국내 주재 외국의 외교기관이나 외교사절의 숙소에 해당하는 청사 또는 저택의 경계 지점으로부터 100미터 이내의 장소에서 행하는 옥외집회 또는 시위(제11조)(이하 생략).[58]

요약건대, 이러한 경찰행위에 의한 명령(즉, 경찰하명 또는 경찰처분)은 일반통치권에 의거하여 경찰목적 달성을 위하여 국민에게 작위(作爲)·부작위(不作爲)·급부(給付)·수인(受認) 등의 의무를 명령하는 일체의 행위로 설명할 수 있다.

그리고 이러한 경찰행위에 의한 명령(즉, 경찰하명 또는 경찰처분)을 위반했을 경우에는 법규명령과 마찬가지로 형사상 및 행정상의 제재(강제집행, 질서벌 등)를 받게 됨은 물론이다.[59]

(2) 경찰명령의 개념 재정립

이 글에서는 경찰명령(警察命令)은 행정행위에 의한 명령,[60] 즉 경찰하명(警察下命)을 의미하는 것으로 보고 법규명령은 제외하고자 한다.[61] 종래 행정법 또는 경찰행정법에서

57) 다만, 집회의 성격상 부득이하여 주최자가 질서유지인(秩序維持人)을 두고 미리 신고한 경우에는 관할경찰관서장은 질서유지를 위한 조건을 붙여 해가 뜨기 전이나 해가 진 후에도 옥외집회를 허용할 수 있다(집회 및 시위에 관한 법률 제10조, 한정위헌).

58) 다만, 다음의 어느 하나에 해당하는 경우로서 외교기관 또는 외교사절 숙소의 기능이나 안녕을 침해할 우려가 없다고 인정되는 때에는 해당하지 아니한다. ① 해당 외교기관 또는 외교사절의 숙소를 대상으로 하지 아니하는 경우, ② 대규모 집회 또는 시위로 확산될 우려가 없는 경우, ③ 외교기관의 업무가 없는 휴일에 개최하는 경우(동법 제11조 제4호 각 목).

59) 위의 집회 또는 시위가 일정한 요건 따라 해산 명령을 받았을 때에는 모든 참가자는 지체 없이 해산하여야 한다(집회 및 시위에 관한 법률 제20조 제2항). 이를 위반한 자는 6개월 이하의 징역 또는 50만원 이하의 벌금·구류 또는 과료에 처한다(제24조).

60) 행정행위(行政行爲)는 법률행위적 행정행위와 준법률행위적 행정행위로 구분하고, 여기에서 법률행위적 행정행위를 다시 명령적 행위와 형성적 행위로 구분하기도 한다. 그리고 명령적 행위는 하명(下命), 허가(許可), 면제(免除)로 구분하고 있다. 홍정선(2007), 앞의 책, p. 317. 그러나 허가는 별도로 살펴보았고, 여기에서는 명령적 행위 즉, 하명(下命)을 중심으로 살펴보기로 한다.

61) 법률에서 금지한 것은 법률자체에 의한 금지인 것이지 경찰이 어떠한 명령을 통해서 금지한 경찰명령(警察命令)은 아니라고 본다. 후술하겠지만 경찰벌(警察罰), 특히 경찰형벌 역시 형법 또는 특별형법 위반에 대한 국가형벌권에 의한 처벌을 의미하는 것이지 그것이 별도의 경찰형벌을 구성하는 것은 아니다. 마찬가지로 위에서 법률에서 금지한 것은 국민으로서 준수해야할 의무(義務)로 표현하면 충분한 것이며, 따라서 이를 경찰의무(警察義務)로 개념정의 하는 것 역시도 억지로 끼워 맞춘 견강부회(牽强附會)에 불과한 것이라고 본다.

는 법규명령을 경찰명령의 전형으로 보는 경향이 일반적인데, 여기에서는 행정행위에 의한 명령(경찰하명)을 전형적인 경찰명령으로 보고자 한다.

이러한 경찰명령의 법적 근거는 일반경찰법으로서 경찰관직무집행법과 개별경찰법으로서 수많은 법(풍속영업의 규제에 관한 법률, 도로교통법, 집회 및 시위에 관한 법률 등)에서 찾아 볼 수 있다.

경찰명령(즉, 경찰하명)은 특정인이나 특정다수인에 대해 행사되는 작위, 부작위, 수인·급부를 명령하는 처분(處分)을 말한다. 이러한 경찰명령은 경찰기관이 위험방지 등의 임무수행을 위해 활용하는 중요한 행위형식이라고 할 수 있다. 경찰명령(경찰하명)은 경찰처분 또는 질서하명 등으로 불리기도 한다.

경찰명령(경찰하명)의 형식

① 작위(作爲)명령의 예: 위험물 제거 의무

경찰관은 사람의 생명 또는 신체에 위해를 끼치거나 재산에 중대한 손해를 끼칠 우려가 있는 천재(天災), 사변(事變), 인공구조물의 파손이나 붕괴, 교통사고, 위험물의 폭발, 위험한 동물 등의 출현, 극도의 혼잡, 그 밖의 위험한 사태가 있을 때에는 '... 그 장소에 있는 사람, 사물의 관리자, 그 밖의 관계인에게 위해를 방지하기 위하여 필요하다고 인정되는 조치를 하게 하거나 직접 그 조치를 할 수 있다'(경찰관직무집행법 제5조 제1항).

② 부작위(不作爲)명령의 예: 통행하지 말아야할 의무

㉠ 경찰관서의 장은 대간첩 작전의 수행이나 소요(騷擾) 사태의 진압을 위하여 필요하다고 인정되는 상당한 이유가 있을 때에는 대간첩 작전지역이나 경찰관서·무기고 등 국가중요시설에 대한 접근 또는 통행을 제한하거나 금지할 수 있다(경찰관직무집행법 제5조 제2항).

㉡ 경찰공무원은 도로의 파손, 화재의 발생이나 그 밖의 사정으로 인한 도로에서의 위험을 방지하기 위하여 긴급히 조치할 필요가 있을 때에는 필요한 범위에서 보행자나 차마의 통행을 일시 금지하거나 제한할 수 있다(도로교통법 제6조 제4항).

③ 수인(受認)명령의 예: 불심검문에 응할 의무

경찰관은 ㉠ 수상한 행동이나 그 밖의 주위 사정을 합리적으로 판단하여 볼 때 어떠한 죄를 범하였거나 범하려 하고 있다고 의심할 만한 상당한 이유가 있는 사람, ㉡이미 행하여진 범죄나 행하여지려고 하는 범죄행위에 관한 사실을 안다고 인정되는 사람의 하나에 해당하는 경우 그 사람을 정지시켜 질문할 수 있다(경찰관직무집행법 제3조 제1항).

④ 급부(給付)명령의 예: 과태료납부 의무

다음의 어느 하나에 해당하는 사람에게는 20만원 이하의 과태료를 부과한다(도로교통법 제160조 제2항 각 호).

㉠ 물이 고인 곳을 운행할 때에는 고인 물을 튀게 하여 다른 사람에게 피해를 주는 일이 없도록 할 것

㉡ 자동차의 앞면 창유리와 운전석 좌우 옆면 창유리의 가시광선(可視光線)의 투과율이 대통령령으로 정하는 기준보다 낮아 교통안전 등에 지장을 줄 수 있는 차를 운전하지 아니할 것(다만, 요인(要人) 경호용, 구급용 및 장의용(葬儀用) 자동차는 제외)

㉢ 동승자에게 좌석안전띠를 매도록 하지 아니한 운전자

㉣ 동승자에게 인명보호 장구를 착용하도록 하지 아니한 운전자

㉤ 어린이통학버스에 탑승한 어린이나 영유아의 좌석안전띠를 매도록 하지 아니한 운전자

㉥ 고속도로 등에서의 준수사항을 위반한 운전자

㉦ 운전면허증 갱신기간에 운전면허를 갱신하지 아니한 사람 등

㉧ 정기 적성검사 또는 수시 적성검사를 받지 아니한 사람 등

이러한 경찰의 행정행위를 통한 명령(즉, 경찰하명)은 개별사건을 규제하지만, 경찰법상의 명령(즉, 법규명령)은 불특정 다수인을 대상으로 하는 추상적인 사건을 규율한다는 점에서 차이가 있다. 물론, 외부적 효과를 갖는다는 점에서 양자는 동일하다.[62]

2) 경찰명령의 효과

위에서 살펴본 바와 같이 경찰명령을 받은 상대방은 작위·부작위·수인·급부 등의 의무를 지게 된다. 경찰명령의 효과는 법규명령과 마찬가지로 대인적 명령은 특정인에게 효과가 미치며, 대물적 명령은 이의 상대방이 아닌 자에게도 미친다. 혼합적 명령은 대인적 요소와 대물적 요소를 모두 고려하여 판단할 수밖에 없다고 본다.

62) 홍정선(2007), 앞의 책, pp. 339-340.

3. 경찰강제 권한

1) 경찰강제의 의의

(1) 경찰강제의 개념

경찰강제(警察强制) 또는 경찰강제집행이라는 것은 위의 경찰명령(즉, 경찰하명)에 의한 의무(작위·부작위·수인·급부 등)를 부과하였는데, 의무자가 스스로 이를 이행하지 않은 경우에 이의 실효성을 확보하기 위한 수단 가운데 하나라고 볼 수 있다.[63] 바꿔 말하면, 경찰법상 구체적인 의무 불이행이 발생한 경우, 경찰기관이 권한을 행사하여 해당 의무자에게 신체 또는 재산에 직접 실력을 가하여 그 의무를 이행하게 하거나 또는 그 의무가 이행된 것과 같은 상태를 실현하는 것을 말한다.

이러한 경찰강제는 ㉠ 직접강제와 ㉡ 대집행, 그리고 ㉢ 강제징수로 구분할 수 있다. 우리나라는 아직까지 직접강제에 대한 일반법은 없고, 대집행에 관한 일반법으로서 「행정대집행법」과 강제징수에 관한 일반법으로서 「국세징수법」을 들 수 있다.

(2) 경찰강제의 특징

이러한 경찰강제는 언제나 개별적·구체적인 의무불이행(義務不履行)을 전제로 한다. 또 경찰강제는 법원의 힘을 빌리지 아니하고 경찰 스스로의 힘으로 의무이행을 강제(자력강제)할 수 있는 점에서 특색이 있다. 그리고 경찰강제는 미리 법규명령 또는 경찰하명을 통해서 의무를 부과하였음에도 불구하고, 상대방이 그 의무를 이행하지 않을 경우에 행해진다는 점에서, 사전에 의무를 명하지 않고 곧바로 행해지는 즉시강제(卽時强制)와 구분된다.[64] 그러나 경찰강제(직접강제, 대집행, 강제징수)와 경찰 즉시강제 모두 '강제'(强制)를 중요수단으로 사용한다는 점에서는 동일하다고 본다.

2) 경찰강제의 유형

경찰강제와 관련하여 직접강제, 대집행, 강제징수 및 이행강제금 등이 있다.[65] 아래에

---

63) 사인(私人) 간에는 한쪽이 권리를 가지고 다른 한쪽이 의무를 지고 있는 경우에 있어서, 그 의무자가 의무를 스스로 이행하지 않은 경우, 원칙적으로 법원에 소송을 제기하는 방법을 통해 그 의무를 강제하는 수밖에 없다. 이에 대해 경찰 등 국가행정 주체는 경찰명령(경찰하명 또는 경찰처분)을 통해 부과한 의무를 의무자가 스스로 이행하지 않는 경우에 직접 또는 간접적으로 실력을 행사하여 의무이행을 확보할 수 있다. 이러한 경찰명령의 실효성 확보수단(의무이행 확보수단)으로서 여기에서 살펴보는 경찰강제와 후술하는 경찰벌 등이 있다. 김남진(2002), 앞의 책, p. 166.

64) 위의 책, p. 226.; 홍정선(2007), 앞의 책, p. 401.

65) ① 강제징수(强制徵收)는 금전급부의무의 불이행이 있을 때 일반적으로 국세징수법이 정하는 바에 따라 이루어진다. 예컨대, 도로교통법(제35조) 상의 주차위반차량에 대하여 대집행(이동·보관·공고·매각 등)을 하고, 그 비용징수와 관련하여 행정대집행법의 규정(제6조)을 적용한다고 규정하고 있고, 동법에서 징수방법은 다시 국세징수법에 의한다고 규정하

서는 직접강제와 대집행을 중심으로 살펴보기로 한다.

(1) 직접강제

직접강제(直接強制)라는 것은 의무자가 의무를 불이행할 때, 경찰기관이 직접 의무자의 신체 또는 재산에 실력을 가하여 의무자가 직접 의무를 이행한 것과 같은 상태를 실현하도록 하는 권한행사라고 할 수 있다. 이러한 경찰의 직접강제는 작위의무의 불이행뿐만 아니라 부작위의무나 수인의무를 불이행한 경우에도 활용될 수 있다.

이러한 직접강제는 경찰기관이 직접 행사하고, 후술하는 대집행 역시 직접행사(또는 제3자로 하여금 대신 행사)토록 한다는 점에서는 동일하다고 본다. 다만, 직접강제는 시간적으로 계고(戒告)와 실행(實行)간에 긴박성이 있으며, 따라서 계고 없이 바로 직접강제를 할 수도 있다. 그러나 대집행은 목전(目前)에서 직접이루어지기 보다는 일정한 절차를 거쳐 이루어진다는 점에서 차이가 있다.

우리나라는 이러한 직접강제에 대한 일반법은 없다.[66] 최근 개별법에서 직접강제에 관하여 규정하고 있는 경우가 늘고 있으며, 따라서 경찰법에 이에 관한 일반법을 마련하는 것이 바람직하다고 본다.[67]

경찰의 직접강제와 관련된 개별법으로 도로교통법상의 위험방지를 위한 조치를 들 수 있다. 즉, 경찰공무원은 자동차 등의 운전자가 무면허운전 등의 금지(제43조), 술에 취한 상태에서의 운전 금지(제44조), 과로한 때 등의 운전 금지(제45조)의 규정을 위반하여 자동차 등을 운전하고 있다고 인정되는 경우에는 차를 '일시정지'시키고 그 운전자에게 '자

고 있다. 국세징수법 상의 징수는 세무서장이 행한다. ② 한편, 이행강제금(履行强制金) 또는 강제금(强制金)은 작위·부작위 등의 의무 불이행이 있는 경우에, 일정액의 금액을 납부하게 됨을 계고(戒告)하여 심리적 압박을 줌으로써 의무이행의 확보를 도무하는 강제수단이라 할 수 있다. 이행강제금은 의무 위반행위에 대한 제재로써 벌금형과 같은 형벌 또는 과태료와 같은 처벌이 아니다. 바꿔 말하면, 이는 이미 행한 불법에 대한 속죄를 위한 처분이 아니라 장래에 행위의 이행의 확보를 위한 강제수단일 뿐이다. 강제금에 관한 일반적인 법규정은 없으며, 다만 이의 예로서 건축법 등을 볼 수 있다. 즉, 동법 제80조(이행강제금) 제1항에서 '건축물 허가권자는 위반 건축물 등에 대한 조치 등(제79조제1항)에 따라 시정명령을 받은 후 시정기간 내에 시정명령을 이행하지 아니한 건축주 등에 대하여는 그 시정명령의 이행에 필요한 상당한 이행기한을 정하여 그 기한까지 시정명령을 이행하지 아니하면 일정한 이행강제금을 부과하도록 규정하고 있다(제1항).

66) 독일 바이에른 국립경찰직무법 제5장(제53조~제69조)에 경찰강제가 규정되어 있다. 이 법에서는 경찰강제의 수단으로 대집행(제55조), 강제금(제56조), 직접강제(58조)를 규정하고 있다. 직접강제와 관련하여, '경찰은 고려할 다른 강제수단이 없거나, 있다고 하여도 효과를 기대할 수 없거나 또는 비합목적적일 때에는 직접강제를 행사할 수 있다. 직접강제의 종류와 적용방법은 제60조 이하에 의한다'고 규정하고 있다(제58조). 이 법에서는 직접강제의 수단으로 총기사용, 수갑 등을 들고 있다. 홍정선(2007), 앞의 책, pp. 402-404.; 앞에서 설명한 바와 같이 위험발생의 방지(제5조), 위험방지를 위한 출입(제7조), 무기사용(제10조의 4) 등을 즉시강제가 아닌 직접강제의 성격을 갖는 것으로 보기도 한다. 김남진(2002), 앞의 책, p. 227.

67) 위의 책, p. 228.; 홍정선(2007), 앞의 책, p. 402.

동차 운전면허증을 제시할 것을 요구'할 수 있다(제47조 제1항). 이 경우 경찰공무원은 자동차등을 운전하는 사람에 대하여는 정상적으로 운전할 수 있는 상태가 될 때까지 운전의 금지를 명하고 그 밖의 필요한 조치를 할 수 있다(제2항).

(2) 대집행

① 대집행의 의의

경찰 대집행(代執行)이라는 것은 경찰명령(경찰하명)을 받은 의무이행자가 이를 행하지 않은 경우, 경찰이 대신 하거나 또는 제3자로 하여금 이를 대신하도록 하는 것을 말한다. 단, 모든 의무이행을 대신하는 것이 아니라 경찰이나 제3자가 대신하여 행여도 특별한 문제가 없는 의무를 말한다.[68]

즉, 다른 사람이 대신하여 행할 수 있는 행위를 의무자가 이행하지 아니하는 경우, ㉠ 다른 수단으로써 그 이행을 확보하기 곤란하고, 또한 ㉡ 그 불이행을 방치함이 심히 공익을 해할 것으로 인정될 때에는, 경찰관청은 스스로 의무자가 하여야 할 행위를 하거나 또는 제3자로 하여금 이를 하게 하여 그 비용을 의무자로부터 징수할 수 있다(행정대집행법 제2조).

행정대집행법은 대집행에 대한 일반법이기 때문에, 다른 법률에서 따로 정하고 있는 경우에는 그 법에 따르고, 그러한 규정이 없는 경우에는 이 법이 정하는 바에 의하도록 하고 있다(제1조). 개별법으로 도로교통법에서 경찰대집행의 예를 찾을 수 있다. 도로교통법에서 주차위반 등의 차에 대하여 대집행에 의하여 이동·보관·공고·매각(또는 폐차)을 규정하고 있다. 그리고 그 비용징수에 관하여는 행정대집행법 제5조 및 제6조를 적용하도록 하고 있다(도로교통법 제35조 단서).

그리고 경찰 개별법에서 대집행과 같은 규정이 없더라도 행정대집행법이 정한 요건에 충족하는 한 경찰기관은 대집행을 할 수 있다고 본다.[69] 여기에서 말하는 요건이라는 것은 경찰하명에 대한 '공법상의 의무'로서 '이행을 확보할 다른 수단이 없고', 또한 '불이행을 방치함으로써 심히 공익을 해할 것으로 인정될 때'를 들 수 있을 것이다.

② 대집행의 절차

㉠ 계고

대집행처분을 하려함에 있어서는 먼저, 상당한 이행기한을 정하여 그 기한까지 이행되

68) 대집행의 대상은 법률에 의거한 경찰관청의 명령에 의한 행위(즉, 경찰하명) 뿐만 아니라 법률(법률의 위임에 의한 명령, 지방자치단체의 조례 포함)에 의하여 직접명령(즉, 법규명령)되는 경우도 포함된다(행정대집행법 제2조 단서).

69) 김남진(2002), 앞의 책, p. 227.

지 아니할 때에는 대집행을 한다는 뜻을 미리 문서(文書)로써 계고(戒告, 의무의 이행을 독촉)하여야 한다(행정대집행법 제3조 제1항).

ㄴ 통지

다음으로, 의무자가 전항의 계고를 받고 지정기한까지 그 의무를 이행하지 아니할 때에는 당해 경찰관청은 대집행영장(代執行令狀)으로써 대집행을 할 시기, 대집행을 시키기 위하여 파견하는 집행책임자의 성명과 대집행에 요하는 비용의 계산에 의한 견적액을 의무자에게 통지하여야 한다(제3조 제2항).[70)]

ㄷ 실행

그리고 의무자가 지정된 기한까지 의무를 이행하지 않으면, 당해 경찰관청은 스스로 의무자가 해야 할 행위를 하거나 또는 제3자로 하여금 그 행위를 하게 한다(제4조).

ㄹ 비용징수

끝으로, 대집행에 필요한 비용은 의무자가 부담해야 한다. 대집행에 요한 비용의 징수에 있어서는 실제에 요한 비용액과 그 납기일을 정하여 의무자에게 문서로써 그 납부를 명하여야 한다(제5조). 당해 경찰관청은 실제에 소요된 비용과 그 납기일을 정하여 의무자에게 문서로써 그 납부를 명하여야 한다. 의무자가 그 비용을 납부하지 않으면, 당해 경찰관청은 대집행에 소요된 비용을 국세징수법에 의하여 징수할 수 있다(제6조 제1항).

4. 경찰벌 부과 권한

1) 경찰벌의 의의

(1) 경찰벌의 개념

① 경찰벌의 개념상의 문제

경찰벌(警察罰)이라는 것은 경찰법상의 의무위반행위에 대하여, 그 상대방에게 과하는 경찰법상의 제재로서의 처벌(處罰)을 말하는 것으로 이해되고 있다. 이와 같은 경찰벌은 '과거의 의무위반 행위'에 대하여 과해지는 것인데, 처벌규정이 존재함으로써 의무자에게

70) 비상시 또는 위험이 절박한 경우에 있어서 당해 행위의 급속한 실시를 요하여 전2항에 규정한 수속을 취할 여유가 없을 때에는 그 수속을 거치지 아니하고 대집행을 할 수 있다(행정대집행법 제3조 제3항). 이 경우는 경찰상 즉시강제의 성격을 갖는다고 본다.

심리적 압박을 가하여 간접적으로 의무이행을 확보하는 기능도 갖는다고 본다. 일종의 일반예방효과라고 할 수 있다.

종래에 경찰벌은 처벌내용에 따라 ㉠ 경찰형벌(警察刑罰)과 ㉡ 경찰질서벌(警察秩序罰)로 구분하고 있다.[71] 경찰형벌이란 경찰법상 의무위반에 대한 제재로서 형법에 규정(제41조)되어 있는 형벌(사형, 징역, 금고, 구류, 자격정지, 자격상실, 벌금, 과료)이 가해지는 경찰벌을 말한다. 경찰질서벌이란 경찰법상 의무위반에 대한 제재로서 형법상의 형벌이 아닌 행정법규상의 제재 즉, 과태료(過怠料) 등이 부과되는 경찰벌을 말한다.

그런데, 이러한 '경찰벌'이라는 용어 사용에 있어서 다음과 같은 점을 분명히 해야 한다. 즉, '경찰벌'이라는 용어를 사용하기 위해서는 '처벌'의 주체가 '경찰'이어야 한다는 점이다.[72] 경찰이 어떠한 위반행위에 대해 주체적으로 처벌권을 행사 할 수 있을 때, 그것을 '경찰벌'이라고 불러야지, 경찰관련 법규에 처벌규정(벌칙)이 있다고 해서 그것을 경찰벌이라고 표현해서는 안 된다는 것이다.[73]

생각건대, 형법이 아닌 행정법에 형벌규정이 명시되어 있다 할지라도, 특별히 예외적인 경우를 제외하고는 그것에 대한 처벌권 또는 재판권한은 사법부에 있는 것이 원칙이다. 바꿔 말하면, 형벌의 구성요건의 소재지가 행정법일지라도 위반행위에 대한 법률효

71) 김남진(2002), 앞의 책, p. 243.; 홍정선(2007), 앞의 책, p. 397.; 이철호(2004), 앞의 책, p. 241.

72) ① 이와 관련하여 예컨대, 근대 일본경찰의 경우에서 보는 바와 같이, 위경죄즉결례(違警罪卽決例)에 근거를 두고 경찰서장이 행사하는 형벌(구류, 과료)부과 권한을 것을 들 수 있다. 일본 최초의 서구식 근대법전은 1880년에 제정되어 1882년에 시행된 형법과 치죄법(治罪法, 1890년에 이를 대신하여 형사소송법이 제정됨)이라 할 수 있다. 당시의 일본 형법은 1810년 프랑스 형법을 모방하여 범죄를 중죄(重罪)·경죄(輕罪)·위경죄(違警罪)로 삼분하였다. 여기에서 위경죄에 해당되는 경우, 형벌로서 원칙적으로 구류(拘留)와 과료(科料)만을 부과할 수 있도록 하였다. 그런데 당시의 형사소송법이라 할 수 있는 치죄법에서는 위경죄의 재판을 치안재판소(治安裁判所)에서 관할하도록 하였지만, 현실적인 문제(재판소 설치상황, 법관 및 검사의 수 등)로 인해 일부지역을 제외하고는 위경죄에 대한 재판을 종전과 마찬가지로 경찰서장이 관장하게 되었으며, 그 재판에 대한 항소와 상고를 인정하지 않았다. ② 이후 확산되는 일본시민의 민권운동(民權運動)을 규제하기 위해 경찰의 권한은 계속 확대되었고, 1885년 위경죄즉결례의 제정에 의해 항구적인 제도로 고착되었다. 이 위경죄즉결례에 의해 위경죄에 대한 형벌부과 권한은 경찰서장에게 귀속되어 있었다. 이 법에서 예심절차는 규문주의(糾問主義)적 성격이 강하고, 피고인을 밀실에 감금하는 것이 가능하였으며, 변호인 선임도 허용하지 않았다. 이 위경죄즉결례는 1947년에 폐지되었다. 이 밖에도 일본에서는 경찰서장의 경미한 범죄에 대한 형벌권 행사와 관련하여 1907년에 경찰범처벌령(警察犯處罰令)이 제정되어 적용되다가 1948년에 폐지되었다. 요약건대, 일본은 메이지유신(明治維新, 1868)이래 위경죄즉결례와 경찰범처벌령에 의한 위경죄 처벌 외에 (경찰)행정청에 의한 형벌부과를 허용한 법규는 없었던 것으로 보인다. 山中永之佑(1994), 日本近代法論, 東京: 法律文化社, pp. 119-140.; 김용세(2001), "행정질서벌과 형사제재의 관계: 질서위반행위의 효과적 통제방안에 관한 연구," 형사정책연구 제12권 제2호, pp. 40-47.

73) 예컨대 소방기본법 제25조(강제처분 등) 제1항에 '소방본부장, 소방서장 또는 소방대장은 사람을 구출하거나 불이 번지는 것을 막기 위하여 필요할 때에는 화재가 발생하거나 불이 번질 우려가 있는 소방대상물 및 토지를 일시적으로 사용하거나 그 사용의 제한 또는 소방활동에 필요한 처분을 할 수 있다'고 규정하고 있다. 그리고 동법 제51조(벌칙)에서 '제25조 제1항에 따른 처분을 방해한 자 또는 정당한 사유 없이 그 처분에 따르지 아니한 자는 3년 이하의 징역 또는 1천500만원 이하의 벌금에 처한다'고 규정하고 있다. 종래의 논리대로라면, 이러한 처벌규정은 행정벌로서 '소방벌'(消防罰)이라고 불러야 할 것이다.

과가 형벌인 이상 형법의 일반원칙은 엄격하게 준수되어야 한다는 것이다.[74] 오늘날 권력분립의 원칙상 국가형벌권 행사 권한은 사법부에 귀속되어 있는 까닭이다.

형법상의 형벌과 행정법상의 행정형벌의 구분 문제

전통적으로 행정법학에서는 행정벌에는 행정형벌(사형, 징역, 금고, 자격상실, 자격정지, 벌금, 구류, 과료, 몰수)과 행정질서벌(과태료)이 포함된다고 하면서, 행정형벌에 관한 법규, 즉 행정형법은 행정의 특수성으로 인하여 형법과 구별되는 독자적인 원리에 의해 규율되어야 한다고 보았다.

이와 같은 '행정형법'(行政刑法)이라는 개념은 독일에서 형법 및 형사소송법 개정논의가 전개되는 과정에서 생성되었는데, 특히 골드슈미트(J. Goldschmidt)에 의하여 체계적으로 정립되었다. 그에 의하면 행정형법이란 행정상의 의무 위반에 대한 행정청의 형벌부과를 규정한 법규를 말한다. 그러나 1952년 질서위반법(OWiG)이 제정된 이후에는 행정청에 의한 형벌부과 규정이 점차 사라지고, 행정청이 행정상의 의무불이행을 확보하기 위해 부과할 수 있는 제재수단은 행정질서벌(과태료)로 한정되었다. 따라서 독일에서 행정형법이라는 개념은 의미를 잃었다고 볼 수 있다. 일본에서는 미노베 다쯔기츠(美濃部達吉)가 독일의 행정형법이론을 계수한 이래, 후쿠다 타이라(福田平) 등에 의해 계속 발전하여 일본의 주류이론으로 정착되었다. 한국에서도 이들의 행정형법 이론이 거의 그대로 계수되었다.[75]

따라서 한국과 일본은 독일에서조차 의미를 잃고 있는 골드슈미트의 고전적 행정형법 이론을 그대로 끌어안고 있는 셈이다. 즉, 오늘날 한국과 일본의 경우, 경찰과 행정청에서 실제 형벌권을 행사하지 않음에도 불구하고 경찰벌 또는 행정벌이라는 이름으로 개념정립을 하고 있는 것이다. 바꿔 말하면, 형법 위반사범과 행정법규 위반사범에 대한 형벌부과를 위한 형사절차는 원칙적으로 동일하며, 행정관청의 개입여지는 없다. 이에 대해서 형법학에서는 당연히 이를 긍정하고 있다. 법적으로도 특별한 규정이 없는 한 형법총칙(대한민국 형법 제8조, 일본형법 제8조)이 적용되며, 형사소송법

74) 형법 및 특별형법은 특정 위반행위에 대한 처벌 자체를 목적으로 만든 법률이다. 예컨대, 형법 제250조에서는 '사람을 살해한 자는 사형, 무기 또는 5년 이상의 징역에 처한다'고 규정하고 있다. 특별형법으로서 성매매알선 등 행위의 처벌에 관한 법률 제18조 제1항에서 '폭행이나 협박으로 성을 파는 행위를 하게 한 사람 등은 10년 이하의 징역 또는 1억원 이하의 벌금에 처한다'고 규정하고 있다. 반면, (경찰)행정법은 국가행정 본연의 목적을 달성하기 위해 제정된 것이고, 그러한 목적달성을 위한 법규정을 위반하였을 때, 그에 대한 처벌규정을 별도로 규정하고, 그 처벌이 형사처벌에 해당될 때 이를 행정형벌이라고 한다. 예컨대, 집회 및 시위에 관한 법률은 '적법한 집회(集會) 및 시위(示威)를 최대한 보장하고 위법한 시위로부터 국민을 보호함으로써 집회 및 시위의 권리 보장과 공공의 안녕질서가 적절히 조화를 이루도록 하는 것을 목적으로 하고 있다'(제1조). 그러면서도 일정한 위반행위에 대한 형사처벌 조항(예컨대, 집회 및 시위에 대한 방해를 했을 경우 3년 이하의 징역 또는 300만원 이하의 벌금형에 처함)을 두고 있다(제22조).

75) 이에 대한 자세한 내용은 김용세(2001), 앞의 논문 참조.

에 정한 절차에 따라야 함은 물론이다.

이러한 사정에도 불구하고 행정법학계에서는 형법상의 형벌과 행정법상의 행정형벌을 구분하여 양자를 구분하고 있다.[76] 생각건대, 형법이든 행정법이든 형벌과 관련된 위반사항에 대해서는 원칙적으로 동일하게 다루고, 다만 행정법 위반사항 가운데 행정청이 부과하는 질서벌(과태료)을 별도로 다루면 충분하다고 본다.

경찰벌에 대한 접근도 마찬가지이다. 행정법학에서는 종래에 논의된 '행정벌' 개념을 용어상 '경찰벌'로 바꾼 것에 지나지 않기 때문이다. 더욱이 문제가 되는 것은 한국경찰은 행정법학자들이 말하는 대륙법계식의 행정경찰에 국한되지 않는다는 점에다. 경찰의 범죄수사 기능은 형사사법에 있어서 매우 중요한 비중을 차지하고 있기 때문이다. 행정법학의 시각이라면, 경찰은 비단 행정법규 위반에 대한 행정벌(경찰벌)에 관련될 뿐만 아니라 형사법규 위반에 대한 형사벌에도 관련되기 때문에 이 또한 경찰벌로 표현해도 된다는 논리이다.

요약건대, 경찰은 형법 및 특별형법 위반에 대한 형사소송법상의 범죄수사 기능 등을 수행하고 있으며, 따라서 경찰벌을 행정형벌에 국한시킬 이유가 전혀 없는 것이다. 다만, 행정벌과 마찬가지로 경찰벌이라는 개념은 행정청 혹은 경찰관청이 그러한 처벌권한을 행사할 수 있을 때, 사용할 수 있는 용어라고 본다. 따라서 종래와 같이 사형, 징역, 금고, 자격상실, 자격정지, 벌금, 구류, 과료, 몰수에 이르는 모든 형벌을 경찰벌로 간주하는 것도 문제가 있다고 본다.

이러한 상황에서 굳이 경찰벌이라는 용어를 사용하고자 한다면, 경찰이 행사할 수 있는 처벌 또는 제재권한을 전제로 한 것이어야 한다고 본다. 이와 관련하여 형사소송절차의 특별형태인 통고처분 권한을 들 수 있다(그러나 이것은 엄밀한 의미에서의 형벌권 행사는 아님은 물론이다). 따라서 경찰이 행사할 수 있는 질서벌로서 과태료 부과권한 등으로 국한시켜야 한다고 본다.

---

76) ① 한국과 일본의 통설은 윤리침해 여부를 기준으로 행정범과 형사범을 구별하고 있다. 형사범은 본래부터 반사회적·반윤리적 속성을 지니지만 행정범은 행위자체가 반윤리적인 속성을 지니는 것이 아니라 법령의 규정에 위반함으로써 비로서 반사회성이 인정된다는 것이다. ② 이 주장은 경찰국가시대에 독일에서 주장되었던 자연범(自然犯)과 법정범(法定犯)의 구별이론으로부터 유래한 것이지만, 자연범과 법정범의 구별은 상대적인 것으로서 실질적 의미를 인정할 수 없다는 것이 현대 형법학의 일반적 견해이다. 행정법학계의 통설도 행정범과 형사범의 구별기준인 '윤리성'은 시대와 상황에 따라 상대적·유동적이기 때문에 행정범도 형사범으로 전환될 수 있다고 보고 있다. 그러나 행정범과 형사범의 구별이 유동적이고 행정범은 상황에 따라 형사범으로 전환될 수 있다는 것은 결국 양자를 구별할 실체적 기준이 존재하지 않는다고 고백하는 것과 다름없다. ③ 이처럼 행정범과 형사범 사이의 실체적 구별이 불가능할 뿐만 아니라 절차상의 차별조차 인정되지 않는 상황에서 행정형법을 형법으로부터 독립된 독자적인 법영역으로 취급할 근거는 없다. 행정형법원론의 원산지라고 할 수 있는 독일에서도 행정형법이라는 개념은 그 의미를 잃었다. 그럼에도 불구하고 행정형법이라는 독자적인 법영역을 인정하고자 하였기 때문에 한국과 일본의 행정형법론은 기술한 바와 같은 개념적 혼란에 빠지고 만 것이다. 위의 논문, pp. 77-78.; 생각건대, 오늘날 행정벌·행정범과 형사벌·형사범의 구별은 상대화해가는 추세에 있으며, 따라서 양자의 구별은 실정법의 규정을 근거로 해석론적으로 전개해가는 수밖에 없다고 본다.

② 경찰벌의 개념 재정립

따라서 경찰벌이라는 것은 행정관청인 경찰기관에 관련 형벌 또는 처벌의 부과를 규정한 법령이 있을 때 성립하는 것이다. 즉, 경찰이 주체적으로 처벌권한을 행사할 수 있을 때, 그것을 경찰벌이라고 불러야 한다는 것을 의미한다.

이러한 요건을 충족한 경찰벌 부과 권한은 ㉠ 질서벌로서 과태료(過怠料) 부과 권한과 ㉡ 범칙행위에 대한 통고처분을 통한 범칙금(犯則金) 부과 권한을 들 수 있다.

다만 후술하겠지만, 여기에서 경찰이 행사하는 범칙금 부과 권한은 질서벌인 동시에 형벌의 성격을 아울러 가지고 있다고 볼 수 있다. 즉, 범칙금은 실제에 있어서는 질서벌이지만 형식에 있어서는 형벌로 볼 수도 있을 것이다. 어쨌든, 경찰의 범칙금부과 권한을 질서벌로 간주한다면 이는 행정경찰권한에 해당되는 것(위험방지를 목적으로 하는 행정경찰의 대표적인 예외)이며, 형벌로 간주한다면 이는 사법경찰권한으로 볼 수 있을 것이다. 아래에서는 이를 질서벌로 간주하여 살펴보기로 한다.

(2) 경찰벌과 구별개념

① 경찰벌과 징계벌의 구별

경찰벌은 일반 사인(私人)을 대상으로 경찰법관련 의무위반에 가해지는 제재이나 징계벌(懲戒罰)은 특별법률관계 또는 특수신분관계에 의해 경찰조직 내부질서 문란자(예컨대, 경찰권한을 오남용한 경찰관 등)에게 가해지는 제재인 점에서 다르다. 즉, 양자는 그 목적, 대상, 권력의 기초 등에 있어 차이가 있으며, 양자를 함께 부과하는 것은 일사부재리(一事不再理)원칙에 저촉되지 않는다.[77]

② 경찰벌과 이행강제금의 구별

경찰벌은 경찰상 과거의 의무위반에 대한 제재이나, 이행강제금 또는 강제금은 의무불이행이 있는 경우 장래의 의무이행을 확보하기 위한 강제집행의 수단으로 과하여지는 점에서 차이가 있다.

③ 경찰벌과 형사벌의 구별문제

경찰벌과 형사벌은 형식적인 점에서 '처벌'(處罰)이 주어진다는 점에서 양자는 동일하다. 다만, 위에서 살펴본 바와 같이 포괄적으로 경찰벌과 형사벌(刑事罰)을 구분하는 것은 한계가 있다. 다만, 경찰벌을 질서벌로 국한시킬 때, 형사벌과 구분됨은 물론이다.

77) 김남진·김연태(2004). 행정법Ⅰ. 서울: 법문사. pp. 460-461.

2) 경찰벌의 유형

(1) 경찰의 질서벌 부과 권한

① 과태료의 개념

경찰법규의 의무위반에 대한 질서벌로서 과태료(過怠料) 부과 권한 등을 들 수 있다.[78] 질서벌인 과태료는 '경찰상 질서위반에 대한 제재로서 의무위반의 정도가 비교적 가볍고, 간접적으로 공공질서를 교란할 위험이 있는 행위에 대하여 부과되는 금전적 처벌'로 정의할 수 있다.[79]

이러한 과태료는 과거의 의무위반에 대한 제재이지만, 의무자에게 심리적 압박을 가함으로써 간접적으로 의무이행을 강요하는 기능을 아울러 가지고 있다고 볼 수 있다. 물론, 이렇게 되기 위해서는 과태료 부과 액수가 심리적 압박을 가할 정도로 충분히 많아야 할 것이다.

그러나 한편으로는 형벌인 벌금, 과료보다 질서벌인 과태료가 지나치게 많이 책정될 경우에도 문제가 있다고 본다. 다만, 우리나라는 종래 형벌에 처하였던 것을 질서벌로 대체하는 작업이 광범위하게 진행되어 왔다고 볼 수 있다. 이는 전과자의 양산을 방지하고 금전상의 징수를 용이하게 하려는 의도로 이해되기도 한다.

② 과태료 부과 요건과 내용

질서벌은 형벌과는 달리 반윤리성(反倫理性)이 희박하므로 고의·과실과 같은 주관적 요건을 문제 삼지 않고, 객관적 법규위반이 있으면 질서벌을 과할 수 있는 것으로 보고 있다.[80] 그러나 위반자에게 의무를 탓할 수 없는 정당한 사유가 있는 경우에는 과태료를

---

78) 과태료개념 외에 '과징금'(課徵金)이라는 것이 있다. 과징금은 행정상 의무위반을 통하여 경제적 이익을 획득한 자에게 그 이익을 박탈하는 금전적 제재라 할 수 있다. 이와 관련하여 일본은 '사적 독점금지 및 공정거래 확보에 관한 법률'(1977)을 제정하였는데, 우리나라는 이를 계수하여 '독점규제 및 공정거래에 관한 법률'(1980)을 제정하여 이의 적용범위를 확대하고 있다. 과징금은 불법행위를 통하여 부정한 이익을 박탈한다는 의미와 함께, 사업자가 행정법규를 위반하여 사업을 추진하였더라도 그 이익만 박탈하고 사업을 계속하게 함으로써 사업자 본인과 사업이용자의 편의를 도모하는 기능을 수행한다. 그러나 외형상으로는 과징금이 불법한 영업이익의 박탈이라는 특성을 가지지만, 실질적으로는 행정 의무위반에 대한 금전적 제재라는 성격을 가지기 때문에 과태료와 명확하게 구별되지는 않는다. 박영도·박수헌(1993), 과징금제도의 현황과 개선방안, 한국법제연구원, p. 31.; 박윤흔(1998), 최신행정법강의(상), 서울: 박영사, pp. 617-619.

79) 강구철(1998), 강의행정법(Ⅰ), 서울: 형설출판사, p. 606.

80) 과태료와 같은 행정질서벌은 행정질서 유지를 위하여 행정법규 위반이라는 객관적 사실에 대하여 과하는 제재이므로 반드시 현실적인 행위자가 아니라도 법령상 책임자로 규정된 자에게 부과되고 또한 특별한 규정이 없는 한 원칙적으로 위반자의 고의·과실을 요하지 않는다. 대법 1994.8.26., 94누6949.

부과할 수 없다는 것이 판례의 입장이다.[81] 한편, 과태료에는 소멸시효(消滅時效)가 적용되지 않는다.[82]

경찰이 질서벌로서 의무위반행위에 대한 과태료를 부과·징수하는 권한은 도로교통법에서 찾아 볼 수 있다. 즉, 동법에서는 객관적인 일정한 위반 사항에 대하여 500만원 이하의 과태료 부과(예: 교통안전교육기관 운영의 정지 및 폐지신고를 하지 아니한 사람 등) 및 20만원 이하의 과태료 부과(예: 동승자에게 좌석 안전띠를 매도록 하지 아니한 운전자 등)규정을 두고 있다(제160조 제1항~제3항 참조).

한편, 총포·도검·화약류 등의 안전관리에 관한 법률에서도 경찰의 과태료 부과·징수 권한은 규정되어 있다. 즉, 동법에서는 일정한 의무위반 행위에 대하여 300만원 이하의 과태료를 부과·징수하도록 하고 있다(제74조 제1항).

③ 과태료 부과 방법과 한계

국가행정차원에서 이루어지는 과태료 부과는 ㉠ 법원이 부과결정을 하는 경우와 ㉡ 경찰관청과 같은 주무관청이 부과·징수하되 상대방이 이의를 제기하면 법원이 부과결정을 하는 방법이 있다.

경찰관청으로서 지방경찰청장 등은 도로교통법 제160조 제1항부터 제3항까지의 규정에 따른 과태료와 관련하여 부과·징수 권한을 행사하도록 하고 있다(제161조 제1호). 다만, 이 가운데 전용차로 통행위반, 정차 또는 주차규정을 위반한 경우에 대한 과태료 부과권한은 지방경찰청장이 행사하지 않고 시장 등이 행사하도록 하고 있다(제3호).

한편, 총포·도검·화약류 등의 안전관리에 관한 법률상의 의무위반에 대한 과태료는 대통령령이 정하는 바에 의하여 소관에 따라 경찰청장, 지방경찰청장 또는 경찰서장이 부과·징수하도록 하고 있다(제74조 제2항). 여기에서 경찰청장의 과태료 부과·징수권한을 지방경찰청장에게 위임하고 있으며, 이 경우 지방경찰청장은 부과·징수처리상황을 경찰청장에게 보고하도록 하고 있다(동법 시행령 제83조 제3항).

그런데, 이러한 경찰관청의 과태료 부과처분에 상대방이 이의를 제기하면 그것 자체로

81) 과태료와 같은 행정질서벌은 행정질서유지를 위한 의무의 위반이라는 객관적인 사실에 대하여 과하는 제재이므로 반드시 현실적인 행위자가 아니라도 법령상 책임자로 규정된 자에게 부과되고, 원칙적으로 위반자의 고의·과실을 요하지 않는다. 그러나 위반자가 그 의무를 알지 못하는 것이 무리가 아니었다고 할 수 있어 그것을 정당시 할 수 있는 사정이 있을 때 또는 그 의무의 이행을 그 당사자에게 기대하는 것이 무리라고 하는 사정이 있을 때 등 그 의무 해태를 탓할 수 없는 정당한 사유가 있을 때에는 이를 부과할 수 없다. 대법 2000.5.26., 98두5972.

82) 과태료의 제재는 범죄에 대한 형벌이 아니므로 그 성질상 처음부터 공소시효(형사소송법 제249조)나 형의 시효(형법 제78조)에 상당하는 것은 있을 수 없고, 이에 상당하는 규정도 없으므로 일단 한번 과태료에 처해질 위반행위를 한 자는 그 처벌을 면할 수는 없는 것이다. 대법 2000.8.24., 2000마1350.

서 경찰관청의 부과처분은 효력을 잃게 된다.[83] 과태료에 관한 재판은 행정소송절차가 아니다. 즉, 과태료에 관한 재판은 「비송사건절차법」에 따라 법원이 직권으로 개시하는 것이라 할 수 있다.

한편, 형벌과 질서벌(과태료)은 모두 처벌의 일종이지만, 그 목적이나 성질이 다르다고 볼 수 있다. 따라서 질서벌인 과태료 부과 후에 형벌을 부과한다고 하여도 일사부재리(一事不再理)의 원칙에 반하는 것은 아니다.[84] 판례의 태도도 이와 같다.[85] 그러나 형벌과 질서벌은 넓은 의미의 처벌이고, 따라서 동일한 위반행위에 대한 처벌이라는 점에서 병과가 불가능하다고 보기도 한다.[86]

(2) 경찰의 범칙행위에 대한 범칙금 부과 권한

① 범칙행위와 범칙금의 개념

위에서 살펴본 바와 같이 형벌법규를 위반한 범죄행위(犯罪行爲)는 형벌범으로 다루어 형사처벌(사형, 징역, 금고, 자격상실, 자격정지, 벌금, 구류, 과료, 몰수)을 하고, 행정법규 상의 의무위반행위에 대해서는 질서범이라 하여 행정상 처벌(즉, 과태료)을 하고 있다.

이것과는 별도로 현행법상 일정한 법규위반에 대해서 '범칙행위'(犯則行爲)라고 부르는 제재 또는 처벌이 존재하고 있다. 범칙행위에 대해서는 형벌(刑罰)상의 벌금·과료, 질서벌(秩序罰) 상의 과태료 부과와 마찬가지로 금전상의 제재 즉, '범칙금'(犯則金)을 납부하도록 하고 있다.

---

83) ① 행정기관의 과태료 부과처분에 대하여 그 상대방이 이의를 제기함으로써 「비송사건절차법(非訟事件節次法)」에 의한 과태료의 재판을 하게 된다. 과태료부과 사건은 다른 법령에 특별한 규정이 없는 경우를 제외하고는 과태료에 처할 자의 주소지의 지방법원의 관할로 하고 있다(동법 제247조). ② 과태료 재판을 하게 되는 경우, 법원은 당초 행정기관의 과태료 부과처분을 심판의 대상으로 하여 그 당부를 심사한 후 이의가 있다고 인정하여 그 처분을 취소하거나 이유가 없다는 이유로 이의를 기각하는 재판을 하는 것이 아니다. 즉, 법원은 직권으로 과태료 부과요건이 있는지를 심사하여 그 요건이 있다고 인정하면 새로이 위반자에 대하여 과태료를 부과하는 것이다. 따라서 행정기관의 과태료 부과처분에 대하여 상대방이 이의를 제기하여 그 사실이 비송사건절차법에 의한 과태료의 재판을 해야 할 법원에 통지되면 당초의 행정기관의 부과처분은 그 효력을 상실한다고 할 것이다. 따라서 이미 효력을 상실한 피청구인의 과태료 부과처분의 취소를 구하는 이 사건 심판청구는 권리보호의 이익이 없다. 헌재 1998.9.30., 98헌마18.

84) 홍정선(2007), 앞의 책, p. 401.

85) 행정법상의 질서벌인 과태료의 부과처분과 형사처벌은 그 성질이나 목적을 달리하는 별개의 것이므로 행정법상의 질서벌인 과태료를 납부토록 한 후에 형사처벌을 한다고 하여 이를 일사부재리의 원칙에 반하는 것이라고 할 수는 없다. 이와 관련하여 자동차의 임시운행 허가를 받은 자가 그 허가 목적 및 기간의 범위 안에서 운행하지 아니한 경우에...만일 임시운행 허가기간을 넘어 운행한 자가 등록된 차량을 가지고 그러한 행위를 한 경우라면 과태료의 제재만으로 되겠지만, 무등록 차량을 가지고 그러한 행위를 한 경우라면 과태료와 별도로 형사처벌의 대상이 된다. 대법 1996.4.12., 96도158.

86) 김남진(2002), 앞의 책, p. 244.; 박윤흔(2004), 최신행정법강의(하), 서울: 박영사, p. 660.; 김철용(2006), 행정법(Ⅱ), 서울: 박영사, p. 390.

경범죄처벌법·도로교통법상의 범칙행위

① 경범죄처벌법상의 범칙행위

경범죄처벌법을 보면,[87] 이 법에서 규정하고 있는 경범죄를 저지른 자에 대해서는 10만원~60만원 이하의 벌금(罰金), 구류(拘留) 또는 과료(科料)의 형으로 처벌한다고 규정하고 있다(제3조 제1항~제3항).[88]

한편, 이 법에서 이러한 경범죄 가운데서 그 죄질의 정도가 경미한 위반행위로 '범칙행위'로 규정하고 있다. 즉, 경범죄처벌법 제3조(경범죄 종류) 가운데 제1항과 제2항 각호에 해당하는 위반행위를 말한다. 제3항에서 규정한 '㉠ 관공서에서의 주취소란, ㉡ 거짓신고'는 범칙행위에서 제외된다(제6조 제1항 단서).

따라서 경범죄처벌법 제3조(경범죄의 종류) 제1항과 제2항에서 규정하고 있는 '44개 항목'에 대한 위반행위에 대해서는 비록 10~20만원 이하의 벌금, 구류 또는 과료의 형으로 처벌한다고 규정하고 있음에도 불구하고, 특별한 경우를 제외하고는 범칙금(犯則金)으로 처벌에 대신한다고 한 것이다.[89] 이를 '경범죄 처벌의 특례'로 규정하고 있다(제6조~제9조).

② 도로교통법상의 범칙행위

도로교통법에서도 범칙행위 규정을 두고 있다(제156조, 제157조상의 수많은 위반행위). 즉, 경범죄처벌법과 마찬가지로 도로교통법 제156조, 제157조를 위반한 행위에 대해서 20만원 이하의 벌금, 구류 또는 과료의 형으로 처벌한다고 규정하고 있음에도 불구하고 특별한 경우를 제외하고는 범칙금으로 처벌에 대신한다고 한 것이다.[90] 이를 '범칙행위의 처리에 관한 특례'로 규정하고 있다(제162조~제166조).

---

87) 경범죄처벌법(輕犯罪處罰法)은 국민의 일상생활에서 빈번하게 발생하는 비교적 경미한 비도덕적인 범죄와 이에 대한 처벌을 규정한 실질적 의미의 형법(刑法)이라고 볼 수 있다. 김일수(1987), "경범죄처벌법의 제문제," 대한변호사협회지, p. 26.; 정덕장(1994), 경범죄처벌법, 서울: 법원사, p. 3.

88) ① 제1항에 해당하는 빈집 등에의 침입 등 40개 항목에 대해서는 10만원 이하의 벌금, 구류(1일 이상 30일 미만) 또는 과료(2천 원 이상 5만원 미만)의 형으로 처벌하고, ② 제2항에 해당하는 출판물의 부당게재, 거짓광고, 업무방해, 암표매매 4개 항목에 대해서는 20만원 이하의 벌금, 구류, 과료의 형의로 처벌하도록 하였다. 한편, 2013년 법개정으로 처벌내용이 강화되었다. 즉 ③ 제3항에 해당하는 ㉠ 관공서에서의 주취소란, ㉡ 거짓신고 2개 항목에 대해서는 60만원 이하의 벌금, 구류, 과료의 형으로 처벌하도록 한 것이다.

89) 범칙자(犯則者)란 범칙행위를 한 사람으로서 다음의 어느 하나에 해당하지 아니하는 사람을 말한다. ① 범칙행위를 상습적으로 하는 사람, ② 죄를 지은 동기나 수단 및 결과를 헤아려볼 때 구류처분을 하는 것이 적절하다고 인정되는 사람, ③ 피해자가 있는 행위를 한 사람, ④ 18세 미만인 사람(경범죄처벌법 6조 제2항).

90) 범칙자(犯則者)란 범칙행위를 한 사람으로서 다음의 어느 하나에 해당하지 아니하는 사람을 말한다. ① 범칙행위 당시 운전면허증 등 또는 이를 갈음하는 증명서를 제시하지 못하거나 경찰공무원의 운전자 신원 및 운전면허 확인을 위한 질문에 응하지 아니한 운전자, ② 범칙행위로 교통사고를 일으킨 사람. 다만, 「교통사고처리 특례법」 제3조 제2항 및 제4조에 따라 업무상과실치상죄·중과실치상죄 또는 이 법 제151조의 죄에 대한 벌을 받지 아니하게 된 사람은 제외한다(도

② 범칙행위의 성격

이처럼 경범죄처벌법과 도로교통법 등에서 범칙행위에 대해서 폭넓게 적용하고 있음을 알 수 있다. 그런데, 이 범칙행위에 대한 범칙금 부과는 매우 독특한 위치에 놓여 있다. 즉, 관련법규 위반에 대한 금전상의 처벌이라는 것은 분명한데, 그것의 성격이 형벌법규상의 형벌범(刑罰犯)에 해당하는지 아니면 행정법규 상의 질서범(秩序犯)에 해당하는지 분명하지가 않다는 점이다.

사실, 경범죄처벌법과 도로교통법 모두 범칙행위의 처벌은 벌금·구류·과료라는 형벌에 그 근간을 두고 있다. 그러나 실제에 있어서 경미한 범죄행위에 대해서 형벌의 이름으로 처벌할 경우에는 수많은 전과자(前科者)를 양산해 낼 우려가 있다. 즉, 경범죄처벌법과 도로교통법상의 수많은 범칙행위는 우리가 일상생활에서 부지불식간에 위반하기 쉬운 행위들이기 때문이다. 따라서 이를 형벌이 아닌 질서벌로 전환시켜 처벌할 필요성이 있는 것이다.

그런데 행정법규 위반 즉, 질서벌로서 금전상의 처벌인 과태료(過怠料)가 있다. 그렇다면, 형벌과 질서벌 사이에 변칙적으로 '범칙행위와 범칙금' 이라는 처벌형식을 둔 이유가 무엇인가? 과연 필요한 것인가? 이 문제는 뒤에서 다시 검토해 보기로 한다.

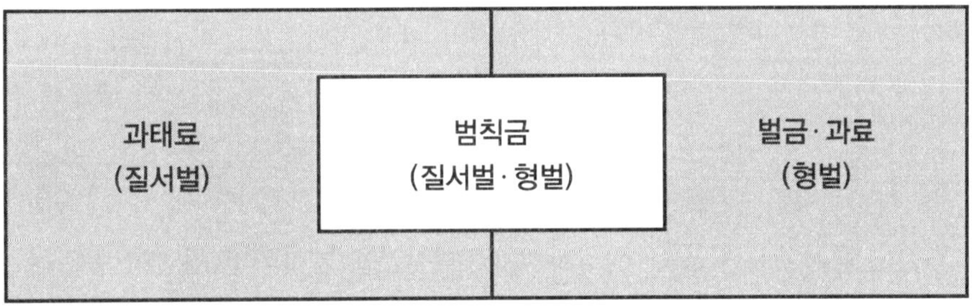

③ 범칙행위에 대한 범칙금 부과 방법: 통고처분

㉠ 통고처분의 개념과 성격

범칙행위를 한 자에 대한 범칙금 부과는 경찰관청의 통고처분(通告處分)에 의해 이루어진다. 통고처분이라는 것은 경찰관청은 일정한 범칙행위(犯則行爲)를 한 범칙자에게 범칙금(犯則金)을 납부토록 하고,[91] 범칙자가 그 범칙금을 납부하면 처벌이 종료되는 과

로교통법 제162조 제2항).

91) 범칙금액은 경범죄처벌법 제3조 제1항의 위반행위에 대해서는 2만~8만원, 제2항의 위반행위에 대해서는 16만원으로 하고 있다(동법 시행령 별표 참조). 한편 도로교통법 1만원~16만원으로 하고 있다(동법 시행령 별표 8·9·10 참조).

형절차를 말한다.

본질적으로 사법권(司法權)은 법관으로 구성된 법원에 속하는 것이다(헌법 제101조). 따라서 형법 및 특별형법, 그리고 (경찰)행정법을 위반한 자에 대한 처벌권한인 형벌권은 형사법원에 있음은 물론이다. 그리고 이러한 형벌의 과형절차는 형사소송법에 의하는 것이 원칙이다. 범칙행위가 일종의 범죄행위에 해당된다면, 통고처분은 그에 대한 특별형사소송절차라고 볼 수 있겠지만, 범죄행위가 아닌 질서위반행위라면 그것은 형사소송절차에 앞선 경찰관청에 의한 사전적 처벌절차라고 할 수 있다.[92]

어쨌든, 통고처분은 형벌 또는 질서벌로서 범칙금을 부과하는 절차로서의 의미를 가지고 있다고 본다. 그러면서도 경찰관청에 의해 의사결정이 이루어지기 때문에 통고처분 자체를 하나의 재판으로서의 처분성을 갖는다고 볼 수도 있을 것이다. 그러나 판례에서는 통고처분 자체가 재판으로서의 처분성을 가지고 있는 것은 아니라고 보고 있다.[93]

ⓛ 통고처분의 불이행

통고처분을 받은 범칙자가 소정의 기간 내에 통고처분의 내용을 이행하지 않으면, 당해 통고처분은 별도의 행위를 기다릴 것 없이 당연히 그 효력을 상실한다. 이때에 경찰서장은 지체 없이 즉결심판(卽決審判)을 청구하여야 한다(경범죄처벌법 제9조 제1항, 도로교통법 제165조 제1항).

이러한 즉결심판절차에 따라 관할법원의 판사(지방법원, 지원 또는 시·군법원)은 '피고인'(被告人)에게 20만원 이하의 벌금, 구류 또는 과료에 처할 수 있도록 하고 있다(즉결심판에 관한 절차법 제2조). 이처럼 통고처분 불이행자는 형사상의 '피고인 신분'에 놓고, 또 형사처벌을 받게 된다.

그런데, 통고처분을 받은 범칙자가 그 범칙금을 납부하면 처벌이 종료되기 때문에 논

92) 범칙금제도는 행정청이 법규위반자에 대해 일정액의 범칙금 납부를 통고하고 그 통고를 받은 자가 일정 기간 내에 이를 납부할 경우에는 해당 범칙행위에 대해 공소를 제기하지 않는다. 그러나 납부하지 않으면 형사절차가 진행되는 제도이다. 즉, 법규위반에 대한 제1차적 처벌 또는 제재 부과 권한이 경찰관청에 귀속되어 있지만, 이에 대한 이의가 있는 때에는 법원에 의한 사법절차로 전환된다는 의미에서 경찰관청과 같은 행정청에 의한 사전적(事前的) 처벌절차라고 할 수 있다. 이러한 범칙금제도는 대량으로 발생하는 경미한 법규위반행위를 간이 신속하게 처리함으로써 법원의 부담을 경감하고 피처분자의 편의를 도모한다는 취지에서 마련된 것이라 할 수 있다. 김용세(2001), 앞의 논문, p. 86.; 그러나 과태료와 마찬가지로 행정의 실효성 확보를 위한 수단이라고 볼 수도 있기 때문에 형벌과 질서벌 양자 간에서 이의 정확한 위치를 찾는 것은 쉽지 않다고 본다.

93) 통고처분은 상대방의 임의의 승복을 그 발효요건으로 하기 때문에 그 자체만으로는 통고이행을 강제하거나 상대방에게 아무런 권리의무를 형성하지 않으므로, 행정심판(行政審判)이나 행정소송의 대상으로서의 처분성을 부여할 수는 없다. 즉, 통고처분에 이의가 있으면 통고내용을 이행하지 않음으로써 고발되어 형사재판절차에서 통고처분의 위법·부당함을 얼마든지 다툴 수 있기 때문에 이것이 법관에 의한 재판을 받을 권리를 침해한다든지 적법절차의 원칙에 저촉된다고 볼 수 없다. 헌재 1998.5.28., 96헌바4.; 헌재 2003.10.30., 2002헌마275.

란의 여지는 여전히 남아 있다. 즉, 범칙자가 통고처분의 내용을 이행한 때에는 통고처분은 확정판결과 동일한 효력이 발생하며, 동일사건에 대하여 형사소추를 받지 아니한다. 통고처분을 불복하는 경우에는 통고처분 자체는 당연히 그 효력이 소멸되므로, 행정쟁송을 제기할 수는 없다. 다만, 통고처분을 이행하지 않으면 경찰서장에 의해 즉결심판에 회부될 뿐이다.[94)]

통고처분의 내용을 이행하지 않은 사람은 즉결심판에서 그 통고처분의 위법·부당함을 주장할 수 있다. 그리고 즉결심판의 결과에도 불복하는 사람은 즉결심판을 받은 날로부터 7일 이내에 정식재판을 청구할 수 있다(즉결심판에 관한 절차법 제14조 제1항). 따라서 통고처분 불이행에 대한 경찰서장의 즉결심판 청구권은 일종의 '형사소추권'(刑事訴追權)이라 할 수 있다(이는 사법경찰권한에서 다시 살펴보기로 한다).

④ 범칙금과 과태료의 관련문제

위에서 범칙금의 개념과 성격 그리고 관련 내용을 살펴보았다. 범칙금은 형벌이면서도 질서벌의 성격을 동시에 갖는다면, 과태료는 전형적으로 질서벌에 해당된다고 볼 수 있다. 형벌과 질서벌의 관계를 보면, 형벌은 상대적이지만 비윤리적·반사회적인 성격을 갖는 '자연범'(自然犯)에 대한 처벌의 성격이 강하다면, 질서벌은 비윤리적·반사회적 성격이 약하지만 국가질서 유지를 위해서 필요한 규제내용을 담고 있다고 볼 수 있다. 그렇기 때문에 형벌은 보편적으로 범죄시되는 경향이 강하다면, 질서벌은 때와 장소에 따라 다르기 마련이다.

바꿔 말하면, 사회적 인식 및 처벌의 정도에 있어서 형벌과 질서벌을 비교해 보면 형벌에 대한 사회적 비난과 처벌수위는 높아야 한다고 본다. 그런데, 처벌의 정도를 보면 오히려 과태료가 범칙행위 또는 범칙금에 비해 훨씬 높은 경우도 적지 않다는 점이다.

예컨대, 도로교통법상에서 보면 범칙행위에 대한 처벌은 20만원 이하의 벌금, 구류, 과료이고 경미한 범칙행위에 대한 범칙금은 1만원~16만원에 처하도록 하고 있다. 그리고 과태료는 500만원 이하 또는 20만원 이하에 처하도록 규정하고 있다(동법 제160조). 한편, 문제는 형벌과 범칙금 납부 대상이 되는 범칙행위와 과태료 납부 대상이 되는 위반행위 간에 명확한 구분기준이 존재하지 않는다는 점이다. 특히 범칙금과 20만원 이하의 과태료 위반행위는 그 구분기준이 더욱 모호하다.

---

94) 도로교통법에서 규정하고 있는 경찰서장의 통고처분은 행정소송의 대상이 되는 행정처분이 아니므로 그 처분의 취소를 구하는 소송은 부적법하다. 도로교통법 상의 통고처분을 받은 자가 그 처분에 대하여 이의가 있는 경우에는 통고처분에 따른 범칙금의 납부를 이행하지 아니함으로써 경찰서장의 즉결심판청구에 의하여 법원의 심판을 받을 수 있게 될 뿐이다. 대법 1995.6.29., 95누4674.; 대법 1980.10.14., 80누380.

〈범칙행위에 대한 범칙금 대상과 과태료 대상 비교〉

범칙행위에 대한 범칙금 대상 예(승용차기준) (도로교통법시행령 제93조 별표 일부)	과태료 대상(예) (도로교통법 제160조)
• 운전자 속도위반(60km/h 초과, 12만원) • 운전자 속도위반(40km/h초과 60km/h이하, 9만원) • 운전자 신호·지시 위반(6만원) • 운전자 속도위반(20km/h초과 40km/h이하, 6만원) • 운전자 횡단보도 보행자 횡단방해(6만원) • 운전 중 휴대용 전화사용(6만원) • 운전자 일반도로 전용차로 통행위반(4만원) • 운전자 주·정차 금지위반(4만원) • 운전자 교차로 통행방법위반(4만원) • 운전자 노상시비·다툼 등으로 차마의 통행 방해 행위(4만원) • 운전자 속도위반(20km/h 이하, 3만원) • 운전자 끼어들기 금지위반(3만원) • 운전자 최저속도위반(2만원) • 택시의 합승·승차거부·부당요금 징수행위(2만원) • 좌석안전띠 미착용(3만원) • 보행자 신호·지시위반(3만원) • 보행자 차도통행(3만원) • 보행자 술에 취하여 도로에서 갈팡지팡 하는 행위(3만원) • 운전자 어린이 보호구역 신호·지시위반(12만원) • 운전자 어린이 보호구역 속도위반(6~15만원) 등	〈500만원 이하의 과태료〉 • 교통안전교육기관 운영의 정지 또는 폐지 신고를 하지 아니한 사람 • 강사의 인적 사항과 교육 과목을 게시하지 아니한 사람 • 수강료 등을 게시하지 아니하거나 게시된 수강료 등을 초과한 금액을 받은 사람 등 〈20만원 이하의 과태료〉 • 물이 고인 곳의 운행시 고인 물을 튀게 하여 다른 사람에게 피해를 주는 경우 • 자동차의 앞면 창유리와 운전석 좌우 옆면 창유리의 가시광선(可視光線)의 투과율이 대통령령으로 정하는 기준보다 낮아 교통안전 등에 지장을 줄 수 있는 차를 운전한 경우 • 동승자에게 인명보호 장구를 착용하도록 하지 않은 운전자 • 어린이통학버스 안에 신고증명서를 갖추어 두지 않은 어린이통학버스의 운영자 • 고속도로 등에서의 준수사항(좌석 안전띠 작용 등) 위반한 운전자 • 운전면허 갱신기간에 운전면허를 갱신하지 않은 사람 • 정기 적성검사 또는 수시 적성검사를 받지 않은 사람 등

생각건대, 형벌과 질서벌을 명확히 구분하는 것은 어려운 일이라고 본다. 또한 비록 형벌에 해당하는 위반행위를 했다 할지라도 무조건 형사처벌을 하는 것은 전과자(前科者)를 양산해 내는 결과, 더 많은 부작용을 가져올 수 있다고 본다. 특히 경미한 범죄위반에 대해서 형사처벌(예, 경범죄처벌법 및 도로교통법상의 벌금, 구류, 과료형)은 더욱 그렇다. 예전부터 논의되어온 '단기 자유형'(短期 自由刑)의 폐단도 같은 맥락이다.

그러나 이러한 이유로 형벌도 아니고 질서벌도 아닌 '범칙행위에 대한 범칙금'과 같은 제도를 만들어 놓은 것은 문제가 있다고 본다. 예컨대, 도로교통법 상의 20만원 이하의 범칙금과 과태료는 그 구별이 뚜렷하지가 않다는 점이다(이에 대한 후속연구가 이루어지기를 기대해 본다).

5. 경찰조사 권한

1) 경찰조사의 의의

경찰조사(警察調査)라는 것은 경찰기관이 관련 업무를 적정하게 수행하기 위해 필요한 자료 또는 정보를 수집하는 사실행위 또는 사실행위와 법적 행위의 합성적 행위라 할 수 있다. 이러한 경찰조사는 반드시 권력적인 조사만을 뜻하는 것은 아니고 비권력적인 것도 포함된다고 본다.[95] 경찰조사는 통상 그 자체가 법적인 효과를 가져 오는 행위는 아니고 사실행위에 불과하다. 물론, 경우에 따라서는 상대방에게 수인의무를 발생시키기도 한다.

이러한 경찰조사는 그의 대상에 따라 ㉠ 대인적 조사, ㉡ 대물적 조사, ㉢ 대가택적 조사 등으로 구분할 수 있을 것이다. 조사방법으로는 구두(口頭)와 문서, 개별적·집단적 조사가 이루어질 수 있으며, 적극적 조사(질문, 장부 등 검사, 임검, 자료제출 명령)와 소극적 조사(보고의 접수 등)로 나눌 수 있다.

종래에는 경찰조사를 즉시강제의 개념 속에 포함시키기도 하였지만, 오늘날에는 이를 분리시켜 논의하고 있다.[96] 즉, 경찰강제는 분명히 권력적 작용이지만, 경찰조사는 권력적 작용 외에도 비권력적 작용이 포함된다고 보는 관점에서는 양자는 차이가 있다. 또 즉시강제와 같은 경우에는 경찰목적 달성과 관련하여 필요한 상태를 실현시키기 위한 조치라면, 경찰조사는 준비·보조 작용으로서 의미를 갖는다고 본다.

2) 경찰조사의 내용

(1) 권력적 경찰조사

권력적 경찰조사는 국민의 신체나 재산에 침해를 가져올 수 있기 때문에, 일정한 법률적 근거를 필요로 한다. 권력적 경찰조사를 규정하고 있는 일반법은 없고 개별법에 관련 사항이 규정되어 있다. 거시적으로 본다면 경찰관직무집행법상의 직무의 범위로서 '치안정보의 수집 등'은 경찰조사와 관련된다고 본다. 그리고 경찰조사라는 것은 그것 자체가 목적이라기보다는 다른 경찰목적을 달성하기 위한 준비작용으로서 기능하기 때문에 일반적으로 권력적 경찰조사라는 것도 경찰강제(즉시강제 및 직접강제 등)와 같은 다른 경찰작용과 결합되어 이루어진다.

---

95) 홍정선(2007), 앞의 책, p. 430.; 김남진(2002), 앞의 책, p. 215.
96) 위의 책, p. 215.; 이철호(2004), 앞의 책, p. 248.

따라서 경찰관직무집행법상의 즉시강제 성격을 갖는 불심검문(제3조), 위험발생의 방지(제5조), 범죄의 예방과 제지(6조), 위험방지를 위한 출입(제7조) 등은 치안정보 수집과 관련된 권력적 경찰조사와 연관성을 갖는다고 볼 수 있다.

마찬가지로 「총포·도검·화약류 등의 안전관리에 관한 법률」 상에서 관련 위험물의 판매, 제조, 수출입, 소지 등을 허가 하는 경찰관청(경찰청장, 지방경찰청장, 경찰서장)은 재해 예방 또는 공공의 안전유지를 위하여 필요하다고 인정되면 관계 공무원으로 하여금 총포·도검·화약류·분사기·전자충격기·석궁의 제조소·판매소 또는 임대소, 화약류저장소, 화약류의 사용장소, 그 밖에 필요한 장소에 출입하여 장부·서류나 그 밖에 필요한 물건을 검사하게 하거나 관계자에 대하여 질문을 하도록 할 수 있다(제44조 제1항).

(2) 비권력적 경찰조사

비권력적 경찰조사의 경우에는 국민의 신체나 재산에 직접적인 침해를 가져오는 것은 아니므로 법적 근거를 요하지 않는다고 본다. 다만, 경찰기관의 비권력적 조사는 조직법상의 권한의 범위 내에서만 가능하다고 보아야 할 것이다.

이와 관련하여 「경찰관직무집행법」 상의 사실의 조회·확인, 출석요구는 비권력적 경찰조사에 해당한다고 볼 수 있다. 먼저 사실의 조회·확인과 관련하여 경찰관서의 장(여기서는 지구대·파출소장 포함된다고 봄)은 직무수행에 필요하다고 인정되는 상당한 이유가 있을 때에는 국가기관이나 공사단체 등에 대하여 직무수행에 관련된 사실을 조회(照會)할 수 있다(제8조 제1항).

또 경찰관서의 장은 미아를 인수할 보호자의 확인, 유실물을 인수할 권리자의 확인, 사고로 인한 사상자의 확인, 그리고 행정처분을 위한 교통사고 조사상의 사실을 확인하기 위하여 필요한 때에는 관계인에게 출석을 요하는 사유·일시 및 장소를 명확히 한 출석요구서에 의하여 경찰관서에 출석할 것을 요구할 수 있다(제8조 제2항).

이상과 같은 사실조회·확인 및 출석요구는 비권력적 사실행위로서 즉시강제의 수단에 포함되지 않는다. 따라서 이러한 출석요구에 불응한다고 하여 이를 강제할 수 있는 수단이 없다.

3) 경찰조사의 한계

모든 경찰조사는 그 조사의 목적에 필요한 범위 내에서만 가능하다. 위법한 목적을 위한 조사는 당연히 허용되지 않는다. 따라서 권력적 경찰조사는 근거가 되는 법규정의 범위 내에서만 가능하다. 또한 비권력적 경찰조사를 포함한 모든 경찰조사는 기본권보장,

비례원칙 등 일반원칙의 범위 내에서만 가능하다고 보아야 할 것이다. 물론, 경찰조사에서 특히 문제가 되는 부분은 권력적 조사라고 할 수 있다.[97]

(1) 개인정보의 수집제한 및 보호

경찰조사는 헌법상의 기본권 보장과 관련하여 개인의 사생활의 비밀과 자유를 침해하지 않도록 해야 할 것이다(헌법 제17조).[98] 여기에서 개인의 사생활보호, 개인의 정보상 자기결정권의 보호 등이 문제된다. 한편, 경찰조사와 관련하여 특히 유의할 점은 수집된 개인정보를 철저히 관리함으로써 개인이 불이익을 받지 않게 해야 한다. 그 동안 경찰과 같은 공공기관이 수집한 개인정보를 소홀히 취급함으로써 당사자가 피해를 입는 경우는 수없이 많았던 것이 사실이다.

따라서 경찰은 개인정보를 수집, 이용, 제공, 그리고 관리하는 경우에는 개인정보 보호법상의 일정한 절차를 거쳐야 함은 물론이다.

(2) 권력적 경찰조사의 영장주의 적용 문제

헌법상의 영장주의(令狀主義)가[99] 권력적 경찰조사를 위한 질문·검사·가택출입 등의 경우에 적용될 것인가 하는 문제가 제기된다. 위에서 살펴본 바와 같이 비록 권력적 경찰조사라 할지라도 영장주의를 그대로 적용하는 것은 한계가 있다고 본다. 경찰의 '기본적·표준적 경찰권한'에 의한 경찰조사는 물론이거니와 개별법 상의 경찰조사에 있어서도 마찬가지이다.

다만, 경찰조사가 상대방의 신체나 재산에 직접적인 실력을 행사한다든가, 경찰조사가 직접적인 범죄와 관련된 형사책임의 추궁을 목적으로 한 것이라면 사전 영장주의의 원칙이 적용되어야 할 것이다(물론, 긴급을 요하는 경우에는 그렇지 않고, 이 경우에도 침해가 장기적이면 사후영장이 필요하다).

---

97) 홍정선(2007), 앞의 책, p. 432.

98) 구(舊) 국군보안사령부가 군과 관련된 첩보수집, 특정한 군사법원 관할 범죄의 수사 등 법령에 규정된 직무범위를 벗어나 민간인들을 대상으로 평소의 동향을 감시·파악할 목적으로 지속적으로 개인의 집회·결사에 관한 활동이나 사생활에 관한 정보를 미행, 망원 활용, 탐문채집 등의 방법으로 비밀리에 수집·관리한 경우, 이는 헌법에 의해 보장된 기본권을 침해한 것으로 불법행위를 구성한다. 대법 1998.7.24., 96다42789.

99) 체포·구속·압수 또는 수색을 할 때에는 적법한 절차에 따라 검사의 신청에 의하여 법관이 발부한 영장을 제시하여야 한다. 다만, 현행범인인 경우와 장기 3년 이상의 형에 해당하는 죄를 범하고 도피 또는 증거인멸의 염려가 있을 때에는 사후에 영장을 청구할 수 있다(헌법 제12조 제3항). 모든 국민은 주거의 자유를 침해받지 아니한다. 주거에 대한 압수나 수색을 할 때에는 검사의 신청에 의하여 법관이 발부한 영장을 제시하여야 한다(제16조).

(3) 경찰증표의 제시

경찰조사가 이루어질 경우, 그에 따른 일정한 의무가 발생하고 사생활 등의 침해 우려가 있기 때문에 담당 경찰은 자신이 관련권한을 가지고 있음을 명백히 밝힐 필요가 있다. 따라서 예컨대, 경찰공무원이 총포·도검 등의 제조소·판매소 또는 임대소 등 관련 장소에 출입하여 일정한 검사 등을 하고자 하는 경우에는 그 권한을 표시하는 증표를 지니고 관계자에게 이를 제시하도록 하고 있다(총포·도검·화약류 등의 안전관리에 관한 법률 제44조 제2항).

6. 비권력적 경찰권한

1) 비권력적 경찰권한의 의의

이상에서 행정경찰 영역에서 권력적 경찰권한을 중심으로 이를 몇 가지로 구분하여 살펴보았다.[100] 그러나 경찰이 위험의 방지라는 행정경찰 목적을 달성하기 위해서 항상 권력적·규제적 권한만을 행사하는 것은 결코 아니다. 경우에 따라서는 비권력적·비규제적(非權力的·非規制的)인 방법으로도 충분히 목적을 달성할 수 있는 것이며, 어떻게 보면 비권력적인 방법으로 경찰의 목적을 달성했을 때, 경찰과 국민의 관계개선 그리고 국민의 경찰에 대한 신뢰와 기대는 더 높아질 수 있다고 본다.

그리고 일선경찰업무 현실에 있어서 상당부분은 비권력적·비규제적인 일들이 주를 이루고 있다는 점이다. 이는 다른 나라도 마찬가지이다. 이와 관련하여 연구조사 결과, 경찰이 비권력적·비규제적 활동을 위해 80% 이상의 시간을 소비하고 있다는 사실을 발견하였다.[101] 클러카스(Klockars)에 의하면, 경찰이 처리하는 문제들의 90% 이상이 서비스를 위한 시민의 요구에 대응해서 이루어진다고 보고 있다.[102]

어떤 면에서 경찰활동의 대부분은 범죄와 관련된 법집행과 관계가 없고, 지역사회에 대한 서비스가 대부분이다. 여기에는 예컨대, 평온유지, 교통정리, 길안내, 자살의 방지,

100) 경찰권한 가운데 사실행위(事實行爲)로 불리는 것이 있는데, 여기에서는 별도로 다루지 않았다. 통상적으로 경찰의 사실행위는 그것이 어떠한 법적인 효과를 의도하는 것이 아니라 위험의 예방이등 경찰목적 달성을 위한 사실상의 작용이라고 할 수 있다. 여기에는 저항하는 범죄자에 대한 총기사용, 위험 동물의 사살, 도로교통상의 위험물 제거와 같은 권력적인 것 외에도 경찰지도, 경찰계몽, 교통교육 등 비권력적인 것도 여기에 해당된다. 이러한 내용은 위의 행정경찰권한 내용에서 어느 정도 언급한 것들이다.

101) Denny F. Pace(1991), Community Relation Concept, Incline Village, Nev.: Copperhouse Publishing Company, pp. 20-21.

102) Carl B. Klockars(1985), The Idea of Police, Newbury Park: Sage Publishing Company, p. 103.

길을 잃거나 가출한 아동 보호, 위험에 노출되기 쉬운 아동이나 성인 보호, 공공의 안전 유지, 장애인차량 운전자 지원, 사고와 자연재해와 같은 긴급상황이나 위기상황의 처리, 갈등 해소, 범죄예방, 대중에 대한 교육 등을 들 수 있다.

2) 비권력적 경찰권한의 유형

(1) 경찰지도

① 경찰지도의 의의

경찰지도(警察指導)라는 것은 경찰기관이 그 소관업무의 범위 내에서 일정한 경찰목적을 달성하기 위하여 특정인에게 일정한 행위를 하거나 하지 아니하도록 지도·권고·조언 등을 하는 제반 활동을 말한다고 볼 수 있다.[103)]

이러한 경찰지도의 특징은 무엇보다도 직접적으로는 법적 효과(권리·의무의 발생, 변경, 소멸 등을 가져오는 효과)를 가져오지 않는 사실행위라는 점에 있다. 경찰지도가 사실행위인 까닭으로 '직접적'으로는 법적 효과를 발생하지 않는다고 하는 점을 특별히 부각시킨 이유는, 경찰지도도 '간접적'으로는 법적 효과를 발생시킬 수 있기 때문이다.

예컨대, 경찰기관이 경찰지도를 잘못하여 타인에게 손해가 발생한 경우, 그 경찰기관이 속하는 행정주체(국가 등) 또는 당해 경찰공무원에게 손해배상의 책임이 발생할 수도 있는 것이다.[104)] 그러나 그 '배상책임이라는 법적 효과의 발생은 경찰지도의 간접적 효과이지 직접적 효과가 아니라는 점'에 주의할 필요가 있다.

② 경찰지도의 법적 근거

경찰지도를 포함한 행정지도와 관련하여 일반법은 없다. 행정지도를 규정하고 있는 행정절차법(이에 대한 내용은 제48조~제51조 참조)은 이의 일반원칙과 방법을 규정하고

103) 경찰지도를 포함하여 행정지도는 학문적으로 보통 '행정기관이 일정한 공적 목적을 달성하기 위하여 행정객체의 일정한 행위(작위·부작위 등)를 기대하여 행해지는 비권력적·비강제적 사실행위'인 것으로 정의되어 왔다. 그러던 중 1996년에 행정절차법의 제정을 통하여 '행정지도'는 하나의 법률용어가 되었다. 즉, 동법 제2조 제3호에서 '행정지도란 행정기관이 그 소관 사무의 범위에서 일정한 행정목적을 실현하기 위하여 특정인에게 일정한 행위를 하게 하거나 하지 아니하도록 지도, 권고, 조언 등을 하는 행정작용을 말한다'고 규정한 것이다. 김남진(2002), 앞의 책, p. 191.

104) 문화공보부 및 경찰 등 관계기관 소속공무원들이 법령상의 근거도 없이 특정 서적에 허위사실이 수록되어 있어 유포될 경우 국가나 사회의 안녕질서를 해칠 우려가 있다는 등의 이유로 출판업자나 시중서점에 위 서적을 판매하지 말 것을 종용한 행위는 법적 구속력을 갖는 것은 아니다. 그러나 이는 출판업자 또는 서점에 대하여는 단순히 협조를 구하는데 불과한 행위라고는 볼 수 없고, 사실상의 강제력이 있어 출판업자의 권리행사에 영향을 미친 위법한 행위라고 보아야 할 것이다. 따라서 위 책자들의 시판불능으로 인하여 입은 손해는 관계 공무원들의 불법행위와 상당 인과관계가 있는 것이므로 피고는 그 손해를 배상할 책임이 있다. 서울고법 1990.4.6., 89나43571.

있을 뿐이다. 물론, 개별법령에서 경찰지도의 근거에 관한 규정이 존재한다. 예컨대, 경찰관직무집행법 제5조 제1항의 위험발생의 방지를 위하여 일정한 자에 대하여 필요한 경고(警告)를 하는 것을 경찰지도로 볼 수 도 있다.[105)]

그러나 경찰지도는 비권력적·비강제적인 것이므로 법적 근거를 필요로 하지 않는다는 것이 일반적인 견해이다. 경찰지도는 법적 구속력을 갖지 않는 사실행위라는 것이다. 바꿔 말하면, 경찰지도는 비권력적 사실행위 이기 때문에 이에는 강제가 따라서는 안 된다. 강제가 수반된 경찰지도는 더 이상 '지도'가 아닌 것이다.[106)]

③ 경찰지도 방법

위에서 언급한 행정절차법 상의 행정지도(이를 '경찰지도'라 하기로 함)의 방법을 살펴보면 다음과 같다.

㉠ 경찰지도의 원칙

경찰지도는 그 목적 달성에 필요한 최소한도에 그쳐야 하며, 경찰지도의 상대방의 의사에 반하여 부당하게 강요하여서는 아니 된다. 그리고 경찰기관은 경찰지도의 상대방이 경찰지도에 따르지 아니하였다는 것을 이유로 불이익한 조치를 하여서는 아니 된다(행정절차법 제48조 제1항 및 제2항).

㉡ 경찰지도의 방식

경찰지도를 하는 자는 그 상대방에게 그 경찰지도의 취지 및 내용과 신분을 밝혀야 한다. 그리고 경찰지도가 말로 이루어지는 경우에 상대방이 제1항의 사항을 적은 서면의 교부를 요구하면 그 경찰지도 하는 자는 직무 수행에 특별한 지장이 없으면 이를 교부하여야 한다(제49조 제1항 및 제2항).

㉢ 의견제출

경찰지도의 상대방은 해당 경찰지도의 방식·내용 등에 관하여 경찰기관에 의견제출을 할 수 있다(제50조).

㉣ 다수인을 대상으로 하는 경찰지도

경찰기관이 같은 경찰목적을 실현하기 위하여 많은 상대방에게 경찰지도를 하려는 경우에

105) 홍정선(2007), 앞의 책, p. 361.

106) 행정절차법에서 행정지도의 원칙으로서 "행정지도는 그 목적 달성에 필요한 최소한도에 그쳐야 하며, 행정지도의 상대방의 의사에 반하여 부당하게 강요하여서는 아니 된다. 행정기관은 행정지도의 상대방이 행정지도에 따르지 아니하였다는 것을 이유로 불이익한 조치를 하여서는 아니 된다"고 규정하고 있다(제48조).

는 특별한 사정이 없으면 경찰지도에 공통적인 내용이 되는 사항을 공표하여야 한다(제51조).

(2) 경찰보호 등

앞에서 언급한 바와 같이 경찰관직무집행법상 위험방지를 위한 보호조치는 크게 강제보호(强制保護)와 임의보호(任意保護)로 구분하였다.

여기에서 비권력적 경찰권한 행사는 임의보호와 관련된 경찰의 조치라고 할 수 있다. 임의보호라는 것은 보호대상자의 거부의 의사표시가 없는 경우에만 이루어질 수 있는 조치를 말한다. 임의보호는 '미아·병자·부상자 등으로서 적당한 보호자가 없으며 응급구호가 필요하다고 인정되는 사람'에 대해서 이루어진다. 그리고 임의보호의 특성상 본인이 이를 거절하는 경우에는 이루어질 수가 없다(경찰관직무집행법 제4조 제1항 제3호).

이 밖에도 경찰은 관할구역 내의 청소년 및 노약자, 장애인 등 수많은 사회적 약자를 위한 보호 및 선도활동 등을 수행하고 있다.

제4절 경찰의 사법경찰권한

이상에서 범죄 및 각종 위험방지 등 예방적 활동을 주요목표로 하는 행정경찰권한에 대해서 살펴보았다. 그런데, 이러한 잠재적·현실적인 위험을 모두 예방한다는 것은 사실상 불가능한 일이며, 따라서 각종 사건(事件)이 발생하는 것은 비일비재한 것이 현실이다.

이러한 사건들 가운데 그것이 법률상의 '범죄'로 인식되었을 때, 그에 대한 일정한 형사절차적 조치가 이루어지게 된다. 이는 형법과 특별형법위반 행위뿐만 아니라 각종 행정법규 위반 행위 가운데서도 형법상의 처벌규정을 둔 것은 모두 포함된다.

이러한 범죄가 발생했을 때에는 그에 대한 조치가 진행된다. 이와 관련된 일련의 과정을 '형사절차'(刑事節次, criminal procedures) 또는 '형사사법절차'라고 하며, 이는 '㉠ 수사 → ㉡ 기소 → ㉢ 재판 → ㉣ 행형 및 교정'의 절차를 거치게 된다. 경찰의 사법경찰권한이라는 것은 이러한 형사절차에서 경찰이 강제적·비강제적으로 행사할 수 있는 법적 권한이라고 할 수 있다. 이와 관련하여 전형적으로 범죄수사(犯罪搜查) 권한이 논의되지만, 이에 국한하지 않고 경미한 범죄에 대한 기소권한이라 할 수 있는 즉결심판청구

(卽決審判請求) 권한과 경미한 범죄에 대한 처벌을 면해주는 훈방(訓放) 권한도 그 대상에 포함할 수 있다고 본다.

이러한 점에서 본다면 경찰이 행사 할 수 있는 사법경찰권한이라는 관념은 수사경찰권한보다 포괄적이라고 할 수 있다. 다만, 형사소송법(제196조)상 범죄수사의 직무를 수행하는 경찰을 사법경찰관리(司法警察官吏)로 표현하고 있음에 주의할 필요가 있다.

1. 범죄수사 권한

1) 범죄수사 권한의 의의

(1) 범죄수사 권한과 수사기관

수사(搜査)라는 것은 형사절차의 제1단계로서 '범죄의 혐의 유무의 확인과 범인의 체포 및 증거수집을 위한 수사기관이 활동'을 말한다.[107] 그리고 수사활동이 연속적으로 진행되는 일련의 과정을 수사절차(搜査節次)라고 한다.

여기에서 범죄수사 권한이라는 것은 일련의 수사절차 즉, ㉠ 수사개시, ㉡ 수사진행, 그리고 ㉢ 수사종결과정에서 행사할 수 있는 법적인 권한이라고 할 수 있다. 수사기관은 법률상 범죄수사를 할 수 있는 권한이 인정되는 국가기관을 의미한다. 현행법상으로는 수사기관으로는 검사(檢事)와 사법경찰관리(司法警察官吏)가 있다(형사소송법 제195조~제197조).

사법경찰관리의 종류

사법경찰관리(司法警察官吏)에는 일반사법경찰관리와 특별사법경찰관리가 있다. 여기에서 사법경찰관리는 '사법경찰관'(司法警察官)과 '사법경찰리'(司法警察吏)를 합친 용어이다.

① **일반사법경찰관리:** 사법경찰관에는 검찰청 소속 수사관,[108] 경무관, 총경, 경정, 경감, 경위가 있고, 사법경찰리는 경사·경장·순경이 이에 해당된다(형사소송법 제196조 제1항, 제5항).

② **특별사법경찰관리:** 특별사법경찰관리는 삼림, 해사, 전매, 세무, 군수사기관 기타 특별한 사항에 관하여 사법경찰관리의 직무를 행할 자와 그 직무의 범위는 법률로써 정하도록 하고 있다(형사소송법 제197조).

---

107) 배종대·이상돈·정승환(2009), 앞의 책, p. 41.

108) 검찰청 소속 수사관으로서 사법경찰관(검찰주사, 마약수사주사, 검찰주사보, 마약수사주사보 등)과 사법경찰리(검찰서기, 마약수사서기, 검찰서기보 및 마약수사서기보 등)가 있다(검찰청법 제47조).

(2) 범죄수사 권한의 법적 근거와 한계

경찰의 범죄수사의 법적 근거와 관련하여 경찰법 제3조(국가경찰의 임무) 및 경찰관직무집행법 제2조(직무의 범위)에 경찰은 '범죄의 예방·진압 및 수사'를 한다고 규정하고 있다.

그런데, 이러한 규정 자체만으로 경찰이 수사권한을 가지고 있는 것으로 보기도 하나,[109] 전술한 바와 같이 이러한 법적 근거는 권한규정이라기보다는 직무규정이기 때문에 그것만으로 범죄수사에 관한 권한이 구체적·직접적으로 부여되어 있다고 보기는 어렵다고 본다. 이와 더불어 범죄수사의 권한규정이라 할 수 있는 형사소송법을 살펴보아야 이를 명확히 파악할 수 있는데, 현행 형사소송법에서는 경찰의 수사권한을 주체적·독립적으로 인정하지는 않고 있다.

① 검사의 범죄수사 권한

현행 형사소송법상 범죄수사의 주체는 검사라고 할 수 있다. 즉, 형사소송법에서 '검사는 범죄의 혐의가 있다고 사료(思料)하는 때에는 범인, 범죄의 사실과 증거를 수사하여야 한다'고 규정한 것(제195조)과 같이 범죄수사의 주체로서 검사를 규정하고 있기 때문이다.

② 사법경찰관리의 범죄수사 권한과 한계

그런데 사법경찰관(수사관, 경무관, 총경, 경정, 경감, 경위)은 '모든 수사'에 관하여 검사의 지휘를 받도록 하고 있다(형사소송법 제196조 제1항). 그리고 사법경찰리(경사, 경장, 순경)는 수사의 주체가 되지 못하고, 검사 또는 사법경찰관의 지휘를 받아 수사를 보조하는 수사보조기관으로서의 권한과 의무를 가질 뿐이다(제5항).

㉠ 수사의 개시·진행

따라서 검사의 사법경찰관리에 대한 수사지휘·감독권한은 수사의 개시(開始),[110] 진행(進行) 모든 과정에서 이루어진다고 볼 수 있다.

물론 사법경찰관은 범죄의 혐의가 있다고 인식하는 때에는 범죄수사의 개시·진행을 할 수 있지만(제196조 제2항), '모든 수사에 관하여 검사의 지휘를 받는다'고 함으로써(제1항) 검사의 수사지휘는 일반적·포괄적으로 이루어진다고 본다. 이러한 일반적·포괄적

109) 신동운(2006), 형사소송법, 서울: 법문사, p. 51.

110) 수사기관은 범죄에 대한 주관적 혐의로 언제든지 수사에 착수 할 수 있으며, 그러한 범죄혐의를 갖게 된 원인은 묻지 않는다. 이와 같이 범죄혐의를 두게 된 원인을 수사의 단서(端緖)라고 한다. 형사소송법에서 규정하고 있는 수사의 단서로는 현행범, 고소, 고발, 자수, 변사자의 검시가 있다. 그러나 수사의 단서는 이에 국한되지 않는다. 특별법에 의한 것으로는 불심검문(경찰관직무집행법 제3조), 자동차 검문(도로교통법 제47조) 등이 있다.

수사지휘는 구체적·직접적이라기보다는 수사준칙 또는 지침 등을 통해서 이루어진다.

그러나 검사는 필요한 경우에는 구체적 사건에 관하여 수사지휘를 할 수 있음은 물론이다.[111)]

사법경찰관리의 내사활동에 대한 검사의 지휘권 행사 문제

최근 검찰에서 경찰의 내사활동에 대한 지휘권 행사문제가 크게 제기되고 있다. 형사소송법상 범죄수사는 검사의 지휘를 받도록 규정하고 있는데, 수사의 전(前) 단계로서 범죄혐의의 유무를 확인하는 내사활동까지 과연 검사가 지휘권을 행사하는 것이 타당한 것인가 하는 문제이다.

① 내사의 개념

일반적으로 내사(內査)라는 것은 '범죄첩보, 진정·탄원 등 수사민원, 언론보도 등 제반 범죄정보들을 수집하고, 기타 임의적인 수단을 통해 범죄혐의 유무를 확인하는 범죄인지(입건) 전(前)의 경찰활동'이라고 정의하고 있다.[112)]

② 내사와 수사의 구분

내사와 수사의 구별기준과 관련하여 수사기관이 부여하는 '범죄입건' 여부에 따라 내사와 수사를 구분하자는 형식설(形式說)이 있다. 이에 따르면, 내사는 어떠한 범죄에 대한 주관적 혐의조차 인정되지 않는 단계의 입건 전 조사로서, 입건 후의 수사와는 명백히 구별되는 개념으로 받아들이고 있다.

이러한 형식설에 대하여 '범죄혐의가 인정되는가? 혹은 인정되지 않는가'라는 점을 기준을 가지고 실질적으로 구별되어야 한다는 실질설(實質說)이 대립되고 있다(일반적으로 형식설을 인정하고 있다).

생각건대, 범죄수사활동의 역동성을 감안하고, 수사절차의 일관성을 확보하기 위해서는 형식설이 타당하다고 본다. 따라서 형사소송법을 경찰내사의 근거로 주장하는 것은 타당하지 못하다고 본다. 경찰내사는 수사와 구별되는 개념이며, 따라서 검사의 지휘권 행사는 법적 재량을 일탈한 것이다. 경찰의 내사활동은 강제처분이 허용되지 않는 임의적 활동으로서 향후 이에 대한 법적 근거는 경찰법 및 경

---

111) ① 수사지휘 원칙: 검사는 사법경찰관을 존중하고 법률에 따라 사법경찰관리의 모든 수사를 적정하게 지휘한다(검사의 사법경찰관리에 대한 수사지휘 및 사법경찰관리의 수사준칙에 관한 규정 제2조). ② 수사지휘 일반: ㉠ 지방검찰청 검사장 또는 지청장은 국민의 인권을 보호하고 수사절차의 투명성과 수사의 효율성을 보장하기 위하여 사법경찰관리에게 필요한 일반적 수사준칙 또는 지침을 마련하여 시행할 수 있다. ㉡ 위에 따른 수사준칙 또는 지침은 검찰총장이 수사에 대한 일반적 수사준칙 또는 지침을 시행하면 사법경찰관리에게 이를 시달(示達)하는 방식으로 이루어져야 한다. ㉢ 검사는 사법경찰관리에게 구체적 사건의 수사에 관하여 필요한 지휘를 할 수 있다(제3조).

112) 정세종(2011), "경찰내사의 활성화방안에 관한 연구," 한국경찰학회보 제13권 제4호, p. 182.

찰관직무집행법(제8조 제1항)에서 제시함으로써 이의 위상을 확립하는 것이 필요하다.[113)]

㉡ 수사의 종결

범죄단서로부터 시작된 수사절차는 수사기관이 공소제기여부를 판단할 수 있는 정도로 그 혐의가 밝혀지게 되면 종결(終結)된다. 수사종결은 공소제기(公訴提起) 또는 불기소처분(不起訴處分)의 형태로 나타난다. 물론, 공소제기 후에도 검사는 공소유지를 위한 수사를 할 수 있으며, 불기소처분을 한 때에도 언제든지 수사를 재개할 수 있다.

현행법상 수사종결은 검사만이 할 수 있다. 수사의 주재자는 어디까지나 검사이고, 사법경찰관리는 검사의 지휘를 받아 수사를 할 수 있을 뿐이기 때문이다. 따라서 사법경찰관이 수사를 마감했을 때는 관련서류와 증거를 관할지방검찰청 검사장 또는 지청장에게 송부해야 한다(형사소송법 제238조 및 제239조).

다만, 예외적으로 20만원 이하의 벌금, 구류, 과료에 처할 범죄사건으로서 즉결심판절차에 의해 처리될 경미사건의 경우에는 경찰서장이 관할판사에게 즉결심판을 청구함으로써 수사절차를 종결하게 된다(즉결심판에 관한 절차법 제3조 제1항).[114)]

2) 범죄수사 권한의 유형

이상과 같이 경찰은 범죄수사와 관련된 권한을 행사하는데 있어서 일정한 한계가 있음을 알 수 있다. 이러한 한계 내에서 경찰이 범죄수사를 하는 방법에는 임의수사(任意搜査)와 강제수사(强制搜査)로 구분된다. 임의수사는 수사방법이 임의적으로 이루어지는 수사를 가리킨다. 이에 반해 강제수사는 강제처분에 의한 수사를 말한다. 강제처분은 형사절차의 진행과 형벌의 집행을 확보하기 위해 일반적으로 강제력을 사용하는 것을 말한다.

형사소송법은 임의수사를 원칙으로 하고, 강제수사는 법률에 '특별한 규정이 있는 경우'에 한하며, 필요한 최소한도의 범위 안에서만 하도록 하고 있다(제199조 제1항). 바꿔 말하면 특별한 규정이 없으면 강제처분을 하지 못한다는 것을 의미한다.

한편, 임의수사와 강제수사의 구분이 어려운 영역이 적지 않게 존재한다는 점에 유의할 필요가 있다.

113) 위의 논문, pp. 189-190.
114) 배종대·이상돈·정승환(2009), 앞의 책, p. 209.

(1) 임의수사

발생한 범죄에 대한 수사기관의 임의수사 방법이 구체적으로 정해진 것은 아니다. 즉, 수사에 관하여 그 목적을 달성하기 위하여 필요한 조사를 할 수 있도록 하고 있으므로(형사소송법 제199조 제1항), 임의수사의 구체적 방법은 수사기관에서 결정한다고 본다. 다만, 형사소송법에서는 임의수사 가운데 ㉠ 공무소 등에 대한 조회, ㉡ 피의자 신문, ㉢ 참고인 조사, ㉣ 감정·통역·번역의 위촉 등에 관해서는 특별한 규정을 두고 있다.

① 공무소 등에의 조회

수사기관은 수사에 관하여 공무소 기타 공사단체에 조회하여 필요한 사항의 보고를 요구할 수 있다(형사소송법 제199조 제2항). 이를 공무소(公務所) 등에의 조회라고 한다. 전과조회, 신원조회 등은 여기에 해당되는 예이다. 수사기관의 조회요청이 있으면 그 상대방인 공무소 등은 이에 협조할 의무가 있으므로 이를 강체처분이라고 보는 견해도 있다. 그러나 공무소 등에 의무의 이행을 강제할 방법이 없고 또 영장에 의하지 아니하고 조회를 요청할 수 있다는 점에서 이는 임의수사로 보아야 할 것이다.[115)]

물론, 공무소에의 조회가 제한되는 경우가 있다. 「금융실명거래 및 비밀보장에 관한 법률」은 '명의인(신탁의 경우에는 위탁자 또는 수익자를 말함)의 서면상의 요구나 동의를 받지 아니하고는 누구든지 금융기관에 종사하는 자에게 거래정보 등의 제공을 요구해서는 안 된다'고 규정하고 있다. 그리고 이에 대한 예외사유 가운데 하나로 법원의 제출명령 또는 법관이 발부한 영장을 들고 있다(제4조 제1항 제1호). 바꿔 말하면, 검사 또는 사법경찰관은 법관의 영장이 없는 한 수사를 위하여 금융기관에 거래정보 등의 제공을 요구할 수 없다는 것을 의미한다.

이 밖에도 「통신비밀보호법」에 의해서 '누구든지 이 법과 형사소송법 또는 군사법원법의 규정에 의하지 아니하고는 우편물의 검열·전기통신의 감청 또는 통신사실 확인 자료의 제공을 하거나 공개되지 아니한 타인간의 대화를 녹음 또는 청취하지 못한다'고 하고 있다(이하 내용은 제3조~6조 참조).

② 피의자 신문

피의자 신문(訊問, interrogation)은 검사 또는 사법경찰관이 수사에 필요한 때에 피의자의 출석을 요구하여 진술을 듣는 것을 말한다(형사소송법 제200조). 여기에서 피의자는 출석의무가 없고, 진술거부권(陳述拒否權)이 보장되어 있다.[116)] 이는 '모든 국민은

115) 신동운(2006), 앞의 책, p. 125.; 배종대·이상돈·정승환(2009), 앞의 책, p. 113.

116) 헌법과 형사소송법의 관련근거에 비추어 보면, 비록 사법경찰관이 피의자에게 진술거부권(陳述拒否權)을 행사할 수 있

… 형사(刑事)상 자기에게 불리한 진술을 강요당하지 아니한다'고 규정되어 있는 헌법상의 권리라고 할 수 있다(헌법 제12조 제2항). 따라서 검사 또는 사법경찰관은 피의자를 신문할 때 진술거부권을 고지해야 한다(형사소송법 제244조의3).[117)]

피의자가 거부할 수 있는 진술내용에는 제한이 없다. 진술거부권을 고지하지 않고 작성한 피의자신문조서(被疑者訊問調書)는 위법하게 수집된 증거로서 위법수집증거 배제법칙(형사소송법 제308조의2)에 의해,[118)] 그리고 그 진술이 강제(고문, 폭행, 협박, 신체구속의 부당한 장기화 또는 기망 기타의 방법으로 임의로 진술한 것이 아니라고 의심할 만한 이유가 있는 때)에 의한 자백일 경우에는 자백배제법칙(제309조)에 의해 증거능력은 인정되지 아니한다.

그런데, 피의자의 범죄혐의가 상당하고 정당한 이유 없이 출석요구에 응하지 않거나 응하지 아니할 우려가 있는 경우에는 체포영장(逮捕令狀)에 의해 체포될 수 있으므로(형사소송법 제200조의2), 그 한도 내에서는 사실상 출석의무가 인정되는 셈이다. 물론 체포영장에 의한 체포는 임의수사가 아닌 강제수사에 해당된다.

③ 참고인 조사

검사 또는 사법경찰관은 수사에 필요한 때에는 피의자가 아닌 자의 출석을 요구하여 진술을 들을 수 있다(형사소송법 제221조 제1항). 이것을 참고인(參考人) 조사라고 하는데, 수사절차상 참고인은 피의자가 아닌 제3자라는 점에서 넓은 의미에서 증인(證人)에

음을 알려 주고 그 행사 여부를 질문하였다 하더라도, 형사소송법에서 규정한 방식에 위반하여 진술거부권 행사 여부에 대한 피의자의 답변이 자필로 기재되어 있지 아니하거나 그 답변 부분에 피의자의 기명날인 또는 서명이 되어 있지 아니한 사법경찰관 작성의 피의자신문조서는 특별한 사정이 없는 한 형사소송법에서 정한 '적법한 절차와 방식'에 따라 작성된 조서라 할 수 없으므로 그 증거능력을 인정할 수 없다. 대법 2013.3.28., 2010노3359.

117) 진술거부권의 고지: ① 검사 또는 사법경찰관은 피의자를 신문하기 전에 다음의 사항을 알려주어야 한다. ㉠ 일체의 진술을 하지 아니하거나 개개의 질문에 대하여 진술을 하지 아니할 수 있다는 것, ㉡ 진술을 하지 아니하더라도 불이익을 받지 아니한다는 것, ㉢ 진술을 거부할 권리를 포기하고 행한 진술은 법정에서 유죄의 증거로 사용될 수 있다는 것, ㉣ 신문을 받을 때에는 변호인을 참여하게 하는 등 변호인의 조력을 받을 수 있다는 것. ② 검사 또는 사법경찰관은 위의 내용에 따라 알려 준 때에는 피의자가 진술을 거부할 권리와 변호인의 조력을 받을 권리를 행사할 것인지의 여부를 질문하고, 이에 대한 피의자의 답변을 조서에 기재하여야 한다. 이 경우 피의자의 답변은 피의자로 하여금 자필로 기재하게 하거나 검사 또는 사법경찰관이 피의자의 답변을 기재한 부분에 기명날인 또는 서명하게 하여야 한다(형사소송법 제244조의3).

118) 수사기관이 범죄수사를 목적으로 금융실명거래 및 비밀보장에 관한 법률(이하 '금융실명법')에 정한 '거래정보 등'을 획득하기 위해서는 법관의 영장이 필요하고, 신용카드에 의하여 물품을 거래할 때 '금융회사 등'이 발행하는 매출전표의 거래명의자에 관한 정보 또한 금융실명법에서 정하는 '거래정보 등'에 해당하므로, 수사기관이 금융회사 등에 그와 같은 정보를 요구하는 경우에도 법관이 발부한 영장에 의하여야 한다. 그럼에도 수사기관이 영장에 의하지 아니하고 매출전표의 거래명의자에 관한 정보를 획득하였다면, 그와 같이 수집된 증거는 원칙적으로 형사소송법에서 정하는 '적법한 절차에 따르지 아니하고 수집한 증거'에 해당하여 유죄의 증거로 삼을 수 없다. 대법 2013.3.28., 2012도13607.

해당된다.

그러나 참고인은 수사기관에 일정한 체험사실을 진술하고, 증인은 법원 또는 법관에 대해 진술한다는 점에서 양자는 구별된다. 참고인은 증인과 달리 강제로 소환당하거나 신문당하지 않는다. 또한 증인과 같이 법정에 출석하지 않았다는 이유로 과태료도 부과되지 않고(제151조), 강제로 구인(拘引)되는 제재도 받지 않는다(제152조). 참고인 조사는 어디까지나 임의수사에 속하기 때문이다.[119)]

다만, 범죄수사에 있어서 없어서는 안 될 사실을 알고 있는 자가 출석 또는 진술을 거부하면, 검사는 제1회 공판기일 전에 한하여 판사에게 그에 대한 증인신문을 청구할 수 있다(제221조의2 제1항).

그리고 예외적으로 국가보안법(國家保安法)은 참고인 구인제도(拘引制度)를 두고 있다. 이 법에 따라 검사 또는 사법경찰관으로부터 이 법에 정한 죄의 참고인으로 출석을 요구받은 자가 정당한 이유 없이 2회 이상 출석요구에 불응한 때에는 관할법원판사의 구속영장(拘束令狀)을 발부받아 구인할 수 있도록 하고 있다. 그리고 구속영장에 의하여 참고인을 구인하는 경우에 필요한 때에는 근접한 경찰서 기타 적당한 장소에 임시로 유치할 수 있도록 하고 있다(제18조).

④ 수사상의 감정·통역·번역

검사 또는 사법경찰관은 수사에 필요한 때에는 감정(鑑定: 예, 필체·음성·혈액감정 등)·통역 또는 번역을 위촉할 수 있다(형사소송법 제221조 제2항). 수사기관의 위촉(委囑)을 받은 자는 이를 수락할 의무가 없으며, 감정·통역·번역을 위하여 출석하였다가 퇴거하는 것도 자유이다. 그리고 감정인, 통역인, 번역인은 다른 사람으로 대신할 수 있는 대체성이 있으므로 특정인에 대하여 이를 강제할 필요도 없다. 따라서 수사기관에 의한 수사상의 감정·통역·번역은 임의수사에 속한다.

그런데, 검사가 감정을 위촉하는 경우에 피의자의 정신 또는 신체에 관한 감정을 위하여 감정유치처분(鑑定留置處分)이 필요한 때에는 판사에게 이를 청구하도록 하고 있다(제221조의3 제1항). 이 경우는 전형적인 강제수사(强制搜査)로서 영장주의의 원칙이 적용된다. 감정위촉을 받은 자는 검사의 청구를 거쳐 판사의 허가를 얻어 감정에 필요한 처

119) 참고인에 대한 조사와 조서작성의 방법은 피의자신문에 준한다(제48조). 다만 참고인에 대해서는 진술거부권을 고지할 필요는 없다. 그러나 고문금지와 진술거부권은 그대로 보장됨은 물론이다. 한편, 참고인조사에서도 참고인의 동의를 얻어 영상녹화를 할 수 있도록 하고 있다(형사소송법 제221조 제1항). 또한 참고인을 조사하는 과정에도 수사과정 기록제를 적용하도록 하고 있다(제244조의4 제3항).

분을 할 수 있다(제221조의4).

한편, 감정인, 통역인, 번역인을 신문하는 때에는 조서를 작성하도록 하고 있다(제48조). 감정의 경과와 결과를 기재한 서류는 형사소송법(제313조 제2항)에 의하여 증거능력이 인정된다.

(2) 강제수사

강제처분(强制處分)이라는 것은 소송절차의 진행이나 형벌의 집행을 확보하기 위하여 개인의 기본권을 제한하는 처분을 말한다(반드시 물리적 강제력이 수반될 필요는 없다). 그리고 강제수사(强制搜査)는 이러한 강제처분이 수반되는 수사이 형태를 말한다. 수사는 임의수사(任意搜査)를 원칙으로 하고 강제처분에 의한 강제수사는 예외적으로 인정된다(형사소송법 제199조 제1항 단서). 이에 따라서 형사소송법은 강제수사의 종류, 요건, 집행절차에 관하여 상세한 규정을 하고 있다.

현행 형사소송법에 규정된 강제처분에는 ㉠ 대인적(對人的) 강제처분인 체포와 구속, ㉡ 대물적(對物的) 강제처분이라 할 수 있는 압수, 수색, 검증이 있다. 그 밖에 수사절차에는 강제처분의 성격을 지니는 수사상의 증거보전(제184조)과 증인신문청구(제221조의2)가 있다.

① 체포

수사경찰에 있어서 체포란 일반적으로 초동수사 단계에서 피의자에게 행해지는 단기간의 신체구속을 의미한다. 이에는 체포영장에 의한 체포, 긴급체포, 현행범 체포로 구분된다.

㉠ 체포영장에 의한 체포

체포영장(逮捕令狀)에 의한 체포는 상당한 범죄혐의가 있고, 일정한 체포사유가 존재할 경우 사전영장에 의하여 일정한 시간 동안 구속(拘束)에 선행하여 피의자에게서 인신의 자유를 빼앗는 수사상의 강제처분을 말한다.[120)]

120) 체포영장제도는 1997년 1월부터 시행된 이래로 그 이용률이 매우 저조하다. 체포영장은 주로 기소중지(피의자의 소재불명 등의 사유로 수사를 종결할 수 없는 경우)되어 지명수배 중인 피의자를 체포하기 위한 수단으로 이용되는 것으로 보인다. 따라서 실무에서는 체포영장의 유효기간을 1년으로 하여 청구하는 경우가 많고, 이 유효기간을 다시 연장하는 방법 등으로 운용되고 있다. 체포영장제도를 도입함으로써 기존의 탈법적 수사관행이 타파된 것이 아니라 인신구속의 구조가 이중적·이원적 구조로 오히려 확대되었다고 볼 수 있다. 따라서 체포영장제도를 폐지하고 체포영장과 구속영장을 일원화 할 것을 검토할 필요가 있다. 정승환(2005.7.), "형사소송법의 체포제도에 대한 재검토-형사소송법 개정안의 인신구속제도와 관련하여, 법조, Vol.54 No.7, p. 59.

즉, 피의자가 죄를 범하였다고 의심할 만한 '상당한 이유'가 있고, 수사기관의 '출석요구에 응하지 아니하거나 응하지 아니할 우려가 있는 때'라는 두 가지 요건이 인정되면, 검사는 자신의 청구에 의하여 그리고 사법경찰관은 검사에게 신청하여 검사의 청구에 의하여, 지방법원판사가 발부한 영장에 의하여 피의자를 체포할 수 있도록 하고 있다(제200조의2 제1항 및 제2항).[121]

그리고 체포한 피의자를 구속하고자 할 때에는 체포한 때부터 '48시간 이내'에 구속영장을 청구하여야 하고, 그 기간 내에 구속영장을 청구하지 아니하는 때에는 피의자를 즉시 석방(釋放)하도록 하고 있다(제5항).

그런데, 이러한 체포영장을 발부받기 위해서는 명백히 체포의 필요성이 인정되어야 한다. 즉, 체포영장의 청구를 받은 판사는 체포의 사유가 있다고 인정되는 경우에도 피의자의 연령과 경력, 가족관계나 교유관계, 범죄의 경중 및 태양 기타 제반 사정에 비추어 피의자가 도망할 염려가 없고, 증거를 인멸할 염려가 없는 등 명백히 체포의 필요가 없다고 인정되는 때에는 체포영장의 청구를 기각하여야 한다. 이러한 체포영장은 검사의 지휘에 의하여 사법경찰관리 등이 집행하도록 하고 있다(제81조 제1항 단서)[122]

㉡ 긴급체포

긴급체포(緊急逮捕)는 수사기관이 현행범에 해당하지 않는 피의자에 대해 사전에 체포영장을 발부받기 위해 시간을 지체할 수 없는 긴급한 경우에는 체포영장 없는 인신구속을 일시적으로 허용하는 제도이다.[123]

이러한 긴급체포는 '사건의 중대성'과 '긴급성'이라는 두 가지 요건이 충족될 때, 허용된다. 즉, ㉠ 피의자가 사형·무기 또는 장기 3년 이상의 징역이나 금고에 해당하는 죄를 범하였다고 의심할 만한 상당한 이유가 있어야 한다. 그리고 ㉡ 피의자가 '증거를 인멸할 염려가 있을 때' 또는 피의자가 '도망하거나 도망할 우려가 있는 때' 등과 같은 긴급을 요하는 사유가 있어야 한다(제200조의3 제1항).[124]

---

121) 다만, 다액 50만원 이하의 벌금, 구류 또는 과료에 해당하는 사건에 관하여는 피의자가 일정한 주거가 없는 경우 또는 정당한 이유 없이 제200조의 규정에 의한 출석요구에 응하지 아니한 경우에 한한다(형사소송법 제200조의2 제1항).

122) 사법경찰관리 등이 체포영장을 소지하고 피의자를 체포하기 위해서는 체포 당시에 피의자에 대한 범죄사실의 요지, 구속의 이유와 변호인을 선임할 수 있음을 말하고 변명할 기회를 주어야 한다. 이와 같은 고지는 체포를 위한 실력행사에 들어가기 이전에 미리 하여야 하는 것이 원칙이나, 달아나는 피의자를 쫓아가 붙들거나 폭력으로 대항하는 피의자를 실력으로 제압하는 경우에는 붙들거나 제압하는 과정에서 하거나, 그것이 여의치 않을 경우에라도 일단 붙들거나 제압한 후에는 지체 없이 행하여야 한다. 대법 2004.8.30., 2004도3212.

123) 인신구속(人身拘束)에 대해서는 영장주의를 원칙으로 하는 것이 '헌법적 형사소송법'의 기본내용이지만, 긴급한 경우에는 영장 없는 구속이 불가피하기 때문에 대부분의 국가에서 긴급구속의 예외를 인정하고 있다. 배종대·이상돈·정승환(2009), 앞의 책, p. 122.

긴급체포의 방법으로서, 검사 또는 사법경찰관은 피의자에게 체포영장이나 구속영장을 받을 수 없는 사유를 알리고 긴급체포를 해야 한다. 사법경찰관이 긴급체포를 한 경우에는 즉시 검사의 승인(承認)을 얻어야 한다(제200조의3 제1항 및 제2항).

한편, 검사 또는 사법경찰관이 긴급체포에 의하여 피의자를 체포한 경우 피의자를 구속하고자 할 때에는 지체 없이 검사는 관할지방법원판사에게 구속영장을 청구하여야 하고, 사법경찰관은 검사에게 신청하여 검사의 청구로 관할지방법원판사에게 구속영장(拘束令狀)을 청구해야 한다. 이 경우 구속영장은 피의자를 체포한 때부터 '48시간 이내'에 청구해야 하며, 관련 긴급체포서를 첨부해야 한다(제200조의4 제1항).

따라서 긴급체포한 후 48시간 이내에 구속영장을 청구하지 않거나, 영장청구를 하였지만 발부받지 못한 때에는 피의자를 즉시 석방해야 한다(제2항).

ⓒ 현행범 체포

범죄의 실행 중이거나 실행 직후인 자를 현행범(現行犯)이라고 한다. 현행범인은 누구든지 영장 없이 체포할 수 있다(제212조). 현행범에 대해 영장주의의 예외를 인정하는 것은 범행과 시간적으로 밀접해 있어서 범죄의 명백성이 인정되기 때문이다.

현행범 체포는 구속(拘束)과 같이 집행에서 지켜야할 절차나 형식이 없다. 따라서 수사기관뿐만 아니라 일반시민도 현행범을 체포할 수 있음은 물론이다. 그러나 일반시민은 체포권한만 있고, 체포의무는 없다. 그리고 일반시민이 현행범을 체포한 때에는 '즉시' 검사 또는 사법경찰관리에게 인도해야 한다(제213조 제1항).

다만 이러한 현행범 체포를 하기 위해서는 일정한 요건이 있어야 한다. 첫째, 피체포자가 현행범(범죄의 실행 중이거나 실행 직후인 자) 또는 준현행범(準現行犯)이어야 하고,[125] 둘째, 체포사유가 있어야 하고,[126] 셋째, 비례성(比例性)이 있어야 한다.[127]

---

124) 긴급체포(緊急逮捕)는 영장주의원칙에 대한 예외인 만큼 형사소송법 제200조의3 제1항의 요건을 모두 갖춘 경우에 한하여 예외적으로 허용되어야 한다. 따라서 요건을 갖추지 못한 긴급체포는 법적 근거에 의하지 아니한 영장 없는 체포로서 위법한 체포에 해당하는 것이다. 여기서 긴급체포의 요건을 갖추었는지 여부는 사후에 밝혀진 사정을 기초로 판단하는 것이 아니라, 체포 당시의 상황을 기초로 판단해야 한다. 그리고 이에 관한 검사나 사법경찰관 등 수사주체의 판단에는 상당한 재량의 여지가 있다고 할 것이나, 긴급체포 당시의 상황으로 보아서도 그 요건의 충족 여부에 관한 검사나 사법경찰관의 판단이 경험칙에 비추어 현저히 합리성을 잃은 경우에는 그 체포는 위법한 체포라 할 것이다. 이러한 위법은 영장주의에 위배되는 중대한 것이니 그 체포에 의한 유치 중에 작성된 피의자신문조서는 위법하게 수집된 증거로서 특별한 사정이 없는 한 이를 유죄의 증거로 할 수 없다. 대법 2002.6.11., 2000도5701.; 서울중앙지법 2009.10.8., 2009노1841.

125) 다음에 해당하는 자는 현행범인으로 간주(看做)한다. ① 범인으로 호창(呼唱)되어 추적되고 있는 때, ② 장물이나 범죄에 사용되었다고 인정함에 충분한 흉기 기타의 물건을 소지하고 있는 때, ③ 신체 또는 의복류에 현저한 증적이 있는 때, ④ 누구임을 물음에 대하여 도망하려 하는 때(형사소송법 제211조 제2항).

126) 현행범체포는 구속과 구별해야 할 필요가 있다. 현행범체포가 범죄사실과 진범인임이 분명한 경우, 또는 그에 준하는

② 구속

㉠ 구속의 의의

구속(拘束)은 형사절차를 진행하기 위해 피의자(被疑者) 또는 피고인(被告人)의 신체자유를 제한하는 강제처분을 말한다. 이는 체포에 비하여 보다 장기간 계속된다. 피의자 구속은 수사절차에서 수사기관이 법관의 영장을 발부받아 하는 구속이고, 피고인 구속은 공소제기 후 법원이 피고인을 구속하는 경우이다. 아래에서는 피의자 구속을 중심으로 살펴보기로 한다.

㉡ 구속의 요건

먼저, 피의자가 죄를 범하였다고 의심할 만한 상당한 이유가 있어야 한다(형사소송법 제201조 제1항). 여기에서 '범죄혐의'는 수사개시의 단서가 될 수 있는 범죄혐의(제195조)만으로는 불충분하고 피의자가 유죄판결을 받을 '고도의 개연성'이 인정될 수 있는 정도의 범죄혐의 즉, '현저한 범죄혐의'를 말한다. 현저한 범죄혐의 존재는 검사가 제출한 수사자료(202조 제1항)를 토대로 법관이 자유심증(自由心證)으로 판단한다.

둘째, 구속사유가 존재해야 한다. 이는 ㉠ 피고인이 일정한 주거가 없는 때,[128] ㉡ 피고인이 증거를 인멸할 염려가 있는 때, ㉢ 피고인이 도망하거나 도망할 염려가 있는 때를 말한다(제70조 제1항).

셋째, 상당한 범죄혐의가 있고 도망이나 증거인멸의 위험이 있음에도 불구하고 법관은 영장을 발부할 때 구속의 목적과 구속이라는 수사 사이에 비례관계가 인정되어야 한다.

경우에 예외적으로 인정되는 신체구속의 장치로서 일반인에게도 체포권이 인정된다는 점을 감안해 보면 별도로 구속사유를 요구하여 현행범체포에 제한을 가할 필요는 없다고 본다. 따라서 현행범 체포사유라 한다면 현행범이 도망의 우려가 있거나 그의 신분이 즉각 확인될 수 없을 때 정도로 보면 족할 것이며, 따라서 구속사유인 증거인멸위험은 현행범 체포사유가 될 수 없다. 신동운(2006), 앞의 책, p. 158.; 배종대·이상돈·정승환(2009), 앞의 책, p. 129.

127) 경미한 범죄에 대해서는 인권보장의 추지에서 현행범체포가 제한된다. 즉, 다액 50만원 이하의 벌금, 구류 또는 과료에 해당하는 죄의 현행범인에 대하여는 범인의 주거가 분명하지 아니한 때에 한하여 체포할 수 있다(형사소송법 제214조).

128) 그런데 구속사유 가운데 일정한 주거가 없는 것은 도망위험을 판단하는 구체적 사실의 하나가 될 뿐이고, 독자적 구속사유가 되지 않는다고 보아야 한다. 즉, 도망과 증거인멸의 우려가 없음에도 불구하고 범죄혐의와 주거부정의 사유만으로 구속하는 것은 옳지 않다. 그러므로 제70조 제1항의 구속사유에서 주거부정은 삭제하는 것이 바람직하다. 다만, 주거부정이 다른 구속요건을 엄격하게 제한하는 것으로 사용되는 것은 무방하다. 예컨대, 제201조 제1항 단서는 다액 50만원 이하의 벌금, 구류 또는 과료에 해당하는 범죄에 관하여 피의자의 주거가 일정치 않은 경우에 한하여 구속할 수 있도록 규정하고 있다. 이는 경미한 범죄의 피의자에 대한 구속이 남용되는 것을 방지하기 위해 현저한 범죄혐의와 도망 또는 증거인멸의 염려가 있더라도 주거만 일정하면 구속할 수 없도록 하려는 취지로 이해할 수 있다. 신동운(2006), 앞의 책, p. 163.; 배종대·이상돈·정승환(2009), 앞의 책, p. 133.

㉢ 구속의 절차

피의자가 죄를 범하였다고 의심할 만한 상당한 이유가 있고 구속사유(제70조 제1항)가 있을 때에는 검사는 관할 지방법원판사에게 청구하여 구속영장을 받아 피의자를 구속할 수 있고, 사법경찰관은 검사에게 신청하여 검사의 청구로 관할 지방법원판사의 구속영장을 받아 피의자를 구속할 수 있다(제201조 제1항).

영장주의는 구속절차를 사법적으로 통제함으로써 인권보장을 꾀하기 위한 것이다. 구속영장청구는 서면으로 하며, 검사는 구속의 필요를 인정할 수 있는 자료를 제출하도록 하고 있다(제201조 제2항). 그리고 이러한 영장청구를 받은 지방법원판사는 신속히 구속영장의 발부를 결정하고, 상당하다고 인정할 때에는 구속영장을 발부하도록 하고 있다(제201조 제3항 및 제4항).

법원으로부터 발부받은 구속영장은 검사의 지휘로 사법경찰관리 등이 집행하도록 하고 있다. 사법경찰관리는 필요한 경우 관할구역 밖에서 구속영장을 집행하거나 또는 해당 관할구역의 사법경찰관리에게 집행을 촉탁할 수도 있다(제83조 및 제209조).

㉣ 구속의 기간

사법경찰관이 피의자를 구속한 때에는 10일 이내에 피의자를 검사에게 인치하지 않으면 석방하도록 하고 있다(형사소송법 제202조). 따라서 경찰에서 피의자를 구속할 수 있는 기간은 10일이다.

한편, 검사가 피의자를 구속하거나 또는 사법경찰관으로부터 피의자를 인치 받은 경우에는 10일 안에 공소(公訴)를 제기하지 않으면 석방하도록 하고 있다(제203조). 그리고 검사는 지방법원판사의 허가를 얻어 10일을 초과하지 않는 한도에서 1회에 한하여 구속기간을 연장할 수 있다(제205조 제1항). 따라서 검찰에서 피의자를 최대한 구속할 수 있는 기간은 20일이다. 그리고 경찰의 구속기간과 검찰의 구속기간을 합치면 최대 30일이 된다.

다만, 「국가보안법」(제3조~제10조)의 죄에 대해 사법경찰관이 검사에게 신청하여 검사의 청구가 있는 경우에 수사를 계속함에 상당한 이유가 있다고 인정한 때에는 지방법원판사는 사법경찰관에게 1회, 검사에게 2회에 한하여 구속기간의 연장을 허가할 수 있다(제19조).

따라서 국가보안법 사건은 구속기간이 사법경찰은 10일, 검사는 20일이 더 연장이 가능하므로 최대기간은 각각 20일(사법경찰관)과 30일(검사)이 된다. 경찰의 구속기간과 검찰의 구속기간을 합치면 최대 50일이 되는 셈이다. 그러나 주의할 것은 국가보안법 사건 가운데 제7조(찬양·고무 등) 및 제10조(불고지: 범죄행위를 한 자라는 점을 알면서 이를 수사기관에 알리지 않는 경우에 처벌되는 죄)의 죄에 관한 구속기간의 연장은 헌법에 위반된다는 점이다.[129)]

③ 압수와 수색

체포와 구속은 인신에 대한 강제처분 즉, 사람의 자유를 억압하는 대인적 강제처분이라면, 압수·수색·검증은 물건 등을 수집·보전하는 대물적 강제처분에 속한다. 이러한 압수·수색·검증은 법원과 수사기관에서 이루어지는데, 아래에서는 수사기관을 중심으로 살펴보기로 한다.

㉠ 압수·수색의 의의

압수(押收)는 증거방법으로 의미가 있는 물건이나 몰수가 예상되는 물건의 점유를 취득하는 강제처분이다. 여기에는 압류(押留), 영치(領置)가 있다.[130)] 한편, 수색(搜索)은 압수할 물건이나 피의자 또는 피고인을 발견하기 위한 목적으로 사람의 신체나 물건 또는 일정한 장소를 뒤져 찾는 강제처분을 말한다. 수색은 주로 압수와 함께 행해지고 실무상으로도 압수수색영장(押收搜索令狀)이라는 단일영장을 사용하고 있다.

㉡ 압수·수색의 절차

수사상의 압수·수색은 증거를 수집·보전하기 위한 강제처분(强制處分)이므로 원칙적으로 영장에 의해야 한다.[131)]

---

129) ① 형사소송법상의 구속기간(拘束期間)은 헌법상의 무죄추정의 원칙에서 파생되는 불구속 수사원칙에 대한 예외(例外)로서 설정된 기간으로 이 구속기간을 더 연장하는 것은 예외(例外)에 대하여 또 다시 특례(特例)를 설정하는 것이 된다. 따라서 그 예외의 범위를 확장하는 데에는 국가안전보장(國家安全保障)과 질서유지(秩序維持)라는 공익(公益)과 국민의 기본권보장(基本權保障)이라는 상충되는 긴장관계의 비례성 형량(比例性 衡量)에 있어서 더욱 엄격한 기준이 요구되며, 따라서 그 예외의 확장은 극히 최소한에 그쳐야 한다. ② 이와 관련하여 국가보안법 제7조(찬양·고무) 및 제10조(불고지)의 죄는 구성요건(構成要件)이 특별히 복잡한 것도 아니고 사건의 성질상 증거수집이 더욱 어려운 것도 아니다. 그럼에도 불구하고 국가보안법 제19조가 제7조 및 제10조의 범죄에 대하여서까지 형사소송법상의 수사기관에 의한 피의자 구속기간 30일보다 20일이나 많은 50일을 인정한 것은 국가형벌권(國家刑罰權)과 국민의 기본권(基本權)과의 상충관계 형량(上衝關係 衡量)을 잘못하여 불필요한 장기구속을 허용하는 것이다. ③ 결국 헌법 제37조 제2항의 기본권 제한입법(制限立法)의 원리인 과잉금지(過剩禁止)의 원칙을 현저하게 위배하여 피의자의 신체의 자유, 무죄추정의 원칙 및 신속한 재판을 받을 권리를 침해한 것이다. 헌재 1992.4.14., 90헌마82(위헌).

130) 압류는 강제력을 사용하여 유체물(有體物)의 점유를 점유자 또는 소유자의 의사에 반하여 수사기관 또는 법원에 이전하는 강제처분을 말한다. 영치는 소유자 등이 임으로 제출한 물건이나 유류(遺留)한 물건을 계속하여 점유하는 것이다. 이 밖에도 제출명령이 있는데, 일정한 물건의 제출을 명하는 강제처분이다. 다만, 수사기관의 강제처분에는 제출명령은 포함되지 않는다.

131) 다만 예외가 존재한다. 즉, 수사상 압수·수색은 사전영장에 의한 압수·수색(형사소송법 제215조) 외에도 ①긴급성 등으로 인한 사후영장에 의한 압수·수색(제216조 제3항), 그리고 ②인신구속에 부수하여 영장 없이 행할 수 있는 압수·수색(제216조 제1항 제2호, 제217조 제1항)이 있다. 이에 대한 내용(검증의 예외 포함)은 배종대·이상돈·정승환(2009), 앞의 책, pp. 187-193 참조.

즉, 검사는 범죄수사에 필요한 때에는 '피의자가 죄를 범하였다고 의심할 만한 정황이 있고,' '해당 사건과 관계가 있다고 인정할 수 있는 것'에 한정하여 지방법원판사에게 청구하여 발부받은 영장에 의하여 압수·수색을 할 수 있도록 하고 있다(형사소송법 제215조 제1항). 사법경찰관의 경우에는 검사에게 신청하여 검사의 청구로 지방법원판사가 발부한 영장에 의하여 압수, 수색을 할 수 있다(제2항).

④ 검증

검증(檢證)은 사람, 물건, 장소의 성질·형상을 신체오관(身體五官, 시각·청각·후각·촉각·미각)의 작용으로 인식하는 강제처분을 말한다. 법원의 검증은 증거조사나 증거보전의 방법으로 행해지고 영장을 필요로 하지 않는다. 그러나 수사상의 검증은 증거를 수집·보전하기 위한 강제처분이므로 원칙적으로 영장에 의해야 한다.[132)]

즉, 검사는 범죄수사에 필요한 때에는 '피의자가 죄를 범하였다고 의심할 만한 정황이 있고,' '해당 사건과 관계가 있다고 인정할 수 있는 것'에 한정하여 지방법원판사에게 청구하여 발부받은 영장에 의하여 검증 할 수 있다(제215조 제1항). 사법경찰관의 경우에는 검사에게 신청하여 검사의 청구로 지방법원판사가 발부한 영장에 의하여 검증할 수 있다(제2항).

이러한 검증의 목적물에는 아무런 제한이 없다. 신체오관의 작용에 의하여 인식가능하면 유체물, 무체물을 가리지 않는다. 즉, 인체(X선 촬영, 신체 내에 삼키거나 숨긴 물건, 강제채혈 등[133)])와 사체(死體, 변사자 검시·분묘 발굴 등), 장소 등 어떤 것이라도 상관없다.

(3) 임의수사와 강제수사의 한계영역

주지하는 바와 같이 강제수사는 임의수사에 비하여 엄격한 법적 규제가 가해지고 있다. 따라서 형사소송법에 따른 요건과 절차를 준수하지 않는다면 그 강제처분은 위법한 것이 된다. 수사기관의 위법행위에 대한 통제로는 형법상의 처벌을 위시하여 국가공무원법 및 경찰공무원법상의 징계, 국가배상법상의 국가배상 등을 생각할 수 있다.

---

132) 수사상 검증에도 압수·수색에서 설명한 바와 마찬가지로 사전영장에 의한 검증(제215조) 외에도 사후영장에 의한 검증(제216조 제3항), 그리고 영장 없이 행할 수 있는 검증(제216조 제1항 제2호, 제217조 제1항)이 있다.

133) 수사기관이 법원으로부터 영장 또는 감정처분허가장을 발부받지 아니한 채 피의자의 동의 없이 피의자의 신체로부터 혈액을 채취하고 사후에도 지체 없이 영장을 발부받지 아니한 채 혈액 중 알코올농도에 관한 감정을 의뢰하였다면, 이러한 과정을 거쳐 얻은 감정의뢰회보 등은 형사소송법상 영장주의 원칙을 위반하여 수집하거나 그에 기초하여 획득한 증거로서, 원칙적으로 절차위반행위가 적법절차의 실질적인 내용을 침해하여 피고인이나 변호인의 동의가 있더라도 유죄의 증거로 사용할 수 없다. 대법 2012.11.15., 2011도15258.

그렇지만 어떠한 사건에 대한 형사절차와 관련하여 무엇보다도 중요한 장치는 위법수사(違法搜査)로 인하여 수집된 증거의 능력을 배제하는 것이라고 볼 수 있다(형사소송법 제308조의2 단서).

즉, 위법수집증거 배제법칙(違法蒐集證據 排除法則)에 따라 적법절차에 따르지 아니한 위법행위를 기초하여 증거가 수집된 경우에는 해당 증거뿐만 아니라 그것을 기초로 하여 획득한 2차적 증거에 대해서도 증거능력은 부정되어야 한다.

이와 관련하여 종래의 판례에서는 위법한 수사에 의하여 획득한 증거물의 증거능력을 부정하고 있지 않았으나,[134] 최근에는 이를 부정하고 있다는 점에 주목할 필요가 있다.[135]

한편, 수사방법 가운데는 임의수사와 강제수사의 어느 영역에 속하는가에 대하여 논란이 빚어지고 있는 것들이 있다. 이 가운데 특히 현저한 것은 상대방의 동의(同意)를 구실로 한 수사기관의 피의자 연행방법인 임의동행과 그 밖에 전기통신의 감청, 사진촬영, 거짓말탐지기조사 등이 있다.

임의동행의 문제가 기존의 수사관행에 대한 법적 통제의 확립을 위한 논의라면, 감청과 사진촬영 등은 새로운 과학적 수사기법의 발달에 따른 법적 대처방안을 모색하는 논의라고 할 수 있다. 이 밖에도 거짓말탐지기의 사용, 보호실유치, 음주운전측정, 계좌추적 등도 문제시된다.[136]

① 임의동행

임의동행(任意同行)은 수사기관이 피의자의 동의를 얻어 피의자를 수사기관까지 동행하는 것을 말한다. 임의동행에는 형사소송법(제199조 제1항)과 경찰관직무집행법(제3조 제2항)에 의한 두 가지가 있다. 형사소송법상의 임의동행이 긴급체포 또는 구속으로 발

---

134) 신동운(2006), 앞의 책, p. 111.

135) 헌법 및 형사소송법의 관련근거를 종합하면, 적법한 절차에 따르지 아니한 위법행위를 기초로 하여 증거가 수집된 경우에는 당해 증거뿐만 아니라 그것을 토대로 하여 획득한 2차적 증거에 대해서도 증거능력은 부정되어야 한다. 다만 위와 같은 위법수집증거 배제의 원칙은 수사과정의 위법행위를 억지함으로써 국민의 기본적 인권을 보장하기 위한 것이므로 적법절차에 위배되는 행위의 영향이 차단되거나 소멸되었다고 볼 수 있는 상태에서 수집한 증거는 그 증거능력을 인정하더라도 적법절차의 실질적 내용에 대한 침해가 일어나지는 않는다 할 것이니 그 증거능력을 부정할 이유는 없다. 따라서 증거수집 과정에서 이루어진 적법절차 위반행위의 내용과 경위 및 그 관련 사정을 종합하여 볼 때 당초의 적법절차 위반행위와 증거수집 행위의 중간에 그 행위의 위법 요소가 제거 또는 배제되었다고 볼 만한 다른 사정이 개입됨으로써 인과관계가 단절된 것으로 평가할 수 있는 예외적인 경우에는 이를 유죄 인정의 증거로 사용할 수 있다. 대법 2013.3.14., 2010도2094.

136) 예컨대, 감사원, 공정거래위원회, 금융감독원, 국세청 등은 관련법규에 근거하여 법관의 영장 없이 관할업무의 수행을 위하여 필요한 경우에 계좌추적을 할 수 있다. 이상과 같은 문제에 대한 자세한 논의는 신동운(2006), 앞의 책, pp. 111-124.; 배종대·이상돈·정승환(2009), 앞의 책, pp. 195-103 참조.

전하거나 경찰관직무집행법상의 임의동행이 수사로 이어질 때 그 법적 성질을 둘러싸고 견해 대립이 있으나, 당사자의 의사에 반하는 기본권 제한이 있는 순간부터 강제수사가 개시된다고 볼 수 있다.

임의동행이 말 그대로 '임의에 의한 동행'이 되기 위해서는 피의자가 동행요구를 거절할 수 있어야 한다. 그리고 동행한 경우에도 언제든지 퇴거할 수 있는 자유가 보장되어야 한다. 그렇지 않은 임의동행은 강제수사가 되고, 영장주의에 위반한 인신구속으로 위법하게 된다. 따라서 이에 위반하는 임의동행행위는 불법체포·감금죄(不法逮捕·監禁罪)에 해당된다.[137] 따라서 법원은 임의동행이 강제연행이 아니었는가를 살피고, 강제연행으로 이루어진 피의자나 용의자의 진술은 그 증거능력을 배제해야 한다.[138]

② 전기통신의 감청

감청(監聽)은 수사기관이 다른 사람의 대화를 본인 몰래 청취하는 것을 말한다. 전화감청이 가장 일반적이고, 그 밖의 전자 장비를 이용한 전자감청도 있다. 감청의 법적 성질에 관해서 임의수사설과 강제수사설이 있지만, 「통신비밀보호법」의 제정(1994)으로 강제수사가 되었다고 볼 수 있다.

따라서 수사기관이 대화의 당사자가 되는 경우에는 반드시 영장에 의하여 감청을 청구해야 할 것이다. 판례는 통신당사자의 일방이 대화를 비밀 녹음하는 것은 처벌되지 않으나 통신당사자 일방의 동의를 얻어 제3자가 비밀 녹음하는 행위는 형사처벌의 대상이 된다는 입장을 취하고 있다.[139]

③ 사진촬영

피촬영자의 의사에 반하는 사진촬영은 초상권(肖像權)을 침해한다는 점에서 강제수사에 속한다고 볼 수 있다. 수사를 목적으로 하는 사진촬영은 상대방이 촬영을 승낙하지 않는 것이 보통일 것이며, 따라서 상대방의 의사에 반하는 사진촬영이 강제수사에 해당한다면 영장 없이 촬영한 사진은 위법수집증거 배제법칙에 의하여 증거능력이 상실된 것이다.

137) 재판, 검찰, 경찰 기타 인신구속에 관한 직무를 행하는 자 또는 이를 보조하는 자가 그 직권을 남용하여 사람을 체포 또는 감금한 때에는 7년 이하의 징역과 10년 이하의 자격정지에 처한다. 이의 미수범은 처벌한다(형법 제124조).

138) 수사관이 동행에 앞서 피의자에게 동행을 거부할 수 있음을 알려주었거나 동행한 피의자가 언제든지 자유로이 동행과정에서 이탈 또는 동행 장소로부터 퇴거할 수 있었음이 인정되는 등 오로지 피의자의 자발적인 의사에 의하여 수사관서 등에의 동행이 이루어졌음이 객관적인 사정에 의하여 명백하게 입증된 경우에 한하여 임의동행은 임의수사로서 그 적법성이 인정된다. 대법 2006.7.8., 2005도6810.

139) 신동운(2006), 앞의 책, p. 122.

사진촬영의 임의수사성 문제는 주로 범행현장에 있는 범인의 사진촬영, 특히 집회시위 참가자에 대한 사진촬영의 적법성과 관련된다. 또한 최근에는 무인속도측정기나 CCTV에 의한 사진촬영도 논란이 되고 있다. 그리고 드론(Drone:조종사가 탑승하지 않고 무선전파 유도에 의해 비행과 조종이 가능한 비행기나 헬리콥터 모양의 무인기)에 의한 촬영도 논란의 여지가 없지 않다고 본다.

한편, 사진촬영이 사적 공간이 아닌 공공장소에서 이루어질 경우에는 임의수사라고 보기도 한다. 공개된 장소에 임하는 순간 사람은 누구나 자신의 용모가 타인에게 공개될 것을 예상하고 있다고 생각할 수 있으며, 또 사진촬영에는 피촬영자에게 물리적 강제력이 행사되거나 법적 의무가 부과되는 것도 아니기 때문이다. 그러나 강제수사의 여부를 기본권 침해(즉, 초상권 침해)를 기준으로 판단한다면, 원칙적으로 강제수사라고 볼 수도 있을 것이다. 생각건대, 이 문제는 '수사비례성의 원칙' 차원에서 검토되어야 한다고 본다.

④ 음주운전 측정

누구든지 술에 취한 상태에서 자동차 등을 운전해서는 안 된다. 운전이 금지되는 술에 취한 상태의 기준은 운전자의 혈중알코올농도가 0.05퍼센트 이상인 경우로 하고 있다(도로교통법 제44조 제1항 및 제4항).

그리고 경찰공무원은 교통의 안전과 위험방지를 위하여 필요하다고 인정하거나 술에 취한 상태에서 자동차등을 운전하였다고 인정할 만한 상당한 이유가 있는 경우에는 운전자가 술에 취하였는지를 호흡조사로 측정할 수 있다. 이 경우 운전자는 경찰공무원의 측정에 응하여야 한다(제44조 제2항). 그리고 이에 따른 측정 결과에 불복하는 운전자에 대하여는 그 운전자의 동의(同意)를 받아 혈액채취 등의 방법으로 다시 측정할 수 있다(제3항).[140)]

이상과 같은 경찰조치를 거부할 경우에는 음주측정 거부죄가 성립한다. 즉 음주운전을 한 운전자 및 경찰의 음주측정을 거부한 운전자는 형사처벌의 대상이 된다.[141)] 이러한

140) 위법한 강제연행 상태에서 호흡측정 방법에 의한 음주측정을 한 다음 강제연행 상태로부터 시간적·장소적으로 단절되었다고 볼 수도 없고 피의자의 심적 상태 또한 강제연행 상태로부터 완전히 벗어났다고 볼 수 없는 상황에서 피의자가 호흡측정 결과에 대한 탄핵을 하기 위하여 스스로 혈액채취 방법에 의한 측정을 할 것을 요구하여 혈액채취가 이루어졌다고 하더라도 그 사이에 위법한 체포 상태에 의한 영향이 완전하게 배제되고 피의자의 의사결정의 자유가 확실하게 보장되었다고 볼 만한 다른 사정이 개입되지 않은 이상 불법체포와 증거수집 사이의 인과관계가 단절된 것으로 볼 수는 없다. 따라서 그러한 혈액채취에 의한 측정 결과 역시 유죄 인정의 증거로 쓸 수 없다고 보아야 한다. 그리고 이는 수사기관이 위법한 체포 상태를 이용하여 증거를 수집하는 등의 행위를 효과적으로 억지하기 위한 것이므로, 피고인이나 변호인이 이를 증거로 함에 동의하였다고 하여도 달리 볼 것은 아니다. 대법 2013.3.14., 2010도2094.

점에서 음주운전의 혐의가 인정된 자에 대한 경찰의 단속행위는 사법경찰작용이 된다고 볼 수 있다. 그러므로 호흡식 음주측정요구는 강제수사(强制搜査)로 볼 여지가 있다.

그런데 운전자가 음주운전을 하지 않고, 자발적으로 협력하지 않는 한 경찰관은 이를 강제할 권한은 없다. 바꿔 말하면, 음주운전의 혐의가 구체적이지 않은 한, 호흡식 음주측정요구는 임의수사(任意搜査)라고 볼 수 있다. 즉, 음주측정 요구 당시 적어도 혈중알코올농도 0.05% 이상의 상태에 있다고 인정할 만한 상당한 이유가 없는 경우(즉, 음주운전의 혐의가 없는 경우)에는 음주측정을 거부하더라도 죄가 되지 않는다고 본다.

경찰의 음주단속은 기본적으로 교통안전과 위험방지를 위한 예방적인 행정경찰작용이기 때문에, 임의수사로서 호흡식 음주측정의 요구도 그것이 교통안전과 위험방지에 필요한 경우에만 허용된다고 본다. 아울러 도로를 차단하고 불특정 다수인을 상대로 실시하는 일제단속식 음주단속은 비례원칙에도 위배된다.[142] 또한 음주측정결과를 유죄의 증거로 삼으려면, 측정결과의 정확성과 객관성이 담보될 수 있는 공정한 방법과 절차에 따라 이루어져야 한다고 본다.[143]

141) ① 다음의 어느 하나에 해당하는 사람은 1년 이상 3년 이하의 징역이나 500만원 이상 1천만원 이하의 벌금에 처한다. ㉠ 술에 취한 상태에서 자동차 등의 운전 금지의무를 2회 이상 위반한 사람으로서, 다시 이를 위반하여 술에 취한 상태에서 자동차등을 운전한 사람. ㉡ 술에 취한 상태에 있다고 인정할 만한 상당한 이유가 있는 사람으로서 따른 경찰공무원의 측정에 응하지 아니한 사람. ② 술에 취한 상태에서 자동차 등의 운전 금지 의무 사항을 위반하여 술에 취한 상태에서 자동차등을 운전한 사람은 다음의 구분에 따라 처벌한다. ㉠ 혈중알코올농도가 0.2퍼센트 이상인 사람은 1년 이상 3년 이하의 징역이나 500만원 이상 1천만원 이하의 벌금, ㉡ 혈중알코올농도가 0.1퍼센트 이상 0.2퍼센트 미만인 사람은 6개월 이상 1년 이하의 징역이나 300만원 이상 500만원 이하의 벌금, ㉢ 혈중알코올농도가 0.05퍼센트 이상 0.1퍼센트 미만인 사람은 6개월 이하의 징역이나 300만원 이하의 벌금(도로교통법 제148조의2 제1항 및 제2항).

142) 그러나 헌법재판소는 일제단속식 음주단속 자체는 2006년 개정되기 이전의 구(舊)도로교통법 제41조 제2항 전단에 근거를 둔 적법하고, 합헌적인 경찰활동으로 보았다. 다만, 음주운전이 빈번할 것으로 예상되는 장소와 시간 선택, 시민의 불편이 극심한 단속의 자제, 전방지점에서의 사전예고와 단시간 내의 실시 등을 내용으로 하는 과잉금지원칙의 준수 등을 요구하고 있다. 헌재 2004.1.29., 2002헌마 293.

143) 예컨대, 음주측정 기계나 운전자의 구강 내에 남아 있는 잔류 알코올로 인하여 잘못된 결과가 나오지 않도록 미리 필요한 조치를 취하거나 음주측정용 불대의 적절한 교체 등을 들 수 있다. 대법 2006.5.26., 2005도7528.

2. 즉결심판청구 권한

1) 즉결심판의 의의

즉결심판(卽決審判)이란 20만원 이하의 벌금, 구류 또는 과료에 처할 수 있는 '경미한 범죄'에 대하여 지방법원, 지원 또는 시·군법원의 판사가 공판절차에 의하지 아니하고 「즉결심판에 관한 절차법」에 의해 신속하게 처리하는 심판절차를 말한다(즉결심판에 관한 절차법 제2조 단서).

여기에서 말하는 경미한 범죄란 주로 경범죄처벌법상의 위반행위(예, 무임승차·허위신고 등)를 대상으로 하지만, 형법(폭행·단순도박 등) 및 행정형법상의 위반행위(예, 도로교통법상의 자동차 주정차위반금지 위반이나 향토예비군설치법상의 예비군훈련 불참자 등)도 그 대상이 될 수 있다.

이러한 즉결심판절차를 둔 이유는 약식절차(略式節次)만으로는 폭증하는 경미한 사건에 신속하고 적절한 대응을 할 수 없기 때문이다.[144] 즉결심판절차가 약식절차보다 더욱 사건을 신속하게 처리해도 적법절차의 이념을 깨뜨리지 않는 것은 처리대상인 사건이 주로 범죄입증 명백한 경우라는 점에 있다. 즉결심판절차의 신속한 처리는 피고인을 시간적·정신적 부담으로부터 빨리 해방시켜 줄 수 있는 장점이 있다.

지난 16년간(2000년~2015년) 청구 및 처리현황을 보면, 이의 규모는 결코 적지 않음을 알 수 있다.[145] 그리고 경찰의 관행 변화 및 경찰과 검찰 등 정치적 역학관계에 따라 이의 청구 및 처리 규모가 점차 감소하고 있음을 알 수 있다. 즉, 최근 검찰에서는 즉결심판제도 자체를 없애기 위해 노력하고 있으며, 검사의 유치장 감찰시 즉결대상자의 선정에 불필요하게 문제를 제기하고 있는 여건을 감안할 때 이의 신중한 운용이 필요하다고 본다. 이를 위해서 각 경찰서마다 통일된 기준을 마련하는 것도 의미 있는 일이다.

---

144) 경미한 사건의 신속한 처리를 위한 간이절차로 약식절차(略式節次)가 있다. ① 즉결심판절차는 다음 세 가지 관점에서 약식절차와 유사하다. ㉠ 경미사건을 신속하게 처리하기 위하여 확정판결과 동일한 효력이 부여된다. ㉡ 간이절차 즉, 약식재판에 의하는 것이 적당하지 않고 정식재판에 의하는 것이 타당하다고 인정되는 경우에는 법관이 사건을 정식재판에 회부할 수 있다. ㉢ 정식재판의 청구권이 보장된다. ② 그러나 즉결심판절차는 다음 세 가지 점에서 약식절차와 차이가 있다. ㉠ 약식절차는 검사의 청구가 있을 것을 요건으로 하는 데 반해 즉결심판절차의 청구권자는 경찰서장이다. ㉡ 약식절차는 서면심리(書面審理)의 형태를 취하지만 즉결심판절차는 판사가 공개된 법정에서 피고인을 직접 신문하는 차이가 있다. ㉢ 약식명령으로 구류에 처할 수는 없으나 즉결심판철차에 의해서는 가능하다(약식명령은 벌금, 과료, 몰수의 선고만 가능하다). 배종대·이상돈·정승환(2009), 앞의 책, p. 864.

145) 경찰청(2016), 경찰통계연보, pp. 62-63.

〈즉결심판 청구 및 처리현황〉 (단위: 명, 건, 천원)

구 분			2000년	2005년	2010년	2015년
대상자	계		1,139,224	27,030	59,139	552,414
	훈 방		450,282	427	12	14
	즉심청구	소 계	688,942	26,603	59,127	52,400
		경 범	74,007	10,793	37,729	27,210
		특별법범	597,699	10,143	8,692	10,188
		형법범	17,236	5,667	12,706	15,002
심판결과	청구기각		521	301	677	1,140
	무 죄		1,287	402	391	528
	선고유예 형 면 제		3,226	1,880	3,724	4,228
	구 류		7,467	836	446	51
심판결과	벌금	건 수	223,606	20,969	50,483	45,179
		금 액	16,651,072	1,856,658	3,769,141	3,917,960
	과료	건 수	452,835	2,215	3,101	995
		금 액	15,585,408	60,787	96,156	34,457
정식재판청구			125	40	114	80

* 2007년부터 훈방 대신 지도장의 활성화로 훈계방면 감소.

2) 즉결심판의 법적 성격

그런데, 즉결심판에 관한 절차법에 따른 경찰서장의 즉결심판청구 권한의 행사를 기소편의주의의 준용으로 보는 견해도 있으나, 즉결심판절차는 형사소송법상의 공판절차가 아니라 공판 전 절차이므로 그 성질상 기소편의주의의 준용으로 보는 것은 한계가 있다고 보기도 한다.

다만, 즉결심판절차는 비록 제한된 범위이기는 하지만 공개된 법정에서 구두주의(口頭主義)와 직접주의(直接主義)를 원칙으로 하여 심리가 이루어지는 점에서 약식절차보다는 공판절차에 가까운 제도이다. 그리고 즉결심판절차도 역시 형법상의 형벌을 과하는 절차이며, 따라서 즉결심판이 확정된 때에는 확정판결과 동일한 효력이 부여된다(즉결심판에 관한 절차법 제16조). 이러한 점에서 즉결심판에 관한 절차법은 특별형사소송법(特別刑事訴訟法)이라고 할 수 있다.[146]

3) 즉결심판청구의 절차

(1) 즉결심판청구의 주체

관할경찰서장은 관할법원에 즉결심판을 청구할 수 있다(즉결심판에 관한 절차법 제3조). 청구권자인 경찰서장의 즉결심판청구는 보통의 공판절차에서 검사의 공소제기에 해당되는 소송행위이다. 따라서 이는 검사의 기소독점주의(起訴獨占主義)에 대한 하나의 예외라고 볼 수 있다.

(2) 즉결심판청구 및 심사 방법

즉결심판청구는 관할경찰서장이 즉결심판청구서를 제출함으로써 이루어진다. 즉결심판청구서에는 피고인의 성명 기타 피고인을 특정할 수 있는 사항, 죄명, 범죄사실과 적용법조를 기재하여야 한다(제3조 제2항).

이러한 청구서의 기재사항은 형사소송법상의 공소장의 필요적 기재사항과 동일하다. 약식절차에서는 선고할 형을 검사가 미리 기재해야 하나 즉결심판에서는 신고할 형량을 기재하지 않는다. 한편, 경찰서장은 즉결심판청구와 동시에 즉결심판을 함에 필요한 서류 또는 판사에게 제출해야 한다(제4조).

즉결심판사건의 관할법원은 지방법원, 지원 또는 시·군법원이다(제2조). 다만, 관할에 대한 특례가 적용되어 지방법원 또는 그 지원의 판사는 소속지방법원장의 명령을 받아 소속법원의 관할사무와 관계없이 즉결심판청구사건을 심판할 수 있다(제3조의2).

4) 즉결심판청구사건의 심리와 선고·효력·집행

(1) 즉결심판청구사건의 심리

즉결심판청구가 있는 경우에는 판사는 사건이 즉결심판을 할 수 없거나, 즉결심판절차에 의하여 심판함이 적당하지 아니하다고 인정할 때에는 결정으로 즉결심판의 청구를 기각(棄却)하여야 한다(즉결심판에 관한 절차법 제5조 제1항).

예컨대, 청구된 사건에 대하여 벌금, 구류, 과료 이외의 형을 선고하는 것이 적당하다고 인정되는 경우나, 사건이 성질이나 양형의 특수성을 고려하여 보통의 공판절차에서 신중하게 심판하는 것이 타당하다고 인정되는 경우 등을 들 수 있다.

경찰서장은 위와 같은 이유로 즉결심판청구가 기각결정 된 경우에는 지체 없이 사건을

146) 배종대·이상돈·정승환(2009), 앞의 책, p. 865.

관할지방검찰청 또는 지청의 장에게 송치하도록 하고 있다(제5조 제2항). 판사가 기각결정하여 경찰서장이 검사에게 송치한 사건에 대해 반드시 검사는 공소를 제기해야 한다는 견해와 불기소처분(不起訴處分)을 할 수 있다는 견해가 제기된다. 이와 관련하여 검사에게 재량이 있다고 볼 수 있다. 그 이유는 경찰서장의 즉결심판청구의 남용을 방지하고, 즉결심판청구에 대한 법관의 기각결정으로 인하여 청구된 사건은 즉결심판 청구 이전의 상태로 환원된다고 볼 수 있기 때문이다.[147]

(2) 즉결심판청구사건의 선고·효력·집행

① 형의 선고

즉결심판절차에서 판사가 과할 수 있는 형의 종류는 20만원 이하의 벌금, 구류 또는 과료이다(즉결심판에 관한 절차법 제2조). 또 유죄의 선고뿐만 아니라 무죄·면소(免訴)[148] 또는 공소기각의 선고를 할 수 있다(제11조 제5항). 이는 벌금, 과료 또는 몰수 선고만 가능한 약식절차와 구별되는 점이다.

② 형의 효력

한편, 즉결심판은 정식재판의 청구기간의 경과, 정식재판청구권의 포기 또는 그 청구의 취하에 의하여 확정판결과 동일한 효력이 생긴다. 정식재판청구를 기각하는 재판이 확정된 때에도 같다(제16조).

③ 형의 집행

㉠ 즉결심판에 의한 형의 집행은 경찰서장(警察署長)이 하고 그 집행결과를 지체 없이 검사에게 보고하여야 한다. ㉡ 구류는 경찰서유치장·구치소 또는 교도소에서 집행하며, 구치소 또는 교도소에서 집행할 때에는 검사가 이를 지휘하도록 하고 있다. 그리고 ㉢ 벌금, 과료, 몰수는 그 집행을 종료하면 지체 없이 검사에게 이를 인계하여야 한다. 다만, 즉결심판 확정 후 상당기간 내에 집행할 수 없을 때에는 검사에게 통지하여야 한다. 통지를 받은 검사는 형사소송법(제477조)에 의하여 집행할 수 있다. ㉣ 형의 집행정지는 사전에 검사의 허가를 얻어야 한다(제18조 제1항~제4항).

---

147) 위의 책, p. 867.

148) 면소의 판결: 다음 경우에는 판결로써 면소의 선고를 하여야 한다. ① 확정판결이 있은 때, ② 사면이 있은 때, ③ 공소의 시효가 완성되었을 때, ④ 범죄 후의 법령개폐로 형이 폐지되었을 때(형사소송법 제326조 각호)

5) 정식재판의 청구

(1) 정식재판의 청구절차

① 정식재판의 청구방법

㉠ 피고인 등의 정식재판의 청구

정식재판을 청구하고자 하는 피고인(법정 대리인 등 포함)은 즉결심판의 선고·고지를 받은 날부터 7일 이내에 정식재판청구서를 경찰서장에게 제출하여야 한다. 정식재판청구서를 받은 경찰서장은 지체 없이 판사에게 이를 송부하여야 한다(제14조 제1항).

㉡ 경찰서장의 정식재판의 청구

경찰서장은 「즉결심판에 관한 절차법」 제11조 제5항의 경우에는 그 선고·고지(즉, 무죄·면소 또는 공소기각)를 한 날부터 7일 이내에 정식재판을 청구할 수 있다. 이 경우 경찰서장은 관할지방검찰청 또는 지청의 검사의 승인을 얻어 정식재판청구서를 판사에게 제출하여야 한다(제14조 제2항). 여기에서 검사에게는 정식재판청구권이 없다.

이처럼 경찰서장에게 통상적인 공판절차에서 법원에 심판을 청구할 수 있는 자격을 인정하는 것은 검사의 기소독점주의에 대한 예외를 인정한 것이라 할 수 있다.

② 정식재판의 청구 후의 절차

판사는 정식재판청구서를 받은 날부터 7일 이내에 경찰서장에게 정식재판청구서를 첨부한 사건기록과 증거물을 송부하고, 경찰서장은 지체 없이 관할지방검찰청 또는 지청의 장에게 이를 송부하여야 하며, 그 검찰청 또는 지청의 장은 지체 없이 관할법원에 이를 송부하여야 한다(제14조 제3항). 한편, 정식재판청구의 포기나 취하 그리고 기각결정에 대해서는 상소에 관한 규정과 약식절차에 관한 규정의 일부가 준용된다(제14조 제4항).

(2) 정식재판의 청구에 대한 심판

정식재판청구가 적법한 때에는 공판절차에 의해 심판하여야 한다. 그리고 즉결심판과 정식재판 사이에도 형사소송법상의 불이익변경금지(不利益變更禁止)원칙이 준용된다고 본다.[149] 따라서 피고인이 정식재판을 청구한 사건에 대해서는 즉결심판의 형보다 중한 형을 선고하지 못한다.[150] 그리고 정식재판청구에 의한 판결이 있는 경우 즉결심판은 효

---

149) 불이익변경의 금지: 피고인이 정식재판을 청구한 사건에 대하여는 약식명령의 형보다 중한 형을 선고하지 못한다(형사소송법 제457조의2).

150) 대법 1999.1.15., 98도2550.

력을 상실한다(즉결심판에 관한 절차법 제15조).

3. 훈방 권한

1) 훈방 권한의 의의

경찰의 일정한 법규위반자에 대해 훈계방면(訓戒放免, release with warning) 즉 훈방(訓放)조치를 할 수 있다. 경찰의 훈방 권한은 어떠한 법규위반(행정법규, 형벌법규) 행위에 대해서 처벌하기보다는 주변상황을 고려하여 당사자에게 일종의 계도(啓導) 또는 지도(指導) 차원에서 이루어지는 경찰권한의 행사라고 볼 수 있다. 이는 어떤 면에서는 재판권한의 일종으로도 볼 수 있을 것이다. 물론, 이러한 경찰의 훈방 권한은 ㉠ 위반자의 범죄사실이 경미하고, ㉡ 개전의 정이 현저하며, ㉢ 피해자가 없다는 조건이 충족되어야 한다.

이러한 조건이 충족될 경우에 그 대상은 주로 ㉠ 60세 이상 고령자이거나 미성년자, ㉡정신박약자나 보행불구자 또는 질병자, ㉢ 주거 및 신원이 확실한 사람, ㉣ 임산부·유아동반자, ㉤ 공무방해나 상습범이 아닌 사람, 고의성이 없는 초범자, ㉥ 기타 경찰서장, 지구대장, 파출소장이 특히 훈방사유가 된다고 인정하는 사람이 해당된다.[151] 이러한 훈방 권한은 일선 외근경찰 역시 일정 부분 행사할 수 있다고 본다. 그러나 문제는 경찰의 이러한 훈방 권한에 대한 특별한 법적 근거가 마련되어 있지 않다는 점이다.

2) 훈방 권한의 근거와 한계

(1) 즉결심판에 관한 절차법

현행법상 경찰의 훈방 권한은 근거와 관련하여 즉결심판에 관한 절차법을 들 수 있다. 즉결심판은 '20만원 이하의 벌금, 구류 및 과료'에 처할 수 있는 경미한 범죄를 대상으로 하는 것이다(제2조).

㉠ 기소편의주의에 의한 훈방 권한 행사

즉결심판에 관한 절차법에 따라 경찰서장은 즉결심판청구 권한을 가지고 있는데(제3조), 형사소송법의 규정준용에 따라 기소편의주의(起訴便宜主義)가 적용된다고 본다.[152]

151) 조철옥(2012), 경찰학개론, 서울: 대영문화사, p. 485.

152) 즉결심판절차에 있어서 이 법에 특별한 규정이 없는 한 그 성질에 반하지 아니한 것은 형사소송법의 규정을 준용한다(즉결심판에 관한 절차법 제19조). 한편, 형사소송법 제247조(기소편의주의)에서 검사는 「형법」 제51조(양형의 조건)의

따라서 경찰서장은 사안을 면밀히 검토 한 후 사안에 따른 사정과 형편을 고려하여 훈방 권한을 행사 할 수 있다고 본다. 즉, 이 법에서 규정하고 있는 20만원 이하의 벌금, 구류, 과료의 형에 해당되는지의 여부를 고려하여 사안이 경미한 경우에는 훈방 권한을 행사할 수 있다고 본다.[153]

㉡ 기소법정주의에 의한 훈방 권한 무존재

한편, 경범죄처벌법(제3조 제1항 및 제2항)과 도로교통법(제156조 및 제157조) 위반하여 범칙행위로 간주된 경우에는 경찰서장은 통고처분(通告處分)을 통해 범칙금을 납부하도록 하고 있다. 그런데, 이러한 통고처분 불이행자(통고처분 받기를 거부하거나 주거 또는 신원이 확실하지 아니한 사람, 납부기간에 범칙금을 납부하지 않은 사람 등)에 대해서는 경찰서장은 '지체 없이' 즉결심판을 '청구하여야 한다'고 하고 있다(경범죄처벌법 제9조 제1항, 도로교통법 제165조).

이러한 통고처분 불이행자에 대한 처벌은 즉결심판에 관한 절차법에서 즉, '20만원 이하의 벌금, 구류, 과료의 형'의 범위 내에서 이루어진다. 그런데, 통고처분 불이행자 등에 대한 경찰서장의 즉결심판청구권한의 행사는 기소편의주의에 의한 재량권을 인정하고 있지 않고 있다.

즉, 이 경우에는 기소법정주의(起訴法定主義)가 적용되며, 이는 위에서 언급한 '특별한 규정이 없는 한 그 성질에 반하지 아니한 것'에 해당하지 않은 특별한 경우인 것이다. 바꿔 말하면, 이 경우에는 형사소송법을 준용할 수 없다는 의미이다.

(2) 실무상의 문제

실무상에서 경찰의 훈방 권한 행사는 경우에 따라서는 보다 광범위하게 이루어질 수도 있다고 본다. 예컨대, ㉠ 경범죄처벌법 제3조상의 수많은 위반행위(빈집위반행위, 흉기의 은닉휴대, 폭행 등 예비, 물품강매·호객행위, 광고물 무단부착, 노상방뇨, 의식방해, 구걸행위, 음주소란 등), 그리고 ㉡ 도로교통법 제156조 및 제157조상의 수많은 위반행위(운전자 및 보행자 준수사항 위반 등), ㉢ 그리고 형법 및 특별형법상의 경미한 위반행위(도박 등)에 대해서 일선경찰은 훈방 권한을 행사 할 수 있다고 본다.[154]

사항을 참작하여 공소를 제기하지 아니할 수 있다고 규정하고 있다.

153) 양형의 조건: 형을 정함에 있어서는 다음 사항을 참작하여야 한다. ① 범인의 연령·성행, 지능과 환경, ② 피해자에 대한 관계, ③ 범행의 동기, 수단과 결과, ④ 범행 후의 정황(형법 제51조).

154) 정신질환자의 평소 행동에 포함된 범죄 내용이 경미하거나 범죄라고 볼 수 없는 비정상적 행동에 그치고 그 거동 기타 주위의 사정을 합리적으로 판단하여 보더라도 정신질환자에 의한 집주인 살인범행에 앞서 그 구체적 위험이 객관적으로 존재하고 있었다고 보기 어려운 경우, 경찰관이 그때 그때의 상황에 따라 그 정신질환자를 훈방(訓放)하거나 일시

이렇게 본다면, 훈방의 대상은 즉결심판에 관한 절차법상의 범위를 벗어나서도 이루어질 수 있다고 본다. 그리고 실제 형벌법규 위반행위에 대해서 이루어지는 '훈방 권한의 행사'(비록 그것이 훈계방면이라는 공식적인 절차를 거치는 것은 아니지만 경찰의 묵인하에)는 보다 광범위하다고 본다.[155)]

생각건대, 경찰의 훈방 권한 행사는 통상적으로 재량권 영역이라고 볼 수 있다. 그러나 이러한 재량권 행사가 무한대로 이루어지는 것이 아니라 일정한 법적 테두리 내에서 이루어져야 함은 물론이다. 바꿔 말하면, 경찰이 재량권을 벗어난 훈방 권한을 행사했을 경우에는 그에 대한 책임을 면하기 어려울 것이다.[156)]

(3) 법원의 태도

한편, 판례에서는 이에 대한 별도의 근거를 제시하지 않은 채 사법경찰관리의 훈방 권한을 인정하고 있다. 판례는 위와 같이 경찰서장뿐만 아니라 사법경찰관리의 훈방 권한을 인정하고 있는 점이 특징이다. 판례에서 이러한 훈방 권한이 즉결심판에 관한 절차법에 의해 준용되는 형사소송법상의 기소편의주의 규정에 근거를 둔 것이라는 지적은 많지 않다.[157)]

정신병원에 입원시키는 등 경찰관직무집행법의 규정에 의한 긴급구호조치를 취하였고, 정신질환자가 퇴원하자 정신병원에서의 장기 입원치료를 받는 데 도움이 되도록 생활보호대상자 지정 의뢰를 하는 등 그 나름대로의 조치를 취한 이상, 더 나아가 경찰관들이 정신질환자의 살인범행 가능성을 막을 수 있을 만한 다른 조치를 취하지 아니하였거나 입건·수사하지 아니하였다고 하여 이를 법령에 위반하는 행위에 해당한다고 볼 수 없다. 이러한 이유로 사법경찰관리의 수사 미개시 및 긴급구호권 불행사를 이유로 제기한 국가배상청구를 배척한다. 대법 1996.10.25., 95다45927.

155) 경찰의 훈방 권한에 대한 조직내부 근거로는 경찰업무편람(즉결심판청구사무 편)을 들 수 있다. 여기에는 ① 경미사범에 대해서는 외근경찰관이 현장에서 훈방할 수 있으며(단, 지도장 활용), ② 파출소장은 외근경찰관이 동행해 온 즉심회부 대상자를 심사하여 1시간이내에 훈방 또는 즉심회부여부를 결정하여야 하며, ③ 파출소장이 즉결심판출석통지서를 교부한 후 관련서류만 경찰서 방범과(야간 및 공휴일: 상황실)에 인계한 경우, 방범과장(야간 및 공휴일: 상황실장)은 서류에 의한 예심을 실시하여 훈방, 통고처분, 형사입건 등으로 분류하여 예심결과를 피의자에게 통지하도록 규정하고 있다. 이러한 일선경찰의 훈방 권한 행사는 경찰서장의 권한에 대한 내부위임으로 해석하는 것이 타당하다고 본다.

156) ① 경찰관이 불법체류자의 신병을 출입국관리사무소에 인계하지 않고 훈방(訓放)하면서 통상적인 절차와 달리 이들의 인적사항조차 기재해 두지 아니한 행위는 직무유기죄가 성립한다. 대법 2008.2.14., 2005도4202.
② 사법경찰관리가 경미한 범죄 혐의사실을 검사에게 인지 보고하지 아니하고 훈방한 경우 그것이 직무유기죄에 해당하지 않는다. 일반적으로 공무원이 직무를 유기한 때라 함은 "공무원이 법령 내규 또는 지시 등에 의해 추상적인 충근(忠勤)의무를 게을리 한 일체의 경우를 지칭하는 것이 아니라 주관적으로 직무집행의사를 포기하고 객관적으로 정당한 이유 없이 직무집행을 하지 아니하는 부작위상태가 있어 국가기능을 저해하는 경우"를 말한다. 사법경찰관리가 직무집행의사로 위법사실을 조사하여 훈방(訓放)하는 등 어떤 형태로든지 그 직무집행행위를 하였다면 형사피의사건으로 입건·수사하지 않았다 하여 곧 직무유기죄가 성립한다고 볼 수는 없다. 대법 1982.6.8., 82도117.

157) 김재광(2007), 경찰법각론, 서울: 한국법제연구원, p. 170.

(4) 훈방 권한의 법적 근거마련 방안

아직까지 경찰의 훈방 권한 행사에 대한 특별한 법적 근거가 마련되어 있는 것은 아니다. 이와 관련하여 직무조항 이면서 개괄적 수권조항인 경찰법 제3조 및 경찰관직무집행법 제2조 상의 '그 밖에 공공의 안녕과 질서유지'를 이의 근거로 할 수도 있을 것이다. 보다 구체적으로는 즉결심판에 관한 절차법이 어느 정도 이와 관련된다고 본다.

한편, 형사소송법 제196조를 사법경찰권한(범죄수사권한)의 근거인 동시에 경찰의 훈방 권한의 근거로 삼을 수 있을 것이다. 즉, 이 조항에 의해 사법경찰관에게 훈방에 관한 재량권이 있다고 할 수 있기 때문이다. 그러나 이 조항 역시 훈방에 대한 직접적인 근거 규정이 되기는 어렵다는 점은 마찬가지이다. 따라서 경찰의 훈방 권한에 대한 보다 명확한 근거를 두기 위해서는 경찰관직무집행법 등에 훈방관련 조항을 신설하는 방안을 검토할 필요가 있다고 본다.[158]

주지하는 바와 같이 경찰관직무집행법이 행정경찰작용 뿐만 아니라 사법경찰작용도 포괄하고 있다. 이 법에서 범죄수사를 경찰의 직무로 규정하고 있고, 훈방은 강제처분과도 무관한 것이기 때문에 굳이 형사소송법 내에 위치해야할 이유도 없다. 또한 훈방은 종국적 처분이 아닌 잠정적 처분의 성격을 가지므로, 검사의 수사권한을 방해하지도 않는다고 본다.

한편, 경범죄처벌법에 훈방 권한을 규정하는 것도 적당하지가 않다고 본다. 훈방은 경범죄처벌법상의 위반행위에 국한되지 않기 때문이다. 이상과 같은 점에서 볼 때, 일반적·표준적 경찰권한을 규정하고 있는 경찰관직무집행법에 이를 규정하는 것이 바람직하다고 본다.

158) 위의 책, p. 171.

제11장

경찰현장운용: 생활안전·수사경찰

제1절 경찰현장운용의 의의

1. 경찰현장운용의 개념

경찰은 거시적으로 범죄와 무질서 등 각종 위험으로부터 국민의 자유와 권리를 보호하고, 공공의 안녕질서를 유지하기 위한 수많은 활동을 수행하고 있음은 주지의 사실이다. 이러한 거시적인 조직 목표달성을 위하여 경찰활동은 실무적으로 세분화되어 작용하게 된다. 이를 경찰활동의 '현장운용'(現場運用, field operation)이라고 한다. 따라서 경찰의 현장운용은 앞에서 논의한 경찰권한(기본적·표준적 권한, 행정경찰권한, 사법경찰권한) 등을 바탕으로, 실제 일선 현장에서 관련 직무를 수행하는 것을 말한다. 이를 일반적으로 경찰기능(警察機能)이라고 하는데, 생활안전, 수사(사이버안전),[1] 교통, 경비, 정보, 보안, 외사기능 등으로 대별된다.

2. 경찰현장운용의 특징

물론, 이러한 경찰활동이 조직 구조적으로는 서로 분화되어 존재하지만, 운용 면에 있어서는 명확하게 그 경계가 있는 것은 아니다. 범죄와 무질서 문제는 복잡·다양한 역학관계 속에서 발생하는 것이기 때문에 각각의 경찰활동이라는 것은 배타적이라기보다는 상호의존적·보완적으로 이루어질 때 그 효과가 극대화될 수 있을 것이다. 다만 이 장에서는 논의의 편의상 이러한 경찰활동이 조직 구조적으로 각각 어떻게 이루어지는지를 개괄적으로 살펴보기로 한다.

그리고 주의할 것은 이러한 경찰의 현장운용은 국민들의 일상생활을 강제 및 규제하기

1) 「경찰청과 그 소속기관 직제」의 개정으로 경찰청에 경찰기능으로 '사이버안전국'이 신설(2014.3.11.)되었다.

위한 것이 아니라 궁극적으로 '봉사하고 보호'(serve and protect)위한 것이다. 그렇기 때문에 강제 및 규제는 우선적인 경찰수단이라기 보다는 최후의 수단으로 불가피한 경우에 필요하다고 본다. 국가는 경찰에게 수많은 임무를 수행하는데 필요한 많은 권한(權限)을 부여하고 있다. 이러한 경찰권한은 자신들이 봉사하고 보호하는 국민이 부여한 것(국민주권주의)이며, 보다 구체적으로는 국가의 입법작용(立法作用)에 의해 명문화 된 것이라 할 수 있다.[2)]

생각건대, 경찰업무라는 것은 어떠한 형식 없이 막연하게 이루어지는 것은 아니라고 본다. 그것은 목표(goals), 목적(objectives), 정책(policies), 절차(procedures), 그리고 일정한 규정(regulations)을 토대로 하여 매우 체계적인 진행과정을 거쳐 이루어지는 것이다. 그런데 경찰은 범죄와 무질서 대응, 보호활동 등 수많은 복잡한 업무를 다루고 있기 때문에 업무와 관련된 모든 내용을 일일이 법으로 규제하는 것은 결코 쉬운 일이 아니다.

따라서 헌법에서 보장하고 있는 국민의 권리를 침해 하지 않는 범위 내에서 행사 할 수 있는 적지 않은 재량권(裁量權)을 경찰에게 부여하고 있다. 그리고 경찰은 일종의 전문가로서 경찰활동 분야에 대한 높은 지식과 지혜, 그리고 기술을 갖추고 있어야 한다. 이러한 재량권과 전문성을 바탕으로 경찰은 사회구성원들 간의 복잡한 의사소통과정을 이해하고 수많은 장애요인들을 극복해 낼 수 있어야 한다. 일선현장에서 직면한 어떠한 사건(예컨대, 살인, 강도, 강간, 방화, 절도, 폭행, 사기, 횡령 등)은 그 자체적으로 복잡한 역학관계를 가지고 있기도 하고 더 나아가 우리사회 전반에 걸친 근본적인 모순과 연계될 수도 있는 것이기 때문이다.

따라서 일선경찰들은 자신의 주어진 직무를 제대로 수행하기 위해서는 피해자, 용의자, 목격자 등의 헌법적인 권리를 침해하지 않는 범위 내에서 이들에 대한 적절한 질문, 면담, 신문기법을 숙지하고 있어야 한다. 그리고 그러한 과정에서 자신이 수집한 정보를 체계적으로 기록·정리하여 사건해결에 있어서 중요한 열쇠로 활용할 수 있어야 한다. 아울러 경찰은 이밖에도 몇 가지 전문적인 능력을 갖추고 있어야 한다. 예컨대, 국민의 기본권을 침해 하지 않는 범위 내에서 적법하고 적절한 불심검문(不審檢問, stop and frisks), 위험방지, 정보수집, 체포, 압수·수색, 내사(內査, undercover operation)등을 들 수 있다. 이는 앞에서 논의한 경찰의 기본적·표준적 권한, 행정경찰권한, 사법경찰권한과 관련된 기본 지식을 의미하는 것이다.

2) Kären M. Hess and Henry M. Wrobleski(1993), Police Operation, N.Y.: West Publishing Company, p. 1.

제2절

생활안전경찰

1. 생활안전경찰의 의의: 경찰현장운용의 기초

1) 생활안전경찰의 개념

생활안전경찰(生活安全警察)은 국민생활의 평온한 상태를 유지하기 위하여 그 위협이 되는 범죄 및 무질서를 사전에 예방하는 경찰의 제반활동을 말한다. 과거에는 이를 '방범경찰'(防犯警察)이라고 하였는데, 생활안전경찰은 방범경찰의 기능을 좀 더 확대한 포괄적인 의미를 갖는다고 본다.

이러한 생활안전경찰의 제반활동은 이미 발생한 범죄를 수사하여 처벌하는데 궁극적인 목적이 있는 것이 아니라 사전에 적극적으로 단속·규제하여 국민들이 이를 준수하도록 하는 예방적 목적을 1차적으로 가지고 있다고 본다(물론, 지역사회에서 발생하는 기초질서 위반사범, 풍속사범, 사행행위 사범 등에 대한 사후대응적 활동 역시 중요한 의미를 가진다).

경찰의 예방활동을 광의로 해석할 경우에는 국민의 생활안전과 관계되는 경찰의 범죄예방 및 질서유지활동 뿐만 아니라 범죄수사, 교통단속, 경비·요인경호 및 대간첩작전, 치안정보의 수집·작성·배포 등 경찰기관 전체부서의 활동이 포함된다고 볼 수 있다. 그러나 여기에서 말하는 생활안전경찰은 특히, 경찰직제상 생활안전부서(즉, 경찰청 생활안전국, 지방경찰청 생활안전부, 경찰서 생활안전과·지구대·파출소 등)에서 수행하는 활동과 관련된다.

〈생활안전경찰의 활동영역〉

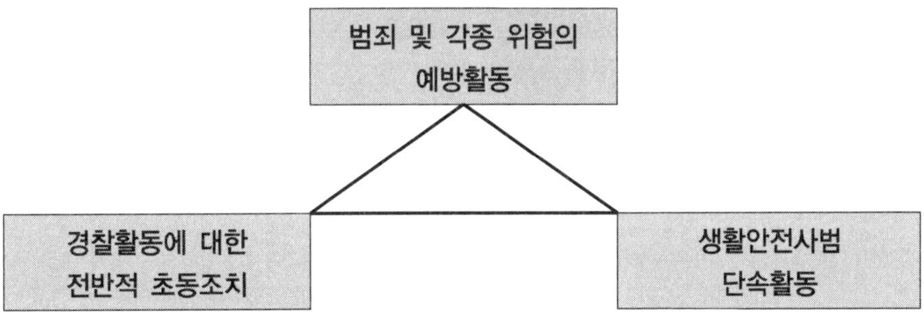

2) 생활안전경찰의 특징

생활안전경찰은 어떤 면에서 '커뮤니티 경찰활동'(Community Policing)의 핵심적 주체로서 경찰업무 전반에 대하여 가장 기초적인 출발점과 같은 역할을 하고 있다. 따라서 이에 대한 체계적인 운영과 관리는 전반적인 경찰활동의 성패와 관련하여 매우 중요한 의미를 갖는다. 이러한 점에서 생활안전 경찰활동은 ㉠ 활동대상의 전반성·전방위성(모든 경찰기능을 1차적으로 수행하는 기능을 함), ㉡ 다른 경찰기능에 대한 지원성(생활안전 고유기능 뿐만 아니라 다른 경찰기능을 1차적으로 수행하는 경우가 많으며, 이후 해당 경찰기능에게 이관함), ㉢ 활동대상의 유동성(사회환경과 국민의식의 변화에 대응한 지도·단속이 요구되므로 대상 분야가 일정하지 않고 유동적임), ㉣ 관계법령의 다양성·전문성(관련법령은 다양하고 내용도 전문적인 것이 적지 않음), ㉤ 주민과의 접촉성(다른 경찰기능에 비해 주민과 가장 밀접하게 접촉하고 있음) 등을 그 특징으로 하고 있다.

생활안전경찰은 범죄예방, 질서유지, 생활안전사범의 단속과 규제, 위험한 사태의 예방, 청소년의 선도 및 청소년범죄의 처리, 생활안전관련 정보의 수집, 사회봉사활동 등 여러 가지 업무를 수행하고 있으며, 여기에서 범죄예방 업무는 직접적·적극적으로 범죄기회를 감소시키거나 피해를 방지하는 활동이 주 내용을 이룬다.[3] 그리고 범죄의 수사와 범인의 체포는 수사경찰의 활동대상이지만 생활안전경찰에서 범죄수사와 범인 검거의 상당한 부분을 차지하며, 관할지역 내의 우범지역과 범죄단체 등에 대한 정보를 수집하고 있다. 또 교통을 단속하고, 교통사고 처리 및 초동조치 등도 담당한다.[4]

주지하는 바와 같이 범죄예방은 경찰에게 있어서는 가장 중요하고 핵심적인 활동이며, 범죄사건이 발생한 후에 수행되는 수사경찰의 활동보다 더 중요하다고 할 수 있다. 범죄가 발생한 이후에는 범죄로 인한 피해는 회복이 어렵거나 불가능한 경우가 많으며, 범죄수사 및 범죄자의 교정에 많은 비용이 들게 된다. 그리고 범죄가 발생하면 사회적 관계에서 불안감과 불신, 두려움, 법의 권위 추락 등 부정적 환경이 조성되어 경찰과 시민, 그리고 시민과 시민 간에 부정적인 관계를 형성하여 사회해체현상을 초래할 수도 있다.

생활안전경찰의 중요성

경찰활동에 있어서 범죄수사보다 범죄예방이 중요하다는 사실은 누구나 공감하는 것이다. 그러나 범죄예방은 그 현실적·개념적 모호성으로 인해 측정과 평가가 어렵다.

---

3) 김충남(2008), 경찰학개론, 서울: 박영사, pp. 384-385.

4) 이러한 점에서 생활안전경찰은 앞의 경찰권한론에서 설명한 ① 경찰관직무집행법상의 기본적·표준적 권한, 그리고 ② 행정경찰권한과 ③ 사법경찰을 포괄적으로 행사하는 경찰활동의 전형이라고 할 수 있다.

반면 범죄수사는 객관적 평가가 상대적으로 용이하다. 시민들은 범죄가 발생한 연후에야 사태의 심각성을 깨닫고 이를 해결한 경찰활동에 박수를 보낸다. 그러나 발생한 범죄피해는 이미 회복하기 어려운 경우가 대부분이다. 반면 범죄예방활동은 아무리 노력해도 외적으로 그 성과가 나타나지 않는다. 경찰인사에 있어서도 외적으로 평가되는 부분에 많이 의존하는 것이 현실이다 보니 경찰업무의 비중과 조직 내외적 평가는 자연 범죄수사 등에 초점을 두기 마련이다.

수사경과제(搜査警科制)는 있어도 범죄예방경과제가 없는 것은 인식의 부족일까, 아니면 현실적 한계일까. 그리고 범죄예방활동은 모든 국가의 경찰활동에 있어서 공통적이다. 일종의 일반목적(general purpose)의 경찰활동인 셈이다. 반면 범죄수사활동 등은 특별목적(special purpose)의 경찰활동이라 할 수 있다. 따라서 일반목적이 없이 특별목적만을 수행하는 경찰은 전형적인 경찰이라고 보기는 어렵다.

예컨대, 미국 연방범죄수사국(FBI)은 비록 특정한 범죄수사업무를 수행하고 있지만 이는 우리가 일반적으로 말하는 경찰(General Police)라고 부르기에는 한계가 있다. 현대국가에서 '형식적·제도적 의미의 경찰'은 일정지역을 기반으로 시민과 밀착하여 범죄예방과 대민봉사와 같은 가장 기초적인 업무를 수행하면서, 범죄수사·교통·정보·경비 등 다소 특정화된 업무를 수행하는 경우라고 할 수 있다.

따라서 세계 각국의 경찰에서는 전국적 차원에서 범죄예방대책을 수립하여 실시하고 있으며, 각종 범죄예방 프로그램이 개발되어 경찰을 비롯한 형사사법기관, 공공 및 사설 안전관리요원, 그리고 지역사회 내의 각 기관, 단체 및 시민들의 참여가 활발하게 논의되고 있다. 우리나라에서도 전국적 차원의 범죄대책이 강구되어 실시되고 있으며, 따라서 경찰의 범죄예방활동에 대한 국민들의 기대가 높아지고 있음은 물론이다.

범죄유발 요소와 범죄예방

범죄의 원인 또는 범죄유발 요인을 설명하려는 많은 이론들이 있다. 이와 관련하여 셀리(J.F. Shely)는 ㉠ 범행의 동기, ㉡ 범행의 기회, ㉢ 범행의 기술, 그리고 ㉣ 사회적 제재로부터의 자유라는 4가지 요소를 가지고 설명하였다. 그런데 이들 각각의 요소 하나 하나는 범행을 설명하는데 있어서 필요조건이지만, 충분조건은 되지 못한다. 즉, 어떠한 범행이 가능하기 위해서는 이들 요소가 동시에 상호작용하지 않으면 안 된다.[5]

5) J. F. Sheley(1987), " Critical Elements of Criminal Behovior Explanation," in J. F. Sheley(ed.), Exploring Crime: Readings in Criminology ana Criminal Justice, C.A.: Wadsworth Publishing Company, pp. 254-262.: 이윤호

따라서 범죄예방은 이러한 범죄유발 요소 가운데 어떠한 하나를 제거함으로써 가능하게 된다. 최근에 활발하게 논의되고 있는 범죄예방 전략 가운데 하나인 환경설계를 통한 범죄예방(CPTED: Crime Prevention Through Environmental Design)은 특히, 범행의 기회를 감소시키고 더 나아가 범행의 동기 등을 억제하기 위한 제반 대한을 제시하고 있다.

이와 관련하여 1세대 CPTED는 ㉠ 자연적 감시, ㉡ 자연적 접근통제, ㉢ 영역성 강화, ㉣ 활동성지원, ㉤ 유지 및 관리 등을 통해서 보호대상의 물리적 환경을 강화함으로써 범행의 기회와 동기 등을 감소시키는데 초점을 두고 있다. 그런데, 이러한 1세대 CPTED는 지나치게 물리적 환경을 강조하여 복잡한 사회적·경제적·문화적 측면을 간과하였고, 이로 인해 범죄예방에 일정한 한계가 있다는 점을 인식하게 되었다.

이에 따라 등장한 2세대 CPTED는 기존의 1세대 전략에 ㉠ 사회적 응집, ㉡ 연계성, ㉢ 지역공동체 문화, ㉣ 한계 역량 등을 추가함으로써 범죄예방의 성과를 보다 높이고자 하였다. 이러한 변화는 범죄의 사회문화적 복합성·다양성을 반영하고, 사회적 관계를 통한 범죄예방 가능성을 제시하였다는 점에서 의의가 있다고 볼 수 있다.[6]

생각건대, 오늘날 경찰활동의 패러다임으로 인식되고 있는 커뮤니티 경찰활동(Community Policing)의 관점에서 본다면, 본질적으로 모든 경찰활동(지역경찰과 전담경찰을 포함하는)이 커뮤니티 지향적이어야 한다는 것을 의미하며, 이는 범죄 및 무질서 상황이 아닌 평상시의 경찰과 시민의 친밀한 상호작용을 통한 예방적 성과달성을 핵심으로 하고 있다. 그러나 현실적으로 본다면, 모든 경찰(특히 전담경찰의 경우)이 일상적인 업무수행과정에서 일반시민과 빈번하게 상호작용을 한다는 것은 쉬운 일이 아니다. 이 가운데서 생활안전경찰(지역경찰)만이 시민과 일상적인 상호작용이 가능하다는 것을 알 수 있다.

따라서 커뮤니티 경찰활동을 미시적으로 접근한다면 바로 지역경찰과 일반시민의 상호작용으로 인식될 수도 있을 것이다.[7] 커뮤니티 경찰활동의 구체적 실현과 이의 성패는 어떻게 보면 이들 지역경찰의 역량과 매우 밀접한 관련이 있다는 것을 알 수 있다. 요약건대, 지역경찰은 치안현장의 최일선에서 활동하는 경찰로서 범죄예방의 중추적인 역할을 한다는 점과 일상적인 시민과의 상호작용이 이루어지기 때문에 '경찰의 얼굴'(trademark)이 된다는 점에서 그 중요성은 더욱 크다고 할 수 있다.

(2007), 범죄학, 서울: 박영사, p. 197 재인용.

6) 한국셉테드학회 편찬위원회(2015), 셉테드 원리와 운영관리, 한국셉테드학회, pp. 15-16.

7) 거시적으로 본다면, 커뮤니티 경찰활동은 모든 경찰활동의 준거(準據)가 되는 패러다임(Paradigm)이라 할 수 있다. 커뮤니티 경찰활동에 대한 제반 논의는 J.H. Skolnick and D.H. Bayley/최선우 역(2001), 지역사회 경찰활동: 각국의 이슈 및 현황, 서울: 집문당.; 최선우(2010), 경찰과 커뮤니티, 서울: 대왕사 참조.

3) 생활안전경찰의 법적 근거

생활안전경찰의 법적 근거는 헌법을 근간으로 하고, 일반법으로서 경찰법 제3조(국가경찰의 임무), 경찰관직무집행법 제2조(직무의 범위)에 개괄적으로 규정되어 있다. 생활안전경찰의 사무분장과 관련하여 경찰청과 그 소속기관 직제(대통령령) 제11조에 규정되어 있다.

그리고 개별법으로는 풍속영업의 규제에 관한 법률, 경범죄처벌법, 성매매알선 등 행위의 처벌에 관한 법률, 아동·청소년의 성보호에 관한 법률, 총포·도검·화약류 등 단속법, 소년법, 청소년보호법, 즉결심판에 관한 절차법, 경비업법 등 수많은 법을 들 수 있다.

2. 생활안전경찰의 담당 사무와 지역경찰시스템

1) 생활안전경찰의 담당 사무

「경찰청과 그 소속기관과 직제」 및 직제 시행규칙에 의하면, 생활안전경찰의 담당 사무는 매우 포괄적이며 다양하다는 것을 알 수 있다. 경찰관서(경찰청)를 기준으로 한다면, 생활안전국에 크게 ㉠ 범죄예방정책과, ㉡ 생활질서과, ㉢ 여성청소년과, ㉣ 성폭력대책과를 두고 있다(직제 제11조, 시행규칙 제8조).

생활안전경찰의 담당 사무

① 범죄예방정책과

㉠ 범죄예방에 관한 연구 및 계획의 수립
㉡ 경비업에 관한 연구 및 지도
㉢ 112제도의 기획·운영 및 112종합상황실 운영 총괄
㉣ 지구대·파출소 외근업무의 기획
㉤ 기타 국내 다른 과의 주관에 속하지 아니하는 사항

② 생활질서과

㉠ 풍속·성매매 사범에 관한 지도 및 단속
㉡ 총포·도검·화약류 등의 지도 및 단속
㉢ 즉결심판청구업무의 지도
㉣ 각종 안전사고의 예방에 관한 사항

③ 여성청소년과
㉠ 여성관련 범죄의 연구·기획에 관한 업무
㉡ 여성·소년에 대한 범죄의 예방에 관한 업무
㉢ 가출인 및 실종아동 등(실종아동 등의 보호 및 지원에 관한 법률 제2조 제2호에 따른 실종아동) 관련 정책수립 및 관리
㉣ 청소년 비행방지에 관한 업무
㉤ 비행소년의 보호지도

④ 성폭력대책과장(신설, 2015.11.30.)
㉠ 성폭력범죄의 예방에 관한 업무
㉡ 성폭력범죄자(「성폭력범죄의 처벌 등에 관한 특례법」 제42조에 따른 신상정보 등록대상자 포함)의 재범방지에 관한 업무
㉢ 성폭력·가정폭력·아동학대·소년 범죄 및 실종사건 수사에 관한 정보의 처리 및 기획·지도
㉣ 성폭력 피해자 보호에 관한 업무
㉤ 성폭력 피해자 통합지원센터 및 진술녹화실의 운영

2) 지역경찰시스템

생활안전경찰의 운영은 기본적으로 지역경찰시스템을 통해서 현실적으로 이루어지고 있다. 지역경찰시스템이라는 것은 생활안전부서의 일선운영체계로서 지구대, 파출소, 치안센터 등 지역사회와 직접적으로 상호작용을 하고 있는 최하위의 지역경찰관서를 의미한다고 볼 수 있다. 즉, 지역경찰시스템으로서 지구대, 파출소, 치안센터는 일정한 관할구역을 그 기반으로 하는 기본적인 활동단위이며, 이는 112순찰차 및 이동파출소 등 경찰서에서 운영하는 보조적 활동단위와 협력하면서 그 임무를 수행하고 있다.[8] 2015년 말 현재, 전국 251개 경찰서 내에 지구대 514개와 파출소 1,463개 등이 운영되고 있다.[9]

이러한 '지역경찰'과 비교되는 개념은 '전담경찰'(즉, 수사·교통·경비·정보·보안·외사 등)이라고도 할 수 있다. 전담경찰(專擔警察)은 말 그대로 경찰업무 가운데 특정 일부분을 담당하여 그 업무를 전문적이며, 종국적으로 처리하는 데 반하여 지역경찰은 모든 경찰업무와 관련하여 일반적이며 초동적인 조치를 취하는 형태라 할 수 있다.

8) 김충남(2008), 앞의 책, pp. 383-384.
9) 경찰청(2016), 경찰통계연보, p. 5.

바꿔 말하면, 지구대와 파출소, 치안센터에서 근무하는 지역경찰은 커뮤니티와 가장 직접적으로 밀착되어 있기 때문에 빈번하게 행정사범 및 단순한 범죄사건에서 강력사건, 교통관련 사고·사건, 집회 및 시위, 각종 재난, 그리고 대민봉사 등 수많은 업무에 직면하게 된다. 이러한 상황에서 지역경찰은 사안이 경미한 경우는 직접 처리하기도 하지만 이 밖의 경우에는 1차적인 초동조치만을 하고 전담경찰에게 인계하여 처리토록 하고 있다. 이들 지역경찰과 전담경찰의 역할이 조화를 이룰 때 성과는 극대화 될 수 있을 것이다.

3. 생활안전경찰의 주요활동

생활안전경찰은 관할구역 내에서 1차적으로 범죄예방과 관련된 주요 업무로 수행한다고 볼 수 있다. 물론 범죄예방뿐만 아니라 경찰활동 전반에 대한 초동업무를 수행하고 있다. 아울러 생활안전사범(경찰사범)에 대한 단속활동 및 기타 봉사활동 등 다양한 업무를 수행하고 있다. 따라서 생활안전경찰이 직무를 수행하면서 적용해야 할 법령은 활동 대상만큼이나 다양하다. 그리고 이러한 다양한 법률을 적용한 직무수행은 시민들의 생활에 직접적인 영향을 미치므로 적용 법령에 대한 전문성이 요구됨은 물론이다.[10)]

1) 순찰활동

(1) 순찰의 의미

순찰은 지역경찰관이 일반적인 경찰임무를 수행하고, 지역 내의 상황을 파악하기 위하여 일정지역을 이동하면서 관찰하는 활동을 말한다. 경찰의 순찰활동은 범죄의 예방을 위한 적극적인 행위로서 가장 중요한 기능 가운데 하나라고 할 수 있다.

순찰활동을 통해서 경찰의 존재를 외부에 노출시킴으로써 잠재적 범죄행위를 사전에 예방하는 효과를 기대할 수 있다. 그리고 순찰과정에서 목격한 범죄자 및 위험발생자 대해 적절한 조치(현행범이나 피의자 파악 및 체포) 등을 취할 수 있다. 아울러 긴급한 사태에 대해 경찰의 신속한 대응(피해자 및 위난자 등의 보호)을 기대할 수 있다. 그리고 정신병자, 주취자 등을 보호하고 길안내 등 시민에게 도움을 제공할 수 도 있으며, 교통정리 등으로 교통상황을 원활하게 만들 수 있다. 이러한 수많은 활동들이 적절하게 이루어졌을 경우 순찰경찰은 지역사회에서 시민으로부터 신뢰와 존경을 받을 수 있을 것이다.[11)]

---

10) 조철옥(2008), 경찰학개론, 서울: 대영문화사, p. 370.
11) 김충남(2008), 앞의 책, p. 393.

(2) 순찰의 종류

순찰은 구별기준에 따라 다양하게 분류할 수 있는데, 실제 순찰이 이루어질 때에는 여러 가지 형태가 복합적으로 나타나게 된다.[12)]

① 순찰수단에 의한 구분

순찰수단을 기준으로 도보순찰, 자전거순찰, 오토바이순찰, 자동차순찰 등이 있다. ㉠ 도보순찰은 걸어서 관할지역을 순찰하는 방식으로 지역주민과 직접적인 대화 및 개인적인 접촉을 가질 수 있기 때문에 지역주민의 애로사항 및 잠재적인 범죄문제 등을 파악하는데 용이하다. ㉡ 자전거 순찰은 저렴한 경비로 운영할 수 있으며, 도보순찰보다는 신속성이 있고, 좁은 골목길 등에서 유용하다. 그리고 자전거의 무소음으로 야간순찰시 범죄자에게 쉽게 노출되지 않고, 아울러 대민접촉도 쉽게 할 수 있다. ㉢ 오토바이순찰은 자동차가 주행할 수 없는 골목길 순찰에 용이하며, 기동성이 양호하고 가시효과가 비교적 높으나, 안전성이 미흡하고 은밀한 수행이 불가능하다. ㉣ 자동차 순찰은 기동력이 높아 긴급사태에 신속하게 대처할 수 있고, 가시방범효과가 높으며, 범죄신고에 대한 즉응체제를 갖출 수 있다. 다만, 시민과의 친밀한 상호작용은 기대하기 어렵다고 본다.

② 순찰노선에 의한 구분

순찰노선을 기준으로 정선순찰, 난선순찰, 요점순찰 및 소구역순찰로 구분할 수 있다.

㉠ 정선순찰

정선순찰(routine patrol)은 순찰구역 내의 제반 사정을 고려하여 가급적 관할구역 전반에 미칠 수 있도록 사전에 정하여진 노선을 규칙적으로 순찰하는 방법이다. 정선순찰은 순찰노선이 일정하고, 경찰관이 활동이 규칙적이기 때문에 순찰 중인 현재의 지점이 대략 추정되고, 다음 순찰시간의 추측이 가능하므로 경찰관 근무의 감독 등에 있어서 편리하다. 그러나 범죄자가 경찰관의 순찰활동을 예측할 수 있다는 단점을 가지고 있다. 따라서 정선순찰의 단점을 보완하기 위하여 '역선순찰'이 있는데, 이는 순찰의 순서만을 변화시킨 것으로 이 역시 정선순찰의 한 방법이라 할 수 있다.

㉡ 난선순찰

난선순찰(random patrol)은 순찰노선을 사전에 정하지 않고 순찰경찰관이 임의로 순찰 당시 여러 가지 사정을 고려하여 순찰지역이나 노선을 선정하여 불규칙적으로 순찰하

12) 위의 책, pp. 393-395.

는 방법이다. 정선순찰의 단점인 시간적·지리적 예측가능성을 방지할 수 있는 반면, 감독 등에 있어서 어려움이 있다. 경찰관리 방식의 개선과 순찰경찰관의 자율적인 근무형태가 정착된다면 범죄예방 측면 특히, 잠재적 범죄자의 범죄심리 억제 등에 있어서 다소 장점이 있을 것으로 기대된다.

ⓒ 요점순찰

요점순찰(要點巡察)은 관할구역 내에 설정된 주요 지점에서 다른 지점에 이르기까지 일정한 노선 없이, 적절한 통로를 자율적으로 순찰하는 방법이다. 이는 정선순찰과 난선순찰의 절충적인 방법이라 할 수 있다.

ⓔ 소구역순찰

소구역순찰 또는 구역책임 자율순찰은 순찰구역 내의 범죄나 사고의 발생상황, 인구분포, 경찰활동 대상의 다소, 기타 범죄유발요인 등을 체계적으로 분석하여 순찰 소구역을 지정하고, 그 소구역에 한하여 자율적인 난선순찰을 하는 방법이다.

이러한 소구역순찰은 예방적인 장점뿐만 아니라 순찰구역 내의 신고사건에 신속히 대응할 수 있고, 담당 책임구역제를 활성화시킬 수 있으며, 병행근무의 수행 등이 용이하다는 장점을 갖는다. 그러나 순찰구역을 지나치게 세분화하면 순찰인원, 장비 등이 많이 소요된다는 단점이 있다.

③ 순찰인원수에 의한 구분

순찰인원수를 기준으로 단독순찰과 복수순찰로 구분할 수 있다. 단독순찰은 1인이 행하는 순찰로 한정된 인원으로 넓은 지역을 순찰한다는 장점이 있으나, 다수 범법자에 대한 효과적인 직무수행이 어렵고 불의의 피해위험도 크다. 따라서 야간보다는 가급적 주간에 실시하는 것이 바람직하다고 본다.

이에 대하여 복수순찰은 2인 이상이 실시하는 순찰로 범죄대처능력과 초동조치, 현장의 사건·사고처리 등에서 단독순찰보다 효과가 좋으나, 인원이 많이 소요된다는 단점이 있다. 야간의 경우 강력사건 예상지역, 다중범죄지역, 유흥업소 밀집지역 등은 반드시 복수순찰을 하는 것이 바람직하다고 본다.

④ 순찰복장에 의한 구분

순찰복장을 기준을 제복순찰과 사복순찰로 구분할 수 있다. 제복순찰은 경찰제복을 착용한 상태의 순찰로서 가시성, 위엄과시에 의한 범죄예방 효과를 기대할 수 있고, 경찰관의 신분을 별도로 제시함이 없이 직무집행이 용이하나, 현행범체포, 은밀한 미행이나 잠복근무 등에서는 적절하지 않다.

이에 비하여 사복순찰은 일반 민간인 복장을 착용한 상태의 순찰로 특히 은밀한 수행으로 현행범을 검거하거나 잠복근무의 필요성이 있을 때 유효하다. 그러나 제복순찰이 원칙이며, 특별한 목적이 있을 경우 지구대장 또는 파출소장의 승인 하에 사복순찰을 지정할 수 있다.

(3) 순찰의 실시요령

① 순찰계획의 수립

순찰은 경찰관이 정복을 입고 순찰하는 것만으로 임무를 다하는 것이 아니고, 범죄예방과 단속이라는 목적을 실현하는 것이므로 실시계획을 수립하여 임무에 나서는 것이 중요하다. 관할구역 내의 치안현황 및 추진해야 할 근무중점 사항이 무엇인지를 염두에 두고 당일 가장 효과적인 순찰활동을 하려면 언제, 어디서, 무엇을 중점으로 어떻게 순찰할 것인가를 계획하여야 한다.[13)]

② 복장과 휴대품의 확인

순찰경찰관은 주민과 접촉하게 되므로 출발 전 제복과 용모를 확인하여 경찰관으로서 품위와 위력과시에 유의해야 하며 무전기, 권총, 가스분사기, 수갑, 경적, 수첩, 경찰봉과 야간에는 추가로 손전등 등의 경찰장비의 휴대 및 작동여부를 점검하여야 한다.

③ 순찰요점 등에 대한 명확한 인식

순찰구간에서 가장 중요한 지점은 경찰활동상 어떠한 의의를 가지고 있는가 또는 그에 대처하기 위해서는 어떠한 주의가 필요한가 등에 대해 충분히 숙지하고 있어야 한다.

④ 관할구역 내 및 근접지역의 치안실태 파악

순찰효과는 순찰자의 관찰력과 판단력 여하에 따라 좌우되는 것이므로 순찰 경찰관은 오감의 기능을 예리하게 작동하여 모든 인적, 물적, 장소적 대상으로부터 특이점을 발견할 수 있도록 평소부터 관할구역 내 및 인접지역의 실태를 파악하여 유사시에 적절한 대응이 가능하도록 해야 한다.

---

13) 이하 위의 책, pp. 396-397 재인용.

⑤ 사건·사고 처리요령의 숙지

순찰은 원칙적으로 단독으로 행하여지는 경우가 많고, 사건·사고에 대한 신고를 접수했을 때 현장에서 초동조치를 해야 하는 경우가 많으므로 평상시 기초적인 사건·사고 처리요령을 숙지하고, 기본 장구나 서식을 휴대하는 것이 바람직하다.

⑥ 경찰관서와 긴밀한 연락 유지

순찰 경찰관은 경찰관서에 수시로 연락을 취하여 순찰지역과 시간 등을 알려주는 한편, 경찰관서의 상황과 기타 순찰차의 상황 등을 알 수 있도록 상호 긴밀한 연락체계를 형성하여야 한다.

112시스템의 통합구축과 전국표준화

① 112시스템 통합구축

종래에 경찰에서는 주민의 112 범죄신고에 즉응하기 위하여 경찰관서에 112신고센터를 설치·운영하고 있었다.[14] 그러나 경찰서별로 112신고를 접수할 경우, 타경찰서 관할로 이동하는 범죄발생시 대처가 어렵고, 지역별 치안수요 차이로 인해 신고가 집중되는 일부 경찰서는 신고자가 장시간 대기해야 하는 등 국민불편을 초래하는 사례가 발생하였다. 이에 따라 지방경찰청 중심으로 112신고센터를 통합하게 되었다.

112신고센터를 지방경찰청 중심으로 통합함으로써 납치·날치기·차량절도·뺑소니 등 여러 경찰서 관할구역을 이동하는 광역성·기동성 범죄에 대한 대응역량이 높아지고, 통합112신고센터에서 신고접수시 관할에 관계없이 가장 가까운 순찰차에 출동을 지시하여 범죄·구조현장에 보다 신속하게 도착할 수 있게 되었다. 그리고 경찰서간 관할다툼을 예방할 수 있음은 물론, 신고시 대기시간을 감소시켜 신속한 신고접수처리를 기대할 수 있게 되었다.

② 112시스템 전국표준화

그런데, 112신고처리라는 동일한 업무에도 지방경찰청별로 각기 다른 소프트웨어를 개발함에 따라 유지보수 예산이 별도로 소요되어 예산낭비를 초래하고, 112시스템이 지방경찰청별로 달라 상호간 경계를 넘나드는 범죄 발생시 효율적인 대응

14) 112시스템은 범죄신고가 접수되면 그 즉시 신고자의 위치와 전화번호가 모니터화면에 나타나게 함으로써 지령대를 통하여 관할순찰지구대와 사건현장이나 범죄 현장 부근에 있는 경찰관이나 경찰차량에게 지휘하여 범죄현장에 일시로 총집결할 수 있도록 하고 있다. 즉, 이들 경찰대응 요소들이 한 개의 축에서 동시에 같이 움직일 수 있게 자동화된 지휘(Command), 통제(Control), 통신(Communication)의 3대 기능을 통합하여 운영하는 체제를 갖추고 있다. 사이버경찰청(http://www.police.go.kr).

이 어려워 이에 대한 전국 표준화가 요구되었다. 따라서 기존에 112신고시스템 통합구축사업은 각 지방경찰청별로 추진해왔으나, 2011년부터는 경찰청에서 주도하여 이를 추진하게 되었다. 이에 따라 2013년 말에 전국 지방경찰청 112신고센터 통합 및 표준화가 가능하게 되었다.[15)]

③ 112요원의 전문성 제고 및 112종합 상황실 운영

한편, 2012년 4월 1일 발생한 수원중부 부녀자 살인사건('오원춘 사건')과 관련하여 피해자의 112신고를 접수한 112요원의 업무미숙으로 인해 현장조치가 신속하게 이루어지지 못하여 112시스템 전반에 대한 개선의 필요성이 제기되었다.

이와 관련하여 112시스템의 가장 큰 문제점으로 지적된 112요원의 전문성 부족에 대한 대책으로 112요원의 자격기준을 마련하여 기존 근무자 및 신규자를 제대로 평가할 수 있는 기준을 마련하였다. 그리고 인센티브(기존 3조 2교대에서 4조 2교대로 개편, 운영예산 증액, 특별승진·승급 배정 등)를 도입하여 우수인재를 유입하는 한편, 실습위주의 교육과정을 개설하였고, 체계적인 '112신고 접수·지령 매뉴얼'을 제작 배포하였다.

그리고 기존에는 '치안상황실'과 '112지령실'이 분리되어 있어 중요사건 발생시 즉시성 있는 상황판단과 신속한 조치가 어려웠고, 112사건에 대한 판단·지휘에 있어 상황실장이 실질적인 컨트롤타워(control tower)로서의 역할을 수행하는데 한계가 있었다. 이에 경찰은 기존 치안상황실과 112지령실을 통합하여 「112종합상황실」로 개편함과 동시에 24시간 전담 112종합상황실장을 배치하도록 하였다.[16)]

④ 112신고 총력대응체제 구축

한편, 경찰에서는 신고출동 패러다임을 국민·현장 중심으로 재편하고자 노력하였다. 사실, 종래의 '112신고처리는 지역경찰의 고유 업무'라는 의식과 '내 관할 사건만 처리하면 된다'는 '관할 의식'이 현장 경찰관들 사이에 뿌리 깊게 박혀있었던 부분이 없지 않았다. 이러한 문제를 개선하기 위해서 2014년 9월, 5개 분야에 대한 25개 과제를 내용으로 「112신고 총력대응 체제 구축 계획」 을 수립하여 전 경찰기능이 참여할 수 있도록 하였다.[17)]

15) 경찰청(2012), 경찰백서, pp. 41-42.; 경찰청(2013), 경찰백서, p. 53.

16) 이 밖에도 112신고 접수시 보다 신속하고 효율적으로 신고자의 위치를 확인하고 상황을 공유할 수 있도록 112신고 접수시스템의 고도화를 추진하였다. 위의 책, pp. 50-52.

17) ① 2015년 1년간 112신고 접수 현황을 살펴보면 약 1,900만 건이 접수되었고, 이 가운데 출동신고는 약 10,60만 건, 비(非)출동신고는 약 840만 건에 이르고 있다. ② 2015년 9월 기준으로 관할불문 출동(타관할 출동)건수는 60,300건, 형사 출동건수는 69,296건, 교통 출동건수는 123,186건으로 나타났다. 이는 전년도 9월 대비 관할불문은 378.8%, 형사 및 교통 기능 출동 건수는 각각 362.2%, 462.7% 증가하는 성과라고 할 수 있다. 경찰청(2016), 경찰백서, pp. 44-47.

(4) 순찰시 관찰대상

경찰관은 순찰시에 인적, 물적, 장소적 특정 대상에 대한 주의 깊은 관찰을 지속적으로 해야 한다.[18]

① 인적 대상

인적 대상으로는 경찰관직무집행법 제3조(불심검문)에 의한 불심검문 대상자, 동법 제4조(보호조치 등)에 의한 보호조치를 요하는 자, 동법 제5조(위험발생의 방지) 및 동법 제6조(범죄의 예방과 제지)에 의해 경고, 억류, 피난조치 등의 조치를 요하는 자(예컨대, 도로상에서 유희하는 자, 도로의 무단점용 및 사용자, 폭행하려고 하는 자) 등을 들 수 있다.

② 물적 대상

물적 대상으로는 대문·현관 등의 시건장치가 불안전한 집, 부자연한 장소에 장시간 주차하고 있는 자동차, 교통상의 장애물, 도로면의 파손, 위험한 축대나 전주 및 건축물·간판류 등, 광고·벽보 등 게시물, 도로상의 자전거와 같은 방치물건 등을 들 수 있다.

③ 장소적 대상

장소적 대상으로는 우범자(虞犯者)가 잠복 가능한 장소(빈집, 빈터, 공사장, 공원, 교량, 공중화장실 등), 군중 운집장소(역, 극장, 유원지, 유흥시설 및 놀이시절, 대규모 음식점·주점 등), 교통상 유의장소(교차로, 교량, 건널목, 통학로 등), 퇴폐영업이 가능한 장소(도박장, 카바레, 디스코텍, 유흥음식점, 이발소, 숙박업소, 만화가게 등), 기타 중요시설(금융기관, 행정기관, 교육기관, 공장, 발전소, 위험물 취급 및 사용 장소 등) 등을 들 수 있다.

어느 심리학자의 실험

스탠포드대학의 심리학자인 짐바르도(P. G. Zimbardo)는 세워둔 자동차에 대한 '파괴행위' 진행과정에 대한 연구(1969)를 실시한 후, 이에 대한 실험결과 보고서를 작성하였다.[19]

"차량 번호판이 없는 한 대의 자동차를 준비하여, 그 자동차의 본넷을 열어 놓은 채 브롱크스(Bronx, 미국 뉴욕 주 남동부에 있는 자치구)에 있는 어느 길거리에 주차시

18) 김충남(2008), 앞의 책, pp. 397-398.
19) 임준태(2003), 범죄통제론, 서울: 좋은세상, pp. 498-501 재인용.

켜 놓았다. 그리고 이와 유사한 자동차를 팰러앨토(Palo Alto, 미국 캘리포니아 주 샌타클래라 군에 있는 시) 지역의 길거리에 주차시켜 놓았다. 브롱크스에 세워둔 자동차는 방치해 놓은 지 10분 이내에 곧바로 일부의 사람들(vandals)에 의하여 공격을 받게 되었다. 자동차 주변에 처음 도착한 무리 중의 첫 번째는 한 가족 이었는데, 아버지, 어머니, 그리고 어린 아들이었다. 그들은 차량의 라디에이터와 베터리를 제거하였다. 이후 24시간 이내에 값어치가 나가는 모든 차량부품들은 완전히 분해되어, 사라져 버렸다. 이후 자동차는 마구 파괴되기 시작하였다. 자동차의 창문은 박살이 났으며, 다른 부품들도 파괴되고 찢어 없어졌다. 아이들은 마치 자동차를 운동장처럼 이용하여 그 위에 올라가서 뛰어 놀기 시작하였다. 파괴행위에 참여한 대다수의 사람들은 말쑥하게 차려입은 아주 깔끔한 백인들 이었다.

그런데 팰러앨토에 세워 둔 자동차는 1주일이 넘게 아무도 손을 대지 않은 채로 그대로 있었다. 그 때 짐바르도는 큰 쇠망치로 자동차의 일부를 부숴버렸다. 그러자 곧, 지나가는 행인들이 가담하기 시작하였다. 몇 시간 안에 그 자동차는 완전히 파괴되었다. 이번에도 첫 번째 실험에서 목격된 것처럼 상당히 품행이 단정한 것처럼 보이는 백인들이 파괴 행위를 한 것으로 나타났다. 이와 같은 파괴행위를 할 거이라고는 꿈에도 생각하지 않았던 평범한 사람들조차도 자동차 파괴는 정당한 게임거리로 전락하게 된 것이다. 결과적으로 두 지역의 자동차는 모두 파괴되었지만, 브롱크스와 같이 도시의 익명성과 자동차들이 자주 방치되고, 물건들이 자주 도난당하고, 주변 기물들이 파되는 지역은 팰러앨토와 같이 개인 소유물에 대한 의식과 법준수에 대한 인식이 있는 지역보다 훨씬 빨리 파괴행위가 시작되었음을 알 수 있다."

이 실험을 통해 여러 가지 의미 있는 결과 (즉, 지역사회의 수준에 따른 구성원들의 법준수 태도 등)를 발견 할 수 있는데 이 가운데 특히, 깨진창이론(Broken-Window Theory)을 검증하였다고 볼 수 있다. 이러한 관점에서 보면, 만일 깨어진 창문이 신속하게 보수되지 않으면, 그 집에 있는 다른 모든 창문들도 곧바로 파괴되기 시작할 것이다. 그리고 도심 중심가의 도로변이나 번화가에서 퇴폐행위나 무질서, 파괴적 행위, 낙서, 위협적인 구걸행위, 나뒹구는 쓰레기, 노상방뇨 등이 방치된다면, 결국 심각한 범죄로 발전될 가능성이 높을 것이다. 이러한 깨진창이론이 경찰활동에 응용되어 이른바 '무관용 경찰활동'(Zero Tolerance Policing) 전략으로 실행되어 '경미한 범죄자에 대한 엄격한 대응'이 모색되기도 하였다.[20)]

20) 그러나 주의할 것은 경찰의 무관용(無寬容)적인 태도는 시민과의 거리감과 갈등을 야기할 가능성이 있으며, 따라서 커뮤니티 경찰활동(community policing)은 본질적으로 무관용을 지향하는 것은 아니라는 점이다. 경찰이 경미한 기초질서 위반사범 까지 엄격하게 대응을 한다면, 장기적으로 시민과 불편한 관계를 초래할 가능성도 있기 때문이다. 바꿔 말하면, 깨진창이론의 근거에 기초하여 경찰이 관용적인 태도로 사전예방적 접근을 할 것인지, 무관용적인 태도로 사후대응적 접근을 할 것인지에 대해서는 진지한 고민이 필요하다고 본다.

2) 방범심방·진단 등 활동

(1) 방범심방

방범심방(防犯尋訪)이라는 것은 지역경찰관이 관할 구역 내의 주택가, 기업체, 금융기관 및 금은방 등 현금다액취급업소, 일반상가, 아파트 단지, 다중이 출입하는 건물(호텔, 스포츠센터, 백화점 등), 기타 시설을 방문(訪問)하여 범죄예방, 청소년선도, 안전사고 방지 등의 지도·계몽과 상담 및 연락 등의 업무를 수행하고, 민원사항을 청취하며, 주민의 협력을 얻어 예방경찰상의 기초자료를 수집하는 활동을 말한다.[21)]

이러한 방범심방은 경찰청훈령인 「경찰방문 및 방범진단 규칙」과 「지역경찰조직 및 운영에 관한규칙」 등에 근거를 두고 있다. 방범심방은 주민으로부터 방문요청이 있거나 경찰서장, 지구대장이 필요하다고 인정할 때 상대방의 동의를 얻어 수시로 할 수 있도록 함으로써 주변으로부터 협조 및 조언을 받고, 지도하는 비권력적 사실행위인 행정지도의 성격을 갖는다. 따라서 방범심방을 강제하거나 그를 통해 명령·강제하는 행위를 할 수는 없다.

방범심방은 일출 후부터 일몰시간 전에 실시하는 것을 원칙으로 하고, 다만 주민으로부터 야간 방문요청이 있거나 특별한 사유로 인해 경찰서장의 사전 허가와 상대방의 동의를 얻은 때에는 야간에도 실시 할 수 있다.

(2) 방범진단

방범진단(防犯診斷)은 위와 같은 방범심방 대상에 대하여 방범상의 제반 시설과 기구의 상황을 점검하여 방범상의 결함을 보완하도록 지도하는 경찰활동을 말한다. 방범진단을 거주자 또는 관리자의 사전승낙을 받아서 실시하되, 1차로 경찰방범활동의 기초단위인 지구대에서 순찰활동이나 방범심방을 통하여 실시하고, 경찰서는 특정 범죄의 집중발생 등 새로운 치안수요가 증가할 때에 파출소의 방범진단 결과를 토대로 2차 진단을 실시한다.

이러한 방범진단은 경찰, 주민역량 등 인적 요소와 비상벨, 보안등 등 제반 물적 요소

21) 방범심방제도는 일제강점기(조선총독부 훈령 제33호, 1922.7.)와 해방직후(내부부령 제3호, 1949.10.)부터 실시해 오던 호구조사제도를 변형한 것이다. 경찰편의 위주인 일제 전체주의사회의 잔재로서 고도산업사회의 발전에 따른 치안여건의 변화 및 치안수요의 증가 등으로 사실상 모든 세대에 걸친 호구조사가 불가능하게 되었을 뿐만 아니라 행정의 과학과, 전문화에 따른 각종 자료의 전산화 및 유사업무의 증가 등으로 실효성이 거의 없게 되었다. 따라서 호구조사제도를 폐지하고 방범상담, 청소년선도, 주민계몽, 민원청취 등 적극적인 봉사활동 중심의 방범심방제도를 실시하게 되었다. 특히, 업무상 불필요한 개인의 비밀까지 수집하여 주민들의 거부감을 유발하는 등 문제점을 해소하기 위하여 1987.6.1부터 주민편의 위주의 방범제도를 실시하게 되었다. 이하 김충남(2008), 앞의 책, pp. 398-406 재구성.

를 총망라하여 제한 없이 실시함을 원칙으로 하되, 관내 범죄분석 자료를 바탕으로 업종별, 시간별, 죄종별, 지역별로 방범진단의 대상을 분류하고, 범죄자의 침입·도주로, 보호출입구 등 건물설계 상태, 안전장치나 경보기기의 설치 및 작동상태 등 진단대상물과 방범자원에 대한 적정성을 파악하도록 한다. 특히, 해당 대상요소에 대한 과거자료 등 고정관념을 버리고, 원점에서 외부에서 내부로, 내부에서 외부로 중첩 진단을 하는 것이 바람직하다.

(3) 방범홍보

방범홍보(防犯弘報)는 범죄수법, 범죄사례, 범죄분석 등 범죄에 대한 정보와 범죄방지대책을 지역주민에게 알려서 그들이 범죄 및 각종 안전사고의 피해자가 되는 것을 방지하고, 경찰과 지역사회와의 친밀한 관계를 유지하기 위한 제반 활동을 말한다.

일반적으로 지역주민들의 범죄 및 사건·사고에 대한 인식은 대부분 피상적인 경우가 많다. 또한 본인이 직접 피해를 입기 전까지는 그 심각성을 알지 못하는 것이 보통이다. 따라서 범죄의 피해사례나 대응요령 등을 홍보하여 그들에게 예방의 필요성을 인식시켜 준다면 범죄의 상당부분을 예방하거나 피해의 구제가 가능하다고 본다. 또한 범죄에 대한 홍보활동은 많은 사람들의 관심을 불러일으키고, 사람들의 범죄에 대한 관심은 곧 사회의 범죄에 대한 '비공식적 통제력'을 향상시켜 범죄억제 효과를 가져다준다고 생각한다.

방범홍보는 홍보내용에 따라 시민들이 손쉽고 자연스럽게 그 정보를 습득할 수 있는 방법으로 한다. 신문, 잡지, 포스터, 전단, 영화, 라디오, 텔레비전, 유선방송, 인터넷 등과 같은 매스미디어를 활용하는 방법과 강연회·간담회 참석, 방범심방, 순찰 등 경찰관이 직접 주민과 접촉을 통하여 홍보하는 방법, 그리고 자율방범단체나 각종 사회단체기관을 통하여 홍보하는 방법이 있다.

(4) 방범정보

방범정보(防犯情報)의 수집은 지역경찰관이 범죄예방활동을 효과적으로 수행하기 위하여 관할 구역 내의 방범에 관한 제반 자료 및 지식을 수집하는 활동으로, 이를 통해서 방범활동계획의 수립, 실행 및 평가의 자료가 된다. 따라서 경찰관은 직무수행 과정에서 문제가 있다고 판단된 사항 등에 대해서는 관련 정보를 수집하여 경찰서장에게 보고하는 것이 필요하다.

이를 위해 경찰관은 담당구역 내의 범죄발생 통계 등을 분석하여 범죄의 종별, 수법, 경향, 발생시간 및 지역 등의 실태를 파악한 후 일상근무, 방범심방·진단 등 일반적인 범죄예방활동의 기회를 활용하여 광범위하면서도 정확하게 지역주민 사이에 유포되는 범죄와 관련이 있는 사항을 청취하는 것이 바람직하다. 또한 정보원(情報源)은 어느 곳이나 존재하고 있다는 사실을 인식하고 매우 사소한 것이라도 관심을 갖고 주의를 기울일 필요가 있다.

3) 생활안전사범 단속활동

(1) 생활안전사범 단속의 의미

생활안전경찰은 순찰 등 외근활동을 하는 동시에 관할구역 내의 경미한 범죄 위반행위와 성매매, 사행행위, 청소년 비행 등 전통적인 미풍양속(美風良俗)을 저해하는 각종 위반행위에 대한 단속·규제활동을 수행하고 있다. 이러한 위방행위를 생활안전사범(生活安全事犯) 또는 경찰사범(警察事犯)이라는 말로 표현하고 있다.

물론, 이들 생활안전사범의 단속·처벌 사항이 법률상 독특한 위치에 있는 것은 아니다. 종래의 경찰행정법규와 형벌법규의 위반자에 대한 단속의 또 다른 표현이다. 다만, 종래에 생활안전경찰이 이에 대한 단속·규제업무를 전반적으로 수행해 왔기 때문에 이에 대해 생활안전사범이라는 명칭을 사용하는 것일 뿐이다.

한편, 생활안전사범에 대한 단속·규제 대상은 그 종류가 매우 광범위하다. 따라서 평상시 이에 대한 충분한 지식 및 신중한 적용이 필요하며, 특별법의 경우 그 종류가 많고 개정이 빈번하므로 사안별 일목요연한 법령의 정리와 최근의 법령 숙지에 노력해야 한다.

(2) 경범죄사범의 단속

① 경범죄사범의 의미

경범죄사범은 경범죄처벌법(輕犯罪處罰法)을 위반한 행위자를 말한다. 경범죄처벌법은 국민의 일상생활에서 준법정신을 높이고 사회적 도덕심을 향상시켜 사회공공의 안녕질서를 유지하고, 기초질서위반행위 등 비교적 경미한 범죄행위의 단속을 통하여 그 이후에 발생할 수 있는 더 큰 범죄 및 무질서 문제를 사전에 예방하기 위하여 제정(1954)되었다.

경범죄처벌법은 비교적 경미한 범죄와 이에 대한 형벌(刑罰)을 규정하고 있다는 점에서 형사실체법 즉, 실질적의미의 형법에 해당한다고 볼 수 있다.[22] 경범죄처벌법은 이와 같이 일상생활에 있어서 비근한 도덕율에 기반을 둔 것이기 때문에 이 법이 규정하는 각

22) 김일수(1987.9.), "경범죄처벌법의 제문제," 대한변호사협회지, p. 26.

종 범죄는 일반적으로 자연범의 범주에 속한다고 본다. 다만, 허위신고, 장난전화 등 일부는 법정범 또는 행정범적인 색채가 있는 것도 사실이다.[23]

그런데, 이 법을 적용할 때에는 국민의 권리를 부당하게 침해하지 아니하도록 세심한 주의를 기울여야 하며, 본래의 목적에서 벗어나 다른 목적을 위하여 이 법을 적용하여서는 아니 된다는 점을 분명히 하고 있다(제2조). 생각건대, 국민들이 일상적인 생활에서 위반하기 쉬운 범죄에 대해서 규정하고 있는 이 법을 경찰이 오남용 하여 적용 할 경우, 국민들의 정상적인 삶에 상당한 불편함을 초래할 것이라는 점은 분명하다고 본다.

② 경범죄의 종류와 처벌

경범죄는 그 종류에 따라 크게 ㉠ 10만원 이하의 벌금, 구류 또는 과료(科料)의 형, ㉡ 20만원 이하의 벌금, 구류 또는 과료의 형, ㉢ 60만원 이하의 벌금, 구류 또는 과료의 형으로 구분된다(제3조 제1항~제3항).

경범죄의 종류와 처벌

① 10만원 이하의 벌금, 구류 또는 과료의 형

- 빈집 등에의 침입, 흉기의 은닉후대, 폭행 등 예비, 시체 현장변경 등, 도움이 필요한 사람 등의 신고불이행, 관명사칭, 물품강매·호객행위, 광고물 무단부착 등, 마시는 물 사용방해, 쓰레기 등 투기, 노상방뇨 등, 의식방해, 단체가입 강요, 타인의 가축·기계 등 무단조작, 물길의 흐름 방해, 구걸행위 등, 불안감조성, 음주소란 등, 인근소란 등, 위험한 불씨사용, 물건 던지기 등 위험행위, 인공구조물 등의 관리소홀, 위험한 동물의 관리소홀, 동물 등에 의한 행패, 무단소등, 공중통로 안전관리소홀, 공무원 원조불응, 거짓 인적사항 사용, 미신요법, 야간통행제한 위반, 과다노출,[24] 지문채취 불응, 자릿세 징수 등, 행렬방해, 무단출입, 총포 등 조작 장난, 무임승차 및 무전취식, 장난전화 등, 지속적 괴롭힘(40개 유형).

---

23) 정덕장(1994), 경범죄처벌법, 서울: 법원사, p. 3.

24) ① 경범죄처벌법(2012.3.21. 법률 제11401호로 전부개정된 것) 제3조 제1항 제33호(과다노출)는 헌법에 위반된다. 단순위헌, 2016헌가3, 2016.11.24.; ② 헌재는 이 부분이 형벌은 명확해야 한다는 원칙을 벗어나 위헌이라고 했다(명확성원칙 위배). 헌재는 결정문에서 "알몸을 지나치게 내놓는 것이 무엇인지 판단하기 쉽지 않고 가려야 할 곳의 의미도 파악하기 어렵다"며 "노출되었을 때 부끄러운 느낌이나 불쾌감을 주는 신체부위 역시 사람마다 달라 의미를 확정하기가 곤란하다"고 밝혔다. 헌재는 "불명확성을 해소하기 위해 노출이 허용되지 않는 신체부위를 열거하거나 구체적으로 특정하여 분명하게 규정하는 것이 불가능하지 않다"면서 "가령 바바리맨의 성기 노출 행위를 규제할 필요가 있다면 노출이 금지되는 신체부위를 성기로 명확히 특정하면 된다"고 지적하였다. 경향신문(2016.11.24.).

② 20만원 이하의 벌금, 구류 또는 과료의 형
- 출판물의 부당게재, 거짓광고, 업무방해, 암표매매(4개 유형).

③ 60만원 이하의 벌금, 구류 또는 과료의 형
- 관공서에서의 주취소란, 거짓신고(2개 유형).

한편, 이 법의 죄를 짓도록 시키거나 도와준 사람은 죄를 지은 사람에 준하여 벌(교사·방조죄)하도록 하고 있다(제4조). 그리고 이 법에 따라 사람을 벌할 때에는 그 사정과 형편을 헤아려서 그 형을 면제(免除)하거나 구류와 과료를 함께 과(科)할 수 있도록 하고 있다(제5조).

③ 경범죄 처벌의 특례

㉠ 범칙행위

그런데, 경범처벌법에서 특례를 두어 경범죄 위반행위 가운데 특별히 '범칙행위'(犯則行爲)라는 용어를 사용하고 있다. 범칙행위라는 것은 경범죄처벌법에서 규정하고 있는 '경미한 위반행'위 가운데 '보다 경미한 위반행위'로 볼 수 있다.

이러한 범칙행위 대상은 경범죄 유형 및 처벌 내용 가운데 10만원 이하의 벌금·과료·구류의 형, 20만원 이하의 벌금·과료·구류의 형을 그 대상으로 하고 있다(제6조 제1항). 이러한 범칙행위를 한 자를 '범칙자'(犯則者)라고 하는데, 이를 충족하기 위해서는 일정한 요건이 있다(제2항 각호 단서).[25)]

㉡ 통고처분

이와 같이 이 법의 조건에 맞는(즉, 제6조 제2항) 범칙자에 대해서는 경범죄처벌법에서 원칙적으로 처벌하고자 하는 형벌(벌금, 구류, 과료) 대신 '범칙금'(犯則金)으로 납부하도록 한 것이다(제6조 제3항 단서).[26)]

---

25) 즉, 범칙행위를 한 범칙자이지만 다음과 같은 경우에는 범칙자로서 범칙금납부를 부과하지 않고, 경범죄처벌법 원래 처벌에 해당하는 벌금·구류·과료의 형에 처하거나, 혹은 형을 부과하는 것이 부적절한 경우를 말한다. 이에는 ① 범칙행위를 상습적으로 하는 사람, ② 죄를 지은 동기나 수단 및 결과를 헤아려볼 때 구류처분을 하는 것이 적절하다고 인정되는 사람, ③ 피해자가 있는 행위를 한 사람, ④ 18세 미만인 사람이 해당된다(제6조 제2항). 여기에서 '①②③'은 이법의 원래 취지대로 벌금·구류·과려의 형에 처해지도록 한 것이고, '④'는 연령이 어리기 때문에 형의 면제 등의 대상자로서의 의미를 갖는다고 본다.

26) 범칙금은 형벌(벌금·과료)도 아니고 그렇다고 행정벌(과태료)에도 해당하지 않은 독특한 위치에 있다. 범칙금제도는 도로교통법 제156조와 제157조에서도 광범위하게 적용되고 있다. 이렇게 범칙금제도를 둠으로써 위에서 경범죄처벌법은 실질적의미의 형법으로서의 의미를 가지면서 동시에 행정법의 의미도 가지게 된 것이다. 이에 대한 자세한 내용은 제10

따라서 경찰서장(警察署長), 제주특별도지사 또는 철도특별사법경찰대장 등은 범칙자로 인정되는 사람에 대하여 그 이유를 명백히 나타낸 서면(書面)으로 범칙금을 부과하고 이를 납부할 것을 통고할 수 있다(제7조 제1항). 이를 통고처분(通告處分)이라고 한다.

다만, 일정한 사유에 해당하는 사람은 통고하지 아니하도록 하고 있다.[27] 한편, 제주특별자치도지사, 철도특별사법경찰대장은 위의 내용에 따라 통고처분을 한 경우에는 관할 경찰서장에게 그 사실을 통보하도록 하고 있다(제7조 제3항).

㉢ 범칙금의 납부

통고처분서를 받은 사람은 통고처분서를 받은 날부터 '10일 이내'에 경찰청장(警察廳長), 철도특별사법경찰대장 등이 지정한 은행, 그 지점이나 대리점, 우체국 또는 제주특별자치도지사가 지정하는 금융기관이나 그 지점에 범칙금을 납부하여야 한다. 다만, 천재지변이나 그 밖의 부득이한 사유로 말미암아 그 기간 내에 범칙금을 납부할 수 없을 때에는 그 부득이한 사유가 없어지게 된 날부터 '5일 이내'에 납부하여야 한다(제8조 제1항).

이에 따른 납부기간에 범칙금을 납부하지 아니한 사람은 납부기간의 마지막 날의 다음 날부터 20일 이내에 통고받은 범칙금에 그 금액의 '100분의 20을 더한 금액'을 납부하여야 한다(제2항). 그리고 이에 따른 범칙금을 납부한 사람은 그 범칙행위에 대하여 다시 처벌받지 아니한다(제3항).

㉣ 통고처분 불이행자 등의 처리

경찰서장은 통고처분 불이행자 등에 대해서는 '지체 없이' 즉결심판을 청구하여야 한다.[28] 다만, 즉결심판이 청구되기 전까지 통고받은 범칙금에 그 금액의 '100분의 50을 더한 금액'을 납부한 사람에 대하여는 그러하지 아니하다(제9조 제1항).

그리고 납부기간에 범칙금을 납부하지 아니한 이유로 즉결심판이 청구된 피고인(被告人)이 통고받은 범칙금에 그 금액의 '100분의 50을 더한 금액'을 납부하고 그 증명서류를 즉결심판 선고 전까지 제출하였을 때에는 경찰서장 등은 그 피고인에 대한 즉결심판 청구를 취소하여야 한다(제2항).

한편, 제주특별자치도지사 또는 철도특별사법경찰대장은 제9조 제1항 각 호의 어느 하

장 행정경찰권한(경찰법 부과권한) 참조.

27) 통고 제외대상: ① 통고처분서 받기를 거부한 사람, ② 주거 또는 신원이 확실하지 아니한 사람, ③ 그 밖에 통고처분을 하기가 매우 어려운 사람(경범죄처벌법 제7조 제1항).

28) 즉결심판 청구대상은 ① 제7조 제1항 각 호의 어느 하나에 해당하는 사람, ② 납부기간에 범칙금을 납부하지 아니한 사람이 이에 해당된다(경범죄처벌법 제9조 제1항).

나에 해당하는 사람(즉, 통고처분 불이행자 등)이 있는 경우에는 즉시 관할 경찰서장에게 그 사실을 통보하고 관련 서류를 넘겨야 한다. 이 경우 통보를 받은 경찰서장은 위와 같은 절차에 따라 이를 처리하여야 한다(제4항).

④ 경찰의 경범죄 단속처리 방법

㉠ 현장에서의 처리

경범죄사범의 단속과 처리는 시민생활과 직접적인 관계가 있으므로 경찰관은 단속시 선량한 시민에게 피해가 발생하지 않도록 신중을 기하여야 한다. 경범죄사범을 발견하면 현장에서 계도(啓導)하거나 범칙금납부통고서를 발부하고, 지구대나 파출소로 동행하여 훈방 또는 즉결심판에 회부하도록 해야 한다.[29)]

㉡ 지구대(파출소) 및 생활안전과에서의 처리

지구대 및 파출소에 동행된 경범죄사범에 대해서는 1시간 이내에 심사하여 훈계방면, 통고처분, 즉심회부, 형사입건(범죄사실이 중하다고 인정되는 경우 수사과로 이첩하여 형사소송절차를 따르도록 함), 타 기관 이첩(예, 현역에 복무하는 군인으로 밝혀진 경우에는 군 헌병대 등 군수사기관에 이첩) 등의 방법으로 처리하게 된다.

(3) 풍속사범의 단속

① 풍속사범의 의미

풍속사범(風俗事犯)은 '사회의 선량한 풍속 및 건전한 생활습관에 유해한 영향을 끼치는 행위'를 말하며, 이와 같은 행위를 금지·제한·단속하는 경찰을 '풍속경찰'이라고 부르기도 한다. 선량한 풍속이나 생활습관은 항상 고정된 관념이 아니라, 어느 특정시대나 국가에서 일반적으로 용인되고 있는 도덕적 관념과 규범을 말하는 것으로 어떤 행위가 선량한 풍속에 유해한 행위인가는 그 나라의 역사적·문화적 환경에 따라 다르다고 볼 수 있다. 이러한 선량한 풍속의 파괴는 건전한 사회생활을 해할뿐만 아니라 범죄의 온상이 되기도 한다. 풍속사범을 처벌하는 규정은 형법에도 있으나, 범죄를 미연에 방지하고 미풍을 보전하기 위해서는 형법상의 벌칙만으로는 불충분하다고 본다.

따라서 이에 적절한 특별 행정법규를 제정하여 선량한 풍속을 해할 우려가 있는 풍속영업에 대하여는 행정경찰권한에 의하여 지도·감독하고, 기타 위해 행위에 대해서는 이를 단속하도록 하고 있다. 이와 관련된 대표적인 법이 바로 「풍속영업의 규제에 관한 법

29) 김충남(2008), 앞의 책, pp. 413-414.

률」이라 할 수 있다. 이 법은 '풍속영업을 하는 장소에서 선량한 풍속을 해치거나 청소년의 건전한 성장을 저해하는 행위 등을 규제하여 미풍양속을 보존하고 청소년을 유해한 환경으로부터 보호함을 목적'으로 하고 있다(제1조).

② 풍속영업의 범위

풍속영업의 범위는 다음의 어느 하나에 해당하는 영업을 말한다(풍속영업의 규제에 관한 법률 제2조).

㉠ 게임산업진흥에 관한 법률에 따른 게임제공업 및 복합유통게임제공업

게임제공업이라는 것은 공중(公衆)이 게임물을 이용할 수 있도록 이를 제공하는 영업을 말한다. 예컨대, 오락실이나 PC방이 이에 해당된다. 복합유통게임제공업이라 함은 게임제공업 또는 인터넷 컴퓨터게임시설제공업과 이 법에 의한 다른 영업 또는 다른 법률에 의한 영업을 동일한 장소에서 함께 영위하는 영업을 말한다.

㉡ 영화 및 비디오물의 진흥에 관한 법률에 따른 비디오물 감상실업

다수의 구획된 시청실과 비디오물 시청기자재를 갖추고 비디오물을 공중의 시청에 제공(이용자가 직접 시청시설을 작동하여 이용하는 경우를 포함)하는 영업을 말한다.

㉢ 음악산업진흥에 관한 법률에 따른 노래연습장업

노래연습장업이라는 것은 연주자를 두지 아니하고 반주에 맞추어 노래를 부를 수 있도록 하는 영상 또는 무영상 반주장치 등의 시설을 갖추고 공중의 이용에 제공하는 영업을 말한다. 여기에서는 주류의 판매·제공, 접대부의 고용·알선, 성매매행위 알선·제공은 금지된다.

㉣ 공중위생관리법의 규정에 따른 숙박업, 목욕장업, 이용업 중 대통령령으로 정하는 것

숙박업이라는 것은 손님이 잠을 자고 머물 수 있도록 시설 및 설비 등의 서비스를 제공하는 영업을 말한다. 다만, 농어촌 민박사업용 시설, 자연휴양림 안에 설치된 시설, 청소년 수련시설, 외국인관광 도시민박업용 시설은 제외된다. 목욕장업(沐浴場業)은 물로 목욕을 할 수 있는 시설 및 설비 등의 서비스를 제공하는 영업을 말한다.

다만, 위의 숙박업 영업소에 부설된 욕실, 종합체육시설업의 체온 관리실, 그리고 위의 민박시설 등에 부설된 욕실은 제외된다. 이용업(理容業)은 손님의 머리카락 또는 수염을 깎거나 다듬는 등의 방법으로 손님의 용모를 단정하게 하는 영업을 말한다. 반면 미용업(美容業)은 손님의 얼굴·머리·피부 등을 손질하여 손님의 외모를 아름답게 꾸미는 영업을 말하는 것으로 이용업과 구분 된다.

㉤ 식품위생법에 따른 식품접객업 중 대통령령으로 정하는 것

식품접객업 중 대통령령으로 정하는 것은 단란주점영업 및 유흥주점영업을 말한다. 단란주점은 술 판매는 가능하지만 접대부고용은 금지되며, 유흥주점은 술 판매 및 접대부고용이 가능하다.

㉥ 체육시설의 설치·이용에 관한 법률에 따른 무도학원업 및 무도장업

㉦ 그 밖에 선량한 풍속을 해치거나 청소년의 건전한 성장을 저해할 우려가 있는 영업으로 대통령령으로 정하는 것

③ **풍속영업의 준수사항**

이상과 같은 풍속영업을 하는 자(허가나 인가를 받지 아니하거나 등록이나 신고를 하지 아니하고 풍속영업을 하는 자를 포함)[30] 및 대통령령으로 정하는 종사자는 풍속영업을 하는 장소(풍속영업소)에서 다음의 행위를 하여서는 아니 된다(풍속영업에 관한 법률 제3조).

㉠ 성매매알선 등 행위의 처벌에 관한 법률에 따른 성매매알선 등 행위

성매매알선 등 행위란 '성매매를 알선·권유·유인 또는 강요하는 행위, 성매매의 장소를 제공하는 행위, 성매매에 제공되는 사실을 알면서 자금·토지 또는 건물을 제공하는 행위'를 하는 것을 말한다(성매매알선 등 행위의 처벌에 관한 법률 제2조 제1항 제2호). 이를 위반하여 풍속영업소에서 성매매알선 등 행위를 한 자는 3년 이하의 징역 또는 3천만원 이하의 벌금에 처하도록 하고 있다(제10조 제1항).

㉡ 음란행위를 하게 하거나 이를 알선 또는 제공하는 행위

이를 위반하여 음란행위를 하게 하는 등 풍속영업소에서 준수할 사항을 지키지 아니한

30) ① 풍속영업의 규제에 관한 법률은 '풍속영업을 영위하는 장소'에서의 선량한 풍속을 해하거나 청소년의 건전한 육성을 저해하는 행위 등을 규제하여 미풍양속의 보존과 청소년의 보호에 이바지함을 목적으로 하여 제정된 것이고, 같은 법 제3조는 '풍속영업을 영위하는 자' 등이 지켜야 할 금지사항으로서, '풍속영업을 영위하는 장소'에서 윤락행위 또는 음란행위를 하게 하거나 이를 알선 또는 제공하는 행위 등을 규정하고 있다. ② 풍속영업의 규제에 관한 법률의 입법목적과 위 각 규정의 문언에 비추어 보면 위에서 '풍속영업을 영위하는 장소' 또는 '풍속영업을 영위하는 자'라고 함은 식품위생법 등 개별 법률에서 정한 영업허가나 신고, 등록의 유무를 묻지 아니하고 같은 법 제2조에서 정한 풍속영업의 범위에 속하는 영업이 실제로 이루어지고 있는 장소 또는 그와 같은 영업을 자신의 책임과 계산 하에 실제로 하는 자를 각 의미한다고 보아야 하고, 영업허가 등을 받아 적법하게 영업을 하는 장소나 영업자만을 의미한다고 볼 것은 아니다. 대법 1997.7.11., 96도3404.

자는 3년 이하의 징역 또는 2천만원 이하의 벌금에 처한다(10조 제2항). 아래의 'ㄷ과 ㄹ'의 처벌 또한 이와 같다.

ㄷ 음란한 문서 · 도화(圖畵) · 영화 · 음반 · 비디오물, 그 밖의 음란한 물건에 대한 다음의 행위[31]

가. 반포(頒布) · 판매 · 대여하거나 이를 하게 하는 행위

나. 관람 · 열람하게 하는 행위

다. 반포 · 판매 · 대여 · 관람 · 열람의 목적으로 진열하거나 보관하는 행위

ㄹ 도박이나 그 밖의 사행(射倖)행위를 하게 하는 행위

④ 허가관청의 풍속영영업의 통보

다른 법률에 따라 풍속영업의 허가를 한 자(즉, 허가관청, 인가를 하거나 등록 · 신고를 접수한 자를 포함)는 풍속영업소의 소재지를 관할하는 경찰서장에게 풍속영업자의 성명 및 주소(법인인 경우에는 대표자의 성명과 주소 포함), 풍속영업소의 명칭 및 주소, 풍속영업의 종류의 사항을 알려야 한다(제4조 제1항).

그리고 허가관청은 풍속영업자가 휴업 · 폐업하거나 그 영업내용이 변경된 경우와 그 밖에 대통령령으로 정하는 사유가 발생한 경우에는 경찰서장에게 그 사실을 알려야 한다(제2항).

⑤ 경찰서장의 허가관청에 대한 위반사항의 통보

경찰서장은 풍속영업자나 대통령령으로 정하는 종사자가 법에서 금지하고 있는 사항(성매매 알선, 음란행위 알선 · 제공, 음란문서 · 도서 등 반포 등, 사행행위 등 금지)을 위반하면 그 사실을 허가관청에 알려야 한다. 이에 따른 통보를 받은 허가관청은 그 내용에 따라 허가취소 · 영업정지 · 시설개수 명령 등 필요한 행정처분을 한 후 그 결과를 경찰서장에게 알려야 한다(제6조 제1항 · 제2항).

⑥ 경찰의 출입

경찰서장은 특별히 필요한 경우 국가경찰공무원에게 풍속영업소에 출입하여 풍속영업자와 대통령령으로 정하는 종사자가 법에서 정한 준수 사항을 지키고 있는지를 검사하게

31) 풍속영업소인 숙박업소에서 음란한 외국의 위성방송프로그램을 수신하여 투숙객 등으로 하여금 시청하게 하는 행위는, 풍속영업의 규제에 관한 법률(舊) 제3조 제2호에 규정된 '음란한 물건'을 관람하게 하는 행위에 해당한다. 대법 2010.7.15., 2008도11679.

할 수 있다(제9조 제1항). 이에 따라 풍속영업소에 출입하여 검사하는 국가경찰공무원은 그 권한을 표시하는 증표를 지니고 이를 관계인에게 내보여야 한다(제2항).

⑦ **양벌규정**

법인의 대표자나 법인 또는 개인의 대리인, 사용인, 그 밖의 종업원이 그 법인 또는 개인의 업무에 관하여 이 법에서 정한 위반행위(제10조 벌칙)를 하면 그 행위자를 벌하는 외에 그 법인 또는 개인에게도 해당 규정의 벌금형을 과하도록 하고 있다. 다만, 법인 또는 개인이 그 위반행위를 방지하기 위하여 해당 업무에 관하여 상당한 주의와 감독을 게을리 하지 아니한 경우에는 예외로 하고 있다(제12조).

(4) 성매매사범 단속

① **성매매사범의 의미**

성매매사범은 성매매, 성매매알선 등 행위, 성매매 목적의 인신매매 등과 관련된 제반 범죄행위를 말한다. 이러한 성매매사범을 단속하기 위하여 「성매매알선 등 행위의 처벌에 관한 법률(약칭: 성매매처벌법)」, 그리고 특히, 아동·청소년을 성범죄로부터 보호하고 이들이 건전한 사회구성원으로 성장할 수 있도록 하기 위하여 「아동·청소년의 성보호에 관한 법률(약칭: 청소년성보호법)」이 마련되어 있다. 생활안전경찰은 관할구역 내에서 경찰은 이러한 성매매사범에 대한 전반적인 단속활동을 하고 있다.

㉠ 성매매

성매매란 불특정인을 상대로 금품이나 그 밖의 재산상의 이익을 수수(收受)하거나 수수하기로 약속하고 성교행위, 구강·항문 등 신체의 일부 또는 도구를 이용한 유사 성교행위를 하거나 그 상대방이 되는 것을 말한다(성매매처벌법 제2조 제1항 제1호).

㉡ 성매매알선 등 행위

성매매알선 등 행위란 성매매를 알선·권유·유인 또는 강요하는 행위, 성매매의 장소를 제공하는 행위, 성매매에 제공되는 사실을 알면서 자금·토지 또는 건물을 제공하는 행위를 하는 것을 말한다(제2조 제1항 제2호).

㉢ 성매매 목적의 인신매매

성매매 목적의 인신매매란 성을 파는 행위 또는 형법 제245조에 따른 음란행위를 하게 하거나,[32] 성교행위 등 음란한 내용을 표현하는 사진·영상물 등의 촬영 대상으로 삼을 목적으로 위계(僞計), 위력(威力), 그 밖에 이에 준하는 방법으로 대상자를 지배·관리하면서 제3자에게 인계하는 행위 등을 말한다(제2조 제1항 제3호).

㉣ 성매매 피해자

가. 위계·위력, 그 밖에 이에 준하는 방법으로 성매매를 강요당한 사람

나. 업무관계, 고용관계, 그 밖의 관계로 인하여 보호 또는 감독하는 사람에 의하여 마약류관리에 관한 법률에 따른 마약·향정신성의약품 또는 대마에 중독되어 성매매를 한 사람

다. 청소년, 사물을 변별하거나 의사를 결정할 능력이 없거나 미약한 사람 또는 대통령령으로 정하는 중대한 장애가 있는 사람으로서 성매매를 하도록 알선·유인된 사람

라. 성매매 목적의 인신매매를 당한 사람(제2조 제1항 제4호).

② 금지행위

누구든지 ㉠ 성매매, ㉡ 성매매알선 등 행위, ㉢ 성매매 목적의 인신매매, ㉣ 성을 파는 행위를 하게 할 목적으로 다른 사람을 고용·모집하거나 성매매가 행하여진다는 사실을 알고 직업을 소개·알선하는 행위, ㉤ '㉠㉡㉣'의 행위 및 그 행위가 행하여지는 업소에 대한 광고행위를 해서는 안 된다(제4조).

③ 성매매피해자 등의 보호

㉠ 성매매피해자에 대한 처벌특례와 보호

성매매피해자의 성매매는 처벌하지 아니한다(제6조 제1항). 검사 또는 사법경찰관은 수사과정에서 피의자 또는 참고인이 성매매피해자에 해당한다고 볼 만한 상당한 이유가 있을 때에는 지체 없이 법정대리인, 친족 또는 변호인에게 통지하고, 신변보호, 수사의 비공개, 친족 또는 지원시설·성매매피해상담소에의 인계 등 그 보호에 필요한 조치를 하여야 한다. 다만, 피의자 또는 참고인의 사생활 보호 등 부득이한 사유가 있는 경우에는 통지하지 않을 수 있다(제2항).

---

32) 공연히 음란한 행위를 한 자는 1년 이하의 징역, 500만원 이하의 벌금, 구류 또는 과료에 처한다(형법 제245조). 요구르트 제품의 홍보를 위하여 전라의 여성 누드모델들이 일반 관람객과 기자 등 수십 명이 있는 자리에서, 알몸에 밀가루를 바르고 무대에 나와 분무기로 요구르트를 몸에 뿌려 밀가루를 벗겨내는 방법으로 알몸을 완전히 드러낸 채 음부 및 유방 등이 노출된 상태에서 무대를 돌며 관람객들을 향하여 요구르트를 던진 행위가 공연음란죄에 해당한다. 대법 2006.1.13., 2005도1264.

㉡ 불법원인으로 인한 채권무효

아래의 어느 하나에 해당하는 사람이 그 행위와 관련하여 성을 파는 행위를 하였거나 할 사람에게 가지는 채권은 그 계약의 형식이나 명목에 관계없이 무효(無效)로 한다. 그 채권을 양도하거나 그 채무를 인수한 경우에도 또한 같다(제10조 제1항). 이는 위법·부당한 방법으로 이득을 위하였기 때문에 당사자의 채권을 인정하지 않는 것이라 할 수 있다.

가. 성매매알선 등 행위를 한 사람

나. 성을 파는 행위를 할 사람을 고용·모집하거나 그 직업을 소개·알선한 사람

다. 성매매 목적의 인신매매를 한 사람

따라서 검사 또는 사법경찰관은 이러한 불법원인과 관련된 것으로 의심되는 채무의 불이행을 이유로 고소·고발된 사건을 수사할 때에는 금품이나 그 밖의 재산상의 이익 제공이 성매매의 유인·강요 수단이나 성매매 업소로부터의 이탈방지 수단으로 이용되었는지를 확인하여 수사에 참작해야 한다(제10조 제2항).

④ 아동·청소년의 성보호

성매매알선 등 행위의 처벌에 관한 법률에서 규정한 사항에 관하여 「아동·청소년의 성보호에 관한 법률(약칭: 청소년성보호법)」에 특별한 규정이 있는 경우에는 그 법에서 정하는 바에 따르도록 하고 있다(성매매처벌법 제5조).

따라서 아동·청소년의 성보호에 관한 법률은 특별법에 해당된다. 여기에서 아동·청소년이란 19세 미만의 자(다만, 19세에 도달하는 연도의 1월 1일을 맞이한 자는 제외)를 말한다(청소년성보호법 제2조 제1호).

㉠ 아동·청소년대상 성범죄와 아동·청소년대상 성폭력범죄의 구분

청소년성보호법에서는 아동·청소년대상 성범죄(性犯罪)와 아동·청소년대상 성폭력범죄(性暴力犯罪)로 구분하고 있다(이에 대해서는 제2조 제2호 및 제3호 참조).

한편, 아동·청소년대상 성범죄와 관련하여 '아동·청소년의 성을 사는 행위'라는 것은 '아동·청소년, 아동·청소년의 성(性)을 사는 행위를 알선한 자 또는 아동·청소년을 실질적으로 보호·감독하는 자 등에게 금품이나 그 밖의 재산상 이익, 직무·편의제공 등 대가를 제공하거나 약속하고 다음의 어느 하나에 해당하는 행위를 아동·청소년을 대상으로 하거나 아동·청소년으로 하여금 하게 하는 것'을 말한다(청소년성보호법 제2조 제4호).

가. 성교 행위
나. 구강·항문 등 신체의 일부나 도구를 이용한 유사성교 행위
다. 신체의 전부 또는 일부를 접촉·노출하는 행위로서 일반인의 성적 수치심이나 혐오감을 일으키는 행위
라. 자위행위

그리고 아동·청소년대상 성범죄와 관련하여 '아동·청소년이용 음란물'이라는 것은 '아동·청소년 또는 아동·청소년으로 명백하게 인식될 수 있는 사람이나 표현물이 등장하여 위의 '아동·청소년의 성을 사는 행위'의 어느 하나에 해당하는 행위를 하거나 그 밖의 성적 행위를 하는 내용을 표현하는 것으로서 필름·비디오물·게임물 또는 컴퓨터나 그 밖의 통신매체를 통한 화상·영상 등의 형태로 된 것'을 말한다(제2조 제5호).

ⓛ 아동·청소년대상 성범죄의 처벌과 절차에 관한 특례

이러한 청소년성보호법에서는 17개의 아동·청소년대상 성범죄의 처벌과 절차에 관한 특례를 두고(제7조~제33조), 아동·청소년을 성범죄 등으로부터 보호하고자 하고 있다.

아동·청소년대상 성범죄의 처벌과 절차에 관한 특례규정
① 아동·청소년에 대한 강간·강제추행 등
② 장애인인 아동·청소년에 대한 간음 등
③ 강간 등 상해·치상
④ 강간 등 살인·치사
⑤ 아동·청소년이용 음란물의 제작·배포 등
⑥ 아동·청소년 매매행위
⑦ 아동·청소년의 성을 사는 행위
⑧ 아동·청소년에 대한 강요행위
⑨ 알선영업행위 등
⑩ 피해자 등에 대한 강요행위
⑪ 온라인서비스 제공자의 의무
⑫ 신고의무자의 성범죄에 대한 가중처벌
⑬ 형법상 감경규정에 관한 특례
⑭ 공소시효에 관한 특례
⑮ 친권상실청구 등

⑯ 수사 및 재판절차에서의 배려
⑰ 영상기록물의 보존 등
⑱ 증거보전의 특례 등

(5) 위험물 취급사범의 단속

① 위험물의 의미

위험물(危險物)은 공중에게 위해를 끼치거나 재산상의 손해를 가져올 위험성이 많은 특수한 물건을 말하다. 경찰의 직무수행 과정에서 시민에게 물리적 안전을 확보하기 위한 위험물의 규제·단속은 경찰에 있어서 중요한 업무라고 할 수 있다. 이러한 위험물과 관련하여 대표적으로 「총포·도검·화약류 등의 안전관리에 관한 법률(약칭: 총포화약법)」을 들 수 있다.

이 법은 '총포·도검·화약류·분사기·전자충격기·석궁의 제조·판매·임대·운반·소지·사용과 그 밖에 안전관리에 관한 사항을 정하여 총포·도검·화약류·분사기·전자충격기·석궁으로 인한 위험과 재해를 미리 방지함으로써 공공의 안전을 유지하는 데 이바지함을 목적'으로 하고 있다(총포화약법 제1조).

㉠ 총포의 개념

총포(銃砲)라는 것은 권총·소총·기관총·포·엽총, 금속성 탄알이나 가스등을 쏠 수 있는 장약총포, 공기총(압축가스를 이용하는 것 포함) 및 총포신·기관부 등 그 부품(이하 '부품'이라 함)으로서 대통령령이 정하는 것을 말한다(총포화약법 제2조 제1항).

㉡ 도검의 개념

도검(刀劍)이라는 것은 칼날의 길이가 15센티미터 이상 되는 칼·검·창·치도(雉刀)·비수 등으로서 성질상 흉기로 쓰여 지는 것과 칼날의 길이가 15센티미터 미만이라 할지라도 흉기로 사용될 위험성이 뚜렷이 있는 것 중에서 대통령령이 정하는 것을 말한다(법 제2조 제2항). 따라서 칼끝이 둥글고 날이 서있지 아니하여 흉기로 사용될 위험성이 없는 도검은 이 법의 규정에 의한 도검으로 보지 아니한다(동법 시행령 제4조 제3항).[33]

33) 칼날 부분에 날이 서 있지 아니하고 칼끝 부분도 둥글게 처리되어 있는 진검 유사의 도검은 베기 또는 찌르기가 불가능하므로 흉기로 사용될 위험성이 없어 총포·도검·화약류 등의 단속법 제2조 제2항 소정의 도검에 해당하지 않는다. 대법 2001.4.24., 2000도4689.

㉢ 화약류의 개념

화약류라는 것은 화약, 폭약 및 화공품(화공품: 화약 및 폭약을 써서 만든 공작물)을 말한다(이에 대한 세부적인 내용은 총포화약법 제2조 제3항 각호 참조).

㉣ 분사기의 개념

분사기라는 것은 사람의 활동을 일시적으로 곤란하게 하는 최루 또는 질식 등의 작용제를 분사할 수 있는 기기로서 대통령령이 정하는 것을 말한다. 다만, 살균·살충용 및 산업용 분사기를 제외한다(총포화약법 제2조 제4항 및 동법 시행령 제6조의2).

㉤ 전자충격기의 개념

전자충격기라는 것은 함은 사람의 활동을 일시적으로 곤란하게 하거나 인명에 위해를 가하는 전류를 방류할 수 있는 기기로서 대통령령이 정하는 것을 말한다. 다만, 산업용 및 의료용 전자충격기를 제외한다(총포화약법 제2조 제5항, 동법 시행령 제6조의3).

㉥ 석궁

석궁이라는 것은 활과 총의 원리를 이용하여 화살 등의 물체를 발사하여 인명에 위해를 줄 수 있는 것으로서 대통령령이 정하는 것을 말한다(총포화약법 제2조 제6항, 동법 시행령 제6조의4).

② **제조업의 허가**

㉠ 총포·화약류 제조업의 허가

총포 · 화약류의 제조업(총포의 개조 · 수리업과 화약류의 변형 · 가공업 포함)을 영위하고자 하는 사람은 제조소마다 행정안전부령이 정하는 바에 의하여 경찰청장(警察廳長)의 허가를 받아야 한다. 제조소의 위치 · 구조 · 시설 또는 설비를 변경하거나 제조하는 총포 · 화약류의 종류 또는 제조방법을 변경하고자 하는 때에도 또한 같다(총포화약법 제4조 제1항).

㉡ 도검·분사기·전자충격기·석궁 제조업의 허가

도검 · 분사기 · 전자충격기 · 석궁의 제조업을 영위하고자 하는 사람은 제조소마다 행정안전부령이 정하는 바에 의하여 제조소의 소재지를 관할하는 지방경찰청장(地方警察廳長)의 허가를 받아야 한다. 제조소의 위치 · 구조 · 시설 또는 설비를 변경하거나 제조하는 도검 · 분사기 · 전자충격기 · 석궁의 종류 또는 제조방법을 변경하고자 하는 때에도 또한 같다(제4조 제2항)

③ 판매업의 허가

총포·도검·화약류·분사기·전자충격기·석궁의 판매업을 영위하고자 하는 사람은 판매소마다 행정안전부령이 정하는 바에 의하여 판매소의 소재지를 관할하는 지방경찰청장(地方警察廳長)의 허가를 받아야 한다. 판매소의 위치·구조·시설 또는 설비를 변경하거나 판매하는 총포·도검·화약류·분사기·전자충격기·석궁의 종류를 변경하고자 하는 때에도 또한 같다(제6조 제1항).

④ 소지의 금지 및 허가

㉠ 소지의 금지

누구든지 법령에 의하여 직무상 총포 등을 소지하는 경우, 제조업자·판매업자·수출입업자 등의 경우를 제외하고는 허가 없이 총포·도검·화약류·분사기·전자충격기·석궁을 소지하여서는 아니 된다(이에 대한 내용은 제10조 각호 참조).[34)]

그리고 누구든지 총포와 아주 비슷하게 보이는 것으로서 대통령령이 정하는 것(이하 '모의총포'라 함)을 제조·판매 또는 소지하지 못한다. 다만, '수출하기 위한 목적'으로 모의총포를 제조·판매 또는 소지하는 경우에는 그러하지 아니하다. 그리고 수출하기 위한 목적으로 모의총포를 제조하는 경우에는 행정안전부령이 정하는 바에 의하여 제조소의 소재지를 관할하는 경찰서장(警察署長)에게 신고(申告)하여야 한다(제11조 제1항·제2항).

㉡ 소지의 허가

위와 같이 법으로 총포·도검·화약류·분사기·전자충격기·석궁의 소지를 허용한 사람 이외의 자가 이를 소지하려는 경우에는 행정안전부령으로 정하는 바에 따라 다음의 구분에 따라 허가를 받아야 한다. 다만, 이러한 총포 소지허가를 받으려는 경우에는 신청인의 정신질환 또는 성격장애 등을 확인할 수 있도록 행정안전부령으로 정하는 서류를 허가관청에 제출하여야 한다(제12조 제1항 각호).[35)]

가. 총포('나' 정하는 것은 제외): 주소지를 관할하는 지방경찰청장

---

34) 경찰공무원법의 규정 취지는 경찰공무원이 직무수행을 위하여 필요하다고 인정되는 경우에 한하여 무기를 휴대할 수 있다는 것 뿐이지, 경찰관이라 하여 허가 없이 개인적으로 총포 등을 구입하여 소지하는 것을 허용하는 것은 아니다. 대법 1996.7.30., 95도2408.

35) 총포·도검·화약류등 단속법에서 말하는 '소지'란 같은 법 소정의 물건의 보관에 관하여 실력지배관계를 갖는 것을 말한다고 할 것이므로, 몸 또는 몸 가까이에 소지하는 것 뿐만 아니라 자신의 실력지배관계가 미치는 장소에 보관하는 경우에도 같은 법 소정의 '소지'에 해당한다. 대법 1999.8.20., 98도1304.

나. 총포 중 엽총·가스발사총·공기총·마취총·도살총·산업용총·구난구명총 또는 그 부품: 주소지를 관할하는 경찰서장

다. 도검·화약류·분사기·전자충격기 및 석궁: 주소지를 관할하는 경찰서장

⑤ 완성검사

총포 · 도검 · 화약류 · 분사기 · 전자충격기 · 석궁의 제조업자, 판매업자 또는 화약류저장소설치자는 그 허가를 받은 날부터 1년 이내에 그 시설 또는 설비에 대하여 허가관청의 검사를 받아야 하며, 그 검사에 합격한 후가 아니면 업무를 시작하거나 시설 또는 설비를 사용할 수 없다. 다만, 허가관청은 부득이한 사유가 있는 경우에는 1년을 초과하지 아니하는 범위에서 그 기간을 연장할 수 있다(제43조).

⑥ 출입 · 검사

허가관청은 재해의 예방 또는 공공의 안전유지를 위하여 필요하다고 인정되는 때에는 관계공무원으로 하여금 총포 · 도검 · 화약류 · 분사기 · 전자충격기 · 석궁의 제조소 · 판매소나 화약류저장소 또는 화약류사용장소 그 밖의 필요한 장소를 출입하여 장부 · 서류 그 밖의 필요한 물건을 검사하게 하거나 관계자에 대하여 질문을 하도록 할 수 있다(제44조 제1항).

4) 소년경찰활동

(1) 소년경찰활동의 의의

소년경찰활동(少年警察活動)은 실질적으로 청소년에 대한 선도 · 보호, 유해환경 정화, 소년범죄처리 등의 업무를 수행하는 제반 경찰활동을 의미한다. 경찰은 일반 형사범죄와 분리하여 청소년범죄와 여성범죄의 특수성을 고려하여 생활안전국(과)에 여성청소년과(계)를 두어 관련 사건을 처리하도록 하고 있다.

이러한 소년경찰활동은 청소년의 특성을 이해하고, 청소년 비행에 대한 처우의 개별화, 비밀의 보장, 관계자의 존중과 신뢰의 획득 등과 같은 청소년의 건전한 육성에 초점을 두고 이루어지는 것이 중요하다고 본다.[36] 즉, 청소년은 성인과는 다른 특성을 가지고 있기 때문에 단순한 단속 또는 통제보다는 선도 · 보호 하는 것에 의미를 둘 필요가 있다. 아래에서는 「청소년보호법」과 「소년법」을 중심으로 살펴보기로 한다.

---

36) 조철옥(2008), 앞의 책, p. 464.

(2) 청소년 선도·보호

청소년보호법(1997년 제정)은 청소년(青少年)에게 '유해한 매체물과 약물 등이 청소년에게 유통되는 것과 청소년이 유해한 업소에 출입하는 것 등을 규제하고 청소년을 유해한 환경으로부터 보호·구제함으로써 청소년이 건전한 인격체로 성장할 수 있도록 함'을 목적으로 하기 위하여 마련되었다(제1조). 여기서 청소년이라 함은 만 19세 미만인 사람을 말한다. 다만, 만 19세가 되는 해의 1월 1일을 맞이한 사람은 제외한다(제2조 제1호).

① 용어의 정의

㉠ 매체물과 청소년 유해매체물

매체물이라는 것은 '영화 및 비디오물, 게임물, 음반·음악파일·음악영상물, 공연(국악공연 제외), 전기통신을 통한 부호·문언·음향·영상정보, 방송프로그램, 일간신문·특수일간신문·특수주간신문·인터넷신문·인터넷뉴스, 잡지 등 간행물, 출판간행물·전자출판물, 옥외광고물 기타 청소년의 정신적·신체적 건강을 해칠 우려가 있어 대통령령으로 정하는 매체물'을 말한다(제2조 제2호).

한편, 청소년 유해매체물이라는 것은 '청소년보호위원회가 청소년에게 유해한 것으로 결정하거나 확인하여 여성가족부장관이 고시한 매체물과 각 심의기관이 청소년에게 유해한 것으로 심의하거나 확인하여 여성가족부장관이 고시한 매체물'을 말한다(제3호).

㉡ 청소년 유해약물 등

이는 청소년 청소년유해약물과 청소년유해물건으로 구분된다(제4호 각목). 먼저, 청소년유해약물은 주류, 담배, 마약류, 환각물질, 그 밖에 중추신경에 작용하여 습관성·중독성·내성 등을 유발하여 인체에 유해하게 작용할 수 있는 약물 등을 말한다.

그리고 청소년유해물건은 청소년에게 음란한 행위를 조장하는 성(性, sex)관련 물건과 청소년에게 음란성·포악성·잔인성·사행성 등을 조장하는 완구류 등을 말한다.

㉡ 청소년 유해업소

청소년의 출입과 고용이 청소년에게 유해한 것으로 인정되는 업소로서(청소년 출입·고용금지업소)와 청소년의 출입은 가능하나 고용이 청소년에게 유해한 것으로 인정되는 업소(청소년고용금지업소)를 말한다(제5호).[37]

---

37) 이 경우 업소의 구분은 그 업소가 영업을 할 때 다른 법령에 따라 요구되는 허가·인가·등록·신고 등의 여부와 관계없이 실제로 이루어지고 있는 영업행위를 기준으로 한다(청소년 보호법 제2조 제5호).

청소년 유해업소

① 청소년 출입·고용금지업소

㉠ 일반 게임제공업 및 복합유통 게임제공업 중 대통령령으로 정하는 것
㉡ 사행행위영업
㉢ 식품접객업 중 대통령령으로 정하는 것
㉣ 비디오물감상실업·제한관람가 비디오물 소극장업 및 복합영상물제공업
㉤ 노래연습장업 중 대통령령으로 정하는 것
㉥ 무도학원업 및 무도장업
㉦ 전기통신설비를 갖추고 불특정한 사람들 사이의 음성대화 또는 화상대화를 매개하는 것을 주된 목적으로 하는 영업(다만, 전기통신사업법 등 다른 법률에 따라 통신을 매개하는 영업은 제외)
㉧ 불특정한 사람 사이의 신체적인 접촉 또는 은밀한 부분의 노출 등 성적 행위가 이루어지거나 이와 유사한 행위가 이루어질 우려가 있는 서비스를 제공하는 영업
㉨ 청소년유해매체물 및 청소년유해약물 등을 제작·생산·유통하는 영업 등

② 청소년 고용금지업소

㉠ 청소년게임 제공업 및 인터넷컴퓨터게임 시설제공업
㉡ 숙박업, 목욕장업, 이용업 중 대통령령으로 정하는 것
㉢ 식품접객업 중 대통령령으로 정하는 것
㉣ 비디오물 소극장업
㉤ 유독물영업(다만, 유독물 사용과 직접 관련이 없는 영업으로서 대통령령으로 정하는 영업은 제외).
㉥ 회비 등을 받거나 유료로 만화를 빌려 주는 만화대여업
㉦ 청소년유해매체물 및 청소년유해약물 등을 제작·생산·유통하는 영업 등

② 청소년 유해매체물의 심의·결정

청소년보호위원회는 매체물이 청소년에게 유해한지를 심의하여 청소년에게 유해하다고 인정되는 매체물을 청소년유해매체물로 결정하여야 한다. 다만, 다른 법령에 따라 해당 매체물의 윤리성·건전성을 심의할 수 있는 기관이 있는 경우에는 예외로 한다(제7조 제1항).

③ **청소년 유해표시 의무와 포장의무**

청소년 유해매체물에 대하여 청소년에게 유해한 것임을 나타내는 표시(청소년유해표시)를 하여야 한다(제13조). 그리고 청소년유해매체물은 포장하여야 한다. 이 경우 매체물의 특성으로 인하여 포장할 수 없는 것은 포장에 준하는 보호조치를 마련하여 시행하도록 하고 있다(제14조).

④ **청소년 유해매체물·유해약물 등의 판매·대여금지 등**

청소년 유해매체물로서 대통령령으로 정하는 매체물을 판매·대여·배포하거나 시청·관람·이용하도록 제공하려는 자는 그 상대방의 나이 및 본인 여부를 확인하여야 하고, 청소년에게 판매·대여·배포하거나 시청·관람·이용하도록 제공하여서는 아니 된다(제16조 제1항). 그리고 청소년유해표시를 하여야 할 매체물은 청소년유해표시가 되지 아니한 상태로 판매나 대여를 위하여 전시하거나 진열하여서는 아니 된다(제2항).

한편, 누구든지 청소년을 대상으로 청소년유해약물 등을 판매·대여·배포(자동기계장치·무인판매장치·통신장치를 통하여 판매·대여·배포하는 경우 포함)하거나 무상으로 제공하여서는 아니 된다. 다만, 교육·실험 또는 치료를 위한 경우로서 대통령령으로 정하는 경우는 예외로 하고 있다(제28조 제1항).

⑤ **청소년 고용금지 및 출입제한 등**

청소년유해업소의 업주는 청소년을 고용하여서는 아니 된다. 청소년유해업소의 업주가 종업원을 고용하려면 미리 나이를 확인하여야 한다(제29조 제1항). 청소년 출입·고용금지업소의 업주와 종사자는 출입자의 나이를 확인하여 청소년이 그 업소에 출입하지 못하게 하여야 한다(제2항).

한편, 청소년 고용금지업소인 숙박업을 운영하는 업주는 종사자를 배치하거나 대통령령으로 정하는 설비 등을 갖추어 출입자의 나이를 확인하고 제30조 제8호(청소년을 남녀 혼숙하게 하는 등 풍기를 문란하게 하는 영업행위를 하거나 이를 목적으로 장소를 제공하는 행위)의 우려가 있는 경우에는 청소년의 출입을 제한하여야 한다(제3항).

그리고 청소년유해업소의 업주와 종사자는 위와 같은 나이 확인을 위하여 필요한 경우 주민등록증이나 그 밖에 나이를 확인할 수 있는 증표의 제시를 요구할 수 있으며, 증표 제시를 요구받고도 정당한 사유 없이 증표를 제시하지 아니하는 사람에게는 그 업소의 출입을 제한할 수 있다(제4항).

다만, 청소년이 친권자등을 동반할 때에는 대통령령으로 정하는 바에 따라 출입하게 할 수 있다. 그러나 「식품위생법」에 따른 식품접객업 중 대통령령으로 정하는 업소의 경우에는 출입할 수 없다(제5항). 끝으로, 청소년유해업소의 업주와 종사자는 그 업소에 대통령령으로 정하는 바에 따라 청소년의 출입과 고용을 제한하는 내용을 표시하여야 한다(제6항).

⑥ **청소년대상 유해행위의 금지**

누구든지 청소년에게 다음의 어느 하나에 해당하는 행위를 하여서는 아니 된다(제30조).

㉠ 영리를 목적으로 청소년으로 하여금 신체적인 접촉 또는 은밀한 부분의 노출 등 성적 접대행위를 하게 하거나 이러한 행위를 알선·매개하는 행위

㉡ 영리를 목적으로 청소년으로 하여금 손님과 함께 술을 마시거나 노래 또는 춤 등으로 손님의 유흥을 돋우는 접객행위를 하게 하거나 이러한 행위를 알선·매개하는 행위

㉢ 영리나 흥행을 목적으로 청소년에게 음란한 행위를 하게 하는 행위

㉣ 영리나 흥행을 목적으로 청소년의 장애나 기형 등의 모습을 일반인들에게 관람시키는 행위

㉤ 청소년에게 구걸을 시키거나 청소년을 이용하여 구걸하는 행위

㉥ 청소년을 학대하는 행위

㉦ 영리를 목적으로 청소년으로 하여금 거리에서 손님을 유인하는 행위를 하게 하는 행위

㉧ 청소년을 남녀 혼숙하게 하는 등 풍기를 문란하게 하는 영업행위를 하거나 이를 목적으로 장소를 제공하는 행위

㉨ 주로 차 종류를 조리·판매하는 업소에서 청소년으로 하여금 영업장을 벗어나 차 종류를 배달하는 행위를 하게 하거나 이를 조장하거나 묵인하는 행위

(3) 반사회성 있는 청소년의 교정

반사회성(反社會性)있는 청소년은 사회에 적응하지 못하고 범죄를 저질렀거나 그와 같은 위험성이 있는 청소년을 말한다.

이와 관련하여 소년법(少年法, 1958년 제정)이 마련되어 있다. 소년법은 '반사회성이 있는 소년의 환경 조정과 품행 교정(矯正)을 위한 보호처분 등의 필요한 조치를 하고, 형사처분에 관한 특별조치를 함으로써 소년이 건전하게 성장하도록 돕는 것을 목적'으로 하고 있다(제1조). 여기에서 소년이란 19세 미만인 자를 말하며, 보호자란 법률상 감호교

육(監護教育)을 할 의무가 있는 자 또는 현재 감호하는 자를 말한다(제2조).

이러한 소년보호사건의 관할은 소년의 행위지, 거주지 또는 현재지로 하고 있다. 소년보호사건은 가정법원소년부 또는 지방법원소년부에 속하며, 소년 보호사건의 심리와 처분결정은 소년부 단속판사가 한다(제3조). 다음의 어느 하나에 해당하는 소년은 소년부의 보호사건으로 심리하도록 하고 있다(제4조 제1항).[38]

㉠ 죄를 범한 소년(범죄소년: 14세 이상 19세 미만)[39]

㉡ 형벌 법령에 저촉되는 행위를 한 10세 이상 14세 미만인 소년(촉법소년)

㉢ 다음에 해당하는 사유가 있고 그의 성격이나 환경에 비추어 앞으로 형벌 법령에 저촉되는 행위를 할 우려가 있는 10세 이상인 소년(우범소년)

가. 집단적으로 몰려다니며 주위 사람들에게 불안감을 조성하는 성벽(性癖)이 있는 것

나. 정당한 이유 없이 가출하는 것

다. 술을 마시고 소란을 피우거나 유해환경에 접하는 성벽이 있는 것

위의 '㉡과 ㉢'에 해당하는 소년(즉, 촉법소년과 우범소년)이 있을 때에는 경찰서장은 직접 관할 소년부에 송치(送致)하여야 한다(제4조 제2항). 그리고 위의 '㉠㉡㉢'의 어느 하나에 해당하는 소년을 발견한 보호자 또는 학교·사회복리시설·보호관찰소의 장은 이를 관할 소년부에 통고할 수 있다(제3항).

② 형사처분 등을 위한 관할 검찰청으로의 송치

소년부는 조사 또는 심리한 결과, 금고 이상의 형에 해당하는 범죄 사실이 발견된 경우 그 동기와 죄질이 형사처분을 할 필요가 있다고 인정하면 결정으로써 사건을 관할 지방법원에 대응한 검찰청 검사에게 송치하도록 하고 있다(제7조 제1항).[40]

다만, 검사는 소년에 대한 피의사건을 수사한 결과 보호처분(保護處分)에 해당하는 사유가 있다고 인정하는 경우에는 사건을 관할 소년부에 송치하도록 하고 있다(제49조 제1항).[41]

---

38) 미국은 1899년 시카고에 세계 최초로 소년법원이 설치되어 운용되고 있지만, 우리나라는 독립된 소년법원을 두고 있지는 않다.

39) 형사미성년자: 14세가 되지 아니한 자의 행위는 벌하지 아니한다(형법 제9조).

40) 검사는 송치된 형사사건(刑事事件)에 대하여 소년법상의 특별한 규정이 없으면, 일반형사절차에 따라 수사 및 공소의 제기 등을 하게 된다(소년법 제48조).

41) 소년부는 이에 따라 송치된 사건을 조사 또는 심리한 결과 그 동기와 죄질이 금고 이상의 형사처분을 할 필요가 있다고 인정할 때에는 결정(決定)으로서 해당 검찰청 검사에게 다시 송치할 수 있도록 하고 있다. 그리고 이렇게 송치한 사건에 대해서는 검사는 다시 소년부에 송치할 수 없도록 하고 있다(소년법 제49조 제2항 및 제3항).

5) 민간경비산업의 보호 및 규제

(1) 민간경비의 의미

일반적으로 민간 차원에서 이루어지는 안전·보호활동은 크게 두 가지로 나눌 수 있다. 하나는 개인이나 집단이 자경주의(自警主義) 차원에서 자신의 거주지 등을 중심으로 하는 제반 활동을 들 수 있다. 다른 하나는 하나의 '산업'(産業, industry)으로서 기업 차원에서 영리목적을 위해 안전·보호에 관한 서비스와 재화를 하나의 상품으로 판매하는 제반활동을 들 수 있다. 여기에서 말하는 민간경비(民間警備, Private Security)는 후자에 해당된다.

주지하는 바와 같이 이러한 민간경비산업은 지난 19세기 산업혁명 이후 오늘날에 이르기까지 매우 빠른 속도로 성장·발전하여 선진국에서는 경찰과 같은 공경비(公警備, Public Security)의 규모를 넘어서고 있다. 그런데, 민간경비의 성장과 더불어 과다경쟁 및 일정한 자격과 조건을 갖추지 못한 업체가 등장하였고 특히, 이들의 활동과 관련하여 인권침해 문제 등이 크게 제기되어 왔다. 따라서 우리나라에서는 민간경비의 건전한 성장·육성 및 국민의 기본권보호 등을 위하여 경비업법(警備業法, 1976년 제정)을 마련하게 되었다.[42)]

경비업법에서는 민간경비에 대해 다음과 같은 업무의 전부 또는 일부를 도급(都給, 즉 계약) 받아 행하는 영업으로 규정하고 있다(경비업법 제2조 제1호).

㉠ 시설경비업무: 경비를 필요로 하는 시설 및 장소(경비대상시설)에서의 도난·화재 그 밖의 혼잡 등으로 인한 위험발생을 방지하는 업무

㉡ 호송경비업무 : 운반 중에 있는 현금·유가증권·귀금속·상품 그 밖의 물건에 대하여 도난·화재 등 위험발생을 방지하는 업무

㉢ 신변보호업무 : 사람의 생명이나 신체에 대한 위해의 발생을 방지하고 그 신변을 보호하는 업무

㉣ 기계경비업무 : 경비대상시설에 설치한 기기에 의하여 감지·송신된 정보를 그 경비대상시설외의 장소에 설치한 관제시설의 기기로 수신하여 도난·화재 등 위험발생을 방지하는 업무

㉤ 특수경비업무 : 공항(항공기를 포함한다) 등 대통령령이 정하는 국가중요시설(이하 '국가중요시설'이라 한다)의 경비 및 도난·화재 그 밖의 위험발생을 방지하는 업무

---

42) 이에 대한 자세한 내용은 최선우(2014), 민간경비론, 인천: 진영사, pp. 99-119 참조.

(2) 경비업의 허가

① 지방경찰청장의 허가

경비업을 영위하고자 하는 법인은 도급받아 행하고자 하는 경비업무를 특정하여 그 법인(法人)의 주사무소의 소재지를 관할하는 지방경찰청장(地方警察廳長)의 허가를 받아야 한다. 도급받아 행하고자 하는 경비업무를 변경하는 경우에도 또한 같다(경비업법 제4조 제1항).

② 허가의 요건

허가를 받고자 하는 법인은 다음 각 호의 요건을 갖추도록 하고 있다(제4조 제2항).

㉠ 대통령령으로 정하는 1억원 이상의 자본금의 보유

㉡ 경비인력 요건

가. 시설경비업무: 경비원 20명 이상 및 경비지도사 1명 이상

나. 시설경비업무 외의 경비업무: 대통령령으로 정하는 경비 인력

㉢ 위의 경비인력을 교육할 수 있는 교육장을 포함하여 대통령령으로 정하는 시설과 장비의 보유

㉣ 그 밖에 경비업무 수행을 위하여 대통령령으로 정하는 사항

그리고 위에 따라 경비업의 허가를 받은 법인은 영업의 폐업 또는 휴업, 법인의 명칭이나 대표자·임원의 변경, 법인의 주사무소나 출장소의 신설·이전 또는 폐지 등을 할 때에는 지방경찰청장에게 신고(申告)하도록 하고 있다(제4조 제3항).

③ 허가의 제한

이와 같이 경비업법 개정(2013)으로 경비업에 대한 허가제한 요건을 강화되었다. 종래 경비업자들은 법의 약점을 피해 편법으로 경비업을 영위해 온 부분이 적지 않았는데, 이 규정을 통해 어느 정도 규제가 가능하다고 본다.

이에 따라 누구든지 위와 같은 규정에 따른 허가를 받은 경비업체와 동일한 명칭으로 경비업 허가를 받을 수 없도록 하고 있다(제4조의2 제1항). 그리고 경비업법 제19조 제1항 제2호(허가받은 경비업무외의 업무에 경비원을 종사하게 한 때) 및 제7호의 사유(소속 경비원으로 하여금 경비업무의 범위를 벗어난 행위를 하게 한 때)로 경비업체의 허가가 취소된 경우 허가가 취소된 날부터 10년이 지나지 아니한 때에는 누구든지 허가가 취소된 경비업체와 동일한 명칭으로 허가를 받을 수 없도록 하였다(제2항).

또한 제19조 제1항 제2호 및 제7호의 사유로 허가가 취소된 법인은 법인명 또는 임원의 변경에도 불구하고 허가가 취소된 날부터 5년이 지나지 아니한 때에는 제4조 제1항에 따른 허가를 받을 수 없도록 하였다(제3항).

(3) 경비업의 허가취소 및 영업정지

① 허가취소

허가관청인 지방경찰청장은 경비업자가 다음의 어느 하나에 해당하는 때에는 그 허가를 취소하여야 한다(제19조 제1항).

㉠ 허위 그 밖의 부정한 방법으로 허가를 받은 때

㉡ 허가받은 경비업무외의 업무에 경비원을 종사하게 한 때

㉢ 경비업 및 경비관련업 외의 영업을 한 때

㉣ 정당한 사유 없이 허가를 받은 날부터 1년 이내에 경비 도급실적이 없거나 계속하여 1년 이상 휴업한 때

㉤ 정당한 사유 없이 최종 도급계약 종료일의 다음 날부터 1년 이내에 경비 도급실적이 없을 때

㉥ 영업정지처분을 받고 계속하여 영업을 한 때

㉦ 소속 경비원으로 하여금 경비업무의 범위를 벗어난 행위를 하게 한 때

㉧ 관할 경찰관서장의 배치폐지 명령에 따르지 아니한 때

② 영업정지

허가관청인 지방경찰청장은 경비업자가 다음의 어느 하나에 해당하는 때에는 대통령령으로 정하는 행정처분의 기준에 따라 그 허가를 취소하거나 6개월 이내의 기간을 정하여 영업의 전부 또는 일부에 대하여 영업정지를 명할 수 있다(19조 제2항).

㉠ 지방경찰청장의 허가 없이 경비업무를 변경한 때

㉡ 도급을 의뢰받은 경비업무가 위법한 것임에도 이를 거부하지 아니한 때

㉢ 경비지도사를 집단민원현장에 선임·배치하지 아니한 때

㉣ 경비대상 시설에 관한 경보 대응체제를 갖추지 아니한 때

㉤ 관련 서류를 작성·비치하지 아니한 때

㉥ 결격사유에 해당하는 경비원을 배치하거나 결격사유에 해당하는 경비지도사를 선임·배치한 때

㉦ 법이 정하는 것을 위반하여 경비지도사를 선임한 때

ⓞ 경비원으로 하여금 교육을 받게 하지 아니한 때
ⓙ 경비원의 복장 등에 관한 규정을 위반한 때
ⓚ 경비원의 장비 등에 관한 규정을 위반한 때
ⓛ 경비원의 출동차량 등에 관한 규정을 위반한 때
ⓜ 집단민원현장에 일반경비원 명부를 작성·비치하지 아니한 때
ⓝ 배치허가를 받지 아니하고 경비원을 배치하거나 경비원 명단 및 배치일시·배치장소 등 배치허가 신청의 내용을 거짓으로 한 때
ⓗ 결격사유에 해당하는 일반경비원을 집단민원현장에 배치한 때

이 밖에서 감독상 명령에 따르지 아니한 때, 손해를 배상하지 아니한 때 등이 영업정지 사유에 해당된다.

③ **포괄적 허가취소 및 영업정지 금지**

그런데 주의할 것은 허가관청은 허가취소 또는 영업정지처분을 하는 때에는 경비업자가 허가받은 경비업무 가운데 중 허가취소 또는 영업정지사유에 해당되는 경비업무에 한하여 처분을 하여야 한다(19조 제3항). 이는 경비업을 규제하면서도 한편으로는 보호하기 위한 것이라고 볼 수 있다.

다만, 제1항 제2호(허가받은 경비업무외의 업무에 경비원을 종사하게 한 때) 및 제7호(소속 경비원으로 하여금 경비업무의 범위를 벗어난 행위를 하게 한 때)에 해당하여 허가취소를 하는 때에는 그러하지 아니하다(제3항).

(4) 감독

경찰청장 또는 지방경찰청장은 경비업무의 적정한 수행을 위하여 경비업자 및 경비지도사를 지도·감독하며 필요한 명령을 할 수 있다(제24조 제1항).

지방경찰청장 또는 관할 경찰관서장은 소속 경찰공무원으로 하여금 관할구역 안에 있는 경비업자의 주사무소 및 출장소와 경비원배치장소에 출입하여 근무상황 및 교육훈련상황 등을 감독하며 필요한 명령을 하게 할 수 있다. 이 경우 출입하는 경찰공무원은 그 권한을 표시하는 증표를 관계인에게 내보여야 한다(제2항).

그리고 지방경찰청장 또는 관할 경찰관서장은 경비업자 또는 배치된 경비원이 이 법이나 이 법에 따른 명령, 그리고 폭력행위 등 처벌에 관한 법률을 위반하는 행위를 하는 경우 그 위반행위의 중지를 명할 수 있다(제3항). 끝으로 지방경찰청장 또는 관할 경찰관서

장은 경비업무 장소가 '집단민원현장'으로 판단되는 경우에는 그 때부터 48시간 이내에 경비업자에게 경비원 배치 허가를 받을 것을 고지하도록 하고 있다(제4항).

제3절 수사경찰

1. 수사경찰의 의의

1) 수사경찰의 개념

우리는 매일 주변 일상생활과 언론 보도들을 통해 많은 크고 작은 수많은 범죄들을 직·간접적으로 경험하게 된다. 경찰의 가장 기본적이고 1차적이며 사전(事前)적인 활동이 범죄예방(犯罪豫防, crime prevention)이라면, 2차적이며 사후(事後)적인 활동은 범죄수사(犯罪搜査, crime investigation)라 할 수 있다. 그리고 이들 양자는 밀접한 관련성을 가진다. 즉, 범죄예방이 잘 이루어지면, 범죄발생이 적을 것이며, 결과적으로 범죄수사는 감소할 것이다. 그리고 고전주의적 범죄예방론과 같이 범죄수사가 신속·정확하게 이루어지고(신속성·정확성), 이에 합당한 처벌이 이루어진다면(엄격성), 잠재적 범죄자들의 범죄욕망은 억제되어 예방적 효과를 기대할 수도 있을 것이다.

법적인 의미에서 발생한 범죄에 대한 사후조사 즉, 수사라는 것은 '범죄의 혐의 유무의 확인과 범인의 체포 및 증거수집을 위한 수사기관의 활동'을 말한다. 이러한 활동을 법적으로 규제하는 '절차'(process)를 수사라고 하기도 한다. 또 수사를 '과거사건의 재구성'(the reconstruction of past event)이라고 간결하게 개념정의를 내리기도 한다.[43] 이러한 점에서 수사라는 것은 '정적'(靜的)인 것이 아니라 '동적'(動的) 활동인 것이다. 이는 수사를 포함한 형사절차의 본질적 특성이라 할 수 있다.

현행법상 수사기관으로는 검사와 사법경찰관리가 있는데, 경찰(즉, 사법경찰)이 수사권한을 독자적으로 행사할 수 없고, 검사의 지휘를 받도록 함으로써 제한하고 있다(수사기관 및 임의수사, 강제수사 등에 대한 내용은 제10장 참조).

43) J. W. Osterburg, R. H. Ward(2000), Criminal Investigation: A Method for Reconstructing The Past, OH: Anderson Publishing Co., p. 5.

2) 수사경찰의 특징

범죄수사는 기본적으로 실체적 진실발견(實體的 眞實發見)과 인권보장(人權保障)이라는 양대 이념으로 이루어져 있다. 아마도 다양한 경찰활동 가운데 수사경찰의 수사활동은 인권침해문제와 가장 밀접한 관련성이 있다고 본다. 이는 역사적 경험을 통해서도 명백히 드러나 있음은 주지의 사실이다. 즉, 범죄수사과정에서 실체적 진실발견이라는 미명하에 비록 법으로 금지하고 있음에도 불구하고 위법한 강제처분(强制處分, 체포·구속·압수수색 등)을 암암리에 자행해 왔다는 점이다. 이 문제는 특히, 국가권력집단의 이해관계와 결합된 국가형벌권(國家刑罰權)을 실현하기 위한 도구로써 사용되어 그 폐단이 더욱 심각하였다고 할 수 있다.

따라서 오늘날 '적법절차'를 통한 인권보장 문제는 수사절차를 포함한 형사절차에 있어서 매우 중요시되고 있다. 그래서 헌법에서도 특히, 형사절차에 있어서 많은 인권보호규정을 두고 있는 것이다. 죄형법정주의, 일사부재리원칙과 이중처벌금지의 원칙, 연좌제 금지, 영장주의, 무죄추정의 원칙, 체포·구속적부심사 청구권, 변호인 조력 청구권, 고문을 받지 아니할 권리, 진술거부권 등이 바로 그것이다.[44]

(1) 수사의 성질

생각건대, 범죄수사는 국가가 수행하는 형벌권을 실현하기 위한 형사절차의 일환이라고 할 수 있다. 그러나 그 성격상 자칫하면 일방적으로 진행되기 쉽고, 인권침해의 여지가 높다. 수사는 형사소송의 일환으로 범죄사실을 규명하는 활동이다. 또한 심증형성과 유죄판결을 지향하며 진실발견을 위한 창조적인 활동으로 하강과 상승의 연속이라고 할 수 있다. 이러한 점에서 수사경찰의 범죄수사는 다음과 같은 특징을 갖는다.[45]

① 형사소송절차의 일환

범죄수사는 직접적으로 공소의 제기 및 수행을 위한 준비활동인 동시에, 국가가 수행하는 형벌권 행사를 뒷받침하는 형사절차의 한 부분이다. 수사는 공소제기의 준비는 물론이고 이를 수행하는 과정에서 요구되는 자료를 수집하는 것을 포함한다. 그러므로 기소 전으로 한정되지 않고, 기소 후에도 수사가 가능하다. 특히 경찰의 수사는 수사, 공소제기, 재판, 행형과 교정으로 이루어지는 형사사법체계상 맨 처음에 위치하여 형사사법의 양과 질을 결정하는 매우 중요한 기능을 한다.

---

44) 이에 대한 세부내용은 김철수(2006), 헌법학개론, 서울: 박영사, pp. 529-582 참조.
45) 김충남(2008), 경찰수사론, 서울: 박영사, pp. 4-7.; 강맹진(2014), 범죄수사론, 서울: 대왕사, pp. 25-27 재인용.

② 범죄사실을 규명하는 활동

수사는 범죄사실의 진상을 파악하여 그에 대한 형벌법규를 적용하는 활동이다. 범죄사실의 진상을 규명한다는 것은 이미 과거의 일이 된 범죄사실을 탐지하여 범인, 범행시각과 장소, 범행의 동기와 결과 등 범죄 전반을 '재구성'(再構成) 한다는 것을 의미한다. 따라서 범죄사실에 형벌법규를 적용한다는 것은 범죄사실이 각종 법규정에 명문화되어 구성요건(構成要件)을 충족하는지의 여부를 명확하게 한다는 것을 말한다.

③ 심증형성을 지향하는 활동

수사는 사건의 진상을 파악하고 그것을 형사사법절차에 적용시키는 활동이라고 할 수 있다. 그러므로 수사경찰은 자신이 취급하는 사건에 대하여 우선 스스로 범죄사실의 진실에 대한 확신, 즉 자신의 '심증'(心證)을 형성해야 한다. 그러기 위해서는 수사경찰이 확신한 범죄사실을 객관적이고 실증적으로 입증하여 수사의 주재자인 검사의 심증에도 영향을 미쳐 공소의 제기가 이루어지도록 해야 한다. 또한 검사의 심증형성은 물론이고, 법관의 심증형성에도 영향을 미쳐 범죄자가 지은 죄에 상응하는 처벌을 받도록 해야 한다.

④ 유죄판결을 지향하는 활동

수사의 궁극적인 목적은 저지른 죄에 대하여 유죄판결을 받게 하는데 있다. 그러므로 수사경찰은 수사의 단서를 통하여 범죄에 관한 주관적 혐의를 갖게 되면, 그에 따른 범인 및 범죄사실의 발견, 증거의 수집과 보전활동이 이루어져야 한다. 제보자나 목격자·피의자 신문은 물론이고, 과학수사를 통한 물적 증거를 치밀하게 확보하여 범죄사실에 대한 진위를 분명하게 해야 한다. 이것은 주관적 혐의에서 객관적인 혐의로 발전시킴으로써 공소의 제기 및 유지를 통하여 유죄판결을 받도록 하는 활동이다.

⑤ 진실발견을 위한 창조적 활동

수사는 실체적 진실을 발견해 가는 창조적 활동이라고 할 수 있다. 사건이 발생하면 일반적으로 수사경찰은 무(無)에서 유(有)를 찾는 자세로 사건에 집중하게 된다. 경미하고 간단한 사건은 해결이 쉽겠지만 복잡하고 중요한 사건은 그 해결에 어려움이 따른다. 예컨대, 지능범의 경우, 수사경찰과 범죄자와의 두뇌싸움이라고 할 수 있으며, 누가 이기느냐에 따라 사건수사의 결과가 달라질 수 있다. 결국, 수사는 진실을 규명하기 위한 수사경찰의 추적과 추리, 증거수집, 끈기와 노력을 통한 창조적 활동이다.

⑥ **하강과 상승과정의 반복**

수사는 현장의 수사관으로부터 공소제기를 담당하는 검사와 재판을 담당하는 판사에 이르기까지 관련자들의 심증형성을 위하여 하강과 상승과정을 반복하고 있다. 하강과정은 수사경찰이 범죄사실의 진상을 파악하고 확인하여 범죄행위에 대한 수사경찰 자신의 심증을 형성해 가는 과정이다.

이에 반해 상승과정은 수사경찰관에게 형성된 범죄에 대한 판단이 형사사법절차의 과정상에 있는 검사 및 법관에게도 수사경찰에게 형성된 심증과 동일한 확신을 가지도록 하기 위한 심증형성과정을 말한다.

(2) 수사의 대상

범죄수사를 통하여 무엇을 탐색하고 명확하게 할 것인가 하는 목적사항을 수사의 대상이라고 한다. 즉, 수사를 받게 되는 개인이나 단체를 의미한다. 그런데 실체적인 면에서 보면 두 가지로 구분할 수 있다. 그 하나는 수사의 사실적 내용이고, 다른 하나는 수사의 법률적 내용이다.[46]

① **수사의 사실적 내용**

이는 과거에 행하여진 범인과 범행의 내용과 같은 사실행위를 확정하는 것을 말한다. 즉, 범인은 누구이고, 범인이 어떤 행위를 했는가를 밝혀내는 것과 같이 사실적 실체를 밝혀내는 과정을 의미한다. 수사의 사실적 내용 파악을 위하여 '과거의 범행을 재현'하는 세 가지 사항이 있다. 이를 수사의 사실적 내용의 요소라고 하며, 수사요소의 충족, 행동의 필연성, 사건의 형태성으로 구분된다.

㉠ 수사요소의 충족

범행을 재현하기 위하여 필요한 요소, 즉 범죄사실을 구성하는 요소를 말하는데, 이와 관련하여 4하 원칙, 6하 원칙, 8하 원칙이 사용된다. 일반적으로 수사에는 6하 원칙이, 보다 정확한 내용의 파악을 위해서는 8하 원칙을 적용할 수 있다.

가. 수사의 4하 원칙: 누가, 언제, 어디서, 무엇을(행위·결과)

나. 수사의 6하 원칙: 4하 원칙 + 왜(동기), 어떻게 해서(수단·방법)

다. 수사의 8하 원칙: 6하 원칙 + 누구와(공범), 누구에게(객체)

46) 위의 책, pp. 27-30 재인용.

㉡ 행동의 필연성

어떤 행동에 대하여는 그에 대한 이유와 원인이 있고, 그렇게 되지 않으면 안 되는 필연적인 조건이 있다. 즉, 범인이 범행을 하게 된 동기·경과·조건 등을 포착하는 것으로 범인이 왜 그 시간에 그 장소에서 그와 같은 범행을 저질렀느냐에 대한 이유를 명백히 해야 한다.

㉢ 사건의 형태성

행동의 필연성에 바탕을 두고 수집된 자료들이 질서정연하게 정리되어 사건의 전모가 생생하게 밝혀지는 전체의 모습을 말한다.

② 수사의 법률적 내용

이는 범죄가 성립하는가, 어떤 범죄인가를 판단하는 것을 말한다. 수사의 사실적 내용이 파악된 후 그 행위에 대한 범죄성립 여부, 죄명, 적용법령 등을 살펴보는 것을 의미한다.

㉠ 범죄성립 요건

형벌법령에 존재하는 위법·유책한 행위를 말하는데, 여기에는 구성요건 해당성·위법성·책임성을 들 수 있다.

구성요건 해당성(構成要件該當性)은 형벌법규에 추상적으로 규정된 행위유형으로, 저지른 죄와 관련된 법률이 존재하느냐를 의미한다. 법률이 존재하지 않으면 죄명도 없고, 형벌도 없다. 위법성(違法性)은 사회의 법질서를 위반함으로서 법적으로 내려지는 부정적인 가치판단이다. 즉, 누가 보더라도 법을 위반한 사실이 인정되어야 함을 말한다.[47] 구성요건에 해당하는 행위라도 위법성이 없으면 수사이 대상이 될 수 없다. 한편, 책임성(責任性)은 행위자에게 가해지는 비난(고의·과실, 책임능력, 위법성 인식, 기대가능성 등)으로 행위 당시에 그 행위에 대하여 책임질 만한 능력이 있었느냐는 것이다.[48]

47) 구성요건해당성과 위법성의 구별이 명확하지 않을 수도 있지만, 이의 차이는 다음과 같다. 예컨대, 위법하게 공격하는 사람에 대해 방어하는 자는 비록 그가 공격자의 권리를 침해하고 따라서 형법 제257조 상해(傷害)의 구성요건이나 형법 제250조의 살인(殺人)의 구성요건을 실현하더라도 불법을 행한 것은 아니다. 그것은 형법 제21의 정당방위(正當防衛)이기에 해당되기 때문이다. 또 현행범인을 체포하는 사람은 비록 그가 다른 사람의 자유를 박탈하더라도(형법 제276조의 체포·감금) 적법하게 행위 하는 것이다. 왜냐하면 그는 형사소송법 제212조에 의하여 현행범인을 체포할 수 있는 권리를 가지기 때문이다. 이는 형법 제20조의 정당행위(正當行爲)에 해당되는 것이다. 배종대(1996), 형법총론, 서울: 홍문사, p. 257.

48) 책임성을 묻는 표식으로서는 ① 고의·과실: 행위자가 자기행위를 이미 내적으로 인식하고 의욕 했다는 사실(고의), 또는 그가 실현된 결과를 원치는 않았지만 최소한 결과발생을 예견할 수 있었고(예견가능성), 필요한 주의를 게을리 하였기 때문에(주의의무위반) 결과가 발생했다는 사실(과실)이다. ② 책임능력: 행위자가 법규범의 의미를 이해하여 그 규범에 따라 행동할 수 있는 능력을 말한다. 14세 미만의 자, 심신장애자, 농아자(聾啞者) 등이 이와 관련된다. 이 가운데 형사

㉡ 가벌성 여부

가벌성 여부는 범죄의 성립요건에 해당하더라도 경우에 따라서는 범죄의 처벌조건과 소추조건이 요구되기도 한다. 범죄의 처벌조건은 '객관적 처벌조건'과 '인적 처벌조각사유'로 구분할 수 있다.[49] 그리고 범죄의 소추조건은 소송법상 일정한 요건이 필요한데, 친고죄(親告罪, 피해자나 기타 법률이 정한 자의 고소가 있어야 공소를 제기할 수 있는 범죄)와 반의사불벌죄(反意思不罰罪, 피해자의 의사에 반해서는 처벌할 수 없는 범죄) 등이 이에 해당된다.[50]

미성년자와 심신상실자는 어떠한 경우에도 형사책임을 부담하지 않는 형사책임무능력자이다. 이에 반해 심신미약자와 농아자는 책임이 감경된다는 의미에서 한정책임능력자라 할 수 있다), ③ 위법성의 인식: 행위자는 자기행위가 규범의 금지·명령에 위반한다는 것을 인식할 수 있어야 한다. 어떤 금지된 행위를 한다는 것을 전혀 인식할 수 없었던 행위자에게 그 행위에 대한 책임을 지울 수 없기 때문이다. ④ 기대가능성: 법이 명령하는 행위가 행위자에게 기대 가능해야 한다. 공포, 흥분, 당황 또는 강박에 의해 어쩔 수 없었던 행위는 그의 책임으로 귀속시킬 수는 없다. 위의 책, pp. 365-366.

49) ① 객관적 처벌조건은 범죄의 요건(즉, 구성요건해당성, 위법성, 책임성)이 구비되어도, 과형에 있어서 일정한 객관적 사실의 발생에 의존하는 경우 그 사실에 의해 처벌하는 것을 말한다. 예컨대, 수뢰·사전수뢰죄(형법 제129조)의 적용이 이루어지기 위해서는 공무원 또는 중재인이 된 사실이 존재해야 한다. ② 인적 처벌조각사유는 외교관, 친족상도(親族相盜, 형법 제344조 등) 등을 들 수 있다. 범죄는 성립되지만 범죄행위 당시에 존재하는 특별한 신분관계로 형벌을 과할 수 없는 것을 말한다. 이와 관련하여 국회에서 직무상 행한 국회의원 발언과 표결에 관하여 국회 외에서 책임을 지지 않도록 규정한 면책특권과 외교관의 외교특권이 여기에 해당된다. 강맹진(2014), 앞의 책, p. 29-30 재인용.

50) ① 친고죄: ㉠ 친고죄(親告罪)는 피해자가 직접 고소(告訴)해야 공소를 제기할 수 있는 범죄를 말한다. 범죄가 경미하거나 공소제기가 피해자에게 불이익을 초래할 우려가 있는 경우, 피해자의 의사를 무시하면서까지 소추함이 적절하지 못하다고 판단되어 설립되었다. 따라서 친고죄의 경우에는 국가기관이 수사와 공소를 제기하려면 '처벌을 원한다'는 피해자의 의사표시(意思表示)가 반드시 필요하다. 친고죄는 범인을 알게 된 날부터 6개월을 경과하면 고소할 수 없다(형사소송법 제230조). 이러한 친고죄는 절대적 친고죄와 상대적 친고죄로 나눌 수 있다. ㉡ 절대적 친고죄에 해당하는 범죄로는 모욕죄나 사자(死者)에 대한 명예훼손죄, 비밀침해죄 등이 있다. ㉢ 범인과 피해사 사이에 일정한 신분관계가 있어야만 친고죄가 되는 상대적 친고죄로는 권리행사방해죄, 절도죄, 야간주거침입절도죄, 특수절도죄, 횡령죄, 배임죄, 업무상횡령죄, 업무상배임죄, 배임수증죄, 점유이탈물횡령죄, 장물죄 등이 있다. ㉣ 성범죄의 경우 과거에는 친고죄에 해당했으나 2013년 「성폭력범죄의 처벌 등에 관한 특례법」과 「형법」 등이 개정되면서 친고죄와 반의사불벌죄 관련 규정이 폐기되어 피해자가 고소하지 않아도 처벌할 수 있다. ㉤ 한편, 간통죄(형법 제241조)는 폐지됨으로써 역시 친고죄에서 제외되었다. 국가가 법률로서 간통을 처벌하는 것은 국민의 기본권을 침해하는 것으로서 위헌이라는 헌재결정(2015.2.)에 따른 것이다. 형법이 제정된지 62년 만의 일이다. ② 반의사불벌죄: ㉠ 반의사불벌죄(反意思不罰罪)란 피해자의 의사에 반(反)하여 처벌할 수 없는 범죄를 말한다. 반의사불벌죄의 경우 국가기관이 수사와 공소제기 등을 통하여 일단 형벌권의 실현절차에 나아갈 수 있지만 '처벌을 원하지 않는다'는 의사표시가 있으면, 당해 형사절차를 중단하지 않으면 안된다. 한편, 친고죄의 경우에도 '처벌을 원한다'는 원래의 의사표시가 철회되면 국가기관은 더 이상 형벌권의 실현절차에 나아갈 수 없다. ㉡ 형법상 반의사불벌죄에는 외국 원수에 대한 폭행 등의 죄(형법 제107조), 외국사절에 대한 폭행 등의 죄(제108조), 외국의 국기·국장 모독죄(제109조), 폭행·존속폭행(제260조), 과실치상(제266조), 협박·존속협박(제283조), 명예훼손(제307조), 출판물 등에 의한 명예훼손(제309조) 등이 있다. 친고죄나 반의사불벌죄는 '처벌을 원한다' 또는 '처벌을 원하지 않는다'라고 하는 피해자의 의사표시가 피의자·피고인의 형사처벌을 좌우한다는 특징을 가지고 있다. 신동운(2010), 형법총론, 서울: 법문사, p. 307.; 다음백과(http://100.daum.net/encyclopedia/view).

3) 수사경찰의 법적 근거

수사경찰의 법적 근거는 헌법을 근간으로 하고, 일반법으로서 경찰법 제3조(국가경찰의 임무), 경찰관직무집행법 제2조(직무의 범위)에 개괄적으로 규정되어 있다. 수사경찰의 사무분장과 관련하여 경찰청과 그 소속기관 직제(대통령령) 제12조에 규정되어 있다. 한편, 동 직제 제12조의2에 의거하여 경찰청에 「사이버안전국」을 두는 규정을 신설하여 사이버범죄에 대한 체계적인 대응을 도모할 수 있는 근거를 마련하고 있다.

개별법으로는 형사소송법, 검사의 사법경찰관리에 대한 수사지휘 및 사법경찰관리의 수사준칙에 관한 규정(대통령령), 그리고 범죄수사규칙 등 범죄수사와 관련된 많은 행정규칙(경찰청 훈령)을 들 수 있다.

2. 수사경찰의 주요활동

수사활동은 검사 및 사법경찰관리(일반사법경찰관리 및 특별사법경찰관리)에 의해서 이루어지는데, 사법경찰관리는 검사의 수사 지휘를 받아 이를 행한다는 것은 이미 언급한 바와 같다. 아래에서는 이 수사경찰의 법적 근거를 토대로 범죄수사에 관한 현장 수사활동과 관련 수사행정을 중심으로 살펴보기로 한다.

1) 수사경찰의 범죄수사 과정

경찰의 범죄수사 과정의 단계는 광의의 개념과 협의의 개념으로 나누어 볼 수 있다. 광의의 개념은 수사의 단서에서 확정판결 까지를 수사의 과정으로 본다. 협의의 개념은 수사의 단서에서 공소제기까지를 수사의 과정으로 본다.

생각건대, 범죄수사는 형사절차의 일환이므로 수사의 단서에서부터 수사활동의 전개, 증거에 의한 범죄사실의 진상파악과 범인의 체포, 공소의 제기, 재판에 의한 확정판결까지를 포함한다고 보는 것이 타당하다. 수사기관은 공소제기 후에도 공소유지를 위한 수사를 할 수 있기 때문이다.

이러한 범죄수사는 크게 ㉠ 인지사건(認知事件)과 ㉡ 신고사건(申告事件)으로 나누어 살펴볼 수 있다. 인지사건은 수사의 단서(내사), 수사의 개시, 현장관찰, 수사방침수립, 사람과 물건 등의 조치, 조사, 송치의 단계로 수사가 전개된다. 그러나 신고사건은 내사의 단계가 없이 현장관찰과 동시에 수사가 개시된다. 즉, 살인·강도·절도 등에 대한 신고로 사건현장에 출동한 경찰이 범죄사실을 현장에서 확인하면 바로 수사가 개시된다.[51]

〈경찰의 범죄수사 과정〉

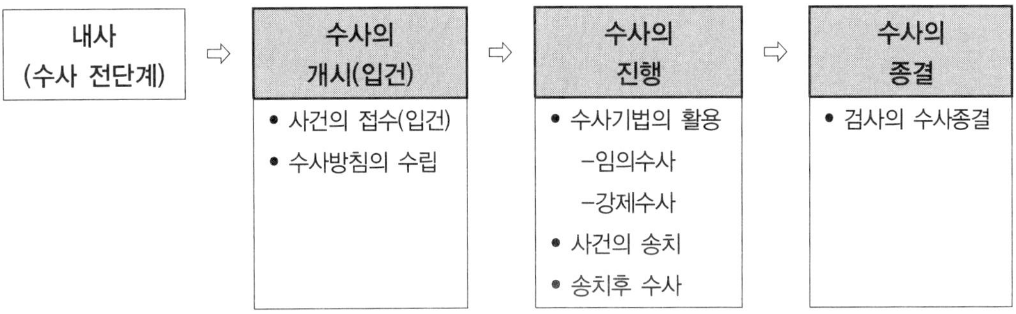

① **내사**

경찰관은 범죄에 관한 신문, 출판물, 방송, 인터넷, 익명의 신고, 풍설(風說) 등에 있어 내사(內査)가 필요한 경우에는 수사부서장의 지휘를 받아 내사하도록 해야 한다(범죄수사규칙 제28조 제1항) 이러한 내사는 수사의 전(前) 단계로서 형사입건(刑事立件)하지 아니하고 조사하는 단계를 말한다.

이러한 내사결과 범죄혐의가 있고 입건의 필요와 가치가 있을 때에는 수사개시의 단서가 되므로 범죄인지보고서의 작성과 함께 사건접수부에 접수하여 입건하고 혐의가 없거나 입건할 필요가 없을 때에는 내사를 종결하도록 한다. 내사종결은 경찰서장의 결재를 받은 후 내사종결처리부에 기재하여 처리한다. 이러한 내사는 수사의 전단계이기 때문에 검사의 지휘 없이 경찰이 독립적으로 처리·결정하는 것이다.

② **수사의 개시**

수사의 개시는 입건이라고 하고 수사의 단서(端緖)에 의해 수사기관이 사건을 접수하고 수사를 개시하는 것을 의미한다. 이에 따라 사법경찰관은 수사를 개시할 때에는 범죄인지서(犯罪認知書)를 작성하여 소속 경찰관서장에게 보고해야 한다(검사의 사법경찰관리에 대한 수사지휘 및 사법경찰관리의 수사준칙에 관한 규정 제17조, 범죄수사규칙 제40조).

수사개시의 단서는 내사를 통한 범죄의 인지, 신고에 의한 범죄인지, 변사체 검사, 현행범 체포, 고소·고발, [52] 자수, 타사법경찰 업무처리 관서로부터 이송사건, 검사의 수사지

51) 조철옥((2011), 경찰학각론, 경기: 21세기사, pp. 161-163 재구성.

52) ① 범죄로 인한 피해자는 고소(告訴)할 수 있다(형사소송법 제223조). 다만 자기 또는 배우자의 직계존속을 고소하지 못한다(제224조). 누구든지 범죄가 있다고 사료하는 때에는 고발(告發)할 수 있다. 공무원은 그 직무를 행함에 있어서 범죄가 있다고 사료하는 때에는 '고발하여야' 한다(제234조). 다만 고소와 마찬가지로 자기 또는 배우자의 직계존속을 고발하지 못한다(제235조). ② 경찰은 고소·고발의 관할여부를 불문하고 접수하여야 한다. 단, 「사건의 관할 및 관할사건

휘 등이 해당된다. 여기에서 대부분의 형사사건은 범죄인지, 고소·고발로 이루어진다.

이러한 수사개시를 통해 입건된 사건의 용의자(容疑者)는 피의자(被疑者) 신분이 되고, 입건된 모든 사건은 수사 후에 검찰에 송치해야 한다.

한편, 수사기관은 수사의 실행 전에 현장에서 수집된 여러 가지 자료와 증거를 검토한 후 수사방향을 결정해야 한다(수사방침의 수립). 이 때 중요사건은 경찰서장 또는 수사과장이 수사회의를 개최하고 수사요원들의 의견을 종합하여 수사야 한다.

③ 수사의 실행

수사기관은 입건된 사건에 대하여 형사소송법, 검사의 사법경찰관리에 대한 수사지휘 및 사법경찰관리의 수사준칙에 관한 규정, 범죄수사규칙 등 관계법령을 준수하면서 그 범위 내에서 수사를 실행해야 한다. 수사실행의 핵심은 범인의 특정과 체포, 범죄사실의 규명, 증거수집이다. 체포·구속사건은 체포·구속한 날로부터 10일 이내(검사는 10일 연장신청 가능)(형사소송법 제202조 및 205조), 고소·고발사건은 수리한 때로부터 2개월 이내에 수사를 완료해야 한다(범죄수사규칙 제48조 제1항).

㉠ 수사의 실행방법

수사의 실행은 사건발생 전후에 걸친 범죄현장과 그 부근에서 목격자나 주변사람들로부터 관련 수사자료를 수집하여 범인의 행적을 파악 또는 범인을 특정하는 행적수사(行跡搜查)·탐문수사(探聞搜查), 범인이 범죄현장과 그 부근에 떨어뜨린 물건이나 체액 등 다양한 범행흔적 등에 의해 범죄수사의 단서를 확보하는 유류품수사(遺留品搜查), 현장상황과 피해자의 생활상태 등으로 보아 피해자와 연고가 있는 사람 또는 피해자와 주변지역을 잘 아는 사람을 대상으로 하는 감별수사(鑑別搜查), 살인·강도·절도·사기 등의 범죄에 대한 범행의 수법에 의해 범인을 수사하는 수법수사(手法搜查), 지문조회·혈액감정·유전자 DNA감식 등에 의해 범인에 대한 증거를 수집하고 범인을 특정 하는 감식수사(鑑識搜查, 즉, 과학수사) 등에 의해서 이루어진다(이에 대해서는 뒤에서 다시 설명하기로 한다).

㉡ 사건의 송치

사법경찰관은 사건에 대한 진상이 파악되고 적용법령, 처리의견을 제시할 정도이면 사건을 검찰에 송치해야 한다. 검찰에 사건을 송치할 때에 수사서류와 피의자, 증거자료 일

수사에 관한 규칙」 제5조에 규정된 관할권이 없어 계속 수사가 어려운 경우에는 제190조에 따라 책임수사가 가능한 관서로 인계하여야 한다(범죄수사규칙 제42조 제4항).

체를 검찰에 송치해야 한다. 경찰의 위치에서는 사건의 검찰송치를 수사종결로 본다.

㉢ 송치 후 수사

경찰은 사건 송치 후 여죄가 발생되거나 공소제기 또는 유지를 위한 검찰의 보강수사 지시가 있을 때에는 수사를 해야 한다.

④ 수사의 종결

범죄수사의 종결권자는 원칙적으로 검사이다(다만, 예외적으로 즉결심판사건의 종결권자는 경찰서장이다). 검사의 수사종결은 사건에 대한 기소 또는 불기소처분으로 이루어진다.

2) 수사경찰의 주요활동

(1) 초동수사

초동수사(初動搜査)는 범죄사건이 발생했을 때 최초로 행하여지는 현장중심의 수사활동이다. 이는 사건발생 초기에 범인을 체포하고 현장관찰(現場觀察) 등을[53] 통한 증거를 확보하기 위하여 긴급(緊急)히 행하는 수사를 말한다.[54] 최근 범죄양상은 기동화, 광역화, 지능화되고 있다. 이에 따라 사건발생 이후 짧은 시간에도 범인은 멀리 도주하기 쉽고, 시간이 지남에 따라 증거자료의 가치는 감소되거나 소멸되어 버리게 된다. 따라서 사건발생 초기에 신속히 출동하여 범인을 검거하는 것이야 말로 가장 이상적인 수사라고 할 수 있다.

초동수사가 적절하게 이루어짐으로써 명백한 증거를 확보할 수 있어 공판유지에 유리해지며, 수사경제상 이익도 된다. 그리고 범죄자의 신속한 확인은 범죄예방에 있어서도 효과적이라고 할 수 있다. 따라서 대부분의 수사는 초동수사시의 범인검거에 그 성패를

53) 현장관찰(現場觀察)은 범죄현장에서 범죄와 관련될 수 있는 모든 유형적· 무형적 자료를 발견하여 범죄사실·범인 등에 관하여 추측하고 판단함과 아울러, 관련 자료를 채취·수집하여 증거화 하는 활동을 말한다. 현장관찰은 수사의 첫 걸음이라고 볼 수 있으며, 현장관찰이 신속하고 정확하게 행하여지느냐의 여부에 따라서 향후 수사과정에 상당한 영향을 미치게 된다. 즉, 현장관찰 도중 관련 자료와 정보가 누락되거나 잘못된 판단을 하게 되면 수사방침을 그르치게 되고, 결과적으로 사건해결을 어렵게 한다. 주의할 것은 범죄현장은 두 번 다시 같은 상태로 관찰할 수 없으므로 첫 단계에서 철저한 현장관찰이 필요하다. 또한 자백의 신빙성에 대한 엄격한 판단과 철저한 증거주의(證據主義)가 요구되므로 현장관찰과정에서 관련증거의 확보는 무엇보다도 중요한 일이다. 강맹진(2014), 앞의 책, p. 171.

54) 초동수사는 수사긴급배치와 관련이 있다. 초동수사 여하에 따라 긴급배치가 이루어지거나 그렇지 않을 수 있다. 긴급배치라는 것은 중요사건이 발생하였을 때, 적시성이 있다고 판단되는 경우 신속한 경찰력 배치, 범인의 도주로 차단, 검문검색을 통하여 범인을 체포하고 현장을 보존하는 등의 초동조치로 범죄수사자료를 수집하는 수사활동을 말한다(수사긴급배치규칙 제2조). 긴급배치 발령권자는 관할에 따라 경찰서장, 지방경찰청장, 경찰청장이 해당된다(제4조).

걸게 되고, 만약 초동수사에서 범인검거를 하지 못하면 다음 단계의 본격적인 수사를 위해 노력해야 한다.

연쇄살인범 강호순 사건일지

- **2005.10.30.** 경기 안산시 상록구 본오동 장모집에서 유류로 방화해 전처와 장모 살인(본인 혐의 부인). 전처명의로 든 4개 보험에서 2007년 4월, 4억 8천만원 수령.
- **2006. 9. 7.** 강원 정선군 정선읍 애산1리 애산2교 입구에서 걸어서 출근하던 정선군청 여직원 윤모(당시 23세)씨를 차량으로 납치해 성폭행한 뒤 목 졸라 살해, 영월군 영월읍 일명 '삼옥재' 13번 군도 옆 동강변 절벽 아래에 시신 유기.
- **2006.12.14.** 경기 군포시 산본동 노래방에서 배모(당시 45세)씨를 차량으로 납치해 성관계 가진 뒤 넥타이로 목 졸라 살해. 화성시 비봉면 비봉IC 인근 39번 국도변에 암매장.
- **2006.12.24.** 경기 수원시 장안구 화서동 노래방에서 박모(당시 36세)씨를 차량으로 납치해 스타킹으로 목 졸라 살해. 안산시 상록구 사사동 야산에 암매장.
- **2007. 1. 3.** 경기 화성시 신남동 버스정류장에서 박모(당시 52세)씨를 차량으로 납치해 성폭행 후 스타킹으로 목 졸라 살해. 화성시 비봉면 삼화리 야산에 암매장.
- **2007. 1. 6.** 경기 안양시 동안구 관양동 노래방에서 만난 중국동포 김 모(당시 37세)씨를 유인해 여관에서 성관계를 맺은 뒤 차량으로 이동해 넥타이로 목 졸라 살해. 화성시 마도면 고모리 공터 경사면에 암매장. 공터는 복토 후 L골프장으로 조성됨.
- **2007. 1. 7.** 경기 수원시 권선구 금곡동 버스정류장에서 여대생 연모(당시 20세)씨를 차량으로 납치해 성폭행한 뒤 타이츠로 목 졸라 살해. 수원시 권선구 구운동 황구천변에 암매장.
- **2007. 5. 8.** 경기 안산시 상록구 사사동 야산에 암매장된 세 번째 사건 희생자 박씨 시신 발견.
- **2008.11. 9.** 경기 수원시 권선구 당수동 버스정류장에서 김 모(당시 48세)씨를 차량으로 납치해 스타킹으로 목 졸라 살해. 안산시 성포동 야산에 암매장.
- **2008.12.19.** 군포시 대야미동 군포보건소 앞의 버스정류장에서 여대생 A(당시 21세)씨를 차량으로 납치해 스타킹으로 목 졸라 살해. 화성시 매송면 원리 공터에 암매장.
- **2009. 1.22.** 강호순 여대생 A씨 사건용의차량(에쿠스) CCTV에 찍혀 1차 경찰 조사.
- **2009. 1.24.** 경찰은 증거인멸을 위해 에쿠스와 무쏘승용차를 불태운 강호순을 유력

용의자로 지목해 긴급체포.

- **2009. 1.25.** 강호순 A씨 살해 자백. 화성시 매송면 원리 공터에서 A씨 시신 발굴.
- **2009. 1.26.** 경찰은 강호순 구속.
- **2009. 1.29.** 강호순의 수원 당수동 출사 리베로트럭에서 압수한 강호순 점퍼에서 7번째 피살자 김씨 혈흔을 발견해 유전자 검출.
- **2009. 1.30.** 강호순은 경기서남부 실종부녀자 7명 살해 자백. 골프장에 암매장된 김씨 외에 나머지 시신 4구 발굴.
- **2009. 2. 3~11.** 경찰은 검찰에 강호순과 7건의 살인사건 차례로 송치.
- **2009. 2. 7~8.** 골프장에 암매장된 중국동포 김씨 시신 발굴 실패.
- **2009. 2. 9.** 검찰은 장모집 방화 살인 의혹사건 재수사. 이후 방화 살인 혐의 확인.
- **2009. 2.17.** 강호순은 검찰 조사에서 정선군청 여직원 윤씨 살해 추가 자백
- **2009. 2.18.** 강원 영월 동강변 절벽에서 윤씨 추정의 유골발견.
- **2009. 2.22.** 검찰은 강호순의 7명 연쇄살인과 장모집 방화 살인 혐의 등으로 구속기소, 정선군청 여직원 윤씨 살해사건은 경찰의 송치를 받아 병합 예정.
- **2009. 4.22.** 사형선고. 항소.
- **2009. 7.23.** 항소심에서 사형선고. 상고 포기. 사형확정.[55)]

(2) 변사사건 처리

변사체(變死體)는 사고, 노쇠나 질병 등에 의한 자연사(自然死)가 아니고 부자연한 사망을 하여 그 사인(死因)이 불명하며, 범죄에 기인한 것이 아닌가 하는 의심이 가는 사체(死體)를 말한다. 이러한 변사체에 대한 조사를 통해서 자살·타살 여부를 규명하고, 변사체의 신원을 파악하여 범죄수사를 하고, 사체를 유가족에게 인도하는 목적이 있다.

① 사법검시

따라서 변사자 또는 변사의 의심 있는 사체가 있는 때에는 그 소재지를 관할하는 지방검찰청 검사로 하여금 이를 검시(檢屍)하도록 하고 있다. 이러한 검시로 범죄의 혐의를 인정하고 긴급을 요할 때에는 영장 없이 검증할 수 있으며, 검사는 사법경찰관에게 이상과 같은 처분을 명할 수 있다(형사소송법 제222조). 일반적으로 검시라고 한다면, 이와 같이 범죄에 기인한 변사에 대해 검사가 주체가 되어 실시하는 검시를 사법검시(司法檢屍)라고 한다.

55) 중앙일보(2009.2.22.); 아시아경제(2009.8.4.); 강맹진(2014), 앞의 책, p. 87 재인용.

사법경찰관리는 변사자(變死者) 또는 변사한 것으로 의심되는 사체가 있으면 관련 보고서 및 지휘건의서를 작성하여 즉시 관할 지방검찰청 또는 지청의 검사에게 보고하고 지휘를 받아야 한다. 이 경우 검사는 신속하게 지휘하여야 한다(검사의 사법경찰관리에 대한 수사지휘 및 사법경찰관리의 수사준칙에 관한 규정 제51조 제1항). 검사에 대한 보고와 더불어 즉시 관할 경찰서장에게 보고해야 한다(범죄수사규칙 제31조 제1항).

한편, 사법경찰관리는 검시에 특별한 지장이 없다고 인정하면 변사자의 가족·친족·이웃사람·친구, 시·군·구·읍·면·동의 공무원이나 그 밖에 필요하다고 인정하는 자를 참여시켜야 한다(검사의 사법경찰관리에 대한 수사지휘 및 사법경찰관리의 수사준칙에 관한 규정 제53조).[56]

② 행정검시

행정검시(行政檢屍)는 자연재해로 인한 사망이나 행려병사자로서 범죄에 기인한 사망이 아닌 것이 명백한 사체에 대하여 사건의 신속한 처리 및 사체를 유가족에게 신속히 인도하기 위해 처리절차를 간소화한 것이다(행정검시규칙 제1조).

이와 관련하여 지구대장·파출소장은 관내에서 변사체가 발견되거나 사체가 있다는 신고를 받았을 때에는 즉시 경찰서장에게 보고해야 한다. 변사체 발견보고를 받은 경찰서장은 변사체가 행정검시대상에 해당한다고 인정될 때에는 지구대장 등에게 행정검시를 명(命)하도록 하고 있다(제3조 제1항 및 제2항). 다만, 지구대장등은 행정검시 도중 시체가 범죄에 기인한 것으로 의심되거나 유족 등의 요청이 있는 경우에는 지체 없이 경찰서장에게 보고하여야 하며, 경찰서장은 수사에 착수하도록 하고 있다(제4조).

(3) 탐문수사

탐문수사(探聞搜査)는 범죄사건과 관련한 수사자료를 얻기 위하여 수사경찰이 범인 이외의 일반인들을 대상으로 면담하거나 대화 등의 방법으로 상대방이 보고 들은 견문(見聞) 또는 직접 체험한 사실을 청취하기 위한 수사활동을 말한다.

일반적으로 범죄는 하나의 사회문제로서 범행의 성격에 따라 사회적인 여러 가지 파문을 일으킨다. 그와 같은 파문은 다수인에게 직접 또는 간접적으로 사건에 대한 지식이나 경험을 남겨주게 된다. 따라서 이러한 지식이나 체험한 사실이 정보로서 신속하고 정확

56) 사법경찰관은 변사체를 검시한 결과 사망의 원인이 범죄로 인한 것이 아니라는 점이 명백히 인정되었을 때에는 검사의 지휘를 받아 소지품 등과 같이 시체를 신속히 유족 등에게 인도하여야 한다. 다만, 시체를 인수할 자가 없거나, 그 신원이 판명되지 않은 때에는 시체가 현존하는 지역의 시장, 군수, 구청장에게 인도하여야 한다. 그리고 변사체는 후일을 위하여 매장함을 원칙으로 한다(범죄수사규칙 제37조 제1항 및 제3항).

하게 그리고 완전하게 수사경찰에게 제공된다면 사건의 해결율은 높아 질 것이다. 어떻게 보면 탐문수사는 수사자료의 수집을 위해 실시하는 가장 전형적이고, 가장 중요한 수사활동이라고 할 수 있다.[57]

이러한 탐문수사가 성과를 거두기 위해서는 적절한 탐문요령(면담, 질문 등)을 터득하고, 그것을 바탕으로 자료화해야 한다. 그리고 주의할 것은 범죄수사를 위하여 도움을 주고 관련정보를 제공한 사람에 대한 보호는 매우 중요하다.[58] 따라서 정보제공자가 피해를 입지 않도록 정보제공자의 신원·진술내용 등에 대하여 보안조치를 하고 신변보호에 만전을 기해야 하다.

(4) 감별수사

감별수사(鑑別搜査)는 범죄의 진위를 가리기 위한 것으로 감(鑑)수사라고도 한다. 범인과 피해자, 범인과 범행장소 및 그 주변지역 간에 존재하는 어떤 사정이나 관계 등 연고에 근거를 두고 수사하는 방법을 말하며, 여기에서 범인과 어떠한 관계가 있는 것을 '감'(鑑)이라고 한다.

범인과 피해자·그 가족 및 피해주택과의 관계는 연고감, 범인과 범행지·주변지역 등과의 관계는 지리감, 범인과 피해자간의 밀접한 관계는 농후감(濃厚鑑), 둘 사이의 관계가 상대적으로 희박한 경우는 박감(薄鑑)이라 한다. 그리고 범인과 직접적인 관련성이 있는 것은 직접감, 직접적인 관계는 없고 들어서 알게 된 것과 같이 간접적인 관계가 있다면 간접감이라고 한다.

(5) 수법수사

수법수사(手法搜査)는 범인이 범행과정이나 범행 전후에 습관적으로 나타내는 수단 등 수법에 착안하여 범죄수사에 이용하는 수사기법을 말한다. 사람이 갖고 있는 습관은 쉽게 고쳐지지 않으며, 자신도 모르는 사이에 나타나거나 반복하는 특징이 있다. 범죄행위도 범행시간이나 장소, 그리고 유사 또는 동일한 수단을 반복적으로 사용하는 등 일정한 특징이 나타난다.

---

57) 경찰대학(2004), 경찰수사론, p. 250.

58) 경찰청이 국회에 제출한 '최근 5년간(2004~2008년) 범죄정보 제공자·신고자에 대한 보복범죄 현황'에 따르면, 신고에 대한 보복범죄건수가 15,486건에 이르는 것으로 밝혀졌다. 보복범죄건수를 범죄정보 제공유형별로 살펴보면, 신고자와 피신고자의 개인적인 원한에 의해 신고를 했다가 보복을 당하는 경우가 12,520건으로 가장 많았다. 이어 내부고발 등 피신고인과의 직접적인 원한 없이 범죄사실을 인지한 후 신고했다가 보복을 당한 경우가 845건이었다. 또한 직접 신고를 하지 않고도 피신고인에게 불리한 참고인 진술을 해 보복범죄를 당한 것이 88건, 법정에서 불리한 증언을 해 보복을 당한 사례가 32건에 이르렀다. 또 최근 3년간(2006~2008) 발생한 보복범죄를 유형별로 살펴보면, 폭행·상해 2,167건, 재물손괴 237건, 업무방해 161건, 협박 151건, 살인 110건 등의 순이었다. 강맹진(2014), 앞의 책, pp. 195-196 재인용.

범죄수법의 과학적 관리

① 범죄수법 공조자료 관리규칙

이 규칙(경찰청 훈령)은 범죄수법과 피의자의 사진 등 각종 인적, 물적 특징에 관한 자료의 수집, 관리방법과 그 조직적인 운영절차를 규정함으로써 과학적인 범죄수사에 기여함을 목적으로 제정된 것이다(제1조).

이에 따라 경찰서장(경찰청, 지방경찰청에서 처리한 사건에 대하여는 경찰청장, 지방경찰청장을 포함)은 일정한 범죄의 피의자를 검거하였거나 인도받아 조사하여 구속 송치할 때에는 '수법 · 수배 · 피해통보 전산자료 입력코드번호부'에 규정된 내용에 따라 '수법원지'를 작성하여 지방경찰청장을 거쳐 경찰청장에게 송부하도록 하고 있다. 그리고 불구속 피의자도 재범의 우려가 있다고 인정되는 자에 대하여는 작성할 수 있도록 하고 있다(제3조 제1항).

② 관련용어

㉠ 수법원지

수법범인의 인적사항, 인상특징, 수법내용, 범죄사실, 직업, 사진, 필적 등을 수록한 기록지 또는 이를 전산입력 한 것을 말한다(제2조 제4호).

㉡ 피해통계표

피해사건이 발생하여 그 범인이 누구인지 판명되지 아니하였을 때에 해당사건의 피해자, 범인의 인상 · 신체 · 기타특징, 범행수법, 피해사실, 용의자 인적사항, 피해품, 유류품등 수사자료가 될 수 있는 내용을 수록한 기록지 또는 이를 전산입력 한 것을 말한다(제2조 제5호).

③ 적용범죄

㉠ 강도, ㉡ 절도, ㉢ 사기, ㉣ 위조 · 변조(통화, 유가증권, 우편, 인지, 문서, 인장), ㉤ 약취 · 유인, ㉥ 공갈, ㉦ 방화, ㉧ 강간, ㉨ 앞의 강도~강간 중 특별법에 위반하는 죄, ㉩ 장물(제3조 제1항 각호).

④ 수법원지의 관리방법

위의 범죄와 관련하여 피의자가 여죄가 있고 그것이 범죄수법 소분류가 각각 상이한 유형의 수법일 때에는 그 수법마다 수법원지를 작성하여야 한다. 수법원지는 해당 범인을 수사하거나 조사 송치하는 경찰공무원이 직접 작성하고 작성자가 날인하여야 하며 범죄사건부 해당란에 수법원지 작성 여부를 표시하여야 한다. 수사주무과장은 사건송치기록 검토 후 수법원지 작성누락 여부 및 작성된 수법원지 내용의 오기나 기재누락사항 유무를 검토하여 교정하고 작성 책임자인을 직접 날인하여야 한다(제3조 제2항~제4항).

⑤ 공조체계 구축

이상과 같이 범죄수법 및 피해통계를 체계적으로 관리하여 경찰관서 상호간에 범인, 여죄, 장물을 발견하고 범인을 검거하기 위하여 필요한 수사자료를 서면, 전신, 영상 또는 전산자료로 행하는 수배, 통보, 조회 등이 이루어지도록 하는 등 공조체계를 구축함(제2조 제6호)으로써 수사목적을 효율적으로 달성하고자 하는데 있다.

(6) 유류품수사

유류품(遺留品)은 범죄현장과 그 인근에 남아 있는 무기·흉기·옷·휴지·소지품 등 범인의 것 또는 범인의 것이 아니어도 범행에 사용되었을 것으로 추정되는 물건을 말한다. 유류품수사(遺留品搜查)는 이와 같은 유류품을 수집하고 분석하여 사건과 관련성을 추정하고 범인의 윤곽이나 범죄당시의 상황 등을 유추해 내는 수사활동을 말한다.

(7) 장물수사

장물수사(臟物搜查)는 범죄의 피해품을 확정하고 종류·특징을 명백히 함으로써 그 이동경로에 따라서 장물수배, 장물품표 발행, 임검조사, 불심검문 등을 통해 범인을 발견·검거하려는 수사활동을 말한다. 한편, 장물을 취득·알선 등을 한 경우에는 형사처벌의 대상이 된다.[59]

장물수배라는 것은 수사 중인 사건의 장물에 관하여 다른 경찰관서에 그 발견을 요청하는 수배를 말한다. 경찰관은 장물수배를 할 때에는 발견해야 할 장물의 명칭, 모양, 상표, 품질, 품종 그 밖의 특징 등을 명백히 하여야 하며 사진, 도면, 동일한 견본·조각을 첨부하는 등 필요한 조치를 하도록 하고 있다(범죄수사규칙 제182조).[60]

---

59) 장물을 취득, 양도, 운반 또는 보관한 자는 7년 이하의 징역 또는 1천 500만원 이하의 벌금에 처한다. 이러한 행위를 알선한 자도 위의 형과 같다(형법 제362조).

60) 경찰서장은 범죄수사상 필요하다고 인정할 때에는 장물과 관련 있는 영업주에 대하여 장물수배서를 발급할 수 있으며, 장물수배서는 3종으로 구분하고 있다. ① 특별 중요 장물수배서: 수사본부를 설치하고 수사하고 있는 사건에 관하여 발하는 경우. ② 중요 장물수배서: 수사본부를 설치하고 수사하고 있는 사건 이외의 중요한 사건에 관하여 발하는 경우. ③ 보통 장물수배서: 그 밖의 사건에 관하여 발하는 경우. 여기에서 특별 중요 장물수배서는 홍색, 중요 장물수배서는 청색, 보통장물수배서는 백색에 의하여 각각 그 구별을 하여야 한다(범죄수사규칙 제183조 제1항 및 제2항).

(8) 알리바이수사

알리바이(Alibi)는 범죄가 이루어진 시각에 범죄현장에 없었거나 있을 수 없었다는 사실의 증명을 말하는데, 이를 부재증명 또는 현장부재증명(現場不在證明)이라고 한다. 영미법계에서는 현장부재의 입증이 이루어졌을 경우, 피고인이 범죄를 실행하지 않았다는 사실의 증거가 된다. 그러나 우리의 경우에는 알리바이를 주장하는 것은 범죄사실의 부인에 불과하며, 특별한 효과가 인정되지 않는다. 그러나 무죄를 추정하게 하는 유력한 정황증거가 되므로, 수사 및 공판심리를 통해서 신중한 검토를 필요로 한다.[61)]

사실, 수집된 증거가 아무리 많다 하더라도 알리바이가 성립된다면 정황증거는 물론, 직접증거도 무너질 수 있다. 반대로 알리바이수사를 통하여 결정적 반증을 제시할 수도 있으며, 알리바이를 확인하는 과정에서 의문점이 발생할 경우 수사착수 여부를 결정하기도 한다는 점에서 매우 중요하다.[62)]

(9) 통신수사

① 통신수사의 의의

통신수사(通信搜査)는 수사상 목적을 달성하기 위하여 정보통신의 구성요소인 사용자와 장비(단말기, 송수신 장치와 회선 등) 및 통신내용에 대한 각종 정보를 수집하고 활용하는 것을 뜻한다.[63)] 보다 넓은 의미로는 수사기관이 정보통신장비와 기술을 수사상 목적으로 활용하는 것을 포함한다.

② 통신제한 조치

통신비밀보호법에서는 통신자료제공의 법적 근거와 절차를 체계적으로 규정하여, 긴급감청 요건과 절차를 보다 엄격하게 하고 있다. 따라서 '누구든지 이 법과 형사소송법

61) 강맹진(2014), 앞의 책, pp. 206-207 재인용.

62) 알리바이에는 4가지가 있다. ① 절대적 알리바이: 범죄시각에 혐의자가 다른 장소에 있었다는 사실이 객관적인 증거에 의해 명백하게 입증되면 혐의자의 범죄혐의는 부정된다. ② 상대적 알리바이: 범죄 혐의자가 범죄사건이 발생하기 전에 마지막으로 다른 장소에 나타난 시간에 의하면 현장에 도달할 수 없다는 추론이 나온 경우 및 혐의자가 사건발생 후 최초에 다른 장소에 나타난 시간으로 보아 범행 후 그 장소에 도달할 수 없다는 계산이 나온 경우이다. 이 경우에는 범죄혐의자의 범죄혐의는 논쟁의 여지가 계속 존재한다. ③ 위장 알리바이: 범인이 사전에 계획적으로 자기의 존재를 확실히 인상 깊게 해놓고 그 사이에 단시간 내에 범행 장소로 이동하여 범죄를 저지르는 경우를 말한다. ④ 청탁 알리바이: 범행 후 범행사실을 숨기기 위해 가족, 동료, 친지 등에게 범죄시간대에 자신이 위치한 장소를 사전에 약소 또는 청탁해 놓은 경우를 말한다. 조철옥(2011), 앞의 책, pp. 180-181.

63) 통신(通信)이라는 것은 우편물 및 전기통신을 말한다. ① 우편물은 우편법에 의한 통상우편물과 소포우편물을 말하고, ② 전기통신이라 함은 전화·전자우편·회원제정보서비스·모사전송·무선호출 등과 같이 유선·무선·광선 및 기타의 전자적 방식에 의하여 모든 종류의 음향·문언·부호 또는 영상을 송신하거나 수신하는 것을 말한다(통신비밀보호법 제2조 제1호~제3호).

또는 군사법원법의 규정에 의하지 아니하고는 우편물의 검열·전기통신의 감청 또는 통신사실 확인 자료의 제공을 하거나 공개되지 아니한 타인간의 대화를 녹음 또는 청취하지 못한다'고 규정하고 있다(제3조 제1항).[64]

③ 범죄수사를 위한 통신제한조치의 허가요건

우편물의 검열 또는 전기통신의 감청(이하 '통신제한조치'라 함)은 범죄수사 또는 국가안전보장을 위하여 '보충적인 수단'으로 이용되어야 하며, 국민의 통신비밀에 대한 침해가 최소한에 그치도록 노력하여야 한다고 하고 있다(제3조 제2항).

따라서 통신제한조치는 형법 및 관련 특별형법 상의 범죄를 '계획 또는 실행하고 있거나 실행하였다고 의심할만한 충분한 이유가 있고 다른 방법으로는 그 범죄의 실행을 저지하거나 범인의 체포 또는 증거의 수집이 어려운 경우'에 한(限)하여 허가할 수 있다(제5조 제1항).[65]

④ 범죄수사를 위한 통신제한조치의 허가절차

㉠ 검사의 통신제한조치의 허가 청구

검사는 범죄수사를 위한 통신제한조치의 허가요건이 구비된 경우에는 법원에 대하여 각 피의자별 또는 각 피내사자별로 통신제한조치를 허가하여 줄 것을 청구할 수 있다. 그리고 사법경찰관은 허가요건이 구비된 경우에는 검사에 대하여 각 피의자별 또는 각 피내사자별로 통신제한조치에 대한 허가를 신청하고, 검사는 법원에 대하여 그 허가를 청구할 수 있다(제6조 제1항 및 제2항).

이러한 통신제한조치청구는 필요한 통신제한조치의 종류·그 목적·대상·범위·기간·집행 장소·방법 및 당해 통신제한조치가 허가요건을 충족하는 사유 등의 청구이유를 기재한 서면(書面)으로 하여야 하며, 청구이유에 대한 소명자료를 첨부하여야 한다. 이 경우 동일한 범죄사실에 대하여 그 피의자 또는 피내사자에 대하여 통신제한조치의 허가를 청구하였거나 허가받은 사실이 있는 때에는 다시 통신제한조치를 청구하는 취지 및 이유를 기재하도록 하고 있다(제6조 제4항).

---

64) 다만, 다음의 경우에는 해당 법률이 정하는 바에 의하도록 하고 있다. ① 환부우편물 등의 처리, ② 수출입우편물에 대한 검사, ③ 구속 또는 복역 중인 사람에 대한 통신, ④ 파산선고를 받은 자에 대한 통신, ⑤ 혼신제거 등을 위한 전파감시(통신비밀보호법 제3조 제1항 각호).

65) ① 형법상의 특정 범죄, ② 군형법상의 특정 범죄, ③ 국가보안법에 규정된 범죄, ④ 군사기밀보호법에 규정된 범죄, ⑤ 군사기지 및 군사시설 보호법에 규정된 범죄, ⑥ 마약류관리에 관한 법률상의 특정 범죄, ⑦ 폭력행위 등 처벌에 관한 법률상의 특정 범죄, ⑧ 총포·도검·화약류 등의 안전관리에 관한 법률상의 특정 범죄, ⑨ 특정범죄가중처벌 등에 관한 법률상의 특정범죄, ⑩ 특정경제범죄가중처벌등에관한법률에 규정된 범죄중 특정 범죄, ⑪ '①'과 '②'의 죄에 대한 가중처벌을 규정하는 법률에 위반하는 범죄(제5조 제1항 각호 참조).

㉡ 법원의 통신제한조치 허가

법원은 청구가 이유 있다고 인정하는 경우에는 각 피의자별 또는 각 피내사자별로 통신제한조치를 허가하고, 이를 증명하는 서류(허가서)를 청구인에게 발부하도록 하고 있다. 허가서에는 통신제한조치의 종류·그 목적·대상·범위·기간 및 집행 장소와 방법을 특정하여 기재하여야 한다(6조 제5항 및 제6항). 한편, 법원은 청구가 이유 없다고 인정하는 경우에는 청구를 기각하고 이를 청구인에게 통지하도록 하고 있다(제6조 제8항).

㉢ 통신제한조치의 기간

통신제한조치 기간은 2월을 초과하지 못하고, 그 기간 중 통신제한조치의 목적이 달성되었을 경우에는 즉시 종료하여야 한다. 다만, 위의 허가요건이 존속하는 경우에는 허가청구절차에 따라 소명자료를 첨부하여 2월의 범위 안에서 통신제한조치기간의 연장을 청구할 수 있다(제6조 제7항).[66]

(10) 함정수사

① 함정수사의 의의

함정수사(陷穽搜査)는 수사기관 또는 그 하수인이 신분을 숨기고 범죄를 교사한 후, 그 실행을 기다려 범인을 체포하고 증거를 수집하는 수사활동을 말한다. 이러한 함정수사는 마약사범이나 밀수사범과 같이 범죄행위가 은밀하여 일상적인 수사활동으로는 범인검거가 곤란한 경우에 사용되는데, 이에 대한 논란이 제기되고 있다.

그런데 함정수사라 하더라도 수사방법이 임의적이며, 범죄가 발생했을 경우 미치는 사회적 파급이 큰 범죄에 한하여 함정수사가 필요하다는 입장과 수사방법상 청렴성을 상실하고 적정절차의 법리에 위배된다는 입장이 있으나, 국민의 공공복리 증진에 최대의 적이 되고 있는 마약·밀수 등 특정범죄에 대하여는 허용해야 한다는 설이 통설이다.[67]

② 수사권한 남용 문제

통상적인 수사는 수사수단이 공개적이고 이해관계자인 고소인이나 피해자 등이 존재한다. 즉 수사기관이 마음대로 하기 어렵다. 그러나 함정수사는 수사관이 누구를 수사할 것이냐에 따라 재량권을 행사할 여지가 많다. 또한 공소제기의 의도가 분명하지 않은 상

66) 통신비밀보호법(2001.12.29. 법률 제6546호로 개정된 것) 제6조 제7항 단서 중 전기통신에 관한 '통신제한조치기간의 연장'에 관한 부분은 헌법에 합치하지 아니한다. 위 법률조항은 2011.12.31.을 시한으로 입법자가 개정할 때까지 계속 적용한다. 헌법불합치, 2009헌가30, 2010.12.28.

67) 김충남(2008), 앞의 책, p. 359.

태에서 이루어지는 함정수사가 사적인 의도로 이용된다면 적법성과 합리성의 문제에 직면하게 될 것이다. 한편, 함정수사를 통하여 범인을 검거하기 위하여 진행 중인 범죄에 가담했거나 이미 발생한 범죄의 피해자에 해당하는 사람에게 정보수집과 수사에 대한 도움을 이유로 일종의 '유죄협상거래'(Plea Bargaining)를 하는 경우 형평성과 수사권한 남용의 문제가 발생할 수 있다.[68]

(11) 미행·잠복감시

미행(尾行)이라는 것은 범죄의 증거와 수사자료를 수집하거나 범인의 체포·발견을 위하여 용의자나 범인·우범자를 은밀하게 추적하거나 감시하는 활동을 말한다. 잠복감시(潛伏監視)는 흔히 잠복이라고 하며, 미행과 동일한 목적으로 일정한 장소 또는 특정지역에 일정한 기간 동안 은신하여 비밀스럽게 감시하는 수사방법이다. 미행과 잠복감시는 범죄수사의 기본으로 범인체포와 확실한 증거수집이 가능하기 때문에 매우 중요하다.

3) 과학수사

과학수사(科學搜査, scientific investigation)는 유죄를 밝혀내기 위한 방법으로 범죄수사에 과학적인 지식과 기술을 이용하여 체계적인 자료와 각종 기구·시설 등을 활용하여 실체적인 진실을 규명하는 활동이라고 할 수 있다. 주지하는 바와 같이 현대의 범죄수사는 주관적 판단은 의미가 없으며, 객관적이고 과학적인 근거를 요구하고 있다. 재판과정에서도 증거재판주의에 바탕을 두고 있기 때문에 증거자료의 발견과 수집과정에 과학적 지식·기술이 요구된다. 여기에서 과학의 범위는 과학수사를 뒷받침하는 모든 분야의 학문을 요구하며 이를 '법과학'(forensic science)이라고 한다.[69]

68) 강맹진(2014), 앞의 책, pp. 221-222.
69) 김충남(2008), 앞의 책, p. 403.; 이에 대한 자세한 내용은 강맹진(2014), 앞의 책, pp. 228-277 참조.

3. 수사행정

1) 수사조직과 수사본부

(1) 수사조직

① 문제의 제기

주지하는 바와 같이 형사소송법상 검사는 수사의 독립적 주체로서 인정하고, 사법경찰관(司法警察官, 경위, 경감, 경정, 총경, 경무관)은 검사의 지휘감독을 받도록 하고 있다(제195조, 제196조 제1항).

그런데, 경찰조직은 최고관청인 경찰청장(警察廳長, 치안총감)을 정점으로 한 국가경찰기관이다. 이러한 상황에서 형사소송법상의 근거에 의해 경위부터 경무관까지를 사법경찰관으로 하여 검사의 지휘감독을 받도록 한 것은 국가경찰조직의 기본적인 지휘체계상 불합리한 점이 적지 않은 것이 사실이다. 바꿔 말하면, 비록 현행 형사소송법상으로 사법경찰관이 검사의 지휘감독을 받도록 되어 있을지라도 조직 지휘체계상 경찰청장의 범죄수사에 대한 지휘감독 역시 허용되어야 한다고 본다.

이는 경찰조직의 기본법인 경찰법에서 '경찰청장은 국가경찰에 관한 사무를 총괄하고 경찰청 업무를 관장하며 소속 공무원 및 각급 국가경찰기관의 장을 지휘·감독한다'(제11조 제3항)고 규정한 것과 같이 당연한 것이다. 따라서 경찰에서는 자체적으로 범죄수사에 관한 조직상의 지휘체계를 「(경찰청)범죄수사규칙」에서 정립한 것은 의미가 있다고 본다.

② 수사의 조직적 운영과 지휘체계 확립

㉠ 수사의 조직적 운영

기본적으로 경찰관이 수사를 함에는 경찰관 상호 간의 긴밀한 협력과 적정한 통제를 도모하고, 수사담당부서 이외의 다른 수사부서나 기타 관계있는 다른 경찰관서와 유기적으로 긴밀히 연락하여, 경찰의 조직적 기능을 최고도로 발휘할 수 있도록 유의하여야 한다(범죄수사규칙 제13조).

㉡ 수사지휘체계의 확립

이러한 수사의 조직적 운영을 위해 경찰청장은 국가경찰의 수사에 관한 사무를 총괄하고 지휘·감독하며, 경찰청의 수사업무를 관장하도록 하고 있다(범죄수사규칙 제13조의2

제1항). 한편, 경찰청장은 다음의 사항을 제외한 일반적인 사건수사에 대한 지휘는 지방경찰청장에게 위임할 수 있도록 하고 있다(제2항).

가. 수사관할이 수개의 지방청에 속하는 사건

나. 고위공직자 또는 경찰관이 연루된 비위 사건으로 해당관서에서 수사하게 되면 수사의 공정성이 의심받을 우려가 있는 경우

다. 경찰청장이 수사본부 또는 특별수사본부를 설치하여 지정하는 사건

라. 그 밖에 사회적 이목이 집중되거나, 파장이 큰 사건으로 경찰청장이 특별히 지정하는 사건

그리고 지방경찰청장은 합리적이고 공정한 수사를 위하여 소속 공무원 및 소속 경찰관서의 범죄수사에 대하여 전반적인 지휘·감독을 하며, 체계적인 수사 인력·장비·시설·예산 운영 및 지도·교양 등을 통해 그 책임을 다하도록 하고 있다(제13조의3). 그리고 경찰서장은 해당 경찰서 관내의 범죄수사에 대하여 지휘·감독을 하며, 합리적이고 공정한 수사를 위하여 그 책임을 다하도록 하고 있다(제13조의4). 한편, 범죄수사를 담당하는 경찰관서의 수사간부는 소속 경찰관서장을 보좌하고 그 명에 의하여 범죄수사의 지휘·감독을 하도록 하고 있다(제13조의5).

(2) 수사본부의 운영

경찰청장 또는 지방경찰청장은 살인 등 중요사건이 발생하여 종합적인 수사를 통하여 해결할 필요가 있다고 인정할 때에는 '수사본부'(搜査本部)를 설치할 수 있도록 하고 있다(범죄수사규칙 제16조 제1항). 그리고 경찰청장은 경찰고위직의 내부비리사건, 사회적 관심이 집중되고 공정성이 특별하게 중시되는 사건에 대하여는 그 직무에 관하여 경찰청장 등 상급자의 지휘·감독을 받지 않고 독자적 수사가 가능한 '특별수사본부'(特別搜査本部)를 설치·운용할 수 있도록 하고 있다(제2항).

그리고 경찰청장 또는 지방경찰청장은 국가기관간 공조수사가 필요한 경우에 관계기관과 '합동수사본부'(合同搜査本部)를 설치·운용할 수 있도록 하고 있다(제3항). 아울러, 경찰청장은 각 지방경찰청의 수사본부의 수사활동을 지휘통제, 조정 및 감독하기 위하여 '종합수사지휘본부'(綜合搜査指揮本部)를 설치·운영할 수 있도록 하고 있다(제5항).

끝으로, 경찰관은 수사에 관하여 다른 수사기관과 협조하여야 할 사안이 있을 때에는 미리 소속 경찰관서의 장에게 보고하여 그 지휘를 받도록 하고 있다(제16조의2). 결국, 이상과 같은 범죄수사규칙의 신설은 경찰조직의 범죄수사에 대한 지휘체계의 확립과 더불어 검찰과의 관계 재정립을 위한 의지의 표명이라고 보여 진다.

2) 유치장·호송

(1) 유치장

① 유치장의 의미

피의자·피고인·구류인·의뢰입감자의 도주와 증거인멸, 자해와 통모 그리고 도주원조 등을 방지하면서 유치인의 건강을 보호하기 위하여 신체의 자유를 구속하는 것을 '유치'(留置)라 하고, 그러한 장소를 유치장(留置場)이라 한다.[70] 유치장에서는 유치인에 대한 인권보장과 질서유지 등이 고려되어야 하고, 특히 사고가 발생하지 않도록 유의해야 한다. 유치와 관련하여 경찰관직무집행법(제9조), 피의자 유치 및 호송규칙, 유치장설계 표준규칙 등에 근거를 두고 있다.

② 유치장의 관리

경찰서장은 피의자의 유치 및 유치장의 관리에 전반적인 지휘·감독을 하여야 하며 그 책임을 져야 한다. 경찰서 주무과장(유치인보호 주무자)은 경찰서장을 보좌하여 유치인 보호 및 유치장 관리를 담당하는 경찰관(유치인보호관)을 지휘·감독하고 피의자의 유치 및 유치장의 관리에 관한 책임을 진다. 한편, 야간 또는 공휴일에는 상황실장 또는 경찰서장이 지정하는 자가 유치인보호 주무자의 직무를 대리하여 그 책임을 지도록 한다(피의자 유치 및 호송규칙 제4조).

(2) 호송

① 호송의 의미

호송은 법령에 의하여 유치되어 있는 자나 구속된 자, 즉 기결수·즉결인·형사피고인·피의자·구류인 등에 대하여 검찰청, 법원, 교도소 또는 경찰관서 등으로 연행하기 위하여 보호하면서 이동하는 것을 말한다.

② 호송관리 책임

호송관서의 장(지방경찰청에 있어서는 형사, 수사과장을 말함)은 피호송자의 호송업무에 관하여 전반적인 관리 및 지휘·감독을 하여야 한다. 지방경찰청의 수사과장 또는 형

---

70) 유치장이란 경찰관서에 설치된 교도소의 '미결수용실'에 준하는 형사수용시설을 말한다. 따라서, 「형의 집행 및 수용자의 처우에 관한 법률」을 준용한다(동법 제87조). 2015년 현재 유치장은 110개이며, 1,123명의 경찰관(남: 991명, 여: 132명)이 관련업무를 담당하고 있다. 그리고 유치인 실제 수용인원은 104,105명(남: 94,681명, 여: 9,424명)에 이르고 있다. 경찰청(2016), 경찰통계연보, p. 200.

사과장 및 경찰서의 수사(형사)과장은 피호송자의 호송업무에 관하여 호송주무관으로서 직접 지휘·감독하여야 하며 호송의 안전과 적정 여부를 확인하여야 한다. 한편, 경찰서장은 호송주무관으로 하여금 호송 출발 직전에 호송경찰관에게 호송임무 수행에 필요한 전반적인 교양을 반드시 실시토록 하여야 한다(피의자 유치 및 호송규칙 제47조).

3) 공조수사와 수배 및 조회제도

(1) 공조수사

경찰관은 수사에 필요하다고 인정할 때에는 피의자의 체포·출석요구·조사, 장물 등 증거물의 수배, 압수·수색·검증, 참고인의 출석요구·조사 등 그 밖의 필요한 조치에 대한 공조(共助)를 다른 경찰관에게 요청할 수 있다(범죄수사규칙 제170조).

오늘날 범죄의 광역화·기동화에 따라 범인 검거는 갈수록 어려워지고 있는 실정이다. 따라서 조직 내적으로는 경찰관서 간, 그리고 외적으로는 각 부처와 관련단체 및 국제기구, 개인의 협조 등 연결체계를 구축하여 범인 검거의 효율성을 높이는 방안이 강구되어야 한다(국제경찰기구와의 공조체계는 제13장 외사경찰에서 살펴보기로 한다).

(2) 수배제도

① 수배의 의미

수배(手配, arrangement)는 범죄 용의자·피의자 등을 찾거나 체포하기 위해 수사망을 가동하는 것, 또는 피의자·수사자료 등을 발견하고 확보하기 위하여 다른 경찰관서 등에 필요한 조치를 의뢰하는 것을 말한다.

② 수배의 종류

㉠ 사건수배·긴급사건수배

사건수배란 사건의 용의자와 수사자료 그 밖의 참고사항에 관하여 통보를 요구하는 것으로, 경찰관이 사건수배를 할 때에는 별지 서식의 사건수배서에 따라 요구하여야 한다(범죄수사규칙 제171조).

그리고 경찰관은 범죄수사에 있어서 다른 경찰관서에 긴급한 조치를 의뢰할 필요가 있을 때에는 지체 없이 긴급사건수배서에 따라 긴급배치, 긴급수사 그 밖의 필요한 조치를 요구하여야 한다(제172조).

㉡ 지명수배

사법경찰관은 다음의 어느 하나에 해당하는 자의 소재를 알 수 없을 때에는 해당 피의자에 대하여 지명수배를 할 수 있다.[71] 다만, 기소중지 의견으로 사건을 송치할 때에는 지명수배를 하여야 한다(범죄수사규칙 제173조).

가. 법정형이 사형 무기 또는 장기 3년 이상의 징역이나 금고에 해당하는 죄(제179조제3호의 경우 제외)를 범하였다고 의심할 만한 상당한 이유가 있어 체포영장 또는 구속영장이 발부된 자[72]

나. 지명통보의 대상인 자로 지명수배의 필요가 있어 체포영장 또는 구속영장이 발부된 자

한편, 사법경찰관은 지명수배를 한 경우에는 체포영장 또는 구속영장의 유효기간에 유의하여 유효기간 경과 후에도 계속 수배할 필요가 있는 때에는 유효기간 만료 전에 체포영장 또는 구속영장을 재발부 받아야 한다(제173조 제3항).

㉢ 공개수배: 종합 공개수배 · 긴급 공개수배

경찰청장은 지명수배 · 지명통보한 후 6월이 경과하여도 검거하지 못한 주요 지명피의자('강력범, 중요폭력 및 도범, 기타 중요범죄')에 대하여는 '종합 공개수배' 할 수 있다(범죄수사규칙 제178조 제1항).

그리고 경찰관서장은 법정형이 사형·무기 또는 장기 3년 이상 징역이나 금고에 해당하는 죄를 범하였다고 의심할 만한 상당한 이유가 있고 범죄의 상습성, 사회적 관심, 공익에 대한 위험 등을 고려할 때 신속한 검거가 필요한 자에 대하여 '긴급 공개수배' 할 수 있다(제2항). 이러한 공개수배는 사진·현상·전단 그 밖의 방법에 의한다(제3항).[73]

---

71) 지명수배된 자 소재발견시 조치사항: ① 경찰관은 지명수배된 자(이하 '지명수배자'라 함)의 소재를 발견하였을 때에는 피의자에게 체포영장 또는 구속영장을 제시하고 범죄사실의 요지, 체포 또는 구속의 이유와 변호인을 선임할 수 있음을 고지하고 변명의 기회를 준 후 지명수배자를 체포 또는 구속하고 확인서를 받아 신병과 함께 지명수배한 경찰관서에 인계하여야 한다. ② 경찰관은 체포영장 또는 구속영장을 소지하고 있지 않은 경우라도 급속을 요하는 때에는 피의자에게 범죄사실의 요지와 체포영장 또는 구속영장이 발부되었음을 고지하고 체포 또는 구속할 수 있다. 이 경우 사후에 신속히 체포영장 또는 구속영장을 제시하여야 한다(범죄수사규칙 제174조 제1항 및 제2항).

72) 다만, 범죄수사규칙 제81조 제1항에서 정하는 긴박한 사유가 있는 때에는 지명수배를 한 후 신속히 체포영장을 발부받아야 하며, 발부받지 못한 경우 즉시 지명수배를 해제하여야 한다(범죄수사규칙 제173조 제1항).

73) ① 언론매체·정보통신망 등을 이용한 공개수배는 공개수배 위원회의 심의를 거쳐야 한다. 단, 공개수배 위원회를 개최할 시간적 여유가 없는 긴급한 경우에는 사후 심의할 수 있으며, 이 경우 지체 없이 위원회를 개최하여야 한다. ② 언론매체·정보통신망 등을 이용한 공개수배는 퍼 나르기, 무단 복제 등 방지를 위한 기술적·제도적 보안 조치된 수단을 이용하여야 하며, 방영물·게시물의 삭제 등 관리 감독이 가능한 장치를 마련해야 한다. ③ 검거, 공소시효 만료 등 공개수배의 필요성이 소멸한 때에는 공개수배 해제의 사유를 고지하고 관련 게시물·방영물 등을 회수, 삭제하여야 한다(지맹수배 등에 관한 규칙 제10조 제1항~제3항).

㉣ 장물수배

장물수배란 수사 중인 사건의 장물에 관하여 다른 경찰관서에 그 발견을 요청하는 수배를 말한다(범죄수사규칙 제182조 제1항). 경찰관은 장물수배를 할 때에는 발견해야 할 장물의 명칭, 모양, 상표, 품질, 품종 그 밖의 특징 등을 명백히 하여야 하며 사진, 도면, 동일한 견본·조각을 첨부하는 등 필요한 조치를 하여야 한다(제2항).

경찰서장은 범죄수사상 필요하다고 인정할 때에는 장물과 관련 있는 영업주에 대하여 장물수배서를 발급할 수 있으며, 장물수배서는 3종으로 구분한다(제183조).[74]

(3) 조회제도

① 조회의 의미

조회(照會)라는 것은 무엇에 대하여 알려고 확인하는 것 또는 그 절차를 의미한다. 그러므로 수사에 있어서 조회제도는 피의자나 피해자·용의자 등에 대하여 범죄수사상 필요한 각종 자료를 확인하는 행위를 말한다. 각종 자료는 경찰이 평소 수집·분석하여 놓은 것이다. 죄회 수단은 컴퓨터 온라인, 휴대용 단말기, 경찰전화, 지문전송기 등이 있다.

이러한 조회제도와 관련한 근거 법규정으로 범죄수사규칙, 범죄수사자료 조회규칙, 범죄수법 공조자료 관리규칙, 지문 및 수표자료 등에 관한 규칙, 경찰 컴퓨터 온라인 운영규칙, 형의 실효 등에 관한 법률 등이 있다. 이 가운데 「형의 실효 등에 관한 법률」을 중심으로 살펴보기로 한다.

② 범죄경력조회·수사경력조회 등의 제한

「형의 실효 등에 관한 법률」은 전과기록(前科記錄) 및 수사경력 자료의 관리와 형의 실효(失效)에 관한 기준을 정함으로써 전과자의 정상적인 사회복귀를 보장함을 목적으로 하고 있다(제1조).

형의 실효 등에 관한 법률에서 '범죄경력자료'라는 것은 ㉠ 벌금 이상의 형의 선고, 면제 및 선고유예, ㉡ 보호감호, 치료감호, 보호관찰, ㉢ 선고유예의 실효, ㉣ 집행유예의 취소, ㉤ 벌금 이상의 형과 함께 부과된 몰수, 추징(追徵), 사회봉사명령, 수강명령(受講命令) 등의 선고 또는 처분에 해당하는 사항에 관한 자료를 말한다(제2조 제5호). 그리고

---

74) ① 특별 중요 장물수배서: 수사본부를 설치하고 수사하고 있는 사건에 관하여 발하는 경우, ② 중요 장물수배서: 수사본부를 설치하고 수사하고 있는 사건 이외의 중요한 사건에 관하여 발하는 경우, ③ 보통 장물수배서: 그 밖의 사건에 관하여 발하는 경우의 장물수배서를 말한다. 그리고 특별 중요 장물수배서는 홍색, 중요 장물수배서는 청색, 보통장물수배서는 백색에 의하여 각각 그 구별을 하도록 하고 있다(범죄수사규칙 제183조 제1항 및 제2항).

'수사경력자료'란 벌금 미만의 형의 선고 및 검사의 불기소처분에 관한 자료 등 범죄경력자료를 제외한 나머지 자료를 말한다(제6호).

수사자료표에 의한[75] 범죄경력조회 및 수사경력조회와 그에 대한 회보는 일정한 경우에 '그 전부 또는 일부에 대하여 조회 목적에 필요한 최소한의 범위'에서 할 수 있다(제6조 제1항).[76]

이러한 수사자료표에 의해 범죄경력·수사경력을 관리하는 사람이나 직무상 수사자료표에 의한 범죄경력조회 또는 수사경력조회를 하는 사람은 그 수사자료표의 내용을 누설하여서는 아니 된다(제2항). 또한 누구든지 제1항에서 정하는 경우 외의 용도에 사용할 목적으로 범죄경력자료 또는 수사경력자료를 취득하여서는 아니 된다(제3항). 그리고 범죄경력자료 또는 수사경력자료를 회보 받거나 취득한 자는 제1항에 규정된 용도 외에는 이를 사용하여서는 아니 된다(제4항).

---

75) 수사자료표란 수사기관이 피의자의 지문을 채취하고 피의자의 인적사항과 죄명 등을 기재한 표(전산입력되어 관리되거나 자기테이프, 마이크로필름, 그 밖에 이와 유사한 매체에 기록·저장된 표를 포함)로서 경찰청에서 관리하는 것을 말한다(형의 실효 등에 관한 법률 제2조 제4호).

76) 이에 해당되는 경우는 ① 범죄 수사 또는 재판을 위하여 필요한 경우, ② 형의 집행 또는 사회봉사명령, 수강명령의 집행을 위하여 필요한 경우, ③ 보호감호, 치료감호, 보호관찰 등 보호처분 또는 보안관찰업무의 수행을 위하여 필요한 경우, ④ 수사자료표의 내용을 확인하기 위하여 본인이 신청하거나 외국 입국·체류 허가에 필요하여 본인이 신청하는 경우, ⑤ 「국가정보원법」 제3조 제2항에 따른 보안업무에 관한 대통령령에 근거하여 신원조사를 하는 경우, ⑥ 외국인의 귀화·국적회복·체류 허가에 필요한 경우, ⑦ 각군 사관생도의 입학 및 장교의 임용에 필요한 경우, ⑧ 병역의무 부과와 관련하여 현역병 및 사회복무요원의 입영(入營)에 필요한 경우, ⑨ 다른 법령에서 규정하고 있는 공무원 임용, 인가·허가, 서훈(敍勳), 대통령 표창, 국무총리 표창 등의 결격사유, 징계절차가 개시된 공무원의 구체적인 징계 사유(범죄경력조회와 그에 대한 회보에 한정) 또는 공무원연금 지급 제한 사유 등을 확인하기 위하여 필요한 경우, ⑩ 그 밖에 다른 법률에서 범죄경력조회 및 수사경력조회와 그에 대한 회보를 하도록 규정되어 있는 경우(형의 실효 등에 관한 법률 제6조 제1항 각호).

제12장 경찰현장운용: 교통·경비경찰

제1절 교통경찰

1. 교통치안환경과 교통경찰의 의의

1) 교통치안환경

교통(交通, Traffic)이라는 것은 사람의 왕래나 물건의 운반을 위한 장소적 이동행위를 말하며, 이에는 육상교통, 해상교통, 항공교통의 세 가지로 크게 나눌 수 있다. 한편, 광의의 교통은 그 대상을 사람과 물건뿐만 아니라 정보의 교통도 그 대상으로 한다. 물론, 여기에서 논의하는 교통은 육상교통 중에서도 특히 '도로'(道路)에 있어서의 교통을 말한다. 도로교통은 도로교통법(道路交通法) 등의 적용을 받는 것으로서 궤도에 의한 철도교통이나 항공교통 등은 이에 해당되지 않는다.

우리나라는 지난 1996년도에 자동차(이륜자동차 포함) 등록대수가 약 950만대 수준이었는데, 2015년에는 약 2,100만대 수준이며, 운전면허 소지자는 약 3,000만명에 이르고 있다.[1] 이제 자동차는 우리의 일상생활에서 없어서는 안 될 중요한 교통수단으로 사리잡고 있음을 알 수 있다.

이처럼 자동차의 증가로 인해 이와 관련된 각종 사건·사고는 적지 않은 사회문제로 인식되고 있다. 최근 들어 교통여건의 개선 및 선진교통 문화의 정착, 그리고 경찰의 노력 등으로 교통문제는 다소 개선되었지만, 세계 경제협력개발기구(OECD) 회원국 가운데 여전히 낮은 수준이라고 할 수 있다(물론, 이러한 수치는 다른 교통여건을 고려하지 않았다는 점을 고려할 필요가 있다).[2]

---

1) 경찰청(2016), 경찰통계연보, pp. 235-240 재구성.

2) 이와 관련하여 예컨대, 조사대상이 된 OECD 회원국(33개국) 가운데 인구 10만 명당(2010년 기준) 교통사고 사망자 수는 아이슬란드가 2.5명으로 가장 적었고, 우리나라는 11.3명으로 자료가 파악된 33개 국가 가운데 가장 많았다. OECD 회원국 평

〈교통사고 발생 현황〉 (단위: 건, 명)

구 분	1990년	1995년	2000년	2005년	2010년	2015
발생건수	255,303	248,865	290,481	214,171	226,878	232,035
사 망 자	12,325	10,323	10,236	6,376	5,505	4,621
부 상 자	324,229	331,747	426,984	342,233	352,458	350,400

한편, 경찰은 그 동안 음주운전으로 인한 교통사고를 예방하기 위하여 관련지도 및 단속 등 많은 활동을 해왔다. 경찰의 이러한 노력과 시민들의 의식 개선으로 과거에 비하여 음주운전으로 인한 교통사고는 많이 줄었다고 볼 수 있다. 그러나 음주운전 등으로 인한 교통사고의 위험성은 여전히 상존해 있고, 따라서 우리의 삶을 위협하고 있다.[3)]

그리고 운전면허 취득 년수와 교통사고 발생현황을 비교하는 것도 의미 있는 일이다. 흔히들 운전경력이 많을수록 안전운행을 할 가능성이 높다고 보는 것 같다. 그런데, 운전면허 취득 년수가 10년 이상 된 운전자들의 교통사고가 많다는 것에 주목할 필요가 있다(물론, 면허취득 후 직접적으로 운전을 한 경력을 정확하게 파악해야 할 것이다). 특히, 이러한 문제는 최근들어 더욱 심각한 수준에 이르고 있음을 알 수 있다.[4)] 이러한 운전면허 취득 년수별 교통사고 현황을 좀 더 체계적으로 분석하면, 운전면허 재교육 등과 관련된 교통정책을 수립하는데 도움이 된다고 본다.

〈운전면허 취득 년수별 교통사고 현황〉 (단위: 건, %)

구 분	총 계	5년 미만	5년~10년	10년 이상	기타
2000년	290,481 (100.0)	120,635 (41.5)	71,736 (24.7)	77,842 (26.8)	20,268 (7.0)
2005년	214,171 (100.0)	50,583 (23.6)	41,590 (19.4)	103,861 (48.5)	18,137 (8.5)
2010년	226,878 (100.0)	41,457 (18.3)	41,032 (18.1)	126,331 (55.7)	18,058 (8.0)
2015년	232,035 (100.0)	37,715 (16.3)	30,537 (13.2)	146,662 (63.2)	17,121 (7.4)

균인 7.0명에 비해 약 1.6배가 많은 수치이다. 도로교통공단(2012), OECD 회원국 교통사고 비교, p. 26.; 교통사과 관련 통계는 경찰청(2016), 앞의 책, p. 236 재구성.

3) 2000년도 음주운전으로 인한 교통사고는 28,074건이 발생하였는데, 이로 인해 1,217명이 사망하였고, 47,155명이 부상을 당하였다. 2015년에는 음주운전으로 인한 교통사고는 24,399건이 발생하였는데, 583명이 사망하였고, 42,880명이 부상을 당한 것으로 나타났다. 위의 책, p. 271.

4) 위의 책, p. 269.

이 밖에도 도로의 구조와 교통사고의 관계를 파악하는 일도 중요하다. 운전자가 아무리 교통법규를 준수하여 운전을 한다할지라도 도로의 상태가 정상적이지 못하면, 예기치 못한 사고로 발전될 가능성이 높기 때문이다.

도로구조와 관련하여 주목할 만한 것은 교통사고 발생의 대부분(약 90%)이 직선형 도로에서 발생한다는 점이다. 직선형 도로는 상대적으로 과속을 할 가능성이 높다는 것도 한 요인이 될 수 있다고 본다. 반면, 커브·곡각에서는 운전자가 좀 더 많은 주의를 기울이는 등의 노력을 하기 때문이라고 볼 수 있다(그리고 곡선형 도로가 운전자의 시야확보에 유리하다고 보기도 한다). 그러나 커브·곡각지역에서 사고가 났을 경우 치사율(致死率)이 약 3배 높은 것으로 나타났다. 이는 커브·곡각지역에서 사고 발생시 대형사고로 이어질 가능성이 높다는 것을 의미한다.[5)]

2) 교통경찰의 의의

(1) 교통경찰의 개념

교통경찰(交通警察, Traffic Police)은 '도로교통에서 발생되는 모든 위해를 방지하고 제거함으로써 안전하고 원활한 교통을 확보하기 위하여 수행하는 경찰활동'을 말한다.[6)] 즉 교통경찰활동이라는 것은 '도로'라는 공간적 배경을 중심으로 이를 이용하고 있는 '차량(운전자)'과 '보행자' 등의 역학관계 속에서 이루어지게 된다.

이처럼 교통경찰은 도로상의 차량들과 통행인들을 교통법규에 따라서 질서 있게 진행하게 하는 정리 및 단속을 통해서 교통체증과 교통사고를 방지함으로써 원활한 소통을 목적으로 한다. 아울러 교통사고 발생시 적절한 대응을 하여 피해를 최소화하고 아울러 이에 대한 철저하고 과학적인 조사를 통해 법적 책임을 규명하는 제반활동을 의미한다고 본다. 이러한 교통경찰의 활동은 기본적으로 도로교통법(道路交通法) 등에 그 근거를 두고 있다. 교통경찰의 활동범위는 보행자를 포함한 도로상의 모든 교통수단의 왕래와 교통기구의 설비운용에 이르기까지 광범위하다.

이러한 교통경찰의 역할은 최근 들어 보다 중요시되고 있다. 도로상의 교통사고나 혼잡은 국민의 생명, 신체, 재산의 손실은 물론이거니와 국민의 일상생활에 많은 불편과 교통을 초래하기 때문이다. 따라서 교통경찰 부서에서는 교통과 관련된 모든 자료를 수집, 분석하여 교통사고와 교통혼잡의 원인을 규명하고, 교통 상의 위험을 조성하는 물리적

5) 위의 책, p. 278 재구성.
6) 손봉선·최선우·김경태(2008), 경찰교통론, 경기: 21세기사, p. 20.

상태의 변경과 적절한 교통법규를 제정할 필요가 있다. 이를 통해 운전자와 보행자를 보호하는 동시에 교통법규 위반자에 대해서는 단속·처리할 수 있는 대책을 강구해야 할 것이다.[7)]

(2) 교통경찰의 활동체계

따라서 교통경찰은 주어진 목적달성(위해방지 및 제거, 원활한 교통 확보)을 위하여 기본적으로 ㉠ 도로를 안전하게 관리하고, ㉡ 적절한 차마의 통행 유도·규제 및 운전자 의무를 준수하도록 하고, ㉢ 적절한 보행자의 통행과 보호와 관련된 활동을 하고, ㉣ 교통사고 발생시 그에 대한 조사 및 처리와 관련된 제반활동 등을 수행하고 있다. 아울러 ㉤ 운전면허 관리 등의 업무를 수행하고 있다. 교통경찰 이러한 목적과 관련행정업무를 수행하기 위하여 교통계몽, 교통정리 및 순찰, 교통지도·단속, 교통규제, 교통사고 조사, 그리고 교통법규 위반에 대한 제재(범칙금, 과태료, 면허정지·취소 등) 등 관련 권한을 행사하고 있다.

〈교통경찰의 활동체계〉

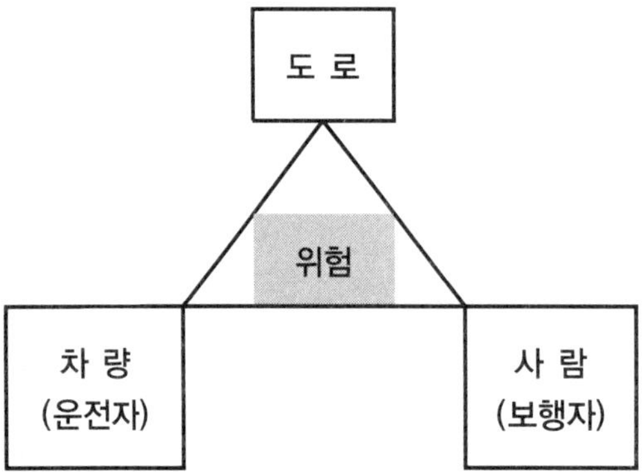

㉠ 도로의 안전관리
㉡ 차마의 통행과 운전자의 의무 준수
㉢ 보행자의 통행과 보호
㉣ 교통사고의 처리
㉤ 운전면허 관리 등

---

7) 물론, 교통경찰의 활동만으로 도로교통상의 위험발생요인(인적 요인, 차량 요인, 도로 요인)이 해결될 수 있는 것은 아니다. 도로상의 교통사고를 예방하기 위한 제반조치로서 ① 체계적인 교통 공학(Engineering; 도로환경 정비, 교통안전시설·표지, 차량설계 등)을 적용하고, ② 운전자 및 보행자에 대한 교통 교육(Education; 현장지도, 홍보, 운전자 소양교육 등)을 실시하며, ③ 교통법규를 위반했을 경우 이에 대한 합법적·합리적 방법에 의한 교통 단속(Enforcement; 공개단속, 비공개단속, 일제단속 등)을 해야 한다(교통단속에는 교통지도 및 규제 등이 포함된다). 이를 교통안전관리의 기본원칙(3E원칙)이라고 한다. 도로상의 위험발생을 예방하고 차량의 원활한 소통과 안정운행을 도모하기 위해서는 이러한 세 가지 기본원칙이 충실하게 지켜져야 하는데, 최근에는 여기에 ④ 교통 환경(Environment; 교통질서의 생활화, 어린이 보호구역과 같은 안전한 환경의 조성, 교통피해자의 보상제도 등)을 포함하여 네 가지 원칙(4E 원칙)으로 삼고 있다. 위의 책, pp. 43-46.

(3) 교통경찰의 법적 근거

교통경찰의 법적 근거는 헌법을 근간으로 하고, 일반법으로서 경찰법 제3조(국가경찰의 임무), 경찰관직무집행법 제2조(직무의 범위)에 개괄적으로 규정되어 있다. 교통경찰의 분장사무와 관련하여 경찰청과 그 소속기관 직제(대통령령) 제12조의3에 규정되어 있다.

교통경찰관련 개별법으로는 대표적으로 도로교통법, 교통사고처리특례법 등을 들 수 있다.[8] 교통경찰의 전반적인 활동은 기본적으로 도로교통법에 근거를 두고 이루어지고 있고, 업무상과실 또는 중대한 과실로 교통사고를 일으킨 운전자에 대한 형사처벌의 특례를 규정하기 위하여 별도로 교통사고처리특례법을 두고 있다.

2. 도로의 안전관리와 교통경찰활동

1) 도로의 의미

일반교통에 사용되는 도로는 인공적이든 자연적이든, 일정한 도로의 형태를 갖추었든 아니든, 공유지와 사유지를 불문하고 보통 출발점과 중간로 및 도착지로 구성되어 사람이나 차량 등의 통행이 가능하도록 만들어진 곳을 말한다.

이와 관련하여 도로교통법상에서는 '도로'(道路)를 ㉠ 도로법에 의한 도로,[9] ㉡ 유료도로법에 의한 유료도로, ㉢ 농어촌도로 정비법에 의한 농어촌도로,[10] 그리고 ㉣ 그 밖에 현실적으로 불특정 다수의 사람 또는 차마(車馬)가 통행할 수 있도록 '공개된 장소'로서 안전하고 원활한 교통을 확보할 필요가 있는 장소(구 도로법상의 '일반교통에 사용되는 모든 곳')로 규정하고 있다(도로교통법 제2조 제1호).

이러한 도로교통법상의 도로 개념에서 특히 '㉣'은 상당히 불확정(不確定) 개념이라고 할 수 있으며, 따라서 사안에 따라 다르게 적용될 수 있다고 본다. 따라서 불특정 다수인 또는

8) 한편 도로법(道路法)은 도로망의 정비와 적정한 도로관리를 위하여 도로에 관한 계획을 수립하고 노선을 지정하거나 인정하는 데에 필요한 사항과 도로의 관리·시설기준·보전 및 비용에 관한 사항을 규정하고 있어서 교통경찰의 직접적인 근거법으로 보기는 어렵다고 본다.

9) 도로법에서 규정하는 도로에는 고속국도(고속국도의 지선 포함), 일반국도(일반국도의 지선 포함), 특별시도(특별시도)·광역시도(광역시도), 지방도, 시도, 군도, 구도가 있다(제10조). 도로법에서 말하는 도로는 차도, 보도(步道), 자전거도로, 측도(側道), 터널, 교량, 육교 등 대통령령으로 정하는 시설로 구성된 것으로서 제10조에 열거된 것을 말하며, 도로의 부속물을 포함한다(제2조 제1호, 제2호).

10) 농어촌도로란 도로법에 규정되지 아니한 도로(읍 또는 면 지역의 도로만 해당)로서 농어촌지역 주민의 교통 편익과 생산·유통활동 등에 공용(共用)되는 공로(公路) 중 제4조(面道, 里道 및 農道) 및 제6조(도로기본계획의 수립)에 따라 고시된 도로를 말한다. 농어촌도로에는 대통령령으로 정하는 것으로서 도로의 효용(效用)을 다하게 하는 시설 또는 인공구조물을 포함한다(농어촌도로 정비법 제2조).

차량이 자유로이 통행할 수 있는 모든 장소, 즉 농로, 임도, 광산도로, 사법상의 사도 등이 도로에 해당한다. 또한 불특정 다수인의 무제한 통행을 조건으로 하는 것이 아니라 일정한 제한이 있더라도 불특정 다수인의 출입이 허용되는 장소는 도로에 포함된다. 따라서 광장, 공지, 공원 내 도로, 해변, 하천 부지 등도 현실적으로 대중교통에 공용되고 있으면 도로에 해당한다.[11]

교통경찰의 관할 문제

① **교통경찰의 관할: 도로**

교통경찰의 권한행사 영역 즉, 관할은 도로교통법상의 '도로'(道路)에 근거를 두고 있다고 볼 수 있다. 바꿔 말하면 교통경찰이 도로를 벗어난 장소에 대해서는 관련 권한을 행사를 할 수는 없는 일이다.

도로의 개념과 관련하여 도로교통법(및 舊도로교통법)에서 말하는 도로는 '현실적으로 불특정의 사람이나 차량의 통행을 위하여 공개된 장소로서 교통질서 유지 등을 목적으로 하는 일반 교통경찰권한(交通警察權限)이 미치는 공공성(公共性)이 있는 곳'을 의미한다. 따라서 특정인들 또는 그들과 관련된 특정한 용건이 있는 자들만이 사용할 수 있고 자주적으로 관리되는 장소는 이에 포함되지 않는다고 할 것이다.[12]

따라서 종래에는 교통경찰이 아파트 단지 내와 같은 특정 공간(즉, 도로로서의 공개성·공공성을 가지고 있는지에 대한 논란이 있는 곳)에서 음주운전을 한 사람에 대해서 도로교통법 위반혐의로 음주단속을 할 경우,[13] 경찰의 음주단속이 정당한 것인지, 아니면 경찰권 행사의 허용범위를 벗어난 것인지에 대한 문제가 제기되었다. 요약 건대, 아파트 단지 내의 길이 도로로서의 특성(공개성·공공성)을 가지고 있으면, 교통경찰의 관할이 되는 것이고,[14] 도로로서의 특성을 가지고 있지 않다면, 교통경찰의 관할을 벗어난 것이 되는 셈이다. 이 경우 도로의 인정 여부는 결국, 개별적 사안에 따라 달라 질 수밖에 없었던 것이다.

---

11) 그러나 소유주나 관리자가 일반교통의 통행을 거부하는 장소, 즉 역구내, 교정, 빌딩 전용주차장, 주점의 고객전용 주차장, 여관 앞 공터, 나이트클럽 전용주차장, 자동차 간이정비소 바닥 등은 도로에 해당되지 않는다고 본다. 물론 일반교통의 공용장소로서 인정을 하거나 묵인 하에 현실적으로 교통에 공용되고 있으면 일반교통에 공용되는 장소라고 할 수 있다. 아파트 단지 내의 도로는 경비원이 차단기 등으로 일반인의 출입을 통제하면 도로가 아니지만, 불특정인의 출입이 허용되는 아파트 단지 내의 도로는 도로로 본다. 조철옥(2012), 경찰학개론, 서울: 대영문화사, p. 523.

12) 대법 2003.11.28., 2003도4807.; 대법 2004.6.25., 2002도6710 등 참조.

13) 술에 취한 상태(혈중알코올농도 0.05% 이상)에 있다고 인정할 만한 상당한 이유가 있는 사람으로서 도로교통법 제44조(술취한 상태에서의 운전금지) 제2항에 따른 경찰공무원의 측정에 응하지 아니한 사람은 1년 이상 3년 이하의 징역이나 500만원 이상 1천만원 이하의 벌금에 처한다(도로교통법 제148조의2 제1항 제2호).

14) 대법 2010.9.9., 2010도6579.

② 교통경찰의 관할의 예외: 운전개념의 확대

이와 같이 종전에는 도로는 교통경찰의 관할기준(일종의 지역관할)이 되었음을 알 수 있다. 상황이 이렇게 되다보니, 위와 같이 도로로 판단하기가 애매한 곳에서의 교통경찰의 단속 등은 그 정당성 여부를 둘러싸고 항상 논란이 되었다. 여기에는 특히, 음주운전 등이 중요 쟁점이 되었음은 물론이다.

이러한 문제를 해결하기 위해서 교통경찰의 관할이 일정부분 확대되었다. 즉, 지난 2010년 7월 23일 도로교통법 개정(시행, 2011.1.24)된 것이다. 이에 따라 도로의 범위는 종전대로 하되 운전(運轉)의 개념을 확대한 것(일종의 사항관할)이다.

㉠ 도로교통법 개정 전

법 개정전의 '운전'(運轉)이란 "도로에서 차마를 그 본래의 사용방법에 따라 사용하는 것(조종을 포함)을 말한다"고 하였다(제2조 제26호). 즉, 운전이라는 것은 도로를 전제로 한 것이었다.

㉡ 도로교통법 개정

그런데, 법 개정으로 다음과 같은 경우에는 도로 외(外)의 곳에서 한 운전도 포함한다고 규정한 것이다(제2조 제26호). 즉, 제44조(술에 취한 사람의 운전 금지), 제45조(과로한 때 등의 운전 금지), 제54조(사고발생시의 조치) 제1항, 제148조(벌칙, 사고발생시의 조치위반에 대한 처벌), 제148조의2(벌칙, 음주운전에 대한 처벌규정)가 이에 해당한다.

따라서 교통경찰은 음주운전과 과로운전 및 사고발생시의 조치 등과 관련해서는 도로의 범위를 벗어난 곳에서도 관련권한을 행사할 수 있게 되었다고 볼 수 있다. 그리고 도로 외의 장소에서 이러한 이유로 발생한 금지 및 조치의무 위반에 대해서 도로교통법(제148조 및 제148조의2)에 의해 처벌할 수 있는 근거가 마련되었다고 볼 수 있다.

어쨌든, 이로 인해 그 동안 논란이 되었던 교통경찰의 음주운전 단속 등에 대한 정당성 문제는 상당부분 해소되었다고 볼 수 있다. 다만, 교통경찰의 본연의 활동영역은 도로를 중심으로 이루어져야 할 것이며, 따라서 도로 외의 장소에서 무분별한 교통경찰의 음주단속 등은 특별히 예외적인 경우에 제한적으로 이루어져야 한다고 본다.

2) 도로상의 신호기 등 안전시설의 설치

도로의 안전을 위하여 적절한 신호기 등의 설치 및 관리는 매우 중요한 의미를 갖는다.

따라서 이를 위해 특별시장·광역시장·제주특별자치도지사 또는 시장·군수(광역시의 군수는 제외, 이하 '시장 등'이라 함)는 도로에서의 위험을 방지하고 교통의 안전과 원활한 소통을 확보하기 위하여 필요하다고 인정하는 경우에는 교통안전시설(신호기 및 안전표지)을 설치·관리하여야 한다. 다만, 유료도로법 제6조에 따른 유료도로에서는 시장 등의 지시에 따라 그 도로관리자가 교통안전시설을 설치·관리하도록 하고 있다(도로교통법 제3조 제1항).

교통경찰관의 신호 또는 지시의 우선

도로를 통행하는 보행자와 차마의 운전자는 교통안전시설이 표시하는 신호 또는 지시를 따라야 함은 물론이다. 그리고 이러한 교통안전시설의 신호뿐만 아니라 ㉠ 교통정리를 하는 국가경찰공무원(의무경찰 포함) 및 제주특별자치도의 자치경찰공무원, ㉡ 국가경찰공무원 및 자치경찰공무원을 보조하는 사람으로서 대통령령으로 정하는 사람(경찰보조자)의 신호 또는 지시를 따라야 한다(도로교통법 제5조 제1항).[15)]

그리고 도로를 통행하는 보행자와 모든 차마의 운전자는 위의 교통안전시설이 표시하는 신호 또는 지시와 교통정리를 하는 국가경찰공무원·자치경찰공무원 또는 경찰보조자의 신호 또는 지시가 서로 다른 경우에는 경찰공무원등의 신호 또는 지시에 따라야 한다(제5조 제2항).

3) 무인교통단속용 장비의 설치·관리

지방경찰청장, 경찰서장 또는 시장 등은 도로교통법을 위반한 사실을 기록·증명하기 위하여 무인(無人)교통단속용 장비를 설치·관리할 수 있다(도로교통법 제4조의2).

4) 통행의 금지 및 제한

통행금지 및 제한과 관련하여 지방경찰청장, 경찰서장, 그리고 경찰공무원은 일정한 조치를 취할 수 있다(도로교통법 제6조).

(1) 지방경찰청장

지방경찰청장은 도로에서의 위험을 방지하고 교통의 안전과 원활한 소통을 확보하기

15) 대통령령으로 정하고 있는 경찰공무원을 보조하는 사람의 범위는 ① 모범운전자, ② 군사훈련 및 작전에 동원되는 부대의 이동을 유도하는 헌병, ③ 본래의 긴급한 용도로 운행하는 소방차·구급차를 유도하는 소방공무원을 말한다(도로교통법 시행령 제6조).

위하여 필요하다고 인정할 때에는 구간을 정하여 보행자나 차마의 통행을 금지하거나 제한할 수 있다. 이 경우 지방경찰청장은 보행자나 차마의 통행을 금지하거나 제한한 도로의 관리청에 그 사실을 알려야 한다(제6조 제1항).

(2) 경찰서장

경찰서장은 도로에서의 위험을 방지하고 교통의 안전과 원활한 소통을 확보하기 위하여 필요하다고 인정할 때에는 우선 보행자나 차마의 통행을 금지하거나 제한한 후 그 도로관리자와 협의하여 금지 또는 제한의 대상과 구간 및 기간을 정하여 도로의 통행을 금지하거나 제한할 수 있다(제2항).[16)]

(3) 경찰공무원

경찰공무원은 도로의 파손, 화재의 발생이나 그 밖의 사정으로 인한 도로에서의 위험을 방지하기 위하여 긴급히 조치할 필요가 있을 때에는 필요한 범위에서 보행자나 차마의 통행을 일시 금지하거나 제한할 수 있다(제3항).

5) 도로에서의 금지행위

(1) 도로에서의 금지행위 등에 대한 경찰서장의 조치

도로의 안전관리를 위하여 도로에서의 일정한 행위는 금지된다. 이와 관련하여 누구든지 함부로 신호기를 조작하거나 교통안전시설을 철거·이전하거나 손괴해서는 안 되며, 교통안전시설이나 그와 비슷한 인공구조물을 도로에 설치해서는 안 된다. 그리고 누구든지 교통에 방해가 될 만한 물건을 도로에 함부로 내버려두어서는 안 된다(제68조 제1항 및 제2항).

경찰서장은 이러한 위반행위를 한 사람에 대하여 시정하도록 하거나 그 위반행위로 인하여 생긴 교통장해를 제거할 것은 명령 할 수 있다. 그리고 위반행위를 한 사람을 알지 못하여 조치명령을 내릴 수 없을 때에는 스스로 이를 제거하는 등의 조치를 해야 한다(제71조 제1항 및 제2항).

(2) 도로에서의 금지행위 등에 대한 경찰공무원의 조치

그리고 누구든지 다음의 어느 하나에 해당하는 행위를 하여서는 안 된다(제68조 제3항). 경찰공무원은 이러한 행위에 대하여 지도 및 단속 등의 조치를 취할 수 있다.

---

16) 한편, 지방경찰청장이나 경찰서장은 위의 제1항이나 제2항에 따른 금지 또는 제한을 하려는 경우에는 행정안전부령으로 정하는 바에 따라 그 사실을 공고(公告)하여야 한다(도로교통법 제6조 제3항).

㉠ 술에 취하여 도로에서 갈팡질팡 하는 행위
㉡ 도로에서 교통에 방해되는 방법으로 눕거나 앉거나 서있는 행위[17)]
㉢ 교통이 빈번한 도로에서 공놀이 또는 썰매타기 등의 놀이를 하는 행위
㉣ 돌·유리병·쇳조각이나 그 밖에 도로에 있는 사람이나 차마를 손상시킬 우려가 있는 물건을 던지거나 발사하는 행위
㉤ 도로를 통행하고 있는 차마에서 밖으로 물건을 던지는 행위
㉥ 도로를 통행하고 있는 차마에 뛰어오르거나 매달리거나 차마에서 뛰어내리는 행위
㉦ 그 밖에 지방경찰청장이 교통상의 위험을 방지하기 위하여 필요하다고 인정하여 지정·공고한 행위

3. 차마의 통행·운전자의 의무와 교통경찰활동

1) 차마와 운전자의 의미

(1) 차마 등의 의미

① 차마

도로교통법상 차마(車馬)란 차(車)와 우마(牛馬)를 의미한다(제2조 제17호). 여기에서 차는 ㉠ 자동차,[18)] ㉡ 건설기계, ㉢ 원동기장치 자전거,[19)] ㉣ 자전거, ㉤ 사람 또는 가축의 힘이나 그 밖의 동력(動力)으로 도로에서 운전되는 것을 의미한다. 다만, 철길이나 가설(架設)된 선을 이용하여 운전되는 것, 유모차와 행정안전부령으로 정하는 보행보조용

17) 서울 강남대로 왕복 8차선 도로상에서 의자를 펴고 도로 위에 앉아 있는 등의 행동으로 차량정체를 유발한 20대 남성이 2명이 입건되었다. 이들은 지난 2012년 9월 11일 오후 2시경 친구들과 술값을 걸고 누가 더 오래 차량을 막고 서 있는지를 가리기 위해 이 같은 일을 저질렀다. CBS뉴스(2012.9.13.).

18) ① 자동차란 철길이나 가설된 선을 이용하지 아니하고 원동기를 사용하여 운전되는 차(견인되는 자동차도 자동차의 일부로 본다)로서 「자동차관리법」에 의한 ㉠ 승용자동차(10인 이하), ㉡ 승합자동차(11인 이상), ㉢ 화물자동차, ㉣ 특수자동차(다른 자동차를 견인하거나 구난작업 등을 수행하기에 적합하게 제작된 자동차), ㉤ 이륜자동차(: 총배기량 또는 정격출력의 크기와 관계없이 1인 또는 2인의 사람을 운송하기에 적합하게 제작된 이륜의 자동차 및 그와 유사한 구조로 되어 있는 자동차)를 말한다. 다만, 원동기장치 자전거는 자동차에서 제외한다(도로교통법 제2조 제18호 가목 및 자동차관리법 제3조 제1항). ② 한편, 도로교통법에서 '자동차등'이란 '자동차와 원동기장치 자전거'를 말한다. 그리고 '긴급자동차'란 본래의 긴급한 용도로 사용되고 있는 자동차를 말한다(제2조 제21호 및 제22호).

19) ① 건설기계는 건설기계관리법 제26조제1항 단서에 따른 건설기계를 말한다(제2조 제18호 나목). ② 원동기장치 자전거란 ㉠ 자동차관리법 제3조에 따른 이륜자동차 가운데 배기량 125cc 이하의 이륜자동차, ㉡ 배기량 50cc 미만(전기를 동력으로 하는 경우에는 정격출력 0.59킬로와트 미만)의 원동기를 단 차에 해당하는 차를 말한다(제19호). ③ 자전거란 자전거이용 활성화에 관한 법률 제2조제1호에 따른 자전거를 말한다(제20호).

의자차는 제외한다(제2조 제17호). 그런데, 이 법에서 우마(牛馬)는 '교통이나 운수에 사용되는 가축'을 말하는데, 오늘날 특별한 의미가 있는지는 의문이다.

② 긴급자동차

긴급자동차라는 것은 ㉠ 소방차, ㉡ 구급차, ㉢ 혈액 공급차량, ㉣ 그 밖의 대통령령으로 정하는 자동차로서 그 본래의 긴급한 용도로 사용되고 있는 자동차를 말한다(도로교통법 제2조 제22호).[20]

(2) 운전·초보운전자의 의미

운전(運轉)이라는 것은 '도로(道路)에서 차마를 그 본래의 사용방법에 따라 사용하는 것'을 말한다. 다만 경우(예, 음주운전, 과로운전, 사고발생시의 조치 및 관련 벌칙 적용 등)에 따라서는 도로 외의 곳의 사용도 운전한 것으로 본다(제2조 26호 단서).[21]

한편, 초보운전자(初步運轉者)는 처음 운전면허를 받은 날(처음 운전면허를 받은 날부터 2

---

20) ① '그 밖의 대통령령으로 정하는 자동차'란 긴급한 용도로 사용되는 다음의 어느 하나에 해당하는 자동차를 말한다. 다만, ㉥~㉨까지의 자동차는 이를 사용하는 사람 또는 기관 등의 신청에 의하여 지방경찰청장이 지정하는 경우에 한정한다(도로교통법 시행령 제2조 제1항 각호).
   ㉠ 경찰용 자동차 중 범죄수사·교통단속 그 밖에 긴급한 경찰업무수행에 사용되는 자동차
   ㉡ 국군 및 주한국제연합군용 자동차 중 군내부의 질서유지나 부대의 질서 있는 이동을 유도하는데 사용되는 자동차
   ㉢ 수사기관의 자동차 중 범죄수사를 위하여 사용되는 자동차
   ㉣ 교정시설 또는 기관(교도소·소년교도소·구치소 또는 보호감호소, 소년원 또는 소년분류심사원, 보호관찰소)의 중 도주자의 체포 또는 피수용자·피관찰자의 호송·경비를 위하여 사용되는 자동차
   ㉤ 국내외 요인에 대한 경호업무수행에 공무로서 사용되는 자동차
   ㉥ 전기사업·가스사업 그 밖의 공익사업기관에서 위험방지를 위한 응급작업에 사용되는 자동차
   ㉦ 민방위업무를 수행하는 기관에서 긴급예방 또는 복구를 위한 출동에 사용되는 자동차
   ㉧ 도로관리를 위하여 사용되는 자동차 중 도로상의 위험을 방지하기 위한 응급작업 및 운행이 제한되는 자동차를 단속하기 위하여 사용되는 자동차
   ㉨ 전신·전화의 수리공사 등 응급작업에 사용되는 자동차와 우편물의 운송에 사용되는 자동차 중 긴급배달 우편물의 운송에 사용되는 자동차 및 전파감시업무에 사용되는 자동차
   ② 이 밖에 ㉠ 경찰용 긴급자동차에 의하여 유도되고 있는 자동차, ㉡ 국군 및 주한국제연합군용의 긴급자동차에 의하여 유도되고 있는 국군 및 주한국제연합군의 자동차, ㉢ 생명이 위급한 환자나 부상자 또는 수혈을 위한 혈액을 운반 중인 자동차는 긴급자동차로 본다(도로교통법 시행령 제2조 제2항).

21) 도로교통법에서 운전이라 함은 도로에서 차를 그 본래의 사용 방법에 따라 사용하는 것을 말한다고 규정하고 있는바, ① 여기에서 말하는 운전의 개념은 그 규정의 내용에 비추어 '목적적 요소'를 포함하는 것이므로 고의의 운전행위만을 의미하고 자동차 안에 있는 사람의 의지나 관여 없이 자동차가 움직인 경우(주차 브레이크 또는 사이드브레이크가 풀려서 진행한 경우 등)에는 운전에 해당하지 않는다. 그리고 ② 어떤 사람이 자동차를 움직이게 할 의도 없이 다른 목적(예, 날씨가 추워서 난방조작을 한 경우 등)을 위하여 자동차의 원동기(모터)의 시동을 걸었는데, 실수로 기어 등 자동차의 발진에 필요한 장치를 건드려 원동기의 추진력에 의하여 자동차가 움직이거나 또는 불안전한 주차상태나 도로여건 등으로 인하여 자동차가 움직이게 된 경우는 자동차의 운전에 해당하지 아니한다. 대법 2004.4.23., 2004도1109.

년이 지나기 전에 운전면허의 취소처분을 받은 경우에는 그 후 다시 운전면허를 받은 날을 의미)부터 2년이 지나지 아니한 사람을 말한다. 이 경우 원동기장치 자전거 면허만 받은 사람이 원동기장치 자전거면허 외의 운전면허를 받은 경우에는 처음 운전면허를 받은 것으로 본다(제2조 제27호).

2) 차마의 통행 방법

(1) 자동차의 속도제한

자동차등의 도로 통행 속도는 행정안전부령으로 정한다(도로교통법 제17조 제1항). 다만, 경찰청장이나 지방경찰청장은 도로에서 일어나는 위험을 방지하고 교통의 안전과 원활한 소통을 확보하기 위하여 필요하다고 인정하는 경우에는 '구역이나 구간을 지정'하여 행정자치부령에서 규정한 속도를 제한할 수 있다. 즉, ㉠ 경찰청장은 고속도로, ㉡ 지방경찰청장은 고속도로를 제외한 도로에 대한 속도를 제한할 수 있도록 규정하고 있다(제17조 제2항).

자동차등의 운전자는 이에 따른 최고속도보다 빠르게 운전하거나 최저속도보다 느리게 운전하여서는 아니 된다. 다만, 교통이 밀리거나 그 밖의 부득이한 사유로 최저속도보다 느리게 운전할 수밖에 없는 경우에는 그러하지 아니하다(제3항).

(2) 횡단 등의 금지

차마의 운전자는 보행자나 다른 차마의 정상적인 통행을 방해할 우려가 있는 경우에는 차마를 운전하여 도로를 횡단하거나 유턴 또는 후진하여서는 안 된다(제18조 제1항). 이와 관련하여 지방경찰청장은 도로에서의 위험을 방지하고 교통의 안전과 원활한 소통을 확보하기 위하여 특히 필요하다고 인정하는 경우에는 도로의 구간을 지정하여 차마의 횡단이나 유턴 또는 후진을 금지할 수 있다(제2항). 그리고 차마의 운전자는 길가의 건물이나 주차장 등에서 도로에 들어갈 때에는 일단 정지한 후에 안전한지 확인하면서 서행하여야 한다(제3항).

(3) 안전거리 확보 등

모든 차의 운전자는 같은 방향으로 가고 있는 앞차의 뒤를 따르는 경우에는 앞차가 갑자기 정지하게 되는 경우 그 앞차와의 충돌을 피할 수 있는 필요한 거리를 확보해야 한다(제19조 제1항), 자동차등의 운전자는 같은 방향으로 가고 있는 자전거 옆을 지날 때에는 그 자전거와의 충돌을 피할 수 있는 필요한 거리를 확보하여야 한다(제2항).

그리고 모든 차의 운전자는 차의 진로를 변경하려는 경우에 그 변경하려는 방향으로 오고 있는 다른 차의 정상적인 통행에 장애를 줄 우려가 있을 때에는 진로를 변경해서는 안 된다(제3항). 모든 차의 운전자는 위험방지를 위한 경우와 그 밖의 부득이한 경우가 아니면 운전하는 차를 갑자기 정지시키거나 속도를 줄이는 등의 급제동을 하여서는 아니 된다(제4항).

(4) 진로양보의 의무

모든 차(긴급자동차 제외)의 운전자는 뒤에서 따라오는 차보다 느린 속도로 가려는 경우에는 '도로의 우측 가장자리'로 피하여 진로를 양보하여야 한다. 다만, 통행 구분이 설치된 도로의 경우에는 그러하지 아니한다(제20조 제1항).

그리고 좁은 도로에서 긴급자동차 외의 자동차가 서로 마주보고 진행할 때에는 다음의 구분에 따른 자동차가 도로의 우측 가장자리로 피하고 진로를 양보하여야 한다(제2항 각호).

㉠ 비탈진 좁은 도로에서 자동차가 서로 마주보고 진행하는 경우에는 올라가는 자동차

㉡ 비탈진 좁은 도로 외의 좁은 도로에서 사람을 태웠거나 물건을 실은 자동차와 동승자(同乘者)가 없고 물건을 싣지 아니한 자동차가 서로 마주보고 진행하는 경우에는 동승자가 없고 물건을 싣지 아니한 자동차

(5) 앞지르기 방법

모든 차의 운전자는 다른 차를 앞지르려면 앞차의 좌측(左側)으로 통행하여야 한다(제21조 제1항).

자전거의 운전자는 서행하거나 정지한 다른 차를 앞지르려면 위의 사항에도 불구하고 앞차의 우측으로 통행할 수 있다. 이 경우 자전거의 운전자는 정지한 차에서 승차하거나 하차하는 사람의 안전에 유의하여 서행하거나 필요한 경우 일시 정지하여야 한다(제2항). 위의 경우 앞지르려고 하는 모든 차의 운전자는 반대방향의 교통과 앞차 앞쪽의 교통에도 주의를 충분히 기울여야 하며, 앞차의 속도·진로와 그 밖의 도로상황에 따라 방향지시기·등화 또는 경음기(警音機)를 사용하는 등 안전한 속도와 방법으로 앞지르기를 하여야 한다(제3항).

(6) 앞지르기 금지의 시기 및 장소

① 앞지르기 금지의 시기

모든 차의 운전자는 ㉠ 앞차의 좌측에 다른 차가 앞차와 나란히 가고 있는 경우, ㉡ 앞차가 다른 차를 앞지르고 있거나 앞지르려고 하는 경우에는 '앞의 차'를 앞지르지 못한다(제22조 제1항).

그리고 모든 차의 운전자는 ㉠ 이 법이나 이 법에 따른 명령에 따라 정지하거나 서행하고 있는 차, ㉡ 경찰공무원의 지시에 따라 정지하거나 서행하고 있는 차, ㉢ 위험을 방지하기 위하여 정지하거나 서행하고 있는 차에 해당하는 '다른 차'를 앞지르지 못한다(제2항). 한편, 모든 차의 운전자는 '㉠㉡㉢'의 어느 하나에 해당하는 다른 차 앞으로 끼어들지 못한다(제23조).

② 앞지르기 금지의 장소

모든 차의 운전자는 다음의 어느 하나에 해당하는 곳에서는 다른 차를 앞지르지 못한다(제22조 제3항).

㉠ 교차로

㉡ 터널 안

㉢ 다리 위

㉣ 도로의 구부러진 곳, 비탈길의 고갯마루 부근 또는 가파른 비탈길의 내리막 등 지방경찰청장이 도로에서의 위험을 방지하고 교통의 안전과 원활한 소통을 확보하기 위하여 필요하다고 인정하는 곳으로서 안전표지로 지정한 곳

(7) 철길건널목의 통과

모든 차의 운전자는 철길 건널목을 통과하려는 경우에는 건널목 앞에서 일시정지하여 안전한지 확인한 후에 통과하여야 한다. 다만, 신호기 등이 표시하는 신호에 따르는 경우에는 정지하지 아니하고 통과할 수 있다(제24조 제1항).

(8) 교차로 통행방법

① 우회전의 경우

모든 차의 운전자는 교차로에서 우회전을 하려는 경우에는 미리 도로의 우측 가장자리를 서행하면서 우회전하여야 한다. 이 경우 우회전하는 차의 운전자는 신호에 따라 정지

하거나 진행하는 보행자 또는 자전거에 주의하여야 한다(제25조 제1항).

② **좌회전의 경우**

모든 차의 운전자는 교차로에서 좌회전을 하려는 경우에는 미리 도로의 중앙선을 따라 서행하면서 교차로의 중심 안쪽을 이용하여 좌회전하여야 한다. 다만, 지방경찰청장이 교차로의 상황에 따라 특히 필요하다고 인정하여 지정한 곳에서는 교차로의 중심 바깥쪽을 통과할 수 있다(제2항). 다만, 자전거의 운전자는 교차로에서 좌회전하려는 경우에는 미리 도로의 우측 가장자리로 붙어 서행하면서 교차로의 가장자리 부분을 이용하여 좌회전하여야 한다(제3항).

그리고 우회전이나 좌회전을 하기 위하여 손이나 방향지시기 또는 등화로써 신호를 하는 차가 있는 경우에 그 뒤차의 운전자는 신호를 한 앞차의 진행을 방해하여서는 아니 된다(제4항).

교통정리가 없는 교차로에서의 양보운전

① 교통정리를 하고 있지 아니하는 교차로에 들어가려고 하는 차의 운전자는 이미 교차로에 들어가 있는 다른 차가 있을 때에는 그 차에 진로를 양보해야 한다.
② 그리고 교통정리를 하고 있지 아니하는 교차로에 들어가려고 하는 차의 운전자는 그 차가 통행하고 있는 도로의 폭보다 교차하는 도로의 폭이 넓은 경우에는 서행하여야 하며, 폭이 넓은 도로로부터 교차로에 들어가려고 하는 다른 차가 있을 때에는 그 차에 진로를 양보하여야 한다.
③ 교통정리를 하고 있지 아니하는 교차로에 동시에 들어가려고 하는 차의 운전자는 우측도로의 차에 진로를 양보하여야 한다.
④ 교통정리를 하고 있지 아니하는 교차로에서 좌회전하려고 하는 차의 운전자는 그 교차로에서 직진하거나 우회전하려는 다른 차가 있을 때에는 그 차에 진로를 양보하여야 한다(도로교통법 제26조 제1항~제4항).

(9) 보행자의 보호와 보행자전용도로의 설치

① **보행자의 보호**

모든 차의 운전자는 보행자(자전거에서 내려서 자전거를 끌고 통행하는 자전거 운전자 포함)가 횡단보도를 통행하고 있을 때에는 보행자의 횡단을 방해하거나 위험을 주지 않도록 그 횡단보도 앞(정지선이 설치되어 있는 곳에서는 그 정지선을 의미)에서 일시 정지

해야 한다(제27조 제1항).

모든 차의 운전자는 보행자가 횡단보도가 설치되어 있지 아니한 도로를 횡단하고 있을 때에는 안전거리를 두고 일시 정지하여 보행자가 안전하게 횡단할 수 있도록 하여야 한다(제5항).

② 보행자전용도로의 설치

지방경찰청장이나 경찰서장은 보행자의 통행을 보호하기 위하여 특히 필요한 경우에는 도로에 보행자전용도로를 설치할 수 있다. 차마의 운전자는 이러한 보행자전용도로를 통행해서는 안 된다. 다만, 지방경찰청장이나 경찰서장은 특히 필요하다고 인정하는 경우에는 보행자전용도로에 차마의 통행을 허용할 수 있다(제28조 제1항 및 제2항).

보행자전용도로의 통행이 허용된 차마의 운전자는 보행자를 위험하게 하거나 보행자의 통행을 방해하지 아니하도록 차마를 보행자의 걸음 속도로 운행하거나 일시 정지하여야 한다(제3항).

(10) 긴급자동차의 우선통행과 특례

① 긴급자동차의 우선통행

긴급자동차(소방차, 구급차, 혈액공급차 등)는 다른 차마의 통행방법에도 불구하고 긴급하고 부득이한 경우에는 도로의 중앙이나 좌측 부분을 통행할 수 있다(제29조 제1항). 그리고 긴급자동차는 법규정에 따라 정지하여야 하는 경우에도 불구하고 긴급하고 부득이한 경우에는 정지하지 아니할 수 있다(제2항).

모든 차의 운전자는 교차로나 그 부근에서 긴급자동차가 접근하는 경우에는 교차로를 피하여 도로의 우측 가장자리에 일시 정지해야 한다. 다만, 일방통행으로 된 도로에서 우측 가장자리로 피하여 정지하는 것이 긴급자동차의 통행에 지장을 주는 경우에는 좌측 가장자리로 피하여 정지할 수 있다(제4항). 그리고 모든 차의 운전자는 제4항에 따른 곳 외의 곳에서 긴급자동차가 접근한 경우에는 긴급자동차가 우선통행할 수 있도록 진로를 양보하여야 한다(제5항).[22)]

② 긴급자동차의 특례

긴급자동차에 대하여는 다음의 사항을 적용하지 아니한다(제30조 각호).

22) 긴급자동차 운전자는 해당 자동차를 그 본래의 긴급한 용도로 운행하지 아니하는 경우에는 「자동차관리법」 에 따라 설치된 경광등을 켜거나 사이렌을 작동하여서는 아니 된다. 다만, 대통령령으로 정하는 바에 따라 범죄 및 화재 예방 등을 위한 순찰·훈련 등을 실시하는 경우에는 그러하지 아니하다(도로교통법 제29조 제6항, 2016년 신설).

㉠ 제17조에 따른 자동차등의 속도 제한(다만, 제17조에 따라 긴급자동차에 대하여 속도를 제한한 경우에는 같은 조의 규정을 적용하도록 함).

㉡ 제22조에 따른 앞지르기의 금지

㉢ 제23조에 따른 끼어들기의 금지

(11) 서행과 일시 정지

① 서행

모든 차의 운전자는 ㉠ 교통정리를 하고 있지 아니하는 교차로, ㉡ 도로가 구부러진 부근, ㉢ 비탈길의 고갯마루 부근, ㉣ 가파른 비탈길의 내리막, 그리고 ㉤ 지방경찰청장이 도로에서의 위험을 방지하고 교통의 안전과 원활한 소통을 확보하기 위하여 필요하다고 인정하여 안전표지로 지정한 곳에서는 서행해야 한다(제31조 제1항 각호).

② 일시 정지

모든 차의 운전자는 ㉠ 교통정리를 하고 있지 아니하고 좌우를 확인할 수 없거나 교통이 빈번한 교차로, ㉡ 지방경찰청장이 도로에서의 위험을 방지하고 교통의 안전과 원활한 소통을 확보하기 위하여 필요하다고 인정하여 안전표지로 지정한 곳에서는 일시 정지해야 한다(제2항 각호).

(12) 정차 및 주차의 금지 등

① 정차 및 주차의 금지

모든 차의 운전자는 다음의 어느 하나에 해당하는 곳에서는 차를 정차(停車)하거나 주차(駐車)하여서는 아니 된다.[23] 다만, 이 법이나 이 법에 따른 명령 또는 경찰공무원의 지시를 따르는 경우와 위험방지를 위하여 일시 정지하는 경우에는 그러하지 아니하다(제32조).

㉠ 교차로·횡단보도·건널목이나 보도와 차도가 구분된 도로의 보도(주차장법에 따라 차도와 보도에 걸쳐서 설치된 노상주차장은 제외)

㉡ 교차로의 가장자리나 도로의 모퉁이로부터 5미터 이내인 곳

---

23) ① 주차(駐車)란 운전자가 승객을 기다리거나 화물을 싣거나 차가 고장 나거나 그 밖의 사유로 차를 계속 정지 상태에 두는 것 또는 운전자가 차에서 떠나서 즉시 그 차를 운전할 수 없는 상태에 두는 것을 말한다. ② 정차(停車)란 운전자가 5분을 초과하지 아니하고 차를 정지시키는 것으로서 주차 외의 정지 상태를 말한다(도로교통법 제2조 제24호 및 제25호).

㉢ 안전지대가 설치된 도로에서는 그 안전지대의 사방으로부터 각각 10미터 이내인 곳
㉣ 버스여객자동차의 정류지(停留地)임을 표시하는 기둥이나 표지판 또는 선이 설치된 곳으로부터 10미터 이내인 곳(다만, 버스여객자동차의 운전자가 그 버스여객자동차의 운행시간 중에 운행노선에 따르는 정류장에서 승객을 태우거나 내리기 위하여 차를 정차하거나 주차하는 경우에는 그러하지 아니함)
㉤ 건널목의 가장자리 또는 횡단보도로부터 10미터 이내인 곳
㉥ 지방경찰청장이 도로에서의 위험을 방지하고 교통의 안전과 원활한 소통을 확보하기 위하여 필요하다고 인정하여 지정한 곳

② 주차금지의 장소

모든 차의 운전자는 다음의 어느 하나에 해당하는 곳에 차를 주차하여서는 아니 된다(제33조 각호).

㉠ 터널 안 및 다리 위
㉡ 화재경보기로부터 3미터 이내인 곳
㉢ 다음의 곳으로부터 5미터 이내인 곳
가. 소방용 기계·기구가 설치된 곳
나. 소방용 방화(防火) 물통
다. 소화전(消火栓) 또는 소화용 방화 물통의 흡수구나 흡수관을 넣는 구멍
라. 도로공사를 하고 있는 경우에는 그 공사 구역의 양쪽 가장자리
㉣ 지방경찰청장이 도로에서의 위험을 방지하고 교통의 안전과 원활한 소통을 확보하기 위하여 필요하다고 인정하여 지정한 곳

③ 주차위반에 대한 경찰 등의 조치

㉠ 경찰공무원 등의 조치

경찰공무원, 시장 등 대통령령으로 정하는 바에 따라 임명하는 공무원은 이러한 정차 및 주차금지 사항을 위반하여 주차하고 있는 차가 교통에 위험을 일으키게 하거나 방해가 될 우려가 있을 때에는 차의 운전자 또는 관리책임자에 대해 주차 방법을 변경하거나 그곳으로부터 이동할 것을 명령(命令)할 수 있다(제35조 제1항).

㉡ 경찰서장 등의 조치

경찰서장이나 시장 등은 위의 경우 차의 운전자나 관리 책임이 있는 사람이 현장에 없

을 때에는 도로에서 일어나는 위험을 방지하고 교통의 안전과 원활한 소통을 확보하기 위하여 필요한 범위에서 그 차의 주차방법을 직접 변경하거나 변경에 필요한 조치를 할 수 있으며, 부득이한 경우에는 관할 경찰서나 경찰서장 또는 시장 등이 지정하는 곳으로 이동 즉 견인(牽引)하게 할 수 있다(제35조 제2항).

그리고 경찰서장이나 시장 등은 이 경우 선량한 관리자로서의 주의의무를 다하여 보관(保管)하여야 하며, 그 사실을 차의 사용자(소유자 또는 소유자로부터 차의 관리에 관한 위탁을 받은 사람)나 운전자에게 신속히 알리는 등 반환에 필요한 조치를 하여야 한다(제3항).

한편, 차의 사용자나 운전자의 성명·주소를 알 수 없을 때에는 대통령령으로 정하는 방법에 따라 공고(公告)하여야 하고, 공고를 하였음에도 불구하고 사용자 등이 공고한 날로부터 1개월 이내에 그 반환을 요구하지 않을 때에는 매각(賣却) 또는 폐차(廢車)할 수 있다. 그리고 주차위반 차의 이동·보관·공고·매각 또는 폐차 등에 들어간 비용은 그 차의 사용자가 부담하며, 그 비용의 징수에 관하여는 행정대집행법(行政代執行法)을 적용한다. 남은 금액은 사용자 등에게 지급하고, 지급할 수 없는 경우에는 공탁법(供託法)에 따라 공탁하여야 한다(제4항~제7항).

(13) 차의 등화 및 신호

① 차의 등화

모든 차의 운전자는 다음의 경우에는 대통령령으로 정하는 바에 따라 전조등(前照燈), 차폭등(車幅燈), 미등(尾燈)과 그 밖의 등화를 켜야 한다(제37조 제1항).

㉠ 밤(해가 진 후부터 해가 뜨기 전까지를 말함)에 도로에서 차를 운행하거나 고장이나 그 밖의 부득이한 사유로 도로에서 차를 정차 또는 주차하는 경우

㉡ 안개가 끼거나 비 또는 눈이 올 때에 도로에서 차를 운행하거나 고장이나 그 밖의 부득이한 사유로 도로에서 차를 정차 또는 주차하는 경우

㉢ 터널 안을 운행하거나 고장 또는 그 밖의 부득이한 사유로 터널 안 도로에서 차를 정차 또는 주차하는 경우

그리고 모든 차의 운전자는 밤에 차가 서로 마주보고 진행하거나 앞차의 바로 뒤를 따라가는 경우에는 등화의 밝기를 줄이거나 잠시 등화를 끄는 등의 필요한 조작을 하여야 한다(제2항).

② **차의 신호**

모든 차의 운전자는 좌회전·우회전·횡단·유턴·서행·정지 또는 후진을 하거나 같은 방향으로 진행하면서 진로를 바꾸려고 하는 경우에는 손이나 방향지시기 또는 등화로써 그 행위가 끝날 때까지 신호를 하여야 한다(제38조 제1항).

(14) 승차 또는 적재의 방법과 제한

① **승차 또는 적재의 방법**

모든 차의 운전자는 승차 인원, 적재중량 및 적재용량에 관하여 대통령령으로 정하는 운행상의 안전기준을 넘어서 승차시키거나 적재한 상태로 운전하여서는 안 된다. 다만, 출발지를 관할하는 경찰서장의 허가를 받은 경우에는 그러하지 아니하다(제39조 제1항).

그리고 모든 차의 운전자는 운전 중 타고 있는 사람 또는 타고 내리는 사람이 떨어지지 아니하도록 하기 위하여 문을 정확히 여닫는 등 필요한 조치를 하여야 한다(제3항). 모든 차의 운전자는 운전 중 실은 화물이 떨어지지 아니하도록 덮개를 씌우거나 묶는 등 확실하게 고정될 수 있도록 필요한 조치를 하여야 한다(제4항). 모든 차의 운전자는 영유아나 동물을 안고 운전 장치를 조작하거나 운전석 주위에 물건을 싣는 등 안전에 지장을 줄 우려가 있는 상태로 운전하여서는 아니 된다(제5항).

② **지방경찰청장의 적재 제한**

한편, 지방경찰청장은 도로에서의 위험을 방지하고 교통의 안전과 원활한 소통을 확보하기 위하여 필요하다고 인정하는 경우에는 차의 운전자에 대하여 승차 인원, 적재중량 또는 적재용량을 제한할 수 있다(제39조 제5항).

(15) 정비불량차의 운전금지 및 점검

① **정비불량차의 운전금지**

모든 차의 사용자, 정비책임자 또는 운전자는 자동차관리법, 건설기계관리법이나 그 법에 따른 명령에 의한 장치가 정비되어 있지 아니한 차를 운전하도록 시키거나 운전하여서는 아니 된다(제40조).

② **경찰공무원의 점검**

경찰공무원은 정비불량차에 해당한다고 인정하는 차가 운행되고 있는 경우에는 우선 그 차를 정지시킨 후, 운전자에게 그 차의 자동차등록증 또는 자동차 운전면허증을 제시하도록 요구하고 그 차의 장치를 점검할 수 있다(제41조 제1항).

경찰공무원은 이에 따라 점검한 결과 정비불량 사항이 발견된 경우에는 그 정비불량 상태의 정도에 따라 그 차의 운전자로 하여금 응급조치를 하게 한 후에 운전을 하도록 하거나 도로 또는 교통 상황을 고려하여 통행구간, 통행로와 위험방지를 위한 필요한 조건을 정한 후 그에 따라 운전을 계속하게 할 수 있다(제2항).

③ **지방경찰청장의 점검 및 조치**

지방경찰청장은 위의 사항에도 불구하고 정비 상태가 매우 불량하여 위험발생의 우려가 있는 경우에는 그 차의 자동차등록증을 보관하고 운전의 일시정지를 명할 수 있다. 이 경우 필요하면 10일의 범위에서 정비기간을 정하여 그 차의 사용을 정지(停止)시킬 수 있다(제3항).

3) 운전자의 의무

(1) 무면허운전의 금지

누구든지 지방경찰청장(地方警察廳長)으로부터 운전면허를 받지 아니하거나 운전면허의 효력이 정지된 경우에는 자동차등을 운전해서는 안 된다(제43조).

(2) 술에 취한 상태에서의 운전 금지

누구든지 술에 취한 상태에서 자동차등(건설기계관리법 제26조제1항 단서에 따른 건설기계 외의 건설기계 포함)을 운전해서는 안 된다(제44조 제1항).

경찰공무원은 교통의 안전과 위험방지를 위하여 필요하다고 인정하거나 제1항을 위반하여 술에 취한 상태에서 자동차등을 운전하였다고 인정할 만한 '상당한 이유'가 있는 경우에는 운전자가 술에 취하였는지를 호흡조사로 측정할 수 있다. 이 경우 운전자는 경찰공무원의 측정에 응하여야 한다(제2항).

음주운전 측정 결과에 불복하는 운전자에 대하여는 그 운전자의 동의(同意)를 받아 혈액 채취 등의 방법으로 다시 측정할 수 있다(제3항). 운전이 금지되는 술에 취한 상태의 기준은 운전자의 혈중알코올농도가 0.05퍼센트 이상인 경우로 한다(제4항).

음주운전에 대한 처벌(도로교통법 제148조의2)

① 1년 이상 3년 이하의 징역이나 500만원 이상 1천만원 이하의 벌금

㉠ 술에 취한 상태(혈중알코올농도 0.05% 이상)에서의 자동차등의 운전금지를 의

무를 2회 이상 위반한 사람이 다시 이를 위반하여 술에 취한 상태에서 자동차등을 운전한 사람
ⓛ 술에 취한 상태에 있다고 인정할 만한 상당한 이유가 있는 사람으로서 경찰공무원의 측정에 응하지 아니한 사람
ⓒ 혈중알코올농도가 0.2퍼센트 이상인 사람
② 6개월 이상 1년 이하의 징역이나 300만원 이상 500만원 이하의 벌금
- 혈중알코올농도가 0.1퍼센트 이상 0.2퍼센트 미만인 사람
③ 6개월 이하의 징역이나 300만원 이하의 벌금
- 혈중알코올농도가 0.05퍼센트 이상 0.1퍼센트 미만인 사람

(3) 과로한 때 등의 운전 금지

자동차등의 운전자는 제44조에 따른 술에 취한 상태 외에 과로, 질병 또는 약물(마약, 대마 및 향정신성의약품과 그 밖에 행정안전부령으로 정하는 것을 말함)의 영향과 그 밖의 사유로 정상적으로 운전하지 못할 우려가 있는 상태에서 자동차등을 운전하여서는 안 된다(제45조).

(4) 공동 위험행위의 금지

자동차등의 운전자는 도로에서 2명 이상이 공동으로 2대 이상의 자동차등을 정당한 사유 없이 앞뒤로 또는 좌우로 줄지어 통행하면서 다른 사람에게 위해(危害)를 끼치거나 교통상의 위험을 발생하게 하여서는 안 된다(제46조).[24)]

(5) 교통단속용 장비의 기능방해 금지

누구든지 교통단속을 회피할 목적으로 교통단속용 장비의 기능을 방해하는 장치를 제작·수입·판매 또는 장착해서는 안 된다(46조의2).[25)]

(6) 난폭운전 금지

자동차등의 운전자는 다음의 내용 가운데 둘 이상의 행위를 연달아 하거나, 하나의 행위를 지속 또는 반복하여 다른 사람에게 위협 또는 위해를 가하거나 교통상의 위험을 발

24) 2대의 자동차 운전자들이 정당한 사유 없이 고속도로에서 시속 약 90㎞의 속도로 진행하던 차량행렬의 앞으로 끼어들어 시속 약 20㎞ 미만의 저속으로 진행함으로써 뒤따라오는 차량들로 하여금 급격히 속도를 떨어뜨리게 한 행위는 구(舊) 도로교통법 제42조의2에서 금지하는 '공동위험행위'에 해당한다. 대법 2007.7.12., 2006도5993.
25) 공동 위험행위의 금지 및 교통단속용 장비의 기능방해 금지를 위반한 사람은 2년 이하의 징역이나 500만원 이하의 벌금에 처한다(도로교통법 제150조).

생하게 해서는 안된다(제46조의3, 2015 신설).

㉠ 신호 또는 지시 위반
㉡ 중앙선 침범
㉢ 속도의 위반
㉣ 횡단·유턴·후진 금지 위반
㉤ 안전거리 미확보, 진로변경 금지 위반, 급제동 금지 위반
㉥ 앞지르기 방법 또는 앞지르기의 방해금지 위반
㉦ 정당한 사유 없는 소음 발생
㉧ 고속도로에서의 앞지르기 방법 위반
㉨ 고속도로 등에서의 횡단·유턴·후진 금지 위반

(7) 위험방지를 위한 경찰조치

경찰공무원은 자동차등의 운전자가 ㉠ 무면허 운전, ㉡ 음주운전, ㉢ 과로상태에서의 운전 등의 금지사항을 위반하여 자동차등을 운전하고 있다고 인정되는 경우에는 차를 일시 정지시키고 그 운전자에게 자동차 운전면허증을 제시할 것을 요구할 수 있다(제47조 제1항).

그리고 음주운전, 과로한 상태에서의 운전 금지사항을 위반하여 자동차등을 운전하는 사람에 대하여는 정상적으로 운전할 수 있는 상태가 될 때까지 운전의 금지를 명하고 그 밖의 필요한 조치를 할 수 있다(제2항).

(7) 모든 운전자의 준수사항과 경찰조치

① 모든 운전자의 준수사항

모든 운전자의 준수사항(도로교통법 제49조)

① 물이 고인 곳을 운행할 때에는 고인 물을 튀게 하여 다른 사람에게 피해를 주는 일이 없도록 할 것
② 다음의 어느 하나에 해당하는 경우에는 일시정지할 것
㉠ 어린이가 보호자 없이 도로를 횡단할 때, 어린이가 도로에서 앉아 있거나 서 있을 때 또는 어린이가 도로에서 놀이를 할 때 등 어린이에 대한 교통사고의 위험이 있는 것을 발견한 경우
㉡ 앞을 보지 못하는 사람이 흰색 지팡이를 가지거나 장애인보조견을 동반하는 등

의 조치를 하고 도로를 횡단하고 있는 경우

㉢ 지하도나 육교 등 도로 횡단시설을 이용할 수 없는 지체장애인이나 노인 등이 도로를 횡단하고 있는 경우

③ 자동차의 앞면 창유리와 운전석 좌우 옆면 창유리의 가시광선(可視光線)의 투과율이 대통령령으로 정하는 기준보다 낮아 교통안전 등에 지장을 줄 수 있는 차를 운전하지 아니할 것.[26] 다만, 요인(要人) 경호용, 구급용 및 장의용(葬儀用) 자동차는 제외한다.

④ 교통단속용 장비의 기능을 방해하는 장치를 한 차나 그 밖에 안전운전에 지장을 줄 수 있는 것으로서 행정안전부령으로 정하는 기준에 적합하지 아니한 장치를 한 차를 운전하지 아니할 것

⑤ 도로에서 자동차등을 세워둔 채 시비·다툼 등의 행위를 하여 다른 차마의 통행을 방해하지 아니할 것

⑥ 운전자가 운전석을 떠나는 경우에는 원동기를 끄고 제동장치를 철저하게 작동시키는 등 차의 정지 상태를 안전하게 유지하고 다른 사람이 함부로 운전하지 못하도록 필요한 조치를 할 것

⑦ 운전자는 안전을 확인하지 아니하고 차의 문을 열거나 내려서는 아니 되며, 동승자가 교통의 위험을 일으키지 아니하도록 필요한 조치를 할 것

⑧ 운전자는 정당한 사유 없이 다음 각 목의 어느 하나에 해당하는 행위를 하여 다른 사람에게 피해를 주는 소음을 발생시키지 아니할 것

㉠ 자동차등을 급히 출발시키거나 속도를 급격히 높이는 행위

㉡ 자동차등의 원동기 동력을 차의 바퀴에 전달시키지 아니하고 원동기의 회전수를 증가시키는 행위

㉢ 반복적이거나 연속적으로 경음기를 울리는 행위

⑨ 운전자는 승객이 차 안에서 안전운전에 현저히 장해가 될 정도로 춤을 추는 등 소란행위를 하도록 내버려두고 차를 운행하지 아니할 것

⑩ 운전자는 자동차등의 운전 중에는 휴대용 전화(자동차용 전화 포함)를 사용하지 아니할 것. 다만, 다음의 어느 하나에 해당하는 경우에는 그러하지 아니하다.

㉠ 자동차등이 정지하고 있는 경우

㉡ 긴급자동차를 운전하는 경우

㉢ 각종 범죄 및 재해 신고 등 긴급한 필요가 있는 경우

㉣ 안전운전에 장애를 주지 아니하는 장치로서 대통령령으로 정하는 장치를 이용

---

26) 자동차 창유리 가시광선 투과율의 기준: 대통령령으로 정하는 기준은 다음과 같다. ① 앞면 창유리: 70퍼센트 미만, ② 운전석 좌우 옆면 창유리: 40퍼센트 미만(도로교통법 시행령 제28조).

하는 경우

⑪ 자동차등의 운전 중에는 방송 등 영상물을 수신하거나 재생하는 장치(운전자가 휴대하는 것을 포함하며, 이하 '영상표시장치'라 함)를 통하여 운전자가 운전 중 볼 수 있는 위치에 영상이 표시되지 아니하도록 할 것. 다만, 다음의 어느 하나에 해당하는 경우에는 그러하지 아니하다.

㉠ 자동차등이 정지하고 있는 경우

㉡ 자동차등에 장착하거나 거치하여 놓은 영상표시장치에 다음의 영상이 표시되는 경우

가. 지리안내 영상 또는 교통정보안내 영상

나. 국가비상사태·재난상황 등 긴급한 상황을 안내하는 영상

다. 운전을 할 때 자동차등의 좌우 또는 전후방을 볼 수 있도록 도움을 주는 영상

⑫ 자동차등의 운전 중(자동차등이 정지하고 있는 경우는 제외)에는 영상표시장치를 조작하지 아니할 것

⑬ 운전자는 자동차의 화물 적재함에 사람을 태우고 운행하지 아니할 것

⑭ 그 밖에 지방경찰청장이 교통안전과 교통질서 유지에 필요하다고 인정하여 지정·공고한 사항에 따를 것

② **경찰공무원의 명령 및 강제**

경찰공무원은 위의 모든 운전자 준수사항 가운데 '③과 ④'를 위반한 자동차를 발견한 경우에는 그 현장(現場)에서 운전자에게 위반사항을 제거하게 하거나 필요한 조치를 명할 수 있다. 이 경우 운전자가 그 명령을 따르지 아니할 때에는 경찰공무원이 직접 위반사항을 제거하거나 필요한 조치를 할 수 있다(제49조 제2항).

(8) 특정 운전자의 준수사항

특정 운전자의 준수사항(도로교통법 제50조)

① 자동차(이륜자동차 제외)의 운전자는 자동차를 운전할 때에는 좌석안전띠를 매어야 하며, 그 옆 좌석의 동승자에게도 좌석안전띠(영유아인 경우에는 유아보호용 장구를 장착한 후의 좌석안전띠를 말함)를 매도록 하여야 한다. 다만, 질병 등으로 인하여 좌석안전띠를 매는 것이 곤란하거나 행정안전부령으로 정하는 사유가 있는 경우에는 그러하지 아니하다.

② 자동차(이륜자동차 제외)의 운전자는 그 옆 좌석 외의 좌석의 동승자에게도 좌석안

전띠를 매도록 주의를 환기하여야 하며, 승용자동차의 운전자는 영유아가 운전자 옆 좌석 외의 좌석에 승차하는 경우에는 좌석안전띠를 매도록 하여야 한다.

③ 이륜자동차와 원동기장치자전거의 운전자는 행정안전부령으로 정하는 인명보호 장구를 착용하고 운행하여야 하며, 동승자에게도 착용하도록 하여야 한다.

④ 자전거의 운전자는 자전거에 어린이를 태우고 운전할 때에는 그 어린이에게 행정안전부령으로 정하는 인명보호 장구를 착용하도록 하여야 한다.

⑤ 운송사업용 자동차나 화물자동차 등으로서 행정안전부령으로 정하는 자동차의 운전자는 다음 각 호의 어느 하나에 해당하는 행위를 하여서는 아니 된다.

㉠ 운행기록계가 설치되어 있지 아니하거나 고장 등으로 사용할 수 없는 운행기록계가 설치된 자동차를 운전하는 행위

㉡ 운행기록계를 원래의 목적대로 사용하지 아니하고 자동차를 운전하는 행위

㉢ 승차를 거부하는 행위

⑥ 사업용 승용자동차의 운전자는 합승행위 또는 승차거부를 하거나 신고한 요금을 초과하는 요금을 받아서는 아니 된다.

⑦ 자전거의 운전자는 행정안전부령으로 정하는 크기와 구조를 갖추지 아니하여 교통안전에 위험을 초래할 수 있는 자전거를 운전하여서는 아니 된다.

⑧ 자전거의 운전자는 술에 취한 상태 또는 약물의 영향과 그 밖의 사유로 정상적으로 운전하지 못할 우려가 있는 상태에서 자전거를 운전하여서는 아니 된다.

⑨ 자전거의 운전자는 밤에 도로를 통행하는 때에는 전조등과 미등을 켜거나 야광띠 등 발광장치를 착용하여야 한다.

(9) 어린이통학버스의 특별보호

어린이통학버스가 도로에 정차하여 어린이나 영유아가 타고 내리는 중임을 표시하는 점멸등 등의 장치를 작동 중일 때에는 어린이통학버스가 정차한 차로와 그 차로의 바로 옆 차로로 통행하는 차의 운전자는 어린이통학버스에 이르기 전에 일시정지하여 안전을 확인한 후 서행하여야 한다(제51조 제1항).

위의 경우 중앙선이 설치되지 아니한 도로와 편도 1차로인 도로에서는 반대방향에서 진행하는 차의 운전자도 어린이통학버스에 이르기 전에 일시정지하여 안전을 확인한 후 서행하여야 한다(제2항). 그리고 모든 차의 운전자는 어린이나 영유아를 태우고 있다는 표시를 한 상태로 도로를 통행하는 어린이통학버스를 앞지르지 못한다(제3항).

4) 고속도로 및 자동차 전용도로에서의 운전자 의무

고속도로 또는 자동차전용도로(이하 '고속도로등'이라 함)에 대해서는 아래와 같이 자동차 또는 보행자의 통행방법 등에 관한 별도의 '특례'(特例)를 두고 있다. 다만, 여기에서 규정한 것 외의 사항에 관하여는 이상에서 논의한 일반 도로상의 규정에 따르도록 하고 있다(도로교통법 제57조).

(1) 위험방지 등의 조치

경찰공무원(자치경찰공무원 제외)은 도로의 손괴, 교통사고의 발생이나 그 밖의 사정으로 고속도로 등에서 교통이 위험 또는 혼잡하거나 그러할 우려가 있을 때에는 교통의 위험 또는 혼잡을 방지하고 교통의 안전 및 원활한 소통을 확보하기 위하여 필요한 범위에서 진행 중인 자동차의 통행을 일시 금지 또는 제한하거나 그 자동차의 운전자에게 필요한 조치를 명할 수 있다(제58조).

(2) 교통안전시설의 설치 및 관리

고속도로의 관리자는 고속도로에서 일어나는 위험을 방지하고 교통의 안전과 원활한 소통을 확보하기 위하여 교통안전시설을 설치·관리하여야 한다. 이 경우 고속도로의 관리자가 교통안전시설을 설치하려면 경찰청장과 협의하여야 한다. 경찰청장은 고속도로의 관리자에게 교통안전시설의 관리에 필요한 사항을 지시할 수 있다(제59조 제1항 및 제2항).

(3) 갓길 통행금지 등

자동차의 운전자는 고속도로 등에서 자동차의 고장 등 부득이한 사정이 있는 경우를 제외하고는 행정안전부령으로 정하는 차로에 따라 통행하여야 하며, 갓길(도로법에서 말하는 '길어깨')로 통행하여서는 아니 된다. 다만, 긴급자동차와 고속도로 등의 보수·유지 등의 작업을 하는 자동차를 운전하는 경우에는 그러하지 아니하다(제60조 제1항).

그리고 자동차의 운전자는 고속도로에서 다른 차를 앞지르려면 방향지시기, 등화 또는 경음기를 사용하여 행정안전부령으로 정하는 차로로 안전하게 통행하여야 한다(제2항).

(4) 횡단 등의 금지

자동차의 운전자는 그 차를 운전하여 고속도로 등을 횡단하거나 유턴 또는 후진하여서는 아니 된다. 다만, 긴급자동차 또는 도로의 보수·유지 등의 작업을 하는 자동차 가운데 고속도로 등에서의 위험을 방지·제거하거나 교통사고에 대한 응급조치작업을 위한 자동차로서 그 목적을 위하여 반드시 필요한 경우에는 그러하지 아니하다(제62조).

(5) 통행 등의 금지

자동차(이륜자동차는 긴급자동차만 해당) 외의 차마의 운전자 또는 보행자는 고속도로 등을 통행하거나 횡단하여서는 아니 된다(제63조).

(6) 고속도로 등에서의 정차 및 주차의 금지

자동차의 운전자는 고속도로 등에서 차를 정차하거나 주차시켜서는 아니 된다. 다만, 다음의 어느 하나에 해당하는 경우에는 그러하지 아니하다(제64조 각호).

㉠ 법령의 규정 또는 경찰공무원(자치경찰공무원은 제외)의 지시에 따르거나 위험을 방지하기 위하여 일시 정차 또는 주차시키는 경우

㉡ 정차 또는 주차할 수 있도록 안전표지를 설치한 곳이나 정류장에서 정차 또는 주차시키는 경우

㉢ 고장이나 그 밖의 부득이한 사유로 길가장자리구역(갓길을 포함한다)에 정차 또는 주차시키는 경우

㉣ 통행료를 내기 위하여 통행료를 받는 곳에서 정차하는 경우

㉤ 도로의 관리자가 고속도로 등을 보수·유지 또는 순회하기 위하여 정차 또는 주차시키는 경우

㉥ 경찰용 긴급자동차가 고속도로 등에서 범죄수사, 교통단속이나 그 밖의 경찰임무를 수행하기 위하여 정차 또는 주차시키는 경우

㉦ 교통이 밀리거나 그 밖의 부득이한 사유로 움직일 수 없을 때에 고속도로 등의 차로에 일시 정차 또는 주차시키는 경우

4. 보행자의 통행·보호와 교통경찰활동

1) 보행자 및 행렬의 통행

(1) 보행자의 통행

보행자는 보도(步道)와 차도(車道)가 구분된 도로에서는 언제나 보도로 통행하여야 한다. 다만, 차도를 횡단하는 경우, 도로공사 등으로 보도의 통행이 금지된 경우나 그 밖의 부득이한 경우에는 그러하지 아니 한다(도로교통법 제8조 제1항).

보행자는 보도와 차도가 구분되지 아니한 도로에서는 차마와 마주보는 방향의 길 가장자리 또는 길가장자리구역으로 통행하여야 한다. 다만, 도로의 통행방향이 일방통행인

경우에는 차마를 마주보지 아니하고 통행할 수 있다(제2항). 보행자는 보도에서는 우측통행(右側通行)을 원칙으로 한다(제3항).[27]

(2) 행렬의 통행

학생의 대열과 그 밖에 보행자의 통행에 지장을 줄 우려가 있다고 인정하여 대통령령으로 정하는 사람이나 행렬(行列, 이하 '행렬등'이라 함)은 위의 보행자의 통행방법에도 불구하고 차도로 통행할 수 있다.[28] 이 경우 행렬등은 차도의 우측(右側)으로 통행하여야 한다(제9조 제1항). 그리고 행렬등은 사회적으로 중요한 행사에 따라 시가를 행진하는 경우에는 도로의 중앙을 통행할 수 있다(제2항).

경찰공무원은 도로에서의 위험을 방지하고 교통의 안전과 원활한 소통을 확보하기 위하여 필요하다고 인정할 때에는 행렬등에 대하여 구간을 정하고 그 구간에서 행렬등이 도로 또는 차도의 우측(자전거도로가 설치되어 있는 차도에서는 자전거도로를 제외한 부분의 우측을 말함)으로 붙어서 통행할 것을 명하는 등 필요한 조치를 할 수 있다(제3항).

2) 보행자의 보호

(1) 도로횡단자의 보호 및 준수사항

① 도로횡단자의 보호: 횡단보도의 설치

보행자는 경우에 따라서는 도로를 횡단하기도 하는데, 아무렇게나 횡단할 경우 사고의 우려가 있기 마련이다. 따라서 지방경찰청장(地方警察廳長)은 도로를 횡단하는 보행자의 안전을 위하여 행정안전부령으로 정하는 기준에 따라 횡단보도(橫斷步道)를 설치할 수 있다(제10조 제1항).

② 도로횡단자의 준수사항

㉠ 보행자는 횡단보도, 지하도, 육교나 그 밖의 도로 횡단시설이 설치되어 있는 도로에서는 그 곳으로 횡단하여야 한다. 다만, 지하도나 육교 등의 도로 횡단시설을 이용할 수

27) 보행자의 통행방법에 관한 도로교통법 제8조 제1항 및 제2항, 제10조 제2항 또는 제5항의 각 규정의 위반은 법상의 주의의무위반으로서 타인에 대한 의무위반을 내용으로 하는 것이고, 보행자가 이에 위반하여 사고를 야기케 하였다면 보행자의 그러한 잘못은 불법행위의 성립요건으로서의 과실에 해당하는 것으로 보아야 한다. 대법 1993.12.10., 93다36721.

28) 차도를 통행할 수 있는 사람 또는 행렬은 도로교통법 제9조 제1항에 따라 학생의 대열 외에 차도를 통행할 수 있는 사람 또는 행렬은 다음의 어느 하나와 같다. ① 말·소 등의 큰 동물을 몰고 가는 사람, ② 사다리·목재나 그 밖에 보행자의 통행에 지장을 줄 우려가 있는 물건을 운반 중인 사람, ③ 도로의 청소 또는 보수 등 도로에서 작업 중인 사람, ④ 군부대 그 밖에 이에 준하는 단체의 행렬, ⑤ 기(旗) 또는 현수막 등을 휴대한 행렬 및 장의행렬(도로교통법 시행령 제7조).

없는 지체장애인의 경우에는 다른 교통에 방해가 되지 아니하는 방법으로 도로 횡단시설을 이용하지 아니하고 도로를 횡단할 수 있다. ㉡ 보행자는 횡단보도가 설치되어 있지 아니한 도로에서는 가장 짧은 거리로 횡단하여야 한다. ㉢ 보행자는 모든 차의 바로 앞이나 뒤로 횡단하여서는 안 된다. 다만, 횡단보도를 횡단하거나 신호기 또는 경찰공무원등의 신호나 지시에 따라 도로를 횡단하는 경우에는 그러하지 아니하다. ㉣ 보행자는 안전표지 등에 의하여 횡단이 금지되어 있는 도로의 부분에서는 그 도로를 횡단하여서는 안 된다. 끝으로 ㉤ 보행자는 안전표지 등에 의하여 횡단이 금지되어 있는 도로의 부분에서는 그 도로를 횡단해서는 아니 된다(제10조 제2항 ~제5항).

(2) 어린이 등에 대한 보호

① 어린이의 보호

어린이의 보호자는 교통이 빈번한 도로에서 어린이를 놀게 하여서는 아니 되며, 영유아(嬰乳兒: 6세 미만인 사람을 말함)의 보호자는 교통이 빈번한 도로에서 영유아가 혼자 보행하게 하여서는 아니 된다(제11조 제1항).

그리고 어린이의 보호자는 도로에서 어린이가 자전거를 타거나 행정안전부령으로 정하는 위험성이 큰 움직이는 놀이기구를 타는 경우에는 어린이의 안전을 위하여 행정안전부령으로 정하는 인명보호 장구(裝具)를 착용하도록 하여야 한다(제3항).

② 앞을 보지 못하는 사람의 보호

앞을 보지 못하는 사람(이에 준하는 사람 포함)의 보호자는 그 사람이 도로를 보행할 때에는 흰색 지팡이를 갖고 다니도록 하거나 앞을 보지 못하는 사람에게 길을 안내하는 개로서 행정안전부령으로 정하는 개('장애인보조견')를 동반하도록 하는 등 필요한 조치를 하여야 한다(제11조 제2항).

③ 경찰공무원의 조치

경찰공무원은 신체에 장애가 있는 사람이 도로를 통행하거나 횡단하기 위하여 도움을 요청하거나 도움이 필요하다고 인정하는 경우에는 그 사람이 안전하게 통행하거나 횡단할 수 있도록 필요한 조치를 하여야 한다(제11조 제4항).

한편, 경찰공무원은 다음의 어느 하나에 해당하는 사람을 발견한 경우에는 그들의 안전을 위하여 적절한 조치를 하여야 한다(제5항 각호). 이러한 상황에서 적절한 조치를 하지 않으면 직무태만 등의 문제가 발생할 수 있을 것이다.

㉠ 교통이 빈번한 도로에서 놀고 있는 어린이

㉡ 보호자 없이 도로를 보행하는 유아

㉢ 앞을 보지 못하는 사람으로서 흰색 지팡이를 가지지 아니하거나 장애인보조견을 동반하지 아니하고 다니는 사람

㉣ 횡단보도나 교통이 빈번한 도로에서 보행에 어려움을 겪고 있는 노인(65세 이상인 사람).

어린이 보호구역의 지정(도로교통법 제12조)

시장 등은 교통사고의 위험으로부터 어린이를 보호하기 위하여 필요하다고 인정하는 경우에는 다음의 어느 하나에 해당하는 시설의 주변도로 가운데 일정 구간을 어린이 보호구역으로 지정하여 자동차등의 통행속도를 '시속 30킬로미터 이내'로 제한할 수 있다(제12조 제1항 각호).

① 「유아교육법」 따른 유치원, 「초·중등교육법」 에 따른 초등학교 또는 특수학교

② 「영유아보육법」 에 따른 어린이집 가운데 행정안전부령으로 정하는 어린이집

③ 「학원의 설립·운영 및 과외교습에 관한 법률」 에 따른 학원 가운데 행정안전부령으로 정하는 학원

④ 「초·중등교육법」 에 따른 외국인학교 또는 대안학교, 「제주특별자치도 설치 및 국제자유도시 조성을 위한 특별법」 에 따른 국제학교 및 「경제자유구역 및 제주국제자유도시의 외국교육기관 설립·운영에 관한 특별법」 제2조제2호에 따른 외국교육기관 중 유치원·초등학교 교과과정이 있는 학교

차마의 운전자는 어린이 보호구역에서 제1항에 따른 조치를 준수하고 어린이의 안전에 유의하면서 운행하여야 한다(제3항).

(3) 노인 및 장애인 보호구역의 지정 및 관리

시장등은 교통사고의 위험으로부터 노인 또는 장애인을 보호하기 위하여 필요하다고 인정하는 경우에는 일정한 시설의 주변도로 가운데 일정 구간을 '노인 보호구역' 및 '장애인 보호구역'으로 각각 지정하여 차마의 통행을 제한하거나 금지하는 등 필요한 조치를 할 수 있다(제12조의2 제1항).[29)]

29) ① 노인보호구역: ㉠ 「노인복지법」에 따른 노인복지시설 중 행정안전부령으로 정하는 시설, ㉡ 「자연공원법」에 따른 자연공원 또는 「도시공원 및 녹지 등에 관한 법률」에 따른 도시공원, ㉢ 「체육시설의 설치·이용에 관한 법률」에 따른 생활체육시설, ㉣ 그 밖에 노인이 자주 왕래하는 곳으로서 조례로 정하는 시설. ② 장애인 보호구역: 「장애인복지법」에 따른 장애인복지시설 중 행정안전부령으로 정하는 시설(도로교통법 제12조의2 제1항 각호).

차마의 운전자는 노인 보호구역 또는 장애인 보호구역에서 제1항에 따른 조치를 준수하고 노인 또는 장애인의 안전에 유의하면서 운행하여야 한다(제3항).

5. 교통사고의 처리와 교통경찰활동

1) 사고발생시의 조치 및 의무

(1) 운전자의 조치 및 의무

① 사상자의 구호 등의 의무

차의 운전 등 교통으로 인하여 사람을 사상하거나 물건을 손괴(이하 '교통사고'라 함)한 경우에는 그 차의 운전자나 그 밖의 승무원(이하 '운전자등'이라 함)은 즉시 정차하여 다음의 조치를 하여야 한다(제54조 제1항 각호).[30)]

㉠ 사상자를 구호하는 등 필요한 조치

㉡ 피해자에게 인적 사항(성명·전화번호·주소 등을 말함) 제공

② 신고의무

이러한 경우 그 차의 운전자등은 경찰공무원이 현장에 있을 때에는 그 경찰공무원에게, 경찰공무원이 현장에 없을 때에는 가장 가까운 국가경찰관서(지구대, 파출소 및 출장소를 포함, 이하 동일)에 다음의 사항을 지체 없이 신고하여야 한다.[31)] 다만, 차만 손괴된 것이 분명하고 도로에서의 위험방지와 원활한 소통을 위하여 필요한 조치를 한 경우에는 그러하지 아니하다(제54조 제2항 각호).

㉠ 사고가 일어난 곳

㉡ 사상자 수 및 부상 정도

㉢ 손괴한 물건 및 손괴 정도

㉣ 그 밖의 조치사항 등

③ 긴급자동차 등의 적용

긴급자동차, 부상자를 운반 중인 차 및 우편물자동차등의 운전자는 긴급한 경우에는

---

30) 제54조 제1항에 따른 교통사고 발생 시의 조치를 하지 아니한 사람(주·정차된 차만 손괴한 것이 분명한 경우에 제54조 제1항 제2호에 따라 피해자에게 인적 사항을 제공하지 아니한 사람은 제외)은 5년 이하의 징역이나 1천 500만원 이하의 벌금에 처한다(도로교통법 제148조).

31) 사고발생시 조치상황 등의 신고를 하지 아니한 사람은 30만원 이하의 벌금이나 구류에 처한다(도로교통법 제154조 제4호).

동승자로 하여금 사상자 구호 등 필요한 조치 및 신고를 하게하고 운전을 계속할 수 있다(제54조 제5항).

④ **사고발생 시 조치에 대한 방해의 금지**

이러한 교통사고가 일어난 경우에는 누구든지 운전자등의 조치 또는 신고행위를 방해하여서는 아니 된다(제55조).[32)]

(2) **경찰공무원의 조치 및 의무**

운전자 등의 신고를 받은 국가경찰관서의 경찰공무원은 부상자의 구호와 그 밖의 교통위험 방지를 위하여 필요하다고 인정하면 경찰공무원(자치경찰공무원 제외)이 현장에 도착할 때까지 신고한 운전자 등에게 현장에서 대기할 것을 명(命) 할 수 있다(제54조 제3항). 그리고 경찰공무원은 교통사고를 낸 차의 운전자등에 대하여 그 현장에서 부상자의 구호와 교통안전을 위하여 필요한 지시를 명할 수 있다(제4항).

한편, 경찰공무원(자치경찰공무원 제외)은 교통사고가 발생한 경우에는 대통령령으로 정하는 바에 따라 필요한 조사를 해야 한다(제6항).

교통사고의 조사

국가경찰공무원은 교통사고가 발생한 때에는 법 제54조 제6항에 따라 다음의 사항을 조사하여야 한다. 다만, ①~④까지의 사항에 대한 조사 결과 사람이 죽거나 다치지 아니한 교통사고로서, 교통사고처리 특례법 제3조 제2항 또는 제4조 제1항에 따라 공소(公訴)를 제기할 수 없는 경우에는 ⑤~⑦까지의 사항에 대한 조사를 생략할 수 있다.

① 교통사고 발생일시 및 장소
② 교통사고 피해상황
③ 교통사고 관련자, 차량등록 및 보험가입 여부
④ 운전면허의 유효 여부, 술에 취하거나 약물을 투여한 상태에서의 운전 여부 및 부상자에 대한 구호조치 등 필요한 조치를 하였는지 여부
⑤ 운전자의 과실 유무
⑥ 교통사고 현장상황
⑦ 그 밖에 차량 또는 교통안전시설의 결함 등 교통사고 유발요인 및 「교통안전법」 제55조에 따라 설치된 운행기록장치 등 증거의 수집 등과 관련하여 필요한 사항(도로교통법 시행령 제32조).

32) 교통사고 발생시의 조치 또는 신고 행위를 방해한 사람은 6개월 이하의 징역이나 200만원 이하의 벌금 또는 구류에 처한다(도로교통법 제153조 제5호).

2) 교통사고처리 특례

(1) 교통사고처리 특례의 의미

운전자가 업무상과실 또는 중대한 과실로 교통사고를 일으킨 경우에는 형사처벌 등의 특례를 정하여 교통사고로 인한 피해의 신속한 회복을 촉진하고 국민생활의 편익을 증진시키기 위하여 별도로 「교통사고처리 특례법」(交通事故處理 特例法, 1981년 제정)을 규정하고 있다(제1조).[33]

(2) 처벌의 특례

교통사고처리 특례법에 의해 '차의 운전자가 교통사고로 인하여 형법 제268조의 죄(업무상과실·중과실 치사상)를 범한 경우에는 5년 이하의 금고(禁錮) 또는 2천만원 이하의 벌금'에 처하도록 하고 있다(제3조 제1항).[34]

① 반의사 불벌죄의 일부 적용

그런데, 차의 교통으로 형법 제268조의 죄(업무상과실·중과실 치사상) 가운데 업무상과실치상죄(業務上過失致傷罪) 또는 중과실치상죄(重過失致傷罪)와 도로교통법 제151조의 죄를[35] 범한 운전자에 대하여는 '피해자의 명시적인 의사에 반하여' 공소를 제기할 수 없다(제3조 제2항). 즉, 이는 반의사 불벌죄에 해당하는 셈이다.

② 반의사 불벌죄의 예외

다만, 다음의 경우에는 '피해자의 의사와 관계없이' 공소를 제기할 수 있다(제3조 제2항 하단 및 각호).

㉠ 차의 운전자가 제1항의 죄 중 업무상과실치상죄 또는 중과실치상죄를 범하고도 피해자를 구호(救護)하는 등 「도로교통법」 제54조 제1항에 따른 조치를 하지 아니하고 도주하거나 피해자를 사고 장소로부터 옮겨 유기(遺棄)하고 도주한 경우

㉡ 같은 죄를 범하고 「도로교통법」 제44조 제2항을 위반하여 음주측정 요구에 따르지 아니한 경우(운전자가 채혈 측정을 요청하거나 동의한 경우는 제외)

---

33) 이 법에서 의미하는 '차'(車)란 도로교통법 제2조 제17호에 따른 차(車)와 건설기계관리법 제2조 제1항 제1호에 따른 건설기계를 말한다. 그리고 '교통사고'란 '차의 교통으로 인하여 사람을 사상(死傷)하거나 물건을 손괴(損壞)하는 것을 말한다(교통사고처리 특례법 제2조).

34) 업무상과실 또는 중대한 과실로 인하여 사람을 사상(死傷)에 이르게 한 자는 5년 이하의 금고 또는 2천만원 이하의 벌금에 처한다(형법 제268조).

35) 차의 운전자가 업무상 필요한 주의를 게을리 하거나 중대한 과실로 다른 사람의 건조물이나 그 밖의 재물을 손괴한 경우에는 2년 이하의 금고나 500만원 이하의 벌금에 처한다(도로교통법 제151조).

㉢ 다음의 어느 하나에 해당하는 행위로 인하여 같은 죄를 범한 경우

가. 「도로교통법」 제5조에 따른 신호기가 표시하는 신호 또는 교통정리를 하는 경찰공무원등의 신호를 위반하거나 통행금지 또는 일시정지를 내용으로 하는 안전표지가 표시하는 지시를 위반하여 운전한 경우

나. 「도로교통법」 제13조 제3항을 위반하여 중앙선을 침범하거나 같은 법 제62조를 위반하여 횡단, 유턴 또는 후진한 경우

다. 「도로교통법」 제17조 제1항 또는 제2항에 따른 제한속도를 시속 20킬로미터 초과하여 운전한 경우

라. 「도로교통법」 제21조 제1항, 제22조, 제23조에 따른 앞지르기의 방법·금지시기·금지장소 또는 끼어들기의 금지를 위반하거나 같은 법 제60조 제2항에 따른 고속도로에서의 앞지르기 방법을 위반하여 운전한 경우

마. 「도로교통법」 제24조에 따른 철길건널목 통과방법을 위반하여 운전한 경우

바. 「도로교통법」 제27조 제1항에 따른 횡단보도에서의 보행자 보호의무를 위반하여 운전한 경우

사. 「도로교통법」 제43조, 「건설기계관리법」 제26조 또는 「도로교통법」 제96조를 위반하여 운전면허 또는 건설기계조종사면허를 받지 아니하거나 국제운전면허증을 소지하지 아니하고 운전한 경우(이 경우 운전면허 또는 건설기계조종사면허의 효력이 정지 중이거나 운전의 금지 중인 때에는 운전면허 또는 건설기계조종사면허를 받지 아니하거나 국제운전면허증을 소지하지 아니한 것으로 봄)

아. 「도로교통법」 제44조 제1항을 위반하여 술에 취한 상태에서 운전을 하거나 같은 법 제45조를 위반하여 약물의 영향으로 정상적으로 운전하지 못할 우려가 있는 상태에서 운전한 경우

자. 「도로교통법」 제13조 제1항을 위반하여 보도(步道)가 설치된 도로의 보도를 침범하거나 같은 법 제13조 제2항에 따른 보도 횡단방법을 위반하여 운전한 경우

차. 「도로교통법」 제39조 제3항에 따른 승객의 추락 방지의무를 위반하여 운전한 경우

카. 「도로교통법」 제12조 제3항에 따른 어린이 보호구역에서 같은 조 제1항에 따른 조치를 준수하고 어린이의 안전에 유의하면서 운전하여야 할 의무를 위반하여 어린이의 신체를 상해(傷害)에 이르게 한 경우

타. 「도로교통법」 제39조 제4항을 위반하여 자동차의 화물이 떨어지지 아니하도록 필요한 조치를 하지 아니하고 운전한 경우

(3) 보험 등에 가입된 경우의 특례

교통사고를 일으킨 차(車)가 보험업법, 여객자동차 운수사업법 또는 화물자동차 운수사업법에 따른 '보험(保險) 또는 공제(控除)'에 가입된 경우에는 교통사고처리특례법 제3조(처벌의 특례) 제2항 본문(本文)에 규정된 죄(업무상과실치상, 중과실치상 등)를 범한 차의 운전자에 대하여 공소를 제기할 수 없다(제4조 제1항).[36] 이와 같이 보험 또는 공제에 가입한 경우에는 경우는 피해자의 명시적 의사(즉, 공소를 제기하고자 하는)에도 불구하고 공소를 제기할 수 없다는 것을 의미한다.

다만, 위와 같은 사정에도 불구하고 아래의 어느 하나에 해당하는 경우에는 그러하지 아니하다(제4조 제1항 하단). 즉, 운전자가 관련 보험 또는 공제에 가입하였을 지라도 공소를 제기할 수 있다는 것을 의미한다.

㉠ 제3조 제2항 단서(즉, 위의 ㉠과 ㉡, 그리고 ㉢의 '가~타')에 해당하는 경우

㉡ 피해자가 신체의 상해로 인하여 생명에 대한 위험이 발생하거나 불구(不具)가 되거나 불치(不治) 또는 난치(難治)의 질병이 생긴 경우

㉢ 보험계약 또는 공제계약이 무효로 되거나 해지되거나 계약상의 면책 규정 등으로 인하여 보험회사, 공제조합 또는 공제사업자의 보험금 또는 공제금 지급의무가 없어진 경우

사례검토

① 원심판결

- 원심은 피고인이 자전거를 운전하다가 전방주시를 게을리한 업무상 과실로 피해자를 들이받아 다발성타박상 등을 입게 한 이 사건(교통사고)과 관련하여, 위 가해차량(자전거)은 무보험 차량이다. 그러나 피고인이 별도로 현대해상화재보험 주식회사와 '피고인이 일상생활 중 우연한 사고로 타인의 신체장애 및 재물의 손

36) 여기에서 '보험 또는 공제'란 교통사고의 경우 ① 보험업법에 따른 보험회사나 ② 여객자동차 운수사업법 또는 ③ 화물자동차 운수사업법에 따른 공제조합 또는 공제사업자가 인가된 보험약관 또는 승인된 공제약관에 따라 피보험자와 피해자 간 또는 공제조합원과 피해자 간의 손해배상에 관한 합의 여부와 상관없이 피보험자나 공제조합원을 갈음하여 피해자의 치료비에 관하여는 통상비용의 전액(全額)을, 그 밖의 손해에 관하여는 보험약관이나 공제약관으로 정한 지급기준금액을 대통령령으로 정하는 바에 따라 우선 지급하되, 종국적으로는 확정판결이나 그 밖에 이에 준하는 집행권원(執行權原)상 피보험자 또는 공제조합원의 교통사고로 인한 손해배상금 전액을 보상하는 보험 또는 공제를 말한다(교통사고처리특례법 제4조 제2항).

해에 대해 부담하는 법률상 배상책임액을 1억 원의 한도 내에서 전액 배상'하는 내용의 무배당 뉴현대하이 종합보험에 가입한 사실이 있다.

- 그리고 이 사건(교통사고) 후 피해자가 위 보험에 따라 보험회사로부터 피해액을 배상받은 사실이 있음을 근거로, 이는 교통사고처리 특례법 제4조 제1·2항에서 규정한 보험 등에 가입한 경우에 해당하여 피고인에 대하여는 공소를 제기할 수 없다는 이유로 제1심 판결을 파기한 후 이 사건의 공소를 기각하는 판결을 선고하였다.[37)]

② 대법원 판결

- 그러나 원심의 위와 같은 판단은 앞서 본 법리에 비추어 볼 때 수긍하기 어렵다.
- 원심의 인정 사실에 의하더라도 피고인이 가입한 이 사건 보험은 보상한도금액이 1억 원에 불과하여, 피고인이 가입한 이 사건 보험만으로는 1억 원을 초과하는 손해가 발생한 경우에는 피해자로서는 피고인이 가입한 보험에 의하여 보상을 받을 수 없다. 이러한 형태의 보험은 피보험자의 교통사고로 인한 손해배상금의 전액보상을 요건으로 하는 특례법 제4조 제1·2항에서 의미하는 보험 등에 해당한다고 볼 수 없다.
- 그럼에도 원심은, 피고인이 별도로 가입하였다고 하는 이 사건 보험이 보장하는 손해배상의 구체적 내역에 관하여 살피지 아니한 채 피고인과 피해자 사이의 합의금 등 손해액을 이 사건 보험에 기하여 지급하였다는 이유만으로 특례법 제4조 제1·2항의 적용이 있다고 보고 말았는바, 이는 특례법 제4조 제1·2항의 '보험' 등에 관한 법리를 오해하여 판단을 그르친 것이다.
- 그러므로 원심판결을 파기하고, 사건을 다시 심리·판단하게 하기 위하여 원심법원에 환송하기로 하여, 관여 대법관의 일치된 의견으로 주문과 같이 판결한다.[38)]

37) 서울동부지법 2011.4.28., 2011노322.

38) 이러한 규정에 비추어 볼 때, 특례법상 형사처벌 등 특례의 적용대상이 되는 '보험 또는 공제에 가입된 경우'란 '교통사고를 일으킨 차'가 위 보험 등에 가입되거나 '그 차의 운전자'가 차의 운행과 관련한 보험 등에 가입한 경우에 그 가입한 보험에 의하여 특례법에서 정하고 있는 교통사고 손해배상금 전액의 신속·확실한 보상의 권리가 피해자에게 주어지는 경우를 가리킨다. 대법 2012.10.25., 2011도6273.

6. 운전면허행정

1) 운전면허의 의의

자동차등을 운전하려는 사람은 지방경찰청장으로부터 운전면허를 받아야 한다(도로교통법 제80조 제1항). 다만, 원동기를 단 차 중 「교통약자의 이동편의 증진법」에 따른 교통약자가 최고속도 시속 20km 이하로만 운행될 수 있는 차를 운전하는 경우에는 그러하지 아니하다(제1항 하단).[39]

(1) 운전면허의 종류 및 구분

지방경찰청장은 운전을 할 수 있는 차의 종류를 기준으로 다음과 같이 운전면허의 범위를 구분하고 관리하여야 한다. 이 경우 운전면허의 범위에 따라 운전할 수 있는 차의 종류는 행정안전부령으로 정한다(제80조 제2항 각호).

〈운전면허의 종류 및 구분〉

제1종 운전면허	제2종 운전면허	연습운전면허
① 대형면허 ② 보통면허 ③ 소형면허 ④ 특수면허 - 대형 견인차 면허 - 소형 견인차 면허 - 구난차 면허	① 보통면허 ② 소형면허 ③ 원동기장치 자전거면허	① 제1종 보통연습면허 ② 제2종 보통연습면허

(2) 연습운전면허의 효력

연습운전면허는 그 면허를 받은 날부터 1년 동안 효력을 가진다. 다만, 연습운전면허를 받은 날부터 1년 이전이라도 연습운전면허를 받은 사람이 제1종 보통면허 또는 제2종 보통면허를 받은 경우 연습운전면허는 그 효력을 잃는다(제81조).

2) 운전면허의 결격사유

다음에 해당하는 사람은 운전면허를 받을 수 없다(제82조 제1항).[40]

39) 교통약자란 장애인, 고령자, 임산부, 영유아를 동반한 사람, 어린이 등 일상생활에서 이동에 불편을 느끼는 사람을 말한다(교통약자의 이동편의 증진법 제2조 제1호).

40) 이밖에도 일정한 사유에 해당하는 사람은 법에서 규정된 기간이 지나지 아니하면 운전면허를 받을 수 없다(도로교통법 제82조 제2항 각호 참조).

㉠ 18세 미만(원동기장치자전거의 경우에는 16세 미만)인 사람
㉡ 교통상의 위험과 장해를 일으킬 수 있는 정신질환자 또는 뇌전증 환자로서 대통령령으로 정하는 사람
㉢ 듣지 못하는 사람(제1종 운전면허 중 대형면허·특수면허만 해당), 앞을 보지 못하는 사람(한쪽 눈만 보지 못하는 사람의 경우에는 제1종 운전면허 중 대형면허·특수면허만 해당)이나 그 밖에 대통령령으로 정하는 신체장애인
㉣ 양쪽 팔의 팔꿈치관절 이상을 잃은 사람이나 양쪽 팔을 전혀 쓸 수 없는 사람(다만, 본인의 신체장애 정도에 적합하게 제작된 자동차를 이용하여 정상적인 운전을 할 수 있는 경우에는 그러하지 아니함)
㉤ 교통상의 위험과 장해를 일으킬 수 있는 마약·대마·향정신성의약품 또는 알코올 중독자로서 대통령령으로 정하는 사람
㉥ 제1종 대형면허 또는 제1종 특수면허를 받으려는 경우로서 19세 미만이거나 자동차(이륜자동차 제외)의 운전경험이 1년 미만인 사람

3) 운전면허증과 임시운전증명서의 발급

(1) 운전면허증의 발급과 효력

① 운전면허증의 발급

운전면허를 받으려는 사람은 운전면허시험에 합격하여야 한다. 지방경찰청장은 운전면허시험에 합격한 사람에 대하여 행정안전부령으로 정하는 운전면허증을 발급하여야 한다(제85조 제1항 및 제2항).[41] 이러한 지방경찰청장의 운전면허증 발급은 재량행위가 아니라 기속행위이다.

지방경찰청장은 운전면허를 받은 사람이 다른 범위의 운전면허를 추가로 취득하는 경우에는 운전면허의 범위를 확대(기존에 받은 운전면허의 범위를 추가하는 것을 말함)하여 운전면허증을 발급하여야 한다(제3항). 그리고 지방경찰청장은 운전면허를 받은 사람이 운전면허의 범위를 축소(기존에 받은 운전면허의 범위에서 일부 범위를 삭제하는 것을 말함)하기를 원하는 경우에는 운전면허의 범위를 축소하여 운전면허증을 발급할 수 있다(제4항).

41) 운전면허증의 재발급: 운전면허증을 잃어버렸거나 헐어 못 쓰게 되었을 때에는 행정안전부령으로 정하는 바에 따라 지방경찰청장에게 신청하여 다시 발급받을 수 있다(도로교통법 제86조).

② 운전면허의 효력

운전면허의 효력은 본인 또는 대리인이 제2항부터 제4항까지에 따른 운전면허증을 발급받은 때부터 발생한다(제85조 제5항).[42]

(2) 임시운전증명서의 발급

지방경찰청장은 다음의 어느 하나의 경우에 해당하는 사람이 임시운전증명서 발급을 신청하면 행정안전부령으로 정하는 바에 따라 임시운전증명서를 발급할 수 있다(제91조 제1항). 이러한 임시운전증명서는 그 유효기간 중에는 운전면허증과 같은 효력이 있다(제2항).

㉠ 운전면허증을 받은 사람이 운전면허증을 잃어버렸거나 헐어서 못쓰게 되었을 경우에 따른 재발급 신청을 한 경우

㉡ 정기 적성검사 또는 운전면허증 갱신 발급 신청을 하거나 수시 적성검사를 신청한 경우(다만, 이 경우에는 소지하고 있는 운전면허증에 행정안전부령으로 정하는 사항을 기재하여 발급함으로써 임시운전증명서 발급을 갈음할 수 있다).

㉢ 운전면허의 취소처분 또는 정지처분 대상자가 운전면허증을 제출한 경우

4) 국제운전면허증

외국의 권한 있는 기관에서 ㉠ 1949년 제네바에서 체결된 「도로교통에 관한 협약」, ㉡ 1968년 비엔나에서 체결된 「도로교통에 관한 협약」에 따른 운전면허증(즉, 국제운전면허증)을 발급받은 사람은 국내에 입국한 날부터 '1년 동안만' 그 국제운전면허증으로 자동차등을 운전할 수 있다. 이 경우 운전할 수 있는 자동차의 종류는 그 국제운전면허증에 기재된 것으로 한정한다(도로교통법 제96조 제1항).

그러나 국제운전면허증을 외국에서 발급받은 사람은 여객자동차 운수사업법 또는 화물자동차 운수사업법에 따른 '사업용 자동차'를 운전할 수 없다. 다만, 여객자동차 운수사업법에 따른 대여사업용 자동차를 임차(賃借, 렌트카 등)하여 운전하는 경우에는 그러하지 아니하다(제2항).

그리고 주의할 것은 도로교통법 제82조 '제2항'에 따른 운전면허 결격사유에 해당하는 사람으로서 그에 따른 기간이 지나지 아니한 사람은 위의 사항에도 불구하고 자동차등을 운전하여서는 아니 된다(제3항).

42) 이 경우 제3항 또는 제4항에 따라 운전면허의 범위를 확대하거나 축소하는 경우에도 제93조에 따라 받게 되거나 받은 운전면허 취소·정지처분의 효력과 벌점은 그대로 승계된다(도로교통법 제85조 제5항 하단).

제2절 경비경찰

1. 경비경찰의 의의

1) 경비경찰의 개념

경비경찰(警備警察)은 그 활동영역이 광범위하여 그 개념을 명확히 정립하기가 어려운 것이 사실이다. 생각건대, 자경주의적 차원이든 제도적 차원의 경찰이든 간에 '경비'(警備)기능은 인간의 본능적인 경찰활동이라고 할 수 있다. 국가라는 실체 이전에는 사회구성원의 집단보호 목적이 강하였다고 한다면, 국가체제 성립 이후에는 이에 더하여 체제유지 및 보호의 기능이 비교우위를 차지하게 되었다고 볼 수 있다.

이러한 점에서 경비경찰은 사회적 법익과 국가적 법익의 보호 목적이 강한 경찰활동이라고 할 수 있다. 그리고 경비경찰활동의 대상은 비단 ㉠ 인위적 위해요소뿐만 아니라 ㉡ 자연적 위해요소 역시 그 대상이 된다고 본다. 따라서 경비경찰은 다중(多衆)이 운집하는 행사나 집회시위 보호와 통제, 테러대응, 요인의 신변보호, 재난(폭발·방화 등)이나 재해(산사태·홍수·지진 등)로부터 시민의 신체와 재산의 보호와 구호, 산악수색, 납치·유괴범이나 흉악범 검거 및 지원 작전 등 다양한 업무를 수행한다고 할 수 있다.[43)]

생각해보기

① 2012 서울 핵안보정상회의

서울에서 2012년 3월에 「2012 서울 핵안보정상회의」가 개최되었다. 이 행사는 안보분야 최대 규모의 정상회담으로서 미국, 중국 등을 위시한 전 세계 47개국 정상 및 국제기구(UN, EU, IAEA) 수장이 참가하여 테러집단으로부터 핵물질·시설을 방호하기 위한 국제적 협력방안을 논의하였다. 주지하는 바와 같이 지난 2001년에 발생한 9/11테러 이후 핵을 이용한 테러 가능성이 현실적으로 증대되고 있어, 핵물질이 테러집단에 의해 악용되지 못하도록 핵안보(Nuclear Security)강화에 대한 논의의 필요성이 대두되고 있다. 그런데, 개별국가의 핵물질 보호 노력으로는 한계가 있어, 각국 정상 차원에서 핵안보의 중요성에 대해 인식하고 협력을 모색하는 것이 필요한 상황이

43) 조철옥(2011), 경찰학 각론, 경기: 21세기사, p. 331.

라고 할 수 있다.

이러한 시대적 배경 하에 미국 오바마 대통령은 2009년 프라하 선언에서 핵테러를 국제안보에 대한 최대 위협으로 규정하면서 핵물질을 안전하게 보호하기 위한 국제적인 노력을 전개할 계획임을 밝히고, 이러한 노력을 포함하여 궁극적인 '핵 없는 세상' 구현을 제안하였다. 이에 2010년 4월 워싱턴에서 제1차 핵안보정상회의가 개최되었고, 2012년 3월에 개최되는 2차 회의는 대한민국이 주최국으로 선정돼 의장국으로서 주요 의제들에 대한 각국의 의견을 조율하고 서울 정상회의 합의문인 '서울 코뮤니케' 문안을 협상하는데 주도적인 역할을 하게 된 것이다. 대한민국이 의장국으로 선출된 것은 세계 선도적 수준의 원자력기술 보유국인 대한민국이 비핵화 의지 등 핵비확산조약(NPT) 규범을 성실히 준수하면서 민수용 원자력 이용을 활발히 추진해 온 평화적 핵이용 모범국이라는 점과 한반도가 핵문제에 있어 중요한 시사점을 지니고 있다는 점을 감안할 때 매우 의미 있는 일로 평가되고 있다.

2012 서울 핵안보정상회의를 서울에서 개최한다는 것은 안보 분야에서도 국제 사회 내 한국이 차지하는 위상이 보다 높아졌다는 것을 의미한다. 아울러 「2010년 서울 G20 정상회」의 개최를 통해 경제 분야에서 국제사회에 큰 역할을 했듯이, 안보 · 정치 분야의 글로벌 거버넌스 정립과정에서 우리나라가 주도적인 역할을 한다는데 큰 의의가 있다.[44]

② 예상되는 위해요소

2012 서울 핵안보정상회는 특별한 사고 없이 성공리에 마쳤는데, 이의 개최와 관련하여 예상되는 위해요소를 바탕으로 경비(警備)요소를 생각해보자. 예상되는 위해요소로는 ㉠ 북한의 직·간접적 도발, ㉡ 행사장 내의 테러, ㉢ 공항·원자력 발전소 등 국가중요시설에 대한 공격, ㉣ 국내외 요인(VIP)에 대한 테러, ㉤ 불특정 일반시민 또는 시설에 대한 테러, ㉥ 사이버테러 가능성 등을 고려할 수 있다. 그리고 ㉦ 행사장 주변에서 핵안보정상회의와 직접적으로 관련된 집회시위(찬성·반대)도 발생가능하며, 더 나아가 이와 직접적인 관련 없는 이슈(예컨대, FTA 반대 및 여러 집단의 의사관철 등)를 가지고 집회시위를 할 가능성도 높다고 본다. ㉧ 이러한 국제행사를 개최하게 됨에 따라 많은 경찰력이 동원됨으로써 발생하게 되는 각 지역의 치안공백상황에 따른 잠재적 범죄위험도 고려해야 할 것이다. 이 가운데 가장 우선시 되는 위해요소는 어떠한 것이며, 어떠한 대응전략을 수립해야 하는 것이 바람직한가.

44) 2012 서울 핵안보정상회의(http://www.seoulnss.go.kr).

2) 경비경찰의 특징

이러한 점에서 경비경찰은 활동 및 조직운영상에서 다음과 같은 특징을 가지고 있다.[45)]

(1) 복합 기능적 활동

경비경찰은 발생 가능한 위험요소와 사전에 예측하여 제거하고, 테러 및 무질서와 같은 위험사태 발생시 피해를 최소화시키는 일련의 모든 활동을 수행하게 된다. 여기에서 위험사태의 발생을 미연에 방지하기 위한 '예방적 기능'에 더 큰 비중을 두고 있음은 물론이다. 위험한 사태가 발생하게 되면 이를 회복하는데 많은 어려움과 사회적 비용이 따르게 되기 때문이다.

이러한 경비경찰활동은 경찰기능 가운데 가장 복합 기능적 성격을 가지고 있으며, 따라서 다른 여러 경찰기능과의 유기적인 연계는 매우 중요하다. 즉, 정보경찰의 정보수집활동, 교통경찰의 교통관리, 수사경찰의 범죄대응과 보안경찰의 국가안보관련 지원활동, 외사경찰의 출입국자 관리, 일선 외근경찰의 동원 등이 아울러 긴밀하게 이루어져야 한다. 그리고 경비경찰은 다른 국가기능과도 긴밀한 협조와 공조가 요구되는 활동이라고 할 수 있다.[46)]

(2) 현상 유지적 활동

경비경찰의 활동은 기본적으로 현재의 질서상태를 보존하는 것에 목적을 둔다고 볼 수 있다. 물론, 이는 단순히 정태적·소극적 질서유지가 아니라 국가의 새로운 변화와 발전을 위한 제반 여건을 마련해준다는 의미를 아울러 가지고 있다. 따라서 경비경찰의 활동은 현상 유지적 성격이 강하며, 직접적으로 사회개혁이나 획기적인 변화를 추구하는 것은 아니라고 본다.

(3) 즉응적 활동

경비경찰이 대응하고자 하는 위험사태의 대응은 국가적으로나 사회적으로 중대한 영향을 주기 때문에 항상 긴급을 요하고 신속한 처리가 요구된다. 일반경찰업무 특히, 방범이나 수사업무는 통상 처리기한이 있어서 그 기한만 넘기지 않으면 별로 문제가 되지 않

45) 경찰대학(2008), 경찰경비총서, pp. 8-10.

46) 지난 2011년 11월에 「2012 서울 핵안보정상회의」를 대비하여 공항 내에서 발생할 수 있는 모든 테러 상황을 가상해 훈련을 실시하였는데, 이 훈련에 군과 경찰, 소방당국 등 22개 기관에서 약 360명의 인원이 참가하였다. 이들 합동 훈련단은 2012년에 열릴 정상회의를 앞두고 실제 재난 상황에 대비하기 위한 훈련을 정기적으로 실시할 예정이다. MBN(2011.11.11.).

는다고 본다.

그러나 다중범죄, 테러, 경호상의 위해나 경찰작전상황 등이 발생하였을 때에는 기한을 정하여 진압 할 수 없으며 즉시 출동하여 조기에 제압해야 하는 것이다. 자연재해가 발생한 경우에도 신속한 대처가 필요한 것은 마찬가지이며, 따라서 경비경찰의 활동은 특정한 기한이 없는 그러한 사태가 종료될 때 동시에 해당업무도 종료되는 것이 하나의 특징이라고 할 수 있다.

(4) 조직적 부대활동

경비경찰은 개인단위로 활동하기보다는 보통 '부대단위'로 집단적·조직적으로 대응을 한다. 여기에서 '부대'(部隊)라는 것은 개인으로 구성된 집단이 지휘관의 지휘를 받는 상하조직으로 구성되는 것을 말한다. 따라서 부대활동이라는 것은 지휘관과 부하, 그리고 장비와 보급체계를 갖춘 조직적인 집단활동을 말하는 것이다. 그러므로 경비경찰은 경비사태에 효과적으로 대비하기 위한 체계적인 부대편성, 관리·운영이 그 기능의 핵심이라고 할 수 있다.

(5) 하향적 명령에 따른 활동

다른 경찰활동도 마찬가지이지만 경비경찰은 특히, 하향적인 명령에 의하여 움직이는 활동이다. 경비경찰은 지휘관이 있고, 참모와 중간지휘자, 그리고 지위를 받는 대원들로 구성되어 있다. 모든 경비활동은 계선조직의 지휘관이 내리는 지시나 명령에 의하여 움직인다. 경비경찰이 하향적 명령(즉, 상명하복)을 중시하는 것은 예컨대, 다수의 군중이 불법폭력시위를 했을 경우, 이에 대한 신속한 명령체계 수립 및 적절한 대응을 하지 못하게 되면 사태의 확산은 물론이며, 경비경찰 구성원들도 많은 인적·물적 피해를 입게 되기 때문이다.

따라서 경비경찰의 활동결과에 대해서는 지휘관이 책임을 지게 된다. 생활안전, 수사 등의 다른 경찰기능과는 달리 상명하복이라는 명령체계에 의한 활동인 만큼(부대원 각 개인이 전혀 책임을 지지 않는 것은 아니지만) 수명사항에 대한 활동의 결과는 지휘관이 책임지는 경우가 많은 것이 특징이다.

(6) 사회 전반의 안녕목적 활동

경비경찰의 활동은 공공의 안녕과 질서를 해치는 위험이나 경찰명령에 위반하는 사태를 제거하는 것이다. 일반적으로 생활안전이나 수사경찰은 국민 또는 개인의 생명·신체·

재산을 침해하는 범죄를 예방하거나 수사하는 임무를 수행하지만, 경비경찰의 대상은 국가와 사회 전체의 질서를 파괴하는 범죄라는 점에서 차이가 있다. 즉, 경비경찰은 직접적으로 공공의 안녕과 질서를 파괴하는 위법행위가 그 대상이라는 점에서 이의 활동에 대해 '국가목적(國家目的)적 치안의 수행'이라고 하기도 한다.

3) 경비경찰의 법적 근거

경비경찰의 법적 근거는 헌법을 근간으로 하고,[47] 일반법으로서 경찰법 제3조(국가경찰의 임무), 경찰관직무집행법 제2조(직무의 범위)에 개괄적으로 규정되어 있다. 경비경찰의 분장사무와 관련하여 경찰청과 그 소속기관 직제(대통령령) 제13조에 규정되어 있다.

경비경찰과 관련된 개별법으로서는 경찰직무 응원법, 재난 및 안전관리기본법, 집회 및 시위에 관한 법률, 대통령 등의 경호에 관한 법률, 통합방위법, 의무경찰대 설치 및 운영에 관한 법률, 청원경찰법, 그리고 국민보호와 공공안전을 위한 테러방지법(약칭: 테러방지법) 등이 있다.

2. 경비경찰의 주요활동

아래에서는 경비경찰의 기본원칙 및 법적 근거를 토대로 ㉠ 집회시위경비(다중범죄진압), ㉡ 행사안전경비(혼잡경비·선거경비), ㉢ 위기관리(비상경계·재난경비), ㉣ 경호경비, ㉤ 대테러경비, ㉥ 청원경찰관리·감독 등을 중심으로 살펴보기로 한다. 물론, 앞에서 언급한 바와 같이 경비경찰의 제반활동은 동시적·복합적으로 이루어지기 때문에 개별적으로 구분하는 것은 한계가 있다고 본다. 다만 논의의 편의상 구분하여 살펴보기로 한다.

1) 경비경찰활동상의 경비수단의 원칙

(1) 균형성의 원칙

경비사태에 대해 경비수단으로 경비경찰을 동원할 때에는 이의 운용을 균형 있게 해야 한다는 원칙이다. 따라서 경비사태의 상황과 대상에 따라 주력부대와 예비부대를 유효적

47) 헌법 제37조 제2항에서 "국민의 모든 자유와 권리는 국가안전보장·질서유지 또는 공공복리를 위하여 필요한 경우에 한하여 법률로써 제한할 수 있으며, 제한하는 경우에도 자유와 권리의 본질적인 내용을 침해할 수 없다"라고 규정하고 있다. 국가안전보장이나 사회질서를 극도로 위태롭게 함으로써 공공질서의 유지상 불가피한 경우에는 국민의 자유와 권리를 제한할 수 있도록 규정하고 있다는 점에서 경비경찰활동의 근거를 제시한 것이라 할 수 있다. 이와 더불어 국민의 본질적인 기본권을 침해할 수 없도록 명시함으로써 경비경찰의 활동을 제한하는 의미도 가지고 있다고 본다.

절하게 활용하여 한정된 경찰력을 가지고 최대한의 성과를 낼 수 있도록 해야 한다.

(2) 위치선정의 원칙

경비사태에 대해 경비경찰을 동원하여 실력을 행사할 경우, 유리한 지점과 위치를 확보해야 한다는 원칙이다. 상대하는 군중보다 유리한 지점과 위치를 선점함으로써 작전수행이나 진압을 용이하게 해준다. 지형을 무시하고 유리한 장소를 선정하지 못했을 경우, 경비사태에 대한 효율적인 대응은 어렵게 된다.

(3) 적시성의 원칙

경비사태에 대해 가장 적절한 시기에 경비경찰을 동원하여 실력을 행사해야 한다는 원칙이다. 상대방의 저항이 아직 확산되지 못할 때나, 저항력이 가장 약한 시점을 포착하는 것이 중요하다.

(4) 안전성의 원칙

경비사태 발생시 경비경찰 자신들과 군중들을 사고 없이 안전하게 진압해야 한다는 원칙이다. 경우에 따라서는 무리한 진압으로 인해 커다란 사회적 물의를 야기할 우려가 있으므로 안전성 확보에 특히 유의해야 한다.

2) 집회시위경비

(1) 집회시위경비의 의미

대한민국 헌법 제21조는 집회의 자유를 보장하고 있다.[48] 이는 집단적인 표현의 자유를 보장함을 선언한 것이다. 집회의 자유는 개인에게 집회하는 공권(公權)을 보장하는 것이며, 나아가 민주적 기본질서의 한 구성요건이 되는 것이다.[49]

따라서 집회시위경비(集會示威警備)는 적법한 집회시위는 최대한 보장하고, 위법한 시위로부터 국민을 보호함으로써 집회시위의 권리보장과 공공의 안녕질서가 적절히 조화를 이루도록 하는 제반경찰활동이라고 할 수 있다(집회 및 시위에 관한 법률 제1조).[50]

---

48) 헌법이 보장하는 집회의 자유도 스스로 한계가 있어 무제한의 자유가 아닌 것이므로 집회 및 시위를 보호함과 아울러 공공의 안녕과 질서를 유지함을 목적으로 제정(1962)된 집회 및 시위에 관한 법률을 위헌이라 할 수 없다. 대법 1987.7.21., 87도1081.

49) 김철수(2006), 헌법학개론, 서울: 박영사, p. 752.

50) 집회(集會)란 공동의 임무를 논하거나 어떠한 입장을 알리거나 하는 공동의 목적을 가진 다수인의 모임으로 이해된다. 시위(示威)란 집회의 한 특별한 형태로서 노천에서 이루어지는 이동하는 집회를 의미한다. 집회 및 시위에 관한 법률에서는 시위에 대해서 '여러 사람이 공동의 목적을 가지고 도로, 광장, 공원 등 일반인이 자유로이 통행할 수 있는 장소를 행진하거나 위력(威力) 또는 기세(氣勢)를 보여, 불특정한 여러 사람의 의견에 영향을 주거나 제압(制壓)을 가하는 행위

한편, 다중범죄(多衆犯罪)는 이러한 집회시위 과정에서 다중에 의해 공공의 안녕과 질서가 파괴되는 불법사태를 말한다.[51] 그런데, 집회시위는 어떻게 보면, 우리사회가 안고 있는 모든 문제점들을 관련 이해당사자들이 공개적으로 표출하는 전형으로서, 그에 대한 경찰대응은 매우 복잡한 것이 사실이다. 따라서 집회시위에는 경비경찰활동 뿐만 아니라 정보, 교통, 보안 등 여러 경찰기능이 복합적으로 운용된다. 여기에서 가장 밀접하게 관련된 것은 경비경찰이라고 할 수 있다.

(2) 집회시위의 역사와 불법폭력시위의 원인

① 집회시위의 역사

㉠ 해방이후~1980년대

중요한 것은 이러한 집회시위의 행태 역시 시대를 반영하고 있다는 점이다. 예컨대, 해방 이후 1980년대 중반까지 발생한 집회시위는 주로 정치적·이념적 색채가 강하였다. 이 시기를 특정하여 세부적으로 보면, 1956년부터 1961년까지 시기에는 주로 학생들과 도시 인텔리들이 중심이 되어 이승만 정권의 압제와 부패에 맞섰다. 부정선거규탄, 독재정권 타도, 민주회복, 인권보장, 규제법의 제정이나 개정의 반대 등 대부분이 정치와 관련된 문제가 시위의 원인이었다.

1973년부터 1980년까지 시기에는 학생과 지식인은 물론 종교인, 언론인 그리고 대학교수들까지 유신반대를 위해 결집하여 박정희 정권에 대항하였다. 그리고 1984년부터 1987년 시기에는 학생, 노동자 그리고 교회가 3대 축을 형성하였고, 여기에 중산층까지 가세하여 시위 중심의 한국 시민사회가 민주적 이행에 결정적인 기여를 한 시기이다. 시민사회 주도의 전국적 민주화 시위운동이 1987년 6월 항쟁이라는 극적인 사건으로 귀결된 것이다.[52]

㉡ 1990년대 이후

그런데, 1990년대 이후의 한국의 시위문화는 상당한 변화를 경험하였다. 무엇보다도 새로운 시민단체 및 이익단체들이 등장하고 있다는 점이다. 그리고 과거의 정치적 시위

를 말한다'고 하고 있다(제2조 제2호).

51) 행사장(스포츠 경기 등)에 참석한 군중들의 돌발적 흥분상황에서 야기되는 불법폭력사태(폭동 등)와 집회시위상에서 발생하는 불법폭력시위를 비교해 보면, 후자는 전자에 비해 특정한 목적의식을 가진 조직화(組織化)된 사람들에 의해서 야기된다는 특징을 갖는다고 볼 수 있다. 이것은 집회시위에 참여하는 사람들이 특정 사안에 대해 어느 정도 공감대를 형성하고 있고, 따라서 공동대응(그것이 불법적일지라도)에 대해서도 어느 정도의 암묵적으로 합의를 할 수 있는 감정상태를 가지고 있다고 볼 수 있기 때문이다.

52) 이하 최선우(2010), 경찰과 커뮤니티, 서울: 대왕사, pp. 173-174.

는 모든 계층이 참여하는 형태가 아니었으며, 대학생 주도의 집회시위가 주류를 이루었지만 최근에는 어느 누구나 자신의 이익을 관철하기 위하여 필요하다면 자연스럽게 집회시위의 방법을 동원하고 있다는 점이다.

따라서 현재는 특정단체의 특정목적 뿐만 아니라 환경, 노동, 종교, 외교, 통일, 이념, 복지, 시장개방, 부정부패, 정부의 늑장대응, 교통, 인권, 건축, 안온권(安穩權), 교육, 의료, 호주제, 남녀평등, 손해배상, 파병문제, 주한미군, 부동산대책, 소음대책, 범죄예방, 법집행 결과에 대한 항의 심지어 땅꾼들의 요구에 이르기까지 모든 사회적 갈등이 집회시위로 분출되고 있다. 이것이 과거와 현재의 집회시위 간에 가장 큰 변화이자 차이점이라고 할 수 있다.

요약컨대, 과거의 권위주의 체제하의 민주화를 위한 정치적·이념적 집회시위에서 문민정부와 국민의 정부를 거치는 동안 민주화가 정착되어 감에 따라 정치적 문제보다는 집단의 이익을 관철시키기 위한 집회시위가 많아지고 있는 추세이다. 즉 '민원성 집회시위'가 전반적으로 증가하여 최근 가장 빈번한 집회시위의 한 형태로 자리 잡고 있다는 점이다.[53)]

집단행동과 관련된 현상

① **님비현상** : 님비(NIMBY: Not in My Back Yard)현상은 산업폐기물 처리장, 쓰레기 매립장, 원자력 발전소, 교도소 등이 자기지역에 들어오는 것을 반대하는 현상을 말한다. 이와 같은 시설들의 필요성에 대해서는 인정하면서도 집값 하락이나 공해유발, 위험도 증가 등의 이유를 들어 반대하는 지역이기주의 현상을 말한다.

② **핌피현상** : 핌피(PIMFY: Please in My Front Yard)현상은 증권거래소, 경기장, 관광특구, 대형 쇼핑센터, 생태공원 등 자기지역에 이익이 되는 시설이나 산업을 서로 유치하려고 하는 현상을 말한다. 같은 지역이기주의지만 님비현상과 정반대의 모습이다.

③ **임비현상** : 임비(YIMBY: Yes in My Back Yard)현상은 쓰레기 매립장, 핵폐기물 시설 등의 오염시설이나 혐오시설이 들어서는 지역의 주민들에게 국가에서 정책적으로 다른 혜택을 줌으로써 배려하려는 현상을 말한다. 이는 님비현상을 방지하기 위한 것이다.

④ **바나나현상** : 바나나(BANANA: Build Absolutely Nothing Anywhere Near

53) 물론, 2016년 최순실 등의 국정농단 사태로 인한 박근혜 대통령 탄핵 '촛불 집회시위'와 같이 정치적 문제를 가지고 거국적이고, 평화적으로 집회시위를 한 것은 전세계적으로 주목할 만한 사건이다. 이는 민주주의를 수호하고자 하는 국민들의 염원을 담은 시민불복종(civil disobedience)의 한 형태라고 할 수 있다.

Anybody)현상은 쓰레기 매립지나 핵폐기물 처리장 등 각종 환경오염시설물 등을 자기가 사는 지역권 내에는 절대 설치하지 못한다는 지역이기주의의 한 현상으로, 님비(NIMBY)와 비슷하게 쓰인다.

⑤ **노비즘현상 :** 노비즘(Nobyism)현상은 이웃이나 사회에 피해가 가더라도 자신에게 손해가 되지 않는 일에는 무관심한 현상을 말한다. 대표적인 노비즘현상으로 위에서 언급한 님비, 핌피, 바나나현상 등을 들 수 있다.

⑥ **도넛현상 :** 도넛(Doughnut)현상은 대도시의 거주지역 및 업무의 일부가 외곽지역으로 집중되고 도심에는 공공기관, 상업기관만 남게 되어, 도심이 도넛모양으로 텅 비는 현상을 말한다.

⑦ **스프롤현상 :** 스프롤(Sprawl)현상은 도심의 팽창으로 기존의 주거지역이 과밀화되면서 도시의 주거지역이나 공업지역이 농경지나 산림지를 잠식해서 도시의 외곽으로 무질서하게 주택단지화 되어가는 현상을 말한다.[54)]

② 불법폭력시위의 원인

최근 시민들이 자신들의 목적달성을 위해 합법적·평화적인 방법으로 시위뿐만 아니라 불법적인 폭력시위를 행사하는 이유는 무엇인가.[55)]

일반적으로 정부의 정책결정 혹은 사회가 직면한 어떤 원인에 대하여 시민의 불법 폭력시위가 일차적으로 전개되기보다는 일정기간 동안에는 사소한 저항으로 시작된다. 대부분의 문제제기(이의제기, 불복, 항의, 데모 등)는 합법적으로 그리고 평화적인 시위로 시작된다. 그러나 감정이 격화되면 합법적인 장벽들을 넘어서게 되고, 전형적인 불법 폭력시위 상황으로 전개된다. 그리고 그 이전에 심각한 좌절감을 경험(예, 비정규직의 정리해고 등)한 시위자들은 극단적인 상황에서 무차별적으로 행동할 가능성도 없지 않다고 본다. 이러한 상황에서 시위자들은 자신들의 불법행위에 대해 무감각해지거나 기꺼이 처벌받을 각오를 하고 행동하게 된다.

한편, 시위대가 폭력적인 방법을 행사하는 것은 이들이 원하는 요구조건을 정부가 수용시키는데 불법이 준법보다 효과적이기 때문일지도 모른다. 실제로 동아시아연구원(EAI)이 1989년부터 2005년까지의 주요 시위 5,400건을 분석한 결과 불법시위대의 요구를 받아들인 비율이 29.1%, 준법시위대의 요구를 받아들인 비율이 25.1%였다는 점이다. 즉 시위대의 입장에서 요구조건을 수용시키는데 불법이 준법보다 효과적이라는 역설적인

54) 조철옥(2011), 앞의 책, pp. 356-357.
55) 최선우(2010), 앞의 책, p. 175 재인용.

설명이 가능하다.

한국사회에는 법률 위에 헌법이 있고, 헌법 위에 '떼법'이 있다고 하는데, 이는 불법 폭력시위가 여론을 조장하여 정책결정에 반영시키는 가장 효과적인 수단으로 자리 잡은 현 사회풍토를 꼬집는 냉소적 표현이다. 불법 폭력시위가 보다 효과적이라는 근거는 다른 나라 역시 마찬가지이다. 예컨대 갬슨(Gamson, 1990)은 미국 시위역사에 있어서 폭력을 사용한 집단은 그렇지 않은 집단보다 목적을 달성하는데 보다 성공적이었다고 주장하고 있다.

그런데, 불법 폭력시위 문제는 당사자들(시위대와 경찰 등) 간의 문제일 뿐만 아니라 더 나아가 그에 따른 피해를 일반 시민들 역시 고스란히 안고 있다는 점이다. 서울시민의 경우 주말마다 시청 앞 광장과 주요 간선도로를 갖가지 이념단체와 이익단체의 시위대에게 빼앗긴 지는 벌써 오래된 일이다. 물론 집회시위는 헌법이 보장하는 기본권으로 그 자유는 최대한 보장되어야 한다는 점에는 이견이 없다. 그러나 현행 '집회 및 시위에 관한 법률'은 적법한 집회 및 시위는 최대한 보장한다는 취지와 함께 위법한 시위로부터 국민을 보호한다는 또 하나의 목적을 제1조에서 밝히고 있다. 즉 집회·시위는 단순히 시위대와 진압 경찰력만의 문제가 아니라 일반시민들도 관련된 사회적 문제라는 점에 주목해야 할 것이다.

(3) 집회시위에 대한 경비경찰의 접근방법

일반적으로 합법적·평화적 집회시위에 대해서는 유연하게, 불법적·폭력적적인 집회시위에 대해서는 강경하게 대응하는 것이 기본이다. 따라서 합법적·평화적 집회시위는 경찰의 보장·보호·안내를 통해 이루어지지만, 불법적·폭력적 집회시위는 단호히 엄단하여 법질서를 확립하도록 할 필요가 있다. 아래에서는 불법적·폭력적 집회시위에 대한 경비경찰의 대응방법에 대해서 살펴보기로 한다(집회 및 시위에 관한 법률상의 경찰의 역할 및 활동에 대해서는 정보경찰에서 살펴보기로 한다).

① 불법시위 등에 대한 국가의 치안정책적 접근

불법시위에 대한 정책적 접근이라는 것은 불법시위의 발생을 전후에서 국가의 치안정책적 차원에서 접근하여, 관련문제를 해소하는 전략적 방법이라고 할 수 있다.[56] 이 부분은 정보경찰활동과도 밀접한 관련이 되는데, 논의의 편의상 여기에서 살펴보기로 한다.

56) 조철옥(2011), 앞의 책, pp. 363-364 재인용.

㉠ 선수승화법

선수승화법이란 특정한 불만집단에 대한 정보활동을 강화하여 사전에 불만 및 분쟁요인을 찾아내어 해소시켜주는 사전해결방법을 말한다. 예컨대, 특정지역의 재개발과 관련하여 일부 세입자의 집회시위가 예상되될 경우, 경찰서 정보과에서 관계인 면담을 주선하여 대화에 의한 타협을 보는 경우를 들 수 있다.

㉡ 지연정화법

지연정화법이란 불만집단의 고조된 주장을 시간을 끌어 이성적으로 생각할 기회를 부여하고 정서적으로 감정을 둔화시켜 흥분을 가라앉게 하는 방법으로, 시간을 지연시켜 해결책을 찾는 방법을 말한다.

㉢ 대체법

대체법(또는 전이법라고 부르기도 하는데, 개념상으로 대체라는 용어가 타당하다고 봄)이란 다중범죄의 발생 징후나 이슈가 있을 때, 집단이나 국민들의 관심을 집중시킬 수 있는 경이적인 사건을 폭로하거나 규모가 큰 행사를 개최하여 원래의 이슈가 상대적으로 약화되도록 하는 방법을 말한다.

㉣ 경쟁행위법

경쟁행위법이란 불만집단과 반대되는 대중 또는 집단의 의견을 크게 부각시켜, 불만집단의 주장을 희석시키는 방법을 말한다. 예컨대, 지하철노조의 파업에 대해 일반시민의 비난여론을 언론에 보도하도록 하여 파업을 철회하도록 하는 것을 들 수 있다.

노동쟁의에 대한 경찰개입 문제

근로조건 향상을 위한 노동쟁의(勞動爭議)는 공공의 안녕과 질서를 위험하게 하지 않고, 형법상 보호되는 이익을 침해하는 것이 아닌 한 사회적 상당성이 있으며, 또한 헌법(제33조)상 보호된다. 그러나 사회적 상당성을 결한 집회시위의 경우, 공공의 안녕과 질서를 위한 경찰의 개입이 문제가 된다.

원칙적으로 이러한 노동쟁의에 대해서 국가와 경찰은 중립의무가 있다. 그러나 그 중립 의무가 공공의 안녕이나 질서를 파괴하는 경우까지는 인정될 수는 없다고 본다.[57]

57) ① 전보된 노조원의 원직 복귀를 요구하였으나 거절당하고 그 과정에서 노조원이 폭행당하였음을 구실로 노조간부 및 노조원 80여 명과 농성에 돌입한 후 병원 복도를 점거하여 철야농성을 하면서 노래와 구호를 부르고 병원직원들의 업무수행을 방해하고, 출입을 통제하거나 병원장을 방에서 나오지 못하게 한 행위는 다중의 위력을 앞세워 근무 중인 병원직원들의 업무를 적극적으로 방해한 것으로서 노동조합활동의 정당성 범위를 벗어난 것이다. 대법 1992.4.10., 91도3044. ② 고추 값 폭락으로 인한 생존대책을 강구하여 달라는 농민들의 요구가 정당하더라도 이를 관철한다는 명목으로

요약건대, 적법한 노동쟁의에서만 중립의무가 있다고 본다. 따라서 경찰의 개입이 가능한 경우는 다음과 같은 점에서 접근할 수 있다.[58)]
㉠ 다중(多衆)이 형법의 적용을 받는 물리력을 행사하거나 가택을 침입하거나, 건물에 대한 위법한 파괴행위가 자행되는 경우에는 경찰은 공공의 안녕과 질서유지를 위해서 개입하여야 한다(의무적 개입). ㉡ 단순한 질서문란 정도의 경우에는 경찰의 개입이 필수적이라고 할 수는 없고 단지 재량에 따른 선택적인 것이 된다. 따라서 경찰은 비례원칙에 따라 개입을 거부할 수도 있다(재량적 개입).

② 불법시위에 대한 진압의 기본원칙(방법)

한편, 불법시위가 발생했을 때 경비경찰은 다음과 같은 방법에 의해서 불법시위 군중들을 통제 할 수 있을 것이다.[59)]

㉠ 봉쇄·방어

군중들이 중요시설이나 기관 등 보호대상물의 점거를 기도할 경우에는 사전에 진압부대가 점령하거나 바리케이드 등으로 봉쇄하여 방어조치를 취해야 한다. 이러한 일련의 조치는 단독적으로 이루어지는 것보다 수 개의 조치가 복합적으로 취해짐으로써 군중들의 의도를 사전에 봉쇄하여 시위계획을 충돌 없이 효과적으로 무산시키는 방법이다.

㉡ 차단·배제

불법시위는 다중이 모일 수 있는 교통상 편리한 특정 장소에서 시도되는 경우가 많다. 이러한 경우 군중들이 목적지에 집결하기 전에 중간에서 차단하여 집합을 못하게 하는 방법인데, 이를 효과적으로 하기 위해서는 중요 목 지점에 경찰력을 배치하고 검문검색을 실시하여 불법시위가담자를 사전에 색출·검거하거나 귀가조치시킴으로써 그 세력을 분산시키는 방법이다.

㉢ 세력분산

일단 시위대가 집단을 형성한 이후 진압부대가 대형으로 공격하거나 가스탄 등을 사용하여 시위집단의 지휘통제력을 차단시키고, 수개의 소집단으로 분할시켜 시위의사를 약화시킴으로써 그 세력을 분산시키는 방법이다.

경운기를 동원, 철도 건널목을 점거하여 열차의 운행을 막고, 철길에서 물러날 것을 요구하는 경찰관들에게 돌을 던져 상해를 입히는 등의 시위행위는 그 수단이나 방법에 있어서 상당성이 있다고 할 수 없으므로 정당행위로는 인정되지 않는다. 대법 1989.12.26., 89도1512.

58) 홍정선(2007), 경찰행정법, 서울: 박영사, pp. 647-648.

59) 이하 김상호 외 8인(2004), 경찰학개론, 서울: 법문사, pp. 678-679 재인용.

㉣ 주동자 격리

불법시위는 특정한 지도자나 주동자의 선동에 의하여 이루어지므로, 그 주모자를 사전에 검거하거나 군중과 격리시킴으로써 군중의 집단적 결속력을 약화시켜 계속된 행동을 하지 못하게 하는 진압방법이다.

③ 불법시위의 해산

관할경찰관서장은 일정한 경우에 해당하는 집회 또는 시위에 대하여는 '상당한 시간 이내'에 자진(自進) 해산할 것을 요청하고 이에 따르지 아니하면 해산(解散)을 명할 수 있다(제20조 제1항).[60]

이러한 집회 또는 시위에 대해 위와 같은 해산 명령을 받았을 때에는 모든 참가자는 '지체 없이' 해산하여야 한다(제20조 제2항). 해산명령을 이행하지 않았을 경우에는 경찰의 물리적 강제력이 행사될 수 있음은 물론이다.[61]

야간옥외집회 및 야간시위 허용 범위

① 논의 배경

그 동안 「집회 및 시위에 관한 법률」(제10조 등)상의 야간집회와 야간시위 사건에 대한 재판은 2008년 10월, 2010년 1월 이에 대한 위헌법률심판(違憲法律審判)이 제청되면서 4~6년 동안 중단되어 왔다. 이에 대한 헌법재판소 및 대법원의 판결에 의해 검찰은 2014년 7월 396명(야간집회 사범 105명, 야간시위사범 291명)의 공소를 취소하였다.

---

60) ① 제5조 제1항, 제10조 본문 또는 제11조를 위반한 집회 또는 시위, ② 제6조 제1항에 따른 신고를 하지 아니하거나 제8조 또는 제12조에 따라 금지된 집회 또는 시위, ③ 제8조 제5항에 따른 제한, 제10조 단서 또는 제12조에 따른 조건을 위반하여 교통소통 등 질서 유지에 직접적인 위험을 명백하게 초래한 집회 또는 시위, ④ 제16조 제3항에 따른 종결 선언을 한 집회 또는 시위, ⑤ 제16조 제4항 각 호의 어느 하나에 해당하는 행위로 질서를 유지할 수 없는 집회 또는 시위(집회 및 시위에 관한 법률 제20조 제1항 각호).

61) ① 적법한 집회 및 시위를 최대한 보장하고 위법한 시위로부터 국민을 보호함으로써 집회 및 시위에 관한 권리 보장과 공공의 안녕질서가 적절히 조화를 이루도록 하는 것을 목적으로 하는 구(舊)집회 및 시위에 관한 법률(2006. 2. 21. 법률 제7849호로 개정되기 전의 것)의 입법목적과 집회의 자유를 국민의 권리로 보장한 헌법정신에 비추어 볼 때, 같은 법 제21조에 정한 해산명령 위반죄의 취지는 적법한 집회신고 없는 집회 또는 시위를 즉시 또는 사후에 해산시키고 이에 불응하는 자를 처벌하여 공공의 안녕질서를 지키고자 함에 있는 것이지, 단지 계획된 집회 또는 시위가 위법하거나 신고가 없다는 이유만으로 이를 사전에 차단하거나 이에 대한 사람들의 참여를 사전에 봉쇄하려는 데 있다고 볼 수 없다. ② 따라서 적법한 집회신고 없이 주한미군기지 평택이전 반대 집회를 개최하려던 사회단체 회원 등이 집회예정장소가 사전봉쇄되자 중간집결장소로 이동하던 중 인근 교회마당에서 휴식을 취하거나 식사를 하고 있다가 관할경찰서장의 해산명령을 받고도 이에 따르지 않은 경우, 이는 집회 참가를 위한 준비단계에 불과할 뿐이다. 따라서 구(舊)집회 및 시위에 관한 법률 제18조 제1항에서 해산명령의 대상으로 삼고 있는 집회 또는 시위에 해당하지 않으므로, 위 해산명령은 적법하지 아니하고 그 불응행위는 해산명령 위반죄에 해당하지 않는다. 수원지법 2007.10.24., 2006고정4174.; 대법 2008.6.26., 2008도3014.

② 집회 및 시위에 관한 법률상의 규정

㉠ 누구든지 '해가 뜨기 전이나 해가 진 후'에는 옥외집회(屋外集會) 또는 시위(示威)를 하여서는 아니 된다. 다만, 집회의 성격상 부득이하여 주최자가 질서유지인을 두고 미리 신고한 경우에는 관할경찰관서장은 질서 유지를 위한 조건을 붙여 해가 뜨기 전이나 해가 진 후에도 옥외집회를 허용할 수 있다(집회 및 시위에 관한 법률 제10조).

㉡ 위의 금지를 위반한 자는 다음 각 호의 구분에 따라 처벌한다(동법 제23조).

가. 주최자는 1년 이하의 징역 또는 100만원 이하의 벌금

나. 질서유지인은 6개월 이하의 징역 또는 50만원 이하의 벌금·구류 또는 과료

다. 그 사실을 알면서 참가한 자는 50만원 이하의 벌금·구류 또는 과료

③ 야간옥외집회의 일반적금지의 위법성

이 법 제10조 본문은 야간옥외집회를 일반적으로 금지하고, 그 단서는 행정권인 관할 경찰서장이 집회의 성격 등을 포함하여 야간옥외집회의 허용 여부를 사전에 심사하여 결정한다는 것이다.

결국 야간옥외집회에 관한 일반적 금지를 규정한 집시법 제10조 본문과 관할 경찰서장에 의한 예외적 허용을 규정한 단서는 그 전체로서 야간옥외집회에 대한 허가를 규정한 것이라고 보지 않을 수 없다. 이는 헌법 제21조 제2항(집회·결사의 자유)에 정면으로 위반된다. 따라서 법 제10조 중 '옥외집회'(屋外集會) 부분은 헌법 제21조 제2항에 의하여 금지되는 허가제를 규정한 것으로서 헌법에 위반되고, 이에 위반한 경우에 적용되는 처벌조항인 법 제23조 제1호 중 '제10조 본문의 옥외집회' 부분도 헌법에 위반 된다.[62)]

④ 야간시위의 합법적인 허용 시간: 일몰시간 후부터 같은 날 24시(자정)까지

이 법 제10조는 사회의 안녕질서를 유지하고 시민들의 주거 및 사생활의 평온을 보호하기 위한 것으로서 정당한 목적 달성을 위한 적합한 수단이 된다. 그러나 '일출시간 전, 일몰시간 후'라는 광범위하고 가변적인 시간대의 옥외집회 또는 시위를 금지하는 것은 목적 달성을 위해 필요한 정도를 넘는 지나친 제한을 가하는 것이어서 최소침해성 및 법익균형성 원칙에 반한다.

즉, 우리 국민의 일반적인 생활형태 및 보통의 집회의 소요시간이나 행위태양, 대중교통의 운행시간, 도심지의 점포·상가 등의 운영시간 등에 비추어 보면, 적어도 '일몰시간 후부터 같은 날 24시(자정)'까지의 옥외집회 또는 시위의 경우, 이미 보편화된 야간의 일상적인 생활의 범주에 속하는 것이어서 특별히 공공의 질서 또는 법적 평화

62) 헌재 2009.9.24., 2008헌가25.

를 침해할 위험성이 크다고 할 수 없으므로 그와 같은 옥외집회 또는 시위를 원칙적으로 금지하는 것은 과잉금지원칙에 위반됨이 명백하다.[63]

유치장에 수용된 피의자에 대한 알몸신체검사의 위법성

지난 2014년 5월 18일 세월호 사태 관련 '가만히 있으라' 침묵집회 행진에 참석했다가 경찰서로 연행된 여성 참가자들은 유치장 입감 당시 경찰로부터 브래지어를 벗도록 요구받았다. 경찰은 유치장 입감 뒤 신체검사를 진행하면서 와이어가 있는 브래지어의 경우 자해·자살의 위험이 있으므로 속옷을 탈의하라고 한 것이다. 이후 속옷을 탈의한 상태에서 남자 경찰로부터 이틀 동안 조사를 받게 하였다.
경찰의 이러한 조치는 '유치장 수용 과정에서 속옷 탈의 조처는 위법행위'라는 대법원 판결에 어긋난 것이다. 이와 관련하여 2013년 5월 대법원은 2008년 미국산 쇠고기 반대 촛불집회에 참여한 여성들에게 여성경찰이 브래지어 탈의를 요구한 것에 대해, "브래지어 탈의 강요는 인권 존중, 권력 남용 금지 등을 위반한 것이고, 객관적 정당성을 결여한 것"이라며 각각 150만원의 위자료를 지급하라는 판결을 확정했다.[64]

---

63) ① 헌재 2014.4.24., 2011헌가29(한정위헌, 개념이 불확정적이거나 여러 뜻으로 해석될 경우 해석의 범위를 정한 뒤 이를 확대하는 경우에 '위헌'이라고 판단하는 헌법재판소의 견해 표명을 의미함).; 기타 헌재 2014.3.27., 2010헌가2 등 참조. ② 위 헌법재판소 결정은 그 주문의 표현 형식에도 불구하고 집시법의 위 각 조항의 '시위'에 관한 부분 중 '해가 진 후부터 같은 날 24시까지' 부분이 헌법에 위반된다는 일부 위헌의 취지라고 보아야 하므로, 헌법재판소에서 정한 위헌결정으로서의 효력을 갖는다. 그리고 집회 및 시위에 관한 법률 제23조는 동법 제10조 본문의 야간 시위 부분을 공통의 처벌근거로 삼고 있고 다만 야간 시위를 주최한 자(제1호)인지 단순참가자(제3호)인지에 따라 법정형을 달리하고 있다. 따라서 위 헌법재판소 결정은 비록 법 제23조 중 제3호에 규정된 참가자에 대한 것이기는 하지만 법 제10조 본문의 야간 시위중 위 시간대의 부분에 대하여 위헌결정을 한 것이므로, 야간시위 금지 위반으로 기소된 주최자에 대하여도 위 위헌결정의 효력이 미친다. 그렇다면, 위 각 집시법 조항의 '시위'에 관한 부분 중 '해가 진 후부터 같은 날 24시까지' 부분은 소급하여 그 효력을 상실하므로, 위 부분 법조를 적용하여 기소한 이 사건 공소사실은 범죄로 되지 아니한 때에 해당한다고 할 것이다. 대판 2014.7.10., 2001도1602.

64) 대법 2013.5.9., 2013다200438.; 수용자들이 공직선거 및 선거부정방지법상 배포가 금지된 인쇄물을 배포한 혐의로 현행범으로 체포된 여자들로서, 체포될 당시 신체의 은밀한 부위에 흉기 등 반입 또는 소지가 금지되어 있는 물품을 은닉하고 있었을 가능성은 극히 낮았다고 할 것이다. 그 후 변호인 접견시 변호인이나 다른 피의자들로부터 흉기 등을 건네받을 수도 있었다고 의심할 만한 상황이 발생하였기는 하나, 변호인 접견절차 및 접견실의 구조 등에 비추어, 가사 수용자들이 흉기 등을 건네 받았다고 하더라도 유치장에 다시 수감되기 전에 이를 신체의 은밀한 부위에 은닉할 수 있었을 가능성은 극히 낮다고 볼 수 있다. 따라서 신체검사 당시 다른 방법으로는 은닉한 물품을 찾아내기 어렵다고 볼 만한 합리적인 이유가 있었다고 할 수 없으므로, 수용자들의 옷을 전부 벗긴 상태에서 앉았다 일어서기를 반복하게 한 신체검사는 그 한계를 일탈한 위법한 것이다. 대법 2001.10.26., 2001다51466.

3) 행사안전경비

(1) 행사안전경비의 의미

행사안전경비라는 것은 기념행사, 경기대회, 제례의식, 기타 각종 행사를 위해 모인 비조직화(非組織化)된 군중에 의하여 발생하는 혼란사태를 사전에 예방하고, 위험한 사태가 발생한 경우에는 신속한 대응조치를 하는 경비경찰활동을 말한다. 행사장의 혼잡한 상황에 대응한다는 점에서 혼잡경비(混雜警備)라는 말을 사용하기도 한다.

사람들이 많이 모인 장소에서는 처음에는 평온하다가 어떠한 계기에 의하여 돌발 상황이 발생하면, 군중들이 흥분하거나 급박한 혼란상태로 돌입하는 경우가 많다. 예컨대, 행사장에서 참석자 또는 관중들이 행사내용에 대하여 지나친 열광으로 과도하게 흥분하거나, 시설물의 붕괴 등으로 인하여 사고가 발생하는 경우를 들 수 있다. 따라서 경비경찰은 이러한 모든 예측 가능한 상황을 사전에 파악하여 안전대책을 수립해야 한다.

최근에는 수익성 행사의 경우 행사주최자가 주도적으로 안전활동을 수립·실행하도록 하고 있으며, 경찰이 주도적으로 안전활동을 실시하는 경우는 대규모 국가적인 행사에 국한되어 가고 있는 것이 특징이다.[65)]

(2) 군중심리와 이상군중심리

① 정상군중심리

넓은 의미에서 군중심리는 개개인이 각 군집상황 속에서 갖게 되는 심리상태를 말한다. 불특정다수의 대규모 군중이 운집한 상황에서 안전사고가 발생하는 이유는 시설물자체의 결함에서 비롯되기도 하지만 경우에 따라서는 돌발 상황 등으로 인해 평상시에 가지고 있는 정상적인 심리적 균형상태가 깨지기 때문이라고 할 수 있다.

물론 불특정다수의 군중이 모였다할지라도 항상 위험한 상황이 발생하는 것은 아니다. 즉, 정상적인 상황에서는 군중들은 호기심, 동정심, 안전, 수치심, 집단동질성 등과 같은 정상군중심리(normal crowd psychology)를 가지고 주어진 상황을 파악하게 된다. 정상군중심리는 구성원들 상호간의 신임, 충성, 단결 등의 내적심리기재가 작동하게 된다.[66)]

65) 수익자부담론(受益者負擔論)은 자본주의사회에서 국가기구의 일부로서 경찰과 같은 공경비가 갖는 근본적 성격과 역할 및 기능에 관한 종래의 인식에 의문을 제기하면서 등장하였다. 즉 자본주의 사회에 있어서 경찰 등의 공권력의 행사는 원칙적으로 거시적 측면에서 질서유지 및 체제수호 등과 같은 역할과 기능에 한정하고, 사회구성원 개개인의 사적(私的) 차원이나 여타 집단과 조직 등의 안전(예컨대, 회사 등의 안전과 보호)은 결국 해당 개인이나 조직이 담당해야 한다는 인식에 기초를 두고 있다. 특히, 수익이 창출되는 곳의 안전은 그 수익을 얻는 주체가 이에 대한 책임을 져야 된다는 것이다. Cunningham, William C. & Taylor, Todd H.(1985), Private Security and Police In America, The Hallcrest Report, Portland: Chancellor Press, p. 111.; 최선우(2014), 민간경비론, 인천: 진영사, p. 136 재인용.

〈정상군중심리의 특징〉

호기심리	새로운 상황에 직면하였을 때 탐구를 통한 상황인식 및 문제이해를 하게 되는 심리
동정심리	다른 사람의 슬픔, 기쁨 등에 대하여 동질적인 감정을 가지게 되는 심리
안전심리	다른 사람과의 상호작용 속에서 자신의 안전을 추구하는 심리
수치심리	다른 사람의 시선을 의식하고 자신의 명예나 체면을 의식하는 심리
집단심리	사회적 동물인 인간이 타인과 어울려 집단을 구성하려는 심리

② 이상군중심리

그러나 대규모 군중이 운집한 상황에서 특별한 외부의 자극(욕망충동, 생명위협 등)이 주어지면 비정상적인 이상군중심리(abnormal crowd psychology)가 작동하기도 하는데, 그 중에는 불만, 항거, 냉소, 파괴 등의 행위와 관련된다.[67] 예컨대, 격렬한 시위현장, 월드컵과 같은 열광된 경기장, 대형화재가 발생한 호텔 등은 그 좋은 예이다.

따라서 대규모의 군중이 운집한 상황 하에서는 때로는 의외의 무모하고 잔인한 반사회적인 행동이 일어나는 경향이 있는가하면, 조금만 질서를 지키면 모두가 안전하게 대피할 수 있음에도 불구하고 밀고 밀리는 혼잡 와중에 대형사고를 당하는 모습을 지켜보게 된다. 이처럼 사람들이 큰 무리를 지었을 때 지극히 비합리적· 비도덕적이고, 퇴행적인 행동을 함으로써 사회의 안녕질서의 파괴와 인명 및 재산의 손실을 초래하게 된다(정상군중심리와 이상군중심리는 앞에서 살펴본 집회시위에서도 적용됨은 물론이다).

㉠ 정서의 충동성

정서적 충동에 의해 신체는 많은 변화를 가져오게 되는데, 호흡곤란·심장박동수의 증가·혈압상승·동공확대·내분비증가 및 근육긴장 등의 현상이 일어난다. 한 개인이 만약 정서가 지나치게 과민해지면, 감정이 불안해지거나 폭발하기 쉽고, 그 반대의 경우에는 정신위축상태가 나타난다.

따라서 개인이 군중 속에 있을 때, 정서의 상호작용·상호전염의 결과로 그 행위는 종종 극단적으로 가는 경향이 있다. 이로 인해 군중 속에서 개인의 정서는 극히 충동적이고, 이러한 충동은 이상폭력행위를 유발하게 되며, 일상생활 속에서 쌓였던 분노와 불만을 군중행동에 실어서 자신도 모르는 사이에 위법적인 행동으로 나아가게 된다.

66) 경찰대학(1998), 경찰경비론, pp. 10-11.; 최선우(2014), 앞의 책, p. 661 재인용.
67) 경찰대학(1998), 앞의 책, pp. 11-14.; 최선우(2012), 앞의 책, pp. 662-664 재인용.

㉡ 추리의 단순성

평상시에는 이지적·이성적으로 판단하는 것이 일반적이다. 그러나 수많은 군중이 모인 상황에서는 정서적 충동에 의해 어떠한 결의나 행동을 취하는데 있어서 복잡한 판단을 필요로 하지 않는다. 따라서 그것이 옳고 그른지를 판단하지 못하게 되고 군중이 찬성하는 방향 또는 군중이 취한 행동에 동조하여 따르게 된다. 추리의 단순성으로 인해 군중은 어떤 관찰이 결여되고 리더의 제시에 의해 바로 행동하는 것이 특징이다.

㉢ 욕망의 확장성

욕망이라는 것은 어떠한 것을 필요로 하여 획득하기 위하여 가지는 일체의 행동의 원동력이 되는 심리상태라고 정의할 수 있다. 욕망과 감정 및 이지는 매우 밀접한 관련성을 가지고 있는데, 욕망이 커지면 긴장된 정서 상태를 불러오고, 격렬한 행동을 표현하게 된다. 개인이 군중 속에 있을 때 심리적으로 서로의 영향을 받기 때문에 욕망은 자연히 무한대로 확장되는 경향을 띤다.

㉣ 도덕의 모순성

도덕은 개인이 사회생활 중에 당연히 준수해야 할 행위규범을 의미한다. 어떤 사회든 그 나름대로 공인된 도덕적 표준행위를 가지고 있다. 그런데 개인이 군중 속에 있을 때 정서적 격동에 의하여 이지적·이성적 판단력이 약해지고 욕망이 확장됨에 따라 도덕에 대한 인식이 평소와는 다르게 나타난다.

물론 완전히 야만인이 되거나 도덕성을 상실하는 것은 아니다. 어떤 때에는 파괴·난동·잔인한 행동 등을 하고, 또 어떤 때에는 충성·의협·단결 등의 행위를 하기도 한다. 이는 바로 개인이 군중 속에 들어가면 도덕관념이 모호해져서 모순된 가치체계를 동시에 갖게 되는 특징을 말해주는 것이다.

(3) 사례검토: 상주참사와 경비책임의 문제

① 사건의 개요

2005년 10월 3일 오후 7시 MBC 가요콘서트가 열릴 예정이었던 경상북도 상주시민운동장에서 행사진행과정에서 11명이 사망하고 100여명이 부상당하는 대참사가 발생하였다. 당시 원활한 출입통제가 이루어지지 못해 문 앞에 모여 있던 수많은 사람들이 한꺼번에 조그만 출입구로 몰리면서 압사사고에 의해 순식간에 참변이 발생한 것이다.

② 사건에 대한 책임 소재 문제

이 사고의 책임 소재를 놓고 상주시와 행사를 주최한 국제문화진흥협회, MBC, 관할경찰 모두 '내 탓이 아니다'며 서로 책임 떠넘기기에 급급한 인상을 주었다.

국제문화진흥협회는 "행사장 안전을 위해 경찰에 병력을 요청했으나 불가능하다는 통보를 받았다"며 경찰에 화살을 돌렸다. 그러나 상주경찰서는 "지난달 26일 관계자 대책회의에서 구두로 병력 요청을 받은 사실이 있으나 협회에서 공문을 보내오지 않았다"며 국제문화진흥협회에 책임을 떠넘겼다(그러나 상주시는 경찰에 공문서상으로 지원요청을 한 것으로 밝혀졌다).

상주시도 국제문화진흥협회에 공연지원금 1억 원을 주기로 하는 등 공연을 사실상 주최했음에도 계약 내용을 근거로 협회에 책임을 미루고 있다. 상주시는 "국제문화진흥협회가 경비와 현장통제 등 모든 행사진행을 맡고 있으며, 이에 대한 서류상의 계약도 있다"고 하였다.

한편, MBC는 "우리가 주최한 행사가 아니며 공연녹화만 진행할 예정이었다"며 "당초 공연이 불가능하다고 통보했으나 시와 협회 관계자들이 MBC를 방문해 재차 공연을 요구한 것으로 도의적인 책임은 있지만 행사진행 및 안전과 관련한 모든 준비는 상주시와 협회가 맡기로 했다"며 사고 책임을 상주시와 협회에 떠넘겼다.

③ 안전상의 문제점

㉠ 안전계획수립의 미흡

행사를 주최한 국제문화진흥협회는 대규모 공연 개최시 마련해야 하는 재해대책을 소방당국에 제출하지 않아 공연법(公演法) 규정을 위반했다는 혐의도 받았다.[68]

㉡ 안전요원의 부족과 비전문성

2만 명이 넘는 시민들이 참석한 당시 사고 현장에는 콘서트 주최 측인 국제문화진흥협회에서 파견된 아르바이트생 80여 명을 비롯하여 경찰 14명, 경비업체 직원 25명 등 현장관리자가 130여 명에 불과해 현장통제에는 역부족이었다는 지적을 받았다.

68) ① 공연장운영자는 화재나 그 밖의 재해를 예방하기 위하여 그 공연장 종업원의 임무·배치 등 재해대처계획을 수립하여 매년 관할 특별자치시장·특별자치도지사·시장·군수·구청장에게 신고하여야 한다. 이 경우 특별자치시장·특별자치도지사·시장·군수·구청장은 신고 받은 재해대처계획을 관할 소방서장에게 통보하여야 한다. ② 관할 특별자치시장·특별자치도지사·시장·군수·구청장은 제1항에 따른 신고를 받은 경우에 필요하다고 인정되는 때에는 해당 재해대처계획에 대하여 보완을 요구할 수 있다. 이 경우 공연장운영자는 정당한 사유가 없으면 이에 따라야 한다. ③ 공연장 외의 장소에서 대통령령으로 정하는 규모의 관람자가 있을 것으로 예상되는 공연을 하려는 자의 재해예방조치에 관하여는 제1항을 준용한다. ④ 제1항 및 제3항에 따른 재해대처계획에는 제11조의2부터 제11조의4까지에 해당하는 안전관리비, 안전관리조직, 안전교육에 관한 사항이 포함되어야 한다(공연법 제11조 제1항~제4항).

㉢ 안전요원의 대책 미흡

특히 사고발생 장소인 직3문(출입구)에는 5,000명이 넘는 인원이 순식간에 몰려들었는데, 경찰과 행사진행요원이 한명도 없었고 경비업체 직원 8명만 있었던 것으로 파악되었다(더욱이, 급경사 구조로 되어 있는 출입문을 하나만 열어 놓아 사고를 결정적으로 불러 왔다는 점이다).

㉣ 운영상의 미흡

그렇다면, 수많은 사람들이 왜 그렇게 물밀듯이 경쟁하듯 들어갔을까? 그것은 젊은 사람과 나이가 많은 사람들이 좋아하는 인기가수를 초빙하였는데, 이들의 공연을 가까이에서 보기 위해 남녀노소 구분 없이 일찍 들어가서 좋은 자리를 맡기 위한 것이었다. 이날 공연은 모두 돈을 내고 지정석을 받는 것이 아닌 공짜표에 따른 임의 좌석제라는 점이다. 따라서 행사주최측은 이러한 사항들을 고려하지 못하였다고 할 수 있다.

④ 경찰의 책임과 한계

현행법(경찰법, 경찰관직무집행법 등)상으로 각종 행사를 위해 모인 군중에 의해 발생되는 혼란상태(특히, 범죄와 무질서)의 예방과 경계, 그리고 대응의 임무를 갖는 경찰의 책임은 피하기 어려울 것으로 보인다. 경찰 역시 행사장 위험방지 등과 관련된 지도 및 지휘감독 책임을 가지고 있기 때문이다.

다만, 영국·미국·일본 등의 각국에서와 같이 영리를 목적으로 하는 각종 행사에 대해서는 수익자부담의 원칙에 입각하여 영리를 얻는 행사주체가 자체경비원을 주로 활용하도록 하고 있음을 인식할 필요가 있다. 우리나라는 여전히 공경비인 경찰이 직접 그 임무를 수행하는 경우가 상대적으로 많은 것이 사실이다.

따라서 무엇보다도 많은 군중이 모이는 각종 행사의 안전관리와 관련하여 책임기관을 명확히 규정할 필요가 있으며, 이의 책임을 전적으로 공경비인 경찰 등에 전가시키기보다는 기본적으로 공연행사의 개최로 인해 영리를 직접적으로 얻는 행사주체기관이 행사진행의 안전관리에 요구되는 경비부담을 일부 또는 전부 부담하여 사전·사후의 책임을 지는 것이 바람직할 것으로 보인다.

(4) 선거경비

① 선거경비의 의미

선거경비(選擧警備)는 어떠한 공직(대통령, 국회의원, 자치단체장 등)후보자의 유세 및 투표현장 등에 대한 안전관리와 관련된 제반활동을 의미한다고 볼 수 있다.

주지하는 바와 같이 유세현장에 많은 인파가 몰려 혼란을 초래하고 입후보자와 정당대표에 대한 위해상황도 발생할 우려가 있다. 또한 투표현장에서도 언제든지 예기치 못한 돌발 상황이 발생할 수 있으므로 경비경찰은 이에 대한 대책을 마련해야 한다. 선거경비는 종합적인 경비활동이 요구된다.

따라서 경찰은 선거 공고일부터 선거종료일까지 경계를 강화하고 비상근무체계에 들어가야 한다. 이러한 선거경비는 후보자 신변보호, 투표소경비, 개표소경비 등으로 구분된다.[69]

② 후보자 신변보호

㉠ 대통령선거 후보자

대통령선거 후보자는 을(乙)호 경호대상으로 '후보자 등록시부터 당선확정시'까지 실시하도록 한다(대통령으로 당선이 확정된 자는 갑호 경호대상이 된다). 대통령후보자의 경호는 후보자의 요청에 따라 전담 신변경호대를 편성·운영하도록 한다. 신변경호를 원하지 않는 후보자는 지방경찰청에서 경호경험이 있는 자를 선발하여 관내 유세기간 동안 근접경호를 실시하도록 한다.

㉡ 국회의원 후보자 및 지방자치단체장 후보자

각 선거구를 관할하는 경찰서에서 후보자가 원할 경우 전담 경호원을 2~3명 정도를 선발하여 배치하도록 한다.

③ 투표소경비

㉠ 투표소 등의 출입제한

투표하려는 선거인·투표참관인·투표관리관, 읍·면·동선거관리위원회 및 그 상급선거관리위원회의 위원과 직원 및 투표사무원을 제외하고는 누구든지 투표소에 들어갈 수 없다(공직선거법 제163조 제1항). 사전투표소(기표소가 설치된 장소 포함)의 출입제한에 관하여서도 이의 규정을 준용하도록 한다(제4항).

㉡ 투표소 등의 질서유지

투표관리관 또는 투표사무원은 투표소의 질서가 심히 문란하여 공정한 투표가 실시될 수 없다고 인정하는 때에는 투표소의 질서를 유지하기 위하여 정복을 한 경찰공무원 또

69) 조철옥(2011), 앞의 책, pp. 344-345.; 경찰대학(2008), 앞의 책, pp. 354-357.

는 경찰관서장에게 원조를 요구할 수 있다(제164조 제1항).[70] 이에 따라 원조요구를 받은 경찰공무원 또는 경찰관서장은 즉시 이에 따라야 한다(제2항).

투표소안에 들어간 경찰공무원 또는 경찰관서장은 투표관리관의 지시를 받아야 하며, 질서가 회복되거나 투표관리관의 요구가 있는 때에는 즉시 투표소안에서 퇴거하여야 한다.

④ 개표소경비

㉠ 개표소의 출입제한

구·시·군 선거관리위원회와 그 상급선거관리위원회의 위원·직원, 개표사무원·개표사무협조요원 및 개표참관인을 제외하고는 누구든지 개표소에 들어갈 수 없다. 다만, 관람증을 배부받은 자와 방송·신문·통신의 취재·보도요원이 일반관람인석에 들어가는 경우는 그러하지 아니하다(공직선거법 제183조 제1항).

선거관리위원회의 위원·직원, 개표사무원·개표사무협조요원 및 개표참관인이 개표소에 출입하는 때에는 중앙선거관리위원회규칙이 정하는 바에 따라 표지를 달거나 붙여야 하며, 이를 다른 사람에게 양도·양여할 수 없다(제2항).

㉡ 개표소의 질서유지

구·시·군 선거관리위원회 위원장이나 위원은 개표소의 질서가 심히 문란하여 공정한 개표가 진행될 수 없다고 인정하는 때에는 개표소의 질서유지를 위하여 정복을 한 경찰공무원 또는 경찰관서장에게 원조를 요구할 수 있다(제183조 제3항). 이러한 경우를 제외하고는 누구든지 개표소 안에서 무기나 흉기 또는 폭발물을 지닐 수 없다(제6항).

한편, 위와 같은 상황에서 원조요구를 받은 경찰공무원 또는 경찰관서장은 즉시 이에 따라야 한다(제4항).

㉢ 개표소의 질서유지 주체: 선거관리위원회 위원장

한편, 구·시·군 선거관리위원회 위원장이나 위원의 요구에 의하여 개표소 안에 들어간 경찰공무원 또는 경찰관서장은 구·시·군 선거관리위원회 위원장의 지시를 받아야 하며, 질서가 회복되거나 위원장의 요구가 있는 때에는 즉시 개표소에서 퇴거하여야 한다(제183조 제5항).

---

70) 투표소 등의 질서유지(제164조 제1항)의 경우를 제외하고는 누구든지 투표소안에서 무기나 흉기 또는 폭발물을 지닐 수 없다. ② 사전투표소(기표소가 설치된 장소 포함)에서의 무기나 흉기 등의 휴대금지에 관하여는 이를 준용하도록 한다(공직선거법 제165조 제1항 및 제2항).

4) 위기관리

(1) 국가위기관리의 의미

위기(危機)라는 것은 우리사회에서 널리 사용하고 있는데, 이는 '어떤 상황이나 사태가 조금의 여유 없이 위급하게 되거나 예기치 않은 일이 갑자기 발생하여 안정과 균형을 잃고 불안한 상태로 변하는 것'을 의미한다.[71]

한편 국가위기는 '국가주권 또는 국가를 구성하는 정치·경제·사회·문화체계 등 국가의 핵심요소나 가치에 중대한 위해가 가해질 가능성이 있거나 가해지고 있는 상태'라고 볼 수 있다. 즉, 국가위기라고 하는 것은 위기의 발생범위나 피해정도가 국가전체에 미치거나 대다수 국민들에게 피해를 주어 정부가 직접 나서서 필요한 제반조치를 해야 하는 상황이라고 할 수 있다. 따라서 국가위기관리(國家危機管理)는 국가위기를 사전에 예방하고 위기 발생시에는 효과적인 대응 및 복구를 통하여 그 피해를 최소화하거나 위기 이전의 상태로 복원하고자 하는 제반활동이라고 할 수 있다.[72]

이러한 국가적 차원의 위기관리 대상은 크게 전통적 안보분야, 재난분야, 국가핵심기반 분야로 구분할 있다. 이를 경찰차원에서 본다면, ㉠ 경찰작전(비상경계경비), ㉡ 경찰재난경비 등으로 구분된다.

(2) 경찰작전: 비상경계경비

① 경찰작전의 의미

1948년 해방 이후 오늘에 이르기까지 북한은 끊임없는 전쟁도발과 파괴공작을 자행해 왔으며, 이에 대해 경찰은 적절한 대응을 하지 않으면 안 되는 상황이었다. 따라서 경찰작전(警察作戰)이라는 것은 다른 국가방위요소와 함께 이러한 국가안보를 위협하는 비상사태에 대응하는 제반활동과 관련된 것이라고 할 수 있다.

이와 같이 '적(敵)의 침투·도발이나 그 위협에 대응하기 위하여 국가 총력전(總力戰)의 개념을 바탕으로 국가방위요소를 통합·운용하기 위한 통합방위 대책을 수립·시행하기 위하여 필요한 사항을 규정'하고 있는 것이 바로 「통합방위법」(統合防衛法, 1997년

71) 일반적으로 위기는 몇 가지 특징을 가지고 있는데 ① 대부분의 위기는 발생하기 전에 어느 정도 사전 경고신호를 발신하거나 징후가 있으며, ② 위기는 특정한 대상에 멈추지 않고 주위로 그 피해가 확산되는 경향이 있고, ③ 위기는 진행방향이 불확실하며 대처하는데 어려움이 따르며, ④ 위기는 준비와 예측, 그리고 대응방법에 따라 긍정적 기회로 변할 수 있는 양면을 소유하고 있다는 점이다. 이러한 위기가 가지고 있는 본질적 특징 때문에 위기는 행위자로 보다 신속하고 정확한 판단과 선책을 강요함으로써 행위자를 더욱 불안하고 힘들게 하는 경향이 있다. 조영갑(2000), 한국위기관리론, 서울: 팔복원, p. 37.; 경찰대학(2008), 앞의 책, p. 368.

72) 위의 책, p. 379.

제정)이다.

여기에서 통합방위작전이라는 것은 통합방위사태가 선포된 지역에서 통합방위본부장, 지역군사령관, 함대사령관 또는 지방경찰청장(이하 '작전지휘관'이라 함)이 국가방위요소를 통합하여 지휘·통제하는 방위작전을 말한다(통합방위법 제2조 제4호). 경찰작전의 법적 근거는 이 밖에도 경찰관직무집행법, 의무경찰대 설치 및 운영에 관한 법률 등을 들 수 있다.

② 경찰작전 과정

㉠ 경계태세 발령: 군부대의 장 및 경찰관서의 장

군부대의 장 및 경찰관서의 장(이하 '발령권자'라 함)은 적의 침투·도발이나 그 위협이 예상될 경우 통합방위작전을 준비하기 위하여 경계태세(警戒態勢)를 발령할 수 있다(통합방위법 제11조 제1항).[73] 여기에서 경찰관서의 장은 '경찰서장급'을 말한다.[74] 이러한 경계태세가 발령된 때에는 해당 지역의 국가방위요소는 적의 침투·도발이나 그 위협에 대응하기 위하여 필요한 지휘·협조체계를 구축하여야 한다(제11조 제2항).[75]

한편, 발령권자는 경계태세 상황이 종료되거나 상급 지휘관의 지시가 있는 경우 경계태세를 해제하여야 하고, 통합방위법 제12조에 따라 통합방위사태가 선포된 때에는 경계태세는 해제된 것으로 본다(제11조 제3항).

---

73) ① 경계태세는 적의 침투·도발 상황을 고려하여 경계태세 3급, 경계태세 2급, 경계태세 1급으로 구분하여 발령할 수 있다. 경계태세 구분에 대한 세부 내용 및 조치사항 등은 대통령이 정한다(통합방위법시행령 제22조).; ② 지난 2014년 6월 21일 저녁 8시 경에 강원도 육군 22사단 동부전선의 최전방에서 임모 병장이 동료들에게 수류탄을 던지고 총기를 난사해 5명(하사 1명, 병장 1명, 상병 1명, 일병 2명)이 숨지고 7명이 다치는 사고가 발생했다. 임모 병장은 사고 직후 수류탄 1개와 총기, 실탄 70여발을 갖고 무장한 채 도주해 국방부는 현재 해당 부대 전지역에 '진돗개 하나'를 발령했다. 진돗개 하나란 경계태세 최고 단계를 말한다. 진돗개 이름을 따서 만든 대한민국 경보이자 북한의 무장공비나 특수부대원 등이 대한민국에 침투했을 때, 혹은 부대에서 탈영병이 발생했을 때 등의 국지적 위협 상황이 일어났을 시에 발령되는 단계별 경보 조치이다. 진돗개 경보가 발령될 경우엔 군대는 물론 경찰력도 동원된다. 평상시에는 '진돗개 셋'을 유지하다가 위협상황 발생 가능성이 높을 때(북한 무장 간첩의 침공이 예상되거나 군대에서 탈영병이 발생할 경우) '진돗개 둘'이 발령된다. 현재 가장 높은 단계의 경계조치인 진돗개 하나는 최고 비상 경계태세이며 군, 경찰, 예비군이 최우선으로 지정된 지역에 출동해 지정된 지역에서 수색 및 전투를 수행하고 있다. 경향신문(2014.6.22.).

74) ① 대통령령으로 정하는 군부대의 장 및 경찰관서의 장은 서울특별시 외의 지역은 연대장급 이상의 지휘관, 경찰서장급을 말하고, ② 서울특별시 지역은 대통령이 정하는 군부대의 장을 말한다. ② 이들 발령권자는 통신 두절(杜絶) 등 불가피한 사유가 없으면 차상급 지휘관에게 보고한 후 경계태세를 발령하거나 해제하여야 한다. 한편, ③ 경계태세 발령권자는 경계태세를 발령하거나 해제하는 즉시 그 사실을 관할지역 내의 모든 국가방위요소에 통보하고, 통합방위본부장에게 보고하거나 통보해야 한다(시행령 제21조 제1항~제3항).

75) 국가방위요소란 통합방위작전의 수행에 필요한 방위전력(防衛戰力) 또는 그 지원 요소를 말한다. 여기에는 국군, 경찰청·해양경찰청 및 그 소속 기관과 제주자치경찰기구, 국가기관 및 지방자치단체, 예비군, 민방위대, 그리고 이 법에 따라 통합방위협의회를 두는 직장을 말한다(통합방위법 제2조 제2호).

㉡ 통합방위사태의 선포: 대통령 및 시·도지사

통합방위사태는 적의 침투·도발이나 그 위협에 대응하여 일정한 구분에 따라 선포하는 단계별 사태를 말한다(통합방위법 제2조 제3호). 이는 크게 갑종사태, 을종사태, 병종사태로 구분된다(제6호~제7호).

통합방위사태

① **갑종사태:** 일정한 조직체계를 갖춘 적의 대규모 병력 침투 또는 대량살상무기 공격 등의 도발로 발생한 비상사태로서 통합방위본부장 또는 지역군사령관의 지휘·통제 하에 통합방위작전을 수행하여야 할 사태

② **을종사태:** 일부 또는 여러 지역에서 적이 침투·도발하여 단기간 내에 치안이 회복되기 어려워 지역군사령관의 지휘·통제 하에 통합방위작전을 수행하여야 할 사태

③ **병종사태:** 적의 침투·도발 위협이 예상되거나 소규모의 적이 침투하였을 때에 지방경찰청장(地方警察廳長), 지역군사령관 또는 함대사령관의 지휘·통제 하에 통합방위작전을 수행하여 단기간 내에 치안이 회복될 수 있는 사태

이러한 통합방위사태는 갑종사태, 을종사태 또는 병종사태로 구분하여 선포하도록 하고 있다(제12조 제1항). 그리고 통합방위사태에 해당하는 상황이 발생하면 다음의 구분에 따라 해당하는 사람은 즉시 국무총리를 거쳐 대통령에게 통합방위사태의 선포를 건의하여야 한다(제2항 각호). 대통령(大統領)은 이에 따른 건의를 받았을 때에는 중앙협의회와 국무회의의 심의를 거쳐 통합방위사태를 선포할 수 있다(제3항).

가. 국방부장관의 건의: 갑종사태에 해당하는 상황이 발생하였을 때 또는 둘 이상의 특별시·광역시·특별자치시·도·특별자치도(이하 '시·도'라 함)에 걸쳐 을종사태에 해당하는 상황이 발생하였을 때

나. 행정안전부장관 또는 국방부장관의 건의: 둘 이상의 시·도에 걸쳐 병종사태에 해당하는 상황이 발생하였을 때

한편, 지방경찰청장, 지역군사령관 또는 함대사령관은 을종사태나 병종사태에 해당하는 상황이 발생한 때에는 즉시 시·도지사에게 통합방위사태의 선포를 건의하여야 한다. 시·도지사(市·道知事)는 이에 따른 건의를 받은 때에는 시·도 협의회의 심의를 거쳐 을종사태 또는 병종사태를 선포할 수 있다(제4항 및 제5항).

시·도지사는 이와 같은 을종사태 또는 병종사태를 선포한 때에는 지체 없이 행정안전

부장관 및 국방부장관과 국무총리를 거쳐 대통령에게 그 사실을 보고하여야 한다(제6항). 그리고 시·도지사가 통합방위사태를 선포한 지역에 대하여 대통령이 통합방위사태를 선포한 때에는 그 때부터 시·도지사가 선포한 통합방위사태는 효력을 상실한다(제8항).

④ 경찰작전의 실시

이상과 같은 경계태세 및 통합방위사태의 선포 이후, 경찰은 통합방위 작전계획의 수립하고, 작전부대를 편성하여, 단계별로 작전을 실시하게 된다.

㉠ 통합방위 작전 구역

통합방위작전의 관할구역은 다음과 같다(통합방위법 제15조 제1항).

가. 지상 관할구역: 특정경비지역, 군관할지역 및 경찰관할지역

나. 해상 관할구역: 특정경비해역 및 일반경비해역

다. 공중 관할구역: 비행금지공역(空域) 및 일반공역

㉡ 통합방위 작전의 실시

병종사태가 선포된 경우에는 지방경찰청장, 지역군사령관 또는 함대사령관은 통합방위사태가 선포된 때에는 즉시 다음의 구분에 따라 통합방위작전을 신속하게 수행하여야 한다. 다만, 을종사태가 선포된 경우에는 지역군사령관이 통합방위작전을 수행하고, 갑종사태가 선포된 경우에는 통합방위본부장 또는 지역군사령관이 통합방위작전을 수행한다(제15조 제2항).

가. 경찰관할지역: 지방경찰청장

나. 특정경비지역 및 군관할지역: 지역군사령관

다. 특정경비해역 및 일반경비해역: 함대사령관

라. 비행금지공역 및 일반공역: 공군작전사령관

④ 국가중요시설의 경비·보안 및 방호

한편, 국가중요시설(國家重要施設)의 관리자(소유자 포함)는 경비·보안 및 방호책임을 지며, 통합방위사태에 대비하여 자체방호계획을 수립하도록 하고 있다.[76] 이 경우 국가중요시설의 관리자는 자체방호계획을 수립하기 위하여 필요하면 지방경찰청장 또는 지역군사령관에게 협조를 요청할 수 있도록 하고 있다(통합방위법 제21조 제1항).

이에 따라 지방경찰청장 또는 지역군사령관은 통합방위사태에 대비하여 국가중요시설

76) 국가중요시설이란 공공기관, 공항·항만, 주요 산업시설 등 적에 의하여 점령 또는 파괴되거나 기능이 마비될 경우 국가안보와 국민생활에 심각한 영향을 주게 되는 시설을 말한다(통합방위법 제2조 제13호).

에 대한 방호지원계획을 수립 · 시행하도록 하고 있다(제21조 제2항). 국가중요시설의 평시 경비 · 보안활동에 대한 지도 · 감독은 관계 행정기관의 장과 국가정보원장이 수행하도록 하고 있다(제3항). 이러한 국가중요시설은 국방부장관(國防部長官)이 관계 행정기관의 장 및 국가정보원장과 협의하여 지정하도록 하고 있다(제4항).

국가중요시설경비와 관련하여 중요시설의 특징, 지역여건, 가용인력 등을 고려하여 체계적으로 경비운용을 해야 한다. 이를 위해서는 국가중요시설에 출입하는 사람들에 대한 적절한 통제를 통해서 불순분자의 출입을 차단시키고, 시설보안을 유지하도록 해야 한다.[77]

따라서 국가중요시설 내에는 시설장비 및 자재의 보호를 위한 필요한 장소에 일정한 범위를 정하여 보호구역을 설정하여 운영하도록 하고 있다. 보호구역에는 제한지역(制限地域), 제한구역(制限區域), 통제구역(統制區域)으로 구분된다(보안업무규정 제32조, 보안업무규정 시행규칙 제54조).[78]

〈보호구역〉

제한지역	비밀 또는 정부재산의 보호를 위하여 울타리 또는 경호원에 의하여 일반인의 출입의 감시가 요구되는 지역
제한구역	비밀 또는 주요시설 및 자재에 대한 비인가자의 접근을 방지하기 위하여 그 출입에 안내가 요구되는 구역
통제구역	비인가자의 출입이 금지되는 보안상 극히 중요한 구역

(3) 경찰재난경비

① 재난의 의미

재난(災難)이라는 것은 국민의 생명 · 신체 · 재산과 국가에 피해를 주거나 줄 수 있는 것을 말한다. 이러한 재난은 크게 자연재해(천재지변, 폭풍우, 지진, 폭우, 폭설, 가뭄 등)와 인적 재난(폭발사고, 건물붕괴, 방사능 유출, 화재, 환경오염사고 등)을 의미하는 것이다.[79] 그런데, 국가적 차원에서 접근하는 재난은 그 규모가 큰 것에 좀 더 의미를 두

77) 최선우(2014), 앞의 책, pp. 588-593.

78) 이러한 보호구역이 지나치게 확대되었을 경우, 개인의 자유와 권리의 침해를 가져올 수 있다. 따라서 보호구역 가운데 특히, '제한구역 및 통제구역의 설정은 필요한 최소한의 범위로 제한'되도록 하고 있다(보안업무규정 시행규칙 제56조).

79) 「재난 및 안전관리 기본법」 상에서는 재난을 크게 자연재난과 사회재난으로 구분하고 있다. ① 자연재난: 태풍, 홍수, 호우(豪雨), 강풍, 풍랑, 해일(海溢), 대설, 낙뢰, 가뭄, 지진, 황사(黃砂), 조류(藻類) 대발생, 조수(潮水), 화산활동, 소행성·유성체 등 자연우주물체의 추락·충돌, 그 밖에 이에 준하는 자연현상으로 인하여 발생하는 재해. ② 사회재난: 화재·붕괴·폭발·교통사고(항공사고 및 해상사고를 포함한다)·화생방사고·환경오염사고 등으로 인하여 발생하는 대통령령으로 정하는 규모 이상의 피해와 에너지·통신·교통·금융·의료·수도 등 국가기반체계의 마비, 「감염병의 예방 및 관리에 관

고 있다고 볼 수 있다. 이는 소규모의 재난에 대해서 국가가 관심을 갖지 않는다는 것이 아니라 대규모 재난이 발생했을 때, 보다 체계적으로 국가가 대응하여 피해를 최소화시키고자 하는 의도에서 비롯된 것이라 할 수 있다.

경찰은 범죄 문제뿐만 아니라 이와 같은 재난으로부터 국민의 생명과 신체, 재산을 보호하고 공공의 안녕질서를 유지하기 위하여 활동을 하고 있음은 주지의 사실이다.

② 재난 대응기관

㉠ 재난관리 책임기관

이와 같이 국가적 차원에서 재난문제에 대응하기 위하여 「재난 및 안전관리 기본법」(2004)이 제정되었다. 이 법에 따른 재난관리 책임기관은 다음과 같다(제3조 제5호).

가. 중앙행정기관 및 지방자치단체(「제주특별자치도 설치 및 국제자유도시 조성을 위한 특별법」 제10조 제2항에 따른 행정시 포함)

나. 지방행정기관·공공기관·공공단체(공공기관 및 공공단체의 지부 등 지방조직 포함) 및 재난관리의 대상이 되는 중요시설의 관리기관 등으로서 대통령령으로 정하는 기관

한편, 재난관리 주관기관이란 '재난이나 그 밖의 각종 사고에 대하여 그 유형별로 예방·대비·대응 및 복구 등의 업무를 주관하여 수행하도록 대통령령으로 정하는 관계 중앙행정기관'을 말한다(제5호의2).[80]

㉡ 긴급구조기관

긴급구조(緊急救助)란 재난이 발생할 우려가 현저하거나 재난이 발생하였을 때에 국민의 생명·신체 및 재산을 보호하기 위하여 긴급구조기관과 긴급구조지원기관이 하는 인명구조, 응급처치, 그 밖에 필요한 모든 긴급한 조치를 말한다(제3조 제6호).

여기에서 긴급구조기관이란 소방청·소방본부 및 소방서를 말한다(다만, 해양에서 발생한 재난의 경우에는 해양경찰청·지방해양경찰청 및 해양경찰서를 말한다)(제7호).

한 법률」에 따른 감염병 또는 「가축전염병예방법」에 따른 가축전염병의 확산 등으로 인한 피해(제3조 제1호).

80) 그러나 지난 2014년 4월에 전남 진도 앞바다에서 세월호가 침몰하여 어린 학생들을 포함한 300명 이상이 여객선에 갇혀 있었지만 단 한명도 구조하지 못한 사건이 발생한 바 있다. 이 사건에서 재난관리 책임기관 및 주관기관, 그리고 긴급구조기관 등 모든 국가안전시스템이 제기능을 전혀 하지 못하였음은 주지의 사실이다. 법·제도적인 차원에서 형식적으로 관계기관만을 두고 있을 뿐 실질적·전문적으로 국가재난에 대응할 수 있는 책임·통제기관이나 구조기관은 존재하지 않았던 것이다.

㉢ 긴급구조 지원기관

한편, 긴급구조 지원기관이란 '긴급구조에 필요한 인력·시설 및 장비, 운영체계 등 긴급구조능력을 보유한 기관이나 단체로서 대통령령으로 정하는 기관과 단체'를 말한다(제6조 제8호). 경찰청은 긴급구조 지원기관 가운데 하나에 해당된다(동법 시행령 제4조 제1호).

경찰은 재난 및 안전관리 기본법상으로는 큰 비중을 차지하고 있지 않지만, 일반법인 경찰관직무집행법 제2조(직무의 범위) 특히, 제5조(위험발생의 방지) 등에 분명히 규정되어 있으며, 따라서 경찰은 이러한 재난경비활동에 적지 않은 역할을 수행하고 있음은 물론이다.

③ 경찰재난경비 활동

㉠ 인명구조

재난과 관련된 여러 경찰활동 가운데 가장 중점을 두어야 하는 것은 바로 인명구조(人命救助)라 할 수 있다. 인명구조에 있어서 먼저 위험에 빠진 피구조자의 발견이 선행되어야 하기 때문에 신속한 발견에 총력을 기울일 필요가 있다. 112순찰요원·교통순찰요원 등 외근요원, 112타격대,[81] 재난관리부대 등을 신속하게 투입하여 인명구조활동을 펼쳐야 한다.

㉡ 재난현장의 범죄 대응 및 질서유지

또한 재난현장에는 인명구조 및 복구 문제뿐만 아니라 치안(범죄 및 무질서)에 관한 문제가 상존하게 된다. 따라서 재난현장에서 시·군·구 긴급구조통제단장이 긴급구조활동을 지휘하도록 하고 있지만, 치안활동과 관련된 사항은 관할 경찰관서의 장과 협의하도록 하고 있다(재난 및 안전관리 기본법 제52조 제1항).[82] 이에 따라 필요한 경우에 재난 현장에서의 범죄 등과 관련된 예방활동과 수사활동을 하게 된다.

그리고 재난현장에는 여러 가지 위험한 상황이 발생 할 수 있다. 이에 대해 경찰관직무

81) 경찰은 재난관리임무를 전문적으로 수행하기 위한 조직으로 상시 대기부대인 경찰서 112타격대와 상설중대 중 각 지방경찰청별로 지정된 재난관리부대를 운영하고 있다(112타격대는 통합방위사태에서도 중요한 역할을 수행함은 물론이다). 이들의 임무는 재난발생시 최우선적으로 출동하여 현장관리와 더불어 인명구조, 실종자 수색활동을 실시하는 한편, 경찰통제선(Police Line)을 통한 현장통제, 주민대피 등 현장에서 요구되는 제반 경찰활동을 수행하도록 하고 있다. 경찰대학(2008), 앞의 책, pp. 407-408.

82) 2004년 대구 지하철 참사사건을 계기로 「재난 및 안전관리 기본법」을 제정하고 소방방재청을 신설하는 등 재난대응체계를 일대 정비하였으며, 긴급구조에 있어서도 소방본부를 중심으로 지휘체계가 일원화 되었다. 경찰은 긴급구조 지원기관으로 재난현장에서의 인명구조, 현장통제, 주변 교통정리 등 긴급구조활동에 관해서는 긴급구조 통제단장(관할 소방서장)의 지휘를 받아야 하나, 긴급구조활동의 내용이 치안활동과 관련되어 있는 경우에는 관할 경찰관서의 장과 미리 협의하도록 하고 있다.

집행법상의 즉시강제(卽時强制)의 하나로서 '경찰관은 인명 또는 신체에 위해를 미치거나 재산에 중대한 손해를 끼칠 우려가 있는 천재, 사변, 교통사고, 위험물의 폭발, 기타 위험한 사태가 있을 때에는 일정한 조치를 할 수 있도록' 하고 있다.[83)]

5) 경호경비

(1) 경호경비의 의미

경호경비(警護警備)는 국가원수 등 국내외의 중요 인사의 신변을 각종 위해로부터 방지하기 위한 경찰활동을 말한다.[84)] 그런데 민간차원의 경호개념은 '신변보호'(身邊保護)에 초점을 두고 정립되었다면, 국가차원의 경호개념은 신변보호와 더불어 '경비'(警備)의 개념이 포함되어 광의적으로 정립되어 있다고 볼 수 있다.

따라서 「대통령 등의 경호에 관한 법률」에서는 '경호란 경호 대상자의 생명과 재산을 보호하기 위하여 신체에 가하여지는 위해(危害)를 방지하거나 제거하고, 특정 지역을 경계·순찰 및 방비하는 등의 모든 안전 활동을 말한다'고 규정하고 있다(제2조 제1호).

생각건대, 경호업무는 단순히 신변보호에 국한되어 이루어질 수 없다고 본다. 보호하고자 하는 경호대상의 신변안전을 확보하기 위해서는 직접적인 신변보호활동(즉, 근접경호) 뿐만 아니라 주변 지역(즉, 경호구역)에 대한 적절한 경계경비를 실시하는 것은 무엇보다도 중요한 일이라고 본다. 특히 오늘날과 같이 공격용 무기가 발달한 상황에서는 원거리에 의한 공격이 가능하기 때문에 경계경비는 중요한 의미를 갖는다.

한편, 경호는 경호대상자의 신변보호를 목적 외에도 행사장의 질서유지와 혼잡방지, 경호대상자와 환영자 간의 친목도모, 그리고 대외적으로 국위선양의 목적까지 달성할 수 있도록 해야 할 것이다.

(2) 경호의 대상과 경호책임기관

경호대상은 국내요인과 외국귀빈의 신분과 지위에 따라서 구분하고 있다. 즉, 국내요인은 갑호·을호·병호, 외국귀빈은 A·B·C·D·E·F등급으로 나뉜다.[85)]

여기에서 국내요인은 갑호 의 경우에는 대통령경호처에서 담당하고, 을호·병호는 경찰

83) ① 그 장소에 모인 사람, 사물(事物)의 관리자, 그 밖의 관계인에게 필요한 경고를 발하는 것, ② 매우 긴급한 경우에는 위해를 입을 우려가 있는 자를 필요한 한도 내에서 억류하거나 피난시키는 것, ③ 그 장소에 있는 사람, 사물의 관리자, 그 밖의 관계인에게 위해를 방지하기 위하여 필요하다고 인정되는 조치를 하게 하거나 스스로 그 조치를 하는 것(경찰관직무집행법 제5조 제1항 각호).

84) 민간차원에서 이루어지는 경호는 '신변보호'(身邊保護) 즉, 사람의 생명이나 신체에 대한 위해의 발생을 방지하고 그 신변을 보호하는 업무로 정의되고 있다(경비업법 제2조 제1호).

85) 조철옥(2011), 앞의 책, pp. 367-368.

등이 담당하도록 하고 있다. 그리고 국외귀빈은 A·B·C·D등급은 대통령경호처에서 담당하고, E·F등급은 경찰 등이 담당하도록 하고 있다.[86]

〈경호대상과 경호책임 기관〉

경호대상			책임기관
국내 요인	갑 호	• 대통령과 그 가족 • 대통령 당선인과 그 가족(가족: 대통령 및 대통령당선인의 배우자와 직계존비속으로 한정) • 본인의 의사에 반하지 아니하는 경우에 한정하여 퇴임 후 10년 이내의 전직대통령과 그 배우자[87] • 대통령권한대행과 그 배우자 • 그 밖에 경호실장이 경호가 필요하다고 인정하는 국내 요인	경호처장
	을 호	• 국회의장, 대법원장, 헌법재판소장, 국무총리 • 전직대통령(원칙적으로 대통령 퇴임 후 10년 이후부터) • 대통령선거 후보자	경찰청장
	병 호	• 갑·을호 이외에 경찰청장이 필요하다고 인정한 사람	
외국 귀빈	ABCD등급	• 대한민국을 방문하는 외국의 국가원수 또는 행정수반(行政首班)과 그 배우자 • 그 밖에 경호처장이 경호가 필요하다고 인정하는 국외 요인	경호처장
	EF등급	• 부총리, 왕족, 외빈, ABCD등급의 배우자 단독 방한, 전직대통령, 전직총리, 국제기구 등 장관급 이상 • 그 밖에 경찰청장이 경호가 필요하다고 인정한 사람	경찰청장

그런데, 주의할 것은 갑호와 A·B·C·D등급과 같이 대통령경호처에서 이를 담당한다 할지라고 경찰이 개입하지 않는 것은 결코 아니다. 즉, 대통령경호처에서 경호대상자를 경호할 때, 경찰은 대통령 등의 경호에 있어서 중요한 '소속공무원' 또는 '관계기관'으로서, 제2선과 제3선에서 경호임무를 수행한다고 볼 수 있다.[88]

86) 대통령경호처의 경호대상에 대한 세부적인 내용은 대통령 등의 경호에 관한 법률 제4조 및 동법 시행령 제2조 참조.

87) ① 다만, 대통령이 임기 만료 전에 퇴임한 경우와 재직 중 사망한 경우의 경호 기간은 그로부터 5년으로 하고, 퇴임 후 사망한 경우의 경호 기간은 퇴임일부터 기산(起算)하여 10년을 넘지 아니하는 범위에서 사망 후 5년으로 한다(대통령 등의 경호에 관한 법률 제4조 제1항 제3호 하단). ② '①'과 같은 사정에도 불구하고 전직 대통령 또는 그 배우자의 요청에 따라 처장이 고령 등의 사유로 필요하다고 인정하는 경우에는 5년의 범위에서 같은 호에 규정된 기간을 넘어 경호할 수 있다(제4조 제3항)

88) ① 소속공무원이란 대통령경호처 직원과 경호처에 파견된 사람(예, 경찰공무원 등)을 말한다. ② 관계기관이란 경호처가 경호업무를 수행함에 있어 필요한 지원과 협조를 요청하는 국가기관(예, 경찰 등), 지방자치단체 등을 말한다(대통령 등 경호에 관한 법률 제2조 제3호 및 4호).

(3) 경호활동의 기본원리와 경호원의 기본수칙

① 경호활동의 기본원리

경호의 내용과 경호기법은 각 국가별로 상이하게 때문에 모든 경호활동에 공통된 원칙을 제시하는 것은 쉬운 일이 아니다. 다만, 경호원리와 관련하여 3중경호이론 또는 3선경호원칙이 널리 적용되고 있다. 이는 경호대상자(VIP)와의 지리적·공간적 관점을 중심으로 안전구역(제1선), 경비구역(제2선), 경계구역(제3선)으로 구분된다.[89)]

한편, 현행 대통령 등의 경호에 관한 법률상에서는 대통령의 경호구역 중 대통령집무실, 대통령관저 등은 내곽구역과 외곽구역으로 나누고 있다. 그리고 대통령집무실·대통령관저 등을 제외한 각종 행사장·유숙지 등에 대한 경호구역은 행사의 성격, 경호위해요소 등을 고려하여 경호처장이 지정하도록 하고 있다(시행령 제4조 제1항 및 제2항).

㉠ 안전구역

안전구역(제1선)은 피경호인 즉, 경호대상자가 위치하고 있는 구역을 말한다. 시설물 내부일 경우에는 건물 자체를 의미하며, 외부일 경우에는 본부석 등이 이에 해당한다. 여기에는 승하차지점과 동선이 포함된다. 안전구역은 경호대상자에게 직접적인 위해를 가할 수 있는 지역이기 때문에 이에 대한 근접경호(近接警護)는 매우 중요하다. 따라서 안전구역 출입시 금속탐지기(MD)를 설치·운용하고 비표확인 등 출입자를 감시·관찰해야 한다.

㉡ 경비구역

경비구역(제2선)은 안전구역을 보호하기 위한 제반활동이 이루어지는 구역이라 할 수 있다. 여기에 바리케이트 등의 장애물을 설치하고, 돌발사태 대비 예비대 운영, 소방차·구급차 등을 대기시켜 유사시에 대응할 수 있도록 하고 있다.

---

89) 그러나 3중 경호이론은 반드시 지리적·공간적 관점에 국한되어 적용되는 것은 아니라는 점에 주의할 필요가 있다. 즉, 시간적 관점에서도 3중 경호이론이 적용되는데, 장기적 관점에서 정보분석과 예측, 중기적 관점에서 위해요인 파악 및 제거, 단기적 관점에서 현장경호로 구성되어 적용되기도 한다는 점이다. 이러한 3중 경호이론(근접경호, 중간경호, 외곽경호)은 영국에서 일찍이 정립되어, 런던경찰청 경호국(警護局)이 이를 실제 운용해 왔다. 따라서 예컨대, 영국 국가원수의 ① 근접경호는 수상 집무실 중심으로 신변보호활동이 이루어지며, ② 중간경호는 정복경찰관의 일상적인 경찰활동, 교통질서정리, 관찰, 통신 등의 활동을 통해 수상의 경호를 간접적으로 담당하게 된다. ③ 외곽경호는 전반적인 치안정보 분석, 공항·항만관리, 위험인물 파악·작성, 사건발생 요소의 사건제거 등을 통한 예방차원의 제반 활동을 담당하게 된다. 이러한 점에서 영국에서 정립된 3중 경호이론은 상당히 거시적 관점에서 접근한 것이라 할 수 있다. 반면, 미국의 백악관 경호실은 영국의 3중 경호이론을 토대로 독자적으로 체계화시켰는데, 영국에 비하여 그 지리적·공간적 경계가 훨씬 미시적이다. 미국은 중간(제2선) 및 외곽(제3선) 경호보다는 근접경호에 더 큰 비중을 두고 있다고 할 수 있다. 최평길(1989), "3중 경호·경비이론," 서재근박사 화갑기념논문집, pp. 95-104.; 최선우(2014), 앞의 책, pp. 641-647.

㉢ 경계구역

경계구역(3선)은 안전구역과 경비구역을 보호하며, 동시에 가장 외곽에서 경계경비활동을 수행하는 곳이라 할 수 있다. 경계구역에서는 주변지역의 동향을 파악하고 주변 감제고지(瞰制高地, 주위가 두루 내려다보여 적의 활동을 감시하기에 적합한 높은 장소)를 확보하는 일이 중요하다. 여기에 감시조, 기동순찰조를 운영하고, 거동수상자에 대한 불심검문 및 차단활동 등의 업무를 수행하게 된다.

㉣ 경호경비운영 방법

갑호 및 외빈 A·B·C·D등급의 경우에 안전구역(제1선)은 대통령경호처에서 담당하고, 경찰은 경비구역(제2선, 군부대 내에서는 군이 담당)과 경계구역(제3선)을 담당하며, 행사장 제1선과 제2선 내에서는 경찰의 총기휴대가 금지된다.

한편, 을호·병호 및 외빈E·F등급을 경호하는 경우에는 경찰책임하에 실시하고 이 때에는 경찰은 총기휴대 및 근접경호를 실시 할 수 있다.[90]

② 경호원의 경호업무 수행상의 기본수칙

경호의 성패는 보호대상자의 안전과 직결된다. 따라서 경호대상자를 안전하게 보호하기 위해서는 경호원은 직무수행상 일정한 기본원칙을 철저하게 준수해야 한다. 물론 경호의 성패요인은 개별적 원칙의 문제라기보다는 총체적으로 관련원칙을 제대로 준수하지 못해서 발생한 것으로 보아야 할 것이다.[91]

㉠ 자기희생의 원칙

경호에 있어서 자기희생의 원칙이란 어떠한 대가를 치르더라도 경호대상자의 신변의 안전이 보호·유지되어야 한다는 것을 의미한다. 따라서 극난적인 상황에서는 경호원은 경호대상자가 신변의 위험에 처하게 되었을 때 살신성인(殺身成仁)의 정신으로 보호해야 한다.

㉡ 자기담당구역 책임의 원칙

자기담당구역 책임의 원칙이라는 것은 경호원 각자가 자기담당구역 내에서 일어나는 어떠한 사태에 대해서도 자신만이 책임을 지고 완벽하게 해결해야 한다는 것을 의미한다. 따라서 원칙적으로 자기담당구역이 아닌 타 구역 상황은 결코 책임을 질 수도 없고, 비록 인근지역에 특별한 상황이 발생했다고 해서 자기 책임구역을 이탈해서는 안 된다.

---

90) 조철옥(2011), 앞의 책, p. 368.

91) 김두현(2003), 경호학개론, 서울: 백산출판사, pp. 57-59.

㉢ 하나의 통제된 지점을 통한 접근의 원칙

하나의 통제된 지점을 통한 접근의 원칙이라는 것은 경호대상자와 접근 또는 접촉할 수 있는 통로는 통제된 유일한 통로만이 필요하다는 것을 의미한다. 즉, 여러 개의 통로와 출입문은 오히려 공격자에게 접근할 수 있는 기회를 제공해 주어 취약성을 노출시키는 결과를 가져다주기 때문이다. 또한 하나의 통제된 통로나 출입문을 통한 접근 역시 반드시 경호원에 의하여 확인된 후 허가절차를 밟아 이루어져야 한다.

㉣ 목표물보존의 원칙

목표물보존의 원칙이라는 것은 경호대상자를 공격자들로부터 격리시키는 것을 의미한다. 따라서 경호대상자가 안전하게 보호되기 위해서는 원칙적으로 경호대상자의 예정된 행사 일시, 장소, 이동경로 등이 알려지지 않는 것이 좋다. 물론 일반대중과의 회합이나 중요한 공개적 행사 등과 같이 행사일시와 장소를 비공개하기가 어려운 경우가 있다. 이처럼 공개적 행사의 경우에는 경호대상자의 잠재적 위험성이 더 크다고 볼 수 있기 때문에 이동경로 등에 있어서 신중을 기하고 행사장소의 안전성 확보가 중요한 요소가 될 것이다. 따라서 습관적으로 동일한 시간과 장소에 대한 이동은 위험하기 때문에 수시로 변경시키는 것이 좋으며, 대중에게 노출된 도보이동은 가급적 제한적으로 이루어지는 것이 바람직하다.

(4) 경찰의 경호경비 활동

경찰은 1948년 대한민국 정부수립 이후 대통령 경호 및 관저 경비업무를 담당하는 기구(경위부, 경무대경찰서)를 설치하여 관련업무를 수행하였다. 그러다가 1960년 6월 경무대경찰서가 폐지되어 이후에는 파견형태로 경호업무 등을 수행하였다. 이후 대통령 경호 및 관저경비 업무는 약간의 과도기를 거치다가 1963년 12월 박정희 대통령 취임과 더불어 대통령경호실법(大統領警護室法, 현재의 대통령 등의 경호에 관한 법률)이 제정되었고, 이에 근거하여 독립된 경호기관인 대통령경호실(현, 대통령경호처)이 창설되어 몇 차례 변화를 거치면서 오늘에 이르고 있다.

대통령 경호 및 관저경비의 역사

① 경위부

1948년 대한민국 정부 수립 이후 경찰은 내무부 소속 치안국(治安局)으로 조직되었다. 당시에는 내무부 치안국 산하 경위부(警衛部)가 이승만 대통령의 호위를 담당하였다.

② 경무대경찰서 설치

1949년 2월 구(舊)왕궁을 관할하던 창덕궁 경찰서는 폐지되고 경무대(景武臺)경찰서가 신설되어 대통령의 경호 및 관저의 경비를 담당하게 되었다. 동년 12월에 내무부 훈령 제25호로 '경호규정'이 제정되면서, '경호'(警護)라는 용어가 처음으로 사용되었다. 이 때의 경무대 경찰서는 경무계, 사찰계, 경비계로 구성되었다.

③ 경무대 경찰관파견대 설치

1960년 4.19 혁명으로 제1공화국이 끝나고, 동년 6월 개헌을 통해 대통령중심제에서 내각책임제로 정부형태가 변화되었다. 이러한 과정에서 대통령경호를 담당하던 경무대경찰서는 폐지되고, 대신 서울시 경찰국(오늘날의 서울지방경찰청) 경비과에서 '경무대 경찰관파견대'를 설치하여 대통령의 경호 및 대통령 관저의 경비를 담당하였다. 그리고 동년 12월에 윤보선 대통령은 경무대의 명칭을 청와대(靑瓦臺)로 개칭함에 따라 경무대 경찰관파견대는 '청와대 경찰관파견대'로 명칭이 변경 되었다.

④ 경찰의 경호업무 중지 및 중앙정보부 경호대 창설

1961년 5.16 군사정변 이후 군사정권이 권력을 장악하게 됨에 따라 이전의 경찰의 청와대 파견 경호업무는 그만두게 되었다. 그 대신 군인을 중심으로 한 '국가재건최고회의의장 (군)경호대'가 임시로 편성(동년 5월)되어 박정희 소장을 경호하였다. 그리고 6월에 창설된 중앙정보부(오늘날의 국가정보원)는 동 경호대를 흡수하여 '중앙정보부 경호대'를 발족시켰다. 당시 중앙정보부 경호대는 국가원수, 내각수반, 기타 중요요인에 대한 신변보호 임무를 수행하였다.[92)]

⑤ 독립된 대통령경호실(처) 창설

1963년 12월 박정희 대통령 취임과 더불어 대통령경호실법(大統領警護室法)을 제정하였고, 이 법에 근거하여 독립된 경호기관인 대통령경호실(大統領警護室)을 창설하였다. 이후 2008년 법 명칭이 「대통령 등의 경호에 관한 법률」로 개칭되었고, 이에 따라 대통령경호실은 몇 차례 직제의 변화를 거듭하면서, 2017년 현재에는 대통령경호처(大統領警護處)로 개편되어 운용되고 있다.

현재 우리나라 경호체계를 살펴보면, 대통령경호처를 정점으로 하여 각급 기관에서 경호업무를 분담하고 있는 상황이다. 이에 따라 경찰에서는 101경비단·202경비단, 군에서는 33헌병대·55경비대 조직 등을 청와대에 파견하여 대통령경호처의 경호업무를 지원하

92) 김두현(2013), 경호학개론, 서울: 엑스퍼트, pp. 99-101.

고 있다. 경찰의 경호업무를 좀 더 세부적으로 살펴보면, 경찰청 경비국 경호과를 정점으로 서울지방경찰청에서 운용하고 있는 101경비단·202경비단, 그리고 전직대통령 경호대, 주요인사 경호대 등을 통하여 요인에 대한 경호업무를 실시하고 있다.[93]

5) 대테러경비

이상에서 살펴본 경비경찰의 제반활동은 특히, 테러(Terror)와 밀접한 관련이 있다. 따라서 여기에서는 테러문제를 별도로 다루어 살펴보기로 한다.

(1) 테러리즘의 의미

심리학적으로 본다면 테러라는 것은 "특정한 위협이나 공포로 인해 모든 인간들이 심리적으로 느끼는 극단적인 두려움의 근원이 되는 것"이라고 정의 하고 있다.[94] 이러한 테러는 특히, 개인에 대한 위협보다는 '국가안보'(國家安保) 또는 '공공의 안전'을 위태롭게 할 목적으로 행하는 여러 행위와 관련된다(국가대테러활동지침 제2조 참조).

주지하는 바와 같이 오늘날 전세계적으로 테러리즘(Terrorism)은 국가질서의 근간을 흔드는 위협요인으로 간주되고 있다. 일반범죄와는 달리 테러리즘은 그 공격수단과 방법, 공격대상, 피해규모가 상상을 초월하며, 이로 인한 현실적 피해뿐만 아니라 불안감과 공포감은 엄청나기 때문이다.

그런데 이러한 테러리즘의 위험성에도 불구하고 이에 대한 개념정의를 내리는 것은 쉬운 일이 아니다. 그것은 테러리즘의 양상이 시대와 장소에 따라 상이하고, 가변적이기 때문이다. 따라서 이에 대한 어떠한 획일적인 개념정의를 내리기보다는 공격수단 및 공격대상의 특성을 가지고 다양한 관점에서 설명하고 있다.

이와 관련하여 최근 '뉴테러리즘'(New Terrorism)이라는 개념이 새롭게 등장하고 있다. 이는 1995년 일본에서 독가스 테러가 발생하면서 새로운 양상의 테러리즘의 등장이 예고되었다. 이러한 양상은 2001년 9월 11일 미국 세계무역센터와 펜타곤에 자행된 항공기 납치 동시다발 테러(일명 '9.11테러')와 연이은 탄저균 테러라는 이전과는 전혀 다른 형태로 나타났다. 이후 2002년 10월과 2005년 10월에 있었던 인도네시아 발리섬 폭탄테러, 2004년 3월 스페인의 열차 폭탄테러, 2005년 7월 런던 지하철 동시다발 폭탄테러, 그리고 2015년 11월에 발생한 프랑스 역사상 최악의 테러에서도 새로운 형태의 테러리즘 특징을 찾아 볼 수 있다. 이러한 뉴테러리즘은 다음과 같은 특징을 갖는다.[95]

---

93) 경찰대학(2008), 앞의 책, p. 491.
94) 최진태(2006), 테러리즘의 이론과 실제, 서울: 대영문화사, p. 19 재인용.

㉠ 요구조건도 없고, 정체도 밝히지 않는 '얼굴 없는 테러'로서 어떤 국가나 대상에 대한 극단적인 반감·적대감으로 나타난다.

㉡ 테러가 전쟁의 한 형태로 자행되어 무차별적인 인명살상이 이루어짐으로써 그 피해가 상상을 초월한다.

㉢ 테러조직이 여러 국가와 지역에 걸쳐 연결된 이념 결사체로 형성·발전하고, 조직중심이 다원화되어 이의 무력화가 어렵다.

㉣ 테러수단이 종래의 총기·폭탄, 미사일뿐만 아니라 일상 주변에서 존재하는 특정되지 않는 방법을 사용하여 조기발견 및 제거가 어렵다.

㉤ '빈자(貧者)의 핵무기'라 불리는 생화학무기와 같이 제작이 용이하고, 비용이 적게 들면서도 증거인멸이 쉬운 대량살상 효과가 있는 무기가 사용될 가능성이 많다.

㉥ 테러 현장의 생생한 화면이 실시간 전 세계에 보도됨으로써 테러범이 노리는 공포가 최고조로 확산되며, 사고의 대형화로 피해국가의 정치적 부담이 증대되고 있다.

한편, 상대방의 컴퓨터나 정보기술을 해킹하거나 악성 프로그램을 의도적으로 깔아 놓는 등 컴퓨터시스템과 정보통신망을 무력화하는 '사이버테러리즘'(Cyber Terrorism) 역시 뉴테러리즘의 한 형태로 볼 수도 있을 것이다.

동일시이론

동일시(同一視, identification)란 사회심리학에서 개인에 의해 다른 사람의 행위에 영향을 미치는 영향력을 설명하는데 사용되는 용어이다. 이러한 동일시이론은 일단의 개인이 테러리즘을 선택하는 것을 심리적 측면에서 설명하는 것이 가능하다고 보고 있다.[96]

한편, 이러한 동일시는 테러범과 인질사이에도 존재하게 된다. 대표적인 것이 이른바 '스톡홀름증후군(Stockholm Syndrome)과 리마증후군(Lima Syndrome)'이다. ㉠ 스톡홀름증후군은 인질이 인질범에게 동화되는 현상 즉, 인질이 인질사건 과정에서 테러범을 이해하는 마음이 생겨 동화되는 것을 말한다. 스웨덴 스톡홀름에서 은행강도에게 인질로 잡혀 있던 여인이 인질범과 사랑에 빠진 것이다. 이것을 심리학에서는 '오귀인 효과'(誤歸因, Misattribution Effect)라고 하기도 한다. 어떤 두려운 상황의 생리적 흥분이 사랑의 감정과 비슷하기 때문에 두려움에서 오는 근육의 긴장, 호흡의

95) 경찰대학(2008), 앞의 책, p. 261.

96) 최진태(2006), 앞의 책, pp. 58-59.

가속화 등 생리적 현상이 사랑을 느낄 때의 생리적 현상과 거의 비슷하기 때문에 이를 사랑으로 착각한 것이다. ㉡ 리마증후군은 반대로 인질범이 인질에게 동화되는 현상을 말한다. 페루 일본대사관에 침입하여 인질사건을 벌인 테러범이 시간이 지날수록 인질의 입장을 이해하고 호의를 베풀며 동화된 것에서 유래되었다.

(2) 대테러정책

최근 국내에서는 국제테러단체 또는 과격사상 추종자들에 의한 테러사건은 없었으나 복잡하고 불안한 국내외의 정세에 따른 이의 잠재적 위험성은 상존하고 있는 것이 사실이다.

따라서 이러한 테러의 잠재적 위험성 등으로 인해 대테러관련 단일 법률의 제정에 대해 그동안 꾸준히 논의되어 왔으나 이에 대한 정치권력의 유지수단으로의 악용 및 인권침해 등의 문제가 제기되어 단일 법률로 제정되지 못하고 있었다. 이러한 상황 속에서 지난 2016년 3월 「국민보호와 공공안전을 위한 테러방지법」(약칭: 테러방지법)이 제정(시행, 2016. 6.4)되었는데, 앞으로 개선되어야 할 많은 발전과제가 남아 있다고 본다.

이 테러방지법상의 중심기관은 국가정보원이라 할 수 있다. 그리고 경찰은 이의 중요한 '관계기관'으로써 테러대응과 관련하여 많은 역할을 수행한다고 볼 수 있다.[97] 아래에서는 '테러방지법'의 내용을 중심으로 살펴보기로 한다.

① 기본내용

㉠ 목적

테러방지법은 '테러의 예방 및 대응 활동 등에 관하여 필요한 사항과 테러로 인한 피해보전 등을 규정함으로써 테러로부터 국민의 생명과 재산을 보호하고 국가 및 공공의 안전을 확보하는 것을 목적'으로 하고 있다(테러방지법 제1조).

㉡ 테러의 개념 등

여기에서 테러라는 것은 '국가·지방자치단체 또는 외국 정부(외국 지방자치단체와 조약 또는 그 밖의 국제적인 협약에 따라 설립된 국제기구 포함)의 권한행사를 방해하거나 의무 없는 일을 하게 할 목적 또는 공중을 협박할 목적으로 하는 일정한 행위'를 말한다(이에 대한 세부적인 내용은 제2조 제1호 각목 참조).

테러단체란 '국제연합(UN)이 지정한 테러단체'를 말하며(제2호), 그리고 테러위험인물

97) 관계기관이란 대테러활동을 수행하는 국가기관, 지방자치단체, 그 밖에 대통령령으로 정하는 기관을 말한다(테러방지법 제2조 제7호).

이란 테러단체의 조직원이거나 테러단체 선전, 테러자금 모금·기부, 그 밖에 테러 예비·음모·선전·선동을 하였거나 하였다고 의심할 상당한 이유가 있는 사람을 말한다(제3호).[98]

한편, 대테러활동이란 이 법에서 규정한 테러 관련 정보의 수집, 테러위험인물의 관리, 테러에 이용될 수 있는 위험물질 등 테러수단의 안전관리, 인원·시설·장비의 보호, 국제행사의 안전확보, 테러위협에의 대응 및 무력진압 등 테러 예방과 대응에 관한 제반 활동을 말한다(제6호).

㉢ 국가 및 지방자치단체의 책무

국가 및 지방자치단체는 테러로부터 국민의 생명·신체 및 재산을 보호하기 위하여 테러의 예방과 대응에 필요한 제도와 여건을 조성하고 대책을 수립하여 이를 시행하여야 한다. 국가 및 지방자치단체는 이러한 대책을 강구함에 있어 국민의 기본적 인권이 침해당하지 아니하도록 최선의 노력을 하여야 한다. 그리고 이 법을 집행하는 공무원은 헌법상 기본권을 존중하여 이 법을 집행하여야 하며 헌법과 법률에서 정한 적법절차를 준수할 의무가 있다(제3조 제1항~제3항).

㉣ 다른 법률과의 관계

이 법은 대테러활동에 관하여 다른 법률에 우선하여 적용한다(제4조). 바꿔 말하면, 테러방지법은 대테러활동에 관한 한 가장 우선적으로 적용되는 특별법(特別法)이라고 할 수 있다.

② 테러대책기구

㉠ 국가테러대책위원회

대테러활동에 관한 정책의 중요사항을 심의·의결하기 위하여 국가테러대책위원회(이하 '대책위원회'라 함)를 두도록 하고 있다(제5조 제1항). 대책위원회는 국무총리 및 관계기관의 장 중 대통령령으로 정하는 사람으로 구성하고 위원장은 국무총리(國務總理)로 한다(제2항).[99] 대책위원회는 다음의 사항을 심의·의결(審議·議決)한다(제3항 각호).[100]

98) 테러자금이란 「공중 등 협박목적 및 대량살상무기확산을 위한 자금조달행위의 금지에 관한 법률」에 따른 공중 등 협박목적을 위한 자금을 말한다(테러방지법 제2조 제5호).

99) ① 대통령령으로 정하는 사람이란 기획재정부장관, 외교부장관, 통일부장관, 법무부장관, 국방부장관, 행정안전부장관, 산업통상자원부장관, 보건복지부장관, 환경부장관, 국토교통부장관, 해양수산부장관, 국가정보원장, 국무조정실장, 금융위원회 위원장, 원자력안전위원회 위원장, 대통령경호처장, 관세청장, 경찰청장, 소방청장 및 해양경찰청장을 말한다. ② 생략. ③ 대책위원회의 사무를 처리하기 위하여 간사를 두되, 간사는 대테러센터의 장이 된다(테러방지법 시행령 제3조 제1항~제3항).

100) 테러대책 실무위원회의 구성: ① 대책위원회를 효율적으로 운영하고 대책위원회에 상정할 안건에 관한 전문적인 검토

가. 대테러활동에 관한 국가의 정책 수립 및 평가
나. 국가 대테러 기본계획 등 중요 중장기 대책 추진사항
다. 관계기관의 대테러활동 역할 분담·조정이 필요한 사항
라. 그 밖에 위원장 또는 위원이 대책위원회에서 심의·의결할 필요가 있다고 제의하는 사항

대테러 인권보호관의 배치

관계기관(대테러활동을 수행하는 국가기관, 지방자치단체, 그 밖에 대통령령으로 정하는 기관)의 대테러활동으로 인한 국민의 기본권 침해 방지를 위하여 대책위원회 소속으로 대테러 인권보호관 1명을 두도록 하고 있다(테러방지법 제7조 제1항).

① 인권보호관의 자격 및 임기

대테러 인권보호관은 다음의 어느 하나에 해당하는 대한민국 국민 중에서 위원장이 위촉한다(테러방지법 시행령 제7조 제1항).[101]

㉠ 변호사 자격이 있는 사람으로서 10년 이상의 실무경력이 있는 사람
㉡ 인권 분야에 전문지식이 있고 「고등교육법」 제2조제1호에 따른 학교에서 부교수 이상으로 10년 이상 재직하고 있거나 재직하였던 사람
㉢ 국가기관 또는 지방자치단체에서 3급 상당 이상의 공무원으로 재직하였던 사람 중 인권 관련 업무 경험이 있는 사람
㉣ 인권분야 비영리 민간단체·법인·국제기구에서 근무하는 등 인권 관련 활동에 10년 이상 종사한 경력이 있는 사람

② 인권보호관의 직무

인권보호관은 다음의 직무를 수행한다(시행령 제8조 제1항).

㉠ 대책위원회에 상정되는 관계기관의 대테러정책·제도 관련 안건의 인권 보호에 관한 자문 및 개선 권고

및 사전 조정을 위하여 대책위원회에 테러대책 실무위원회(이하 '실무위원회'라 함)를 두도록 하고 있다(테러방지법 시행령 제5조 제1항). ② 실무위원회에 위원장 1명을 두며, 실무위원회의 위원장은 대테러센터장이 된다(제2항). 실무위원회 위원은 국가테러대책위원회의 위원이 소속된 관계기관 및 그 소속기관의 고위공무원단에 속하는 일반직공무원(이에 상당하는 특정직·별정직 공무원 포함) 중 관계기관의 장이 지명하는 사람으로 한다(제3항). 이상에서 규정한 사항 외에 실무위원회 운영에 관한 사항은 대책위원회의 의결을 거쳐 위원장이 정하도록 한다(제4항).

101) 인권보호관의 임기는 2년으로 하고, 연임(連任)할 수 있다(시행령 제7조 제2항). 그리고 인권보호관은 다음의 경우를 제외하고는 그 의사에 반하여 해촉되지 아니한다. ① 「국가공무원법」 제33조 각 호의 결격사유에 해당하는 경우, ② 직무와 관련한 형사사건으로 기소된 경우, ③ 직무상 알게 된 비밀을 누설한 경우, ④ 그 밖에 장기간의 심신쇠약으로 인권보호관의 직무를 계속 수행할 수 없는 특별한 사유가 발생한 경우(제3항).

㉡ 대테러활동에 따른 인권침해 관련 민원의 처리
㉢ 그 밖에 관계기관 대상 인권 교육 등 인권 보호를 위한 활동

③ 인권보호관의 의무

인권보호관은 재직 중 및 퇴직 후에 직무상 알게 된 비밀을 엄수하여야 한다(시행령 제10조 제1항). 따라서 인권보호관은 법령에 따른 증인, 참고인, 감정인 또는 사건 당사자로서 직무상의 비밀에 관한 사항을 증언하거나 진술하려는 경우에는 미리 위원장의 승인을 받아야 한다(제2항).

㉡ 대테러센터

대테러활동과 관련하여 다음의 사항을 수행하기 위하여 국무총리 소속으로 관계기관 공무원으로 구성되는 대테러센터를 두도록 한다(테러방지법 제6조 제1항).[102]

가. 국가 대테러활동 관련 임무분담 및 협조사항 실무 조정
나. 장단기 국가대테러활동 지침 작성·배포
다. 테러경보 발령
라. 국가 중요행사 대테러안전대책 수립
마. 대책위원회의 회의 및 운영에 필요한 사무의 처리
바. 그 밖에 대책위원회에서 심의·의결한 사항

그리고 대테러센터의 조직·정원 및 운영에 관한 사항은 대통령령으로 정하고, 업무의 특성상 소속 직원의 인적사항은 공개하지 아니할 수 있다(제6조 제2항 및 제3항).

㉢ 전담조직

관계기관(대테러활동을 수행하는 국가기관, 지방자치단체, 그 밖에 대통령령으로 정하는 기관)의 장은 테러 예방 및 대응을 위하여 필요한 전담조직을 둘 수 있도록 하고 있다(테러방지법 제8조 제1항). 이러한 전담조직은 관계기관 합동으로 구성하거나 관계기관의 장이 설치하는 아래와 같은 전문조직(협의체 포함)으로 한다(테러방지법 시행령 제11조 제1항 및 제12조~제21조).

가. 지역 테러대책협의회
나. 공항·항만 테러대책협의회

102) 이러한 직무를 수행하기 위해 대테러센터장은 관계기관의 장에게 직무 수행에 필요한 협조와 지원을 요청할 수 있다(테러방지법 시행령 제6조 제2항).

다. 테러사건 대책본부
라. 현장지휘본부
마. 화생방테러 대응지원본부
바. 테러복구지원본부
사. 대테러특공대
아. 테러대응구조대
자. 테러정보통합센터
차. 대테러합동조사팀

① 테러사건 대책본부

외교부장관, 국방부장관, 국토교통부장관, 경찰청장 및 해양경찰청장은 테러가 발생하거나 발생할 우려가 현저한 경우(국외테러의 경우는 대한민국 국민에게 중대한 피해가 발생하거나 발생할 우려가 있어 긴급한 조치가 필요한 경우에 한함)에는 다음의 구분에 따라 테러사건 대책본부를 설치·운영해야 한다(테러방지법 시행령 제14조 제1항 각호).

㉠ 외교부장관: 국외테러사건 대책본부
㉡ 국방부장관: 군사시설테러사건 대책본부
㉢ 국토교통부장관: 항공테러사건 대책본부
㉣ 경찰청장: 국내일반 테러사건 대책본부
㉤ 해양경찰청장: 해양테러사건 대책본부

② 대테러특공대

국방부장관, 경찰청장 및 해양경찰청장은 테러사건에 신속히 대응하기 위하여 대테러특공대를 설치·운영하도록 한다(시행령 제18조 제1항). 국방부장관, 경찰청장 및 해양경찰청장은 대테러특공대를 설치·운영하려는 경우에는 대책위원회의 심의·의결을 거쳐야 한다(제2항). 이러한 대테러특공대는 다음의 임무를 수행한다(제3항 각호).

㉠ 대한민국 또는 국민과 관련된 국내외 테러사건 진압
㉡ 테러사건과 관련된 폭발물의 탐색 및 처리
㉢ 주요 요인 경호 및 국가 중요행사의 안전한 진행 지원
㉣ 그 밖에 테러사건의 예방 및 저지활동

③ 테러정보통합센터

국가정보원장은 테러 관련 정보를 통합관리하기 위하여 관계기관 공무원으로 구성되

는 테러정보통합센터를 설치·운영하도록 한다(시행령 제20조 제1항). 테러정보통합센터는 다음의 임무를 수행한다(제2항 각호).
㉠ 국내외 테러 관련 정보의 통합관리·분석 및 관계기관에의 배포
㉡ 24시간 테러 관련 상황 전파체계 유지
㉢ 테러 위험 징후 평가
㉣ 그 밖에 테러 관련 정보의 통합관리에 필요한 사항

③ **테러대응절차**

㉠ 테러경보의 발령

대테러센터장은 테러 위험 징후를 포착한 경우 '테러경보' 발령의 필요성, 발령 단계, 발령 범위 및 기간 등에 관하여 테러대책 실무위원회의 심의를 거쳐 테러경보를 발령하도록 한다. 다만, 긴급한 경우 또는 아래의 '주의 이하'의 테러경보 발령 시에는 실무위원회의 심의 절차를 생략할 수 있다(테러방지법 시행령 제22조 제1항).

이러한 테러경보는 테러위협의 정도에 따라 '관심 · 주의 · 경계 · 심각'의 4단계로 구분한다. 그리고 대테러센터장은 테러경보를 발령하였을 때에는 즉시 위원장에게 보고하고, 관계기관에 전파하여야 한다(제2항 및 제3항).

㉡ 상황 전파 및 초동 조치

경찰청장 등 관계기관의 장은 테러사건이 발생하거나 테러 위협 등 그 징후를 인지한 경우에는 관련 상황 및 조치사항을 관련기관의 장과 대테러센터장에게 '즉시' 통보하여야 한다(시행령 제23조 제1항).

관계기관의 장은 테러사건이 발생한 경우 사건의 확산 방지를 위하여 신속히 다음과 같은 초동 조치를 하여야 한다(제2항 각호).

가. 사건 현장의 통제 · 보존 및 경비 강화
나. 긴급대피 및 구조 · 구급
다. 관계기관에 대한 지원 요청
라. 그 밖에 사건 확산 방지를 위하여 필요한 사항

한편, 국내 일반테러사건의 경우에는 대책본부가 설치되기 전까지 테러사건 발생 지역 관할 경찰관서의 장이 위와 같은 초동 조치를 지휘 · 통제하도록 한다(제3항).

㉢ 테러사건 대응

경찰청장 등 테러사건 대책본부의 장은 테러사건에 대한 대응을 위하여 필요한 경우 현장지휘본부를 설치하여 상황 전파 및 대응 체계를 유지하고, 조치사항을 체계적으로 시행하도록 한다(제24조 제1항).

6) 청원경찰의 관리·감독

(1) 청원경찰의 의미

청원경찰(請願警察)은 다음의 어느 하나에 해당하는 기관의 장 또는 시설·사업장 등의 경영자가 경비(經費, 비용)를 부담할 것을 조건으로 경찰의 배치를 신청하는 경우 그 기관·시설 또는 사업장 등의 경비(警備)를 담당하게 하기 위하여 배치하는 경찰을 말한다(청원경찰법 제2조).[103]

㉠ 국가기관 또는 공공단체와 그 관리 하에 있는 중요시설 또는 사업장

㉡ 국내 주재(駐在) 외국기관

㉢ 그 밖에 행정안전부령으로 정하는 중요시설, 사업장 또는 장소

(2) 청원경찰의 직무

청원경찰은 청원경찰의 배치 결정을 받은 자 즉, 청원주(請願主)와 배치된 기관·시설 또는 사업장 등의 구역을 관할하는 경찰서장의 감독을 받아 그 경비구역만의 경비를 목적으로 필요한 범위에서 '경찰관직무집행법'에 따른 경찰관의 직무를 수행하도록 하고 있다(제3조).[104]

(3) 청원경찰의 배치 및 임용 등

㉠ 청원경찰의 배치

청원경찰을 배치받으려는 자는 대통령령으로 정하는 바에 따라 관할 지방경찰청장(地方警察廳長)에게 청원경찰 배치를 신청하여야 한다(제4조 제1항). 지방경찰청장은 청원경찰 배치 신청을 받으면 '지체 없이' 그 배치 여부를 결정하여 신청인에게 알려야 한다

103) 경비업법상의 민간경비는 범죄예방 등과 관련된 제반업무를 수행한다는 점에서 '방범'(防犯)개념에서 접근하고, 이는 생활안전경찰에서 관리·감독하고 있다. 반면 청원경찰은 한국전쟁 이후 남북 간에 형성된 첨예한 대립상황으로부터 야기될 수 있는 국가중요시설 등의 파괴를 보호하기 위한 제반 업무를 수행한다는 점에서 '방호'(防護)의 개념으로 접근하고 있다. 따라서 청원경찰은 경비경찰에서 관리·감독하고 있다. 최선우(2014), 앞의 책, pp. 101-103.

104) 청원경찰의 직무수행상의 주의사항: ① 청원경찰이 법 제3조에 따른 직무를 수행할 때에는 경비 목적을 위하여 필요한 최소한의 범위에서 하여야 한다. ② 청원경찰은 「경찰관 직무집행법」 에 따른 직무 외의 수사활동 등 사법경찰관리(司法警察官吏)의 직무를 수행해서는 아니 된다(청원경찰법 시행규칙 제21조).

(제2항). 그리고 지방경찰청장은 청원경찰 배치가 필요하다고 인정하는 기관의 장 또는 시설·사업장의 경영자에게 청원경찰을 배치할 것을 요청할 수 있다(제3항).

㉡ **청원경찰의 임용 등**

청원경찰은 청원주가 임용하되, 임용을 할 때에는 미리 지방경찰청장의 승인(承認)을 받아야 한다(제5조 제1항). 승인도 일종의 허가(許可)의 한 형식으로 볼 수 있다. 그리고 국가공무원법 제33조 각 호의 어느 하나의 결격사유에 해당하는 사람은 청원경찰로 임용될 수 없다(경찰공무원법상의 결격사유가 아니라는 점에 주의할 필요가 있다).

그리고 청원경찰의 임용자격·임용방법·교육 및 보수에[105] 관하여는 대통령령으로 정하고, 청원경찰의 복무에 관하여는 국가공무원법 제57조(복종의 의무), 제58조(직장이탈 금지) 제1항, 제60조(비밀엄수의 의무), 제66조(집단행위의 금지) 제1항 및 경찰공무원법 제18조(거짓보고 등의 금지)를 준용하도록 하고 있다(제5조 제2항 및 제3항).

(4) 청원경찰의 제복착용과 무기휴대

청원경찰은 근무 중 제복을 착용하여야 한다(제8조 제1항). 지방경찰청장은 청원경찰이 직무를 수행하기 위하여 필요하다고 인정하면 청원주의 신청을 받아 관할 경찰서장으로 하여금 청원경찰에게 무기를 대여하여 지니게 할 수 있다(제2항). 청원경찰의 복제(服制)와 무기 휴대에 필요한 사항은 대통령령으로 정한다(제3항).

105) 국가기관 또는 지방자치단체에 근무하는 청원경찰의 보수는 다음의 구분에 따라 같은 재직기간에 해당하는 경찰공무원의 보수를 감안하여 대통령령으로 정한다. ① 재직기간 15년 미만: 순경, ② 재직기간 15년 이상 23년 미만: 경장, ③ 재직기간 23년 이상 30년 미만: 경사, ④ 재직기간 30년 이상: 경위(청원경찰법 제6조 제2항).

제13장

경찰현장운용: 정보·보안·외사경찰

제1절 정보경찰

1. 정보경찰의 의의

1) 정보경찰의 개념

정보경찰(情報警察)이란 공공의 안녕과 질서에 대한 위험 또는 경찰위반 상태를 제거하기 위한 경찰활동을 위하여 그 전제가 되는 치안정보를 수집·분석·작성·배포하는 경찰을 의미한다.[1] 사실, 경찰조직 활동 그 자체가 정보에 토대를 두고 있는 것이며, 따라서 조직의 최고관리자, 중간관리자, 일선경찰에 이르기 까지 '모든 구성원들의 정보활동체제'(이른바 'TIS: Total Intelligence System')를 구축하고 있어야 한다.[2]

정보경찰의 개념을 이러한 관점에서 접근했을 경우, 생활안전, 수사, 교통, 경비, 정보, 보안, 외사 등 모든 경찰활동에 포함될 여지가 있다고 본다. 따라서 여기에서 살펴보고자 하는 정보경찰은 '형식적 의미의 정보경찰' 즉, 경찰기능으로서 정보경찰과 관련된 것으로서 경찰청 정보국을 정점으로 하여 지방경찰청, 경찰서의 정보과에 소속된 경찰의 제반활동이라고 할 수 있다.

2) 정보경찰의 특징

국가정보·보안체계 내에서 정보경찰은 사회안보라는 영역을 담당하는 정보기관이라 할 수 있다. 사회안보란 국내·외적인 위협으로부터 사회적 안정과 총화를 구축하고, 이를 바탕으로 총체적인 국가안보를 강화시키는 것으로 정의될 수 있다.[3] 이러한 사회안보

---

1) 정보(情報, Intelligence)란 우리가 어떠한 일련의 행위를 시작하기 전에 알아야할 사전지식을 뜻하며, 그 본질에 있어서는 어떤 목적을 달성하기 위한 정책수립의 기본지식 즉, 문제해결에 필요한 지식을 말한다. 강기욱(1997), 정보아카데미: 정보활동과 비밀활동의 원리, 서울: 한국생산성본부, pp. 33-35.; 경찰대학(2008b), 치안정보론(Ⅱ), p. 3.

2) 윤은기(1998), 정보력과 휴먼웨어: 정보사회의 대응전략, 서울: 아이비에스, p. 47.

와 관련하여 대통령직속의 국가정보기관인 국가정보원과 각 부문 기관들의 국가정보활동에 대한 중요한 지침을 규정하고 있는 것이 「정보 및 보안업무 기획·조정규정」(대통령령)이라 할 수 있다.

이 규정에 의하면, 국가정보원장의 조정의 대상이 되는 경찰의 직무는 정보·보안·외사 등이다.[4] 즉, 국가정보·보안체계 내에서 조정하는 경찰 담당 분야는 정보경찰 뿐만 아니라 보안경찰, 외사경찰의 직무를 포괄하고 있다고 볼 수 있다. 따라서 여기에서의 정보경찰에 대한 논의는 이들 보안과 외사를 제외한 영역으로 국한시켜 접근하고자 한다.[5] 물론, 이에 대한 명확한 구분은 쉬운 일이 아니라고 본다.

일반적으로 경찰활동은 사전예방과 사후대응·진압이라는 두 가지 임무로 크게 나누어 볼 수 있다. 이러한 기준으로 할 때, 정보경찰은 예방경찰로서의 임무를 주로 하되 진압단계에서의 정보지원이라는 사후적인 의의와 목적도 함께 가진다고 본다.

한편, 정보경찰의 활동의 실제는 정보의 수집이나 작성 및 배포와 같은 비권력적(非權力的) 활동에 그치는 것이 원칙이다. 다만 집회 및 시위 등 집단사태의 관리에 관한 지도 및 조정의 임무를 수행하는 과정에서 일정 부분 개인의 권리와 자유의 침해를 수반하는 권력적 작용들이 포함될 수 있다.[6]

3) 정보경찰의 법적 근거

정보경찰의 법적 근거는 헌법을 근간으로 하고, 일반법으로서 경찰법 제3조(국가경찰

---

3) 문정인 외(2002), 국가정보론, 서울: 박영사, p. 9

4) ① 국가정보원장이 정보 및 보안업무에 관하여 행하는 조정대상기관 가운데 행정안전부(경찰청)의 업무범위는 다음과 같다. ㉠ 국내 보안정보(외사정보 포함)의 수집·작성에 관한 사항, ㉡ 정보사범 등의 내사·수사 및 시찰에 관한 사항, ㉢ 신원조사업무에 관한 사항, ㉣ 통신정보 및 통신보안 업무에 관한 사항(정보 및 보안업무 기획·조정규정 제5조 제6호). ② 국가정보원장은 이러한 조정을 행함에 있어 국가안보에 중대한 영향을 미치는 주요사안에 관하여는 직접 조정하고, 기타 사안에 관하여는 일반지침에 의하여 조정하도록 한다(제6조).

5) 후술하겠지만, 보안경찰이 행하는 정보활동과 외사경찰이 행하는 정보활동은 다음과 같은 특징을 갖는다. ①보 안경찰이 담당하는 보안정보(保安情報)는 국가의 안전을 보장하기 위한 방첩(防諜,counter intelligence)활동에 필요한 모든 지식을 의미하며, 이는 방첩공작(방첩보안사업)첩보와 일반보안첩보를 그 수집대상으로 한다. ㉠ 방첩공작첩보는 국가의 안전보장에 관련된 법률에 정한 처벌조항과 불가분의 관계를 가지는 간첩 기타 정보사범의 검거를 위한 방첩공작에 필요한 모든 지식과 단편적인 견문의 내용들을 포함한다. ㉡ 일반보안첩보는 북한의 정치, 경제, 사회, 군사 분야의 모든 정보와 국내의 반국가단체의 대남공작과 관련된 자료들은 물론 대북한정책을 수립하는데 필요한 모든 자료들을 포괄하는 개념이다. ② 그리고 외사경찰이 담당하는 외사정보(外事情報)는 국가의 안전과 이익 그리고 공공의 안녕과 질서에 대한 침해를 예방, 단속할 목적으로 외국인·외교사절·외국기관·외국상사단체 및 외국·외국인과 관련된 내국인, 그리고 해외여행자·해외동포 등을 대상으로 행하는 국가의 보안정보활동에 관련된 일체의 지식을 의미한다. ③ 한편, 정보경찰의 일반경찰정보는 내국인과 국내의 제반 문제에 관한 정보(즉, 국내정보)가 대부분인데 반해, 외사경찰의 정보는 외국·외국인에 관한 정보(즉, 국외정보)인 경우가 대부분이라는 특성을 가진다는 점에서 구별된다. 경찰대학(2004), 경찰보안론, p. 197.; 경찰대학(2004), 경찰외사론, p. 135.; 경찰대학(2008a), 치안정보론(Ⅰ), p. 10.

6) 경찰대학(2008b), 앞의 책, p. 24.

의 임무), 경찰관직무집행법 제2조(직무의 범위)에 개괄적으로 규정되어 있다. 정보경찰의 사무분장과 관련하여 경찰청과 그 소속기관 직제(대통령령) 제14조에 규정되어 있다.

그리고 개별법규정으로는 국가정보원법, 정보 및 보안업무기획·조정 규정(대통령령), 보안업무규정(대통령령), 채증활동규칙(경찰청예규), 형사소송법(제216조 제3항, 영장의 의하지 아니한 강제처분),[7] 집회 및 시위에 관한 법률, 국가정보자료 관리규정(대통령령) 등을 들 수 있다.

2. 정보경찰의 주요활동

아래에서는 정보경찰의 법적 근거를 토대로 정보경찰의 활동을 치안정보의 수집 및 분석, 신원조사, 집회 및 시위에 관한 업무처리, 정보의 기록관리 등을 중심으로 살펴보기로 한다.

1) 정보경찰의 기본활동: 치안정보의 요구·수집·생산·배포

정보경찰은 기본적으로 치안관련 정보를 수집·분석하여 유용한 정보를 생산하는 기능을 수행하고 있다. 여기서 치안정보라는 것은 국가의 안전과 사회공공의 안녕질서유지와 관련된 정치·경제·사회·문화 등 제분야의 모든 정보를 의미하는 것이다.[8]

그런데, 정보경찰이 생산하는 정보를 정보이용자가 실제적으로 이용하기까지는 여러 가지 단계적인 절차를 거치게 된다. 이처럼 정보경찰이 가공된 정보를 생산하는 과정을 지칭하여 '정보의 순환과정'이라고 한다(정보의 순환과정은 정보경찰 뿐만 아니라 모든 기관에서 일반적으로 나타나는 구조화된 과정이라고 할 수 있다).

이러한 정보의 세부적인 순환과정은 논자에 따라 다소 차이가 있지만, 아래에서는 ㉠ 치안정보의 요구단계, ㉡ 치안정보(첩보)의 수집단계, ㉢ 치안정보의 생산단계, ㉣ 치안정보의 배포단계로 구분하여 살펴보기로 한다.[9]

---

7) 검사 또는 사법경찰관은 범행 중 또는 범행직후의 범죄 장소에서 긴급을 요하여 법원판사의 영장을 받을 수 없는 때에는 영장 없이 압수, 수색 또는 검증을 할 수 있다. 이 경우에는 사후에 지체 없이 영장을 받아야 한다고 규정하고 있다. 이처럼 정보경찰은 사전에 법원의 영장을 청구할 수 없는 긴박한 상황에서 발생하는 범죄에 관련된 자료를 확보하기 위한 채증활동을 수행할 수 있다. 김충남(2008), 경찰학개론, 서울: 박영사, p. 537.

8) 정치정보(政治情報)는 2003년 노무현대통령의 지시에 따라 정보경찰기능에서 제외되었다. 정보경찰기능에서 정치정보를 제외시킨 것은 역사적으로 경찰이 정치적 이해관계에 따라 부침(浮沈)하였고, 경우에 따라서는 정치적 악역(惡役)을 해 왔기 때문에 이를 사전에 차단하여 정치적 중립성을 확보하기 위한 조치라고 할 수 있다. 그러나 직제 상으로는 정치정보를 담당하지 않는다고 할지라도 실제 활동에 있어서는 이를 전적으로 배제할 수는 없다고 본다. 정치적인 행사에 대해 정보경찰이 관여하지 않을 수 없고, 따라서 정치적 동향과 치안현황 파악은 중요한 의미를 갖는다고 본다.

(1) 치안정보의 요구단계

치안정보의 요구단계는 정보사용자가 필요로 하는 정보내용이 무엇인지를 파악하고 각급 사용자가 필요로 하는 시기에 정확한 정보가 제공될 수 있도록 적절한 운용계획을 수립(기획)하여 수집기관에 첩보(諜報)의 수집을 명령(지시)하는 단계로 정의 할 수 있다.[10]

정보요구단계는 정보순환과정의 출발점인 동시에 이전에 생산 및 배포된 정보에 입각한 추가 정보요구인 경우에는 이전에 이루어진 정보순환과정의 마지막 단계의 연장선이 될 수도 있다. 즉, 수요자에게 배포된 정보가 활용과정에서 관련정보의 추가적 필요성이 제기될 경우에는 다시 새로운 정보수요로 전환되는 것이다.

이러한 정보의 요구방법은 그 형식에 따라 구두와 서면으로 나뉠 수 있다. 그러나 이러한 정보요구의 형식보다 더 중요한 것은 정보요구의 분류를 통하여 수집의 우선순위를 확정하는 것이라 할 수 있다. 이처럼 다양한 정보요구 가운데 어떠한 것을 우선적으로 수집할 것인가를 결정하는 것은 제한적인 인적·물적 자원을 활용하여 최대의 효과를 달성해야 하는 정보경찰로서는 아주 중요한 문제라고 할 것이다.

① 국가 정보목표 우선순위

치안정책 등에 반영하기 위해 요구되는 정보의 우선순위를 정하는 방법은 국가마다 상이하나 대부분의 경우 국가정보기관이 주관하여 '국가정보목표 우선순위'(PNIO: Priority of National Intelligence Objectives)를 작성하게 된다.[11] PNIO란 '국가안전보장이나 정책에 관련되는 국가 정보목표의 우선순위'로서 정부에서 기획된 연간 기본정책을 수행함에 있어서 필요로 하는 자료들을 목표로 하여 선정된다. PNIO를 작성하는데 있어서, 우선 정부 각 부처가 각자의 임무수행을 위해서 필요한 정보의 내용의 대강을 정부에 보고하는 작업이 선행된다. 이후 이를 통해 취합된 정부 각 부처의 요구되는 정보의 내용, 정보기관의 정보수집 역량 등을 감안하여 우선순위를 결정하게 된다.[12]

9) 국가정보포럼(2006), 국가정보학, 서울: 박영사, pp. 36-37.; 경찰대학(2008a), 앞의 책, pp. 53-97.

10) 정보를 산출하기 위하여 사용하는 자료를 첩보(諜報, information)라고 하고, 그 자료에 의해 산출된 결과물을 정보(情報, intelligence)라고 한다. 바꿔 말하면, 첩보란 평가·해석되지 않은 정보자료이며, 정보는 첩보의 평가·해석 결과로 얻은 완전한 지식이라고 할 수 있다.

11) 정보 및 보안업무 기획·조정규정에 국정원장이 정보 및 보안업무에 관하여 행하는 기획업무 범위와 관련하여 '국가 정보목표 우선순위의 작성'이 규정되어 있다(제4조 제3호).

12) 문정인 외(2002), 앞의 책, p. 87.

② 첩보 기본요소

일단 PNIO가 결정되면 경찰청 소속 정보경찰과 같은 각 부문기관에 대한 세부적인 수집 임무가 부여되며 각 부문 정보기관들은 '첩보 기본요소'(EEI: Essential Elements for Information)를 작성하여 수집에 임하게 된다. EEI란 '해당 부서의 정보활동을 위한 일반적인 지침'으로서 계속적·반복적으로 수집되어야 할 사항을 요구하는 방법이다.

따라서 1회의 정보수집으로 정보수요가 충족된다던지 정보수요가 발생한 배경이 일시적이거나 특정지역에 국한되는 사안이어서 정보수집의 필요성이 비항구적, 비일반적인 경우에는 EEI 형식의 정보요구를 필요로 하지 않게 된다.

③ 특별 첩보요구

국가정보기관의 PNIO나 부문 정보기관의 EEI가 미래의 정보수요를 완전히 예측한다는 것은 현실적으로 불가능한 일이다. '특별 첩보요구'(SRI: Special Requirements for Information)이란 이런 경우에 대비하여 '특정지역의 특별한 돌발사항(예: 세월호사건 등)에 대한 단기적 해결을 위하여 필요한 범위 내에서 임시적이고 단편적인 첩보를 요구하는 방법'으로 활용된다. SRI로 요청된 첩보는 그 단기적 효용으로 인해 다른 첩보들에 비해 가장 우선적으로 수집되어야 할 필요성이 있다.

정보경찰과 같은 첩보 수집기관은 전술한 PNIO나 EEI에 의해 국가 정보목표를 달성하기 위한 일상적인 수집임무를 수행하게 된다. 그러나 이러한 지침 또는 계획은 치안정책 결정자가 필요로 하는 정보수요를 매일 매일 예상하여 충족시켜 줄 것으로 기대하는 것은 불가능한 일이다. 따라서 치안정책결정자의 정보요구에 따라 첩보 수집을 하는 방법 가운데 가장 실용적인 것이 SRI라고 할 수 있다. 따라서 SRI를 하달할 때에는 정보수요가 발생한 배경이 되는 지식, 수집하여야 할 첩보의 내용, 첩보의 수집 가능성 등을 기준으로 한 수집기관별 주요목표, 첩보의 보고시기 등을 명확히 정해줄 필요가 있다.

④ 기타 정보요구

위에서 살펴본 바와 같이 국가의 정보목표 우선순위는 PNIO에 의해 결정된다. 그러나 각 정부부처가 PNIO 결정에 참여하는 과정에서 미래에 발생할 모든 정보수요를 예측한다는 것을 불가능한 일이다. 이에 따라 PNIO 결정과정에서 미처 고려하지 못한 정보수요가 대두될 경우 '기타 정보요구'(OIR: Other Intelligence Requirements)의 필요성이 있게 된다. 급변하는 치안정세 등의 변화에 따라 현재의 PNIO로서는 충족시키지 못하는 정보목표의 필요성이 대두되는 경우 새로운 정보목표가 확립되어야 하는 것이다.

어떻게 보면 OIR은 PNIO에 포함되어 있지 않았거나 포함되어 있더라도 후순위의 요소로 취급되고 있어서 그 우선순위의 상향조정이 필요한 경우의 정보요구 방법이라 할 수 있다. 따라서 OIR은 PNIO에 우선하여 작성되어야 하는 정보목표라는 점에 유의할 필요가 있다. 한편, OIR은 전국가적이고 장기적인 정보목표라는 점에서 일시적이고 국지적인 성격을 나타내는 SRI와 구별된다.

(2) 치안정보(첩보)의 수집단계

치안정보(첩보)의 수집단계는 필요한 정보 관련자료(즉, 첩보)를 입수하는 과정으로 치안정책의 결정 및 집행을 지원하는 정보생산을 위한 전단계로서 반드시 필요한 단계라 할 수 있다. 효과적인 정보자료의 수집을 위해서는 다양한 첩보의 출처를 개척·관리하고, 첩보 보고서 양식, 보고서 작성 상의 표현 능력 등이 중요하다.[13] 첩보를 수집하는 방법은 사람을 활용하는 방법, 기술적인 수단에 의한 방법, 그리고 공개적인 수집방법 등으로 구분된다.

(3) 치안정보의 생산단계

이러한 첩보가 하나의 정보로서 가치를 지니기 위해서는 정확성(accuracy), 적시성(timeliness), 완전성(completeness) 등을 갖추고 있어야 한다(정보의 3요소). 사실, 수집된 첩보는 수집자의 보고내용이므로 수집자의 주관적 의사가 개입할 가능성이 높다.

그러므로 수집된 첩보는 과학적 원리와 사회통념에 가장 타당한 형태로 선택·가공되는 과정을 거쳐야 한다. 첩보내용은 그 자체만으로는 단편적, 비논리적, 부정확한 지식을 포함하고 있기 때문에 정보요구자의 의도에 맞춰 6하 원칙에 의한 논리성과 진실성을 구비(즉, 정확성과 완전성)할 수 있도록 해야 한다. 아울러 모든 정보자료는 시간과의 상관관계가 있으므로 수집이나 보고에 있어서 실기(失機)하지 않고 가치와 효용을 극대화할 수 있도록(즉, 적시성) 해야 한다.

(4) 치안정보의 배포단계

치안정보의 배포단계는 최종적으로 생산된 정보가 정보의 요구자 또는 사용자에게 전달되는 과정을 말한다. 배포단계는 정보순환과정의 마지막 단계인 동시에 출발점인 요구단계로 환류가 이루어지는 연결단계이기도 하다. 전달은 일정한 형식을 필요로 하지 않으며, 구두, 브리핑, 도표, 사진, 각서, 전화, 서면 등의 다양한 방법으로 이루어진다. 다만, 비밀로 분류된 정보내용에 대해서는 특별한 주의와 관리가 필요하다.

13) 김충남(2008), 앞의 책, pp. 523-524.

그런데, 치안정보의 배포단계에서 고려해야 할 점은 '어떤 정보를 누구에게 얼마만큼, 어느 시기에 어떻게 전파해야 하느냐'하는 것이다. 정보는 알 필요가 있는 자에게만 알려야 하며, 사용자에게 필요한 시기에 전달되고, 사용자에게 필요한 만큼만 전달되어야 한다. 특히 치안정보가 국가기밀에 속하는 경우에는 보안업무규정 등의 규정을 준수해야 한다.

2) 신원조사

(1) 신원조사의 의의

신원조사(身元調査)는 국가안전에 관련된 자, 즉 국가의 안전과 관련된 임무에 종사하거나 이에 관련된 행위를 하는 자 및 그 예정자에 대하여 실시하는 대인정보활동을 말한다. 신원조사는 주로 보안의 대상이 되는 사람의 국가에 대한 충성심, 성실성 및 신뢰성을 조사하여 국가의 안전보장을 확보하려는데 그 목적을 두고 있다.[14)]

이러한 신원조사는 개인의 프라이버시라는 헌법적 기본권을 국가안전이라는 조사목적 달성을 위해 법률로 유보하고 있는 제도라고 할 수 있다. 따라서 법령이 정하는 조사 대상자와 조사범위, 그리고 통보범위를 일탈하여 조사하거나 통보하는 것은 엄격히 금해진다. 또한 조사된 내용은 통보목적에 따라 처리되어야 하고, 통보범위 이외의 자에게 그 내용이 알려지게 해서는 안 된다. 특히, 최근에 해외여행자의 급증으로 신원조사 수요가 증가하는 추세이므로 법정기일을 초과하여 통보하면 개인의 해외여행에 지장을 초래할 수 있다는 점을 유의해야 할 것이다.[15)]

(2) 신원조사의 대상과 방법

국가정보원장은 국가보안을 위하여 국가에 대한 충성심·성실성 및 신뢰성을 조사하기 위하여 신원조사를 한다. 이러한 신원조사는 국가정보원장이 직권으로 하거나 관계 기관의 장의 요청에 따라 한다(보안업무규정 제33조 제1항 및 제2항). 신원조사의 대상이 되는 사람은 다음과 같다(제3항 각호).

㉠ 공무원 임용 예정자

---

14) 신원조사는 범죄경력조회(犯罪經歷照會)와 구분된다. 범죄경력조회는 경찰(수사기능)에서 개인이 신청시 본인 여부를 확인하여 통보하여 주거나, 법령에서 관계기관의 장이 소속 직원 기타 소관업무에 관련된 자에 대하여 범죄경력을 신청하는 경우, 관련 개인의 범죄경력을 조회하여 통보하여 주는 제도이다. 예컨대, 유치원, 학교, 체육시설, 어린이집, 학원 등에서 성범죄경력조회를 신청하는 경우를 들 수 있다. 범죄경력조회와 관련하여 세부적인 내용은 사이버경찰청의 「범죄경력회보서 발급시스템(http://crims.police.go.kr/)」 참조.

15) 경찰대학(2008b), 앞의 책, p. 63.

㉡ 비밀취급 인가 예정자

㉢ 해외여행을 위하여 「여권법」 에 따른 여권이나 「선원법」 에 따른 선원수첩 등 신분증서 또는 「출입국관리법」 에 따른 사증(査證) 등을 발급받으려는 사람(입국하는 교포 포함)

㉣ 국가보안시설·보호장비를 관리하는 기관 등의 장(해당 국가보안시설 등의 관리 업무를 수행하는 소속 직원 포함)

㉤ 임직원을 임명할 때 정부의 승인이나 동의가 필요한 공공기관의 임직원

㉥ 그 밖에 다른 법령에서 정하는 사람이나 각급기관의 장이 국가보안상 필요하다고 인정하는 사람

물론, 국가정보원장이 실시하는 이러한 신원조사는 모든 공무원을 대상으로 한 것이 아니라 고위공무원 등을 대상으로 한 것이다.[16] 이러한 신원조사는 국가정보원장 외에도 국방부장관도 실시할 수 있도록 하고 있다.[17]

그리고 경찰청장 역시 신원조사를 하도록 하고 있다. 즉, 위의 국가정보원장과 국방부장관의 신원조사 대상을 제외한 사람에 대하여 신원조사를 하도록 한 것이다(보안업무규정 시행규칙 제56조 제3항).[18] 한편, 국가정보원장은 위와 같은 사항(즉, 신원조사 대상 조사기관의 업무 분담)에도 불구하고 필요한 사람에 대한 신원조사를 관계 조사기관에 요청할 수 있다(제4항).

(3) 신원조사 결과의 처리

국가정보원장은 신원조사 결과 국가안전보장에 해를 끼칠 정보가 있음이 확인된 사람에 대해서는 관계 기관의 장에게 그 사실을 통보하여야 한다. 이러한 통보를 받은 관계 기관의 장은 신원조사 결과에 따라 필요한 보안대책을 마련하여야 한다(보안업무규정 제34조 제1항 및 제2항).

16) 국가정보원장이 실시하는 신원조사 대상을 보다 구체적으로 살펴보면 다음과 같다. ① 중앙행정기관의 3급 이상의 공무원 및 동등한 직급 이상의 공무원 임용예정자, ② 광역시·세종특별자치시의 행정부시장 및 각 도(제주특별자치도 포함)의 행정부지사, ③ 판사 신규 임용예정자, ④ 검사 신규 임용예정자, ⑤ 국·공립대학교 총장 및 학장, ⑥ 공무원 임용예정자인 외국인, ⑦ 그 밖에 제1호부터 제6호까지 외의 사람으로서 각급기관의 장이 국가보안상 필요하다고 인정하여 요청하는 사람(보안업무규정 시행규칙 제56조 제1항 각호).

17) 국방부장관은 군인, 군무원, 「방위사업법」 에 따른 방위산업체 및 연구기관의 종사자와 그 밖의 군사보안에 관련된 사람에 대한 신원조사를 실시하도록 하고 있다(보안업무규정 시행규칙 제56조 제2항 단서).

18) 다만, 다음의 사항을 국가정보원장에게 통보하도록 하고 있다. ① 여권 발급 신청자 중 신원특이사항이 있는 경우 그 신원조사회보서, ② 신원조사 월별통계(보안업무규정 시행규칙 제56조 제3항 각호).

3) 집회시위 등 집단사태의 관리

(1) 집회시위과정에서의 정보경찰의 기본역할

집회시위의 의미에 대해서는 경비경찰에서 살펴본 바와 같이, 일반적으로 집회 및 시위 등의 집단사태와 가장 밀접하게 관련된 경찰기능으로는 경비경찰기능을 들 수 있다. 정보경찰과 경비경찰 간의 집회시위와 관련된 유기적인 협력관계를 의료행위에 비유한다면, 전자는 질병에 대한 진료과정, 후자는 직접적인 치료행위에 해당한다고 볼 수 있다.

모든 경비사건에 대해 징후를 파악하고 사전에 첩보를 입수하는 역할을 정보경찰이 수행하고 있으며, 정보경찰에 의해 수집되고 판단된 정보를 바탕으로 경비경찰의 경비계획이 수립되기 때문이다.[19)]

집회시위와 관련 정보경찰의 기본역할

① 집회시위 개최 이전단계

정보경찰은 집회시위가 개최되기 이전 단계에서 관내의 집회시위를 포함한 집단사태가 발생할 징후에 대한 예고정보를 수집하여야 한다. 이를 위해서는 치안정책이나 사건· 사고 등과 관련하여 집단적인 여론이 형성될 가능성을 지속적으로 파악하고 있어야 한다. 또한, 이렇게 형성된 여론이 집회시위 등의 집단적인 행동으로 조직화 될 가능성이 있는 것으로 판단되면 관련정보를 구체적으로 수집하여 대응방안을 강구하여야 한다.

그리고 집회 및 시위에 관한 법률에 따라 신고의무가 있는 옥외(屋外)집회 등에 관하여 주최 측의 신고가 있는 경우에는 이를 접수하고, 일정한 경우에는 금지·제한하는 등의 행정처분을 할 수 있다. 정보경찰은 이상에서 수집된 예고정보와 신고내용 등을 바탕으로 한 행정지도를 통하여 집회 및 시위 등의 과정에서 불법행위가 개입되지 않도록 할 필요가 있다.

② 집회시위 진행단계

정보경찰은 집회시위가 개최되는 현장에서 집회 및 시위가 신고 된 대로 진행되는지 여부에 관한 정보를 수집해야 한다. 이렇게 수집된 정보는 경비경찰이 집회시위 해산과 같은 경찰권 행사를 하는데 있어서 판단의 자료가 될 수 있다. 현재 정보경찰이 담당하고 있는 집회 및 시위 현장에서의 채증업무 가운데, 집회시위 상황 전반에 대한 원거리 채증(採證, 증거의 수집)의 경우, 이러한 목적을 위한 정보

19) 경찰대학(2004), 경찰경비론, p. 4.; 경찰대학(2008b), 앞의 책, pp. 65-67.

수집활동의 일종으로 해석할 수 있다.

채증활동은 경찰서와 지방경찰청에서 전담하며, 경찰서에 편성된 채증반은 경찰서 관할 구역 내에서 집회시위 및 치안의 위해사태에 대한 채증활동을 담당하도록 하고 있다.[20] 지방경찰청은 수개의 경찰서 관할 구역에 걸쳐서 개최되는 집회 및 시위, 치안 위해사태의 채증 또는 경찰서의 채증활동의 지원을 그 임무로 하고 있다. 한편, 정보경찰은 집회시위가 진행되는 과정에서 경미한 위반행위나 신고내용에서 벗어나는 경우, 행정지도를 통해 주최자 등에게 그 시정을 요구할 수 있다.

③ 집회시위 종료 이후단계

정보경찰은 집회시위 등의 집단사태가 종료된 이후 그 진행과정에서 수집된 정보를 분석·평가하는 임무를 담당하고 있다. 정보경찰은 이와 같이 집회시위과정에서 수집된 정보를 각 경찰기능에 배포하여 활용하도록 해야 한다.

(2) 옥외집회시위의 신고와 경찰의 금지·제한

① 옥외집회시위의 신고

옥외집회(屋外集會)라는 것은 천장이 없거나 사방이 폐쇄되지 아니한 장소에서 여는 집회를 말한다(집회 및 시위에 관한 법률 제2조 제1호).

이러한 옥외집회 또는 시위를 주최하려는 자는 그와 관련된 일정한 사항을 모두 적은 신고서(申告書)를 옥외집회나 시위를 시작하기 720시간(30일) 전부터 48시간(2일) 전에 관할 경찰서장에게 제출하여야 한다.[21] 다만, 옥외집회 또는 시위 장소가 두 곳 이상의 경찰서의 관할에 속하는 경우에는 관할 지방경찰청장에게 제출하여야 하고, 두 곳 이상의 지방경찰청 관할에 속하는 경우에는 주최지를 관할하는 지방경찰청장에게 제출하도록 하고 있다(제6조 제1항).

---

20) 정보경찰은 집회 및 시위가 진행되는 과정에서 발생하는 명백한 위법행위 등에 대한 채증의 임무를 담당하고 있다. 채증요원은 채증기기를 조작할 능력 등의 일정한 요건을 갖추고 있어야 한다. 중점적으로 채증해야 할 사항은 집회·시위의 사태 전경, 흉기·화염병·각목·돌, 기타 위험한 물건의 소지 및 사용 장면, 폭행·납치, 기타 기물손괴 등 불법행위 장면, 도로나 건물점거 장면, 불순발언 및 구호의 내용, 기타 자해 행위 등의 특이사항이다. 보고된 채증자료(채증사진첩, 비디오테이프, 녹음테이프)는 즉시 영상입력 조치 후 판독자료를 출력, 각 경찰서에 하달하여야 하며 각 서에서는 관련 부서근무자, 현장 진압참여자, 기타 인물을 식별할 수 있는 자 등으로 전담반을 편성, 판독하고 그 결과를 보고하도록 하고 있다. 그리고 판독자료는 사법처리 부서에서 활용토록 이첩하고 수사 자료철에 비치·관리하도록 하고 있다.

21) 신고서 기재사항: ① 목적, ② 일시(필요한 시간 포함), ③ 장소, ④ 주최자(단체인 경우 그 대표자 포함), 연락책임자, 질서유지인에 관한 사항(주소, 성명, 직업, 연락처), ⑤ 참가 예정인 단체와 인원, ⑥ 시위의 경우 그 방법(진로와 약도 포함)(제6조 제1항 각호).

한편, 관할경찰서장 또는 지방경찰청장(이하 '관할경찰관서장')은 이에 따른 신고서를 접수하면 신고자에게 접수 일시를 적은 접수증을 '즉시' 내주도록 하고 있다(제2항). 그리고 주최자는 이에 따라 신고한 옥외집회 또는 시위를 하지 아니하게 된 경우에는 신고서에 적힌 집회 일시 24시간 전에 그 철회사유 등을 적은 철회신고서를 관할경찰관서장에게 제출하여야 한다(제3항).

② 경찰의 금지 또는 제한 통고

그런데 주최자가 신고한 집회시위가 모두 허용되는 것은 아니다. 즉, 신고서를 접수한 관할경찰관서장은 신고 된 옥외집회 또는 시위가 다음에 해당할 때에는 신고서를 접수한 때부터 48시간 이내에 집회 또는 시위를 금지(禁止)할 것을 주최자에게 통고(通告)할 수 있다(제8조 제1항 각호).

〈경찰의 금지 또는 제한 통고〉

㉠ 집회 및 시위의 금지(제5조 제1항) 사항에 위반된다고 인정할 때[22]
㉡ 시위의 금지시간(제10조 본문)에 위반된다고 인정할 때[23]
㉢ 시위의 금지장소(제11조)에 위반된다고 인정될 때[24]
㉣ 옥외집회 및 시위의 신고(제7조 제1항)에 따른 신고서 기재 사항을 보완하지 아니한 때
㉤ 교통소통을 위한 제한(제12조)에 따라 금지할 집회 또는 시위라고 인정될 때[25]

22) 누구든지 ① 헌법재판소의 결정에 따라 해산된 정당(政黨, 정치에 대한 이념이나 정책이 일치하는 사람들이 정치적 이상을 실현하기 위하여 조직하는 단체)의 목적을 달성하기 위한 집회 또는 시위, ② 집단적인 폭행, 협박, 손괴(損壞), 방화 등으로 공공의 안녕 질서에 직접적인 위협을 끼칠 것이 명백한 집회 또는 시위를 주최해서는 안 된다(제5조 제1항). 그리고 누구든지 위와 같이 금지된 집회 또는 시위를 할 것을 선전하거나 선동하여서는 안 된다(제5조 제2항).

23) ① 누구든지 해가 뜨기 전이나 해가 진 후에는 옥외집회 또는 시위를 해서는 안 된다. 다만, 집회의 성격상 부득이하여 주최자가 질서유지인(秩序維持人)을 두고 미리 신고한 경우에는 관할경찰관서장은 질서 유지를 위한 조건을 붙여 해가 뜨기 전이나 해가 진 후에도 옥외집회를 허용할 수 있다(제10조). ② 그런데, 주의 할 것은 시위의 금지시간과 관련하여 헌법재판소의 한정위헌 판결(2014.4.24., 2011헌가29) 및 그에 따른 대법원의 판결(2014.7.10., 2001도1602)에 의해서 '해가 진 후부터 같은 날 24시(자정)'까지 발생한 야간 시위는 무죄(無罪)가 되었다. 향후 입법적인 개정이 요구된다.

24) 누구든지 다음의 하나에 해당하는 경우에는 청사 또는 저택의 경계 지점으로부터 100미터 이내의 장소에서는 옥외집회 또는 시위를 하여서는 안 된다. ① 국회의사당, 각급 법원, 헌법재판소, ② 대통령 관저(官邸), 국회의장 공관, 대법원장 공관, 헌법재판소장 공관, ③ 국무총리 공관(다만, 행진의 경우에는 해당하지 아니함), ④ 국내 주재 외국의 외교기관이나 외교사절의 숙소가 이에 해당된다(제11조). 다만, 외교기관 또는 외교사절의 숙소에 대해서는 예외가 있다. 즉, ㉠ 해당 외교기관 또는 외교사절의 숙소를 대상으로 하지 아니하는 경우, ㉡ 대규모 집회 또는 시위로 확산될 우려가 없는 경우, ㉢ 외교기관의 업무가 없는 휴일에 개최하는 경우로서 외교기관 또는 외교사절 숙소의 기능이나 안녕을 침해할 우려가 없다고 인정되는 때에는 옥외집회와 시위의 금지장소에 해당하지 않는다(제11조 제4호 각 목).

25) ① 관할경찰관서장은 대통령령으로 정하는 주요 도시의 주요 도로에서의 집회 또는 시위에 대하여 교통 소통을 위하여 필요하다고 인정하면 이를 금지(禁止)하거나 교통질서 유지를 위한 조건을 붙여 제한(制限)할 수 있다. 그러나 집회 또는 시위의 주최자가 질서유지인을 두고 도로를 행진하는 경우에는 위와 같은 금지를 할 수 없다. 다만, 해당 도로와 주

다만, 집회시위가 집단적인 폭행, 협박, 손괴, 방화 등으로 공공의 안녕 질서에 직접적인 위험을 초래한 경우에는 남은 기간의 해당 집회 또는 시위에 대하여 신고서를 접수한 때부터 48시간이 지난 경우에도 금지 통고를 할 수 있다(제8조 제1항). 이러한 집회 또는 시위의 금지 또는 제한 통고는 그 이유를 분명하게 밝혀 서면(書面)으로 주최자 또는 연락책임자에게 송달하여야 한다(제6항).

한편, 관할경찰관서장은 집회 또는 시위의 시간과 장소가 중복되는 2개 이상의 신고가 있는 경우 그 목적으로 보아 서로 상반되거나 방해가 된다고 인정되면 각 옥외집회 또는 시위 간에 시간을 나누거나 장소를 분할하여 개최하도록 권유하는 등 각 옥외집회 또는 시위가 서로 방해되지 아니하고 평화적으로 개최·진행될 수 있도록 노력하여야 한다(제2항).[26]

최근 국가정책과 관련하여 진보주의 단체와 보수주의 단체가 동시에 집회 또는 시위를 하여 자신들의 의지를 주장하는 경우가 빈번하게 이루어지고 있는데, 이러한 상황에서 평화적인 집회시위가 이루어 질 수 있도록 노력해야 할 것이다.[27]

③ 집회시위의 금지통고에 대한 이의 신청

집회시위의 주최자는 관할경찰관서장으로부터 금지 통고를 받은 날부터 10일 이내에 해당 경찰관서의 바로 위의 상급경찰관서의 장에게 이의를 신청할 수 있다(제9조 제1항). 이에 따른 이의 신청을 받은 경찰관서의 장은 접수 일시를 적은 접수증을 이의 신청인에게 즉시 내주고 접수한 때부터 24시간 이내에 재결(裁決)을 하여야 한다. 이 경우 접수한 때부터 24시간 이내에 재결서를 발송하지 아니하면 관할경찰관서장의 금지 통고는 소급

변 도로의 교통 소통에 장애를 발생시켜 '심각한 교통 불편을 줄 우려가 있으면' 위와 같은 금지를 할 수 있다(제12조 제1항 및 제2항). ② 시위 참가 인원이 40여 명에 불과하고, 그 장소가 하천부지로서 교통소통이나 일반인의 생활에 아무런 지장을 주지 않는 곳이며, 또한 시위 당시의 구호나 노래의 내용 등에는 과격한 면이 보이지 않고 달리 다중의 위력을 통한 폭행이나 협박이 없었던 점에 비추어, 이법 제5조 제1항 제2호 소정의 '공공의 안녕질서에 직접적인 위협을 가할 것이 명백한 시위에 해당하지 않는다. 대법 1991.11.21., 91도2440.

26) ① 관할경찰관서장은 제2항에 따른 권유가 받아들여지지 아니하면 뒤에 접수된 옥외집회 또는 시위에 대하여 제1항에 준하여 그 집회 또는 시위의 금지를 통고할 수 있다(신설, 2016.1.)(제8조 제3항). 그리고 ② 제3항에 따라 뒤에 접수된 옥외집회 또는 시위가 금지 통고된 경우 먼저 신고를 접수하여 옥외집회 또는 시위를 개최할 수 있는 자는 집회 시작 1시간 전에 관할경찰관서장에게 집회 개최 사실을 통지하여야 한다(신설, 2016.1.)(제4항).

27) 이 밖에도 다음의 어느 하나에 해당하는 경우로서 그 거주자나 관리자가 시설이나 장소의 보호를 요청하는 경우에는 집회나 시위의 금지 또는 제한을 통고할 수 있다. 이 경우 집회나 시위의 금지 통고에 대하여는 제1항을 준용하도록 한다. ① 제6조 제1항의 신고서에 적힌 장소(이하 '신고장소'라 함)가 다른 사람의 주거지역이나 이와 유사한 장소로서 집회나 시위로 재산 또는 시설에 심각한 피해가 발생하거나 사생활의 평온(平穩)을 뚜렷하게 해칠 우려가 있는 경우, ② 신고장소가 「초·중등교육법」에 따른 학교의 주변 지역으로서 집회 또는 시위로 학습권을 뚜렷이 침해할 우려가 있는 경우, ③ 신고장소가 「군사기지 및 군사시설 보호법」에 따른 군사시설의 주변 지역으로서 집회 또는 시위로 시설이나 군 작전의 수행에 심각한 피해가 발생할 우려가 있는 경우(제8조 제5항 각호).

하여 그 효력을 잃는다(제2항).

그리고 이의 신청인은 금지통고가 위법하거나 부당한 것으로 재결되거나 그 효력을 잃게 된 경우, 처음 신고한 대로 집회 또는 시위를 개최할 수 있다. 다만, 금지통고 등으로 시기를 놓친 경우에는 일시를 새로 정하여 집회 또는 시위를 시작하기 24시간 전에 관할 경찰관서장에게 신고함으로써 집회 또는 시위를 개최할 수 있다(제3항).

(3) 교통소통을 위한 제한

관할경찰관서장은 대통령령으로 정하는 주요 도시의 주요 도로에서의 집회 또는 시위에 대하여 교통소통을 위하여 필요하다고 인정하면 이를 금지하거나 교통질서 유지를 위한 조건을 붙여 제한할 수 있다(제12조 제1항).

그러나 집회 또는 시위의 주최자가 '질서유지인'(秩序維持人, 주최자가 자신을 보좌하여 집회 또는 시위의 질서를 유지하게 할 목적으로 임명한 자)을 두고 도로를 행진하는 경우에는 위에 따른 금지를 할 수 없다. 다만, 해당 도로와 주변 도로의 교통소통에 장애를 발생시켜 심각한 교통 불편을 줄 우려가 있으면 금지를 할 수 있다(제2항).

(4) 질서유지선의 설정

옥외집회 및 시위의 신고를 받은 관할경찰관서장은 집회 및 시위의 보호와 공공의 질서 유지를 위하여 필요하다고 인정하면 최소한의 범위를 정하여 질서유지선(秩序維持線, Police Line)을 설정할 수 있다(제13조 제1항). 이에 따라 경찰관서장이 질서유지선을 설정할 때에는 주최자 또는 연락책임자에게 이를 알려야 한다(제2항).

질서유지선(Police Line)이 갖는 상징적 의미와 외국사례

① 질서유지선의 상징적 의미

민주사회에서 경찰은 기본적으로 법집행과 질서유지, 그리고 대민서비스를 제공하는 역할을 수행하고 있다. 집회시위에 대한 경찰의 대응은 질서유지 차원에서 대단히 중요한 의미를 갖는다. 일반적으로 경찰이 대민관계에 개입하는 것은 시민들이 법이라는 사회적 합의를 깨트렸을 때 통제수단으로 작용한다고 인식되지만, 본질적으로는 국가와 시민을 보호하기 위한 것이라고 보아야 한다.[28]

그렇다면, 질서유지선이 갖는 상징적 의미는 무엇인가? 그것은 법에 기초를 둔 '합법적인 한계선'을 의미한다고 본다. 이는 조화되기 어려운 '자유(개인과 집단의

28) 이하 최선우(2010), 경찰과 커뮤니티, 서울: 대왕사, pp. 176-178 재인용.

이기주의로서의 의미)와 질서'를 조화롭게 만들어주는 중요한 기준이 되는 것이다. 법치주의 테두리 내에서 경찰은 준법시민들에 대해서는 자유로이 자신들의 권리를 향유하도록 보호하면서도 한편으로는 법규 위반자에 대해서는 강제적·규제적인 물리력을 행사할 수 있는 권한을 부여하고 있는데 그 기준 가운데 하나가 질서유지선이라고 할 수 있다.

물론 경찰이 질서유지선을 통해서 집회시위의 권리를 행사하는 시위군중들을 무조건적으로 통제하는 기능을 수행한다고 하기보다는 이들이 시위군중들의 의사를 자유롭고 평화롭게 개진할 수 있도록 보호해주는 측면도 아울러 갖고 있다고 보아야 한다. 경찰이 시위군중을 적절하게 보호해주지 않는다면, 경우에 따라서는 다른 이해관계를 갖는 개인 및 집단과 충돌될 가능성은 매우 높기 때문이다. 그리고 경찰은 질서유지선을 통해서 시위군중들로부터 일반시민들이 피해를 당하지 않도록 보해해주는 기능을 한다. 시위군중들의 권리행사과정은 일반시민들의 정상적인 사회활동을 방해하는 수준까지 이르기 때문에 이를 적절하게 차단해주는 역할이 필요한 것이다. 결과적으로 경찰은 질서유지선을 통해서 이들 양자의 적절한 통제 및 보호를 유도하고 궁극적으로 공공의 안녕과 질서를 유지하게 되는 것이다.

그런데, 현실적으로 각 당사자 간에 이해가 상충될 때 모두를 만족시키는 경찰활동을 수행하는 것은 대단히 어려운 일이다. 더욱이 우리나라와 같이 경찰의 권위 또는 민주적 정통성이 확립되지 않은 상황에서는 내적으로 긴장상태에 있는 시위군중 및 이해당사자들을 보호·통제한다는 것은 더욱 어려울 수밖에 없다.

② 질서유지선의 외국사례

각 집단의 이해관계가 상충한 상황에서 질서유지의 책임을 맡는 소수의 경찰이 다수의 시위군중 및 이해관계자들을 보호·통제 하기위해서는 엄격한 법집행력을 갖는 경찰활동이 전제되어야 한다고 본다. 바꿔 말하면, 단 한건의 불법적인 폭력시위가 발생했다 할지라도 경찰은 이에 대해 강경하게 대응할 필요성이 있다. 다만, 이러한 경찰의 강경대응은 민주주의 원칙(정치적 중립성, 적법절차 등)을 준수했을 때 그 정당성을 갖게 됨은 물론이다.

미국의 경우, 몇 명 또는 몇 십 명의 소수의 시위자들의 보도의 가장자리에서, 도로 주변의 잔디밭에서 보행자와 차량의 교통에 불편을 주지 않으면서도 시위를 할 때 순찰하던 경찰이 멀리서 보고 별 문제가 없다고 판단하면 신고 및 허가 여부를 따지지 않는다. 그래서 남에게 피해를 주지 않는 평화적인 소규모의 시위는 일상화되어 있을 정도로 많다. 미국의 시위문화를 보면 진정한 집회·시위의 자유와 표현의 자유가 무엇인지를 이해할 수 있다. 그러나 미국의 경우 집회 또는 시위가 신고내용과 다르게 폭력적이거나 무질서하게 변할 때에는 경찰은 현장에서 집회 책임자에게 집회 허가의 취소를 통보하고 강제해산시킨다. 이와 같은 집회 또는 시위 중의 폭력, 파괴, 무질서 등의 행위에 대해서는 집회 또는 시위의 본질과는 무관하므로 일반 법규정에 따라 처벌하게 되며, 특히 통제하는 경찰에게 항거할 때에는 일반 범죄자를 처리할 때와 똑같은 기준과 원칙이 적용된다. 한 마디로 법을 위반했을 때 경찰의 대응은 살벌하다.

예컨대, 2000년 4월 국제통화기금(IMF)과 세계은행(IBRD) 회의가 열릴 때 세계 각국의 NGO 회원들이 몰려 와 시위를 했었는데, 이 때 경찰이 회의장 주변에 광범위하게 설치해 놓은 질서유지선을 침범하거나 교통소통을 이유로 시위대의 행진을 인도로 할 것을 명령하였음에도 불구하고 불응한 자 등 1,300여 명의 불법 시위자들을 체포하였다. 이때에도 시위대는 질서유지선을 넘기 위해 경찰과 몸싸움을 한 정도가 폭력의 전부였다. 그러나 경찰의 대응은 단호하다 못해 무차별적이었다. 최루탄과 후추스프레이 가스, 물대포는 물론 쇠막대기로 된 경찰봉과 고무총탄을 사용하였다. 일부 언론은 폭력성이 거의 없는 시위대에 대한 경찰의 조치가 너무 가혹하다고 문제 제기를 하였지만 대부분의 언론은 적절한 조치였다고 평가하였다. 질서유지선을 넘어 국제회의장으로 진입을 시도하는 시위대에게 경찰은 해산을 명령하였고, 이러한 경찰의 명령에 불응한 시위대(즉, 불법 시위)에 대한 경찰의 조치는 적법하였다는 것이다.

(5) 확성기 등 사용의 제한

집회 또는 시위의 주최자는 확성기, 북, 징, 꽹과리 등의 기계·기구(이하 '확성기 등')를 사용하여 타인에게 심각한 피해를 주는 소음으로서 대통령령으로 정하는 기준을 위반하는 소음을 발생시켜서는 아니 된다(제14조 제1항). 아래에서는 확성기 등의 소음기준을 나타낸 것이다(동법 시행령 제14조 관련 별표).

확성기등의 소음기준

(단위: Leq dB(A))

대상 지역 \ 시간대	주간 (해뜬 후~해지기 전)	야간 (해진 후~해뜨기 전)
주거지역, 학교 종합병원, 공공도서관	65 이하	60 이하
그 밖의 지역	75 이하	65 이하

따라서 관할경찰관서장은 집회 또는 시위의 주최자가 위에 따른 기준을 초과하는 소음을 발생시켜 타인에게 피해를 주는 경우에는 그 기준 이하의 소음 유지 또는 확성기 등의 사용 중지를 명하거나 확성기 등의 일시보관 등 필요한 조치를 할 수 있다(제2항).[29]

(6) 경찰관의 출입

경찰관은 집회 또는 시위의 주최자에게 알리고 그 집회 또는 시위의 장소에 정복(正服)을 입고 출입할 수 있다. 다만, 옥내집회 장소에 출입하는 것은 직무 집행을 위하여 긴급한 경우에만 할 수 있다(제19조 제1항). 그리고 집회나 시위의 주최자, 질서유지인 또는 장소관리자는 질서를 유지하기 위한 경찰관의 직무집행에 협조하여야 한다(제2항).

집회 및 시위에 관한 법률 적용의 일부 배제

학문, 예술, 체육, 종교, 의식, 친목, 오락, 관혼상제(冠婚喪祭) 및 국경행사(國慶行事)에 관한 집회에는 제6조~제12조까지의 규정을 적용하지 아니한다(제15조).
즉, ㉠ 옥외집회 및 시위의 신고 등(제6조), ㉡ 신고서의 보완 등(제7조), ㉢ 집회 및 시위의 금지 또는 제한 통고(제8조), ㉣ 집회 및 시위의 금지 통고에 대한 이의신청 등(제9조), ㉤ 옥외집회와 시위의 금지시간(제10조), ㉥ 옥외집회와 시위의 금지장소(제11조), ㉦ 교통소통을 위한 제한(제12조)이 바로 그것이다.
위와 같은 행사는 그 성격상 경찰에서 일일이 관리하는 것이 불필요하며, 실제 그러한 행사들을 관리한다는 것도 어려운 일이라고 본다. 물론, 이 밖의 일반적인 준수사항은 이 법에 따라 적용된다.

4) 치안정보의 기록관리

국가정보자료라는 것은 '국가정보정책의 수립에 기여할 수 있는 국내외 정치·경제·사회·문화·군사·과학·지지·통신 등 각 분야별 기본정보와 각 분야에 영향을 미칠 수 있는 인적·물적 정보 등의 내용이 수록된 자료'를 의미한다(국가정보자료 관리규정 제2조 제1호).

국가정보와 부문정보의 관계에 비추어 정보경찰의 치안정보에 대한 기록관리도 각 분야별 기본정보와 인적·물적 정보 등의 내용이 수록된 자료를 그 대상으로 한다고 볼 수

29) 소음 단위인 데시벨(dB)을 기준으로 한다면, 50dB: 조용한 사무실, 60dB: 보통의 대화 또는 백화점 내부, 70dB: 거리 또는 시끄러운 사무실(라디오 청취 방해), 80dB: 철로 또는 지하철 소음(청력장애 시작), 90dB: 소음이 심한 공장내부, 100dB: 경적소리 도는 착암기 소음 등으로 구분하고 있다.

있다. 치안정보의 기록은 정보경찰의 정보활동의 결과로 얻은 제반 자료를 경찰목적에 맞게 사용할 수 있도록 문서화(文書化)한 것을 말한다.

이러한 기록관리는 첫째, 기록을 필요한 시기에 적절하게 사용할 수 있도록 체계적으로 관리하기 위한 것이다. 이를 위해서 국가정보 관리규정에서는 국가정보자료의 관리에 대해서 규정하고 있다. 둘째, 기록이 변개, 도난, 내용 누설, 파괴 등의 위해로부터 보호될 수 있도록 안전한 보관, 즉 기록의 보안(保安)이 유지되어야 한다. 기록의 취급과 관련된 비밀의 보호를 위한 조치에 관해서는 보안업무규정에서 상세하게 규정하고 있다.[30]

제2절 보안경찰

1. 보안경찰의 의의

1) 보안경찰의 개념

경찰기능과 관련하여 보안경찰(保安警察)이라는 것은[31] 국가안전보장을 위태롭게 하는 간첩활동 및 안보위해사범에 대한 예방·검거활동, 경제안보 차원에서 산업기밀·전략물자 유출사범의 수사, 북한과 연계된 마약·위조지폐·총기밀매 사범을 단속하는 등 국민의 평화롭고 안전한 삶의 기반을 지키기 위해 노력하는 한편 북한이탈주민의 안전한 정착을 위하여 신변보호 업무를 수행하는 경찰을 말한다.[32]

30) 경찰대학(2008b), 앞의 책, p. 64.

31) ① 여기에서 말하는 '보안경찰'은 여러 가지 경찰기능(생활안전, 수사, 교통, 경비, 정보, 보안, 외사 등) 가운데 하나를 의미하는 것으로서, 이는 종래 경찰개념에서 논의 되어온 '보안경찰'을 의미하는 것은 아니기 때문에 주의할 필요가 있다. ② 경찰개념에서 말하는 보안경찰(일반경찰)은 협의의 행정경찰(특별경찰)에 대비되는 개념이라 할 수 있다. 경찰개념상의 보안경찰(일반경찰)은 '일반적인 공공의 안녕과 질서의 유지' 그 자체가 독립적으로 이루어지는 경찰작용으로서, 그것은 제도적·형식적 의미의 경찰에 의해서 이루어진다. 이렇게 본다면 현행 경찰법상의 경찰조직(경찰청 등)에 의해 이루어지는 제반활동을 수행하는 경찰을 통상적으로 보안경찰이라고 한다는 점을 알 수 있다. 한편, 국가의 각 행정관청은 그 행정업무가 가지고 있는 특별한 행정목적을 달성하기 위하여 경찰작용(즉, 물리적 강제력)을 하기도 하는데(예: 산림경찰, 어업경찰, 보건경찰, 경제경찰 등), 이러한 작용을 '협의의 행정경찰' 또는 '특별사법경찰'이라고 부른다. 협의의 행정경찰은 각 주부부장관 등의 소관 하에 이루어진다. 일반적으로 경찰개념상에서 우리가 말하는 경찰은 보안경찰을 의미하며, 따라서 보안경찰은 일반경찰, 협의의 행정경찰은 특별경찰로 부르기도 한다. 홍정선(2007), 경찰행정법, 서울: 박영사, p. 31.

한편, 보안경찰의 활동 영역으로서 새롭게 등장한 보안사이버 수사요원은 사이버상에서 이루어지는 간첩통신 및 국가보안법위반 등 국가안보 저해행위에 대한 첩보를 수집·분석·전파하고 그와 관련한 내사 및 수사활동을 수행하는 경찰을 말한다. 즉, 보안사이버 수사요원은 정보통신 발달에 따른 북한의 대남 전략 변화에 기민하게 대응하여 북한의 인터넷 사이트 등 방첩활동에 대해 지속적인 감시를 실시하고, 온라인상에서 국가적 법익을 안전하게 보장하기 위하여 그 위협이 되는 국가체제에 대한 저항세력 및 파괴활동에 관한 정보수집 및 수사활동을 수행하는 경찰활동을 말한다.[33]

경찰청에서는 사이버상의 보안사범 수사의 전문성을 제고하고 수사요원을 정예화하기 위하여 엄격한 기준과 절차에 따라 보안사이버 수사요원을 선발하여 2003년 10월 '보안사이버전문요원 인사운영규칙'을 경찰청훈령(제543호)으로 발령한데 이어, 2009년 7월 22일 이를 개정하여 보안사이버 수사요원을 '보안사이버 전문요원'으로 명하고 선발된 자에 대하여 보안사이버 전문요원으로서의 보안경과를 부여하고 승진 등의 사유로 타 부서나 타 시도 전보 발령을 유보하는 등으로 엄격히 관리하고 있으며, 보안사이버 전문요원으로 선발된 자는 경찰청 보안국과 지방경찰청에 배치하여 운영하고 있다.

2) 보안경찰의 특징

보안경찰은 경찰기능 중에서 우선적으로 내란죄, 외환죄, 이적죄 등 국가적 법익(國家的 法益)을 침해하는 세력으로부터 국가를 보호하는 기능이라고 할 수 있다. 국가적 법익에 대한 죄는 그 보호대상이 국가로 되어 있다.[34] 즉, 보호법익이 국가로서 관련 범죄가

---

32) 사이버경찰청(www.police.go.kr).

33) 북한은 2000년 이후 변화된 남북한의 경제적·군사적 차이를 극복하기 위해 핵과 미사일, 사이버전에 대비할 수 있는 전문가를 양성해왔다. 특히, 사이버 전에서 우위를 차지하기 위해 사이버 전문요원을 양성하기 위해 1986년 미림대학(현 자동화대학)이 설립하였다. 이들 북한의 사이버 공작은 크게 세 가지로 나눌 수 있다. 먼저, 2011년 현재 인민군 총참모부 산하에 배치된 전자전 요원(1,200명)들은 남한의 GPS나 군사통신 시스템을 교란하는 다양한 군사적 대응을 강화하고 있다. 두 번째는 정찰총국 6국에 고도로 훈련된 수백 명의 해커부대를 별도로 배치해 사이버테러를 주도하고 있다. 이들은 2009년 미국과 한국의 주요 사이버시설에 대해 디도스(DDoS: 분산서비스거부) 공격 등을 자행한 것으로 알려졌다. 세 번째는 대남 선전 공작을 전문으로 하는 활동으로, 노동당 통일전선부 산하에 인터넷을 통한 체제선전과 대남 선전 활동을 벌이는 사이버 전문가들이 배치돼 있는 것으로 알려졌다(북한체제를 찬양하는 친북사이트는 해마다 꾸준히 증가하여 2004년 44개에서 2009년 92개로 증가하였다). 이에 대한 내용은 최선우·류채형(2012), "북한의 사이버 테러리즘에 관한 연구," 한국공안행정학회보 제46호 참조.

34) 이처럼 국가를 보호하는 법률을 '정치형법'(政治刑法)이라고 한다. 정치형법이라는 말은 헌법이 보장하는 정치질서, 즉 민주적 기본질서에 반하는 행위를 처벌한다는 의미를 가지고 있다. 국가보안법은 대표적인 정치형법의 하나에 속한다. 그런데, 정치형법의 내용은 국가개념에 좌우된다. 각 국가의 정치질서는 곧 그들이 바탕으로 하고 있는 국가개념으로부터 나오기 때문이다. 그러므로 이 세상의 모든 국가는 정치형법을 가지고 있지만 그 내용은 상이할 수밖에 없다. 나아가서 국가적 법익을 보호하는 정치형법의 보호방식은 추상적 위험범(抽象的 危險犯)으로 되어 있는 것이 특징이다. 추상적 위험범은 법익침해에 대한 '일반적 위험'만으로 범죄가 성립한다. 따라서 현실적인 법익침해 또는 그 위험과 상관

발생하였을 경우 국가가 피해자의 지위에 서게 된다.

이를 위해서 경찰에서는 대간첩 작전임무 등을 비롯하여 간첩 및 폭력세력 등 반국가사범을 색출·검거하기 위한 정보수집과 수사, 이들로부터 국가기밀·시설·요인보호 뿐만 아니라, 대국민 안보의식 고취를 위한 홍보·계도 등 다양한 임무를 수행하고 있다. 즉 보안경찰은 사물관할 면에서 다른 일반 경찰활동과는 달리, 직접 국가의 안전보장에 관련되는 범죄유형을 대상으로 하기 때문에 고도의 보안을 요구하는 비공개 활동을 그 특징으로 하고 있다.

국가안전보장이라는 업무를 수행함에 있어서는 경찰기관 이외에도 국가정보원, 군, 일반 행정부처 등 여러 국가기관의 협력을 통해서 이루어진다. 여러 국가기관들 중에서 누가 주도적 역할을 담당하고 어떠한 업무를 수행하는지에 대해서는 각국마다 다르게 나타난다. 이는 안전보장의 위해 형태와 역사적 경험이 다르기 때문이라 할 것이다.

경찰내부에 있어서도 국가의 안전보장과 관련된 경찰업무는 보안경찰에 국한되지 않고, 외사경찰과 정보경찰이 함께 담당하고 있다. 한국의 보안경찰은 예방경찰로서의 기능과 진압경찰기능을 같은 부서에서 담당하고 있다. 즉, 보안경찰은 일반의 공공유지를 임무로 하는 행정경찰로서의 기능과 국가사회의 안녕과 질서유지를 목적으로 하는 사법경찰로서의 기능을 갖고 범죄의 수사, 범인의 체포, 구속영장의 집행, 기타 법원·법관 또는 검사의 명령에 의하여 행하는 활동을 하고 있다.

3) 보안경찰의 법적 근거

보안경찰의 법적 근거는 헌법을 근간으로 하고, 일반법으로서 경찰법 제3조(국가경찰의 임무), 경찰관직무집행법 제2조(직무의 범위)에 개괄적으로 규정되어 있다. 보안경찰의 사무분장과 관련하여 경찰청과 그 소속기관 직제(대통령령) 제15조에 규정되어 있다.

그리고 개별법으로서는 형법, 국가보안법, 보안관찰법, 북한이탈주민의 보호 및 정착지원에 관한 법률, 남북교류협력에 관한 법률, 그리고 정보 및 보안업무기획·조정규정(대통령령) 등을 들 수 있다.

2. 보안경찰의 주요활동

아래에서는 보안경찰의 법적 근거를 토대로 이의 활동을 방첩활동, 보안수사, 보안관

없이 범죄가 인정되기 때문에 피의자·피고인의 인권보장과 관련하여 법치국가적 문제점이 발생할 수 있다. 이에 대한 자세한 논의는 배종대(2010), 형법각론, 서울: 홍문사, pp. 777-783 참조.

찰, 북한이탈주민관리 등을 중심으로 살펴보기로 한다.

1) 방첩활동

방첩(防諜, counter intelligence)이란 적의 첩보활동을 방지하고 자국의 정보가 적에게 새어나가지 못하게 하는 일을 말한다. 따라서 방첩은 기밀유지, 보안유지라고도 한다. 그러나 방첩활동은 기밀유지보다는 좀 더 광범위하다.

즉, 적국 또는 가상적국의 자국에 대한 간첩활동이나 정보활동을 무력화시키고 암살·테러 행위로부터 인명을 보호하며, 태업·파괴활동으로부터 시설이나 물자를 방호하고, 자국의 정보가 적국이나 가상적국 또는 제3국에 유출되는 것을 방지하기 위하여 수행되는 모든 보안통제 방책에 관계되는 활동을 의미한다.[35]

이러한 방첩활동은 소극적 보안활동과 적극적 보안활동 모두 포함하는 종합적 활동이라 할 수 있다. 소극적 보안활동은 보안업무규정에 따른 첩보·인원·시설·물자 등을 보호하기 위한 활동을 말하고, 적극적 보안활동은 적의 간첩이나 국내 불순세력 등을 색출·검거하는 활동을 말한다. 또한 방첩활동은 적의 정보활동에 대하여 자기편을 보호하는 활동으로서 간첩·태업·전복행위 등을 미연에 방지하고 적발하기 위한 조직된 활동이라 할 수 있다.

2) 보안수사 활동

(1) 보안수사의 의의

보안수사라는 것은 국가안전보장과 관련된 반국가사범인 정보사범(情報事犯)을 인지·색출·검거·신문하는 일련의 활동을 말한다. 여기에서 정보사범은 국가안전보장을 위협하거나 국가안전보장에 관한 기밀이나 정보를 유출하는 것과 관련된 범죄를 범한 자를 말한다.[36] 이러한 정보사범은 보호법익이 국가의 존립과 안전이므로 행위가 있음으로써 즉시 범죄가 성립하고, 범죄행위로 인한 결과발생을 요하지 않는 '추상적 위험범'(抽象的危險犯)에 해당한다고 볼 수 있다.

「정보 및 보안업무기획·조정규정」에서 말하는 정보사범은 ㉠ 형법상(제2편 제1장 및 제2장)의 내란의 죄(제87조~제91조)와 외환의 죄(제92조~제104조), ㉡ 군형법상(제2편 제1장 및 제2장)의 반란의 죄(제5조~제10조)와 이적(利敵)의 죄(제11조~제17조) 그리

35) 경찰대학(1991), 경찰대공론, pp. 26-27.; 조철옥(2012), 경찰학개론, 서울: 대영문화사, p. 695 재인용.

36) 여기에서 말하는 정보사범(情報事犯)은 보안사범(保安事犯)을 의미하는 것이며, 따라서 용어상으로 오히려 '보안사범' 이보다 타당하다고 본다.

고 군사기밀 누설죄(제80조), 암호 부정사용죄(제81조), 그리고 ㉢ 군사기밀보호법, 그리고 ㉣ 국가보안법에 규정된 죄를 범한 자와 그 혐의를 받는 자를 말한다(제2조 제5호).

(2) 보안수사의 대상

아래에서는 보안수사의 대상인 정보사범과 관련하여 국가보안법(國家保安法)을 중심으로 살펴보기로 한다.[37] 주지하는 바와 같이 국가보안법은 '국가의 안전을 위태롭게 하는 반국가활동을 규제함으로써 국가의 안전과 국민의 생존 및 자유를 확보함'을 목적(제1조)으로 한 대표적인 법으로서 형법·형사소송법의 특별법이라고 할 수 있다.

그러나 이 법으로 인해서 인권침해의 우려가 있기 때문에, 이 법을 해석·적용함에 있어서는 필요한 최소한도에 그쳐야 하며, 이를 확대해석하거나 헌법상 보장된 국민의 기본적 인권을 부당하게 제한하는 일이 있어서는 안 된다는 것을 분명히 하고 있다(제2조).

① 보안수사의 대상범죄

국가보안법에서 규정하고 있는 보안수사의 대상범죄는 ㉠ 반국가단체 구성 등 관련범죄[38], ㉡ 목적수행죄, ㉢ 자진지원·금품수수죄, ㉣ 잠입·탈출죄, ㉤ 찬양·고무 등의 죄, ㉥ 회합·통신 등의 죄, ㉦ 편의제공의 죄, ㉧ 불고지죄, ㉨ 특수직무유기죄,[39] ㉩ 무고·날조죄가 이에 해당된다(제3조~제12조).

국가보안법의 특징

① 범죄성립 범위의 확대

㉠ 미수 및 예비·음모죄의 확대적용

형법에서 미수범과 예비·음모한 자에 대한 처벌과 관련하여 미수범(未遂犯)의 경우에는 '개개의 형벌법규에 이를 처벌하기로 하는 규정이 있을 때 처벌하고'

37) 현행법률 가운데 대부분은 구법(舊法)으로 의용(依用)되던 일본법을 그대로 모방·개작하여 만들었다. 따라서 규범의 내용·편제는 일본의 그것과 거의 동일하다. 따라서 형법과 형사소송법은 물론이고, 현실적으로 가장 무서운 형벌에 속하는 국가보안법은 일제 강점기의 치안유지법(治安維持法, 1925)에 그 뿌리를 두고 있다. 그리고 후술하겠지만 보안관찰법 역시 조선사상범 보호관찰령(朝鮮思想犯 保護觀察令, 1936)에서 유래한다. 배종대(1996), 형법총론, 서울: 홍문사, pp. 54-55.

38) 반국가단체(反國家團體)라는 것은 정부를 참칭(僭稱, 합법적 절차에 의하지 않고 임의로 정부를 조직하여 진정한 정부인 것처럼 사칭하는 것)하거나 국가를 변란 할 것을 목적으로 하는 국내외의 결사 또는 집단으로서 지휘통솔체제(指揮統率體系)를 갖춘 단체를 말한다(국가보안법 제2조).

39) 특수직무유기죄는 범죄수사 또는 정보의 직무에 종사하는 공무원(예컨대, 보안경찰)이 이 법의 죄를 범한 자라는 정을 알면서 그 직무를 유기한 때에는 10년 이하의 징역에 처하도록 하고 있다. 다만, 본범과 친족관계가 있는 때에는 그 형을 감경 또는 면제 할 수 있다(국가보안법 제11조). 형법상에서는 공무원이 정당한 이유 없이 그 직무수행을 거부하거나 그 직무를 유기한 때에는 1년 이하의 징역이나 금고 또는 3년 이하의 자격정지에 처하도록 하고 있다(형법 제122조).

(제29조), 예비·음모(豫備·陰謀)에 대해서는 '범죄의 음모 또는 예비행위가 실행의 착수에 이르지 아니한 때에는 법률에 특별한 규정이 없는 한 벌하지 아니한다'고 규정하고 있다(28조).

요약건대, 예비·음모도 미수범과 마찬가지로 법률에 특별한 규정이 있을 때 처벌된다(특히, 예비와 음모는 실행의 착수 이전 단계에서 일어나는 것이므로 원칙적으로 형사처벌의 대상이 되지 않는다고 본다). 처벌규정은 입법자가 특별한 위험성이 있다고 판단한 경우라고 할 수 있다.

그런데, 국가보안법은 이러한 처벌규정을 가장 빈번하게 적용하고 있다고 볼 수 있다.[40] 즉, 국가보안법은 일부의 죄(예컨대, 미수범의 경우 불고지죄, 특수직무유기죄, 무고 등의 죄)를 제외하고는 대부분의 반국가적 범죄에 대하여 미수범과 예비·음모한 자에 대해서 포괄적으로 처벌규정을 두고 있다.

㉡ 특수한 범죄의 성립 인정

국가보안법은 특수한 범죄의 성립은 인정하고 있다고 볼 수 있다. 즉, 편의를 제공한 자도 종범(從犯)으로서가 아니라 별개의 독립된 편의제공죄로 처벌하고 있고(제9조), 반국가적 행위의 다양화 및 조직화·집단화에 대처하기 위하여 선동·선전행위를 별도의 범죄로 규정하여 처벌하고 있다(제4조 제1항 제6호). 그리고 일정한 범죄 즉, 반국가단체의 구성 등의 죄, 목적수행죄, 자진지원죄(금품수수죄는 제외)와 관련하여 그 죄를 범한 자라는 점을 알면서 수사기관 또는 정보기관에 고지하지 아니한 자에 대한 처벌규정을 두고 있다(제10조).

② 중형주의

㉠ 재범자의 특수가중

국가보안법, 군형법 형법에서 규정한 반국가적 범죄를 범하여 금고(禁錮) 이상의 형의 선고를 받고 그 형의 집행을 종료하지 아니한 자 또는 그 집행을 종료하거나 집행을 받지 아니하기로 확정된 후 5년이 경과하지 아니한 자가, 국가보안법상의 일정한 죄를 다시 범한 때에는 그 죄에 대한 법정형의 최고를 사형(死刑)으로 한다고 규정하고 있다(제13조).[41]

40) 범죄의 미수는 '범죄의 실행에 착수하여 행위를 종료하지 못하였거나 결과가 발생하지 아니한 때'를 말한다. 예비(豫備)라는 것은 실행의 착수에 이르지 않은 범죄의 준비행위를 말한다. 실행착수가 없다는 점에서 미수(未遂)와 구분된다. 형법상 예비가 되기 위해서는 단순한 내적 범죄결심만으로는 부족하다. 외부에 표출되지 않은 범죄의사는 어떤 경우에도 형벌의 처벌대상이 되지 않는다. 따라서 실행에 착수하지 않았지만 내적 범죄결심을 외부로 표출하는 행위, 즉 외부적 준비행위(예: 범행대상의 물색, 범행장소의 사전 답사, 범행도구·자금의 준비 등)가 있어야 한다. 예비는 내적 범죄결심을 초과한 단계부터 실행 착수 이전단계까지를 말한다. 한편, 음모(陰謀)는 2인 이상이 범행의 결의를 상호 합의하는 것으로, 이는 '범행을 하기로 한다'는 의사표시의 합치라고 할 수 있다. 예비와 비교해 볼 때 음모의 경우에는 객관적으로 별다른 준비행위가 없고 단순히 의사의 합치만 있을 뿐이다. 배종대(1996), 앞의 책, pp. 473-474.; 신동운(2010), 형법총론, 서울: 법문사, pp. 451-456.

㉡ 자격정지형의 병과

국가보안법은 동법의 죄에 관하여 유기징역형을 선고할 때에는 그 형의 장기 이하의 자격정지를 병과할 수 있도록 규정하고 있다(제14조).

㉢ 몰수·추징 및 압수물의 처분

국가보안법은 죄를 범하고 그 범죄의 대가로 보수를 받은 때에는 이를 몰수하도록 하고, 이를 몰수할 수 없을 때에는 그 가액을 추징하도록 하고 있다. 그리고 검사는 이 법의 죄를 범한 자에 대하여 불기소처분(不起訴處分)할 때에도 압수물의 폐기 또는 국고귀속을 명할 수 있도록 하고 있다(제15조).

③ **형의 감면**

한편, 국가보안법은 형의 감면사유를 일반형법보다 확대하여 범인의 자수를 이끌어 내거나 고발을 촉진하여 범인을 조속히 색출·검거 할 수 있도록 유도하는 등 수사의 효율성을 높이기 위한 규정을 두고 있다. 이러한 형의 감면사유로 이 법을 범한 후 자수한때, 이법의 죄를 범한 자가 이 법의 죄를 범한 타인을 고발하거나 타인이 이법의 죄를 범하는 것을 방해한 때로 규정하고 있다(제16조).

② **형사소송법상의 특례**

국가보안법에서 규정하고 있는 보안수사 대상범죄에 대해서는 특별형사소송규정을 두고 있는데, 이는 형사소송법상의 특례라고 할 수 있다.

㉠ 참고인의 구인·유치

검사 또는 사법경찰관(司法警察官)으로부터 이 법에 정한 죄의 참고인으로 출석을 요구받은 자가 정당한 이유 없이 2회 이상 출석요구에 불응한 때에는 관할법원판사의 구속영장을 발부받아 구인(拘引)할 수 있도록 하고 있다(국가보안법 제18조 제1항). 그리고 구속영장에 의하여 참고인을 구인하는 경우에 필요한 때에는 근접한 경찰서 기타 적당한 장소에 임시로 유치(留置)할 수 있다(제2항).

참고인조사는 형법상 임의수사 영역이라고 할 수 있다. 따라서 국가보안법상의 이와 같은 참고인 구인·유치제도는 형사소송에 있어서 예외, 즉 특례라고 할 수 있다.[42)]

41) 단순위헌: 국가보안법(1980.12.31., 법률 제3318호로 전문개정된 것) 제13조 중 '이 법, 군형법 제13조·제15조 또는 형법 제2편 제1장 내란의 죄·제2장 외환의 죄를 범하여 금고 이상의 형의 선고를 받고 그 형의 집행을 종료하지 아니한 자 또는 그 집행을 종료하거나 집행을 받지 아니하기로 확정된 후 5년이 경과하지 아니한 자가….제7조(찬양·고무 등) 제5항, 제1항의 죄를 범한 때에는 그 죄에 대한 법정형의 최고를 사형으로 한다' 부분은 헌법에 위반된다. 2002.11.28., 2002헌가5.

42) 형사소송법에 의해 검사 또는 사법경찰관은 수사에 필요한 때에는 피의자가 아닌 자(제3자)의 출석을 요구하여 진술을

Ⓛ 구속기간의 연장

지방법원판사는 국가보안법 제3조~제10조의 죄(반국가단체의 구성 등의 죄~불고지죄)로서 사법경찰관이 검사에게 신청하여 검사의 청구가 있는 경우에 수사를 계속함에 상당한 이유가 있다고 인정한 때에는 형사소송법상의 구속기간의 연장을 1차에 한하여 허가할 수 있다(제19조 제1항).

그리고 지방법원판사는 제1항의 죄로서 검사의 청구에 의하여 수사를 계속함에 상당한 이유가 있다고 인정한 때에는 구속기간의 연장을 2차에 한하여 허가할 수 있다(제2항). 이들 1차, 2차 구속기간의 연장은 각 10일 이내로 하고 있다(제3항).

따라서 국가보안법 위반사건은 구속기간은 형사소송법상의 구속기간보다[43] 합계 20일이 더 연장 가능하므로 경찰단계와 검찰단계를 합하면, 최대기간은 50일이 된다고 볼 수 있다.

과도한 구속기간 연장에 대한 위헌판결

헌법이 정하는 무죄추정의 원칙에서 볼 때, 불구속수사가 원칙이고 구속수사는 예외적인 경우에만 허용되는 것으로 보아야 하며, 구속수사의 경우도 구속기간을 제한하는 것은 신체의 자유와 신속한 재판을 받을 권리를 보장하기 위한 불가결한 조건이다. 그런데, 국가보안법상의 구속기간 연장규정을 구성요건이 비교적 단순한 제7조 찬양·고무와 제10조 불고지의 죄에도 적용함으로써 피의자에 대한 구속기간을 통상의 경우보다 20일 더 연장해서 최장 50일까지 구속할 수 있도록 한 것은 헌법 제37조 제2항이 정하는 기본권 제한입법의 한계를 넘어서서 피의자의 신체의 자유, 무죄추정의 자유, 신속한 재판을 받을 권리를 침해한 것이다.[44]

들을 수 있도록 하고 있다(제221조 제1항). 이것을 참고인조사(參考人調査)라고 한다. 참고인은 피의자 이외의 제3자라는 점에서 넓은 의미의 증인(證人)에 해당된다(다만 참고인은 수사기관에 일정한 체험사실을 진술하고, 증인은 법원 또는 법관에 대해 진술한다는 점에서 양자는 구별된다). 그런데, 참고인은 증인과 달리 강제로 소환당하거나 신문당하지 않는다. 과태료(제151조)도 부과되지 않고 구인(拘引, 제152조)의 제재도 받지 않는다. 바꿔 말하면, 수사상의 참고인조사은 어디까지나 임의수사(任意搜査)에 속하기 때문이다. 다만, 범죄수사에서 없어서는 안 될 사실을 알고 있는 자가 출석 또는 진술을 거부하면, 검사는 제1회 공판기일 전에 한하여 판사에게 그에 대한 증인신문을 청구할 수 있다(제221조의2 제1항). 배종대·이상돈·정승환(2009), 형사소송법, 서울: 홍문사, pp. 111-112.

43) 형사소송법에 의해 사법경찰관이 피의자를 구속한 때에는 10일 이내에 피의자를 검사에게 인치(引致)하지 않으면 석방하여야 한다(제202조). 따라서 경찰에서 피의자를 구속할 수 있는 기간은 10일이다. 검사가 피의자를 구속한 때 또는 사법경찰관으로부터 피의자의 인치를 받은 때에는 10일 이내에 공소를 제기하지 아니하면 석방하여야 한다(제203조). 지방법원판사는 검사의 신청에 의하여 수사를 계속함에 상당한 이유가 있다고 인정한 때에는 10일을 초과하지 아니하는 한도에서 구속기간의 연장을 1차에 한하여 허가할 수 있다(제205조 제1항). 이렇게 보면, 형사소송법상의 경찰의 구속기관과 검찰의 구속기간을 합치면 수사단계의 피의자 구속기간은 최대한 30일이다.

44) 단순위헌, 헌재 1992.4.14., 90헌마82.

㉢ 공소보류

국가보안법은 소위 기소편의주의(起訴便宜主義)에 입각한 기소유예(起訴猶豫)제도와 동일한 성격을 같은 것으로서, 이 법을 위반한 모든 자에 대하여 형법 제51조(양형의 조건)를 참작하여 공소제기를 보류할 수 있도록 하고 있다(제20조 제1항).[45] 이러한 공소보류(公訴保留)는 기소유예의 특별형식에 속한다고 할 수 있다. 이에 따라 공소보류를 받은 자가 공소의 제기 없이 2년을 경과한 때에는 검사는 소추할 수 없다(제2항).

한편, 검사의 공소보류를 받은 자가 법무부장관이 정한 감시·보도에 관한 규칙에 위반한 때에는 공소보류를 취소할 수 있다(제3항). 이에 따라 공소보류가 취소된 경우에는 형사소송법의 재구속의 제한 규정에도 불구하고 동일한 범죄사실로 재구속 할 수 있다(제4항).[46]

3) 보안관찰 활동

(1) 보안관찰의 의의

이처럼 형법 및 특별형법에서 정보사범에 대한 처벌규정을 두고 해당 위법행위를 했을 경우 그에 상응하는 처벌을 하고 있음을 알 수 있다. 그런데, 이러한 법에 의한 처벌을 받았음에도 불구하고, 추가적으로 보안관찰법(保安觀察法)에 의한 '보안처분'(保安處分)을 인정함으로써 형사제재의 이원주의(二元主義)를 취하고 있다.[47]

그렇다면, 왜 이러한 보안처분이 필요한가? 형벌이라는 것은 범죄자가 과거에 저지른 범죄행위에 대한 책임(責任)을 전제로 한 것이며, 따라서 아무리 형법적으로 중요한 목적이라 할지라도 이 '책임정도'를 초과하여 처벌할 수는 없는 것이다. 바꿔 말하면 이러한

45) 양형의 조건: 형을 정함에 있어서는 ① 범인의 연령, 성행, 지능과 환경, ② 피해자에 대한 관계, ③ 범행의 동기, 수단과 결과, ④ 범행후의 정황 등을 참작하여야 한다(형법 제51조).

46) 검사 또는 사법경찰관에 의하여 구속되었다가 석방된 자는 다른 중요한 증거를 발견한 경우를 제외하고는 동일한 범죄사실에 관하여 재차 구속하지 못한다. 이 경우에는 1개의 목적을 위하여 동시 또는 수단결과의 관계에서 행하여진 행위는 동일한 범죄사실로 간주한다(형사소송법 제208조).

47) ① 참고적으로 보호관찰(保護觀察)이라는 것이 있다. 「치료감호 등에 관한 법률」은 심신장애 상태, 마약류·알코올이나 그 밖의 약물중독 상태, 정신성적(精神性的) 장애가 있는 상태 등에서 범죄행위를 한 자로서 재범(再犯)의 위험성이 있고 특수한 교육·개선 및 치료가 필요하다고 인정되는 자에 대하여 적절한 보호와 치료를 함으로써 재범을 방지하고 사회복귀를 촉진하는 것을 목적으로 하고 있다(제1조). 이 치료감호의 대상에는 소아성기호증(小兒性嗜好症), 성적가학증(性的加虐症) 등 성적 성벽(性癖)이 있는 정신성적 장애자로서 금고 이상의 형에 해당하는 성폭력범죄를 지은 자 역시 포함된다(제2조). 이들 대상이 된 자들에 대해서는 치료감호시설에 수용하여 일정기간(2년~15년) 치료를 위한 조치를 취하고(제16조), 피치료감호자에 대한 치료감호가 가종료(假終了) 되었을 때 등의 경우에는 3년 동안의 보호관찰(保護觀察)을 실시하도록 하고 있다. ② 보안관찰(保安觀察)의 대상은 반국가사범에 대한 보안처분이라면, 보호관찰(保護觀察)은 개인적인 심신상의 문제 등을 안고 있는 범죄자를 대상으로 하는 보안처분이라는 점에 차이가 있다.

형벌의 전제조건은 범죄자의 장래에 속한 인격발전까지 양형(量刑)과정에서 고려할 수 없게 한다.

따라서 예컨대, 형법 제250조 살인죄의 형을 양정(量定)할 때, 범죄자가 장래에 그의 성격적 결함 때문에 특별히 교화개선 할 필요가 있다든가 또는 특별히 재범위험성이 높다든가 하는 요소가 고려될 수 없다. 뿐만 아니라 형법은 책임 무능력자에 대해서는 형벌을 부과할 수 없다. 따라서 그가 아무리 사회적으로 범죄행위 위험성이 높더라도 사회가 필요로 하는 보안(保安, 즉 재범방지), 개선(改善), 그리고 치료(治療)의 목적은 과거의 책임을 기초로 하는 형벌로는 달성할 수 없는 일이다.

여기에서 형법의 적극적 법익보호 목적은 책임상한선 안의 과거지향적 형벌만으로는 불충분하고, 미래의 범죄행위에 대한 형법의 예방적 필요성, 즉 범죄예방(犯罪豫防)에 의한 법익보호(法益保護)의 보충을 필요로 하게 된다. 왜냐하면 장래의 높은 위험성이 곧 과거의 높은 책임과 일치하는 것은 아니기 때문이다. 따라서 책임과 무관하게, 오로지 행위자의 장래위험성을 기준으로 형벌의 부족한 법익보호 부분을 보충하는 것이 바로 보안처분(保安處分)제도인 것이다.[48]

요약건대, 형벌은 '과거'에 일어난 책임을 전제로 하여 일정한 목적을 추구하고, 보안처분은 '장래'의 행위자로부터 나오는 범죄의 '위험성'(危險性)을 겨냥하는 일종의 역할분담을 한다. 그러므로 보안처분은 오직 행위자를 지향하는 특별예방적 목적처분(特別豫防的 目的處分)이라는 점에 대해 의문의 여지가 없다.

(2) 보안관찰의 내용

보안관찰법(保安觀察法)은 이상과 같은 취지를 반영하여 '특정범죄를 범한 자에 대하여 재범의 위험성을 예방하고 건전한 사회복귀를 촉진하기 위하여 보안관찰처분을 함으로써 국가의 안전과 사회의 안녕을 유지함을 목적으로 한다'고 규정하고 있다(제1조).

① 보안관찰 해당범죄

보안관찰법에서 규정하는 특정범죄, 즉 보안관찰에 해당되는 범죄는 ㉠ 형법상의 내란의 죄와 외환의 죄 가운데 일정한 죄, ㉡ 군형법상의 반란의 죄와 이적의 죄 가운데 일정한 죄, ㉢ 국가보안법상의 일정한 죄가 이에 해당된다(제2조 각호).

48) 그러나 이러한 보안처분의 필요성 외에도 이의 정당성이 요구된다. 즉, 보안처분은 법치주의 원리에 의해 정형화되어야 하고(이의 입법, 해석·적용과정은 비례원칙에 구속되어야 함), 국가제재의 최후의 후단으로서 이를 적용해야 할 만큼 긴급한 필요가 있어야 하고, 이러한 수단투입이 헌법적 가치질서와 일치하는 방향으로 실현되어야 한다. 배종대(1996), 앞의 책, pp. 27-29.

② 보안관찰처분 대상자

보안관찰처분 대상자라 함은 보안관찰 해당범죄 또는 이와 경합된 범죄로 금고 이상의 형의 선고를 받고 그 형기합계가 3년 이상인 자로서 형의 전부 또는 일부의 집행을 받은 사실이 있는 자를 말한다(제3조). 물론, 그렇다고 해서 이와 같은 보안관찰처분 대상자 모두가 보안관찰처분 대상이 되는 것은 아니다.

즉, 보안관찰처분 대상자 가운데 보안관찰 해당범죄를 다시 범할 위험성이 있다고 인정할 충분한 이유가 있어 재범의 방지를 위한 관찰이 필요한 자에 대하여는 보안관찰처분을 하는 것이다(제4조 제1항).

③ 보안관찰처분 과정과 기간

보안관찰처분은 검사의 청구(제7조)로 보안관찰심의위원회의 의결을 거쳐(제12조), 법무부장관이 결정하도록 하고 있다(제14조 제1항). 이때 법무부장관은 위원회의 의결과 다른 결정을 할 수 없다. 다만, 보안관찰처분 대상자에 대하여 위원회의 의결보다 유리한 결정을 하는 때에는 그러하지 아니한다(제2항).

즉, 법무부장관은 보안관찰처분 대상자 가운데 ㉠ 준법정신이 확립되어 있는 자, ㉡ 일정한 주거와 생업이 있는 자, ㉢ 대통령령이 정하는 신원보증이 있는 자에 대하여는 면제결정을 할 수 있도록 하고 있다(제11조 제1항 각호).

그리고 이러한 보안관찰처분의 기간은 2년으로 하는데, 법무부장관은 검사의 청구가 있는 때에는 보안관찰처분심의위원회의 의결을 거쳐 그 기간을 갱신할 수 있도록 하고 있다(제5조 제1항 및 제2항).

④ 보안관찰의 집행

이와 같은 보안관찰처분을 받은 자는 이 법이 정하는 바에 따라 소정의 사항을 주거지 관할경찰서장에게 신고하고, 재범방지에 필요한 범위 안에서 그 지시에 따라 보안관찰을 받아야 한다(제4조 제2항). 이러한 보안관찰처분의 집행은 검사가 지휘하도록 하고 있다(제17조 제1항).

구체적으로 이러한 보안관찰의 집행은 검사 및 사법경찰관리에 의해 지도(제19조), 보호(제20조), 경고(제22조), 그리고 응급구호(제21조) 등의 방법으로 이루어진다.

4) 북한이탈주민관리 및 남북교류에 따른 보안활동

(1) 북한이탈주민관리

북한이탈주민의 국내입국은 1993년까지 연평균 10여 명 내외였으나, 이후 입국자가 급증하여 2015년 말 현재 누적인원 27,378명을 보호·관리하고 있다. 이처럼 북한이탈주민의 입국이 증가하는 것은 북한의 경제사정 악화에 따른 남한사회에 대한 동경, 제3국에 불법체류하면서 느끼는 신변불안 등에서 비롯된 것으로 보인다.[49)]

이러한 북한이탈주민에 대해서 보안경찰은 이들의 신변보호와 정착지원을 위해 통일부·지방자치단체 등 관계기관과 유기적인 협조체제를 구축하고 있다. 아울러 이들 북한이탈주민이 정착과정에서 겪는 여러 가지 어려움들에 대해 민간차원에서의 실질적인 도움을 주기 위해 경찰서별로 '보안협력위원회'를 운영하고 있다. 한편, 보안경찰은 북한이탈주민의 의료지원을 위하여 전국의 많은 병원과 '건강지킴이 협약'(2010년 현재 2,713개)을 체결하여 도움을 주고 있다.[50)] 그러나 경찰서 단위의 보안경찰은 단순히 이들에 대한 보호·지원뿐만 아니라 이들의 동향을 감시·통제하여 보안경찰의 본연의 임무를 수행하는 기능이 보다 중요하다고 본다.

(2) 남북교류에 따른 보안활동

그 동안 남한과 북한 간의 상호 이해관계를 바탕으로 협력증진 등을 통한 동반성장을 위해서 교류가 이루어져 왔다.[51)] 이에 따라 그동안 개성공단을 중심으로 남북 간 경제교류가 꾸준히 이어졌지만, 북한의 통행제한 조치 및 '금강산 관광객 피살' 등의 사건에 따라 중단되었다. 이러한 이면에는 남북 간의 정치적 갈등이 내재해 있다고 볼 수 있는데, 이로 인해 공식적인 방북인원도 크게 감소하였고, 이산가족 상봉 등은 인도적 차원에서 이루어지기도 하였다.

---

49) 경찰청(2016), 경찰통계연보, p. 299.; 정부에서는 군사분계선 이북지역에서 벗어나 대한민국의 보호를 받으려는 군사분계선 이북지역의 주민(즉, 북한이탈주민)이 정치·경제·사회·문화 등 모든 생활 영역에서 신속히 적응·정착하는 데 필요한 보호 및 지원을 하기 위하여 「북한이탈주민의 보호 및 정착지원에 관한 법률」(1997)을 제정하였다.

50) 경찰청(2011), 경찰백서, p. 319.

51) 군사분계선 이남지역과 그 이북지역 간의 상호 교류와 협력을 촉진하기 위하여 필요한 사항을 규정함으로써 한반도의 평화와 통일에 이바지하기 위하여 「남북교류협력에 관한 법률」(1990)을 제정하였다. 이 법에 따라 '남한과 북한의 왕래·접촉·교역·협력사업 및 통신 역무(役務)의 제공 등 남한과 북한 간의 상호 교류와 협력을 목적으로 하는 행위'에 관하여는 '이 법률의 목적 범위'에서 다른 법률에 우선하여 이 법을 적용하도록 하고 있다(제3조). 따라서 남북교류협력에 관한 법률은 국가보안법의 특별법으로서, 이 법에 따른 교류가 정당하고 적법하게 이루어지는 범위 내에서 국가보안법이 적용되지 않는다(제3조 단서). 예컨대, 이 법에 따라 남한의 주민이 북한을 방문하거나 북한의 주민이 남한을 방문하려 할 때, 대통령령으로 정하는 바에 따라 통일부장관의 방문승인을 받고, 통일부장관이 발급한 증명서(방문증명서)를 소지한 경우(제9조 제1항)에는 국가보안법이 적용되지 않는다.

보안경찰은 이러한 남북 간의 교류가 이루어지는 공식적 통과 접점인 남북출입사무소(CIQ)를 통과 인원에 대한 보안검색 강화, 남북교류행사 관련 주요 인사에 대한 근접보안·경호활동을 수행하고 있다.[52] 이를 통해 안보위해요소의 반입·출입을 통제하고, 미신고 접촉행위, 침투공작 기도 등을 차단·저지하는 활동 등을 수행하고 있다. 남북출입사무소는 북한을 방문하는 인원에 대한 통행관리와 반출입 물자의 통관 지원 등의 업무를 처리하고 있는데, 주무 부처인 통일부를 비롯해 법무부, 관세청, 경찰청 등 관계기관이 합동 근무 중이다.

제3절 외사경찰

1. 외사경찰의 의의

1) 외사경찰의 개념

외사경찰(外事警察)은 대한민국의 안전과 사회 공공의 안녕 및 질서보호를 목적으로 외국인, 외국사절, 외국기관, 외국상사단체, 외국인이나 외국과 관련된 내국인, 그리고 해외여행자 및 해외동포 등을 대상으로 외사정보를 수집하고 이와 관련된 범죄를 예방·수사하는 경찰활동을 말한다. 아울러 국제경찰공조(인터폴, 범죄인인도, 국제형사사법공조), 주한미군 지위협정(한미행정협정, SOFA)에 따른 민군범죄 대응 등을 주된 임무로 하는 경찰활동을 말한다.[53]

주지하는 바와 같이 교통 및 정보통신의 발달 그리고 세계화·국제화 논리 속에서 각 국가 간의 인적·물적 교류는 크게 확대되고 있는 것이 현실이다. 그러나 한편으로는 외국인 범죄, 산업정보의 유출, 밀수사범 등 외사 치안수요 또한 증가하고 있어 대책마련이

52) 남북출입사무소(CIQ)는 경의선과 동해선 2곳이 있다. 통일부에 따르면, 2003년 3월 경의선 남북출입사무소를 통해 출경이 이뤄진 이후 북한으로 들어간 남측 인원(대부분이 개성공단 기업 관계자)은 2012년 현재 100만 명에 이르고 있다. 그리고 현재 중단된 금강산관광의 관문인 동해선 남북출입사무소를 통한 출경자 수는 이미 100만 명을 넘어 156만 명 수준에 이르고 있다. 연합뉴스(2012.6.26.).

53) 김충남(2008), 앞의 책, p. 559.; 조철옥(2012), 앞의 책, p. 668.; 외사경찰은 2015년 현재 1,251명으로 전체 경찰의 약 1.2%에 해당하는 경찰로 구성되어 있다. 경찰청(2016), 경찰백서, p. 361.

절실하다. 최근 재외국민 해외여행자가 증가하면서 해외에서의 테러·재해발생 등으로 인한 자국민의 피해가 급증하고 있고, 범죄의 물리적·공간적 제약의 붕괴, 범죄수법의 공유 등으로 인한 범죄의 탈국경화(脫國境化) 현상이 두드러지면서 예전과는 달리 그 피해규모와 파급효과가 크므로 이에 대한 국제사회의 공동협력 및 대응이 요구된다.[54]

2) 외사경찰의 특징

외사경찰은 외사사건과 관련된 정보 및 수사활동 등을 수행한다. 경찰기능과 관련하여 볼 때, 생활안전, 수사, 교통, 경비, 보안 등은 말 그대로 기능별로 분류 되어있으나 외사는 대상인물, 지역을 중심으로 분류되어 다른 기능과 중복되는 특징을 가지고 있다. 따라서 외사경찰은 정보경찰, 수사경찰, 보안경찰과 유사하나 활동대상이 외국인 또는 외국기관, 그리고 외국과 연계된 내국인 등이라는 점에서 차이가 있다고 본다.

즉, 외사경찰은 국내에 체류하고 있는 외국인, 해외교포 및 외국인과 관련된 범죄의 수사나 정보를 대상으로 하기 때문에 다른 나라와 외교적 마찰을 야기할 우려가 있고, 국제법과 외교관계규정 등 외사관련 법규 및 국제정치·경제·치안정세에 관한 식견이나 전문지식이 있어야 한다. 그리고 외국어 구사능력이 부족하면 업무수행 능력이 극히 어렵고 문제발생 소지가 많다고 본다.[55]

3) 외사경찰의 법적 근거

외사경찰의 법적 근거는 일반법으로서 경찰법 제3조(국가경찰의 임무), 경찰관직무집행법 제2조(직무의 범위)에 개괄적으로 규정되어 있고, 분장사무와 관련하여 경찰청과 그 소속기관 직제(대통령령) 제15조의2에 규정되어 있다.

그리고 외사경찰과 관련된 개별법으로서는 출입국관리법, 범죄인인도법, 국제형사사법공조법, 여권법, 국가보안법, 국내재산 도피방지법, 밀항단속법, 외국환거래법, 외국인 토지법, 외국인 투자촉진법, 대외무역법 등을 들 수 있다. 조약으로는 주한미군 지위협정(SOFA), 범죄인인도조약, 형사사법공조조약, 외교관계에 관한 비엔나협약, 영사관계에 관한 비엔나 협약 등을 들 수 있다.[56]

---

54) 출입국자 수는 큰 폭으로 매년 증가하고 있다. 2010년에 전체 출입국자는 약 4,300만명(입국: 약 2,150만명, 출국: 약 2,150만명)수준이었는데, 2015년에는 약 6,600만명(입국: 약 3,300만명, 출국: 약 3,300만명) 수준에 이르고 있다. 그리고 이 가운데 불법체류 외국인은 2015년 현재 214,168명에 이르고 있다. 위의 책, pp. 341-345.

55) 김충남(2008), 앞의 책, pp. 559-560.

56) ① 「외교관계에 관한 비엔나 협약」(Vienna Convention on Diplomatic Relations)은 1961년 4월 오스트리아 비엔나에서 채택되어 1964년 6월 발효된 조약으로 외교 사절단의 파견에 관한 사항과 그 특권 및 면제 사항 등을 규정하고 있다. ② 「영사관계에 관한 비엔나 협약」(Vienna Convention on Consular Relations)은 1963년 4월 오스트리아 비엔나

2. 외사경찰의 주요활동

아래에서는 외사경찰의 법적 근거를 토대로 ㉠ 외사정보 활동, ㉡ 외사범죄예방 활동, ㉢ 외사수사 활동, ㉣ 국제경찰공조 활동 등을 중심으로 살펴보기로 한다.

1) 외사정보 활동

(1) 외사정보의 의의

일반적으로 외사정보 활동은 외국인(대한민국 국적을 갖지 않은 모든 사람, 무국적자(無國籍者)도 이에 포함),[57] 해외동포, 주한 외국기관, 외국인과 관계있는 내국인, 국내외 출입국자[58] 등을 대상으로 정치·경제·사회·문화 등 일반첩보는 물론이고 외국인에 의한 반국가활동, 출입국관련 범죄, 국제성 범죄 등에 관련된 첩보·정보를 수집·작성 및 배포하는 활동을 말한다.

(2) 외사정보 활동 방법

외사정보 활동은 일반정보 활동과 같은 요령으로 실시하나 외국인과의 접촉, 대화 및 출입 등에서 많은 제약을 받기 때문에 평소에 수집 용의대상이나 지역 등을 파악하고 개척하여 첩보원을 확보해 두는 등 세심한 배려가 있어야 한다.[59]

에서 채택되어 1977년 4월 발효된 조약으로 영사관 파견에 관한 사항과 그 특권 및 면제 사항을 규정하고 있다.

57) 참고적으로 복수국적자의 법적 지위 및 국적선택의 의무는 다음과 같다. ① 복수국적자의 법적 지위: ㉠ 출생이나 그 밖에 이 법에 따라 대한민국 국적과 외국 국적을 함께 가지게 된 사람으로서 대통령령으로 정하는 사람(즉, 복수국적자)은 대한민국의 법령 적용에서 '대한민국 국민으로만 처우'한다. ㉡ 복수국적자가 관계 법령에 따라 외국 국적을 보유한 상태에서 직무를 수행할 수 없는 분야에 종사하려는 경우에는 외국 국적을 포기하여야 한다(국적법 제11조의2 제1항 및 제2항). ② 복수국적자의 국적선택의무: ㉠ 만 20세가 되기 전에 복수국적자가 된 자는 만 22세가 되기 전까지, 만 20세가 된 후에 복수국적자가 된 자는 그 때부터 2년 내에 하나의 국적을 선택(대한민국의 국적 선택 또는 포기)하여야 한다. 다만, 법무부장관에게 대한민국에서 외국 국적을 행사하지 아니하겠다는 뜻을 서약한 복수국적자는 제외한다. ㉡ 제1항 본문에도 불구하고 「병역법」 제8조에 따라 병역준비역에 편입된 자는 편입된 때부터 3개월 이내에 하나의 국적을 선택하거나 일정한 경우의 하나에 해당하는 때부터 2년 이내에 하나의 국적을 선택하여야 한다(제12조 제1항~제3항 참조).

58) 외국인이 입국할 때에는 유효한 여권(旅券)과 법무부장관이 발급한 사증(査證)을 가지고 있어야 한다(출입국관리법 제7조 제1항). 법무부장관은 사증발급에 관한 권한을 대통령령으로 정하는 바에 따라 재외공관의 장에게 위임할 수 있다(제8조 제2항). 여기에서 ① '여권'이란 대한민국정부·외국정부 또는 권한 있는 국제기구에서 발급한 여권 또는 난민여행증명서나 그 밖에 여권을 갈음하는 증명서로서 대한민국정부가 유효하다고 인정하는 것을 말한다(동법 제2조 제4호). 즉, 정부에서 '이 사람은 해외라 나가서 여행 등을 다녀도 아무런 문제가 없는 사람이다'라고 보증을 서주는 문서라 할 수 있다. 그러나 우리나라 여권이 있다고 해서 다른 나라로의 입국이 보장되는 것은 아니다. 여권은 우리나라에서 인증한 증명일 뿐이다. ② 그래서 필요한 것이 사증(査證, 즉 Visa)이다. '사증'은 외국인에 대한 '입국을 허가하는 증명서'라고 할 수 있다. 따라서 해외여행은 여권과 사증이 있어야 가능하다. 그렇다면, 사증 없이, 즉 무(無)비자로 해외에 갈수 있는가? 일정한 조건을 갖춘 경우(대한민국과 사증면제협정을 체결한 국가의 국민으로서 그 협정에 따라 면제대상이 되는 사람 등)에 예외적으로 사증 없이 입국이 가능하다.

그리고 외국공관지역이나 외국기관 및 기타 외교특권 향유지역은 불가침 지역이며, 공관장의 동의 없이는 출입할 수 없다는 외교관계에 관한 비엔나협약 제22조를 숙지하고 있어야 한다.60) 따라서 이 지역에는 연락관(Liaison officer)으로 지정받아 공식적으로 공관을 출입할 수 있는 외사경찰 이외에는 출입을 삼가야 한다.

기타 중요 대상, 즉 외국인 상사단체 등에 대하여는 경찰기관장이 발행한 업무지시서를 휴대하고 근무시간 내에 출입함을 원칙으로 한다. 특히, 첩보원에 대하여는 신속·정확하게 신분을 파악하여 신분에 맞는 처우와 외교특권, 상호주의(相互主義: 국제법상의 상호호혜주의로서 상대국의 대우에 맞게 대응하도록 함)를 존중하여야 하며, 국제관계 등을 고려하여 편의제공과 신변보호 등에도 유의해야 한다.

그리고 국가보안법 등 위반으로 혐의를 받은 외국인, 기타 반국가적인 행위를 할 우려가 있는 외국인 등에 대한 정기적인 관찰, 외국인·외국기관·외국상사단체, 신원이 특이한 출입국자 등에 대한 동향파악과 밀항사범 및 외사관찰 대상자 등은 주의 깊게 관찰하여 기록을 유지하고 필요시에는 비밀공작활동으로 전환하여야 한다.

2) 외사범죄 예방 활동

외사범죄는 ㉠ 외국인 또는 외국기관·단체가 대한민국 내에서 저지르는 범죄(예: 외국인 폭력사범, 불법체류 외국인 범죄, SOFA사범 등), ㉡ 내국인 또는 해외교포가 외국에서 저지르는 범죄,61) ㉢ 내국인이 외국인 또는 외국기관·단체 등과 연계하여 저지른 범죄(예: 산업기술유출사범 등), ㉣ 외국인이 외국에서 대한민국 또는 대한민국 국민을 대상으로 저지른 범죄, ㉤ 내국인이 국내에서 외국인 또는 외국기관을 대상으로 저지른 범죄도 모두 외사경찰의 대상이 된다. 그리고 ㉥ 간첩·불순분자 등의 제3국을 통한 우회침투를 방지·색출하고 무장·과격분자 또는 국제범죄단체 등에 의한 테러와 납치 등의 국제성 범죄에 대처하는 것도 외사경찰의 활동영역에 속한다고 할 수 있다.62) 한편, 외사

59) 김충남(2008), 앞의 책 pp. 560-561.

60) 「외교관계에 관한 비엔나협약」 제22조에서는 다음과 같이 규정하고 있다. ① 공관지역은 불가침이다. 접수국의 관헌은 공관장의 동의 없이는 공관지역에 들어가지 못한다. ② 접수국은 어떠한 침입이나 손해에 대하여도 공관지역을 보호하며, 공관의 안녕을 교란시키거나 품위의 손상을 방지하기 위하여 모든 적절한 조치를 취할 특별한 의무를 가진다. ③ 공관지역과 동 지역 내에 있는 비품류 및 기타 재산과 공관의 수송수단은 수색, 징발, 차압 또는 강제집행으로부터 면제된다.

61) 예컨대, 2004년 성매매특별법 시행 이후, 이에 대한 단속강화로 성매매 여성들이 미국·일본·호주 등 해외 성매매업소에 취업하는 수가 증가하고 있어, 외사경찰은 이와 관련하여 여권·비자 불법알선 브로커 등에 대한 단속을 강화하고 있다. 아울러 해외 경찰주재관을 통해 성매매 첩보를 입수하는 한편, 인터넷을 통한 해외 성매매 알선행위를 단속·수사하고 있다. 경찰청(2013), 경찰백서, p. 292.

62) 경찰대학(2002), 경찰학개론, p. 389.

경찰은 외교사절도 그 대상으로 하고 있는 바, 외교사절은 일반체류 외국인과는 달리 특별한 지위를 누리고 있으므로 업무 취급상 특별한 주의를 요한다.

외사범죄에 대한 외사경찰의 예방 활동 역시 다른 범죄예방과 마찬가지로 복잡하고 다양한 형태로 이루어지고 있다. 그리고 외사범죄는 외국인과 직·간접적으로 연결되어 있기 때문에 이러한 특성을 반영하여 경찰활동을 수행하는 것이 바람직하다고 본다. 예컨대, 국내에 거주하는 외국인이 범죄피해를 당하지 않도록 적절한 범죄예방 및 대응 교육을 실시하는 것이 요구된다. 이를 위해서는 무엇보다도 이들과의 의사소통(意思疏通)은 중요한 요소가 된다. 따라서 외사경찰의 전문성 확보는 무엇보다도 중요한 일이다.

그리고 이를 위한 일환으로 경찰조직은 귀화(歸化)경찰관을 선발하여 외국인 근로자, 유학생, 다문화가정을 상대로 범죄신고 요령 등 범죄예방 순회교육을 실시하고 있다.[63)] 이를 통해 외국인의 인권의식을 함양하고 피해신고를 활성화함으로써 외국인 범죄가 발생할 수 있는 환경을 사전에 차단하고자 하고 있다. 아울러 외국인 범죄발생이 용이한 환경에 대한 집중관리·점검을 통해서 외국인 범죄의 토착화(土着化)를 방지하고 있다.

귀화경찰관

2006년 중국 출신 이려 경사(대구 북부경찰서 외사계)를 시작으로, 2007년 신춘화 경사(서울 구로서 외사계), 그리고 2008년에 필리핀 출신 아나벨 경사(안산 단원경찰서 원곡다문화파출소)가 귀화경찰관으로 임용되었다. 이후 2015년 현재 총 18명(중국 출신 13명, 베트남 2명, 필리핀 1명, 캄보디아 1명 등)의 귀화경찰관이 외국어 전문요원으로 치안일선에 경찰업무를 수행하고 있다. 이 가운데 16명이 여성경찰관이다.[64)]
한국에 체류하는 외국인의 규모 및 다문화(多文化) 가정의 증가 추세에 비추어 볼 때, 미미한 수준이며 따라서 향후 보다 많은 채용이 요구된다.[65)]

63) 대한민국 국적(國籍)을 취득하는 방법은 ① 출생(出生)에 의한 국적취득(㉠ 출생 당시에 부(父) 또는 모(母)가 대한민국의 국민인 자, ㉡ 출생하기 전에 부가 사망한 경우에는 그 사망 당시에 부가 대한민국의 국민이었던 자, ㉢ 부모가 모두 분명하지 아니한 경우나 국적이 없는 경우에는 대한민국에서 출생한 자, ㉣ 대한민국에서 발견된 기아(棄兒)는 대한민국에서 출생한 것으로 추정), ② 인지(認知)에 의한 국적취득(대한민국의 국민이 아닌 자 즉, 외국인으로서 대한민국의 국민인 부 또는 모에 의하여 인지된 자가 일정한 요건(대한민국 민법상의 미성년일 것, 출생당시 부 또는 모가 대한민국이 국민이었을 것) 모두 갖추면 법무부장관에게 신고함으로써 대한민국 국적을 취득할 수 있다), ③ 귀화(歸化)에 의한 국적취득(대한민국 국적을 취득한 사실이 없는 외국인은 법무부장관의 귀화허가(歸化許可)를 받아 대한민국 국적을 취득할 수 있는데, 귀화방법은 ㉠ 일반귀화, ㉡ 간이귀화, ㉢ 특별귀화가 있음, ④ 수반에 의한 국적취득(외국인의 자(子)로서 대한민국 민법상의 미성년자인 자는 부 또는 모가 귀화허가를 신청할 때 함께 국적취득을 신청할 수 있음), 그리고 ⑤ 국적회복에 의한 국적취득(대한민국 국민이었던 외국인은 법무부장관의 국적회복허가를 받아 대한민국 국적을 취득할 수 있음)이 있다(이상 국적법 제2조~제9조 참조).

64) 연합뉴스(2015.9.24.).

65) 2015년 현재 국내 체류외국인은 1,899,519명으로 과거에 비교해 볼 때, 지속적으로 증가하고 있으며, 그 구성도 과거

그리고 국가 간 교류 증대에 따른 해외 범죄조직의 국내조직과의 연계 등 위법행위를 차단하고자 노력하고 있다. 이를 위해 외사경찰은 유흥업소 관리, 도박장 운영, 마약밀매, 성매매, 환치기, 여권밀매 등 조직적 범죄행위 가능성을 파악하는 한편, 동아시아권 출신 외국인들 가운데 폭력사범이 많기 때문에 이들 국가와 연계하여 정보를 공유하고 이에 대한 공동대책을 마련하고 있다.

한편, 외사경찰은 국제테러의 위협에 대응하여 대테러활동을 강화하고 있다. 이를 위해 미국 FBI, 주한미군, 국가정보원, 인터폴 등 국내외 정보·수사기관과 공조체제를 구축하여 활발한 첩보활동을 하는 한편, 중국·일본·러시아 등과도 양자간 또는 다자간 대테러 협의회를 통해 실질적인 교류폭을 확대하고 있다. 또한 안보위해 우려자에 대한 입국 차단[66] 및 항공테러 예방을 위한 보안검색 등 국제공항·항만의 외사보안 활동을 강화하고 있다.[67]

3) 외사범죄수사 활동

외국인 관련범죄 또는 우리나라 국민의 국외범, 대·공사관에 관한 범죄 그 밖의 외국에 관한 범죄(외국인 등 관련범죄)의 수사에 관하여 ㉠ 조약, 협정 그 밖의 특별한 규정이 있을 때에는 그에 따르고, ㉡ 특별한 규정이 없을 때에는 범죄수사규칙(경찰청 훈령 제4절 외국인 등 관련범죄에 관한 특칙)의 규정에 의하는 외에 일반적인 수사절차를 따르도록 하고 있다(범죄수사규칙 제231조). 그리고 경찰관은 외국인 등 관련범죄의 수사

방문취업자 등 근로목적의 체류에서 국제결혼이주자, 유학생, 투자자 등으로 다양해지고 있다. 국적별로 중국(약 95만 6천명), 한국계(약 62만 6천명), 미국(약 13만 8천명), 베트남(약 13만 7천명) 순이다. 경찰청(2016), 경찰통계연보, p. 304.

66) 형사정책적 차원에서 내국인 및 외국인에 대한 적절한 출국과 입국의 심사는 매우 중요하다고 본다. 이러한 출입국심사 업무는 외국의 경우에는 경찰에서 담당하는 경우가 많으나, 우리나라는 법무부 소속 출입국관리공무원이 담당하고 있다(출입국관리법 제3조, 제11조). 그리고 법무부장관은 다음의 어느 하나에 해당하는 외국인에 대하여는 입국을 금지할 수 있다. ① 감염병환자, 마약류중독자, 그 밖에 공중위생상 위해를 끼칠 염려가 있다고 인정되는 사람, ② 총포·도검·화약류 등의 안전관리에 관한 법률에서 정하는 총포·도검·화약류 등을 위법하게 가지고 입국하려는 사람, ③ 대한민국의 이익이나 공공의 안전을 해치는 행동을 할 염려가 있다고 인정할 만한 상당한 이유가 있는 사람, ④ 경제질서 또는 사회질서를 해치거나 선량한 풍속을 해치는 행동을 할 염려가 있다고 인정할 만한 상당한 이유가 있는 사람, ⑤ 사리 분별력이 없고 국내에서 체류활동을 보조할 사람이 없는 정신장애인, 국내체류비용을 부담할 능력이 없는 사람, 그 밖에 구호(救護)가 필요한 사람, ⑥ 강제퇴거명령을 받고 출국한 후 5년이 지나지 아니한 사람, ⑦ 1910년 8월 29일부터 1945년 8월 15일까지 사이에 일제정부의 지시를 받거나 그 정부와 연계하여 인종, 민족, 종교, 국적, 정치적 견해 등을 이유로 사람을 학살·학대하는 일에 관여한 사람, 그리고 ⑧ '①'부터 '⑦'까지의 규정에 준하는 사람으로서 법무부장관이 그 입국이 적당하지 아니하다고 인정하는 사람(출입국관리법 제11조 제1항 각호). 한편, 법무부장관은 입국하려는 외국인의 본국(本國)이 제1항 각 호 외의 사유로 국민의 입국을 거부할 때에는 그와 동일한 사유로 그 외국인의 입국을 거부할 수 있다(제11조 제2항).

67) 경찰청(2013), 앞의 책, pp. 296-297.

를 함에 있어서는 국제법(國際法)과 국제조약(國際條約)에 위배되는 일이 없도록 유의하여야 한다(제232조).[68)]

(1) 일반 외국인 범죄수사

일반 외국인에 의한 범죄는 개별법(예: 출입국관리법, 여권법 등)과 형사소송법 및 범죄수사규칙(제4절 '외국인 등 관련범죄에 관한 특칙')의 일반적인 수사절차에 따라 수사하게 된다. 이러한 일반 외국인 범죄수사에 있어서는 언어, 풍속과 습관의 차이를 고려해야 하며, 외국인을 체포·구속하였을 때에는 지체 없이 그 자에 대한 변호인선임권, 진술거부권 등 일반적인 사항을 고지해야 한다.

그리고 경찰관은 외국인 등 관련범죄 가운데 중요한 범죄에 관하여는 미리 경찰청장에게 보고하여 그 지시를 받아 수사에 착수하도록 하고 있다. 다만, 급속을 요하는 경우에는 필요한 처분을 한 후 신속히 경찰청장의 지시를 받도록 하고 있다(범죄수사규칙 제233조).

그러나 경찰은 외국인 등 관련범죄의 수사를 함에 있어서는 국제법과 국제조약에 위배되는 일이 없도록 유의해야 한다(범죄수사규칙 제232조). 따라서 외국인 등의 관련범죄 수사에 있어서 「영사관계에 관한 비엔나 협약」에서 규정하고 내용을 준수해야 한다.

영사관계에 관한 비엔나 협약

파견국 국민과의 통신 및 접촉(제36조)

① 파견국의 국민에 관련되는 영사기능의 수행을 용이하게 할 목적으로 다음의 규정이 적용된다.

㉠ 영사관원은 파견국의 국민과 자유로이 통신할 수 있으며 또한 접촉할 수 있다. 파견국의 국민은 파견국 영사관원과의 통신 및 접촉에 관하여 동일한 자유를 가진다.

㉡ 파견국의 영사관할구역내에서 파견국의 국민이, 체포되는 경우, 또는 재판에 회부되기 전에 구금 또는 유치되는 경우, 또는 기타의 방법으로 구속되는 경우에, 그 국민이 파견국의 영사기관에 통보할 것을 요청하면, 접수국의 권한 있

68) 외국인 등 관련범죄를 그 성격에 따라 일반외사사범과 국제성범죄로 구분할 수 있다. ① 일반외사사범은 범죄의 인적·물적·장소적 구성이 성질상 국제성 범죄에 속하지 않는 범죄로서 출입국관리법, 여권법, 외국인토지법, 밀항단속법 등 위반사범과 같이 외국과 관련된 것이기는 하나 조직성 및 이동성이 적은 일반사범을 말한다. ② 국제성범죄는 국제협약 등에서 규정하고 있는 범죄와 인적·장소적으로 2개국 이상에 걸쳐 행하여지는 범죄를 말한다. 여기에는 국제간첩사건과 같은 반국가적 범죄, 국제테러분자, 마약 등의 밀수, 인신매매 등 인간의 존엄성과 건강을 해치는 범죄, 그리고 국제통화위조 등의 범죄를 들 수 있다. 김충남(2008), 앞의 책, pp. 561-563.

는 당국은 지체 없이 통보하여야 한다. 체포, 구금, 유치 또는 구속되어있는 자가 영사기관에 보내는 어떠한 통신도 동 당국에 의하여 지체 없이 전달되어야 한다. 동 당국은 관계자에게 본 세항에 따를 그의 권리를 지체 없이 통보하여야 한다.

ⓒ 영사관원은 구금, 유치 또는 구속되어 있는 파견국의 국민을 방문하며 또한 동 국민과 면담하고 교신하며 또한 그의 법적대리를 주선하는 권리를 가진다. 영사관원은 판결에 따라 그 관할구역 내에 구금, 유치 또는 구속되어 있는 파견국의 국민을 방문하는 권리를 또한 가진다. 다만, 구금, 유치 또는 구속되어 있는 국민을 대신하여 영사관원이 조치를 취하는 것을 동 국민이 명시적으로 반대하는 경우에, 동 영사관원은 그러한 조치를 삼가 하여야 한다.

② 위에서 언급된 권리는 접수국의 법령에 의거하여 행사되어야 한다. 다만, 동 법령은 본조에 따라 부여된 권리가 의도하는 목적을 충분히 실현할 수 있어야 한다는 조건에 따라야 한다.

한편, 경찰관은 대한민국의 영해에 있는 외국 선박 내에서 발생한 범죄로서 ㉠ 대한민국 육상이나 항내의 안전을 해할 때, ㉡ 승무원 이외의 자나 대한민국의 국민에 관계가 있을 때, ㉢중대한 범죄가 행하여졌을 때에 해당하는 경우에는 수사를 하여야 한다(제239조).

그리고 사법경찰관은 영사관계에 관한 비엔나협약 제36조의 규정에 따라 외국인을 체포·구속하였을 때에는 체포·구속시 고지사항 외에 해당 영사기관에 체포·구속사실의 통보와 국내 법령에 위반되지 않는 한도 내에서 해당 영사기관원과 접견·교통을 요청할 수 있음을 고지하여야 한다(제241조).

(2) 외교사절 등의 범죄수사

위에서 언급한 바와 같이 외국인 등 관련범죄의 수사에 있어서 조약, 협정 그 밖의 특별한 규정이 있을 때에는 그에 따르도록 하고 있다(범죄수사규칙 제231조 단서).

즉, 외교사절(外交使節)은 「외교관계에 관한 비엔나 협약」에 의해 일정한 외교특권(外交特權)을 가지고 있기 때문에 이들에 대한 범죄수사에서 이를 준수하고, 대외보안에도 유의해야 한다.[69]

69) 외교사절(外交使節)로서 대사와 공사가 있다. ① 대사(大使, Ambassador)는 외교사절의 최고 계급이며, 외국에 상주하는 외교사절단의 최고 장으로써 국가를 대표하는 외교교섭과 함께 자국민에 대한 보호와 감독의 임무를 수행한다. ② 공사(公使, Minister) 역시 국가를 대표하여 파견되는 외교사절을 의미하며, 대사 다음으로 제2 계급의 외교사절로서 정

외교관계에 관한 비엔나 협약

① 공관과 주거의 불가침(제22조 · 제30조)

㉠ 공관지역은 불가침이다. 접수국의 관헌(경찰공무원 등)은 공관장의 동의 없이는 공관지역에 들어가지 못한다.

㉡ 접수국은 어떠한 침입이나 손해에 대하여도 공관지역을 보호하며, 공관의 안녕을 교란시키거나 품위의 손상을 방지하기 위하여 모든 적절한 조치를 취할 특별한 의무를 가진다.

㉢ 공관지역과 동 지역 내에 있는 비품류 및 기타 재산과 공관의 수송수단은 수색, 징발, 차압 또는 강제집행으로부터 면제된다.

㉣ 외교관의 개인주거는 공관지역과 동일한 불가침과 보호를 향유한다.

㉤ 외교관의 서류, 통신문 그리고 특별한 경우를 제외한 그의 재산도 동일하게 불가침권을 향유한다.

② 신체의 불가침(제29조)

㉠ 외교관의 신체는 불가침이다. 외교관은 어떠한 형태의 체포 또는 구금도 당하지 아니한다. 접수국은 상당한 경의로서 외교관을 대우하여야 하며 또한 그의 신체, 자유 또는 품위에 대한 여하한 침해에 대하여도 이를 방지하기 위하여 모든 적절한 조치를 취하여야 한다(다만, 사절이 국내질서를 교란하거나 불법행위를 감행하는 경우에는 자위적 조치를 위하여 일시적으로 구속할 수 있을 것이다).

③ 재판관할권으로부터의 면제(제31조)

㉠ 외교관은 접수국의 형사재판관할권으로부터의 면제를 향유한다. 외교관은 또한, 일정한 경우를 제외하고는 접수국의 민사 및 행정재판 관할권으로부터의 면제를 향유한다.

㉡ 외교관은 증인으로서 증언을 행할 의무를 지지 아니한다. ㉢(생략).

㉣ 접수국의 재판관할권으로부터 외교관을 면제하는 것은 파견국의 재판관할권으로부터 외교관을 면제하는 것은 아니다.[70)]

식명칭은 특명전권공사이다. 대사와 공사의 자리 순서 배치나 공식 행사와 관련된 경우를 제외 한다면 큰 차이가 없다. 국제법상의 외교특권 및 면제에 대해서도 동일하며, 공사의 임무는 접수국과의 교섭과 파견국의 이익 옹호, 접수국의 정보를 파견국으로 송부, 양국 간의 우호 증진 등의 일을 하고 있다. 한편, ③ 영사(領事, Consul) 외국에 있으면서 외교부장관과 특명전권대사 또는 공사의 지시를 받아 자국의 무역통상 이익을 도모하며, 주재국(駐在國)에 있는 자국민 보호를 하는 것이 주요 임무이다. 영사는 총영사, 영사, 부영사, 영사대리 등으로 분류가 된다. 외교사절은 본국을 대표하는 기관이므로 광범위한 특권과 면제가 인정되지만, 영사는 본국을 대표하는 것이 아니기 때문에 특권과 면제가 다소 제한적이다.

70) ① 파견국은 외교관 및 기타 면제를 향유하는 자에 대한 재판관할권의 면제를 포기할 수 있다. ② 포기는 언제나 명시

① 대사·공사 등에 관한 특칙

경찰관은 외국인 등 관련범죄를 수사하는데 있어서 ㉠ 외교관 또는 외교관의 가족, ㉡ 그 밖의 외교의 특권을 가진 자의 외교 특권을 침해하는 일이 없도록 주의하여야 한다(범죄수사규칙 제234조 제1항).

그리고 경찰관은 이에 규정된 자의 사용인(使用人)을 체포하거나 조사할 필요가 있다고 인정될 때에는 현행범인의 체포 그 밖의 긴급 부득이한 경우를 제외하고는 미리 경찰청장에게 보고하여 그 지시를 받아야 한다(제2항). 경찰관은 피의자가 외교특권을 가진 자인지 그 여부가 의심스러운 경우에는 신속히 경찰청장에게 보고하여 그 지시를 받아야 한다(제3항).

한편, 경찰관은 대사·공사관과 대사·공사나 대사·공사관원의 사택 별장 혹은 그 숙박하는 장소에 관하여는 당해 대사·공사나 대사·공사관원의 청구가 있을 경우 이외에는 출입해서는 안 된다. 다만, 중대한 범죄를 범한 자를 추적 중 그 자가 위 장소에 들어간 경우에 지체할 수 없을 때에는 대사·공사관원이나 이를 대리할 권한을 가진 자의 '사전 동의'(事前 同意)를 얻어 수색하여야 한다. 이 경우 수색을 행할 때에는 지체 없이 경찰청장에게 보고하여 그 지시를 받아야 한다(제235조).

② 외국군함에의 출입

경찰관은 외국군함에 관하여는 당해 군함의 함장(艦長)의 청구가 있는 경우 외에는 이에 출입해서는 안 된다(범죄수사규칙 제236조 제1항).

경찰관은 중대한 범죄를 범한 자가 도주하여 대한민국의 영해에 있는 외국군함으로 들어갔을 때에는 신속히 경찰청장에게 보고하여 그 지시를 받아야 한다. 다만, 급속을 요할 때에는 당해 군함의 함장에게 범죄자의 임의(任意)의 인도를 요구할 수 있다(제2항).

한편, 경찰관은 외국군함에 속하는 군인이나 군속이 그 군함을 떠나 대한민국의 영해 또는 영토 내에서 죄를 범한 경우에는 신속히 경찰청장에게 보고하여 그 지시를 받아야 한다. 다만, 현행범 그 밖의 급속을 요하는 때에는 체포 그 밖의 수사상 필요한 조치를 한 후 신속히 경찰청장에게 보고하여 그 지시를 받아야 한다(제237조).

③ 영사 등에 관한 특칙

경찰관은 임명국의 국적을 가진 대한민국 주재의 총영사, 영사 또는 부영사에 대한 사

적이어야 한다. ③ 외교관 및 재판관할권의 면제를 향유하는 자가 소송을 제기한 경우에는 본소에 직접 관련된 반소에 관하여 재판관할권의 면제를 원용할 수 없다(외교관계에 관한 비엔나 협약 제32조).

건에 관하여 구속 또는 조사할 필요가 있다고 인정될 때에는 미리 경찰청장에게 보고하여 그 지시를 받아야 한다(제238조 제1항). 경찰관은 총영사, 영사 또는 부영사의 사무소는 당해 영사의 청구나 동의(同意)가 있는 경우 외에는 이에 출입해서는 안 된다(제2항).

경찰관은 총영사, 영사 또는 부영사의 사택이나 명예영사의[71] 사무소 혹은 사택에서 수사할 필요가 있다고 인정될 때에는 미리 경찰청장에게 보고하여 그 지시를 받아야 한다(제3항). 경찰관은 총영사, 영사 또는 부영사나 명예영사의 사무소 안에 있는 기록문서에 관하여는 이를 열람하거나 압수하여서는 안 된다(제4항).

(3) 주한미군 등의 범죄수사

① 주한미군 지위협정에 의한 주한미군의 법적 지위

주한미군(駐韓美軍)은 법적 지위는 미군의 법적 지위를 규정한 협정(SOFA: Status Of Forces Agreement)에 의하고 있다. 이 협정에 따라 한국에 주둔하고 있는 미군의 범죄사건에 대해서는 그 처리과정에서 경찰 등 한국 형사사법기관의 개입 여지가 매우 제한된다. SOFA는 미국에서는 행정협정이지만 우리나라에서는 국회비준을 거친 정식 조약(條約)에 해당한다.[72]

② 주한미군 지위협정의 인적 범위

㉠ 미국군대의 구성원

대한민국 영역 안에 있는 미국군대의 구성원으로서 현역 군인을 말한다. 대한민국 영역 안에서 복무하고 있는 것이 아닌, 공적인 목적 또는 사적인 목적으로 우리나라에 방문한 미군은 제외된다. 그리고 준외교특권을 향유하는 미국 대사관 소속의 군인과 군사고문단 협정에 그 신분이 인정된 자는 제외된다(협정 제1조).

---

71) 명예영사(名譽領事)는 접수국의 유력한 국민을 영사로 위촉한 경우이다. 따라서 직무영사보다는 누릴 수 있는 특권이 미비하며, 특별조약에 의거하지 않고는 외교상의 면책 특권을 누릴 수 없다.

72) 이하 조철옥(2011), 경찰학각론, 경기: 21세기사, pp. 435-442 재구성.; SOFA는 대한민국과 미합중국의 상호이익을 위하여 전문 및 31개조로 구성된 협정서가 1966년에 체결(1967년 발효)되었다. 현재 미국은 한국을 비롯해 일본, 호주, 그리스 등 40여 개 국가와 SOFA를 맺고 있다. 한국과 맺은 SOFA는 2차례 개정이 이루어졌다. 즉, ① 한국 당국이 능동적으로 재판권 행사의사를 표명하지 않는 한 미군 당국이 재판권을 행사한다는 '교환각서' 및 한국당국의 재판권 행사를 살인·강간 등 중대한 범죄자에만 국한시켰던 '합의 양해사항'을 폐기하였다(제1차 개정, 1991.1.4.). ② 중요범죄에 대한 미군 피의자(被疑者) 신병인도 시기가 재판 후에서 기소 후로 앞당겨졌으며, 환경조항·노무조항·민사소송절차 등이 신설되었다(제2차 개정, 2001.1.18.).

㉡ 군속

군속(軍屬)이란 미국의 국적을 가진 민간인으로서, 대한민국에 주둔하고 있는 미군에 고용되어 있거나 동반하고 있는 자를 말한다. 다만, 통상적으로 대한민국에 거주하고 있는 자는 제외된다. 그리고 한미 양국의 국적을 모두 가진 이중 국적자 및 특정기술자로서 미국에 의하여 고용될 목적만으로 대한민국에 들어온 자는 본 협정의 적용대상이 된다.

㉢ 가족

원칙적으로 가족이란 미군과 군속의 배우자 및 21세 미만의 자녀를 말한다. 다만, 부모 및 21세 이상의 자녀 또는 기타 친척으로서 그 생계비의 반액 이상을 미군의 구성원 또는 군속에 의존하는 자는 가족의 범위에 포함된다.

㉣ 초청계약자

미군 및 미군으로부터 군수지원을 받는 주한 외국군대 등과의 계약이행만을 위하여 대한민국에 체류하고 미국정부가 지정한 자와 그 가족을 말한다.

③ 형사재판권과 재판전 형사절차

㉠ 형사재판권

주둔군에 대한 접수국(즉, 대한민국)의 형사재판권에 관한 국제관례는 접수국의 관할에 속하는 것이 원칙이며, 다만 주둔의 이유 등을 고려하여 접수국과 파견국간의 협정에 따라 관할권이 나누어지는 것이 일반적인 현상이다. 이러한 재판 분장의 원칙에 의해 대한민국과 미군당국이 모두 재판권 행사의 주체가 되고 있다.

다만, 양자 간에 전속적(배타적) 재판권을 인정하고 있다. 즉, SOFA의 적용대상이 되는 자(미군, 군속, 가족, 초청계약자 등)들이 범죄를 저질렀을 경우, ㉠ 대한민국은 대한민국 자국의 법령에 의해서는 처벌할 수 있으나 미군법령에 의하여 처벌할 수 없는 범죄와 한국의 안전에 관한 범죄를 저질렀을 경우에는 전속적 재판권을 행사할 수 있도록 하였다. 마찬가지로 ㉡ 미국은 대한민국 법령만으로는 처벌이 불가능한 범죄와 미국의 안전에 관한 범죄에 대해서는 전속적인 재판권을 행사할 수 있도록 하였다. 그러나 ㉢ 대한민국은 평화시에는 미군속(초청계약자 포함)과 가족에 대해서는 전속적 권한을 행사할 수 있도록 하였다(협정 第22조).

㉡ 재판전 형사절차

피의자 구금 및 인도와 관련하여 미군 당국이 체포한 경우에는 원칙적으로 대한민국의 요청이 있으면, 미군 당국은 이를 '호의적으로 고려해야 한다'고 규정하고 있으므로 재판절차가 종료되고 대한민국 당국이 구금을 요청할 때까지 미군당국이 계속 구금할 수 있다. 다만, 12개 중요범죄(살인, 강간, 방화, 흉기휴대강도, 마약류범죄, 갈취목적 유괴, 폭행치사, 상해치사, 음주운전치사, 교통사고치사 후 도주 등)인 경우에는 경찰의 조사가 끝나고 검찰에 사건 송치 후, 검찰이 구속의 상당한 이유와 필요가 있고 재판확정 전에 신병을 인도받는 것이 상당하다고 판단되는 경우에는 검찰총장의 승인을 받아 구속영장을 청구하여 미군 당국으로부터 신병을 인도받을 수 있다. 이 경우 24시간 이내에 기소해야 한다(협정 제22조 제5항).

한편, 대한민국 당국이 체포한 경우에는 원칙적으로 미군 당국의 요청이 있으면,[73] "인도해야 한다"고 규정하고 있으므로 미군 당국에 인도하고, 대한민국은 재판절차가 종료된 후에 미군 당국에 인도요청을 하여 신병을 인도 받는다. 다만, 12개 중요범죄를 저지른 피의자를 대한민국 경찰이 현행범으로 체포한 경우, 구속의 이유와 필요가 있을 시(증거인멸, 도주우려, 피해자나 증인의 피해가능성 등)에는 신병을 미군 당국에 인도하지 않고 계속 구금하여 수사가 가능하다(협정 제22조 제5항).

미군 장갑차에 의한 중학생 압사 사건

2002년 6월 13일 미군 장갑차에 의한 중학생 압사 사건이 발생하였다. 당시 조양중학교 2학년이던 신○○, 심○○이 경기도 양주시 광적면 효촌리 소재 국가지원지방도 제56호선에서 갓길을 걷다가 주한 미군 미 보병 2사단 대대 전투력 훈련을 위해 이동중이던 부교 운반용 장갑차에 깔려 현장에서 숨진 사건이다. 사고가 난 도로의 폭은 3.3m 정도인데 반해 사고차량의 폭은 3.65m 이어서 사고차량이 중앙선을 침범하지 않으려면 갓길을 걷고 있던 학생을 치지 않을 수 없다. 사고가 난 도로는 인도(人道)가 따로 없는 편도 1차선의 좁은 도로로, 주민들은 평소 갓길을 인도삼아 통행해 왔다. 13일 사고가 난 이후 유족들은 "당시 사고 차량의 너비가 도로 폭보다 넓은 데다 마주오던 차량과 무리하게 교행을 시도했다는 점에서 이번 사고는 이미 예견된 살인행위였다"고 주장했다.

이 사건에 대해 미군 당국은 7월 3일 운전병과 관제병을 과실치사죄(過失致死罪)로 미 군사법원에 기소하는 한편, 라포트 주한 미군 사령관의 사과를 전했다. 그와 별도로 대한민국 검찰도 관련 미군에 대해 자체 조사를 벌이기로 했다. 이는 유족들이 6월

73) 범죄를 저지른 SOFA 대상자의 체포와 인도에 있어 상호협력의 취지가 명시되어 있고, 관련 범죄자를 체포한 경우 상호통고 및 통지의무를 명시하고 있다. 이에 따라 대한민국의 경우에는 즉결심판사안을 제외한 모든 사건을 가장 인접한 주한 미군 헌병대에 통고해야 하고, 미국의 경우에는 한국이 1차적 재판권을 가질 경우에만 한국 측에 통고하도록 하고 있다.

28일 차량 운전병과 관제병, 미2사단장 등 미군 책임자 6명을 업무상 과실치사 혐의로 의정부지청에 고소하고, 미국 측의 재판권 포기를 요청한 것에 따른 것이다.
그러나 미군 측은 신변 위협을 이유로 검찰의 소환조사에 응하지 않았다. 법무부는 7월 10일, 사상 처음으로 미국 측에 재판권 포기 요청서를 보냈다. 그러나 8월 7일 미군 당국은 "동 사고가 공무 중에 일어난 사고이기에 재판권이 미국에 있으며, 이제껏 미국이 1차적 재판권을 포기한 전례가 없다"라는 이유를 들어 재판권 포기를 거부했다.
이후 11월 18일부터 11월 23일까지 동두천 미 군사법정에서 열린 군사재판에서 배심원단은 기소된 미군 2명 모두에게 공무를 행하던 중 발생한 과실사고임을 근거로 무죄(not guilty) 판결을 내렸다. 이후 미군은 무죄판결이 있은 지 5일 만인 11월 27일 사죄성명을 발표하였다. 이러한 사건이 발생 한지 10년이 지난 2012년 5월, 한미는 주한미군 지위협정(SOFA)에 대한 개정에 합의하고 범죄 피의자인 미군 관계자의 신병을 기소전에 한국 당국에 인도할 수 있도록 하기로 하였으나 아직까지 개정은 이루어지지 못하고 있다.

4) 국제경찰공조 활동

국제경찰공조는 인터폴을 통한 공조, 외교경로(즉, 범죄인 인도조약과 범죄인 인도법, 형사사법 공조조약과 국제형사사법 공조법), 그리고 해외주재관을 통한 공조 등을 들 수 있다.

(1) 인터폴

① 인터폴의 의의

인터폴은 국제범죄의 예방과 진압을 위하여 인터폴 현장과 각 회원국의 국내법이 허용하는 범위 내에서 국제범죄에 관한 정보를 교환하고 범죄자 체포 및 인도에 대하여 상호 협력하는 정부간 국제기구인 '국제형사경찰기구'(ICPO-INTERPOL: International Criminal Police Organization)를 말한다. 인터폴은 일반인들이 생각하는 것처럼 자체 내에 수사관을 두고 초국가적 범죄에 대한 수사권(搜査權)을 행사하는 '국제경찰'을 의미하는 것은 아니다.[74]

74) 1914년 모나코 왕자 알버트 1세는 세계 여러 나라의 법학자, 경찰관 등을 초청하여 '국제형사경찰회의'(International Criminal Police Congress)를 개최하였는데, 이것이 국제경찰협력의 시초라 할 수 있다. 이후 변화과정을 겪다가 1956년 비엔나(Vienna)에서 현재의 국제형사경찰기구 즉, 인터폴로 불리게 되었으며 2010년 현재 전 세계 188개국이 회원국으로 가입하고 있으며, 우리나라는 1964년 인터폴에 가입 하였다. 경찰청(2002), 인터폴(Interpol), pp. 3-8.; 경찰청(2011), 앞의 책, p. 342.

주지하는 바와 같이 현대사회의 교통, 통신, 전산시스템의 발달은 범죄자들로 하여금 국경을 초월한 범죄활동을 가능하게 하였고, 이러한 범죄의 '무국경화'(無國境化)현상은 국제교류의 지속적인 증가로 더욱 뚜렷해지고 있다. 이로 인해 발생하는 범죄를 이른바 '국제범죄'라고 부르고 있다.

그런데, 이러한 국제범죄를 수사하여 그 범인들을 추적, 체포한다는 것은 결코 쉬운 일이 아니다. 왜냐하면 이를 위해서는 각 국가마다 상이한 형사사법절차, 수사체제, 문화와 관습, 언어 등의 문제를 극복하고 관련 국가의 경찰 및 형사사법기관이 다방면에 걸쳐서 서로 협력하지 않으면 안 되기 때문이다.

② 인터폴의 지위

㉠ 국제기구로서의 지위

인터폴은 창설초기 각국 경찰기관의 정례적 협의체에 불과한 비정부간 기구에 불과하였다. 그러나 국제범죄에 대한 활동과 역할이 그 중요성을 더해감에 따라 인터폴은 국제경찰협력의 주체인 정부간 기구로서의 지위를 인정받게 되었다. 즉, 1971년 5월 UN의 경제사회이사회는 결의안에서 인터폴을 정부간 국제기구로 공식인정 한 후 인터폴과 '상호협력을 위한 특별약정'을 체결한데 이어 1996년 10월에 UN은 인터폴에 옵서버(observer: 회의 등에 정식참가자로 인정되지는 않으나, 특별히 참석이 허용된 사람) 자격으로 UN총회의 회기와 업무에 참여할 수 있는 권한을 부여하였다.

또한 UN의 교육·과학·문화기구(UNESCO, 유네스코)도 199년 10월 인터폴과 체결한 양해각서를 통하여 인터폴을 정부간 기구로 인정하였다. 그리고 인터폴 본부가 소재한 프랑스 및 지역사무분국이 소재한 태국 등 5개 국가는 인터폴 직원 및 시설물에 대하여 일정한 면책특권을 부여하고 있다는 점 역시 인터폴이 정부간 국제기구라는 사실을 뒷받침하고 있다.[75)]

㉡ 법적 지위: 권한

인터폴은 인터폴 헌장(憲章, Constitution), 일반규정 및 각 회원국의 국내법에 의거하여 국제경찰협력을 위해 활동하는 정부간 기구이나, 그 성립 및 활동이 국제조약(國際條約), 협약(協約) 또는 이와 유사한 기속력 있는 법적 근거에 의한 것은 아니다. 그리고 그 헌장 역시 외교적 서명이나 각 회원국 정부의 비준을 요청하는 것이 아니다.[76)]

75) 경찰청(2002), 앞의 책, pp. 13-14.
76) 위의 책, pp. 14-15.

이러한 인터폴의 특성으로 인해 인터폴은 기구 자체가 체포, 압수, 수색 등 범죄수사권을 행사할 수는 없으며, 단지 그러한 권한은 인터폴 사무총국이나 타 국가중앙사무국으로부터 공조수사를 의뢰받은 회원국이 자국 법령이 인정하는 한도 내에서 행사할 수 있을 뿐이다.

다만 인터폴은 정부간 국제기구로서 국제법상 그 자신의 고유한 권한과 특권을 보유하고 있다고 할 수 있다. 즉, 1990년 12월 UN총회에서 채택한 「범죄인 인도에 관한 유엔모델 조약」은 효과적인 범죄통제를 위해 긴급한 경우 범죄인 인도청구서를 송부하기 전에 범죄인에 대한 긴급인도구속을 인터폴의 통신수단에 요청할 수 있다고 함으로써 범죄인 인도에 관한 인터폴의 법적인 지위를 인정하였고, 범죄인 인도에 대한 대표적인 다자간 조약인 「범죄인 인도 유럽협약」도 인터폴을 통하여 긴급인도구속을 청구할 수 있도록 규정하고 있다. 또한 1998년 7월 로마에서 채택된 국제형사재판소(ICC: International Criminal Court) 규정에도 당사국에 대한 협력요청을 인터폴을 통하여 전달할 수 있다고 명시되어 있는 등 여러 국제조약에서 인터폴의 법적 주체성을 인정하고 있다.

우리나라도 국내법인 「범죄인 인도법」이 제정(1988년)되어 범죄인 인도에 관한 범위와 절차를 규정하고 있는데, 이를 근거로 하여 외국과 개별적인 범죄인 인도조약을 체결해 오고 있다. 이 중 캐나다, 아르헨티나, 파라과이, 스페인, 뉴질랜드 등의 국가와 맺은 범죄인 인도조약은 인터폴을 통한 범죄인 긴급인도구속청구 절차를 명시하고 있다.

그러나 우리나라 범죄인 인도법에는 우리나라가 체결한 일부 범죄인 인도조약에 명시되어 있는 긴급인도구속 청구시 인터폴을 활용한 규정이 전혀 언급되어 있지 않아 향후 법개정을 통하여 그에 대한 관련규정의 신설이 요망된다.

후술하겠지만, 우리나라의 범죄인 인도법상 범죄인의 인도심사 및 그 청구와 관련된 사건은 서울고등법원과 서울고등검찰청의 전속관할(專屬管轄)로 되어 있다(범죄인 인도법 제3조 단서). 이러한 문제는 범죄수사권한이 검찰에게 귀속되어 있기 때문에 비롯된 문제라고 보며, 따라서 향후 수사권한의 재조정 또는 합리화가 이루어져야 한다고 본다.

한편, 우리나라는 범죄인 인도법과는 별도로 「국제형사사법 공조법」(1991)이 제정되어 있어, 이 법에 따라 형사사건의 수사 또는 재판과 관련하여 외국정부로부터 요청을 받거나 우리나라에서 외국에 요청하는 형사사법 공조의 범위와 절차 등을 규정함으로써 범죄의 예방 및 진압을 위한 국제적인 협력증진을 도모하고 있다(이에 대해서는 후술하기로 한다).

③ 인터폴의 조직과 행정

인터폴은 비상설기관인 총회 및 집행위원회와 상설기관인 사무총국 및 각 회원국이 자체적으로 구성하는 국가중앙사무국(NCB: National Central Bureau)으로 구성된다.[77] 이 가운데 사무총국과 국가중앙사무국을 중심으로 살펴보기로 한다.

㉠ 사무총국

사무총국은 인터폴의 상설 행정기관임과 동시에 기술기관으로서, 국제범죄 예방과 진압을 위하여 각 회원국 및 국제기관과 긴밀한 협조관계를 유지하면서 각종 국제범죄에 관한 정보를 교환하는 인터폴의 추진체라고 할 수 있다. 사무총국은 사무총장의 지휘 하에 각국에서 파견된 현직 경찰관과 현지에서 채용된 기술 및 행정요원들에 의해 운영되고 있다. 우리나라도 1990년 1월부터 경찰관을 파견하여 관련 업무를 수행하도록 하고 있다.

㉡ 국가중앙사무국

국가중앙사무국은 인터폴 회원국 산하 기구로 설치되어 있는 상설기구라 할 수 있다. 국가중앙사무국은 회원국 경찰기관을 대표하여 사무총국 또는 회원국 간의 국제수사공조에 대해 상호협력 하는 창구역할을 수행한다. 따라서 인터폴 사무총국이나 외국경찰 기관과의 범죄정보 교환이나 수사협조 등 국제적 경찰협력은 각 회원국의 국가중앙사무국을 경유해야 하며, 그렇지 않을 경우에는 정확하고 신뢰성 있는 협력을 보장받을 수 없게 된다. 우리나라는 1965년 5월(내무부예규 제43호)에 경찰청에 인터폴 대한민국 국가중앙사무국을 설치·운영해오고 있으며,[78] 경찰청 외사관리관이 국가중앙사무국장을 맡고 있다.

④ 인터폴 활동

인터폴 사무총국은 각 회원국으로부터 접수되는 각종 국제범죄정보를 기록·축적·분석·정리하여, 회원국의 요청 및 필요에 따라 시의적절하게 제공하고 있다. 이를 위해 국제범죄정보를 다각적(범죄자 신원, 범죄간 연계성, 범죄추세 등)으로 분석하고, 최신 법과학지원시스템(지문 자동감식시스템, 유전자지문(DNA), 재난희생자 신원확인 등)을 활용

---

77) 위의 책, pp. 16-30.

78) 경찰청 '인터폴 대한민국 국가중앙사무국'(Korean National Central Bureau)은 전 세계 경찰기관과 광범위하고 실질적인 공조수사체제를 통하여 국외도피사범 송환, 테러정보 수집 등을 비롯한 각종 국제성 범죄에 대응해 오고 있다. 2012년 한국인터폴(NCB Seoul)을 통해 이루어진 국제공조 실적은 총 5,779건으로 지역별로는 중국(1,636건), 아시아(1,181건), 북미(786건), 유럽(683건), 일본(572건)으 순으로 활발한 공조가 이루어지고 있다. 경찰청(2013), 경찰백서, p. 300.

하고 있다.[79]

그리고 사무총국은 각국 국가중앙사무국이 송부한 자료에 근거하여 국제수배서를 발행하고 있다. 사무총국에서 발행된 국제수배서는 전 회원국에 배포되어 피수배자의 검거, 동향감시 및 주의촉구 등의 수단으로 활용된다.

국제수배서 종류

① **적색수배서(Red Notice)**: 수배서 가운데 가장 중요한 수배서로 오른쪽 위 모서리에 적색의 마크가 표시되어 있어 적색수배서라 한다. 적색수배서는 일반 형법을 위반하여 체포영장이나 구속영장이 발부되고, 범죄인 인도(Extradition)를 목적으로 하는 경우에 한하여 발행된다. 따라서 수배서 신청국가와 범죄인 인도조약이 체결된 국가의 경찰이 피수배자를 발견시 적색수배서를 근거로 피수배자를 긴급인도구속(Provisional Arrest) 할 수 있으며,[80] 그 후에는 범죄인 인도조약에 의한 구금의 청구, 정식 인도유구 등의 절차가 진행되게 된다.

② **청색수배서(Blue Notice)**: 청색수배서는 피수배자의 신원 및 전과확인, 일반 형법 위반자로서 범죄인 인도청구 가능성이 있는 범죄자의 소재확인 요청을 위해 발행된다.

③ **녹색수배서(Green Notice)**: 녹색수배서는 여러 국가에서 상습적으로 범행을 하였거나 또는 그럴 가능성이 있는 국제범죄자의 동향을 파악하게 하여 사전에 그 범행을 방지하게 할 목적으로 발행된다. 다만, 전과의 정도, 죄종, 국제범죄조직의 일원인지 여부 등을 고려하여 중요한 국제범죄자에 한해 발행한다.

④ **황색수배서(Yellow Notice)**: 황색수배서는 가출인의 소재확인 또는 심신상실자의 신원확인 목적으로 발행되는 수배서이다.

⑤ **흑색수배서(Black Notice)**: 흑색수배서는 사망자의 신원을 확인 할 수 없거나 또는 사망자가 가명을 사용하였을 경우, 정확한 신원확인을 목적으로 발생하는 수배서이다. 여기에는 사체의 사진과 지문, 치아상태, 문신, 용모의 특성, 의복 및 소지품의 상표 등 사망자 신원파악에 도움이 될 수 있는 자료에 관한 내용이 수록되어 있다.

79) 경찰청(2002), 앞의 책, pp. 33-37.

80) 적색수배서에 의한 긴급인도구속은 이미 유럽 여러 나라를 비롯한 많은 나라에서 실행되고 있고, 1957년의 범죄인 인도 유럽조약 제16조 제3항, 1962년 범죄인 인도 및 형사사법 공조조약(베네룩스조약) 제15조 제3항 등은 긴급인도구속의 청구를 인터폴을 통해 할 수 있다는 점을 명시하고 있다. 우리나라도 범죄인 인도조약에 의한 범죄인 송환에 현실적인 어려움이 많은 점을 감안, 인터폴을 통해 범죄인 인도 전단계인 긴급인도구속을 요청할 경우 피의자의 소재파악과 구금이 가능하도록 관련 법규정(즉, 범죄인 인도법)을 개정해야 할 것이며, 각 국가와 체결하는 범죄인 인도조약에도 동 내용을 포함시켜야 할 것이다. 위의 책, p. 56.

⑥ **장물수배서(Stolen Property Notice)**: 장물수배서는 도난 또는 불법적으로 취득한 것으로 보이는 물건(도난차량 등), 문화재(미술품, 고대유물 등)에 대해 발행되는 수배서이다.

⑦ **범죄수법수배서(Modus Notice)**: 세계 각국에서 범죄인들이 범행시 사용한 특이 범죄수법 등을 사무총국에서 분석·관리하고 그 수법을 각 회원국에 배포하여 각국 수사기관으로 하여금 범죄예방 및 수사의 기초자료, 그리고 교육 자료로 활용하게 할 목적으로 발행하는 수배서이다. 사무총국에서는 이를 국제수배서의 일종으로 분류하고 있으나 사실상 수배서라기보다는 단순 범죄정보자료라고 할 수 있다. 수배서 가운데에 엷은 자주색 4각 마크가 표시되어 있다.

한편, 인터폴은 국제범죄자(마약사범, 조직범죄, 국제테러리즘, 재정·경제사범, 인신매매 및 아동성학대범, 도피사범 등) 수사를 입체적으로 지원하는데, 예컨대 한국경찰이 필리핀 국적의 피의자에 대하여 필리핀 경찰 및 사무총국에 신원조회를 의뢰할 경우, 사무총국에서 보관 중인 자체 데이터를 검색하여 해당 범죄자가 소속국인 필리핀 이외의 제3국 등지에서 범죄를 범한 경력이 있는지 여부와 수배여부에 대하여 한국에 회신하도록 하고 있다. 이러한 제3국에서의 범죄정보는 해당 범죄자 소속국 경찰에서는 파악되지 않는 경우가 있어 국제적인 상습범죄자의 수사 등에 크게 기여하고 있다.

(2) 범죄인 인도

① 범죄인 인도의 의의

범죄인 인도는 원칙적으로 국가 간의 「범죄인 인도조약」(다자간의 조약 포함)에 의하여 행하여지며, 국내적으로는 인도의무 이행 등 구체적인 절차 등을 규정하기 위하여 「범죄인 인도법」(1988)이 제정되었다. 범죄인 인도에 관하여 인도조약에 이 법과 다른 규정이 있는 경우에는 그 규정에 따른다(제3조의2). 따라서 범죄인 인도조약의 규정은 범죄인 인도법에 우선한다고 볼 수 있다.

범죄인 인도와 형사사법 공조

대구 소재 초등학교 원어민교사로 근무하던 미국인 A씨는 지난 2010년 여름에 교실에서 4회에 걸쳐 초등학교 남학생 4명을 성추행한 뒤 미국으로 도주했다. 그러나 A씨는 지난 2012년 2월 미국에서 체포된 뒤 3월에 국내로 송환돼, 현재 구속기소 상태에서 1심 재판을 받고 있다. A씨가 국내로 송환될 수 있었던 것은 바로 한·미간에 맺어진 「범죄인 인도조약」을 근거로 우리 정부가 2011년 11월 A씨에 대한 범죄인 인도를 미국에 청구했기 때문이다. 검찰이 범죄인 인도 청구를 결정하면 법무부가 외교부를 통해 청구서를 주한 미국대사관에 제출하고, 대사관 측은 미국 국무부로 청구서를 전달함으로써 인도 절차가 진행된다.

우리나라가 범죄인 인도조약을 체결해 발효된 국가는 2012년 현재 미국, 중국, 일본, 러시아 등 73개국(양자조약 및 다자조약)에 이르고 있다. 다자조약인 「유럽평의회 범죄인 인도협약」은 2011년 12월에 국내에서도 발효(發效, 양국 국회의 비준동의 절차가 완료되어 이행중인 상태)되었다. 법무부에 따르면, 범죄인을 해외에서 송환받은 건수는 지난 2007년 이후 2012년 6월까지 89명에 이르며, 우리가 범죄인을 인도한 건수는 24명에 달했다. 특히, 지난해에는 범죄인 인도제도 시행 이후 최다 인원인 26명을 송환받았다. 정부는 해외 도피처로 주로 활용되는 동남아 지역 국가와의 공조를 더욱 강화하는 등 해외 도피 범죄인의 국내 송환에 박차를 가하고 있다. 법무부는 외교부, 재외공관과 공조해 여권 무효화 조치, 강제추방 등 국가별 실정을 고려한 맞춤형 송환 방안도 시행하고 있다.

한편, 마약이나 테러 등 날로 진화하는 국제범죄를 제대로 수사하기 위해서는 「형사사법 공조조약」도 매우 중요하다. 우리나라는 2012년 현재 미국과 중국, 일본, 러시아, 프랑스 등 70개국(양자조약 및 다자조약)과 형사사법 공조조약을 체결해 발효가 된 상태다. 다자조약인 「유럽평의회 형사사법 공조조약」은 2011년 12월 국내에서도 발효되었다.

형사사법 공조조약을 체결한 국가 간에는 수사·재판 기록 사본은 물론 전과 및 출입국 내역, 재산범죄에 이용된 계좌 거래내역, 현지 참고인에 대한 진술 청취 조서 등 광범위한 자료를 주고받을 수 있다. 법무부 관계자는 "신병 인도를 제외한, 범죄와 관련된 거의 모든 자료를 주고받는 셈"이라고 밝혔다. 특히, 미국, 일본, 홍콩, 캐나다 등 4개국과는 외교행랑을 통하지 않고 양국 법무부간 특급우편으로 이들 자료를 주고받는다. 외교행랑의 경우 보름 이상이 걸리는데 반해, 특급우편은 사흘 정도면 자료를 주고받을 수 있기 때문이다.

지난 2007년 이후 2012년 6월 현재까지 형사사법 공조건수는 총 612건에 이른다. 이 가운데 우리 측 요청으로 공조를 받은 건수는 347건, 우리가 공조해준 건수는 265건에 이른다. 범죄자들이 죄를 짓고 해외로 도피해도 세계 각국과 촘촘하게 구축해 놓은 범죄인 인도조약과 형사사법 공조조약으로 숨을 곳이 사라지고 있는 것이다.[81)]

81) 또한 해외에서 수감 중인 자국 수형자의 남은 형기를 자국 교도소에서 복역하도록 하기 위해 마련된 「수형자 이송조약」의 경우 미국과 중국, 일본, 러시아 등 67개국(양자조약은 중국, 베트남, 인도, 몽골 등 4개국, 다자조약 63개국)과 체결해 발효가 이루어 졌다. 다자조약인 「유럽평의회 수형자 이송협약」은 국내에서는 지난 2005년 11월 발표되었다. 쿠웨이트와는 지난 2011년 3월, 태국과는 지난해 2월 서명이 이뤄졌으나 아직 발효는 안 된 상태다. 국제 수형자 이송 실적은 지난 2007년 이후 올해 6월 말까지 국내로 39명을 이송해왔고, 8명(미국 3명, 일본, 영국, 독일, 네덜란드, 몽골에 각 1명)을

범죄인 인도(犯罪人 引渡, extradition)는 한 나라의 형법 기타 법을 위반한 범죄자가 다른 나라에 있는 경우, 범죄인의 현재지 국가가 범죄지 국가의 요청에 따라 그 범죄인을 인도하는 것을 말한다. 범죄인 인도법은 범죄인 인도에 관하여 그 범위와 절차 등을 정함으로써 범죄 진압 과정에서의 국제적인 협력을 증진하기 위하여 제정되었다(제1조).[82)] 범죄인 인도법에 규정된 범죄인의 인도심사 및 그 청구와 관련된 사건은 서울고등법원과 서울고등검찰청의 전속관할(專屬管轄)로 하고 있다(제3조).

② 외국으로의 범죄인 인도

대한민국 영역에 있는 범죄인은 범죄인 인도법에서 정하는 바에 따라 청구국의 인도청구에 의하여 소추(訴追), 재판 또는 형의 집행을 위하여 청구국에 인도할 수 있다(제5조).

인도대상 범죄는 모든 범죄가 가능한 것이 아니라, 대한민국과 청구국의 법률에 따라 인도범죄가 사형, 무기징역, 무기금고, 장기(長期) 1년 이상의 징역 또는 금고에 해당하는 경우에만 범죄인을 인도할 수 있다(제6조). 따라서 범죄인 인도와 관련하여 ㉠ 절대적 인도거절 사유(제7조), ㉡ 정치적 성격을 지닌 범죄 등의 인도거절(제8조), ㉢ 임의적 인도거절 사유가 있다(제9조).

외국으로부터 범죄인 인도청구는 외교부장관을 거치도록 하고 있다. 따라서 범죄인 인도청구를 받은 외교부장관은 청구국으로부터 범죄인의 인도청구를 받았을 때에는 인도청구서와 관련 자료를 법무부장관에게 송부하여야 한다(제11조).

법무부장관은 외교부장관으로부터 위와 같은 인도청구서 등을 받았을 때에는 이를 서울고등검찰청 검사장(檢事長)에게 송부하고 그 소속 검사로 하여금 서울고등법원에 범죄인의 인도허가 여부에 관한 심사를 청구하도록 명하하도록 하고 있다. 다만, 인도조약 또는 이 법에 따라 범죄인을 인도할 수 없거나 인도하지 않는 것이 타당하다고 인정되는 경우에는 그러하지 않는다(제13조 제1항).

해외로 이송했다. 이렇게 이송된 수형자는 남은 형기를 자국 교도소에서 복역하게 된다. 수형자 이송조약의 대상자는 '자유형(징역형, 금고형) 집행자'로 돼 있어 사형이 확정된 자를 제외한 무기수도 이송이 가능하다. 이렇게 이송된 수형자는 경우에 따라서는 사면은 물론 감형도 받을 수 있다. 외국에서 수감생활을 하고 있는 한국인 범죄자는 2012년 초를 기준으로 51개국에 총 1,606명에 이른다. 국가별로는 일본이 547명으로 가장 많고, 이어 중국 531명, 미국 253명, 필리핀 36명, 태국 35명, 인도네시아 22명 등이다. 범죄 유형별로는 마약이 278명으로 가장 많고, 이어 살인 214명, 사기 등 142명, 절도 140명, 불법체류 120명, 강도 108명 등의 순이다. 국내에 수감 중인 외국인 범죄자는 6월 말 현재 총 48개국에 총 1,220명이 있으며, 중국이 가장 많다. 노컷뉴스(2012.7.14.).; 경찰청(2013), 앞의 책, p. 295.

82) 상호주의(相互主義) 원칙에 따라 범죄인 인도조약이 체결되어 있지 아니한 경우에도 범죄인의 인도를 청구하는 국가가 같은 종류 또는 유사한 인도범죄에 대한 대한민국의 범죄인 인도청구에 응한다는 보증을 하는 경우에는 이 법을 적용하도록 하고 있다(범죄인 인도법 제4조).

③ **외국에 대한 범죄인 인도 청구**

법무부장관은 대한민국 법률을 위반한 범죄인이 외국에 있는 경우 그 외국에 대하여 범죄인 인도 또는 긴급인도구속(도망할 염려가 있는 경우 등 긴급하게 범죄인을 체포·구금(拘禁)하여야 할 필요가 있는 경우에 범죄인 인도청구가 뒤따를 것을 전제로 하여 범죄인을 체포·구금하는 것)을 청구할 수 있다(범죄인 인도법 제42조 제1항).

법무부장관은 외국에 대한 범죄인 인도청구 또는 긴급인도구속청구 등과 관련하여 필요하다고 판단할 때에는 적절하다고 인정되는 검사장·지청장 등에게 필요한 조치(관련 자료의 검토·작성·보완 등) 명할 수 있다(제42조 제2항 및 제43조).

법무부장관은 이상과 같은 과정에 따라 범죄인 인도청구, 긴급인도구속청구 등을 결정한 경우에는 인도청구서 등과 관계 자료를 외교부장관에게 송부하여야 한다. 외교부장관은 법무부장관으로부터 이에 따른 인도청구서 등을 송부 받았을 때에는 이를 해당 국가에 송부하여야 한다(제43조, 제44조).

(3) 국제형사사법공조

① **국제형사사법공조의 의의**

국제형사공조는 범죄인 인도와 마찬가지로 범죄의 국제화 현상에 효율적으로 대처하기 위하여 각 국가 간의 '형사사법 공조조약'이 체결되고 있으며, 이를 위해 우리나라는 「국제형사사법 공조법」(1991)을 제정 하였다. 범죄인 인도조약과 범죄인 인도법과 마찬가지로 형사사법 공조와 관련하여 공조조약이 이 법에 우선하여 적용된다(국제형사사법 공조법 제3조).

따라서 국제형사사법공조법은 형사사건의 수사 또는 재판과 관련하여 외국의 요청에 따라 실시하는 공조(共助) 및 외국에 대하여 요청하는 공조의 범위와 절차 등을 정함으로써 범죄를 진압하고 예방하는 데에 국제적인 협력을 증진하기 한 것이다(제1조). 그리고 이 법도 범죄인 인도법과 마찬가지로 상호주의(相互主義)원칙에 따르도록 하고 있다(제4조).

② **국제형사사법공조의 범위와 제한**

형사사법공조의 범위는 다음과 같이 규정하고 있다. ㉠ 사람 또는 물건의 소재에 대한 수사, ㉡ 서류·기록의 제공, ㉢ 서류 등의 송달, ㉣ 증거 수집, 압수·수색 또는 검증, ㉤ 증거물 등 물건의 인도(引渡), ㉥ 진술 청취, 그 밖에 요청국에서 증언하게 하거나 수사에 협조하게 하는 조치가 이에 해당한다(국제형사사법 공조법 제5조 각호).

그러나 다음의 어느 하나에 해당하는 경우에는 공조를 하지 아니할 수 있다고 규정하고 있다. ㉠ 대한민국의 주권, 국가안전보장, 안녕질서 또는 미풍양속을 해칠 우려가 있는 경우, ㉡ 인종, 국적, 성별, 종교, 사회적 신분 또는 특정 사회단체에 속한다는 사실이나 정치적 견해를 달리한다는 이유로 처벌되거나 형사상 불리한 처분을 받을 우려가 있다고 인정되는 경우, ㉢ 공조범죄가 정치적 성격을 지닌 범죄이거나, 공조요청이 정치적 성격을 지닌 다른 범죄에 대한 수사 또는 재판을 할 목적으로 한 것이라고 인정되는 경우, ㉣ 공조범죄가 대한민국의 법률에 의해서는 범죄를 구성하지 아니하거나 공소를 제기할 수 없는 범죄인 경우, 그리고 ㉤ 이 법에 요청국이 보증하도록 규정되어 있음에도 불구하고 요청국의 보증이 없는 경우가 이에 해당한다(제6조 각호).[83]

③ 국제형사사법공조 과정

㉠ 외국의 요청에 따른 수사 및 형사재판에 관한 공조

공조요청 접수 및 요청국에 대한 공조 자료의 송부는 외교부장관이 하도록 하고 있다. 다만, 긴급한 조치가 필요한 경우나 특별한 사정이 있는 경우에는 법무부장관이 외교부장관의 동의를 받아 이를 할 수 있다(국제형사사법 공조법 제11조).

외교부장관은 요청국으로부터 형사사건의 수사에 관한 공조요청을 받았을 때에는 공조요청서에 관계 자료 및 의견을 첨부하여 법무부장관에게 송부하여야 한다(제14조). 공조요청서를 받은 법무부장관은 공조요청에 응하는 것이 타당하다고 인정하는 경우에는 지방검사장(검사장은 소속검사에게)에게 공조에 필요한 조치를 명하는 것 등을 해야 한다(제15조)

한편, 법무부장관은 법원에서 해야 할 형사재판에 관한 공조요청서를 받았을 때에는 이를 법원행정처장(법원행정처장은 지방법원장에게)에게 송부하여 필요한 조치를 하도록 하고 있다(제23조 및 제24조).

㉡ 외국에 대한 수사 및 형사재판에 관한 공조요청

검사는 외국에 수사에 관한 공조요청을 하려면 법무부장관에게 공조요청서를 송부해야 하고, 사법경찰관은 검사에게 신청하여 법무부장관에게 공조요청서를 송부하도록 하고 있다(제29조).

이에 따른 공조요청서를 받은 법무부장관은 외국에 공조요청 하는 것이 타당하다고 인

83) 한편, 대한민국에서 수사가 진행 중이거나 재판에 계속(係屬)된 범죄에 대하여 외국의 공조요청이 있는 경우에는 그 수사 또는 재판 절차가 끝날 때까지 공조를 연기할 수 있다(국제형사사법 공조법 제7조).

정하는 경우에는 그 공조요청서를 외교부장관에게 송부해야 한다. 다만, 긴급한 조치가 필요한 경우나 특별한 사정이 있는 경우에는 외교부장관의 동의를 받아 공조요청서를 직접 외국에 송부할 수 있다(제30조). 외교부장관은 법무부장관으로부터 이에 따른 공조요청서를 받았을 때에는 이를 외국에 송부하여야 한다. 다만, 외교 관계상 공조요청 하는 것이 타당하지 아니하다고 인정하는 경우에는 이에 관하여 법무부장관과 협의하도록 하고 있다(제31조).

한편, 법원이 형사재판에 관하여 외국에 공조요청을 하는 경우에는 법원행정처장에게 공조요청서를 송부하여야 한다. 이 경우 법원은 그 사실을 검사에게 통지하여야 한다. 법원행정처장은 이에 따른 공조요청서를 받았을 때에는 법무부장관에게 이를 송부하도록 하고 있다(제33조). 외국에 대한 형사재판에 관한 공조요청에 관해서는 수사에 관한 규정(제30조~제32조)을 준용하도록 하고 있다(제35조).

(4) 경찰주재관의 공조 및 재외국민 보호활동

경찰은 해외에서 테러 및 사건·사고로 인해 재외국민과 해외여행 중인 자국민이 피해를 입었을 경우 신속하고 체계적인 보호를 하기 위해 여러 가지 활동을 하고 있다. 이와 관련하여 대표적으로 경찰주재관을 들 수 있다.

경찰은 2015년 현재 35개국 56개 공관(중국: 9, 미국: 5, 일본: 5, 필리핀: 2, 베트남: 2, 인도: 2, 캐나다: 2, 러시아: 2, 기타 1개)에 60명의 경찰주재관(경무관 4명, 총경 18명, 경정 19명, 경감 19명)을 파견하고 있다.[84] 과거에 비해 경찰주재관이 파견된 국가 및 공관수가 증가했다고는 하나, 우리 국민의 해외 진출현황 등을 고려해 볼 때, 여전히 미비한 수준이라고 할 수 있다.

어쨌든, 이들 경찰주재관은 주재국 경찰기관과의 협력체제를 견고히 함으로써 범죄피해시 현지 경찰에 협조를 요청하고, 현지 경찰과의 공조수사를 통하여 우리 국민과 관련된 사건·사고를 신속하고 효과적으로 대응하고자 노력하고 있다. 또 국외도피사범의 검거·송환활동을 위해 국제공조수사를 강화하고 마약·테러 등 국제범죄와 관련된 해외 치안정보를 수집하고 있다.

84) 경찰청(2016), 경찰통계연보, p. 307.

제14장

결 론

제1편에서 경찰학의 학문적 기초로써 경찰의 의의와 기본이념·윤리, 경찰의 역사적 발전과정 등을 살펴보았고, 제2편에서 경찰조직의 이해를 위하여 경찰조직이론을 바탕으로 경찰조직구조·인사관리·예산관리 등 살펴보았다. 이러한 경찰에 대한 접근은 결과적으로 현장운용(現場運用)을 어떻게 하면 잘 할 것인가의 문제로 귀결된다. 따라서 제3편에서는 경찰현장운용의 기초가 되는 경찰권한(警察權限)을 체계화시켜 그 내용을 살펴보았고, 이를 토대로 개별 경찰기능 즉, 생활안전·수사·교통·경비·정보·보안·외사경찰이라는 이름으로 유형화하여 접근하였다.

물론, 이러한 접근방법은 논의의 편의를 위한 것이며, 실제에 있어서는 매우 복합적으로 상호작용하기 때문에 이를 명확히 구분한다는 것 자체가 쉬운 일이 아니라고 본다. 이는 '아전인수'(我田引水)식의 접근에 것에 지나지 않은 것이다.

생각건대, 경찰이 일선에서 직무를 수행하는 제반과정 즉, 현장운용의 핵심은 '경찰과 시민의 관계'를 어떻게 하면 긍정적으로 정립할 수 있을 것인가에 달려 있다고 본다. 경찰은 군대와는 달리 시민들을 대상으로 제반활동을 하는 것이며, 그 속에서 준법시민(準法市民)과 불법시민(不法市民)을 구분하여 적절한 법집행을 하는 것이라 할 수 있다. 그리고 이러한 준법시민과 불법시민은 본래부터 명확히 구분되는 것이 아니라 준법시민이 곧 불법시민이 될 수 있고, 불법시민 또한 얼마든지 준법시민이 될 수 있는 것이다. 이러한 점에서 경찰의 현장운용은 대단이 어렵게 될 수밖에 없다고 본다. '피아'(彼我)의 구분이 없는 상황에서 경찰은 어떻게 하면 자유민주질서의 가치를 수호하면서 자신들의 정체성을 확립해 나갈 수 있을 것인가 하는 본질적인 문제에 직면하게 되는 것이다.

그러나 자유민주국가에서 경찰과 시민의 관계개선은 결코 쉬운 일이 아니다. 자유민주주의는 '개인의 자유와 권리보장'을 바탕으로 한 것인데, 이는 근본적으로 '존재론'(存在論)에 기초를 두고 있다고 할 수 있다. 존재론적 구성원리는 개별적 존재를 세계의 기본단위로 인식하고 그 개별적 존재에 실체성(實體性)을 부여하는 것이다. 그리고 개인이든 집단이든 국가든 간에 개별적 존재는 부단히 자기를 강화해 가는 운동원리를 갖는다. 그것은 '자기증식'(自己增殖)을 운동원리로 하는 자본운동의 표현이라 할 수도 있다. 서구의 근대사회는 자본주의 사회이고 자본의 운동원리가 관철되는 체계이다. 따라서 근대사회의 '사회론'(社會論)이란 이러한 존재론적 세계 인식을 전제한 다음 개별 존재들 간의 충돌을 최소화하는 질서를 만들어 내는 것이라 할 수 있다.[1)]

따라서 종래 서구에서 논의 되어온 경찰과 시민의 관계는 바로 이러한 존재론적 시각에서 출발한 것이라는 점이다. 1960년대 이후 미국에서 논의 되어온 '경찰과 커뮤니티 관계개선'(PCR: Police Community Relations)과 1980년대 이후 논의 된 '커뮤니티 경찰활동'(CP: Community Policing)은 그러한 결과물이라고 할 수 있다.

즉 경찰과 시민이라는 개별적 존재의 세계를 전제로 하고 양자의 충돌을 최소화하면서 조화를 모색하는 추구해온 것이라 할 수 있다. 사실, 민주주의라는 것이 '개인의 자유와 권리의 보호'를 본질로 하고, 거기에 사회적·국가적 권리라 할 수 있는 공공의 안녕과 질서유지를 도모하고 있는데, 양자는 빈번하게 가치 갈등의 여지가 있을 수밖에 없다.

양자의 존재성을 인정한 것이라면, 양자 간에는 차이가 존재하기 마련이고, 그런 점에서 차이를 보려는 시각은 결국 한쪽을 부당하게 왜곡할 수밖에 없기 때문이다. 물론 본질적인 부분에서 차이를 보이고 있는 경우도 없지 않겠지만 그러한 경우보다는 그 형식이나 표현에 있어서의 차이, 즉 지엽적인 부분이 비교되는 경우가 많다. 차이에 주목하는 것은 부분을 확대하는 것에 불과하다. 그러나 엄밀한 의미에서 대등한 비교는 존재하지 않는다. 비교나 차이는 본질적으로 비대칭적일 수밖에 없는 것이다.

이러한 관점에서 본다면, '현대경찰의 아버지'라 불리는 로버트 필(Robert Peel)경이 1829년 제시한 영국경찰의 기본 원리 즉, "경찰은 시민(커뮤니티)과 별개가 아닌 하나의 존재로서 시민의 경찰활동에 대한 참여 없이는 완전한 경찰활동이 불가능하며, 경찰은 국가권력의 대변자가 아닌 참된 민주주의를 유지하는 수단이다. 이러한 의미는 곧 경찰이 시민의 일부로서 시민의 모든 어려움을 해결해주는 민주주의의 수호자로서 그 중요성을 갖는다"[2)] 라는 것은 다분히 '정치적 명분'을 가지고 있는 것이다.

따라서 경찰과 시민과의 관계를 상호불신과 대립관계에서 출발한 전통적 경찰활동(TP: Traditional Policing)의 관점이든, 이들 상호간의 관계개선을 토대로 출발한 PCR과 CP의 관점이든 간에 여전히 각자가 독립된 개체로 존재하는 형태로 남을 수밖에 없는

1) 신영복(2006), 강의: 나의 동양고전 독법, 경기: 돌베개, pp. 30-31.; 최선우(2009), "연기론의 관점에서 접근한 경찰과 시민의 관계," 한국교수불자연합회학회지 제15권 제1호, p. 277.
2) Robert Reiner(1996), Policing, Vol. Ⅰ, England: Dartmouth Publishing Company, p. 10.

것이다. 따라서 양자 간의 차이의 존재와 그로 인한 갈등의 여지는 상존할 수밖에 없다. 이로 인해서 선진국이라 할 수 있는 미국과 영국은 막대한 국가적 비용을 들여가면서도, 여전히 범죄와 무질서 문제로 고민을 하고 있는 것이 현실이다.

따라서 오늘날 우리사회가 직면한 범죄와 무질서 문제(더 나아가 세계적·국가적 갈등 문제)를 해결하기 위해서는 본질적인 개별 주체의 성찰(省察) 또는 인식전환(認識轉換)이 요구된다. 사실, 미국에서 경찰과 커뮤니티의 관계개선(PCR) 논의가 시작되고 그것을 토대로 커뮤니티 경찰활동(CP)이 전개되었는데, 여기에서 논의되어온 시민은 사회구조적으로 이른바 '중산층'(middle class)을 대상으로 한 것이 아니라 하위계층(low class) 또는 소수집단(minority group)을 대상으로 하여 이들이 안고 있는 잠재적 문제(사회적 차별, 범죄화 및 피해자화 가능성 등)를 근본적으로 해결하기 위하여 논의된 것이다. 물론, 이는 경찰본연의 근본적인 인식전환이라기보다는 전통적 경찰활동(TP)의 전략적인 접근방법의 변화이라고 할 수 있는데, 이러한 발상의 전환을 보다 본질적인 시각 즉, 관계론적 사고에서 출발한다면, 그 성과는 더욱 높을 것이라고 본다.

관계론적 구성원리는 개별적 존재가 존재의 궁극적 형식이 아니라는 세계관을 가지고 있다. 세계의 모든 존재는 일정한 관계망(關係網)으로서 존재한다는 것이다. 이 경우 (존재라는 개념을 사용하는 것은 적절하지 않지만) 배타적 독립성이나 개별적 정체성에 주목하는 것이 아니라 최대한의 관계성을 존재의 본질로 규정하는 것이 관계론적 구성원리라 할 수 있다. '인(人)'은 '간'(間)이다. 인간(人間)에 있어서 '인'(人)이 중요한 것이 아니라 '간'(間)이 중요한 것이다. 그래서 인간인 것이며, '인'은 '간'으로만 규정될 뿐이다. 관계가 없는 인은 존재할 수가 없다. 서구의 근대 자유민주주의 사상은 예외 없이 모두 '간'이 단절된 '인', 즉 절대적 자아인 '개인'(個人)에서부터 출발하고 있기 때문에 문제가 있는 것이다.[3)]

상응(相應, correspondence)의 원리라는 것이 있다. 이는 시간·공간·존재라는 각기 다른 3차원이 서로 연결되어 있다는 원리로 설명되는데, 그 좋은 예가 카오스이론(Chaos Theory)이다. 오늘날 자연과학 그리고 사회과학 영역에서도 이에 대한 논의를 활발하게 전개시키고 있다. 나비의 날개 짓으로 인한 파장이 폭풍우로 변할 수 있다는 것을 예측하는 것은 거의 불가능하기 때문에 이것은 이른바 '혼돈'으로 인식된다. 그러나 중요한 것은 그러한 혼돈현상의 이면에도 어떠한 '질서'(cosmos)가 작동하고 있다는 것이다. 언뜻 보기에는 혼돈 같지만 깊이 들어가 보면 상응관계에 있다는 사실을 파악해야 하는 것이

3) 김용옥(1999), 의산문답: 기옹은 이렇게 말했다, 서울: 통나무, p. 123.

다. 상응의 원리에 의하면 만물은 거미줄과 같은 미세한 끈으로 연결되어 있어서 한쪽을 잡아 흔들면 다른 한쪽이 흔들린다고 설명하기도 한다. 따라서 상응의 원리에서 중요한 것은 징조를 파악하는 것이다. 어떤 일이 앞으로 어떻게 전개될 것인가에 대한 단서가 징조라고 한다면, 징조를 파악함으로써 결과에 대한 사전 예측이 가능할 것이다.

경찰의 입장에서 볼 때에도 연일 발생하고 있는 강력사건의 원인과 해결의 실마리가 의외의 사소함에서 발견되기 때문이다. 물론, 이것은 사소한 사태가 아닐 수도 있다. 다만, 사소한 것이든 중대한 것이든 중요한 것은 모두 일련의 관계망(마치 거미줄과 같이 한 쪽 끝에서 미세한 떨림이 있으면 다른 전체에 전달되듯)에서 이루어지고 있다는 점이다.

위에서는 존재론과 관계론의 문제를 경찰과 시민 상호간에서 찾고 있는데, 이는 경찰과 시민의 관계뿐만 아니라 경찰조직 내의 구성원 상호간에도 찾을 수 있고, 시민과 시민 상호간에도 찾을 수 있다고 본다. 요약건대, 관계론적 사고를 바탕으로 국가와 국가, 국가와 시민, 경찰과 경찰, 경찰과 시민 간의 상호작용이 이루어진다면, 우리가 직면하고 있는 많은 범죄 및 무질서와 같은 많은 사회문제를 해결할 수 있을 것으로 기대된다. 관계론적 사고와 실천이야 말로 경찰학의 학문적 정체성을 확립하는데 매우 중요한 것이라는 점은 이론(異論)의 여지가 없다고 본다.

경찰학 INDEX

(숫자 및 영문)

【저자약력】

- 동국대학교 경찰행정학과 졸업
- 동국대학교 경찰행정학과 대학원 졸업(법학박사, 경찰학전공)
- 치안연구소 연구원(외래)
- 행정고시, 7급 행정직 시험출제위원
- 경찰공무원 간부후보생·순경 시험출제위원
- 경비지도사·청원경찰 시험출제·선정위원
- 동국대, 경찰대, 관동대, 광운대, 대불대, 순천향대, 원광대, 인천대 등 외래교수
- **현재 광주대학교 경찰·법·행정학부 교수**

  한국공안행정학회, 한국경찰학회, 한국경호경비학회, 한국민간경비학회
  한국치안행정학회, 한국범죄심리학회, 한국해양경찰학회 이사

[주요저서 및 논문]

저서 : 경호학(2017)
민간경비론(2014, 개정판)
경찰과 커뮤니티(2010, 개정판)
경찰교통론(2008, 공저)
치안서비스 공동생산론(2002)
지역사회 경찰활동: 각국의 이슈 및 현황(2001, 역서)

논문 : 방어공간의 영역성 연구(2017)
권력모델에 의한 형사사법 연구(2017)
영국경찰의 정당성 확보와 저하에 관한 역사적 연구(2016)
수사구조의 근대성과 미군정기의 수사구조 형성과정 연구(2015)
영국 근대경찰의 형성에 관한 연구(2015)
개화기 근대 해양경찰의 등장과 역사적 함의(2015)
국가중요시설의 위험요소 및 평가 및 대응전략(2015)
영국 민간경비산업의 제도적 정비와 민간조사에 관한 연구(2014)
경찰학의 정체성과 학문분류체계에 관한 연구(2014)
민간경비의 자율적 운영에 관한 연구(2013)
경찰정신에 관한 연구: 차일혁을 중심으로(2012, 공동)
북한의 사이버테러리즘에 관한 연구(2012, 공동)
공동주거 단지의 범죄발생 특성에 관한 연구(2012)
경찰조직의 진단과 건강성 연구(2011)
국가질서와 시민불복종 연구: 소로우의 사상을 중심으로(2011, 공동)
다문화사회의 범죄문제와 경찰의 대응(2011)
성범죄에 대한 진화심리학적 접근(2010)
미군정기 수도경찰청장 장택상 연구(2010, 공동)
민간경비원의 권한에 대한 연구(2009)
연기론적 관점에서 접근한 경찰과 시민의 관계(2009)
미국의 경찰재량권 연구(2009)
대한제국 좌절기의 경찰(2008) 외 다수

도서출판
그린

경찰학 제3판

초 판 1쇄 ▶	2013년 8월 29일
제3판 1쇄 ▶	2017년 8월 25일
저 자 ▶	최 선 우
발행처 ▶	도서출판 **그린**
발행인 ▶	윤 덕 우
출판등록 ▶	제8-161호(1995. 5. 3.)
주소 ▶	서울특별시 서대문구 연희로5길 50 (우) 03716
전화 ▶	02)333-2574
Fax ▶	02)333-2561
E-mail ▶	greenpress@greenpress.co.kr
Homepage ▶	http://www.greenpress.co.kr

정가 : 34,000원

ISBN : 978-89-5727-252-7 93350

무단 복제를 금함. 잘못된 책은 바꾸어 드립니다.